인생 유니티 교과서

BM (주)도서출판 성안당

Reference 참고 사이트 & 도판 목록

페이지	항목	위치	국내 사이트 명칭/해외	출처(URL)
18	Chapter 1 제목 페이지		테라 엠	netmarble.net/mobile/tera
18	Chapter 1 제목 페이지		비트 세이버	bitly.kr/qtAfOPzVv
18	Chapter 1 제목 페이지		아담	pole.se/full-adam-movie-from-unity/
18	Chapter 1 제목 페이지		포켓몬 GO	bitly.kr/rHVqSML2
20	그림 1.0-1, 2		레고 블록, 레고 시리즈	게티이미지뱅크(gettyimagesbank.com)
24	그림 1.1-5		기획	게티이미지뱅크(gettyimagesbank.com)
24	그림 1.1-6		프로그램	게티이미지뱅크(gettyimagesbank.com)
24	그림 1.1-7		아트	게티이미지뱅크(gettyimagesbank.com)
25	그림 1.1-8	좌	레고	bitly.kr/A3dcg0apg
25	그림 1.1-8	우	유니티	bitly.kr/lG2wWR34
25	그림 1.1-9	좌	레고, 로봇	게티이미지뱅크(gettyimagesbank.com)
25	그림 1.1-9	우	유니티 애셋 설치 후 스크린샷	(저자 그림)
26	그림 1.1-10	상	레고, 다스베이더	게티이미지뱅크(gettyimagesbank.com)
26	그림 1.1-11	하좌	로봇, 다스베이더, 레고	게티이미지뱅크(gettyimagesbank.com)
26	그림 1.1-11	하우	유니티 씬	(저자 그림)
27	그림 1.1-12	상좌	레고 패키지	게티이미지뱅크(gettyimagesbank.com)
27	그림 1.1-12	상우	나는 마왕이다 로비	(저자 라이선스 소유 게임)
27	그림 1.1-12	중우	나는 마왕이다 플레이	(저자 라이선스 소유 게임)
27	그림 1.1-12	중우	나는 마왕이다 대사	(저자 라이선스 소유 게임)
27	그림 1.1-12	우	나는 마왕이다 타이틀	(저자 라이선스 소유 게임)
27	그림 1.1-13		유니티 프로젝트 구성 요소	(저자 그림)
28	그림 1.1-14		유니티 프로토타이핑	게티이미지뱅크(gettyimagesbank.com)
28	그림 1.1-15	좌	프로토타입 이후 변경	(저자 그림)
72	Chapter 2 제목 페이지		어비스리움(구글 플레이 홍보 이미지)	bitly.kr/U8aICsXdK
72	Chapter 2 제목 페이지		블리치	bitly.kr/K3PqbwmlJ
72	Chapter 2 제목 페이지		저스티스 몬스터 파이브	bitly.kr/luLdhikCg
76	그림 2.1-1		블록클리 게임: 미로	blockly.games/maze
94	Chapter 3 제목 페이지		비트 세이버(스팀 홍보용 이미지)	bitly.kr/OZMHZkonw
94	Chapter 3 제목 페이지		모뉴먼트 밸리	(저자 핸드폰 스크린 샷)
94	Chapter 3 제목 페이지		오리 앤 더 블라인드 포레스트	bitly.kr/9ygwXwABX
101	그림 3.1-6		원근 모드와 직교 모드	유니티 매뉴얼(docs.unity3d.com/kr/2018.4/Manual/CamerasOverview.html)
105	그림 3.1-14		직교그래픽 크기가 5일 때 화면	(저자 그림)
105	그림 3.1-15		높이에 따라 원근을 조절	앵그리 버드(gfycat.com/ko/lonelywellwomanamericancrayfish)
118	그림 3.1-36		벡터의 크기와 방향	(저자 그림)
119	그림 3.1-37		벡터의 더하기	(저자 그림)
119	그림 3.1-38		벡터의 빼기	(저자 그림)
121	그림 3.1-40		라이프사이클	(저자 그림)
122	그림 3.1-41	좌	deltaTime 설명	게티이미지뱅크(gettyimagesbank.com)
122	그림 3.1-41	우	(깃발)	게티이미지뱅크(gettyimagesbank.com)
134	그림 3.1-50		권총과 탄창	게티이미지뱅크(gettyimagesbank.com)
134	그림 3.1-51		총알 발사할 때 일어나는 일의 흐름도	게티이미지뱅크(gettyimagesbank.com)
173	그림 3.2-1	우	프로토타입에서 알파 버전으로 업그레이드	게티이미지뱅크(gettyimagesbank.com)
176	그림 3.2-5		유니티 애셋 스토어 상품 페이지	bitly.kr/Zzpijf62
180	그림 3.2-13	좌	3DS MAX 로고	bitly.kr/YXhljWeOS
180	그림 3.2-13	우	Maya 아이콘	bitly.kr/NzSFyOyX1
188	그림 3.2-28		총알에서 사용할 애셋 다운로드	유니티 애셋 스토어(bitly.kr/r49TVq4c)
203	그림 3.2-48		라인게임즈의 〈드래곤 플라이트〉	이데일리 2012년 12월 2일자(bitly.kr/wmn6bR6qD)
205	그림 3.2-50		다운로드한 배경 애셋 가져오기	유니티 애셋 스토어(bitly.kr/LS3glORxi)
206	그림 3.2-52	좌	병에 이미지가 둘러싸여 있는 모습	코카콜라 컴퍼니(coca-colacompany.com/rands/coca-cola)
206	그림 3.2-52	우	드래곤 플라이트	vvs9auav님의 블로그 중 드래곤 플라이트(bitly.kr/CyhZ6isPR)
220	그림 3.2-75		PUBG의 배틀그라운드	pubg.com/ko/merch/
225	그림 3.2-94		데브시스템즈의 쿠키런	곰도라님의 블로그(bitly.kr/hPIEZtXaC)
299	그림 3.3-37		유니티 AR 관련 페이지	unity.com/kr/unity/features/arfoundation
310	Chapter 4 제목 페이지		이스케이프 프롬 타르코프	unity.com/kr/madewith/escape-from-tarkov
310	Chapter 4 제목 페이지		헌드레드 소울	thegames.co.kr/news/articleView.tml?idxno=81762
310	Chapter 4 제목 페이지		엔들리스 레전드	connect.unity.com/p/games-endless-legend
312	그림 4.0-1		FPS 장르	gameaz.co.kr/View.aspx?C2=410&BNO=5423
312	그림 4.0-2		TPS 장르(기어즈오브워)	bitly.kr/8jsmjHIGi
348	그림 4.2-4		폭탄 기능 스크립트 추가	유니티 애셋 스토어 검색 결과
360	그림 4.2-16		빔 프로젝터	게티이미지뱅크(gettyimagesbank.com)
371	그림 4.2-25	좌	법선 벡터 예시	프로그래머헬프(programmer.help/blogs/5cc1db0ab0a75.html)
371	그림 4.2-25	우	법선 벡터 예시	위키원드(wikiwand.com/en/Normal_geometry))
433	그림 4.5-1		애셋 스토어에서 모델링 검색하기	유니티 애셋 스토어 검색 결과
433	그림 4.5-2		애셋 임포트하기	assetstore.unity.com/?free=true&q=zombie&orderBy=0
441	그림 4.5-12		리타깃팅으로 같은 애니메이션을 적용한 화면	언리얼 엔진(bitly.kr/LHvXlw4xB)
487	그림 4.5-78		애셋 스토어 검색하기	유니티 애셋 스토어 검색 결과
493	그림 4.5-88		절두체(View frustum) Computer Language Company(www.computerlanguage.com))	The Free Dictionay(encyclopedia2.thefreedictionary.com/View+frustum)
509	그림 4.6-3		유니티 매뉴얼	docs.unity3d.com/Manual/
539	그림 4.7-8		사격 이펙트 애셋 찾기	유니티 애셋 스토어 검색 결과
546	그림 4.7-18		수류탄 모델링 애셋 임포트	유니티 애셋 스토어 검색 결과
590	그림 4.10-1	상좌	배틀 그라운드	bitly.kr/XKzAcL9vS
590	그림 4.10-1	상우	오버워치	bitly.kr/MHESL27pq
590	그림 4.10-1	하좌	리그 오브 레전드	bitly.kr/jBHXLNbHv
590	그림 4.10-1	하우	검은 사막	bitly.kr/aPghb0qiU
597	그림 4.10-11	좌	APEX 레전드	bitly.kr/tBPQUwB3Z
597	그림 4.10-11	우	코스믹 트립	rebootreality.ca/project/cosmic-trip/
600	그림 4.10-16		배틀 그라운드	유튜브 생존자 가이드(bitly.kr/XKzAcL9vS)
600	그림 4.10-17		배틀 그라운드	유튜브 생존자 가이드(bitly.kr/XKzAcL9vS)
603	그림 4.10-22	좌	배틀 그라운드	유튜브 생존자 가이드(bitly.kr/XKzAcL9vS)
603	그림 4.10-22	우	배틀 그라운드 모바일	유튜브 PUBG MOBILE(bitly.kr/XQwi84pug)
605	그림 4.10-24		PNG(좌)와 JPEG(우)의 차이	게티이미지뱅크(gettyimagesbank.com)
610	그림 4.10-33		Simple 타입의 크기별 비교	docs.unity3d.com/Manual/9SliceSprites.html
610	그림 4.10-34		Sliced 타입의 크기별 비교	docs.unity3d.com/Manual/9SliceSprites.html
610	그림 4.10-35		Tiled 타입의 크기별 비교	docs.unity3d.com/Manual/9SliceSprites.html
610	그림 4.10-36		Filled 타입의 채우는 방식 비교(왼쪽부터 원본, Horizontal, Vertical, Radial 360)	docs.unity3d.com/Manual/9SliceSprites.html
631	그림 4.10-72		배틀 그라운드 스나이퍼 줌 모드	유튜브 생존자 가이드(bitly.kr/oWsK5QW9e)
635	그림 4.11-1		RPG/FPS 게임 애셋(Game Asset)	bitly.kr/FDa9YGkb5
635	그림 4.11-2		워(War) FX 애셋	bitly.kr/rHyB1tfTa
639	그림 4.11-8		기본 셰이더(좌), 유리 셰이더(중), 툰 셰이더(우)	저자 제작 이미지
639	그림 4.11-9		빛 물체에 반사돼 색이 눈에 들어오는 과정	저자 제작 이미지
641	그림 4.11-12		유니티에서 제공하는 PBR 레퍼런스 차트	bitly.kr/c5TLjelnO
644	그림 4.11-16	좌	나무와 메탈 금속 예시	픽사베이(pixabay.com/photos/wood-log-annual-rings-grain-tribe-366735/)
644	그림 4.11-16	우	나무와 메탈 금속 예시	픽사베이(pixabay.com/photos/drill-milling-milling-machine-444493/)
645	그림 4.11-18	좌	노란색 당구공과 골드 바	픽사베이(pixabay.com/photos/billiards-billiard-ball-3423614/)
645	그림 4.11-18	우	노란색 당구공과 골드 바	픽사베이(pixabay.com/illustrations/bullion-gold-currency-wealth-1744773/)
647	그림 4.11-21		하이 폴리곤, 로우 폴리곤, 로우 폴리곤+노멀 맵	위키백과(ko.wikipedia.org/wiki/법선_매핑)
649	그림 4.11-25		이미션이 적용된 이미지	유니티 온라인 문서 'Emission'(bitly.kr/3mqtN2unL)
661	그림 4.11-48	좌	이펙트의 구분	픽사베이(pixabay.com/photos/volcano-awaii-lava-cloud-ash-2262295/)
661	그림 4.11-48	우	이펙트의 구분	픽사베이(pixabay.com/photos/rocket-red-range-fireworks-461750/)
696	그림 4.11-108	좌	DOF 예시	픽사베이(pixabay.com/photos/cat-young-nimal-curious-wildcat-2083492/)
696	그림 4.11-108	우	DOF 예시	픽사베이(pixabay.com/photos/tulips-lowers-colorful-4773209/)
699	그림 4.11-112	좌	〈파이널 판타지 8〉 컷 씬 플레이 비교	playstationlifestyle.net
699	그림 4.11-112	우	〈파이널 판타지 8〉 컷 씬 플레이 비교	imore.com
699	그림 4.11-113	좌	〈God Of War4〉 컷 씬 플레이 비교	polygon.com
699	그림 4.11-113	우	〈God Of War4〉 컷 씬 플레이 비교	유튜브 God of War 4(youtube.com/watch?v=rt8W3prkFdw)
701	그림 4.11-116		영화 촬영 현장	픽사베이(pixabay.com/photos/filming-movie-film-crew-camera-2462073/)
717	그림 4.11-140	상	믹사모(mixamo) 사이트	bitly.kr/9dTLEqoc
717	그림 4.11-140	하	믹사모 애니메이션 메뉴	bitly.kr/9dTLEqoc
718	그림 4.11-140		믹사모 애니메이션 메뉴	bitly.kr/9dTLEqoc

※ PC 접속을 돕기 위해 bitly 축약 주소를 사용하였습니다.

인생 유니티 교과서

이영호·이영훈·김태환·김현진·박원석·박현상·탁광욱 지음

BM (주)도서출판 성안당

이영호

대표 저자

유니티라는 엔진을 접하기 전, 많은 기능을 포함한 편리한 엔진을 만들기 위해 고생했던 생각이 납니다. 지금 생각해보면 이미 유니티에서 모두 지원해주지만 사용자는 몰라도 되는 기술의 대다수를 중심으로 작업했던 것 같습니다. 요즘은 물속의 오리발과 같이 수면 아래에서 동작하는 기술은 엔진이 담당하고, 수면 위의 사용자에게 보이는 부분은 기술을 사용해 개발하는 것이 필요한 시대입니다. 따라서 진짜 필요한 부분을 내가 필요한 순간에 사용할 수 있을 만큼 제대로 알고 있는 것이 중요합니다.

코딩이라는 것도 전체를 100%로 봤을 때 필요한 부분은 30% 정도가 개발의 대부분을 담당하게 되죠. 진짜 필요한 부분을 내가 필요한 순간에 사용할 수 있을 만큼 제대로 알고 있는 것이 중요합니다.

이 책은 기술서이긴 하지만, 책 전반에 녹아 있는 핵심 키워드는 '정진'입니다. 콘텐츠의 구현을 비롯한 목표의 수립, 세부 항목 분해, 실행의 흐름이 우리의 삶과 맞닿아 있다고 생각합니다. 이 책이 더 나은 미래를 꿈꾸는 여러분에게 많은 도움이 되길 바랍니다.

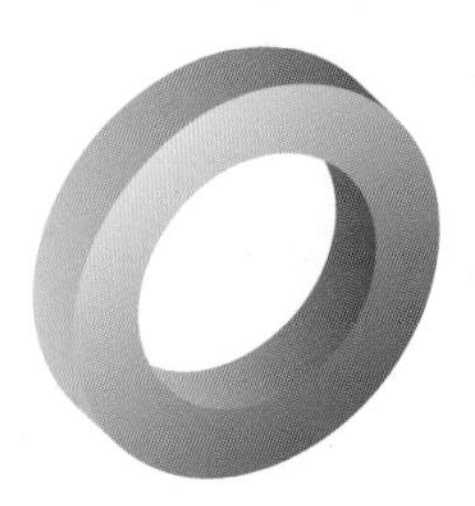

이영훈 / 저자

유니티 테크놀로지 데이비드 헬가슨 대표이사는 유니티 엔진의 개발 목표를 '게임 개발의 민주화'와 '개발자에 대한 배려'라고 표현했습니다. 이처럼 유니티를 통해 누구나 쉽게 게임을 개발할 수 있는 환경이 만들어졌습니다.

많은 사람은 유니티로 쉽게 게임을 만들 수 있다고 합니다. 하지만 유니티로 프로젝트를 해본 일부 사람들은 유니티가 어렵다고 합니다. 조각 칼이 있으면 나무를 깎아 낼 수는 있지만 깎는 방법을 알지 못하면 원하는 조각물을 만들 수 없습니다.

우리는 이 책에서 '개발은 어떻게 시작해야 하는가?', '코딩이란 무엇이고 어떻게 해야 하는가?', '프로젝트를 진행할 때 어떤 절차로 개발해야 하는가?' 등을 예제를 통해 다루고 있습니다.

특히 프로젝트를 할 때 가장 중요한 것은 목표 설정과 자기 관리를 통한 목표 달성입니다. 우리가 인생을 살면서 하는 것이 목표 설정과 그의 달성이듯 코딩도 우리의 삶과 닮아 있습니다. 내가 오늘 한 일이 내일의 나를 만들 듯이 오늘 내가 코딩한 것이 내일의 프로젝트를 완성합니다.

이 책은 유니티를 처음 접하거나, 유니티를 좀 더 알고 싶거나, 프로젝트를 성공적으로 진행하고 싶은 독자들에게 도움이 될 것입니다.

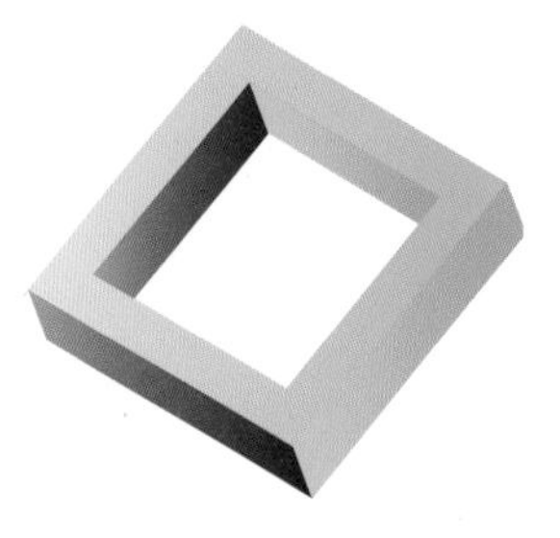

김태환
/
저자

2011년 모 회사의 개발 이사로 재직하던 시절, 개발 프로세스의 개선 방안을 고민하던 중 유니티를 처음 접하게 됐습니다. 과거에는 많은 개발사가 자체 게임 엔진을 만들어 사용했습니다. 이 자체 개발된 게임 엔진은 플랫폼과 하드웨어의 변화에 빠른 모바일 환경에 빠르게 대응할 수 있다는 장점을 지니고 있지만, 유지 보수 비용의 문제, 개발자 엔진 교육 등 많은 리스크를 안고 있었습니다. 초기 유니티는 불안정한 모습이 많아 프로토타입의 용도로는 적합했지만 실개발에서 사용하기에는 부적합했습니다. 현재는 많은 부분이 개선되고 발전돼 대부분의 개발사들이 사용하고 있습니다. 개인 사용자들이 무료인 과금 정책의 변화는 유니티 엔진의 확산에 많은 도움이 됐다고 생각합니다.

처음 유니티 프로젝트를 진행할 때의 어려운 점은 대부분의 서적과 자료들이 사용법에 집중돼 있다 보니 유니티의 엔진에 대한 이해 없이 프로젝트를 진행해야 한다는 것입니다. 방대한 양의 유니티 사용법을 이해하기는 어렵습니다. 이 책은 유니티 사용법뿐 아니라 프로젝트를 어떻게 개발해야 하는지를 알려줍니다. 이 책이 향후 여러분들의 프로젝트 개발에 많은 도움이 되길 바랍니다.

김현진

/

저자

단순히 게임을 좋아해 공부하기 시작한 코딩으로 10년이라는 시간 동안 게임 회사에 다녔습니다. 코딩 하나로 평생 직장을 가질 수 있다는 게 새삼 놀라웠습니다. 여러분들도 이 책으로 시작할 수 있습니다. '내가 프로그래머가 될 수 있을까?'라고 생각하는 분이 있다면 이 책을 처음부터 따라 하시기 바랍니다. 이 책은 콘텐츠 제작에 필요한 요소들 중심으로 잘 정리돼 있으므로 차근차근 따라 하면 좋은 결과를 얻을 수 있을 것입니다.

박원석

/

저자

처음 유니티를 접했을 때 가장 필요했던 것은 엔진의 원리나 기능에 대한 설명서가 아니라 하나의 그럴듯한 프로젝트를 완성하는 과정에 대한 안내서였습니다. 아무리 많은 기능을 알고 있더라도 제작하려는 프로젝트에 응용할 수 없다면 단편적인 지식에 불과한 것이니까요.

앱이나 게임을 처음 설치했을 때 설명서를 읽지 않더라도 일단 플레이하다 보면 자연스럽게 조작 방식이 이해되는 것처럼 이 책을 따라 하면서 코드를 작성하다 보면 유니티 엔진을 이용해 프로젝트를 만드는 방법을 저절로 알 수 있습니다.

이 책의 독자들은 프로그래밍을 처음 접하거나, 프로그래밍에 대한 기초 지식은 있더라도 원하는 프로젝트를 완성하는 데 어려움을 겪고 있는 분들일 것이라 생각합니다. 이런 분들에게 개인적으로 권해드리는 공부 방식은 '일단 만들어보고, 만든 것을 수정하면서 응용력을 익히는 것'입니다. 일단 이 책에 쓰여진 방식을 따라 하면서 프로젝트를 완성하고 그 후에는 완성된 프로젝트에 있는 기능을 자신의 생각대로 조금씩 바꿔가면서 왜 이렇게 동작하는지를 고민해보시기 바랍니다. 이 과정을 거쳐야 비로소 유니티 엔진에서 제공하는 기능을 자유자재로 사용하게 될 것입니다.

박현상 / 저자

2D에서 3D로, 언리얼에서 유니티로, 그래픽에서 프로그래밍으로, 다양한 직군 변화를 거치면서 많은 툴과 기능들을 거쳐 현재는 유니티를 주력으로 사용하고 있습니다. 개발의 편의성이 좋을 뿐 아니라 매뉴얼이나 기타 정보가 이전과는 비교도 안 될 정도로 늘어나 많은 분이 유니티를 통해 개발을 접하고 성과를 이루는 것을 보면서 창업까지 하게 됐습니다. 생각보다 쉽지 않은 과정이었지만 유니티가 아닌 언리얼로 창업했다면 험한 자갈길에 물 웅덩이까지 만들어가면서 고생을 사서 하지는 않았을 것이라는 생각이 들기도 합니다.

'유니티가 좋다', '언리얼이 좋다'의 문제가 아니라 현재 환경에 따라, 프로젝트의 성격에 따라 선택하는 것이 중요합니다. 하지만 저와 같이 소규모 또는 1인 개발로 시작하고자 하는 분들께 유니티는 좋은 선택이 될 것이라 자신 있게 말할 수 있습니다.

탁광욱 / 저자

그림만 그리던 원화가가 진짜 개발을 해보고, 다니던 회사를 박차고 나와 규모가 작은 스타트업 회사에 취직해 고군분투할 때 접했던 것이 유니티 엔진입니다. 개발의 '개' 자도 몰랐던 당시에 초보 개발자가 개발의 재미를 느끼고 가능성을 느끼게 해준 것은 유니티가 지니고 있는 개발의 민주화라는 철학 덕분이 아닐까 생각합니다. 이후에 들어간 회사에서도 UI를 도맡으며 유니티 엔진에 대한 인연은 이어졌고, 그럴 때마다 유니티가 지니고 있는 개발의 편의성과 팀 작업의 유연함 덕분에 타 직군의 사람들과 좋은 인연을 만들 수 있게 돼 늘 감사하곤 했습니다. 이런 고마운 인연은 지금까지 이어져 이렇게 책을 쓸 수 있는 기회까지 얻게 됐습니다. 이 책은 그동안의 개발 경험을 바탕으로 노하우를 충실히 실었다고 자부합니다.

이번 기회를 통해 많이 배웠고, 제 스스로에게 뭔가를 기대할 수 있게 됐습니다. 이런 소중한 기회를 제공해주신 ARA XR Lab 식구들에게 감사드립니다.

저자 소개
Profile

이영호　　ARA XR Lab 대표

주요 경력

- 언리얼 공인 강사(Unreal Authorized Instructor)
- 전 가천대 게임영상학과 겸임교수
- 전 유니티 코리아 에반젤리스트
- 넥슨 및 게임개발사에서 17년 이상 실무 개발
- 전 세종대, 명지전문대 겸임교수

이영훈　　위드제이소프트 대표

주요 경력

- 언리얼 공인 강사(Unreal Authorized Instructor)
- 한국전파진흥협회, 정보통신진흥원 등의 기관 및 대학에서 유니티 및 XR 분야 강의
- 와이디온라인, 넥슨 등의 게임 개발사에서 15년 이상 실무 개발

김태환　　영산대 Art&Tech대학 게임VR학부 교수

주요 경력

- 영산대 게임VR학부 게임콘텐츠 전공 책임교수
- 전 광운대학교/대학원 게임학 겸임교수
- 광운대 게임학 석사
- HotdogStudio/Challabros 등 개발 이사
- EX3D엔진 선임 연구원
- 엠드림, 넥슨모바일 등 게임 개발사에서 20년 실무 개발

7인 7색 저자 서문
Preface

김현진 어플리케 대표

주요 경력

- 코이엔터테인먼트 부사장
- 버드레터 개발실장
- HotdogStudio 등 게임 개발사에서 10년 실무 개발

박원석 WS Develop 대표

주요 경력

- 언리얼 공인 강사(Unreal Authorized Instructor)
- 와이디 온라인 등 게임 개발사에서 7년 실무 개발
- 전남대학교 법학과 학사

박현상 Bricx3 대표. 테크니컬 아티스트

주요 경력

- 언리얼 공인 강사(Unreal Authorized Instructor)
- 한국전파진흥협회, 정보통신진흥원, 부산정보진흥원 등 다수 기관 및 대학에서 VR/AR/MR 분야 강의
- 스마일게이트, 위메이드 등 게임 개발사에서 10년 실무 개발
- DNA LAB, 마로마브 등 다수 기업 자문

탁광욱 비엔티(BnT) 대표

주요 경력

- 언리얼 공인 강사(Unreal Authorized Instructor)
- 게임하이, 넥슨GT, 네오싸이언 등 게임 개발사에서 10년 실무 개발
- ㈜하우온라인게임스쿨 원화 강사
- 건국대학교 산업디자인 학사

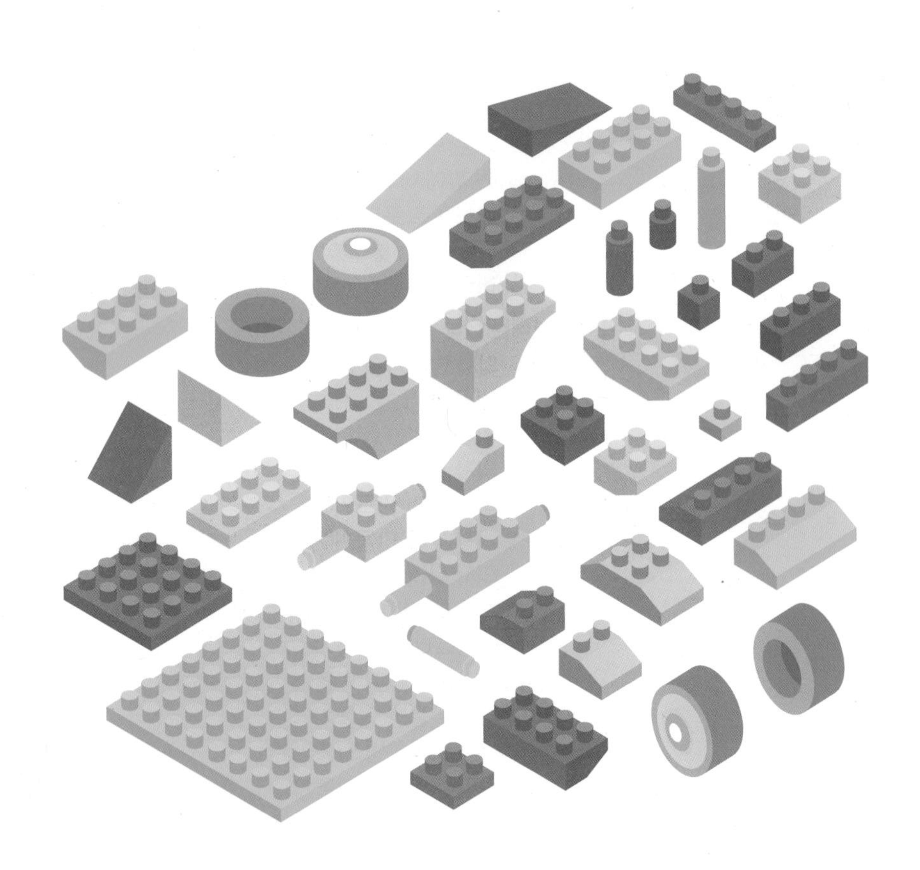

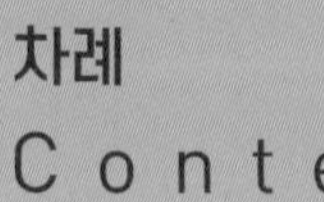

차례

Contents

Chapter · 1

유니티 알아보기

· 18

차례
Contents

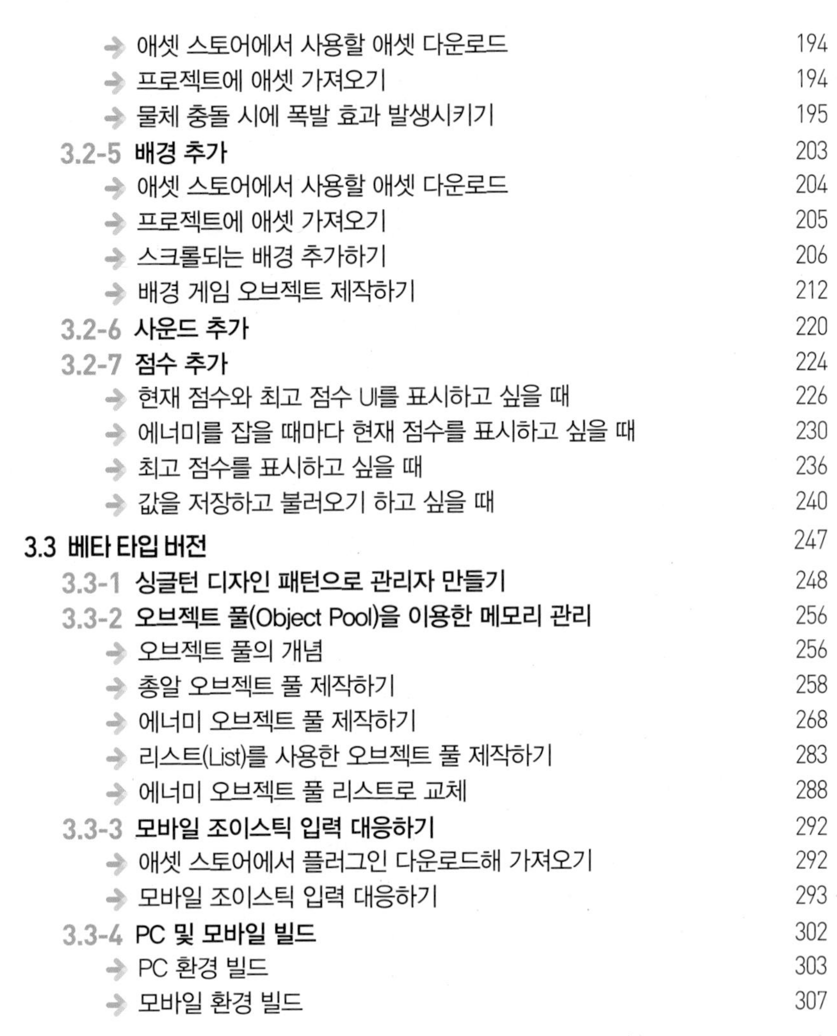

차례
Contents

유니티의 유연한 개발 사례

테라 엠(TERA M)

'TERA'라는 온라인 게임 유니티를 이용해 모바일로 다시 제작

비트 세이버(Beat Saber)

큰 성공을 거둔 VR 리듬 게임으로 오큘러스, 바이브, 플레이스테이션 VR 등 다양한 플랫폼에서 출시

아담(ADAM)

실시간 렌더링의 한계를 보여주는 테크데모(기술 시연용) 콘텐츠로 유튜브에 3편까지 공개

Chapter

1

유니티 알아보기

몬 GO
를 기반으로 한 AR 콘텐츠
인 히트작

1 유니티 알아보기

Chapter 1에서는 과거 콘텐츠 개발 방법의 문제점을 살펴보고 좀 더 효율적으로 개선된 유니티의 개발 방법에 대해 알아봅니다. 과거 콘텐츠 개발 방법의 가장 큰 문제점은 콘텐츠 제작의 특성상 직군별 작업의 상호 의존도가 높아 작업이 순차적으로 이뤄질 수 밖에 없다는 것입니다. 이 문제를 해결하기 위한 가장 좋은 방법은 LEGO 블록 조립 방법과 비슷한 유니티를 활용하는 것입니다.

Note 레고 이야기

레고(LEGO)는 플라스틱 블록을 이용해 원하는 모양을 만들 수 있는 장난감입니다. 레고가 탄생하게 된 배경에는 재미있는 이야기가 있습니다. 창업주인 올레가 1916년 한 목공소를 사들였는데, 두 아들이 난로에 불을 피우다 화재를 일으켜 완전히 타버리고 말았습니다. 올레는 이에 절망하지 않고 건물을 새로 지어 재기하려고 했지만, 대공황이 겹치면서 모든 직원을 해고해야 하는 상황에 처하게 됐습니다. 직원이 없는 상황에서는 대규모 작업이 어려웠기 때문에 어쩔 수 없이 작은 나무 완구를 만들게 됐는데, 이것이 인기를 끌면서 주력 사업을 장난감으로 변경했습니다. 이후 제2차 세계대전으로 덴마크가 나치에 함락당하면서 수입 장난감 판매가 금지돼 레고가 불티나게 팔리면서 크게 성장했습니다. 그런데 이 시기에 또 한 번의 화재를 겪고, 다시 재건하면서 오늘날의 플라스틱 레고를 만들게 됐습니다. 이때부터 부품을 분해하고 조립할 수 있는 오늘날의 레고의 모습을 갖추게 됐습니다. 접합이 약한 단점을 블록 아래에 파이프를 추가해 접합을 강하게 보완하면서 레고의 인기는 폭발적으로 증가했습니다. 한 가지 재미있는 사실은 이 플라스틱 레고를 발명한 사람이 누구인지 아무도 모른다는 것입니다. 이후 레고는 빠르게 성장했고, 독일을 시작으로 노르웨이, 스웨덴 등 해외 진출을 본격화했습니다. 현재는 세계적인 기업이자 많은 사람의 사랑을 받는 완구 기업의 대명사로 성장했습니다.

[그림 1.0-1] 레고(LEGO) 블록

[그림 1.0-2] 레고 시리즈

1.1 개발 방법론

1.1-1 : 프로젝트 제작의 이해

콘텐츠 제작은 생각보다 복잡한 절차로 이뤄져 있습니다. 어떤 과정으로 진행되는지 알아보겠습니다.

목표

콘텐츠 제작 프로세스를 이해하고 싶다.

순서

❶ 일반적인 콘텐츠 제작 프로세스 이해하기
❷ 과거 개발 방식의 문제점 알아보기
❸ 유니티의 개선된 개발 방식 알아보기

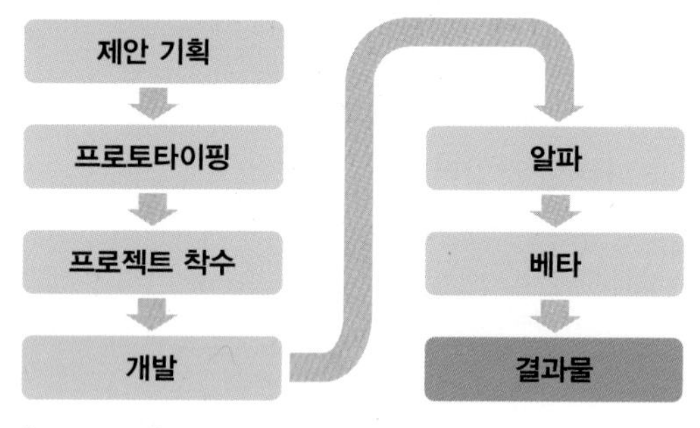

[그림 1.1-1] 일반적인 콘텐츠 제작 프로세스

일반적인 콘텐츠 제작 프로세스는 [그림 1.1-1]과 같은 절차로 진행됩니다. 제안 기획 단계에서 개발 진행에 대한 여부를 검토한 후, 프로토타이핑을 통해 제안 기획의 내용을 검증합니다. 결과가 긍정적일 경우 본격적인 프로젝트 진행에 착수하고 단계별 개발 일정을 산출한 후 상용화에 따른 알파와 베타 검증 과정을 통해 시장에 출시합니다. 콘텐츠는 이와 같은 복잡한 프로세스를 거쳐 시장에 출시되는데, 콘텐츠의 품질도 중요하지만 개발에 따르는 비용 또한 중요합니다. 프로젝트 진행 과정에서의 내·외부 요인에 의한 일정 연기는 제작 비용과 밀접한 관련이 있으므로 제작사에 많은 부담을 줍니다. 과거에는 많은 제작사가 다음과 같은 프로세스로 진행했습니다.

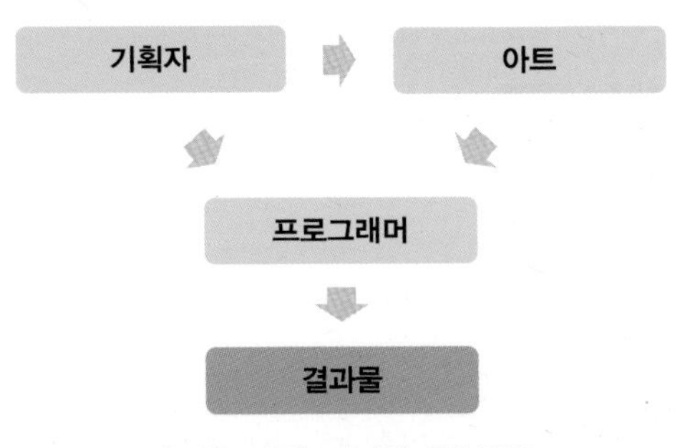

[그림 1.1-2] 과거의 개발 방식

[그림 1.1-2]에서 보는 바와 같이 초기 기획자가 기획을 완성한 후 기획서를 아트와 프로그래머에게 전달하고 아트의 리소스를 제작한 후 프로그래머가 작업을 진행하는 구조였기 때문에 많은 문제를 야기했습니다. 과거 개발 방식에서의 가장 큰 문제점은 [그림 1.1-2]와 같이 기획자로부터 출발해 프로그래머에게 전달되는 순차적인 개발 방법입니다. 최종 결과물이 프로그래머로부터 나오는 형태이고, 다른 직군의 결과물과 수정 요구를 프로그래머가 반영하는 형태이기 때문에 프로젝트 막바지에 이르면 프로그래머의 업무 부하가 발생합니다. 프로그램 직군뿐 아니라 프로젝트 진행 초기에는 기획 직군의 업무에 부담이 가중되고 기획 완료 이후에 아트의 업무 부담이 순차적으로 발생합니다. 총 제작 기간 초기의 기획자 업무 부담, 중기의 아트 업무 부담, 말기의 프로그래머 업무 부담이 순차적으로 발생하는 구조이기 때문에 비효율적인 부분이 많았습니다. [그림 1.1-3]은 병렬 형태의 개선된 개발 방식을 나타낸 것입니다.

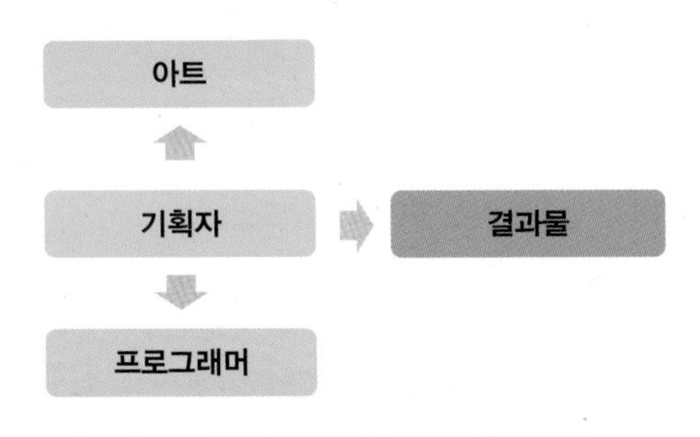

[그림 1.1-3] 병렬 형태의 개선된 개발 방식

효율적인 개발을 위해서는 [그림 1.1-3]처럼 프로젝트 제작 기간 동안의 업무가 집중되지 않고 골고루 분산돼 있어야 합니다. 이를 위해서는 각 직군별 결과물 확인 및 적용이 타 직군에 의존적이지 않고 독립적인 형태로 진행돼야 합니다. 이는 결국 결과물의 퀄리티 상승과 더불어 개발 기간의 단축으로 인한 제작비 부담 감소로 이어져 효율적인 개발을 가능하게 합니다. 유니티를 활용한 제작 방식은 [그림 1.1-3]에 제시한 개발 방식을 가능하게 해줍니다. 유니티를 활용한 제작 방식을 이해하기 위해서는 먼저 직군에 대한 이해가 필요합니다. 우선 직군부터 알아보겠습니다.

1.1-2 : 직군

앞서 콘텐츠를 효율적으로 제작하기 위해서는 직군에 대한 이해가 필요하다고 했습니다. 가장 먼저 직군이 어떻게 구분돼 있고 각 직군별 역할은 무엇인지 알아보겠습니다.

목표

콘텐츠를 제작하기 위한 직군의 역할을 이해하고 싶다.

순서

① 직군이 어떻게 구분돼 있는지 이해하기
② 직군의 역할을 이해하기

직군의 구분과 이해

- **PD, Director, PM**

PD(Project Director)는 콘텐츠의 전체 방향을 결정하는 역할을 합니다. 영화에 비유하면 영화감독과 비슷한 역할을 담당하는 직군입니다. 콘텐츠의 방향을 결정할 뿐 아니라 비즈니스 모델(BM), 인력 배분, 개발 계획 수립, 자금 및 수입 관리 및 감독에 대한 책임도 있습니다. 영화 제작에 있어 영화감독과 더불어 각각 직군별 역할을 담당하는 책임자가 있는데, 카메라 감독, 조명 감독, 무술 감독, 디자인 감독 등은 해당 직군에서의 방향을 결정하고 책임 및 관리 감독하는 역할을 수행합니다. 콘텐츠 제작에서도 이에 해당하는 역할을 담당하는 사람을 '디렉터(Director)'라고 합니다. 다른 말로 '파트장'이라고도 하며, 기획 파트장, 아트 파트장, 개발 파트장, 사운드 파트장으로 나눌 수 있습니다. 이밖에도 프로젝트 일정과 팀원 간의 의사결정을 조율하는 PM(Project Manager)이 있습니다.

[그림 1.1-4] PD, Director, PM

● 기획

기획자는 콘텐츠의 설계도를 만드는 사람입니다. 기획 업무도 이야기를 구성하는 시나리오 기획, 콘텐츠가 어떻게 구성되고 진행되는지에 대한 시스템 기획, 콘텐츠의 내용에 대한 콘텐츠 기획, 전체 기능의 밸런스를 위한 레벨 디자인 기획으로 나뉘어 있습니다. 기획에 대한 내용은 대부분 문서로 전달되며, 회의를 통해 의사결정을 하게 됩니다.

[그림 1.1-5] 기획

● 프로그램

프로그래머는 기획의 결과물인 설계도와 아트의 결과물을 바탕으로 실제로 동작하는 콘텐츠를 구현하는 직군입니다. 프로그래머는 크게 클라이언트와 서버로 나눌 수 있는데, 클라이언트는 동작의 핵심인 엔진, 콘텐츠 제작에 도움을 주는 저작 도구 개발, 이야기를 구성하거나 기획자의 작업에 도움을 주는 스크립터, 사용자와의 상호 작용을 위한 UI(User Interface) 작업으로 구분되고, 서버는 사용자 간의 통신을 위한 네트워크와 사용자의 데이터를 기록하는 DB(DataBase), 해킹 위험으로부터 방어하는 보안 작업으로 구분됩니다.

[그림 1.1-6] 프로그램

● 아트

아트는 콘텐츠의 디자인 관련 요소를 만드는 직군입니다. 콘텐츠 디자인 영역별로 배경, 원화, 이펙트, 모델, 애니메이션, 텍스처 등으로 구분해 담당하기도 합니다. 최근에는 콘텐츠 제작에서 유니티를 활용함에 따라 TA(Technical Artist)라는 직군이 생겼으며, 콘텐츠의 품질을 위해 아트와 기술이 합쳐진 직군이 생겼습니다. 표현 방식에서 기술에 대한 이해도가 높은 TA(Technical Artist)는 기술 직군과 아트 직군의 불필요한 의사소통을 줄임으로써 콘텐츠 품질을 향상시키는 역할을 합니다.

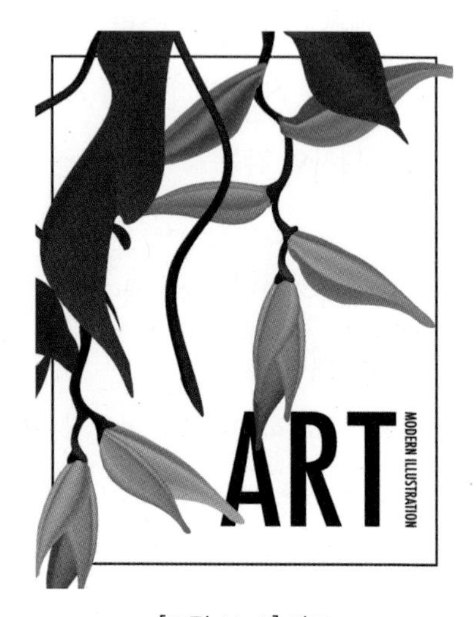

[그림 1.1-7] 아트

1.1-3 : 레고 조립식 유니티 제작 방법

덴마크에서 개발된 레고와 유니티는 유사한 점이 많습니다. 레고의 조립 방법을 이해하면 유티니를 이해하기 쉽습니다. 레고와 유니티를 비교해 보겠습니다.

[그림 1.1-8] 레고와 유니티

목표

레고 조립과 유사한 유니티 제작 방법을 이해하고 싶다.

순서

1. 레고 조립과 유니티 제작 방법 비교하기
2. 단계별 유니티 제작 방법 이해하기
3. 유니티 구성 요소 파악하기

레고와 유니티 제작 방법 비교

오브젝트 제작

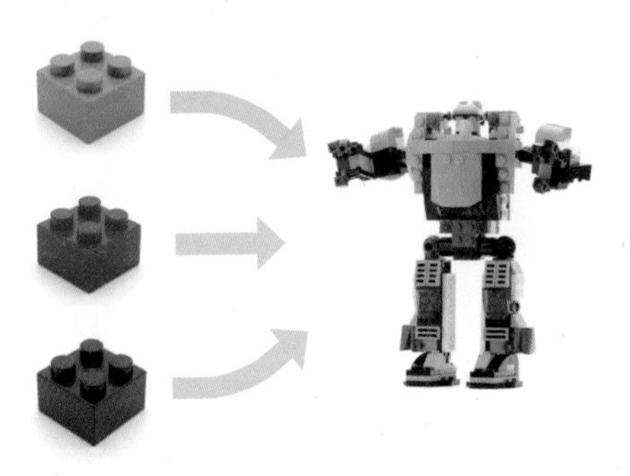

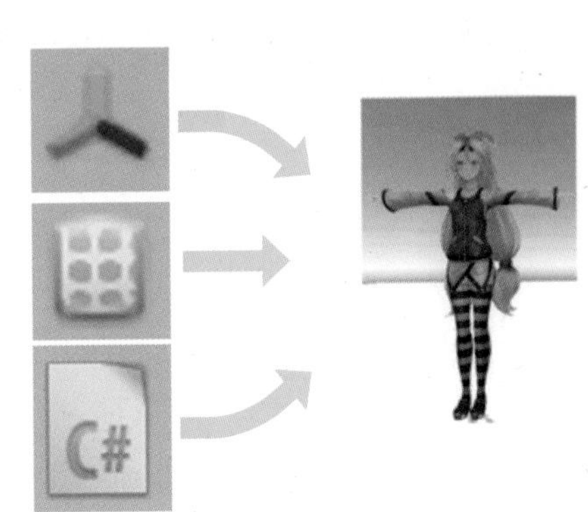

[그림 1.1-9] 레고 물체 제작과 유니티 게임 오브젝트 제작

레고는 콘텐츠의 기본 요소가 되는 오브젝트를 제작할 때 블록을 이용합니다. 유니티도 이와 유사하게 컴포넌트(Component)라는 기본 요소를 조합해 게임 오브젝트를 만듭니다. 실제 콘텐츠 제작 시에는 다음과 같이 각 직군별 레고 블록에 해당하는 컴포넌트를 만든 후에 게임 오브젝트를 만듭니다.

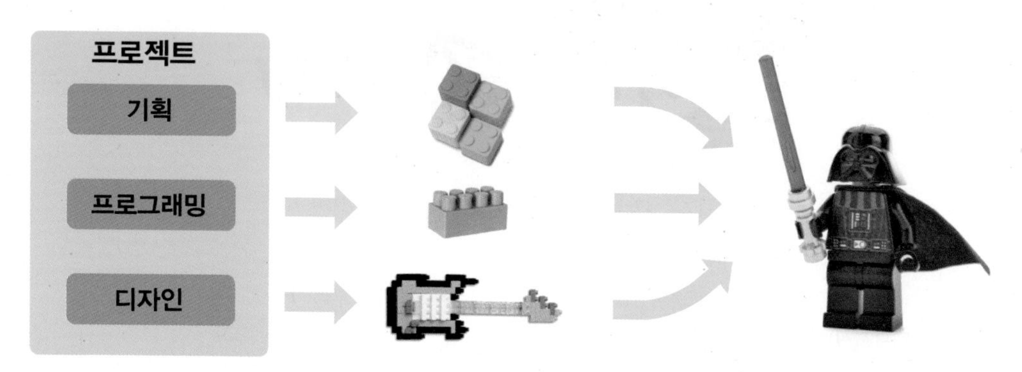

[그림 1.1-10] 직군별 오브젝트 제작 방식

[그림 1.1-10]에서처럼 각 직군별 레고 블럭을 독립적으로 제작함으로써 직군별 병렬 구조 형태의 개발이 가능해집니다.

- **씬 구성**

[그림 1.1-11] 레고 패키지와 유니티 씬

레고로 물체를 만들고 나서 배치해 패키지를 구성합니다. 유니티의 경우도 이와 비슷한 방법으로 게임오브젝트(GameObject)를 배치해 씬(Scene)을 구성합니다.

● **프로젝트 구성**

[그림 1.1-12] 레고 시리즈와 유니티 프로젝트

레고 시리즈는 구성에 따라 레고 패키지로 구성돼 있습니다. 즉, 레고 패키지는 레고 시리즈의 일부라고 할 수 있습니다. 유니티의 경우도 구성에 따라 여러 개의 씬으로 이뤄져 있으며, 씬은 프로젝트의 일부라고 할 수 있습니다.

● **유니티 프로젝트 구성 요소**

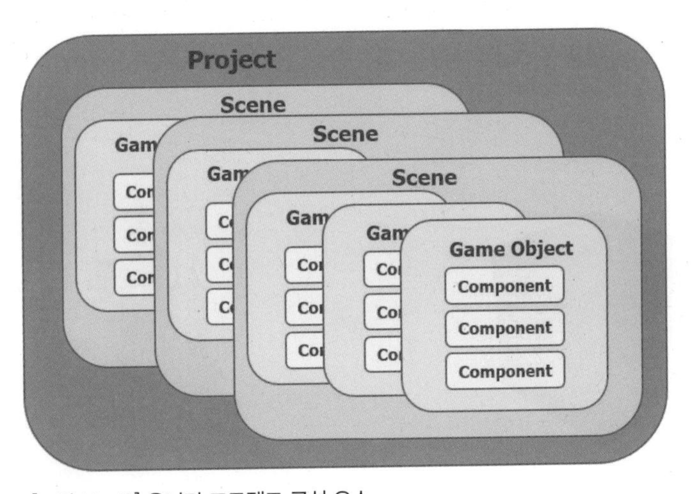

[그림 1.1-13] 유니티 프로젝트 구성 요소

결론적으로 유니티의 구성 요소는 [그림 1.1-13]과 같은 형태이고, 레고 조립과 유사한 방법으로 제작할 수 있습니다.

● 프로토타이핑

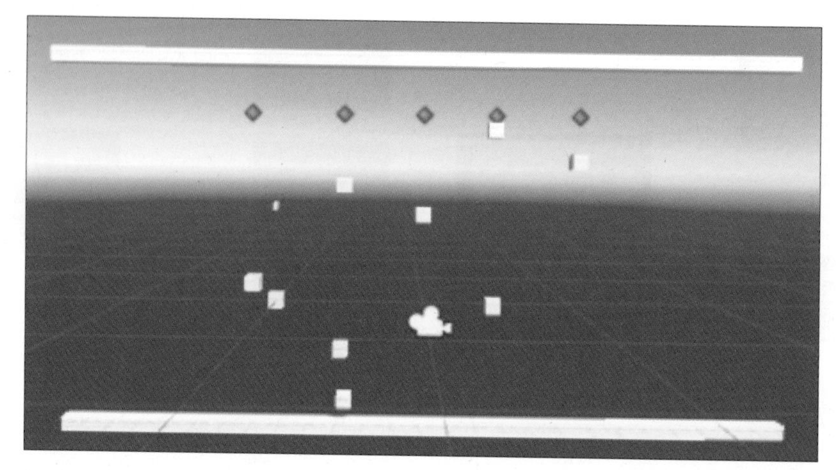

[그림 1.1-14] 유니티 프로토타이핑

병렬 형태의 개선된 콘텐츠 제작 방식을 진행하기 위해서는 아트의 결과물인 리소스를 받을 때까지 기다리는 것이 아니라 기획 의도에 맞춰 유니티에서 지원하는 기본 도형을 활용해 구현해야 합니다. 이를 '프로토타이핑'이라고 하며, 각 직군별로 동시 작업을 가능하게 합니다. 처음부터 실제로 사용될 리소스를 활용하게 되더라도 개발 도중에 버려질 확률이 높고, 이는 개발비의 증가로 이어지기 때문에 프로토타이핑을 통해 기획을 검증하고 난 후에 적용하는 것이 효율적입니다.

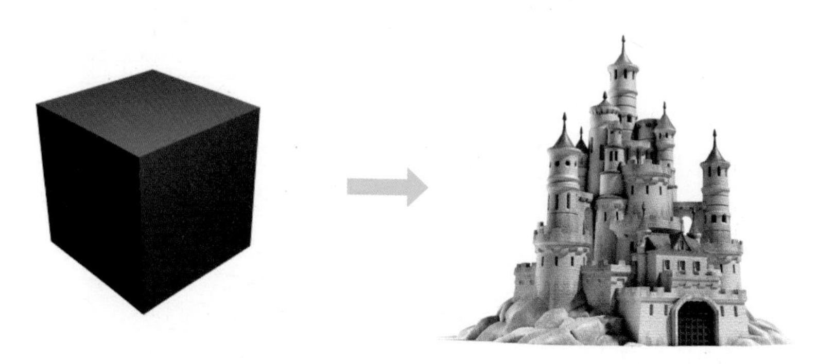

[그림 1.1-15] 프로토타이핑 이후 변경

기획 내용을 프로토타이핑으로 검증하고, 리소스를 교체하는 방법을 사용하면 콘텐츠의 품질을 높일 수 있습니다.

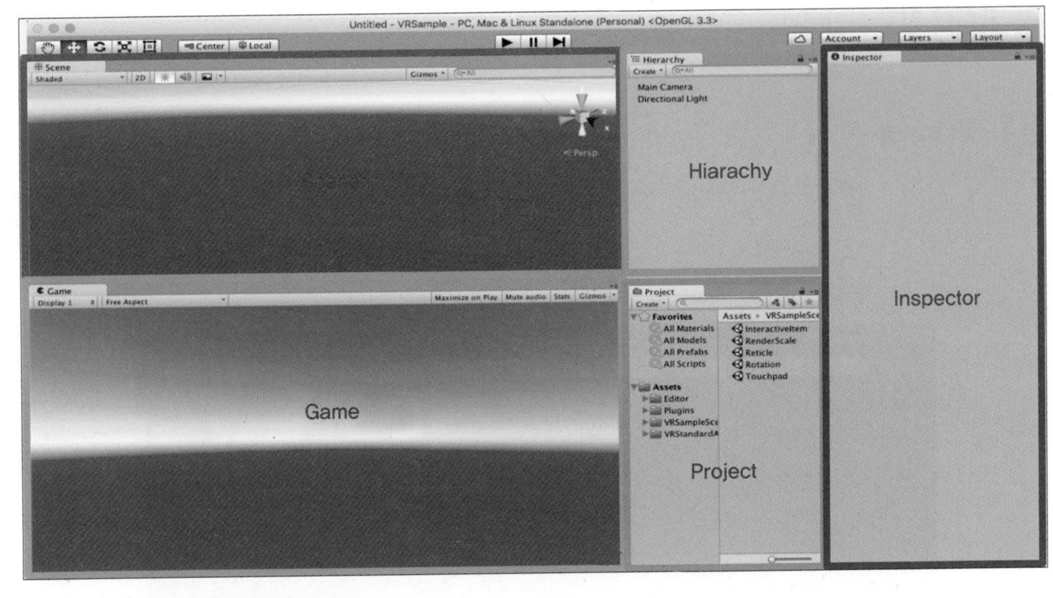

[그림 1.1-16] 유니티 에디터의 구성 요소

지금까지는 개발 방법론에 관한 이야기였습니다. [그림 1.1-16]은 유니티 에디터의 요소입니다. 차근차근 하나씩 알아보겠습니다. 자, 그럼 유니티의 세계로 떠나볼까요?

1.2 유니티 설치하기

1.2-1 : 유니티 회원 가입과 설치

유니티를 사용하려면 가장 먼저 회원 가입과 설치를 해야 합니다. 이 과정은 유니티 홈페이지에서 진행할 수 있습니다. 진행 과정을 하나씩 알아보겠습니다.

목표

유니티 회원에 가입하고, 설치하고 싶다.

순서

1. 유니티 회원 가입하기
2. 유니티 허브(Unity Hub) 다운로드 후 설치하기
3. 유니티 허브로 유니티 설치하기

유니티 회원 가입하기

01 인터넷 웹 브라우저를 연 후 주소창에 'https://unity.com/kr'을 입력하면 [그림 1.2-1]과 같은 화면이 나타납니다(이때 나타나는 화면은 여러분이 사용하는 인터넷 웹 브라우저의 종류에 따라 조금씩 다를 수 있습니다).

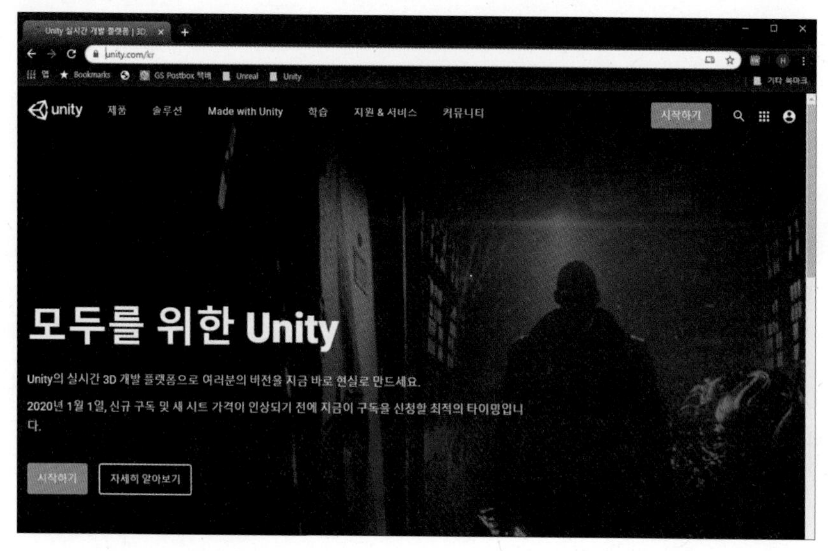

[그림 1.2-1] 유니티 홈페이지

02 사람 모양 아이콘을 클릭한 후 [Create a Unity ID]를 클릭합니다.

[그림 1.2-2] 유니티 홈페이지의 사람 모양 아이콘

03 Email, Password, Username, Full Name 항목과 체크 박스 항목을 채운 후 [Create a Unity ID]를 클릭합니다.

Create a Unity ID
If you already have a Unity ID, please sign in here.
Email
Password
Username
Full Name
I agree to the Unity Terms of Use and Privacy Policy
I agree to the Unity Collection of User information
I understand that by checking this box, I am agreeing to receive promotional materials from Unity
로봇이 아닙니다.
Create a Unity ID
Already have a Unity ID?
Or
Sign in with google
Sign in with facebook

[그림 1.2-3] 회원 가입 페이지

04 [그림 1.2-4]와 같은 페이지가 나타나면서 [그림 1.2-3]에서 사용한 이메일 주소로 확인 이메일이 발송됩니다.

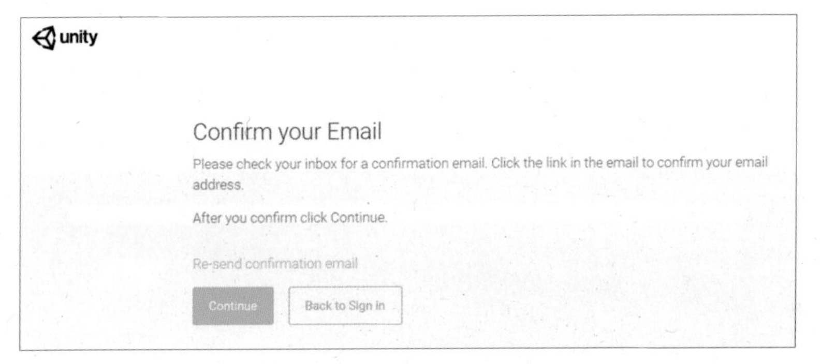

[그림 1.2-4] 확인 이메일을 발송했다고 알려주는 페이지

05 자신의 이메일을 확인해보면 [그림 1.2-5]와 같은 내용을 확인할 수 있습니다. 메일의 [Link to confirm email]을 클릭한 후 [그림 1.2-4]의 [Continue]를 클릭합니다.

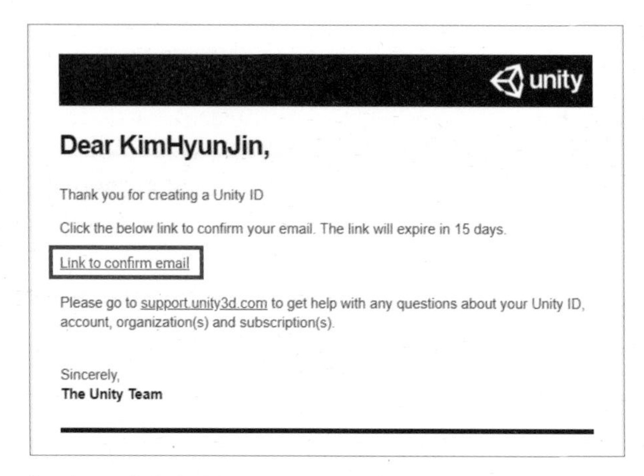

unity

Dear KimHyunJin,

Thank you for creating a Unity ID

Click the below link to confirm your email. The link will expire in 15 days.

Link to confirm email

Please go to support.unity3d.com to get help with any questions about your Unity ID, account, organization(s) and subscription(s).

Sincerely,
The Unity Team

[그림 1.2-5] 확인 이메일

유니티 홈페이지(https://unity.com/kr)로 이동한 후 [그림 1.2-2]의 사람 모양 아이콘을 누르고 [Sign in]을 클릭해 로그인합니다.

유니티 허브 다운로드 후 설치하기

01 [시작하기]를 클릭합니다.

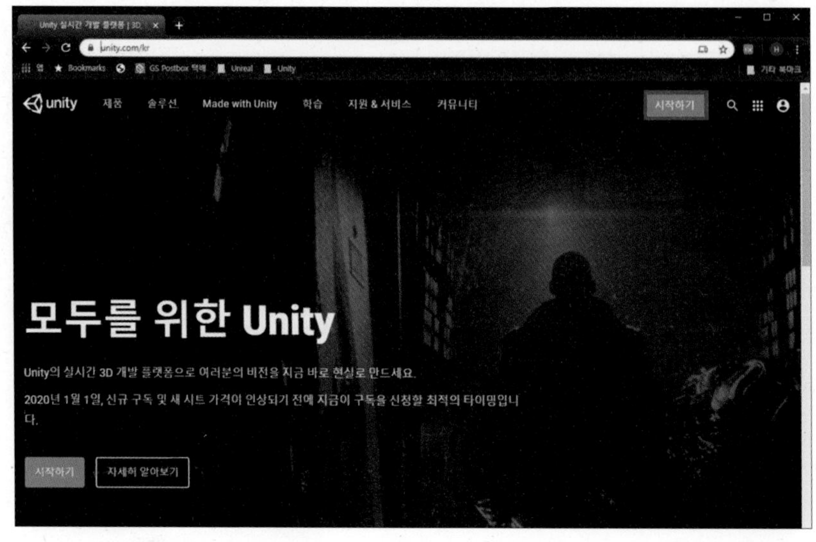

[그림 1.2-6] 시작하기

02 [개인] 탭을 선택한 후 [시작하기]를 클릭합니다.

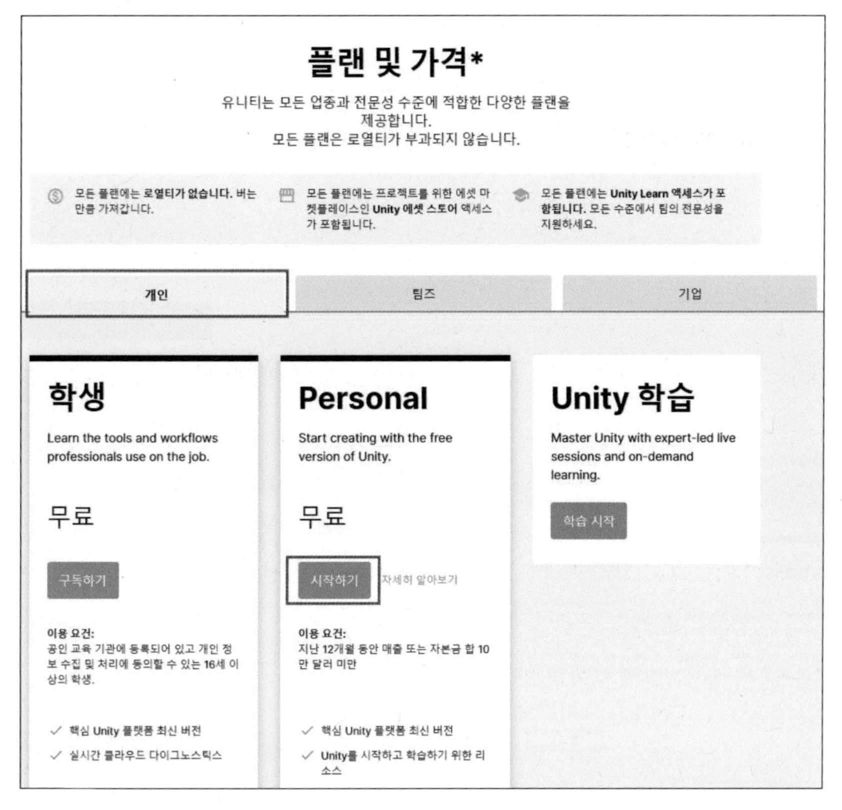

[그림 1.2-7] 라이선스 선택

03 [시작하기]를 클릭합니다.

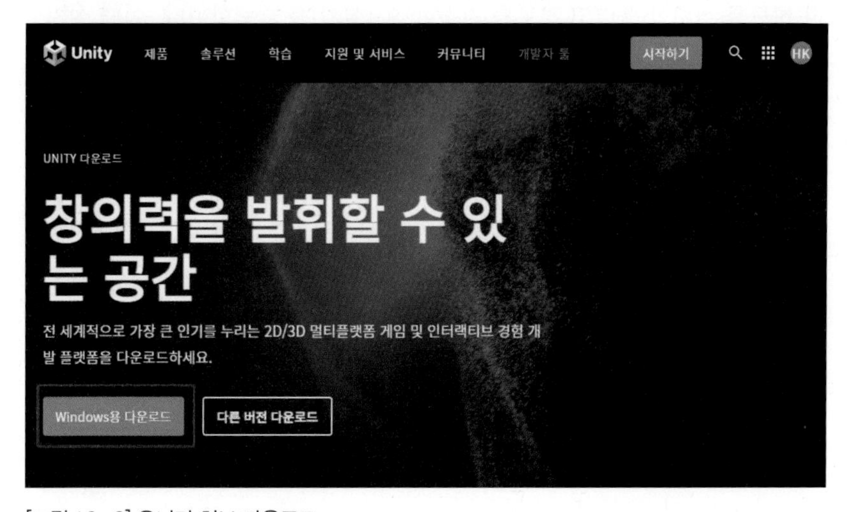

[그림 1.2-8] 유니티 허브 다운로드

04 [Windows용 다운로드] 버튼을 누르면 약관 팝업 창이 나타납니다. [동의 및 다운로드]를 클릭하면 'Unity Hub' 설치 파일이 다운로드됩니다. 다운로드가 완료되면 해당 파일을 더블 클릭해 실행합니다. 약관 선택 화면이 나타나면 [동의함]을 클릭합니다.

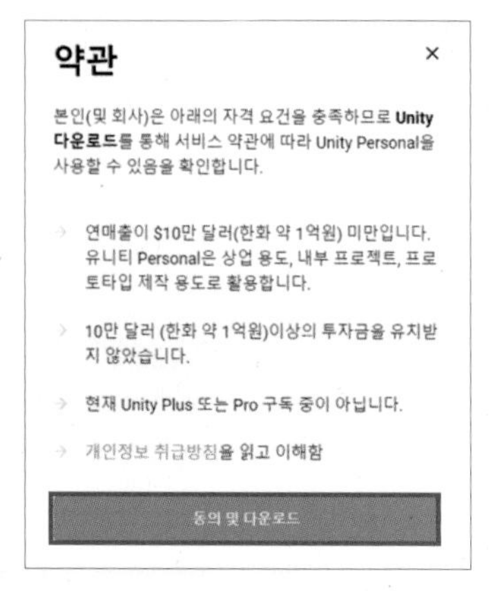

[그림 1.2-9] 약관 동의 및 다운로드

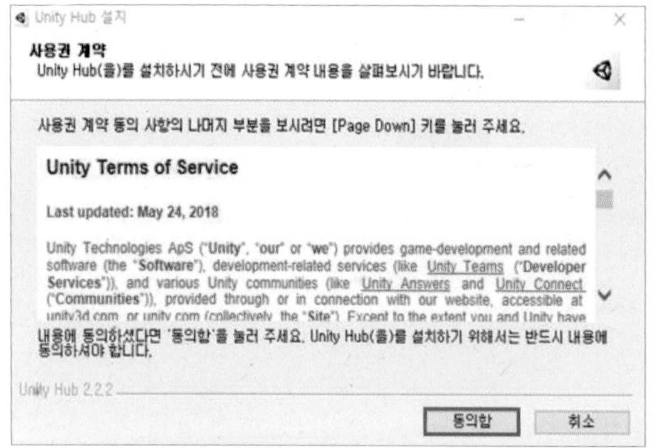

[그림 1.2-10] 사용권 계약

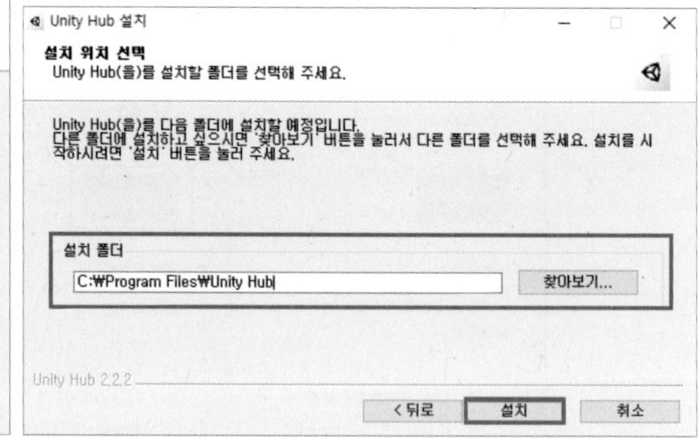

[그림 1.2-11] 설치 위치 선택

05 유니티 허브를 설치할 폴더의 경로를 지정한 후 [설치]를 클릭합니다. 이때 설치 폴더의 경로는 영문으로 설정합니다.

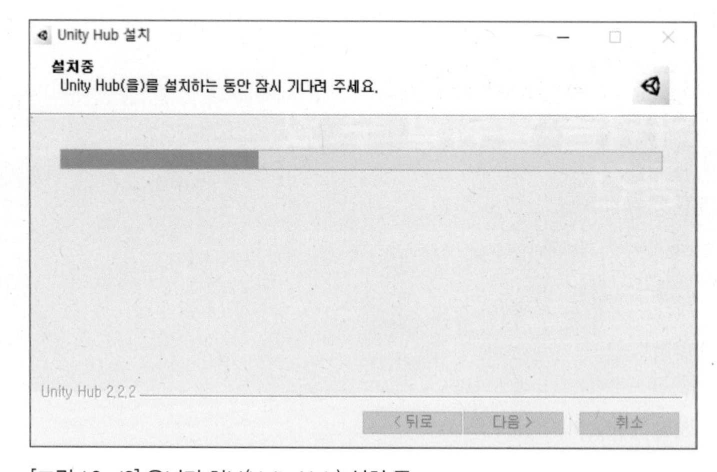

[그림 1.2-12] 유니티 허브(Unity Hub) 설치 중

06 설치 완료 창에서 [마침]을 클릭하면 유니티 허브가 실행됩니다.

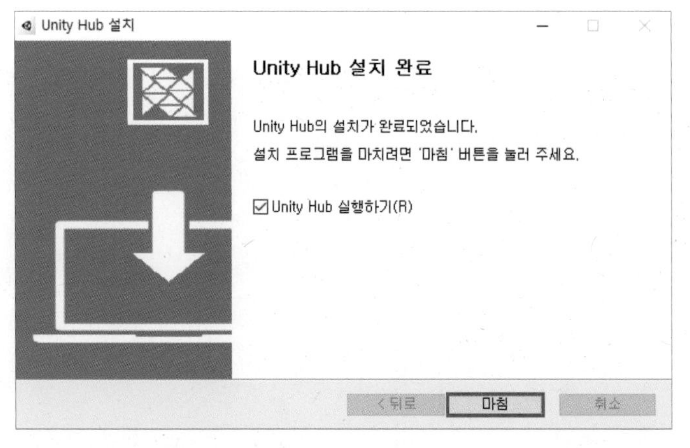

[그림 1.2-13] 유니티 허브 설치 완료

유니티 허브로 유니티 설치하기

01 오른쪽 하단의 [설치 건너뛰기]를 클릭하여 설치 마법사 창을 닫습니다. 사람 모양 아이콘을 클릭한 후 [로그인]을 클릭하고, 앞에서 회원 가입을 진행했던 이메일로 로그인합니다.

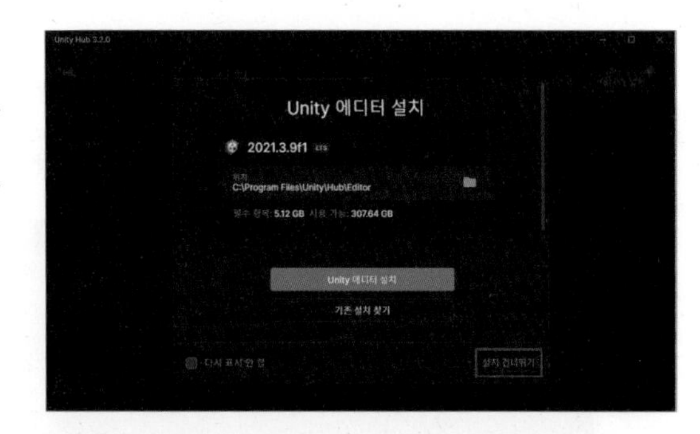

[그림 1.2-14] 유니티 허브 첫 화면

[그림 1.2-15] 유니티 허브 메인 화면

[그림 1.2-16] 유니티 허브 로그인

02 로그인을 완료한 후 유니티 허브의 왼쪽 메뉴 중 [설치]를 클릭하고 [에디터 설치]를 클릭합니다.

[그림 1.2-17] 유니티 설치

03 유니티 버전은 [정식 릴리스] 카테고리의 최신 버전을 선택한 후 [설치]를 클릭합니다. 참고로 어떤 버전을 다운로드해도 이 책을 진행하는 데는 무리가 없습니다.

[그림 1.2-18] 유니티 버전 선택

04 유니티 외에 추가 모듈은 [그림 1.2-19]와 같이 설정하겠습니다. 'Visual Studio Community 2019'는 프로그래밍을 위한 툴이고, 'Android Build Support'는 안드로이드 앱을 만들기 위해 필요한 SDK입니다.

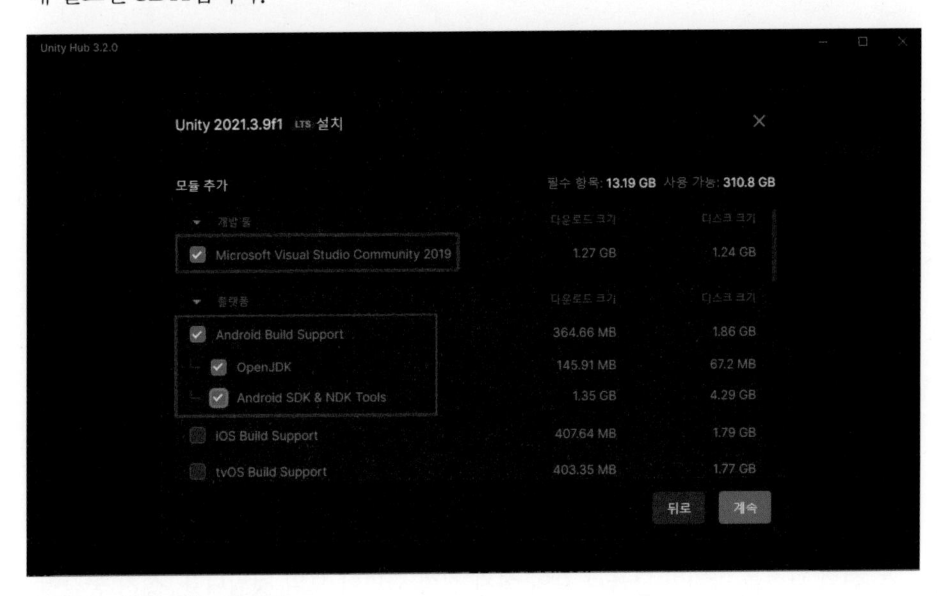

[그림 1.2-19] 필요한 모듈 추가

05 'Visual Studio 2019'를 설치하기 전, 약관에 동의하고 [계속]을 클릭합니다.

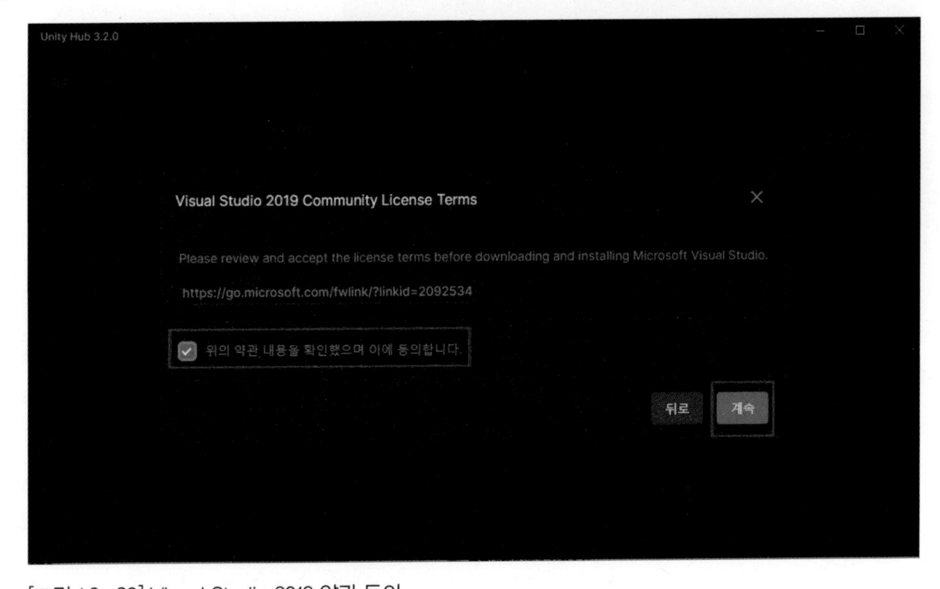

[그림 1.2-20] Visual Studio 2019 약관 동의

06 Android SDK와 NDK를 설치하기 전, 약관에 동의하고 [설치]를 클릭합니다.

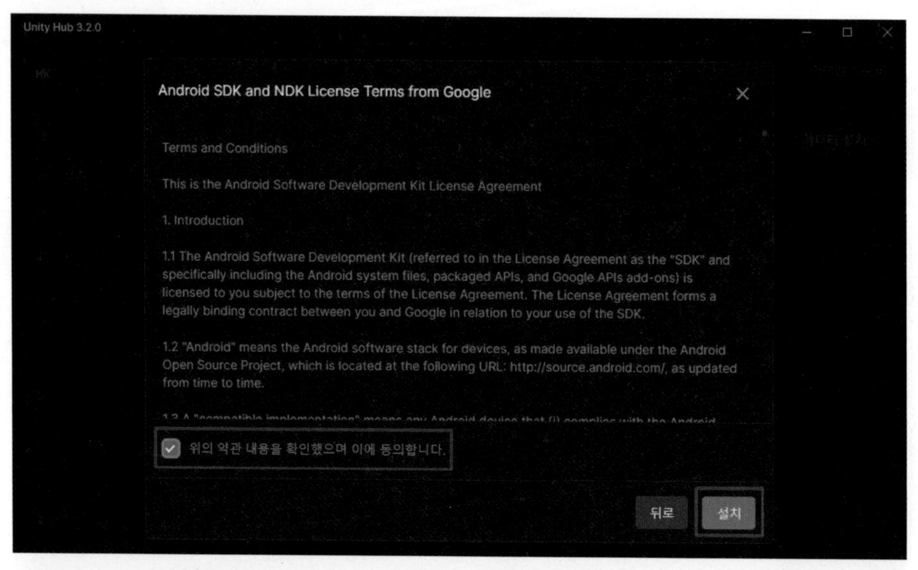

[그림 1.2-21] Android SDK와 NDK 약관 동의

07 항목 선택 과정을 마치면 다음과 같이 설치 진행 화면이 보일 것입니다. 설치 중간에 비주얼 스튜디오 2019를 설치하는 툴인 비주얼 스튜디오 인스톨러가 설치됩니다.

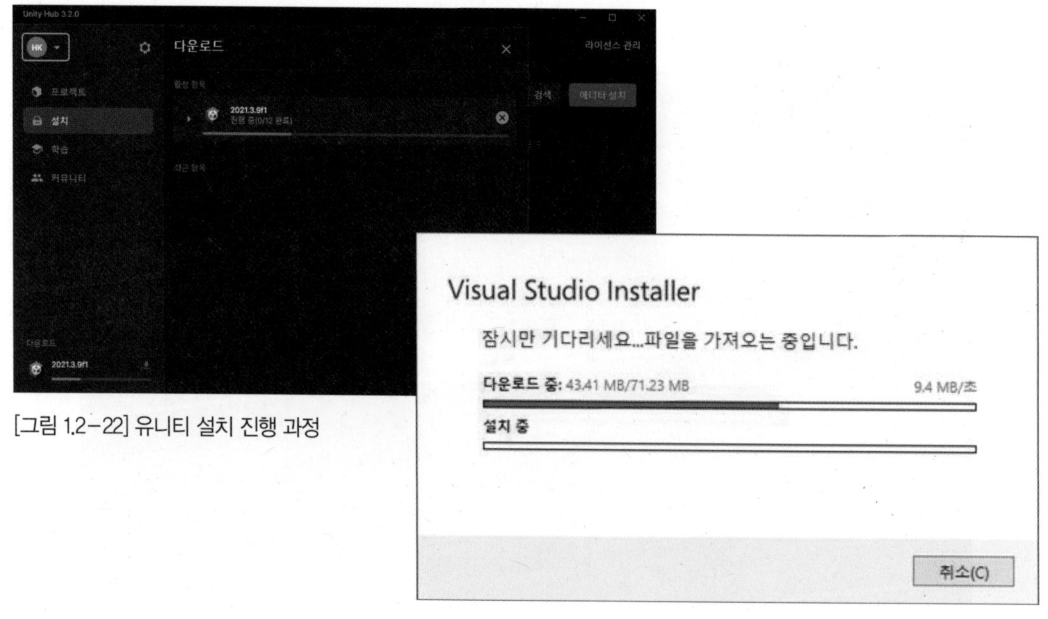

[그림 1.2-22] 유니티 설치 진행 과정

[그림 1.2-23] 비주얼 스튜디오 인스톨러 설치 과정

08 설치 과정이 완료되면 [그림 1.2-24]와 같은 화면이 나타납니다. 이제 유니티를 이용해 콘텐츠를 제작할 수 있는 준비가 끝났습니다.

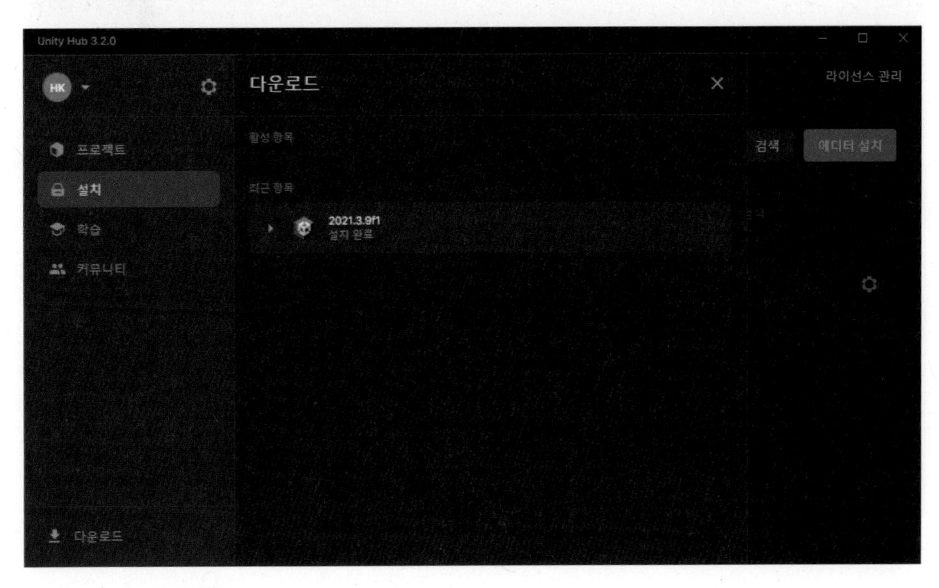

[그림 1.2-24] 설치 완료

1.3 유니티 화면 구성

새로운 프로젝트를 생성하는 방법을 알아봅니다.

1.3-1 : 새로운 프로젝트 생성하기

목표

프로젝트 생성 방법을 알아보고 싶다.

순서

❶ 프로젝트 만들기
❷ 프로젝트 생성 옵션 알아보기

01 유니티 허브의 왼쪽 메뉴 중 [프로젝트]를 클릭한 후 [새 프로젝트]를 클릭합니다.

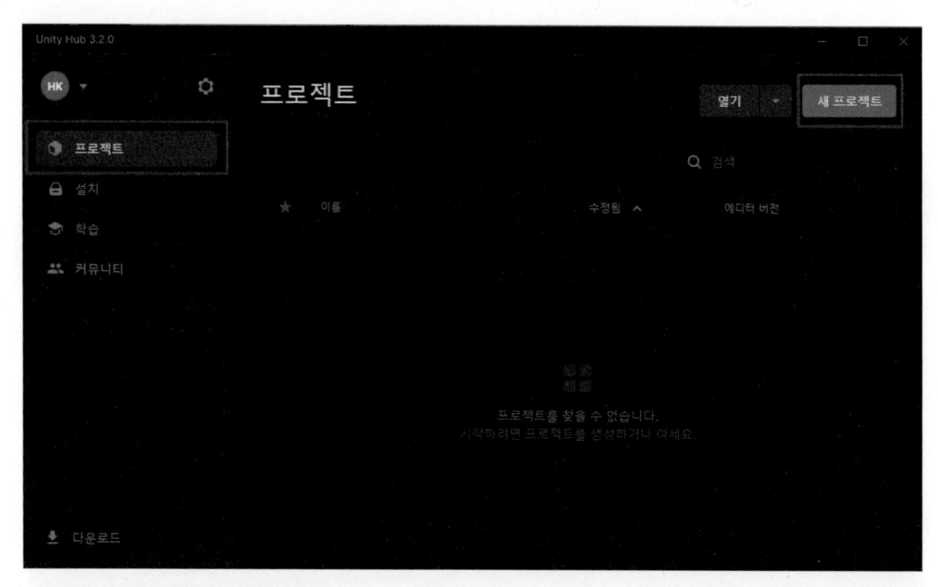

[그림 1.3-1] 새로운 프로젝트 만들기

[그림 1.3-2] 프로젝트 생성 옵션

02 프로젝트 생성 창 왼쪽의 템플릿 항목은 [3D]를 선택합니다. [프로젝트 이름]은 여러분들이 필요한 이름으로 설정하면 됩니다. 첫 번째 프로젝트의 이름은 'FirstProject'로 변경하겠습니다. 폴더가 설정한 프로젝트 이름으로 만들어지면서 유니티 파일이 그 안에 생성됩니다. [위치]는

프로젝트가 해당 경로에 생성되게 해주는 옵션입니다. 저장 위치도 여러분이 원하는 경로를 지정하면 됩니다. 이 책에서는 'E:\Projects'로 설정하겠습니다. 프로젝트 이름과 저장 위치는 영문으로 세팅해야 나중에 오류가 날 확률을 낮출 수 있습니다. 옵션을 모두 설정했으면 [프로젝트 생성] 버튼을 클릭합니다.

Note 템플릿의 종류

- **2D:** 유니티의 내장 렌더링 파이프라인을 사용하는 2D 프로젝트용 템플릿
- **3D:** 유니티의 내장 렌더링 파이프라인을 사용하는 3D 프로젝트용 템플릿
- **3D With Extras:** 3D 템플릿과 유사하지만 포스트 프로세싱, 프리셋, 예시 콘텐츠 추가도 포함
- **High Definition RP:** 셰이더 모델 5.0(DX11 이상)을 지원하는 플랫폼에서 하이엔드 그래픽을 구현하기 위한 템플릿
- **Universal RP:** 성능에 초점을 맞춘 템플릿으로, 주로 베이크된 조명 솔루션을 이용하는 프로젝트에 사용함. 모든 모바일 디바이스에서 고품질 그래픽스를 구현하기 위한 템플릿

03 프로젝트가 성공적으로 생성됐다면 [그림 1.3-3]과 같은 유니티 에디터 화면이 보일 것입니다.

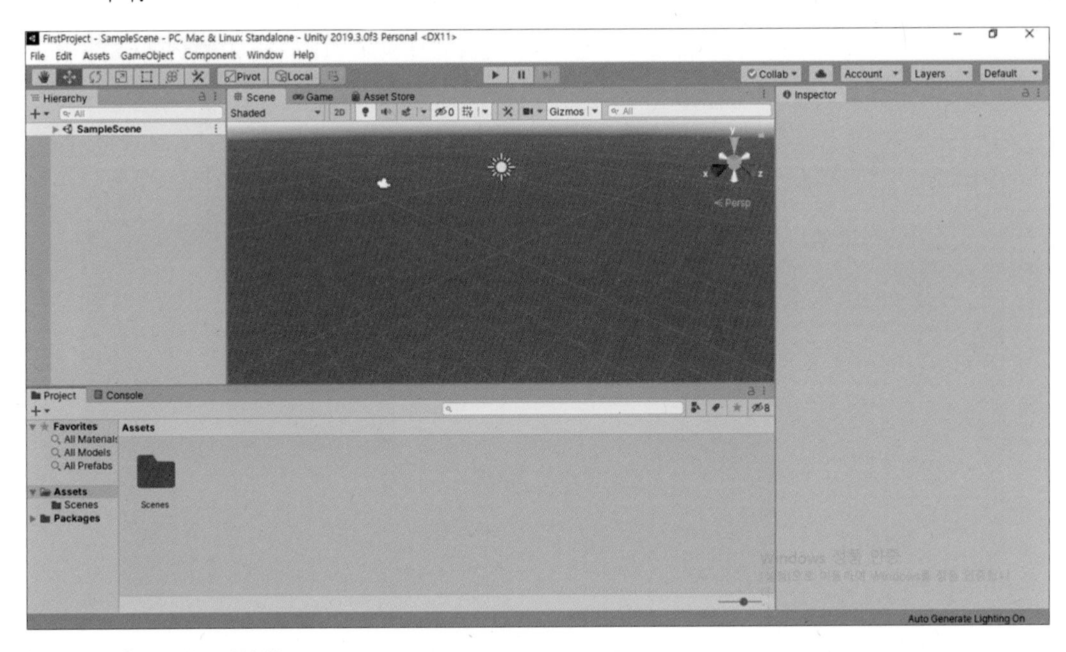

[그림 1.3-3] 프로젝트 생성 완료

1.3-2 : 유니티 화면 구성 알아보기

01 화면 구성을 알아보기 전에 프로젝트 작업의 편의상 유니티 레이아웃을 변경해보겠습니다.

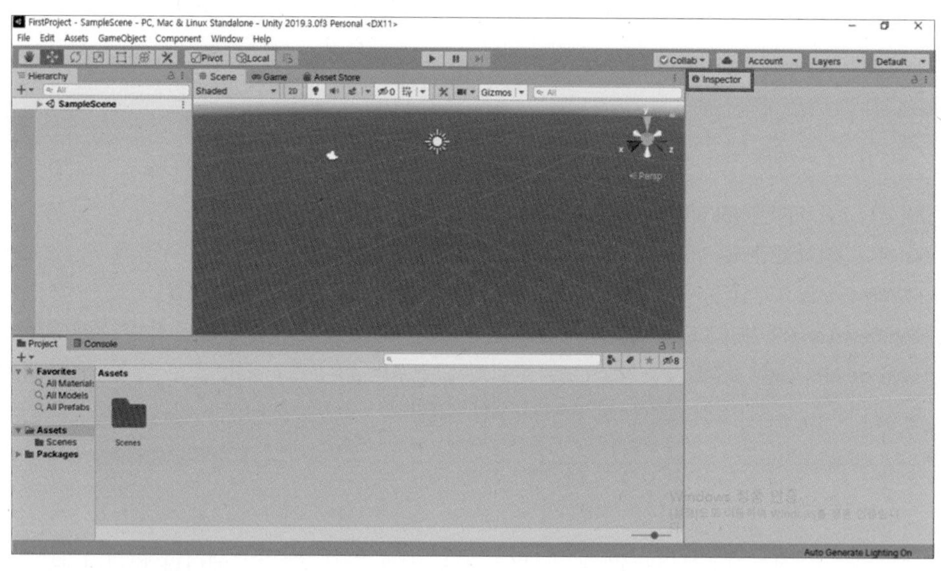

[그림 1.3-4] 인스펙터 창

02 [그림 1.3-4]의 인스펙터 뷰 부분(빨간색 박스)을 마우스 왼쪽 버튼으로 누른 채 이동하면 인스펙터 뷰를 분리할 수 있습니다.

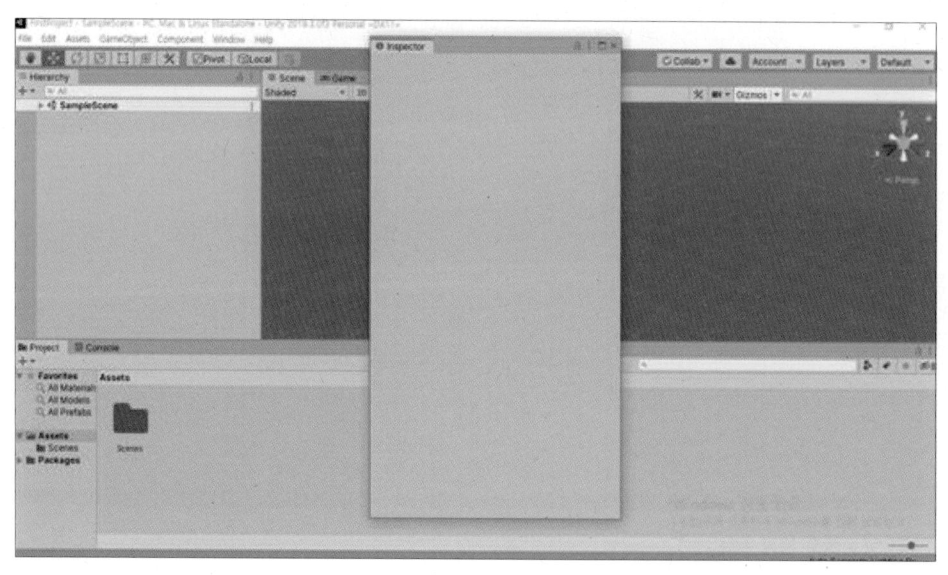

[그림 1.3-5] 인스펙터 창 분리

03 분리된 인스펙터 뷰를 [그림 1.3-6]과 같이 드래그해 하이어라키 뷰와 씬 뷰 사이에 끼워 재배치할 수 있습니다.

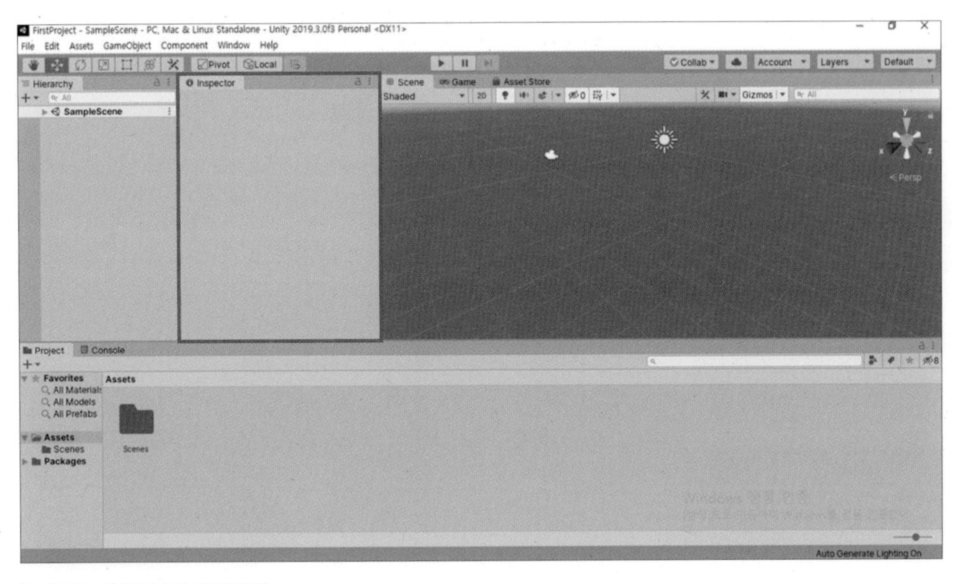

[그림 1.3-6] 인스펙터 창 재배치

04 유니티 에디터는 이와 같이 작업자가 원하는 레이아웃으로 자유롭게 변경할 수 있습니다. 이 책에서는 많은 개발자가 사용하는 레이아웃으로 변경해보겠습니다. 우측 상단의 [Default] 또는 [Layout]으로 돼 있는 메뉴를 클릭하면 [그림 1.3-7]과 같이 또 다른 메뉴가 열립니다. 열린 메뉴에서 [2 by 3]을 선택합니다.

[그림 1.3-7] 2 by 3 레이아웃 선택

05 [2 by 3]을 선택하면 [그림 1.3-8]과 같이 유니티 레이아웃이 변경됩니다.

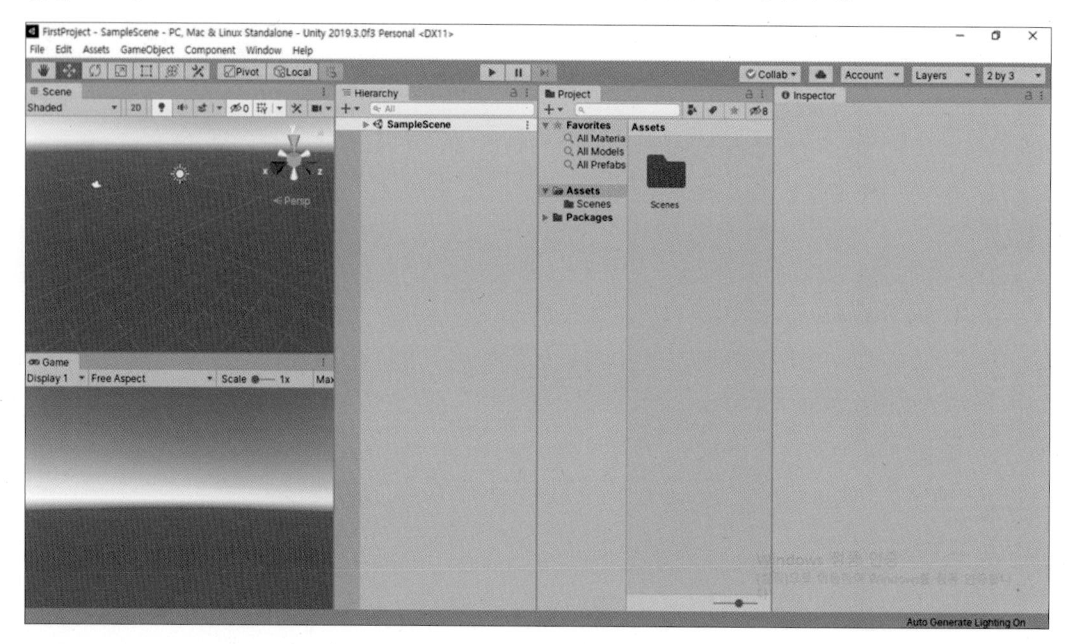

[그림 1.3-8] 2 by 3 레이아웃

06 프로젝트 뷰를 드래그 앤 드롭해 [그림 1.3-9]와 같이 변경합니다.

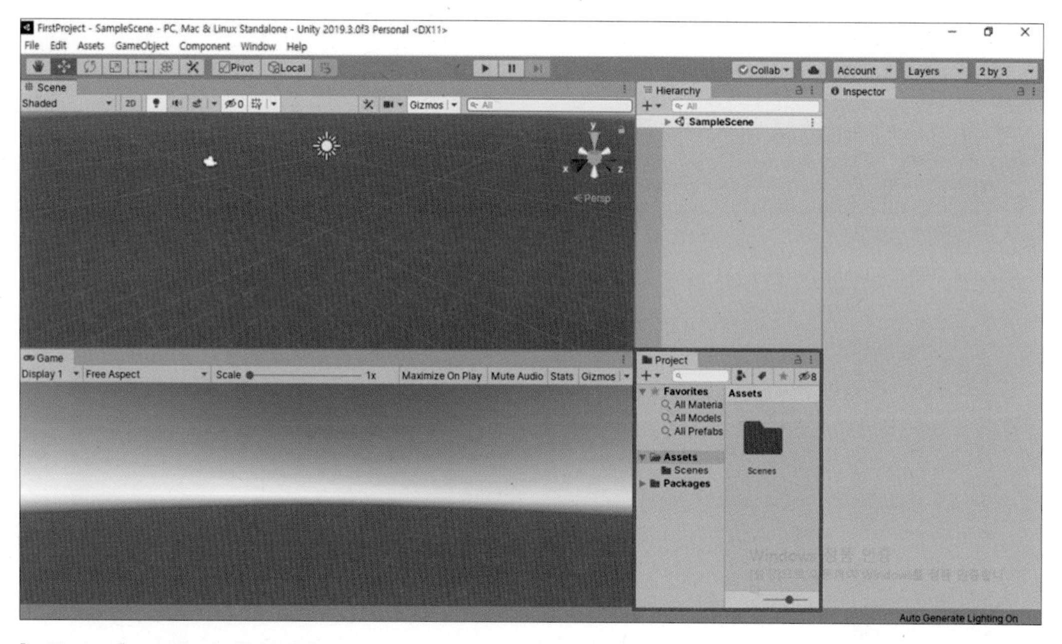

[그림 1.3-9] 프로젝트 뷰 창 재배치

07 프로젝트 뷰의 아래쪽 스크롤 바를 왼쪽으로 이동해 목록의 크기를 조절합니다.

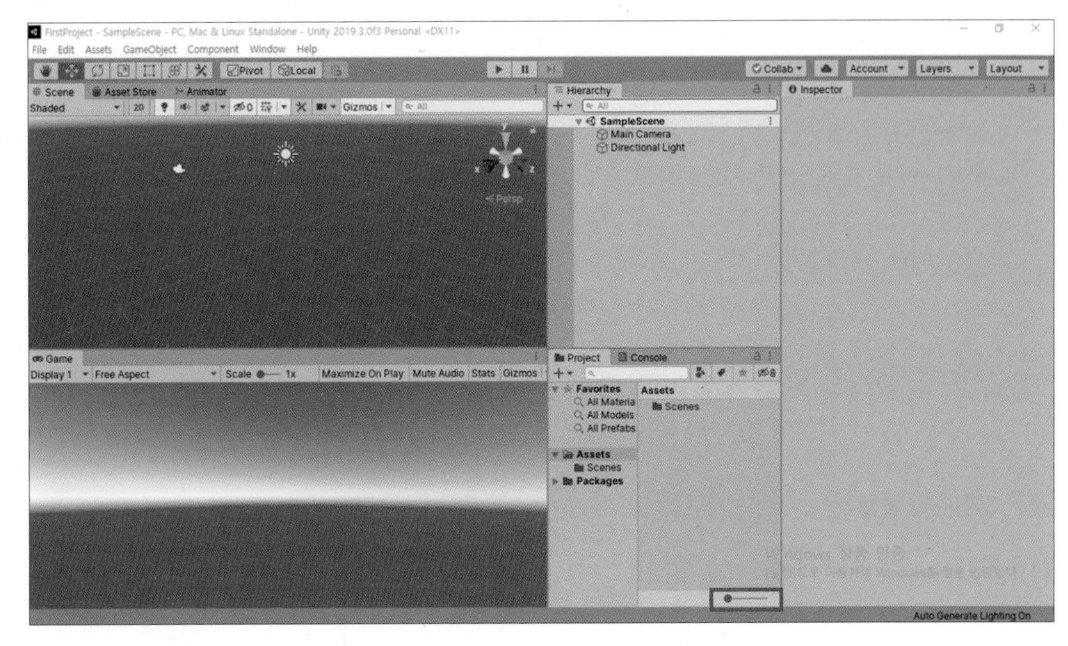

[그림 1.3-10] 프로젝트 뷰 목록 크기 조절

Note 유니티 에디터의 화면 구성

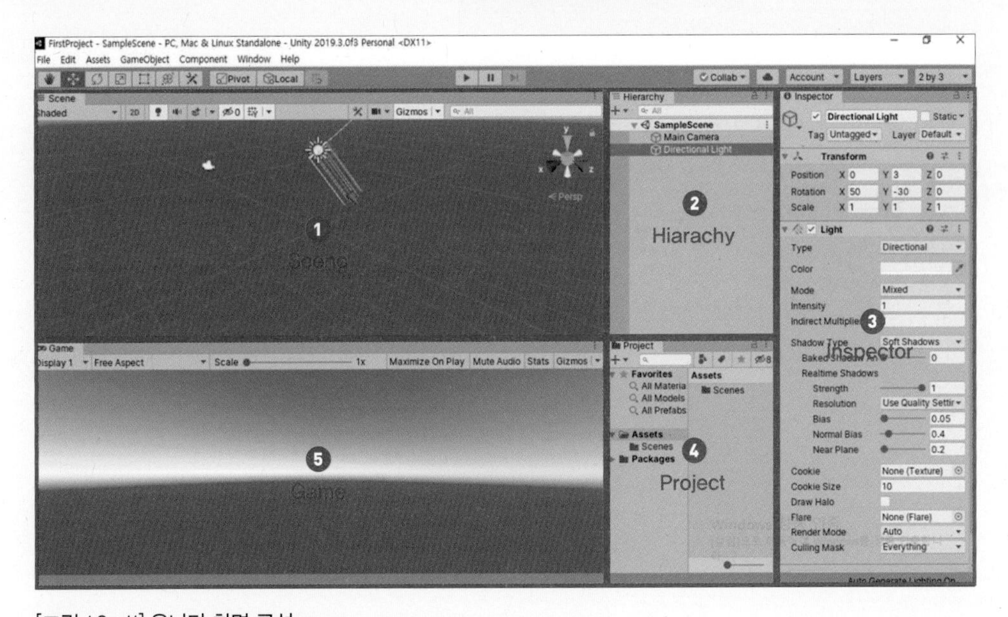

[그림 1.3-11] 유니티 화면 구성

❶ **씬(Scene):** 게임 오브젝트들을 비주얼적으로 확인하거나 조작할 수 있는 창입니다.
❷ **하이어라키(Hierarchy) 뷰:** 씬 뷰에서 보이는 게임 오브젝트들의 목록을 관리하는 창입니다.
❸ **인스펙터(Inspector) 뷰:** 게임 오브젝트가 어떠한 컴포넌트로 이뤄져 있는지 확인하고 수정할 수 있는 창입니다.
❹ **프로젝트(Project) 뷰:** 콘텐츠 제작에 필요한 파일, 리소스 등을 관리하는 창입니다.
❺ **게임(Game) 뷰:** 제작하는 콘텐츠를 실행했을 때 보이는 창입니다.

1.3-3 유니티 기본 기능 알아보기

기본 도형 만들기

01 씬 뷰에 큐브가 나타나도록 해보겠습니다. 하이어라키(Hierarchy) 뷰에서 [+] 버튼 – [3D Object] – [Cube]를 선택하면 씬 뷰에 큐브 형태의 오브젝트가 추가되고, 하이어라키 뷰에는 오브젝트 목록이 하나 추가됩니다.

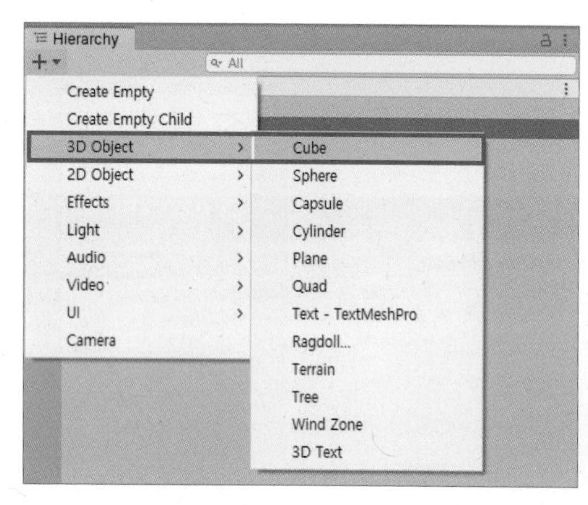

[그림 1.3-12] 큐브 생성

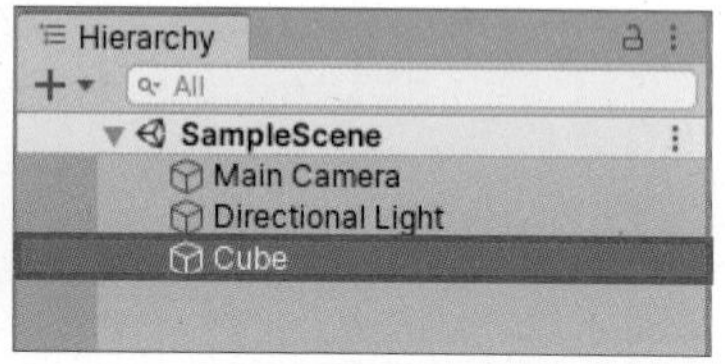

[그림 1.3-13] 큐브 생성 결과(하이어라키 뷰)

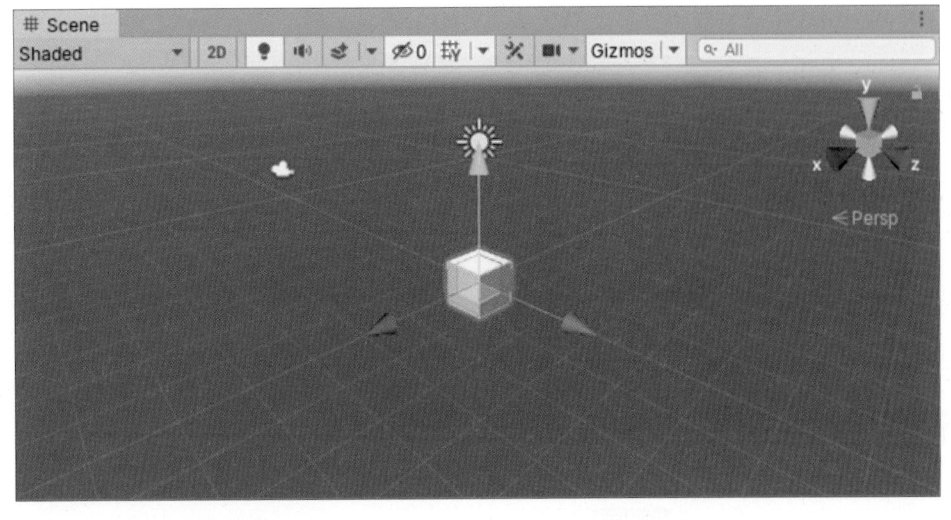

[그림 1.3-14] 큐브 생성 결과(씬 뷰)

씬 뷰에서 화면 움직임 알아보기

02 씬 뷰에 마우스 커서를 올려놓고 마우스 오른쪽 버튼을 클릭한 상태를 유지하면 마우스 커서가 눈 모양으로 바뀝니다. 이 상태에서 마우스를 좌, 우, 상, 하로 이동하면 화면이 회전합니다. 마우스 커서를 눈 모양으로 유지한 채 키보드의 W, A, S, D, Q, E 키를 눌러봅니다.

- W: 화면이 안쪽으로 움직임
- A: 화면이 왼쪽으로 움직임
- S: 화면이 뒤쪽으로 움직임
- D: 화면이 오른쪽으로 움직임
- Q: 화면이 위쪽으로 움직임
- E: 화면이 아래쪽으로 움직임

03 키보드의 Alt 키를 누른 채 마우스 왼쪽 버튼을 누른 채 움직이면 화면이 씬 화면의 중심을 기준으로 회전합니다.

오브젝트 포커스

04 씬 화면을 움직이다 보면 큐브가 화면에서 사라지는 때가 생깁니다. 이때 다시 큐브를 씬 화면의 중심으로 오게 하는 데는 두 가지 방법이 있습니다.

첫 번째 방법은 하이어라키 뷰에서 큐브를 마우스로 더블 클릭하는 것입니다. 두 번째 방법은 하이어라키 뷰에서 큐브를 선택한 후 씬 뷰에 마우스 커서를 올려놓고 키보드의 F 키를 누르는 것입니다.

Transfom 툴 알아보기

[그림 1.3-15] 트랜스폼 툴(Transform Tool)

05 씬 뷰 위에 있는 트랜스폼(Transform) 툴의 기능에 대해 알아보겠습니다.

[그림 1.3-16] 핸드 툴(Hand Tool)

핸드 툴 을 클릭한 후 마우스 커서를 씬 뷰에 올려놓으면 마우스 커서가 손 모양으로 바뀐 것을 확인할 수 있습니다. 이 상태에서 마우스 왼쪽 버튼을 클릭한 채 좌, 우, 상, 하로 움직이면 씬 뷰의 화면을 움직일 수 있습니다.

[그림 1.3-17] 무브 툴(Move Tool)

06 무브 툴 을 이용하면 씬 뷰의 게임 오브젝트 위치값을 변경할 수 있습니다. 무브 툴 을 클릭한 후 하이어라키 뷰에서 큐브를 선택하면 [그림 1.3-18]과 같이 큐브를 중심으로 빨간색, 녹색, 파란색 화살표가 생기는 것을 확인할 수 있습니다.

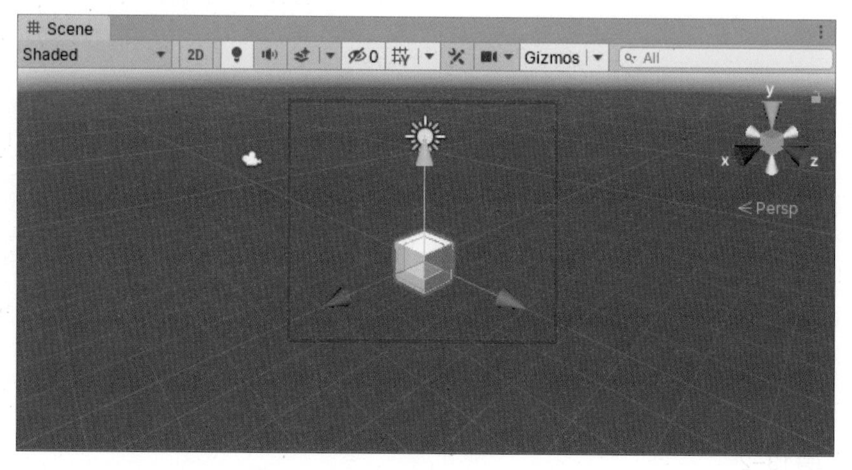

[그림 1.3-18] 무브 툴을 선택한 후 큐브를 선택한 화면

빨간색 화살표를 마우스 왼쪽 버튼으로 클릭한 채 움직이면 빨간색 화살표 방향이나 그 반대 방향으로 움직입니다. 다른 종류의 화살표를 클릭한 채 움직이면 이와 똑같은 움직임을 보입니다.

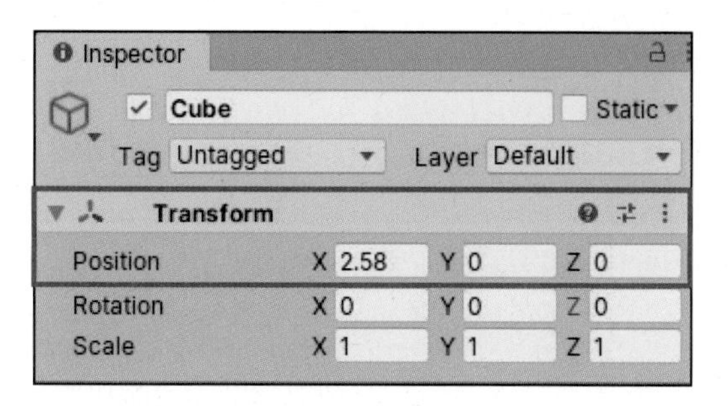

[그림 1.3-19] Transform 컴포넌트의 Position 값

07 다시 한번 무브 툴 을 이용해 게임 오브젝트를 이동시키면 인스펙터 뷰에서 Transform 컴포넌트 Position 항목의 X, Y, Z 값이 변하는 것을 확인할 수 있습니다(빨간색 화살표: X 값 변경, 녹색 화살표: Y 값 변경, 파란색 화살표: Z 값 변경).

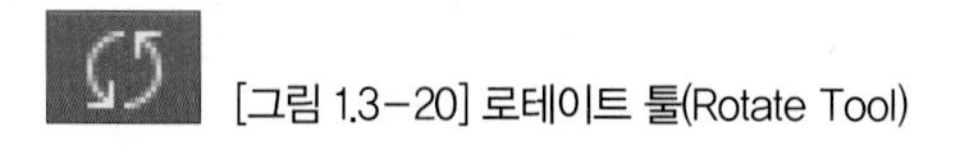

[그림 1.3-20] 로테이트 툴(Rotate Tool)

08 로테이트 툴 은 게임 오브젝트의 회전 값을 변경하는 툴입니다. 로테이트 툴 을 클릭한 후 하이어라키 뷰에서 큐브를 선택하면 [그림 1.3-21]과 같이 큐브를 중심으로 빨간색, 녹색, 파란색 원이 생기는 것을 확인할 수 있습니다.

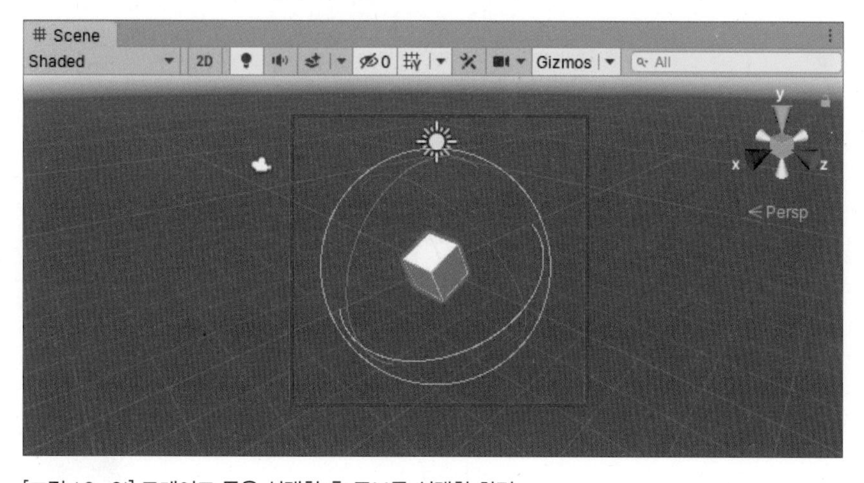

[그림 1.3-21] 로테이트 툴을 선택한 후 큐브를 선택한 화면

1 1.1 1.2 1.3 1.4 2 2.1 2.2 2.3 2.4 3 3.1 3.2 3.3 4 4.1 4.2 4.3 4.4 4.5 4.6 4.7 4.8 4.9 4.10 4.11

09 각각의 원을 마우스 왼쪽 버튼으로 클릭한 채 움직이면 큐브가 회전합니다.

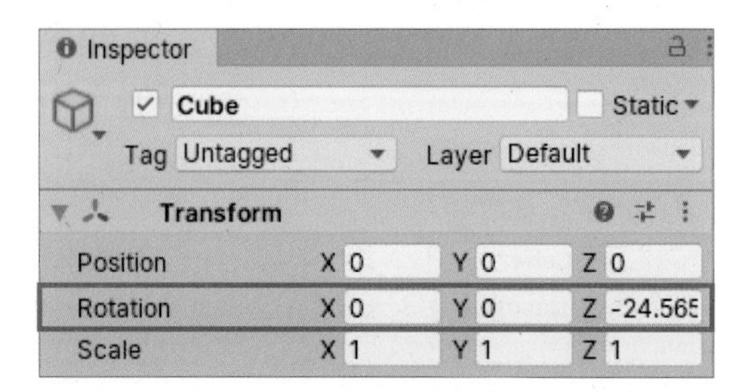

[그림 1.3-22] Transform 컴포넌트의 Rotation 값

10 로테이트 툴 을 이용해 게임 오브젝트를 회전하면 Transform 컴포넌트 Rotation 항목의 X, Y, Z 값이 변하는 것을 확인할 수 있습니다(빨간색 원: X축 회전, 녹색 원: Y축 회전, 파란색 원: Z축 회전).

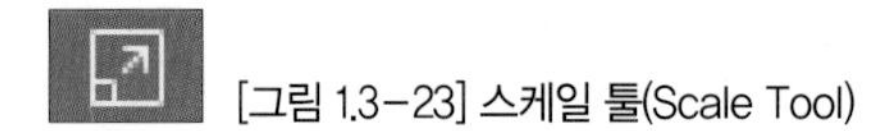

[그림 1.3-23] 스케일 툴(Scale Tool)

11 스케일 툴 은 게임 오브젝트의 크기값을 변경하는 툴입니다. 스케일 툴 을 클릭한 후 하이어라키 뷰에서 Cube를 선택하면 [그림 1.3-24]와 같이 빨간색, 녹색, 파란색 막대가 생깁니다. 각 막대를 마우스 왼쪽 버튼으로 클릭한 채 움직이면 큐브의 크기가 변하는 것을 확인할 수 있습니다.

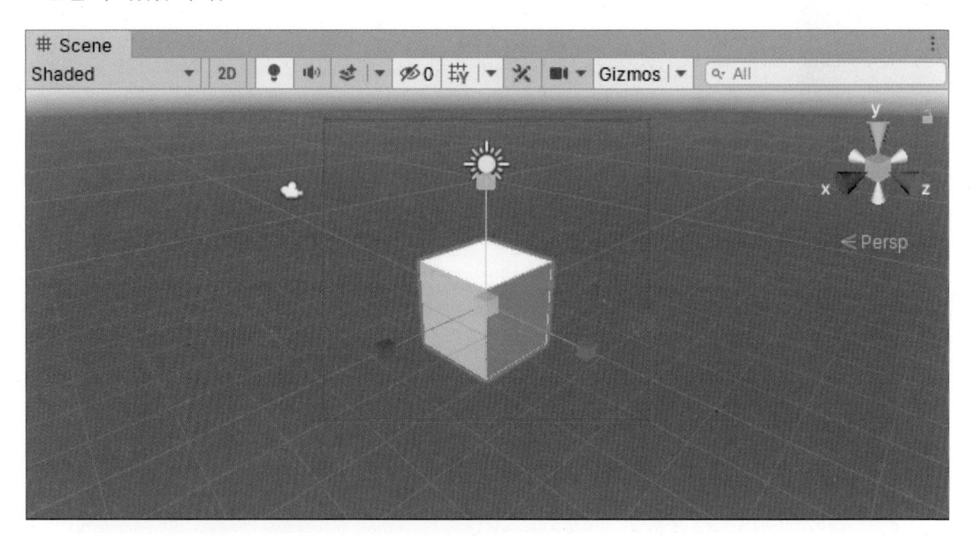

[그림 1.3-24] 스케일 툴을 선택한 후 큐브를 선택한 화면

이동, 회전 때와 마찬가지로 스케일 툴 을 이용해 게임 오브젝트의 크기를 변경하면 Transform 컴포넌트 Scale 항목의 X, Y, Z 값이 변하는 것을 확인할 수 있습니다.

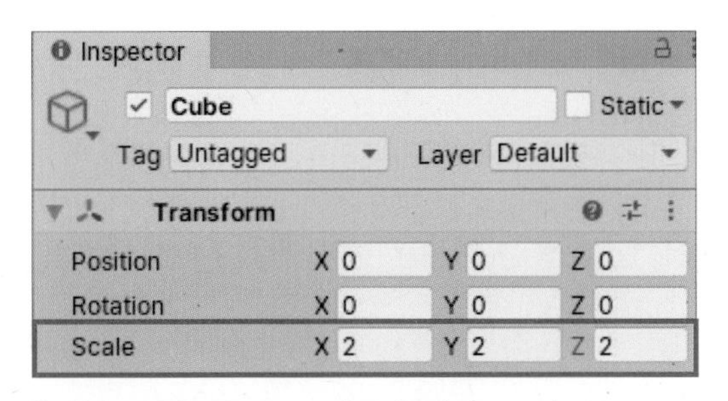

[그림 1.3-25] Transform 컴포넌트의 Scale 값

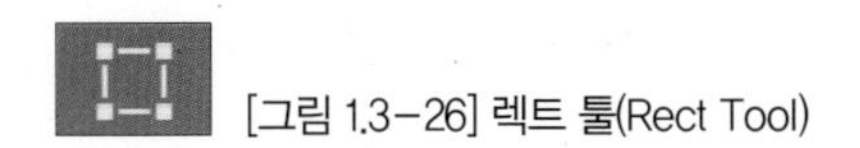

[그림 1.3-26] 렉트 툴(Rect Tool)

12 렉트 툴 은 스케일 툴 과 같이 게임 오브젝트의 크기를 변경하는 툴입니다. 렉트 툴 이 스케일 툴 과 다른 점은 크기가 한쪽으로 변한다는 것입니다. 렉트 툴 은 일반적으로 UI나 스프라이트 이미지와 같은 2D 오브젝트를 조정할 때 주로 사용됩니다.

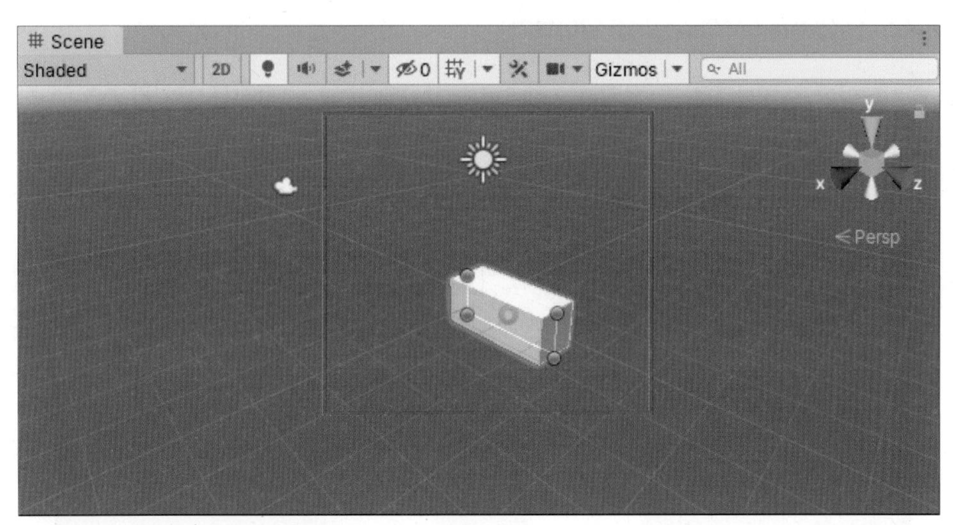

[그림 1.3-27] 렉트 툴을 선택한 후 큐브를 선택한 화면

13 [그림 1.3-27]과 같이 게임 오브젝트 주변에 사각형 모양이 생깁니다. 사각형의 한쪽 변을 마우스 왼쪽 버튼으로 클릭한 채 움직이면 큐브의 크기가 한쪽만 변하는 것을 확인할 수 있습니다.

[그림 1.3-28] 혼합 툴

14 혼합 툴 은 무브 툴 , 로테이트 툴 , 스케일 툴 을 합쳐 놓은 툴입니다. 이 툴은 많이 사용하지 않습니다.

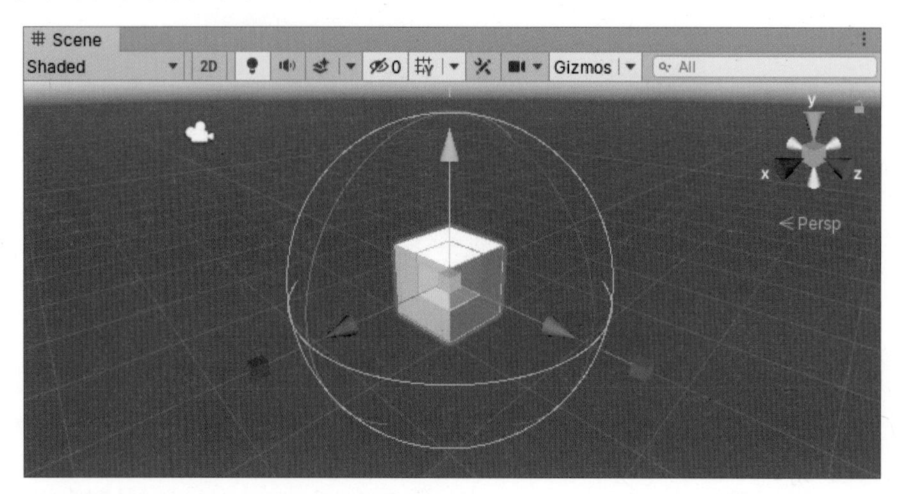

[그림 1.3-29] 혼합 툴을 선택한 후 큐브를 선택한 화면

버텍스 스냅핑(Vertex Snapping) 알아보기

15 하이어라키 뷰에서 큐브를 선택하고 Ctrl+D 키를 누르면 선택한 큐브와 똑같은 큐브를 복제합니다. 씬 뷰에서 큐브가 하나로 보이는 이유는 위치, 회전, 크기 값이 같아 겹쳐 있기 때문입니다. 무브 툴 과 씬 화면의 움직임을 이용해 [그림 1.3-30]과 같이 만듭니다.

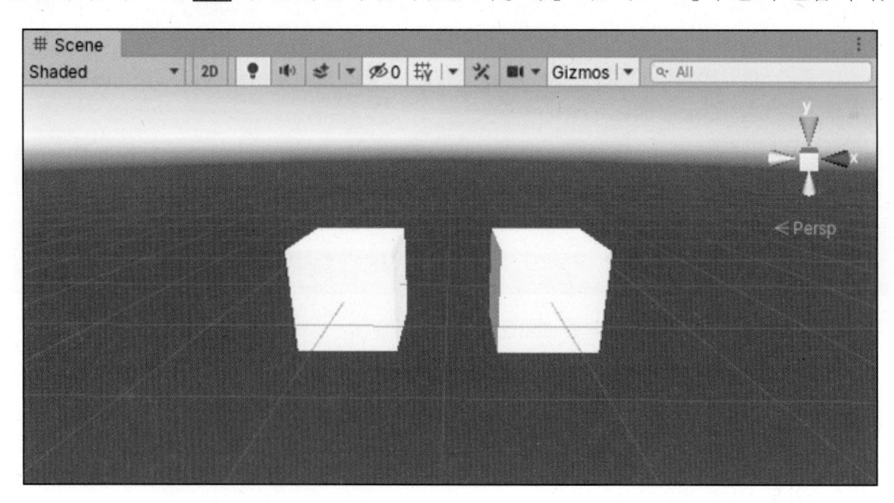

[그림 1.3-30] 큐브를 복제한 후 양쪽에 배치

16 생성된 두 큐브를 정확하게 붙여보겠습니다. 그런데 무브 툴 과 씬 화면의 움직임만으로 두 큐브를 정확하게 붙이는 것은 쉽지 않습니다. 그래서 유니티에서는 손쉽게 두 큐브를 정확하게 붙일 수 있는 '버텍스 스냅핑(Vertex Snapping)'이라는 기능을 제공하고 있습니다.

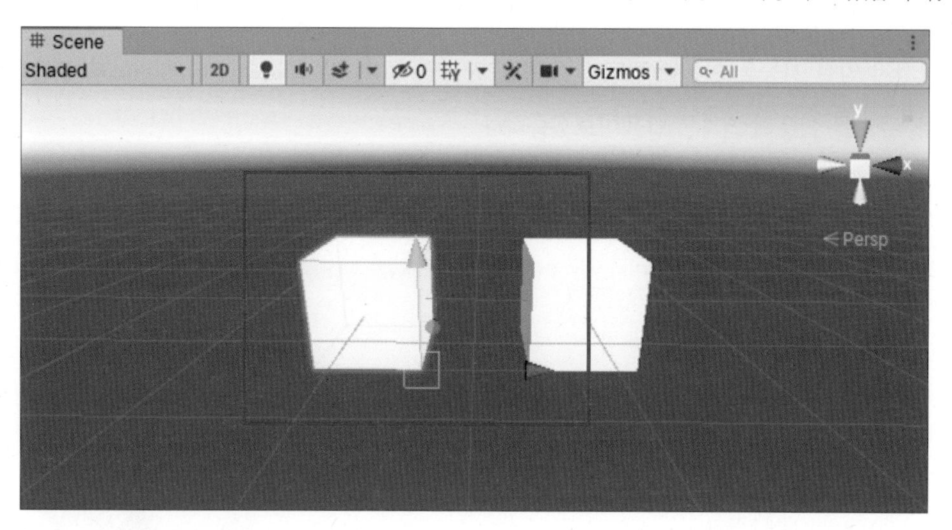

[그림 1.3-31] 버텍스 스냅핑

17 큐브를 하나 선택한 후 V 키를 누른 채 마우스 커서를 큐브의 꼭지점으로 이동시키면 [그림 1.3-32]에서와 같이 화살표 기즈모(Gizmo)가 해당 꼭지점으로 이동합니다. 이동된 꼭지점에서 마우스 왼쪽 버튼을 클릭한 채 마우스를 드래그하면 다른 큐브의 꼭지점에 정확하게 붙는데, 이를 '버텍스 스냅핑'이라고 합니다.

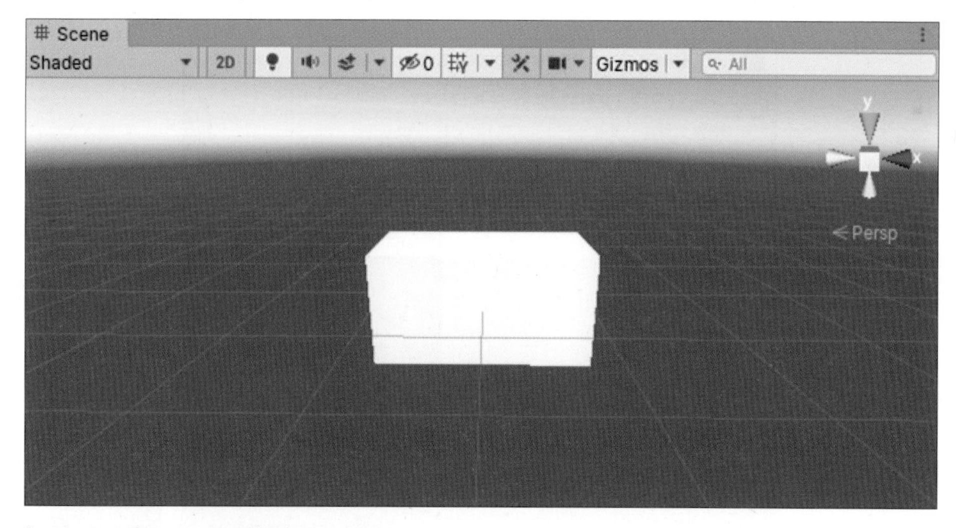

[그림 1.3-32] 두 큐브를 정확히 붙인 상태

1.4 오브젝트 다루기

지금까지 익힌 기능을 이용해 간단한 모형을 만들면서 유니티 조작에 익숙해지도록 연습해보겠습니다. 큐브를 이용해 의자를 만들어보겠습니다.

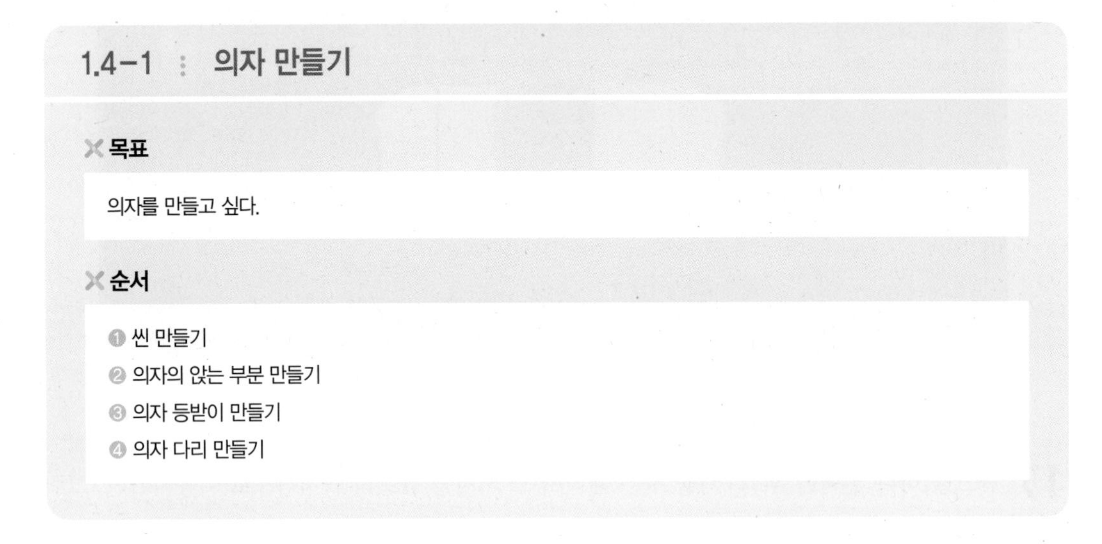

1.4-1 : 의자 만들기

목표

의자를 만들고 싶다.

순서

1. 씬 만들기
2. 의자의 앉는 부분 만들기
3. 의자 등받이 만들기
4. 의자 다리 만들기

씬 만들기

01 새로운 씬을 하나 만들어보겠습니다.

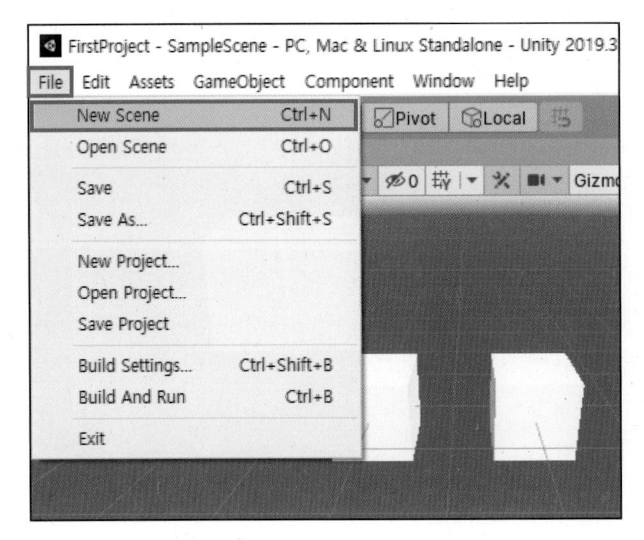

[그림 1.4-1] 새로운 씬 만들기

02 유니티 왼쪽 상단 메뉴에서 [File] - [New Scene]을 선택합니다. 그런 다음 Ctrl + S 키를 누르면 [그림 1.4-2]와 같은 창이 나타나는데, 이는 새로 만든 씬의 이름과 저장 경로를 정하는 것입니다.

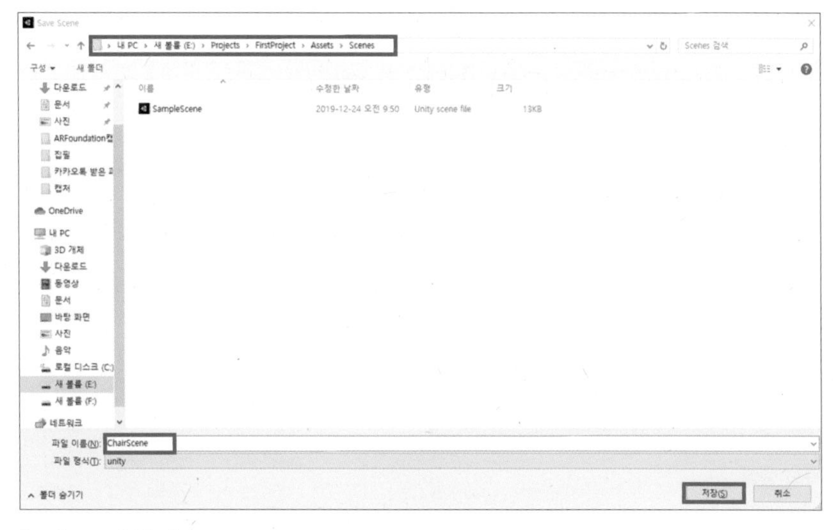

[그림 1.4-2] 씬 저장

03 저장 경로는 [FirstProject] - [Assets] - [Scenes]로 하고, 파일 이름은 'ChairScene'으로 정한 후 [저장] 버튼을 클릭합니다.

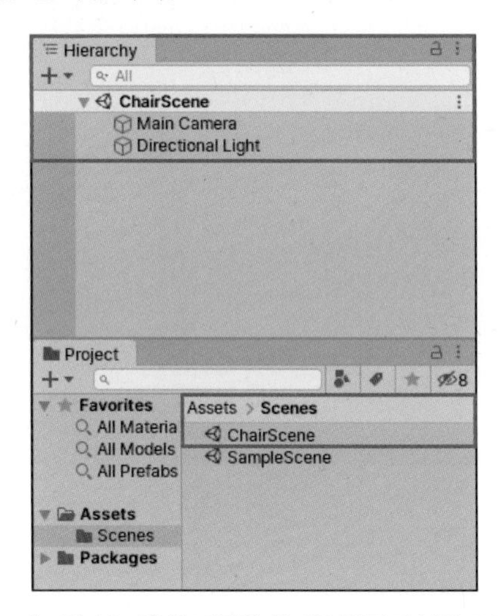

[그림 1.4-3] 씬 저장한 후 하이어라키 뷰와 프로젝트 뷰의 상태

04 새로운 씬을 만든 후 저장을 완료하면 하이어라키 뷰와 프로젝트 뷰의 상태는 [그림 1.4-3]과 같이 됩니다.

의자의 앉는 부분 만들기

05 다음으로 의자의 기준이 되는 좌석 부분을 만들어보겠습니다. 하이어라키 뷰에서 [+] 버튼 – [3D Object] – [Cube]를 선택해 큐브를 하나 생성합니다.

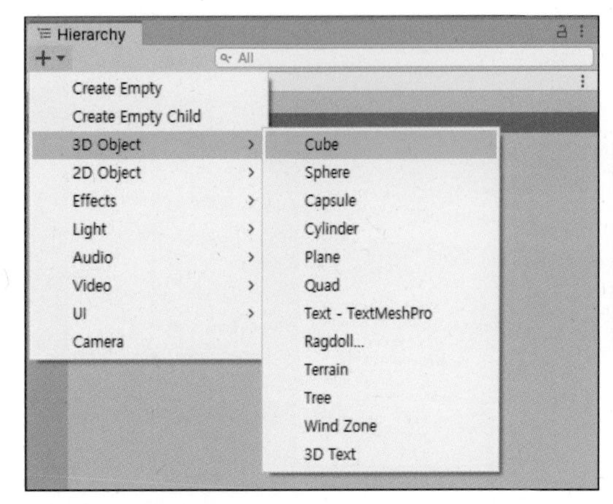

[그림 1.4–4] 큐브 생성

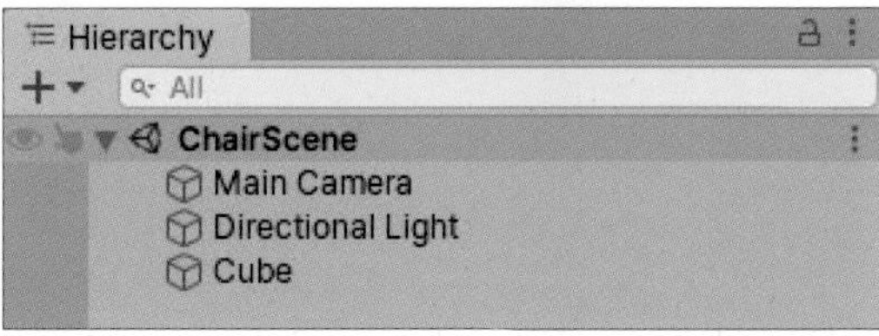

[그림1.4–5] 큐브 생성 결과

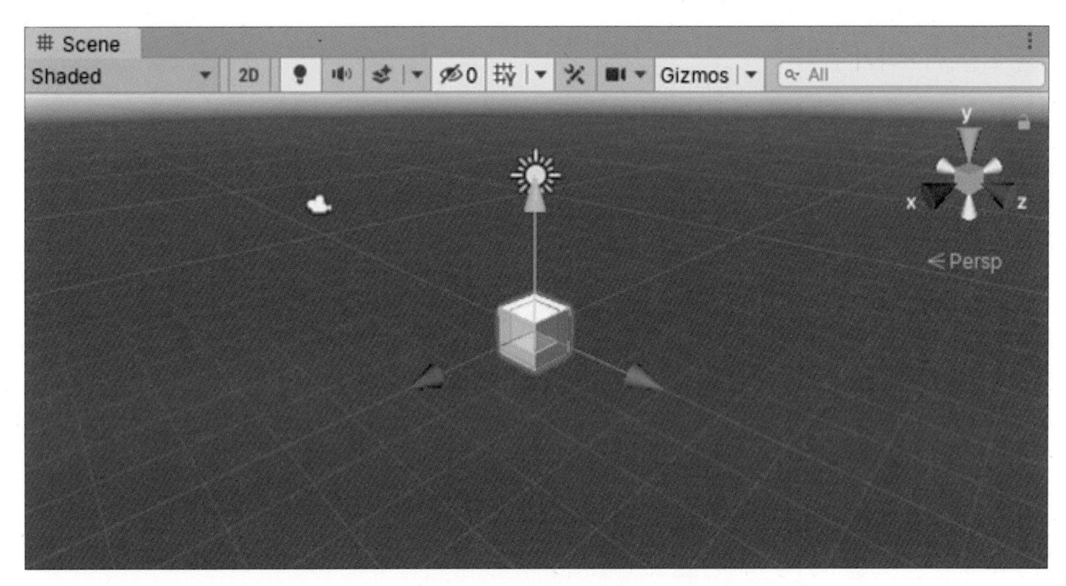

[그림 1.4–6] 큐브 생성 결과(씬 뷰)

06 큐브를 선택한 상태에서 스케일 툴 [아이콘] 을 이용해 [그림 1.4-7]과 같은 모양으로 만듭니다.

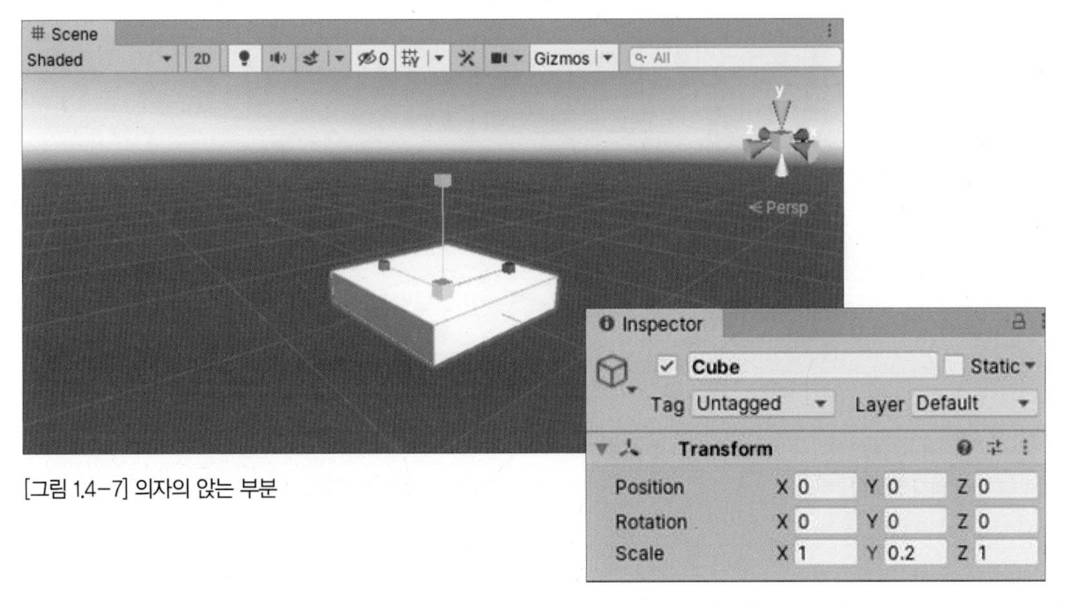

[그림 1.4-7] 의자의 앉는 부분

[그림 1.4-8] 의자 앉는 부분의 [Inspector-Transform] 값

07 하이어라키 뷰에서 큐브를 선택한 후 Ctrl+D 키를 눌러 큐브를 복제합니다. [그림 1.4-8]과 같이 하이어라키 뷰에 'Cube(1)'이라는 이름으로 큐브가 복제됩니다. 복제를 했는데 큐브가 하나만 보이는 것은 똑같은 크기의 큐브가 같은 위치에 있기 때문입니다.

의자 등받이 만들기

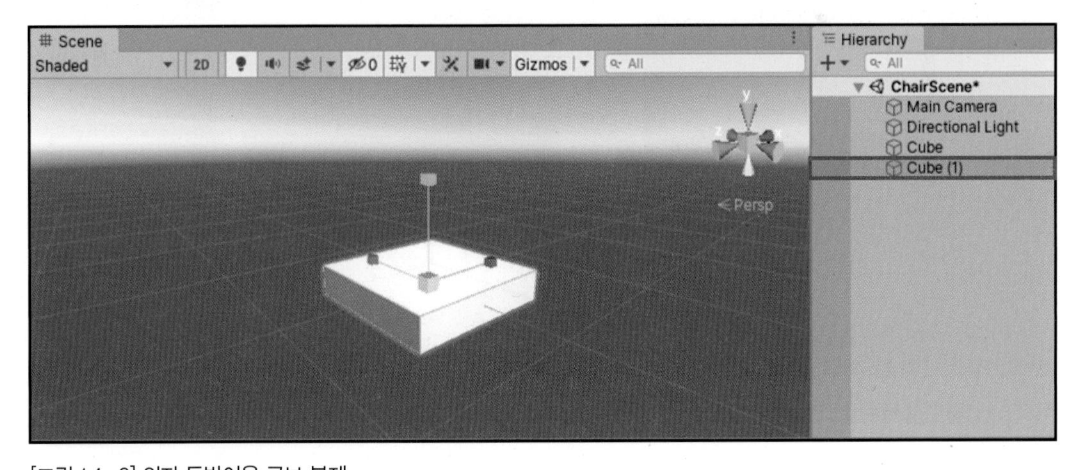

[그림 1.4-9] 의자 등받이용 큐브 복제

08 무브 툴, 스케일 툴, 버텍스 스냅핑을 이용해 [그림 1.4-10]과 같은 모양으로 만듭니다.

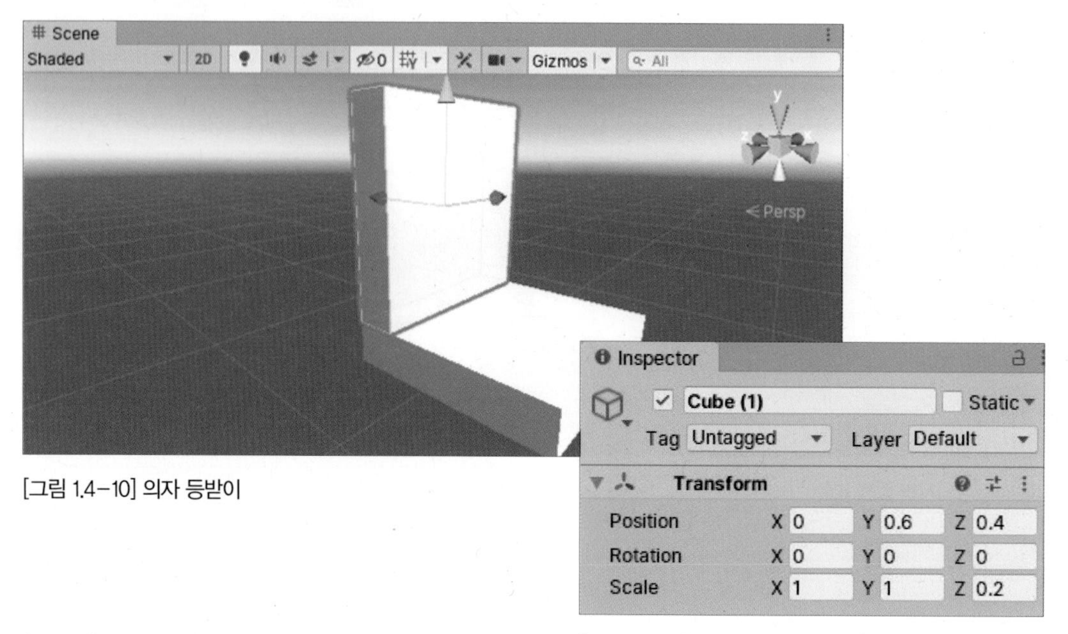

[그림 1.4-10] 의자 등받이

[그림 1.4-11] 의자 등받이의 [Inspectpr-Transform] 값

의자 다리 만들기(1)

09 Ctrl+D 키를 이용해 의자의 다리를 만들기 위한 큐브를 복제하고, 무브 툴, 스케일 툴, 버텍스 스냅핑을 이용해 [그림 1.4-12]와 같은 모양으로 만듭니다.

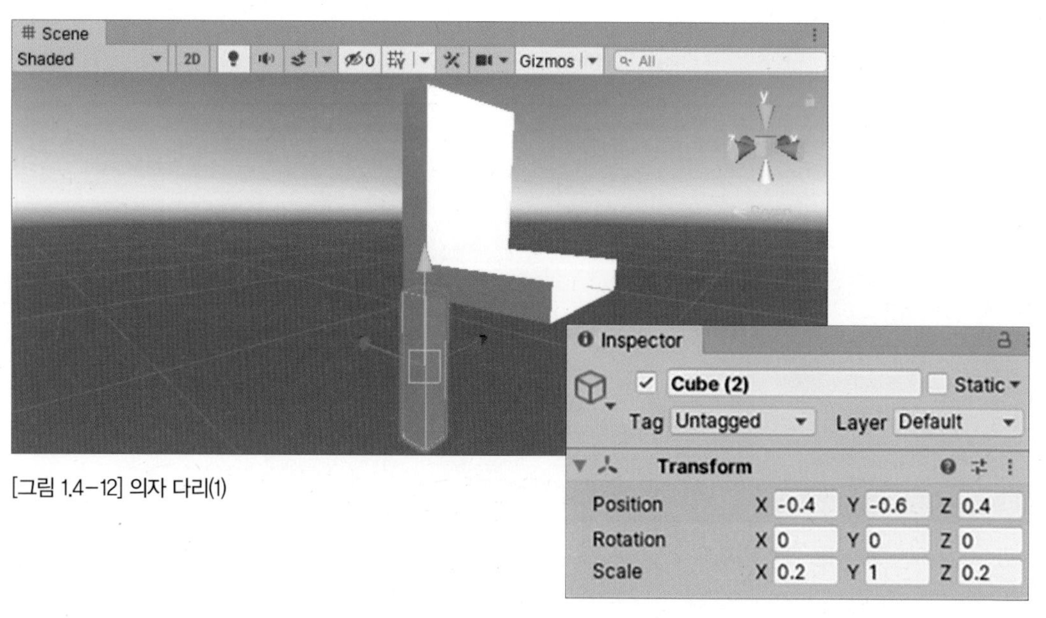

[그림 1.4-12] 의자 다리(1)

[그림 1.4-13] 의자 다리(1)의 [Inspectpr-Transform] 값

의자 다리 만들기(2)

10 다리의 크기는 똑같기 때문에 앞서 만든 Cube(2)를 복제합니다. 그리고 무브 툴, 스케일 툴, 버텍스 스냅핑을 이용해 [그림 1.4-14]와 같은 모양으로 만듭니다.

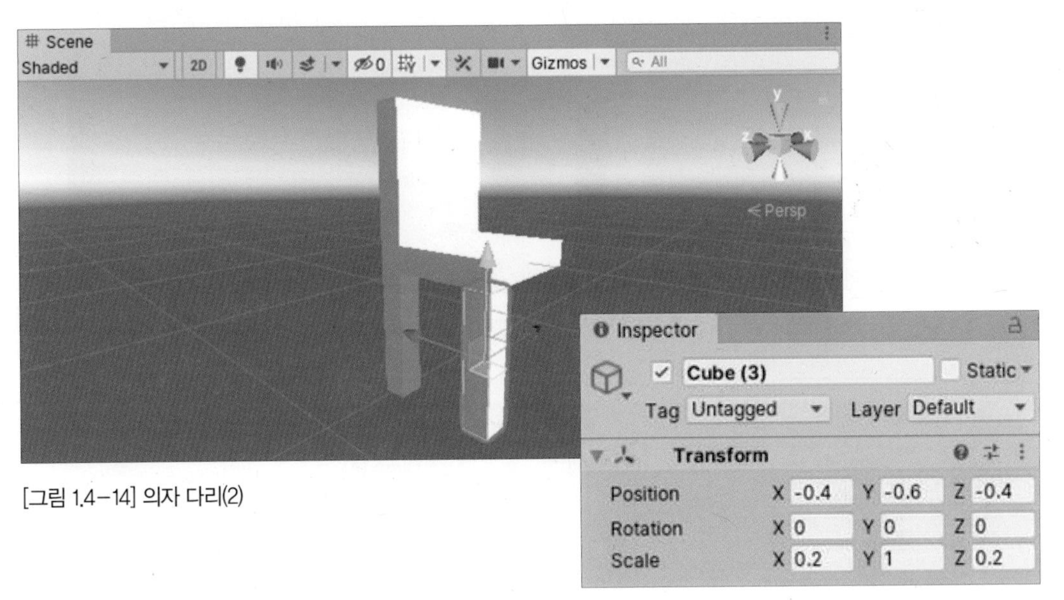

[그림 1.4-14] 의자 다리(2)

[그림 1.4-15] 의자 다리(2)의 [Inspector]-[Transform] 값

의자 다리 만들기(3), (4)

11 하이어라키 뷰에서 Cube(2) 오브젝트를 클릭한 상태에서 Cube(3) 오브젝트를 Ctrl+마우스 왼쪽 클릭으로 선택하면 오브젝트 2개가 동시에 선택됩니다. Cube(2)와 Cube(3)을 동시에 선택한 채 오브젝트를 복제하면 2개가 함께 복제됩니다.

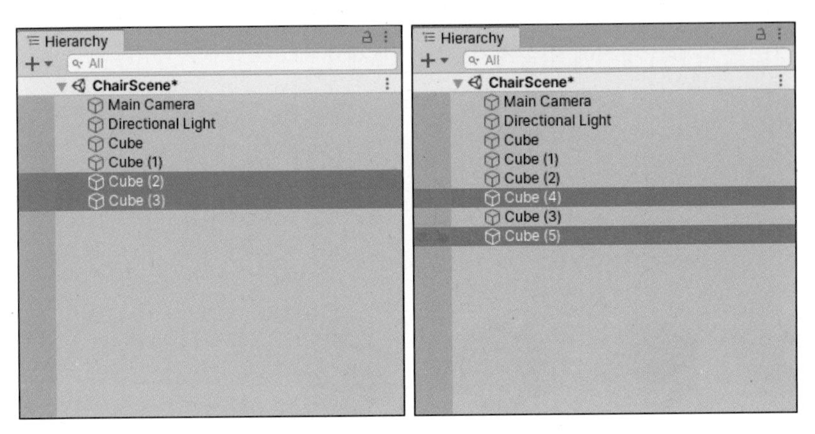

[그림 1.4-16] 게임 오브젝트 2개를 선택한 후 복제

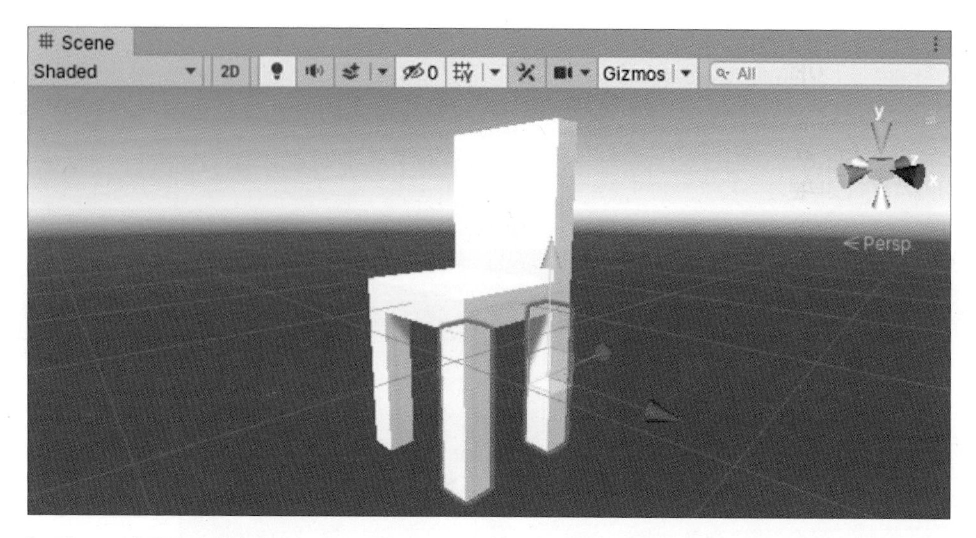

[그림 1.4-17] 의자 다리(3), (4)

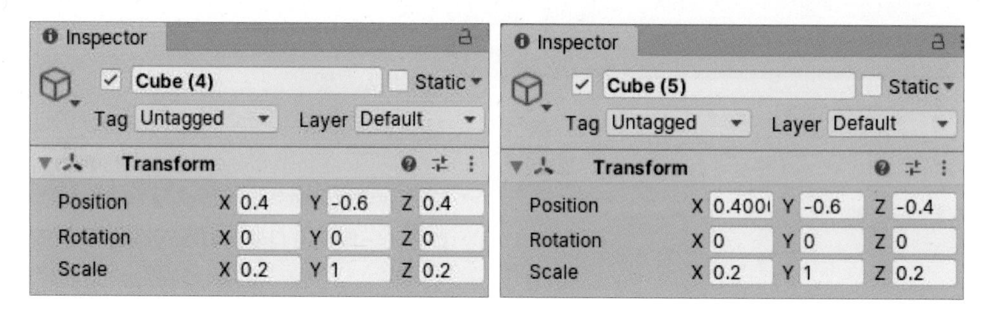

[그림 1.4-18] 의자 다리(3), (4)의 [Inspector]-[Transform] 값

12 무브 툴, 스케일 툴, 버텍스 스냅핑을 이용해 [그림 1.4-19]와 같은 모양으로 만듭니다. 지금까지 잘 따라 하셨다면 간단한 의자 모양이 완성된 것을 확인할 수 있을 것입니다. 지금까지 큐브를 이용해 의자를 만들어봤습니다. 다른 형태를 띤 가구도 만들어보면서 유니티 에디터를 다루는 방식에 익숙해지도록 해보세요.

1.4-2 : 아파트 평면도 만들기

인터넷 웹 브라우저를 연 후 '아파트 평면도'를 검색해 [그림 1.4-15]와 비슷한 그림을 찾습니다. [그림 1.4-15]에서는 아랫부분의 수치가 '10840'으로 돼 있는데, 이는 '10.84m'를 뜻합니다. 유니티에서 Transform 컴포넌트의 Position, Rotation, Scale의 수치는 m 단위로 돼 있기 때문에 큐브를 생성해 Scale 값을 '10.84'로 변경하는 방법으로 평면도를 완성하려고 합니다.

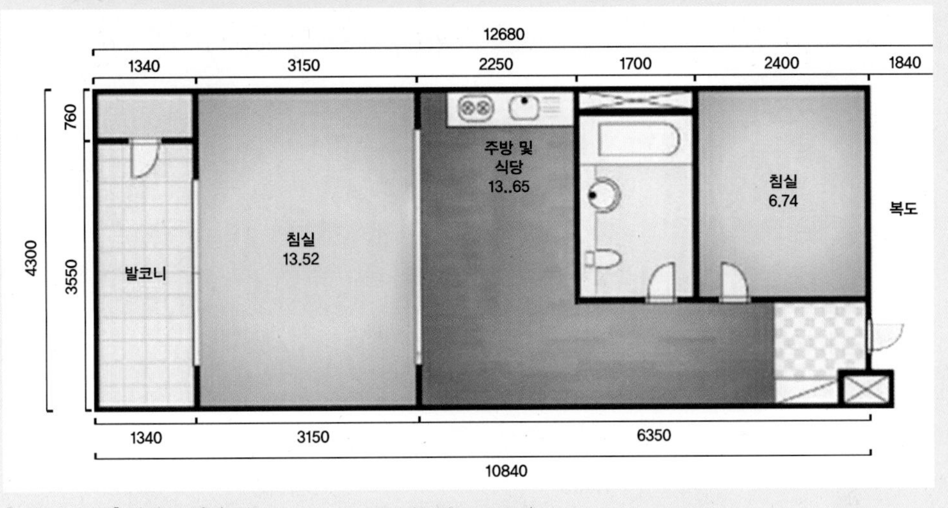

[그림 1.4-19] 아파트 평면도(출처: pann.nate.com/talk/345185892)

아파트 바닥 만들기

01 유니티 에디터 상단의 [File]-[New Scene]을 선택해 새로운 씬을 하나 만든 후 'InteriorScene'이라는 이름으로 저장합니다. 씬 저장이 완료되면 하이어라키 뷰에서 [+] 버튼-[3D Object]-[Cube]를 선택해 큐브를 만듭니다.

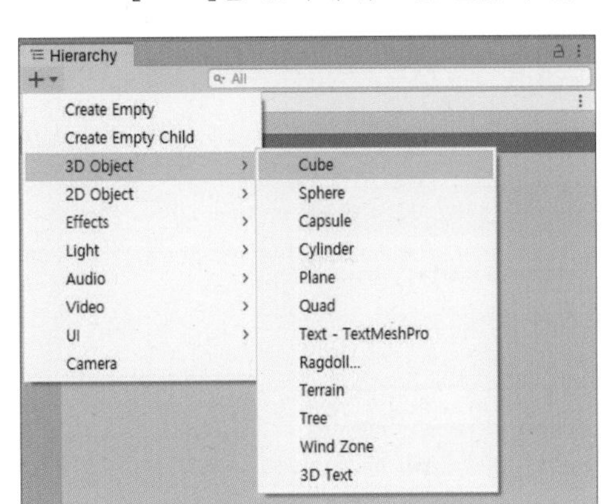

[그림 1.4-20] 큐브 생성

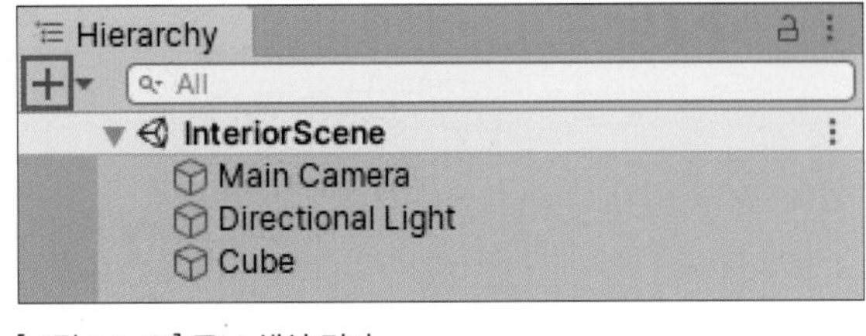

[그림 1.4-21] 큐브 생성 결과

02 평면도의 수치를 참고해 가로(X축): 10.84m, 세로(Y축): 4.3m인 바닥을 만듭니다. 무브 툴과 스케일 툴을 이용하여 [그림 1.4-22]와 같은 모양으로 만듭니다.

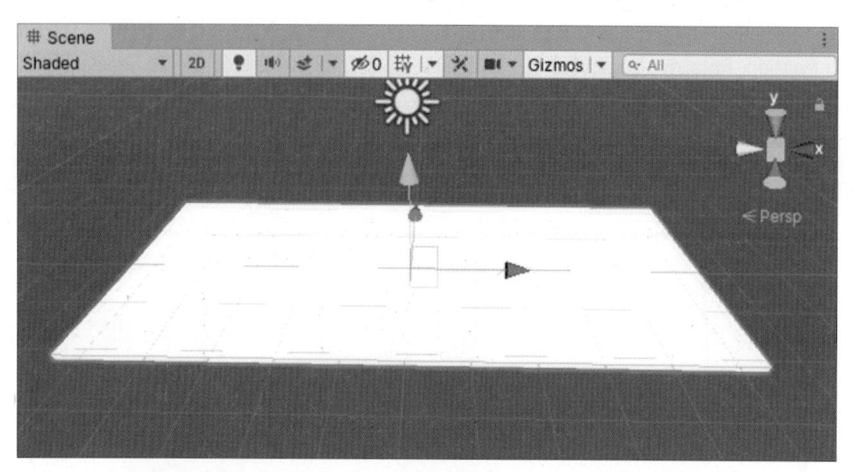

[그림 1.4-22] 아파트 바닥

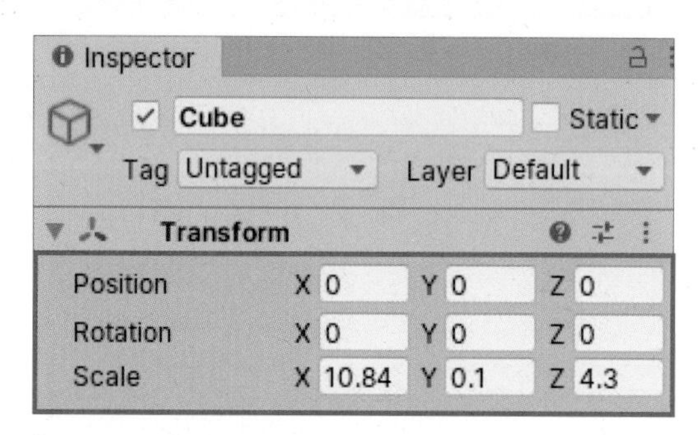

[그림 1.4-23] 아파트 바닥의 Transfrom 값

03 게임 오브젝트의 이름을 'Ground'로 바꿔보겠습니다. 방금 만든 Cube를 선택한 후 키보드의 F2를 누르면 [그림 1.4-24]와 같이 이름을 변경할 수 있는 모드로 바뀝니다. 이름을 'Ground'로 변경합니다.

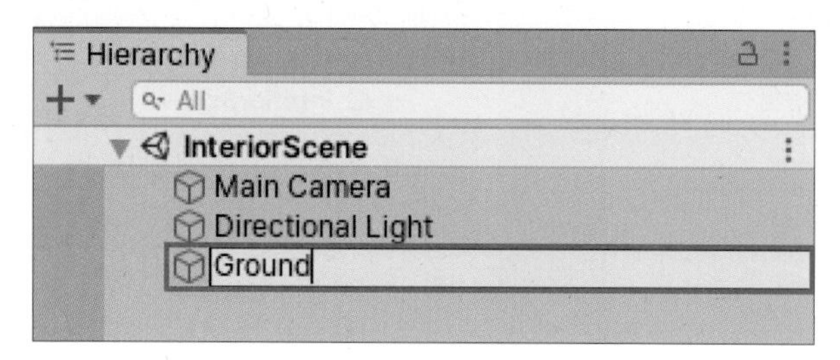

[그림 1.4-24] 게임 오브젝트 이름 바꾸기

➔ 아파트 발코니 만들기

04 이와 똑같은 방식으로 큐브를 4개 더 만듭니다. 그런 다음, 큐브의 이름을 각각 'Balcony01', 'Balcony02', 'Balcony03', 'Balcony04'로 변경합니다.

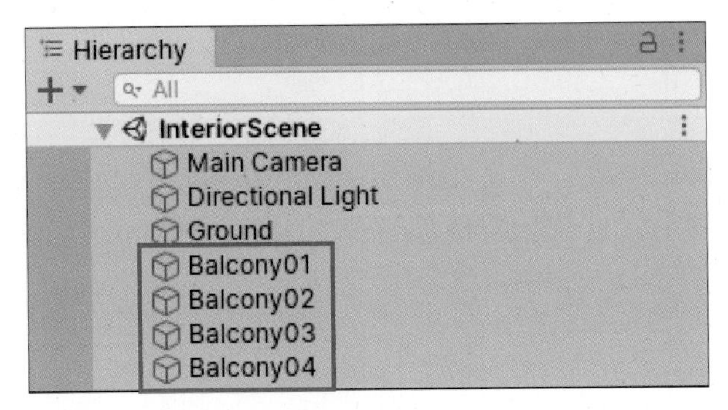

[그림 1.4-25] 발코니에 사용할 큐브

05 무브 툴, 스케일 툴, 버텍스 스냅핑을 이용해 [그림 1.4-26]과 같은 모양으로 만듭니다. 평면도의 수치를 참고해 가로: 1.34m, 세로: 3.55m인 발코니가 되도록 하겠습니다.

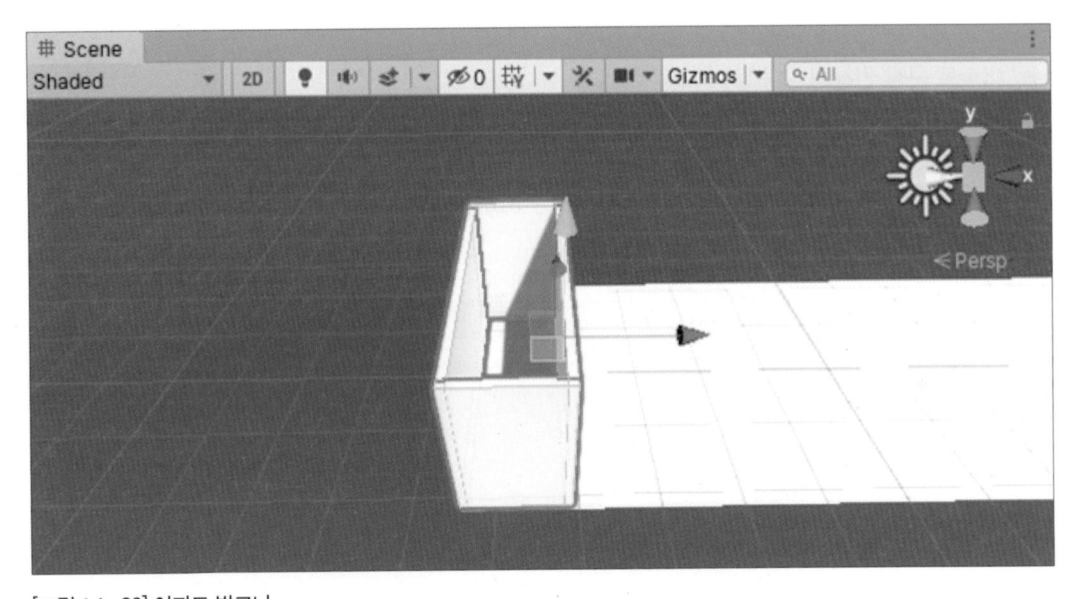

[그림 1.4-26] 아파트 발코니

1
1.1
1.2
1.3
1.4
2
2.1
2.2
2.3
2.4
3
3.1
3.2
3.3
4
4.1
4.2
4.3
4.4
4.5
4.6
4.7
4.8
4.9
4.10
4.11

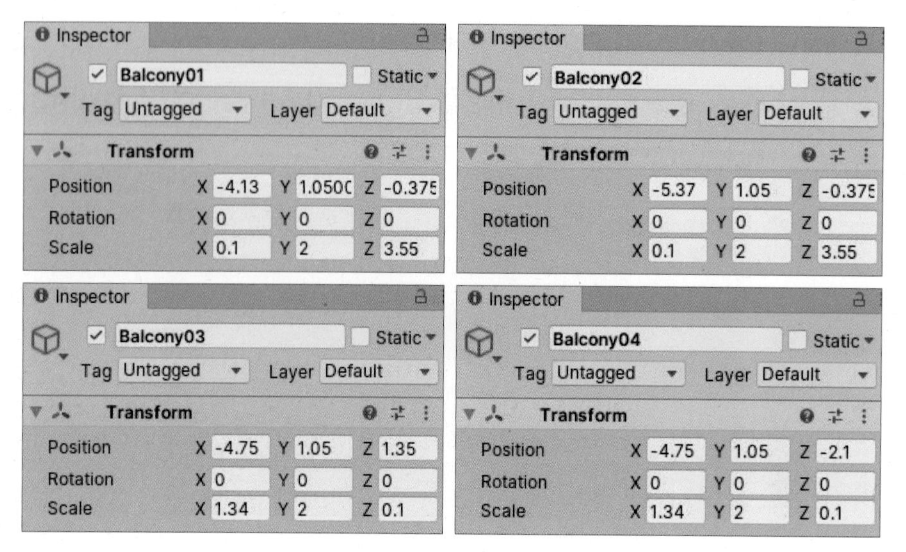

[그림 1.4-27] 아파트 발코니에 사용된 큐브의 [Inspector - Transform] 값

무브 툴, 스케일 툴, 버텍스 스냅핑을 이용해서 [그림 1.4-26]과 같은 모양으로 만듭니다. 변경 후 [Inspector]-[Transform] 값은 [그림 1.4-27]입니다.

아파트 큰방 만들기

06 다음으로 큰방을 만들기 위해 하이어라키 뷰에서 [+] 버튼-[3D Object]-[Cube]로 큐브를 4개 만듭니다. 큐브의 이름은 각각 'BigRoom01', 'BigRoom02', 'BigRoom03', 'BigRoom04'로 변경합니다.

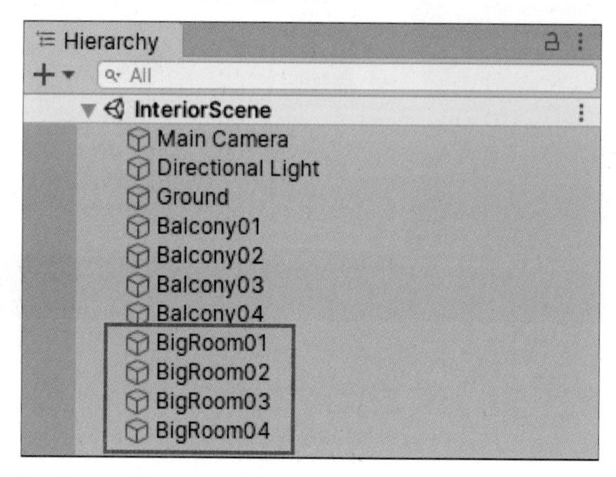

[그림 1.4-28] 큰방에 사용할 큐브

07 무브 툴, 스케일 툴, 버텍스 스냅핑을 이용해 [그림 1.4-29]와 같은 모양으로 만듭니다. 평면도의 수치를 참고해 가로: 3.15m, 세로: 4.3m인 큰방이 되도록 맞춰주세요.

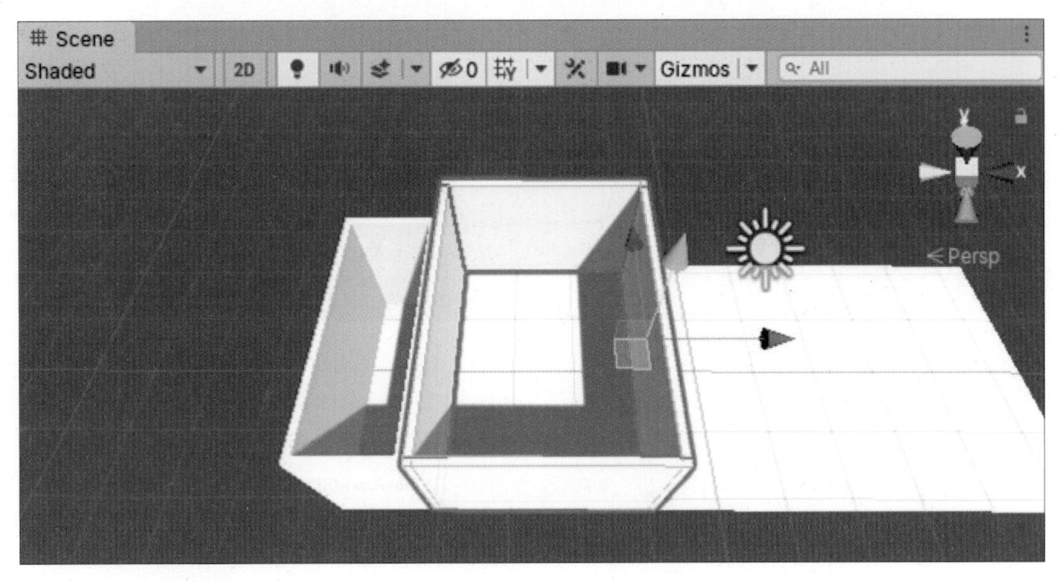

[그림 1.4-29] 아파트 큰방

➜ 아파트 작은방 만들기

01 [하이어라키]-[+] 메뉴-[3D Object]-[Cube]로 Cube를 4개 만듭니다. 각각 이름을 'SmallRoom01', 'SmallRoom02', 'SmallRoom03', 'SmallRoom04' 로 변경합니다.

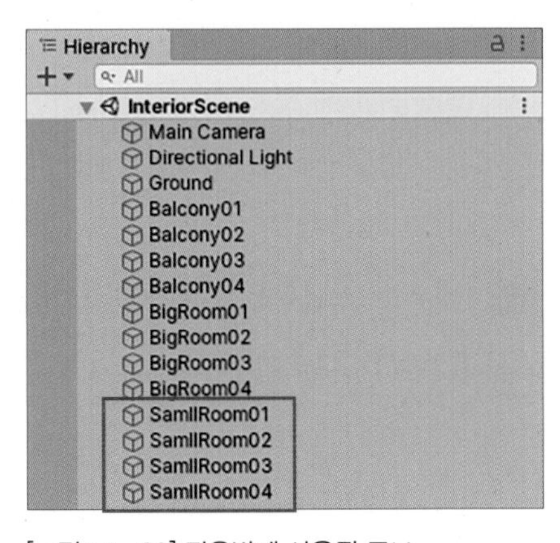

[그림 1.4-30] 작은방에 사용될 큐브

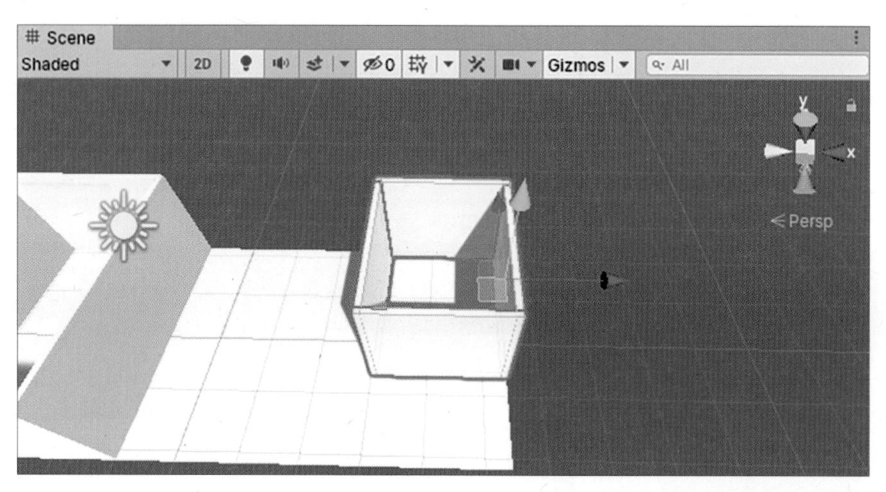

[그림 1.4-31] 아파트 작은방

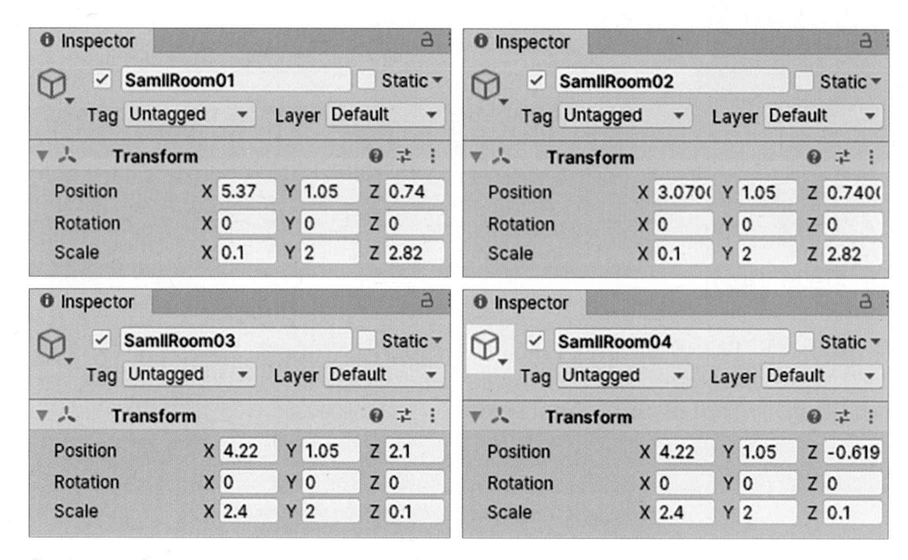

[그림 1.4-32] 아파트 작은방에 사용된 큐브의 [Inspector - Transform] 값

02 평면도의 수치를 참고하여 가로: 2.4m, 세로: 2.82m인 작은방을 만듭니다.

무브 툴, 스케일 툴, 버텍스 스냅핑을 이용해서 [그림 1.4-31]과 같은 모양으로 만듭니다. 변경 후 [Inspector]-[Transform] 값은 [그림 1.4-32] 입니다.

아파트 화장실 만들기

01 [하이어라키]-[+] 메뉴-[3D Object-Cube]로 Cube를 4개 만듭니다.

각각 이름을 'BathRoom01', 'BathRoom02', 'BathRoom03', 'BathRoom04'로 변경합니다.

Hierarchy
Directional Light
Ground
Balcony01
Balcony02
Balcony03
Balcony04
BigRoom01
BigRoom02
BigRoom03
BigRoom04
SamllRoom01
SamllRoom02
SamllRoom03
SamllRoom04
BathRoom01
BathRoom02
BathRoom03
BathRoom04

[그림 1.4-33] 화장실에 사용될 큐브

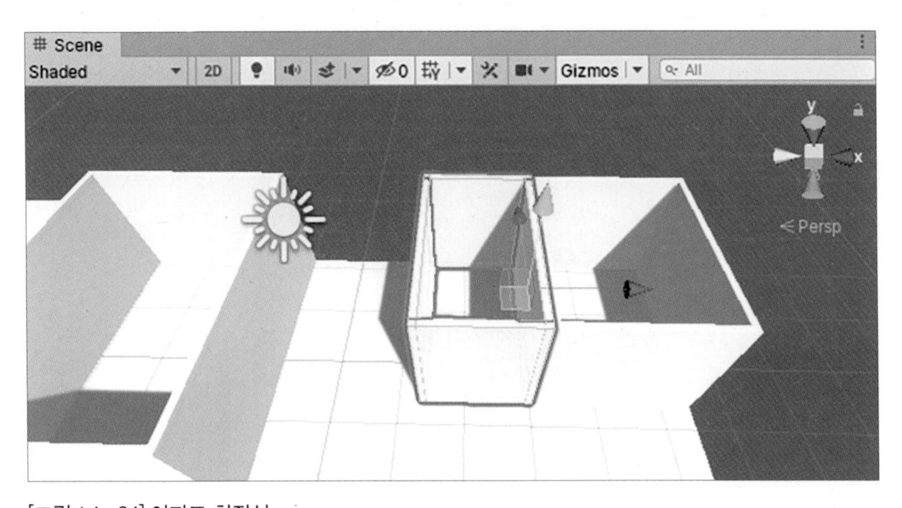

[그림 1.4-34] 아파트 화장실

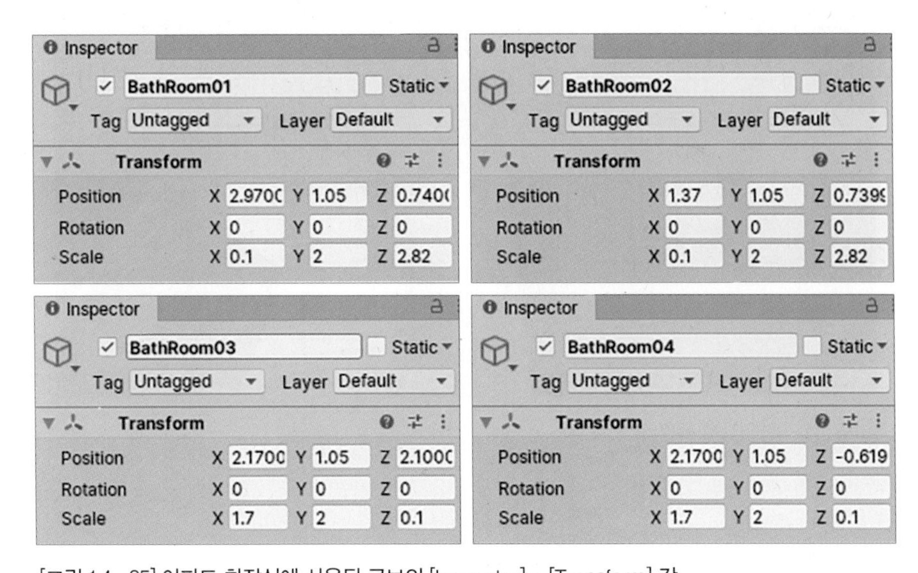

[그림 1.4-35] 아파트 화장실에 사용된 큐브의 [Inspector] - [Transform] 값

02 평면도의 수치를 참고해 가로: 1.7m, 세로: 2.82m인 화장실을 만듭니다.

무브 툴, 스케일 툴, 버텍스 스냅핑을 이용해서 [그림 1.4-34]와 같은 모양으로 만듭니다. 변경 후 [Inspector]-[Transform] 값은 [그림 1.4-35] 입니다.

아파트 베란다 만들기

01 [하이어라키]-[+] 메뉴-[3D Object]-[Cube]로 큐브(Cube)를 4개 만듭니다.

각각 이름을 'Veranda01', 'Veranda02', 'Veranda03', 'Veranda04'로 변경합니다.

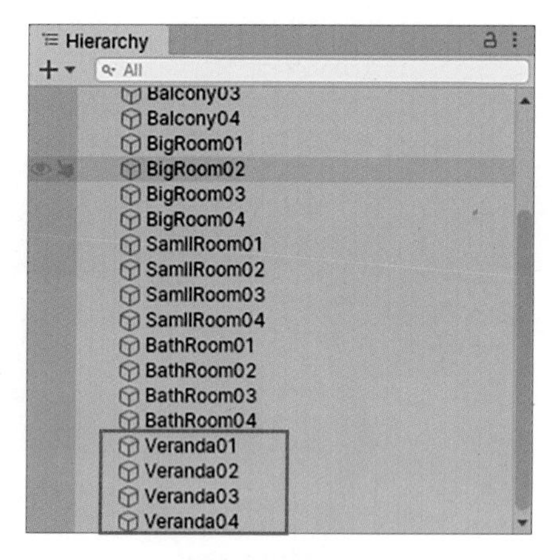

[그림 1.4-36] 화장실에 사용될 큐브

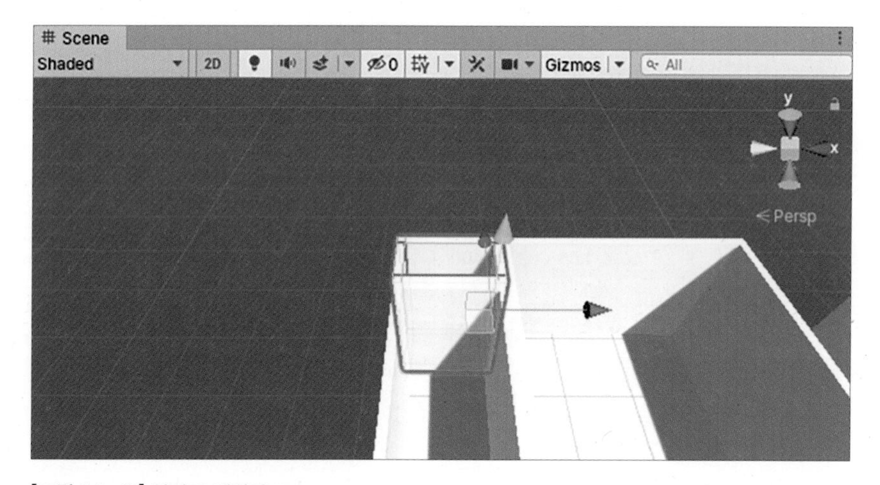

[그림 1.4-37] 아파트 베란다

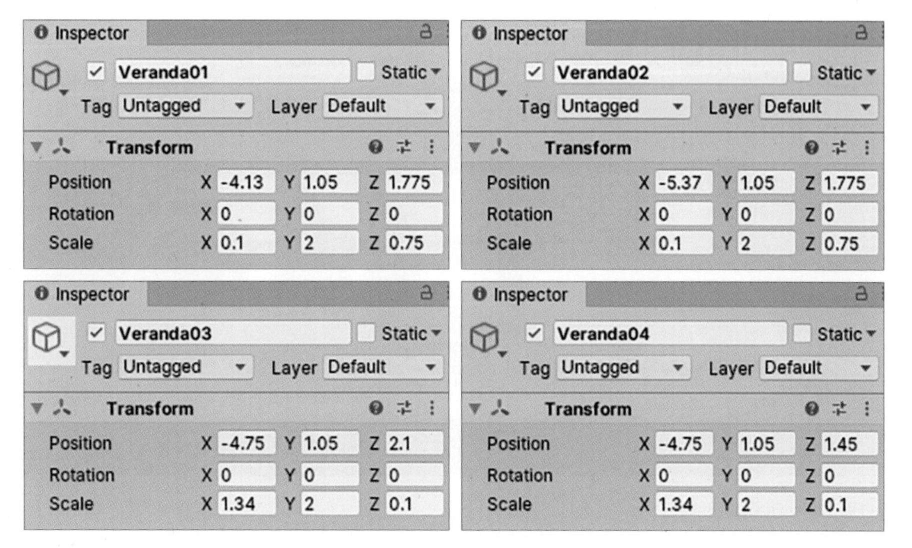

[그림 1.4-38] 아파트 베란다에 사용된 큐브의 [Inspector]-[Transform] 값

02 평면도의 수치를 참고하여 가로: 1.34m, 세로: 0.75m인 베란다를 만듭니다.

무브 툴, 스케일 툴, 버텍스 스냅핑을 이용해서 [그림 1.4-37]과 같은 모양으로 만듭니다. 변경 후 [Inspector]-[Transform] 값은 [그림 1.4-38]입니다.

아파트 뚫린 벽면 막기

01 [하이어라키]-[+] 메뉴-[3D Object]-[Cube]로 Cube를 4개 만듭니다.

각각 이름을 'Wall01', 'Wall02', 'Wall03', 'Wall04'로 변경합니다.

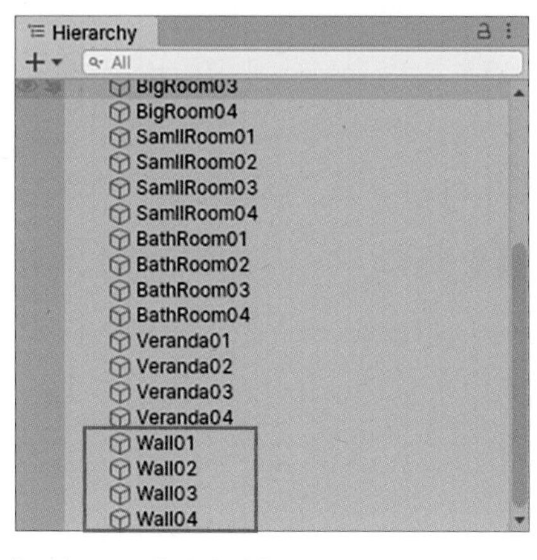

[그림 1.4-39] 벽에 사용될 큐브

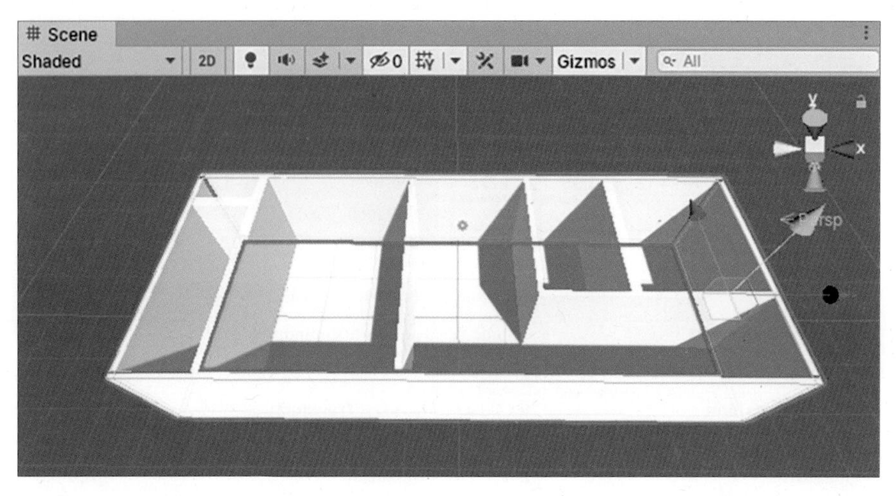

[그림 1.4-40] 아파트 벽

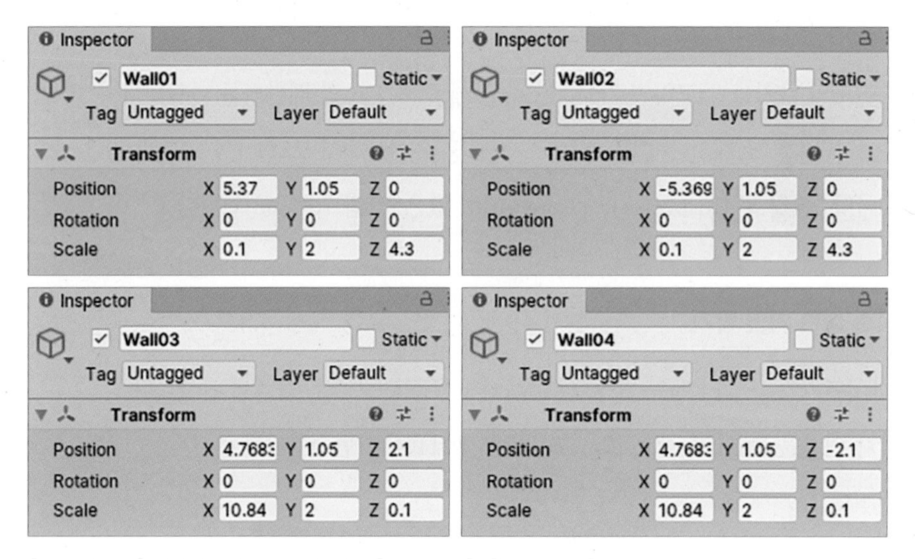

[그림 1.4-41] 아파트 벽에 사용된 큐브의 [Inspector]-[Transform] 값

02 평면도의 수치를 참고해 가로: 10.84m, 세로: 4.3m인 벽을 만듭니다.

무브 툴, 스케일 툴, 버텍스 스냅핑을 이용해서 [그림 1.4-40]과 같은 모양으로 만듭니다. 변경 후 [Inspector]-[Transform] 값은 [그림 1.4-41]입니다.

➜ 아파트 평면도 완성

03 이와 같이 ❶ 큐브를 생성하고 ❷ 크기를 조정하고 ❸ 위치를 옮겨 평면도와 같은 형태를 만드는 방법을 반복합니다. 모두 완성하면 [그림 1.4-42]와 같은 모습이 될 것입니다.

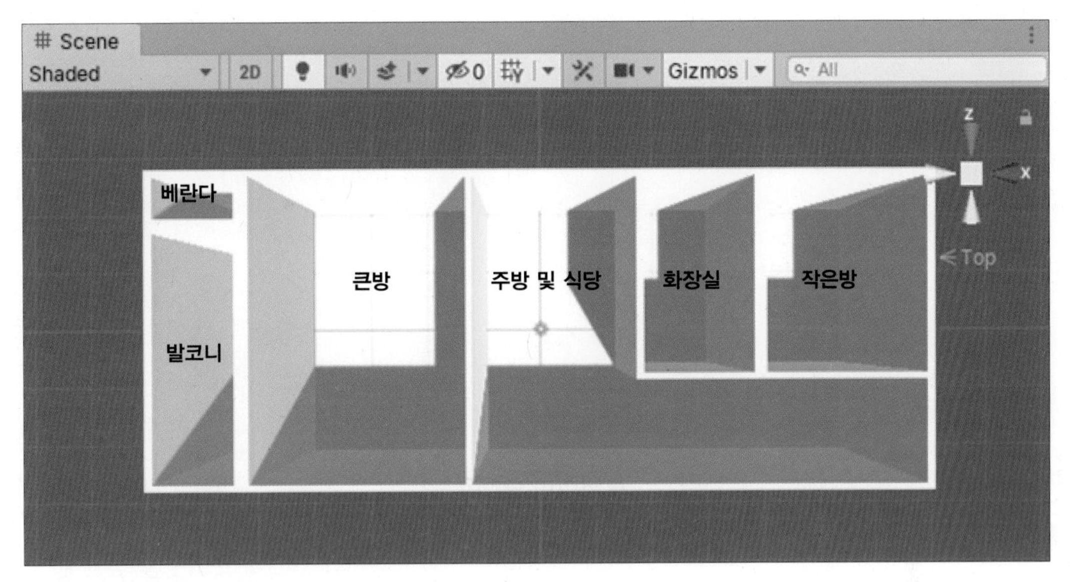

[그림 1.4-42] 유니티로 만든 아파트 평면도의 모습

[그림 1.4-19]를 참고해 유니티로 [그림1.4-42]와 같이 만드는 실습을 마쳤습니다.

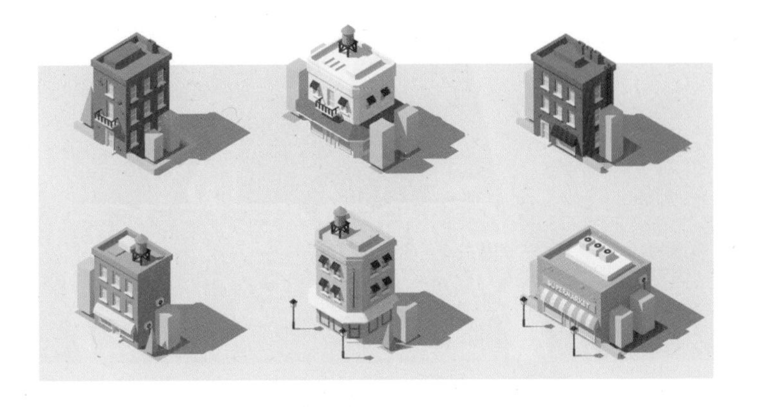

콘텐츠 개발의 기틀, C#

어비스리움
– 힐링형 게임
2017년 최고의 게임
소규모 개발팀으로 성공
필자가 교육한 학생이 참여한 작품

블리치(Bleach)
– 라인 저팬이 퍼블리싱
국내 개발사 제작
GPS 기반 AR 콘텐츠
〈필자 참여 프로젝트〉

저스티스 몬스터 파이브(Ju
Monsters Five)
파이널 판타지 15 정식 버전
〈필자 참여 프로젝트〉

Chapter

2

C# 스크립트 코딩

2 C# 스크립트 코딩

전 세계적으로 코딩 열풍이 불고 있습니다. 애플의 창업자인 스티브 잡스(Steve Jobs)도 "모든 사람은 코딩을 배워야 합니다. 코딩은 생각하는 방법을 가르쳐줍니다."라고 말했습니다. 대부분의 사람들이 코딩은 이공계 전공자들만 배우는 것이라고 알고 있지만, 요즘은 서강대, 국민대 등 여러 대학에서 필수 교양 과목으로 코딩을 배우고 있고 2018년 소프트웨어 교육 의무화로 초·중·고등학교에서도 코딩을 배우고 있습니다. 코딩은 소프트웨어 개발자를 양성하기 위한 것이 아니라 코딩의 언어적인 특징과 컴퓨팅 사고력을 통해 논리와 창의성을 키우기 위한 것입니다. 이 책에서는 코딩의 언어적, 문법적 측면이 아니라 컴퓨팅 사고력과 논리적인 측면에 관련된 내용을 주로 다룹니다.

2.1 코딩의 특징

코딩에는 C#, 파이썬(Python), 영어, 독일어, 한국어와 같은 언어들이 갖고 있는 의사소통을 위한 언어적인 특징과 컴퓨팅 사고력과 논리적인 사고를 키우기 위한 논리적인 특징이 있습니다. 이 책에서 다루는 내용은 '코딩을 어떻게 논리적으로 구성할 것인가?', '어떻게 하고 싶은 것을 논리적으로, 우선순위에 맞게 배열할 것인가?'입니다. 샘플 예제에서는 어떻게 우리가 하고 싶은 목표를 작성하고, 그것을 세분화해 순서대로 논리에 맞게 배열하는지에 대해 알아볼 것입니다. 코딩을 통해 문제를 해결하기 위한 필요 요소를 만들어 나가는 과정을 '문제 해결 능력'이라고 하며, 이를 컴퓨터 용어로 '알고리즘(Algorithm)'이라고 합니다.

2.1-1 : 언어적인 특징

언어는 의사소통을 하기 위한 도구입니다. 우리가 컴퓨터에 명령을 내리기 위해 코딩을 할 때도 언어적인 특징을 준수해야 합니다. 첫째, 문법에 맞게 코딩해야 합니다. 문법이 틀리면 에러가 나고 실행되지 못합니다. 둘째, 우리가 책을 읽을 때 왼쪽에서 오른쪽으로 읽는 것처럼 컴퓨터도 정해진 절차와 순서에 맞게 실행되는 것을 기억해야 합니다. 셋째, 의사를 명확하게 전달해야 합니다. 예를 들어 '아버지가방에 들어가신다.'와 같이 띄어쓰기를 무시하면 의사를 정확하게 전달할 수 없습니다. 이처럼 코딩을 할 때는 문법, 절차, 명확성 등의 언어적인 특징을 준수해야 합니다.

2.1-2 : 논리적인 특징

문제를 해결하려면 논리적으로 세분화해야 합니다. 예를 들어 마트에서 신발을 사고 싶다고 할 때 가장 궁극적인 목적은 바로 '신발을 사는 것'이고 신발을 사려면 마트에 가야 합니다. 할 일을 두 가지로 세분화했습니다. 그런데 신발을 살 때 필요한 것(요소)이 있습니다. 바로 '돈'입니다. 이렇게 할 일을 세분화하고 필요한 요소를 찾습니다.

1. 신발을 사고 싶다.
2. 마트로 이동하고 싶다.
3. 돈을 가지고

그런데 순서가 좀 이상하죠? 가장 궁극적인 목적이 첫 번째에 있네요. 시간의 흐름으로 봐도 신발을 사는 행동이 가장 마지막이 돼야 할 것 같습니다. 순서가 어색하지 않도록 바꿔보겠습니다.

목표

마트에서 신발을 사고 싶다.

순서

1. 돈을 가지고
2. 마트로 이동하고 싶다.
3. 신발을 사고 싶다.

정리하면 가장 먼저 궁극적으로 하고 싶은 것을 적고 그것을 하기 위해 필요한 요소와 세부 목적들을 나누고 다시 순서에 맞게 배열해야 합니다. 이처럼 코딩은 단순히 컴퓨터에 지시를 내리는 역할을 넘어, 모든 일의 우선순위 및 논리를 적립하도록 하는 일련의 과정입니다.

2.1-3 : 알고리즘

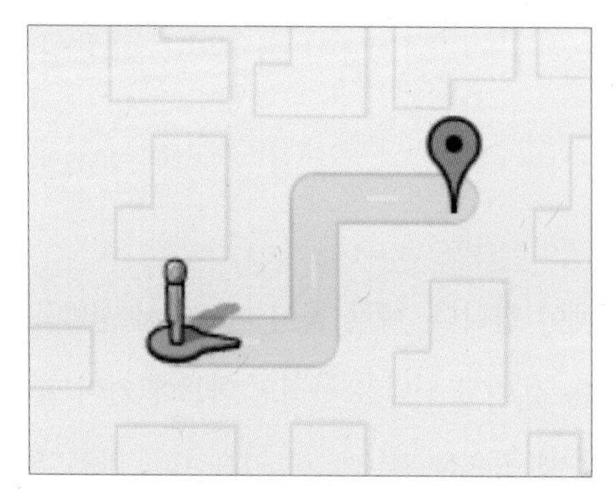

[그림 2.1-1] 길 찾기(출처: 블록클리 게임: 미로(blockly.games/maze))

[그림 2.1-1]과 같은 상황을 코딩으로 분석해보겠습니다. 먼저 우리의 목적을 만들어보겠습니다. "나는 저 목적지에 도착하고 싶다."라고 말이죠. 그리고 지나가는 사람에게 길을 물어봅니다. 그러면 그 사람이 "앞으로 가다가 왼쪽으로 가다가 오른쪽으로 가세요."라는 식의 두루뭉술한 대답을 했다고 가정해보겠습니다. 우리는 이 대답을 경험적으로 재해석해 길을 찾아갈 것입니다. 하지만 이 대답에는 문제가 있습니다. 말 그대로 움직여 볼까요? 앞으로 갔다가 왼쪽으로 갔다가 오른쪽으로 가면 목적지에 도착하지 못합니다. 논리적인 오류가 발생합니다. 만약 컴퓨터에게 이런 명령을 하면 목적지에 잘 찾아가지 못할 것입니다. 왜냐하면 컴퓨터는 명령한 내용 그대로 실행하기 때문입니다. 그러므로 우리는 좀 더 논리적이고 명시적으로 명령해야 합니다. 즉, 하고 싶은 것을 논리적으로 세분화하고 순서에 맞게 배열하는 과정을 통해 문제를 해결해 나가야 하는데, 이를 '알고리즘(Algorithm)'이라고 합니다.

1. 앞으로 가다가
2. 만약 교차로가 나오면 왼쪽으로 회전하고
3. 앞으로 가다가
4. 만약 교차로가 나오면 오른쪽으로 회전하고
5. 앞으로 가서 목적지에 도착한다.

2.2 유니티와 C# 스크립트

언어를 배울 때 그 언어를 20~30% 정도만 습득해도 일상적인 의사소통에 아무런 지장이 없다고 합니다. 컴퓨터 프로그래밍 언어인 C# 스크립트 역시 마찬가지입니다. 유치원생 수준의 언어를 구사할 수만 있어도 간단한 슈팅을 만드는 데 별다른 어려움이 없고, 중학생 수준의 언어를 구사할 수 있으면 FPS를 만들 수 있습니다. C# 스크립트를 이용해 어떻게 코딩하는지 알아보겠습니다.

2.2-1 : C#이란?

닷넷 프레임워크(.NET Framework)는 마이크로소프트(Microsoft) 사에서 빠르게 발전하고 변화하는 웹 환경에 대응하기 위해 만든 개발 환경입니다. 닷넷의 특징은 플랫폼에 독립적이면서 프로그램을 쉽게 개발할 수 있다는 것입니다. 일정한 규칙인 CLS(Common Language Specification)를 따르는 언어는 닷넷 환경에서 실행할 수 있고, 그 규칙을 따르는 언어는 CLR(Common Language Runtime)이라는 독립적인 환경에서 실행됩니다. 즉, 닷넷은 CLS를 따르는 언어입니다. 예를 들어 Visual C++, VB.Net 등과 같은 언어에서 작성한 내용도 C#에서 사용할 수 있습니다. CTS(Common Type System)를 통해 닷넷에서 이해할 수 있는 데이터 형식인지, 아닌지 테스트하고 검증합니다. 한마디로 CLS를 지키고 CTS를 통과한 프로그램을 여러분의 C#에 가져다 쓸 수 있다는 것이죠. dll 등과 같은 외부 파일을 가져와 유니티 C#에서 활용할 수 있습니다. 기존의 프로그램은 작성한 후에 바로 기계어로 빌드시킵니다. 어셈블리라는 언어를 들어본 적이 있나요? 어셈블리는 기계어와 거의 일대일(1:1) 매치되는 언어지만, 인간이 이해하기 어려운 단점이 있습니다. 기존 언어들은 각 언어에서 각각의 기계어로 번역했습니다. 닷넷은 이 사이에 하나를 더 끼워넣었습니다. 이것이 바로 중간 언어, 즉 'IL(Intermediate Language)'입니다. 이 중간 언어로의 변환을 가능하게 해주는 것이 바로 CTS, CLS라고 생각하면 됩니다. 그렇게 중간 언어로 된 것을 다시 기계어로 만들어주는 역할을 하는 것이 바로 '닷넷'입니다.

유니티 스크립팅은 C#과 닷넷을 기반으로 하고 있습니다. 2017.1 이전 버전에서는 낮은 버전인 닷넷(.NET) 3.5를 사용했지만 2018.1 버전 이후 닷넷 4.x C# 6을 공식적으로 도입한 상태이고, 향후 C# 7의 도입도 계획 중이라고 합니다.

2.2-2 : 유니티에서 코딩 준비

유니티 허브를 실행한 후 'Coding'이라는 프로젝트를 생성합니다.

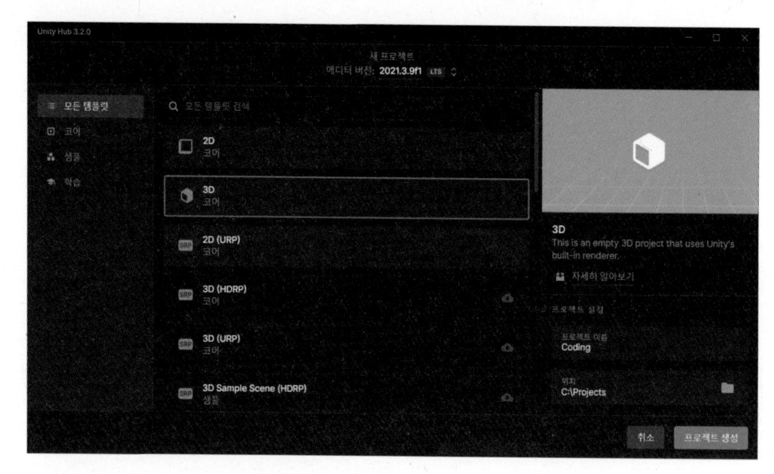

[그림 2.2-1] 유니티 프로젝트 생성

생성이 완료되고 유니티가 완전히 실행되면 Project 창에서 'Coding'이라는 이름의 C# 스크립트 파일을 만들고, Main Camera의 컴포넌트로 등록합니다. 그런 다음, Project 창에서 Coding.cs를 더블 클릭해 편집기를 엽니다.

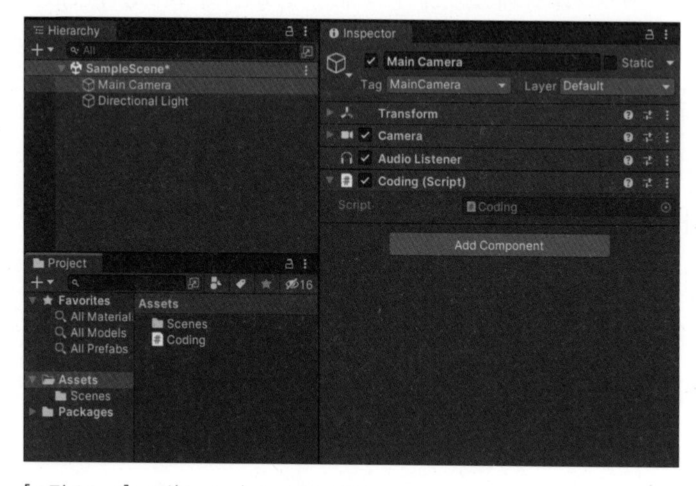

[그림 2.2-2] 코딩(Coding) 스크립트 생성

자, 이제 코딩할 준비가 됐습니다.

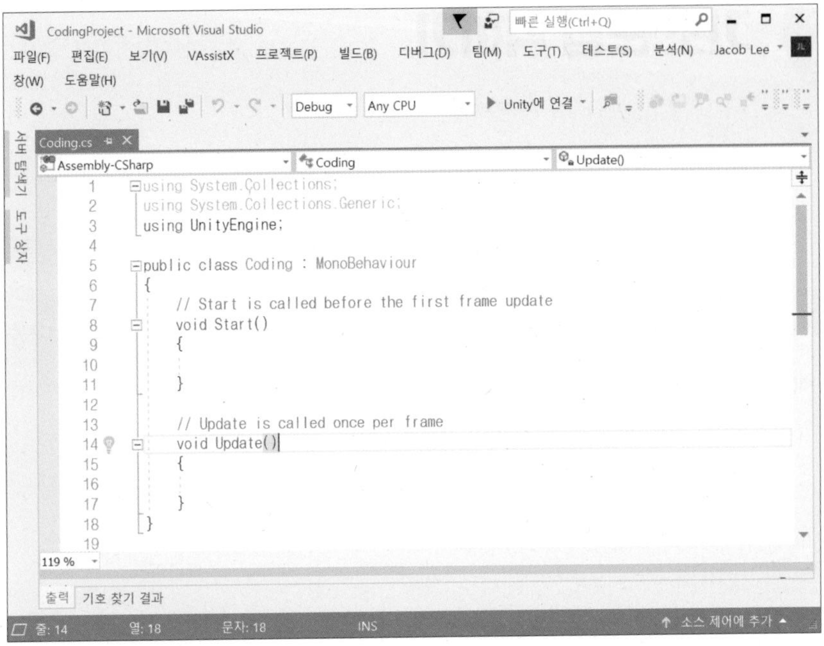
CodingProject - Microsoft Visual Studio
빠른 실행(Ctrl+Q)
파일(F) 편집(E) 보기(V) VAssistX 프로젝트(P) 빌드(B) 디버그(D) 팀(M) 도구(T) 테스트(S) 분석(N) Jacob Lee
창(W) 도움말(H)
Debug
Any CPU
Unity에 연결
서버 탐색기 도구 상자
Coding.cs
Assembly-CSharp
Coding
Update()
using System.Collections;
using System.Collections.Generic;
using UnityEngine;
public class Coding : MonoBehaviour
{
// Start is called before the first frame update
void Start()
{
}
// Update is called once per frame
void Update()
{
}
}
119 %
출력 기호 찾기 결과
줄: 14 열: 18 문자: 18 INS
소스 제어에 추가

[그림 2.2-3] 코딩 준비

2.2-3 : C# 스크립트의 구성

C# 스크립트는 클래스로 이뤄지며, 네임스페이스, 클래스 이름, 상위 클래스, 함수 등이 기본적으로 설정됩니다.

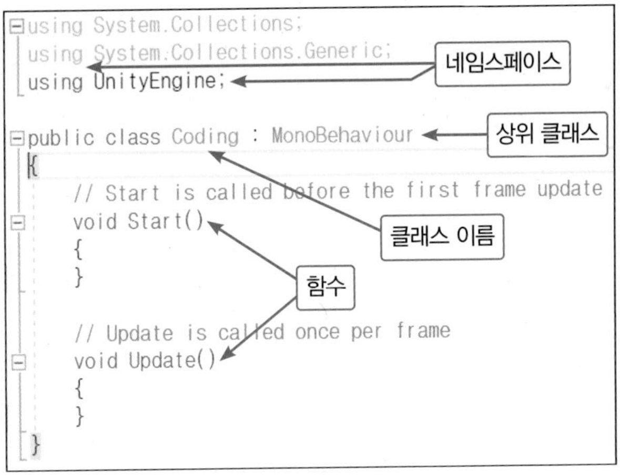
using System.Collections;
using System.Collections.Generic;
using UnityEngine;
네임스페이스
public class Coding : MonoBehaviour
상위 클래스
{
// Start is called before the first frame update
void Start()
클래스 이름
{
}
함수
// Update is called once per frame
void Update()
{
}
}

[그림 2.2-4] C# 클래스의 구조

2.3 기초 문법 익히기

2.3-1 HelloWorld 출력하기

'HelloWorld'라는 문자열을 화면에 출력해보겠습니다. Coding.cs의 Start 함수에 다음 내용을 적고, 유니티에서 실행합니다.

```
void Start()
{
    print("HelloWorld");
}
```

[코드 2.3-1] HelloWorld 출력하기

print는 유니티의 Console 창에 입력 값을 출력해주는 함수입니다. 여기서의 입력 값은 'HelloWorld'라는 문자열입니다. 함수는 뒤에 다시 설명하겠습니다.

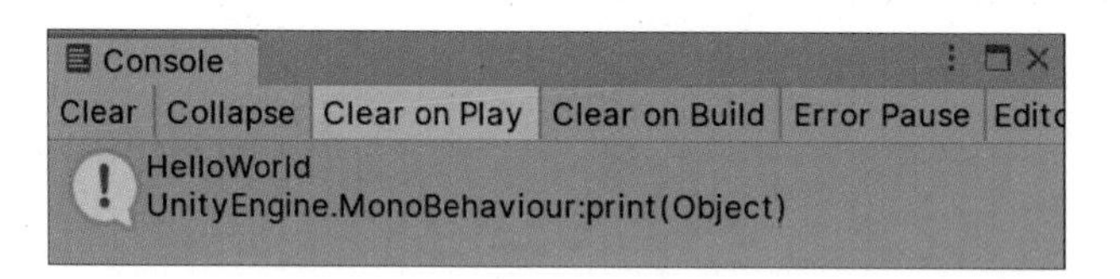

[그림 2.3-1] HelloWorld 출력

2.3-2 자료형과 변수

가장 먼저 변수가 무엇인지 알아보겠습니다. 변수는 말 그대로 '변하는 수'를 의미합니다. 수는 '값' 또는 '데이터'입니다. 변수는 값을 담아두는 그릇이라 할 수 있습니다. 변수(그릇)에 담긴 값은 변할 수 있습니다. 변수는 자신이 담을 수 있는 값의 종류가 정해져 있습니다. 이를 '자료형'이라고 합니다. 자료형은 '추상적인 개념', 변수는 '실체'입니다. 예를 들어 엄마가 김군에게 종이컵에 물을 담아오라고 했다고 가정해보겠습니다. 엄마가 김군에게 말하는 시점의 종이컵은 실체가 없는 상태입니다. 그리고 김군이 종이컵에 물을 담아 오면 종이컵은 실체가 있게 됩니다.

변수를 만드는 규칙은 '자료형 변수 이름'입니다. 위의 김군이 가져온 종이컵은 다음과 같이 적어볼 수 있습니다.

❶ 물을 담는 그릇 ***종이컵***
❷ ***종이컵*** = 물;

❶번은 변수를 선언한 것이고 ❷번은 변수(종이컵)에 값(물)을 대입한(담은) 것입니다. 이처럼 자료형은 변수를 만들기 위한 추상적인 개념입니다.

이번에는 유니티에서 C# 스크립트로 직접 변수를 만들어 사용해보겠습니다. C#에서는 변수를 선언할 때 '자료형 변수 이름'의 형태로 작성합니다. Coding.cs의 Start 함수에 다음과 같이 작성하고 실행합니다.

```
void Start()
{
    // 변수를 선언할 때는 '자료형 변수 이름'의 형태로 작성합니다.
    // 문장의 끝은 세미콜론(;)으로 끝납니다.
    string text;

    // text 변수에 "HelloWorld"라는 문자열 값을 담았습니다.
    text = "HelloWorld";

    // text 변숫값인 "HelloWorld"라는 문자열을 print 함수의 입력 값으로 사용합니다.
    print(text);
}
```

[코드 2.3-2] HelloWorld 문자열을 변수에 담아 출력

C# 규칙 1

- **문자열은 따옴표("") 안에 위치한다.**
- **문장의 끝은 세미콜론(;)으로 끝난다.**

C#에서 가장 많이 사용하는 자료형은 다음과 같습니다.

- int: 정수형이며 -3 -2 -1, 0, 1, 2, 3과 같은 정수
- float: 실수형이며 -2.1f, 0, 1.3f, 2.0f와 같은 실수
- bool: 논리형이며 true, false와 같은 논리값
- string: 문자열이며 "abcd"와 같은 문자열, 문자열은 앞뒤를 겹따옴표(")로 감싼다.

그런데 변수 text에 문자열이 아닌 정수형 값을 담으면 어떻게 될까요?

```
string text = 10;
```

이렇게 하면 변수가 담을 수 있는 형태의 값이 아니기 때문에 에러가 납니다. 이처럼 값은 자료형에 영향을 받습니다.

C# 규칙 2

- **숫자는 상수다.**
- **변수를 선언할 때는 [자료형 변수 이름]의 형태로 작성한다.**

2.3-3 조건문 if

우리는 인생을 살면서 수많은 결정을 하게 됩니다. 어찌보면 인생은 결정의 연속이라고 할 수 있습니다. **"만약 아침에 눈을 떴는데 오전 7시가 넘었다면? 일어나서 학교에 간다"**라는 결정을 해본 적이 있을 것입니다. **'만약 걸어가는데 발 앞에 돌이 있다면? 발로 찬다'**처럼 사소한 결정을 하기도 하고 **'만약 내가 브래드피트라면? 영화배우를 한다.'**와 같이 인생의 중요한 결정을 하기도 합니다. 그런데 잘 살펴보면 이런 결정을 하기 위해서는 규칙이 존재한다는 것을 알 수 있습니다. '~라면 ~

한다.'라고 말이죠. 여기서 **'~라면'**은 조건(condition)입니다. 조건이 성립하면 '~한다'가 되는 것이죠. 또한 조건이 여러 개가 될 수도 있습니다. 이러한 규칙을 정리해보면 다음과 같습니다.

```
만약 ~라면? ~한다.
그렇지 않고 ~라면? ~한다.
이도저도 아니라면? ~한다.
```

그런데 이러한 결정은 코딩할 때도 수없이 발생합니다. '앞으로 이동 중인 물체가 벽에 부딪히면 오른쪽으로 10도 회전한다.' 식으로 말이죠. C#에서는 이를 조건문인 if라는 문법을 통해 만들 수 있습니다.

```
if (조건)
{
// 조건이 참인 경우 실행
}
else if (조건)
{
// 조건이 참인 경우 실행
}
else
{
// 위의 조건들이 모두 거짓인 경우 실행
}
```

이번에는 C#으로 number의 값에 따라 다른 문자열을 출력하는 코딩을 해보겠습니다.

```
void Start()
{
    // 정수형인 number 변수를 선언하고 값을 0으로 초기화했습니다.
    int number = 0;

    // number의 값이 0 이하인 경우에 실행됩니다.
    if (number <= 0)
    {
```

```
        print("값이 0보다 작습니다.");
    }
    // number의 값이 1 이상이고 5 이하인 경우에 실행됩니다.
    else if (number >= 1 && number <= 5)
    {
        print("값은 1~5 사이입니다.");
    }
    // number의 값이 위의 조건에 맞지 않으면(0 이하 또는 1 이상이고 5 이하) 실행됩니다.
    else
    {
        print("값이 5보다 큽니다.");
    }
}
```

[코드 2.3-3] 조건문

이와 같이 입력 값에 따라 조건을 분기해 실행되도록 처리할 수 있습니다. 조건을 만들기 위해 비교 연산자와 논리 연산자를 사용할 수 있습니다. 이를 통해 다양한 조건으로 분기할 수 있습니다.

C# 규칙 3

- **비교 연산자**
  ==, !=, >, >=, <, <= 등이 있습니다. 기호를 기준으로 왼쪽과 오른쪽의 값을 비교해 참이면 true, 거짓이면 false를 반환합니다.

C# 규칙 4

- **논리 연산자**
  A && B: A와 B가 모두 참이면 참, 하나라도 거짓이면 거짓
  A || B: A가 참이거나 B가 참이면 참, 둘 다 거짓이면 거짓
  !A: A가 참이면 거짓, A가 거짓이면 참

조건문은 `if` 이외에 switch도 있습니다. 하지만 `if`문 하나만 사용해도 여러분이 코딩하는 데 전혀 지장이 없습니다. 그렇기 때문에 여기서는 다루지 않겠습니다.

2.3-4 반복문 for

우리는 가끔 같은 일을 여러 번 반복해야 할 때가 있습니다. 길을 걸을 때, 껌을 씹을 때는 같은 동작을 여러 번 반복해야 합니다. 만약 우리가 걷는 동작을 글로 적는다고 가정해보겠습니다.

"몸을 앞으로 기울여 오른발을 한걸음 앞으로 움직이고 무게중심을 오른쪽에 둔다. 그리고 몸을 앞으로 기울인 후 왼발을 한걸음 앞으로 움직여 무게중심을 왼쪽에 둔다. 그리고 몸을 앞으로 기울여 오른발을 한걸음 앞으로 움직이고 무게중심을 오른쪽에 둔다. 그리고 몸을 앞으로 기울여 왼발을 한걸음 앞으로 움직이고 무게중심을 왼쪽에 둔다. 이렇게 걸어간다."

이렇게 묘사하면 글을 쓰는 사람이나 읽는 사람 모두 힘들 것입니다. 내용을 줄여 작성해보겠습니다.

"몸을 앞으로 기울여 오른발을 한걸음 앞으로 움직이고 무게중심을 오른쪽에 둔다. 왼쪽도 이런 방식으로 반복적으로 움직여 걸어간다."

이렇게 줄여 묘사하면 문장도 짧아지고 읽는 사람도 지루하지 않을 것입니다.

이처럼 코딩을 할 때도 반복적인 실행을 명령해야 할 때가 있습니다. 이때 사용되는 문법이 반복문입니다. 반복문은 for문, while문, do while문 등이 있는데, 그중 for문만 알아도 우리가 하고 싶은 것을 모두 코딩할 수 있습니다. 그러므로 여기서는 for문에 대해서만 이야기하겠습니다.

C#에서 for문은 다음과 같이 사용합니다.

```
for (초깃값; 조건; 증감식)
{
    // 실행
}
```

number가 100보다 작아지면 1씩 증가시키고, number가 100보다 크거나 같아지면 number 변수를 출력하는 코딩을 해보겠습니다.

```
void Start()
{
    int number = 0;
    for (int i = 0; i < 100; i++)
```

```
        {
            number = number + 1;
        }
        print(number);
    }
```

[코드 2.3-4] 반복문

2.3-5 : 함수

우리가 밥을 먹을 때 어떤 행동을 하는지 간단히 적어보겠습니다. "수저를 이용해 밥을 입으로 가져가고, 입은 밥을 열심히 씹어 삼킨다."라고 할 수 있습니다. 반찬을 먹을 때도 이와 비슷한 동작을 하겠죠. 이렇게 행동하는 것을 '먹는 기능'이라고 할 수 있습니다. 실제로 밥을 먹을 때는 엄마가 "밥 먹자~"라고 부르면 식탁에 앉아 맛있게 밥을 먹습니다. 이때 '먹는 기능'을 반복적으로 하게 됩니다.

함수는 영어로 'Function'이고, 이를 다시 한글로 번역하면 '기능'입니다. C#에서 함수는 '메소드(method)'라고도 부르고, 메소드는 구현부과 호출부로 구성됩니다. 밥을 먹을 때 '먹는 기능'에 해당하는 것이 구현부, 엄마가 "밥 먹자~"라고 부르는 것이 '호출부'입니다. 호출부는 영어로 'Call'이라 하고 한글로는 '호출'이라 합니다. 그렇다면 실제로 C#에서 함수를 어떤 문법으로 구현하고 호출하는지 알아보겠습니다.

함수의 구현과 호출

```
구현부
반환 자료형 함수 이름(인자(변수 선언))
{
    // 기능 구현
    return 반환 값;
}
```

호출부

함수 이름(인자 값);

함수를 호출할 때 인자 값을 전달하며, 구현부에서 전달된 인자 값을 변수에 담아 사용합니다. 원하는 기능을 처리한 후 결과를 반환합니다.

1
1.1
1.2
1.3
1.4
2
2.1
2.2
2.3
2.4
3
3.1
3.2
3.3
4
4.1
4.2
4.3
4.4
4.5
4.6
4.7
4.8
4.9
4.10
4.11

Plus 함수 구현

2개의 값을 인자로 받아 더하기 기능을 하는 Plus라는 함수를 C# 코드로 작성해보겠습니다.

```
public class Coding : MonoBehaviour
{
    // 구현부
    int Plus(int number1, int number2)
    {
        int result = number1 + number2;
        return result;
    }

    // 호출부
    void Start()
    {
        int sum = Plus(2, 10); // 함수를 호출한다.
        print(sum);
    }
}
```

[코드 2.4-1] 함수

Plus 함수는 2개의 정수 값을 입력받아 더한 후 그 결과를 반환하는 기능입니다. Plus 함수를 호출할 때 인자 값으로 2와 10을 넣어줬습니다. 그 결괏값을 sum이라는 변수에 담은 후 print 함수를 통해 유니티 콘솔창에 출력했습니다. 결과는 다음과 같습니다.

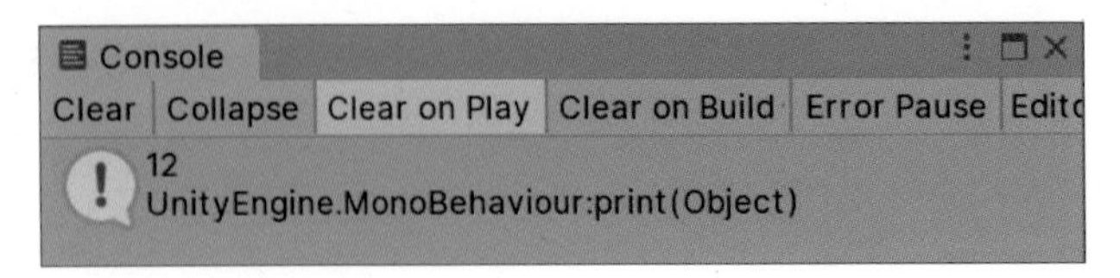

[그림 2.4-1] 함수 호출 결과

지역 변수와 전역 변수

함수를 원(Circle)으로 표현하면 원의 안쪽과 바깥쪽 공간으로 구분됩니다. 원의 안쪽에 선언된 변수는 '지역 변수(local variable)', 바깥쪽에 선언된 변수는 '전역 변수(global variable)'라고 합니다.

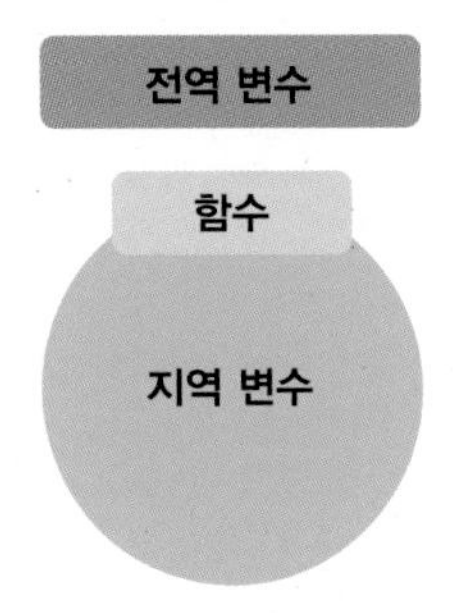

[그림 2.4-2] 전역 변수와 지역 변수

2개의 함수인 전라도와 경상도가 있고, 각 함수의 지역 변수로 철수가 있다고 가정해보겠습니다. 전라도에서 철수를 부르면 전라도의 철수가 대답하고, 경상도에서 철수를 부르면 경상도의 철수가 대답합니다. 이처럼 지역 변수는 그 지역(함수) 내에서만 사용할 수 있습니다.

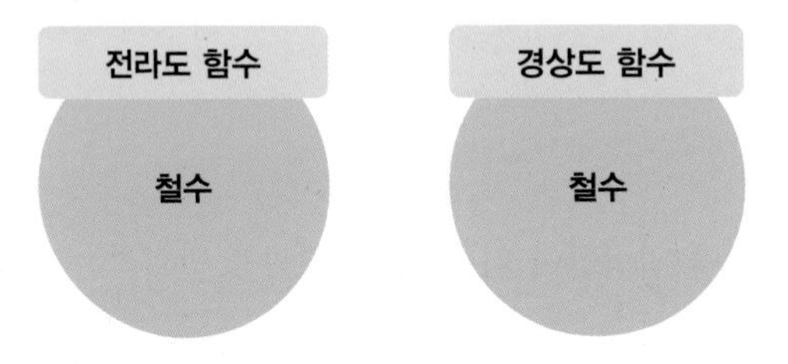

[그림 2.4-3] 함수 안의 변수는 지역 변수

만약 전라도와 경상도에서 함께 사용하고 싶은 변수가 있다면 전역 변수를 사용하면 됩니다.

Note 전역 변수와 지역 변수의 이름이 같을 때 우선권은?

[그림 2.4-4]에서는 전역 공간에 철수를 선언하고 있습니다. 이렇게 하면 전라도와 경상도 모두에서 전역 공간의 철수에 접근해 사용할 수 있습니다. 이렇게 전역 공간에 선언된 변수를 '전역 변수'라 합니다. 하지만 그림에서 보면 각 지역에도 같은 이름의 철수가 존재합니다. 이때는 해당 지역에서 선언된 지역 변수가 더 우선시됩니다. 즉, 전라도에서 철수를 부르면 전라도의 철수가 대답하는 것입니다.

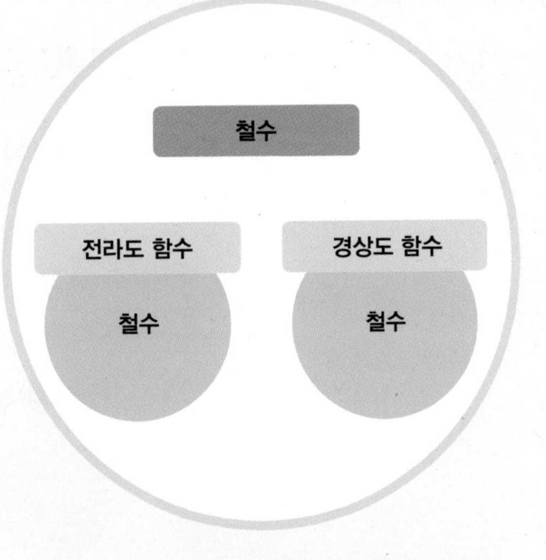

[그림 2.4-4] 함수에서 지역 변수와 전역 변수 사용

2.3-6 : 클래스(Class)와 객체

C#은 객체지향 언어입니다. 말 그대로 객체를 쓰겠다는 이야기입니다. 여기서는 기존의 절차지향적인 언어를 언급하지는 않겠습니다. 그럼 객체란 무엇일까요? 사물이라는 단어를 사용해보겠습니다. 사물은 존재하는 것일 수도 있고, 존재하지 않는 상상 속의 어떤 것일 수도 있습니다. 사람, 동물, 부모, 자동차, 가구, 핸드폰, 신발 등 우리가 아는 단어를 떠올려보겠습니다. 이것들은 모두 '사물'입니다. 그런데 위에서 제시한 단어를 자세히 살펴보면 뭔가 구체적이지 않은 것을 알 수 있습니다. 사람이라는 단어는 개똥이, 말숙이와 같이 구체적인 개념이 아니라 추상적인 개념입니다. 동물이라는 단어 역시 개, 고양이, 코끼리와 같이 구체적인 개념이 아니라 추상적인 개념입니다. 다른 단어들도 이와 마찬가지입니다. 추상적이라는 말은 구체화되지 않았다는 이야기입니다. 사물이 눈에 보이고 사용할 수 있으려면 구체적이고 실체가 있어야 합니다. 추상적인 사물을 '클래스(Class)', 개똥이, 말숙이, 개, 고양이, 코끼리와 같이 구체적인 것들을 '객체'라고 합니다.

클래스

클래스는 속성과 기능으로 구성돼 있습니다. 예를 들어 '인간'이라는 클래스의 속성은 '이름', '나이'라는 속성과 '걷다.', '앉다.'라는 기능을 갖고 있습니다. 이때 속성은 '명사형', 기능은 '동사형'입니다.

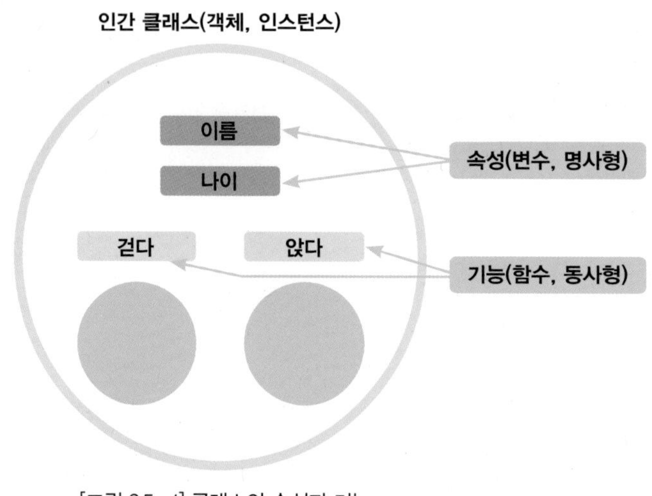

[그림 2.5-1] 클래스의 속성과 기능

클래스에는 속성과 기능에 대한 접근 제한이 존재합니다. 예를 들어 '이름', '성별' 등과 같은 속성은 외부에 공개해도 문제가 없습니다. 하지만 '엉덩이에 있는 점'과 같은 속성은 비밀로 하고 싶죠. 그래서 모두에게 공개(public), 모두에게 비공개(private), 자식에게만 공개(protected) 등의 접근 제한을 설정해 사용합니다.

객체

클래스는 생명이 없습니다. 그렇기 때문에 클래스에 생명을 불어넣어줘야 사용할 수 있게 됩니다. 이렇게 생명력을 갖게 된 존재를 '객체'라고 합니다. 예를 들어보겠습니다. 남자라는 특성을 물려받아 개똥이가 태어났습니다. 이 개똥이의 프로필은 다음과 같습니다.

성: 개
이름: 똥이
키: 180cm
몸무게: 80kg
성별: 남성
성격: 다혈질이다.

이와 같은 구체적인 특성을 갖고 있는 개똥이에게 생명을 불어넣어주면 이때부터 남자 개똥이의 인생이 시작되는 것입니다. 그런데 옆 마을에 개똥이와 이름도 같고, 특성도 똑같은 개똥이가 하나 더 있다고 가정해보겠습니다. 그 개똥이에게도 생명을 불어넣어주면 그 개똥이도 인생이 시작됩니다. 이렇게 클래스는 하나지만, 그 클래스에 생명력을 불어넣어주는 것에 따라 여러 개의 객체가 태어나고, 생명이 다하면 죽는 과정이 생기게 됩니다.

2.3-7 : 객체지향의 특징

객체지향이란, 객체를 쓰겠다는 것입니다. 즉, 모든 것을 객체들의 모임으로 파악하고 객체끼리 상호작용하는 것입니다. 어찌보면 가상의 세상을 만들고 객체라는 가상의 물체를 만들어 인간이 현실 세계를 이해하는 시각으로 코딩하는 것이라 할 수 있습니다. 예를 들어 자판기에 돈을 넣고 음료수를 뽑아 먹는다고 가정했을 때 자판기, 돈, 음료수를 각각 객체로 구성하고 사용자가 돈을 자판기에 넣으면 자판기가 입력된 돈이 음료수를 살 수 있는지 판단하고 음료수를 뱉어냅니다. 객체지향의 특징에는 어떤 것이 있는지 살펴보겠습니다.

➔ 추상화

클래스를 구성하는 핵심적인 속성이나 기능을 추려내는 것을 말합니다. 예를 들어 인간이라는 클래스를 이름, 나이, 키 등의 공통적인 속성이 있고, 걷다, 말하다, 바라보다 등의 공통 기능을 추려낼 수 있습니다. 이러한 추상화를 통해 사물의 본질을 잘 드러나게 할 수 있습니다.

➔ 상속성

부모라는 단어를 이용해 객체지향의 특징인 상속성을 설명하겠습니다. 자식은 부모로부터 유전적인 특징, 호적 등 여러 가지를 물려받습니다. 나중에 재산을 상속받기도 합니다. 이런 모든 것을 상속받아 자식이라는 사물이 만들어집니다. 이와 같이 객체도 부모와 자식의 관계로 상속받을 수 있습니다.

캡슐화

캡슐화는 캡슐 감기약과 같습니다. 이 캡슐 안에 어떤 것들이 들어 있는지 알 수 없습니다. 설사 안다고 하더라도 캡슐을 깨지 않는 한 캡슐 안의 내용물을 바꾸거나 수정할 수 없습니다. 이는 상속성과도 관련이 있습니다. 부모로부터 이 씨, 김 씨 등의 성을 물려받았는데, 이를 자식이 임의로 바꿀 수 없도록 법이나 제도적 장치를 통해 보호합니다. 이처럼 객체에도 이러한 속성을 보호할 수 있는 장치가 마련돼 있는데, 이것이 바로 '캡슐화'입니다.

다형성

영화나 소설을 보면 드래곤이 인간이나 다른 생명체의 모습으로 변신해 살아가는 이야기가 나옵니다. 수명이 긴 드래곤은 무척 따분한 나머지 다른 생명체로 변신해 〈체험 삶의 현장〉(?)과 같은 유희를 즐긴다고 합니다. 이때 변신하기 위해 '폴리모프(polymorph)'라는 마법을 사용하는데, 여기서 '폴리(poly)'는 '여러 개', '모프(morph)'는 '형태'라는 뜻입니다. 다형성은 영어로 '폴리모피즘(polymorphism)'이라 하는데, 이는 하나의 객체가 여러 개의 형태를 갖는 것을 의미합니다.

이러한 다형성의 특징은 하나의 객체를 다양한 시각으로 바라보게 해준다는 것입니다. 예를 들어 '사람인 개똥이는 남자이면서 축구선수이다.'와 같이 하나의 객체를 다양한 시선으로 바라볼 수 있는 것입니다. 객체지향이 상속 관계의 계층 구조로 돼 있을 때 다형성의 특징을 사용할 수 있습니다. 자식 객체를 부모 형태로 만들 수는 있지만, 부모 객체를 자식 형태로 만들 수는 없습니다. 이는 "개는 동물입니다."라는 말은 성립하지만 "동물은 개입니다."라는 말은 성립하지 않는 것과 같습니다. 개는 자식의 개념, 동물은 부모의 개념입니다.

2.4 마무리

이상으로 C# 스크립트 코딩에 대한 이야기를 마치겠습니다. 무엇이든 직접 만들어보면 앞의 내용은 자연스럽게 습득될 것입니다.

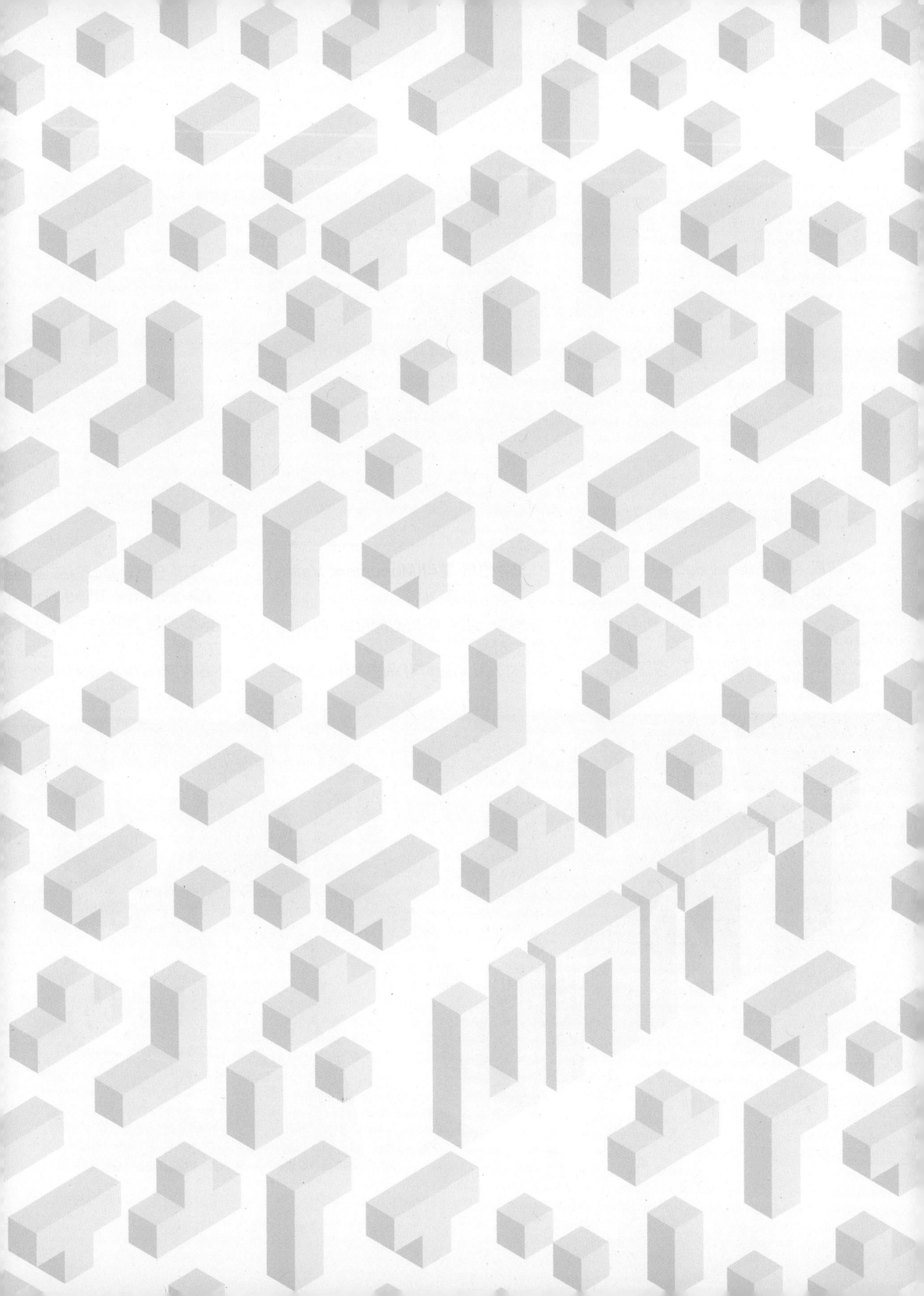

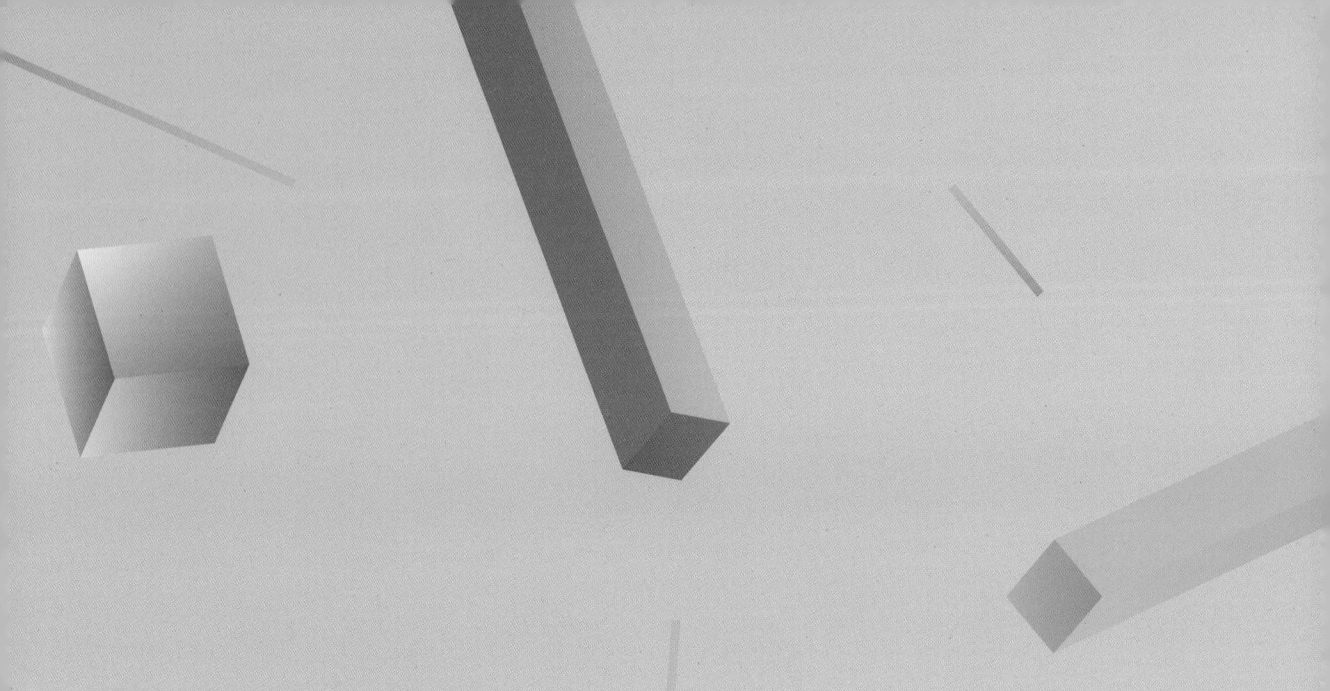

콘텐츠 제작의 기초를 세우다

비트 세이버(Beat Saber)

– VR 콘텐츠

날아오는 큐브는 슈팅에서 미사일의 원리

정점(버텍스)을 추가하고, 정렬하기 위한 배열

모뉴먼트 밸리(Monument Valley)

– 착시 퍼즐 게임

슈팅과 같은 아이소메트릭 카메라 설정 사용

목적지까지 이동하기 위한 벡터 연산

오리 앤 더 블라인드 포레스트 (Ori and the Blind Forest)

– 2D처럼 보이는 플랫폼형 게임

고정된 카메라 앵글과 그래픽 소스를 적절하게 활용한 3D 게임

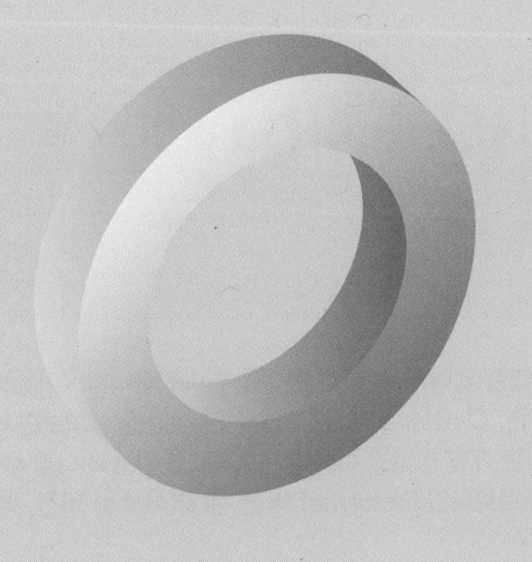

Chapter

3

슈팅 게임 제작

3 슈팅 게임 제작

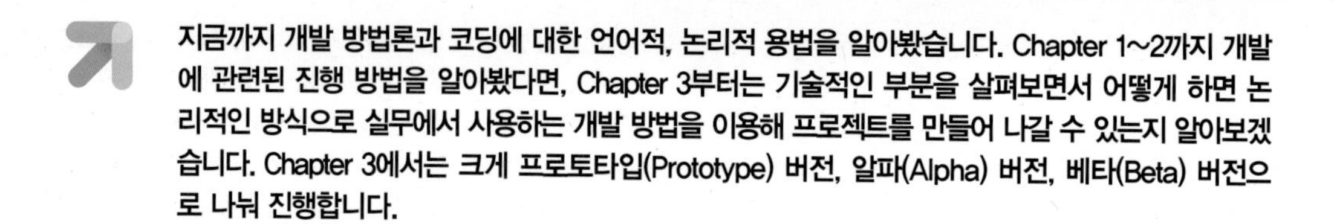

지금까지 개발 방법론과 코딩에 대한 언어적, 논리적 용법을 알아봤습니다. Chapter 1~2까지 개발에 관련된 진행 방법을 알아봤다면, Chapter 3부터는 기술적인 부분을 살펴보면서 어떻게 하면 논리적인 방식으로 실무에서 사용하는 개발 방법을 이용해 프로젝트를 만들어 나갈 수 있는지 알아보겠습니다. Chapter 3에서는 크게 프로토타입(Prototype) 버전, 알파(Alpha) 버전, 베타(Beta) 버전으로 나눠 진행합니다.

프로젝트는 처음부터 바로 완성도 있게 제작되지 않습니다. 시제품 단계인 프로토타입에서 그 가능성을 검증하고, 이를 바탕으로 알파 버전에서 프로젝트의 전체 구현 작업을 완성합니다. 알파 버전까지 다다르면 모든 구현이 끝났다고 보면 됩니다. 하지만 아직까지는 클라이언트(Client)에게 보여줄 단계는 아닙니다. 퀄리티 작업과 최적화 작업, 디버깅 및 리팩토링(Refactoring) 등과 같은 작업이 남아 있기 때문이죠. 이 과정이 '베타 버전'입니다. 이 베타 버전 과정을 거치면서 오픈 베타(Open Beta) 또는 클로즈 베타(Close Beta) 테스트를 통해 클라이언트의 의견과 콘텐츠의 안정성 등을 점검 및 검증하며 최종 출시 버전인 마스터 버전으로 향하게 되는 것입니다.

Chapter 3에서는 여러분의 언어 구사 수준(한국어든, 영어든, C# 이든)을 7살 정도로 생각하겠습니다. 아직까지 글을 읽거나, 이해하거나 하는 수준이 낮고 심지어 글을 쓰는 능력은 거의 없죠. 이런 상태가 7살 상태입니다. 하지만 이 단원을 끝마칠 때 즈음이면 12살 정도(초등 5학년) 수준의 문장 이해력과 작문 능력이 갖춰지는 것을 목표로 합니다. 설명하는 글도 최대한 7살의 눈높이에서 진행할 수 있도록 구성했습니다. 그럼 본격적으로 프로토타입 버전을 제작해볼까요?

3.1 프로토타입 버전 제작

프로토타입

앞서 말한 바와 같이 Chapter 3에서는 슈팅 게임을 제작하려고 합니다. Chapter 3에서 다룰 내용은 게임뿐 아니라 비게임 분야에서도 사용할 수 있는 제작 기술에 대해 다루기 때문에 무척 중요합니다. 또한 유니티를 사용하지만 관련 배경 기술은 유니티와는 상관없는 것이 많습니다. 다른 상용 엔진에서도 거의 유사하게 사용할 수 있으므로 Chapter 3에서 다루는 내용을 잘 습득하시기 바랍니다.

이번에 다룰 내용은 총 3단계 구성 중 '프로토타입 버전'입니다. 이 프로토타입에서는 프로젝트의 시작과 환경 설정, 플레이어, 적, 총알 등의 작업부터 게임의 구성 요소에 이르기까지 차근차근 채워 넣는 형태로 진행하겠습니다. 이는 콘텐츠의 시장 가능성 및 개발 가능성까지 확인해야 하는 시제품 단계이므로 실무에서는 상당히 중요한 위치를 차지하고 있다고 볼 수 있습니다.

3.1-1 : 프로젝트 생성과 환경 설정

먼저 슈팅 프로젝트를 만든 후에 제작을 하기 위한 기초 환경을 설정해보겠습니다. 제작은 3D 환경에서 시작하지만 우리가 만드는 슈팅 게임은 2D로 보여집니다. 따라서 2D로 보여지는 환경을 구성할 것입니다. 실제 2D 게임은 여기에 몇 가지 제작 방법이 추가되지만, 지금 단계에서는 고려하지 않아도 됩니다.

목표

슈팅 게임 프로젝트를 생성하고 제작 환경을 설정하고 싶다.

순서

❶ 슈팅 게임 프로젝트 생성하기
❷ 제작 환경 설정하기

Chapter 3의 목표는 슈팅 게임 프로젝트를 생성하고 제작 환경을 구축하는 것입니다. 프로젝트 생성 방법을 알아본 후에 제작 환경을 설정하겠습니다.

슈팅 게임 프로젝트 생성하기

프로젝트를 생성하기 위해 '유니티 허브(Unity Hub)'를 실행합니다. [그림 3.1-1]은 유니티 허브가 실행된 상태입니다. 유니티 허브는 진행 중인 프로젝트를 관리해주는 '런처(Launcher)'입니다. 이 툴에서 전체 프로젝트 관리 및 학습과 유니티 버전별 설치까지 모두 진행할 수 있습니다.

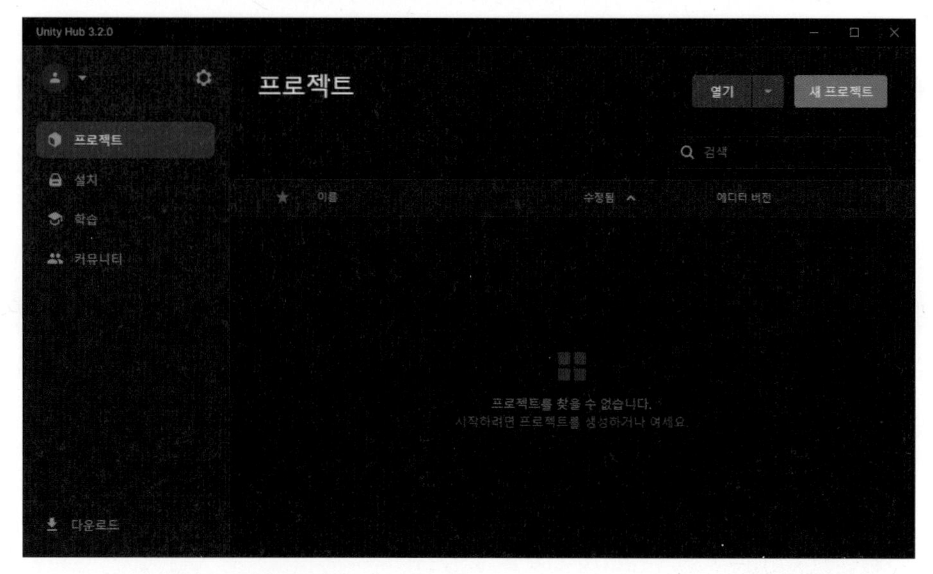

[그림 3.1-1] 유니티 허브 프로젝트 생성

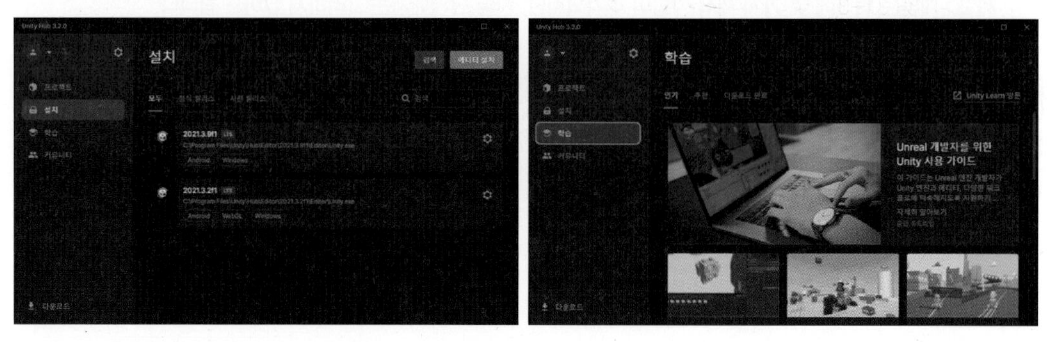

[그림 3.1-2] 유니티 허브 학습과 설치 화면

유니티 허브의 학습 메뉴에서는 각종 튜토리얼 및 초급에서 중·고급에 이르기까지 유니티로 다양한 콘텐츠를 만들 수 있는 방법을 제공하고 있습니다. 그리고 설치 메뉴를 이용하면 원하는 버전별로 설치할 수 있고, 필요한 모듈도 추가 설치할 수 있습니다. 슈팅 후반 작업 중 베타 버전에서 모바일 환경으로의 빌드 방법에 대해 소개할 때 추가 모듈 설치 방법을 알아볼 예정입니다.

프로젝트를 새로 만들기 위해 [그림 3.1-1]과 같이 프로젝트 메뉴에서 [새로 생성] 버튼을 클릭하겠습니다. 기존에 이미 만들어 놓은 것이 있다면 [추가] 버튼을 클릭해 가져올 수 있습니다.

[새로 생성] 버튼을 클릭하면 [그림 3.1-3]과 같은 화면이 나타납니다. 이곳에서 진행할 프로젝트 형태를 '3D'로 선택하겠습니다. 물론 여기서는 2D 형태의 콘텐츠를 만들지만, 3D로 시작해 작업

환경을 2D 형태로 변경할 수 있습니다. 프로젝트 이름은 'ShootingGame'으로 변경하겠습니다. 저장 위치는 편한 곳으로 정하세요.

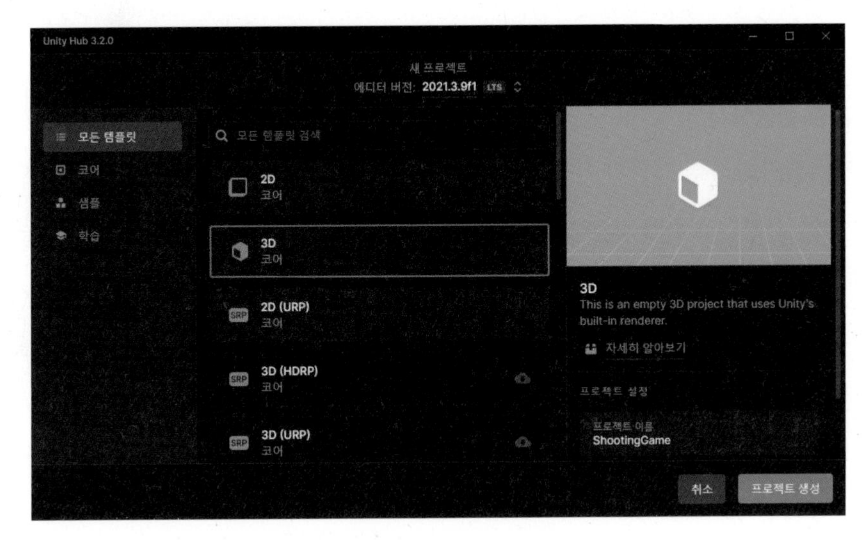

[그림 3.1-3] 'ShootingGame'이라는 이름으로 프로젝트 생성

[생성] 버튼을 클릭해 프로젝트를 만들겠습니다. 'ShootingGame'이라는 프로젝트가 만들어진 후 유니티 에디터가 열립니다.

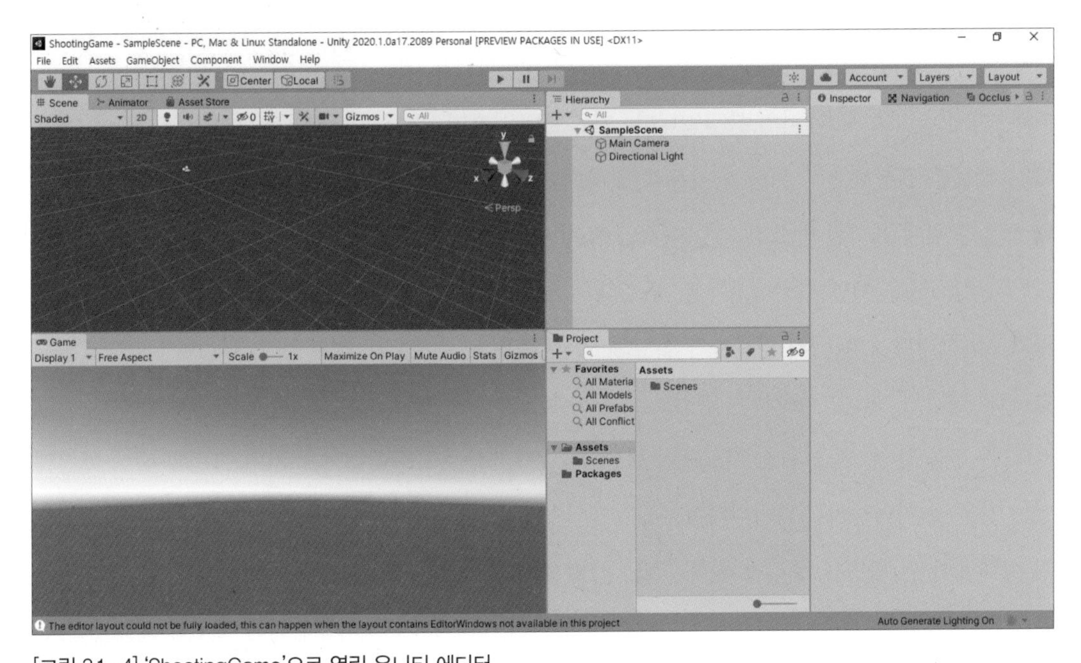

[그림 3.1-4] 'ShootingGame'으로 열린 유니티 에디터

프로젝트를 진행하기 위해 유니티 레이아웃(Layout)은 [그림 3.1 - 4]처럼 배치하겠습니다(유니티 알아보기에서 레이아웃 설정 방법을 이미 학습했습니다). 프로젝트는 이미 생성됐고, 이번에는 슈팅 게임의 2D 작업 환경을 만들겠습니다.

제작 환경 설정하기

우리가 제작하려는 슈팅 게임의 목표는 2D 느낌이 나도록 하는 것입니다. 따라서 몇 가지 2D 관련 세팅이 필요합니다. 애초에 2D로 프로젝트를 생성하면 될 것을 왜 3D로 시작해 이런 수고를 하느냐고 생각하는 분이 있을 텐데, 콘텐츠를 제작하다 보면 딱 맞춰진 상황에서의 작업은 그리 많지 않습니다. 항상 랜덤한 상황이 주어지죠. 따라서 2D 환경에 필요한 것은 무엇인지 하나씩 세팅해 보면서 어떤 것이 우리 프로젝트에 필요하고, 어떤 것은 필요치 않은지 구분할 줄 아는 것이 중요합니다. 이것은 3D에서도 이와 마찬가지로 적용되기 때문에 시작 부분에서 다루고자 합니다. 그럼 먼저 씬 뷰의 설정부터 살펴보겠습니다.

씬 설정

[그림 3.1 - 5]는 씬의 기즈모를 표현한 부분입니다. 표시된 부분의 'Persp'라는 단어는 'Perspective'라는 단어의 일부이고, 이는 '원근감 있게 표현된 모드'라는 뜻입니다. 원근감은 말 그대로 거리에 따라 크게 또는 작게 보이는 시야를 표현한다는 것이죠. 이것이 바로 3D에서의 특징입니다. 기즈모는 사용자에게 어떤 정보를 표현해주기 위한 아이콘을 말하며, [그림 3.1 - 5]의 오른쪽 위에 표시된 박스 안의 이미지와 같은 것입니다.

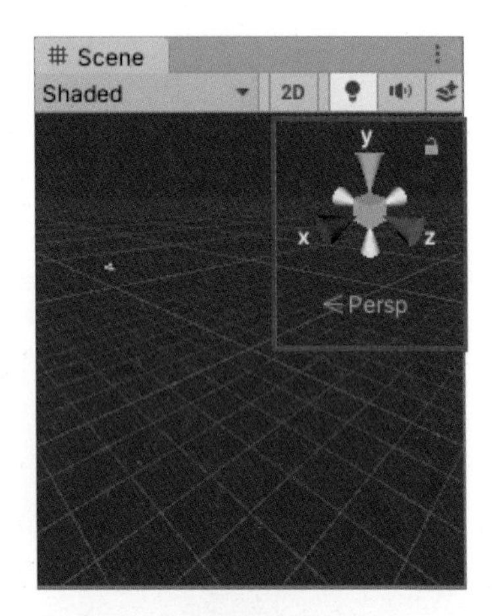

[그림 3.1-5] 씬 화면의 기즈모

씬의 기즈모를 보면 빨간색, 녹색, 파란색의 3색으로 표현돼 있고, 각 색마다 x, y, z의 영문자가 할당돼 있는 것을 볼 수 있습니다. 빨간색, 녹색, 파란색은 영어로 R(Red), G(Green), B(Blue)이고, 순서로 보면 RGB와 xyz가 같은 것을 알 수 있습니다. 기즈모의 색상과 xyz 3차원을 표현하는 영문자가 그림과 같이 매칭돼 있는 것을 잘 기억하시길 바랍니다.

이 상태에서 씬 화면을 우리가 원하는 2D 작업 화면으로 바꾸고 싶습니다. 2D는 3D와 달리 z(깊이) 값이 없습니다. 이는 원근감이 없다는 의미입니다. [그림 3.1 - 6]에서 원근 모드와 직교 모드를 보실 수 있습니다. 2D에서는 작업을 오른쪽의 직교 모드처럼 원근감이 없는 형태로 진행합니다.

[그림 3.1-6] 원근 모드(왼쪽)와 직교 모드(오른쪽)(참고(유니티 매뉴얼(docs.unity3d.com/kr/2018.4/Manual/CamerasOverview.html))

2D 작업을 위해 씬 화면을 직교 모드로 변경해보겠습니다. 기즈모의 'Persp'라는 글자를 눌러 ISO로 변경되도록 합니다. ISO는 '아이소메트릭(isometric)'의 줄임말이며, 흔히 '쿼터 뷰'라는 대각선에서 내려다본 화면을 뜻합니다. [그림 3.1-7]을 보면 이해하실 것입니다. 씬 화면을 ISO로 변경한다는 것은 2D 화면인 직교 모드로 전환되는 것을 뜻하며, '원근감이 없는 상태'를 말합니다.

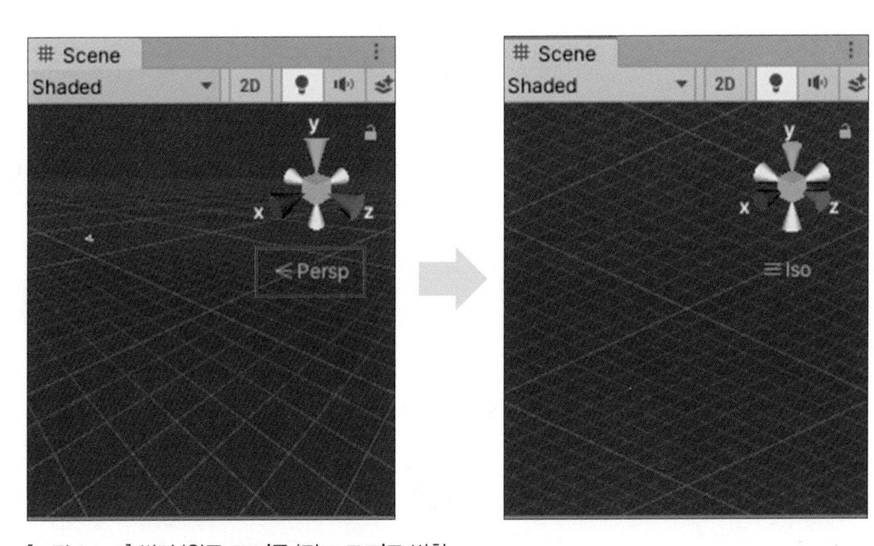

[그림 3.1-7] 씬의 '원근 모드'를 '직교 모드'로 변환

다음으로는 씬에 있는 Main Camera 객체가 바라보는 구도로 씬 화면도 바꾸겠습니다. 역시 기즈모를 클릭해 변경해야 합니다. 씬 기즈모의 z(파란색) 반대편을 클릭합니다. 그러면 ISO 글자가 있던 곳이 씬의 작업 화면 방향을 뜻하는 단어로 교체됩니다. Back으로 변경됐다면 잘된 것입니다. 다른 화살표들도 클릭하면서 어떤 단어들이 나오는지 확인해보시기 바랍니다.

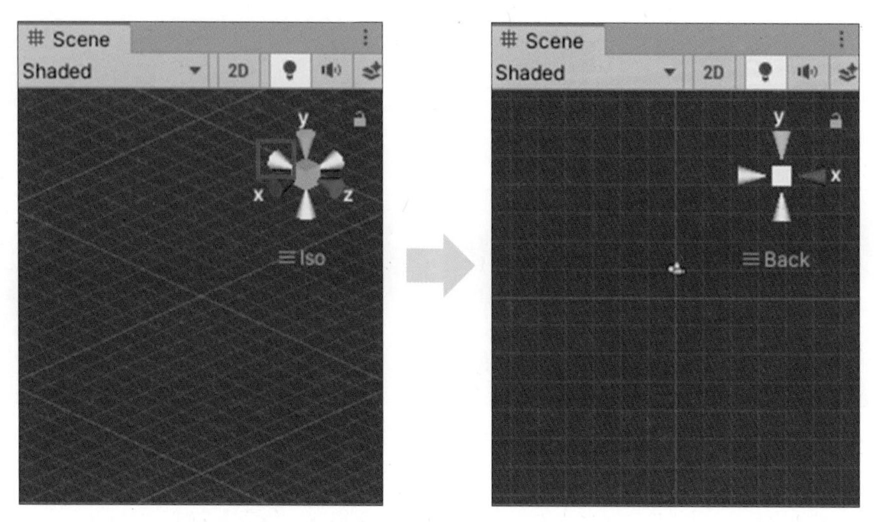

[그림 3.1-8] 기즈모를 클릭해 Back 화면으로 전환

여기까지 진행하면 씬 뷰의 툴바 버튼 중 [2D] 버튼을 눌렀을 때와 같은 상태가 됩니다. [그림 3.1-3]에서 프로젝트를 생성할 때 2D로 생성하면 화면이 이렇게 세팅됩니다. [그림 3.1-8]은 씬의 [2D] 툴바 버튼을 선택했을 때 2D 작업 화면과 우리가 설정해 놓은 3D 환경에서의 작업 환경입니다. 씬에 기즈모가 있고, 없고의 차이가 있을 뿐이죠. 실제로 2D 작업을 하더라도 기즈모를 화면에 보이게 하고 작업하는 것이 좀 더 편리합니다. 나중에 하나씩 알아보겠습니다.

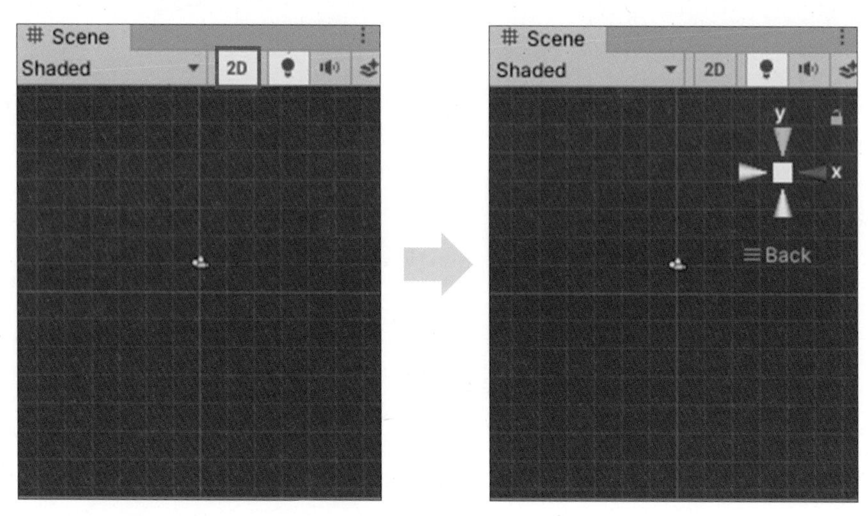

[그림 3.1-9] 2D 작업 화면(왼쪽)과 세팅한 화면(오른쪽)

● 카메라 설정

작업 화면에서 카메라를 설정해보겠습니다. 2D든, 3D든 프로젝트에는 무조건 카메라가 하나 이상은 반드시 있어야 합니다. 카메라는 콘텐츠를 플레이하는 플레이어의 눈 역할을 하기 때문에 카메라가 없으면 눈이 없는 것과 마찬가지입니다. 따라서 우리 프로젝트에도 하나의 Main Camera 게임 오브젝트가 있습니다.

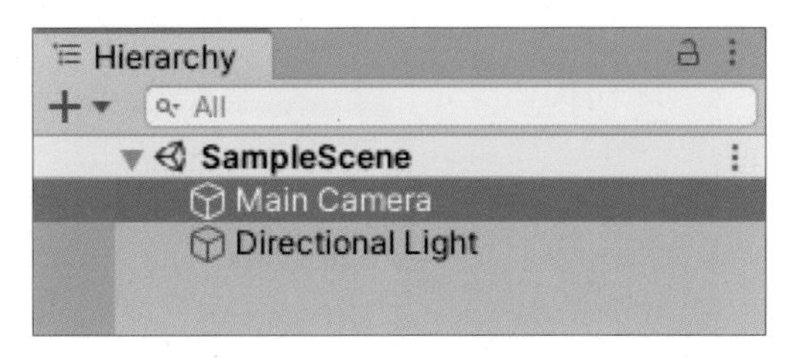

[그림 3.1-10] 씬에 있는 Main Camera

이 Main Camera 게임 오브젝트를 이루고 있는 레고 블록인 컴포넌트에는 어떤 것들이 있는지 확인해보겠습니다. [그림 3.1-11]에는 총 3개의 컴포넌트가 붙어 있습니다. 이 중에서 Camera 컴포넌트가 바로 카메라 역할을 합니다. 또한 Audio Listener라는 컴포넌트도 보입니다. 이는 사람의 귀 역할을 합니다. 바로 눈과 귀가 Main Camera 게임 오브젝트에 붙어 있는 것입니다. Audio Listener 컴포넌트가 다른 게임 오브젝트에도 붙어 있을 경우, 유니티는 '귀가 왜 다른 데 있는가?', '누가 들어야 하는가?'와 같은 경고 메시지를 던집니다. 따라서 Audio Listener 컴포넌트가 붙어 있는 게임 오브젝트는 씬에 단 하나만 있어야 합니다. 카메라는 여러 개 있어도 상관없습니다.

[그림 3.1-11] Main Camera의 컴포넌트

이 카메라에도 화면을 어떻게 찍을지 지정하는 렌즈와 같은 역할을 하는 Projection 속성이 있습니다. 이를 우리말로 '투영'이라고 표현할 수 있는데, 카메라가 화면에 보이는 영상을 원근감 있게 표현할 것인지를 지정하는 속성이라고 보면 됩니다(3D 렌더링 파이프라인에 대해 설명할 때 좀 더 자세히 다루겠습니다).

[그림 3.1-12] Main Camera의 Projection 속성

우리는 2D 모드로 제작하기 위해 `Projection` 속성을 직교 모드인 `'Orthographic'`, 카메라의 `Position Y` 값도 '0'으로 설정하겠습니다.

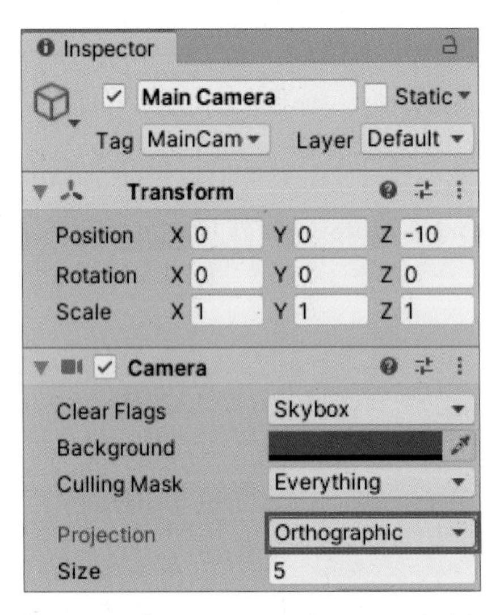

[그림 3.1-13] Main Camera의 Position 속성과 Projection 설정

`Projection` 속성 바로 아래에 `Size` 속성이 있습니다. 이 `Size` 속성은 카메라 세로 크기의 절반을 뜻합니다. 예를 들어 [그림 3.1-14]를 휴대폰 화면이라고 가정하겠습니다. 이 전체 화면이 카메라가 그리고 있는 화면 크기입니다. 여기에서 `Size`의 값이 '5'로 설정돼 있는데, 숫자 5는 '5미터'를

뜻합니다. 이는 카메라가 화면에 표현하고자 하는 세로 크기의 절반에 해당합니다. [그림 3.1-14]에서 Projection은 'Orthographic', Size가 '5'로 표현된 화면입니다. 그림에서 보는 것처럼 화면을 반으로 나눠 표시했고, 그 값이 '5'인 것을 알 수 있습니다. 절반이 5이기 때문에 전체 크기는 '10 미터'입니다.

이 Size를 여러분이 직접 수정해보시기 바랍니다. 크기를 키우면 화면을 멀리 보는 효과가 되고, 줄이면 가까워지는 효과가 됩니다. 이를 이용하면 〈앵그리 버드〉처럼 새가 높이 날아오를 때는 화면을 멀리 보이게 했다가 떨어질 때는 가까워 보이게 하는 효과를 줄 수 있습니다. 2D 게임이지만 3D처럼 원근감을 표현하는 듯하다고 할까요? 멋진 카메라 무브먼트(움직임)를 콘텐츠에 표현할 수 있게 해주는 속성입니다.

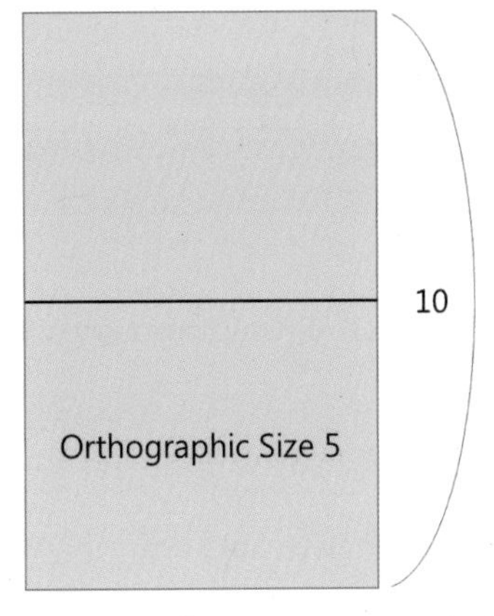

[그림 3.1-14] Orthographic Size가 5일 때 화면

[그림 3.1-15] 높이에 따라 원근을 조절(출처: 〈앵그리 버드〉(https://gfycat.com/ko/lonelywellwornamericancrayfish))

● 조명 설정

다음으로는 조명 설정입니다. 2D에서는 조명이 필요하지 않습니다. 우리 프로젝트에는 'Directional Light'라는 조명 객체가 하나 추가돼 있습니다. 삭제하는 것이 맞지만 컴포넌트의 역할을 알아보기 위해 Light 컴포넌트만 비활성화하겠습니다.

Tip

2D 게임도 무조건 조명을 없애지는 않습니다. 원근감이 없더라도 3D의 조명 및 그림자와 같은 요소를 그대로 사용하는 게임도 있습니다. 경우에 따라 선택하는 만큼 반드시 2D에서는 조명이 없어야 한다는 규칙은 없습니다.

하이어라키 뷰 창에서 [Directional Light]를 선택하고 인스펙터 창에서 Light 컴포넌트를 비활성화합니다. [그림 3.1-16]과 같이 Light 이름 옆의 체크 박스를 해제해 컴포넌트를 비활성화시켜주면 됩니다.

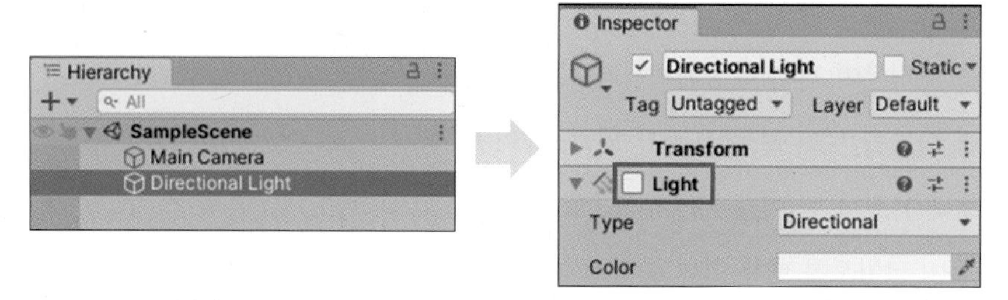

[그림 3.1-16] Directional Light의 라이트(Light) 컴포넌트 비활성화

이렇게 하면 화면에서 조명이 사라집니다. 그러면 아무것도 보이지 않게 되겠죠? 일반적으로 2D 콘텐츠를 제작할 때는 Sprite를 사용해 2D를 제작하지만, 우리 프로젝트에서는 다른 방식으로 진행해보겠습니다. 유니티 에디터의 [Window]-[Rendering]-[Lighting] 메뉴를 선택합니다.

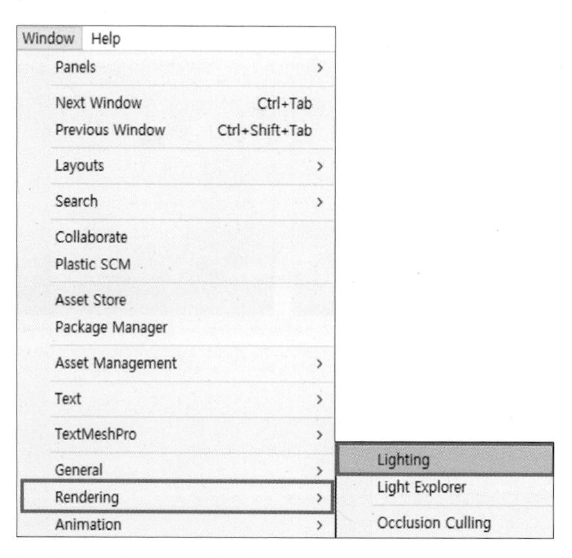

[그림 3.1-17] Lighting 창 열기

Lighting 창이 화면에 표시됩니다. 이곳에서 조명 상태를 계속 감지해 변화가 생겼을 때 그 상태를 저장해 이미지로 만드는 '라이트 맵핑(Light mapping)'이라는 기능을 비활성화하겠습니다. 우리는 2D이기 때문에 오히려 이 기능이 작업을 하는 데 방해가 됩니다. 이 라이트 맵핑 기능이 무엇이고, 어떻게 사용하는지는 다음 FPS 예제의 그래픽 부분에서 상세히 다루겠습니다.

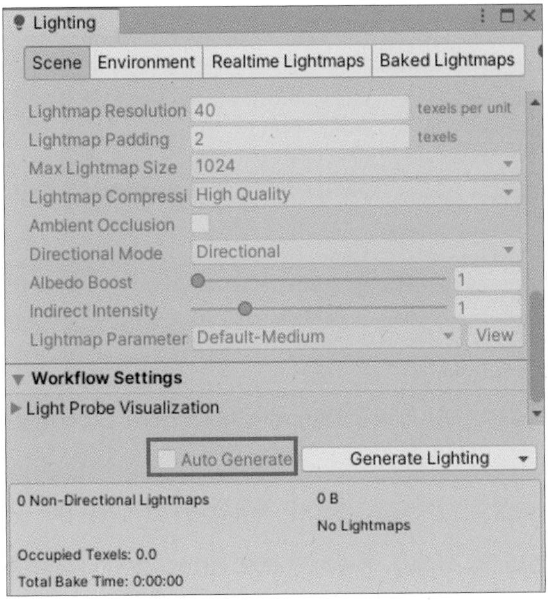

[그림 3.1 - 18] [Lighting]-[Audio Generate] 비활성화된 상태

다음으로는 조명이 없기 때문에 화면에 아무것도 안 보이는 부분을 막기 위한 작업을 해보겠습니다. 보통 화면의 반사 성질에 따라 빛은 난반사광(Diffuse), 정반사광(Specular), 주변 환경광(Ambient)이라는 세 가지 요소가 합쳐져 표현됩니다. 우리가 빛을 없앴다는 것은 난반사광, 정반사광을 적용하지 않았다는 의미입니다. 하지만 유니티에서는 주변광인 Ambient에 대한 값은 Lighting Settings 창에서 지정해 사용하고 있습니다.

Tip

3DS 맥스(3DS Max)나 마야(Maya)와 같은 도구들은 3D 모델링 작업을 한 후 그 결과를 렌더링(Rendering)을 걸어 최종 이미지로 뽑아냅니다. 렌더링을 건다는 것은 화면을 보이는 그대로 조명과 매칭해 그려주는 것을 뜻하는데, 이때 주변 광원 계산에 상당한 양의 시간과 연산이 소요됩니다. 빛의 반사되는 속성이 바로 주변 광원의 색상을 결정하는 역할을 하기 때문인데, 반사가 엄청 많이 되겠죠? 따라서 이를 계산하는 데 많은 비용이 필요합니다. 유니티에서 실시간 렌더링을 할 때는 이렇게 여유롭게 계산하고 있을 시간이 없습니다. 그래서 보통은 대략적인 값으로 세팅하고 그 값을 최종 연산에서 사용합니다.

Ambient 값을 변경하면 빛이 없어도 물체의 색을 그대로 표현할 수 있습니다. 그러면 Ambient를 지정해보겠습니다. Lighting Settings 창에서 [Environment] 탭으로 이동합니다. 이곳에서 Environment Lighting의 Source 속성 값이 기본으로 'Skybox'로 돼 있는 것을 [그림 3.1 - 19]처럼 드롭다운 버튼을 클릭해 'Color'로 변경합니다(Skybox는 나중에 다룹니다).

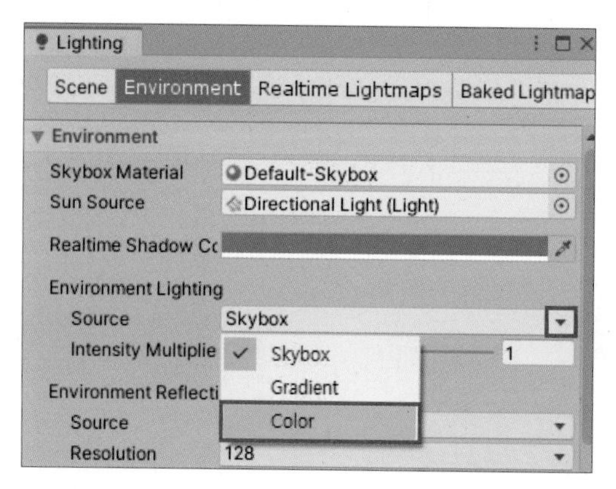

[그림 3.1-19] [Lighting Settings]-[Envirionments Lighting] 변경

그러면 Ambient Color 속성이 나타나고 색상을 지정할 수 있게 됩니다. 이제 [그림 3.1-20]의 왼쪽 그림처럼 Ambient Color의 색상을 클릭하면 HDR Color 창이 나타나면서 색상을 지정할 수 있게 됩니다. 여기에서 RGB 값이 각각 255, 255, 255인 흰색으로 설정해주면 Ambient 색상 지정이 끝납니다.

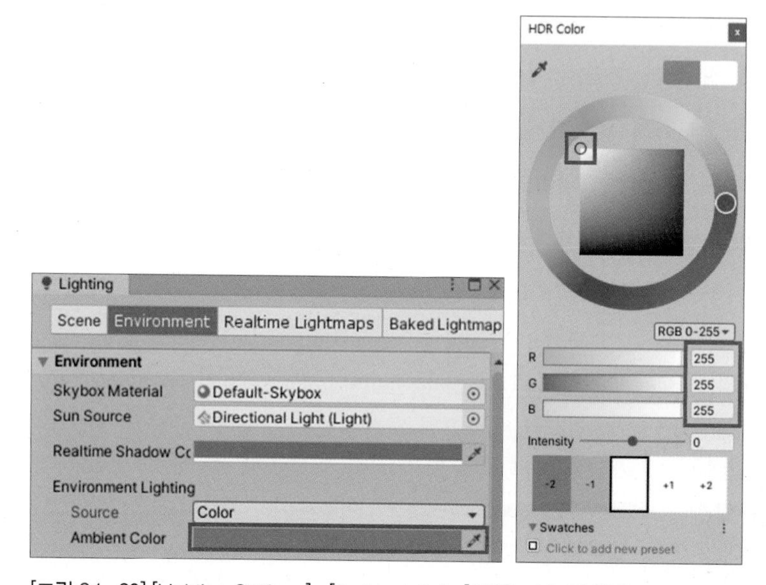

[그림 3.1-20] [Lighting Settings]-[Ambient Color] 값을 white로 변경

● 해상도 설정

슈팅 게임의 해상도(Resolution)를 설정해보겠습니다. 앱 배포에 관한 해상도 설정은 슈팅 후반 베타 때 빌드(Build)에 대한 내용을 다루면서 알아보겠습니다. 이번에는 우리의 제작 환경을 최종

배포 때의 해상도로 맞춰 놓고 작업할 수 있도록 세팅해보겠습니다. Game 창의 툴바에 해상도 설정이 있습니다. [그림 3.1-21]을 보면 Free Aspect에 드롭다운 버튼이 있죠? 이 버튼을 클릭해 메뉴를 확장합니다. 이미 제공하고 있는 해상도가 있지만, 우리는 가로 640 × 세로 960의 해상도를 설정해보겠습니다. [+] 버튼을 클릭해 Add 팝업 창이 나타나면 Width & Height 항목에 각각 '640', '960'을 입력합니다.

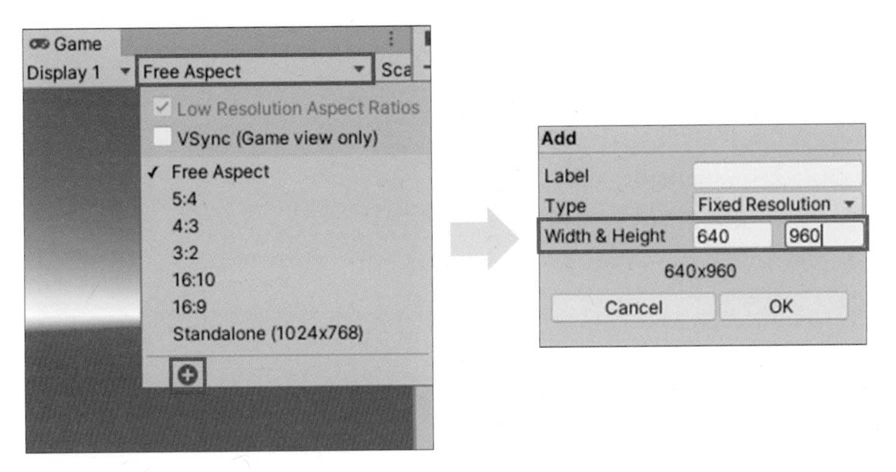

[그림 3.1-21] Game 창 해상도 변경

해상도 생성과 지정이 끝나면 [그림 3.1-22]와 같이 Game 창의 화면이 640 × 960으로 변경된 것을 확인할 수 있습니다. 이 화면에 맞춰 작업을 진행하겠습니다.

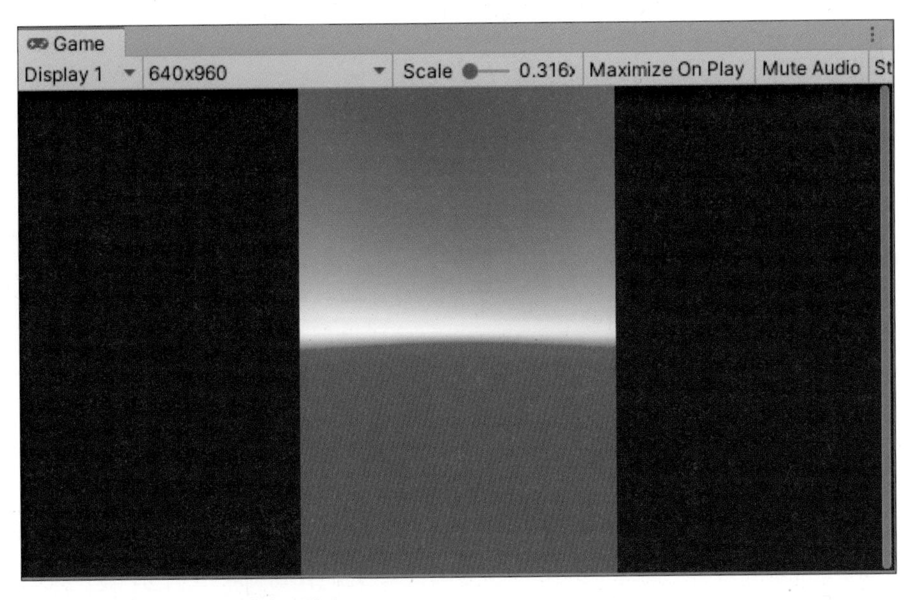

[그림 3.1-22] 640 x 960 해상도 화면

3.1-2 : 플레이어 이동 제작

이제 슈팅 게임을 제작하기 위한 프로젝트 생성과 환경 설정까지 모두 끝났습니다. 추가로 좀 더 세부적인 설정과 처리들은 프로젝트를 진행해 나가면서 하나씩 보강하겠습니다. Chapter 3부터는 게임을 구성하는 실제 요소들을 직접 구현해보면서 유니티 기능 및 스크립트에 대해 학습하려고 합니다. 먼저 플레이어 이동부터 제작해보겠습니다.

목표

플레이어를 만들고 이동 처리를 하고 싶다.

순서

❶ 플레이어 게임 오브젝트 생성하기
❷ 이동 스크립트 생성해 할당하기
❸ 이동 스크립트 구현하기

플레이어를 제작하기 위한 첫 단계로, '플레이어를 만들고 이동 처리하고 싶다'를 목표로 정했습니다. 이외에도 총알 발사 처리하기를 추가해보겠습니다. 먼저 이 단원의 목표를 수행하기 위해 세 가지 하위 주제로 플레이어 게임 오브젝트 생성, 스크립트 생성 및 할당, 스크립트 구현을 설정했습니다. 보통 이 순서로 객체를 만들고 제어 스크립트를 할당하게 됩니다.

플레이어 GameObject 생성하기

유니티 씬에 플레이어를 하나 만들어 등록하겠습니다. 프로토타입의 제작 과정은 큐브(Cube)로 만들어 대부분의 로직을 완성한 후 알파 버전에서 실제 데이터로 완성해 나가는 과정을 거칩니다. 하이어라키 뷰에서 [+] 버튼을 눌러 3D Object의 큐브를 하나 만듭니다.

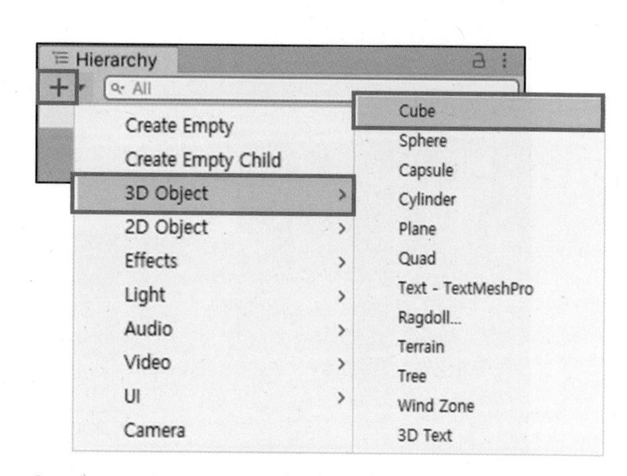

[그림 3.1-23] 씬에 큐브를 생성

이름을 'Player'로 변경하고 Transform 값을 초기화합니다. 그러면 [그림 3.1-24]의 오른쪽 그림과 같이 Game 창에 Player가 보입니다.

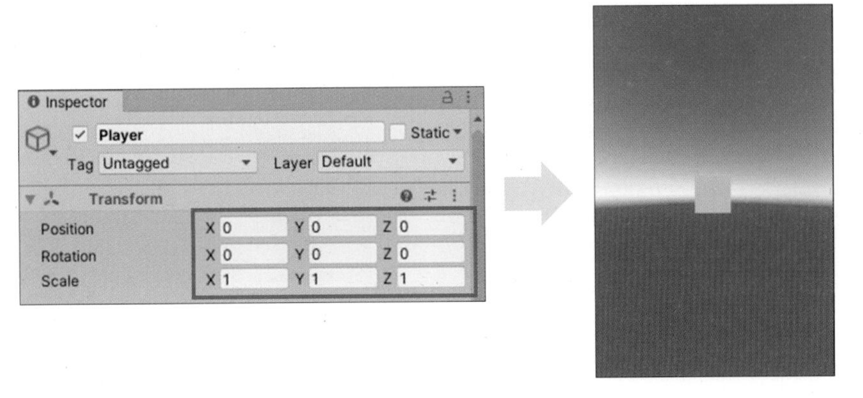

[그림 3.1-24] Transform 값 초기화와 만들어진 Player 객체

Tip

각 컴포넌트들은 컨텍스트 메뉴를 제공합니다. [그림 3.1-25]와 같이 컴포넌트의 오른쪽 끝에 있는 컨텍스트 메뉴 버튼을 클릭하면 메뉴가 나타나는데, 이 메뉴에서 값 초기화 및 컴포넌트 제거, 값 복사, 붙여 넣기 등의 기능을 제공합니다.

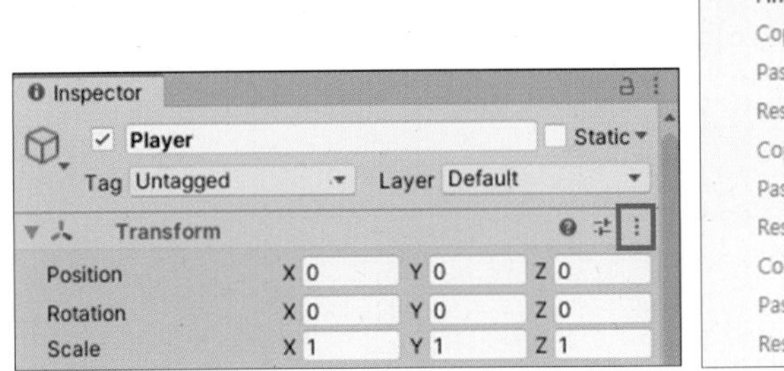

[그림 3.1-25] 컴포넌트의 컨텍스트 메뉴 호출

➔ 이동 스크립트 생성해 할당하기

이제 플레이어를 제어할 스크립트를 만들어 할당하겠습니다. 프로젝트(Project) 뷰에서 [+] 버튼을 눌러 'Folder'를 선택하고, 이름을 'Scripts'로 변경합니다.

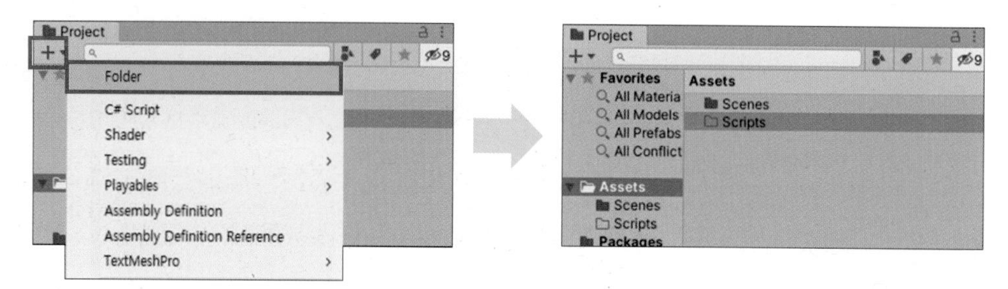

[그림 3.1-26] Scripts 폴더 생성

이 Scripts 폴더 안에 우리가 사용할 스크립트들을 모두 넣어 관리하겠습니다. 다시 [+] 버튼을 눌러 이번에는 C# 스크립트를 만들고, 이름은 'PlayerMove'로 변경합니다.

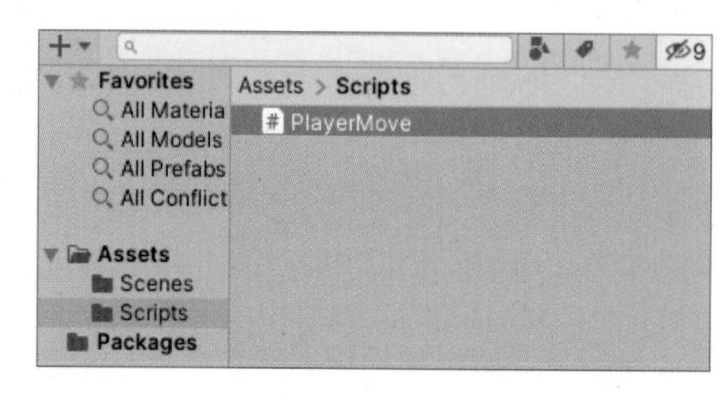

[그림 3.1-27] Scripts 폴더에 PlayerMove.cs 생성

참고로 C# 스크립트 파일은 확장자가 .cs입니다. 그리고 PlayerMove라는 파일 이름과 [그림 3.1-28]에서의 오른쪽 그림처럼 클래스 이름이 똑같아야 합니다. 똑같지 않으면 오류가 발생하므로 주의하세요.

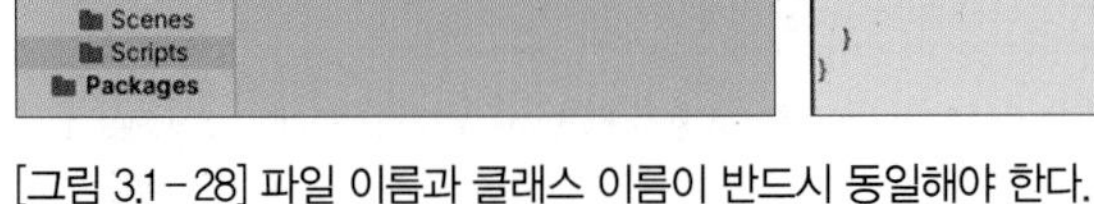

[그림 3.1-28] 파일 이름과 클래스 이름이 반드시 동일해야 한다.

만약 스크립트 이름과 클래스 이름이 다른데 스크립트를 게임 오브젝트에 할당하면, [그림 3.1-29]와 같은 오류 창이 나타납니다.

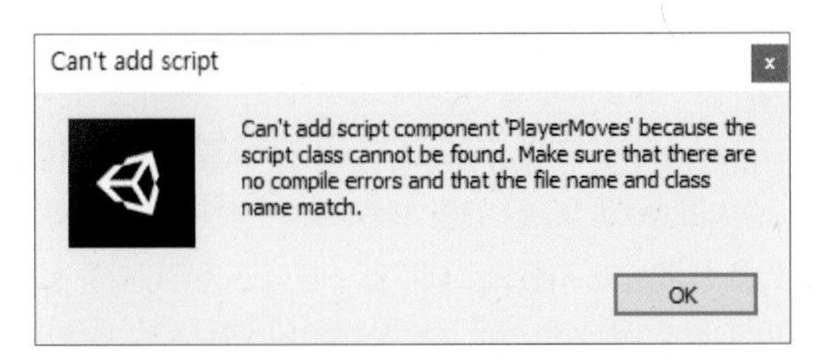

[그림 3.1-29] 파일 이름과 클래스 이름이 다를 경우에 발생하는 오류

스크립트가 잘 만들어졌으면 이제 PlayerMove 스크립트를 드래그해 하이어라키 뷰의 Player 객체에 드롭해주세요. 드래그할 때 [그림 3.1-30]처럼 대상 객체 위에 마우스 커서를 올려놓으면 모양이 변경됩니다.

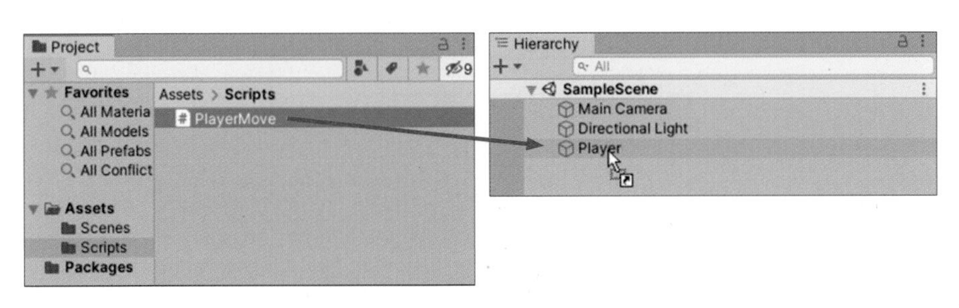

[그림 3.1-30] PlayerMove 스크립트를 Player에 할당

Player 객체에는 PlayerMove가 컴포넌트로 할당돼 붙어 있는 것을 확인할 수 있습니다.

[그림 3.1-31] PlayerMove 스크립트가 컴포넌트로 추가된 상태

이제 이 스크립트를 편집할 차례입니다. 프로젝트 뷰에서 PlayerMove 스크립트를 더블 클릭해 비주얼스튜디오에서 열겠습니다.

Tip

비주얼 스튜디오가 C# 스크립트의 기본 편집 도구로 지정돼 있지 않을 경우에는 유니티 에디터의 [Edit]-[Preferences] 메뉴를 연 후 External Tools 카테고리의 External Script Editor를 클릭해 비주얼 스튜디오 커뮤니티(Visual Studio Community)나 비주얼 스튜디오(Visual Studio) 관련 제품으로 지정해주면 됩니다([Browse] 버튼을 눌러 설치 경로의 devenv.exe 지정). 단, 유니티를 설치할 때 자동으로 비주얼 스튜디오 커뮤니티를 설치한 것이 아니라면 비주얼 스튜디오에서 유니티 플러그인을 따로 설치해야 합니다. 참고로 비주얼 스튜디오의 설치 경로를 지정하려면 [그림 3.1-33]의 External Script Editor 드롭다운을 열어 [Browse] 메뉴를 실행하면 됩니다. 설치된 경로는 보통 'C:\Program Files(x86)\Microsoft Visual Studio\2019\Community\Common7\IDE'이며, 파일 이름은 'Devenv.exe'입니다.

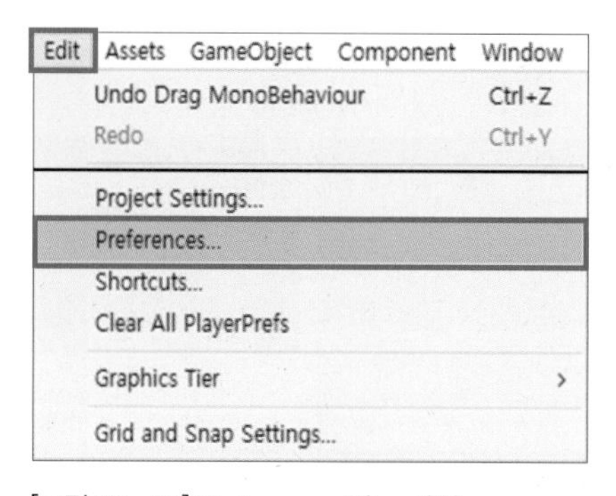

[그림 3.1-32] Preference 메뉴 선택

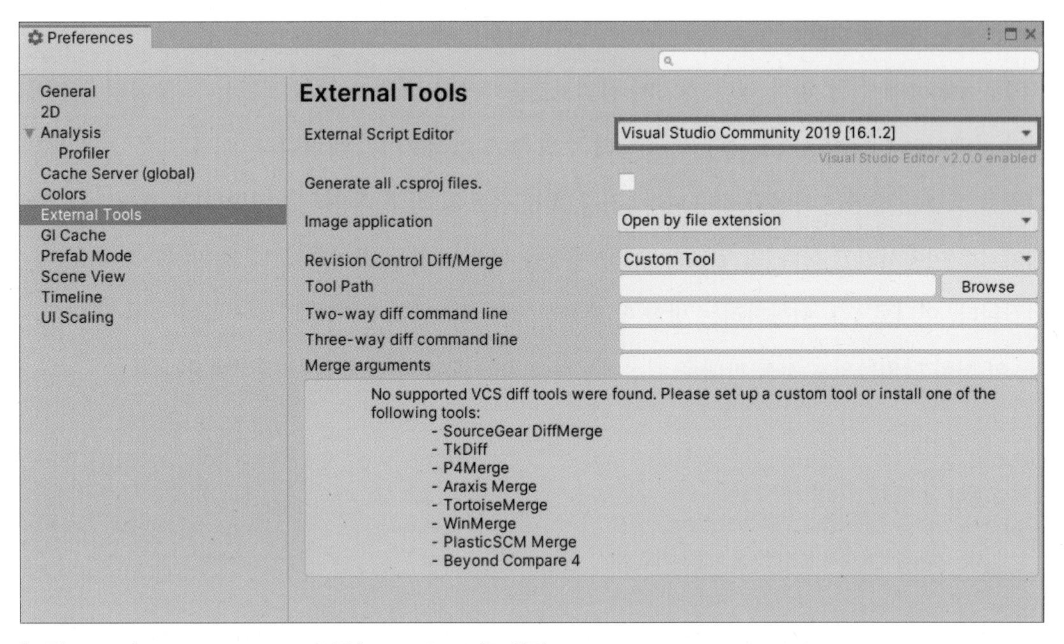

[그림 3.1-33] External Script Editor를 'Visual Studio'로 변경

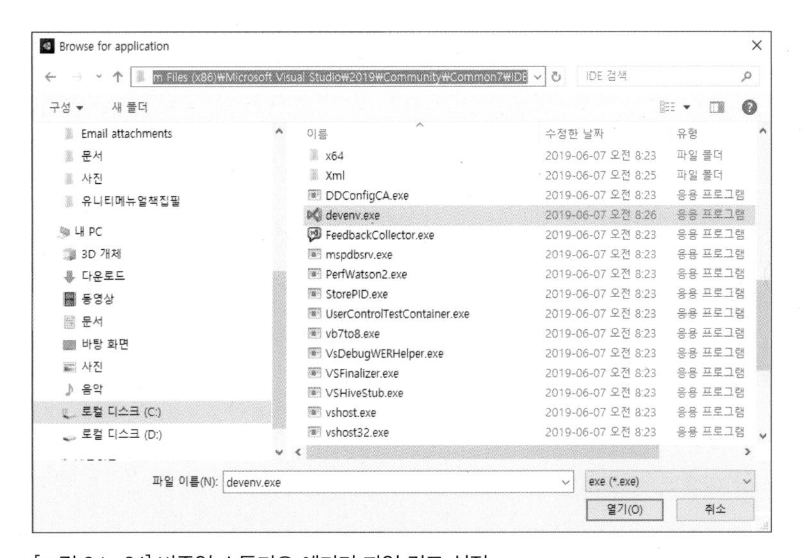

[그림 3.1-34] 비주얼 스튜디오 에디터 파일 경로 설정

이동 스크립트 구현

PlayerMove에서 할 일이 어떤 것인지 살펴보겠습니다. PlayerMove의 목표는 '사용자의 입력에 따라 플레이어 이동시키기'입니다. 이제부터 주의 깊게 살펴보시기 바랍니다. 이 목표를 하위 세부 단위로 쪼개는 방법은 다음과 같습니다. 가장 먼저 목표의 최종 내용을 뽑아냅니다. 그러면 '1. 플레이어를 이동시키고 싶다.'가 됩니다. 결국 이것을 하고자 하는 것이니까요. 그다음으로는 질문을 던집니다. 어디로? '2. 이동하려는 방향'이 필요한 것이죠. '3. 사용자의 입력에 따라'로 마무리됩니다. 이 하위 단위들의 순서를 반대로 뒤집어보겠습니다. 목표와 함께 다시 적어보겠습니다.

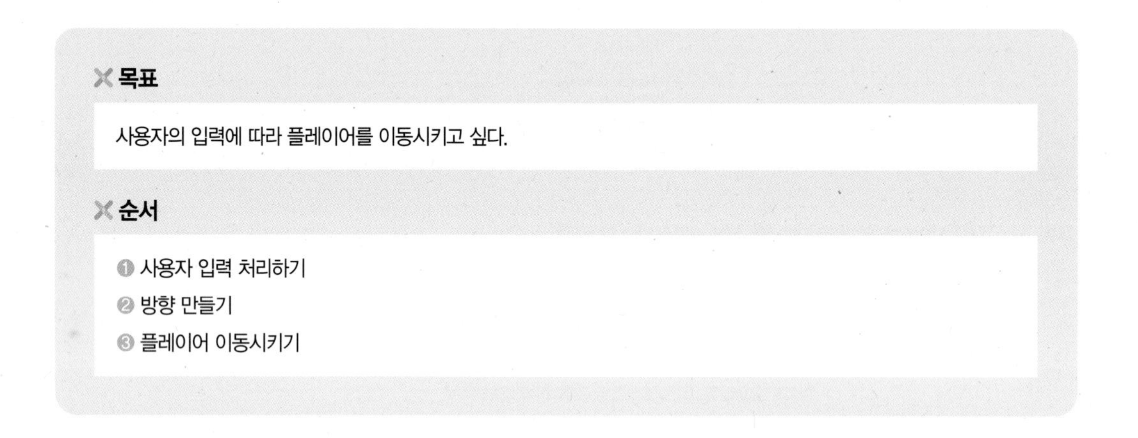
목표

사용자의 입력에 따라 플레이어를 이동시키고 싶다.

순서

❶ 사용자 입력 처리하기
❷ 방향 만들기
❸ 플레이어 이동시키기

순서는 '사용자 입력 처리'를 해 '방향 만들기'를 해서 '플레이어 이동시키기'라는 목표에 맞는 순서의 흐름을 세부 단위로 만들었습니다. 이 하위 단위들을 실습해보겠습니다. 먼저 원래는 1번부터 해야 하지만, 설명해야 할 내용들이 있어서 '플레이어 이동시키기'부터 시작하겠습니다.

플레이어 이동시키기 1

PlayerMove.cs 코드를 먼저 살펴보겠습니다. [코드 3.1 – 1]을 보면 Update 함수 안에 한 가지 문장이 있습니다. 이 내용을 저장하고 유니티로 넘어가보겠습니다.

```
public class PlayerMove : MonoBehaviour
{
    void Update()
    {
        transform.Translate(Vector3.right * 5 * Time.deltaTime);
    }
```

```
}
```

[코드 3.1-1] PlayerMove.cs 플레이어 이동 코드

유니티에서 [실행] 버튼을 눌러 실행합니다.

[그림 3.1-35] 유니티 실행 버튼

실행되면 Player 객체가 오른쪽으로 이동하는 것을 확인할 수 있습니다. 다시 PlayerMove 스크립트 편집 화면으로 가겠습니다. [코드 3.1-1]이 왼쪽으로 가도록 수정해보세요. 그리고 위로, 아래로 가도록 해보세요. 어떻게 하면 될까요? 다음 내용을 보지 말고 먼저 실습해보세요.

Vector3.right를 Vector3.left, Vector3.up, Vector3.down 등으로 교체하면 됩니다. 참고로 앞으로는 Vector3.forward, 뒤로는 Vector3.back입니다. 어떤가요? 아직 코드에 대한 설명을 듣진 않았지만, 유니티로 어떤 결과를 만들어낸다는 것은 이런 방식과 크게 다르지 않습니다. 또한 가지 예를 들어보면 지금 함수를 하나 쓰고 있는데, 이름이 'Translate'입니다. 회전 함수도 있다면 이름이 'Rotate'가 됩니다. 우리가 예상할 수 있는 범위 안에서 많은 코드가 이미 만들어져 있습니다. 우리는 그것을 하나씩 찾아내 필요할 때마다 꺼내 쓰는 것이 유니티로 스크립팅하는 주요 방식입니다.

Note API vs. SDK

혹시 API와 SDK라는 말을 들어보셨나요? 이 두 단어를 실제로 잘 구분해 사용하는 사람은 별로 없습니다. 그런데 이는 중요합니다. 스마트폰을 예로 들어볼까요? 제조사에서 폰을 만들어 배포할 때 사용자에게 폰의 모든 기능을 제어할 수 있도록 해 놓지는 않습니다. 중요한 요소들은 건드리지 못하게 폰 안에 감춰 놓거나 중요한 소프트웨어 기능들은 공개하지 않습니다. 사용자에게는 터치 또는 버튼 인터페이스를 통해 공개된 몇 가지를 할 수 있도록 제공하고 있습니다. 여기서 제조사가 만들어 놓은 모든 것이 바로 SDK라고 보면 됩니다. 소프트웨어 개발의 관점에서 봤을 때 제조사에서 모두 구현해 우리에게 배포하는 것을 설치하죠. 마치 Android SDK처럼 말입니다. SDK는 개발에 필요한 모든 기능을 제조사에서 이미 다 만들어 제공하는 것입니다. 그러면 모든 것을 공개하진 않죠? 위에서 설명한 것처럼요. 건드리면 안 되는 중요한 기능은 제외하고 콘텐츠 제작에 필요한 기능은 공개합니다. 이때 어떤 것을 공개했는지 알려줘야 사용할 수 있겠죠? 이를 Application Programming Interface, 즉 API라고 합니다. 그래서 API 뒤에는

보통 Reference 또는 Document와 같은 단어들이 따라붙습니다. 보통 인터넷상에서 문서로 제공됩니다. 유니티도 마찬가지입니다. 유니티에서 제공하는 SDK가 이미 설치돼 있고 그중에서 우리가 사용할 수 있는 API를 찾아 개발하는 것입니다. 필요한 대다수의 기능은 유니티에서 이미 다 만들어 놓았습니다. 우리의 목적에 맞게 그 기능을 호출해 사용하는 것이 유니티로 콘텐츠를 개발하는 것입니다.

[코드 3.1 - 1]에 대해 설명해보겠습니다. 괄호 안에 있는 내용부터 살펴보겠습니다. 먼저 가장 중요한 '벡터(Vector)'입니다.

벡터

벡터(Vector)는 크기와 방향을 갖고 있는 녀석입니다. 자료형인 것이죠. 우리가 이미 알고 있는 자료형에는 `int`, `float` 등이 있죠? 그런 자료형들은 대부분 하나의 값만 저장하는 것이 보통인데, 이 벡터는 크기, 방향의 두 가지 정보를 내포하고 있습니다. 이 요소들이 매우 중요한데, 그 특징을 설명하겠습니다. `Vector`는 사칙연산 중 더하기, 빼기, 곱하기를 할 수 있습니다. 여기에서 곱하기는 내적(Dot Product), 외적(Cross Product)이라고 하며, 많은 곳에서 활용되지만 이 책에서는 다루지 않습니다. 우리는 '더하기'와 '빼기'를 보겠습니다. 하지만 내적, 외적도 매우 중요하므로 구글링으로 꼭 공부해보시기 바랍니다.

더하기는 어떤 방식이며, 언제 사용하는지 알아보겠습니다. 벡터는 다음과 같이 생겼습니다.

[그림 3.1 - 36] 벡터의 크기와 방향

크기는 파란색, 방향은 빨간색으로 표시된 벡터입니다. 이렇게 화살표로 벡터를 표시합니다. 하나는 오른쪽, 다른 하나는 위쪽으로 향하는 벡터가 있다고 가정해보겠습니다. [그림 3.1 - 37]의 맨 왼쪽 그림처럼요. 이 2개의 벡터는 위치와는 상관없습니다. 마치 '바람이 저런 방향으로 분다.'라고 생각하면 편할 것 같습니다. 바람은 불고 있는데 위치는 알 수 없죠. 그냥 '바람이 이쪽으로 분다'일 뿐입니다. 벡터도 이와 마찬가지입니다. 그럼 이 2개의 바람(벡터)이 합쳐지면 어느 곳으로 바람이 불까요? [그림 3.1 - 37]의 중간 그림은 아래에 있던 화살표를 위로 올렸습니다. 바람이 그냥 부는 것이므로 어디에 놓아도 왼쪽에서 오른쪽으로 부는 바람인 것입니다. 위치는 상관없다고 말씀드렸죠? 그럼 마지막 그림을 살펴보겠습니다.

2개의 바람(벡터)이 불었을 때 최종 바람의 방향은 마지막 그림의 C와 같이 됩니다. 즉, C = A + B 라고 했을 때는 [그림 3.1-37]의 마지막 그림입니다. 우리의 플레이어를 제어하기 위해 오른쪽 방향키와 상단 방향키를 동시에 누르면 오른쪽 위 대각선으로 이동하겠죠? 바로 벡터의 더하기로써 그 방향을 찾아낼 수 있습니다. 따라서 더하기는 가해지는 모든 힘의 합이라 할 수 있습니다. 골프 게임, 당구, 앵그리버드, 포트리스와 같은 종류의 게임을 만들 때 사용되죠.

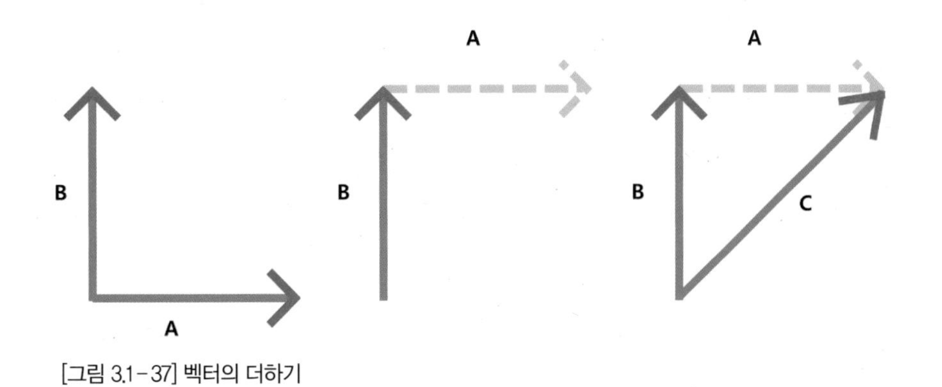

[그림 3.1-37] 벡터의 더하기

이제 빼기를 살펴보겠습니다. 이번에는 A의 방향을 뒤집어보겠습니다. 그러면 [그림 3.1-38]의 중간 그림처럼 됩니다. 그리고 방향이 반대이기 때문에 음수 기호인 -를 붙여줬습니다. 최종 두 벡터를 더해보면 마지막 그림인 C와 같은 형태가 됩니다. 즉, C = B - A와 같은 형태가 되는 것이죠. 이를 해석할 때는 다음과 같이 말할 수 있습니다. 즉, 'A가 B쪽으로 가고 싶은 방향이 C이다.'가 됩니다. MMORPG와 같은 게임을 할 때 마우스로 바닥을 클릭하면 그곳으로 이동하죠? 이 방향을 찾을 때 바로 벡터의 빼기가 들어갑니다. 몬스터 AI가 주인공을 발견하고 공격하러 오는 경우, 주인공으로 향하는 방향을 구할 때도 빼기를 사용합니다.

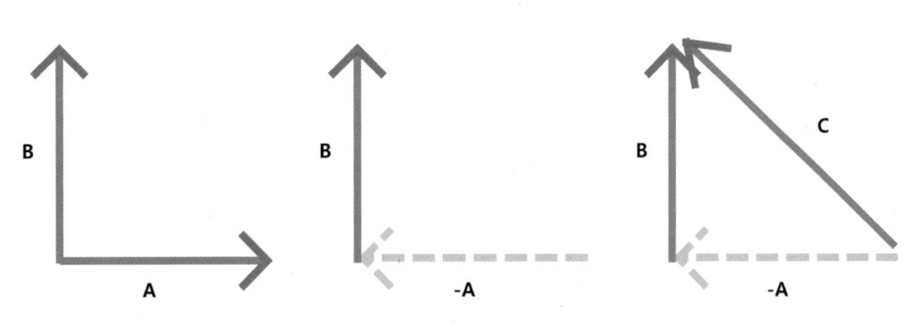

[그림 3.1-38] 벡터의 빼기

벡터의 더하기, 빼기는 응용 요소가 매우 많습니다. 우리는 슈팅에서 몇 가지 상황을 통해 그 사용법을 활용해보겠습니다.

코드로 돌아가기 전에 한 가지만 더 짚고 넘어가겠습니다. [그림 3.1-38]의 가장 오른쪽 결과 C를 보면 'A가 B로 가고 싶다.'입니다. 그런데 C는 벡터이기 때문에 크기와 방향을 갖고 있습니다. 목적지로 가야 하므로 방향이 필요한데, 여기에서 크기 부분은 A와 B의 거리입니다. 이 거리를 A의 위치에 더하면 순간 이동처럼 A가 B에 도착합니다. 우리는 그냥 C 방향으로 우리의 속도대로 가고 싶을 뿐, 순간 이동을 원하는 것은 아니었습니다. 따라서 C의 크기에 아무런 영향이 없었으면 좋겠습니다. 이때 크기를 1로 만들면, 우리의 속도를 그대로 사용할 수 있습니다. 이렇게 벡터의 크기를 1로 만들어주는 동작을 '벡터의 정규화', 즉 'Normalize'라고 합니다.

코드를 보면서 설명하겠습니다. [코드 3.1-1]의 Vector3.right는 내부적으로 (x, y, z) 값이 (1, 0, 0)으로 할당돼 있습니다. 참고로 up은 (0, 1, 0), forward는 (0, 0, 1), 반대 방향의 경우 음수 -1을 곱하면 됩니다. 크기는 모두 1인 벡터들입니다. 방향만을 갖고 있는 형태인 것이죠. Vector3.right*5라고 돼 있는데, 이때 숫자 5가 바로 우리가 움직이고 싶은 속도의 크기가 됩니다. 숫자 5를 기획자가 수정할 수 있도록 속성으로 만들어 외부에 노출해보겠습니다.

```
public class PlayerMove : MonoBehaviour
{
    // 플레이어가 이동할 속력
    public float speed = 5;

    void Update()
    {
        transform.Translate(Vector3.right * speed * Time.deltaTime);
    }
}
```

[코드 3.1-2] PlayerMove.cs에 speed 속성 추가

이렇게 전역 변수로 빼주면 유니티 에디터에 speed 변수가 노출됩니다. 기획자는 이렇게 노출된 속성을 개발 초기 단계부터 계속 변경해가면서 게임의 밸런스를 잡아나갑니다.

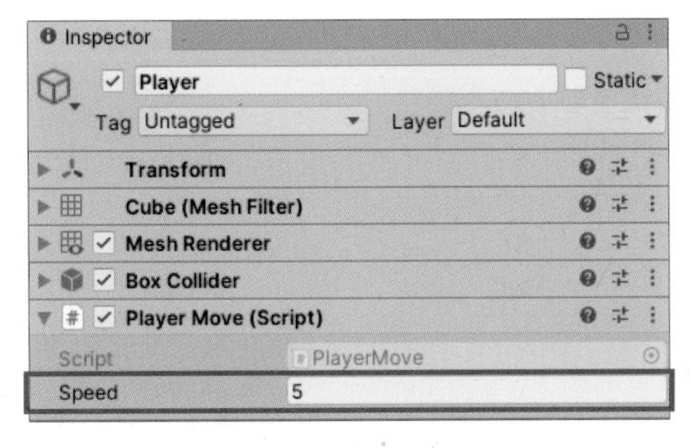

[그림 3.1-39] 외부로 노출된 speed 속성

- **라이프사이클 함수**

이번에는 라이프사이클 함수(Life Cycle Function)에 대해 알아보겠습니다. C# 기초 문법을 다룰 때 함수에 대한 내용은 이미 다뤘죠? 이 함수를 특수한 목적으로 사용하고 있는 것이 일명 '라이프사이클 함수'입니다. [그림 3.1-40]은 객체의 라이프사이클을 표현한 것입니다. 모든 객체는 태어나서 살다가 죽는 과정을 반드시 거치게 되죠? 이를 '생애주기', 즉 '라이프사이클'이라고 합니다.

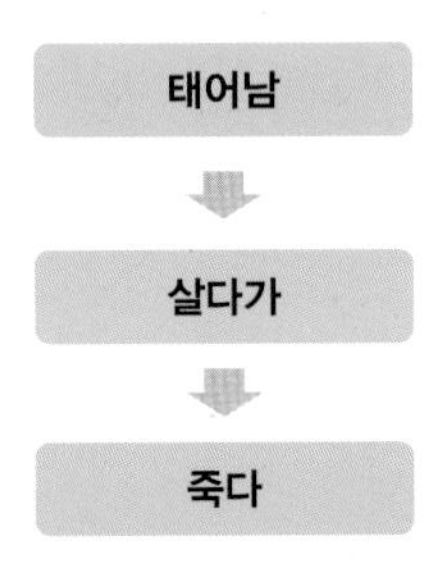

[그림 3.1-40] 라이프사이클

그럼 각 사이클에 해당하는 특징을 몇 가지 알아보겠습니다. 첫째, 일어나는 횟수입니다. 태어나는 건 몇 번 발생할까요? 한 번이죠? 삶은 계속 되고, 죽는 건 한 번이지요. 둘째, 일어나는 때를 아는지 여부입니다. 태어나는 때는 알 수 있습니다. 요즘 산부인과에 가면 아이가 몇월, 며칠, 몇시에 태어나는지 알려주죠. 마음만 먹으면 언제 태어나는지도 알 수 있습니다. 삶은 계속 되므로 그냥 알게 되지만 죽음은 알 수 없습니다. 딱 이때 죽어야지 해도 그 순간에 죽는 것은 불가능합니다. 언제 어떻게 될지는 알 수 없지요. 이런 라이프사이클 역할을 하는 유니티의 내부 함수가 각각 Start, Update, OnDestroy입니다. 이를 정리하면 [표 3.1-1]과 같습니다.

[표 3.1-1] 라이프사이클 함수

구분	태어나서	살다가	죽다
발생 횟수	1	계속	1
발생 일시 확인 여부	O	O	X
유니티 함수	**Start**	**Update**	**OnDestroy**

우리가 작성한 물체를 오른쪽으로 이동하는 코드가 왜 Update라는 함수 안에 들어가 있을까요? 바로 라이프사이클 함수 중 사는 동안 계속 호출되는 함수가 Update이기 때문이죠. 그래야만 물체가 계속 이동할 수 있으니까요. Start 함수에서는 태어날 때 딱 한 번 호출되는 특징으로, 이름과 나이처럼 초기 설정 값을 지정해주는 목적으로 사용됩니다. 그리고 OnDestroy 함수처럼 죽을 때 또는 어떤 물체하고 부딪힐 때와 같이 언제 발생할지 모르는 경우, 이벤트로 발생한다는 의미로 함수 이름 앞에 접두사 On을 붙입니다.

- **deltaTime**

이 코드의 마지막 부분인 Time.deltaTime에 대해 알아보겠습니다. 이 deltaTime이라는 것의 delta는 변화된 것을 뜻합니다. 즉, deltaTime 시간이 변한 값이라고 할 수 있습니다. [그림 3.1 - 41]을 살펴보겠습니다.

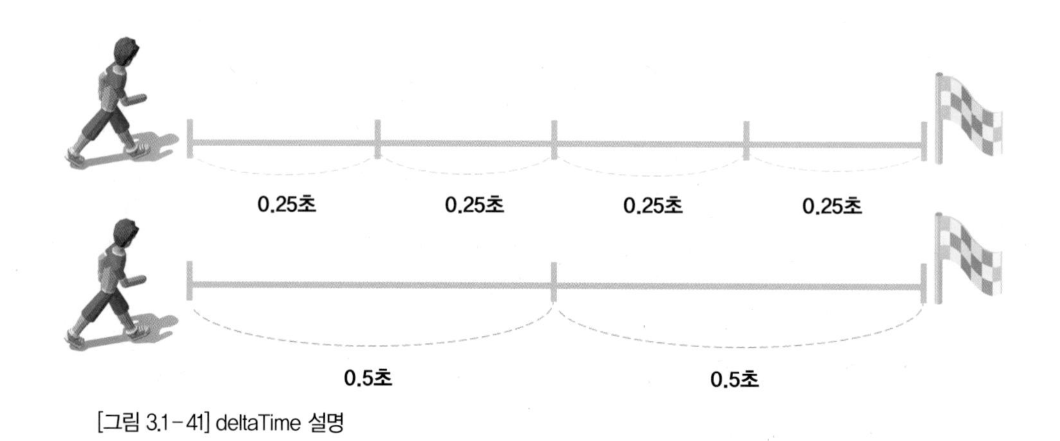

[그림 3.1-41] deltaTime 설명

[그림 3.1 - 41]의 중간 구간들은 PC에서 초당 처리할 수 있는 횟수입니다. 위의 그림은 네 번, 아래는 두 번 처리할 수 있죠. 여기에서 각 구간당 1미터씩 이동할 수 있다고 가정할 때 위 그림은 1초 후 4미터, 아래 그림은 2미터 이동할 수 있습니다. 이 경우, 우리가 게임을 하면 무조건 위 그림의

사용자가 이기리라는 것을 쉽게 짐작할 수 있습니다. 많은 돈을 투자해 좋은 PC를 사면 이기는 거죠. 따라서 이런 시스템으로 만들어진 게임은 사용자들이 떠나버릴 것입니다. 그럼 어떻게 해야 1초 후에 두 시스템이 같은 위치에 도달하도록 할 수 있을까요? 이때 사용하는 것이 deltaTime입니다. [그림 3.1-41]에는 각 구간을 처리하는 데 걸린 시간이 표시돼 있습니다. 위 그림은 0.25초, 아래 그림은 0.5초씩이 소요됩니다. 이 구간 처리 시간이 'deltaTime'입니다. deltaTime과 이동한 거리 1m를 구간마다 곱해보면 0.25초 × 1미터 × 4번 = 1미터입니다. 아래 그림도 이와 같은 방식으로 1미터가 나옵니다. 즉, deltaTime은 시스템 간의 동기화를 위해 사용됩니다. 이 deltaTime은 이동할 때만 사용하지 않습니다. 회전하는 애니메이션 처리, 크기 변환하는 애니메이션 처리에서도 사용됩니다. 이유는 똑같습니다.

사용자 입력 처리

이번에는 사용자의 입력을 어떻게 받을 수 있는지 알아보겠습니다. [코드 3.1-3]의 내용으로 작성하고 유니티로 가서 실행해보겠습니다.

```
public class PlayerMove : MonoBehaviour
{
    // 플레이어가 이동할 속력
    public float speed = 5;
    void Update()
    {
        float h = Input.GetAxis("Horizontal");
        print(h);
        transform.Translate(Vector3.right * speed * Time.deltaTime);
    }
}
```

[코드 3.1-3] PlayerMove.cs 사용자 입력 처리 가로 방향

유니티를 실행하고 A 키를 누르면 -1, D 키를 누르면 1, 아무런 키도 누르지 않으면 유니티 콘솔 창에 0이 출력됩니다. 이 값은 가로축의 입력 값을 의미합니다. [코드 3.1-3]에서 가로축을 의미하는 문자열 'Horizontal'은 [그림 3.1-42]와 같이 유니티에 등록돼 있는 이름을 사용한 것입니다.

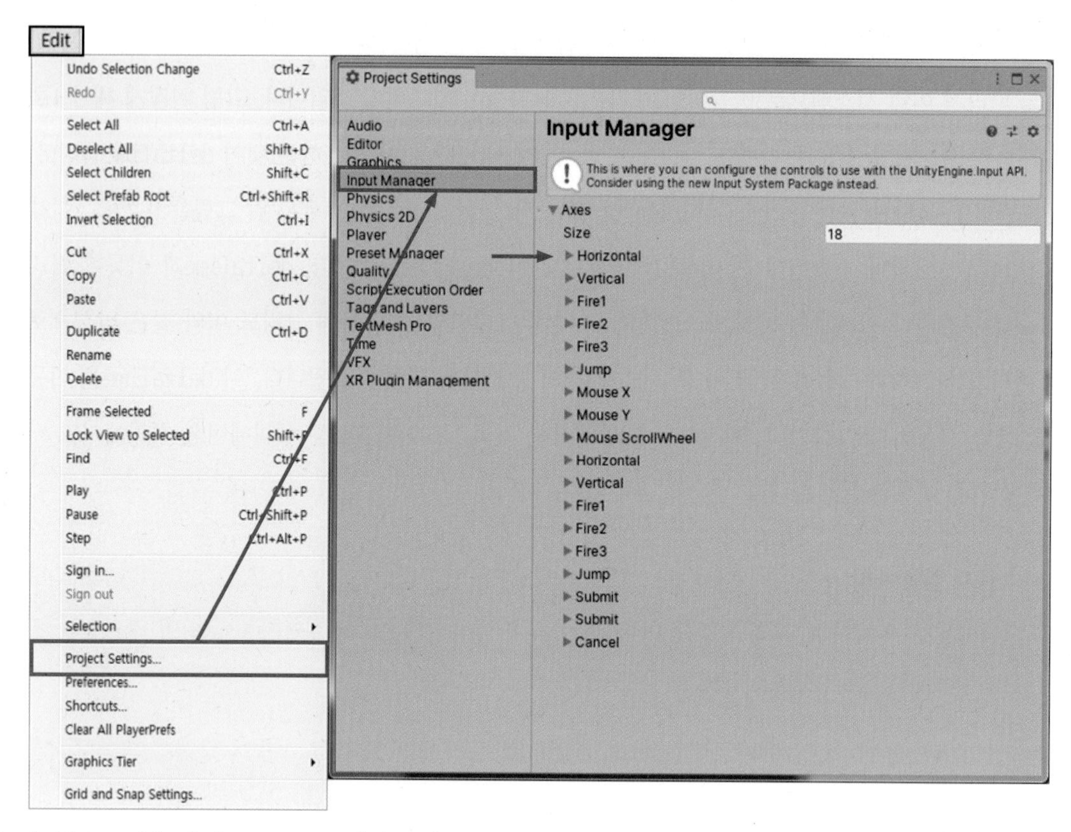

[그림 3.1-42] [Edit]-[Project Settings]-[Input]의 Axes 목록

세로축의 입력 값도 이와 같은 방식으로 알 수 있습니다. [코드 3.1-4]와 같이 수정하고 유니티를 실행해봅시다.

```
public class PlayerMove : MonoBehaviour
{
    // 플레이어가 이동할 속력
    public float speed = 5;
    void Update()
    {
        float h = Input.GetAxis("Horizontal");
        float v = Input.GetAxis("Vertical");
        print("h : " + h + ", v : " + v);

        transform.Translate(Vector3.right * speed * Time.deltaTime);
    }
```

```
}
```

[코드 3.1-4] PlayerMove.cs 사용자 입력 처리 세로 방향

여기까지 하면 사용자의 입력 처리를 모두 완료했습니다. 대다수 사용자 입력에 대한 처리는 Input 클래스를 이용한다는 것을 기억하면 나중에 도움이 될 것입니다. 이제 사용자 입력에 따른 방향 만들기를 해보겠습니다.

- **방향 만들기**

우리는 '사용자 입력에 따라 방향 만들어 이동한다.'는 내용을 구현하고 있습니다. 설명에서 필요한 것이 있어서 '이동한다.'를 먼저 설명했지만 이번 '방향 만들기'가 있어야 이동할 수 있습니다. 사용자 입력에서 받은 값을 방향을 만드는 데 사용하겠습니다. 먼저 [코드 3.1-5]를 살펴보겠습니다.

```
public class PlayerMove : MonoBehaviour
{
    // 플레이어가 이동할 속력
    public float speed = 5;
    void Update()
    {
        float h = Input.GetAxis("Horizontal");
        float v = Input.GetAxis("Vertical");

        Vector3 dir = Vector3.right * h + Vector3.up * v;
        transform.Translate(dir * speed * Time.deltaTime);
    }
}
```

[코드 3.1-5] PlayerMove.cs 방향을 담을 변수 만들기

방향에 관련된 값을 만들어 기억해야만 다음 명령인 '그 방향으로 이동하기'를 수행할 수 있습니다. 따라서 방향을 기억하고 있을 변수가 필요합니다. 코드에서는 direction의 줄임말로 dir을 사용했습니다. 이곳에 좌우에 관련된 방향 벡터 Vector3.right * h와 상하에 관련된 방향 벡터 Vector3.up * v를 추가했습니다. 앞에서 언급한 벡터의 더하기를 이용하는 것이죠. '최종 이동하기'에서의 방향을 지금 구한 dir로 변경했습니다.

Tip

3D에서는 물체를 배치하기 위한 좌표계가 그 축에 따라 왼손 좌표계와 오른손 좌표계로 나뉘어 사용됩니다. [그림 3.1-43]과 같이 왼손이냐 오른손이냐에 따라 축이 바뀌었을 때 3차원에서의 X, Y, Z 방향이 달라지는 것을 확인할 수 있습니다. 유니티에서는 왼손 좌표계를 사용하며 오른쪽 방향의 값이 증가하면 오른쪽, 감소하면 왼쪽으로 점점 이동합니다.

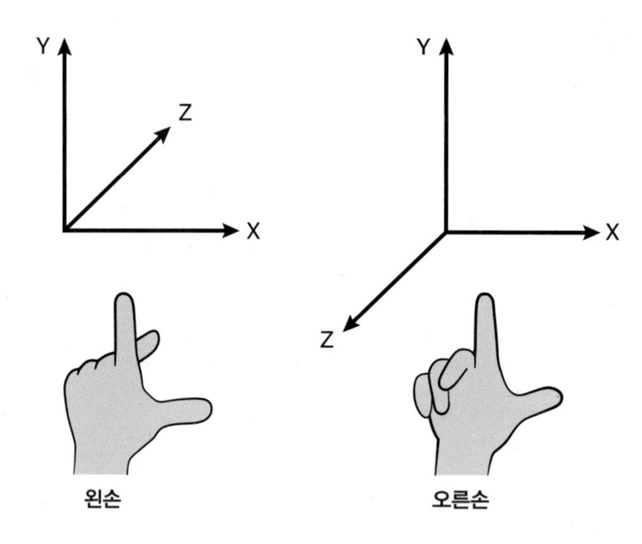

[그림 3.1-43] 왼손 좌표계(좌)와 오른손 좌표계(우)(참고: 갓우리코딩)

여기에서 Vector3 dir에 들어가는 최종 값을 한번 살펴보겠습니다. 먼저 Vector3.right * h를 x, y, z에 대한 각 성분의 값으로 표현해보면, (1, 0, 0) * h = (h, 0, 0)이 됩니다. 그런 다음, Vector3.up * v는 (0, 1, 0) * v = (0, v, 0)이 됩니다. 최종 (h, 0, 0) + (0, v, 0) = (h, v, 0)는 각 성분을 더해 구할 수 있습니다. 따라서 벡터 dir을 구하는 코드를 [코드 3.1-6]과 같이 만들 수 있습니다.

```
public class PlayerMove : MonoBehaviour
{
    // 플레이어가 이동할 속력
    public float speed = 5;

    void Update()
    {
```

```
        float h = Input.GetAxis("Horizontal");
        float v = Input.GetAxis("Vertical");

        Vector3 dir = new Vector3(h, v, 0);

        transform.Translate(dir * speed * Time.deltaTime);
    }
}
```

[코드 3.1-6] PlayerMove.cs 방향을 각 성분으로 제작

플레이어 이동시키기 2

플레이어를 이동시키기 위한 모든 과정이 끝났지만, 유니티에 너무 종속적인 코딩 내용이 있어서 이를 수정해보겠습니다. Transform.Translate( ) 함수 사용이 바로 종속적인 부분입니다. 이 함수를 사용하지만 우리가 필요에 따라 이 함수의 내용을 직접 구현해 사용해야 할 일이 많습니다. 뒤에 계속 나오겠지만, 이 함수는 모든 곳에 사용할 수 있는 것이 아니기 때문에 결국 이 함수의 내용을 우리가 구현할 줄 알아야 합니다. 그래서 이번에 이 Translate 함수의 내용을 코드로 구현해 사용하겠습니다. 먼저 공식을 살펴보겠습니다.

$$P = P_0 + vt$$

이 공식에서 P는 미래의 위치입니다. P_0는 현재의 위치, v는 속도, t는 시간입니다. 우리가 흔히 사용하는 등속 운동을 간단하게 표현한 것입니다. 앞으로의 위치에 영향을 미치는 것이 바로 속도인 v가 되는 것이죠. 그럼 속도 v에 영향을 미치는 것은 다음과 같은 식으로 표현할 수 있습니다.

$$v = v_0 + at$$

앞으로의 속도 v는 현재 속도 v_0에 가속도 a와 시간 t를 곱한 값을 더해 구합니다. 흔히 등가속도 운동을 표현할 때 사용하는 식입니다. 그럼 가속도는 어떻게 구할까요?

$$F = ma$$

이 공식에서 F는 힘, m은 질량, a는 가속도입니다. 질량이 1이면 F는 곧 가속도인 a가 됩니다. 전체 식의 연결을 보면 뒤에서 누군가 밀면 힘(F)이 발생하고, 이는 곧 가속도 a가 생기는 것입니다. 이 가속도 a는 현재 속도 v_0에 영향을 미쳐 속도 v에 변화를 일으키고, 최종 현재 위치 P0와 더해져 미래 위치 P가 결정되는 과정입니다. [그림 3.1-44]는 물체에 힘이 가해져 속도가 생기고 위치에 변경을 가하는 과정을 그림으로 표현한 것입니다.

[그림 3.1-44] 물체의 운동에 관한 공식의 진행 단계

이번에 물체의 이동에 사용할 공식은 P = P0 + vt를 사용하고, 다음 예제인 FPS에서 v = v0 + at를 사용할 것입니다. 간단한 물리 공식이지만, 게임 제작의 굉장히 많은 부분에서 사용되므로 잘 익혀두면 많은 도움이 될 것입니다. 그럼 Translate 함수를 공식으로 변경해보겠습니다.

```
public class PlayerMove : MonoBehaviour
{
    // 플레이어가 이동할 속력
    public float speed = 5;
    void Update()
    {
        float h = Input.GetAxis("Horizontal");
        float v = Input.GetAxis("Vertical");
        Vector3 dir = new Vector3(h, v, 0);

        // P = P0 + vt 공식으로 변경
        transform.position = transform.position + dir * speed * Time.deltaTime;
    }
}
```

[코드 3.1-7] PlayerMove.cs 이동 공식으로 코드 변환

변경된 코드를 보면 P = P0 + vt로 기존 Translate 함수를 사용했습니다. 실행해보면 결과는 같을 것입니다. 그런데 코드를 보니 반복적인 코드가 보입니다. 바로 transform.position이 그러한데, 이렇게 내용이 반복되는 경우, 모든 언어에서 사용하는 말줄임을 C#에서도 사용할 수 있습니다. 이 문장을 수정하면 다음과 같습니다.

```
public class PlayerMove : MonoBehaviour
{
    // 플레이어가 이동할 속력
    public float speed = 5;

    void Update()
    {
        float h = Input.GetAxis("Horizontal");
        float v = Input.GetAxis("Vertical");
        Vector3 dir = new Vector3(h, v, 0);

        // P = P0 + vt 공식으로 변경
        // transform.position = transform.position + dir * speed * Time.deltaTime;
        transform.position += dir * speed * Time.deltaTime;
    }
}
```

[코드 3.1-8] PlayerMove.cs 말 줄임을 이용한 코드 수정

"transform아(.) 네가 갖고 있는 **속성**(내부 변수) 또는 기능(함수) 중에서 position 좀 줘봐. 거기에 dir 곱하기 speed하고 Time 아(.) 네가 갖고 있는 속성 또는 기능 중에서 deltaTime 좀 줘봐."라고 읽어보세요. 변수 transform 뒤에 붙는 점(.)의 의미는 해당 변수(객체)가 갖고 있는 속성 또는 기능을 사용하겠다는 것입니다.

이제 플레이어 이동 제작은 끝났습니다. 플레이어만 나오고 있는데 조금 심심하죠? 이제 총알을 제작해 원하는 대로 쏴보겠습니다.

1
1.1
1.2
1.3
1.4
2
2.1
2.2
2.3
2.4
3
3.1
3.2
3.3
4
4.1
4.2
4.3
4.4
4.5
4.6
4.7
4.8
4.9
4.10
4.11

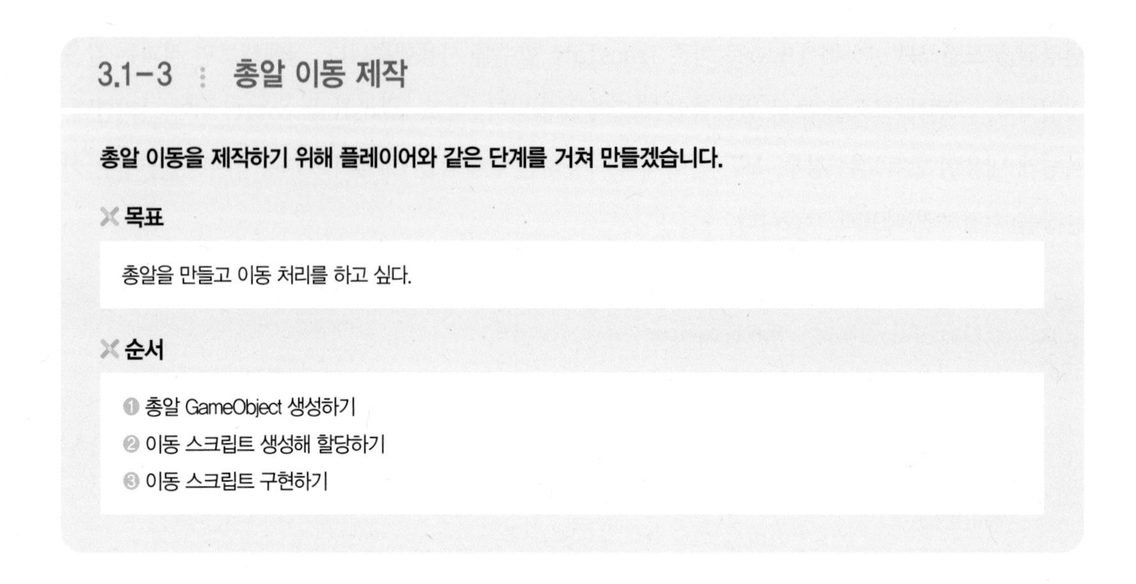

3.1-3 : 총알 이동 제작

총알 이동을 제작하기 위해 플레이어와 같은 단계를 거쳐 만들겠습니다.

목표

총알을 만들고 이동 처리를 하고 싶다.

순서

❶ 총알 GameObject 생성하기
❷ 이동 스크립트 생성해 할당하기
❸ 이동 스크립트 구현하기

총알 GameObject 생성하기

먼저 총알 게임 오브젝트를 만들겠습니다. 하이어라키 뷰 툴바의 [+] 버튼을 선택해 [그림 3.1-45]와 같이 큐브를 하나 만들고, 이름을 'Bullet'으로 변경하겠습니다.

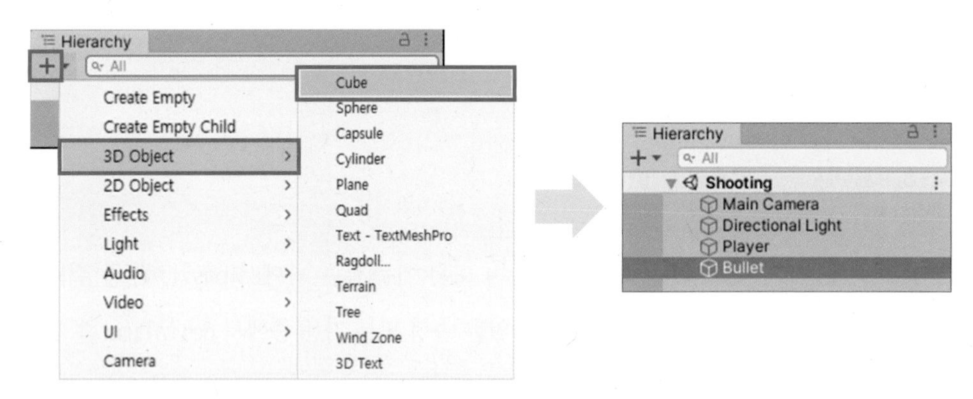

[그림 3.1-45] Bullet 게임 오브젝트 생성

이제 Bullet의 Transform 정보를 변경하겠습니다. 총알이 잘 보이도록 위치를 변경하고, 총알의 크기도 변경합니다.

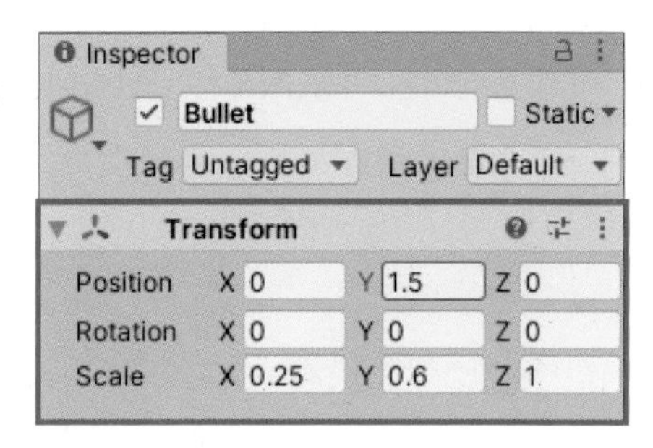

[그림 3.1-46] Bullet Transform 값 설정

이동 스크립트 생성해 할당하기

이렇게 만들어진 Bullet 게임 오브젝트에 이동을 위한 스크립트를 만들어 할당하겠습니다. Project 창의 툴바 버튼인 [+]를 눌러 Scripts 폴더에 C# 스크립트를 하나 만들어주고 이름을 'Bullet'으로 변경합니다.

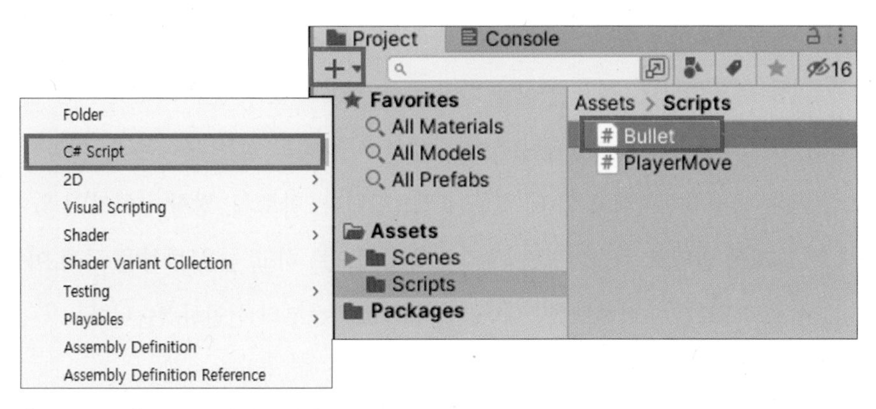

[그림 3.1-47] Bullet 스크립트 생성

만들어진 Bullet.cs 스크립트를 씬에 만들어 놓은 Bullet 게임 오브젝트에 할당하겠습니다. [그림 3.1-48]과 같이 Bullet 스크립트를 잡고 드래그 앤 드롭해 Bullet 게임 오브젝트의 컴포넌트에 붙입니다.

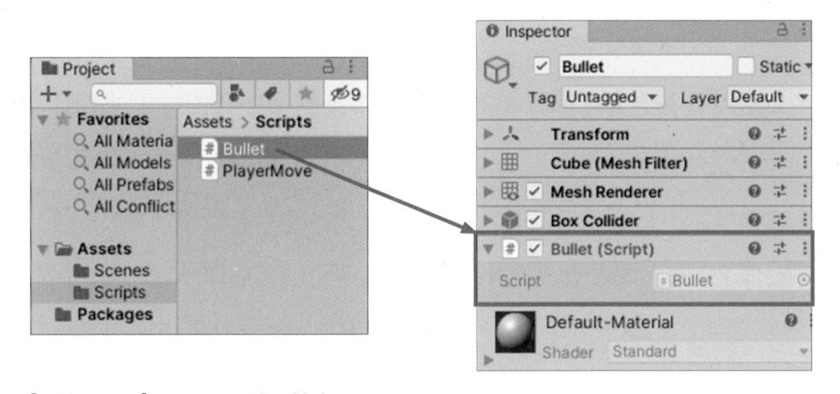

[그림 3.1-48] Bullet 스크립트 할당

이동 스크립트 구현

이제 Bullet 스크립트를 구현해보겠습니다. Bullet.cs를 더블 클릭해 비주얼 스튜디오에서 열어주세요. 먼저 Bullet 클래스의 역할과 필요 속성 및 구현 순서를 적어보겠습니다.

✕ **목표:** 위로 계속 이동하고 싶다.
✕ **필요 속성:** 이동 속도
✕ **순서:** ❶ 방향 구하기
❷ 이동하기

목표는 **'위로 계속 이동하고 싶다.'**입니다. 이 목표 문장을 수행하고자 할 때 반드시 알아야 하는 정보는 바로 '이동 속도'입니다. 목표 문장을 하고 싶은 것부터 분석해볼까요? 간단한 문장이지만 방식을 익히기 위해 직접 실습해보겠습니다. 목표에서 최종 하고 싶은 동작은 **'1. 이동하고 싶다.'** 입니다. 그럼 이 문장을 수행하려고 할 때 질문이 필요합니다. 바로 **'2. 방향 구하기'**가 있어야 하겠죠? 이렇게 두 순서를 반대로 뒤집어보면 '우리가 최종적으로 하고 싶은 **방향을 구해 이동하기**'가 됩니다. Bullet 스크립트를 구현해보겠습니다. 먼저 필요 속성부터 선언하겠습니다.

```
public class Bullet : MonoBehaviour
{
    // 필요 속성: 이동 속도
    public float speed = 5;
}
```

[코드 3.1-9] Bullet.cs 이동 속도 속성 추가

다음으로 목표 문장을 구현하려고 합니다. 이때 이 문장은 기능이 됩니다. 속성은 속성 자리에 들어가고 우리가 구현하려는 문장은 기능, 즉 함수가 됩니다. 따라서 현재 우리에게 제공되는 함수는 Start와 Update입니다. 이 두 라이프사이클 함수 중 살아가는 도중에 계속 호출되는 함수는 Update이기 때문에 이곳에 구현부를 추가하겠습니다. [코드 3.1-10]을 보면 먼저 위로 가는 up 방향을 구하고 이동 공식 P = P0 + vt를 이용해 해당 방향으로 이동시키고 있습니다.

```
public class Bullet : MonoBehaviour
{
    // 필요 속성: 이동 속도
    public float speed = 5;
```

```
    void Update()
    {
        // 1. 방향을 구한다.
        Vector3 dir = Vector3.up;
        // 2. 이동하고 싶다. 공식 P = P0 + vt
        transform.position += dir * speed * Time.deltaTime;
    }
}
```

[코드 3.1-10] Bullet.cs 위로 계속 이동하기 기능 구현

플레이어 코드보다는 확실히 간단하죠? 저장한 후 유니티에서 실행해보겠습니다. 그러면 위로 날아가는 총알을 확인할 수 있을 것입니다. 그런데 문제가 있습니다. 바로 실행하면 그냥 총알이 혼자 날아가버리고, 심지어 한 발만 있기 때문에 우리가 원하는 기능이 아닙니다. 사용자가 발사 버튼을 누를 때마다 총알이 나타나 발사되도록 하고 싶은 것이 최종 목적입니다. 이를 위해 플레이어 객체에 총알을 발사할 수 있는 컴포넌트를 만들어 붙여주겠습니다.

3.1-4 : 총알 발사 제작

발사 버튼을 누를 때마다 총알을 발사하는 내용을 구현하려고 합니다. 이 작업을 위해 스크립트를 먼저 만들어 할당하겠습니다.

목표

사용자가 총알을 발사하도록 하고 싶다.

순서

❶ 총알 발사 스크립트 만들어 할당하기
❷ 총알 발사 스크립트 구현

총알 발사 스크립트 만들어 할당하기

사용자가 발사 버튼을 누르면 총알을 발사하는 스크립트 컴포넌트를 만들어보겠습니다. 이 컴포넌트는 어느 게임 오브젝트에 붙여야 할까요? 총을 쏘는 객체가 플레이어이기 때문에 플레이어 객체에 이 기능을 붙여주는 게 가장 자연스러워 보입니다. Project 창에 PlayerFire라는 이름으로

C# 스크립트를 하나 만들어주겠습니다. 그리고 하이어라키 뷰의 Player 객체에 드래그 앤 드롭으로 붙여줍니다.

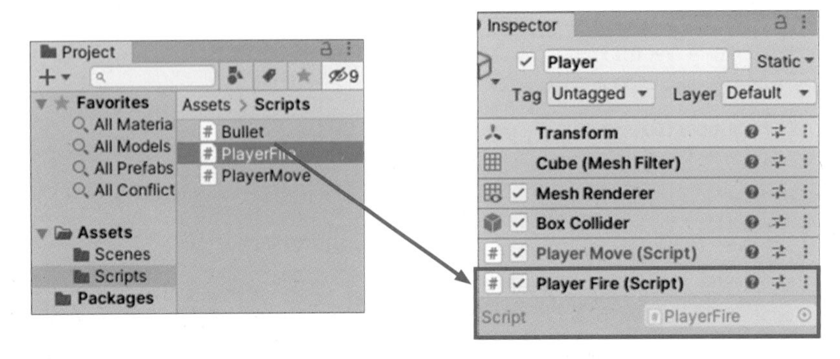

[그림 3.1-49] Player 객체에 PlayerFire 스크립트 할당

총알 발사 스크립트 구현

PlayerFire 스크립트를 더블 클릭해 비주얼스튜디오에서 편집하겠습니다. 먼저 PlayerFire의 목표를 적어볼까요? '사용자가 [발사] 버튼을 누르면 총알 발사하기'로 정하겠습니다. 이 문장을 구현하기 위해 몇 가지 개념을 설명해보겠습니다.

[그림 3.1-50]에는 권총과 탄창이 있습니다. 보통 총을 쏘면 총알은 탄창에 있다가 발사되죠. 그래야만 필요할 때마다 총을 빠르게 쏠 수 있으니까요. 이렇게 필요한 것들을 미리 어딘가에 여분으로 담아 놓는 것을 '풀(Pool)'이라고 합니다. 우리가 슈팅에서 총알을 발사할 때도 당연히 이렇게 탄창에서 쏘도록 해야 하지만(그래야 효율적이겠죠?) 다른 방식도 존재합니다. [그림 3.1-51]을 살펴보겠습니다.

[그림 3.1-50] 권총과 탄창(출처: 게티이미지뱅크(gettyimagesbank.com))

[그림 3.1-51] 총알을 발사할 때 일어나는 일의 흐름도

방아쇠를 당기면 총알 공장에 먼저 전화를 합니다. 그러면 총알 공장 직원인 김군이 자다가 일어나 전화를 받습니다. 그럼 김군에게 방아쇠를 당겼으니 어서 총알 하나 만들어 보내 달라고 하는 겁니다. 이제 김군은 공장 가동을 위해 전원을 켜고 재료를 넣고, 기계가 돌아가면서 이러저러한 일을 다 처리해 총알이 하나 만들어지면 그 총알을 탑차에 싣고 열심히 달려 가져다줍니다. 그러면 그 총알을 총구에 넣고 발사합니다.

연달아 세 발을 발사하면 계속 공장에 전화를 합니다. 그때마다 김군은 공장의 전원을 켜고, 만들어 가져다주는 동작을 계속 합니다. 말도 안 되는 작업이죠? 우리가 이번에 총알을 쏠 때의 작업이 이와 같습니다. 여기에서 총알 공장은 파일과 대응됩니다. 즉, 방아쇠를 당길 때마다 총알 파일을 열고 프로젝트에 로딩해 사용하겠다는 의미입니다. 이렇게 보니 파일을 여는 동작이 굉장히 느리죠? 네. 맞습니다. 파일을 열거나 서버에 접속하는 순간 또는 화면에 그림을 요청하는 순간 등이 굉장히 느린 동작입니다. 이를 많이 사용하면 시스템이 느려지므로 조심하세요. 그런데 이 비효율적인 과정을 실제 실무에서도 많이 사용합니다. 이를 해결하기 위한 방법 중 하나가 바로 위에서 언급한 '풀(Pool)' 개념입니다. 바로 탄창에 넣어놓고 필요할 때마다 꺼내 사용하는 것이죠. 이 내용은 뒤에서 구현하겠습니다. 이번에는 목표와 필요 속성을 살펴볼까요?

- **목표:** 사용자가 발사 버튼을 누르면 총알을 발사하고 싶다.
- **필요 속성:** 총알을 생산할 공장, 총구

우리의 목표에서 알아야 하는 정보가 있습니다. 이를 필요한 속성으로 뽑아 놓았습니다. 총알을 발사할 때 알아야 하는 정보는 총알 생산할 공장, 총알을 가져다주면 발사할 총구 위치입니다. 이 두 가지 속성을 먼저 선언합니다. PlayerFire 클래스입니다.

```
public class PlayerFire : MonoBehaviour
{
    // 총알을 생산할 공장
    public GameObject bulletFactory;
    // 총구
    public GameObject firePosition;
}
```

[코드 3.1-11] PlayerFire.cs 필요 속성 설정

유니티로 가서 총알 공장을 만들어 할당해보겠습니다. 여기에서 총알 공장의 의미는 총알 파일이라고 말씀드렸습니다. 따라서 우리가 만들어 놓은 Bullet 게임 오브젝트가 파일이 되도록 하면 됩니다. 유니티에서는 이렇게 게임 오브젝트를 파일 애셋으로 만든 것을 '프리팹(Prefab)'이라고 합니다. Project 창에 폴더를 하나 만들어 이름을 Prefabs라고 변경하겠습니다.

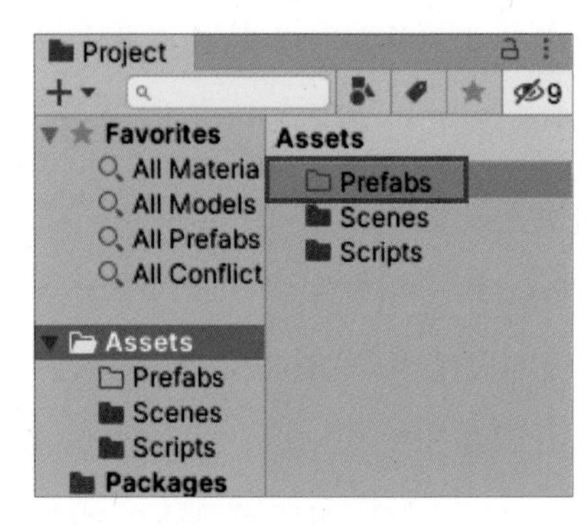

[그림 3.1-52] Prefabs 폴더 생성

그런 다음, 하이어라키 뷰의 Bullet 객체를 드래그 앤 드롭해 Project 창의 Prefabs 폴더에 넣어줍니다.

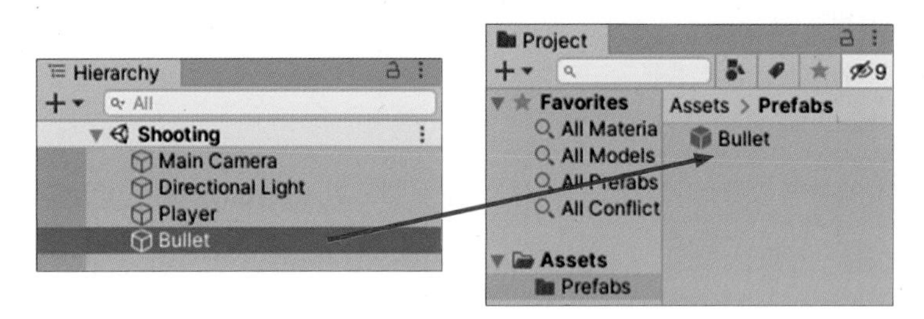

[그림 3.1-53] Bullet을 Prefab으로 등록

그러면 [그림 3.1-54]에서와 같이 하이어라키 뷰에 있는 Bullet 객체가 파란색으로 바뀌어 Prefab과 링크가 걸려 있다는 것을 표시해주게 됩니다.

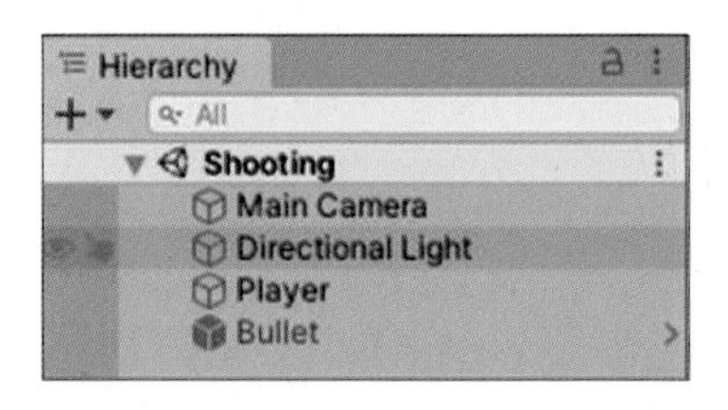

[그림 3.1-54] Prefabs으로 변경된 상태

이제 Bullet 객체는 프리팹, 즉 파일로 등록됐기 때문에 언제든지 필요할 때마다 로드해 사용하면 됩니다. 씬에 있는 총알은 더 이상 필요 없습니다. 실행할 때 자동으로 나가면 안 되므로 Delete 키를 눌러 씬에서 삭제합니다. 현재 씬의 상태는 [그림 3.1 - 55]와 같습니다.

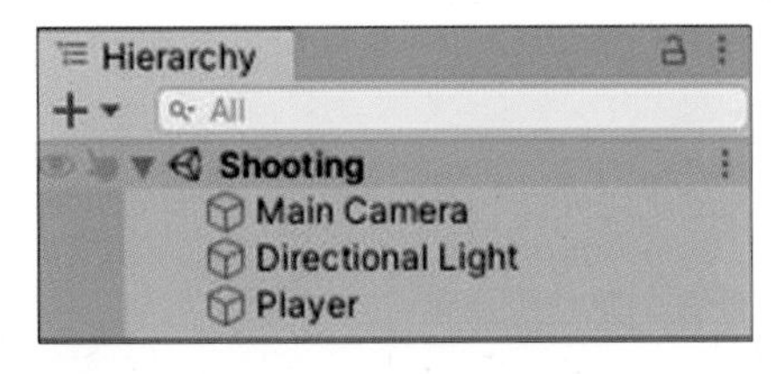

[그림 3.1 - 55] Bullet Prefab 등록 후 씬 상태

등록된 Bullet 프리팹 파일이 바로 '총알 공장'입니다. 우리가 만들어 놓은 하이어라키 뷰의 Player 객체의 PlayerFire 스크립트 컴포넌트 속성의 Bullet Factory에 이 Bullet 프리팹을 할당합니다.

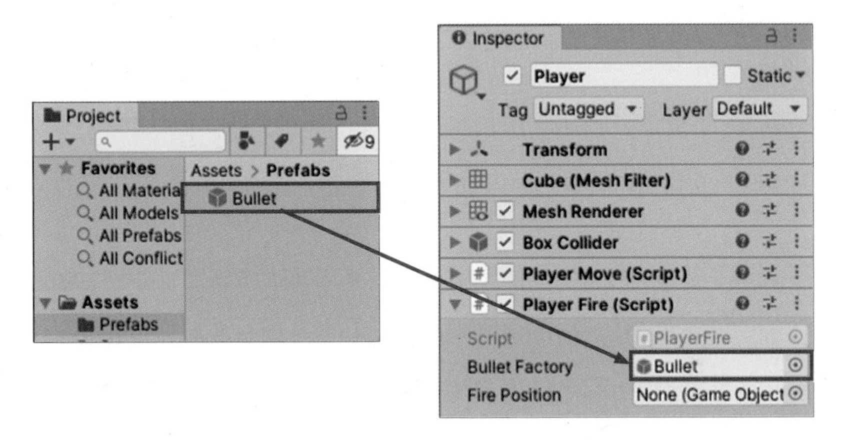

[그림 3.1 - 56] PlayerFire의 Bullet Factory 속성에 Bullet 프리팹 할당

총구에 해당하는 Fire Position도 만들어 할당하겠습니다. 이 총구는 플레이어가 이동할 때 함께 붙어 다녀야 하기 때문에 플레이어 객체의 자식으로 등록합니다. 그리고 총구의 역할은 위치 및 회전 등에 관련한 정보만 주면 되기 때문에 다른 컴포넌트가 필요 없습니다. [그림 3.1 - 57]과 같이 Player 객체를 선택한 후 마우스 오른쪽 버튼을 클릭해 Create Empty를 선택하면 빈 게임 오브젝트가 자식으로 등록됩니다. 이름을 'FirePosition'으로 변경하겠습니다.

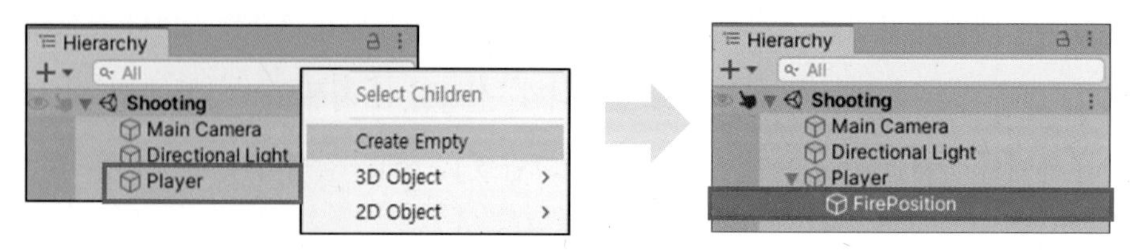

[그림 3.1-57] Player의 자식으로 FirePosition 객체 등록

만들어진 FirePosition 객체를 Player의 PlayerFire 스크립트에 할당하겠습니다. [그림 3.1-58]과 같이 PlayerFire의 FirePosition에 값을 할당합니다.

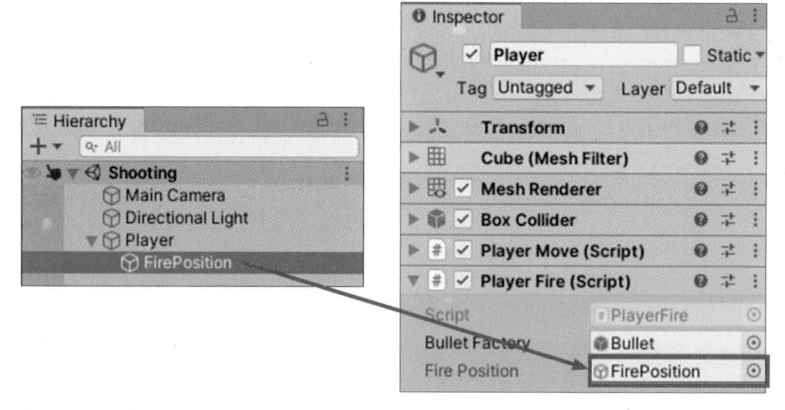

[그림 3.1-58] PlayerFire의 FirePosition 할당

필요한 속성 제작과 할당까지 모두 완료됐습니다. 이제 실제로 총알을 발사하는 내용을 구현해보겠습니다. 목표로부터 하위 세부 단위를 뽑아내겠습니다. 가장 하고자 하는 부분이 '❶ **총알을 발사하고 싶다.**'입니다. 이제 질문이 나옵니다. '발사할 총알은 어디서 났지?' '❷ **총알 공장에서 총알 생산**'이 되겠죠. 그다음으로 또 질문입니다. '왜 갑자기 총알 공장에서 총알을 생산하지?' '❸ **사용자가 발사 버튼을 눌렀으니까.**'가 됩니다. 이를 반대로 읽어보면 우리 목표의 전체 문장이 완성됩니다.

목표: 사용자가 발사 버튼을 누르면 총알을 발사하고 싶다.

순서: ❶ 사용자가 발사 버튼을 누르면

❷ 총알 공장에서 총알을 만든다.

❸ 총알을 발사한다.

1 사용자가 발사 버튼을 누르면

이 내용을 구현하는 장소는 PlayerFire 클래스의 Update 함수입니다. 게임 진행 중에 계속 발사하고 싶으니까요. 먼저 발사 입력 처리부터 구현해보겠습니다. 사용자가 발사 버튼을 누른다는 내용을 약간 프로그래밍적인 느낌이 나도록 수정하면 '만약 사용자가 발사 버튼을 누르면'으로 바꿀 수 있습니다. 유니티에서 대다수의 입력은 Input 클래스가 처리하며, 버튼을 누를 때는 GetButtonDown, 뗄 때는 GetButtonUp, 계속 누르고 있을 때는 GetButton 이름의 함수를 사용합니다. GetButtonDown은 누르는 순간 한 번만 true 값이 반환됩니다. GetButtonUp 함수도 이와 마찬가지입니다. 참고로 인자 값 'Fire1' 문자열은 [그림 3.1-42]의 사용자 입력 처리에서 살펴본 것처럼 Input Manager에 등록돼 있습니다.

```
public class PlayerFire : MonoBehaviour
{
    . . . (생략) . . .

    void Update()
    {
        // 목표: 사용자가 발사 버튼을 누르면 총알을 발사하고 싶다.
        // 순서: 1. 사용자가 발사 버튼을 누르면
        // 만약 사용자가 발사 버튼을 누르면
        if (Input.GetButtonDown("Fire1"))
        {
            // 2. 총알 공장에서 총알을 만든다.
            // 3. 총알을 발사한다.
        }
    }
}
```

[코드 3.1-12] PlayerFire.cs 발사 입력 처리

2 총알 공장에서 총알을 만든다

이제 방아쇠를 당겼으니 총알 공장에서 총알을 만들어보겠습니다. 위에서 설명한 대로 공장에서 생산하는 복잡한 과정을 어떻게 처리하는지 살펴보겠습니다. [코드 3.1-13]을 보면 Instantiate라는 함수가 우리 대신 복잡한 처리를 모두 해주는 것을 알 수 있습니다. Instantiate 함수의 인자로 총알 공장 bulletFactory를 넣어주면 총알을 하나 던져줍니다. 깔끔하네요.

```
public class PlayerFire : MonoBehaviour
{
    . . . (생략) . . .

    void Update()
    {
        // 목표: 사용자가 발사 버튼을 누르면 총알을 발사하고 싶다.
        // 순서: 1. 사용자가 발사 버튼을 누르면
        // 만약 사용자가 발사 버튼을 누르면
        if (Input.GetButtonDown("Fire1"))
        {
            // 2. 총알 공장에서 총알을 만든다.
            GameObject bullet = Instantiate(bulletFactory);
            // 3. 총알을 발사한다.
        }
    }
}
```

[코드 3.1-13] PlayerFire.cs 총알 생성

3 총알을 발사한다

이렇게 만들어진 총알을 발사해주면 됩니다. 그런데 우리 총알은 이미 만들어주기만 하면 자기 스스로 위로 날아갑니다. 우리는 단순하게 총구의 위치에 총알을 가져다주기만 하면 총알은 알아서 날아갈 것입니다. 만들어진 bullet 객체에 속성으로 선언한 firePosition 총구의 위치를 할당해 주겠습니다.

```
public class PlayerFire : MonoBehaviour
{
    . . . (생략) . . .

    void Update()
    {
      // 목표: 사용자가 발사 버튼을 누르면 총알을 발사하고 싶다.
      // 순서: 1. 사용자가 발사 버튼을 누르면
      // 만약 사용자가 발사 버튼을 누르면
        if (Input.GetButtonDown("Fire1"))
        {
```

```
            // 2. 총알 공장에서 총알을 만든다.
            GameObject bullet = Instantiate(bulletFactory);

            // 3. 총알을 발사한다(총알을 총구 위치로 가져다놓기).
            bullet.transform.position = firePosition.transform.position;
        }
    }
}
```

[코드 3.1-14] PlayerFire.cs 총알 발사

코드를 이해하기 어렵다면 "bullet아, 너의 속성 또는 기능 중에 transform 좀 줘봐. Transform아, 너의 속성 또는 기능 중에 position 좀 줘봐."라고 읽어 보세요. 이런 식으로 position이라는 값을 얻기 위해 [GameObject] → [Transform] → [position]의 과정을 점(.)으로 타고 들어간다는 개념을 이해하시기 바랍니다. 저장한 후에 유니티를 실행하면 [그림 3.1-59]와 같이 되는 것을 확인할 수 있습니다. 마우스 왼쪽 버튼 클릭 또는 왼쪽 Ctrl 키를 누르면 총알이 발사됩니다.

[그림 3.1-59] 총알 발사하는 모습

자, 그럼 제어할 플레이어와 총까지 쏘도록 해봤습니다. 게임이 재미있도록 때려잡을 적이 있으면 좋겠습니다. 이제부터 적을 만들어 희열을 느껴보겠습니다.

3.1-5 : 적 이동 제작과 충돌

적을 만들어봅시다. 적 역시 플레이어나 총알과 비슷한 방법으로 제작합니다. 적까지 만들어보면 무릎을 탁 치면서 '아하~ 이렇게 만드는 거구나!' 하실 겁니다.

목표

적을 만들어 이동 처리하고 싶다. 그리고 충돌 처리도 하고 싶다.

순서

1. 적 게임오브젝트 생성하기
2. 이동 스크립트를 생성해 할당하기
3. 이동 스크립트 구현하기
4. 다른 물체와 충돌시키기

적 GameObject 생성하기

먼저 적 게임 오브젝트를 만들겠습니다. 하이어라키 뷰의 [+] 버튼을 눌러 [그림 3.1-60]과 같이 3D Object의 큐브를 하나 만들고, 이름을 'Enemy'로 변경하겠습니다.

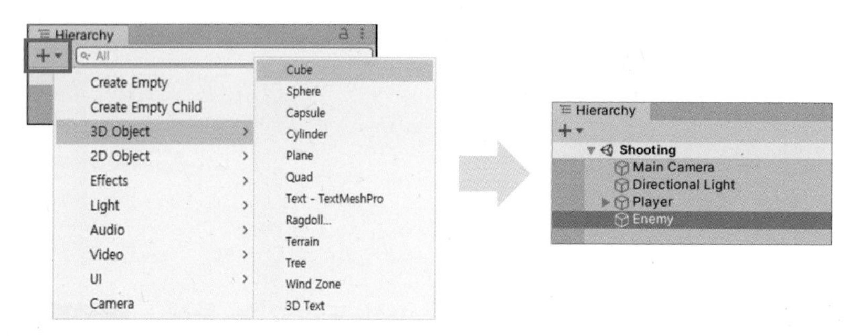

[그림 3.1-60] Enemy 게임 오브젝트 생성

적이 생성되는 위치는 화면의 위쪽이므로 Enemy의 Transform 항목에서 Position 정보를 변경하겠습니다.

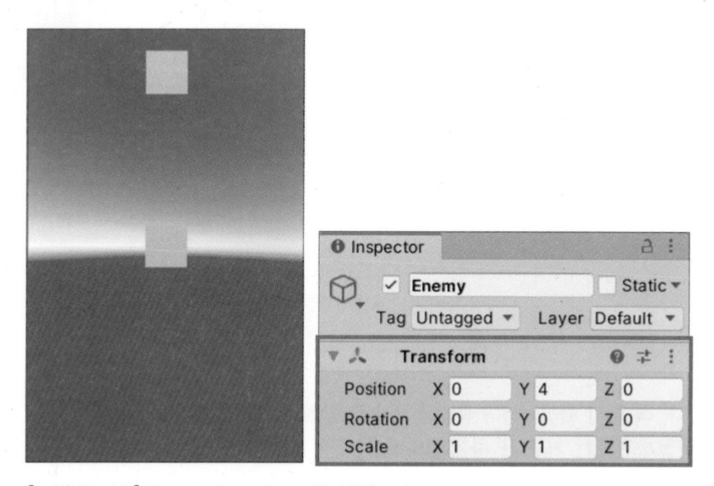

[그림 3.1-61] Enemy Transform 값 설정

이동 스크립트 생성해 할당하기

이제 Enemy 게임 오브젝트의 이동을 담당할 스크립트를 만들어 할당하겠습니다. Project 창의 Scripts 폴더에 'Enemy'라는 이름의 스크립트를 만들겠습니다. 그런 다음, 하이어라키 뷰의 Enemy 게임 오브젝트에 드래그 앤 드롭으로 붙여줍니다.

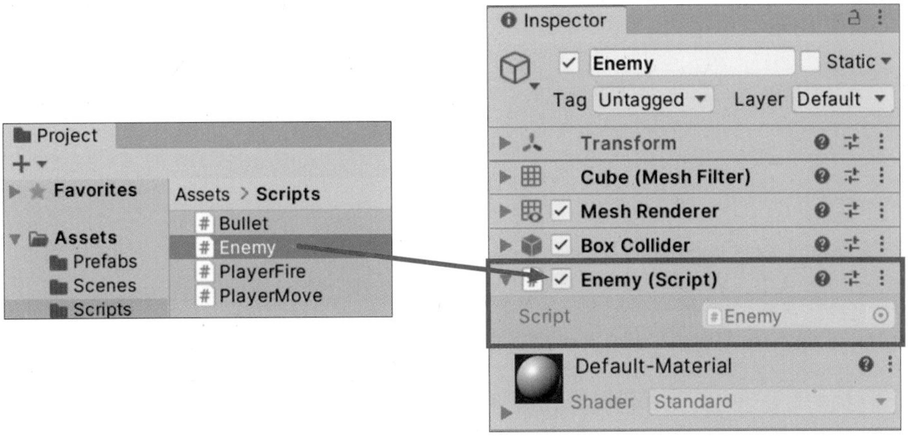

[그림 3.1-62] Enemy 스크립트 할당

이동 스크립트 구현

Enemy 스크립트를 더블 클릭해 비주얼스튜디오에서 편집하겠습니다. Enemy의 목표는 아래로 계속 이동하는 것입니다. 필요한 속성과 하위 세부 구현 요소를 나눠보면 다음과 같습니다.

- **목표:** 아래로 계속 이동하고 싶다.
- **필요 속성:** 이동 속도
- **순서:** ❶ 방향 구하기
  ❷ 이동하기

가만히 보니 총알의 이동 구현에서 방향만 다르군요. 빠르게 코딩해봅시다. 코드에서 방향을 Down으로 변경한 부분에 주의를 기울여주세요.

```
public class Enemy : MonoBehaviour
{
    // 필요 속성: 이동 속도
    public float speed = 5;

    void Update()
    {
        // 1. 방향을 구한다.
        Vector3 dir = Vector3.down;
```

```
        // 2. 이동하고 싶다. 공식 P = P0 + vt
        transform.position += dir * speed * Time.deltaTime;
    }
}
```

[코드 3.1-15] Enemy.cs 아래로 이동시키기

유니티로 가서 한번 실행해볼까요? 아래로 잘 이동하면 성공입니다. 그런데 좀 이상합니다. 총알과 부딪히지 않고 플레이어와 부딪혀도 스쳐 지나갑니다. 어떻게 하면 충돌할 수 있을까요?

다른 물체와 충돌시키기

이번에는 Enemy와 다른 게임 오브젝트 간의 충돌 처리를 해보겠습니다. 설명할 내용이 있으니 목표를 다시 잡고 순서를 만들어보겠습니다. 일단 우리가 하고 싶은 것은 'Enemy가 어떤 물체와 충돌하면 둘 다 파괴하고 싶다.'입니다. 먼저 '❶ **충돌한 물체를 파괴하고 싶다.**'가 됩니다. 이를 위해서는 '❷ **두 물체를 충돌**'시켜야 합니다. 그리고 실제로 '❸ **충돌을 하기 위한 조건**'을 알아야 합니다. 이를 반대로 나열해 순서를 만들어봅시다.

- **목표:** Enemy가 어떤 물체와 충돌하면 둘 다 파괴하고 싶다.
- **필요 속성:** 이동 속도
- **순서:** ❶ 충돌을 위한 조건
  ❷ 물체끼리 충돌하기
  ❸ 충돌한 물체 파괴하기

1 충돌을 위한 조건 – 충돌체와 리지드바디

유니티에서 충돌을 하려면 두 가지 개념을 이해할 필요가 있습니다. 하나는 충돌체(Collider), 다른 하나는 리지드바디(Rigidbody)입니다. 하나씩 설명하겠습니다.

● **충돌체**

우리가 '충돌'이라고 하면 2개의 물체가 부딪히는 것을 말하죠. 부딪히려면 어떤 조건이 필요할까요? 예를 들어보겠습니다. 친구와 볼링을 친다고 가정해보죠. 친구가 스트라이크를 쳐서 하이파이브를 했어요. 그러면 두 손이 마주치면서 "짝~" 소리가 납니다. 그런데 알고 보니 친구가 유령이었어요. 그러면 소리가 나지 않겠죠. "짝~" 소리가 나기 위해서는 어떤 조건이 필요할까요? 바로 물리적인 몸체가 있어야 합니다. 이처럼 유니티에서도 게임 오브젝트의 몸체가 필요합니다. 이를 '충돌체'라고 부릅니다. 유니티에서 확인해볼까요? 우리가 조금 전에 만든 Enemy 게임 오브젝트를 클릭하고 Inspector에서 컴포넌트 목록을 보면, 박스 콜라이더(Box Collider)가 처음부터 들어 있죠. 이 컴포넌트가 바로 '충돌체'입니다.

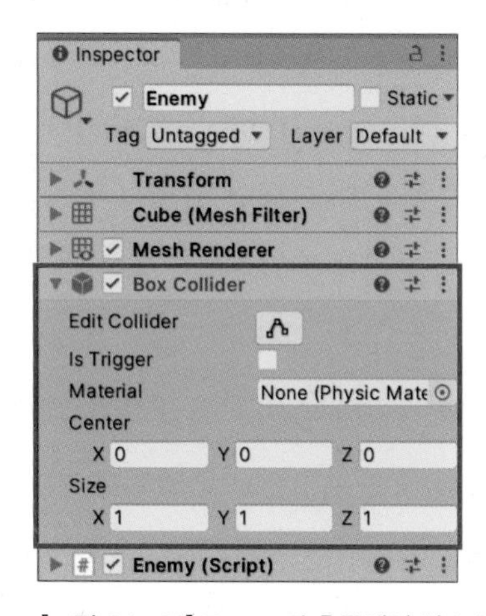

[그림 3.1-63] Enemy의 충돌체인 박스 콜라이더

● **리지드바디**

이제 리지드바디(Rigidbody)에 대해 이야기해봅시다. [그림 3.1-64]와 같이 인물들이 여럿 있을 때 충돌 검사를 하려면 각자 자기 자신과 남이 1:1로 충돌했는지 검사해야 합니다.

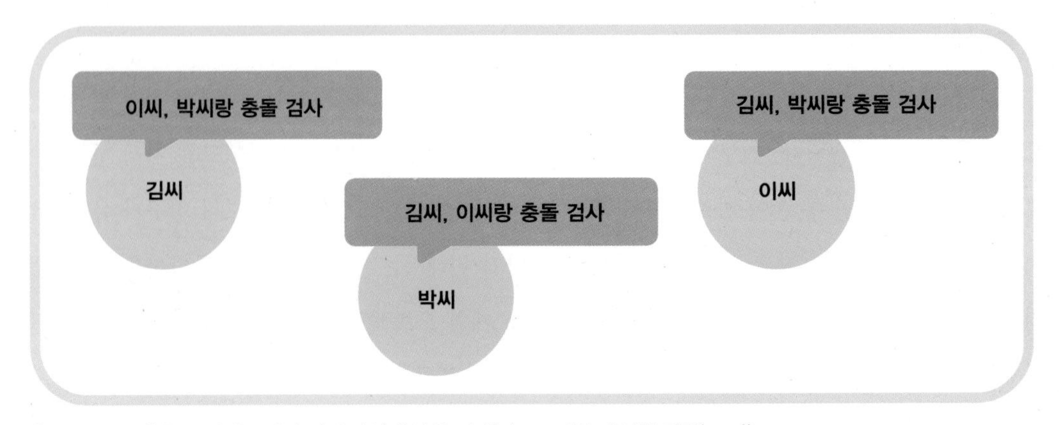

[그림 3.1-64] 충돌 검사는 각자 자기 자신과 남을 검사(나 vs. 나를 제외한 전체(N-1))

만약 등장인물이 1만 명이면 충돌 검사를 몇 번 해야 할까요? 각 등장인물마다 자신을 제외한 9,999번씩 충돌 검사를 해야 하므로 10,000 × 9,999 = 99,990,000번이 되겠네요. 어마어마하죠. 게다가 컴퓨터는 충돌 검사를 한 번만 하는 것이 아니라 일정 주기마다 반복적으로 검사를 하기 때문에 부담이 엄청납니다. 그래서 게임 물리 엔진에서는 성능을 향상시키기 위해 움직이는 물체와 움직이지 않는 물체로 구분하고, 움직이는 물체를 기준으로 충돌 검사를 합니다. 그렇게 하면 충돌 검사를 해야 할 물체의 수를 줄일 수 있습니다. 움직이지 않는 물체를 충돌 검사의 기준에서 제외하는 이유는 움직이지 않는 물체끼리는 절대로 부딪힐 수 없다고 규정하기 때문입니다. 교실 안의 바닥과 천장이 절대로 부딪힐 수 없다는 것을 생각해보면 좋을 것 같습니다. 그렇다면 유니티 물리 엔진에서는 어떻게 움직이는 물체와 움직이지 않는 물체를 구분할까요? 그것은 바로 게임 오브젝트에 '리지드바디'라는 컴포넌트를 할당하는 것입니다.

2 물체끼리 충돌하기

일단 유니티로 돌아와 Enemy 게임 오브젝트를 클릭하고 Inspector 화면을 살펴보면 [그림 3.1-65]와 같이 [Add Component]라는 버튼이 보일 것입니다. 이 버튼을 클릭한 후 Physics 항목의 리지드바디를 클릭해 컴포넌트를 추가합니다.

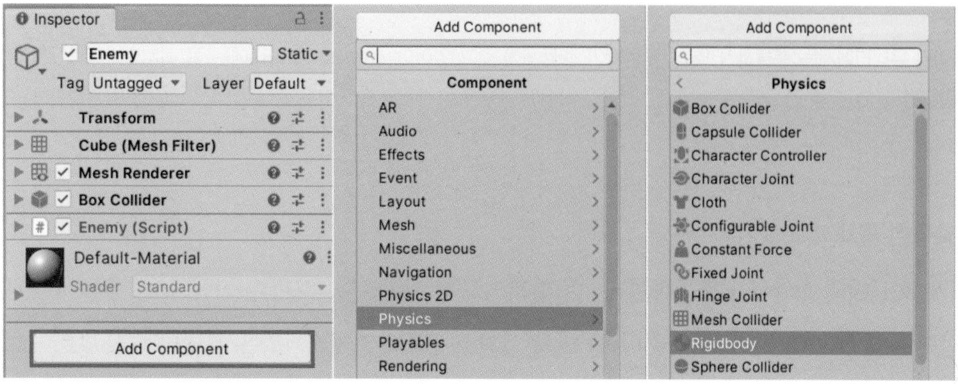

[그림 3.1-65] Rigidbody 컴포넌트 추가하기

다시 실행한 후 총알을 쏴봅시다. 그러면 Enemy가 아래로 내려오고 총알을 맞으면 날라갑니다. 일단 충돌되는 것 같습니다. 그런데 우리가 원하는 모양은 아니죠. Enemy가 총알과 맞으면 튕겨나가는 것이 아니라 총알과 함께 없어져야 합니다. 그리고 내려오는 속도도 조금 바뀐 것 같습니다. 일단 Enemy에 할당한 리지드바디 컴포넌트를 보면 [그림 3.1-66]과 같이 'Use Gravity'라는 항목이 있습니다.

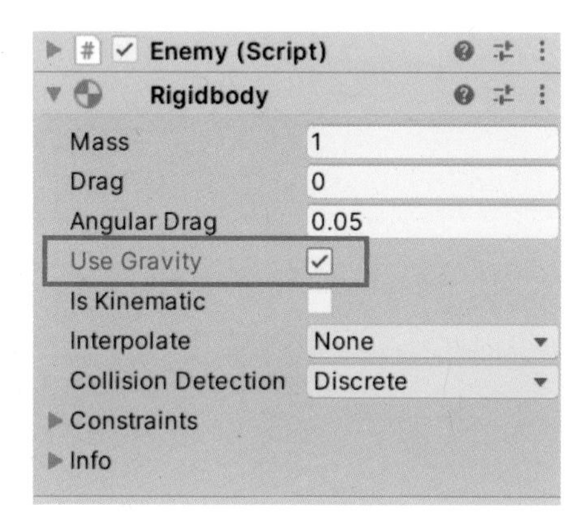

[그림 3.1-66] Rigidbody의 Use Gravity 항목

Use Gravity의 체크 박스에 체크가 돼 있다는 것은 이 물체가 '중력(Gravity)을 적용받겠다.'라는 의미입니다. Enemy는 우리가 스크립트에서 직접 이동하고 있는데 중력을 받으면 안 되겠죠? 체크 박스의 체크 표시를 해제하겠습니다.

[그림 3.1-67] Rigidbody의 Use Gravity 체크 박스 해제하기

Tip

결론! 유니티에서는 충돌하기 위해 두 물체가 충돌체를 갖고 있어야 하며, 둘 중 하나에는 꼭 리지드바디가 있어야 합니다.

③ 충돌한 물체 파괴하기

이제 Bullet과 Enemy가 충돌하면 둘 다 파괴되도록 해봅시다. 그런데 이에 앞서 충돌에 대해 짚고 넘어갈 내용이 한 가지 더 있습니다. 먼저 엄지손가락과 검지손가락을 붙였다 떼보세요. 그러면 두 손가락이 **'부딪히는 순간'**, **'닿고 있는 중'**, **'떼는 순간'**이라는 세 가지 상태가 존재하는 것을 알 수 있습니다. 이를 충돌이라는 말로 바꾸면 '❶ **충돌 시작**, ❷ **충돌 중**, ❸ **충돌 끝**'이라고 할 수 있습니다. 유니티에서는 이를 이벤트 함수로 제공하고 있습니다.

```
private void OnCollisionEnter(Collision other)
{
    // 충돌 시작
}

private void OnCollisionStay(Collision other)
{
    // 충돌 중
}

private void OnCollisionExit(Collision other)
{
    // 충돌 끝
}
```

[코드 3.1-16] 유니티의 충돌 이벤트 함수

자, 이제 유니티에서 Enemy.cs 스크립트를 더블 클릭해 비주얼스튜디오에서 열어주세요. Enemy가 다른 물체와 부딪히면 하고 싶은 것을 적어봅시다. **'다른 충돌체와 부딪혔다고 유니티가 알려주면 너 죽고 나 죽자'**라고 적겠습니다. 유니티가 알려준다는 말의 의미는 무엇일까요? C# 파트에서 함수는 구현부와 호출부로 나뉘어 있다고 이야기한 적이 있습니다. 위에서 우리가 작성하는 내용이 '구현부'입니다. 이는 우리가 하는 것이 아니라 유니티에서 물체가 부딪히면 알아서 호출해준다는 의미입니다. 이러한 함수를 '이벤트 함수'라 하고, 대부분 접두어 'On'을 사용합니다. 그런데 우리는 세 가지 충돌 상태가 모두 필요하지는 않습니다. 충돌을 시작할 때 '너 죽고 나 죽자.'라고 할 것이기 때문에 충돌 시작 함수인 OnCollisionEnter만 사용하겠습니다.

목표: 다른 충돌체와 부딪혔다고 유니티가 알려주면 너 죽고 나 죽자!
필요 함수: 충돌 시작(OnCollisionEnter)
순서: ❶ 너 죽고
❷ 나 죽자.

```
public class Enemy : MonoBehaviour
{
    . . . (생략) . . .

    // 충돌 시작
    private void OnCollisionEnter(Collision other)
    {
        // 너 죽고
        Destroy(other.gameObject);
        // 나 죽자.
        Destroy(gameObject);
    }
}
```

[코드 3.1-17] Enemy.cs 충돌 처리

OnCollisionEnter 함수의 파라미터인 Collision other 변수는 나(Enemy)와 부딪힌 상대방 게임 오브젝트의 충돌체, Destroy는 게임 오브젝트를 파괴하는 함수입니다. "너 죽고"는 "other 아(.) 네가 갖고 있는 게임 오브젝트 좀 줘."라고 한 후 그 게임 오브젝트를 Destroy 함수의 인자 값으로 넘겨 파괴합니다. 그리고 "나 죽자." 역시 같은 방법으로 나(Enemy)의 게임 오브젝트를 Destroy 함수의 인자 값으로 넘겨 파괴합니다. 이제 유니티로 가서 실행한 후 총알을 쏴봅시다. Enemy가 파괴되면 성공입니다. 이제 적 하나가 아닌 여러 적이 나오도록 해서 좀 더 재미있게 해보겠습니다.

Tip

Destroy 함수는 게임 오브젝트를 파괴합니다. 하지만 해당 게임 오브젝트는 즉각 파괴되지 않고 게임 오브젝트 자신의 모든 컴포넌트들의 OnDestroy라는 함수가 호출된 후 파괴됩니다. 인간이 태어나고 살다가 죽는 것처럼 게임 오브젝트도 라이프사이클이 있는데, 한 번 태어나고(Start 함수) 계속 살다가(Update 함수) 외부적인 요인으로 죽습니다

1 1.1 1.2 1.3 1.4 2 2.1 2.2 2.3 2.4 3 3.1 3.2 3.3 4 4.1 4.2 4.3 4.4 4.5 4.6 4.7 4.8 4.9 4.10 4.11

OnDestroy 함수). 그래서 게임 오브젝트의 파괴는 Destroy로 요청하게 되고, 최종적으로 OnDestroy 이벤트 함수가 호출돼 마무리됩니다.

3.1-6 : 적 자동 생성

때려잡을 적이 하나밖에 없습니다. 재미가 없습니다. 게다가 슈팅 게임에서 적이 미리 만들어져 있는 경우는 별로 없죠. 보통 일정한 시간 주기로 적이 만들어져서 플레이어를 위협합니다. 따라서 우리도 여러 대의 적기가 일정 시간 동안 한 번씩 출현하도록 만들어보겠습니다.

목표

적을 일정 시간마다 내 위치에 생성하고 싶다.

순서

1. Enemy를 프리팹으로 만들기
2. EnemyManager 게임 오브젝트 생성하기
3. EnemyManager 스크립트 생성해 할당하기
4. 적 생성 스크립트 구현하기
5. 적 생성 시간을 랜덤하게 바꾸기

에너미(Enemy)를 프리팹으로 만들기

적을 생성하기에 앞서 '총알 발사 제작' 과정을 기억해봅시다. 총알을 발사하기 위해 총알 공장에서 총알을 만든 후 총구 위치에 가져다 놓았죠. 적 생성 역시 이와 같은 방식입니다. 우리는 Enemy 게임 오브젝트를 프리팹으로 만들어 Enemy 공장으로 사용하려고 합니다. 프리팹은 게임 오브젝트를 파일로 만든 것이라고 했죠? 하이어라키 뷰 창의 Enemy 게임 오브젝트를 Project 창의 Prefabs 폴더 쪽으로 드래그 앤 드롭해 프리팹으로 만들겠습니다.

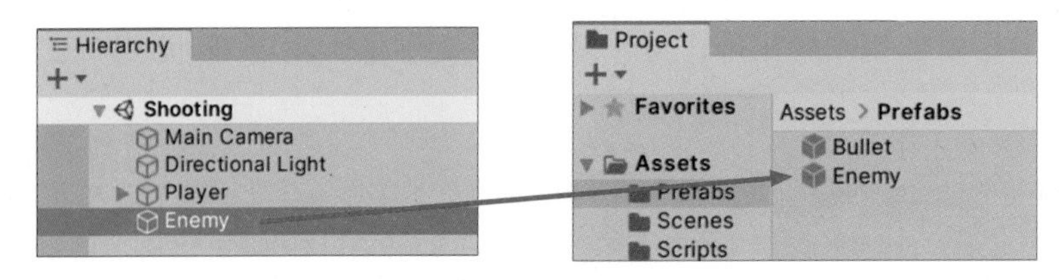

[그림 3.1-68] Enemy 게임 오브젝트를 프리팹으로 등록

프리팹이 만들어졌으니 하이어라키 뷰의 Enemy 게임 오브젝트는 Del 키를 눌러 삭제하겠습니다.

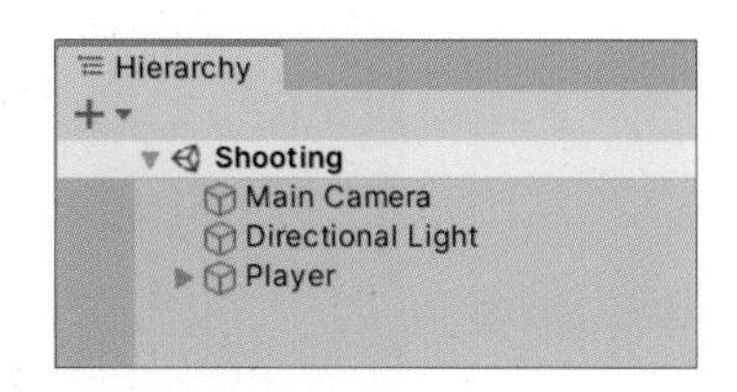

[그림 3.1-69] Enemy Prefab 등록 후 씬 상태

이제 Enemy 공장이 준비됐으니 본격적으로 만들어봅시다. 우리가 필요한 것은 일정 시간마다 적을 만들어내는 것인데, 게임 오브젝트를 만들어 그 위치에서 적이 생성되도록 할 것입니다.

EnemyManager 게임 오브젝트 생성하기

EnemyManager 게임 오브젝트를 만들겠습니다. 하이어라키 뷰의 [+] 버튼을 눌러 [그림 3.1-70]과 같이 Create Empty를 하나 만들고, 이름을 'EnemyManager'로 변경하겠습니다.

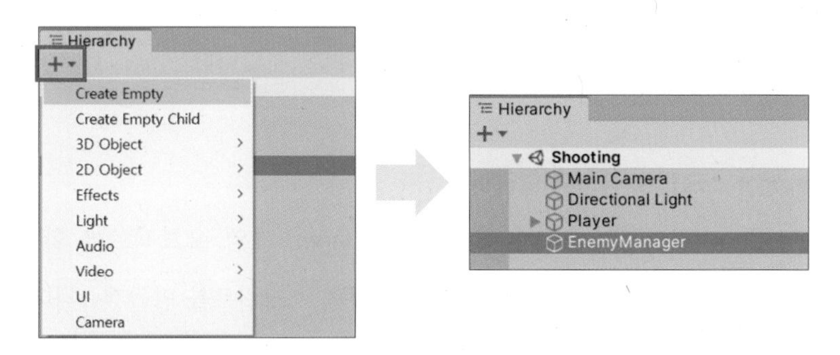

[그림 3.1-70] EnemyManager 게임 오브젝트 생성

[그림 3.1-71]과 같이 씬의 적당한 위치에 배치한 후, 잘 보이도록 아이콘 기즈모를 설정하겠습니다. 아이콘 기즈모 설정은 EnemyManager 게임 오브젝트를 클릭한 후 Inspector 창의 바로 아래쪽에 있는 큐브 모양의 버튼을 누르면 됩니다.

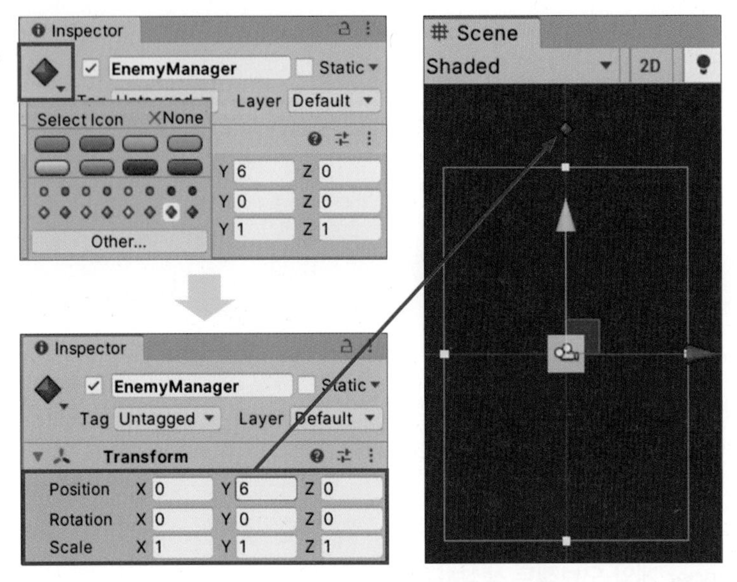

[그림 3.1-71] EnemyManager 위치 변경 및 아이콘 기즈모 설정

[그림 3.1-71]에서 씬 화면을 보면 흰색의 사각형이 보이죠? 이 영역이 카메라가 보는 영역인 게임 화면입니다. 즉, EnemyManager를 화면 바깥쪽에 배치한 셈이죠. 적이 만들어지는 곳이 화면의 안쪽이면 갑자기 튀어나오는 느낌을 주므로 바깥쪽에 배치한 것입니다.

EnemyManager 스크립트 생성해 할당하기

이제 EnemyManager 스크립트를 만들어 EnemyManager 게임 오브젝트에 할당하겠습니다. Project 창의 Scripts 폴더에 'EnemyManager'라는 이름의 스크립트를 만들겠습니다. 그리고 하이어라키 뷰의 EnemyManager 게임 오브젝트에 드래그 앤 드롭으로 붙여줍니다.

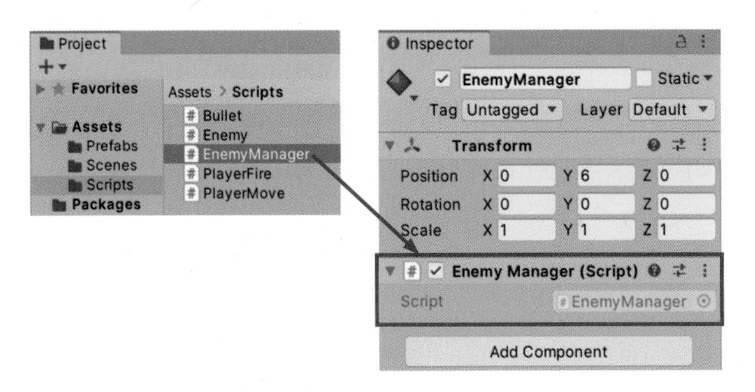

[그림 3.1-72] EnemyManager 스크립트 할당

적 생성 스크립트 구현하기

이제 EnemyManager 스크립트를 구현해보겠습니다. EnemyManager.cs를 더블 클릭해 비주얼스튜디오에서 열어주세요. 먼저 목표를 작성해봅시다. **"일정 시간마다 적을 생성해 내 위치에 갖다 놓고 싶다."**라고 적어봤습니다. 필요 속성에는 무엇이 있을까요? 먼저 일정 시간이 있겠네요. 그러면 시간이 흐르다가 일정 시간이 될 테니 현재 시간도 필요해 보입니다. 그리고 적 공장이 있어야 적을 생성할 수 있겠네요. 그럼 순서를 만들어봅시다. '**❶ 적을 생성해 내 위치에 갖다 놓고 싶다.**'가 실제로 하고 싶은 일이겠죠. 그런데 언제 만들죠? '**❷ 만약 현재 시간이 일정 시간이 되면**'을 만들면 되겠네요. 그런데 현재 시간이 진행되려면 '**❸ 시간이 흐르다가**', 즉 시간이 흘러야 합니다. 이를 순서대로 재배치해보겠습니다.

- **목표:** 일정 시간마다 적을 생성해 내 위치에 갖다 놓고 싶다.
- **필요 속성:** 일정 시간, 현재 시간, 적 공장
- **순서:** ❶ 시간이 흐르다가
  ❷ 만약 현재 시간이 일정 시간이 되면
  ❸ 적 공장에서 적을 생성해 내 위치에 갖다 놓고 싶다.

먼저 필요 속성부터 선언하겠습니다. 일정 시간은 1초로 하겠습니다.

```
public class EnemyManager : MonoBehaviour
{
    // 현재 시간
    float currentTime;
    // 일정 시간
    public float createTime = 1;
    // 적 공장
    public GameObject enemyFactory;
}
```

[코드 3.1-18] EnemyManager.cs 필요 속성 선언

유니티로 가서 적 공장을 할당하겠습니다.

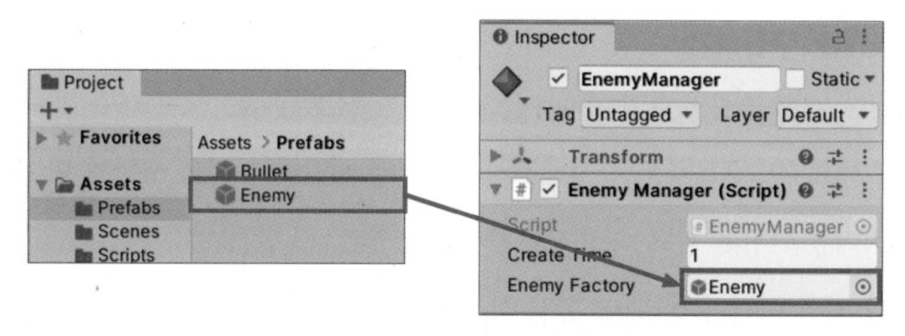

[그림 3.1-73] EnemyManager의 Enemy Factory 속성에 Enemy 프리팹 할당

1 시간이 흐르다가

EnemyManager.cs 스크립트를 보면 Start 함수와 Update 함수가 있죠? Start 함수는 이 게임 오브젝트가 태어날 때 한 번 호출되고, Update 함수는 살아가면서 계속 호출됩니다. 이제 어디에 코딩하면 될까요? 살아가면서 계속 해야 할 일이죠? Update 함수에서 코딩하면 됩니다. 일단 시간이 흐르게 해봅시다.

```
public class EnemyManager : MonoBehaviour
{
    . . . (생략) . . .

    void Update()
    {
        // 1. 시간이 흐르다가
        currentTime += Time.deltaTime;
    }
}
```

[코드 3.1-19] EnemyManager.cs 시간이 흐르다가

우리가 알고 있는 시간은 Time.deltaTime 하나죠. 이를 currentTime이라는 전역 변수에 더해줍니다. Update 함수는 계속 호출되기 때문에 currentTime 변수에 값이 계속 누적됩니다. 그러다가 currentTime의 값이 1이 되면 1초가 흘러간 것입니다. 왜 1초가 될까요? Time.deltaTime은 화면을 한 번 그릴 때 걸리는 시간이라고 이야기했습니다. 화면을 1초에 60번 그리는 컴퓨터라면 Time.deltaTime은 1/60초가 됩니다. 이와 반대로 Time.deltaTime을 60번 더하면 1초가 됩니다. 그래서 전역 변수인 currentTime에 계속 Time.deltaTime을 더해 1이 되는 순간이 1초가 흘러간 시간이 되는 것입니다.

② 만약 현재 시간이 일정 시간이 되면

'만약 현재 시간이 일정 시간이 되면'이라는 말을 조금 바꿔봅시다. '현재 시간이 일정 시간을 초과하면'이라고 하면 좀 더 구현하기 좋을 것 같습니다.

```
public class EnemyManager : MonoBehaviour
{
    . . . (생략) . . .

    void Update()
    {
        // 1. 시간이 흐르다가
        currentTime += Time.deltaTime;

        // 2. 만약 현재 시간이 일정 시간이 되면
        if (currentTime > createTime)
        {
            // 3. 적 공장에서 적을 생성해
            // 내 위치에 갖다 놓고 싶다.
        }
    }
}
```

[코드 3.1-20] EnemyManager.cs 현재 시간이 일정 시간이 되면

③ 적 공장에서 적을 생성해 내 위치에 갖다 놓고 싶다

이제 적을 만들어봅시다. 적 공장에서 적을 만들어 내 위치에 갖다 놓습니다.

```
public class EnemyManager : MonoBehaviour
{
    . . . (생략) . . .

    void Update()
    {
        // 1. 시간이 흐르다가
        currentTime += Time.deltaTime;

        // 2. 만약 현재 시간이 일정 시간이 되면
```

```
        if (currentTime > createTime)
        {
            // 3. 적 공장에서 적을 생성해
            GameObject enemy = Instantiate(enemyFactory);
            // 내 위치에 갖다 놓고 싶다.
            enemy.transform.position = transform.position;
        }
    }
}
```

[코드 3.1-21] EnemyManager.cs 적 생성하기

이제 유니티로 가서 실행해볼까요? 적이 내려오지 않습니다. 그런데 하이어라키 뷰를 보면 적이 여러 개 생성돼 있는 것을 확인할 수 있습니다.

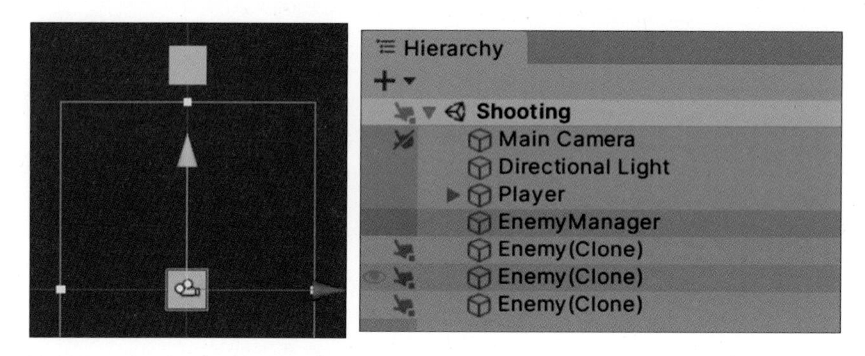

[그림 3.1-74] Enemy가 여러 개 생성되는 현상

왜 이런 현상이 발생하는 것일까요? 이는 현재 시간이 일정 시간이 되고 난 후 계속 일정 시간보다 크기 때문에 적을 마구 생성하는 것입니다. 그리고 Enemy가 서로 부딪혀 계속 파괴되고 있습니다. 이를 해결하기 위해서는 현재 시간이 일정 시간보다 커졌을 때 현재 시간을 0으로 초기화해야 합니다.

```
public class EnemyManager : MonoBehaviour
{
    . . . (생략) . . .

    void Update()
    {
```

```
            // 1. 시간이 흐르다가
            currentTime += Time.deltaTime;

            // 2. 만약 현재 시간이 일정 시간이 되면
            if (currentTime > createTime)
            {
                // 3. 적 공장에서 적을 생성해
                GameObject enemy = Instantiate(enemyFactory);
                // 내 위치에 갖다 놓고 싶다.
                enemy.transform.position = transform.position;
                // 현재 시간을 0으로 초기화
                currentTime = 0;
            }
        }
    }
```

[코드 3.1-21] EnemyManager.cs 현재 시간을 0으로 초기화

유니티로 돌아온 후 실행해 1초마다 적이 생성되면 성공입니다. EnemyManager를 여러 개 만들어봅시다. EnemyManager 게임 오브젝트를 클릭한 후 Ctrl+D 키를 누르면 복제됩니다. [그림 3.1-75]와 같이 네 번 복제해 5개의 EnemyManager를 만든 후, 가로 2유닛(미터) 간격으로 배치하고 실행해 봅시다.

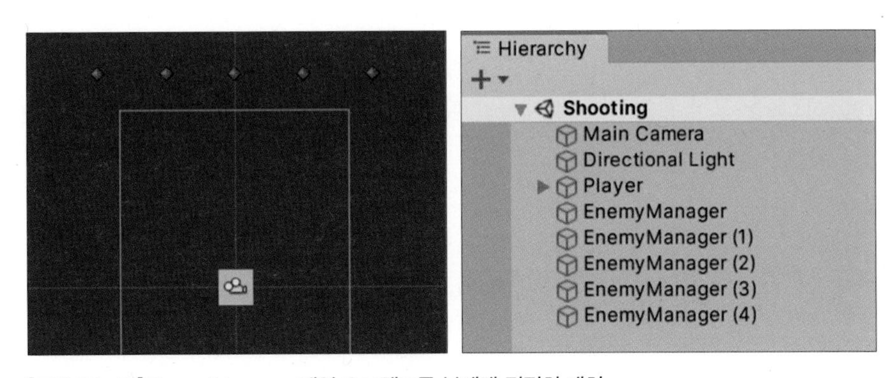

[그림 3.1-75] EnemyManager 게임 오브젝트를 복제해 적절히 배치

자, 여기까지 잘 따라오셨습니다. 그런데 적이 동시에 같이 내려오니까 재미가 없어 보입니다. 등장을 다르게 하면 어떨까요?

적 생성 시간을 랜덤하게

적이 동시에 같이 등장하고 있죠. 어색한 느낌이 많이 듭니다. 그래서 적의 등장 시간도 랜덤하게 적용해보겠습니다. 일단 목표를 세워봅시다. '적이 생성될 때마다 다음 생성 시간을 랜덤하게 바꾸고 싶다.'라고 적었습니다. 랜덤을 사용하는 방법은 숫자의 범위를 만들고 그중 하나를 뽑는 것입니다. 랜덤한 시간 범위를 만들려면 최소 시간과 최대 시간이 있어야 하죠. 이것이 바로 필요 속성입니다.

- **목표:** 적이 생성될 때마다 다음 생성 시간을 랜덤하게 바꾸기
- **필요 속성:** 최소 시간, 최대 시간

먼저 필요 속성부터 선언하겠습니다.

```
public class EnemyManager : MonoBehaviour
{
    // 최소 시간
    float minTime = 1;
    // 최대 시간
    float maxTime = 5;

    . . . (생략) . . .
}
```

[코드 3.1-23] EnemyManager.cs 최소 시간, 최대 시간

이제 createTime을 고정 값이 아니라 태어날 때 한 번 설정하고 적이 태어날 때 다시 설정해야 합니다.

```
public class EnemyManager : MonoBehaviour
{
    . . . (생략) . . .

    void Start()
    {
        // 태어날 때 적의 생성 시간을 설정하고
        createTime = UnityEngine.Random.Range(minTime, maxTime);
    }
```

```
    void Update()
    {
      // 1. 시간이 흐르다가
        currentTime += Time.deltaTime;
      // 2. 만약 현재 시간이 일정 시간이 되면
        if (currentTime > createTime)
        {
            . . . (생략) . . .

          // 적을 생성한 후 적의 생성 시간을 다시 설정하고 싶다.
          createTime = UnityEngine.Random.Range(minTime, maxTime);
        }
    }
}
```

[코드 3.1-24] EnemyManager.cs 생성 시간을 랜덤하게 적용

그런데 여전히 아쉬운 점이 있죠. 적의 움직임이 아래로만 이동하니 너무 단순하네요. 적에게 간단한 인공지능을 넣어보면 좋을 것 같습니다. 또한 확률에 대한 이야기를 하면서 랜덤에 대해 좀 더 이야기하겠습니다.

3.1-7 : 적의 인공지능(플레이어 방향 찾기)

적이 아래 방향으로만 내려오면 플레이어를 피하기가 너무 쉽습니다. 도전 의식도 생기지 않죠. 어떻게 하면 이러한 문제를 해결할 수 있을까요? 바로 적이 아래로만 내려오는 것이 아니라 플레이어를 향해 내려오도록 하면 될 것 같습니다. 그런데 무조건 플레이어 방향으로만 내려오면 너무 어렵겠죠. 그래서 목표를 한번 세워봤습니다. '30% 확률로 플레이어 방향, 나머지 확률로 아래 방향으로 정하고 싶다. 단, 태어날 때 방향을 정하고 그 방향으로 계속 이동하고 싶다.'라고 말이죠.

목표

30% 확률로 플레이어 방향, 나머지 확률로 아래 방향으로 정하고 싶다. 단, 태어날 때 방향을 정하고 그 방향으로 계속 이동하고 싶다.

순서

❶ 30% 확률로 플레이어 방향, 나머지 확률로 아래 방향
❷ 태어날 때 방향을 정하고 그 방향으로 계속 이동하기

이제 순서대로 구현해봅시다. 먼저 유니티에서 Enemy.cs 스크립트를 비주얼 스크립트로 열어 편집할 준비를 하세요.

30% 확률로 플레이어 방향, 나머지 확률로 아래 방향

이번에는 확률에 대해 알아봅시다. 예를 들어 주머니에 숫자가 적힌 공이 10개 들어 있다고 가정해보죠. 공은 각각 0번부터 9번까지 적혀 있습니다. 주머니에 손을 넣어 공을 꺼냈는데, 5보다 작을 확률은 바로 5/10입니다. 우리는 이를 '50%'라고 부릅니다. 간단하죠? 그러면 30%는 3보다 작을 확률이겠네요. 숫자의 범위를 만들고 그중 하나를 뽑는 방식으로 확률을 이용할 수 있습니다. 다시 상세한 목표를 정해야겠네요. '0부터 9까지 10개의 값 중에 하나를 랜덤으로 가져온다. 만약 그 값이 3보다 작으면 플레이어 방향, 그렇지 않으면 아래 방향으로 정하고 싶다.'라고 적었습니다. 이를 작성해보겠습니다. 태어날 때 해야겠죠? Start 함수에서 작성합니다.

```
public class Enemy : MonoBehaviour
{
    . . . (생략) . . .

    void Start()
    {
        // 0부터 9까지 10개의 값 중에 하나를 랜덤으로 가져온다.
        int randValue = UnityEngine.Random.Range(0, 10);
        // 만약 3보다 작으면 플레이어 방향
        if (randValue < 3)
        {
        }
        // 그렇지 않으면 아래 방향으로 정하고 싶다.
        else
        {
        }
    }
    . . . (생략) . . .
}
```

[코드 3.1-25] Enemy.cs 확률

유니티에서 제공하는 Random이라는 클래스를 이용해 0~9중 랜덤한 하나의 수를 가져온 후 그 값이 3보다 작으면 플레이어 방향, 그렇지 않으면 아래 방향이 되도록 조건을 만들었습니다. 그런데 여기서 플레이어 방향이란, 내(Enemy)가 플레이어(Target)를 바라보는 방향입니다. 이를 구하기 위해서는 벡터의 빼기 공식을 사용하면 됩니다. target - me를 하면 target ← me 방향 벡터가 됩니다. 간단하죠? 이제 Enemy.cs 스크립트를 편집해봅시다.

```
public class Enemy : MonoBehaviour
{
    . . . (생략) . . .

    void Start()
    {
        Vector3 dir;
        // 0부터 9까지 10개의 값 중에 하나를 랜덤으로 가져온다.
        int randValue = UnityEngine.Random.Range(0, 10);
        // 만약 3보다 작으면 플레이어 방향
        if (randValue < 3)
        {
            // 플레이어를 찾아 target으로 하고 싶다.
            GameObject target = GameObject.Find("Player");
            // 방향을 구하고 싶다. target-me
            dir = target.transform.position-transform.position;
            // 방향의 크기를 1로 하고 싶다.
            dir.Normalize();
        }
        // 그렇지 않으면 아래 방향으로 정하고 싶다.
        else
        {
            dir = Vector3.down;
        }
    }
    . . . (생략) . . .
}
```

[코드 3.1-26] Enemy.cs 플레이어의 방향과 아래 방향

먼저 방향을 담을 변수 dir을 위에 선언했습니다. 그리고 조건문에서 dir에 방향을 담아줬죠. 플레이어를 찾아야겠죠? **"게임 오브젝트**(GameObject) **야**(.) **찾아줘**(Find) **Player를"**이라고 말하면, 현재 씬에 있는 Player라는 이름의 게임 오브젝트를 찾아 반환합니다. 우리는 이 반환 값을 'GameObject target'이라는 변수에 담아 방향을 구했습니다. target - me를 하면 방향 벡터가 나온다고 했죠? 그런데 이 벡터의 크기는 target과 me의 거리 값이 됩니다. 여기에 speed를 곱하면 우리가 원하는 값이 아니겠죠? 그래서 벡터의 크기를 1로 만들었습니다.

Tip

프로그래밍에서 수의 시작을 0으로 하는 이유가 무엇일까요? 수학에서는 구간(Interval)이라는 개념이 있습니다. 구간의 사전적인 정의는 '두 실수 사이의 모든 실수의 집합(위키백과)'입니다. 컴퓨터 과학자들이 이런 집합을 처리하는 인덱스 값을 사용할 때 Half-open interval(반개구간, 인덱스의 시작 수는 포함하고, 마지막 수는 제외한다)과 Zero-based numbering(첫 번째 인덱스는 0부터 시작한다)이라는 규칙을 관습적으로 많이 사용했기 때문입니다.

태어날 때 방향을 정하고 그 방향으로 계속 이동하고 싶다

그런데 문제가 있습니다. Update 함수에서 Start의 dir 변수를 사용해야 하는데, 현재는 각자 지역 변수로 dir이 존재합니다. Update 함수와 Start 함수의 dir이 같은 변수가 되게 하고 싶습니다. 그래야만 태어날 때 방향을 정하고 살아가면서 그 방향으로 이동할 수 있습니다. 어떻게 해야 할까요? dir을 전역 변수로 만들면 됩니다. 바로 코딩해보겠습니다.

```
public class Enemy : MonoBehaviour
{
    . . . (생략) . . .

    // 방향을 전역 변수로 만들어 Start와 Update에서 사용
    Vector3 dir;

    void Start()
    {
        // Vector3 dir; → 삭제
        . . . (생략) . . .
    }
    void Update()
    {
```

```
        // 1. 방향을 구한다.
        // Vector3 dir = Vector3.down; → 삭제
        // 2. 이동하고 싶다. 공식 P = P0 + vt
        transform.position += dir * speed * Time.deltaTime;
    }
    . . . (생략) . . .
}
```

[코드 3.1-27] Enemy.cs 방향을 정해 그 방향으로 이동

유니티에서 실행해봅시다. Enemy가 가끔 플레이어 방향으로 이동하면 성공입니다.

3.1-8 : DestroyZone과 충돌 감지

지금까지 진행한 프로젝트에는 큰 문제가 하나 있습니다. 게임을 실행하고 총알을 계속 발사해보면 적을 맞추지 못하는 총알의 경우 영원히 없어지지 않습니다. 말 그대로 계속 총알 생산이 누적되고 있는 것이죠. 총알이 씬에 올라가는 순간, 메모리가 잡히며 이렇게 누적되는 메모리는 나중에 시스템의 메모리를 모두 사용할 경우 앱이 종료돼 버리는 문제까지 발생할 여지가 있습니다. 그리고 속도가 엄청 느려지기도 합니다. 따라서 화면을 벗어나 더 이상 제역할을 하지 못하는 총알이나 에너미는 씬에서 제거해 메모리 반환을 해주는 처리가 요구됩니다. 총알과 에너미가 화면을 벗어나는 것을 감지할 시스템을 만들어보겠습니다.

목표

화면을 벗어나는 물체를 제거해 메모리의 낭비를 막고 싶다.

순서

1. 영역 감지 게임 오브젝트 생성하기
2. 영역 감지 스크립트 생성해 할당하기
3. 영역 감지 스크립트 구현하기

화면을 벗어나는 물체를 제거해 메모리 낭비를 막기 위한 조치로서 세 가지 순서대로 작업해보겠습니다.

영역 감지 GameObject 생성하기

DestroyZone GameObject 생성

먼저 영역 감지 역할을 할 객체를 하나 만들겠습니다. 하이어라키 뷰에서 툴바의 [+] 버튼을 클릭해 [3D Object – Cube]를 하나 만들고, 이름을 'DestroyZone_U'로 정하겠습니다. DestroyZone_U의 Position 값과 Scale 값을 [그림 3.1 – 76]과 같이 설정합니다.

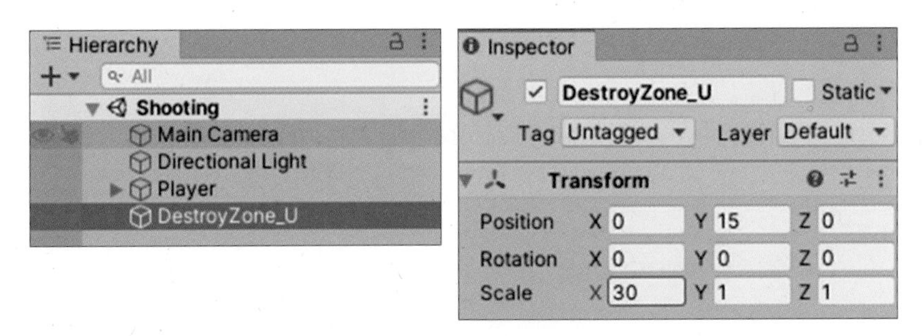

[그림 3.1 – 76] DestroyZone_U 생성(좌)과 Transform 정보(우)

충돌 감지 설정

이렇게 만들어진 DestroyZone_U 객체는 큐브로 만들어졌기 때문에 Box Collider가 붙어 있습니다. 에너미의 충돌을 처리할 때 Collider와 Rigidbody 컴포넌트가 있어야 충돌이 가능하다고 이야기했습니다. 영역 감지 역할을 위해 만든 DestroyZone_U 객체에 총알이나 에너미가 부딪히면 그 대상들을 없애는 구현을 만들려고 합니다. 에너미 충돌 처리에서 사용한 방식은 [그림 3.1 – 77]처럼 물리적인 충돌 효과가 발생했을 때, 즉 물체 간 부딪혀 서로 튕기는 현상이 발상했을 때를 기반으로 한 것입니다.

[그림 3.1 – 77] 튕겨 나가는 충돌

이번에는 영역 감지에 관련한 충돌 처리는 이렇게 물리 현상이 일어나는 충돌이 아니라 마치 자동문의 센서처럼 해당 영역에 들어갔는지 여부를 알려주는 충돌 감지 이벤트 같은 것이 필요합니다. 영역 안에 들어 왔는지 감지해 트리거(Trigger)가 자동으로 처리할 함수를 호출해줌으로써 물리적인 충돌 효과는 발생하지 않고, 영역 감지 센서 역할만 하도록 하는 처리입니다. DestroyZone_U의 Box Collider 컴포넌트 속성 중 Is Trigger 옵션을 활성화해주면 물체가 부딪혔을 때 트리거가 자동으로 충돌했다는 함수를 호출합니다.

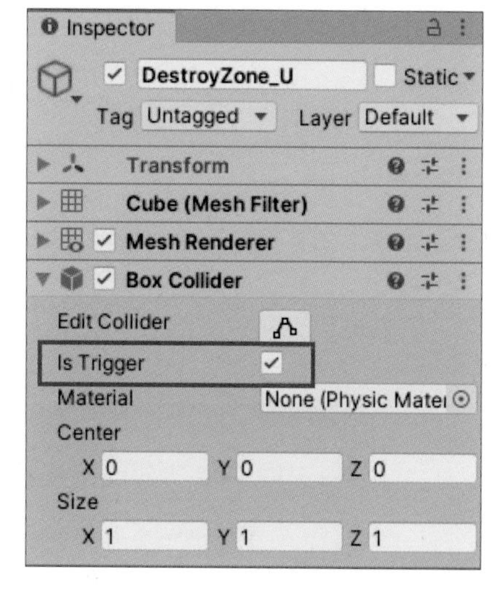

[그림 3.1-78] Is Trigger 옵션 활성화

여기에 물체가 충돌하는 데 필요한 Rigidbody 컴포넌트를 하나 붙여주고 Is Kinematic 옵션을 활성화합니다. 여기에서 Is Kinematic 항목은 리지드바디를 붙여줌으로써 충돌할 수 있는 물체라는 것은 알려주되, 물리적인 행동을 하지 않도록 하는 옵션입니다. 활성화해주면 물리적인 특징이 사라지고, 오직 Trigger 이벤트 발생만을 감지할 수 있습니다.

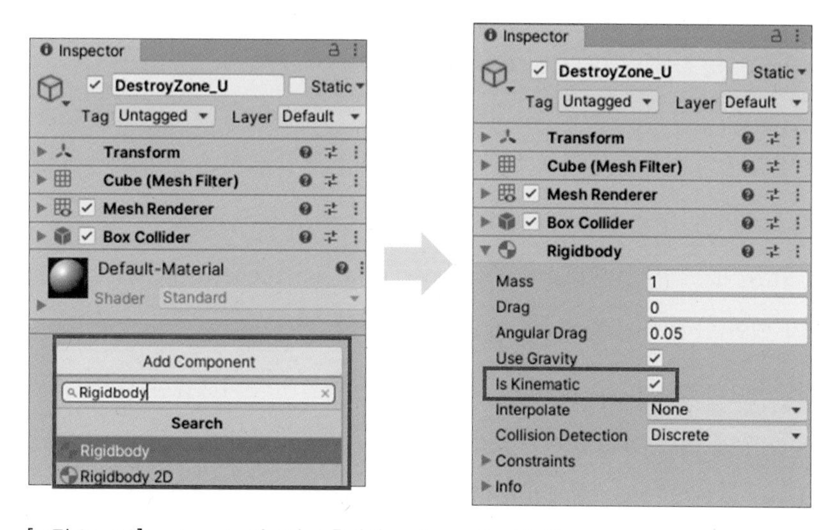

[그림 3.1-79] Rigidbody 컴포넌트 추가와 Is Kinematic 활성화

영역 감지 스크립트를 생성해 할당하기

DestroyZone 영역에 들어오면 처리할 스크립트를 만들어 DestroyZone_U 객체에 할당해주겠습니다. [Project]-[Assets]-[Scripts] 폴더에 C# 스크립트를 만들고, 이름을 'DestroyZone'으로 지정합니다. DestroyZone 스크립트를 하이어라키 뷰에 있는 DestroyZone_U 객체의 컴포넌트로 붙여 주세요.

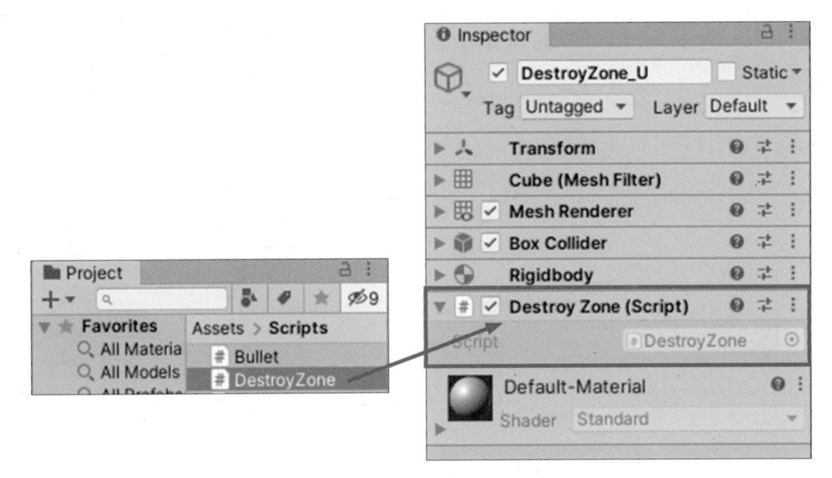

[그림 3.1-80] DestroyZone 스크립트 할당

영역 감지 스크립트 구현하기

DestroyZone 스크립트를 비주얼 스크립트에서 열겠습니다. 이 스크립트에서 하려는 것을 적어 보겠습니다.

> **목표:** 영역 안에 다른 물체가 감지될 경우 그 물체를 없애고 싶다.

이 목표에서 영역 안의 물체를 감지해 우리에게 알려주는 역할을 하는 것은 위에서 알아봤던 트리거입니다. 이 트리거가 해당 이벤트를 알려주는 함수가 바로 OnTrigger로 시작하는 함수입니다. 뒤에 Enter, Stay, Exit의 단어가 붙어 OnTriggerEnter, OnTriggerStay, OnTriggerExit 함수가 존재하며 각각 영역 안에 들어 왔을 때, 영역 안에 들어와 있을 때, 영역 밖으로 벗어났을 때를 뜻합니다. 우리는 OnTriggerEnter 함수를 이용해 해당 내용을 구현하겠습니다. 이 코드에서 사용된 Destroy 함수는 씬에 있는 GameObject를 완전히 없애고, 자원 반납까지 해주는 역할을 합니다. 이때 안에 Collider 타입의 other 객체가 아닌 other의 gameObject를 넣어 주는 이유는 없애려는 대상이 Collider 컴포넌트가 아니라 GameObject이기 때문입니다.

```
public class DestroyZone : MonoBehaviour
{
    // 영역 안에 다른 물체가 감지될 경우
    private void OnTriggerEnter(Collider other)
    {
        // 그 물체를 없애고 싶다.
        Destroy(other.gameObject);
    }
}
```

[코드 3.1-28] DestroyZone.cs 감지된 물체 제거

이제 DestoryZone_U를 복제해 아래 양옆에 배치하겠습니다. 아래는 'DestoryZone_D', 왼쪽은 'DestoryZone_L', 오른쪽은 'DestoryZone_R'로 이름을 정하겠습니다. 다음은 각 객체의 배치된 Transform 정보입니다.

[그림 3.1-81] DestroyZone들의 Transform 정보

이제 유니티를 실행해 정상적으로 총알과 적들이 화면을 벗어났을 때 제거되는지 확인해보세요. 그러면 DestroyZone 객체가 갑자기 사라져버리는 것을 확인할 수 있습니다. 그 이유는 각 객체가 지금 양끝 부분이 겹쳐지도록 배치돼 있어 서로 부딪히면 상대를 없애버리기 때문입니다. DestroyZone들끼리는 서로 충돌되지 않도록 설정해 문제를 해결하죠.

하이어라키 뷰에서 DestroyZone_U 객체를 선택합니다. Inspector 창의 오른쪽 상단에 있는 Layer

의 Default로 돼 있는 드롭다운 버튼을 클릭해 열어줍니다. 메뉴가 나타나면 [그림 3.1-82]와 같이 Add Layer 메뉴를 선택합니다.

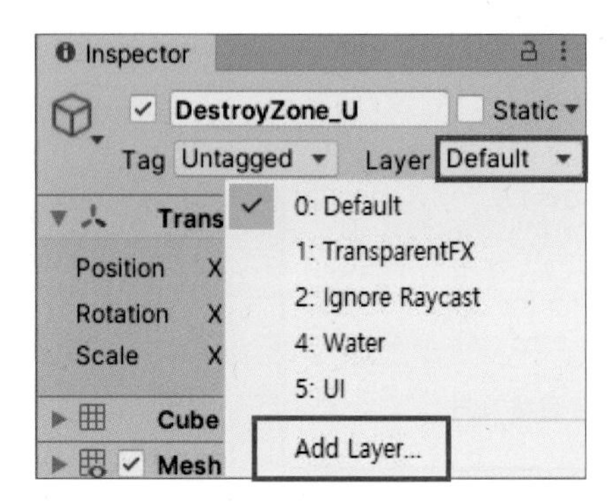

[그림 3.1-82] Layer 추가 버튼

Tag & Layers 설정 창이 나타나면 Layers 항목의 User Layer 8에(layer 번호 어디에 넣어도 상관없습니다) 'DestroyZone'을 입력합니다.

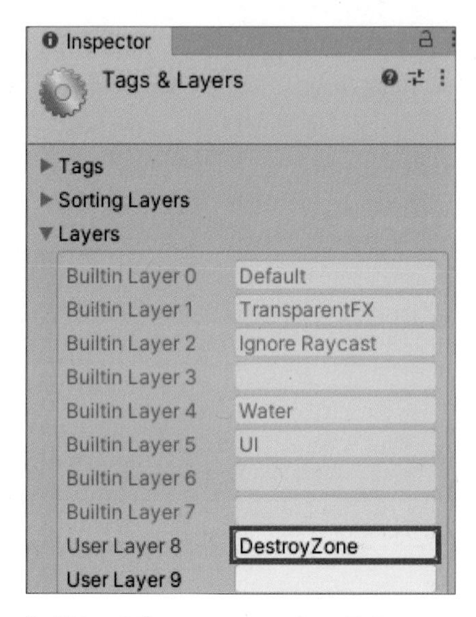

[그림 3.1-83] DestroyZone layer 추가

이제 하이어라키 뷰에서 모든 DestroyZone 객체를 동시에 선택합니다. Inspector 창에서 Layer 드롭다운을 눌러 위에서 등록한 8번 DestroyZone을 선택합니다.

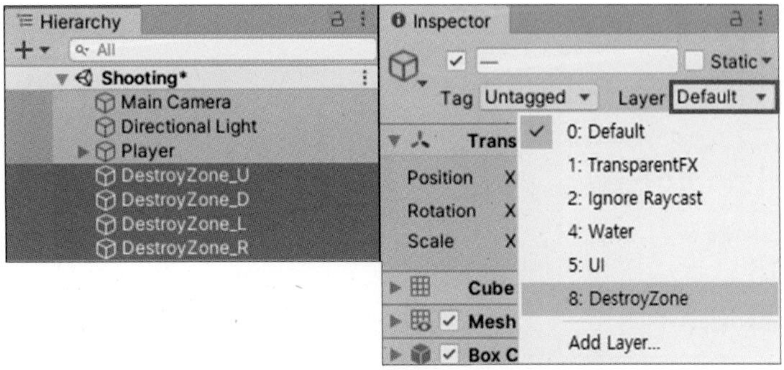

[그림 3.1-84] 모든 DestroyZone의 layer를 DestroyZone으로 변경

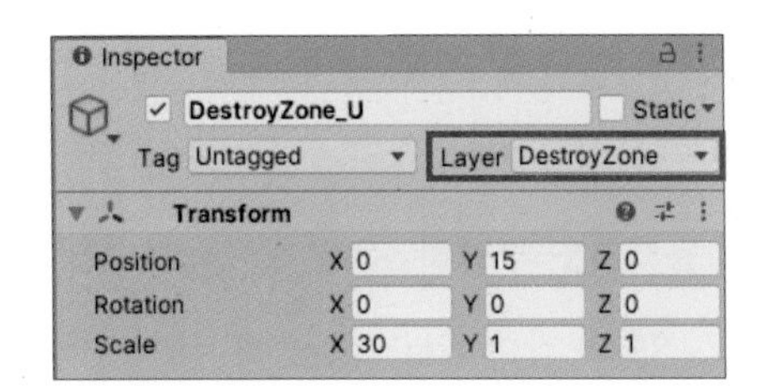

[그림 3.1-85] DestroyZone으로 Layer 값이 변경된 결과

이제 유니티 메뉴 중 [Edit]-[Project Settings]를 선택해 Project Settings 창을 열어줍니다.

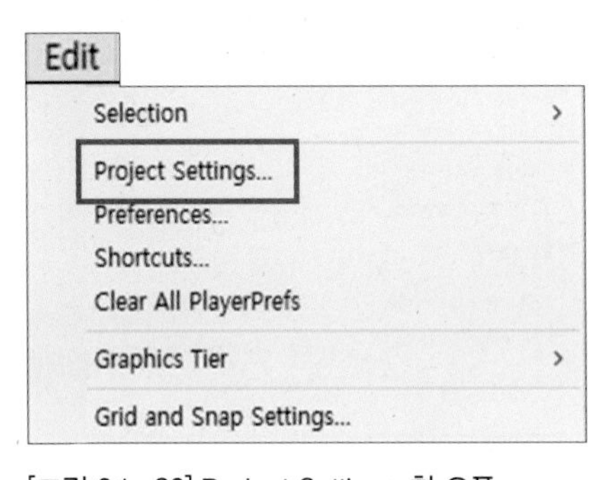

[그림 3.1-86] Project Settings 창 오픈

Physics 항목을 선택한 후 오른쪽 화면의 맨 아래 체크 박스 매트릭스가 나타나면 'DestroyZone'이라는 이름으로 상하로 겹쳐지는 체크 박스를 비활성화합니다.

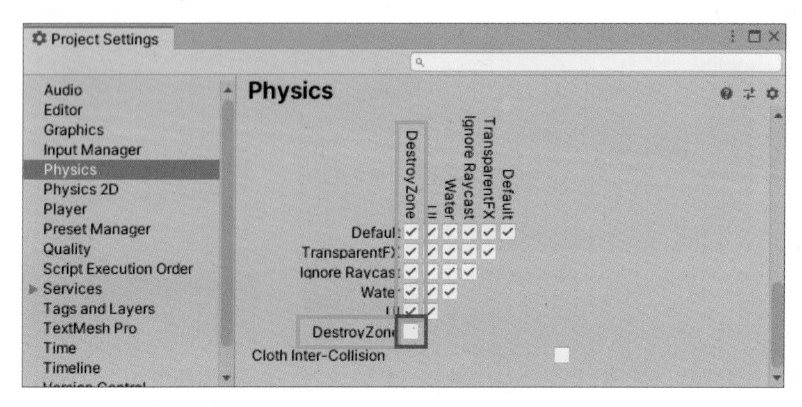

[그림 3.1-87] 상하로 겹치는 DestroyZone 항목을 비활성화

이렇게 하면 DestroyZone으로 Layer가 할당된 객체들끼리의 충돌은 발생하지 않습니다. 이제 다시 유니티를 실행해보면 총알과 적들이 정상적으로 DestroyZone에 부딪혀 없어지는 것을 확인할 수 있습니다. 그런데 실행해보면 적들끼리도 부딪히죠? 플레이어와 총알 그리고 적도 같은 방법으로 처리하겠습니다. 다시 [그림 3.1-88]과 같이 Add Layer 메뉴를 선택해 Tag & Layers 설정 창이 나타나면 Layers 항목에 Player, Bullet, Enemy의 레이어를 추가하겠습니다(레이어 번호가 [그림 3.1-88]과 같지 않아도 됩니다. 비어 있는 레이어 번호에 추가하면 됩니다).

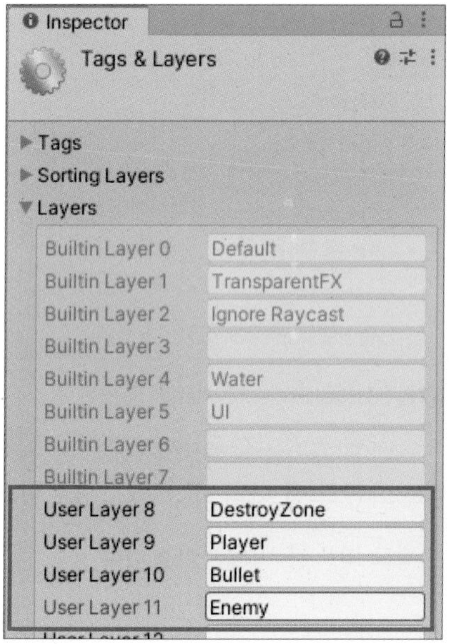

[그림 3.1-88] 레이어 추가

먼저 플레이어 게임 오브젝트의 레이어를 Player로 바꿔봅시다. 플레이어 게임 오브젝트는 자식을 갖고 있기 때문에 자식의 레이어까지 모두 바꾸겠느냐는 팝업 창이 나타납니다. [Yes, change children] 버튼을 눌러 레이어를 자식까지 바꾸겠습니다.

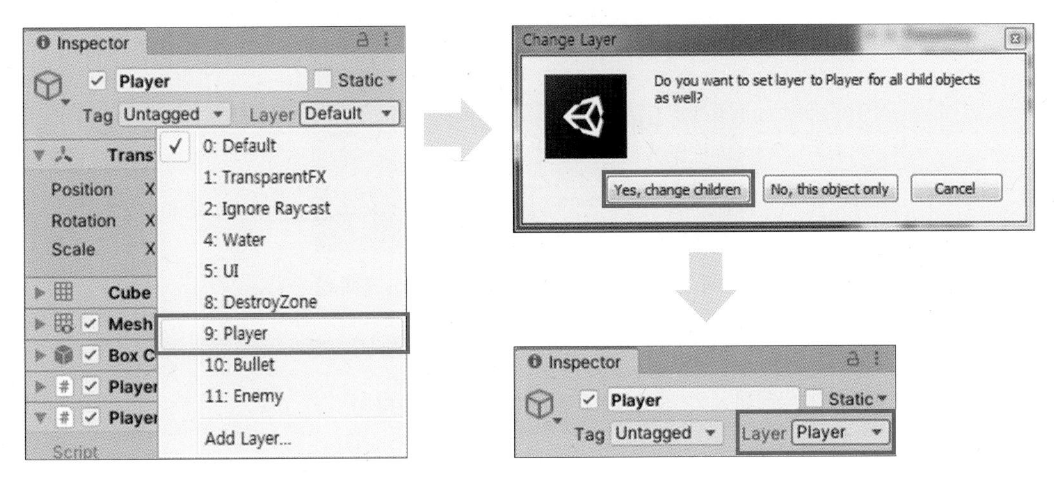

[그림 3.1-89] Player 게임 오브젝트에 Player 레이어 할당

이번에는 Bullet과 Enemy도 바꿔봅시다. 프로젝트 뷰에서 Bullet Prefab을 선택한 후 Inspector 창에서 Bullet 레이어로 변경합니다. 이와 같은 방식으로 Enemy도 Enemy 레이어로 변경합니다.

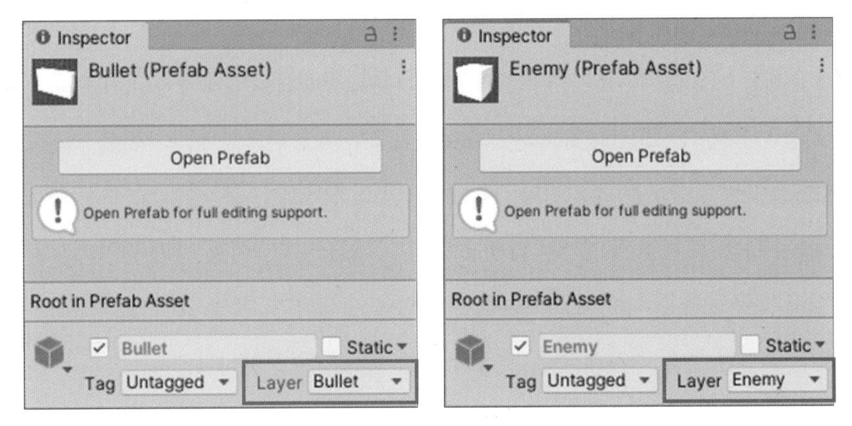

[그림 3.1-90] Bullet과 Enemy 프리팹에 각 레이어 할당

이제 마지막으로 [그림 3.1-91]과 같이 [Edit-Project Settings]를 선택한 후 Project Settings 창을 열어 Physics 항목을 선택하고 Layer Collision Matrix의 체크 박스를 설정하겠습니다.

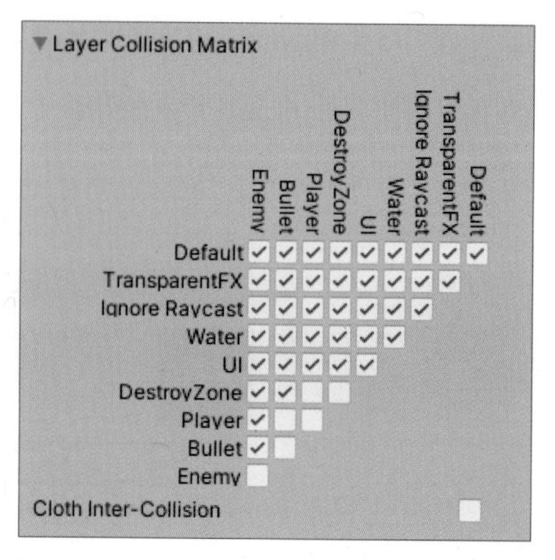

[그림 3.1-91] Project Settings의 Physics 항목 중 Layer Collection Matrix 설정

이제 유니티로 돌아와 충돌 관계가 잘 처리되는지 확인해 봅니다.

알파 버전

3.2 알파 타입 버전

이번에는 프로토타입에서 제작했던 기본 기능 위에 콘텐츠의 완성도를 높이고, 기획상 전체 콘텐츠에 들어가야 하는 요소를 추가하는 작업을 수행합니다. 프로토타입에서 우리가 다루고자 했던 핵심은 기본 기능(여기에서는 Player, Enemy, Bullet)이 모두 작동하도록 하고, 기본 기능만으로도 콘텐츠가 재미있는지를 검증하는 것입니다. 즉, 보통 박스 형태의 기본 제공 물체(큐브(Cube), 스피어(Sphere) 등)를 이용해 로직을 작성하는 과정으로 볼 수 있습니다. 이번 알파 단계에서는 박스 형태의 물체를 실제 적용돼야 할 데이터로 교체하는 작업을 수행하며, 폭발 효과 및 사운드, 배경, 점수 저장, 씬 추가 및 전환 등을 추가해 알파 버전의 전체 목표를 완성합니다.

3.2-1 : 플레이어를 알파 버전으로 업그레이드

목표

플레이어의 외관을 실제 사용하는 모델링 데이터로 교체하고 싶다.

순서

❶ 애셋 스토어에서 사용할 애셋 다운로드하기
❷ 프로젝트에 애셋 가져오기
❸ 플레이어에 해당 애셋 적용하기

플레이어를 알파 버전으로 업그레이드하기 위한 요소로 여러 가지 구현 사항을 추가할 수 있겠지만, 이번 프로젝트의 목표는 물체의 외관을 알파 버전으로 업데이트하는 것입니다. 혹은 자료실에서 Awesome Cartoon Airplanes 파일을 받으면 됩니다.

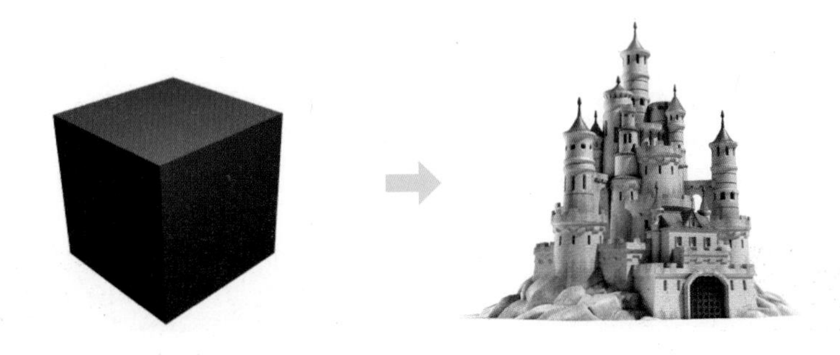

[그림 3.2-1] 프로토타입에서 알파 버전으로 업그레이드

먼저, 목표를 수행하기 위한 순서를 살펴보겠습니다. **'플레이어의 외관을 실제 사용하는 모델링 데이터로 교체하고 싶다.'**라는 목표를 가장 하고 싶은 최종의 단계부터 작성합니다. 그러면 '**❶ 플레이어에 해당할 애셋 적용하기**'가 되겠죠. 그러면 자연히 질문이 따라옵니다. 실제 사용할 애셋은 어디서 구할까요? 회사라면 내부 작업자들이 만들어줄 수 있겠지만, 우리는 **애셋 스토어**에서 가져와 사용합니다. 따라서 '**❷ 애셋 스토어에서 사용할 애셋 가져오기**'가 될 것입니다. 이와 마찬가지로 "사용할 애셋은 어디서 구했지?"라는 질문이 따라오게 되며 '**❸ 애셋 스토어에서 사용할 애셋 다운로드하기**'까지 구현하는 데 필요한 세부 요소가 따라옵니다.
스크립트 작성 시에도 계속 진행해오고 있지만, 스크립트가 아니더라도 일을 진행해야 하는 순서를 우선순위에 맞게 만들어내는 능력은 프로젝트 진행에 반드시 필요한 기술입니다. 이렇게 우리가 연역적으로 목표에서부터 써내려간 순서를 뒤집어 재배치합니다. 다음과 같이 우리의 목표를 수행하기 위한 작업 순서를 만들었습니다.

① 애셋 스토어에서 사용할 애셋 다운로드하기
② 프로젝트에 애셋 가져오기
③ 플레이어에 해당 애셋 적용하기

초반이라 이 내용을 강조하고 있으므로 귀찮더라도 꼭 따라 해보시기 바랍니다. 자신의 생각도 바로 알고 이해할 수 있는 언어로 정리하지 못하는데, 익숙하지 않은 컴퓨터 프로그래밍 언어로 작성한다는 건 어찌보면 말이 되지 않을 수 있습니다. 규모 있는 프로젝트 진행 시 구현상의 논리적인 허점이 보일 경우, 이런 식의 구현 접근법은 큰 도움이 될 것입니다.

애셋 스토어에서 사용할 애셋 다운로드하기

웹 주소창에 https://assetstore.unity.com/을 입력하여 애셋 스토어(Asset Store) 창을 엽니다. 혹은 자료실에서 Awesome Cartoon Airplanes 파일을 받으면 됩니다.

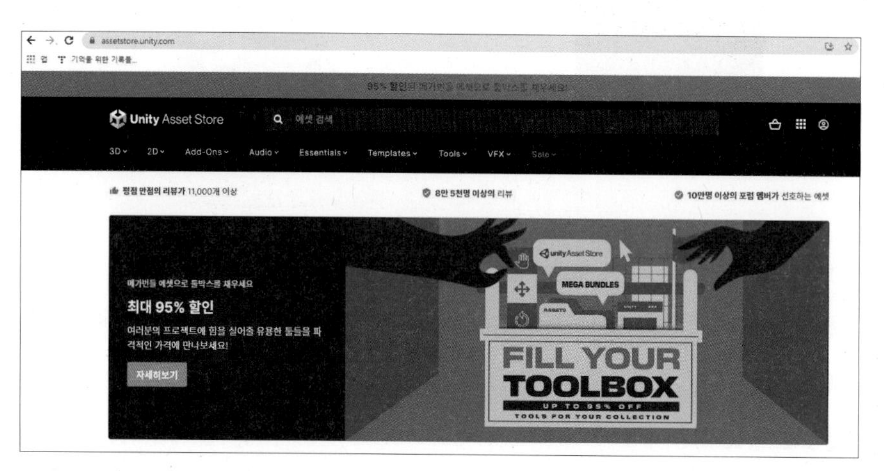

[그림 3.2-2] Asset Store 메뉴 선택

애셋 스토어 창이 열리면 검색란에 'Awesome Cartoon Airplanes'를 입력합니다.

[그림 3.2-3] 애셋 스토어(Asset Store)에서 원하는 애셋 검색

애셋 스토어를 능숙하게 사용하는 것도 업무 효율을 높이는 데 중요한(?) 요소라고 할 수 있습니다. 요즘 개발 트렌드는(유니티 이전과 이후로 나뉩니다) 개발 초기부터 모든 구현 사항(스크립트, 셰이더, 개발에 필요한 툴, 디자인 및 오디오 애셋 등)을 직접 모두 구현하지 않고 애셋 스토어에서 쇼핑(?)부터 하게 됩니다. 개발자 중 누군가에게 필요한 기능이 있어 제작했다면 그 결과물을 애셋 스토어에 올려 판매함으로써 추가 수익을 올릴 수 있고, 다른 애셋들도 상거래를 할 수 있도록 만들어 놓은 것이 애셋 스토어이기 때문에 이를 적극 이용하는 것이 여러 가지 면에서 도움이 됩니다. 예를 들어 GPS나 음성 인식을 적극 활용하는 프로젝트를 진행한다고 가정했을 때, 이를 직접 구현하지 않고도 애셋 스토어에서 해당 기능이 이미 구현돼 있는 것을 다운로드해 프로젝트에 활용할 수 있습니다. 이렇게 했을 때 기술의 진입 장벽에 막혀 프로젝트 진행에 문제가 발생할 수 있는 여지를 없애거나 줄일 수 있으며, 개발에 필요한 인력 및 기간마저 함께 줄여나갈 수 있습니다. 이는 모두 개발 비용으로 직결되기 때문에 중요한 요소입니다.

이는 유니티의 개발 철학인 '게임 개발의 민주화'가 그대로 드러나는 대목으로, 요즘 게임 및 비게임 개발에 적용되는 중요한 업무 프로세스입니다.

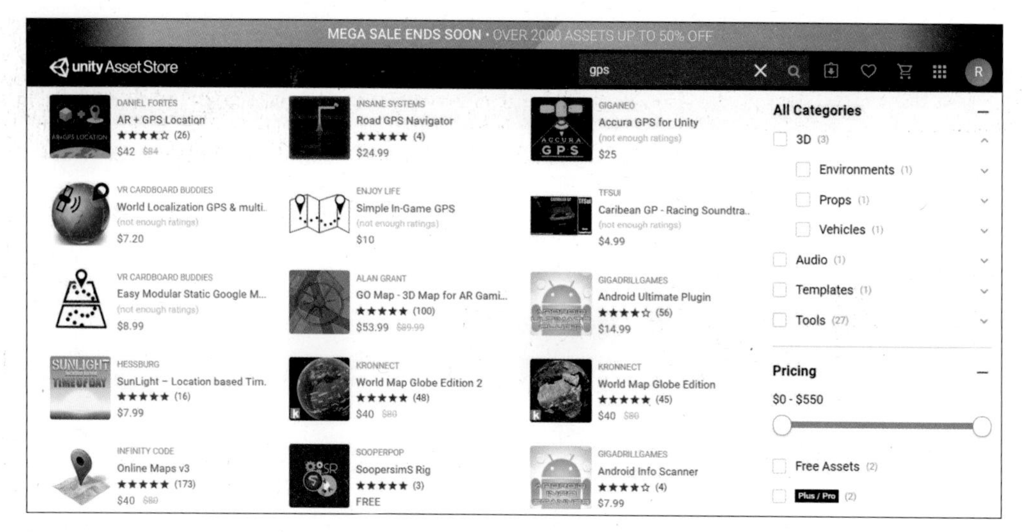

[그림 3.2-4] Asset Store에서 GPS로 검색한 결과

[그림 3.2-3]에서 검색 결과로 나온 'Awesome Cartoon Airplanes'를 선택해 다운로드 페이지로 이동합니다. 해당 페이지에서 [Download] 버튼을 클릭하면 애셋을 다운로드할 수 있습니다. 이 애셋은 프로젝트에 무료로 적용할 수 있으며, 그대로 재판매하지 않는다면 아무런 문제가 없습니다.

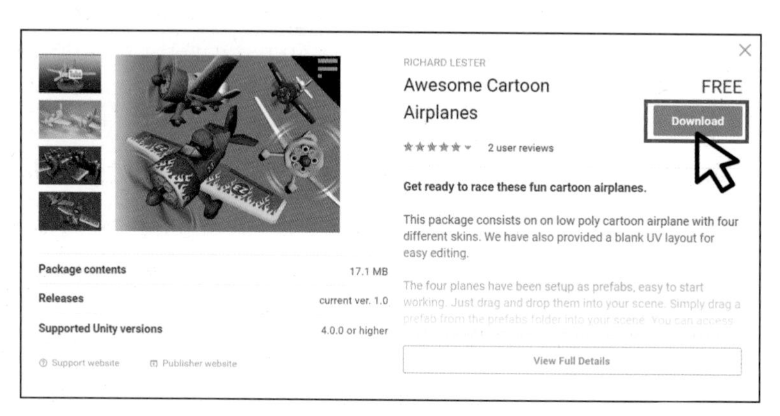

[그림 3.2-5] 애셋 다운로드(출처: https://assetstore.unity.com/packages/vfx/particles/cartoon-fx-free-109565?locale=ko-KR)

프로젝트에 애셋(asset) 가져오기(import)

다운로드가 완료되면 [Download] 버튼이 [Import] 버튼으로 변경되며, 이 버튼을 클릭하면 화면에 [Import Unity Package] 창이 나타납니다. [Import] 버튼을 클릭해 프로젝트에 다운로드한 애셋을 추가합니다.

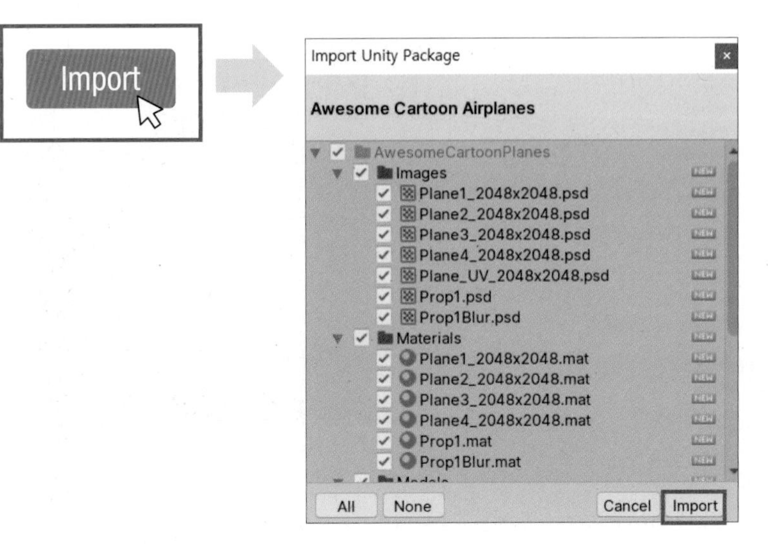

[그림 3.2-6] 애셋 가져오기 창

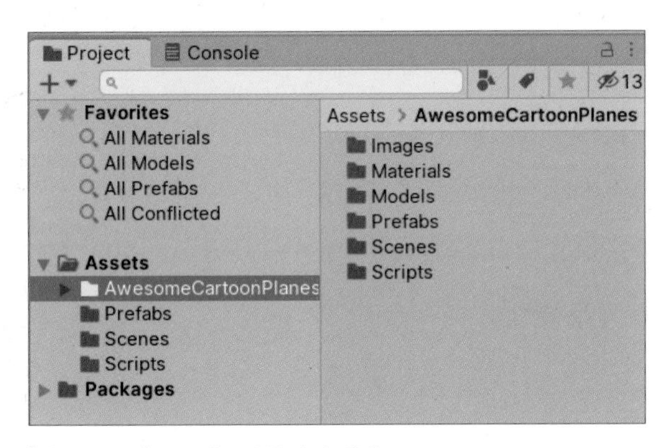

[그림 3.2-7] 프로젝트에 추가된 애셋

프로젝트에 해당 애셋 적용하기

이렇게 외부에서 가져온 애셋은 보통 [그림 3.2-8]과 같은 폴더 구조를 이루고 있습니다. 여기서 주의 깊게 살펴봐야 할 요소는 'Scene'과 'Prefabs' 폴더입니다. Scene 폴더의 목적은 다운로드한 애셋의 사용법을 데모 씬으로 제작해 배포하려는 데 있기 때문에 Scene 폴더에 있는 데모 씬을 확인해보면 애셋을 어떻게 사용해야 하는지 알 수 있습니다. 게임오브젝트를 애셋으로 만든것을 프리팹이라고 합니다. 이 프리팹을 모아놓은 폴더가 Prefabs 폴더입니다. 따라서 여러 가지 컴포넌트가 조합돼 최종적으로 기능이 완성된 게임 오브젝트를 배포하고자 하는 목적으로 만들어진 것으로 이해할 수 있습니다. 이번에는 이 Prefabs 폴더에 있는 Plane1 파일을 사용합니다.

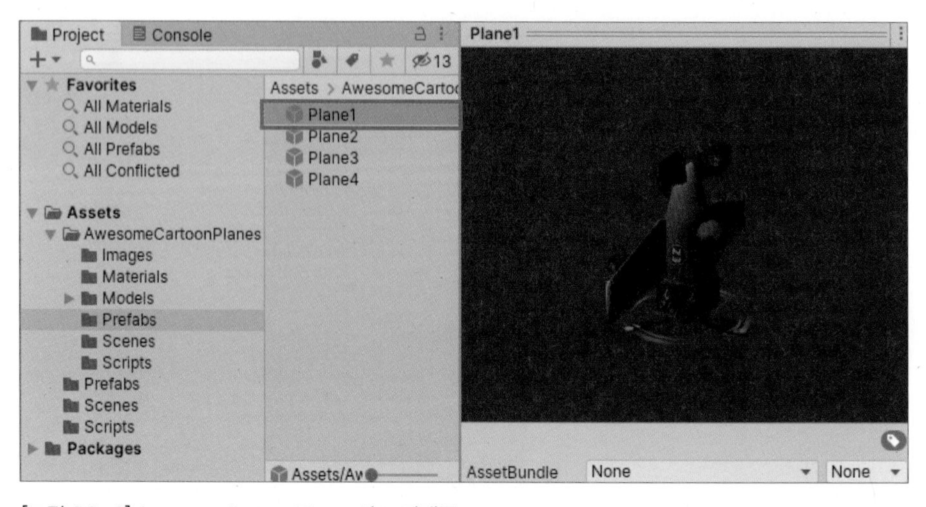

[그림 3.2-8] AwesomeCartoonPlanes의 프리팹들

[그림 3.2-9]에서처럼 Plane1을 가져와 Player 객체의 자식으로 등록합니다. 이렇게 하면 계층을 게임 오브젝트를 기능(충돌체, 스크립트 등) 중심의 컴포넌트로 구성된 객체와 외관을 담당하는 컴포넌트로 구성된 객체로 구분해 제작할 수 있습니다. 나중에는 애니메이션을 담당하는 컴포넌트를 갖는 객체도 하위 자식으로 구성해 제작합니다.

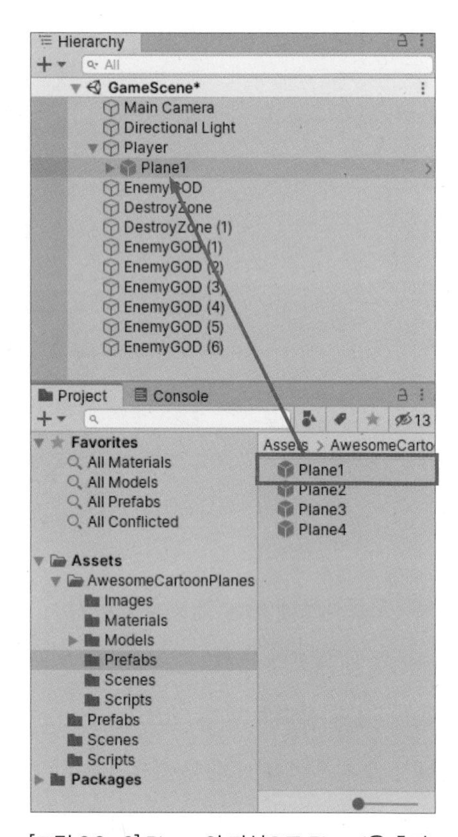

[그림 3.2-9] Player의 자식으로 Plane1을 추가

그런 다음, **하이어라키** 뷰에서 Player 객체를 선택합니다.

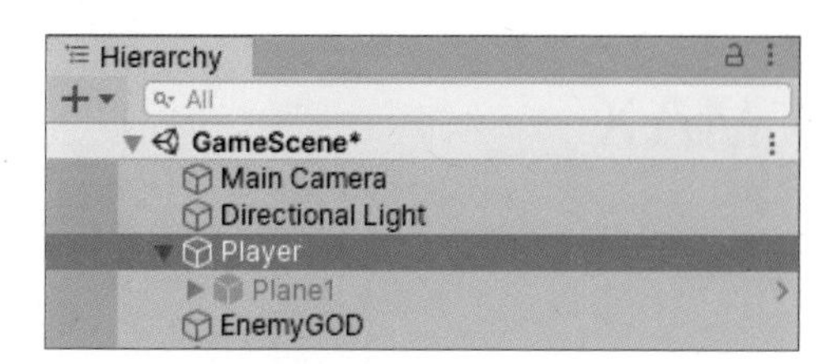

[그림 3.2-10] Player 객체 선택

Player 게임 오브젝트를 구성하고 있는 컴포넌트 중에서 물체의 외관을 그리도록 하는 Mesh Renderer와 Mesh Filter 컴포넌트를 [그림 3.2-11], [그림 3.2-12]에서처럼 제거합니다.

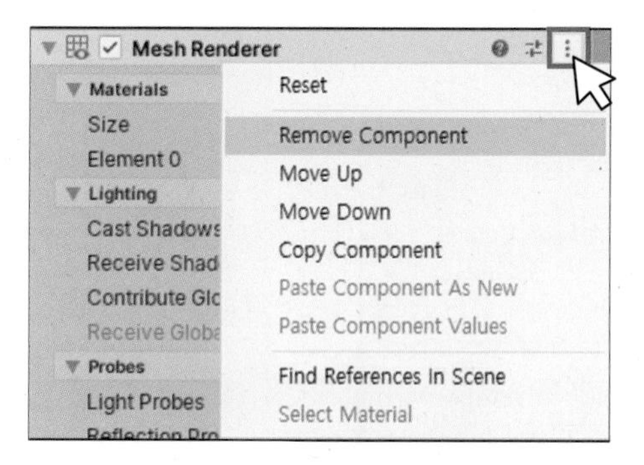

[그림 3.2-11] Player 객체에서 Mesh Renderer 컴포넌트 제거하기

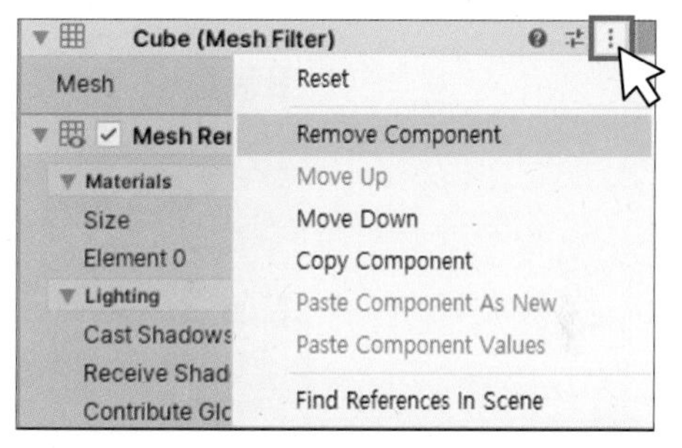

[그림 3.2-12] Player 객체에서 Mesh Filter 제거하기

Tip

Plane1을 Player 객체에 사용할 실제 데이터로 사용하며, 이런 데이터는 보통 3DS 맥스 또는 마야와 같은 3D 그래픽 디자인 애셋을 전문적으로 제작하는 툴을 이용해 만듭니다. 그뿐 아니라 외부에서 제작한 오디오 파일 및 어도비의 포토샵 같은 툴에서 2D 이미지를 제작해 유니티로 가져와 사용하기도 합니다. 이렇게 외부에서 실제 사용할 애셋 데이터를 제작하고, 유니티에서는 이런 애셋들이 유기적으로 연결돼 기획자의 의도에 맞게 동작하도록 하는 작업을 추가합니다. 객체들 간의 물리적인 움직임을 연출하거나 사용자의 입력을 받아 특정한 처리를 하도록 하는 등의 작업을 유니티에서 추가하는 것이죠.

간혹 유니티에서 그래픽 데이터나 오디오 파일 제작 등의 원천 리소스를 제작할 수 있느냐고 문의하는 분들이 있는데, 그건 원칙적으로 유니티의 사용 목적과는 다릅니다(지원하지 않는 기능입니다).

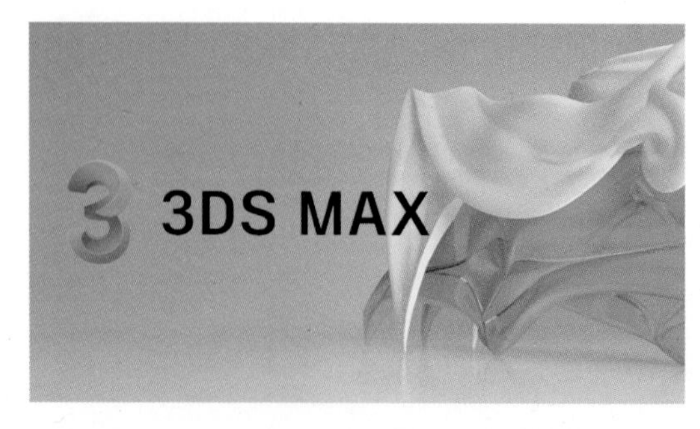

[그림 3.2-13] 오토데스크의 3D 그래픽 제작 도구들

Player에서 Mesh Renderer와 Mesh Filter 컴포넌트를 제거하면 큐브로 돼 있던 외관은 사라지고 우리가 추가한 Awesome Cartoon Airplanes의 Plane1이 화면에 보일 것입니다. Player 하위의 Plane1을 선택한 후 Transform 컴포넌트의 값을 [그림 3.2-14]와 같이 바꿉니다.

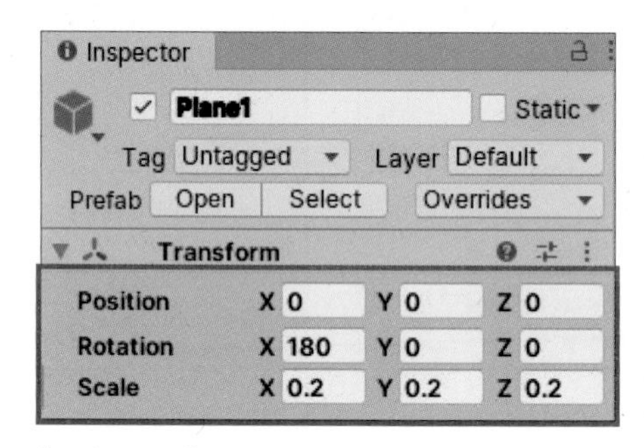

[그림 3.2-14] Plane1의 Transform 값 변경

이렇게 Player에서 필요 없는 컴포넌트를 제거한 후 Plane1을 자식으로 추가하고 나면 최종 하이어라키 뷰와 인스펙터의 구조는 [그림 3.2-15], [그림 3.2-16]과 같이 됩니다.

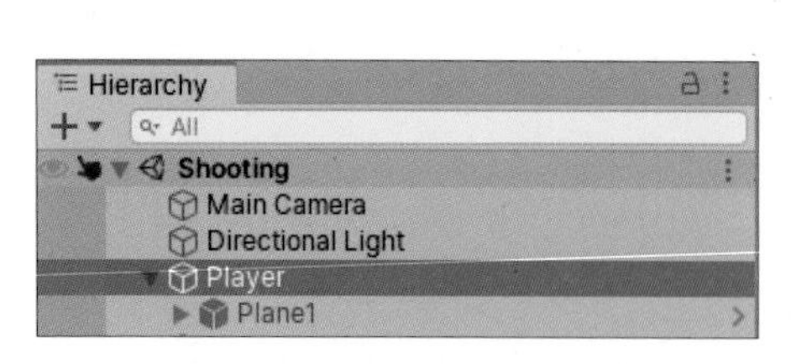

[그림 3.2-15] 하이어라키 뷰에서 Player 객체 선택

[그림 3.2-16] Player의 전체 컴포넌트

Player는 임시로 있었던 큐브의 외관을 걷어낸 [그림 3.2 – 17]의 모습으로 완성됩니다.

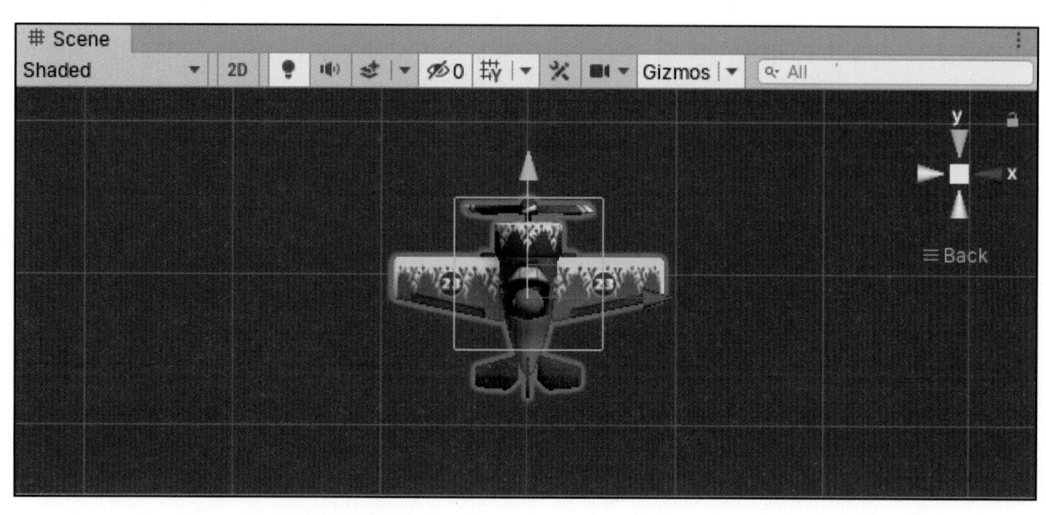

[그림 3.2 – 17] 씬 화면에서 최종 플레이어 모습

우리의 기획은 플레이어에 대한 알파 버전 작업을 외관만을 교체하도록 하는 것으로 했으며, 여기까지 진행하면 플레이어를 알파 버전으로 업그레이드하기 위한 세 가지 단계인 **'애셋 스토어에서 사용할 애셋 다운로드하기 → 프로젝트에 애셋 가져오기 → 플레이어에 해당 애셋 적용하기'**까지의 작업이 완료된 것입니다. 다음으로는 에너미를 알파 버전으로 업그레이드하겠습니다.

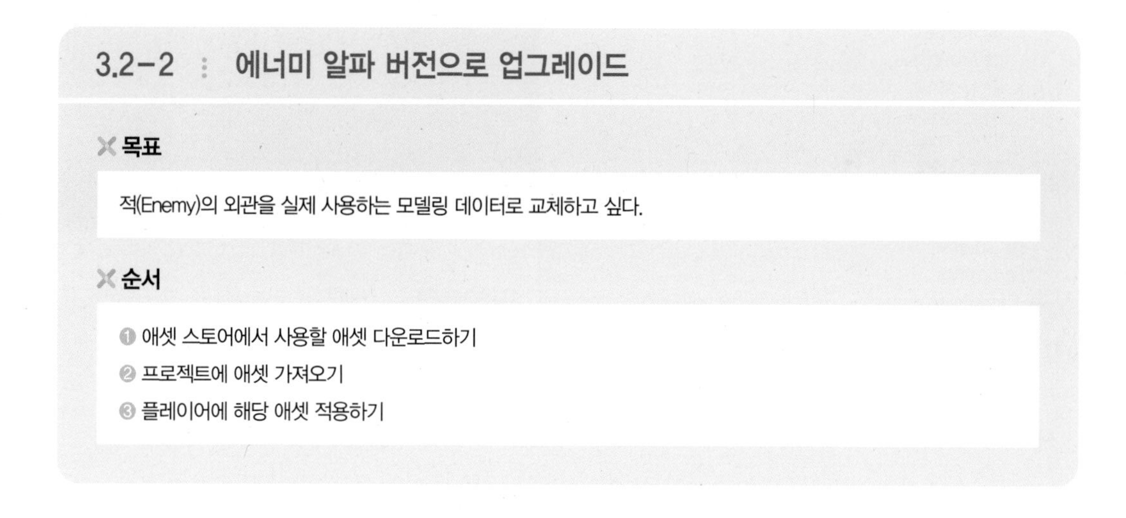

3.2–2 : 에너미 알파 버전으로 업그레이드

목표

적(Enemy)의 외관을 실제 사용하는 모델링 데이터로 교체하고 싶다.

순서

1. 애셋 스토어에서 사용할 애셋 다운로드하기
2. 프로젝트에 애셋 가져오기
3. 플레이어에 해당 애셋 적용하기

에너미(Enemy)도 기획자의 의도에 따라 여러 가지 요소를 알파 버전에 추가할 수 있지만, 에너미의 알파 버전 작업은 플레이어와 마찬가지로 외관을 업데이트하는 것을 목표로 정하겠습니다.

Chapter 4의 FPS 예제에서는 Chapter 3의 단순 외관 업데이트를 넘어선 여러 가지 요소가 알파 버전에 추가되는 것을 확인하고, 어떻게 하면 다양하고 복잡한 기획 요소가 하나씩 체계적으로 구현될 수 있는지 학습할 수 있습니다. '3.2-1 플레이어를 알파 버전으로 업그레이드'에서처럼 학습 목표를 세 가지 단계로 완성합니다.

'① 애셋 스토어에서 사용할 애셋 다운로드 → ② 프로젝트에 애셋 가져오기 → ③ 플레이어에 해당 애셋 적용하기'의 순서로 진행됩니다. 단, 이번에는 앞과 마찬가지로 Awesome Cartoon AirPlanes 애셋을 그대로 활용할 것이기 때문에 ①번과 ②번 작업은 발생하지 않습니다.

에너미에 해당 애셋 적용하기

에너미 객체는 플레이어와 다른 모델을 사용해 구분 지어보겠습니다.

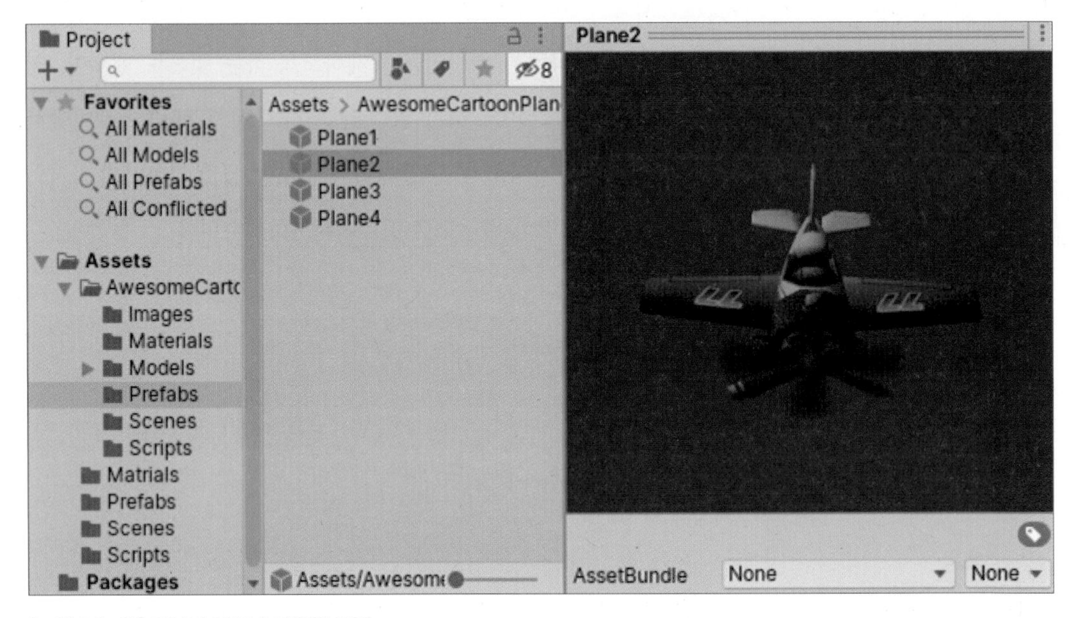

[그림 3.2-18] 에너미 객체가 사용할 모델

에너미 객체는 [AwesomeCartoonAirplanes] - [Prefabs] 폴더의 Plane2 프리팹을 사용합니다. [그림 3.2-18]에서의 Preview 창에서처럼 파란색으로 머티리얼이 입혀져 있는 것을 확인할 수 있습니다. 뒤에서 **머티리얼**에 대해 자세히 설명하겠지만, 물체를 그리기 위한 기본 조건으로 **메시**(Mesh) 데이터와 머티리얼 정보가 필요합니다. 머티리얼에는 다시 이미지 정보, 색상 등의 정보와 물체를 어떤 스타일(style)로 그릴지 정의해 놓은 **셰이더**(Shader) **정보가 필요합니다. 따라서 머티리얼을 바꾸면 외관을 이루고 있는 머티리얼 형태 및 어떤 스타일(카툰 느낌 또는 실사 느낌과 같은)로 그릴지를 정의할 수 있습니다.**

우리는 에너미 객체를 플레이어와 단순하게 구분하도록 작업할 것이기 때문에 **Plane2 객체를 사용**하며, 두 객체는 알고 보면 머티리얼만을 따로 쓰는 객체입니다.

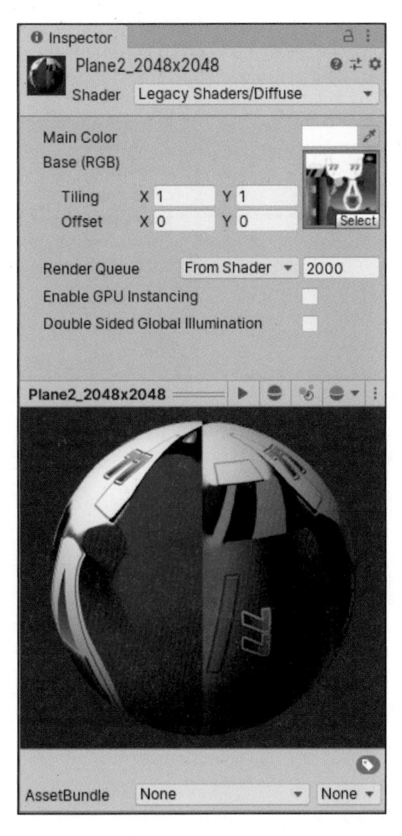

[그림 3.2-19] 에너미 객체가 사용하고 있는 머티리얼 정보

Tip

게임 오브젝트를 이루고 있는 컴포넌트에는 여러 가지 종류가 있습니다. 그중에서 물체가 화면에 보이도록 하는 역할을 하는 컴포넌트는 메시 필터(Mesh Filter)와 메시 렌더러(Mesh Renderer)입니다. 메시 필터는 물체의 뼈대라고 볼 수 있는 버텍스들로 이뤄진 메시 데이터를 관리 하는 컴포넌트이고, 메시 렌더러는 머티리얼 및 다른 기타 정보를 갖고 물체를 화면에 그리게 하는 최종 역할을 하는 컴포넌트입니다.

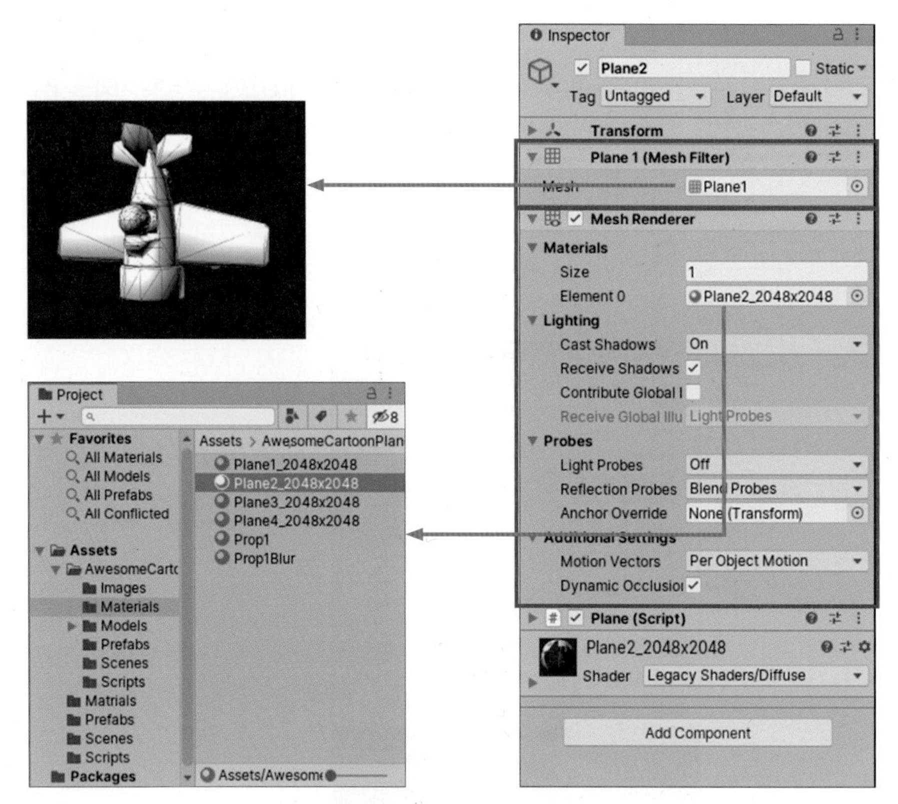

[그림 3.2-20] 메시와 머티리얼을 사용하고 있는 컴포넌트

먼저, 이미 만들어 놓은 Enemy 프리팹을 편집하기 위해 [Project - Assets - Prefabs] 경로로 이동해 Enemy 프리팹을 더블 클릭하면 [그림 3.2-21]의 우측 이미지처럼 하이어라키 뷰 창이 프리팹 편집 창으로 변경됩니다.

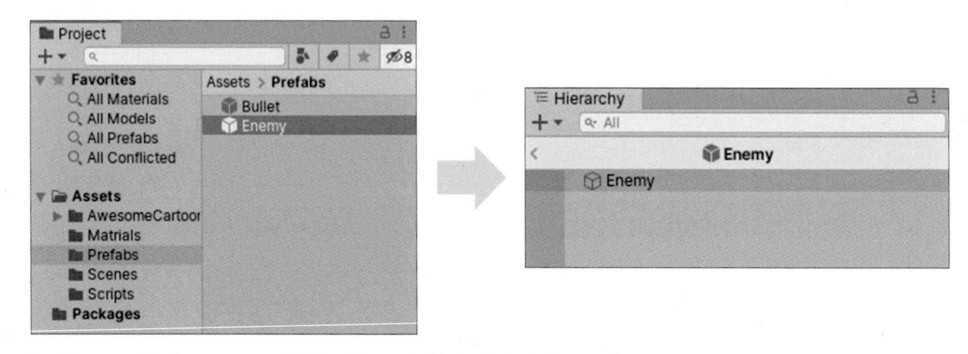

[그림 3.2-21] (좌) Enemy 프리팹을 더블 클릭해 (우) 편집 화면으로 이동

그다음으로 에너미 객체의 외관을 우리가 다운로드한 애셋으로 교체하기 위해 [Project] - [Assets] -

[AwesomeCartoonAirplanes] – [Prefabs] 경로에서 Plane2 프리팹을 선택합니다.

Plane2 프리팹을 드래그한 채 하이어라키 뷰에서 Enemy 하위 자식으로 드롭해 등록합니다.

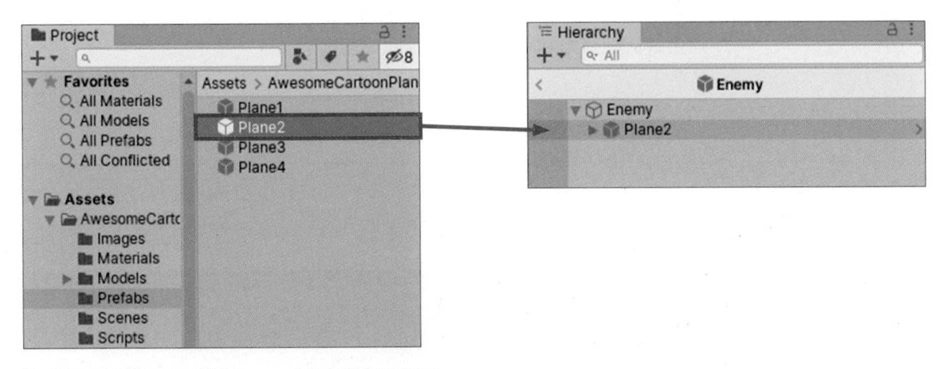

[그림 3.2-22] Plane2를 Enemy의 자식으로 등록

[그림 3.2-23]에서와 같이 Plane2의 **메시 필터**와 **메시 렌더러** 컴포넌트를 제거합니다.

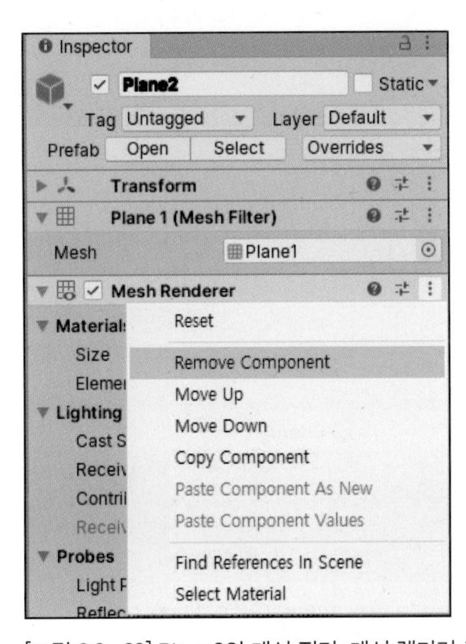

[그림 3.2-23] Plane2의 메시 필터, 메시 렌더러 컴포넌트 제거

그런 다음, Plane2의 Transform 정보를 [그림 3.2-24]와 같이 변경합니다. 에너미 객체는 위에서 아래쪽으로 이동하기 때문에 플레이어와는 다르게 아래쪽을 향하도록 회전 값을 설정합니다.

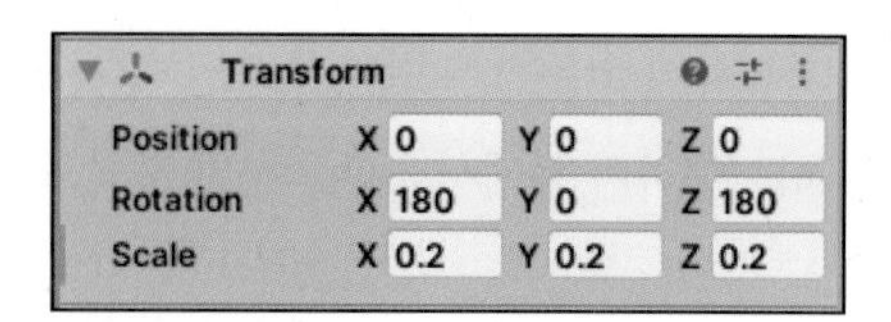

[그림 3.2-24] Plane2의 Transform 정보

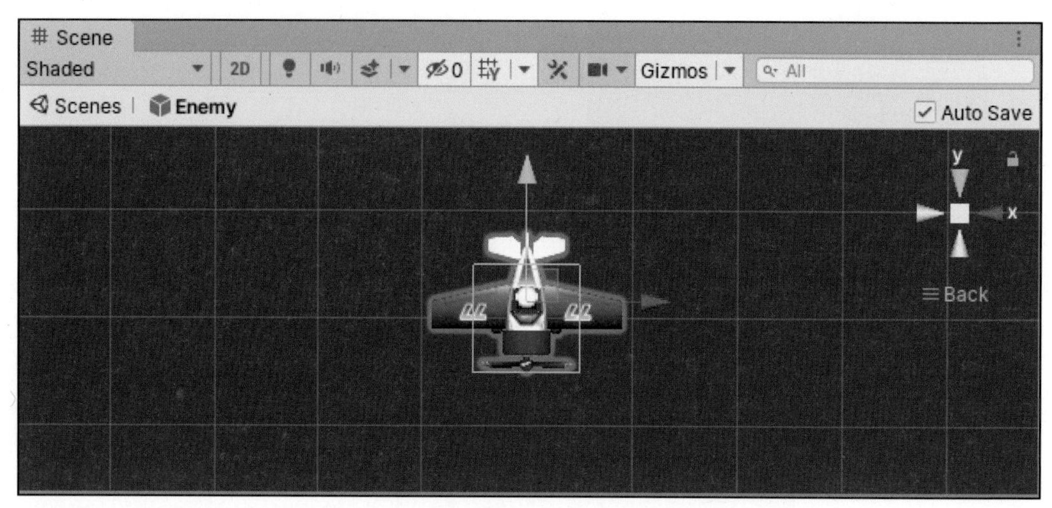

[그림 3.2-25] 최종 완료된 에너미 객체의 모습

그런 다음, 프리팹 편집 화면을 빠져나갑니다.

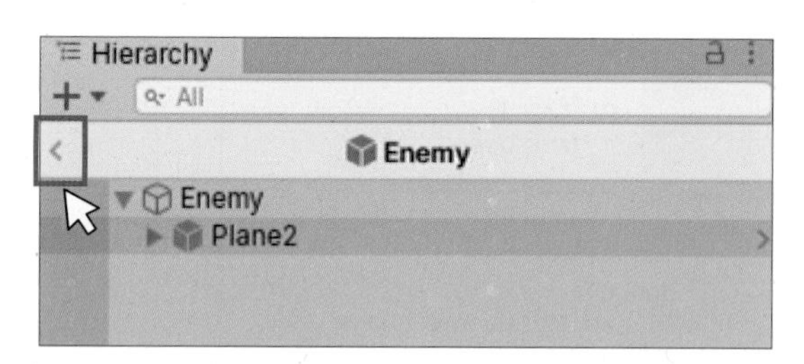

[그림 3.2-26] 프리팹 편집 화면 빠져나가기 버튼 클릭

여기까지 하면 에너미의 알파 버전 업그레이드가 완료됩니다. [실행] 버튼을 눌러 에너미 객체의 외관이 잘 업데이트됐는지 확인해보겠습니다.

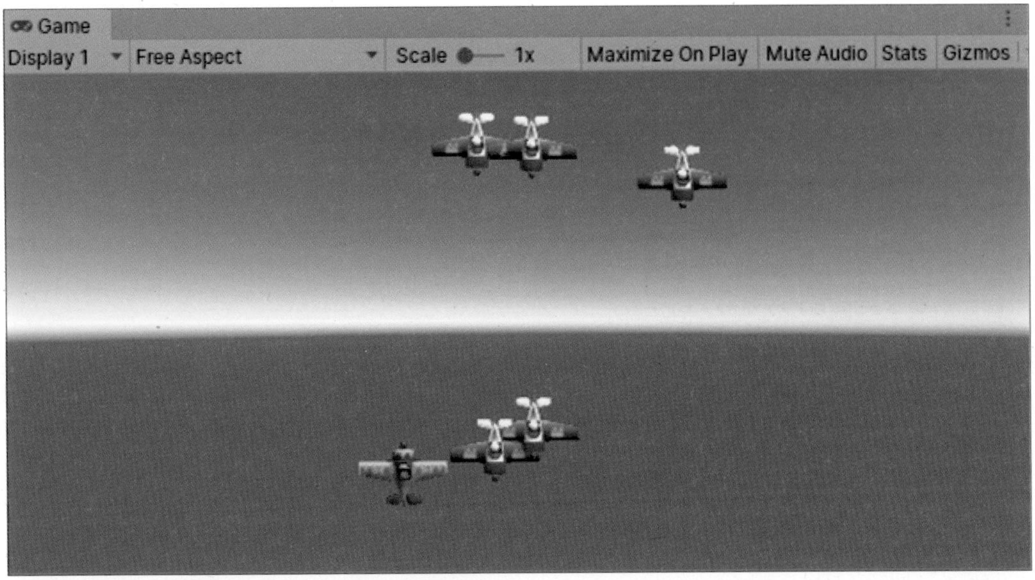

[그림 3.2-27] 에너미 알파 버전이 최종 적용된 실행 화면

단순하지만 에너미를 알파 버전으로 업그레이드해봤습니다. 보통 실무에서 알파 작업은 이렇게 단순(?)하지 않습니다. 다양한 에너미의 움직임 및 공격, 웨이브(Wave) 패턴을 넣어 게임을 다채롭고 몰입도를 높이는 요소들이 많이 추가되지요. 하지만 우리가 명심해야 할 것은 아무리 많은 내용이 기획서에 언급돼 있다 하더라도 실제로 한 번에 모든 것을 고려한 개발 구현은 어렵다는 것입니다. 그것이 가능하다 하더라도 나중에 기획서는 반드시(거의 그런 경우가 많습니다.) 수정되곤 하기 때문에 상당한 어려움이 있을 수 있습니다.

단순하지만 핵심이 되는 내용을 기반으로 하나씩 구현해 나가고, 그 위에 하나씩 쌓아나가는 형태로 개발을 진행하면 아무리 많고 긴 기간을 필요로 하는 프로젝트라도 완성할 수 있습니다. 물론 프로젝트 경력이 쌓이다 보면 설계 능력이 높아지고 이를 바탕으로 확장성이 더 좋은 구조를 갖추게 될 것입니다. 하지만 이것도 프로젝트를 다수 경험해본 경험이 쌓여야 가능합니다. 첫술에 배부를 수는 없겠죠?

다음으로는 총알(Bullet)을 알파 버전으로 업그레이드해보겠습니다.

3.2-3 : 총알(Bullet)을 알파 버전으로 업그레이드

목표

총알 외관을 실제 사용하는 모델링 데이터로 교체하고 싶다.

순서

① 애셋 스토어에서 사용할 애셋 다운로드하기
② 프로젝트에 애셋 가져오기
③ 총알에 해당 애셋 적용하기

앞서 플레이어와 에너미의 경우와 마찬가지로 총알도 외관을 실제 사용하는 모델링 데이터로 교체하는 것으로 알파 버전 작업을 진행합니다. 이 목표를 달성하기 위해 세 가지 순서로 진행합니다. 어떻게 이런 순서가 나왔는지는 **'3.2-1 플레이어를 알파 버전으로 업그레이드'**의 서두 부분을 확인하면 이해할 수 있습니다.

➔ 애셋스토어에서 사용할 애셋 다운로드

애셋 스토어에서 'Rockets, Missiles & Bombs-Cartoon Low Poly Pack'을 찾아 [Unity에서 열기] 버튼을 클릭합니다. 패키지매니저가 열리면 다운로드합니다. 혹은 자료실에서 Awesome Cartoon Airplanes 파일을 받으면 됩니다.

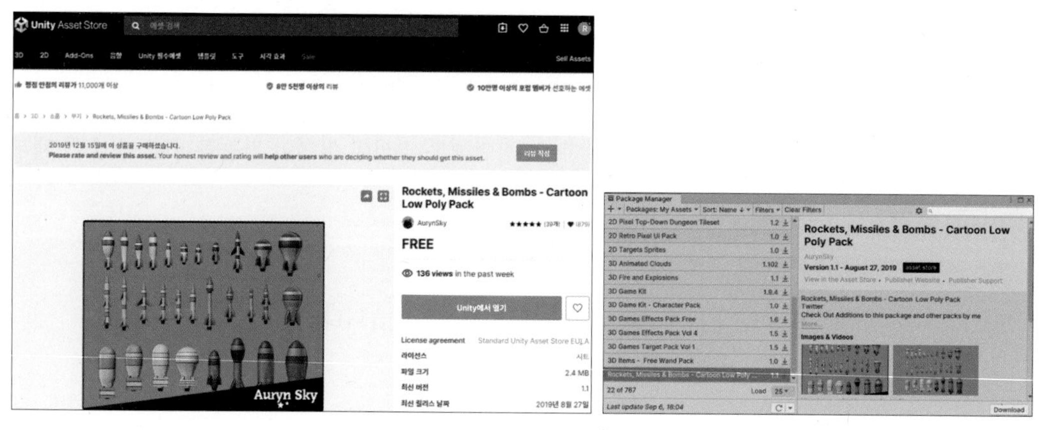

[그림 3.2-28] 총알에서 사용할 애셋 다운로드(출처: 유니티 애셋 스토어(https://assetstore.unity.com/packages/3d/props/weapons/rockets-missiles-bombs-cartoon-low-poly-pack-73141))

프로젝트에 애셋 가져오기

다운로드가 완료되고 애셋 스토어의 같은 창에서 [Import] 버튼을 클릭합니다. 그러면 [그림 3.2-29]에서처럼 'Rockets, Missiles & Bombs-Cartoon Low Poly Pack' 애셋 패키지 가져오기 창이 나타나고, [Import] 버튼을 클릭해 프로젝트에 추가합니다.

Tip

이렇게 추가된 애셋은 프로젝트에 활용할 수 있습니다. 여기에서 유니티가 왜 현업에서 많이 쓰이는지 알 수 있습니다. 지금 진행하고 있는 애셋들은 유니티의 애셋 스토어에서 무료로 다운로드해 사용하고 있습니다. 어떤 비용도 추가로 들이지 않고 개발할 수 있으며, 이렇게 실제 데이터를 활용하면 완성도를 높일 수 있습니다. 물론 최종 프로젝트에 이를 그대로 활용하지 않더라도 박스 형태의 초기 테스트 형태에서 상용(商容) 애셋을 사용하면 우리가 제작하는 콘텐츠의 퀄리티를 높여 검증할 수 있습니다. 당연히 이대로 앱 스토어나 구글 플레이 같은 곳에 출시해도 보통의 경우에는 라이선스에 문제가 없습니다. 개인적으로는 유니티의 애셋 스토어만큼 애셋의 규모나 종류의 다양성을 다른 엔진에서 찾기 어렵다고 생각합니다.

[그림 3.2-29] 다운로드한 총알 애셋 프로젝트에 추가하기

총알에 해당 애셋 적용하기

이번에는 가져온 총알 애셋을 프로젝트에 적용해보겠습니다.

[그림 3.2-30]에서는 우리가 프로젝트에 추가된 애셋들을 확인할 수 있습니다. 여기에서 이번 총알 프리팹의 외관으로 사용할 애셋은 'Rocket-08_Yellow'으로 하겠습니다.

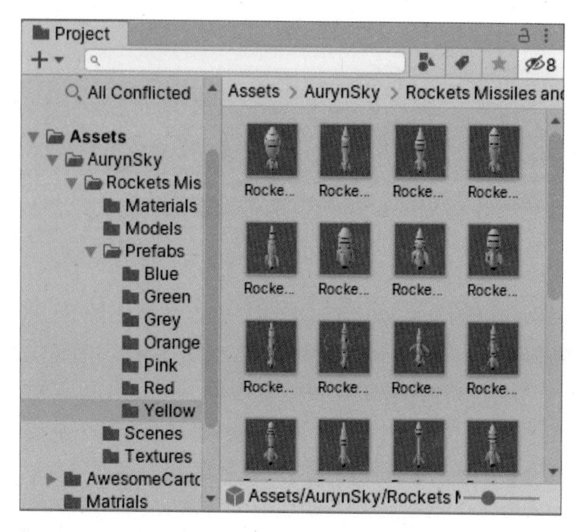

[그림 3.2-30] 프로젝트에 추가된 총알의 애셋들

[Project] – [Assets] – [Project]에서 Bullet 프리팹을 더블 클릭해 프리팹 편집 창으로 이동합니다.

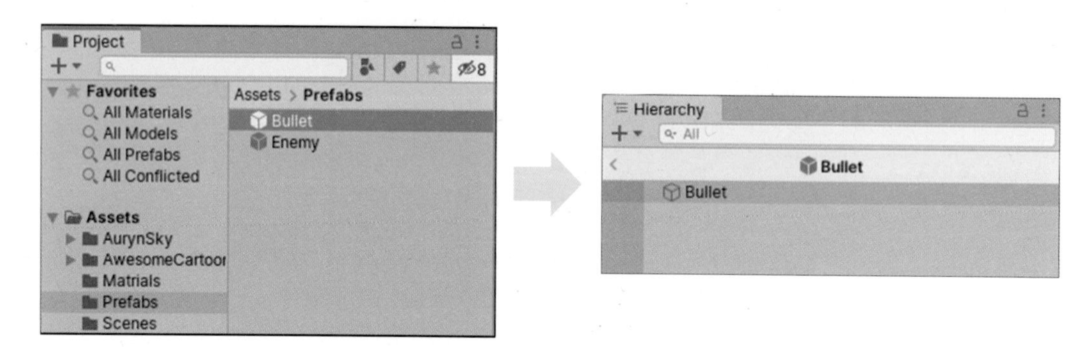

[그림 3.2-31] 총알 프리팹을 더블 클릭해 편집 화면으로 이동

그런 다음, [그림 3.2-32]의 경로에 있는 'Rocket-08_Yellow' 애셋을 Bullet의 자식으로 등록합니다.

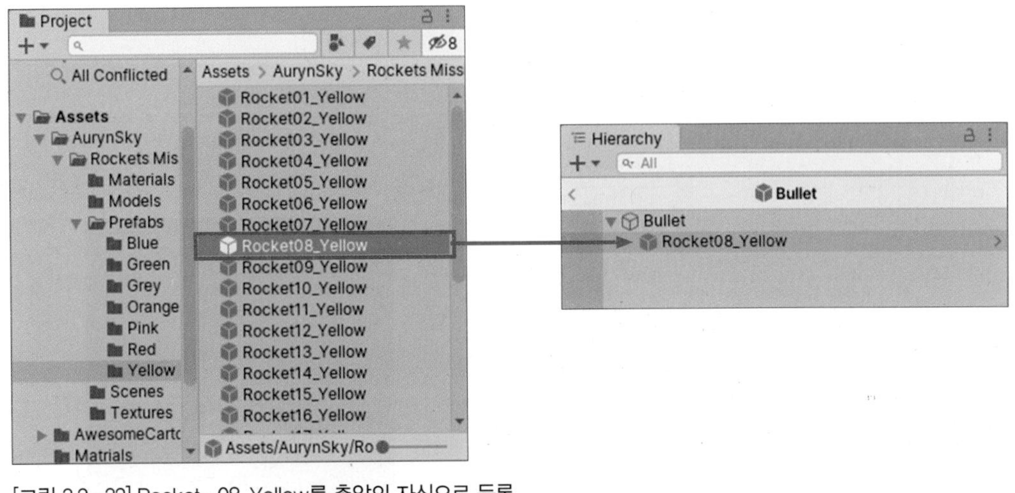

[그림 3.2-32] Rocket-08_Yellow를 총알의 자식으로 등록

Bullet의 자식으로 추가된 Rocket-08_Yellow를 선택합니다. Rocket-08_Yellow의 트랜스폼 컴포넌트의 값은 크기만을 변경합니다.

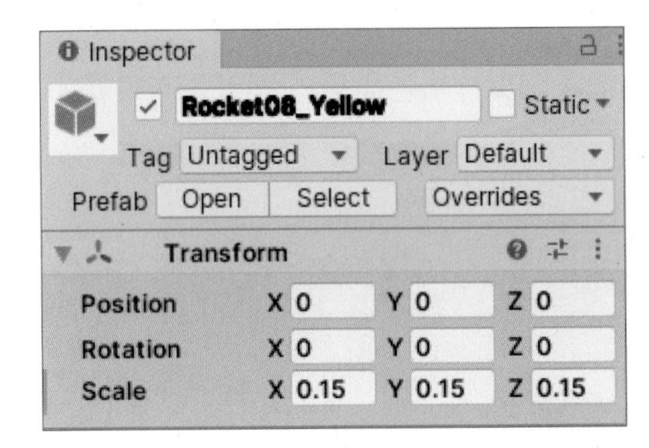

[그림 3.2-33] Rocket-08_Yellow의 트랜스폼 컴포넌트의 속성 값

다음으로는 하이어라키 뷰에서 Bullet을 선택합니다. Bullet은 외관을 담당하는 Mesh Filter, Mesh Renderer 컴포넌트를 제거하고 [그림 3.2-34]에서처럼 트랜스폼 값과 박스콜라이더 컴포넌트의 값을 수정합니다.

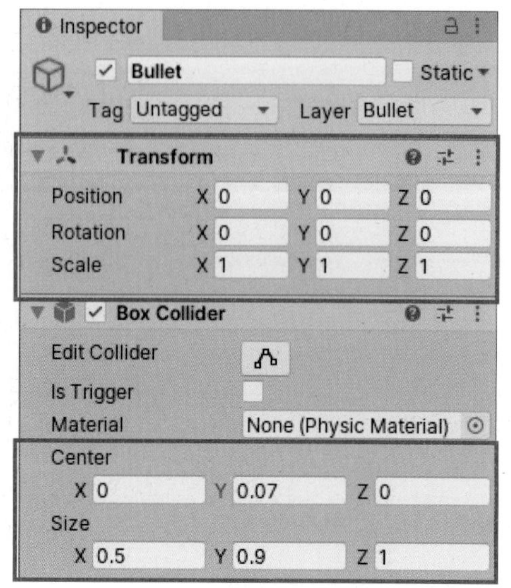

[그림 3.2-34] 총알의 수정된 트랜스폼 값과 박스콜라이더 값

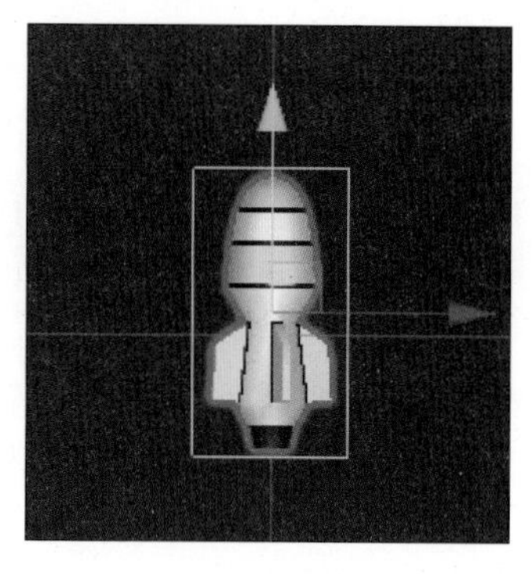
[그림 3.2-35] 최종 적용된 총알 프리팹

이렇게 최종 수정 완료된 총알 프리팹은 [그림 3.2-25]와 같습니다. 이제 총알의 수정이 정상적으로 게임에 잘 적용됐는지 확인해야 합니다. [Play] 버튼을 눌러 게임을 실행합니다.

[그림 3.2-36] 게임에 적용된 총알

단순하게 박스로만 돼 있던 프로토타입 버전에서 알파 버전으로 넘어가면서(우리는 단순하게 외관만 알파로 업그레이드하고 있지만) 그 완성도가 점차 올라가는 것을 확인할 수 있습니다.

처음부터 머릿속에 그려진 청사진이 뚜렷한 프로젝트는 흔치 않습니다. 이렇게 하나씩 쌓아나가면서 유니티의 장점인 밸런스(Balance)를 잡아가는 방법을 사용하면 원래 의도했던 것보다 나은 결과를 볼 수 있을 것입니다. 이번 슈팅 게임에는 아이템이 들어가 있지 않습니다. 예를 들어 어떤 아이템은 총알이 빠르게 나가고, 어떤 아이템은 폭탄이 나가고, 또 어떤 아이템은 사방으로 퍼지면서 나가는 형태가 있다면, 그런 동작을 하는 총알을 구현해 추가해주면 됩니다. 어떤 아이템을 먹었느냐에 따라 총알 공장의 주소만 바꿔주면 원하는 총알로 교체되는 것이죠. 이것은 책의 분량상 여러분의 숙제로 남겨두겠습니다.

일단 기본적으로 프로토타입에서 나온 요소들에 대한 알파 버전의 작업은 완료됐습니다. 하지만 추가로 폭발 효과 및 배경 스크롤, 사운드 등의 작업을 추가해봄으로써 알파 버전의 구현 완성도를 높이겠습니다. 먼저, 폭발 효과를 추가하겠습니다.

3.2-4 : 폭발 효과 추가

목표

물체 간 충돌 시에 폭발 효과를 추가하고 싶다.

순서

1. 애셋 스토어에서 사용할 애셋 다운로드
2. 프로젝트에 애셋 가져오기
3. 물체 충돌 시에 폭발 효과 발생시키기

이번에는 밋밋한 적 객체와의 충돌을 개선해보겠습니다. 현재까지는 에너미와 총알 또는 플레이어와의 충돌이 발생하면 그냥 화면에서 사라지는 형태로 구현돼 있습니다. 보통은 프로토타입에서 더미(Dummy) 효과로라도 표현해 느낌을 찾도록 하는 것이 맞을 수 있겠지만, 우리는 이번 알파 단계에서 이 내용을 추가하겠습니다.

이번 목표는 **'물체 간 충돌 시에 폭발 효과 추가하고 싶다.'**입니다. 이 목표를 달성하기 위해 앞과 마찬가지로 **'애셋 스토어에서 사용할 폭발 효과 애셋을 다운로드'**하겠습니다. FPS 게임 제작의 디자인 파트는 뒤에 설명하겠습니다. 이곳에서는 이런 폭발 효과를 어떻게 제작하는지 다룹니다. 궁금하신 분들은 먼저 살펴봐도 좋을 것 같습니다. 이렇게 제작 또는 다운로드한 **'애셋을 프로젝트에 가져옵니다.'**. 그런 다음, 마지막으로 **'물체가 충돌 할 때 해당 효과를 발생'**시키도록 개발을 진행하겠습니다.

애셋 스토어에서 사용할 애셋 다운로드

웹브라우저에서 애셋 스토어 창을 열겠습니다.

검색창에서 'Cartoon FX Free'를 검색해 다운로드합니다.

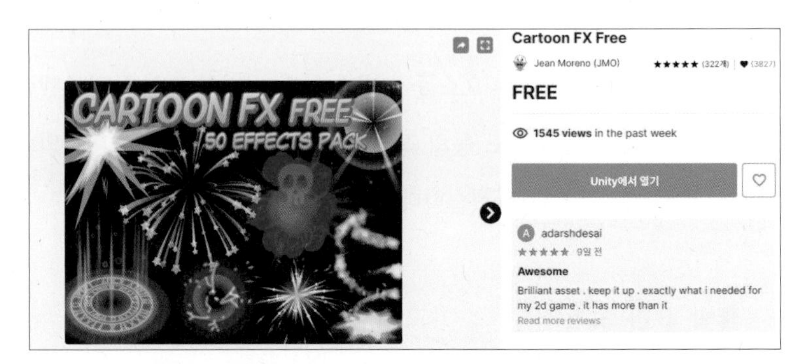

[그림 3.2-37] 애셋 스토어에서 검색한 Cartoon FX Free 패키지(출처: https://assetstore.unity.com/packages/3d/vehicles/air/awesome-cartoon-airplanes-56715)

프로젝트에 애셋 가져오기

패키지매니저에서 애셋을 다운로드하여 프로젝트로 가져옵니다.

[그림 3.2-38] 애셋 스토어에서 다운로드한 Cartoon FX Free 패키지 가져오기

[그림 3.2-39] Cartoon FX Free 패키지 프로젝트에 추가

이렇게 프로젝트에 최종 추가되면 해당 애셋을 활용할 수 있게 됩니다. 앞과 계속 반복되는 내용이니 쉽게 따라오실 수 있을 것입니다.

물체 충돌 시에 폭발 효과 발생시키기

이제 물체끼리의 충돌이 일어나면 폭발 효과가 나타나도록 구현해보겠습니다.
잠시 충돌이 발생하는 시점을 생각해보겠습니다. 물론 구현하는 사람마다 다를 수 있지만, 우리는 현재 물체의 충돌을 두 군데에서 처리하고 있습니다. 하나는 **에너미**, 다른 하나는 **총알**입니다.

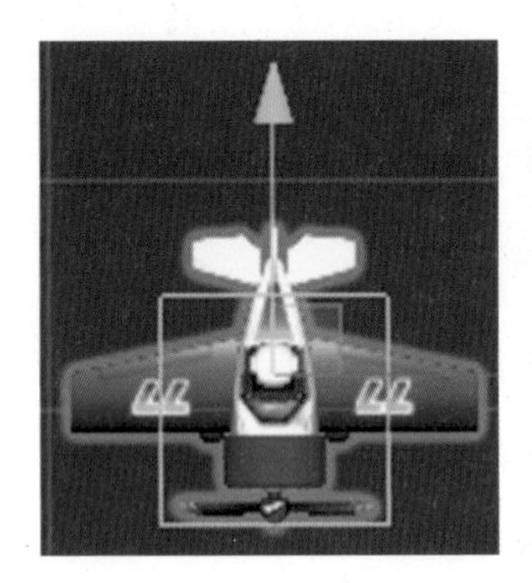
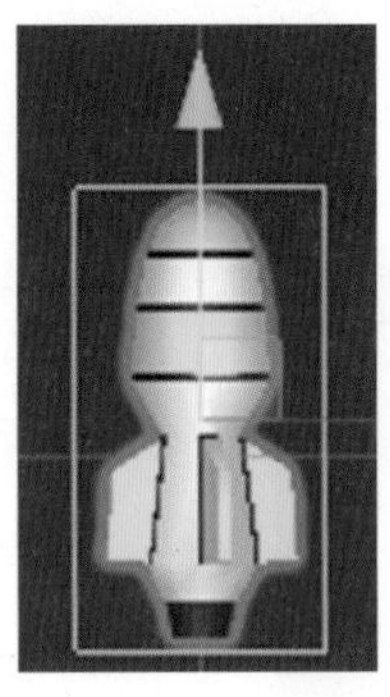

[그림 3.2-40] 에너미(좌)과 총알(우)에서 서로 충돌한 상대를 없앤다.

이렇게 두 객체에서는 코드상에서 부딪힌 상대를 없애는 것으로 작성돼 있습니다.
그렇다면 폭발 효과는 언제 나오는 것이 좋을까요? 그냥 단순하게 생각하면 충돌하는 모든 곳에 넣으면 됩니다. 예를 들어 총알과 에너미가 충돌하는 경우를 상정해보겠습니다.

[그림 3.2-41] 에너미와 총알이 서로 부딪혀 폭발 효과가 양쪽에서 발생

1
1.1
1.2
1.3
1.4
2
2.1
2.2
2.3
2.4
3
3.1
3.2
3.3
4
4.1
4.2
4.3
4.4
4.5
4.6
4.7
4.8
4.9
4.10
4.11

[그림 3.2-41]에서 보는 바와 같이 두 물체가 충돌하면 폭발 효과가 양쪽에서 발생합니다. 두 물체가 있던 곳에서 폭발하므로 정확하게 같은 위치에서 효과가 발생하지 않는 건 당연한 것 같은데 조금 이상합니다. 보통의 경우에는 총알로 에너미를 잡으면 한 번의 폭발만 일어나도록 할 뿐, 이렇게 부딪힌 객체가 모두 효과를 발생하지 않도록 합니다. 나중에 최적화 문제를 생각했을 때도 이렇게 구현하는 것은 지양하는 편이 좋습니다. 아무래도 한 번으로 표현할 수 있는 것을 두 번에 걸쳐 표현하는 건 그릴 때도 무거울 테니까요.

어떤 물체와 충돌하든 하나의 폭발 효과만 나온다고 가정해보겠습니다. 총알과 플레이어 또는 총알과 총알은 충돌 대상이 아닙니다. 적 객체만이 총알과 플레이어 둘 다와 충돌해 폭발 효과가 나올 수 있죠.

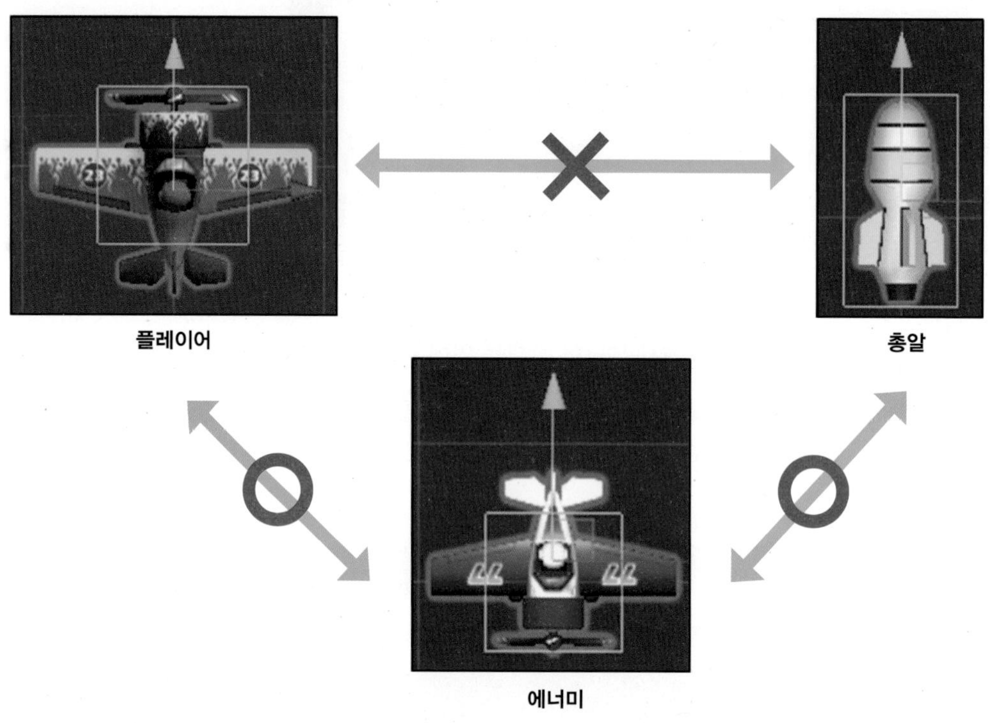

[그림 3.2-42] 객체 간 폭발 효과 발생 상황

이렇게 에너미 객체만 충돌했을 때 폭발 효과가 나오면 모든 상황에서 처리할 수 있습니다.

이번에는 에너미에서 폭발 효과를 처리하는 과정을 작업해보겠습니다.

> **목표:** 적이 다른 물체와 충돌했을 때 폭발 효과를 발생시키고 싶다.

위와 같이 하위 목표를 잡았습니다. 해당 목표를 수행하기 위해서는 어떤 속성이 필요하고, 어떤 작업이 필요한지 알아야 합니다. 또한 그 작업들 간의 우선순위를 잡아야 실제 목표를 달성하는 논리적 구성이 마무리됩니다. **'에너미가 다른 물체와 충돌했을 때 폭발 효과를 발생시키고 싶다.'**라는 문장에서 필요한 속성을 뽑아보겠습니다.

총알을 만들 때와 에너미를 만들 때 어떻게 객체를 생성했는지 생각해보겠습니다. 총알 공장 또는 에너미 공장에서 원하는 객체를 생성합니다. 그리고 생성된 객체를 원하는 위치에 배치하면 해당 객체는 각자가 생성된 위치에서 자신들의 동작을 수행하게 되죠. 이번에도 폭발 효과 공장에서 폭발 효과를 하나 만들어주겠습니다. 그러려면 폭발 효과의 공장 주소가 필요하겠네요. 이것이 우리가 갖고 있어야 하는 속성입니다.
이 또한 정보를 외부에서 기획자나 다른 작업자가 넣어줄 수 있도록 하고 싶습니다.

> **필요 속성:** 폭발 공장 주소(외부에서 값을 넣어준다.)

그럼 목표 문장을 갖고 우리가 해야 할 일에는 어떤 것들이 있는지 세분화해보겠습니다.
'에너미가 다른 물체와 충돌했을 때 폭발 효과를 발생시키고 싶다'라는 이 문장의 궁극적인 목적은 바로 **'❶ 폭발 효과를 발생(위치)시키고 싶다.'**일 것입니다. 그럼 폭발 효과를 발생시키고 싶은데 폭발 효과는 어디서 나올까요? **'❷ 폭발 효과 공장에서 폭발 효과를 하나 만들어야 한다.'**가 필요할 것 같네요. 또 한 가지 질문을 해보겠습니다. 왜 갑자기 폭발 효과를 만들어야 할까요? **'❸ 에너미가 다른 물체와 충돌했으니'** 폭발 효과가 필요했던 것이죠.
이렇게 우리가 하고 싶은 목표를 **'❶ 가장 하고자 하는 최종 목표로 뽑아내기'**, **'❷ 최종 목표를 달성하는 데 필요한 요소'**, **'❸ 최종 목표를 달성해야 하는 이유'**라는 세 가지 형태의 질문을 통해 뽑아냈습니다.
정리하면 **'에너미가 다른 물체와 충돌했을 때 폭발 효과를 발생시키고 싶다.'**라는 목표를 달성하기 위해서는 다음과 같은 세부 사항이 정해집니다.

> ✕ **목표:** 적이 다른 물체와 충돌했을 때 폭발 효과를 발생시키고 싶다.
> ✕ **순서:** ① 폭발 효과를 발생(위치)시키고 싶다.
> ② 폭발 효과 공장에서 폭발 효과를 하나 만들어야 한다.
> ③ 적이 다른 물체와 충돌했으니까.

그런데 순서를 잘 보면 뭔가 이상합니다. 목표를 수행하기 위한 우선순위인데, 최종 완료가 제일 먼저 나와 있죠? 보통의 경우에는 최종 목적부터 필요한 것을 써내려가다 보면(연역적 접근) 역순으로 뒤집었을 때 실제로 우선순위가 잡히게 되는 것을 알 수 있습니다. 물론 그렇지 않은 경우도 있습니다. 이 경우에는 논리적으로 순서를 바꿔가며 맞춰보면 쉽게 해결할 수 있습니다. 가장 중요한 것은 하고 싶은 목표를 쓰고, 그 목표를 수행하기 위해 필요한 세부 목적들을 나누고 순서에 맞게 다시 배열하는 과정입니다.

이렇게 목표를 하나하나 파헤치고 해결해 나가는 과정을 '문제 해결 능력'이라 하고, 컴퓨터 프로그래밍 용어에서는 '알고리즘'이라고 합니다. 그러면 순서를 재배열해 실제로 구현해보겠습니다.

> ✕ **목표:** 적이 다른 물체와 충돌했을 때 폭발 효과를 발생시키고 싶다.
> ✕ **순서:** ① 적이 다른 물체와 충돌했으니까.
> ② 폭발 효과 공장에서 폭발 효과를 하나 만들어야 한다.
> ③ 폭발 효과를 발생(위치)시키고 싶다.

이렇게 코드로 작성하기 전 먼저 구현하고자 하는 요소를 한글로 정리합니다. 논리적으로 맞는지 여부를 C# 언어로 코딩해 찾으려면 오히려 어렵습니다. 대다수의 프로그래머가 이렇게 진행하긴 하는데, 한글로도 정리하지 못하는 것을 C#과 같은 컴퓨터 프로그래밍 언어로 정리한다는 것이 더 이상합니다. 따라서 초·중급의 프로그래머라면 먼저 하고 싶은 것을 이렇게 한글로 정리해보면 실력이 향상되는 것을 확인할 수 있습니다.

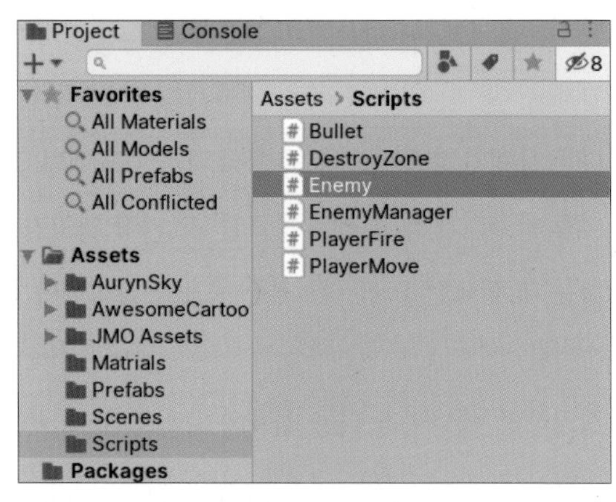

[그림 3.2-43] 폭발 효과를 추가하기 위한 Enemy.cs 스크립트 선택

그럼 해당 내용을 코드로 옮겨보겠습니다. Enemy 스크립트를 열어보겠습니다.

[Project - Assets - Scripts] 폴더에서 Enemy.cs 스크립트를 더블 클릭해 비주얼 스튜디오에서 엽니다. Enemy.cs 스크립트에서는 우리가 목표로 정했던 내용을 구현하겠습니다. 먼저, 필요한 속성인 폭발 공장 주소를 스크립트에 추가합니다.

```
// 목표: 적이 다른 물체와 충돌했을 때 폭발 효과를 발생시키고 싶다.
// 순서: 1. 적이 다른 물체와 충돌했으니까.
//       2. 폭발 효과 공장에서 폭발 효과를 하나 만들어야 한다.
//       3. 폭발 효과를 발생(위치)시키고 싶다.
// 필요 속성: 폭발 공장 주소(외부에서 값을 넣어준다)
public class Enemy : MonoBehaviour
{
    public float speed = 5;
    GameObject player;
    Vector3 dir;
    // 폭발 공장 주소(외부에서 값을 넣어준다)
    public GameObject explosionFactory;
}
```

[코드 3.2-1] Enemy.cs 폭발 공장 주소 속성 삽입

여기에서는 GameObject explosionFactory; 앞에 public 키워드를 붙여줬습니다. 주석에서 알 수 있듯이 외부에서 값을 넣어줄 수 있도록 하기 위함입니다. 이렇게 public 키워드를 넣어주면 유니티 에디터상에 노출돼 스크립트를 직접 수정하지 않고 값을 편리하게 변경할 수 있습니다.

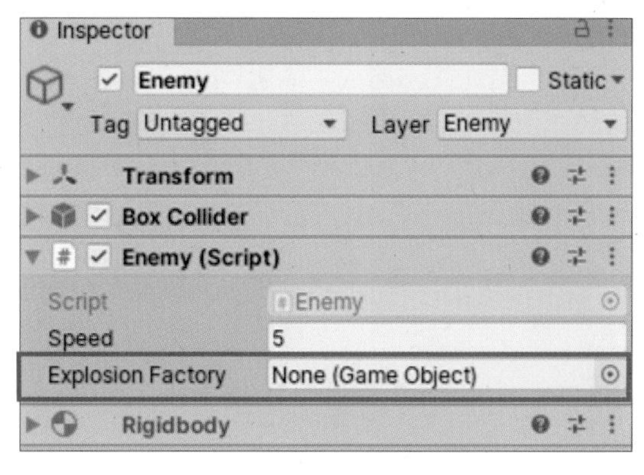

[그림 3.2-44] 유니티 에디터상에 노출된 Explosion Factory 속성

이렇게 노출된 Explosion Factory 속성에 우리가 사용할 폭발 효과를 할당하겠습니다.

먼저 [Project] - [Assets] - [Prefabs] 폴더에서 Enemy 프리팹을 더블 클릭해 프리팹 편집 창으로 이동합니다.

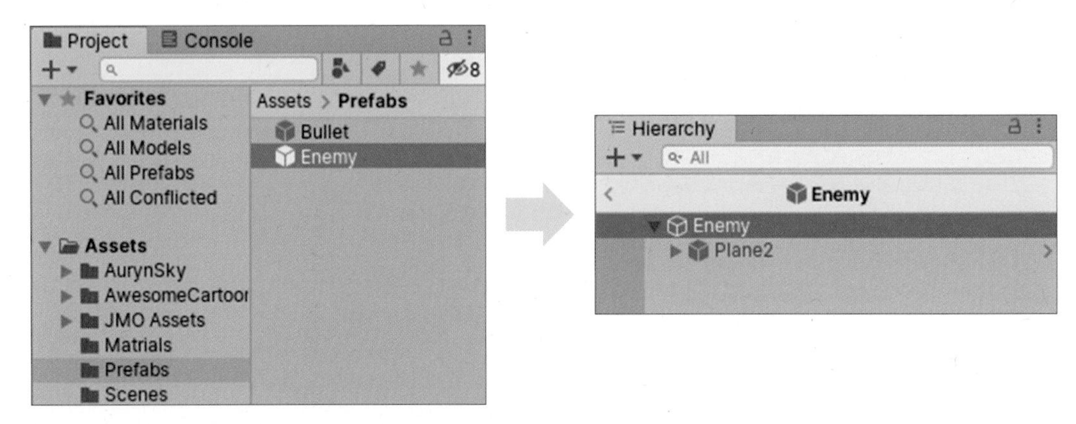

[그림 3.2-45] Enemy 프리팹을 선택해 편집 창으로 이동

그런 다음, 애셋 스토어에서 다운로드한 Cartoon FX Free 패키지에서 원하는 것을 가져와보죠. [JMO Assets - Cartoon FX - CFX Prefabs - Explosions] 폴더에서 CFX_Explosion_B_Smoke+Text를 사용하겠습니다.

CFX_Explosion_B_Smoke+Text 프리팹을 드래그해 [그림 3.2-46]에서처럼 유니티 에디터에 노출된 Explosion Factory 속성에 드롭해 할당합니다.

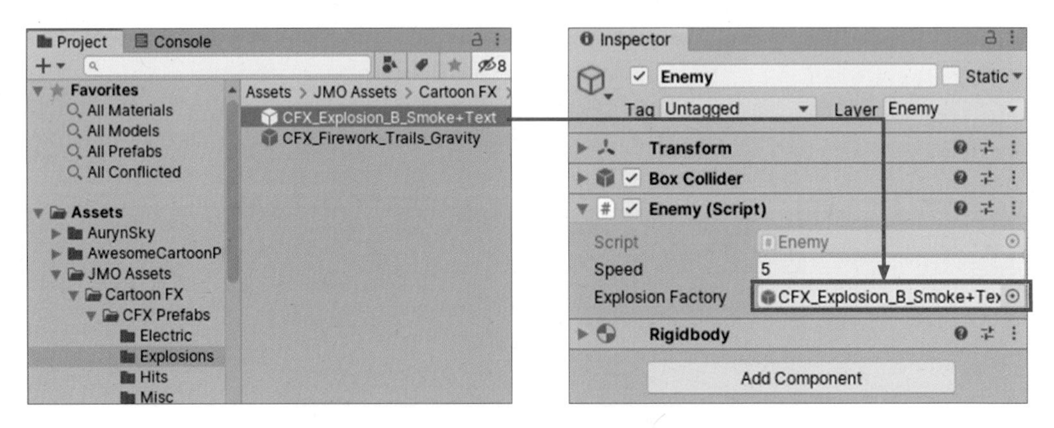

[그림 3.2-46] Explosion Factory에 CFX_Explosion_B_Smoke+Text를 할당

이렇게 하면 Enemy.cs 스크립트의 explosionFactory 변수에 CFX_Explosion_B_Smoke+Text가 할당돼 다른 곳에서 폭발 효과를 생성하는 데 사용할 수 있게 됩니다.

이제 목표를 수행하기 위해 위에서 세부 처리 순서를 만들어 놓은 대로 하나씩 구현해보겠습니다.

1 '에너미가 다른 물체와 충돌했으니까.'라는 부분이 구현 1번 순서입니다.

앞에서 유니티의 라이프사이클 함수에 대해 언급했습니다. 라이프사이클 함수들은 많지만, 그 중에서 우리는 태어났을 때의 Start 함수, 살아가는 동안 작동하는 Update 함수, 그리고 죽을 때의 OnDestory처럼 앞에 접두사로 On을 붙이는 이벤트 함수를 사용한다고 배웠습니다. 여기에서 한 발 더 나아가 충돌했을 때 OnCollisionEnter라는 함수를 배웠죠. 이곳에서 '충돌했을 때 부딪힌 물체 없애기'를 구현했습니다.

따라서 우리가 구현할 1번, 에너미가 다른 물체와 충돌했을 때는 OnCollisionEnter 함수가 호출되는 순간을 뜻합니다.

2 '폭발 효과 공장에서 폭발 효과를 하나 만들어야 한다.'라는 부분을 OnCollisionEnter 함수 안에 추가하겠습니다.

```
. . .(생략). . .

// 1. 적이 다른 물체와 충돌했으니까.
private void OnCollisionEnter(Collision collision)
{
    // 2. 폭발 효과 공장에서 폭발 효과를 하나 만들어야 한다.
    GameObject explosion = Instantiate(explosionFactory);

    Destroy(collision.gameObject);
    Destroy(gameObject);
}
```

[코드 3.2-2] 에너미가 다른 물체와 부딪혔을 때 폭발 효과 생성

Instantiate 함수에 폭발 효과 공장(explosionFactory)을 넘기면 공장(파일)을 가동시켜 폭발 효과를 하나 만들어 보내줍니다(인스턴스-메모리에 올라감). 이렇게 만들어진 폭발 효과 인스턴스(explosion 변수)는 씬에 추가돼 동작합니다.

 **'폭발 효과를 발생(위치)시키고 싶다.'는 이렇게 만들어진 폭발 효과를 원하는 위치에 배치하는 구현부이며, 우리는 여기에 자신(Enemy)의 위치를 할당하겠습니다.**

```
. . .(생략). . .

private void OnCollisionEnter(Collision collision)
{
    // 2. 폭발 효과 공장에서 폭발 효과를 하나 만들어야 한다.
    GameObject explosion = Instantiate(explosionFactory);

    //3. 폭발 효과를 발생(위치)시키고 싶다.
    explosion.transform.position = transform.position;

    . . . (생략) . . .
}
```

[코드 3.2-3] 에너미가 다른 물체와 부딪혔을 때 폭발 효과 위치시키기

[코드 3.2-3]의 explosion.transform.position 코드는 explosion 객체의 속성 중에서 transform 속성을 가져오며, 다시 transform 속성 또는 기능 중에서 position 속성에 값을 할당하는 내용입니다.

이렇게 전체 폭발 효과 추가하기가 완료됐습니다.

[그림 3.2-47] 폭발 효과가 적용된 화면

3.2-5 : 배경 추가

목표

스크롤되는 배경을 추가하고 싶다.

순서

① 애셋 스토어에서 사용할 애셋 다운로드하기
② 프로젝트에 애셋 가져오기
③ 스크롤되는 배경 추가하기

이전 장까지는 게임의 대다수 요소들이 들어가 있습니다. 하지만 배경이 깔리지 않으니 게임의 역동적인 부분이 잘 드러나지 않습니다. 당연히 배경이 없으면 완성도 또한 떨어지죠. 이번에는 게임의 배경 추가와 스크롤 방법에 대해 알아보겠습니다(2D 기반으로 알아보겠습니다).

우리가 제작하는 게임은 종(상하) 스크롤을 기반으로 합니다. 〈드래곤 플라이트〉라는 게임을 예로 들어보겠습니다. 드래곤 플라이트는 2D 기반의 종 스크롤 게임으로, 넥스트플로어가 2012년에 개발한 비행 슈팅 게임입니다. 넥스트플로어는 나중에 라인게임즈에 합병되죠.

[그림 3.2-48] 라인게임즈의 〈드래곤플라이트〉(출처: 이데일리 2012년 12월 2일자(https://www.edaily.co.kr/news/read?newsId=01482566599721784&mediaCodeNo=257))

〈드래곤 플라이트〉는 매우 많은 유저를 확보한 히트 게임으로, 지금도 서비스 중입니다. 여기에서 우리가 알아볼 부분은 〈드래곤 플라이트〉의 배경 스크롤 방식입니다. [그림 3.2-48]의 우측 게임 플레이 화면에서 나무 몇 그루와 황폐한 지형으로 구성된 배경을 볼 수 있습니다. 이 게임에서는 배경을 한 장의 이미지로 계속 스크롤하고 있습니다. 유튜브 게임 플레이 영상을 확인해보면 [그림 3.2-48] 우측 배경으로 계속 같은 이미지가 반복되는 것을 확인할 수 있습니다. 이외에도 배경의 스크롤 방식은 층(Layer)를 여러 개 두어 처리하는 방식도 있지만, 이는 이 책의 범위를 넘어선 것이므로 설명은 생략하겠습니다.

➜ 애셋 스토어에서 사용할 애셋 다운로드

애셋 스토어 창을 열고 'Space Start Field Backgrounds'를 검색해 [Unity에서 열기]를 클릭합니다.

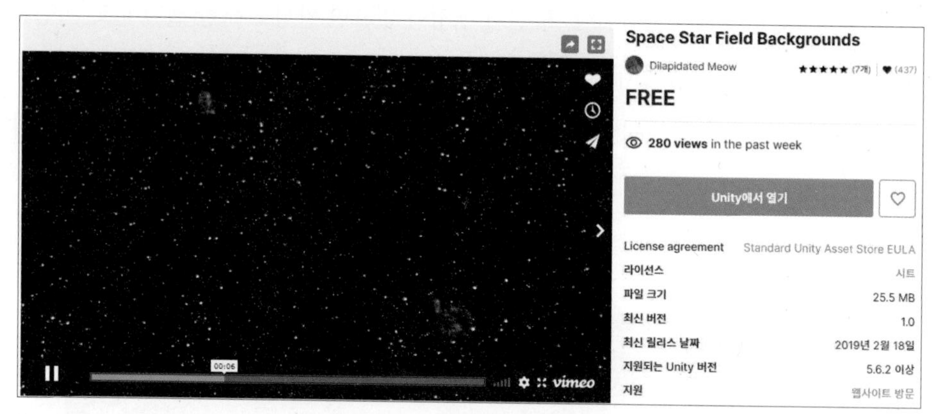

[그림 3.2-49] 애셋 스토어에서 다운로드할 배경 애셋(출처: https://assetstore.unity.com/packages/2d/textures-materials/space-star-field-backgrounds-109689)

이렇게 다운로드한 애셋은 C:\Users\사용자 계정 이름\AppData\Roaming\Unity\Asset Store-5.x 폴더의 하위 경로에 저장됩니다. 간혹 저장된 파일이 필요한 경우가 있을 때 해당 경로를 참조하세요.

유니티 애셋의 경우, 확장자가 unitypackage 형태로 지정됩니다. 단순하게 파일을 압축(zip 파일과 같은)해 저장하고 있는 것은 아니며, 애셋 임포트 정보나 다른 애셋들과의 링크 정보와 같은 메타 데이터(Metadata)들이 함께 저장돼 있습니다. 이를 바탕으로 프로젝트를 unitypackage 형태로 내보내고, 다시 가져오기할 때 애셋을 재구성하기 편하도록 제작돼 있다고 볼 수 있습니다.

그럼 다운로드한 애셋을 프로젝트로 가져와 사용해보겠습니다.

➜ 프로젝트에 애셋 가져오기

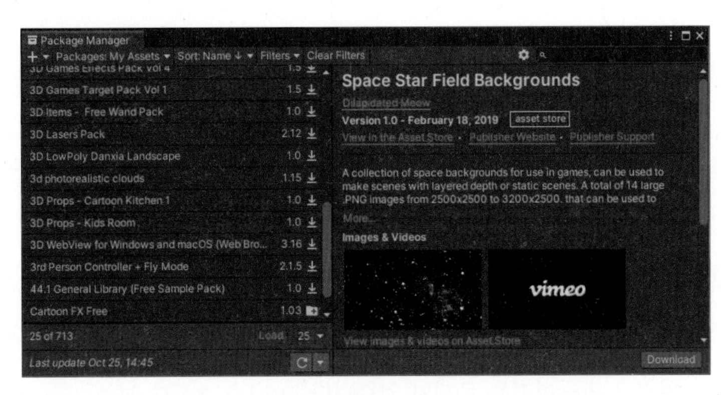

[그림 3.2-50] 다운로드한 배경 애셋 가져오기(출처: 유니티 애셋 스토어)

애셋 스토어에서 다운로드가 끝나면 [Import] 버튼을 눌러 프로젝트를 가져옵니다.

그런 다음 Import Unity Package 창이 나타나면 프로젝트에 필요한 SingleNeb 폴더의 애셋들만 선별해 가져오겠습니다.

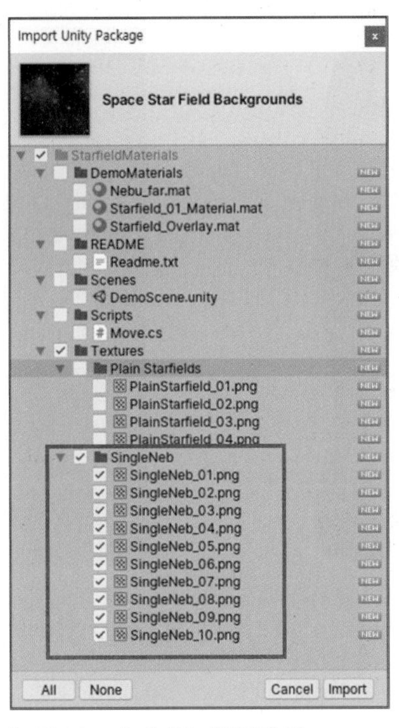

[그림 3.2-51] 가져올 애셋들만 체크

스크롤되는 배경 추가하기

배경을 스크롤하는 방법을 좀 더 자세히 설명하겠습니다. 우리는 종 스크롤 방식으로 구현할 예정인데, 여러 이미지를 활용하는 방법과 **드래곤 플라이트**처럼 한 장의 이미지를 활용하는 방법에 대해 설명하겠습니다. 먼저 전체 스크롤 방식을 이해해야 합니다. [그림 3.2-52]의 이미지를 보면 병에 이미지가 둘러싸여 있는 모습을 볼 수 있습니다. 병을 빙빙 돌려가며 이미지를 본다고 생각하면 마치 우리가 하고자 하는 배경 스크롤 방식과 같은 형태가 됩니다.

이렇게 이미지를 회전시켜가면서 스크롤한다고 봤을 때, 처음 시작하는 부분과 끝나는 부분이 맞닿는 부분이 생길 것입니다. 이때 이음새가 부드럽게 잘 연결돼 있으면, 다시 말해 이미지 간의 연결이 어색하지 않은 이미지들로 구성돼 있으면, 부드럽게 전환되는 배경을 만들 수 있을 것입니다. 이와 역순으로 잘 맞지 않는 이미지들끼리 연결했을 경우에는 [그림 3.2-53]처럼 위아래 이미지가 어색하게 전환되는 형태로 만들어지는 문제가 있습니다.

[그림 3.2-52] 병에 이미지가 둘러싸여 있는 모습(출처: 코카콜라 컴퍼니(coca-colacompany.com/brands/coca-cola))

[그림 3.2-53] 2개의 이미지가 어색하게 합쳐져 있는 상태(출처: 드래곤 플라이트)
(출처: ww9auv님의 블로그 중 드래곤 플라이트(bitly.kr/CyhZ6isPR))

이와 같은 방식으로 다중 이미지를 붙여 스크롤하는 방식을 살펴보겠습니다.

[그림 3.2-54]에는 3장의 이미지가 있습니다. 맨 좌측의 ❶번 이미지가 현재 화면에 보이고 있다고 생각하면 됩니다(❶-❷-❸ 번 순서). 전체 이미지가 아래로 이동하면 중간 이미지처럼 ❷번 이미지가 맨 아래로 내려오고 그 다음으로는 ❸번 이미지가 붙어서 내려옵니다. 이때 ❶번 이미지는 ❸번 이미지의 끝나는 위치로 붙게 되죠(❷-❸-❶ 번 순서). 마지막으로 가장 우측 이미지를 보면 ❸번-❶번-❷번 순서로 재배치됩니다. 이렇게 각 이미지들이 화면을 벗어나면 맨 마지막 이미지의 끝으로 붙게 되는 구조로 만들어집니다. 배경 이미지의 종류가 많으면 다양한 배경이 화면에 계속 스크롤되고, 그 종류가 줄어들수록 다양성은 떨어진다고 볼 수 있습니다.

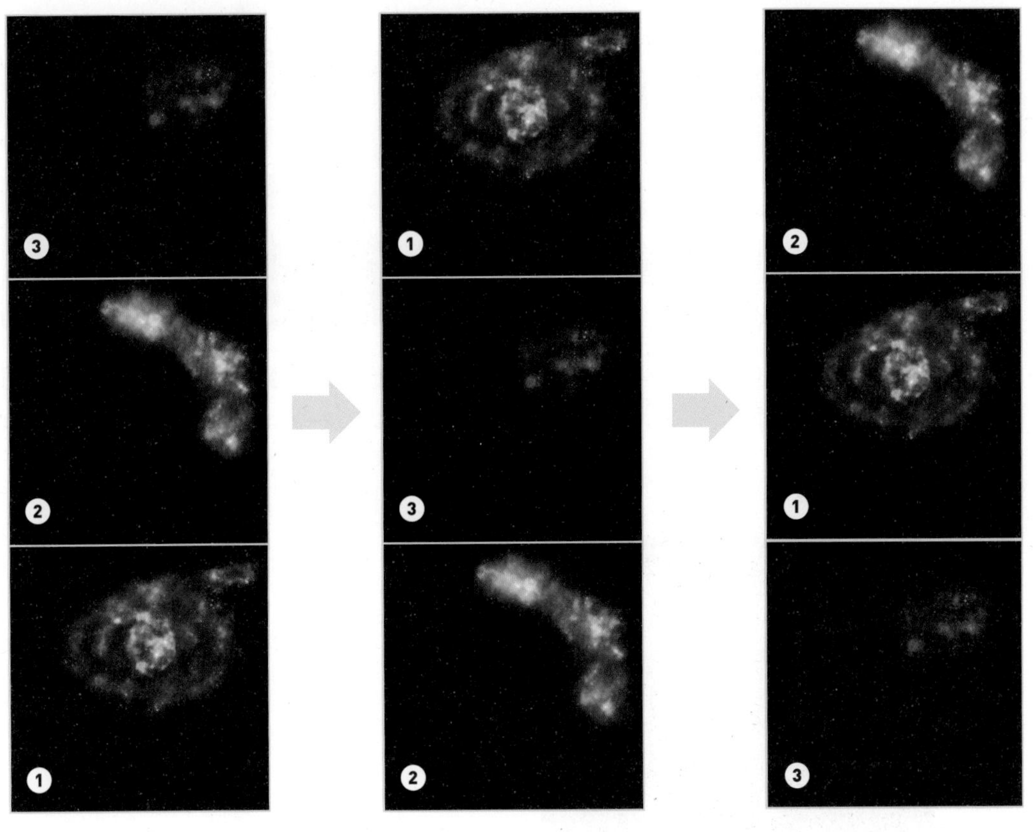

[그림 3.2-54] 세 장의 이미지를 사용한 스크롤

세 장의 이미지를 둥근 병에 둘러 감아 빙글빙글 돌리는 형태로 볼 수 있는 것이죠.

그럼 한 장의 이미지로 어떻게 똑같은 효과를 만들 수 있을까요? 한 장의 이미지로 어떻게 하면 병을 둘둘 말고 있는 효과를 줄 수 있을까요? 그 비밀은 머티리얼의 'offset'에 있습니다.

[그림 3.2-55]를 살펴보겠습니다. 우리는 SingleNeb 폴더의 SingleNeb_07 텍스처를 선택해 Texture Import Settings 창에 정보가 표시되도록 했습니다. 이곳은 우리가 이미지를 프로젝트에 가져오기할 때 어떤 목적으로 가져오는지를 설정하는 곳입니다. 대표적으로는 Texture Type이고, 이 그림에서는 Default로 돼 있지만, 이를 2D나 GUI에서 사용하기 위해 Sprite로 변경할 수도 있습니다. Texture Type의 종류에 따라 사용 용도가 달라질 수 있으므로 사용할 때 잘 확인해야 합니다.

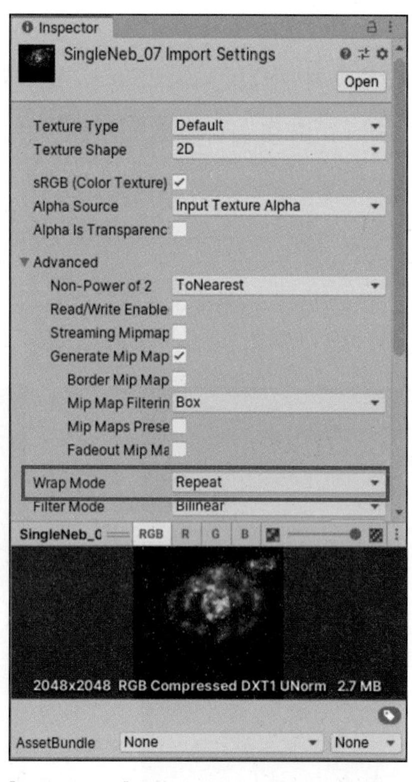

[그림 3.2-55] SingleNeb_07 텍스처의 Import Settings 창

이번 배경 스크롤에서 우리가 신경 써야 하는 부분은 바로 Wrap Mode 속성입니다. 예를 들어 [그림 3.2-56]을 보면 시작 부분은 0, 너비는 1(100%를 뜻함)의 이미지 크기 표시를 볼 수 있습니다.

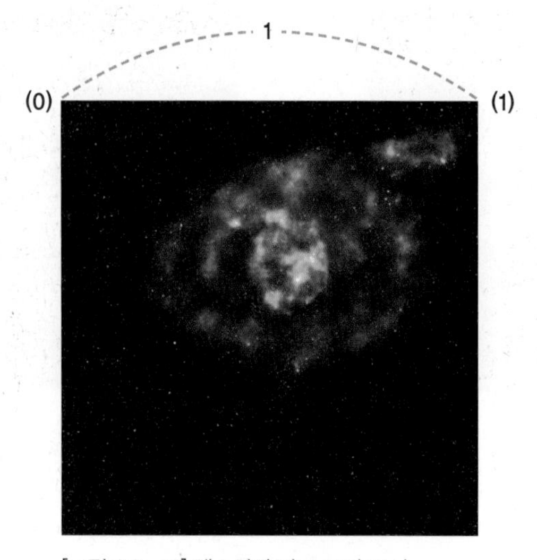

[그림 3.2-56] 텍스처의 가로 크기 표시

이때 시작 부분을 '0.5'로 바꾸면, 텍스처의 중간부터 1까지 그리게 됩니다. 여기에서 'Wrap Mode'를 'Clamp'로 바꿔보겠습니다.

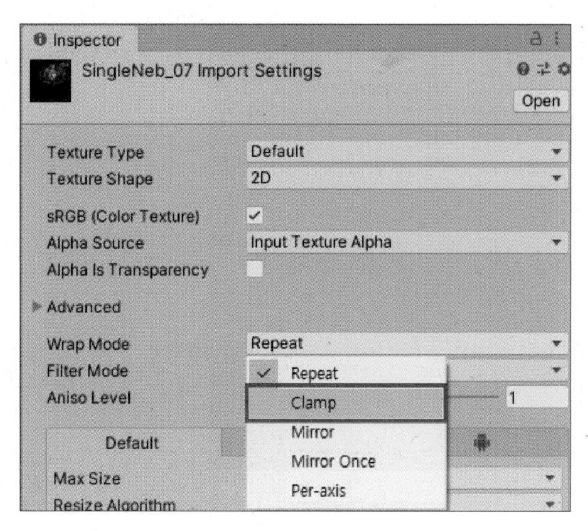

[그림 3.2-57] Wrap Mode를 Clamp로 설정

그 결과는 [그림 3.2-58]과 같습니다.

[그림 3.2-58] Wrap Mode가 Clamp이고 시작(offset)이 '0.5'로 설정됐을 때

Clamp의 결과는 원래 크기보다 더 많은 부분을 그리려고 할 때 크기를 넘어가는 부분은 잘려지게 그리게 하는 설정입니다. 우리가 배경을 한 장으로 스크롤하려고 한다면 이렇게 했을 때 잘려 그려지는 문제가 발생할 수 있습니다. 따라서 우리가 스크롤을 목적으로 할 때 사용할 Wrap Mode

설정 값은 'Repeat'로 합니다. 이렇게 하면 [그림 3.2-59]와 같이 나머지 부분은 0 ~ 0.5까지의 값으로 이어집니다.

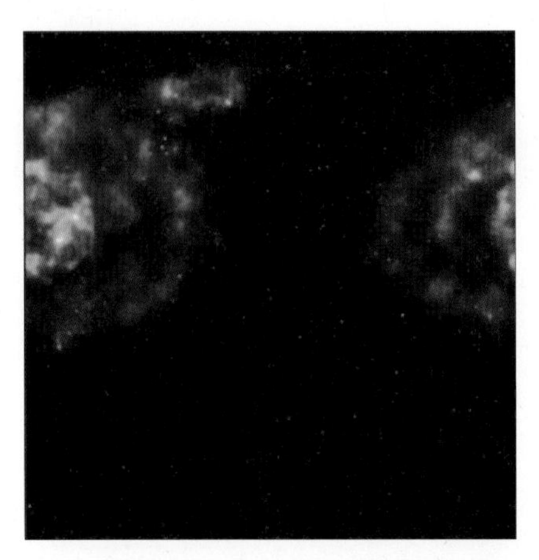

[그림 3.2-59] Wrap Mode가 Repeat이고 시작(offset)이 '0.5'로 설정됐을 때

우리가 한 장으로 만들려는 배경 스크롤에 딱 맞는 텍스처 설정으로 볼 수 있습니다. 기본은 Repeat로 설정돼 있을 것이기 때문에 그대로 사용하겠습니다.

자, 그럼 드래곤 플라이트처럼 한 장으로 스크롤되는 배경을 프로젝트에 추가하기 위해 다음과 같은 목표와 순서로 작업을 진행해보겠습니다.

목표: 스크롤되는 배경을 제작하고 싶다.

순서: ① 배경 머티리얼 제작하기
② 배경 게임 오브젝트 제작하기
③ 배경 스크롤 스크립트 제작하기

배경 머티리얼 제작하기

물체가 화면에 보이도록 하기 위해서는 정점(Vertex)들로 이뤄진 메시 데이터와 머티리얼이 필요합니다. 머티리얼은 각종 텍스처 정보와 색상 정보 등으로 이뤄져 있습니다. 우리가 화면에 표시할 배경 이미지는 머티리얼에 할당돼 표시됩니다. 그럼 머티리얼을 만들어보겠습니다. Project 창에서 폴더를 하나 만든 후 이름을 'Materials'로 변경합니다. 이 Materials 폴더에 배경 머티리얼 애셋을 만들어 넣겠습니다.

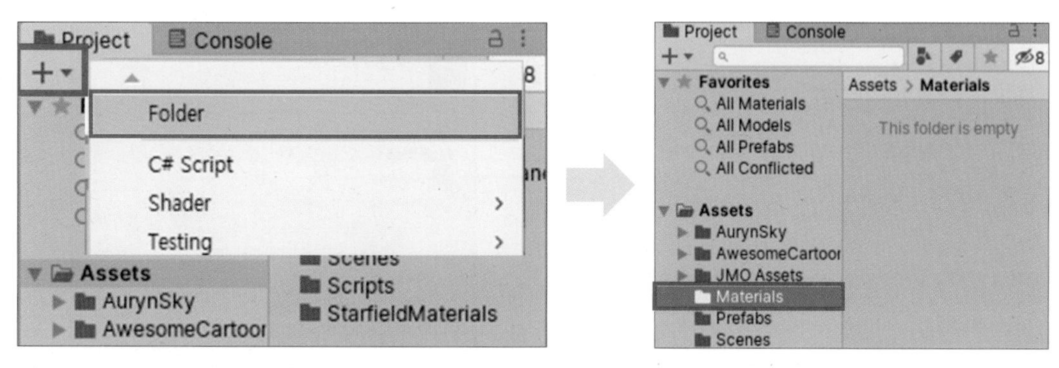

[그림 3.2-60] Materials 폴더 생성

Project 창에서 [+] 버튼을 눌러 Material 항목을 선택합니다. 이름은 'Mat_Background'로 하겠습니다.

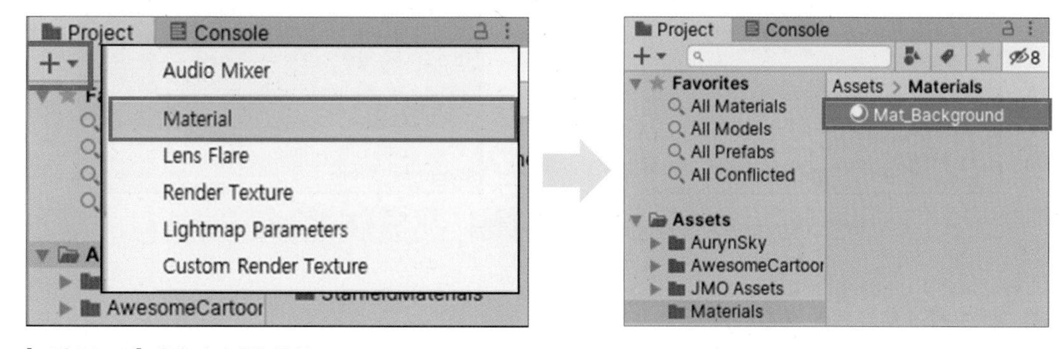

[그림 3.2-61] 배경 머티리얼 생성

다운로드한 배경 애셋 중에서 SingleNeb_07 텍스처를 사용하겠습니다. 위에서 만들어진 Mat_Background 머티리얼을 선택하면 인스펙터 뷰가 해당 머티리얼의 속성을 수정할 수 있는 상태로 변경됩니다. 이곳에서 Albedo 속성에 SingleNeb_07을 드래그 앤 드롭해 할당합니다.

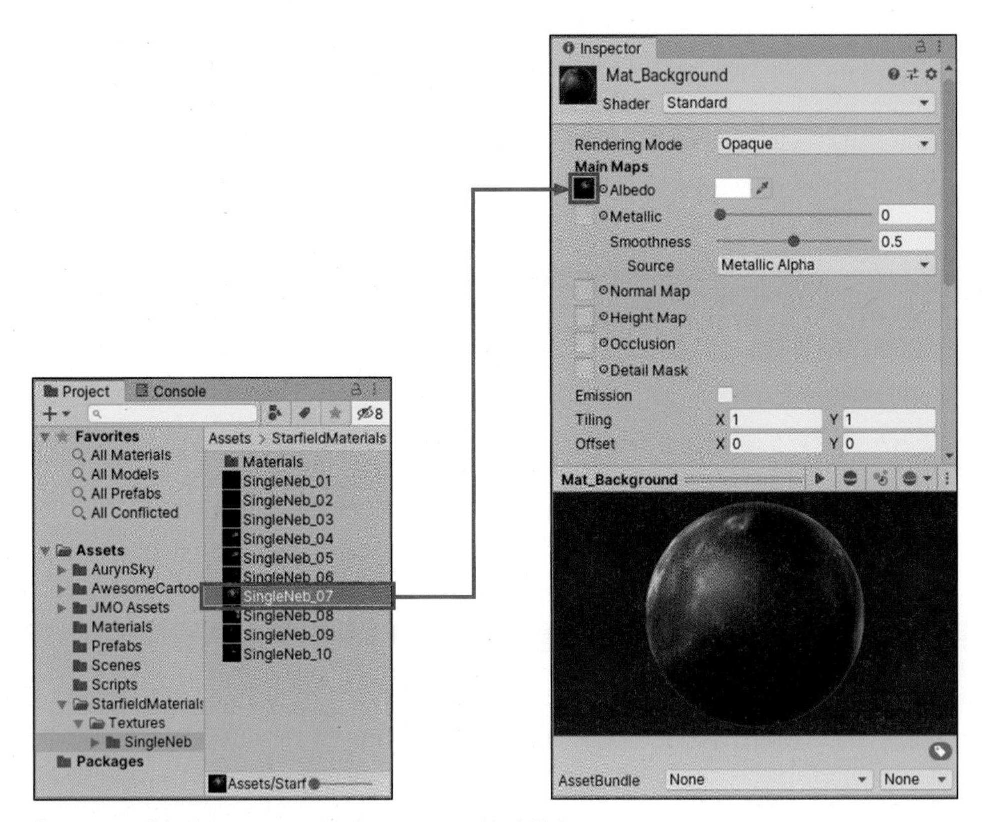

[그림 3.2-62] Mat_Background에 SingleNeb_07 텍스처 할당

배경 게임 오브젝트 제작하기

이제 배경 게임 오브젝트를 만들어 위에서 제작한 머티리얼을 할당해보겠습니다. 하이어라키 뷰에서 쿼드(Quad)를 하나 만들고, 이름을 'Background'로 하겠습니다.

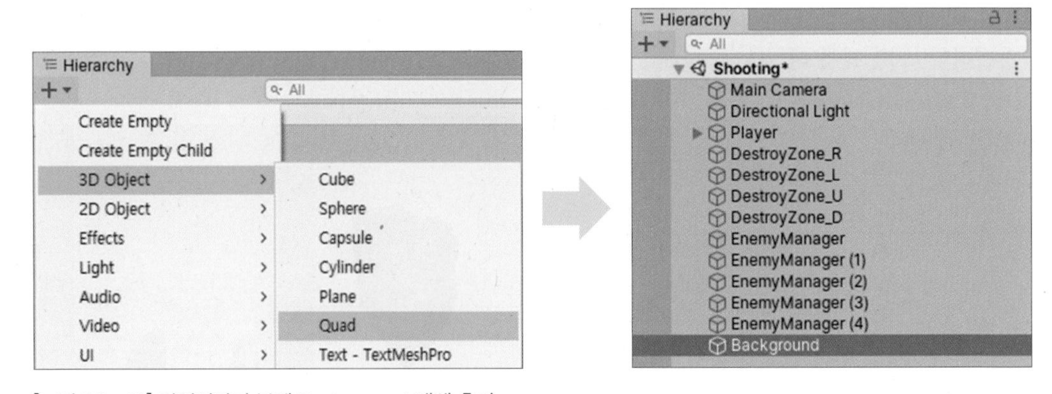

[그림 3.2-63] 하이어라키 뷰에 Background 객체 추가

Background 객체의 트랜스폼 정보는 [그림 3.2-64]와 같이 설정하겠습니다.

Transform			
Position	X 0	Y 0	Z 0
Rotation	X 0	Y 0	Z 0
Scale	X 7	Y 10	Z 1

[그림 3.2-64] Background 게임 오브젝트의 트랜스폼 정보

그런 다음, 우리가 제작한 Mat_Background 머티리얼을 Background 객체에서 사용할 수 있도록 할당하겠습니다.

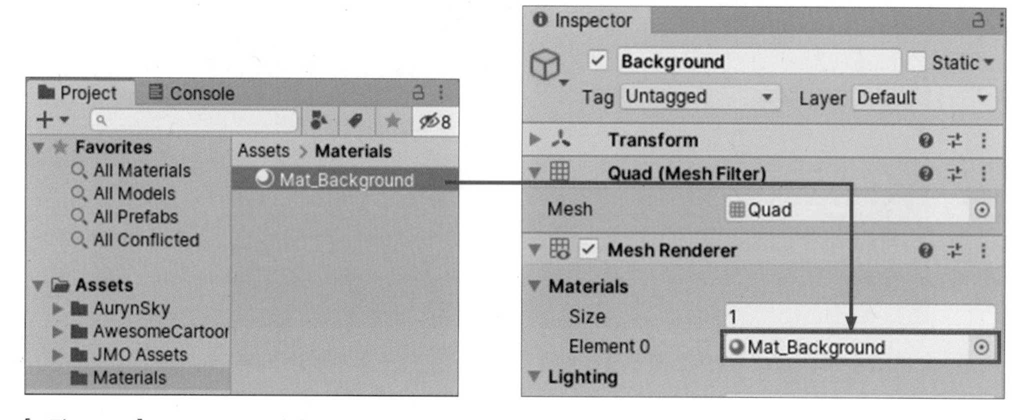

[그림 3.2-65] Background 게임 오브젝트에 Mat_Background 머티리얼 할당

배경이 적용된 화면은 [그림 3.2-66]과 같습니다.

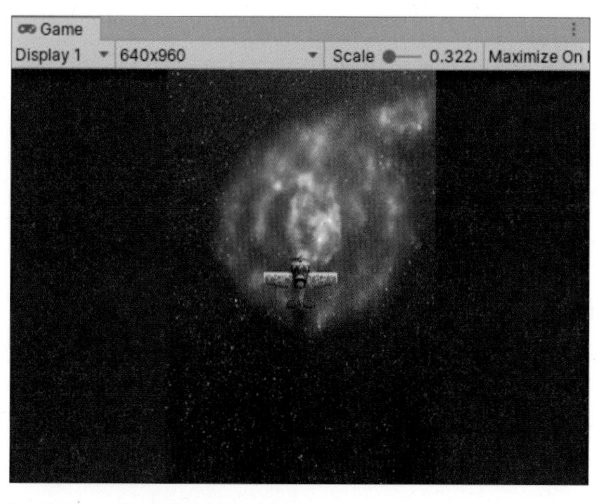

[그림 3.2-66] 배경이 적용된 화면

자, 이제 배경이 잘 적용됐는지 게임을 실행해 확인해보겠습니다. 그런데 화면에 있던 배경이 없어져버리는 문제가 발생했네요. [그림 3.2 - 67]을 보면 화면의 배경이 없어지고 뭔가에 부딪힌 듯한 폭발 효과의 잔재가 남아 있는 것을 알 수 있습니다.

[그림 3.2-67] 배경이 없어지고 폭발 효과 발생

[그림 3.2-68] 측면에서 바라본 Player와 Background의 위치

이렇게 되는 이유는 무엇일까요? 현재 우리가 배치해 놓은 배경을 조금 다른 각도에서 살펴보겠습니다. [그림 3.2-68]의 씬 화면에서 정면으로 보지 않고 측면으로 볼 수 있도록 조절해봤습니다. 그랬더니 플레이어가 배경 객체와 겹쳐 있는 것을 확인할 수 있습니다.

이렇게 배치돼 있기 때문에 에너미 객체가 배경과 충돌하는 문제가 발생한 것입니다. 보통 2D를 제작하는 경우 이런 문제가 종종 발생합니다. 이런 문제를 해결하는 데에는 여러 가지 방법이 있지만, 이 책에서는 단순히 위치만을 수정해 문제를 해결하겠습니다. 트랜스폼의 Position 값 중 Z 값을 '1.5'로 변경합니다.

Inspector
Background Static
Tag Untagged Layer Default
Transform

Position	X 0	Y 0	Z 1.5
Rotation	X 0	Y 0	Z 0
Scale	X 7	Y 10	Z 1

[그림 3.2-69] Background의 위치 변경

이와 같이 수정한 후에 실행하면 모두 정상적으로 동작하는 것을 확인할 수 있습니다.

● 배경 스크롤 스크립트 제작하기

그럼 이제 배경 스크롤 작업을 해보겠습니다. 배경 스크롤은 한 장을 회전시키려고 합니다. 이때 이를 가능하게 해주는 것이 머티리얼의 offset 속성입니다.

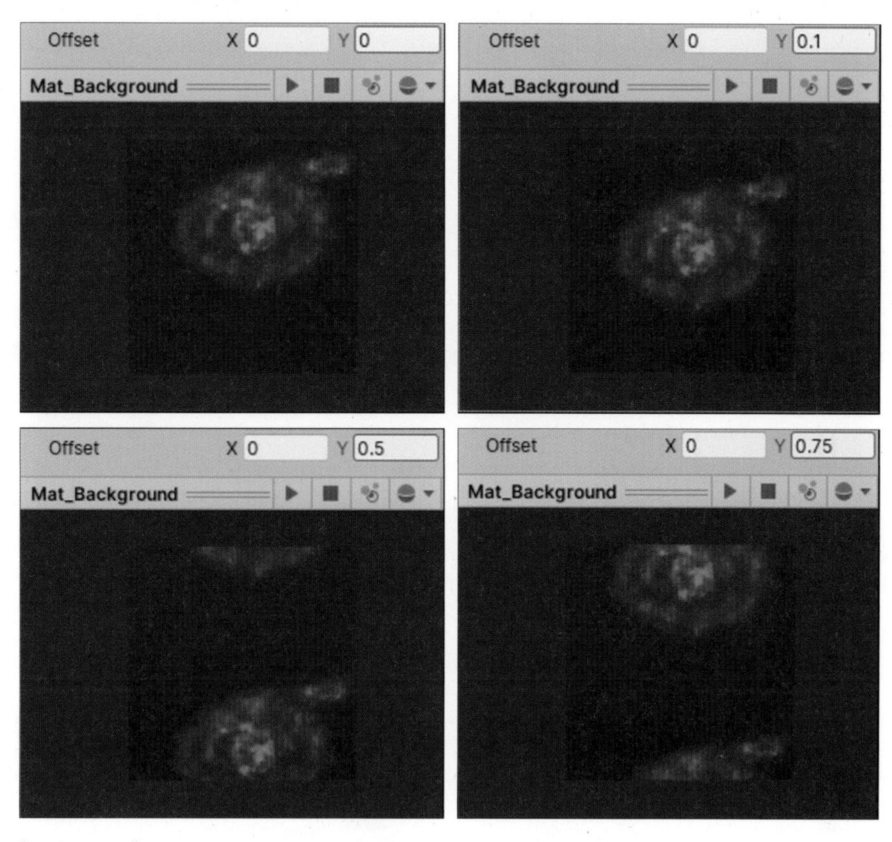

[그림 3.2-70] Mat_Background의 offset을 변경했을 때의 이미지 스크롤

이렇게 머티리얼의 Offset 속성을 변경하면 이미지를 스크롤할 수 있기 때문에 우리는 스크립트에서 이 Offset 속성을 변경해줌으로써 스크롤 효과를 낼 수 있도록 작업해보겠습니다. 먼저, 스크립트를 하나 만들어 Background 객체에 붙여보겠습니다. Project 창에서 [+] 버튼을 누른 후 C# 스크립트를 하나 만들어줍니다. 이름은 'Background'로 합니다.

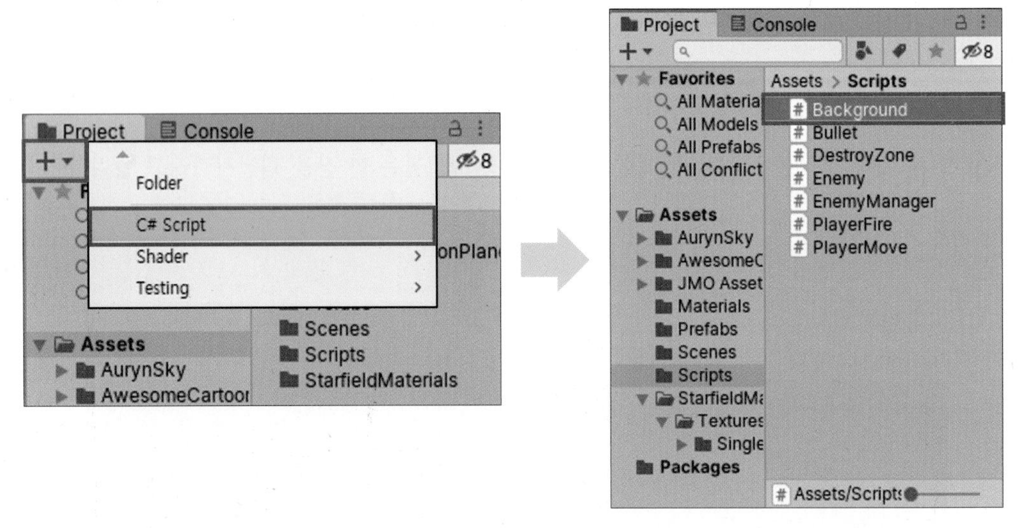

[그림 3.2-71] Scripts 폴더에 Background.cs 파일 생성

Background.cs 스크립트를 씬에 있는 Background 게임 오브젝트에 드래그 앤 드롭으로 붙여주겠습니다.

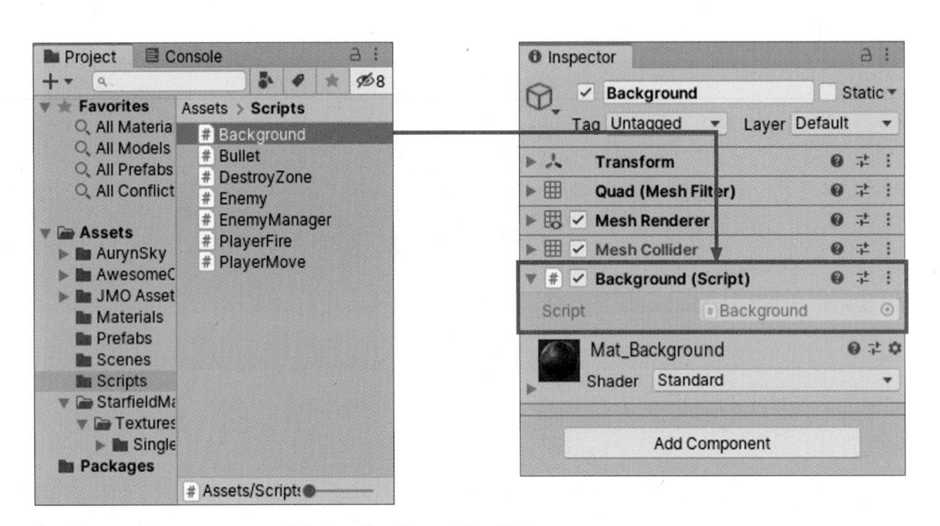

[그림 3.2-72] Background 게임 오브젝트에 스크립트 할당

Background.cs 스크립트를 더블 클릭해 비주얼스튜디오에서 편집하겠습니다.

스크립트에서 우리가 하고 싶은 것과 구현할 순서를 살펴보겠습니다. 우리의 목표는 '배경 스크롤이 되도록 하고 싶다.'입니다. 그럼 이 목표를 갖고 필요한 속성을 먼저 찾아보겠습니다.

배경 스크롤을 하기 위해서는 가장 먼저 머티리얼이 필요합니다. 이유는 머티리얼의 offset 속성을 수정해야 우리가 원하는 스크롤 효과를 줄 수 있기 때문에 당연히 머티리얼을 갖고 있어야 하겠죠. 그다음으로는 스크롤을 얼마나 빠른 속도로 할지에 대한 속성이 필요합니다. 이렇게 두 가지 속성 정보가 있어야 목표를 수행할 수 있습니다.

그럼 목표를 수행하기 위해 하위 구현이 필요한 요소들을 만들어보겠습니다. 우리가 달성하고자 하는 목표는 **'스크롤하고 싶다.'**입니다. 그 다음으로는 질문을 하나씩 던집니다. 어디로? **'방향이 필요하다.'** 더 필요한 질문이 있을까요? 언제 스크롤이 필요하죠? **'살아 있는 동안 계속 하고 싶다.'**
자, 이렇게 우리가 필요한 하위 세부 사항들이 만들어졌습니다. 이 내용을 바탕으로 순서를 정해 구현할 내용을 적어보겠습니다.

- **목표:** 배경 스크롤이 되도록 하고 싶다.
- **필요 속성:** 머티리얼, 스크롤 속도
- **순서:** ❶ 살아 있는 동안 계속 하고 싶다.
  ❷ 방향이 필요하다.
  ❸ 스크롤하고 싶다.

● **필요 속성**

Background.cs에서 필요한 속성은 머티리얼과 스크롤 속도입니다. 그 두 가지 속성을 모두 외부에서 입력받을 수 있도록 public 접근자를 사용하겠습니다.

```
public class Background : MonoBehaviour
{
    // 배경 머티리얼
    public Material bgMaterial;
    // 스크롤 속도
    public float scrollSpeed = 0.2f;
}
```

[코드 3.2-4] Background.cs 배경 스크롤 필요 속성

이렇게 하면 유니티 에디터상에 속성이 'BgMaterial'이라는 이름으로 노출됩니다. 여기에 Mat_Background를 드래그 앤 드롭으로 할당하면 됩니다.

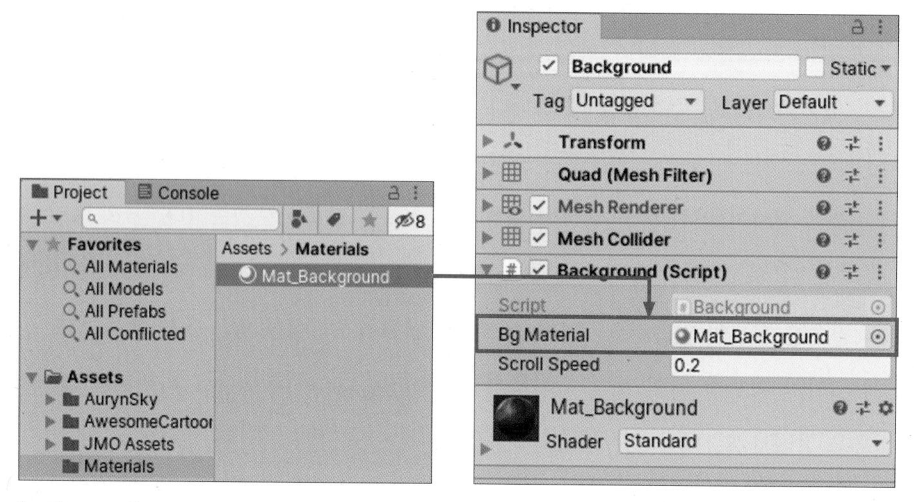

[그림 3.2-73] Bg Material 속성에 Mat_Background 할당

이제 실제 구현부를 순서대로 살펴보겠습니다.

1 살아 있는 동안 계속 하고 싶다.

살아 있는 동안 계속 스크롤하고 싶다는 것은 라이프사이클 함수 중 Update 함수에서 처리하겠다는 것을 뜻합니다.

2 방향이 필요하다.

우리는 위에서 아래로 움직이는 종 스크롤을 하려고 합니다. 따라서 Vector2.up 방향이 됩니다.

3 스크롤하고 싶다.

스크롤한다는 것은 물체가 이동한다는 것과 같다고 생각할 수 있습니다. 우리가 이전에 알아본 이동 공식을 사용해보겠습니다.

$$P = P_0 + vt$$

스크롤의 결과는 '현재 스크롤의 위치 + 속도 × 시간' 이렇게 볼 수 있죠. 이 공식을 스크립트에 그대로 적용해보겠습니다.

```
public class Background : MonoBehaviour
{
    . . . (생략) . . .

    // 1. 살아 있는 동안 계속 하고 싶다.
    void Update()
    {
        //2. 방향이 필요하다.
        Vector2 direction = Vector2.up;

        //3. 스크롤하고 싶다. P = P0 + vt
        bgMaterial.mainTextureOffset += direction * scrollSpeed * Time.deltaTime;
    }
}
```

[코드 3.2 - 5] Background.cs 배경스크롤 코드 구현

구현부에서 bgMaterial의 mainTextureOffset 속성에 접근하고 있습니다. 이 속성이 우리가 수정하고자 하는 offset 정보를 Vector2 형태로 갖고 있습니다. 왜냐하면 머티리얼의 Offset 정보는 X와 Y 정보만이 필요하기 때문이죠.

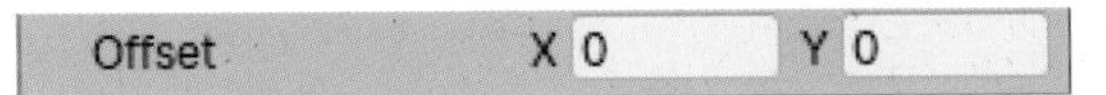

[그림 3.2-74] 머티리얼(Standard 셰이더 기준)의 Offset 정보

여기까지가 배경 스크롤을 하기 위한 전체 구현부의 끝입니다. 실제로 스크립트 작성은 몇 줄 안 되죠? 그리고 이미 우리가 아는 공식에 대응시켰을 뿐입니다. 앞으로 나오게 될 다른 예제에서도 원하는 내용은 다르지만, 구현부는 이와 같이 우리가 배운 것을 계속 활용하는 형태입니다. 어떻게 응용해 원하는 결과를 만들어내는지 유심히 살펴보시기 바랍니다.

3.2-6 : 사운드 추가

목표

총알 사운드와 폭발 사운드를 추가하고 싶다.

순서

❶ 총알 사운드 추가하기
❷ 폭발 사운드 추가하기
❸ 배경 사운드 추가하기

게임에 활력을 불어넣어주는 데에는 다양한 효과가 필요하지만, 그중에서도 사운드를 빼 놓을 수 없습니다. 사운드에 따라 전체적인 분위기 조성 및 몰입이 가능하고, 시각에 청각이 더해짐으로써 콘텐츠의 완성도를 확실히 살릴 수 있죠. 단순하게 배경 음악뿐 아니라 특정한 효과 사운드가 게임에 중요한 요소로 작용하기도 합니다. **배틀그라운드**를 보면 게임에서 총격 및 폭발 등의 사운드가 적의 위치를 파악하는 데 필수 요소로 활용되며, 소리가 들리지 않으면 게임을 할 수 없을 정도입니다.

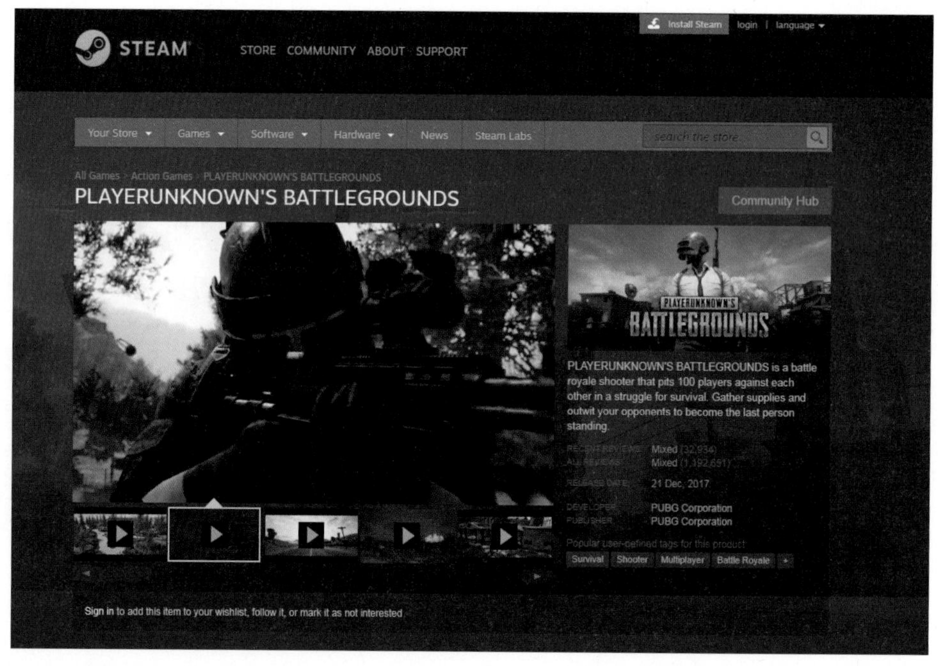

[그림 3.2-75] PUBG의 배틀그라운드(출처: PUBG 사이트(https://www.pubg.com/ko/merch/)

우리도 게임상에 사운드를 추가해 게임의 활력을 높여보겠습니다. 총 쏠 때와 폭발할 때의 두 가지 상황에 대한 구현을 추가하겠습니다.

1 총알 사운드 추가

총알 사운드는 총알이 화면에 나올 때 소리가 나도록 구성해보겠습니다. 이를 위해 [Project] – [Assets] – [Prefabs] 폴더의 Bullet 프리팹을 더블 클릭해 프리팹 편집 창으로 이동합니다.

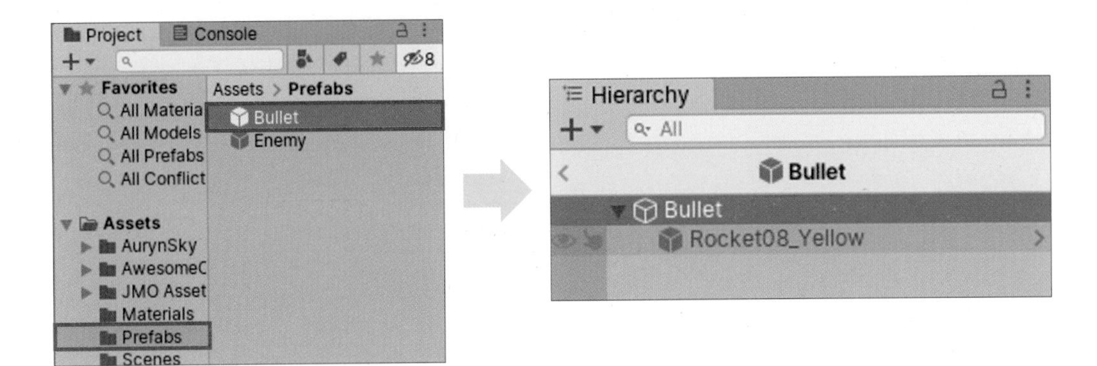

[그림 3.2-76] Bullet 프리팹 편집창으로 이동

Bullet 게임 오브젝트에 사운드를 재생할 수 있도록 하는 컴포넌트인 **오디오 소스**(AudioSource) 컴포넌트를 추가합니다. [그림 3.2-77]처럼 Bullet을 선택한 후 [Add Component] 버튼을 누르고 'AudioSource'를 검색해 추가합니다.

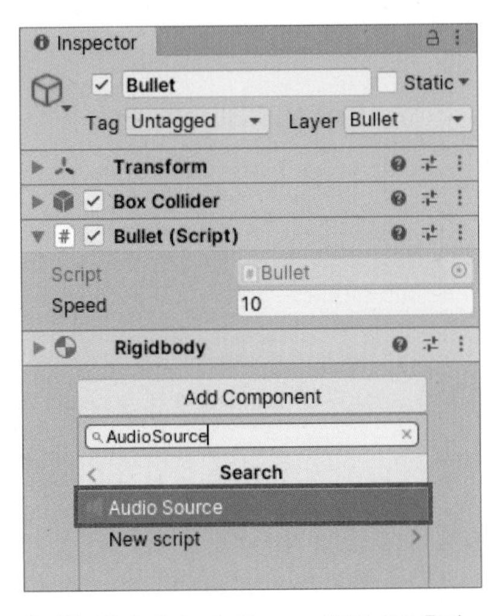

[그림 3.2-77] AudioSource 컴포넌트 추가

추가된 오디오 소스 컴포넌트에 CP03_Sound 폴더의 Audio_Bullet.wav 파일을 할당하겠습니다. 먼저 프로젝트에 CP03_Sound 폴더를 가져와 추가하세요. 그런 다음, 해당 폴더에 있는 Audio_Bullet 파일을 AudioSource 컴포넌트의 AudioClip 속성 부분에 넣어줍니다.

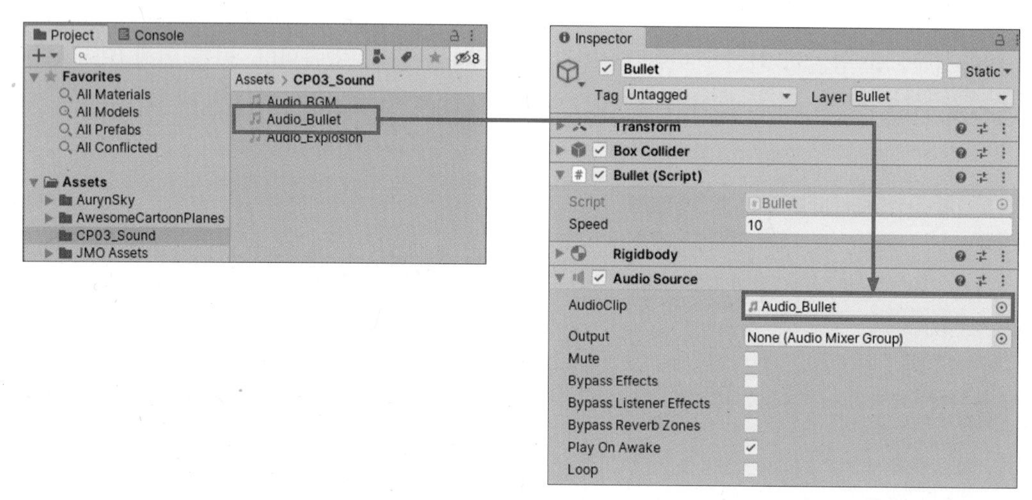

[그림 3.2-78] AudioSource의 AudioClip에 Audio_Bullet.wav를 할당

프로젝트를 실행하면 총알이 나갈 때마다 총 소리가 나는 것을 확인할 수 있습니다.

[그림 3.2-79] 총알이 나갈 때 사운드 기즈모가 표시된 모습

2 폭발 사운드 추가

이번에는 에너미가 없어질 때 폭발 사운드를 재생해보겠습니다. 폭발 사운드는 폭발 효과가 나올 때 발생하도록 하면 되겠죠? 총알 사운드와 비슷하게 작업이 진행됩니다. 먼저 우리가 사용하고 있는 폭발 효과를 더블 클릭해 프리팹 편집 창으로 이동합니다.

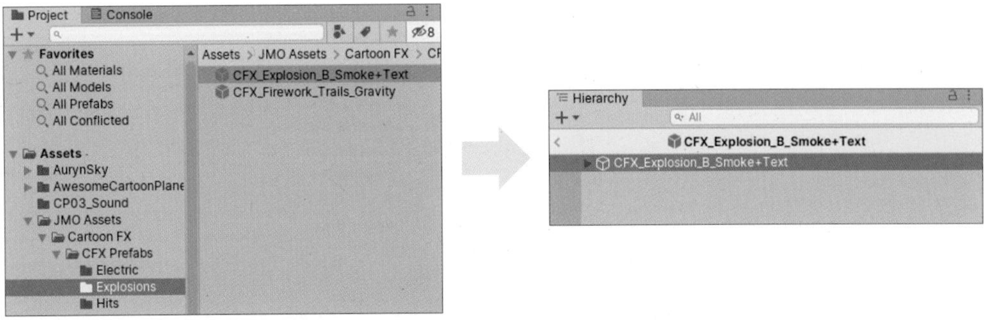

[그림 3.2-80] 폭발 프리팹을 더블 클릭해 편집 창으로 이동

그런 다음, CFX_Explosion_B_Smoke+Text 객체에 오디오 소스 컴포넌트를 추가하고 CP03_Sound 폴더의 Audio_Explosion 파일을 AudioClip 속성에 할당하겠습니다.

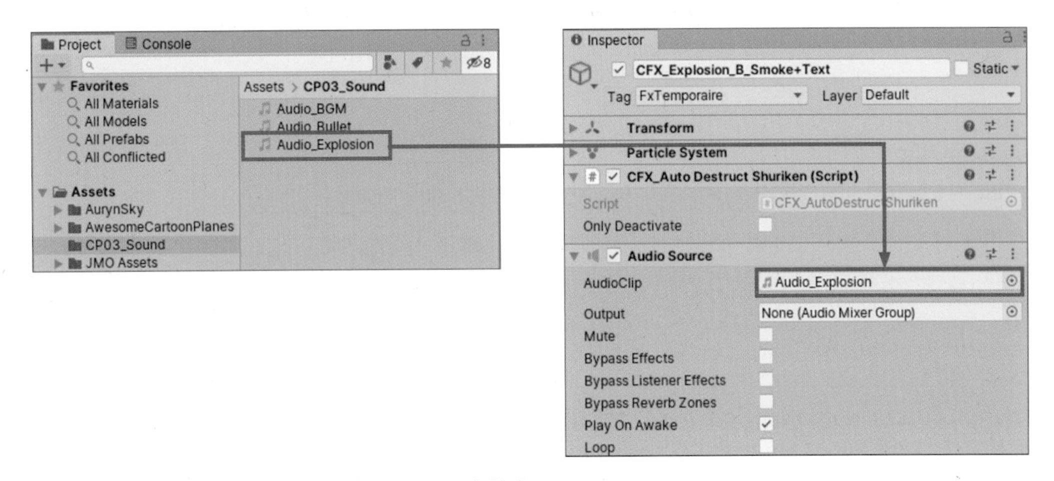

[그림 3.2-81] Audio_Explosion 파일을 AudioClip에 할당

총소리와 함께 에너미를 잡으면 팡팡 터지는 소리가 들리나요? 이렇게 게임에 사운드가 들어가면 생동감 있고, 몰입도 높은 콘텐츠를 만들 수 있습니다.

3 배경 사운드 추가

마지막으로 배경 사운드를 추가해보겠습니다. 제공되는 음원 파일보다 좋은 것이 있으면 여러분이 직접 넣어보세요. 우리는 Audio_BGM 파일을 사용하겠습니다. 배경 사운드는 Background 게임 오브젝트에서 재생하도록 하죠. 씬에서 Background를 선택합니다. 오디오 소스 컴포넌트를 추가하고 Audio_BGM 파일을 할당해주세요. 결과는 [그림 3.2-82]와 같습니다. 단, 배경 사운드는 루프가 되도록 해야 하기 때문에 Loop 옵션에 체크합니다.

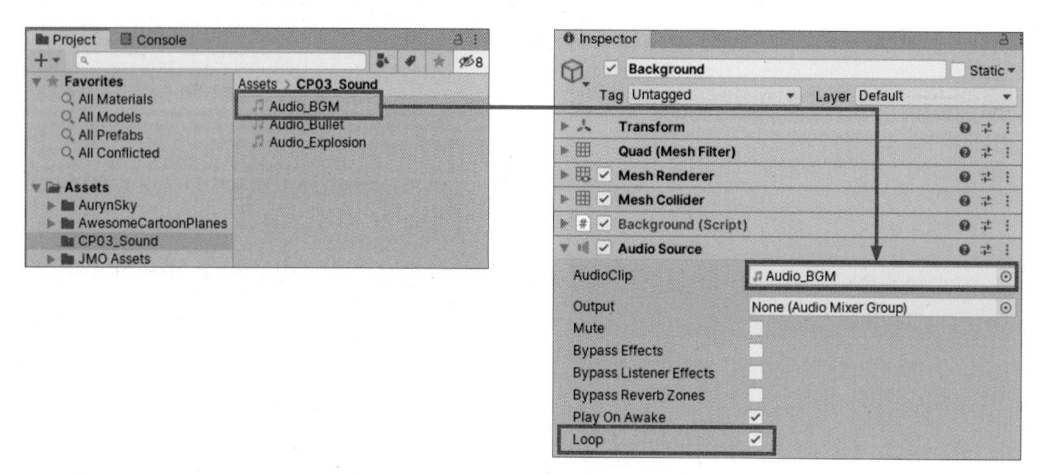

[그림 3.2-82] Background 객체의 Audio Source에 Audio_BGM 클립 할당

Tip

유니티에서 지원하는 오디오 파일 포맷은 [그림 3.2-83]에 표시된 내용과 같습니다. 총알, 폭탄과 같은 짧은 길이의 효과음에는 wav 파일, 배경음과 같이 긴 길이의 효과음에는 mp3를 많이 사용합니다.

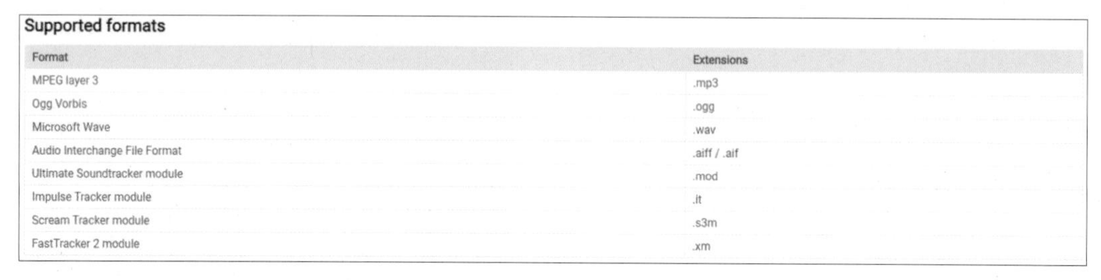

Supported formats

Format	Extensions
MPEG layer 3	.mp3
Ogg Vorbis	.ogg
Microsoft Wave	.wav
Audio Interchange File Format	.aiff / .aif
Ultimate Soundtracker module	.mod
Impulse Tracker module	.it
Scream Tracker module	.s3m
FastTracker 2 module	.xm

[그림 3.2-83] 유니티에서 지원하는 오디오 파일 포맷(참고: 유니티 매뉴얼)

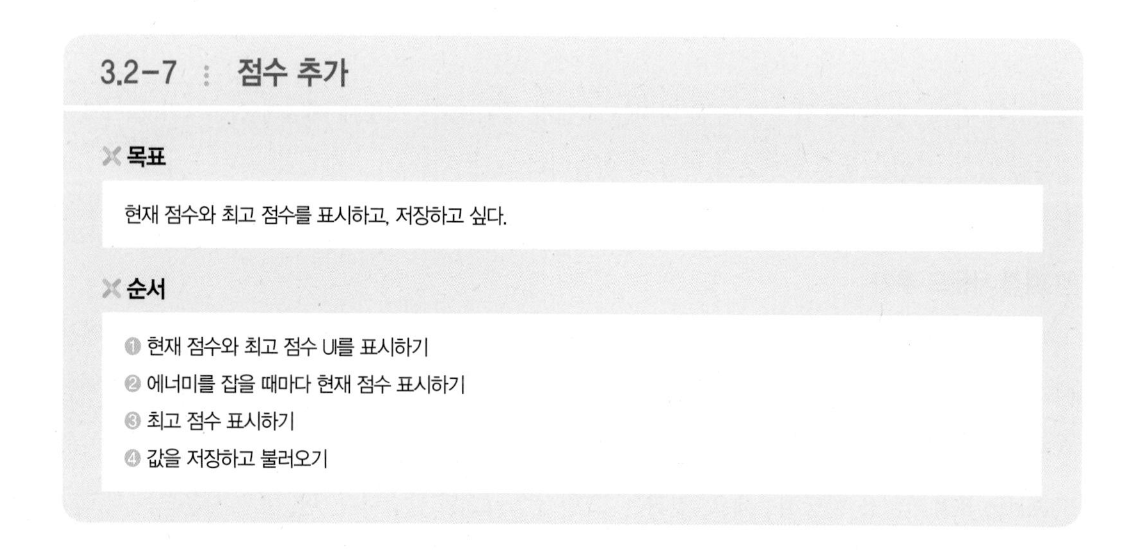

3.2-7 : 점수 추가

목표

현재 점수와 최고 점수를 표시하고, 저장하고 싶다.

순서

1. 현재 점수와 최고 점수 UI를 표시하기
2. 에너미를 잡을 때마다 현재 점수 표시하기
3. 최고 점수 표시하기
4. 값을 저장하고 불러오기

이번 장에서는 점수 추가에 대해 알아보겠습니다. 게임을 할 때 어떠한 목표를 줌으로써 플레이어에게 게임을 진행할 의미를 부여해주는 것이 중요합니다. 예를 들어 연말에 별다방 다이어리를 얻기 위해 별다방 커피를 열심히 마셔본 적 있나요? 이와 마찬가지로 게임을 열심히 플레이하고, 그에 따른 적절한 보상을 주는 것은 게임을 계속 플레이하게 하는 중요한 요소입니다. 우리 게임에서는 점수 획득을 목표로 설정할 뿐, 랭킹 시스템을 거창하게 만들지는 않겠습니다. 다만, 최고점을 갱신할 때의 희열을 주기 위해 최고점을 화면에 따로 표시하고 그 값을 저장했다가 언제든 다시 시작해도 유지되도록 해보겠습니다.

[그림 3.2-84]는 데브시스터즈의 쿠키런으로 내 점수와 최고 점수 등을 화면에 표시해주고 있습니다.

[그림 3.2-84] 데브시스터즈의 쿠키런 게임 화면(출처: 곰도라님의 블로그(http://bitly.kr/hPlEZtXaC))

UI/UX에 대해서는 FPS 게임 제작에서 자세히 다룹니다. 이번에는 기초 콘셉트를 유지하기 위해 텍스트 UI로만 가볍게 만들어보겠습니다.

이번에는 총 3단계의 구성으로 구현부를 수정하면서 작업해보겠습니다. 1단계는 말 그대로 설계는 없다 식의 막코딩(?)으로 진행해보고, 2단계는 클래스(class)와 함수를 좀 더 적극적으로 이용해 진보된 형태로 만들어보겠습니다. 마지막 3단계는 C#의 get/set 프로퍼티(Property)와 간단한 디자인 패턴(Design Pattern)인 싱글턴(SingleTon) 패턴을 활용해 사용하기 편하고 활용도 높은 코드를 만들어보겠습니다. 이렇게 하는 이유는 여러분들이 직접 구현하게 됐을 때 보통 1단계로 진행할 여지가 크기 때문에 더 발전하기 위해 어떤 내용이 필요한지 언급하고, 뒤에서 진행되는 FPS 등의 예제에서 계속 활용될 것이기 때문에 미리 말해두기 위함입니다. 또한 여기에서는 간단한 디자인 패턴을 언급하지만 개발 능력을 높이기 위해서는 설계에 관련된 디자인 패턴 및 리팩토링(Refactoring)에 관련된 공부를 해두는 것도 좋을 것입니다.

현재 점수와 최고 점수 UI를 표시하고 싶을 때

현재 점수 UI 표시

그럼 먼저 UI 작업부터 들어가보겠습니다. 우리는 현재 점수와 최고 점수를 표시하겠습니다. 그럼 현재 점수부터 UI를 추가하겠습니다. 하이어라키 뷰에서 [+] 버튼을 눌러 [UI–Legacy–Text]를 하나 만들어줍니다. 이름은 'CurrentScore'로 합니다.

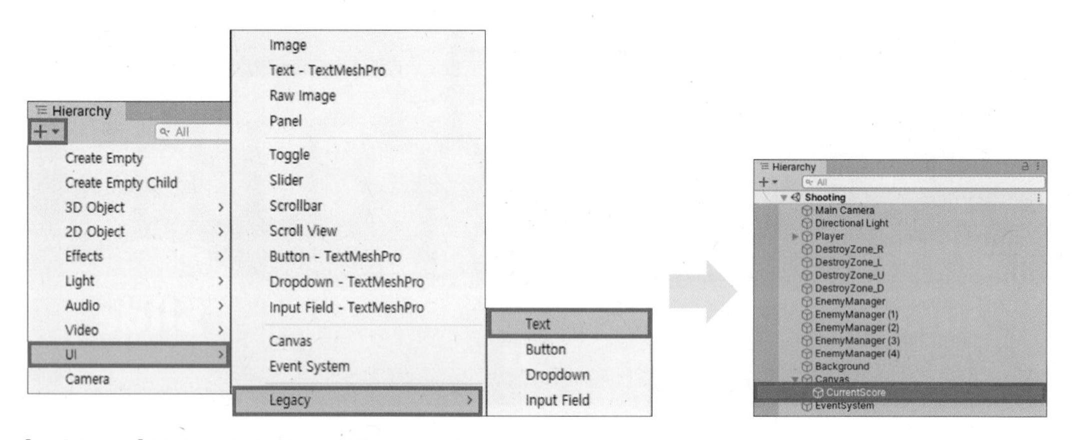

[그림 3.2-85] 현재 점수를 표현하기 위해 Text UI 생성

이렇게 만들어진 UI는 원하는 위치에 배치하기 위해 앵커(Anchor) 작업과 위치 조정을 통한 수정 작업을 실행합니다.

유니티에서는 UI 엘리먼트(Element)의 앵커를 편하게 작업할 수 있도록 **앵커 프리셋**(Anchor Preset)을 제공합니다. 이 앵커 프리셋은 UI가 어느 곳을 기준으로 배치될 것인지를 정하는 기능을 담당합니다. CurrentScore UI는 **좌측**(Left) **상단**(Top)을 기준으로 정렬하겠습니다.

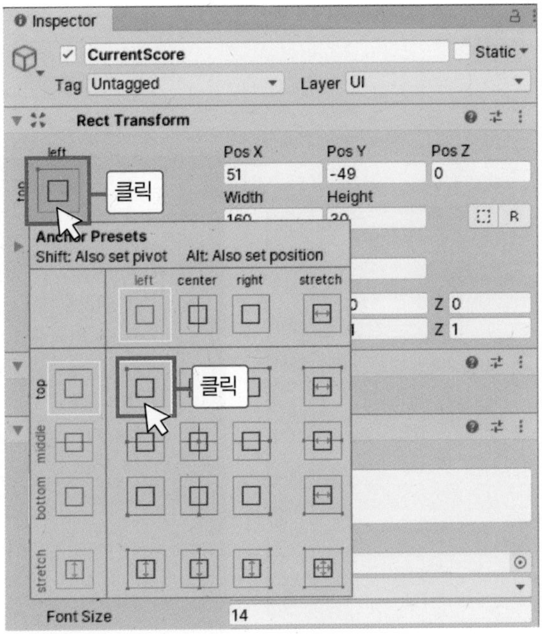

[그림 3.2-86] 앵커 프리셋을 이용한 Left, Top 기준 앵커 세팅

앵커를 잡아줬다면 이제 위치를 이동시켜 좌측 상단에 배치하겠습니다. [그림 3.2-87]의 트랜스폼 값으로 지정해줍니다.

Tip

UI 파트에서 좀 더 자세한 설명하겠지만, 유니티의 UI는 기본적으로 화면 해상도를 따라갑니다. 즉, 픽셀(pixel) 기준입니다. 하지만 물체가 움직이는 공간인 씬 뷰은 미터(meter) 단위의 3D 월드(world) 공간으로 돼 있습니다. 따라서 일반적인 게임 오브젝트가 사용하는 Transform 컴포넌트를 그대로 사용할 수 없습니다. 처리하는 데이터 단위가 다르기 때문이죠. 그래서 유니티는 UI를 표시하기 위해 Rect Transform이라는 컴포넌트를 따로 제공하고 있습니다.

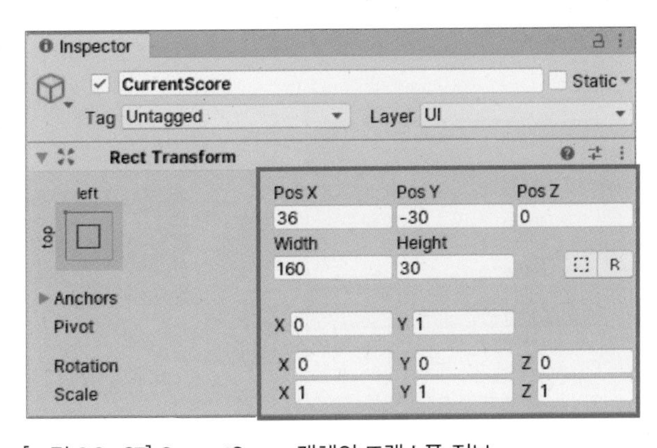

[그림 3.2-87] CurrentScore 객체의 트랜스폼 정보

다음으로는 Text 컴포넌트의 Text, Font Size, Horzontal Overflow 값을 [그림 3.2-88]과 같이 수정합니다.

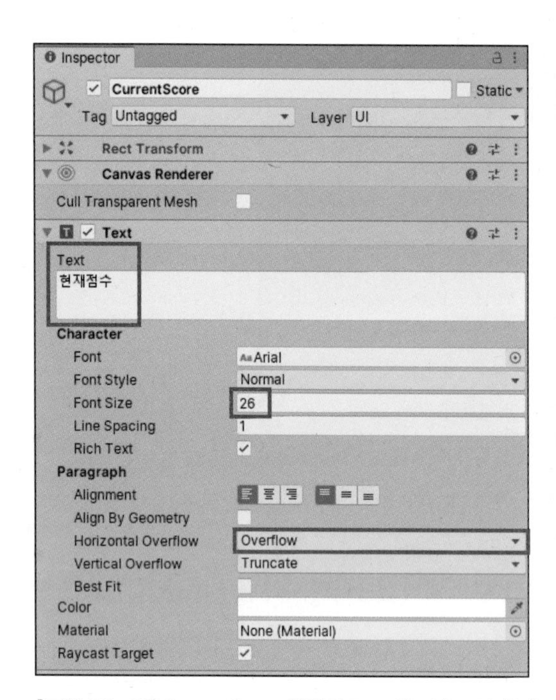

[그림 3.2-88] CurrentScore 객체의 Text 컴포넌트 값 수정

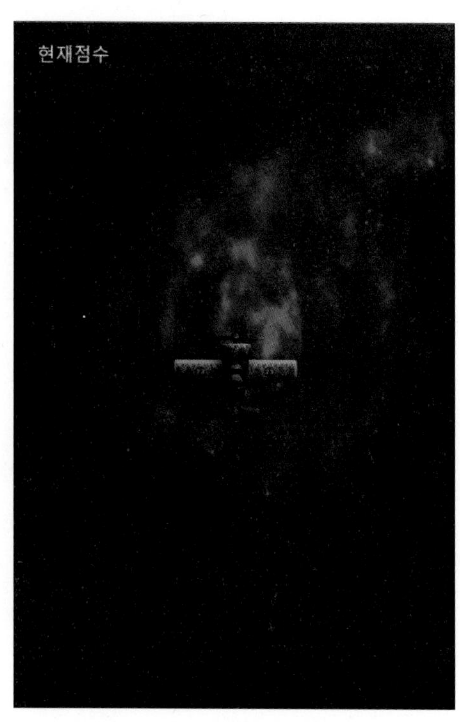

[그림 3.2-89] 좌측 상단에 정렬된 현재 점수 UI

● 최고 점수 UI 표시

현재 점수와 마찬가지로 최고 점수 UI도 추가합시다. 하이어라키 뷰에서 CurrentScore를 선택한 후 마우스 오른쪽 버튼을 클릭하고 Duplicate를 선택하거나 Ctrl+D 키를 눌러 하나 복제합니다. 이름은 'BestScore'로 변경하겠습니다.

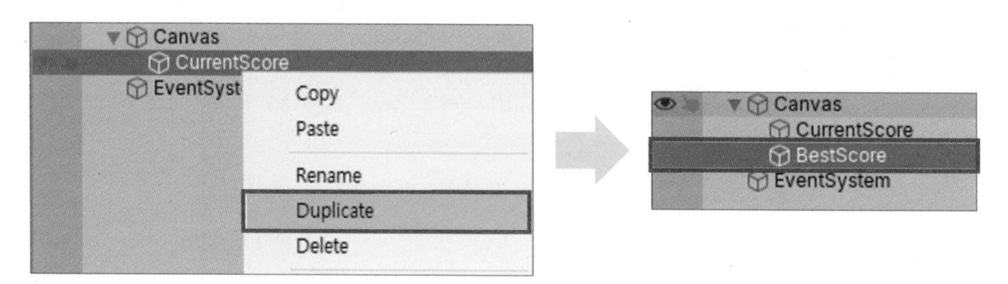

[그림 3.2-90] CurrentScore를 복제해 BestScore로 이름 변경

BestScore 객체의 Rect Transform 정보는 Pos Y 값만 '-73'으로 바꾸면 됩니다.

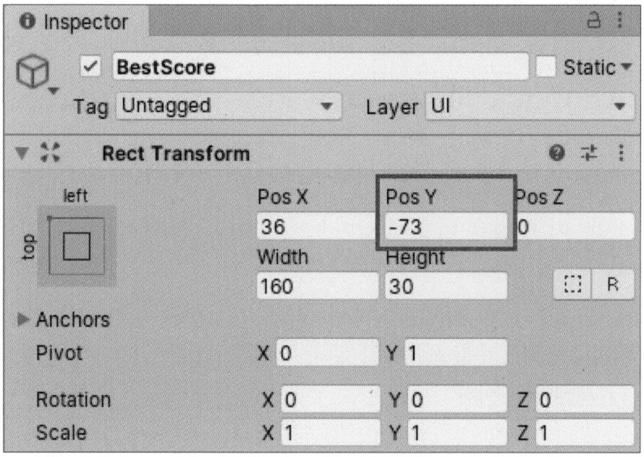

[그림 3.2-91] BestScore의 Pos Y 값 수정

표시 내용을 최고 점수로 수정하고 나머지는 그대로 두어 마무리 짓습니다.

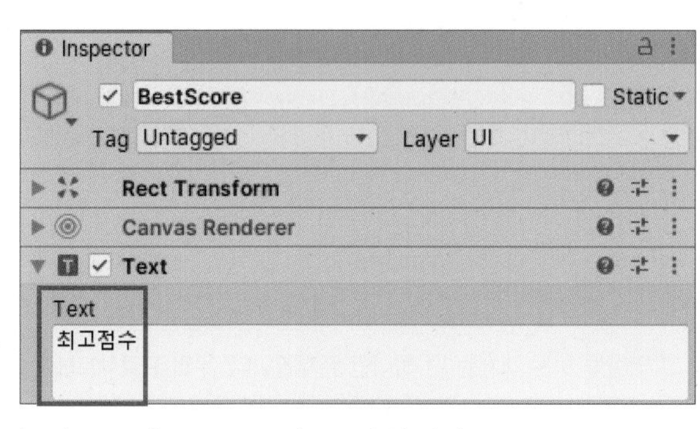

[그림 3.2-92] BestScore의 Text 속성 변경

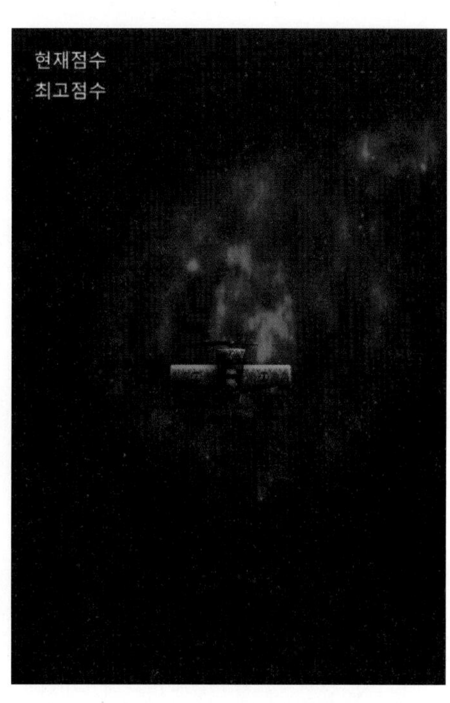

[그림 3.2-93] 최고 점수 UI까지 추가된 화면

에너미를 잡을 때마다 현재 점수를 표시하고 싶을 때

현재 및 최고 점수에 대한 UI 작업을 해 놓았으므로 이제 에너미를 잡을 때마다 현재 점수에 표시해보겠습니다. '에너미를 잡을 때마다 현재 점수를 표시하고 싶다.'라는 목표를 수행하는 데 필요한 속성을 생각해보겠습니다.

현재 점수와 관련해 필요한 것은 UI 객체인 CurrentScore 게임 오브젝트의 Text 컴포넌트 속성과 (코드상에서 가져와도 되지만, 이 방법은 나중에 알아보겠습니다) 현재 점수를 기억할 변수입니다.

- **목표:** 에너미를 잡을 때마다 현재 점수를 표시하고 싶다.
- **필요 속성:** 현재 점수 UI, 현재 점수 기억

먼저, 씬에 점수를 관리하기 위한 객체를 만들겠습니다. 이렇게 전담하는 객체를 두는 것이 일반적입니다.

하이어라키 뷰에서 [+] 버튼을 눌러 [Create Empty]를 선택합니다. 그리고 이름을 'ScoreManager'로 변경해줍니다.

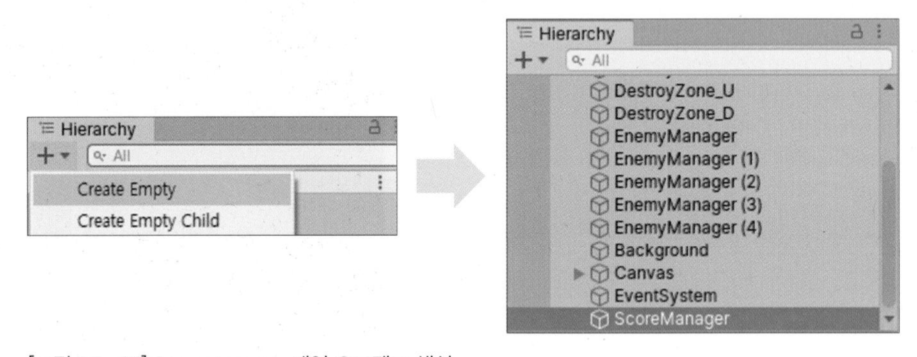

[그림 3.2-94] ScoreManager 게임 오브젝트 생성

Tip

여러분이 프로젝트를 진행하다 보면(다른 사람의 프로젝트를 보더라도) Manager라는 단어가 들어간 것들을 종종 보게 될 것입니다. 특정한 목적을 가진 객체로 흔히 씬에 그 역할을 하는 객체는 단 하나만 존재합니다. 우리 프로젝트에는 EnemyManager를 비롯해 여러 개가 있지만, 뒤에 이 **ScoreManager**를 개량해 단 하나만 존재한다는 조건을 만족하도록 하는 디자인 패턴인 싱글턴에 대해 알아보고 이를 어떻게 활용하는지 확인해보겠습니다.

우리 ScoreManager 객체는 트랜스폼 컴포넌트만 붙어 있는 단순한 객체입니다. 특정한 역할을 하되, 화면에 실제로 보일 필요는 없기 때문에 그에 해당하는 컴포넌트를 따로 추가하진 않습니다. 여기에 우리의 스크립트 컴포넌트를 붙여 원하는 기능이 동작하도록 합니다.

[Project] – **[Assets]** – **[Scripts]** 경로에 C# 스크립트를 하나 만들고, 이름을 'ScoreManager'로 변경하겠습니다.

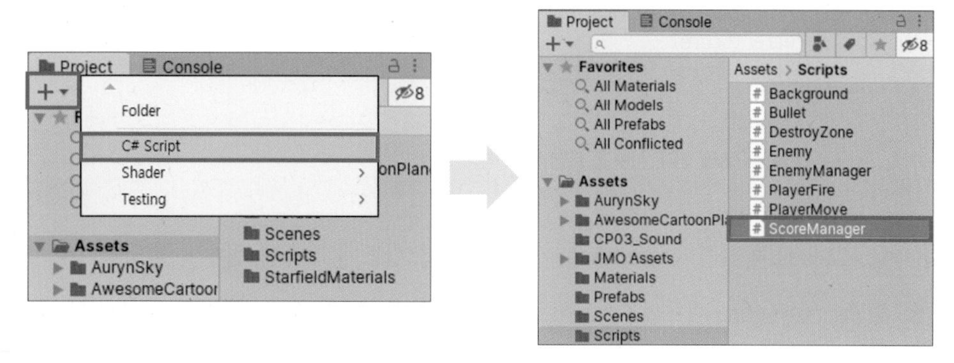

[그림 3.2-95] ScoreManager.cs 스크립트 생성

생성된 ScoreManager.cs 스크립트를 씬의 ScoreManager 객체에 컴포넌트로 추가합니다.

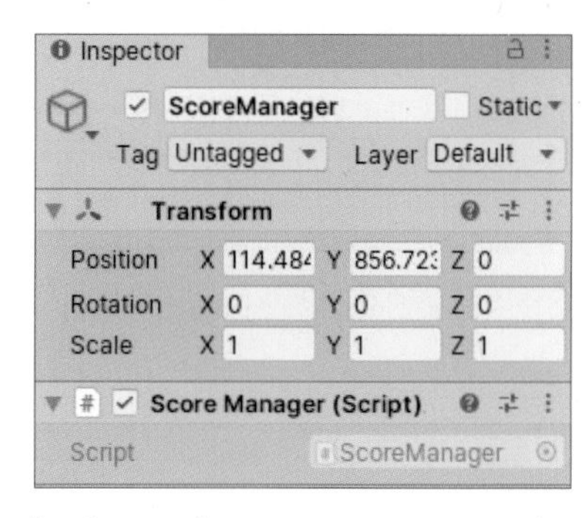

[그림 3.2-96] ScoreManager.cs 스크립트를 ScoreManager 게임 오브젝트에 추가

ScoreManager.cs 스크립트를 편집기에서 열어 수정해보겠습니다. 먼저 유니티 UI를 사용하기 위해 UI 네임스페이스(Namespace)를 추가해 스크립트에서 UI 관련 API를 사용할 수 있도록 해보겠습니다. 그리고 위에서 언급한 현재 점수와 관련해 필요한 속성 currentScoreUI와 currentScore를 선언하겠습니다.

```
. . . (생략) . . .
// 유니티 UI를 사용하기 위한 네임스페이스
using UnityEngine.UI;

public class ScoreManager : MonoBehaviour
{
    // 현재 점수 UI
    public Text currentScoreUI;
    // 현재 점수
    public int currentScore;
}
```

[코드 3.2-6] ScoreManager.cs에 현재 점수를 위한 필요 속성 선언

그런 다음, Canvas 하위의 CurrentScore 객체를 스크립트에 노출된 변수에 할당합니다. 드래그 앤 드롭으로 CurrentScore 객체를 CurrentScoreUI 속성에 [그림 3.2-97]과 같이 넣어주면 됩니다.

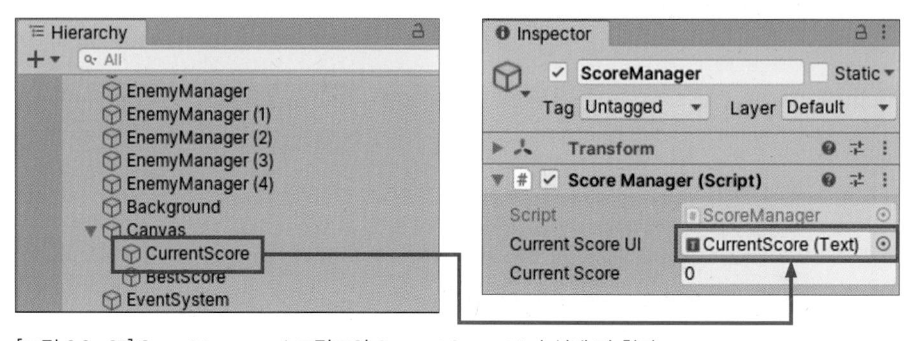

[그림 3.2-97] ScoreManager 스크립트의 Current Score UI 속성에 값 할당

Tip

우리가 유심히 살펴봐야 할 부분은 받아야 하는 자료형(Data Type)이므로 **Text** 컴포넌트가 들어오도록 지정했습니다. 하지만 우리가 드래그 앤 드롭으로 넣어준 것은 다름 아닌 게임 오브젝트 자료형입니다. 두 자료형이 맞지 않기 때문에 오류가 발생해야 하지만, 유니티에서 해당 게임 오브젝트에 있는 컴포넌트 중 Text로 된 컴포넌트가 있으면 자동으로 그것을 찾아 할당합니다. 유니티의 철학인 '게임 개발의 민주화'라는 슬로건이 이렇게 곳곳에 스며들어 있습니다.

이 ScoreManager.cs 스크립트는 아직까지 단순하게 필요한 속성만을 갖고 있을 뿐입니다. **'에너미를 잡을 때마다 현재 점수가 표시'**되도록 해보겠습니다. 해당 기능을 어느 스크립트의 어느 곳에

넣으면 좋을까요? 먼저 구현부를 어디에서, 어떻게 처리하는 것이 효율적인지는 다음 문제입니다. 문장 그대로 분석해 구현하고 점차 최적화로 가는 길을 선택하는 것이 좋습니다. 물론 경험이 많이 쌓이면 그 단계를 건너뛸 수도 있고요. 그럼 문장을 분석해보죠.

"에너미를 잡을 때마다 현재 점수를 표시하고 싶다."의 가장 최종 부분을 쓰겠습니다.

가장 하고 싶은 것은 결국 "❶ **스코어를 화면에 표시하고 싶다.**"겠죠. 이제 다음 질문은, "왜 스코어를 화면에 표시하지?"이고, 그 대답은 "❷ **스코어가 증가됐으니까.**"일 것입니다. 그리고 다음 질문은 "갑자기 왜 스코어를 늘리라는 거지?"이고 그 대답은 "❸ **에너미를 잡았으니까.**"일 것입니다. 순서를 역순으로 재정렬하면 다음과 같습니다.
'에너미를 잡았으므로 스코어를 증가시키고 화면에 표시한다.'의 순서가 자연스럽습니다.

- **목표:** 에너미를 잡을 때마다 현재 점수를 표시하고 싶다.
- **순서:** ❶ 에너미를 잡았으니까
  ❷ 스코어를 증가시키고 싶다.
  ❸ 스코어를 화면에 표시하고 싶다.

Tip

'개발 회사에서 기획자나 디자이너들이 프로그래밍을 배워야 하는가?'에 대한 논쟁이 종종 있습니다. 특히 기획자의 경우가 그렇습니다. 개인적으로는 필요하다고 봅니다. 그 이유는 생각을 실체화시켜주는 것이 프로그래머이기 때문입니다. 영화로 보면 배우인 셈이죠. 그들이 생각하는 관점에서 표현하려는 노력이 기획자 자신이 표현하고자 하는 생각의 세계를 더 잘 드러날 수 있게 하는 방법이라고 생각합니다. 사실 이런 식으로 기획서가 나온다면 프로그래머의 코딩 역량이 그렇게 뛰어나지 않더라도 번역 수준에서 작성할 수 있습니다. 결국 프로그래밍은 C#이나 다른 언어적인 능력치보다 논리적인 사고를 모든 개발진이 갖춰야 한다는 점에서 필요한 영역이 아닌가 생각합니다.

'❶ **에너미를 잡았으니까.**'의 위치부터 찾아들어가면 될 것 같습니다. 이 위치는 Enemy.cs 스크립트에서 에너미가 다른 물체와 충돌했을 때 호출되는 OnCollisionEnter 이벤트 함수를 떠올리면 됩니다.

```
public class Enemy : MonoBehaviour
{
    . . . (생략) . . .

    private void OnCollisionEnter(Collision collision)
    {
```

```
        // 에너미를 잡을 때마다 현재 점수를 표시하고 싶다.

        . . . (생략) . . .
    }
}
```

[코드 3.2-7] Enemy.cs 물체와 충돌할 때 위치

[코드 3.2-7]에 빨간색 주석으로 표시된 부분이 바로 '우리가 에너미를 잡았으니까.'에 해당하는 내용입니다. 이곳에 다음 구현부들이 들어가는 것이죠.

'❷ **스코어를 증가시키고 싶다.**'를 이곳에 추가해보겠습니다. 스코어는 ScoreManager 게임 오브젝트의 ScoreManager.cs 컴포넌트가 갖고 있죠? ScoreManager 클래스의 currentScore와 currentScoreUI 속성에 접근해 값을 갱신해줘야 할 것 같습니다.

하위 목표가 다시 나옵니다. **'ScoreManager 클래스가 갖고 있는 속성의 값을 변경하고 싶다.'**라는 목표를 달성하기 위해 문장을 세부 단위로 쪼개보겠습니다.

❶ ScoreManager 클래스의 속성을 변경하고 싶다. ScoreManager 컴포넌트는 어디서 가져오지?

❷ ScoreManager 게임 오브젝트에서 얻어온다. ScoreManager 게임 오브젝트는 어디서 났지?

❸ 씬에서 ScoreManager 객체를 찾아오자.

이를 역순으로 나열하면 [그림 3.2-98]과 같습니다.

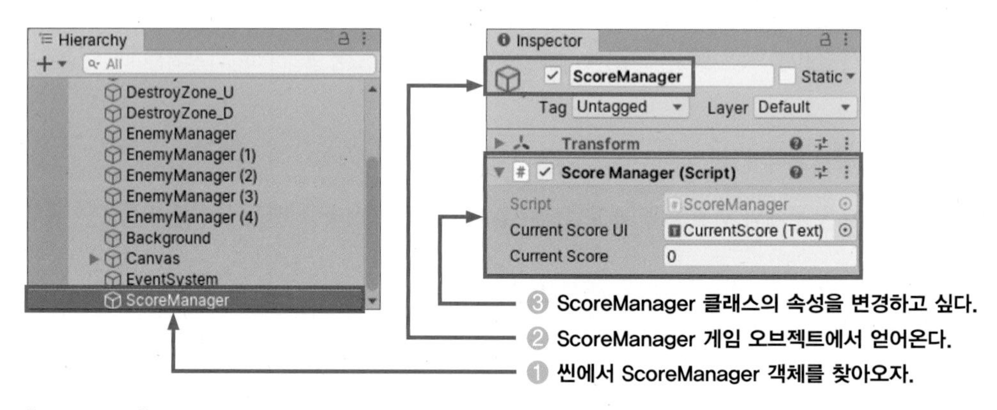

[그림 3.2-98] ScoreManager 스크립트의 Current Score UI 속성에 값 할당

이와 같은 순서로 구현해보겠습니다. 코드에서 ++로 표시된 부분은 '증감 연산자'라고 하며, 이는 값을 1씩 증가시키는 기능을 합니다.

```
public class Enemy : MonoBehaviour
{
    // 1. 적이 다른 물체와 충돌했으니까.
    private void OnCollisionEnter(Collision collision)
    {
        // 에너미를 잡을 때마다 현재 점수를 표시하고 싶다.
        // 1. 씬에서 ScoreManager 객체를 찾아오자.
        GameObject smObject = GameObject.Find("ScoreManager");
        // 2. ScoreManager 게임 오브젝트에서 얻어온다.
        ScoreManager sm = smObject.GetComponent<ScoreManager>();
        // 3. ScoreManager 클래스의 속성에 값을 할당한다.
        sm.currentScore++;
        . . . (생략) . . .
    }
}
```

[코드 3.2-8] Enemy.cs에 점수 증가 부분 구현

이제 '❸ **스코어를 화면에 표시하고 싶다.**'를 구현하는 것이 간단해지죠. 아래에 한 줄을 더 추가해 currentScoreUI에 값을 할당해주겠습니다. sm(ScoreManager 객체)의 속성 중에서 currentScoreUI 속성을 가져옵니다. 이는 currentScoreUI 속성 중에서 text를 가져와 값을 할당하는 내용입니다.

```
public class Enemy : MonoBehaviour
{
    // 1. 적이 다른 물체와 충돌했으니까.
    private void OnCollisionEnter(Collision collision)
    {
        . . . (생략) . . .

        sm.currentScore++;
        // 4. 화면에 현재 점수 표시하기
        sm.currentScoreUI.text = "현재 점수 : " + sm.currentScore;
```

```
            . . . (생략) . . .
        }
    }
```

[코드 3.2-9] Enemy.cs 현재 점수 UI에 표시

여기까지 하고 게임을 실행해보면 현재 점수가 화면에 표시되는 것을 확인할 수 있습니다.

[그림 3.2-99] 현재 점수가 적용된 결과

최고 점수를 표시하고 싶을 때

이제 현재 점수처럼 최고 점수도 표시해보겠습니다. 먼저 필요한 속성부터 찾아볼까요? 현재 점수처럼 여기에서는 최고 점수 UI와 최고 점수를 기억할 변수가 필요합니다. 목표와 필요 속성은 다음과 같습니다.

- **목표:** 최고 점수를 표시하고 싶다.
- **필요 속성:** 최고 점수 UI, 최고 점수 기억

ScoreManager.cs 스크립트를 연 후 currentScore 변수 선언 다음에 코드를 추가하겠습니다.

```
public class ScoreManager : MonoBehaviour
{
    . . . (생략) . . .
    // 최고 점수 UI
    public Text bestScoreUI;
    // 최고 점수
    public int bestScore;
}
```

[코드 3.2-10] ScoreManager.cs 최고 점수 속성 정의

그럼 최고 점수는 언제 갱신되는 것이 좋을까요? 최고 점수이기 때문에 현재 점수가 최고 점수보다 커지는 시점에 갱신하면 되겠죠? '최고 점수를 표시하고 싶다.'를 세부 단위로 쪼개면 '❶ **최고 점수 UI에 표시**'가 최종 목적이며, 최고 점수를 UI에 표시하는 이유는 '❷ **최고 점수가 갱신됐으니까.**'가 됩니다. '왜 최고 점수를 갱신했나요?'라는 질문의 대답은 '❸ **현재 점수가 최고 점수보다 크니까.**'가 됩니다. 이를 우선순위에 맞게 재배치해보면 다음과 같습니다.

순서 : ❶ 현재 점수가 최고 점수보다 크니까
❷ 최고 점수를 갱신시킨다.
❸ 최고 점수 UI에 표시

1 현재 점수가 최고 점수보다 크니까

구현하기 전에 '현재 점수가 최고 점수보다 크니까'라는 문장을 프로그래밍적인 느낌이 나도록 바꿔보죠. '❶ **만약 현재 점수가 최고 점수를 초과했다면**'으로 바꿔도 의미는 같습니다. 왜 프로그래밍적인 느낌이 나는지는 이 내용을 C# 언어로 옮겨보면 알게 될 것입니다. Enemy.cs 스크립트로 이동합니다. [코드 3.2-11]을 보면, 변경한 내용 그대로 C# 언어로 번역한 느낌이 들죠?

```
public class Enemy : MonoBehaviour
{
    . . . (생략) . . .
    private void OnCollisionEnter(Collision collision)
    {
```

```
        . . . (생략) . . .
        sm.currentScoreUI.text = "현재 점수 : " + sm.currentScore;

        // 목표: 최고 점수를 표시하고 싶다.
        // 1. 현재 점수가 최고 점수보다 크니까
        //  -> 만약 현재 점수가 최고 점수를 초과했다면
        if(sm.currentScore > sm.bestScore)
        {
        }
        . . . (생략) . . .
    }
}
```

[코드 3.2-11] Enemy.cs 최고 점수 갱신 조건 구현

2 최고 점수를 갱신시킨다

최고 점수 갱신은 조건이 만족하는 곳에 들어가면 되겠습니다. 최고 점수는 현재 점수로 갱신돼야겠죠?

그럼 코드로 옮겨보겠습니다.

```
public class Enemy : MonoBehaviour
{
    . . . (생략) . . .
    private void OnCollisionEnter(Collision collision)
    {
        . . . (생략) . . .
        if(sm.currentScore > sm.bestScore)
        {
            // 2. 최고 점수를 갱신시킨다.
            sm.bestScore = sm.currentScore;
        }
        . . . (생략) . . .
    }
}
```

[코드 3.2-12] Enemy.cs 최고 점수 갱신

3 최고 점수 UI에 표시

다음 줄에 최고 점수 UI를 표시하겠습니다.

```
public class Enemy : MonoBehaviour
{
    . . . (생략) . . .
    private void OnCollisionEnter(Collision collision)
    {
        . . . (생략) . . .
        if(sm.currentScore > sm.bestScore)
        {
          // 2. 최고 점수가 갱신된다.
          sm.bestScore = sm.currentScore;

          // 3. 최고 점수 UI에 표시
          sm.bestScoreUI.text = "최고 점수 : " + sm.bestScore;
        }
        . . . (생략) . . .
    }
}
```

[코드 3.2-13] Enemy.cs 최고 점수 UI에 값 표시

여기까지 구현하고 ScoreManager의 bestScoreUI 변수에 값을 할당해줍니다. 씬에서 ScoreManager 객체를 선택한 후 Inspector 창에서 bestScoreUI 값에 Canvas 하위의 bestScore 객체를 할당합니다.

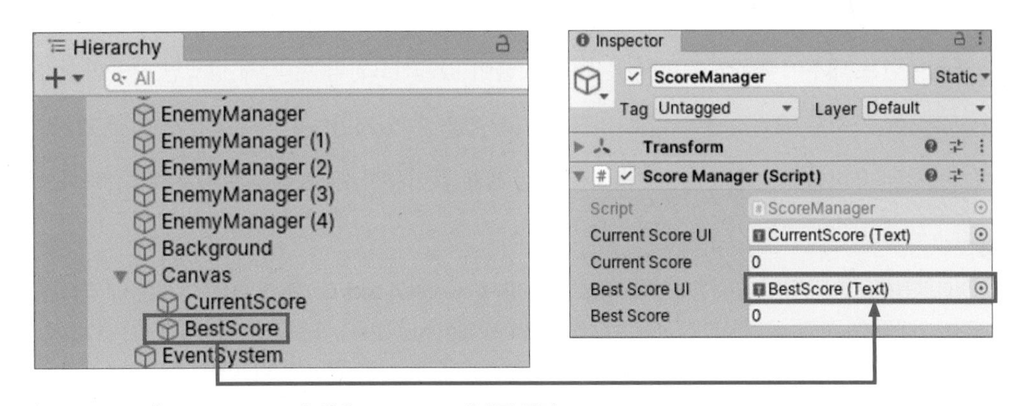

[그림 3.2-100] Best Score UI 속성에 BestScore 객체를 할당

이제 최고 점수까지 구현했습니다. 모두 저장한 후 게임을 실행해보겠습니다. [그림 3.2-101]과 같이 현재 점수가 잘 갱신되는 것을 볼 수 있을 것입니다. 그런데 한 가지 문제가 있습니다. 처음 실행했을 때는 잘 되는데 게임을 껐다가 다시 실행하면 최고 점수가 저장되지 않고 0으로 초기화돼 있는 것을 볼 수 있습니다. 이러면 우리가 게임을 하는 목적이 크게 반감되겠죠? 이를 해결하기 위해 최고 점수 값을 저장하고 불러오는 부분을 추가해보겠습니다.

[그림 3.2-101] 최고 점수까지 구현된 화면

값을 저장하고 불러오기하고 싶을 때

앞에서 이야기한 것처럼 최고 점수를 저장해야 하는 이유가 생겼습니다. 이를 위해 유니티에서 값을 저장하고 불러오는 방법을 알아보겠습니다.

전통적으로는 클라이언트 단말기(휴대폰, PC 등) 내에 저장하는 방법과 외부(서버)에 저장하는 방법을 사용합니다. 이는 게임의 특성에 따라 다르게 제작해야 합니다. 나 혼자만 플레이하고 결과도 나 혼자의 데이터만 필요할 경우에는 클라이언트에 저장하고, 다른 사람과 랭킹을 공유하면서 경쟁하거나 클라이언트의 값을 다른 사용자들이 볼 수 있게 하는 게임 진행 방식으로 기획할 경우에는 서버에 저장합니다. 여기서는 클라이언트의 내부에 저장하는 방법에 대해 알아보겠습니다.
그럼 클라이언트 내부에 저장하는 방식은 어떤 것들이 있을까요? 딱 한 가지 방법만 사용하지 않습니다. 모두 한 가지로 표현하면 파일로 저장한다고 말할 수 있지만, 파일의 종류가 여러 가지이므로 여기에서는 유니티에서 제공하는 `PlayerPrefs` 객체를 이용한 저장 방식을 사용하겠습니다.

Tip
파일의 종류에는 여러 가지가 있습니다. 대표적으로는 데이터를 header와 body로 제작해 확장자가 .bytes로 끝나는 파일에 기록하기도 하고, xml 형식이나 JSON 형식의 파일로도 많이 사용합니다. 또는 값을 txt 파일 및 DB 형식으로 값을 처리하는 SQLite와 같은 방식으로도 저장합니다. 이외에도 다양한 방법이 있으며, 각 파일의 종류에 따라 값을 저장하고 읽어들이는 방식이 다릅니다. 한 가지 더 이야기하면 데이터를 불러들여 이들을 의미 있는 데이터로 분류하는 과정을 '파싱(Parsing)'한다고 표현합니다.

PlayerPrefs 객체는 값을 **키**(Key)와 **값**(Value) 형태로 저장합니다. 저장할 수 있는 자료형은 int, float, string을 제공하고 있으며, 각각 쌍으로 Get 함수와 Set 함수를 API로 지원하고 있습니다. 우리의 최고 점수는 정수형 데이터인 int를 사용하기 때문에 SetInt 함수와 GetInt 함수를 사용해 저장 및 불러오기 처리를 하겠습니다. 저장이 필요한 부분은 최고 점수가 갱신되는 시점입니다.

```
public class Enemy : MonoBehaviour
{
    . . . (생략) . . .

    private void OnCollisionEnter(Collision collision)
    {
        . . . (생략) . . .
        if(sm.currentScore > sm.bestScore)
        {
            . . . (생략) . . .
            sm.bestScoreUI.text = "최고 점수: " + sm.bestScore;
            // 목표: 최고 점수를 저장하고 싶다.
            PlayerPrefs.SetInt("Best Score", sm.bestScore);
        }
        . . . (생략) . . .
    }
}
```

[코드 3.2 – 14] Enemy.cs 최고 점수 저장

이제 불러오기를 구현해볼까요? 값을 어디에서 불러오면 될까요? 일단, 게임이 시작할 때 불러와야 최고 점수 값을 화면에 뿌려줄 수 있을 것 같습니다. 따라서 ScoreManager 객체가 태어날 때 해당 내용을 넣어주면 화면에 최고 점수가 있을 때 불러와 뿌려줄 수 있습니다.

목표: 최고 점수를 불러와 bestScore 변수에 할당하고 화면에 표시하고 싶다.
순서: ❶ 최고 점수를 불러와 bestScore에 넣어주기
❷ 최고 점수를 화면에 표시하기

ScoreManager.cs 스크립트로 이동하겠습니다.

```
. . . (생략) . . .
public class ScoreManager : MonoBehaviour
{
    . . . (생략) . . .

    void Start()
    {
        // 목표: 최고 점수를 불러와 bestScore 변수에 할당하고 화면에 표시한다.
        // 순서: 1. 최고 점수를 불러와 bestScore에 넣어주기
        bestScore = PlayerPrefs.GetInt("Best Score", 0);
        // 2. 최고 점수를 화면에 표시하기
        bestScoreUI.text = "최고 점수 : " + bestScore;
    }
}
```

[코드 3.2-15] ScoreManager.cs 최고 점수 불러오기

PlayerPrefs의 GetInt 함수를 사용하고 있습니다. 이 함수의 인자로 키 값에는 'Best Score'를 줬으며, 뒤의 0 값은 만약 저장된 내용이 없을 경우 기본으로 반환할 값을 지정해준 것입니다. 그다음으로는 UI에 그 값을 넣어 표시해주고 있죠? [그림 3.2-102]는 게임을 시작했을 때 저장된 결과가 화면에 표시된 내용입니다.

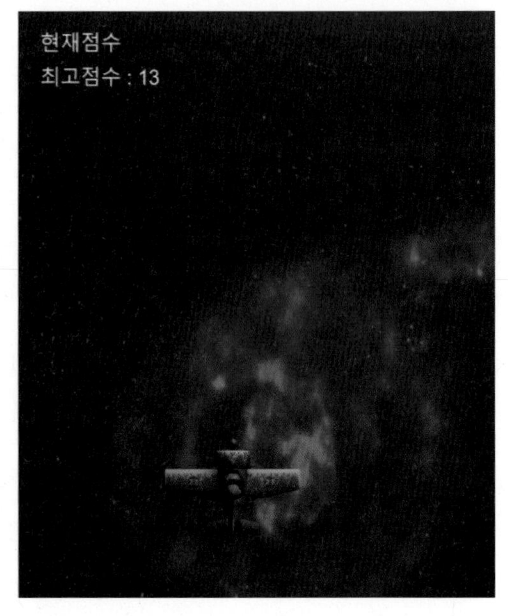

[그림 3.2-102] 최고 점수가 저장돼 시작한 화면

여기까지가 1단계의 점수 추가에 관련된 구현부의 끝입니다. 우리가 생각했던 흐름대로 구현해봤습니다. 잘 동작하는 것은 맞지만, 구현 주체에 문제가 좀 있습니다. 다음 그림을 보시죠.

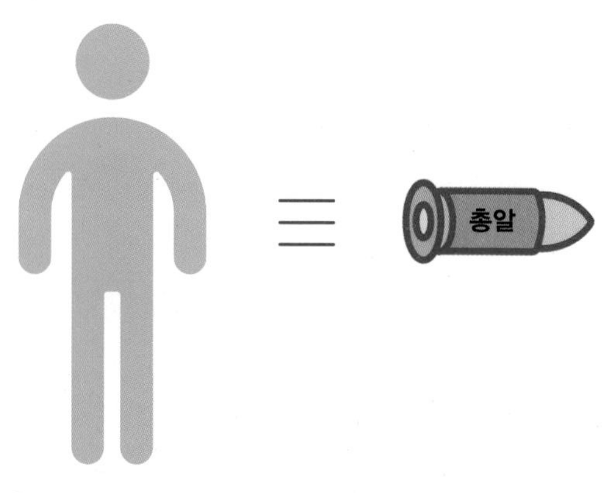

[그림 3.2-103] 총알의 이동 처리 대상

Player가 총을 쏴 총알이 날아가는 모습을 그린 것입니다. 이때, 총알이 날아가는 움직임의 처리는 누가 해야 맞을까요? 흔히 초급들의 코드에서는 Player가 총을 쏠 때 총알을 만들어 그 총알을 계속 움직이게 하는 잘못된 처리를 하는 것을 종종 볼 수 있습니다. 이는 결과는 그럴 듯하게 나올지 모르지만 처리 담당 부분에서는 잘못된 것입니다. Player의 역할은 총을 쏴서 총알을 만드는 것까지이고, 총알이 날아가는 것은 총알이 담당할 부분이죠. 이와 마찬가지로 우리의 ScoreManager 클래스에 있는 현재 점수와 최고 점수의 수정은 현재 Enemy.cs 스크립트에서 하고 있습니다. 이는 잘못된 것입니다. 에너미는 단순히 자신이 총알에 맞았고, 그래서 죽는 것만을 표현하면 됩니다. 그리고 ScoreManager 클래스에 단순히 죽었다는 사실만 알려주면 그다음 처리는 ScoreManager에서 하는 것이 자연스러운 처리 방법입니다.

그럼, 이렇게 처리하기 위해 ScoreManager.cs 스크립트에 해당 처리를 하는 함수를 만들어보겠습니다. 이 함수를 Enemy.cs 스크립트에서 호출만 하면 되는 것이죠.

여기서는 GetScore 함수와 SetScore 함수가 필요합니다. 보통 객체지향 프로그래밍에서는 캡슐화(Encapsulation)라는 용어를 사용하며, 우리가 사용할 속성 중 드러나지 말았으면 하는 것을 접근 지시자인 private를 붙여 외부에 드러나지 않도록 합니다. 그리고 이 속성을 Get/Set으로 시작하는 이름의 함수를 통해 값을 가져오고 변경할 수 있도록 처리합니다.

우리도 캡슐화를 사용해 currentScore 변수에 접근하겠습니다. 이렇게 하면 SetScore 함수로 점수에 관련된 처리를 모두 이양할 수 있습니다.

먼저 두 함수를 만들어보겠습니다. 외부에서 접근해야 하기 때문에 접근 지시자를 public으로 합니다.

```
public class ScoreManager : MonoBehaviour
{
    . . . (생략) . . .

    // currentScore에 값을 넣고 화면에 표시하기
    public void SetScore(int value)
    {
    }
    // currentScore 값 가져오기
    public int GetScore()
    {
        return currentScore;
    }
}
```

[코드 3.2-16] ScoreManager.cs Get/Set Score 함수 생성

currentScore, bestScore 변수를 **private**로 바꾸겠습니다.

```
public class ScoreManager : MonoBehaviour
{
    // 필요 속성: 점수 UI, 현재 점수, 최고 점수
    // 현재 점수 UI
    public Text currentScoreUI;
    // 현재 점수
    private int currentScore;
    // 최고 점수 UI
    public Text bestScoreUI;
    // 최고 점수
    private int bestScore;
}
```

[코드 3.2-17] ScoreManager.cs의 속성 접근지시자 수정

그런 다음, Enemy.cs 스크립트로 이동합니다.

```
public class Enemy : MonoBehaviour
{
    // 1. 적이 다른 물체와 충돌했으니까.
    private void OnCollisionEnter(Collision collision)
    {
        . . . (생략) . . .

        // 3. ScoreManager 클래스의 속성에 값을 할당한다.
        sm.currentScore++;
        // 4. 화면에 현재 점수 표시하기
        sm.currentScoreUI.text = "현재 점수 : " + sm.currentScore;
        // 목표: 최고 점수를 표시하고 싶다.
        // 1. 현재 점수가 최고 점수보다 크니까
        // → 만약 현재 점수가 최고 점수를 초과했다면"
        if(sm.currentScore > sm.bestScore)
        {
            // 2. 최고 점수를 갱신시킨다.
            sm.bestScore = sm.currentScore;
            // 3. 최고 점수 UI에 표시
            sm.bestScoreUI.text = "최고 점수 : " + sm.bestScore;
            // 목표: 최고 점수를 저장하고 싶다.
            PlayerPrefs.SetInt("Best Score", sm.bestScore);
        }
        . . . (생략) . . .
    }
}
```

[코드 3.2-18] Enemy.cs에서 ScoreManager.cs로 이동시킬 부분

[코드 3.2-18]에 표시된 부분이 이동시킬 내용입니다. 해당 내용을 복사한 후 ScoreManager 클래스의 SetScore 함수에 붙여 넣기합니다.

```
public class ScoreManager : MonoBehaviour
{
    . . . (생략) . . .
```

```
    // currentScore에 값을 넣고 화면에 표시하기
    public void SetScore(int value)
    {
        // 3. ScoreManager 클래스의 속성에 값을 할당한다.
        currentScore = value;
        // 4. 화면에 현재 점수 표시하기
        currentScoreUI.text = "현재 점수 : " + currentScore;
        // 목표: 최고 점수를 표시하고 싶다.
        // 1. 현재 점수가 최고 점수보다 크니까
        // -> 만약 현재 점수가 최고 점수를 초과했다면"
        if (currentScore > bestScore)
        {
            // 2. 최고 점수를 갱신시킨다.
            bestScore = currentScore;
            // 3. 최고 점수 UI에 표시
            bestScoreUI.text = "최고 점수 : " + bestScore;
            // 목표: 최고 점수를 저장하고 싶다.
            PlayerPrefs.SetInt("Best Score", bestScore);
        }
    }
}
```

[코드 3.2-19] ScoreManager.cs의 SetScore 함수 구현

Enemy 클래스에 있던 내용을 ScoreManager로 옮겼기 때문에 굳이 이제 ScoreManager 객체를 얻어 처리할 필요가 없습니다. 따라서 sm 변수로 참조해 사용하는 부분은 코드에서 삭제합니다.

Tip

비주얼 스튜디오에서 Ctrl + H 키를 누르면 sm.으로 시작하는 텍스트를 한번에 바꿀 수 있습니다.

이제 Enemy 클래스에서 이 Get/Set 함수를 호출하는 것으로 수정하겠습니다.

```
public class Enemy : MonoBehaviour
{
private void OnCollisionEnter(Collision collision)
    {
        // 에너미를 잡을 때마다 현재 점수를 표시하고 싶다.
        // 1. 씬에서 ScoreManager 객체를 찾아오자.
```

```
        GameObject smObject = GameObject.Find("ScoreManager");

        // 2. ScoreManager 게임 오브젝트에서 얻어온다.
        ScoreManager sm = smObject.GetComponent<ScoreManager>();

        // 3. ScoreManager의 Get/Set 함수로 수정
        sm.SetScore(sm.GetScore() + 1);

        . . . (생략). . .
    }
}
```

[코드 3.2-20] Enemy.cs의 점수 추가 부분 수정

Enemy 클래스에서의 구현이 좀 더 단순해졌습니다. ScoreManager의 SetScore 함수를 호출하면 되니까요.

점수에 관한 처리를 ScoreManager로 이관하는 작업이 완료됐습니다. 그런데 아직도 조금 복잡하고 직관적이지 않은 부분이 있습니다. 그냥 단순하게 'ScoreManager의 점수를 증가시킨다.'라는 문장으로 바꿀 수는 없을까요? 객체를 찾고, 컴포넌트를 얻어 값을 할당하는 식의 복잡한 과정을 거치지 않고요. 이 3단계 구현은 베타 버전에서 살펴보겠습니다.

베타 버전

3.3 베타 타입 버전

이번에는 알파 타입 버전에서 몇 가지 측면이 더 확장됩니다. 일단 알파 타입 버전에서 게임 진행에 필요한 모든 내용은 구현이 끝났습니다. 베타 타입 버전에서는 그 이후의 일에 대해 다룹니다. 실제 개발을 진행하다 보면 이런 이야기가 공식 아닌 공식으로 돌곤 합니다. '개발의 진짜 시작은 개발이 끝난 이후 부터다.'라는 말은 구현까지의 시간과 노력보다 구현이 끝나고 이후의 작업들이 무척 힘들다는 의미입니다. 알파 타입 버전 이후의 남은 작업은 다음과 같습니다.

❶ 클라이언트의 의견을 수렴해 조금씩 반영(대규모로 반영하진 않습니다.)

❷ 최적화(프로젝트 설계, 속도, 메모리, 디자인 퀄리티, 플랫폼 대응 등)

❸ 디버깅

이렇게 크게 세 가지 작업이 알파 타입 버전 이후에 남아 있다고 보면 됩니다. 물론 이 세 가지 작업은 프로토타입 때부터 계속 진행하지만, 베타 타입 버전 때는 의미가 남다르죠. 우리 최종 클라이언트에 가장 가까이 맞닿아 있는 버전에서의 작업이기 때문에 일정도 타이트합니다. 게임 업체에서는 이때부터 테스트할 수 있는 빌드 파일을 월 단위 또는 주 단위, 그렇지 않으면 더 짧은 기간에 빌드하곤 합니다. 회사 내 외부의 QA 관련 전문 인력에 의뢰해 이와 관련된 테스트를 진행하며 바로바로 대응할 수 있도록 합니다.

콘텐츠 개발은 구현 단계가 가장 힘들 것 같지만, 사실 알파 이후의 작업이 제일 어렵습니다. 이때부터는 회사와 개인 모두 정신적인 스트레스와 인내, 체력을 극한으로 끌어올려야 할 경우가 많습니다. 고객의 피드백에 잘 대응하고, 최적화가 잘돼 있고, 버그 없는 콘텐츠가 시장에서 성공할 확률이 그만큼 높고, 그간의 고생을 보상받을 수 있는 마지막 고생인 셈이니까요.

이번에는 몇 가지 최적화 요소에 대해 알아봅니다. 초급 수준에서의 첫 프로젝트 완료이기 때문에 그에 걸맞은 프로젝트 설계 요소, 속도와 메모리, 플랫폼 대응에 대한 기초 수준의 내용을 다뤄보겠습니다. 하지만 기초라고 하더라도 이 내용은 중급 이상의 내용을 다룬다고 보면 됩니다. 마지막 한 마디만 더하면, 최적화는 '프레임을 한땀한땀 깎는 노인'이 되는 작업이라고 말할 수 있습니다. 프로젝트 설계를 위한 요소를 먼저 살펴보겠습니다.

3.3-1 싱글턴 디자인 패턴으로 관리자 만들기

알파 타입 버전 작업의 마지막을 베타 타입 버전에서 이어나가겠습니다. 알파 타입 버전까지는 단순하게 구현 2단계까지를 목표로 작업했습니다. 일단 기획서에 있는 내용을 모두 구현하는 것이 목표인 것이죠. 여기에서 효율적인 설계 개념은 빠져 있는 상태입니다. 따라서 이번 베타 작업에서는 몇 가지 개념을 바탕으로 'ScoreManager의 점수를 증가시킨다.'라는 한 문장으로 최종 구현 부분을 만들어보겠습니다.

이 동작을 구현하기 위해 static 키워드와 이를 이용한 싱글턴 디자인 패턴(SingleTon Design

Pattern), C#의 get/set 프로퍼티(Property)를 설명하겠습니다. 먼저 static 키워드에 대해 알아보겠습니다. 이를 위해 클래스의 생김새부터 살펴보겠습니다.

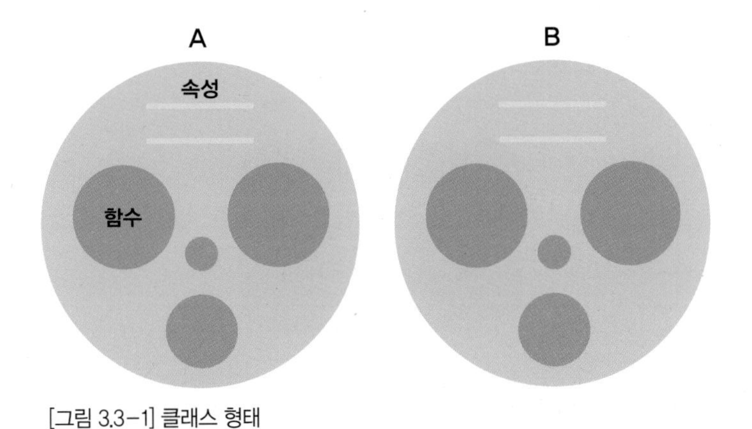

[그림 3.3-1] 클래스 형태

[그림 3.3-1]은 클래스의 형태를 그림으로 표시한 것입니다(C# 기본 설명 참조). 여기에 속성과 함수가 클래스의 내부 요소로 들어가 있습니다. 이때 함수 내에서 선언한 변수를 '지역 변수'라고 했고, 속성 부분에 선언한 변수를 '전역 변수'라고 했습니다. 이는 [그림 3.3-1]의 A와 B 클래스 둘 다 마찬가지입니다. 이번에는 이 둘 사이에 게시판이 하나 있다고 가정해보겠습니다. 그러면 [그림 3.3-2]처럼 됩니다.

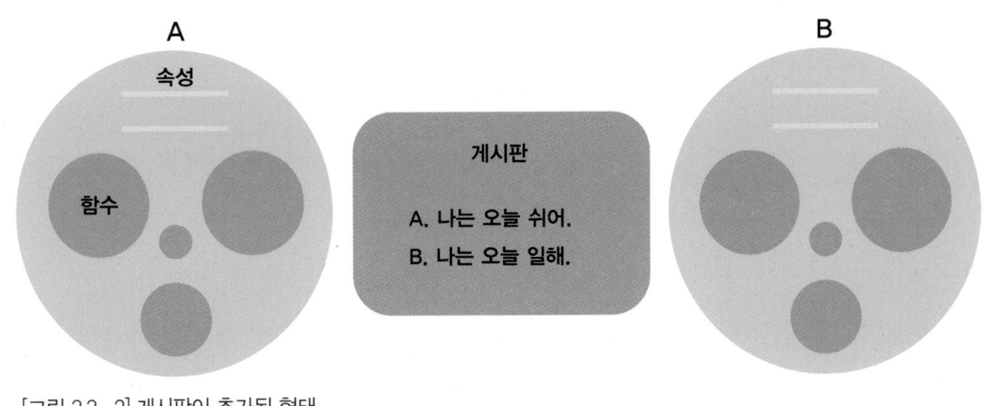

[그림 3.3-2] 게시판이 추가된 형태

이제 게시판을 잘 보세요. 게시판에는 A가 작성한 '나는 오늘 쉬어.'라는 문장과 B가 작성한 '나는 오늘 일해.'라는 문장이 등록돼 있습니다. B 클래스에서 A의 글을 읽을 때는 "A는 나는 오늘 쉰다고 썼네?"라고 할 것이고, A 클래스에서 B의 글을 읽을 때는 "B는 나는 오늘 일한다고 썼네?"라고 할 것입니다.

이렇게 A도 B도 아닌 게시판에 글을 써야 할 경우가 있으며, 이 게시판을 '정적(static) 영역'이라고 합니다. 또한 이 게시판에는 누군가 글을 썼을 것이고, 이 글의 출처가 누구인지를 밝혀야 합니다. 그런데 만약 게시판에 'A. 나는 오늘 쉬어.'라는 글이 2개 등록돼 있다고 가정해보겠습니다.

게시판

A. 나는 오늘 쉬어.
B. 나는 오늘 쉬어.

이럴 경우, B의 입장에서 게시판의 A가 쓴 내용은 중복돼 있죠? 같은 내용을 2개 작성한 것이므로 하나는 의미가 없습니다. C#에서는 static으로 선언된 변수가 같은 이름으로 출처가 같은 클래스에 2개 만들어질 수 없습니다. 같은 공간에 같은 이름으로 2개가 선언된 것이므로 당연히 문제가 있겠죠?

그럼 C#으로 어떻게 하는지 알아볼까요?

```
public class A : MonoBehaviour
{
    // 접근 지시자(public, private 등) static 자료형(int, float 등) 변수 이름;
    public static int number;
}
```

[코드 3.3-1] A.cs static 변수 선언(샘플 코드)

[코드 3.3-1]에서 보는 것처럼 자료형 앞에 static 키워드를 붙여주면 됩니다.

A의 number 변수에 접근하는 예를 살펴보겠습니다. 이때는 A의 이름으로 게시판(static 영역)에 등록했기 때문에 A.number처럼 클래스 이름을 출처로 하고, 점(.)으로 해당 변수에 접근하면 됩니다.

```
public class B : MonoBehaviour
{
    public void StaticTestFunction()
    {
```

```
            A.number = 10;
        }
    }
```

[코드 3.3-2]] B.cs static 변수에 접근(샘플 코드)

자, 그럼 static의 설명은 여기까지 하고, 한발 더 나아가보겠습니다. 다음처럼 static 공간에 객체를 등록하고 사용할 수도 있습니다.

게시판

A. 떠든 사람 B

단순히 A가 적은 글이 '떠든 사람'이 아니라 B라고 객체를 적어 놓았습니다. 이렇게 static 영역에는 객체도 올릴 수 있으며, static의 특성인 '출처가 같은 변수는 단 하나만 선언할 수 있다.'는 규칙을 이용해 싱글턴 디자인 패턴을 만들어 사용해보겠습니다. 이름에서도 알 수 있듯이 단 하나의 객체 인스턴스를 static으로 등록해 놓고 사용을 하는 방식입니다.

Tip

소프트웨어 개발 방법에서 사용되는 디자인 패턴은 프로그램 개발에서 자주 나타나는 과제를 해결하기 위한 방법 중 하나로, 과거 소프트웨어 개발 과정에서 발견된 설계의 노하우를 축적하고 이름을 붙여 이후에 재이용하기 좋은 형태로 특정의 규약을 묶어 정리한 것입니다. 알고리즘과 같이 프로그램 코드로 바로 변환될 수 있는 형태는 아니지만, 특정한 상황에서 구조적인 문제를 해결하는 방식을 설명해줍니다(출처: 위키백과).

싱글턴 디자인 패턴

구글에서 검색해보면 유니티 C#에서 사용할 수 있는 다양한 싱글턴 디자인 패턴 구현 방법들이 나와 있을 것입니다. 어떻게 구현돼 있든 개념은 똑같습니다. 우리는 간단하게 싱글턴 디자인 패턴을 만들어 사용해보겠습니다.

ScoreManager 클래스로 이동합니다. 이름에 왜 Manager가 들어가 있는지 이제 눈치채셨나요? 보통 매니저는 그룹에서 하나죠. 그 역할을 하는 매니저는 보통 하나를 두어 관리합니다. 예를 들어 담임 선생님은 단 한 명이죠? 그래서 어디서든 "너희 반 담임이 누구냐?", "담임 이름이 뭐냐?" 이렇게 접근해 쓸 수 있습니다.

우리 ScoreManager가 점수를 관리하는 유일한 매니저가 됩니다. 따라서 이를 싱글턴으로 만들어 쓰기에 제격인 것이죠.

```
public class ScoreManager : MonoBehaviour
{
    . . . (생략) . . .

    // 싱글턴 객체
    public static ScoreManager Instance = null;

    // 싱글턴 객체에 값이 없으면 생성된 자기 자신을 할당
    void Awake()
    {
        if(Instance == null)
        {
            Instance = this;
        }
    }
    . . . (생략) . . .
}
```

[코드 3.3-3] ScoreManager.cs 싱글턴 패턴 구현

이렇게 싱글턴 디자인 패턴을 구현해 사용할 수 있습니다. 이 코드에서 **Instance**로 만들어진 변수가 바로 **싱글턴 객체**입니다. static 키워드를 붙여 제작했죠? 그런 다음, **Awake** 함수에서 Instance 변수에 this를 할당합니다. 여기에서 this는 생성된 **ScoreManager 객체 인스턴스** 자신입니다. 그럼 Enemy.cs 스크립트로 이동해 이를 사용해보겠습니다.

```
public class Enemy : MonoBehaviour
{
    // 1. 적이 다른 물체와 충돌했으니까.
    private void OnCollisionEnter(Collision collision)
    {
        // 에너미를 잡을 때마다 현재 점수를 표시하고 싶다.
        ScoreManager.Instance.SetScore(ScoreManager.Instance.GetScore() + 1);
```

```
            // 2. 폭발 효과 공장에서 폭발 효과를 하나 만들어야 한다.
            GameObject explosion = Instantiate(explosionFactory);
            // 3. 폭발 효과를 발생(위치)시키고 싶다.
            explosion.transform.position = transform.position;
            Destroy(collision.gameObject);
            Destroy(gameObject);
        }
    }
```

[코드 3.3-4] Enemy.cs 싱글턴 객체를 이용한 처리

자, 어떤가요? 단 한 줄로 구현을 끝낼 수 있습니다. 우리가 싱글턴 객체로 선언한 변수는 ScoreManager 클래스의 Instance 변수입니다. 이 Instance 변수를 static으로 선언해줬기 때문에 ScoreManager.Instance와 같이 접근할 수 있습니다. 당연히 Instance는 ScoreManager의 인스턴스이기 때문에 자신의 속성과 함수에 접근할 수 있습니다.

하지만 코드를 보면 그렇게 썩 좋아 보이진 않습니다. 코드의 가독성(이해하기 쉬운 정도)이 현저히 떨어집니다. 이를 개선하기 위해 C#의 get/set 프로퍼티를 이용해보겠습니다.

- **Get/Set 프로퍼티(Property)**

앞에서 객체지향 프로그래밍(OOP)에서 사용하는 캡슐화에 대해 설명했습니다. 이 캡슐화를 사용하기 위해 Get/Set 함수를 만들어 속성에 접근을 한다고 이야기했는데, 그랬더니 [코드 3.3-4]와 같이 가독성이 떨어지는 코드가 나오고 말았습니다. 그래서 C#에서는 Get과 Set 함수의 기능은 그대로 동작하게 하고 접근은 변수처럼 편리하고 효율적인 방식을 도입했습니다. 이를 'get/set 프로퍼티'라고 합니다.

만드는 방법은 간단합니다. 선언은 변수, 몸체는 함수가 됩니다. 우리 ScoreManager의 SetScore와 GetScore 함수를 get/set 프로퍼티로 변경하면서 설명을 이어나가겠습니다.

먼저 ScoreManager.cs 스크립트로 이동합니다.

```
public class ScoreManager : MonoBehaviour
{
    . . . (생략) . . .
    public static ScoreManager Instance = null;
```

```
    public int Score
    {
        get
        {
            return currentScore;
        }
        set
        {
            // to do
        }
    }
}
```

[코드 3.3-5] ScoreManager.cs get/set 프로퍼티 구현

public int Score까지의 선언부는 변수를 만드는 것과 같습니다. 하지만 그 아래에 블록으로 처리된 부분은 get과 set 블록으로 나뉘어 있습니다. get 블록은 바로 GetScore 함수 set 블록은 SetScore 함수와 같은 역할을 하게 됩니다. 그럼 나머지 set 부분도 구현해보겠습니다.

```
public class ScoreManager : MonoBehaviour
{
    public int Score
    {
        . . . (생략) . . .
        set
        {
            // 3. ScoreManager 클래스의 속성에 값을 할당한다.
            currentScore = value;
            // 4. 화면에 현재 점수 표시하기
            currentScoreUI.text = "현재 점수 : " + currentScore;

            // 목표: 최고 점수를 표시하고 싶다.
            // 1. 현재 점수가 최고 점수보다 크니까
            // -> 만약 현재 점수가 최고 점수를 초과했다면"
            if (currentScore > bestScore)
            {
                // 2. 최고 점수를 갱신시킨다.
                bestScore = currentScore;
```

```
            // 3. 최고 점수 UI에 표시
            bestScoreUI.text = "최고 점수 : " + bestScore;
            // 목표: 최고 점수를 저장하고 싶다.
            PlayerPrefs.SetInt("Best Score", bestScore);
        }
      }
    }
}
```

[코드 3.3-6] ScoreManager.cs set 프로퍼티 구현

SetScore와 GetScore 함수는 이제 제거해주면 됩니다. 그리고 우리의 get/set 프로퍼티로 사용되도록 Enemy 클래스를 수정하겠습니다. Enemy.cs 스크립트로 이동합니다.

```
public class Enemy : MonoBehaviour
{
    // 1. 적이 다른 물체와 충돌했으니까.
    private void OnCollisionEnter(Collision collision)
    {
        // 에너미를 잡을 때마다 현재 점수를 표시하고 싶다.
        ScoreManager.Instance.Score++;
        // 2. 폭발 효과 공장에서 폭발 효과를 하나 만들어야 한다.
        GameObject explosion = Instantiate(explosionFactory);
        // 3. 폭발 효과를 발생(위치)시키고 싶다.
        explosion.transform.position = transform.position;
        Destroy(collision.gameObject);
        Destroy(gameObject);
    }
}
```

[코드 3.3-7] Enemy.cs get/set 변수로 수정

모두 저장한 후 게임을 실행해보겠습니다. 정상적으로 잘 동작하는 것을 확인할 수 있을 것입니다.

3.3-2 : 오브젝트 풀(Object Pool)을 이용한 메모리 관리

이번에는 최적화 요소 중에서 현업에서 중요하게 생각하는 오브젝트 풀을 이용한 메모리 관리에 대해 알아보겠습니다.

목표

총알과 에너미를 오브젝트 풀로 관리하고 싶다.

순서

❶ 총알 오브젝트 풀 제작하기

❷ 에너미 오브젝트 풀 제작하기

오브젝트 풀의 개념

오브젝트 풀(Object Pool)의 개념부터 알아보겠습니다. 우리가 총알을 쏘는 과정을 어떻게 진행했는지 떠올려보시기 바랍니다. 분명 실제 상황이라면 총알은 탄창에 있다가 총으로 이동해 발사되는 구조로 돼 있겠죠? 그런데 우리는 발사 버튼을 눌렀을 때 총알 공장에 직접 전화해 총알을 주문하고, 그 총알을 받아 원하는 위치에 배치한 후 최종적으로 총알을 발사하는 다소 복잡한 내용을 구현하고 있습니다.

Tip

이렇게 하는 경우는 당연히 없겠지만, 아이러니하게도 이런 방식을 사용해야 하는 경우가 종종 있습니다. 실무에서 실제로 많이 사용합니다. 필자가 업체들의 기술 지원을 하거나 문제 있는 프로젝트를 수정해 달라는 요청을 받아 코드를 확인해보면 이런 방식으로 구현하는 개발자들이 꽤 많다는 것을 알 수 있습니다. 아무래도 유니티를 사용하는 유저층이 폭넓게 퍼져 있기 때문에 발생하는 문제인 것 같습니다.

이렇게 사용하면 몇 가지 문제가 발생합니다. 다음 그림을 살펴볼까요?

1	1	1	1	2
2	2	2	2	3
3	3	3	3	3
4	4	4	5	5
5	6	6	6	6

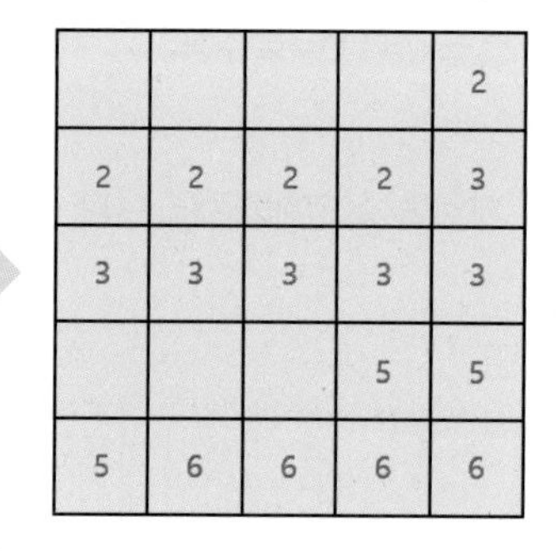

[그림 3.3-3] 메모리에 올라간 데이터(좌)와 데이터 삭제된 메모리 상태(우)

[그림 3.3-3]의 좌측 그림은 메모리에 데이터가 올라간 것입니다. 예를 들어 이미지 하나가 (여기에서는 숫자 1 로 표시했습니다) 4칸을 차지한다고 가정하면 좌측 이미지처럼 (숫자 1) 4칸을 차지하는 것이죠. 이와 마찬가지로 두 번째 이미지가 (여기에서는 숫자 2) 5칸을 필요로 합니다. 이와 같이 메모리는 좌측에서 우측으로, 위쪽에서 아래쪽으로 데이터를 저장하는 특징이 있습니다. 이때, 첫 번째 이미지(여기서는 숫자 1)와 네 번째 이미지를 메모리에서 제거해보면 우측 이미지처럼 됩니다. 만약 우리가 3번 이미지를 추가로 로드(Load)하려면(마치 총알을 다시 한 발 쏘는 것처럼) 3번 이미지가 메모리에 로드될 때 필요한 공간은 6칸이 됩니다. 그리고 우리가 확보하고 있는 빈 공간은 1번과 4번을 제거했기 때문에 7칸이 남아 있죠. 6칸의 메모리 공간만 필요하기 때문에 3번 이미지를 추가로 로드할 수 있을 것 같지만, 메모리의 데이터를 써 내려가는 방식이 좌측에서 우측, 위쪽에서 아래쪽 순서이기 때문에 다음과 같은 문제가 발생할 수 있습니다.

3	3	3	3	3
3	2	2	2	3
3	3	3	3	3
			5	5
5	6	6	6	6

[그림 3.3-4] 메모리에 데이터 쓰기가 잘못돼 오버플로가 일어난 상황

[그림 3.3-4]를 보면 3번 이미지를 메모리에 쓰다 보니 2번 이미지가 있는 곳까지 침범한 것을 알 수 있습니다. 이렇게 데이터가 다른 영역까지 침범하면 오버플로(overflow)가 일어납니다. 그럼 2번 이미지의 경우 데이터 손실이 발생해 문제가 생깁니다. 또한 메모리가 구멍 나 있습니다. 이를 **'메모리 파편화'** 또는 **'메모리 단편화 문제'**라고 합니다. 이를 방지하기 위해 C#이나 자바(Java)와 같은 언어에서는 버추얼 머신(Virtual Machine)에서 가비지 콜렉터(Garbage Collector - GC)를 돌려 메모리를 정리해줍니다. 이 GC가 돌아갈 일이 생길 경우가 바로 문제가 있는 지점입니다. GC도 소프트웨어이기 때문에 CPU를 활용하기 때문이죠. 게임을 돌리기도 바쁜데 GC 하느라 CPU를 낭비하다니…. 따라서 GC가 활동하지 못하는 환경을 만들어줘야 합니다. 그 방안으로 사용할 데이터를 미리 메모리에 모두 올립니다. 그런 다음, 메모리에서 삭제하지 않는 것이죠. 그러면 메모리를 정

리할 필요도 없으니 GC가 동작할 일이 없습니다.

총알도 에너미도 미리 필요한 만큼 메모리에 올려놓고, 필요할 때마다 가져와 쓰면 GC를 막을 수 있습니다. 총알을 탄창에 미리 넣어 놓고 사용하면 그만큼 빠르고 좋다는 이야기인 것이죠. 여기서 탄창을 '풀(Pool)', 객체를 풀로 만들어 놓은 것을 **'오브젝트 풀**(Object Pool)', 네트워크 연결에 관련된 풀을 미리 잡아 놓은 것을 **'커넥션 풀**(Connection Pool)'이라고 합니다. 이번에는 총알을 위한 탄창 오브젝트 풀을 만들어보겠습니다.

> **Tip**
> 앞에서 언급했지만, 간혹 오브젝트 풀을 사용하지 말아야 할 경우가 있습니다. 오브젝트 풀은 빨라서 좋긴 하지만, 메모리를 그만큼 잡고 있어야 한다는 부담이 있습니다. 자원의 한계가 있기 때문이죠. 우리가 확보하고 있는 메모리보다 더 많은 공간을 필요로 할 경우에는 테스트를 통해 몇 개는 부분적으로 그때그때 로드해 써야 할 때가 있습니다. 뚜렷한 기준은 없지만, 보통 로딩 시간이 짧고 메모리 공간을 적게 필요로 하는 데이터를 테스트를 통해 사용합니다.

총알 오브젝트 풀 제작하기

자료 구조(Data Structure) 중에 '배열'이 있습니다. 같은 종류의 데이터를 그룹으로 관리하는 자료 구조입니다. 출석부를 예로 들어보면, 학생의 정보를 번호 인덱스(Index)와 이름으로 기록해 관리하고 있죠. 이런 식으로 목적(학생 출석부)에 맞게 그룹 멤버(데이터)를 순서대로(인덱스) 메모리에 저장하는 자료 구조가 '배열'입니다. 메모리에 순서대로 저장되기 때문에 한 칸씩 이동하며 검색하기가 빠르다는 장점이 있죠. 하지만 중간에 데이터를 삭제하거나 삽입하면 배열의 크기가 변합니다. 그러면 메모리를 정렬해줘야 하는 문제가 발생하기 때문에 속도가 저하되는 단점이 있죠. 우리의 첫 번째 오브젝트 풀 제작은 이 배열을 이용해 만들어보겠습니다.

C#에서 배열의 선언은 다음과 같습니다.

자료형[ ] 변수 이름;

배열의 해당 인덱스 번째에 접근할 때는 [index number]처럼 인덱스 숫자를 사각 괄호 안에 넣어 접근합니다. 자세한 내용은 활용 코드를 살펴보면서 알아보겠습니다.

PlayerFire.cs 스크립트를 편집기에서 열겠습니다. 이곳에서 총알을 생성하고 있죠? 이곳에 그때

그때 총알을 생성하지 않고 태어날 때 한 번에 원하는 만큼의 총알을 만들어 탄창(오브젝트 풀)에 넣어주겠습니다.

필요한 속성은 탄창에 넣을 수 있는 총알의 개수와 탄창에 해당하는 오브젝트 풀 배열입니다. 그러면 다음과 같은 목표와 필요 속성을 설정할 수 있습니다.

- **목표**: 총알 오브젝트 풀을 만들어 관리하고 싶다.
- **필요 속성:** 탄창에 넣을 수 있는 총알의 개수, 오브젝트 풀 배열

코드를 작성해보죠. 다음은 PlayerFire 클래스입니다.

```
public class PlayerFire : MonoBehaviour
{
    public GameObject bulletFactory;
    // 탄창에 넣을 수 있는 총알의 개수
    public int poolSize = 10;
    // 오브젝트 풀 배열
    GameObject[] bulletObjectPool;
}
```

[코드 3.3-8] PlayerFire.cs 오브젝트 풀 속성 선언

탄창은 만들어졌지만, 탄창은 아직까지 비어 있습니다.

탄창을 채우기 위한 세부 단위 목표와 순서를 만들어보겠습니다. 목표는 태어날 때 '오브젝트 풀(탄창)에 총알을 하나씩 생성해 넣고 싶다.'입니다. 최종적으로 하고 싶은 부분부터 목표에서 추출합니다. '총알을 오브젝트 풀에 넣고 싶다.'의 다음은 '총알은 어디서 났지?'라는 질문이고, 그 대답은 '총알 공장에서 총알을 생성한다.'입니다. 이에 대한 질문은 '얼마나 총알을 생성하지?'이고, 이에 대한 대답은 '탄창에 넣을 총알 개수 만큼 반복해', '탄창은 있나?'라는 질문의 대답은 '탄창을 총알 담을 수 있는 크기로 만들어준다.', '언제?'라는 질문의 대답은 '태어날 때'입니다. 정리하면 다음과 같습니다.

> **목표:** 태어날 때 오브젝트 풀(탄창)에 총알을 하나씩 생성해 넣고 싶다.
> **순서:** ❶ 태어날 때
> ❷ 탄창을 총알 담을 수 있는 크기로 만들어준다.
> ❸ 탄창에 넣을 총알 개수 만큼 반복해.
> ❹ 총알 공장에서 총알을 생성한다.
> ❺ 총알을 오브젝트 풀에 넣고 싶다.

언제 탄창에 총알을 넣는 게 좋을까요? 게임이 시작하기 전에 먼저 탄창이 채워져 있어야 게임을 진행하는 데 지장이 없겠죠? 따라서 PlayerFire 객체가 태어날 때 탄창에 총알을 만들어 넣어주겠습니다. 이는 **라이프사이클** 함수 중 **Start**에서 처리합니다.

```
public class PlayerFire : MonoBehaviour
{
    . . . (생략) . . .
    // 태어날 때 오브젝트 풀(탄창)에 총알을 하나씩 생성해 넣고 싶다.
    // 1. 태어날 때
    void Start()
    {
        // 2. 탄창을 총알 담을 수 있는 크기로 만들어준다.
        // 3. 탄창에 넣을 총알 개수만큼 반복해
        // 4. 총알 공장에서 총알을 생성한다.
        // 5. 총알을 오브젝트 풀에 넣고 싶다.
    }
```

[코드 3.3-9] PlayerFire.cs Start 함수에서 구현할 요소 작성

태어날 때이므로 Start 함수가 처리 대상이 되고, 이제 '**❷ 탄창을 총알 담을 수 있는 크기로 만들어준다.**'를 구현해보겠습니다.

```
public class PlayerFire : MonoBehaviour
{
    . . . (생략) . . .
    // 태어날 때 오브젝트 풀(탄창)에 총알을 하나씩 생성해 넣고 싶다.
    // 1. 태어날 때
    void Start()
```

```
    {
        // 2. 탄창을 총알 담을 수 있는 크기로 만들어준다.
        bulletObjectPool = new GameObject[poolSize];
        // 3. 탄창에 넣을 총알 개수만큼 반복해.
        // 4. 총알 공장에서 총알을 생성한다.
        // 5. 총알을 오브젝트 풀에 넣고 싶다.
    }
```

[코드 3.3 - 10] PlayerFire.cs bulletObjectPool 배열 생성

그 다음으로는 '③ **탄창에 넣을 총알 개수만큼 반복해.**'입니다. 반복적인 동작이 필요하기 때문에 C#의 반복문 중 for문을 사용해 구현하겠습니다. 먼저 틀을 만들고 ④, ⑤번을 구현하면서 완성해 보겠습니다.

```
public class PlayerFire : MonoBehaviour
{
    . . . (생략) . . .

    void Start()
    {
        // 2. 탄창을 총알 담을 수 있는 크기로 만들어준다.
        bulletObjectPool = new GameObject[poolSize];

        // 3. 탄창에 넣을 총알 개수만큼 반복해
        for (int i = 0; i < poolSize; i++)
        {
            // 4. 총알 공장에서 총알을 생성한다.
            // 5. 총알을 오브젝트 풀에 넣고 싶다.
        }
    }
```

[코드 3.3 - 11] PlayerFire.cs 풀 크기만큼 반복하는 코드

이제 ④번을 채워 넣도록 합니다. 이 내용은 이미 PlayerFire 클래스의 Update 함수 내에 있습니다. 복사해서 가져와도 됩니다. 다음은 '④ 총알 공장에서 총알을 생성한다.'입니다.

```
public class PlayerFire : MonoBehaviour
{
    . . . (생략) . . .

    void Start()
    {
        // 2. 탄창을 총알 담을 수 있는 크기로 만들어준다.
        bulletObjectPool = new GameObject[poolSize];

        // 3. 탄창에 넣을 총알 개수만큼 반복해
        for (int i = 0; i < poolSize; i++)
        {
            // 4. 총알 공장에서 총알을 생성한다.
            GameObject bullet = Instantiate(bulletFactory);

            // 5. 총알을 오브젝트 풀에 넣고 싶다.
        }
    }
```

[코드 3.3 – 12] PlayerFire.cs 총알 공장에서 총알 생성 코드

자, 이제 ❺번 문장을 구현해볼 차례입니다. 그런데 여기에서는 한 가지 더 살펴봐야 할 것이 있습니다. 그냥 오브젝트 풀에 총알 객체를 넣어주고, PlayerFire 객체가 생성될 때 탄창의 크기만큼 한 번에 총알을 만들어 쏘고 끝나버릴 것입니다(그냥 이 상태로 실행해보면 결과를 볼 수 있습니다). 우리가 원하는 동작은 방아쇠를 당길 때 총알이 한 발씩 나가는 것입니다. 그래서 단순히 탄창에 넣기만 하면 안 되고, 총알이 화면에 보이지 않거나 날아가지 않도록 모든 동작을 꺼 놓아야 합니다. 이것은 총알 게임 오브젝트를 비활성화해 놓음으로써 간단히 처리할 수 있습니다. 그다음 사용할 때 활성화해주면 다시 정상적으로 동작하도록 할 수 있습니다. 이를 코드로 구현해 '**❺ 총알을 오브젝트 풀에 넣고 싶다.**'를 완성해보겠습니다.

다음 코드에서는 배열의 인덱스 번째 요소에 접근하는 방식을 사용하고 있습니다. 사각 괄호 안에 원하는 인덱스 번호를 넣어줌으로써 해당 인덱스 번째에 접근하는 것입니다. 그리고 게임 오브젝트에서 제공하는 **SetActive** 함수에 false 값을 넘겨줘 객체를 비활성화시켜주고 있습니다. 이와 반대로 **true** 값을 주면 활성화됩니다.

```
public class PlayerFire : MonoBehaviour
{
    . . . (생략) . . .
    void Start()
    {
        // 2. 탄창을 총알 담을 수 있는 크기로 만들어준다.
        bulletObjectPool = new GameObject[poolSize];
        // 3. 탄창에 넣을 수 있는 총알의 개수만큼 반복해
        for (int i = 0; i < poolSize; i++)
        {
            // 4. 총알 공장에서 총알을 생성한다.
            GameObject bullet = Instantiate(bulletFactory);

            // 5. 총알을 오브젝트 풀에 넣고 싶다.
            bulletObjectPool[i] = bullet;
            // 비활성화시키자.
            bullet.SetActive(false);
        }
    }
```

[코드 3.3-13] PlayerFire.cs 총알을 오브젝트 풀(탄창)에 넣는다.

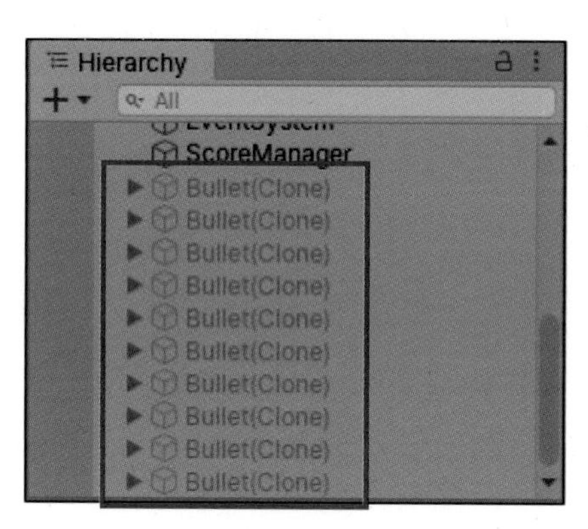

[그림 3.3-5] 생성된 총알들이 비활성화돼 있는 모습

실행해보면 [그림 3.3-5]에서처럼 비활성화돼 있는 총알들을 볼 수 있습니다.

이제 만들어진 오브젝트 풀을 사용해보겠습니다. 활용하는 곳은 당연히 총알을 발사하는 곳입니다. PlayerFire 클래스의 Update 함수로 이동합니다. 이곳에서는 오브젝트 풀에서 총알을 하나 가져와 발사해주면 됩니다. 그런데 만약 이미 발사돼 화면에 날아가고 있는 총알이라면 어떻게 해야 할

까요? 그 총알을 갑자기 가져와 다시 총구에 배치하면 날아가던 총알이 사라져버리고 총구 앞으로 오게 됩니다. 말도 안 되는 상황입니다. 따라서 탄창 안에 있는 총알, 즉 비활성화돼 있는 총알을 찾아 그 총알을 활성화시켜야 합니다. 목표부터 적어보고 세부 사항을 뽑아보겠습니다.

우리의 목표는 **'발사 버튼을 누르면 탄창에 있는 총알 중 비활성화된 것을 발사하고 싶다.'**입니다. 이제까지 하던 대로 최종적으로 하고 싶은 부분부터 문장을 역순으로 분리해보면 **'총알을 발사하고 싶다**(활성화시킨다)**.'**가 됩니다. "어떤 총알을 발사합니까?"라는 질문의 대답은 **"비활성화된 총알을"**이고 "어디에 있는 비활성화 총알인가?"라는 질문의 대답은 **"탄창 안에 있는 총알들 중에서"**이며, "갑자기 왜 총알을 발사하는가?"라는 질문의 대답은 **"발사 버튼을 눌렀으니까."**입니다. 이를 정리하면 다음과 같습니다.

> **목표:** 발사 버튼을 누르면 탄창에 있는 총알 중 비활성화된 것을 발사하고 싶다.
> **순서:** ❶ 발사 버튼을 눌렀으니까
> ❷ 탄창 안에 있는 총알들 중에서
> ❸ 비활성화된 총알을
> ❹ 총알을 발사하고 싶다(활성화시킨다).

이렇게 구현할 부분을 세분화하고 이끌어내는 방법을 계속 연습하세요.

PlayerFire 클래스의 Update 함수에 해당 내용을 구현해보겠습니다.
[코드 3.3-14]에 구현 코드를 정리해봤습니다. 발사 버튼 코드는 프로토타입 때 이미 설명했죠? 그다음 코드들은 원래 파일을 직접 로드해 그때그때 생성하는 것이었지만, 오브젝트 풀을 검색해 비활성화된 총알만을 가져오는 코드로 변경했습니다. Instantiate 함수 대신 bulletObjectPool에서 i번째 인덱스 요소를 가져와 사용하고 있습니다. 이 안에는 앞서 미리 총알을 생성해 할당해 놓았습니다.

그다음에는 '❸ **비활성화된 총알**' 여부를 게임 오브젝트의 activeSelf 변수를 이용해 bullet 객체가 현재 활성화 상태인지 여부를 판단합니다. false이면 비활성화 상태를 뜻합니다. 그 뒤에 ❹ **총알을 활성화하고**, 총알을 발사했기 때문에 검색을 중단하는 **break**를 사용했습니다.

```
public class PlayerFire : MonoBehaviour
{
    . . . (생략) . . .

  // 목표: 발사 버튼을 누르면 탄창에 있는 총알 중 비활성화된 것을 발사하고 싶다.
    void Update()
    {
        // 1. 발사 버튼을 눌렀으니까
        if (Input.GetButtonDown("Fire1"))
        {
            // 2. 탄창 안에 있는 총알들 중에서
            for (int i = 0; i < poolSize; i++)
            {
                // 3. 비활성화된 총알을
                // 만약 총알이 비활성화됐다면
                GameObject bullet = bulletObjectPool[i];
                if (bullet.activeSelf == false)
                {
                    // 4. 총알을 발사하고 싶다(활성화시킨다).
                    bullet.SetActive(true);
                    // 총알을 위치시키기
                    bullet.transform.position = transform.position;
                    // 총알을 발사했기 때문에 비활성화 총알 검색 중단
                    break;
                }
            }
        }
    }
}
```

[코드 3.3-14] PlayerFire.cs 오브젝트 풀을 이용한 총알 발사

이 상태로 실행해볼까요? 적을 맞추면 그다음부터 총알이 잘 발사되지 않고 콘솔(Console) 창에 다음과 같은 오류 메시지가 나타납니다.

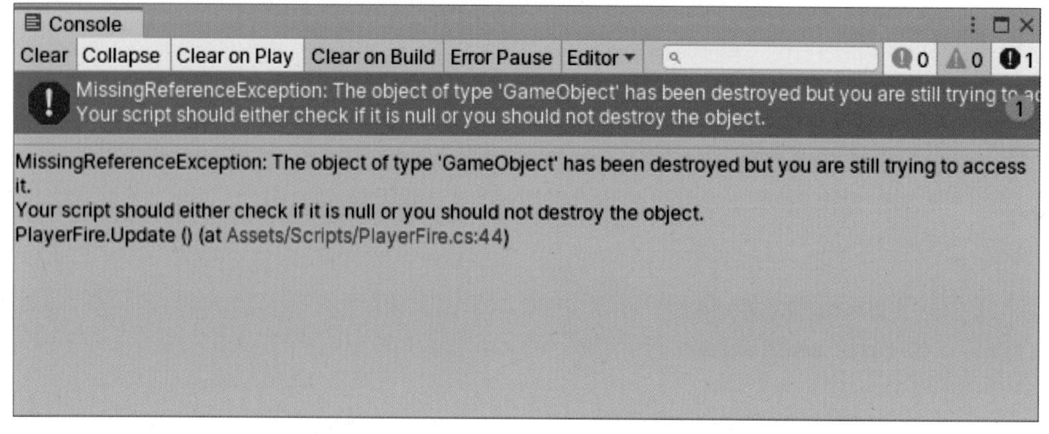

[그림 3.3-6] 오브젝트 풀 활용한 총알 발사 시 오류

내용을 보면 게임 오브젝트 객체가 없어졌는데 계속 참조하려고 한다는 내용입니다. 즉, 총알이 에너미와 충돌했을 때 총알을 없애버렸습니다. 더 이상 세상에 없는 총알을 탄창에서 검색하려고 하니 문제가 생긴 것입니다. 총알을 없애지 말고 다시 비활성화시켜 탄창에 넣어줘야 하는 작업이 필요합니다.

Enemy 클래스의 OnCollisionEnter에서 **'1. 만약 부딪힌 물체가 Bullet이라면'**, **'2. 부딪힌 물체를 비활성화'**, **'3. 그렇지 않으면 제거'**의 구현 내용이 추가됩니다.

```
public class Enemy : MonoBehaviour
{
    . . . (생략) . . .

    private void OnCollisionEnter(Collision other)
    {
        . . . (생략) . . .
        explosion.transform.position = transform.position;

        // 만약 부딪힌 객체가 Bullet인 경우에는 비활성화시켜 탄창에 다시 넣어준다.
        // 1. 만약 부딪힌 물체가 Bullet이라면
        if (other.gameObject.name.Contains("Bullet"))
        {
            // 2. 부딪힌 물체를 비활성화
            other.gameObject.SetActive(false);
        }
        // 3. 그렇지 않으면 제거
```

```
        else
        {
            Destroy(other.gameObject);
        }
        Destroy(gameObject);
    }
}
```

[코드 3.3-15] Enemy.cs 사용한 총알을 비활성화

이렇게 하면 총알 오브젝트 풀 제작이 끝납니다. 실행해 결과를 확인하세요. 그런데 한 가지 문제가 발생하는 것을 알 수 있습니다. 실행해보면 [그림 3.3-7]과 같이 총알이 회전된 모습을 볼 수 있습니다. 총알이 날아갈 때 회전돼 이동하는 문제가 생긴 것입니다.

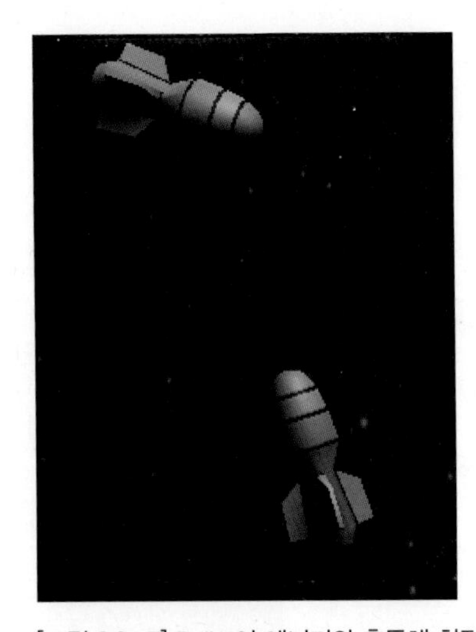

[그림 3.3-7] Bullet이 에너미와 충돌해 회전된 모습

이렇게 되는 이유는 바로 Bullet 객체에 리지드바디 컴포넌트가 붙어 있기 때문입니다. 유니티 물리가 동작하게 하는 리지드바디가 충돌했을 때, 그 영향으로 충돌되도록 하는 기능을 내부적으로 수행하기 때문에 이런 문제가 발생합니다. 이를 해결하기 위해 리지드바디가 이동 및 회전 처리를 하지 못하도록 막아 놓겠습니다.

Bullet 프리팹을 더블 클릭해 프리팹 편집 창으로 이동한 후 Bullet 객체의 **Rigidbody** 컴포넌트의 Constraints 속성에 체크 표시를 모두 잠가 놓습니다.

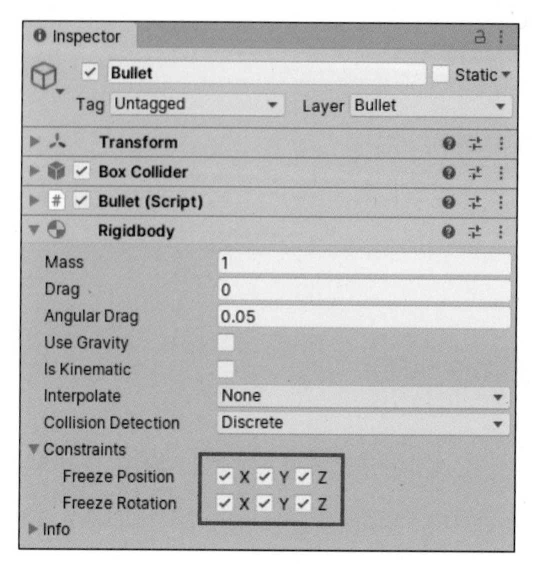

[그림 3.3-8] Bullet 프리팹의 Constraints 속성 설정

여기까지가 배열을 이용한 총알 오브젝트 풀 제작입니다.

에너미 오브젝트 풀 제작하기

이번에는 에너미를 오브젝트 풀을 이용해 관리해보겠습니다. 에너미는 EnemyManager 클래스에서 관리하고 있는데, 오브젝트 풀을 만들어 사용하기 위해서는 몇 가지 수정이 필요합니다. 오브젝트 풀은 원하는 객체를 하나의 풀에 넣어 놓고 관리하기 위함인데, 프로젝트에서는 EnemyManager 객체가 여러 개 동작하고 있다는 것을 알 수 있습니다.

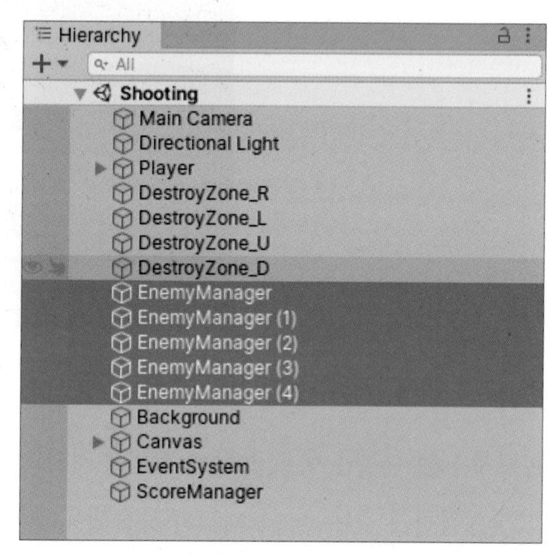

[그림 3.3-9] EnemyManager가 여러 개의 씬에 올라가 있는 모습

이런 구조를 하나의 EnemyManager가 존재하고 나머지 EnemyManager들은 에너미가 나타날 위치로서 동작하도록 수정해보겠습니다. [그림 3.3-10]을 살펴보면 EnemyManager가 SpawnPoint들을 갖

고 있으며, Timer가 돌다가 시간이 되면 에너미를 생성해 이 SpawnPoint에서 나타나도록 하는 것을 알 수 있습니다.

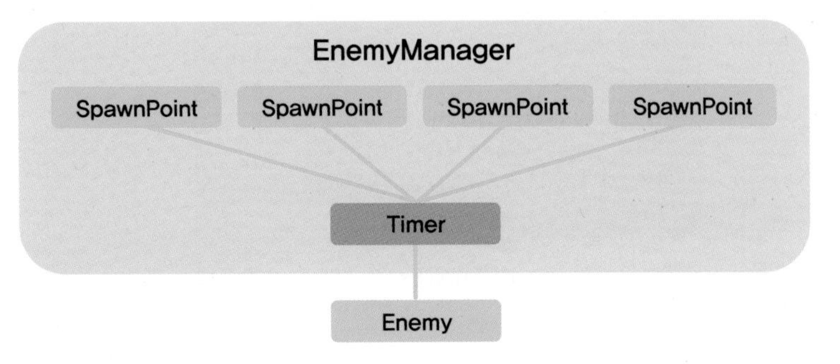

[그림 3.3-10] EnemyManager에서 Enemy를 생성하는 모습

EnemyManager 게임 오브젝트를 하이어라키 뷰에서 선택한 후 Ctrl+D 키를 눌러 하나를 복제합니다.

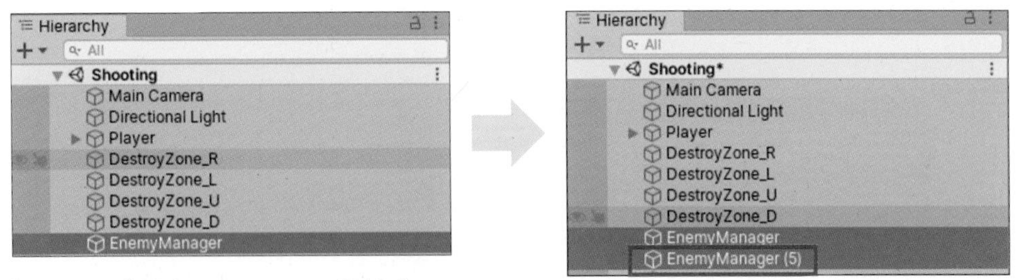

[그림 3.3-11] 씬에 EnemyManager를 복제

그다음으로는 EnemyManager라는 객체를 제외한 후에 숫자가 붙은 EnemyManager들을 모두 SpawnPoint로 바꾸겠습니다.

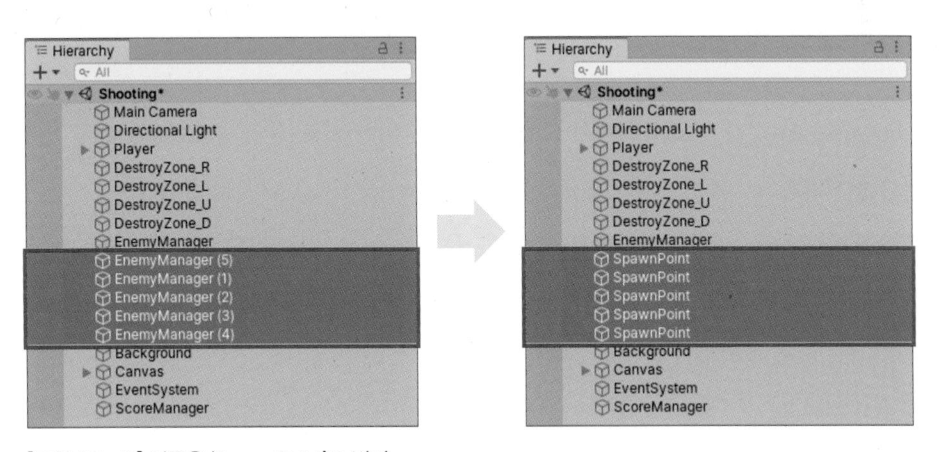

[그림 3.3-12] 이름을 'SpawnPoint'로 변경

SpawnPoint들에 있는 EnemyManager 컴포넌트는 모두 제거합니다.

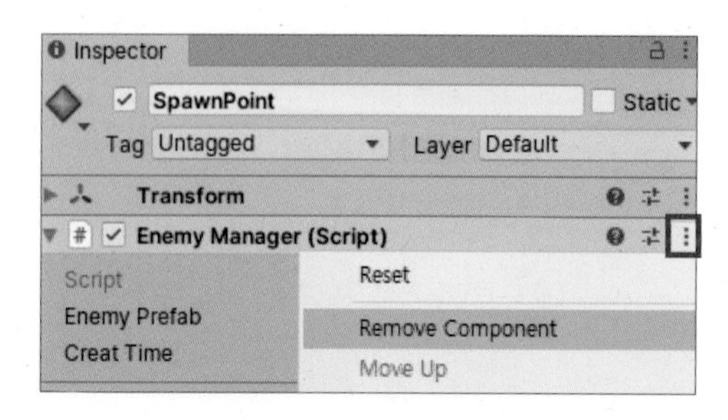

[그림 3.3-13] SpawnPoint의 EnemyManager 컴포넌트 제거

Tip

[그림 3.3-14]에서처럼 하이어라키 뷰에서 수정하고자 하는 SpawnPoint 게임 오브젝트를 모두 선택한 채 Inspector 창에서 이름을 변경하고, EnemyManager 컴포넌트를 제거하면 여러 개의 객체를 한번에 수정할 수 있습니다.

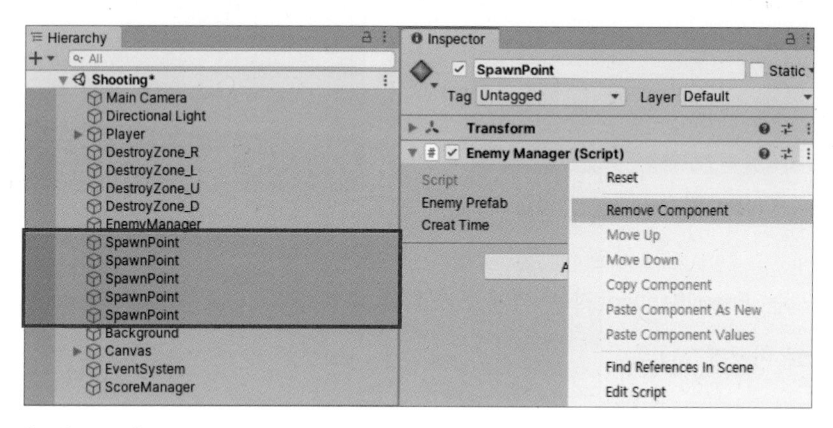

[그림 3.3-14] SpawnPoint의 EnemyManager 컴포넌트 제거

이제 EnemyManager.cs 스크립트에서 오브젝트 풀을 위한 코드를 작성해보겠습니다. 먼저 목표를 적어보겠습니다.

'에너미 오브젝트 풀을 만들어 관리하고 싶다.'를 목표로 두고 필요한 속성을 알아보죠. 총알 오브젝트 풀과 유사합니다. 오브젝트 풀 크기와 오브젝트 풀 배열 그리고 위에서 추가한 SpawnPoint들이 필요합니다. 이를 정리하면 다음과 같습니다.

> ✕ **목표:** 에너미 오브젝트 풀을 만들어 관리하고 싶다.
> ✕ **필요 속성:** 오브젝트 풀 크기, 오브젝트 풀 배열, SpawnPoint들

여기에서 SpawnPoint들이라는 표현을 썼습니다. 여러 개를 관리하는 속성이기 때문에 배열로 만들어야 합니다. 해당 코드는 다음과 같습니다.

```
public class EnemyManager : MonoBehaviour
{
    // 오브젝트 풀 크기
    public int poolSize = 10;
    // 오브젝트 풀 배열
    GameObject[] enemyObjectPool;
    // SpawnPoint들
    public Transform[] spawnPoints;

    . . . (생략) . . .
}
```

[코드 3.3-16] EnemyManager.cs 오브젝트 풀에 필요한 속성 정의

에너미 오브젝트 풀을 만들어 값을 할당하기 위한 구현 순서는 총알 오브젝트 풀과 같기 때문에 바로 정의해보겠습니다.

> ✕ **목표:** 태어날 때 오브젝트 풀에 에너미를 하나씩 생성해 넣고 싶다.
> ✕ **순서:** ❶ 태어날 때
> ❷ 오브젝트 풀을 에너미들을 담을 수 있는 크기로 만들어준다.
> ❸ 오브젝트 풀에 넣을 에너미의 개수만큼 반복해
> ❹ 에너미 공장에서 에너미를 생성한다.
> ❺ 에너미를 오브젝트 풀에 넣고 싶다.

구현 위치는 EnemyManager 클래스의 Start 함수입니다. 바로 태어날 때 풀을 만드니까요. 그런 다음, enemyObjectPool을 PoolSize 크기로 만듭니다. 이렇게 만들어진 풀에 에너미 생성, 에너미 풀에 삽입, 비활성화의 동작을 반복적으로 수행합니다. 총알 오브젝트 풀과 변수 이름만 다르고 모두 동일합니다.

```
public class EnemyManager : MonoBehaviour
{
    . . . (생략) . . .
    // 1. 태어날 때
    void Start()
    {
        creatTime = Random.Range(1.0f, 5.0f);

        // 2. 오브젝트 풀을 에너미들을 담을 수 있는 크기로 만들어준다.
        enemyObjectPool = new GameObject[poolSize];
        // 3. 오브젝트 풀에 넣을 에너미 개수만큼 반복해
        for (int i = 0; i < poolSize; i++)
        {
            // 4. 에너미 공장에서 에너미를 생성한다.
            GameObject enemy = Instantiate(enemyFactory);
            // 5. 에너미를 오브젝트 풀에 넣고 싶다.
            enemyObjectPool[i] = enemy;
            // 비활성화시키자.
            enemy.SetActive(false);
        }
    }
```

[코드 3.3-17] EnemyManager.cs 에너미 오브젝트 풀 생성

이제 활용하는 곳으로 가보죠. 활성화를 위한 목표와 순서를 적어보겠습니다. 총알을 에너미로만 수정하면 내용이 똑같습니다.

- **목표:** 생성 시간이 되면 에너미 풀에 있는 에너미 중 비활성화된 녀석을 활성화하고 싶다.
- **순서:** ❶ 생성 시간이 됐으니까
  ❷ 에너미 풀 안에 있는 에너미들 중에서
  ❸ 비활성화된 에너미를
  ❹ 활성화하고 싶다.

이번에는 EnemyManager 클래스의 Update 함수입니다. 생성 시간이 되면 풀을 전수 조사합니다. 그리고 활성화 여부를 조사해 비활성화된 에너미를 활성화한 후 위치시켜줍니다. 그리고 검색 중단하는 것으로 코드가 완성됩니다. 총알 오브젝트 풀과 설명이 중복되므로 간단하게 코드 주석으로 이해하면 될 것 같습니다.

```
publicclassEnemyManager: MonoBehaviour
{
    . . . (생략) . . .
    voidUpdate()
    {
        currentTime += Time.deltaTime;
        // 1. 생성 시간이 되었으니까
        if(currentTime > creatTime)
        {
            // 2. 에너미풀 안에 있는 에너미들 중에서
            for(inti = 0; i < poolSize; i++)
            {
                // 3. 비활성화 된 에너미를
                // - 만약 에너미가 비활성화 되었다면
                GameObject enemy = enemyObjectPool[i];
                if(enemy.activeSelf == false)
                {
                    // 에너미 위치시키기
                    enemy.transform.position = transform.position;
                    // 4. 에너미를 활성화하고 싶다.
                    enemy.SetActive(true);

                    // 에너미 활성화 하였기 때문에 검색 중단
                    break;
                }
            }
            creatTime = Random.Range(1.0f, 5.0f);
            currentTime = 0;
        }
    }
}
```

[코드 3.3-18] EnemyManager.cs 에너미 오브젝트 풀 활용

그다음으로는 에너미가 죽을 때 없애는 것이 아니라 비활성화해줌으로써 자원을 반납합니다. 총알과 마찬가지로 두 곳에서 처리합니다. 하나는 Enemy 클래스의 OnCollisionEnter 함수 부분, 다른 하나는 DestroyZone의 OnTriggerEnter 함수 부분입니다. 먼저 Enemy 클래스로 이동합니다.

```
public class Enemy : MonoBehaviour
{
    . . . (생략) . . .

    // 1. 적이 다른 물체와 충돌했으니까.
    private void OnCollisionEnter(Collision other)
    {
        . . . (생략) . . .

        // Destory로 없애는 대신, 비활성화해 풀에 자원을 반납합니다.
        // Destroy(gameObject);
        gameObject.SetActive(false);
    }
}
```

[코드 3.3-19] Enemy.cs 에너미 제거 대신 비활성화로 수정

위의 [코드 3.3-19]처럼 에너미를 제거하는 대신, 비활성화시켜줍니다. 이제 DestoryZone.cs 스크립트를 열어 DestroyZone 클래스의 OnTriggerEnter 함수를 수정하겠습니다. 이 스크립트는 [Project]-[Assets]-[Scripts] 폴더 안에 있습니다.

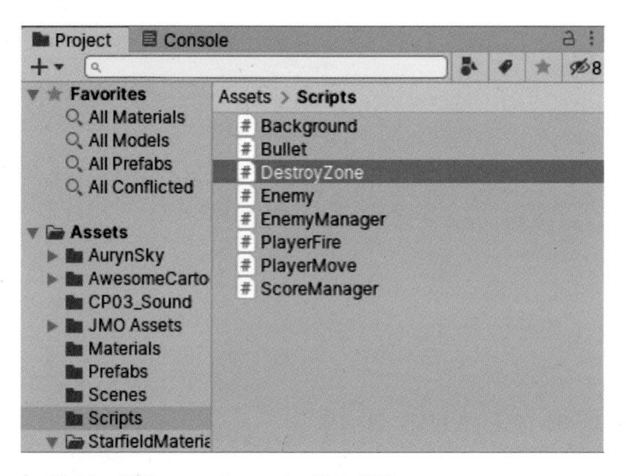

[그림 3.3-15] DestroyZone 스크립트 위치

DestroyZone에서는 Enemy일 때의 조건을 하나 추가합니다. 그리고 else일 때 Destroy하는 부분은 더 이상 필요 없습니다. 이곳에서는 이제 무조건 오브젝트 풀만 사용하게 되니까요.

```
public class DestroyZone : MonoBehaviour
{
    private void OnTriggerEnter(Collider other)
    {
        // 1. 만약 부딪힌 물체가 Bullet이거나 Enemy이라면
        if (other.gameObject.name.Contains("Bullet") ||
            other.gameObject.name.Contains("Enemy"))
        {
            // 2. 부딪힌 물체를 비활성화
            other.gameObject.SetActive(false);
        }
    }
}
```

[코드 3.3-20] DestroyZone.cs 에너미 제거 대신 비활성화로 수정

이제 총알에서처럼 에너미가 충돌하면 회전과 위치가 변화되지 않도록 Rigidbody 부분을 수정합니다. 먼저 [Project]-[Assets]-[Prefabs] 폴더에서 Enemy 프리팹을 선택합니다. Inspector 창에서 Rigidbody 컴포넌트의 Constraints 속성을 모두 체크해 잠급니다.

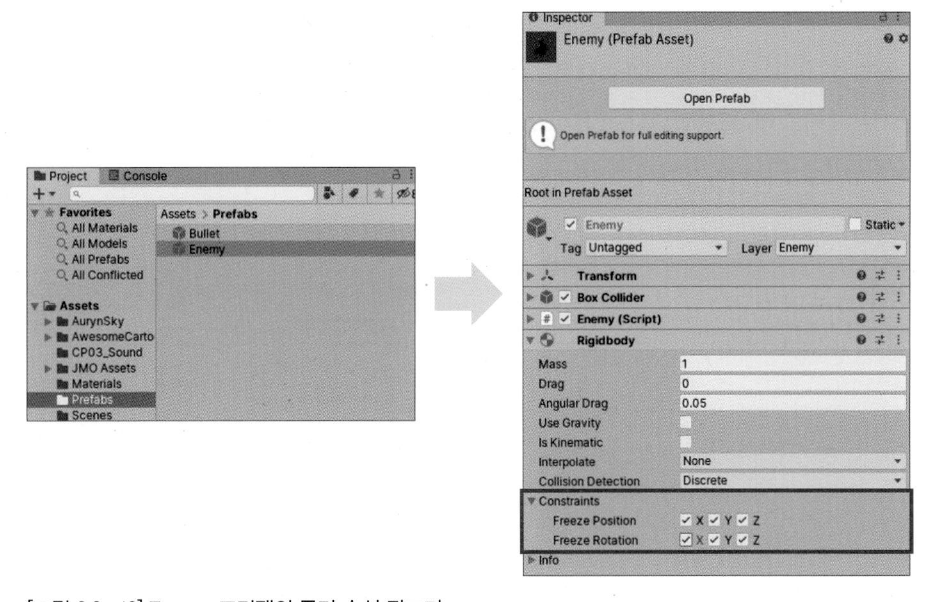

[그림 3.3-16] Enemy 프리팹의 물리 속성 잠그기

Tip

프리팹을 편집하는 데에는 프리팹을 더블 클릭한 후 하이어라키 뷰 창을 프리팹 편집 창으로 만들어 수정하는 방법과 하이어라키 뷰 창을 편집 창으로 만들지 않고 부분적으로 수정할 수 있는 방법이 있습니다.

그럼 이제 우리가 처음에 추가한 SpawnPoint로부터 에너미가 나오도록 해보겠습니다. 지금은 EnemyManager 객체 자신의 위치에서 나오도록 돼 있죠? 이를 우리가 갖고 있는 SpawnPoint들 중에서 랜덤으로 선택해 그 위치에서 발생되도록 수정하겠습니다. 먼저 EnemyManager의 SpawnPoints 변수에 씬의 SpawnPoint 객체들을 할당합니다. 이때 EnemyManager 객체를 선택하고 Inspector 창을 잠그세요. 그러면 드래그 앤 드롭을 한번에 할 수 있습니다.

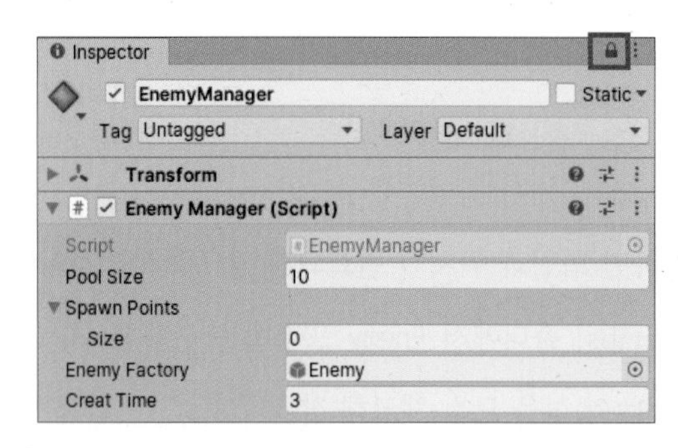

[그림 3.3-17] EnemyManager의 Inspector 창을 자물쇠를 눌러 잠금 모드로 변경

그런 다음, 하이어라키 뷰에서 SpawnPoint 객체를 모두 선택해 EnemyManager의 SpawnPoints 속성 이름으로 드래그 앤 드롭합니다. 이때 드래그해서 Spawn Points 속성 이름에 마우스 커서를 올려놓으면 [그림 3.3-18]처럼 마우스 커서의 이미지가 변경되는 것을 확인할 수 있습니다.

[그림 3.3-18] EnemyManager의 Spawn Points 속성 이름에 드래그했을 때 마우스 커서의 표시

등록이 완료되면 인스펙터의 우측 위 자물쇠는 다시 원래대로 풀어줍니다.

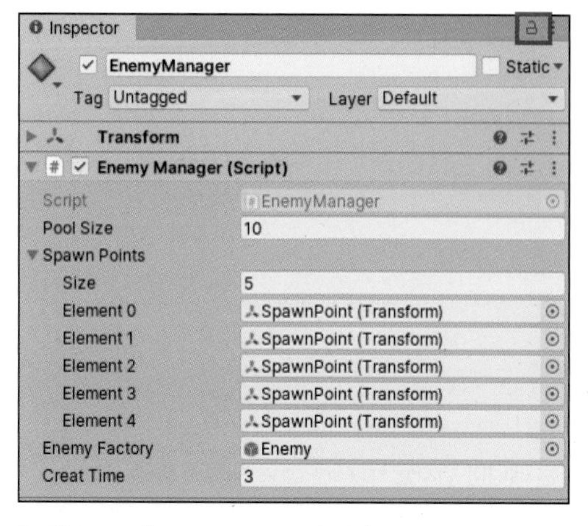

[그림 3.3-19] Spawn Points 속성에 모두 등록되고 잠금 해제한 상태

이제 스크립트로 이동한 후, 등록한 SpawnPoint들 중에서 위치를 랜덤으로 선택해 할당하겠습니다. EnemyManager.cs 스크립트로 이동합니다. 이곳에서는 에너미를 배치하는 곳의 코드만 수정해주면 됩니다.

우선 배열로 선언한 spawnPoints 중 랜덤으로 인덱스를 하나 추출합니다. **Random.Range(min, max)** 함수는 max 값보다 1 작은 max -1까지의 값 중에서 랜덤으로 하나 추출하는 기능을 합니다. 이때 배열의 크기를 가져오는 Length 변수를 사용했습니다.

```
public class EnemyManager : MonoBehaviour
{
    . . . (생략) . . .
    void Update()
    {
        currentTime += Time.deltaTime;
        // 1. 생성 시간이 됐으니까
        if (currentTime > creatTime)
        {
            // 2. 에너미 풀 안에 있는 에너미들 중에서
            for (int i = 0; i < poolSize; i++)
            {
                . . . (생략) . . .
                enemy.SetActive(true);
```

```
            // 랜덤으로 인덱스 선택
            int index = Random.Range(0, spawnPoints.Length);
            // 에너미 위치시키기
            enemy.transform.position = spawnPoints[index].position;
        }
        . . . (생략) . . .
      }
   }
}
```

[코드 3.3-21] EnemyManager.cs 생성된 에너미 위치를 spawnPoints 위치로 할당

이렇게 하면 이제 우리가 구현하려고 하는 내용은 모두 끝났습니다. 그런데 이렇게 바꿔 놓았더니 에너미가 생성되는 게 너무 드물게 나오는 것 같습니다. 이왕 손댄 김에 여기까지 수정해보겠습니다. **EnemyManager** 클래스에 생성할 시간의 최솟값, 최댓값을 저장할 변수를 추가합니다. 그리고 생성 시간을 이 변수 사이에서 랜덤으로 추출하겠습니다. 기존 코드는 무조건 1~5초 사이로 스크립트에 코드로 넣어 놓았습니다.

```
public class EnemyManager : MonoBehaviour
{
    . . . (생략) . . .

    // 생성할 최소 시간
    public float minTime = 0.5f;
    // 생성할 최대 시간
    public float maxTime = 1.5f;

    // 생성 시간
    float creatTime;
    . . . (생략) . . .
```

[코드 3.3-22] EnemyManager.cs 생성할 최소 최대 시간 속성 선언

이제 createTime의 값을 할당해주는 부분을 이 값으로 수정하겠습니다.

```
public class EnemyManager : MonoBehaviour
{
    void Start()
    {
        creatTime = Random.Range(minTime, maxTime);

        . . . (생략) . . .
    }
    void Update()
    {
        currentTime += Time.deltaTime;

        // 1. 생성 시간이 됐으니까
        if (currentTime > creatTime)
        {
            . . . (생략) . . .
            creatTime = Random.Range(minTime, maxTime);
            currentTime = 0;
        }
    }
}
```

[코드 3.3-23] EnemyManager.cs creatTime을 선언한 변수 값으로 가져오도록 설정

여기서는 기본 시간을 0.5~1.5초로 설정했습니다. 하지만 여러분은 이 시간을 유니티 에디터상에서 수정하면서 더 나은 값으로 설정해보시기 바랍니다.

Enemy.cs 스크립트의 Start 함수에서 우리는 오브젝트풀을 생성하고 있습니다. 눈치 채셨는지 모르겠지만 실행을 해서 테스트를 하다보면 적들이 이상한 방향으로 날아가는 경우를 많이 목격하시게 될 거에요. 이유는 이 Start 함수에 있습니다. 라이프사이클 함수를 잠시 정리해 보면 다음 그림과 같습니다.

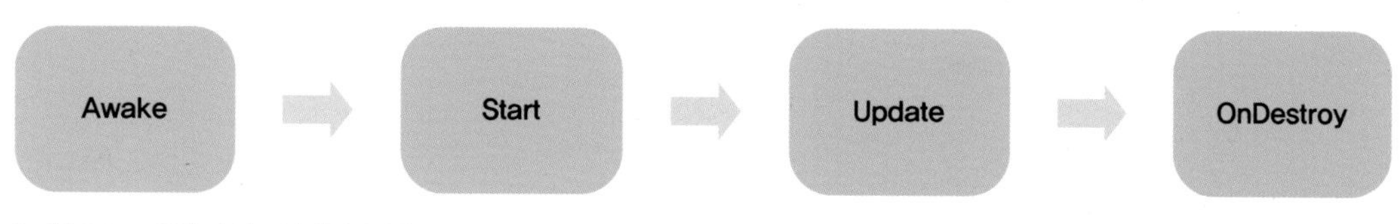

[그림 3.3 - 20] 라이프사이클 흐름

이렇게 라이프사이클 함수들이 순서대로 호출되도록 되어 있는데, 문제는Awake와 Start 함수가 단 한 번 불린다는데 있습니다. 책에도 나와 있지만 태어나는 건 단 한 번이기 때문에 Start 함수는 한 번만 호출되는 문제가 있습니다. 이게 왜 문제가 되냐면 우리가 Enemy의 Start 함수에서 바로 자신이 갈 방향을 정하기 때문입니다.

오브젝트풀은 사용하면 객체를 계속 생성(태어나게) 하는 것이 아닌, 한 번 만들어 놓고 계속 활성화, 비활성화시켜 사용하는 기법입니다. 때문에 Start는 단 한 번만 불리게 되고 그다음부터는 호출이 되지 않습니다.

그러면 처음에 정했던 방향으로 enemy는 계속 이동하게 되는 문제가 발생하게 되는 것입니다. 활성화될 때마다 플레이어가 있는 방향 혹은 아래 방향으로 이동하는 로직을 만들고 싶은데 이렇게 되면 구현상의 오류가 있는 것입니다.

```
public class Enemy: MonoBehaviour
{
    ... 생략 ...
    void Start()
    {
        // 0부터 9(10-1)까지 값중에 하나를 랜덤으로 가져와서
        intrandValue = UnityEngine.Random.Range(0, 10);
        // 만약 3보다 작으면 플레이어 방향
        if(randValue < 3)
        {
            // 플레이어를 찾아서 target으로 하고싶다.
            GameObjecttarget = GameObject.Find("Player");
            // 방향을 구하고싶다. target - me
            dir = target.transform.position- transform.position;
            // 방향의 크기를 1로 하고 싶다.
            dir.Normalize();
        }
        // 그렇지 않으면 아래 방향으로 정하고 싶다.
        else
        {
            dir= Vector3.down;
        }
    }
}
```

[코드 3.3 – 24] Enemy.cs Start 함수에서의 오브젝트풀 구현

[코드 3.3 - 24]에서처럼 Start 함수에서의 구현은 구조적인 문제를 내포하고 있습니다. 그럼 이것을 해결하기 위해서 어떻게 하면 될까요? 바로 라이프 사이클 함수의 OnEnable 함수를 이용하면 됩니다. 다음 그림을 보실까요?

[그림 3.3 - 21] OnEanble 함수가 추가된 라이프사이클 흐름

[그림 3.3 - 21]에서 보시는 것처럼 유니티는 Awake 함수가 호출된 다음에OnEnable 함수가 호출되도록 되어 있습니다.
참고로 다음 경로에 가보시면 유니티 라이프 사이클이 어떻게 흘러가는지 도식화된 화면을 보실 수 있습니다.

https://docs.unity3d.com/Manual/ExecutionOrder.html

이 OnEnable 함수는 객체가 활성화 될 때마다 호출되는 특징이 있습니다. 물론 [그림 3.3 - 21]에서처럼 OnEnable 함수가 호출되고 반드시 Start 함수가 호출되는 것이 아닙니다. Start 함수는 처음에 무조건 한 번만 호출되도록 되어 있기 때문에 처음에는 [그림 3.3 - 21]처럼 라이프 사이클이 흘러가지만 한번 생성된 객체는 그 다음부터는 [OnEnable] → [Update] 이런 식으로 흘러가는 구조입니다.
따라서 우리는 객체 활성화 때마다 호출되는OnEnable 함수를Start 대신 사용하도록 하겠습니다.
OnEnable 함수를 만들고Start 함수에서의 내용을 모두 옮겨줍니다.

```
public class Enemy: MonoBehaviour
{
    ... 생략 ...
    voidStart()
    {
    }
    void OnEnable()
```

```
    {
        // 0부터 9(10-1)까지 값 중에 하나를 랜덤으로 가져와서
        intrandValue = UnityEngine.Random.Range(0, 10);
        // 만약 3보다 작으면 플레이어 방향
        if(randValue< 3)
        {
            // 플레이어를 찾아서 target으로 하고 싶다.
            GameObjecttarget= GameObject.Find("Player");
            // 방향을 구하고싶다. target - me
            dir= target.transform.position- transform.position;
            // 방향의 크기를 1로 하고 싶다.
            dir.Normalize();
        }
        // 그렇지 않으면 아래 방향으로 정하고 싶다.
        else
        {
            dir = Vector3.down;
        }
    }
}
```

[코드 3.3-25] Start 함수의 내용을OnEnable 함수로 이동

[코드 3.3-25]에서와 같이 내용을 구성하시고 저장을 합니다. 유니티로 가서 실행을 해보면 이제 Enemy가 정상적으로 활성화 될 때마다 방향을 계속 새롭게 갱신할 것입니다. 이 내용은 챕터 3 동영상 강좌의 31번 배열을 이용한 에너미 오브젝트풀 제작에서 추가로 확인하실 수 있습니다.

이렇게 하면 모든 구현이 마무리됩니다. 다만, 배열을 사용한 오브젝트 풀을 제작했기 때문에 배열의 구조상 비활성화된 객체를 찾기 위해 전수 조사를 해야 한다는 문제가 있습니다. 만약 10,000개의 총알이 있고, 그중 9,999번째 총알만 비활성화돼 있을 경우(극단적인 예이지만), 처음부터 9,999번째까지 반복적으로 계속 같은 질문을 던져야 합니다. 바로 비활성화돼 있는지 조사하는 질문이죠. 굉장히 비효율적인 작업이 반복되고 있는 것이죠. 비활성화돼 있는 총알을 한 번에 뽑아낼 수 있는 방법은 없을까요?

리스트(List)를 사용한 오브젝트 풀 제작

오브젝트 풀을 사용하는 이유는 속도를 향상시키고자 하는 것인데, 단순 검색만을 수행하느라 오히려 더 느려지는 문제가 발생할 수 있습니다. 이를 해결하기 위해 리스트(List) 자료 구조를 사용해 처리해보겠습니다. 리스트의 구조는 다음과 같습니다.

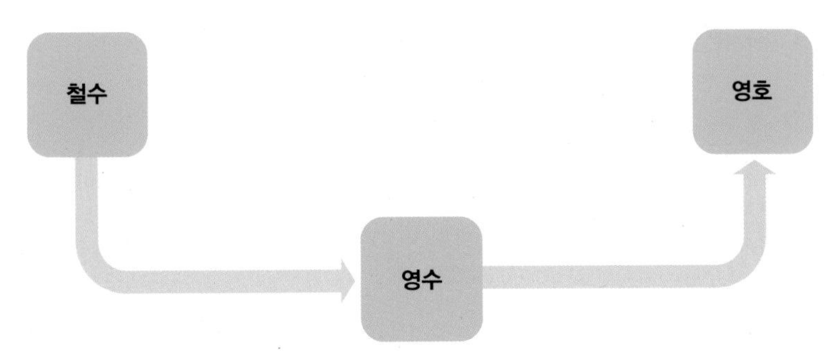

[그림 3.3-22] 리스트의 데이터 연결 구조

배열과 달리, 메모리에 좌측에서 우측으로, 위쪽에서 아래쪽으로 순서대로 한 칸씩 저장되는 구조가 아닙니다. 리스트는 데이터의 위치를 링크로 기억하고 있다고 보면 됩니다. 따라서 배열보다는 한 칸씩 검색할 때 살짝 느립니다. 하지만 [그림 3.3-22]에서 두 번째 데이터(영수)를 삭제하려는 경우, 배열은 삭제하고 뒤의 요소들을 한 칸씩 앞으로 당겨야 하는데(이것이 느린 이유입니다), 리스트는 그냥 두 번째(영수) 링크는 끊고, 철수에서 영호로 연결만 해주면 됩니다.

[그림 3.3-23] 리스트에서 데이터를 삭제할 경우

간단하죠? 그럼 삽입할 때는 어떻게 할까요? 이와 마찬가지로 삽입하고 링크만 연결해주면 됩니다. [그림 3.3-22]처럼 그냥 다시 연결하면 되는 것이죠. 그래서 리스트의 검색 속도는 느릴 수 있지만, 데이터를 삭제하고 삽입하는 속도는 빠릅니다.

오브젝트 풀 구조를 배열 대신, 리스트로 바꾸려는 이유는 비활성화된 객체만을 리스트에 담고 활성화시키면 목록에서 제거하는 식으로 사용하기 위함입니다. 이렇게 되면 리스트에는 비활성화된 객체만 담겨 있기 때문에 검색할 필요가 없어집니다. 애초에 비활성화된 객체만 있으니까요.

총알 오브젝트 풀 리스트로 교체

그럼 총알 오브젝트 풀을 리스트로 교체해보겠습니다. PlayerFire.cs 스크립트로 이동하세요. 기존에 사용하던 GameObject[ ] 배열 형식을 리스트로 교체합니다.

```
public class PlayerFire : MonoBehaviour
{
    public GameObject bulletFactory;
    // 탄창에 넣을 총알 개수
    public int poolSize = 10;
    // 오브젝트 풀 배열
    public List<GameObject> bulletObjectPool;

 . . . (생략) . . .
}
```

[코드 3.3-26] PlayerFire.cs 오브젝트 풀의 자료형을 List로 변경

그 다음으로는 Start 함수에서 배열로 돼 있는 처리를 모두 리스트로 바꿔주겠습니다.

```
public class PlayerFire : MonoBehaviour
{
    void Start()
    {
        // 2. 탄창을 총알 담을 수 있는 크기로 만들어준다.
        bulletObjectPool = new List<GameObject>();

        // 3. 탄창에 넣을 총알의 개수만큼 반복해
        for (int i = 0; i < poolSize; i++)
        {
            // 4. 총알 공장에서 총알을 생성한다.
            GameObject bullet = Instantiate(bulletFactory);

            // 5. 총알을 오브젝트 풀에 넣고 싶다.
            bulletObjectPool.Add(bullet);
```

```
            // 비활성화시키자.
            bullet.SetActive(false);
        }
    }
```

[코드 3.3-27] PlayerFire.cs Start 함수의 내용을 List로 수정

리스트에서는 Add 함수를 이용해 데이터를 추가합니다. 그런 다음 활용 부분을 리스트로 수정합니다. 가장 큰 차이점은 배열은 오브젝트 풀을 전수 조사해 비활성화 객체를 찾아냈다면, 리스트에는 비활성화 객체만 들어 있기 때문에 검색이 필요 없다는 것입니다. 리스트에 객체가 있는지 확인하고 있다면 가장 첫 번째 요소를 가져와 사용합니다. 또한 리스트에서 활성화시킨 객체는 Remove 함수를 이용해 제거합니다.

```
public class PlayerFire : MonoBehaviour
{
      . . . (생략) . . .
    // 목표: 발사 버튼을 누르면 탄창에 있는 총알 중 비활성화된 녀석을 발사하고 싶다.
    void Update()
    {
        // 1. 발사 버튼을 눌렀으니까
        if (Input.GetButtonDown("Fire1"))
        {
            // 2. 탄창 안에 총알이 있다면
            if (bulletObjectPool.Count > 0)
            {
                // 3. 비활성화된 총알을 하나 가져온다.
                GameObject bullet = bulletObjectPool[0];
                // 4. 총알을 발사하고 싶다(활성화시킨다).
                bullet.SetActive(true);
                // 오브젝트 풀에서 총알 제거
                bulletObjectPool.Remove(bullet);

                // 총알을 위치시키기
                bullet.transform.position = transform.position;
            }
        }
```

```
    }
```

[코드 3.3-28] PlayerFire.cs Update 함수에서 발사 부분 수정

아주 간단해졌죠? for문을 이용한 반복문과 비활성화 체크 부분이 없어졌죠. 코드만 간단해진 것이 아니라 성능도 훌륭합니다. 전문 자료 구조 알고리즘 책은 아니지만, 왜 프로그래머들에게 이것들이 필요한지 알려주는 중요한 대목이죠. 어떤 자료 구조를 선택하느냐에 따라 최적화 알고리즘이 변경되고, 성능에 큰 영향을 미칠 수 있습니다.

아직 끝난 것은 아닙니다. 다 쓴 총알을 다시 오브젝트 풀에 넣어줘야 합니다. 기존에는 단순히 비활성화만 해줬지만, 이제는 풀에 다시 넣어줘야 합니다. [코드 3.3-29]을 보면 결국 PlayerFire 클래스의 bulletObjectPool 리스트 변수에 값을 추가해줘야 한다는 것을 알 수 있습니다. 이 bulletObjectPool에 접근하기 위해선 PlayerFire 컴포넌트 객체를 얻어와야 하고, 다시 이 컴포넌트는 Player 게임 오브젝트를 씬에서 찾아내고, 그 객체로부터 GetComponent 함수를 이용해 얻어옵니다. 코드에서는 이를 역순으로 구현하고 있습니다.

```
public class DestroyZone : MonoBehaviour
{
    private void OnTriggerEnter(Collider other)
    {
        // 1. 만약 부딪힌 물체가 Bullet이라면
        if (other.gameObject.name.Contains("Bullet") ||
            other.gameObject.name.Contains("Enemy"))
        {
            // 2. 부딪힌 물체를 비활성화
            other.gameObject.SetActive(false);

            // 3. 부딪힌 물체가 총알일 경우 총알 리스트에 삽입
            if (other.gameObject.name.Contains("Bullet"))
            {
                // PlayerFire 클래스 얻어오기
                PlayerFire player = GameObject.Find("Player").
                GetComponent<PlayerFire>();
                // 리스트에 총알 삽입
                player.bulletObjectPool.Add(other.gameObject);
```

```
            }
        }
    }
}
```

[코드 3.3-29] DestroyZone.cs Bullet일 경우 오브젝트 풀에 삽입

다음은 Enemy 클래스로 이동해 처리하겠습니다. DestroyZone과 거의 같습니다. PlayerFire 객체를 얻어와 값을 bulletObjectPool 리스트에 넣어줍니다.

```
public class Enemy : MonoBehaviour
{
    // 1. 적이 다른 물체와 충돌했으니까.
    private void OnCollisionEnter(Collision other)
    {
        . . . (생략) . . .
        if (other.gameObject.name.Contains("Bullet"))
        {
            // 2.부딪힌 물체를 비활성화
            other.gameObject.SetActive(false);

            // PlayerFire 클래스 얻어오기
            PlayerFire player = GameObject.Find("Player").
            GetComponent<PlayerFire>();
            // 리스트에 총알 삽입
            player.bulletObjectPool.Add(other.gameObject);

        }
        . . . (생략) . . .
    }
}
```

[코드 3.3-30] Enemy.cs 오브젝트 풀에 총알 삽입

에너미 오브젝트 풀 리스트로 교체

에너미 오브젝트 풀도 배열에서 리스트로 교체하겠습니다. EnemyManager.cs 스크립트로 이동합니다. GameObject[ ] enemyObjectPool을 리스트로 교체합니다. 이때 다른 클래스에서 접근할 수 있도록 접근 지시자인 public을 붙여줍니다.

```
public class EnemyManager : MonoBehaviour
{
    //오브젝트 풀 크기
    public int poolSize = 10;

    //오브젝트 풀 배열
    public List<GameObject> enemyObjectPool;
```

[코드 3.3-31] EnemyManager.cs 오브젝트 풀을 List로 교체

다음은 오브젝트 풀 초기화 부분인 Start 함수의 수정입니다. 객체 생성을 리스트로 교체하고 값의 삽입은 Add 함수를 이용해 처리합니다.

```
public class EnemyManager : MonoBehaviour
{
    // 1. 태어날 때
    void Start()
    {
        creatTime = Random.Range(minTime, maxTime);

        // 2. 오브젝트 풀을 에너미들을 담을 수 있는 크기로 만들어준다.
        enemyObjectPool = new List<GameObject>();

        // 3. 오브젝트 풀에 넣을 에너미 개수만큼 반복해
        for (int i = 0; i < poolSize; i++)
        {
            // 4. 에너미 공장에서 에너미를 생성한다.
            GameObject enemy = Instantiate(enemyFactory);

            // 5. 에너미를 오브젝트 풀에 넣고 싶다.
            enemyObjectPool.Add(enemy);
```

```
            // 비활성화시키자.
            enemy.SetActive(false);
        }
    }
```

[코드 3.3-32] EnemyManager.cs 오브젝트 풀에 값 삽입

이제 사용하는 부분으로 가보겠습니다. Update 함수에서 for문을 이용해 조사하는 부분을 단순화 시킵니다. 총알 오브젝트 풀 구현과 변수 이름만 다르고 나머지는 같습니다.

```
public class EnemyManager : MonoBehaviour
{
    void Update()
    {
        currentTime += Time.deltaTime;
        // 1. 생성 시간이 되었으니까
        if (currentTime > creatTime)
        {
            // 2. 오브젝트풀에 에너미가 있다면
            if (enemyObjectPool.Count > 0)
            {
                // 오브젝트풀에서 enemy를 가져다 사용하도록 한다.
                GameObject enemy = enemyObjectPool[0];
                // 오브젝트풀에서 에너미 제거
                enemyObjectPool.Remove(enemy);
                // 랜덤으로 인덱스 선택
                int index = Random.Range(0, spawnPoints.Length);
                // 에너미 위치시키기
                enemy.transform.position = spawnPoints[index].position;
                // 에너미를 활성화하고 싶다.
                enemy.SetActive(true);
            }
            . . . (생략) . . .
        }
    }
}
```

[코드 3.3-33] EnemyManager.cs List 오브젝트 풀 활용

이제 다 사용한 에너미를 풀에 반납해주는 부분을 수정하겠습니다. 먼저 DestroyZone으로 가보겠습니다. 이곳에서는 부딪힌 객체가 Enemy일 때 EnemyManager의 enemyObjectPool 변수를 가져와 그곳에 삽입해주고 있습니다.

```
public class DestroyZone : MonoBehaviour
{
    private void OnTriggerEnter(Collider other)
    {
        // 1. 만약 부딪힌 물체가 Bullet이라면
        if (other.gameObject.name.Contains("Bullet") ||
            other.gameObject.name.Contains("Enemy"))
        {
            . . . (생략) . . .
            // 3. 부딪힌 물체가 총알일 경우, 총알 리스트에 삽입
            if (other.gameObject.name.Contains("Bullet"))
            {
                . . . (생략) . . .
            }
            else if (other.gameObject.name.Contains("Enemy"))
            {
                // EnemyManager 클래스 얻어오기
                GameObject emObject = GameObject.Find("EnemyManager");
                EnemyManager manager = emObject.GetComponent<EnemyManager>();
                // 리스트에 총알 삽입
                manager.enemyObjectPool.Add(other.gameObject);
            }
        }
    }
}
```

[코드 3.3-34] DestroyZone.cs List 오브젝트 풀에 에너미 삽입

다른 한 곳이 남아 있습니다. Enemy 클래스로 이동하겠습니다.

```
public class Enemy : MonoBehaviour
{
    //1. 적이 다른 물체와 충돌했으니까.
    private void OnCollisionEnter(Collision other)
```

```
    {
        . . . (생략) . . .
        // Destroy(gameObject);
        gameObject.SetActive(false);

        // EnemyManager 클래스 얻어오기
        GameObject emObject = GameObject.Find("EnemyManager");
        EnemyManager manager = emObject.GetComponent<EnemyManager>();
        // 리스트에 총알 삽입
        manager.enemyObjectPool.Add(gameObject);
    }
}
```

[코드 3.3-35] Enemy.cs List 오브젝트 풀에 에너미 삽입

배열을 리스트로 교체하는 모든 구현이 완료됐습니다. 이 코드에서는 EnemyManager의 enemyObjectPool 속성에 접근하기 위해 씬에서 EnemyManager 게임 오브젝트를 찾은 후 EnemyManager 컴포넌트를 얻어와 접근하는 형식을 사용하고 있습니다. 이는 접근 효율성이 떨어지는 방식입니다. 이를 해결하기 위해 3.3-1장에서 싱글턴 디자인 패턴을 이용해 해결하는 방법을 알아봤습니다. EnemyManager를 싱글턴 객체로 만들어 사용하는 것은 여러분이 한번 구현해보길 바랍니다. 그러면 EnemyManager.Instance.enemyObjectPool.Add(gameObject)처럼 한 줄로 표현할 수 있습니다. 또는 enemyObjectPool을 static 변수로 선언해 사용해도 좋습니다. 그러면 EnemyManager.enemyObjectPool.Add(gameObject)로 더 짧게 표현할 수도 있습니다.
어떻게 사용할지는 구현하는 사람의 마음이지만, 코드의 가독성을 고려하는 것이 가장 좋습니다. 무조건 짧은 것보다는 이해하기 쉽고, 성능도 좋은 것이 코드입니다.

이제 우리가 제작한 게임을 모바일 환경에서도 원활하게 돌아가도록 작업해보겠습니다.

3.3-3 : 모바일 조이스틱 입력 대응하기

지금까지의 모든 입력 처리는 키보드와 마우스를 이용했습니다. 만약 지금까지의 결과를 스마트폰 단말기에 넣고 테스트해보면 총알을 발사할 수는 있지만, 플레이어를 이동할 수는 없습니다. 이번에는 모바일 조이스틱을 이용하는 법을 알아보고, 어떻게 플랫폼에 따라 입력 방식을 구분해 사용할 수 있는지에 대해서도 살펴보겠습니다.

목표

총알과 에너미를 오브젝트 풀로 관리하고 싶다.

순서

❶ 애셋 스토어에서 플러그인 다운로드해 가져오기
❷ 모바일 조이스틱 입력 대응하기

애셋 스토어에서 플러그인 다운로드해 가져오기

애셋 스토어에서 원하는 모바일용 조이스틱을 가져와 프로젝트에 대응시켜보겠습니다. 애셋 스토어에 'joystick'이라고 입력하면 다양한 플러그인들이 나옵니다. 무료 플러그인 중 'Virtual Plug and Play Joystick'을 가져와 사용하겠습니다. 해당 애셋은 〈인생 유니티 교과서〉 네이버 카페(cafe.naver.com/unrealunity)의 자료실에서 다운로드할 수 있습니다.

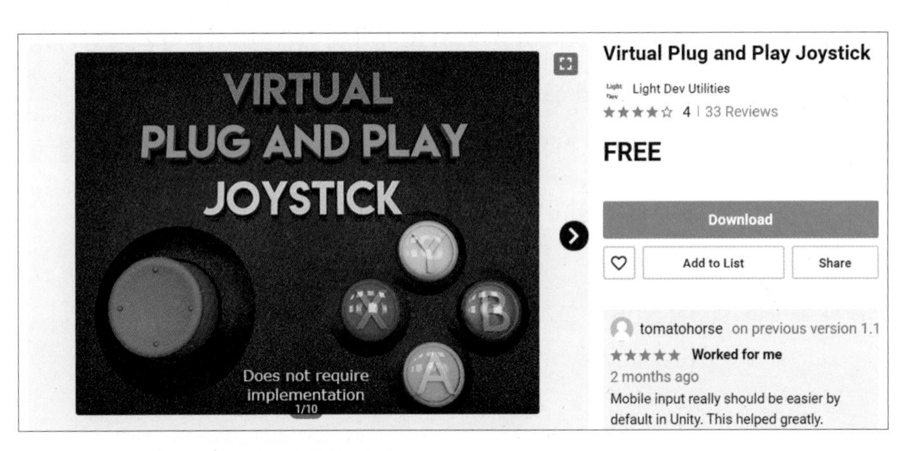

[그림 3.3-24] 모바일 입력에 사용할 애셋 스토어의 Virtual Plug and Play Joystick(출처: https://assetstore.unity.com/packages/tools/input-management/virtual-plug-and-play-joystick-114)

[Download] 버튼을 클릭해 다운로드가 완료되면 [Import] 버튼을 눌러 프로젝트에 추가합니다.

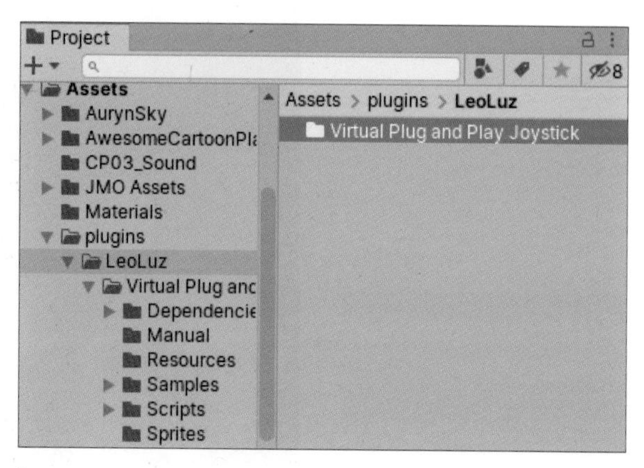

[그림 3.3-25] Virtual Plug and Play Joystick을 프로젝트에 추가한 모습

모바일 조이스틱 입력 대응하기

가상 조이스틱을 직접 만들어보는 것도 재미있겠지만, 주제의 범위가 너무 넓어지므로 애셋 스토어를 활용합니다. 가져온 플러그인 중 이번 프로젝트에서 사용할 것은 Resources 폴더 하위에 있는 **Joystick canvas XYBZ** 프리팹입니다.

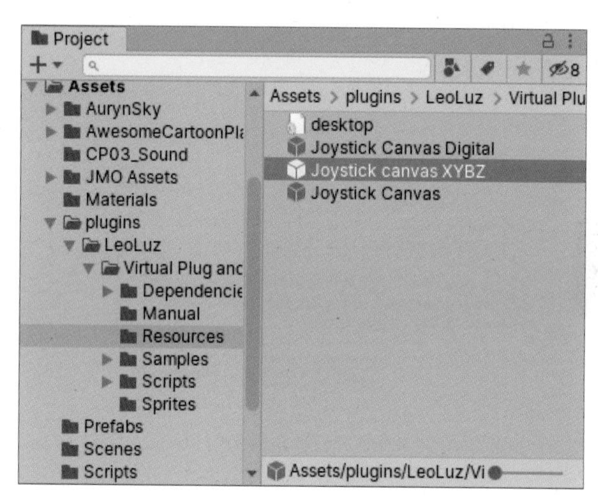

[그림 3.3-26] 프로젝트에 사용할 프리팹

선택한 프리팹을 씬으로 드래그 앤 드롭하면 하이어라키 뷰에 등록된 Joystick canvas XYBZ 객체를 볼 수 있습니다.

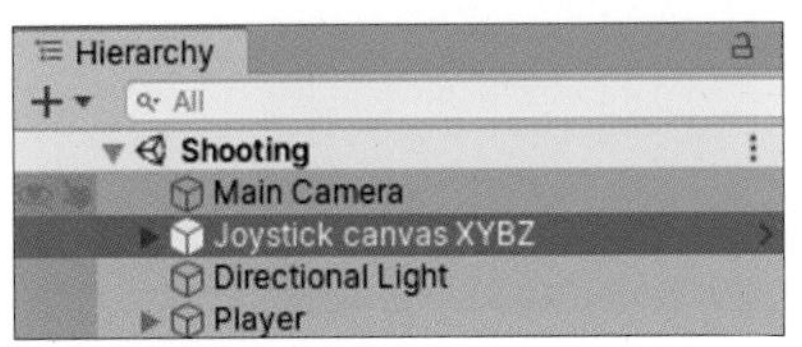

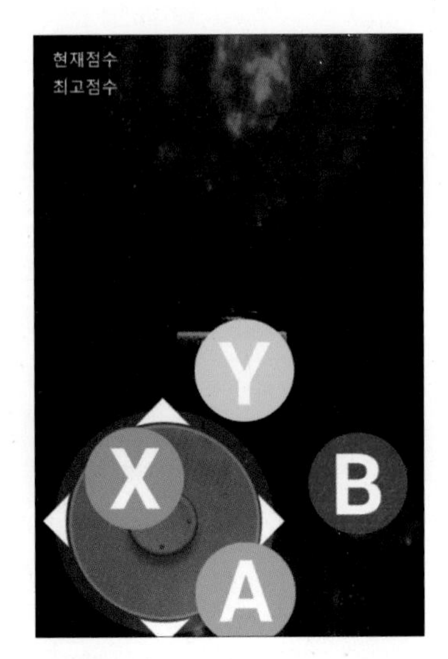

[그림 3.3-27] 씬에 등록된 Joystick canvas XYBZ 프리팹

등록된 **Joystick canvas XYBZ**는 [그림 3.3-27]의 우측 그림과 같이 표시됩니다. 좌측 아래에는 조이스틱 썸스틱(Thumb stick)과 [ABXY] 버튼이 있죠. 여기에서 우리는 B 버튼만 두고 나머지 [AXY] 버튼은 삭제하겠습니다. 그런데 삭제하려고 하면 [그림 3.3-28]과 같은 메시지 창이 나타납니다. 게임 오브젝트를 애셋으로 만드는 것을 '프리팹'이라 하는데 이 프리팹을 사용하기 위해 씬에 등록하면 그 객체를 '프리팹 인스턴스(Prefab Instance)'라고 합니다. 그런데 이 프리팹 인스턴스를 수정하려면 원본을 열어야 합니다.

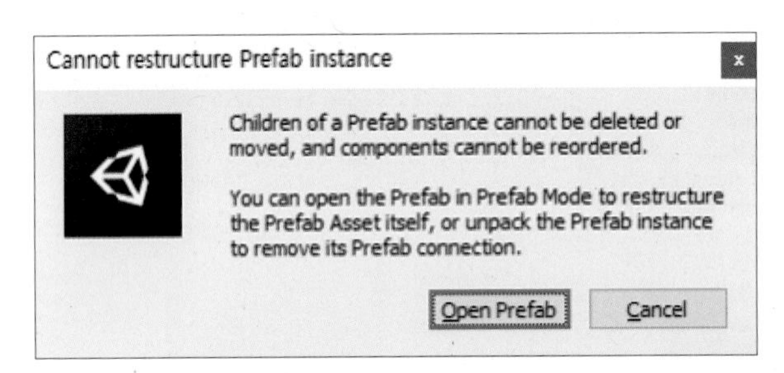

[그림 3.3-28] Joystick canvas XYBZ 프리팹 안의 자식 객체를 삭제할 때 나타나는 메시지

단순히 씬에 등록된 객체만 수정하고 원본은 수정하고 싶지 않을 때는 어떻게 해야 할까요? 유니티에서는 프리팹 인스턴스를 다시 게임 오브젝트로 되돌리는 기능을 제공하는데, 프리팹으로 만드는 과정을 '패킹(packing)', 되돌리는 과정을 '언패킹(unpacking)'이라 합니다. 우리는 프리팹을 언패킹해 사용하겠습니다. [그림 3.3-27]과 같이 **Joystick canvas XYBZ**를 씬에서 마우스 우측 버튼으

로 선택하면 나타나는 컨텍스트 메뉴에서 [Unpack Prefab]을 선택합니다. 그러면 파란색으로 표시되던 객체가 링크가 끊어져 다른 게임 오브젝트들과 마찬가지로 검은색으로 표시됩니다.

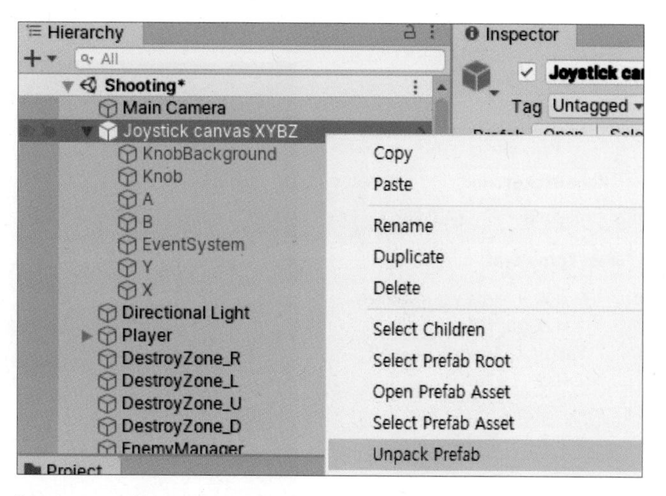

[그림 3.3-29] Joystick canvas XYBZ 프리팹 언패킹

Note [Unpack Prefab] vs. [Unpack Prefab Completely]

프리팹 인스턴스를 언패킹하려면 [Unpack Prefab]과 [Unpack Prefab Completely]를 볼 수 있습니다. 둘 다 언패킹하는 것은 같지만 [Unpack Prefab Completely]는 프리팹 인스턴스가 포함하고 있는 자식 객체도(nested prefab이라고 합니다.) 프리팹 인스턴스가 있는 경우까지 모두 언패킹하는 기능입니다. 반면 [Unpack Prefab]은 자식 객체에 대한 언패킹은 고려하지 않습니다.

언패킹을 수행하고 A, X, Y 자식 객체를 삭제한 후 **Joystick canvas XYBZ**의 자식 객체 중 EventSystem 객체를 삭제합니다. 우리 씬에는 이미 EventSystem 객체가 기존에 등록돼 있기 때문에 삭제한 것입니다. 그러면 [그림 3.3-30]과 같이 됩니다.

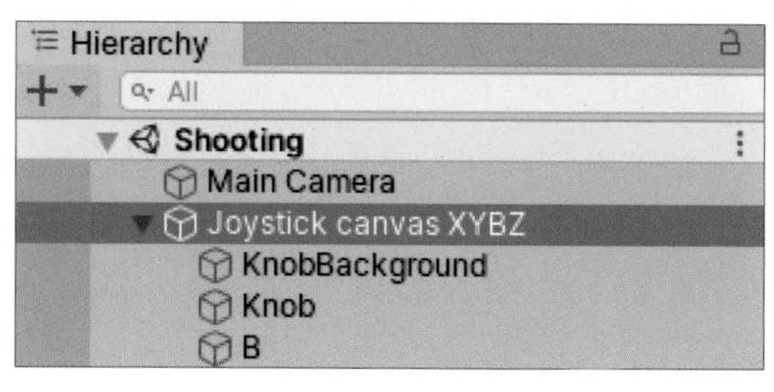

[그림 3.3-30] 수정된 Joystick canvas XYBZ

Joystick canvas XYBZ의 자식 객체 **KnobBackground** 스케일 값을 '0.5'로 수정하겠습니다. [그림 3.3-31]와 같이 Scale 값만을 '0.5'로 수정합니다. 다른 값은 그림과 다르더라도 수정하지 않습니다.

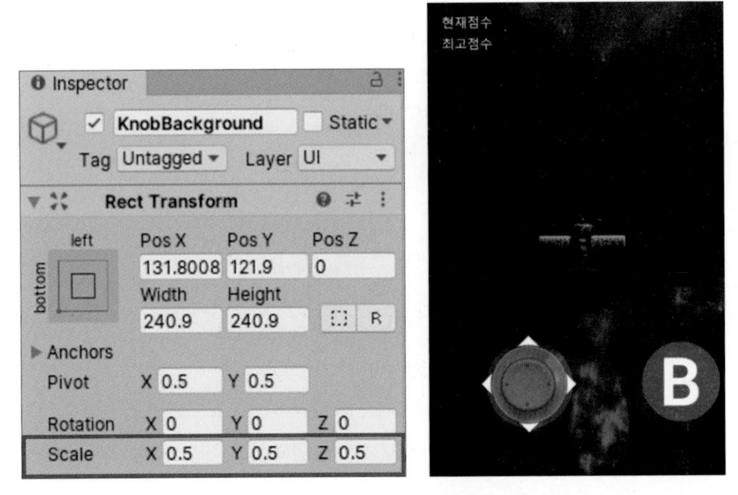

[그림 3.3-31] KnobBackground의 Scale 값 수정과 씬에 적용된 화면

B의 위치도 살짝 수정해 [그림 3.3-31]의 우측과 같이 되도록 맞춰주세요.

이제 조이스틱 값으로 입력을 수정하겠습니다. 우리가 프로젝트에 추가한 Virtual Plug and Play Joystick 플러그인이 제공하는 스크립트에는 Input 클래스가 있습니다.

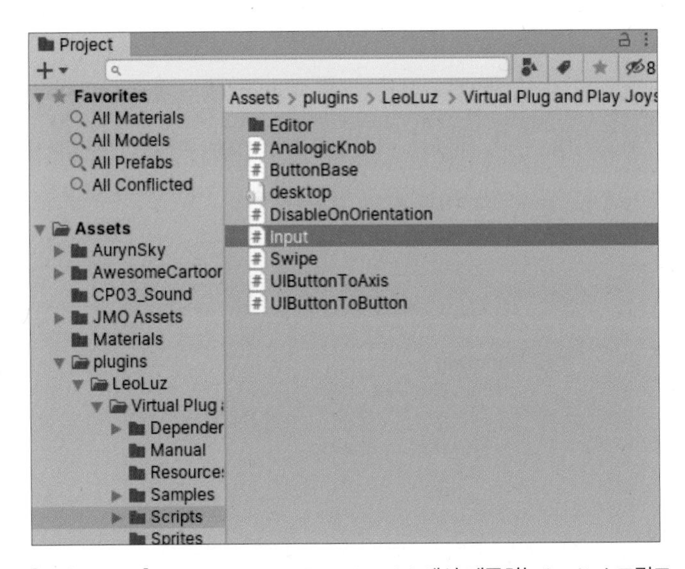

[그림 3.3-32] Virtual Plug and Play Joystick에서 제공하는 Input 스크립트

이 Input 클래스가 유니티에서 제공하는 UnityEngine.Input의 처리를 가로채 조이스틱에서 처리할 수 있도록 합니다. 따라서 코드에서 총알을 발사하는 PlayerFire 클래스 부분만 빼고는 특별히 모바일 환경에서 수정할 내용이 없습니다. 총알을 발사할 때 Input.GetButtonDown("Fire1") 명령을 사용하는데, 이 문장은 마우스 좌측 버튼 클릭 또는 Ctrl 키 클릭, 모바일 환경에서는 화면 터치가 이에 해당합니다. 하지만 우리가 플레이어를 이동시키기 위해 조이스틱을 터치해 상하좌우로 조정하면 총알이 발사돼버립니다. [B] 버튼을 눌렀을 때만 발사하고 싶은데 화면을 터치하는 순간 명령이 발동해 총알이 나가버리는 것입니다. 이 문제를 해결해보겠습니다.

추가로 모바일 환경에서만 조이스틱이 화면에 나타나도록 작업해보겠습니다. PlayerFire.cs 스크립트로 이동합니다. [코드 3.3-36]에서는 유니티의 내부에 정의한 **UNITY_ANDROID**라는 매크로가 사용되고 있습니다. 이렇게 정의된 매크로는 플랫폼이 어디에서 실행되고 있는지를 나타내며, 해당 플랫폼 환경에 따라 전처리문 중 **#if**, **#elif**, **#endif**로 안드로이드일 때만 활성화시키고, 에디터나 PC 환경에서는 비활성화시키는 처리를 하고 있습니다.

```
public class PlayerFire : MonoBehaviour
{
    void Start()
    {
        . . . (생략) . . .

        // 실행되는 플랫폼이 안드로이드일 경우 조이스틱을 활성화시킨다.
        #if UNITY_ANDROID
                GameObject.Find("Joystick canvas XYBZ").SetActive(true);
        #elif UNITY_EDITOR || UNITY_STANDALONE
                GameObject.Find("Joystick canvas XYBZ").SetActive(false);
        #endif
    }
```

[코드 3.3-36] PlayerFire.cs 안드로이드에서 실행될 때 조이스틱 활성화 코스

[그림 3.3-33]은 에디터에서 실행했을 때 조이스틱 객체가 비활성화된 결과입니다.

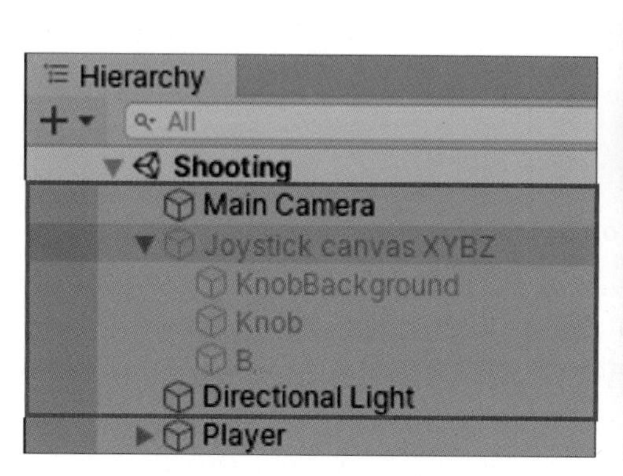

[그림 3.3-33] 유니티에디터 환경에서 비활성화된 조이스틱 객체

Tip

전처리문은 컴파일하기 전에 미리 처리되는 코드를 뜻합니다. 컴파일러가 사용자가 작성한 코드를 컴파일하기 전에 이 전처리 코드를 먼저 수행합니다. 따라서 위 예제처럼 플랫폼 구분 및 디버그에 대한 처리 등 다양한 곳에서 활용됩니다. 전처리문에는 #if, #else, #elif, #endif, #define, #undef 등이 있습니다.

총알을 발사하는 코드도 수정해보겠습니다. 총알은 [B] 버튼을 눌렀을 때만 동작하도록(모바일 환경에서만) 할 것이기 때문에 유니티 UI 이벤트 처리 함수를 연결시켜주는 방법으로 변경해야 합니다. Update에서 총알 발사 처리를 Fire라는 함수를 하나 만들어 모두 옮겨주겠습니다. 그리고 이 함수를 PC 환경에서만 Update에서 호출되도록 처리합니다.

```
public class PlayerFire : MonoBehaviour
{
    void Update()
    {
        // 유니티 데이터와 PC(Mac, Windows, Linux) 환경일 때 동작
#if UNITY_EDITOR || UNITY_STANDALONE
        // 1. 발사 버튼을 눌렀으니까
        if (Input.GetButtonDown("Fire1"))
        {
            Fire();
```

```
        }
#endif
    }
    public void Fire()
    {
        // 2. 탄창 안에 있는 총알이 있다면
        if (bulletObjectPool.Count > 0)
        {
            // 3. 비활성화된 총알을 하나 가져온다.
            GameObject bullet = bulletObjectPool[0];
            // 4. 총알을 발사하고 싶다(활성화시킨다).
            bullet.SetActive(true);
            // 오브젝트 풀에서 총알 제거
            bulletObjectPool.Remove(bullet);
            // 총알을 위치시키기
            bullet.transform.position = transform.position;
        }
    }
}
```

[코드 3.3-37] PlayerFire.cs Fire 함수 생성과 PC 환경에서만 호출되도록 처리

마지막으로 [B] UI 버튼의 클릭 이벤트 처리로 Fire 함수를 할당하겠습니다. 하이어라키 뷰에서 [B] 버튼을 선택한 후 Inspector 창의 Button 컴포넌트의 On Click 이벤트 함수 등록 부분으로 이동합니다. 이곳에서 [그림 3.3-35]의 우측 그림처럼 [+] 버튼을 눌러 콜백(Callback) 함수 등록하는 부분을 추가합니다. 참고로 콜백 함수는 일은 다른 객체(여기서는 [B] 버튼)에게 하도록 하고, 그 일이 끝나면(지금처럼 이벤트가 발생하면) 그때 그 객체가 끝났다고 알려주는 함수를 말합니다. 이름 그대로 부르고(Call), 특정한 때에 돌려받겠다(back)라는 의미인 것이죠. 그럼 이제 이곳에 PlayerFire의 Fire 함수를 콜백으로 등록해보겠습니다.

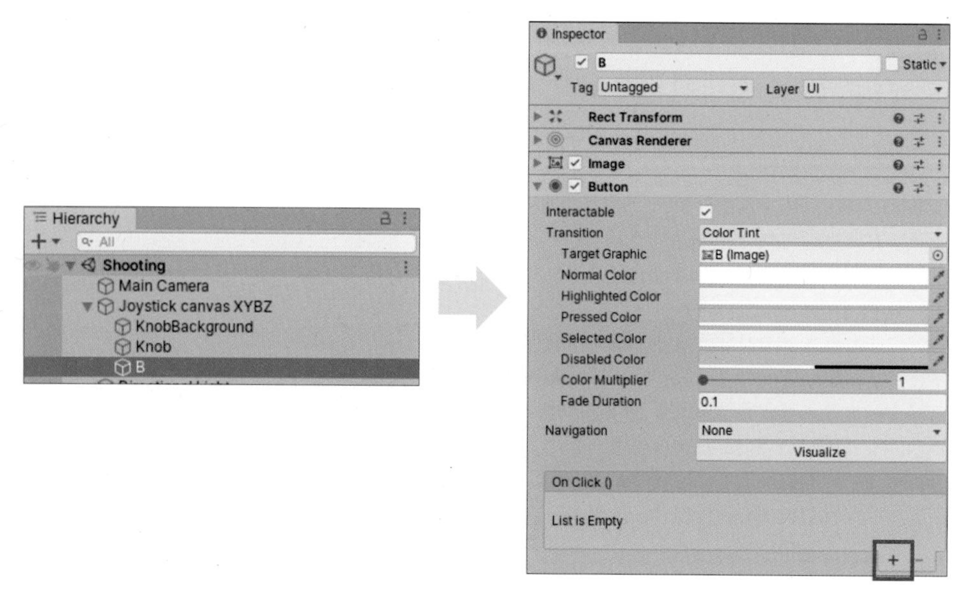

[그림 3.3-34] [B] 버튼의 On Click 이벤트 추가

먼저 On Click 이벤트가 발생하면 콜백으로 호출할 Player 게임 오브젝트를 등록합니다.

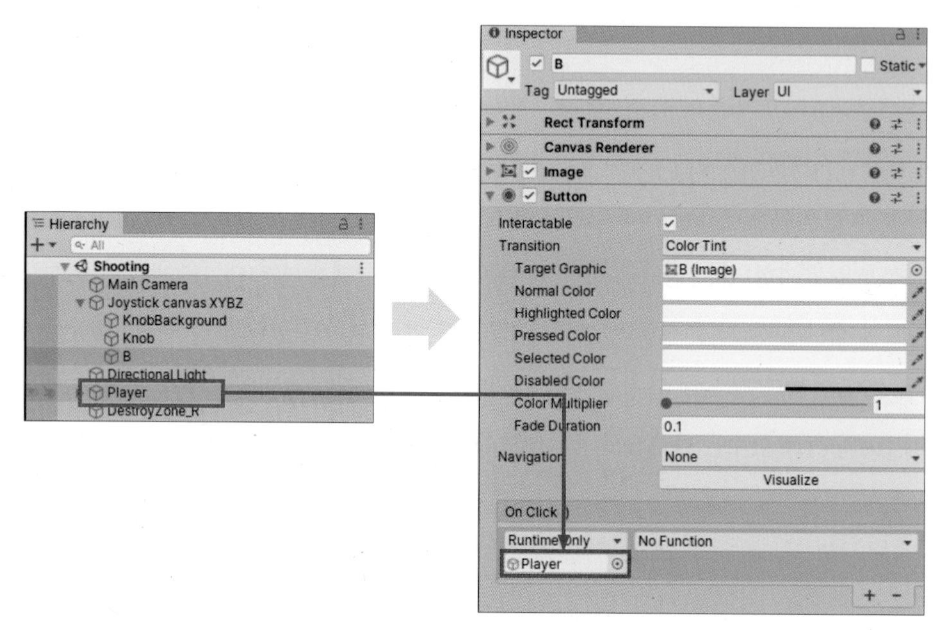

[그림 3.3-35] Player 객체를 On Click 콜백 객체로 등록

그다음으로는 No Function으로 돼 있는 드롭 다운 버튼을 클릭해 PlayerFire의 Fire 함수를 선택해 등록합니다.

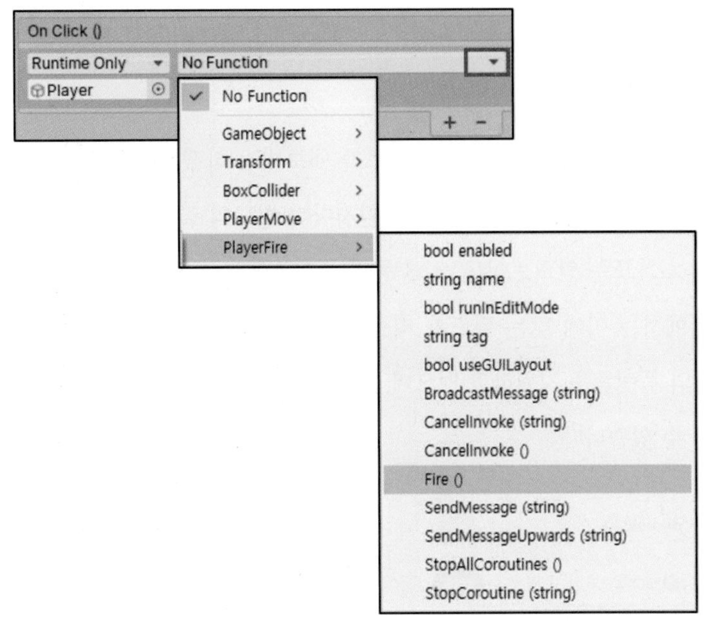

[그림 3.3-36] PlayerFire의 Fire 함수를 등록

여기까지 하면 On Click 이벤트가 발생했을 때 처리할 함수가 [그림 3.3-37]와 같이 등록됩니다.

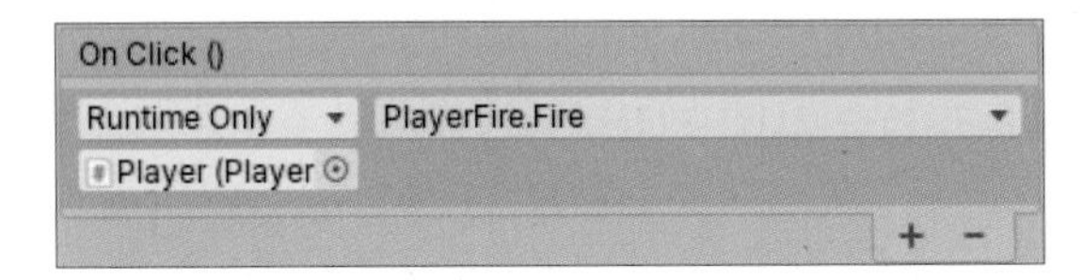

[그림 3.3-37] [B] 버튼에 On Click 콜백 함수로 PlayerFire의 Fire 함수 등록

이제 모바일 환경에서의 조이스틱 입력 대응까지의 구현이 완료됐습니다.

그럼 이렇게 구현해 놓은 모바일 환경을 테스트해봐야겠죠? 다음에는 PC 및 모바일 환경에서의 빌드에 대해 다룹니다.

3.3-4 PC 및 모바일 빌드

빌드(Build)는 실행할 수 있는 형태로 프로젝트를 내보내기 하겠다는 의미입니다. 한마디로 실행 파일을 만들겠다는 것이죠. 대응하려는 플랫폼 환경마다 빌드의 결과 형태가 다르게 나타납니다.

윈도우, 맥, 리눅스 또는 안드로이드, iOS 등의 플랫폼에서 실행할 수 있는 파일의 종류는 다르기 때문에 유니티에서는 이에 맞는 빌드가 제공됩니다. 현재 유니티는 PC, 콘솔, 모바일 및 VR/AR 등 20개 이상의 플랫폼을 지원하고 있으며, 여러분이 대응하고자 하는 대부분의 환경을 별다른 수고 없이 지원할 수 있습니다.

[그림 3.3-38] 유니티에서 지원하는 플랫폼들(출처: 유니티 홈페이지)(출처: https://unity.com/kr/features/multiplatform)

또한 지원하는 플랫폼별로 예제 및 튜토리얼(Tutorial), 라이브 트레이닝(Live Training), 포럼(Forum) 등을 지원하고 있어 학습과 기술 지원, 커뮤니티와 관련된 요소를 폭넓게 제공하고 있습니다. 유니티 홈페이지에 들어가보면 다른 상용 및 무료 엔진들과는 차원이 다른 훌륭한 정보를 얻을 수 있을 것입니다.

[그림 3.3-39] 유니티 AR 관련 페이지(출처: https://unity.com/kr/unity/features/arfoundation)

유니티는 이렇게 다양한 환경의 플랫폼을 제공합니다. 우리는 대표적인 플랫폼으로 윈도우 환경에서의 빌드 방법과 안드로이드 환경에서의 빌드 방법을 다뤄보겠습니다. 다른 플랫폼들도 크게 다르지 않으므로 두 가지 환경을 이해하고 구글링해보면 다른 곳으로도 쉽게 확장할 수 있을 것입니다.

PC 환경 빌드

그럼 PC, 그중에서도 윈도우 환경에서의 빌드 방법을 알아보겠습니다. 앞에서 유니티 프로젝트 구성에 대해 언급하면서 유니티는 씬들이 모여 프로젝트를 이룬다고 말씀드렸죠? 이 씬들의 종류는 여러 개가 있을 수 있습니다. 예를 들어 메인 메뉴 씬, 로딩 씬, 게임 스테이지 1 씬, 스테이지 2 씬 등 씬의 개수는 프로젝트의 구성 여부에 따라 여러 개가 될 수 있습니다. 우리가 진행하고 있는 슈팅 게임의 씬은 현재 게임 플레이하고 있는 슈팅 씬 하나만 존재합니다.

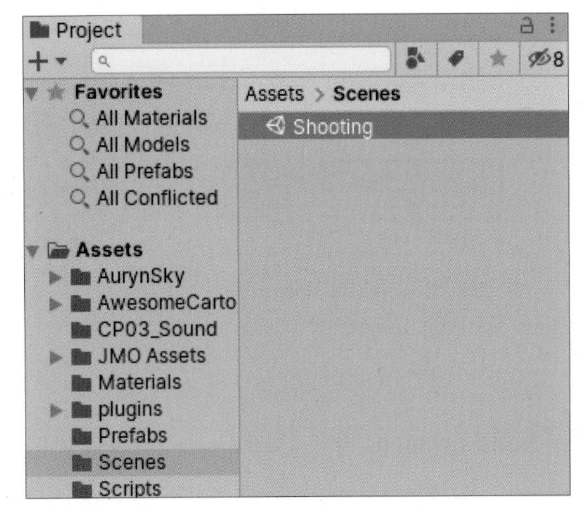

[그림 3.3-40] 우리 프로젝트에서 제작하고 있는 슈팅 씬 파일

이 하나의 씬 파일을 이용해 프로젝트를 빌드하겠습니다. 프로젝트를 빌드하기 위한 파이프라인(Pipeline)은 크게 세 가지 단계로 진행됩니다.

> **Tip**
> 파이프라인은 작업을 진행할 때의 공정 단계들을 뜻합니다. 예를 들어 자동차 조립을 위한 컨베이어 벨트에는 자동차 몸체, 엔진, 바퀴 등을 조립하는 단계들이 있습니다. 컨베이어 벨트의 전체 단계를 완료하면 완성된 자동차가 탄생하듯 소프트웨어 제작에서의 개발 단계를 '파이프라인'이라는 용어로 표현합니다.

빌드 1단계 – 씬 파일 등록

빌드를 위한 1단계는 프로젝트에서 사용할 씬 파일을 추가하는 것입니다. 이를 위해 [File]-[Build Settings] 메뉴를 선택해 Build Settings 창을 띄워주겠습니다.

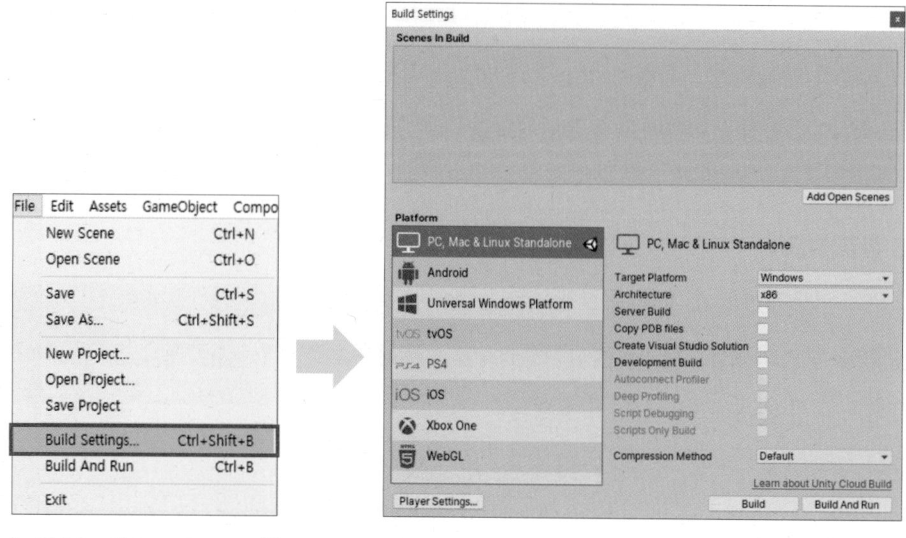

[그림 3.3-41] Build Settings 창

우리가 사용할 씬 파일을 등록하는 데에는 두 가지 방식이 있습니다. [그림 3.3-42]과 같이 하나는 Build Settings 창의 [Add Open Scenes] 버튼을 클릭해 현재 작업하려고 열어둔 씬 파일을 등록하는 것이고, 다른 하나는 씬 파일을 **Scenes In Build**에 드래그 앤 드롭하는 것입니다.

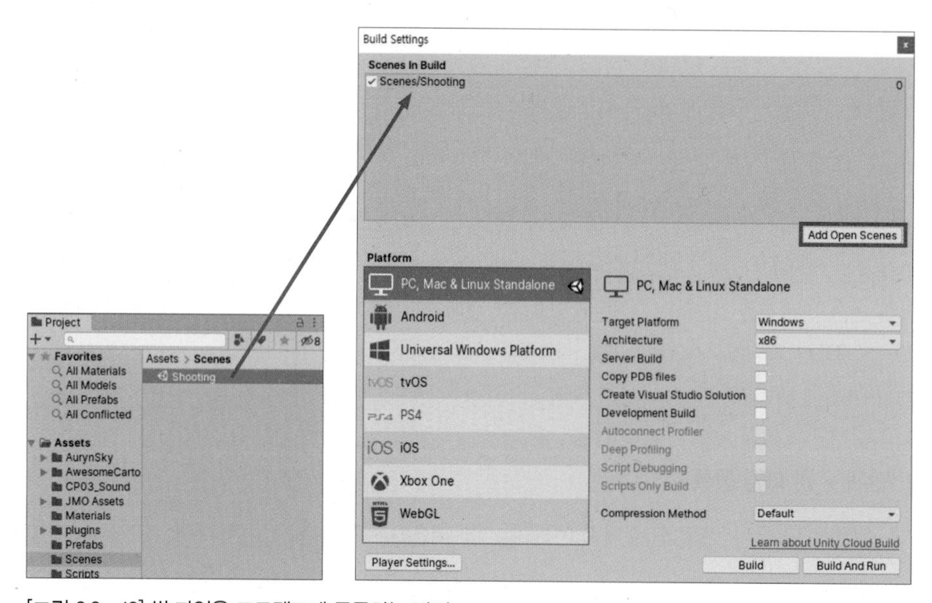

[그림 3.3-42] 씬 파일을 프로젝트에 등록하는 방법

이렇게 하면 빌드하고자 하는 씬을 모두 등록 완료했습니다. 프로젝트에 따라서는 메뉴 씬 등 더 많은 씬을 추가할 수 있습니다.

● **빌드 2단계 – 플랫폼 전환 및 플랫폼 환경 설정**

빌드 2단계는 원하는 플랫폼으로 전환하고 해당 플랫폼에 맞는 환경 설정을 해주는 것입니다. 예를 들어 지금은 PC 플랫폼으로 돼 있지만, 안드로이드로 전환하려면 [Switch Platform] 버튼을 클릭해 전환 작업을 수행해야 합니다. 이 작업은 안드로이드 빌드 때 수행하겠습니다. 혹시 다른 플랫폼으로 돼 있다면 지금 PC로 변경한 후 [Switch Platform] 버튼을 누르세요.

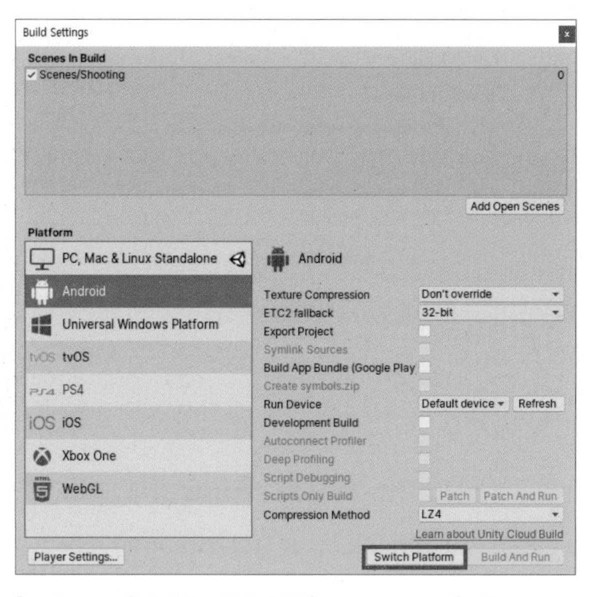

[그림 3.3–43] 플랫폼 전환을 위한 [Switch Platform] 버튼

그다음으로는 [그림 3.3 – 44]와 같이 [Player Settings] 버튼을 눌러 플랫폼 빌드 설정을 위한 Player 설정 창을 띄워줍니다.

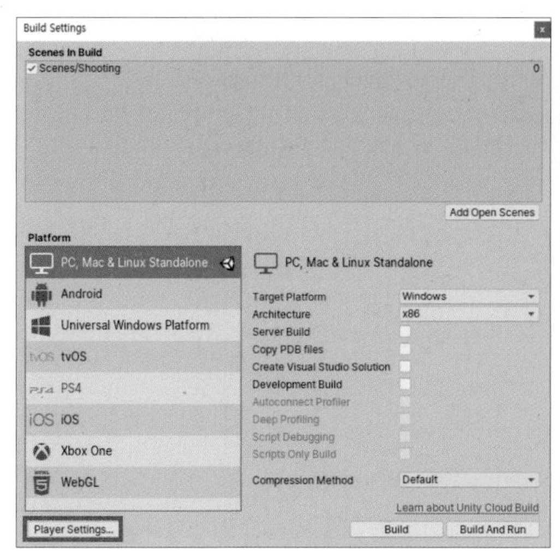

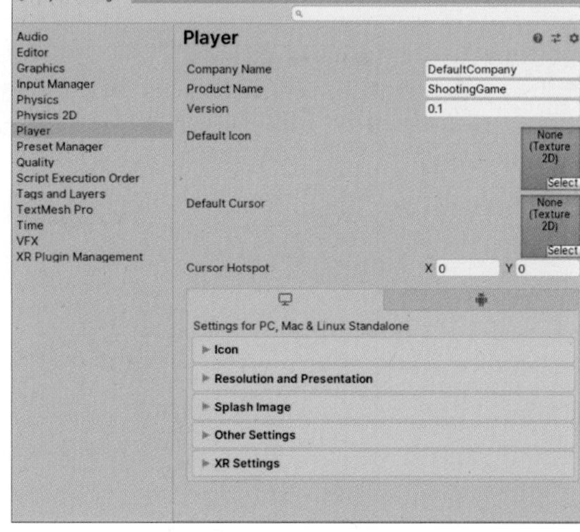

[그림 3.3–44] Project Settings의 Player 설정 화면

다양한 설정을 지정할 수 있지만, 우리는 이곳에서 화면 해상도만 수정해보겠습니다. [그림 3.3-45]처럼 Resolution and Presentation 항목으로 드롭 다운 버튼을 열어줍니다. 그런 다음, Resolution의 Fullscreen Mode는 'Windowed'로, Default Screen 값은 Width와 Height를 각각 '640', '960'으로 변경합니다.

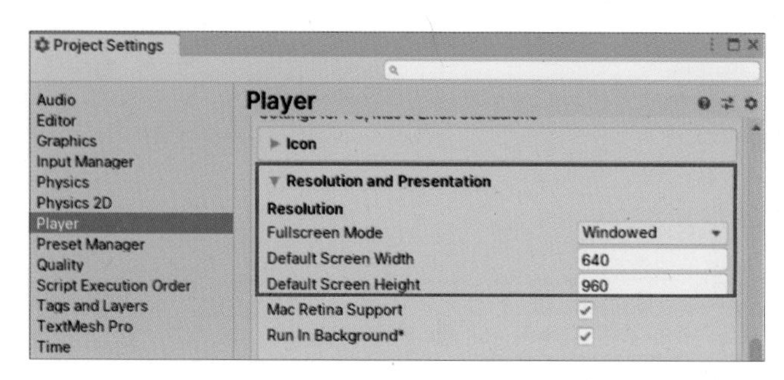

[그림 3.3-45] Resolution을 640 x 960으로 수정

빌드 3단계 – 빌드

이제 빌드 세 번째 단계입니다. 이곳에서는 **Build Settings** 창의 [Build] 또는 [Build And Run] 버튼을 눌러 실행 파일을 만드는 일을 합니다. 두 버튼의 차이는 Build는 실행 파일만 만드는 기능을 하고, Build And Run은 빌드가 끝나면 실행시켜주는 기능을 합니다. [Build] 버튼을 클릭하겠습니다. 그러면 [그림 3.3-46]의 우측처럼 파일 다이얼로그 창이 나타납니다. 여기에 빌드한 결과물을 저장할 폴더를 하나 만들어줍니다. 어느 곳에 만들어도 상관없지만, 우리는 프로젝트 내에 'build'라는 이름의 폴더를 만들고, 우측 아래의 [폴더 선택] 버튼을 누릅니다.

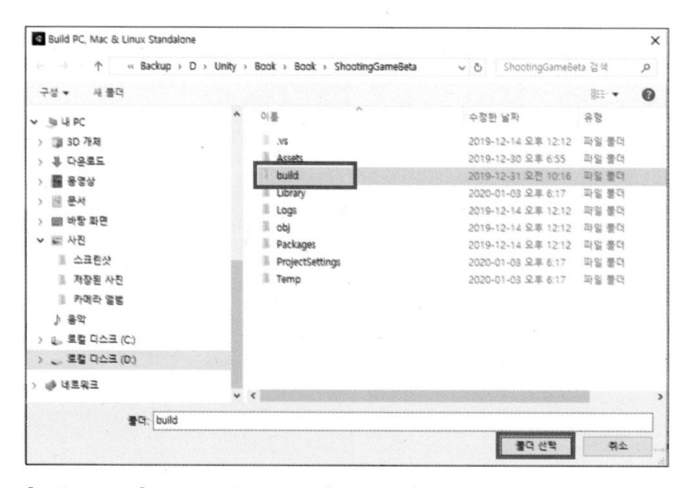

[그림 3.3-46] Build 폴더를 만들고 [폴더 선택] 버튼 클릭

이렇게 해 빌드가 진행되고 완료되면 빌드된 경로의 폴더가 나타나고 [그림 3.3-47]의 좌측과 같은 파일들이 보이게 됩니다. [그림 3.3-44]의 우측 그림을 보면 Product Name으로 ShootingGame이라고 등록돼 있는데, 이 이름이 바로 [그림 3.3-47]에서 보는 것처럼 ShootingGame.exe 파일을 만드는 데 사용됩니다. 이 파일을 실행시키면 해상도 640×960 크기의 창이 나타나며, 앱이 실행될 것입니다.

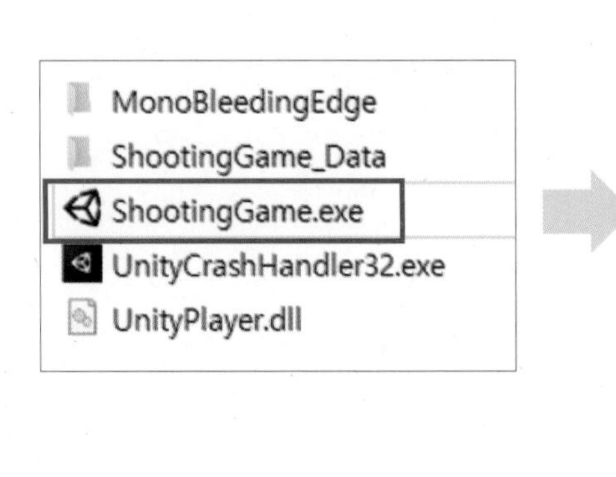

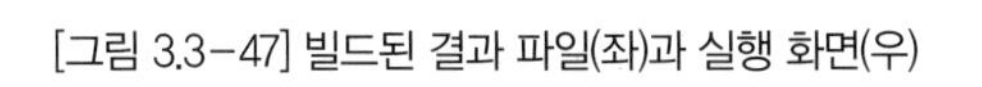
[그림 3.3-47] 빌드된 결과 파일(좌)과 실행 화면(우)

우리는 윈도우 환경에서 빌드했지만, 맥 환경에서 빌드해도 진행 절차는 다르지 않습니다.

모바일 환경 빌드

이번에는 모바일 환경에서 빌드해보겠습니다. 특히 안드로이드 환경을 대응해보겠습니다. 참고로 iOS의 경우에는 맥북(Mac book)과 같이 맥 환경에서 작업할 수 있는 PC가 있어야 빌드가 가능합니다. 안드로이드 빌드를 하기 위해서는 유니티 설치 때 **안드로이드**(Android) **SDK**가 설치돼 있어야 합니다.

Platforms

☑ Android Build Support	설치 완료	1.1 GB
☑ Android SDK & NDK Tools	설치 완료	2.9 GB
☐ OpenJDK	153.0 MB	70.5 MB
☐ iOS Build Support	660.1 MB	2.7 GB
☐ tvOS Build Support	338.4 MB	1.5 GB
☐ Linux Build Support (Mono)	56.6 MB	259.8 MB
☐ Mac Build Support (Mono)	86.8 MB	487.1 MB
☐ Universal Windows Platform Build	281.0 MB	2.1 GB

[그림 3.3-48] 안드로이드 빌드를 위해서는 Android SDK가 설치돼 있어야 한다.

만약 안드로이드 SDK가 설치돼 있지 않다면, **유니티 허브**(Unity Hub)를 실행해 설치 메뉴에서 설치된 유니티 버전의 [설정] 버튼을 클릭하고 모듈 추가 메뉴를 실행합니다.

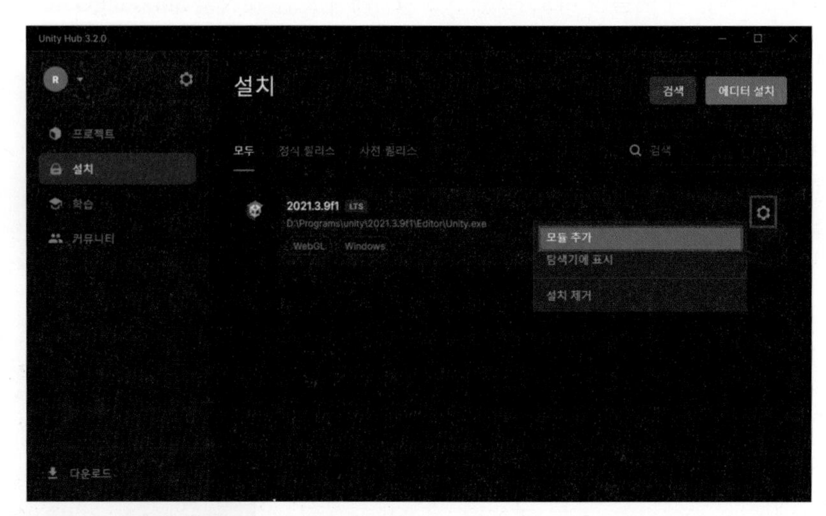

[그림 3.3-49] Unity Hub에서 모듈 추가하기

모듈 추가 팝업 창이 나타나면 '안드로이드 빌드 서포트(Android Build Support)'의 'Android SDK & NDK Tools'에 체크 표시해 설치해주면 됩니다.

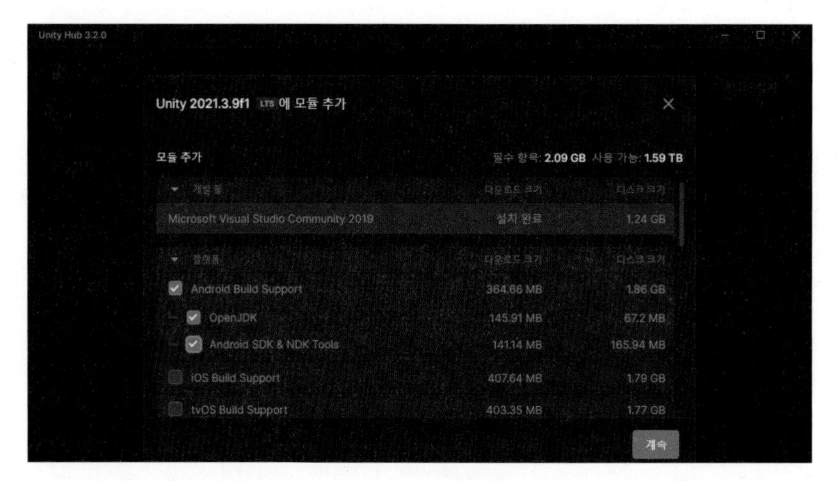

[그림 3.3-50] 모듈 추가 창에서 Android SDK & NDK Tools에 체크 표시해 설치

PC 환경에서의 빌드 방법과 마찬가지로 빌드 3단계를 거칩니다. 단, 1단계는 PC 환경과 같기 때문에 여기서는 2단계부터 진행하겠습니다.

● 빌드 2단계 – 플랫폼 전환 및 플랫폼 환경 설정

유니티 에디터에서 [File]-[Build Settings] 메뉴를 선택해 Build Settings 창을 띄웁니다. 이곳에서 Platform 박스의 Android를 선택하고, [Switch Platform] 버튼을 눌러 플랫폼을 전환합니다.

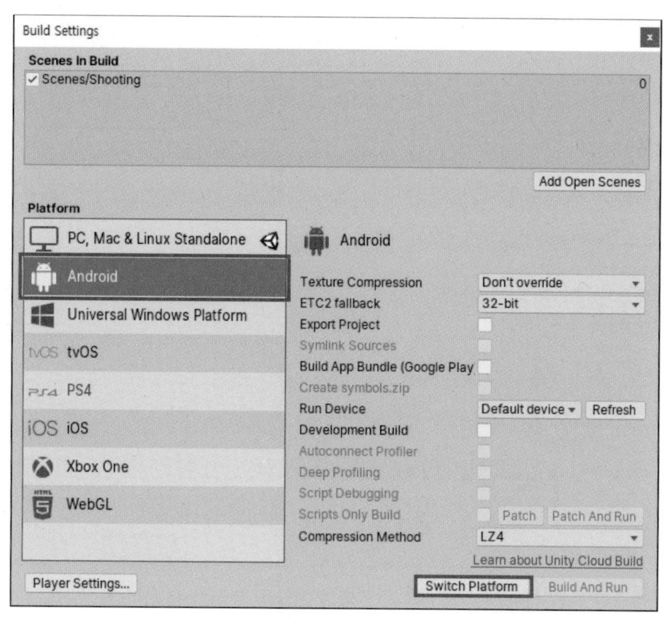

[그림 3.3-51] Android로 플랫폼 전환

그런 다음, [Player Settings] 버튼을 눌러 Project Settings의 Player 설정으로 이동합니다. 이곳에서 Resolution and Presentation 카테고리의 Default Orientation을 Portrait로 설정합니다. 우리의 목적은 해상도가 640 × 960인 세로 화면상에서의 게임 진행이기 때문에 'Portrait'로 설정했습니다. 가로 모드를 원하는 경우에는 'Landscape'를 선택하면 됩니다.

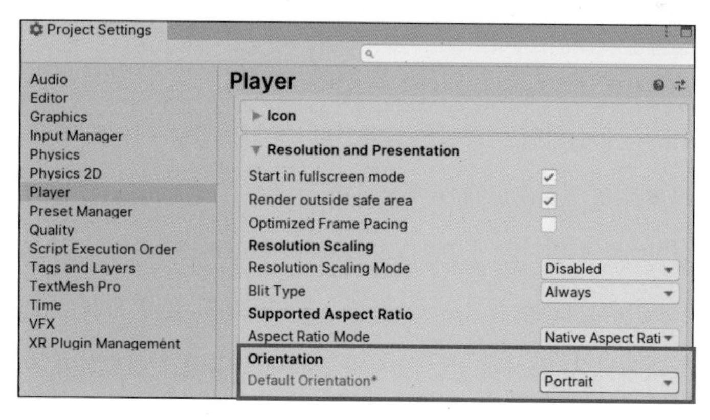

[그림 3.3-52] 플랫폼 빌드 세팅 창에서 Default Orientation을 'Portrait'로 설정

● **빌드 3단계 – 빌드**

이제 Build Settings 창에서 [Build] 버튼을 눌러 빌드해보겠습니다. 그러면 Build Android 파일 다이얼로그 창이 나타납니다. 저장 경로는 PC 빌드와 마찬가지로 Build 폴더로 합니다. 그다음 이 창에서 안드로이드 설치 파일인 apk 형식의 파일 이름을 'Shooting'으로 지정하고, [저장] 버튼을 누릅니다.

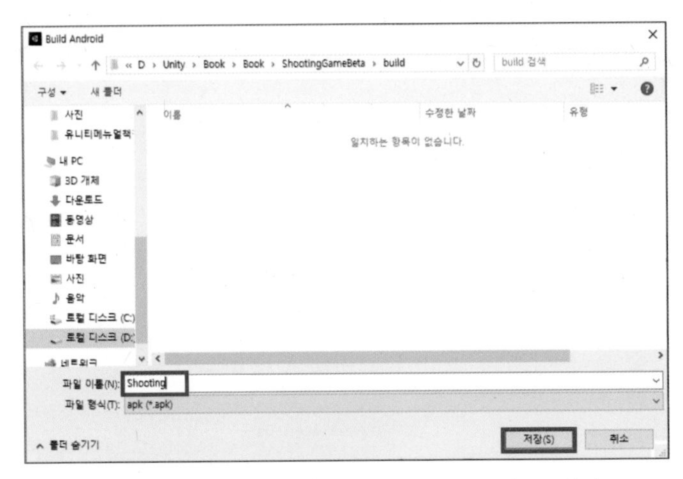

[그림 3.3-53] Build Android 창에 파일 이름을 'Shooting'으로 설정

여기까지 실행하면 빌드가 진행됩니다. 빌드가 끝나면 [그림 3.3-54]과 같이 Shooting.apk 파일이 Build 폴더에 저장돼 있는 것을 확인할 수 있습니다.

이름	수정한 ...	유형	크기
Shooting.apk	2020-01-0...	APK 파일	24,776KB

[그림 3.3-54] 안드로이드 빌드 완료된 파일

이 파일을 안드로이드 폰에 설치하는 방법은 USB 데이터 케이블을 이용해 폰에 넣거나 이메일로 파일 첨부를 하고, 그 파일을 다운로드해 폰에 넣으면 됩니다. 그런 다음, 폰의 파일 관리 앱으로 해당 파일을 선택해 설치해주면 됩니다. [그림 3.3-55]은 안드로이드 폰에 설치 파일을 다운로드해 설치를 진행하는 과정입니다. 모든 설치 과정이 끝나면 여러분의 폰에 'ShootingGame'이라는 이름의 앱이 설치돼 있을 것입니다. 표시돼 있는 숫자의 순서대로 설치가 진행되며, 마지막 6번 이미지는 최종 실행 결과입니다.

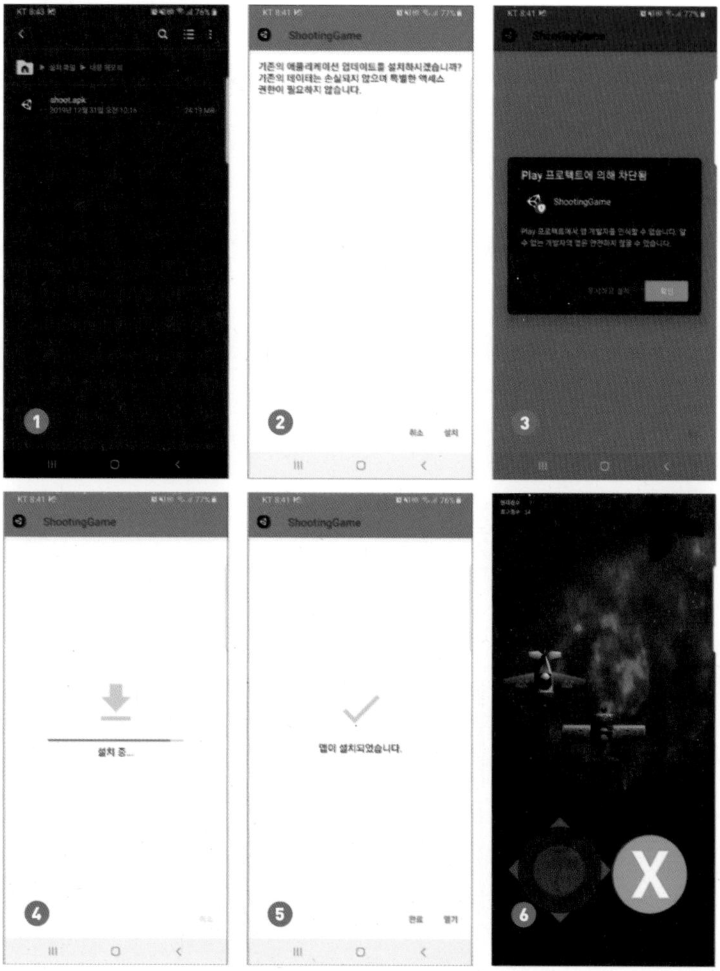

[그림 3.3-55] 안드로이드 폰에 다운로드한 apk 파일을 설치하는 단계

베타 버전에서의 모든 작업이 완료됐습니다. 프로토타입에서 게임의 핵심 부분을 먼저 구현해 재미 요소를 검증하고, 그다음 알파 타입 버전은 전체 기획에서 요구하는 모든 내용을 구현합니다. 마지막으로 베타 타입 버전에서는 프로젝트 최적화와 플랫폼 대응 및 빌드에 대한 내용을 추가했습니다. 그리고 실제 실무에서 진행하는 프로토타입 – 알파 – 베타 버전의 흐름대로 프로젝트를 구현했습니다. 첫 프로젝트라서 많은 부분을 언급하긴 어려웠지만, 중요한 부분을 다뤘습니다. 사실 실제 수업을 진행할 때는 슈팅은 필수로 외우도록 합니다. 기초 어휘력을 갖춘다는 측면에서 슈팅 게임의 제작 과정은 매우 중요하며, Chapter 4의 FPS를 학습하기 위한 토대로서의 역할을 합니다.

여기까지의 내용을 이해하고 마스터했다면, 7살에서 시작한 여러분은 이제 12살(초등 5학년) 정도의 어휘력을 갖췄다고 볼 수 있습니다. 하지만 아직까지 문장을 체계적으로 작성하기에는 무리가 있습니다. 이를 보안하기 위해 Chapter 4의 FPS 예제에서는 문장을 구조화하고(목차와 내용으로 구분해 작성) 애니메이션 제어 및 난이도 있는 물리의 구현, 전문적인 그래픽 꾸미기 기법 등을 활용하는 기법에 대해 학습할 것입니다. Chapter 4의 목표는 FPS를 학습함으로써 중 3 정도의 어휘력을 갖추도록 하는 것입니다.

장르를 넘나들 수 있는 핵심 설계

이스케이프 프롬 타르코프(Escape from Tarkov)
– 전형적인 밀리터리 FPS 게임
고수준 그래픽과 실사와 같이 복잡한 기능 구현위한 배열
헌드레드 소율(Hundred Soul)
– 국내 RPG 게임
캐릭터 애니메이션이나 전투 시스템에서의 충돌 처리 등 다양한 장르 적용
엔들리스 레전드(Endless Le
– 턴제 전략형 게임
유저의 명령을 수행하는 로직
세력 등 구조 설계가 중요한 장
Juilarn

Chapter

4

FPS 게임 제작하기

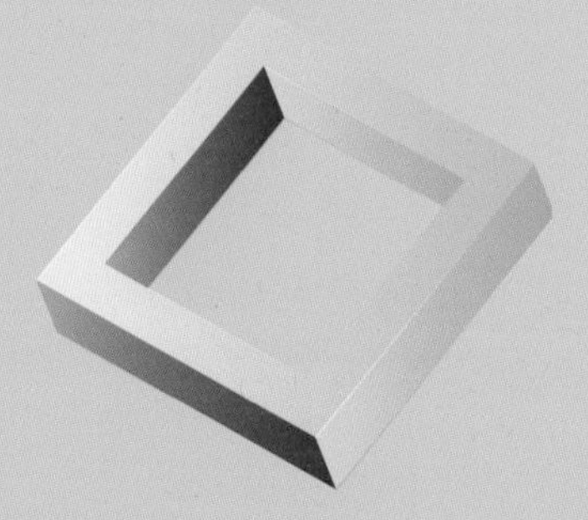

4 FPS 게임 제작하기

Chapter 4에서는 3D 기능을 좀 더 적극적으로 활용해 간단한 FPS 게임을 만들어보겠습니다. 특히 Chapter 4에서는 위치 이동에 이어 방향 회전이나 점프 등을 구현하는 방법과 함께, 캐릭터 모델링을 제어하기 위한 애니메이션 적용 방법 등에 대해서도 자세히 알아봅니다. 또한 총알을 발사할 때도 Chapter 3에서 구현했던 방식 외에 레이(Ray)라는 센서를 이용해 조준하고 발사하는 방법도 사용해볼 것입니다.
뭔가 복잡한 개념이 많이 나올 것 같지만, Chapter 3에서 학습한 개념을 확실히 이해했다면 Chapter 4에서 학습할 내용도 어렵지 않게 이해할 수 있을 것이라 생각합니다.

Note FPS란?

FPS란, 1인칭 슈팅 게임(First Person Shooter)의 약자로, 3D 공간 안의 플레이어 캐릭터의 시점에서 슈팅 게임을 플레이하는 장르를 말합니다. 이와 반대로 TPS 장르는 3인칭 슈팅 게임(Third Person Shooter)의 약자로, 플레이어 캐릭터 외부의 시점에서 플레이어 캐릭터를 내려다보면서 슈팅 게임을 플레이하는 장르를 말합니다.

[그림 4.0-1] FPS 장르

[그림 4.0-2] TPS 장르

FPS 게임 제작을 위해 [Unity Hub]를 실행한 후 프로젝트를 [새로 생성]합니다. 새로운 프로젝트의 이름은 'FpsGame'으로 변경하겠습니다.

[그림 4.0-3] 프로젝트 생성하기

Ctrl+N 키를 눌러 새로운 씬을 생성한 후 Ctrl+S 키를 눌러 'MainScene'이라는 이름으로 저장합니다.

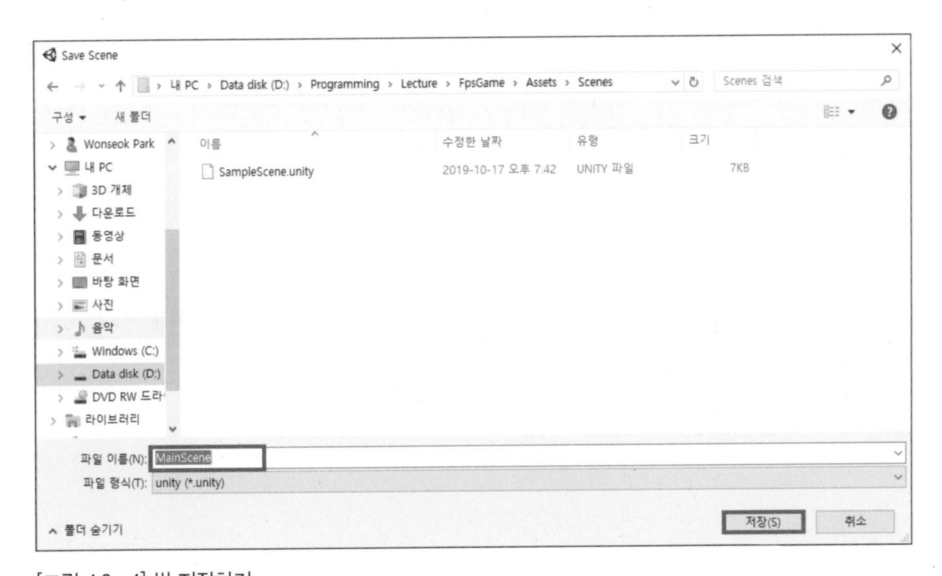

[그림 4.0-4] 씬 저장하기

프로토타입 버전

4.1 프로토타입 버전

4.1-1 : 캐릭터 회전

새 프로젝트를 시작해보겠습니다. 가장 먼저 해야 할 일을 잊지는 않았겠죠? 조금 귀찮아도 좋은 습관을 들이는 것이 중요합니다. 그럼 어떤 것을 구현해야 할지 알아보겠습니다.
우선 플레이어 캐릭터를 만들어보겠습니다. FPS 게임에서의 플레이어 움직임과 조작을 머릿속에 그려보세요. 마우스를 움직여 캐릭터를 회전시키고, 키보드를 조작해 이동과 점프를 합니다. 결국 우리가 제작할 캐릭터의 움직임은 회전, 이동, 점프의 총 세 가지 행동으로 요약해볼 수 있습니다. 먼저 캐릭터 회전을 구현해보겠습니다.

목표

캐릭터를 마우스를 조작하는 방향으로 회전시키고 싶다.

순서

1. 사용자의 마우스 입력(Mouse Drag) 받기
2. 마우스 입력 값을 이용해 회전 방향 결정하기
3. 회전 방향으로 물체 회전시키기

FPS 게임을 해본 사람이라면 게임 중에 마우스를 상하좌우로 움직이면 화면(시선)도 그에 맞춰 상하좌우로 움직이는 것을 경험해본 적이 있을 것입니다. Chapter 3에서 이미 살펴봤듯이 유니티에서 키보드나 마우스 또는 조이스틱 등의 입력을 담당하는 클래스는 Input 클래스이고, 이중에서도 자주 쓰이는 몇 가지 입력 값들은 유니티의 [Edit] – [Project Settings–Input] 안에 미리 설정돼 있습니다.

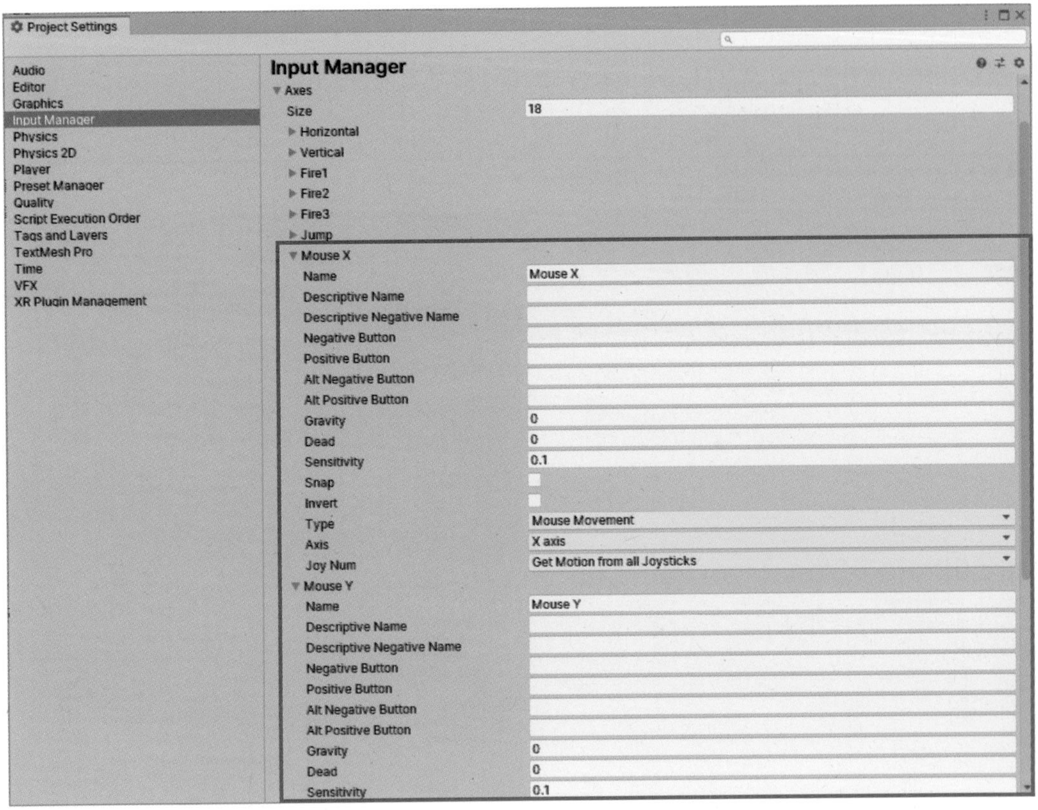

[그림 4.1-1] Input 설정 중 마우스 입력

Input 설정에 있는 Mouse X는 마우스를 왼쪽, 오른쪽으로 움직였을 때 입력되는 값입니다. 즉, 마우스를 오른쪽으로 움직이면 **0~1 사이의 값**이 나오고, 왼쪽으로 움직이면 **-1~0 사이의 값**이 나옵니다.

그럼 스크립트를 작성하기 전에 기본적인 환경을 구성해보겠습니다. 하이어라키 뷰에서 [+] 버튼 - [3D Object] - [Plane]을 선택해 바닥을 설치합니다.

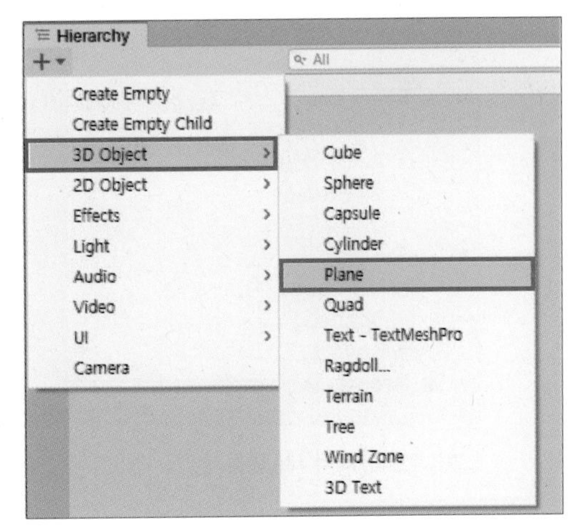

[그림 4.1-2] 바닥 오브젝트 생성하기

Plane의 Transform 컴포넌트의 x축과 z축의 Scale을 다음과 같이 10배로 늘려 바닥을 구성합니다. 스케일까지 조정한 Plane 오브젝트의 이름은 'Ground'로 변경하겠습니다.

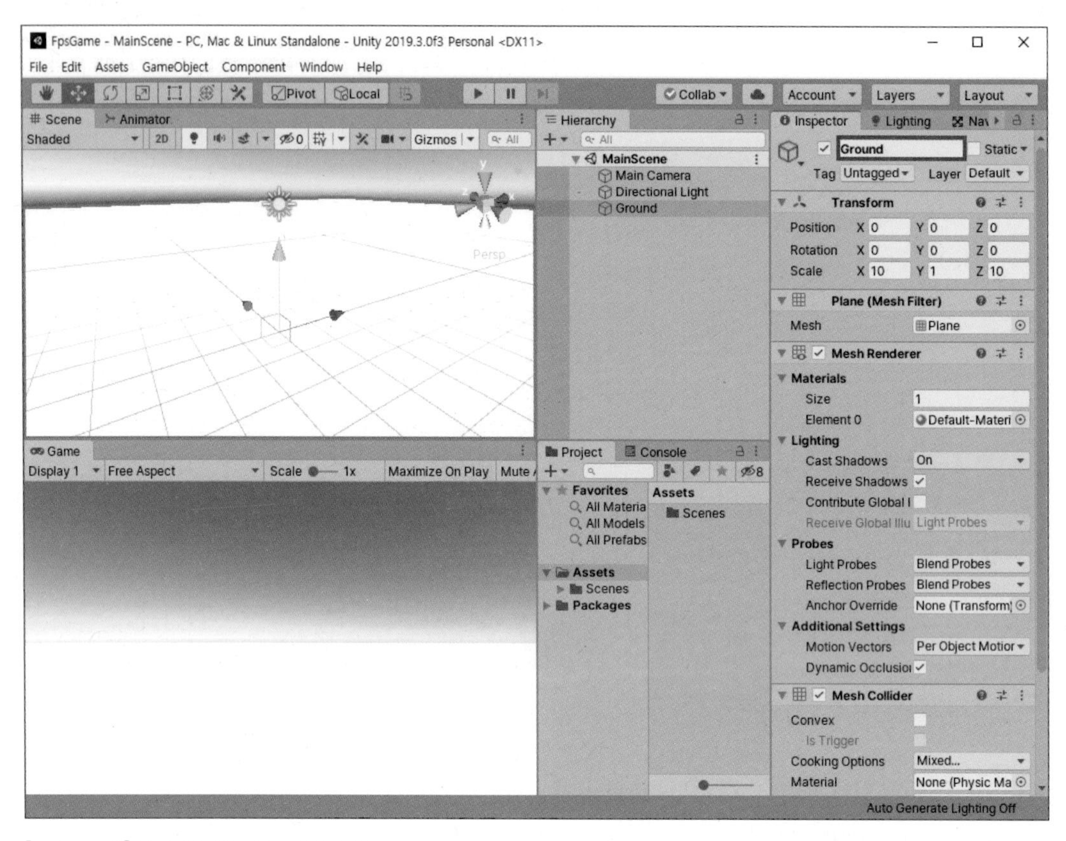

[그림 4.1-3] 바닥 오브젝트의 스케일 조정

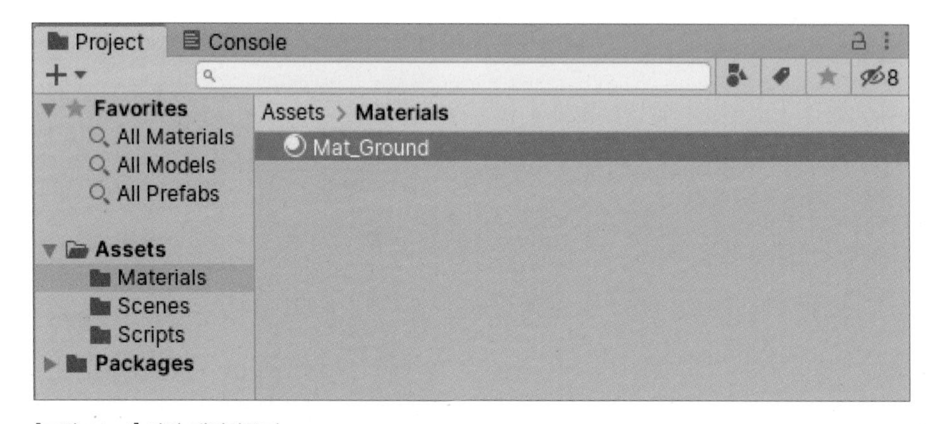

[그림 4.1-4] 바닥 재질만들기

그런데 바닥 오브젝트의 색상이 흰색이라 그런지 지면의 느낌이 나지 않네요. 머티리얼을 만들어 색상을 지면 색상이 되도록 합니다. Project 뷰의 Assets 폴더에 Material 폴더를 생성한 후 유니티 에디터의 [+] 버튼 – [Material]을 선택해 머티리얼을 하나 만듭니다. 이름은 'Mat_Ground'라고 입력합니다.

생성된 머티리얼을 선택한 채 Inspector 뷰의 Albedo 항목에서 흰색 박스를 마우스로 클릭하면 색상 피커 창이 열립니다. 다음 그림과 같이 색상 값(RGBA)을 변경하고, Mat_Ground 머티리얼을 Ground 오브젝트에 드래그 앤 드롭해 붙입니다.

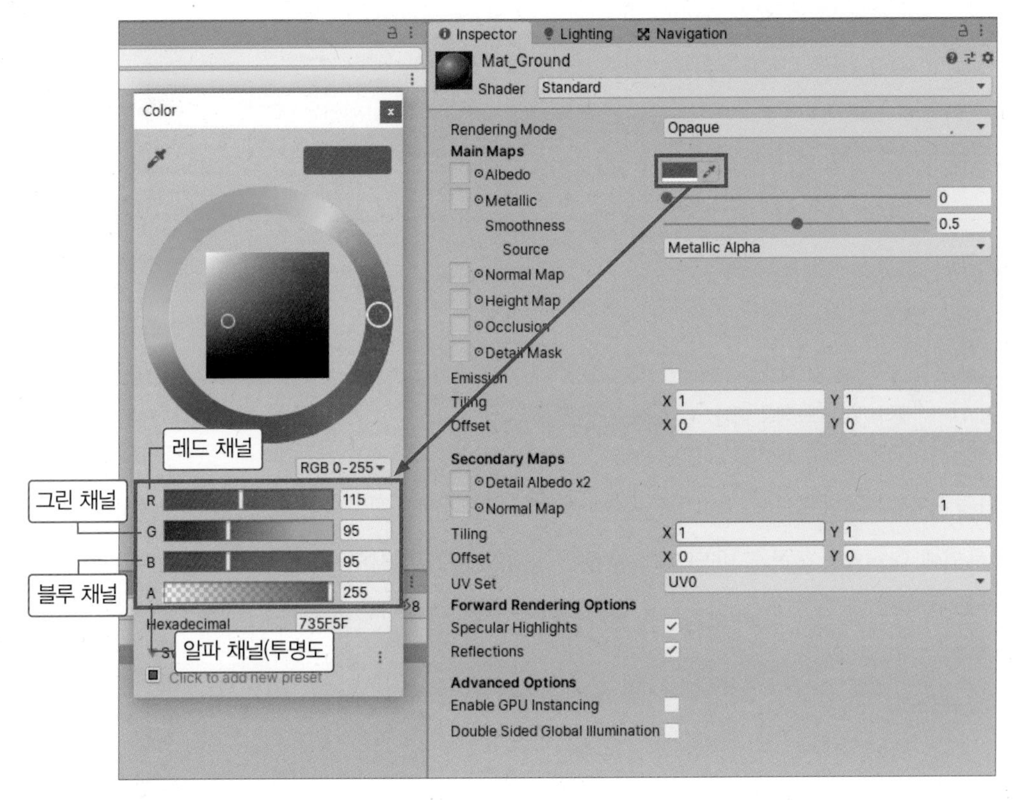

[그림 4.1-5] 바닥 재질의 색상 변경

이번에는 플레이어 캐릭터를 생성해보겠습니다. 하이어라키 뷰에서 [+] 버튼 – [3D Object] – [Capsule]을 선택해 캡슐 오브젝트를 생성한 후 Transform 컴포넌트의 Position을 y축으로 1만큼 올립니다. 캡슐 오브젝트의 이름은 'Player'로 변경하겠습니다.

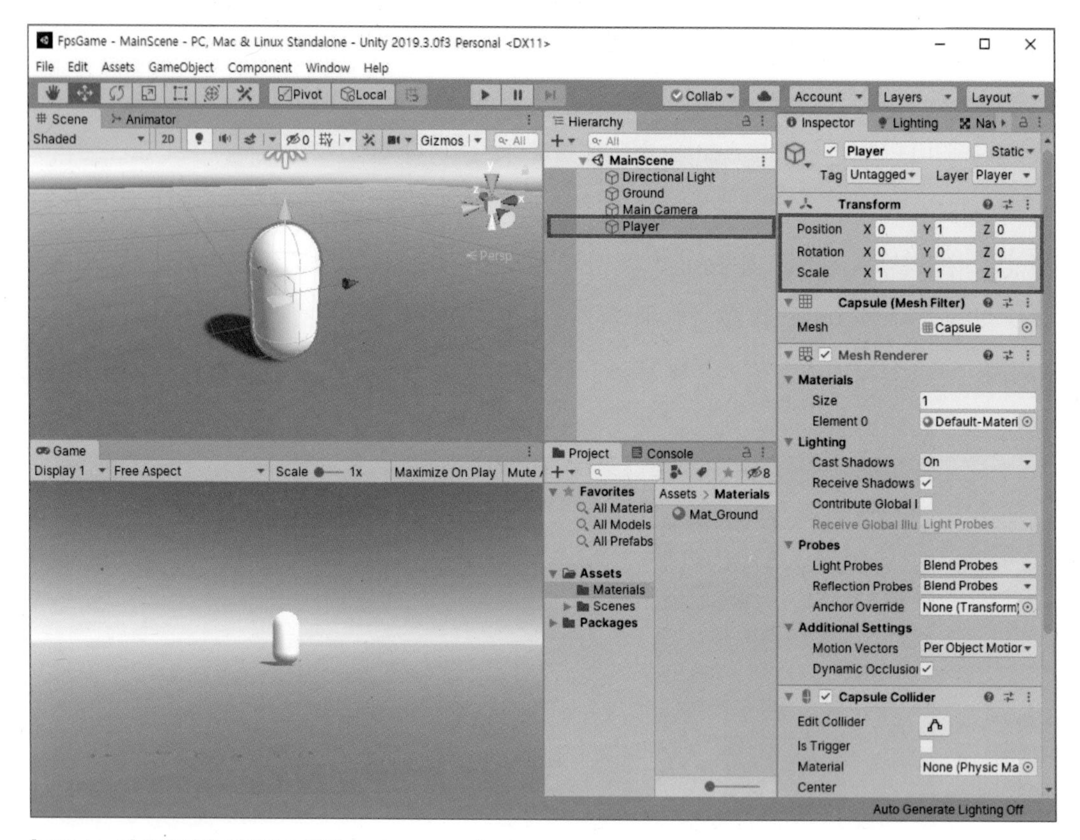

[그림 4.1-6] 플레이어 오브젝트 생성

환경 구성이 끝났으므로 스크립트를 본격적으로 만들어보겠습니다. Project 뷰에서 Assets 폴더 하위에 Scripts 폴더를 만든 후 [create]-[C# Script]를 선택해 새로운 C# 스크립트를 만듭니다. 스크립트의 이름은 'CamRotate'로 변경합니다.

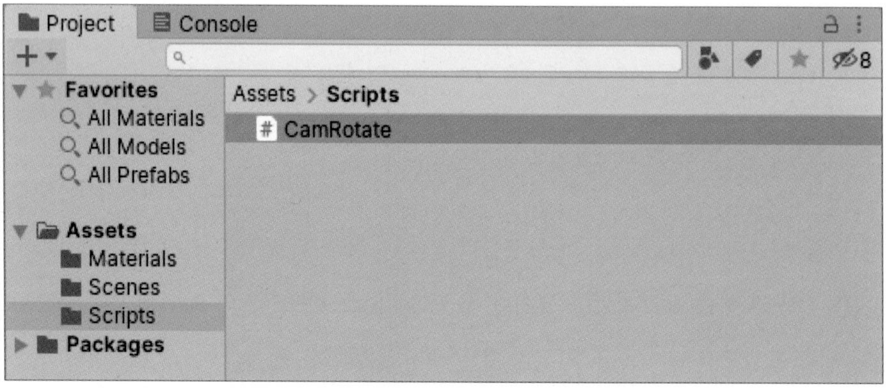

Project
Console
Favorites
All Materials
All Models
All Prefabs
Assets
Materials
Scenes
Scripts
Packages
Assets > Scripts
CamRotate

[그림 4.1-7] 오브젝트 회전 스크립트 파일 생성

이제 스크립트를 작성해보겠습니다. 위에서 만든 CamRotate 스크립트를 더블 클릭해 비주얼 스튜디오를 실행합니다.

비주얼 스튜디오가 실행되고 스크립트 창이 열린 후에 해야 할 일은 다음과 같습니다.

```
using System.Collections;
using System.Collections.Generic;
using UnityEngine;

public class CamRotate : MonoBehaviour
{

    void Update()
    {
        // 사용자의 마우스 입력을 받아 물체를 회전시키고 싶다.

    }
}
```

[코드 4.1-1] CamRotate.cs 카메라 회전 스크립트 생성

먼저 마우스 입력부터 받아보겠습니다. Input 클래스의 GetAxis() 함수를 이용해 마우스의 입력을 float 변수에 담아 놓습니다.

```
. . . (생략) . . .

void Update()
{
    // 사용자의 마우스 입력을 받아 물체를 회전시키고 싶다.
    // 1. 마우스 입력을 받는다.
    float mouse_X = Input.GetAxis("Mouse X");
    float mouse_Y = Input.GetAxis("Mouse Y");
}
```

[코드 4.1-2] CamRotate.cs 마우스 입력

마우스 입력을 담아 놓은 변수를 이용해 회전 축과 방향을 설정한 벡터를 만듭니다. 이때 주의할 점은 바로 회전 축입니다. 물체를 좌우로 회전시키고 싶다면 y축, 물체를 상하로 회전시키고 싶다면 x축을 기준으로 해야 합니다. 다음 그림은 각 축을 기준으로 회전시켰을 때의 회전 모습을 표시한 것입니다.

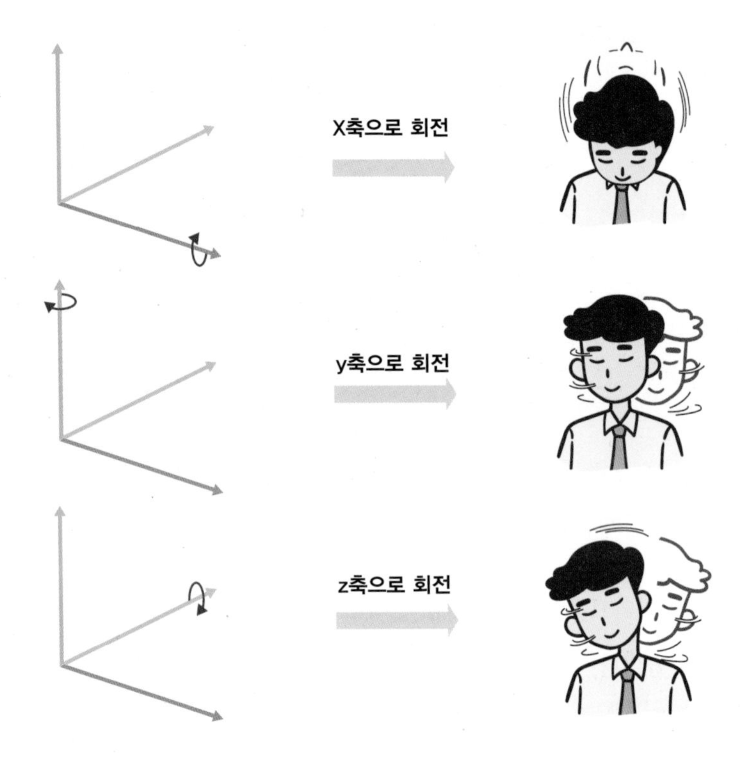

[그림 4.1-8] 각 축으로 회전시켰을 때의 움직임

마우스를 좌우로 움직이면 좌우로 회전해야 하므로 마우스 좌우의 입력 값을 y축 회전 값에 대응시키고, 마우스를 상하로 움직이면 상하로 회전해야 하므로 마우스 상하의 입력 값을 x축 회전 값에 대응시킵니다. 이때 주의할 점은 x축 회전의 경우, 양수(+) 방향으로 회전 시 아래쪽으로 회전하고, 음수(−) 방향으로 회전 시 위쪽으로 회전하기 때문에 마우스 상하 입력 값을 반대로 적용해야 한다는 것입니다.

```
void Update()
    {
        // 사용자의 마우스 입력을 받아 물체를 회전시키고 싶다.
```

```
        // 1. 마우스 입력을 받는다.
        float mouse_X = Input.GetAxis("Mouse X");
        float mouse_Y = Input.GetAxis("Mouse Y");

        // 2. 마우스 입력 값을 이용해 회전 방향을 결정한다.
        Vector3 dir = new Vector3(-mouse_Y, mouse_X, 0);
    }
```

[코드 4.1-3] 카메라 회전 방향 설정

회전 방향이 결정됐으면 물체를 회전 방향으로 회전시켜보겠습니다. Transform 컴포넌트의 Rotation 값을 나타내는 transform.eulerAngles 변수에 위에서 만든 방향 벡터 값을 누적시켜 회전시킬 수 있습니다.

Chapter 3에서의 오브젝트 이동 때와 마찬가지로 $R = R_0 + vt$ 공식을 사용합니다. 회전하는 속도를 직접 제어할 수 있도록 회전 속도 변수 rotSpeed를 전역 변수로 선언합니다. 또한 유니티 값을 에디터에서 언제든지 조정하기 쉽도록 public 변수로 선언합니다.

```
public class CamRotate : MonoBehaviour
{
    // 회전 속도 변수
    public float rotSpeed = 200f;

    void Update()
    {
        // 사용자의 마우스 입력을 받아 물체를 회전시키고 싶다.

        // 1. 마우스 입력을 받는다.
        float mouse_X = Input.GetAxis("Mouse X");
        float mouse_Y = Input.GetAxis("Mouse Y");

        // 2. 마우스 입력 값을 이용해 회전 방향을 결정한다.
        Vector3 dir = new Vector3(-mouse_Y, mouse_X, 0);

        // 3. 회전 방향으로 물체를 회전시킨다.
        // r = r0 + vt
        transform.eulerAngles += dir * rotSpeed * Time.deltaTime;
```

```
        }
    }
```

[코드 4.1-3] 카메라 회전 공식 적용

스크립트가 제대로 동작하는지 확인하기 위해 우선 메인 카메라에 CamRotate 스크립트를 드래그 앤 드롭해보겠습니다. 에디터의 [실행] 버튼을 눌러 게임을 실행한 후 마우스를 상하좌우로 움직이면 카메라도 상하좌우로 회전하는 것을 확인할 수 있습니다.

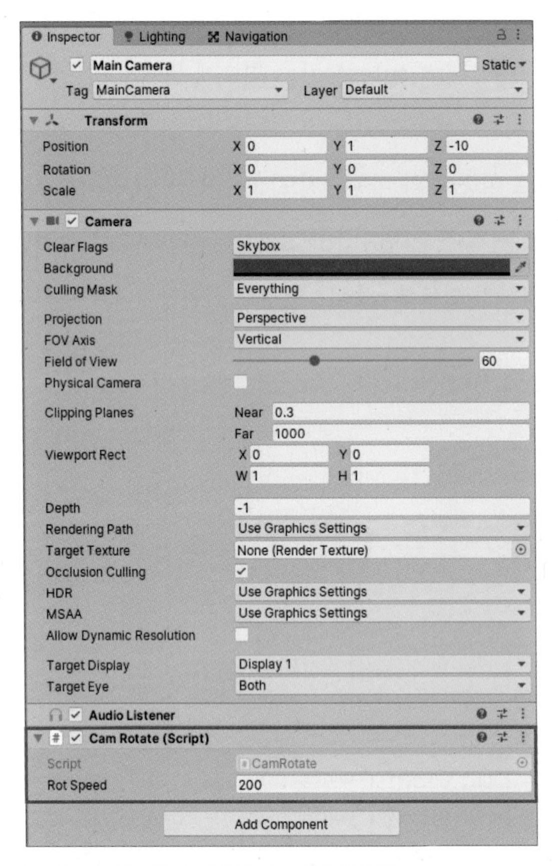

[그림 4.1-9] 메인 카메라에 스크립트 붙이기

일반적으로 사람의 시선은 좌우로 360도 회전할 수 있지만, 상하로는 360도로 회전할 수 없습니다. 더욱이 상하로 90도 이상 시선을 회전시키면 하늘과 지면이 뒤집혀 보이는 현상이 생길 수 있기 때문에 상하는 일정한 범위 안에서만 회전돼야 할 것 같습니다.

상하 회전 값을 -90도~90도 사이로 제한하기 위해 Mathf 클래스의 Clamp() 함수를 사용해보겠습니다.

```
void Update()
    {
        // 사용자의 마우스 입력을 받아 물체를 회전시키고 싶다.

        // 1. 마우스 입력을 받는다.
        float mouse_X = Input.GetAxis("Mouse X");
        float mouse_Y = Input.GetAxis("Mouse Y");

        // 2. 마우스 입력 값을 이용해 회전 방향을 결정한다.
        Vector3 dir = new Vector3(-mouse_Y, mouse_X, 0);

        // 3. 회전 방향으로 물체를 회전시킨다.
        // r = r0 + vt
        transform.eulerAngles += dir * rotSpeed * Time.deltaTime;

        // 4. x축 회전(상하 회전) 값을 -90도~90도 사이로 제한한다.
        Vector3 rot = transform.eulerAngles;
        rot.x = Mathf.Clamp(rot.x, -90f, 90f);
        transform.eulerAngles = rot;
    }
```

[코드 4.1-5] 카메라 상하 회전의 제한

이제 저장한 후 유니티에서 플레이해보겠습니다. 그런데 뭔가 이상해지지 않았나요? 정면을 바라보려고 하면 자꾸만 고개를 아래로 수그리는 현상이 발생하는 것을 알 수 있습니다. 코드는 별 문제가 없어 보이는데 도대체 왜 이렇게 동작하는 것일까요?

이는 코딩의 문제가 아니라 유니티 Transform 컴포넌트의 특성 때문입니다. 내부적으로 각도를 0~360도로 처리하기 위해 0도보다 작아지면 -1도가 아닌 359도(360도 - 1도)로 자동 연산해주기 때문에 90도를 넘은 것으로 보아 앞에서 작성한 코드에 따라 90도로 변환되면서 자꾸만 바닥을 내려다보는 현상이 발생하는 것이죠. 물론 반대의 경우도 마찬가지입니다.

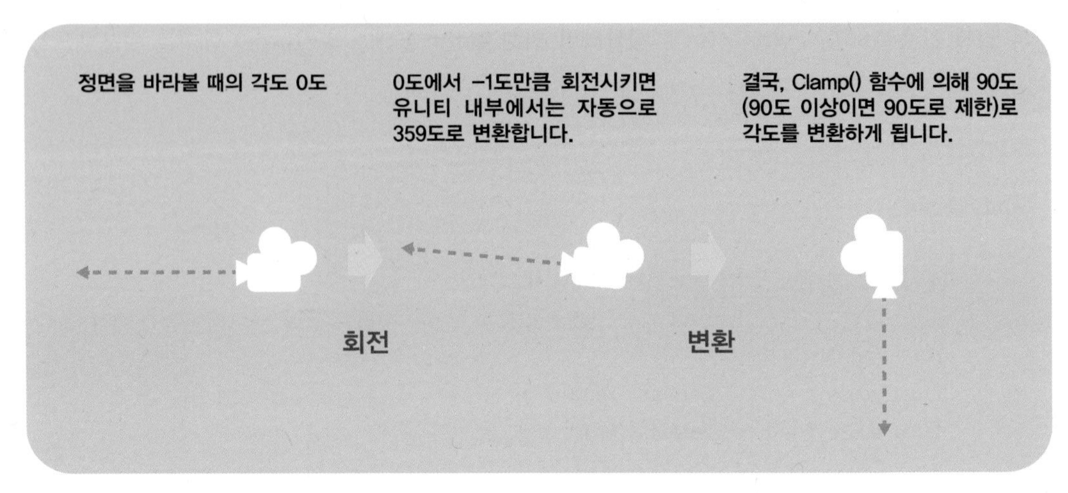

정면을 바라볼 때의 각도 0도
0도에서 -1도만큼 회전시키면
유니티 내부에서는 자동으로
359도로 변환합니다.
결국, Clamp() 함수에 의해 90도
(90도 이상이면 90도로 제한)로
각도를 변환하게 됩니다.
회전
변환

[그림 4.1-10] 회전 동작 순서

그렇다면 이 문제를 어떻게 해결해야 할까요? 의외로 간단합니다. 유니티 내부에서 자동으로 각도를 변환하기 전에 미리 -90도~90도로 제한하는 코드까지 적용하고, 그 각도로 회전시키는 것입니다. 그 후에는 유니티 내부에서 각도를 변환하더라도 문제가 없게 되죠.

그럼 코딩을 시작합시다. 마우스 입력을 받으면 바로 회전 값을 누적할 변수를 만들겠습니다.

```
public class CamRotate : MonoBehaviour
{
    // 회전 속도 변수
    public float rotSpeed = 200f;

    // 회전 값 변수
    float mx = 0;
    float my = 0;

. . . (생략) . . .

}
```

[코드 4.1-6] 회전 값 누적을 위한 변수 생성

이제 이 변수에 마우스 입력 값만큼 회전 값을 누적시켜보겠습니다. 마우스 입력 값에 회전 속도와 프레임 보간까지 미리 적용시키겠습니다. 이어서 상하 각도에도 제한을 걸어보겠습니다.

```
void Update()
    {
        // 사용자의 마우스 입력을 받아 물체를 회전시키고 싶다.

        // 1. 마우스 입력을 받는다.
        float mouse_X = Input.GetAxis("Mouse X");
        float mouse_Y = Input.GetAxis("Mouse Y");

        // 1-1. 회전 값 변수에 마우스 입력 값만큼 미리 누적시킨다.
        mx += mouse_X * rotSpeed * Time.deltaTime;
        my += mouse_Y * rotSpeed * Time.deltaTime;

        // 1-2. 마우스 상하 이동 회전 변수(my)의 값을 -90도~90도 사이로 제한한다.
        my = Mathf.Clamp(my, -90f, 90f);
    . . . (생략) . . .

    }
```

[코드 4.1-7] 변수에 회전 값을 누적시키기

이제 회전시키면 완료입니다. 이제는 유니티에서 자동으로 회전 값을 보정하더라도 다시 Clamp() 함수가 적용될 일은 없으므로 안심해도 됩니다.

```
void Update()
    {
    . . . (생략) . . .

        // 2. 물체를 회전 방향으로 회전시킨다.
        transform.eulerAngles = new Vector3(-my, mx, 0);
    }
```

[코드 4.1-8] 회전 값을 누적시킨 변수로 회전 공식 적용

이제 유니티 에디터에서 플레이해보겠습니다. 이제 문제 없이 카메라 회전이 이뤄지는 것을 확인했나요?

```
using System.Collections;
using System.Collections.Generic;
using UnityEngine;

public class CamRotate : MonoBehaviour
{
    // 회전 속도 변수
    public float rotSpeed = 200f;

    // 회전 값 변수
    float mx = 0;
    float my = 0;

    void Update()
    {
        // 사용자의 마우스 입력을 받아 물체를 회전시키고 싶다.

        // 1. 마우스 입력을 받는다.
        float mouse_X = Input.GetAxis("Mouse X");
        float mouse_Y = Input.GetAxis("Mouse Y");

        // 1-1. 회전 값 변수에 마우스 입력 값만큼 미리 누적시킨다.
        mx += mouse_X * rotSpeed * Time.deltaTime;
        my += mouse_Y * rotSpeed * Time.deltaTime;

        // 1-2. 마우스 상하 이동 회전 변수(my)의 값을 -90도~90도 사이로 제한한다.
        my = Mathf.Clamp(my, -90f, 90f);

        // 2. 회전 방향으로 물체를 회전시킨다.
        transform.eulerAngles = new Vector3(-my, mx, 0);
    }
}
```

[코드 4.1-9] CamRotate.cs 전체 코드

카메라가 잘 회전됐으면 캐릭터의 회전도 구현해보도록 합니다. 프로젝트 뷰의 Scripts 폴더에 [+] 버튼 - [C# Script]를 눌러 스크립트 파일을 생성하고, 이 스크립트의 이름은 'PlayerRotate'라고 하겠습니다.

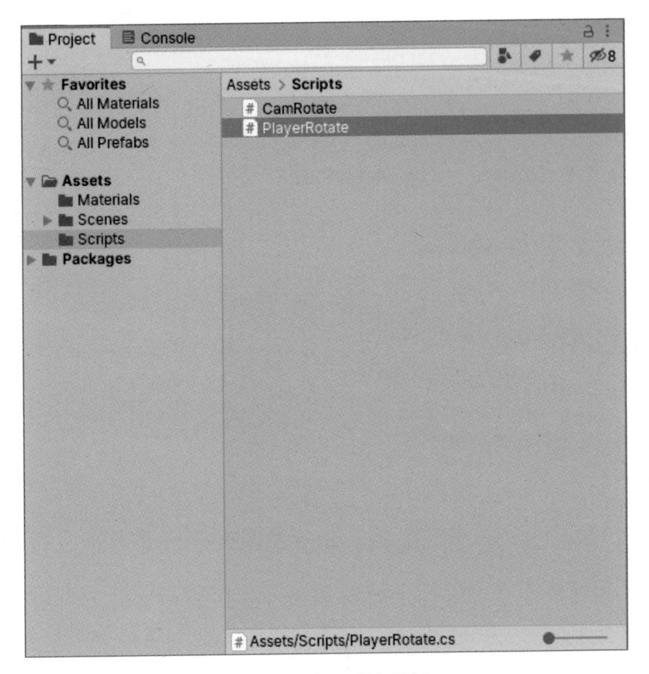

[그림 4.1-11] 플레이어 회전 스크립트 파일 생성

캐릭터는 좌우 회전만 하면 되므로 앞에서 만든 CamRotate.cs 스크립트에서 좌우 회전에 대한 스크립트만 복사해 작성하면 됩니다.

```
using System.Collections;
using System.Collections.Generic;
using UnityEngine;

public class PlayerRotate : MonoBehaviour
{
    // 회전 속도 변수
    public float rotSpeed = 200f;

    // 회전 값 변수
    float mx = 0;

    void Update()
    {
        // 사용자의 마우스 입력을 받아 플레이어를 회전시키고 싶다.
        // 1. 마우스 좌우 입력을 받는다.
```

```
        float mouse_X = Input.GetAxis("Mouse X");

        // 1-1. 회전 값 변수에 마우스 입력 값만큼 미리 누적시킨다.
        mx += mouse_X * rotSpeed * Time.deltaTime;

        // 2. 회전 방향으로 물체를 회전시킨다.
        transform.eulerAngles = new Vector3(0, mx, 0);
    }
}
```

[코드 4.1-10] PlayerRotate.cs 캐릭터 좌우 회전

이제 완성된 PlayerRotate.cs 스크립트를 Player 오브젝트에 드래그 앤 드롭해 붙입니다. 이제 마우스를 움직여보면서 카메라와 플레이어가 함께 회전되는 것을 확인할 차례입니다.

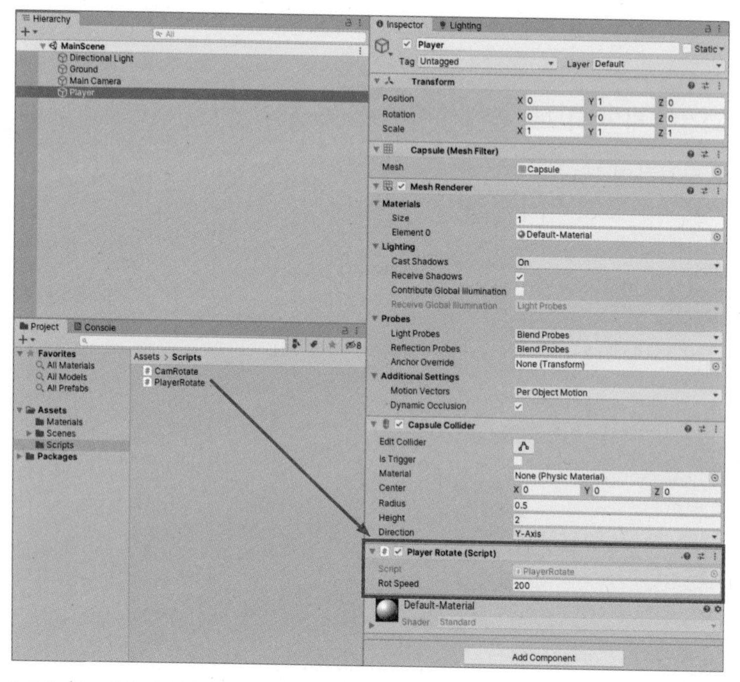

[그림 4.1-11] 플레이어 회전 스크립트 파일 생성

마지막으로 카메라가 마치 플레이어의 눈처럼 동작하도록 하기 위해 플레이어의 특정 위치로 이동하는 기능을 구현하겠습니다. 플레이어 캐릭터의 자식 오브젝트로 빈 게임 오브젝트를 하나 생성합니다. 빈 게임 오브젝트의 이름은 'CamPosition'으로 변경합니다.

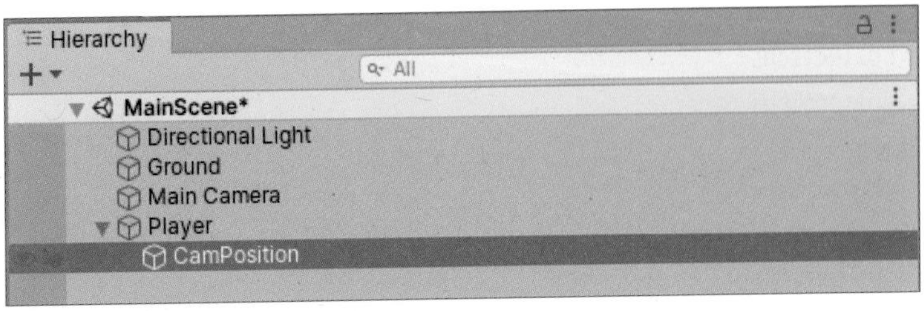

[그림 4.1-13] 카메라가 위치할 곳에 빈 게임 오브젝트 만들기

빈 게임 오브젝트의 좌표는 (0, 0.25, 0)으로 설정하겠습니다.

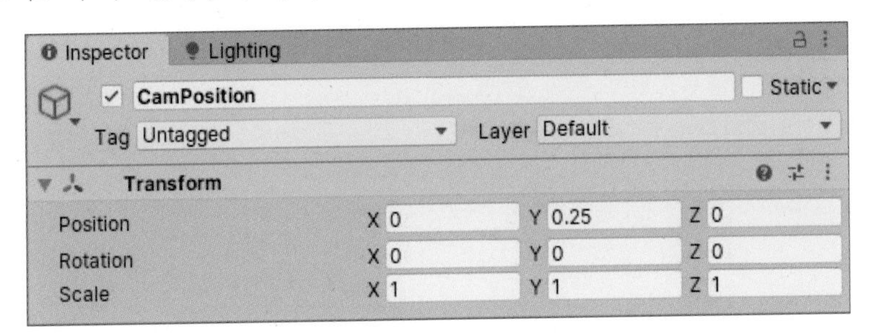

[그림 4.1-14] CamPosition 위치 조정

카메라가 위치할 곳을 설정했으므로 새로운 스크립트 파일을 생성하고, 이름은 'CamFollow.cs'로 변경합니다.

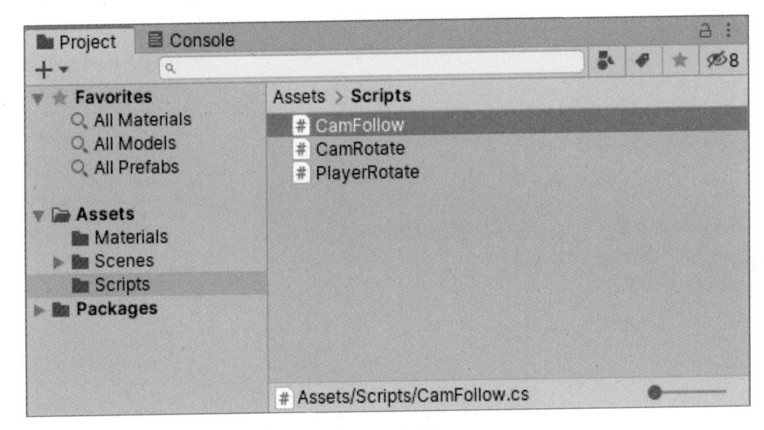

[그림 4.1-15] 카메라 위치 변경 스크립트 파일 생성

스크립트에 구현할 내용은 단순합니다. 카메라의 위치 좌표에 특정한 게임 오브젝트의 위치 좌표를 대입하면 됩니다.

```
using System.Collections;
using System.Collections.Generic;
using UnityEngine;

public class CamFollow : MonoBehaviour
{
    // 목표가 될 트랜스폼 컴포넌트
    public Transform target;

    void Update()
    {
        // 카메라의 위치를 목표 트랜스폼의 위치에 일치시킨다.
        transform.position = target.position;
    }
}
```

[코드 4.1-11] CamFollow.cs 카메라 이동

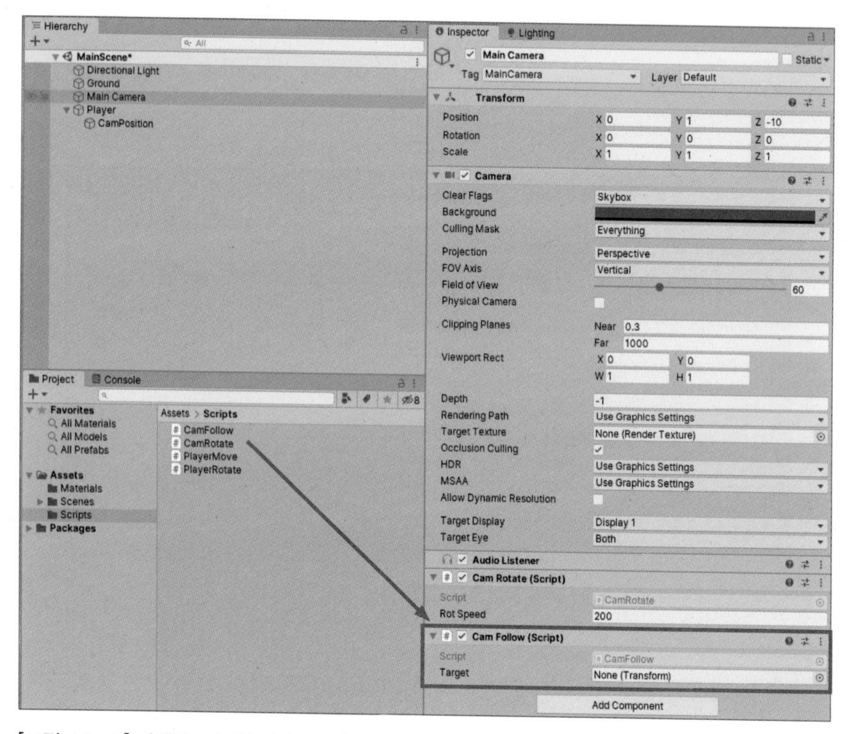

[그림 4.1-16] 카메라 오브젝트에 스크립트 붙이기

CamFollow 컴포넌트의 Target 부분에 앞에서 만든 CamPosition 오브젝트를 드래그 앤 드롭해 넣습니다.

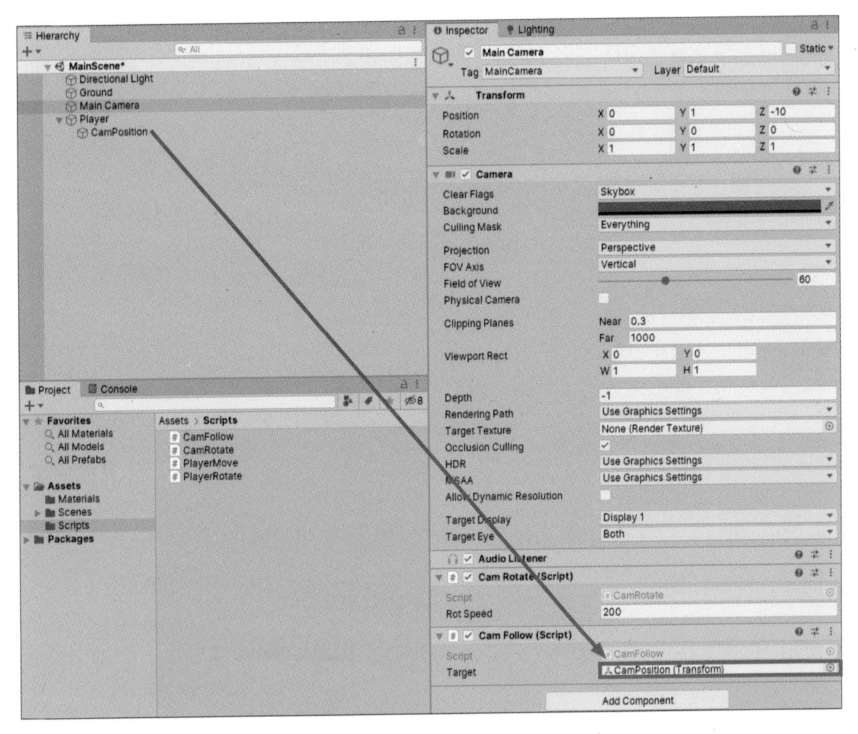

[그림 4.1-17] 타깃 오브젝트 설정하기

유니티 에디터에서 플레이해보면 카메라가 타깃 위치로 이동하는 것을 확인할 수 있습니다.

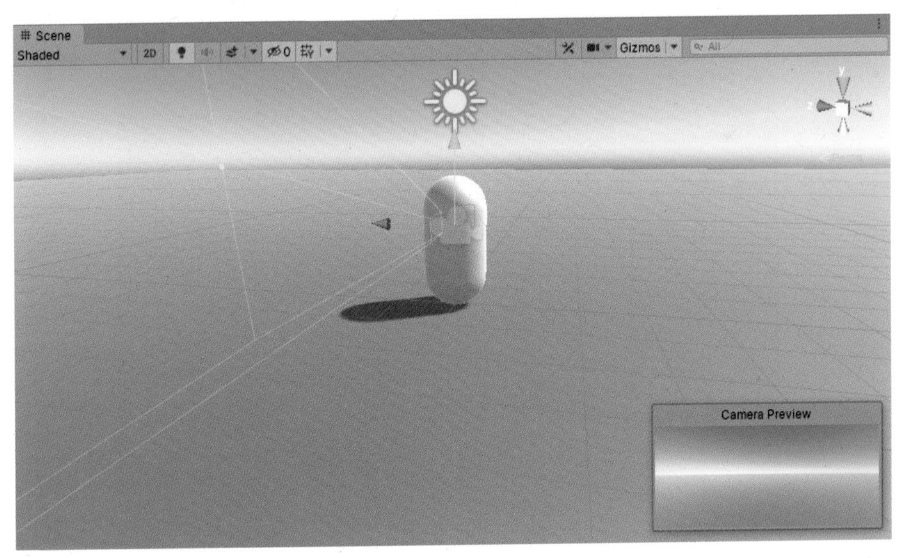

[그림 4.1-18] 카메라 동작 확인

4.1-2 : 캐릭터 이동

회전 동작이 끝났으므로 이번에는 이동해보겠습니다. 기존 FPS 게임들과 마찬가지로 W, A, S, D 키로 전후좌우 이동이 가능하도록 구현해보겠습니다.

목표

W, A, S, D 키를 누르면 캐릭터를 그 방향으로 이동시키고 싶다.

순서

1. 사용자의 키보드 입력받기
2. 캐릭터가 바라보는 방향을 기준으로 이동 방향 설정하기
3. 이동 속도에 따라 그 방향으로 이동하기

가장 먼저 해야 할 일은 사용자의 키보드 입력을 받는 것이겠죠. 일단 Chapter 3에서 구현해본 방식대로 만들어보겠습니다.

스크립트부터 생성해보죠. 생성된 스크립트의 이름은 '**PlayerMove.cs**'라고 변경하겠습니다.

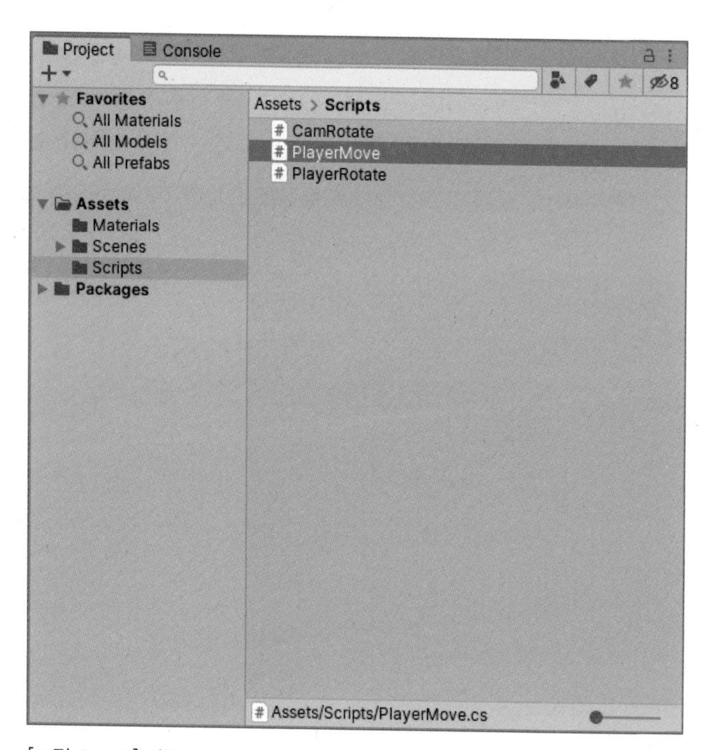

[그림 4.1-19] 이동 스크립트 파일 생성

기본적으로는 슈팅에서의 플레이어 오브젝트 이동과 동일합니다. 이동 속도는 '7'로 설정하겠습니다.

```
using System.Collections;
using System.Collections.Generic;
using UnityEngine;

public class PlayerMove : MonoBehaviour
{
    // 이동 속도 변수
    public float moveSpeed = 7f;

    void Update()
    {
        // W, A, S, D 키를 누르면 입력하면 캐릭터를 그 방향으로 이동시키고 싶다.

        // 1. 사용자의 입력을 받는다.
        float h = Input.GetAxis("Horizontal");
        float v = Input.GetAxis("Vertical");

        // 2. 이동 방향을 설정한다.
        Vector3 dir = new Vector3(h, 0, v);
        dir = dir.normalized;

        // 3. 이동 속도에 맞춰 이동한다.
        // p = p0 + vt
        transform.position += dir * moveSpeed * Time.deltaTime;
    }
}
```

[코드 4.1-12] PlayerMove.cs 캐릭터의 이동

완성된 스크립트를 플레이어 오브젝트에 드래그 앤 드롭해 붙이고 플레이해보겠습니다. 얼핏 봐서는 제대로 이동하는 것 같지만 뭔가 이상하다는 것을 알수 있습니다. 자세히 살펴보니 캐릭터가 회전해도 이동 방향이 바뀌지 않는군요.

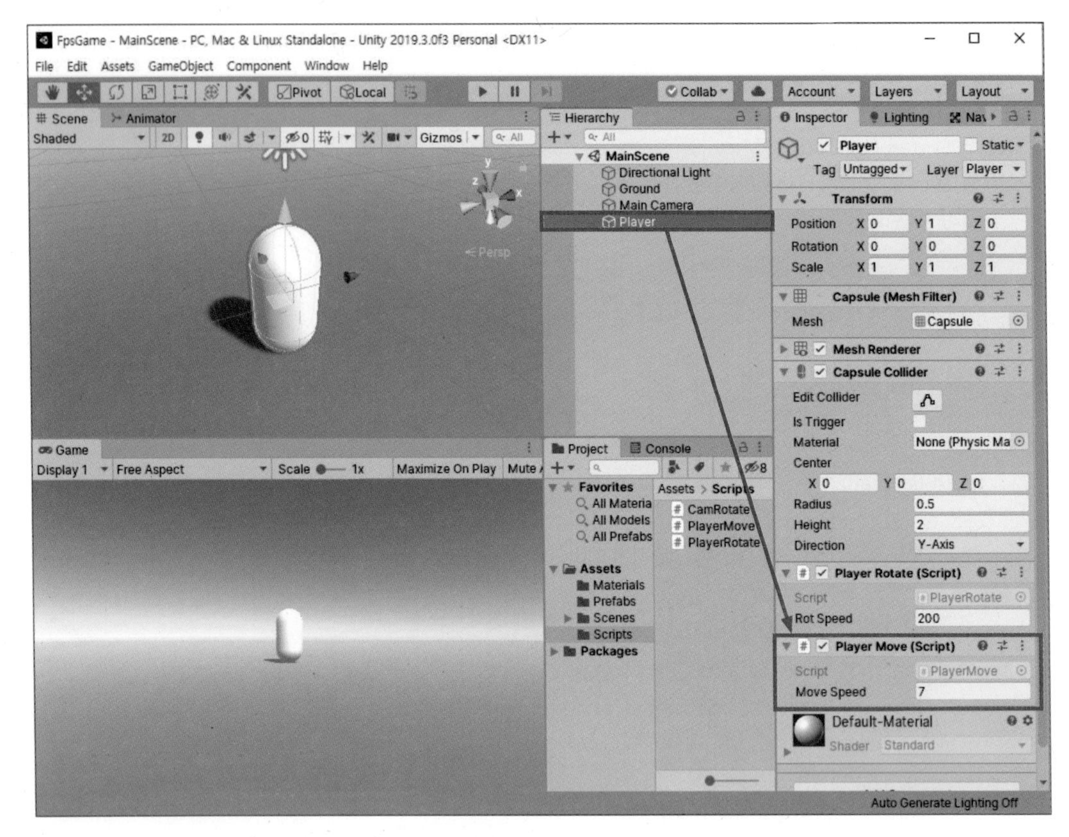

[그림 4.1-20] 플레이어 오브젝트에 이동 스크립트 붙이기

원인은 이동 방향 벡터에 있습니다. 이동 좌표는 크게 절대 좌표와 상대 좌표로 나눌 수 있습니다. 절대 좌표는 **'동서남북'**처럼 어느 게임 오브젝트에서도 동일한 좌표를 의미하고, 상대 좌표는 **'철수의 오른쪽'**, **'영희의 앞쪽'**과 같이 어떤 주체를 기준으로 본 좌표를 의미합니다.

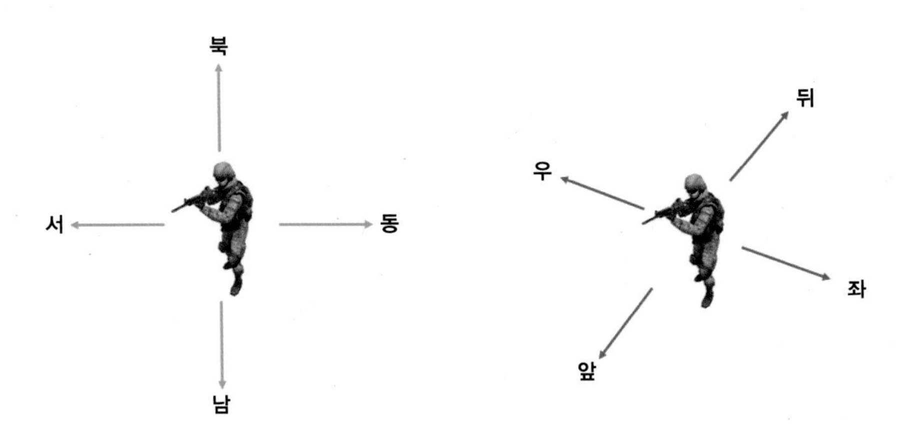

[그림 4.1-21] 절대 좌표(좌)와 상대 좌표(우)

방금 작성한 PlayerMove.cs 스크립트에서의 이동 방향 벡터(dir)는 기준이 되는 주체 없이 누구에게나 동일한 방향을 가리키는 절대 좌표로의 이동 벡터입니다. 따라서 이 이동 벡터를 상대 좌표로의 이동 벡터로 변환하는 과정이 필요합니다. 물론 이에는 여러 가지 방법이 있지만, 일단 여기에서는 카메라의 방향을 기준으로 이동 벡터의 방향을 변환하는 방법을 사용해보겠습니다.

Transform 클래스에는 특정한 이동 벡터를 Transform 컴포넌트가 붙어 있는 게임 오브젝트를 기준으로 상대 방향 벡터로 변환해주는 **TransformDirection() 함수**가 구현돼 있습니다.

Camera 클래스의 main 변수는 메인 카메라 오브젝트를 가리킵니다. 메인 카메라에도 역시 transform 변수가 있으므로 dir 변수의 이동 벡터를 앞에서 설명한 TransformDirection() 함수를 이용해 변환하겠습니다.

```
void Update()
{
    . . . (생략) . . .

    // 2. 이동 방향을 설정한다.
    Vector3 dir = new Vector3(h, 0, v);
    dir = dir.normalized;

    // 2-1. 메인 카메라를 기준으로 방향을 변환한다.
    dir = Camera.main.transform.TransformDirection(dir);

    . . . (생략) . . .
}
```

[코드 4.1-13] PlayerMove.cs 이동 좌표를 메인 카메라 기준으로 변환

다시 유니티 에디터로 돌아와 플레이해보겠습니다. 이제는 카메라 방향을 기준으로 전후좌우로 이동 하는 것을 확인할 수 있습니다. 하지만 이번에도 문제가 있네요. 카메라가 위쪽을 보고 있는 상태에서 이동하면 플레이어 오브젝트가 위로 올라가고, 카메라가 아래를 바라보고 있는 상태에서 이동하면 플레이어 오브젝트도 아래로 내려가는군요. 이 문제는 다음 페이지의 **'4.1-3 점프'**에서 해결하겠습니다.

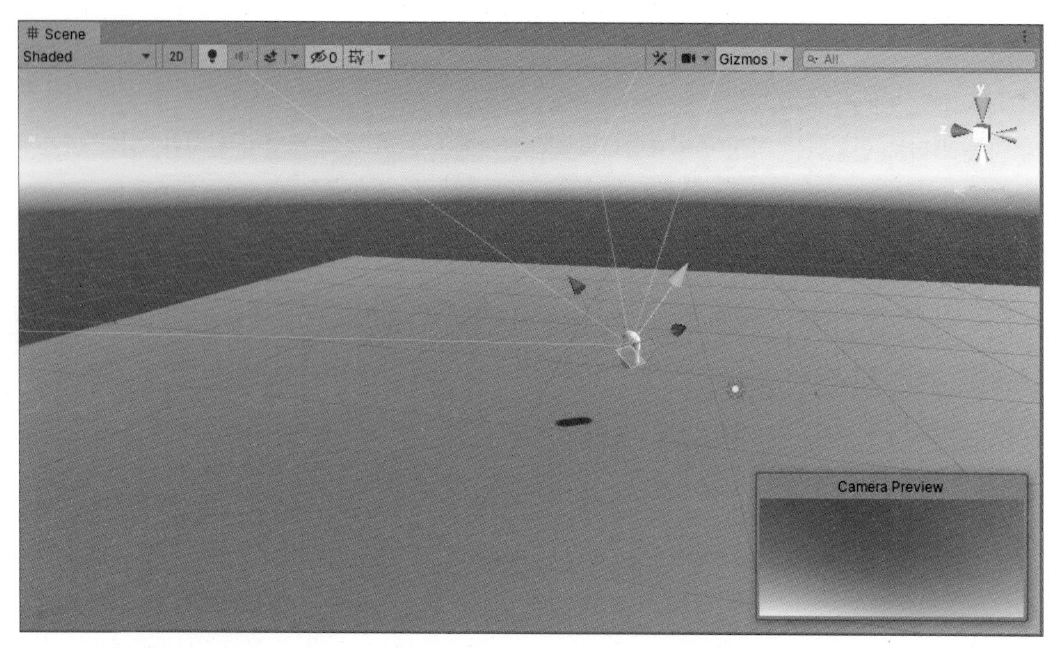

[그림 4.1-22] 상하로 이동하는 문제

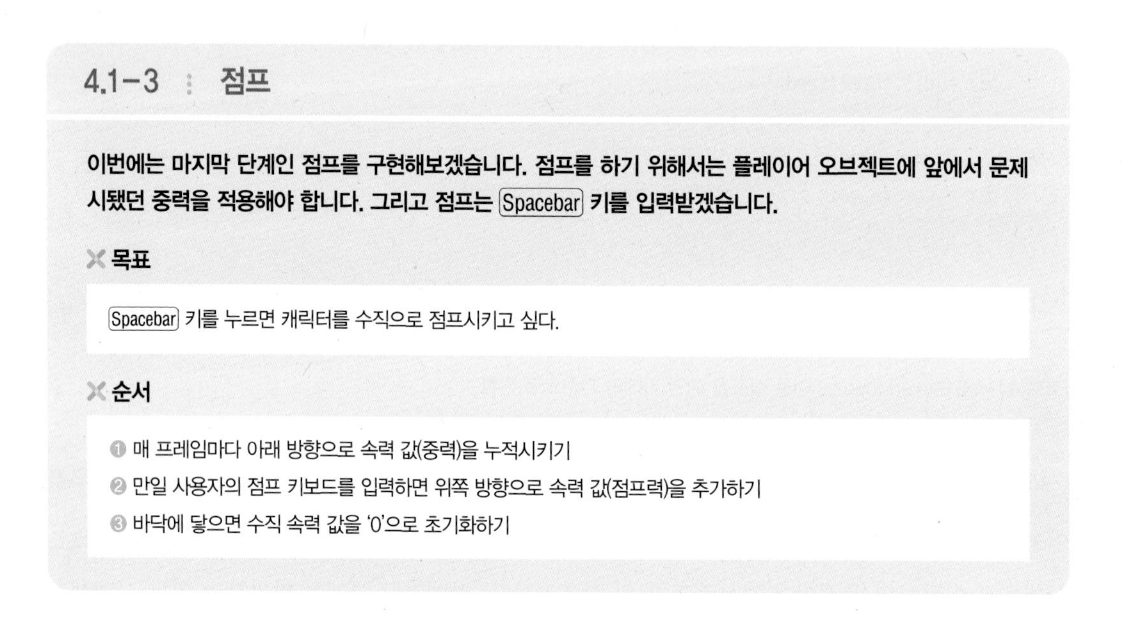

4.1-3 : 점프

이번에는 마지막 단계인 점프를 구현해보겠습니다. 점프를 하기 위해서는 플레이어 오브젝트에 앞에서 문제 시됐던 중력을 적용해야 합니다. 그리고 점프는 Spacebar 키를 입력받겠습니다.

목표

Spacebar 키를 누르면 캐릭터를 수직으로 점프시키고 싶다.

순서

❶ 매 프레임마다 아래 방향으로 속력 값(중력)을 누적시키기
❷ 만일 사용자의 점프 키보드를 입력하면 위쪽 방향으로 속력 값(점프력)을 추가하기
❸ 바닥에 닿으면 수직 속력 값을 '0'으로 초기화하기

중력 적용을 위한 준비부터 해보겠습니다. 리지드보디 컴포넌트를 붙이는 방법도 있지만, 물리적인 기능을 많이 사용하는 경우가 아니라면 무거운(즉, 많은 연산을 필요로 하는) 리지드보디 컴포넌트를 이용하기보다는 좀 더 가벼운 **캐릭터 콘트롤러**(Character Controller) **컴포넌트**를 사용하는 것이 효과적입니다.

Note [리지드바디 컴포넌트] vs. [캐릭터 콘트롤러 컴포넌트]

리지드바디 클래스 내부에는 복잡한 물리 연산을 편하게 할 수 있는 수많은 함수가 미리 구현돼 있습니다. 그 덕분에 어려운 물리 작용을 코드 몇 줄로 손쉽게 구현할 수 있다는 장점이 있지만, 메모리를 많이 차지하는 문제가 있습니다. 다시 말해 리지드보디 컴포넌트를 가진 게임 오브젝트가 많을수록 불필요하게 처리되는 연산량이 높아져 프레임 저하를 일으키는 퍼포먼스 문제가 발생할 우려가 있습니다.

유니티에서는 이러한 점에 착안해 중력이나 충돌 등의 간단한 물리 연산만을 필요로 하는 캐릭터 전용 클래스를 제공하고 있습니다. 이것이 바로 '캐릭터 콘트롤러 클래스'입니다. 캐릭터 콘트롤러 컴포넌트에는 충돌체(Collider)도 포함하고 있으며, 간단한 중력 적용과 충돌 처리에 대한 기능이 구현돼 있습니다.

하이어라키 뷰에서 플레이어 오브젝트를 선택한 후 인스펙터 뷰에서 [Add Component] – [Physics] – [CharacterContoller]를 선택해 캐릭터 콘트롤러 컴포넌트를 추가합니다.

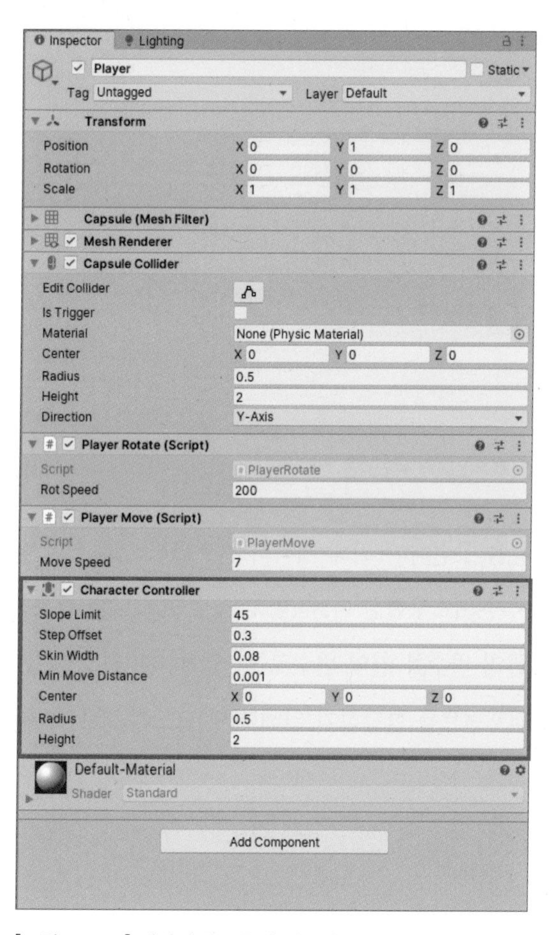

[그림 4.1-23] 캐릭터 콘트롤러 컴포넌트

기존에 플레이어 오브젝트에 붙어 있던 콜라이더 컴포넌트를 제거하기 위해 컴포넌트 우측 상단의 버튼을 클릭한 후 [Remove Component]를 선택해 컴포넌트를 제거합니다.

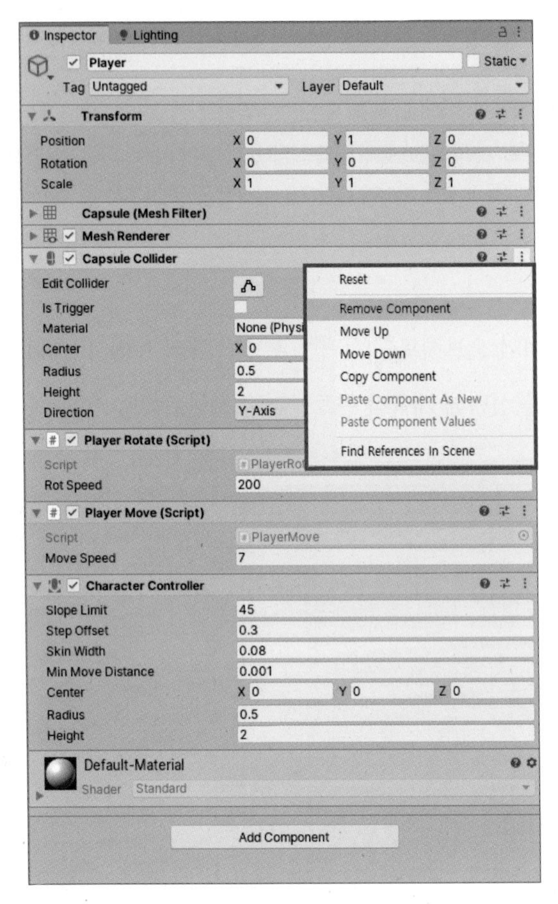

[그림 4.1-24] 컴포넌트 제거하기

중력이 적용된 이동 기능을 구현하기 위해 캐릭터 콘트롤러 클래스의 Move() 함수를 이용하겠습니다. 우선 플레이어 이동 기능을 구현한 PlayerMove.cs 스크립트를 더블 클릭합니다. 그리고 스크립트 상단에 캐릭터 컨트롤러 변수를 전역 변수로 선언합니다. 시작과 동시에 위에서 생성한 전역 변수에 캐릭터 콘트롤러 컴포넌트를 할당하기 위해 해당 코드를 Start() 함수 안에 작성합니다.

```
using System.Collections;
using System.Collections.Generic;
using UnityEngine;
```

```
public class PlayerMove : MonoBehaviour
{
    // 이동 속도 변수
    public float moveSpeed = 7f;

    // 캐릭터 콘트롤러 변수
    CharacterController cc;

    private void Start()
    {
        // 캐릭터 콘트롤러 컴포넌트 받아오기
        cc = GetComponent<CharacterController>();
    }
    . . . (생략) . . .
}
```

[코드 4.1-14] PlayerMove.cs 캐릭터 콘트롤러 컴포넌트 가져오기

준비를 마쳤으므로 중력 기능을 구현해보겠습니다. 전역 변수로 중력 값 변수와 수직 속력 변수를 추가하고 매 프레임마다 아래 방향으로 내려가도록 누적시키는 코드를 추가합니다. 또한 기존에 이동 기능을 구현한 코드를 캐릭터 콘트롤러 클래스의 Move() 함수를 이용해 이동하도록 수정하겠습니다.

```
public class PlayerMove : MonoBehaviour
{
        . . . (생략) . . .

    // 중력 변수
    float gravity = -20f;

    // 수직 속력 변수
    float yVelocity = 0;

. . . (생략) . . .

    void Update()
    {
. . . (생략) . . .
```

```
        // 2-1. 메인 카메라를 기준으로 방향을 변환한다.
        dir = Camera.main.transform.TransformDirection(dir);

        // 2-2. 캐릭터 수직 속도에 중력 값을 적용한다.
        yVelocity += gravity * Time.deltaTime;
        dir.y = yVelocity;

        // 3. 이동 속도에 맞춰 이동한다.
        cc.Move(dir * moveSpeed * Time.deltaTime);
    }
}
```

[코드 4.1-15] PlayerMove.cs 이동 시에 중력 적용하기

다시 유니티 에디터로 돌아와 플레이하면 카메라를 위아래로 향하더라도 바닥에 붙어 이동하는 것을 알 수 있습니다.

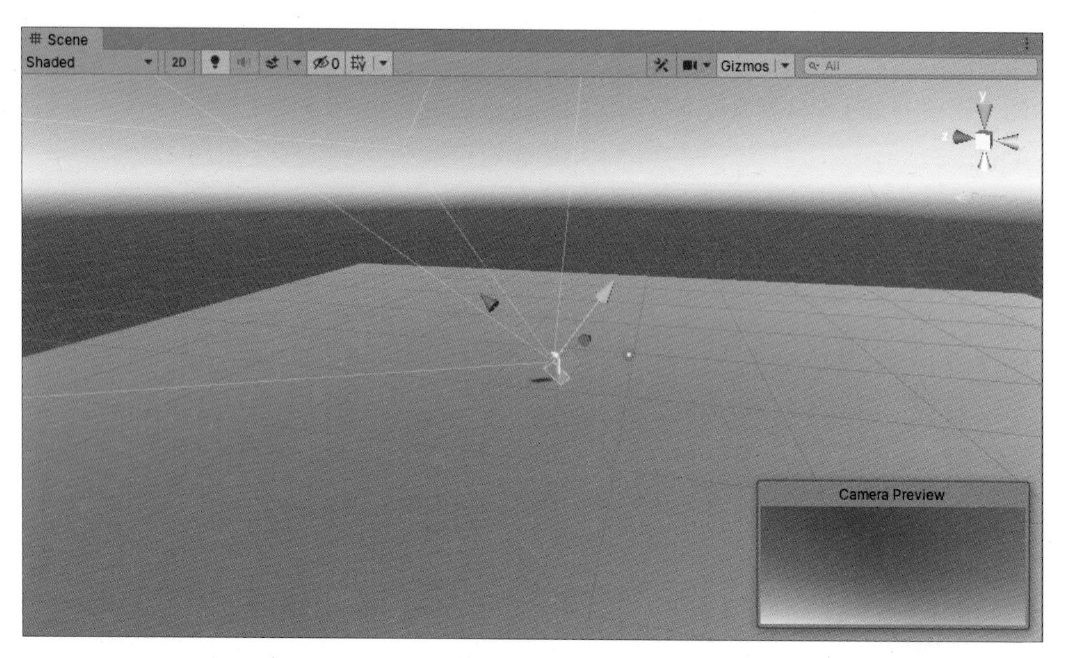

[그림 4.1-25] 중력 적용 상태 테스트

다음은 점프 기능을 구현해보겠습니다. 먼저 점프력을 제어할 수 있도록 public 변수로 선언하겠습니다.

```
. . . (생략) . . .

// 이동 속도 변수
public float moveSpeed = 7f;

// 캐릭터 콘트롤러 변수
CharacterController cc;

// 중력 변수
float gravity = -20f;

// 수직 속력 변수
public float yVelocity = 0;

// 점프력 변수
public float jumpPower = 10f;

. . . (생략) . . .
```

[코드 4.1-16] PlayerMove.cs 점프력 변수 선언

그런 다음 [Project settings]-[Input]에 미리 설정된 'Jump' 키(Spacebar 키)를 누르면 수직 속력 변수에 점프력을 추가해 플레이어 오브젝트가 위쪽 방향으로 솟아오르도록 합니다.

```
void Update()
{
    // [W], [A], [S], [D] 키를 누르면 캐릭터를 그 방향으로 이동시키고 싶다.
    // [spacebar] 키를 누르면 캐릭터를 수직으로 점프시키고 싶다.

    . . . (생략) . . .

    // 2-2. 만일, 키보드 [spacebar] 키를 눌렀다면….
    if (Input.GetButtonDown("Jump"))
    {
        // 캐릭터 수직 속도에 점프력을 적용한다.
        yVelocity = jumpPower;
    }

    // 2-3. 캐릭터 수직 속도에 중력 값을 적용한다.
```

```
        yVelocity += gravity * Time.deltaTime;
        dir.y = yVelocity;

        // 3. 이동 속도에 맞춰 이동한다.
        cc.Move(dir * moveSpeed * Time.deltaTime);
    }
```

[코드 4.1-17] PlayerMove.cs 사용자 입력에 맞춰 점프 기능 구현

이제 유니티 에디터로 돌아와 점프 테스트를 해보겠습니다. 점프 테스트를 좀 더 확실하게 하기 위해 임시로 올라갈 만한 구조물을 하나 세워보겠습니다. 하이어라키 뷰에서 [+] 버튼-[3D Object]-[Cube]를 선택해 큐브 오브젝트를 생성한 후 크기와 위치를 다음과 같이 조정합니다. 큐브의 이름은 'Block'이라고 변경하겠습니다.

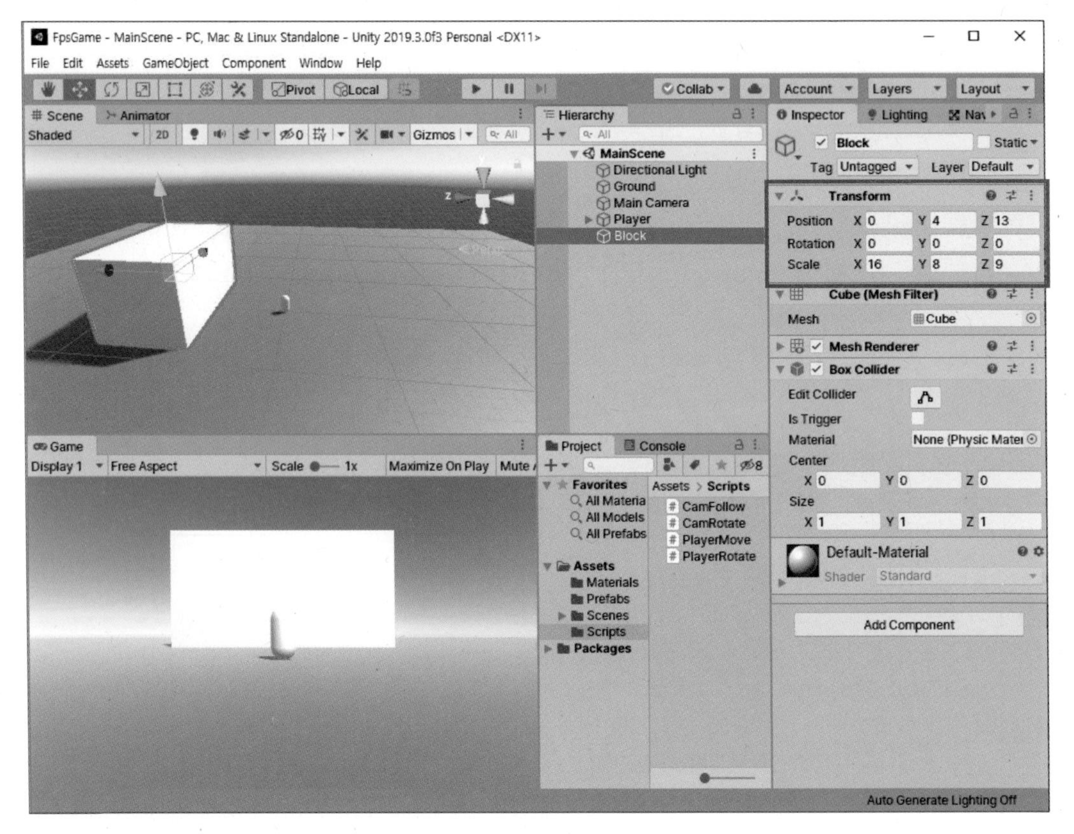

[그림 4.1-26] 점프용 오브젝트 생성

그럼 점프 테스트를 해보겠습니다. 구조물 위에 올라가거나 내려오면서 점프에 문제가 없는지 확인해봅니다. 그런데 점프 중에 Spacebar 키를 다시 누르면, 다시 점프를 하는 문제와 구조물에서 내려올 때 마치 아래로 순간 이동되는 것처럼 이동하는 문제가 있습니다. 하나씩 해결해보겠습니다.

중복 점프 문제를 해결하기 위해서는 점프 중이 아닌 상태에서만 점프 기능이 적용되도록 코드를 수정해야 합니다. 점프 중인지 여부를 알기 위해서는 상태를 체크하는 변수가 필요하겠네요. PlayerMove.cs 스크립트에 점프 상태 확인용 bool 변수를 추가하겠습니다.

```
. . . (생략) . . .

// 점프력 변수
public float jumpPower = 10f;

// 점프 상태 변수
public bool isJumping = false;

. . . (생략) . . .
```

[코드 4.1-18] PlayerMove.cs 점프 상태 변수 선언

이어서 점프 버튼을 눌렀을 때 점프 상태인지 확인하는 조건을 추가하고, 점프를 하게 되면 점프 중인 상태로 변경하는 코드를 추가하겠습니다. 또한 점프가 끝나고 다시 바닥에 닿으면 점프 전 상태로 되돌리는 코드도 추가하겠습니다. 바닥은 캐릭터 콘트롤러 클래스의 'CollisionFlags 변수'를 이용하면 알 수 있습니다. 참고로 CollisionFlag의 Below는 캐릭터 콘트롤러의 충돌 영역 중 아래쪽 부분에 충돌했을 때 true 값이 반환되며, Above와 Side는 각각 위쪽과 옆쪽에 충돌했을 때 true 값이 반환됩니다. 바닥에 착지할 때는 플레이어 충돌 영역의 아래쪽에 오브젝트가 충돌되므로 CollisionFlag의 Below가 true일 경우를 감지하는 조건문을 이용하면 됩니다.

```
void Update()
{
    . . . (생략) . . .

    // 2-2. 만일, 다시 바닥에 착지했다면...
    if (cc.collisionFlags == CollisionFlags.Below)
    {
```

```
        // 만일, 점프 중이었다면..
        if (isJumping)
        {
            // 점프 전 상태로 초기화한다.
            isJumping = false;
        }
    }

    // 2-3. 만일, 키보드 [Spacebar] 키를 입력했고, 점프를 하지 않은 상태라면...
    if (Input.GetButtonDown( " Jump " ) && !isJumping)
    {
        // 캐릭터 수직 속도에 점프력을 적용하고 점프 상태로 변경한다.
        yVelocity = jumpPower;
        isJumping = true;
    }
    . . . (생략) . . .

}
```

[코드 4.1-19] PlayerMove.cs 플레이어 점프 기능 구현

다음으로는 높은 곳에서 아래쪽으로 뛰어내릴 때 마치 순간 이동처럼 떨어지는 문제를 해결해보겠습니다. 이 현상은 중력 코드에 의해 yVelocity 변숫값이 음의 방향으로 계속 누적되면서 값의 크기는 커졌지만 캐릭터 콘트롤러의 충돌 처리 때문에 바닥에 닿아 있다가 아래로 떨어지면서 낙하 속도가 엄청나게 빨라져 발생하는 현상입니다. 따라서 바닥에 닿아 있을 때는 yVelocity의 값을 '0'으로 초기화해야 합니다.

```
void Update()
{
    . . . (생략) . . .

    // 2-2. 만일, 점프 중이었고, 다시 바닥에 착지했다면...
    if (cc.collisionFlags == CollisionFlags.Below)
    {
        // 만일, 점프 중이었다면..
        if (isJumping)
        {
            // 점프 전 상태로 초기화한다.
            isJumping = false;
```

```
            // 캐릭터 수직 속도를 0으로 만든다.
            yVelocity = 0;
        }
        . . . (생략) . . .

    }
```

[코드 4.1-20] PlayerMove.cs 플레이어가 바닥에 닿을 때 속도를 초기화하기

이제 다시 플레이하고 테스트해보면 회전, 이동, 점프가 모두 정상적으로 되는 것을 확인할 수 있습니다. 다음에는 플레이어 캐릭터의 무기를 제작해보겠습니다.

4.2 무기 제작

4.2-1 : 투척 무기

앞에서는 플레이어의 움직임과 관련된 기능을 구현했습니다. 이번에는 FPS 게임의 핵심이라 할 수 있는 무기 사용과 관련된 기능을 구현해보겠습니다.
우리가 만들어볼 무기는 투척과 사격 무기입니다. 먼저 수류탄과 같은 폭발물을 물리적으로 던지는 것부터 구현해보겠습니다.

목표

마우스의 오른쪽 버튼을 누르면 시선이 바라보는 방향으로 수류탄을 던지고 싶다.

순서

1. 플레이어를 제외하고 물체에 닿으면 폭발하는 수류탄 오브젝트 만들기
2. 사용자의 마우스 오른쪽 버튼 입력받기
3. 발사 위치에 수류탄 생성하기
4. 생성된 수류탄에 시선(카메라) 방향으로 물리적인 힘 가하기

가장 먼저 필요한 것은 수류탄 오브젝트입니다. 프로토타입 단계이므로 일단 구체 형태로 된 게임 오브젝트로 구현해보겠습니다. 하이어라키 뷰에서 [+] 버튼-[3D object]-[Sphere]를 선택해

구체 오브젝트를 생성합니다. 새로 생성한 게임 오브젝트의 이름은 **'Bomb'**으로 변경하겠습니다.

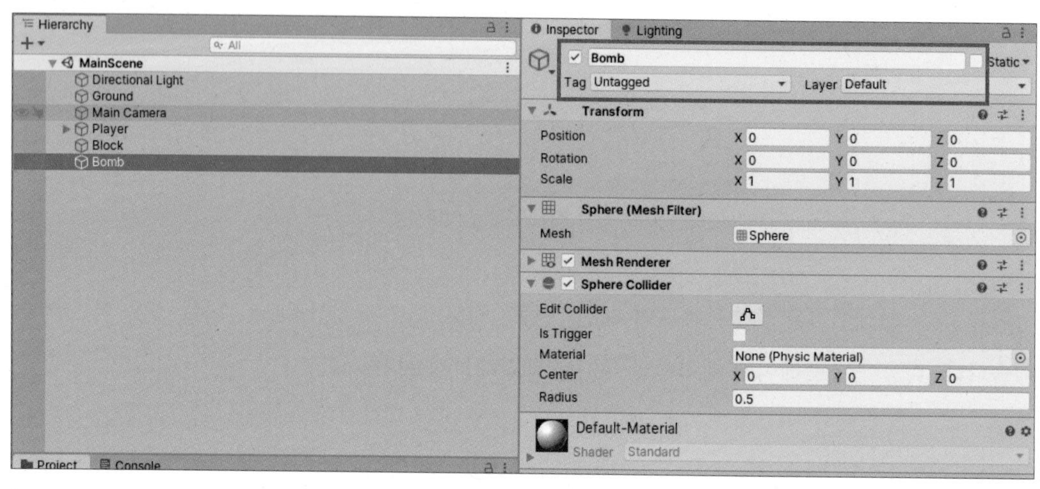

[그림 4.2-1] 구체 오브젝트 생성

물체를 던졌을 때 자연스럽게 떨어지도록 하기 위해서는 수류탄 오브젝트가 중력의 영향을 받도록 해야 합니다. 캐릭터 점프 때처럼 직접 구현하는 방법도 있지만, 여기서는 간단하게 리지드보디 컴포넌트를 이용해 중력을 적용하겠습니다. 수류탄 오브젝트를 선택한 채 인스펙터 뷰 하단의 [Add component]-[Physics]-[Rigidbody]를 선택해 리지드바디 컴포넌트를 추가합니다.

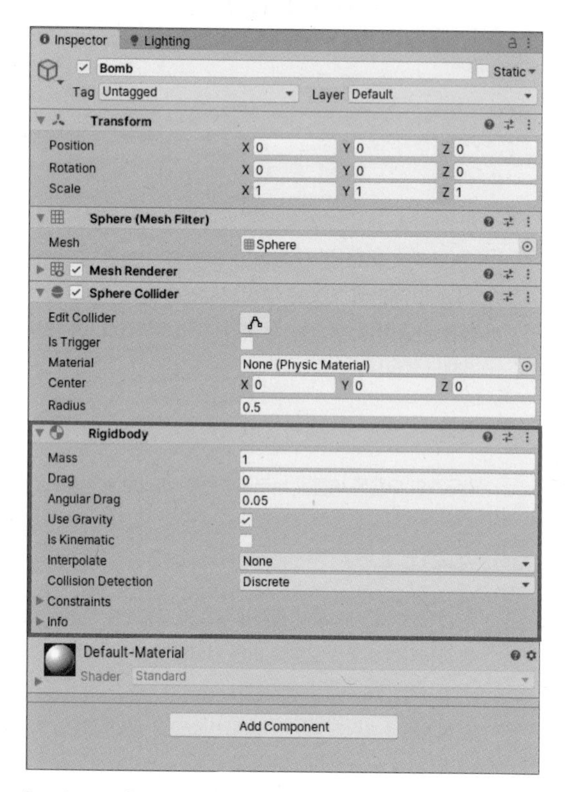

[그림 4.2-2] 리지드바디 컴포넌트 추가

유니티를 플레이해보면 공이 중력의 영향을 받아 아래로 떨어지고, 다른 물체에 닿으면 충돌해 멈추는 모습을 확인할 수 있습니다. 수류탄은 물체에 부딪히면 폭발되면서 사라져야 하므로 충돌 시에 수류탄이 사라지는 기능을 추가해야 할 것 같습니다. 'BombAction'이라는 이름으로 새로운 C# 스크립트를 하나 생성하고 수류탄 오브젝트에 추가합니다.

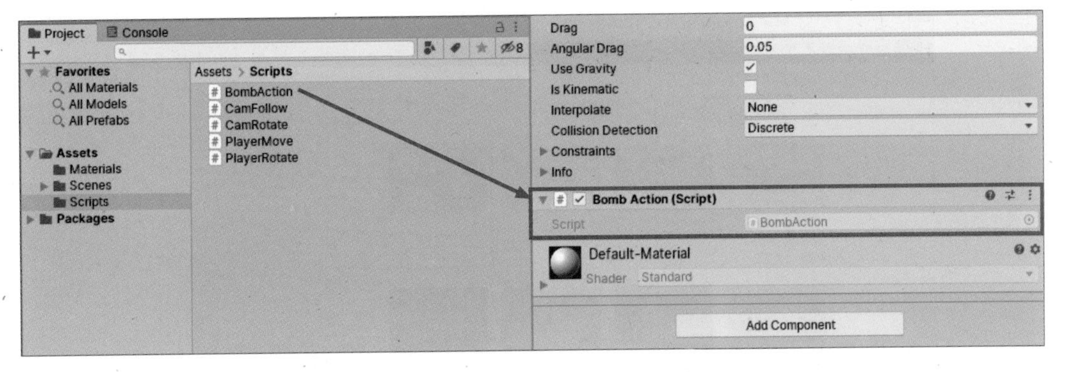

[그림 4.2-3] 폭탄 기능 스크립트 추가

이제 Bomb 스크립트를 더블 클릭한 후 코드를 작성해보겠습니다. 충돌 시에 호출되는 이벤트 함수인 OnCollisionEnter() 함수를 이용하겠습니다.

```
using System.Collections;
using System.Collections.Generic;
using UnityEngine;

public class BombAction : MonoBehaviour
{
    // 충돌했을 때의 처리
    private void OnCollisionEnter(Collision collision)
    {
        // 자기 자신을 제거한다.
        Destroy(gameObject);
    }
}
```

[코드 4.2-1] BombAction.cs 수류탄의 충돌 처리

프로토타입이긴 하지만, 명색이 수류탄인데 폭발 효과 하나쯤은 있어야겠죠? Ctrl+9 키를 눌러 애셋 스토어 창을 띄웁니다. 애셋 스토어 창이 열리면 우측 가격(Pricing) 란의 Free Assets에 체크 표시를 하고, 화면 상단의 검색란에 'explosion'을 입력합니다. 검색이 완료되면 다음 그림에 표시된 FX Explosion Pack 애셋을 프로젝트에 임포트합니다.

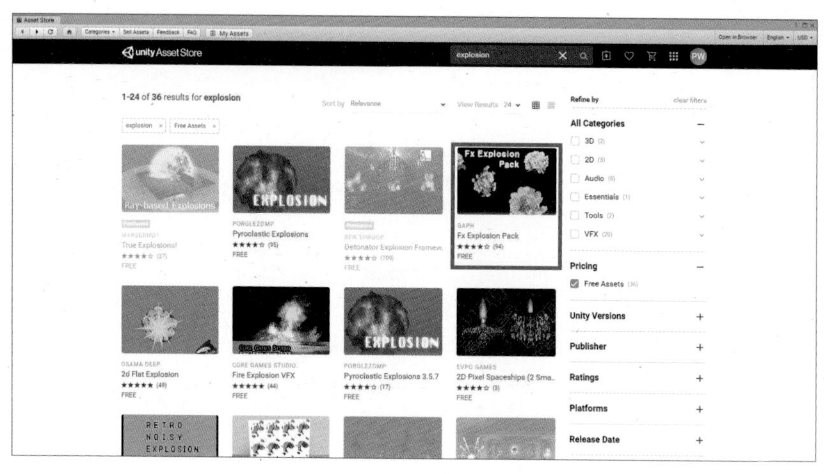

[그림 4.2-4] 폭탄 기능 스크립트 추가

FX Explosion Pack 애셋을 임포트하면 애셋에 포함된 스크립트 때문에 콘솔 창에 붉은색 에러 메시지가 나타날 것입니다. 에러 내용을 확인해보면 제작된 지 오래된 애셋이기 때문에 현재에는 쓰이지 않는 클래스나 함수를 사용하면서 발생한 에러임을 알 수 있습니다. 물론 고쳐서 쓸 수도 있지만, 우리에게 필요한 것은 단지 이펙트 파티클뿐이므로 애셋에 있는 스크립트 폴더를 삭제하겠습니다.

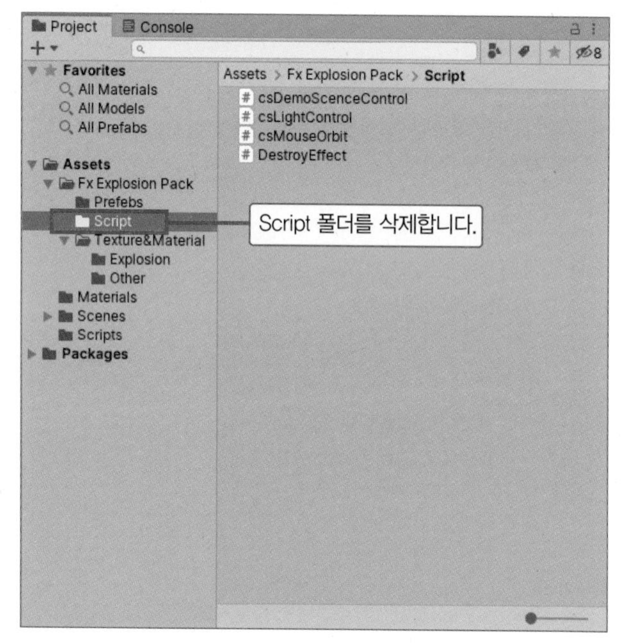

[그림 4.2-5] 애셋에 포함된 Script 폴더 삭제하기

애셋의 Prefabs 폴더에서 **Explosion1 프리팹**을 씬으로 드래그해보면 인스펙터 뷰에 스크립트 손실(Missing)이 표시돼 있는 것을 확인할 수 있습니다. **[Remove Component]**를 눌러 스크립트 컴포넌트를 삭제합니다. 이와 동일한 방법으로 **PointLight 오브젝트**에서도 손실된 스크립트 컴포넌트를 삭제합니다.

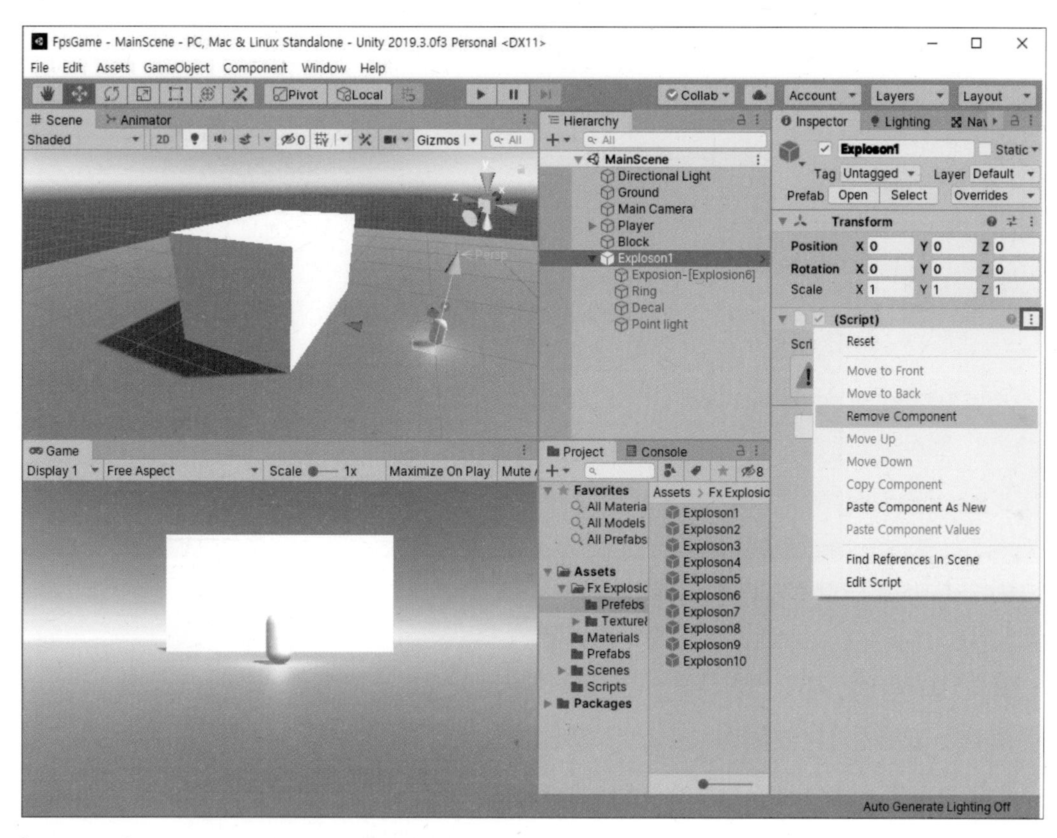

[그림 4.2-6] Explosion1 프리팹에서 스크립트 컴포넌트를 삭제

Explosion1 프리팹 하위 오브젝트인 **[Exposion] – [Explosion6]** 게임 오브젝트를 선택하면 파티클 시스템 컴포넌트 항목이 있고, 씬 뷰에 시뮬레이션 창이 보입니다.

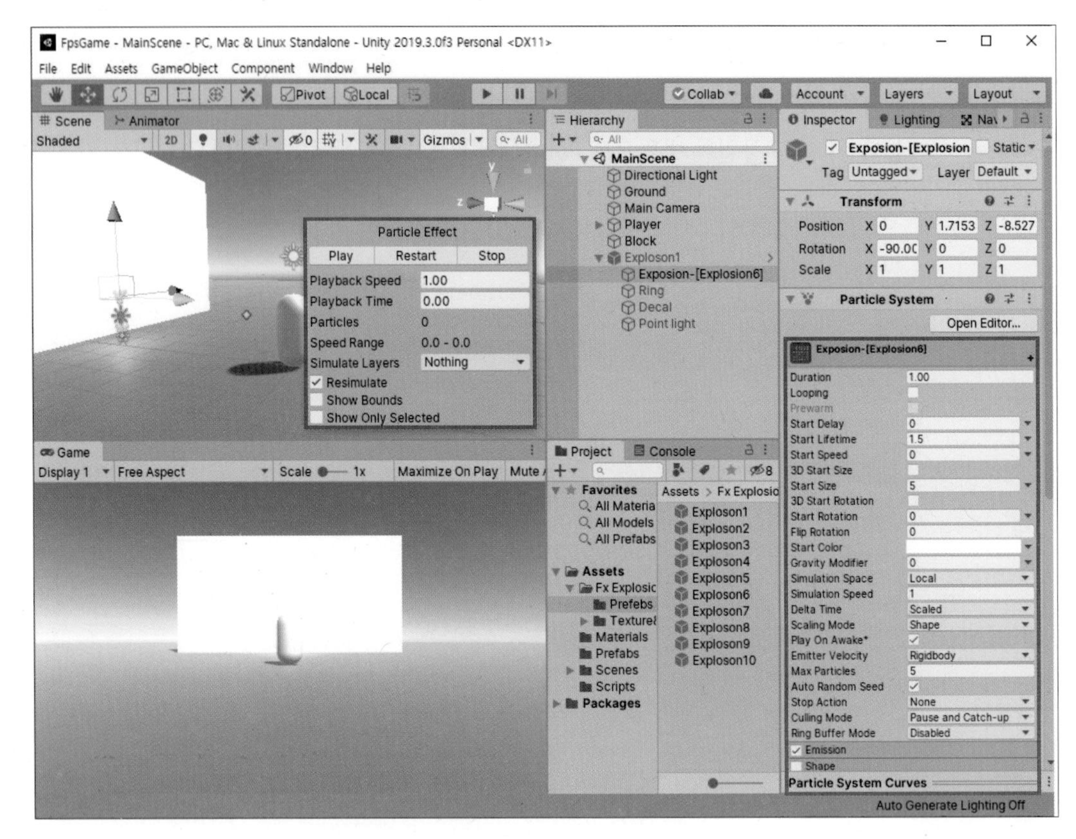

[그림 4.2-7] 파티클 시스템 컴포넌트와 시뮬레이션 창

[플레이] 버튼을 눌러 이펙트를 확인해보면 폭발 효과가 조금 천천히 재생되는 것 같아 보입니다. 우측의 파티클 시스템 컴포넌트에서 **Simulation Speed 항목을 2배로 변경**하겠습니다.

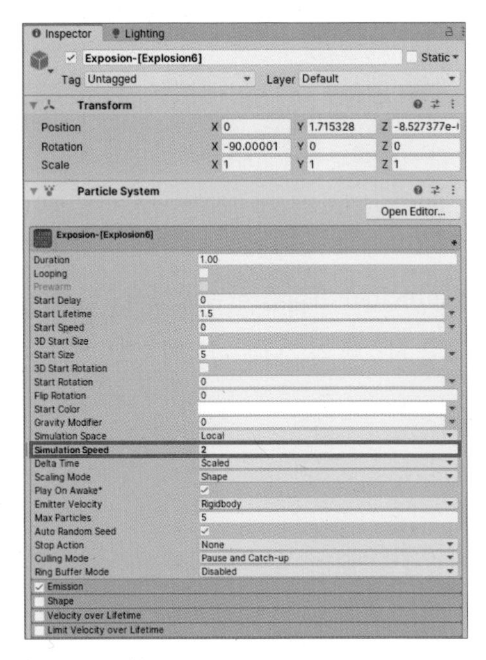

[그림 4.2-8] 파티클 이펙트의 속도 변경

이펙트 효과가 끝나고도 씬에서 사라지지 않으므로 약 1.5초 후에 이펙트 오브젝트를 삭제하는 스크립트를 추가하겠습니다. 새로운 C# 스크립트를 생성한 후 이름은 'DestroyEffect'로 변경합니다.

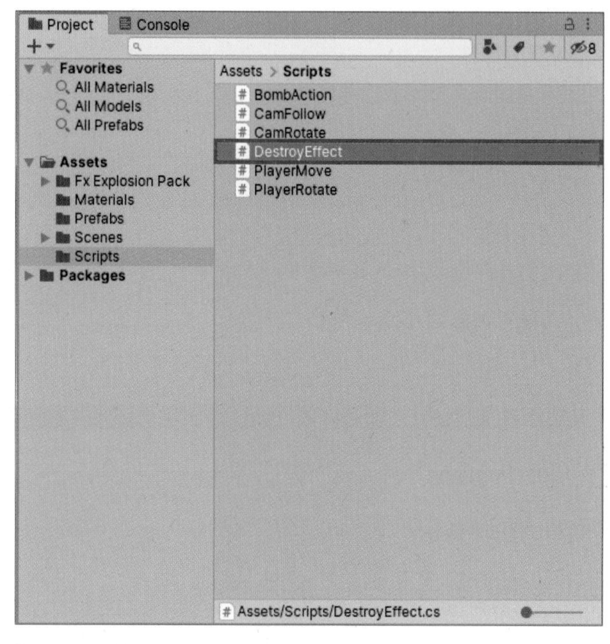

[그림 4.2-9] 이펙트 제거용 스크립트 파일 생성

제거될 시간을 담을 public 변수를 선언한 후 Update() 함수에서 매 프레임마다 경과 시간을 체크해 제거될 시간에 도달하면 자기 자신을 제거하도록 다음처럼 코드를 작성합니다. 코드 작성이 끝나면 이 스크립트를 씬에 생성돼 있는 Explosion1 프리팹에 추가합니다.

```
using System.Collections;
using System.Collections.Generic;
using UnityEngine;

public class DestroyEffect : MonoBehaviour
{
    // 제거될 시간 변수
    public float destroyTime = 1.5f;

    // 경과 시간 측정용 변수
    float currentTime = 0;
    void Update()
```

```
    {
        // 만일 경과 시간이 제거될 시간을 초과하면 자기 자신을 제거한다.
        if(currentTime > destroyTime)
        {
            Destroy(gameObject);
        }
        // 경과 시간을 누적한다.
        currentTime += Time.deltaTime;
    }
}
```

[코드 4.2-2] DestroyEffect.cs 이펙트 자동 제거 기능 구현

프리팹 조정이 모두 완료됐으면 프로젝트 뷰의 Assets 폴더 하위에 '**Prefabs**'라는 이름으로 새 폴더를 만듭니다. 마지막으로 Explosion1 프리팹의 이름을 '**FX_Bomb**'로 변경하고 방금 만든 Prefabs 폴더에 드래그 앤 드롭해 새로운 프리팹(Original prefab 선택)으로 생성합니다. 새 프리팹 생성이 완료됐으면 씬에 생성돼 있는 프리팹은 Delete 키를 눌러 삭제합니다.

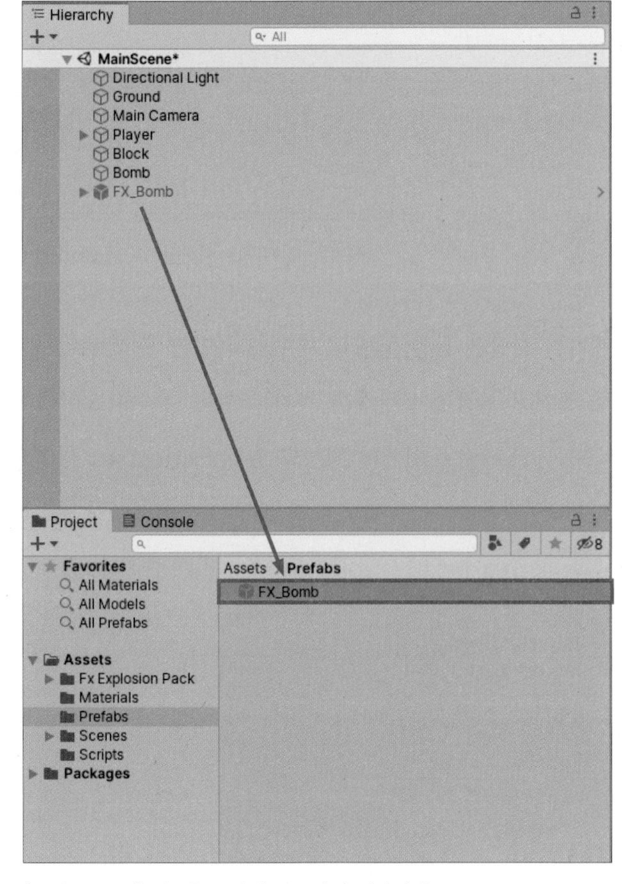

[그림 4.2-10] 새로운 프리팹으로 다시 저장하기

이번에는 다시 앞에서 작성했던 BombAction.cs 스크립트로 돌아가 폭발 이펙트를 생성하는 코드를 작성해보겠습니다. 우선 이펙트 프리팹을 지정할 GameObject 변수를 전역 변수로 선언하고, 자기 자신을 제거하는 코드의 위쪽에 이펙트를 생성하는 코드를 다음과 같이 작성합니다.

```
using System.Collections;
using System.Collections.Generic;
using UnityEngine;

public class BombAction : MonoBehaviour
{
    // 폭발 이펙트 프리팹 변수
    public GameObject bombEffect;

    // 충돌했을 때의 처리
    private void OnCollisionEnter(Collision collision)
    {
        // 이펙트 프리팹을 생성한다.
        GameObject eff = Instantiate(bombEffect);

        // 이펙트 프리팹의 위치는 수류탄 오브젝트 자신의 위치와 동일하다.
        eff.transform.position = transform.position;

        // 자기 자신을 제거한다.
        Destroy(gameObject);
    }
}
```

[코드 4.2-3] DestroyEffect.cs 수류탄 이펙트 생성

유니티 에디터로 돌아와 수류탄 오브젝트에 비어 있는 bombEffect 변수에 앞에서 만들었던 이펙트 프리팹(FX_Bomb)을 추가합니다. 플레이해보면 수류탄 오브젝트가 떨어지다가 다른 오브젝트에 충돌하면 폭발 이펙트와 함께 사라지는 것을 확인할 수 있습니다.

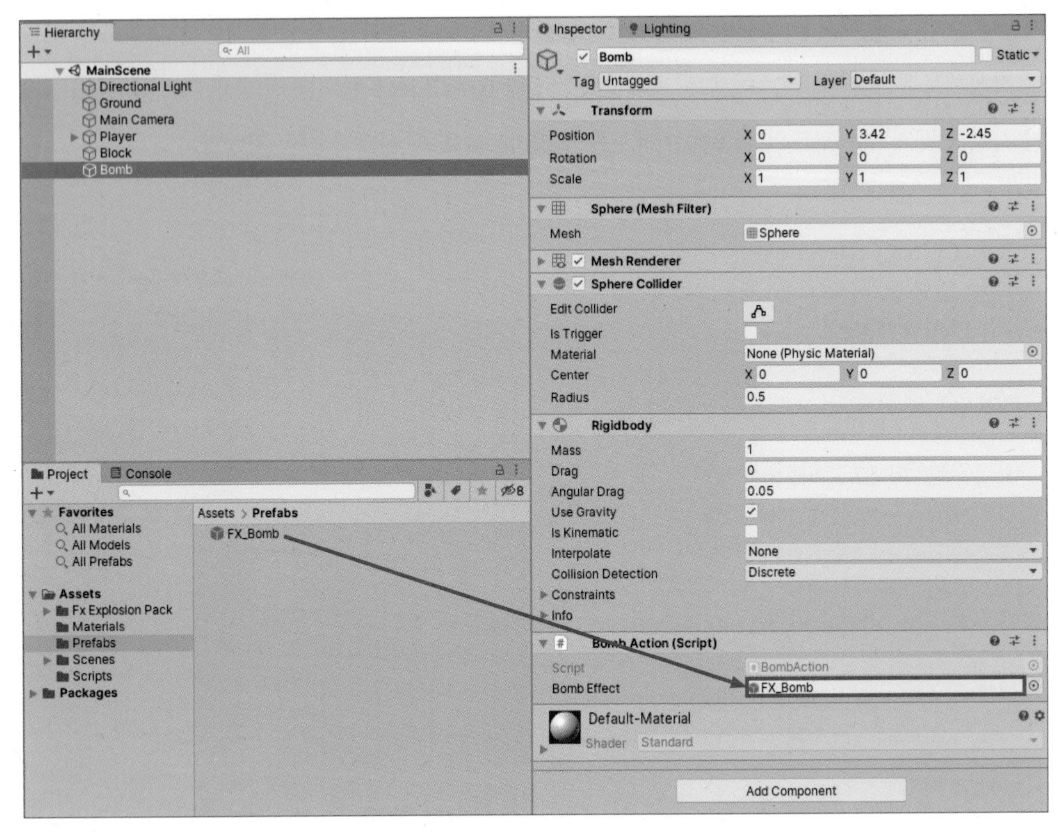

[그림 4.2-11] 수류탄 이펙트 추가

곰곰히 생각해보니 수류탄이 플레이어 캐릭터와도 충돌한다면 곤란한 상황이 연출될 것 같습니다. 플레이어 캐릭터와 수류탄 오브젝트에 각각 레이어를 설정해보겠습니다.

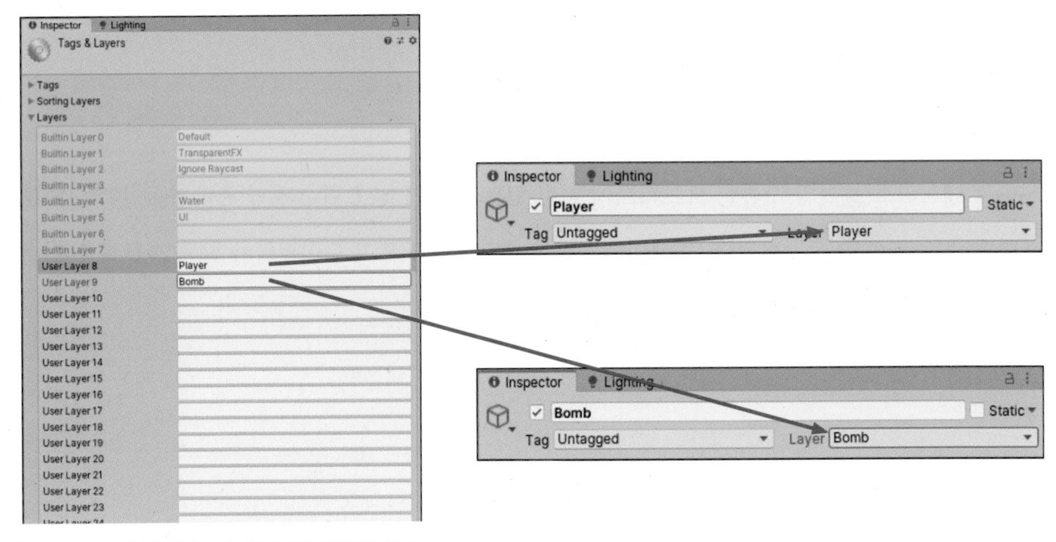

[그림 4.2-12] 플레이어와 수류탄에 레이어 추가

유니티 에디터 상단의 **[Edit]-[Project Settings]-[Physics]**, 하단의 'Layer Collision Matrix'에서 [그림 4.2-13]과 같이 [Player]-[Bomb]로 연결된 체크 박스의 체크 표시를 해제합니다.

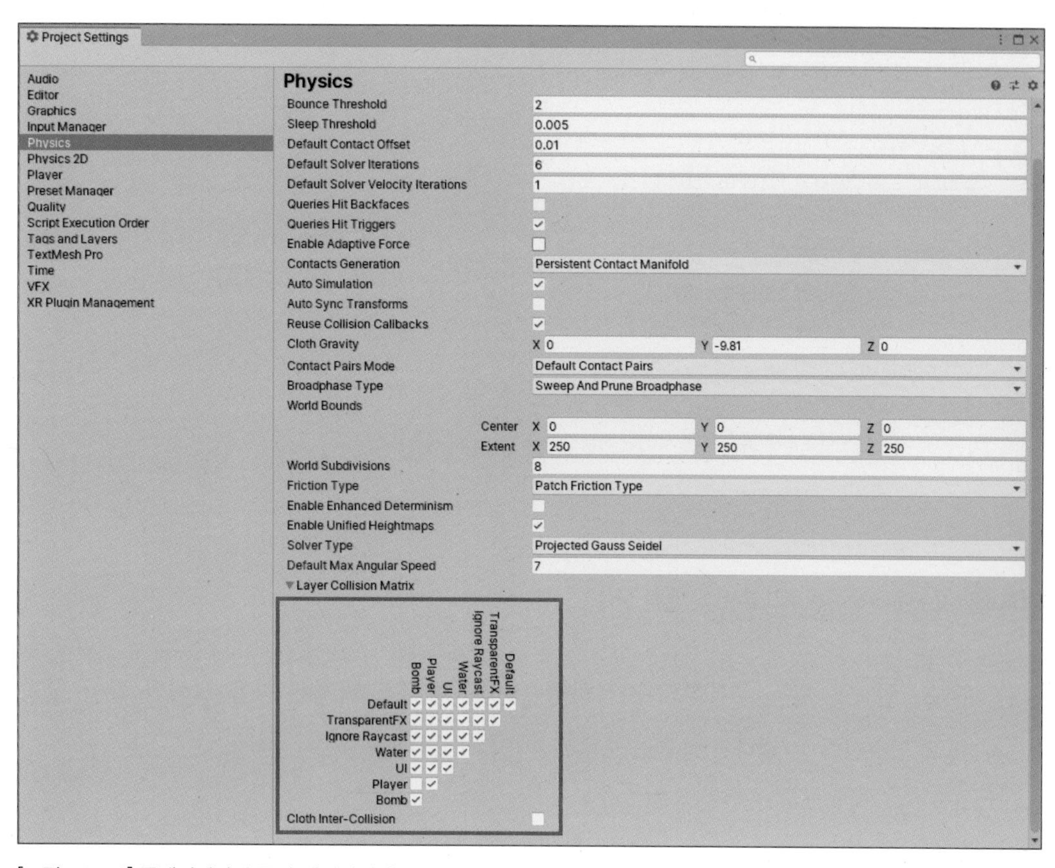

[그림 4.2-13] 플레이어와 수류탄 레이어의 충돌 해제

수류탄 오브젝트를 Prefabs 폴더로 드래그 앤 드롭해 새로운 프리팹 파일로 저장하고, 아직 씬에 생성돼 있는 수류탄 오브젝트는 삭제합니다.

자, 이제 수류탄은 준비됐으므로 던져볼 차례입니다. 무기 발사와 관련된 코드를 작성할 새로운 C# 스크립트를 만들어보겠습니다. 스크립트 파일의 이름은 '**PlayerFire**'로 변경합니다.
수류탄을 던지려면 수류탄 프리팹을 알고 있어야 하고, 수류탄이 발사될 위치가 필요하겠죠? 외부에서 만든 오브젝트를 가리켜야 하므로 둘 다 public 변수로 선언합니다. 구현해야 할 일은 다음과 같습니다.

```
using System.Collections;
using System.Collections.Generic;
using UnityEngine;

public class PlayerFire : MonoBehaviour
{
    // 발사 위치
    public GameObject firePosition;

    // 투척 무기 오브젝트
    public GameObject bombFactory;

    void Update()
    {
        // 마우스 오른쪽 버튼을 누르면 시선이 바라보는 방향으로 수류탄을 던지고 싶다.
    }
}
```

[코드 4.2-4] PlayerFire.cs 무기 발사 스크립트 생성

일단 마우스 입력을 받는 부분부터 시작하겠습니다. 마우스 버튼은 다음 그림과 같이 설정(Mapping)돼 있습니다. 그렇다면 마우스 오른쪽 버튼은 1번이겠군요.

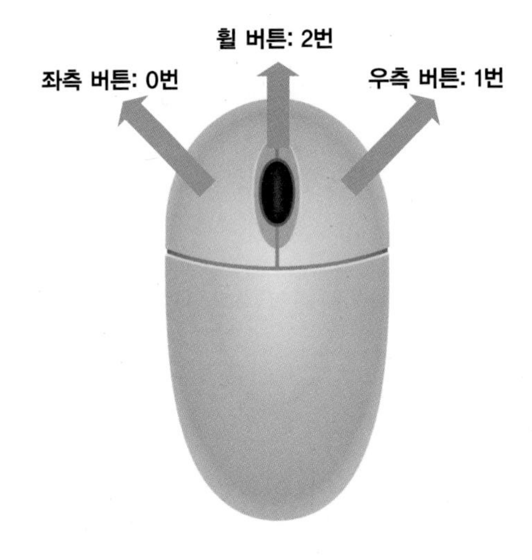

[그림 4.2-14] Input 클래스의 마우스 버튼 설정

```
. . . (생략) . . .

void Update()
{
    // 마우스 오른쪽 버튼을 누르면 시선이 바라보는 방향으로 수류탄을 던지고 싶다.

    // 1. 마우스 오른쪽 버튼을 입력받는다.
    if (Input.GetMouseButtonDown(1))
    {

    }
}
```

[코드 4.2-5] PlayerFire.cs 마우스 오른쪽 버튼 입력받기

마우스 오른쪽 버튼의 입력이 감지되면 수류탄 프리팹을 생성합니다. 프리팹의 위치는 발사 위치와 동일하도록 조정합니다.

```
. . . (생략) . . .

void Update()
{
    // 마우스 오른쪽 버튼을 누르면 시선이 바라보는 방향으로 수류탄을 던지고 싶다.

    // 마우스 오른쪽 버튼을 입력받는다.
    if (Input.GetMouseButtonDown(1))
    {
        // 수류탄 오브젝트를 생성한 후 수류탄의 생성 위치를 발사 위치로 한다.
        GameObject bomb = Instantiate(bombFactory);
        bomb.transform.position = firePosition.transform.position;
    }
}
```

[코드 4.2-6] PlayerFire.cs 수류탄 오브젝트 생성하기

이제 생성된 수류탄을 던질 차례입니다. 물리적인 힘을 이용하기 위해 GetComponent() 함수로 리지드바디 컴포넌트를 가져옵니다. Rigidbody 클래스에 구현돼 있는 AddForce() 함수를 사용하면 물

리적인 연산으로 물체를 발사할 수 있게 됩니다. AddForce() 함수는 발사될 방향 및 힘(Vector)과 던지는 방식(ForceMode)의 두 가지 파라미터가 필요합니다.

던질 방향은 시선의 방향과 일치해야 하므로 Transform 클래스의 상대 좌표인 forward 벡터를 사용하면 되지만 던지는 힘은 에디터에서 조정할 수 있도록 별도의 public 변수로 선언하겠습니다. 또한 던지는 방식은 순간적인 힘을 가하는 방식인 Impulse를 사용하겠습니다. 참고로 ForceMode에는 다음과 같은 네 가지 방식이 있습니다.

[표 4.2-1] ForceMode의 종류와 효과

ForceMode	효과
Force	연속적인 힘을 가한다. 질량의 영향을 받는다.
Impulse	순간적인 힘을 가한다. 질량의 영향을 받는다.
VelocityChange	순간적인 힘을 가한다. 질량의 영향을 받지 않는다.
Acceleration	연속적인 힘을 가한다. 질량의 영향을 받지 않는다.

```
using System.Collections;
using System.Collections.Generic;
using UnityEngine;

public class PlayerFire : MonoBehaviour
{
    // 발사 위치
    public GameObject firePosition;

    // 투척 무기 오브젝트
    public GameObject bombFactory;

    // 투척 파워
    public float throwPower = 15f;

    void Update()
    {
        // 마우스 오른쪽 버튼을 누르면 시선이 바라보는 방향으로 수류탄을 던지고 싶다.
        // 마우스 오른쪽 버튼을 입력받는다.
        if (Input.GetMouseButtonDown(1))
        {
```

```
            // 수류탄 오브젝트를 생성한 후 수류탄의 생성 위치를 발사 위치로 한다.
            GameObject bomb = Instantiate(bombFactory);
            bomb.transform.position = firePosition.transform.position;

            // 수류탄 오브젝트의 Rigidbody 컴포넌트를 가져온다.
            Rigidbody rb = bomb.GetComponent<Rigidbody>();

            // 카메라의 정면 방향으로 수류탄에 물리적인 힘을 가한다.
            rb.AddForce(Camera.main.transform.forward * throwPower, ForceMode.Impulse);
        }
    }
}
```

[코드 4.2-7] PlayerFire.cs 수류탄 투척 기능 구현

이제 유니티 에디터로 돌아와서 방금 만든 PlayerFire 스크립트를 Player 오브젝트에 드래그 앤 드롭하여 추가합니다. PlayerFire 컴포넌트에 있는 , Bomb Factory 항목에는 프리팹으로 만들어놓았던 수류탄 오브젝트를 드래그하여 추가합니다.

다음으로 수류탄이 발사될 위치를 정하기 위해 Player 오브젝트의 자식 오브젝트가 되도록 빈 게임 오브젝트를 하나 생성하고, 이름을 'firePosition'으로 변경합니다. firePosition 오브젝트의 위치가 수류탄이 발사될 위치가 되도록 씬에서 적절히 위치를 조정한 다음 PlayerFire 스크립트의 Fire Position 항목으로 드래그하여 추가합니다.

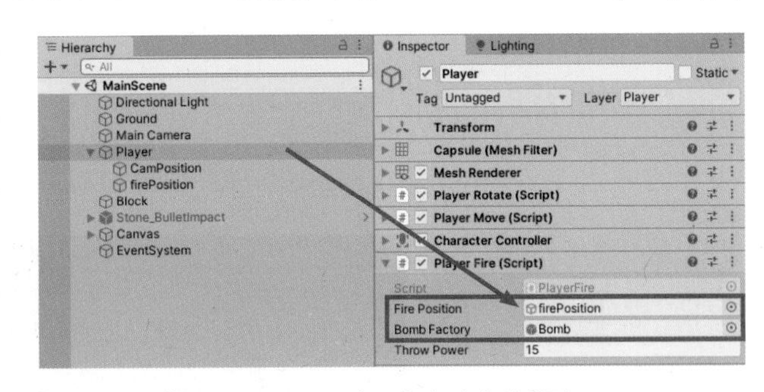

[그림 4.2-15] PlayerFire 스크립트 추가 및 속성 설정

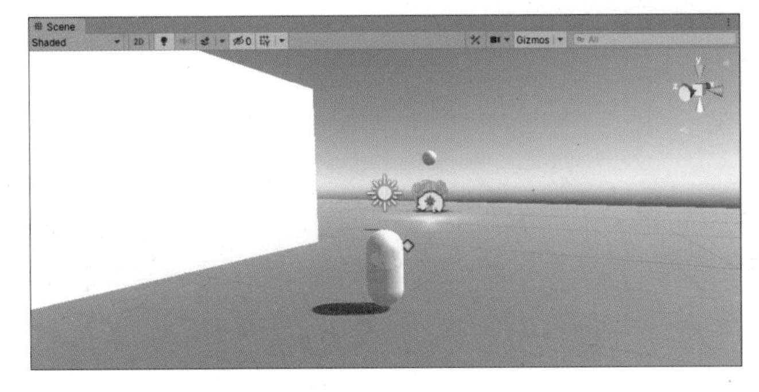

[그림 4.2-16] 수류탄 기능 확인

4.2-2 발사 무기

투척 무기를 만들었으므로 이번에는 총 계열의 발사 무기를 만들어보겠습니다.

목표

마우스의 왼쪽 버튼을 누르면 시선이 바라보는 방향으로 총을 발사하고 싶다.

순서

① 사용자의 마우스 왼쪽 버튼 입력받기
② 레이를 생성하고 발사될 위치와 진행 방향 설정하기
③ 레이가 부딪힌 대상의 정보를 저장할 변수 생성하기
④ 레이를 발사하고, 만일 부딪힌 물체가 있으면 피격 이펙트 표시하기

발사 무기를 만들 때는 기존 방식처럼 총알을 생성해 이동시키는 방법으로 발사할 수도 있겠지만, 다소 우려되는 사항들이 있습니다.

첫 번째로는 매우 빈번하게 사용될 발사 기능에서 매번 총알을 생성한다면 총알의 충돌 처리나 생성 및 파괴 처리 등을 각 총알의 개수만큼 반복하게 돼 그만큼 메모리 부담이 증가합니다. 두 번째로 총알의 속도를 매우 빠르게 처리하려면, 프레임당 이동 거리가 너무 커져 충돌 오차가 발생할 가능성이 있습니다.

이러한 문제를 해결하기 위해 '레이캐스트(Raycast)'라는 기능을 사용해 총알 발사를 구현해보겠습니다. 혹시 빔 프로젝터에 대해 알고 있나요? 다음 그림과 같이 렌즈에서 전방으로 빛을 쏴 그 빛이 닿은 물체에 색상을 표시하는 방식으로 영상을 출력하는 장치입니다.

[그림 4.2-17] 빔 프로젝터

레이캐스트는 이러한 빔 프로젝터의 원리와 유사하게 '레이(Ray)'라는 이름의 보이지 않는 점(point)을 지정한 방향으로 발사하고, 레이가 어떤 물체에 닿으면 그 물체에 대한 몇 가지 정보를 RaycastHit라는 구조체 변수에 저장하는 기능을 갖고 있습니다.

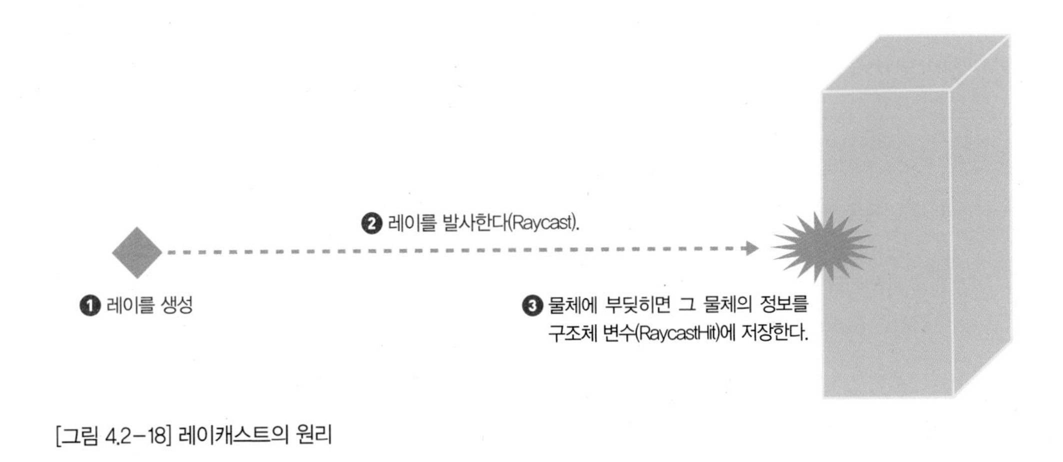

[그림 4.2-18] 레이캐스트의 원리

레이캐스트에 대해 이해가 되시나요? 아직 잘 이해가 안 되더라도 직접 한번 구현해보면 금방 이해할 수 있을 것입니다. 그럼 이제 구현해야 할 것들을 정리해보겠습니다.

총 발사 기능도 수류탄 투척 기능을 구현했던 PlayerFire.cs 스크립트 파일에 함께 구현하겠습니다. 먼저 마우스 입력을 받는 부분을 수류탄 투척 기능의 아래쪽에 작성합니다.

```
void Update()
{
    . . . (생략) . . .

    // 마우스 왼쪽 버튼을 누르면 시선이 바라보는 방향으로 총을 발사하고 싶다.
    // 마우스 왼쪽 버튼을 입력받는다.
    if (Input.GetMouseButtonDown(0))
    {

    }
}
```

[코드 4.2-8] PlayerFire.cs 마우스 왼쪽 버튼 입력받기

이제 레이를 생성할 차례입니다. 레이 변수를 생성할 때 발사될 위치와 진행 방향을 파라미터로 전달할 수 있습니다. 발사될 위치는 메인 카메라의 위치로 설정하고 진행 방향은 전방으로 발사되도록 하겠습니다.

```
void Update()
{
    . . . (생략) . . .

    // 마우스 왼쪽 버튼을 누르면 시선이 바라보는 방향으로 총을 발사하고 싶다.

    // 마우스 왼쪽 버튼을 입력받는다.
    if (Input.GetMouseButtonDown(0))
    {
        // 레이를 생성한 후 발사될 위치와 진행 방향을 설정한다.
        Ray ray = new Ray(Camera.main.transform.position, Camera.main.transform.forward);
    }
}
```

[코드 4.2-9] PlayerFire.cs 발사할 레이 생성

레이가 준비됐으면 레이가 물체에 충돌했을 때 저장할 구조체 변수를 만들어보겠습니다. 구조체 변수는 'RaycastHit'라는 형태로 선언해야 합니다.

Note 구조체(Struct)란?

1. 배열 vs. 구조체

다수의 변수 묶음 방식에는 배열(Array)과 구조체(Struct), 클래스 변수가 있습니다. 배열은 같은 자료형들로만 묶을 수 있는 반면, 구조체나 클래스 변수는 다른 자료형 변수들을 묶을 수 있다는 장점이 있습니다.

2. 클래스 변수 vs. 구조체

클래스 변수(Instance)와 구조체(Struct)는 다른 자료형 변수를 묶어 만든 새로운 자료형 변수라는 점에서는 동일합니다. 하지만 클래스 변수는 참조(reference) 타입이고, 구조체는 값(value) 타입이라는 점에서 차이가 있습니다. 결국 구조체는 호출 속도가 빠르다는 장점이 있지만, 메모리를 직접 할당하기 때문에 메모리 관리 효율이 좋지 않다는 단점이 있습니다. 보통 구조체는 호출 빈도가 높고 메모리는 적게 사용하는 경우에 사용됩니다. 유니티에서는 벡터(Vector), 컬러(Color), 쿼터니언(Quarternion), 레이캐스트히트(RaycastHit) 등을 구조체로 사용하고 있습니다.

```
void Update()
{
    . . . (생략) . . .

    // 마우스 왼쪽 버튼을 누르면 시선이 바라보는 방향으로 총을 발사하고 싶다.

    // 마우스 왼쪽 버튼을 입력받는다.
    if (Input.GetMouseButtonDown(0))
    {
        // 레이를 생성한 후 발사될 위치와 진행 방향을 설정한다.
        Ray ray = new Ray(Camera.main.transform.position, Camera.main.transform.forward);

        // 레이가 부딪힌 대상의 정보를 저장할 변수를 생성한다.
        RaycastHit hitInfo = new RaycastHit();
    }
}
```

[코드 4.2-10] PlayerFire.cs 레이에 충돌한 대상 정보를 저장할 변수 생성

RaycastHit 구조체에 어떠한 정보들이 저장되는지 알아보기 위해 RaycastHit 자료형에 커서를 위치시키고 F12 키를 눌러보겠습니다.

```
1   ⊞어셈블리 UnityEngine.PhysicsModule, Version=0.0.0.0, Culture=neutral, PublicKeyToken=null
4
5   ⊞using ...
8
9   ⊟namespace UnityEngine
10  {
11  ⊞   ...public struct RaycastHit
19      {
20  ⊞       ...public Collider collider { get; }
24  ⊞       ...public Vector3 point { get; set; }
28  ⊞       ...public Vector3 normal { get; set; }
32  ⊞       ...public Vector3 barycentricCoordinate { get; set; }
36  ⊞       ...public float distance { get; set; }
40  ⊞       ...public int triangleIndex { get; }
44  ⊞       ...public Vector2 textureCoord { get; }
48  ⊞       ...public Vector2 textureCoord2 { get; }
52  ⊞       ...public Vector2 textureCoord1 { get; }
54  ⊞       ...public Transform transform { get; }
58  ⊞       ...public Rigidbody rigidbody { get; }
63  ⊞       ...public Vector2 lightmapCoord { get; }
67      }
68  }
```

[코드 4.2-11] UnityEngine.RaycastHit(메타데이터)

[표 4.2-2] RaycastHit 멤버 변수와 설명

멤버 변수	설명
collider	충돌 대상이 가진 충돌체 컴포넌트
point	충돌한 위치의 좌표
normal	충돌한 지점의 법선 벡터
barycentricCoordinate	충돌한 지점의 폴리곤 위치
distance	레이 발사 지점부터 충돌한 지점까지의 거리
triangleIndex	충돌한 지점의 폴리곤 인덱스
textureCoord	충돌한 지점의 텍스터 UV 좌표
transform	충돌 대상이 가진 트랜스폼 컴포넌트
rigidbody	충돌 대상이 가진 리지드보디 컴포넌트
lightmapCoord	충돌한 지점의 라이트맵 UV 좌표

자, 그럼 레이를 발사해보겠습니다. Physics 클래스에 있는 Raycast() 함수를 사용하면 레이에 부딪힌 물체가 있으면 true, 없으면 false를 반환합니다. Raycast() 함수는 파라미터로서 캐스팅할 Ray 변수와 부딪힌 대상의 정보가 저장될 RaycastHit 변수가 필요합니다.

```
void Update()
{
    . . . (생략) . . .

    // 마우스 왼쪽 버튼을 누르면 시선이 바라보는 방향으로 총을 발사하고 싶다.
    // 마우스 왼쪽 버튼을 입력받는다.
    if (Input.GetMouseButtonDown(0))
    {
        // 레이를 생성한 후 발사될 위치와 진행 방향을 설정한다.
        Ray ray = new Ray(Camera.main.transform.position, Camera.main.transform.forward);

        // 레이가 부딪힌 대상의 정보를 저장할 변수를 생성한다.
        RaycastHit hitInfo = new RaycastHit();

        // 레이를 발사한 후 만일 부딪힌 물체가 있으면 피격 이펙트를 표시한다.
        if(Physics.Raycast(ray, out hitInfo))
        {

        }
```

```
        }
    }
```

[코드 4.2-12] PlayerFire.cs 레이캐스트 함수

> **Note** out 키워드
>
> 일반적인 파라미터는 메모리의 값(value)을 복사해 읽기 때문에 함수 안에서 파라미터의 원본 값을 바로 수정할 수 없습니다. 반면 ref 또는 out 키워드가 붙은 파라미터는 메모리의 주소를 복사(참조)해 변수를 직접 가리키기 때문에 함수 안에서 파라미터의 원본 값을 수정할 수 있습니다. 이 중에서 특히 out 키워드가 붙은 파라미터는 반드시 함수 안에서 파라미터에 값을 할당할 것을 요구한다는 특징이 있습니다.

레이는 눈에 보이지 않기 때문에 발사된 총에 맞은 효과를 주기 위해 피격 이펙트를 레이가 닿은 위치에 표시되도록 하겠습니다. 일단 이펙트 오브젝트 변수를 추가하고 Start() 함수에서 시작 시에 파티클 시스템 컴포넌트를 미리 가져옵니다.

```
public class PlayerFire : MonoBehaviour
{
    . . . (생략) . . .
    // 피격 이펙트 오브젝트
    public GameObject bulletEffect;

    // 피격 이펙트 파티클 시스템
    ParticleSystem ps;

    void Start()
    {
        // 피격 이펙트 오브젝트에서 파티클 시스템 컴포넌트 가져오기
        ps = bulletEffect.GetComponent<ParticleSystem>();
    }

    . . . (생략) . . .
}
```

[코드 4.2-13] PlayerFire.cs 피격 이펙트 변수 생성

마지막으로 레이가 물체에 부딪혔을 때 그 지점에 피격 이펙트 오브젝트를 위치시키고 이펙트 파티클을 실행합니다.

```
void Update()
{
    . . . (생략) . . .

    // 마우스 왼쪽 버튼을 누르면 시선이 바라보는 방향으로 총을 발사하고 싶다.

    // 마우스 왼쪽 버튼을 입력받는다.
    if (Input.GetMouseButtonDown(0))
    {
        // 레이를 생성한 후 발사될 위치와 진행 방향을 설정한다.
        Ray ray = new Ray(Camera.main.transform.position, Camera.main.transform.forward);

        // 레이가 부딪힌 대상의 정보를 저장할 변수를 생성한다.
        RaycastHit hitInfo = new RaycastHit();

        // 레이를 발사한 후 만일 부딪힌 물체가 있으면 피격 이펙트를 표시한다.
        if(Physics.Raycast(ray, out hitInfo))
        {
            // 피격 이펙트의 위치를 레이가 부딪힌 지점으로 이동시킨다.
            bulletEffect.transform.position = hitInfo.point;

            // 피격 이펙트를 플레이한다.
            ps.Play();
        }
    }
}
```

[코드 4.2-14] PlayerFire.cs 피격 이펙트 생성 기능 구현

다시 유니티로 돌아와 이펙트 오브젝트를 bulletEffect 변수에 할당하겠습니다. 우선 깃허브(GitHub)에서 '**Effect.unitypackage**'를 다운로드합니다. 다운로드된 패키지 파일을 불러오기 위해 유니티 에디터 상단의 **[Assets]** – **[Import Package]** – **[Custom Package]**를 선택한 후 다운로드한 파일을 선택합니다.

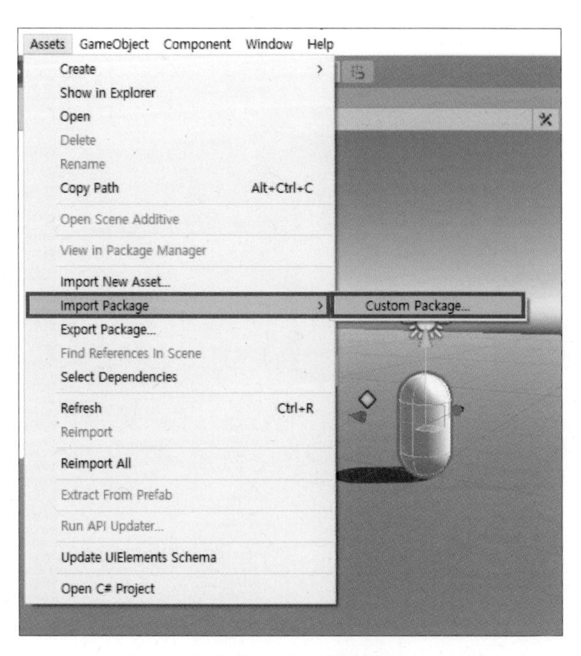

[그림 4.2-19] 유니티 패키지 파일 임포트하기

패키지 파일 목록이 나타나면 [**Import**] 버튼을 선택해 프로젝트 폴더에 파일을 설치합니다.

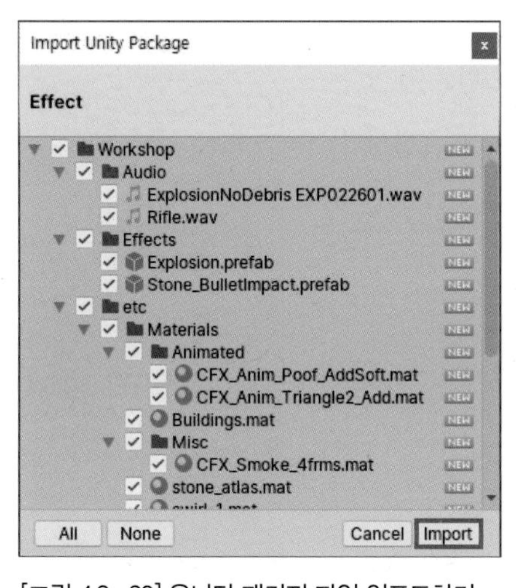

[그림 4.2-20] 유니티 패키지 파일 임포트하기

패키지 임포트가 완료되면 유니티 프로젝트 뷰에서 Workshop 폴더 하위의 Effects 폴더에 있는 Stone_BulletImpack.prefab 파일을 선택해 하이어라키 뷰로 드래그합니다. 최초에 이펙트가 플레이어의 시야에 보일 수 없도록 그림과 같이 y축의 위치 값을 '1,000'으로 변경하겠습니다.

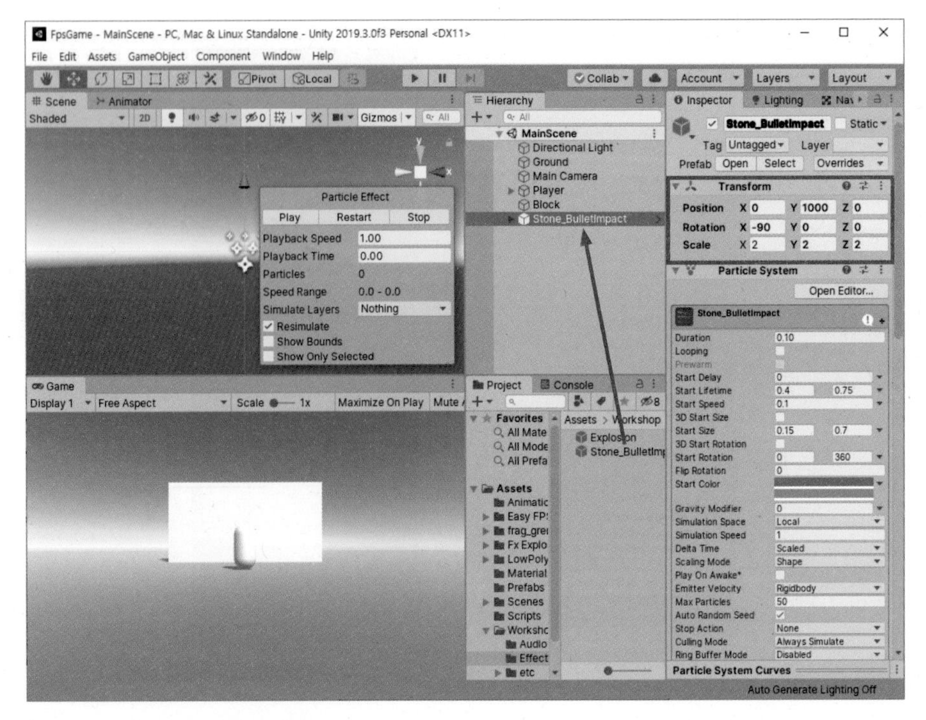

[그림 4.2-21] 이펙트 파일 세팅하기

Stone_BulletImpack.prefab 파일을 Player 오브젝트의 PlayerFire 컴포넌트에 있는 bulletEffect 변수에 드래그 앤 드롭합니다.

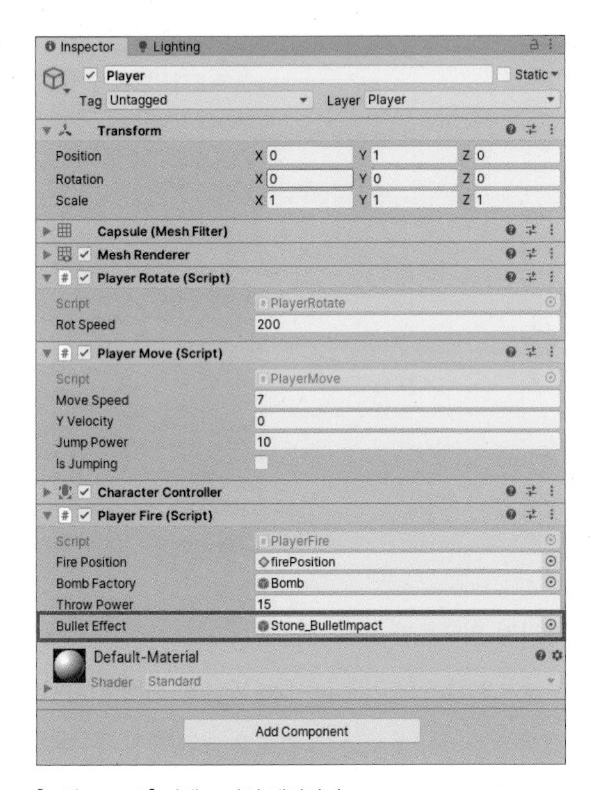

[그림 4.2-22] 이펙트 파일 세팅하기

이제 총을 한번 쏴보겠습니다. 총을 쏠 때마다 피격 위치에 이펙트가 표시되는 것을 확인할 수 있습니다. 그런데 뭔가 문제가 있어 보이네요. 화면 중앙의 위치에 조준점이 없어 정확히 조준하기 어렵군요. 더욱이 피격 이펙트의 생성 방향이 위쪽 방향이라 바닥에 쏠 때는 이펙트의 방향이 정확하지만, 벽에 맞췄을 때는 이펙트의 생성 방향이 어색하게 보이는 문제가 있네요. 하나씩 수정해보겠습니다.

화면 중앙에 조준선(Crosshair)을 설정하기 위해 하이어라키 뷰에서 **[+] 버튼-[UI]-[Image]**를 선택해 이미지 오브젝트를 생성합니다.

깃허브(GitHub)에서 Crosshair.png 파일을 다운로드한 후 프로젝트 뷰의 Materials 폴더에 드래그 앤 드롭합니다. 그런 다음, 인스펙터 뷰에서 Texture Type을 Sprite(2D and UI)로 선택하고, [Apply] 버튼을 선택합니다.

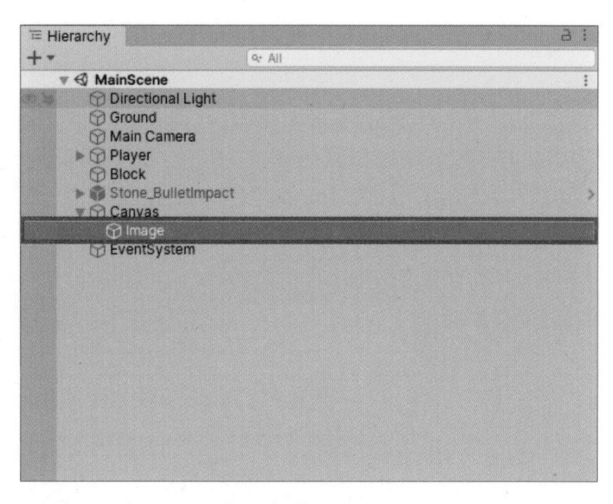

[그림 4.2-23] UI Image 오브젝트 생성

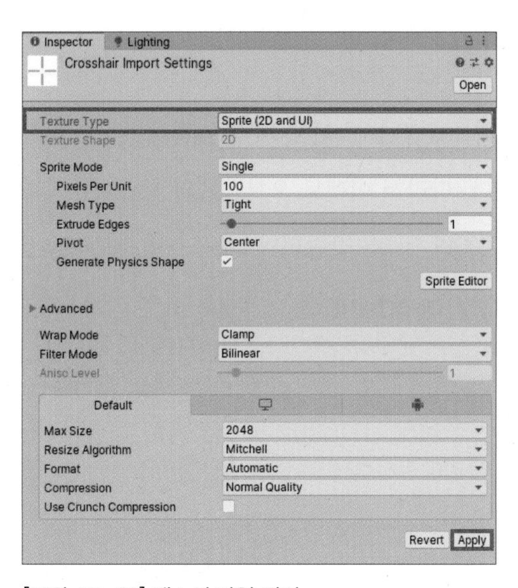

[그림 4.2-24] 텍스처 타입 변경

Crosshair 스프라이트를 UI Image의 Source Image에 드래그 앤 드롭하고, 너비와 높이를 각각 '30'으로 조정합니다.

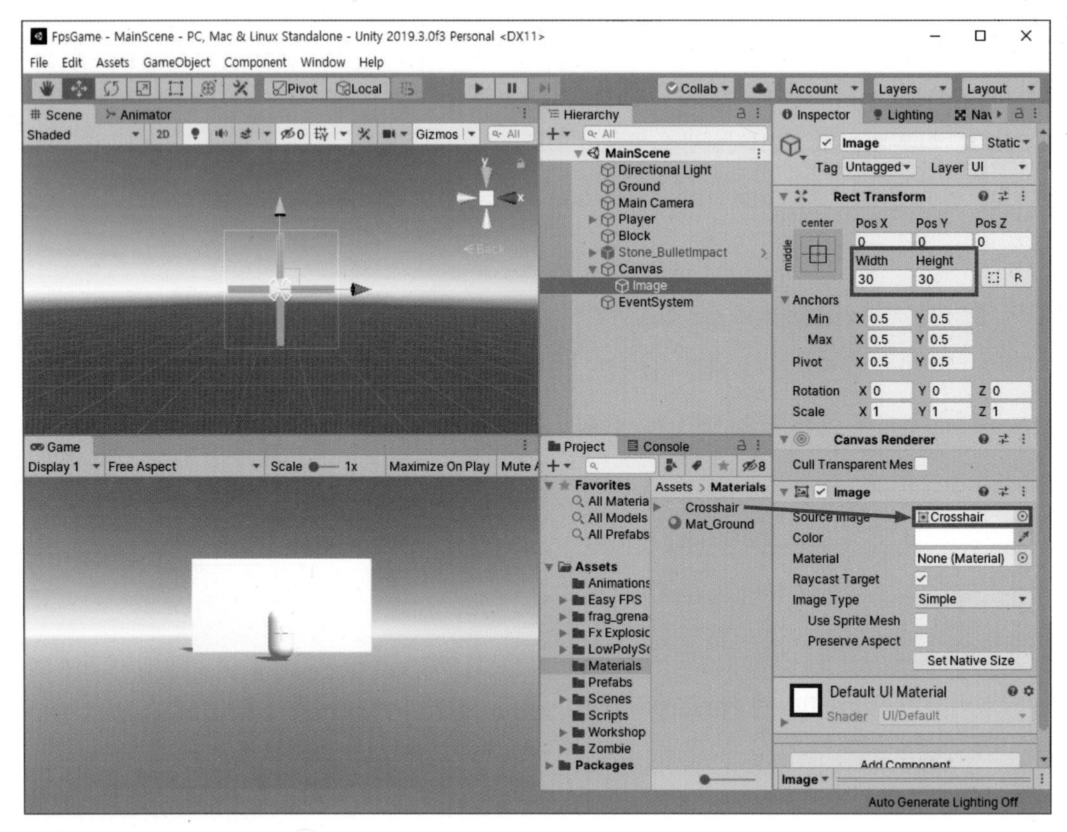

[그림 4.2-25] 조준선 이미지 설정

다음은 피격 이펙트를 살펴보겠습니다. 현재 피격 이펙트는 z축 방향, 즉 전방으로 파편이 튀는 형태라는 것을 알 수 있습니다. 따라서 이펙트 오브젝트의 forward 방향과 레이에 부딪힌 오브젝트의 법선(normal) 방향이 일치하면 될 것 같습니다. 다행스럽게도 RaycastHit 구조체의 normal 멤버 변수가 존재하는군요. 바로 PlayerFire.cs 스크립트를 열고 코드를 작성해보겠습니다.

```
void Update()
{
    . . . (생략) . . .

    // 마우스 왼쪽 버튼을 누르면 시선이 바라보는 방향으로 총을 발사하고 싶다.

    // 마우스 왼쪽 버튼을 입력받는다.
    if (Input.GetMouseButtonDown(0))
    {
        . . . (생략) . . .
```

```
        // 레이를 발사한 후 만일 부딪힌 물체가 있으면 피격 이펙트를 표시한다.
        if(Physics.Raycast(ray, out hitInfo))
        {
            // 피격 이펙트의 위치를 레이가 부딪힌 지점으로 이동시킨다.
            bulletEffect.transform.position = hitInfo.point;

            // 피격 이펙트의 forward 방향을 레이가 부딪힌 지점의 법선 벡터와 일치시킨다.
            bulletEffect.transform.forward = hitInfo.normal;

            // 피격 이펙트를 플레이한다.
            ps.Play();
        }
    }
}
```

[코드 4.2-15] PlayerFire.cs 피격 이펙트의 방향을 법선에 일치시키기

Note 법선 벡터

3D 오브젝트는 여러 폴리곤(Poligon)들의 조합으로 구성돼 화면에 렌더링됩니다. 이러한 면(폴리곤)의 정면에서 외부로 뻗어나가는 벡터, 즉 면과 수직인 벡터를 '법선 벡터(Normal Vector)'라고 합니다. 법선 벡터는 빛의 반사 방향을 계산하거나 입사각에 대한 반사각을 계산할 때 필요합니다.

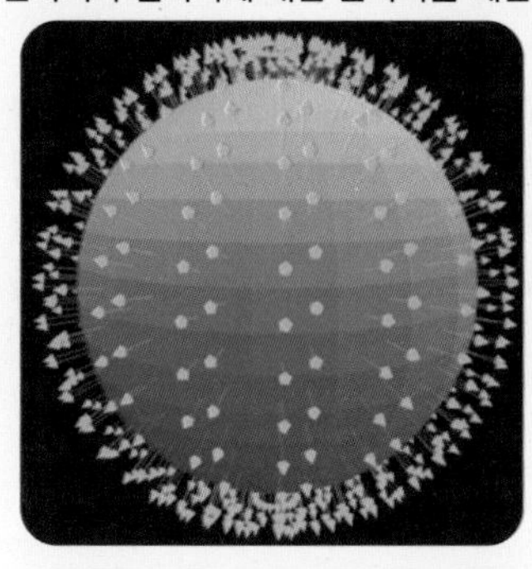

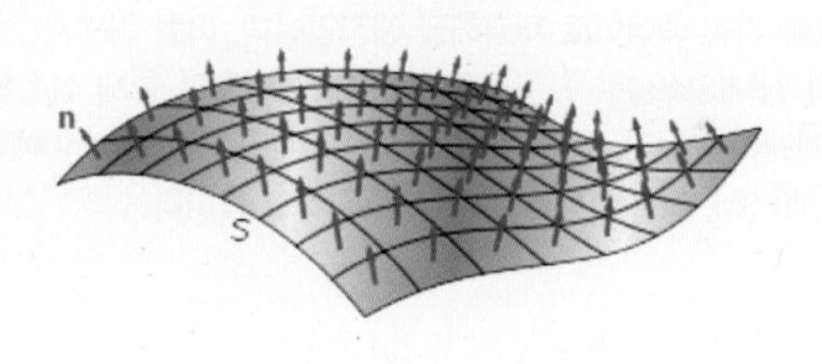

[그림 4.2-26] 법선 벡터 예시(출처: 프로그래머 헬프(https://programmer.help/blogs/5cc1db0ab0a75.html), 위키원드(www.wikiwand.com/en/Normal_(geometry))

이제 유니티 에디터에서 테스트해보면 문제 없이 잘 실행되는 것을 확인할 수 있습니다.

[그림 4.2-27] 총 쏘기 확인

4.3 에너미(Enemy) 제작

4.3-1 : FSM 설계

이번에는 에너미(Enemy)를 만들어볼 차례입니다. 여기서는 단순한 행동 패턴만을 가진 에너미와 달리 좀 더 체계적인 패턴을 가진 에너미로 제작해볼 예정입니다. 이를 위해서는 게임 내에서 에너미가 취할 수 있는 행동들을 각각의 상태(State)로 규정하고, 이러한 상태들이 현재 상황에 맞춰 자연스럽게 전환(Transition)될 수 있도록 설계해야 합니다. 이와 같이 각각의 상태를 사건(event)에 따라 전이(transition)하는 설계 모델을 '유한 상태 머신(FSM, Finite State Machine)'이라고 합니다.

목표

에너미의 상태를 구조화해 FSM으로 동작하게 하고 싶다.

순서

❶ 에너미의 행동을 상태별로 분리해 다이어그램 만들기
❷ 에너미 몸체 생성하기
❸ 에너미 스크립트에 다이어그램에 작성한 각각의 상태 선언하기
❹ 각 상태가 전환될 수 있도록 switch문 구성하기

우선 에너미가 취할 수 있는 행동을 나열해보는 것부터 시작해보겠습니다.

❶ 기본적으로 제자리에서 다음 행동을 위한 대기 동작을 하고 있다. → **대기 상태**
❷ 플레이어를 감지 범위 안에서 발견하면 공격하기 위해 이동하고, 플레이어와의 거리가 일정 거리 이상 멀어지면 최초의 자리로 돌아가기 위해 이동한다. → **이동 상태**
❸ 플레이어가 공격 범위 안에 들어오면 일정한 시간 간격마다 플레이어를 공격한다. → **공격 상태, 공격 대기 상태**
❹ 플레이어에게 공격을 받으면 피격 동작을 한다. → **피격 상태**
❺ 에너미가 보유한 체력을 모두 소진하면 쓰러지는 동작을 한 후 소멸된다. → **죽음 상태**

행동을 상태로 분류하는 작업이 끝났다면 이제부터는 상태들을 연결하는 작업이 필요합니다. 먼저 최초의 상태를 하나 선정하고, 다음 상태로 기대되는 상태를 연결하는 것입니다. 에너미의 경우, 최초의 상태는 '대기 상태'입니다. 그리고 대기 상태에서 기대되는 다음 상태는 '이동 상태'입니다.

[그림 4.3-1] 최초 상태와 다음 상태 연결

상태 연결은 반드시 한 방향으로만 해야 하는 것은 아닙니다. 예를 들어 이동 상태에서는 플레이어가 공격 가능한 거리까지 접근하면 '공격 상태'로 전환하고, 공격 중에도 플레이어와의 거리가 공격 가능 거리를 넘어가면, 다시 '이동 상태'로 전환하는 식의 순환 형태의 구조로 연결될 수도 있습니다.

[그림 4.3-2] 순환 형태의 상태 연결

이동의 경우 공격을 위한 이동도 있지만, 원래 자리로의 복귀를 위한 이동도 있을 수 있습니다. 둘 다 목적지로의 이동이지만, 공격을 위한 이동은 다음 상태가 공격 상태로 연결되는 반면, 복귀를 위한 이동은 다음 상태가 대기로 연결되므로 서로 다른 상태라고 봐야 합니다.

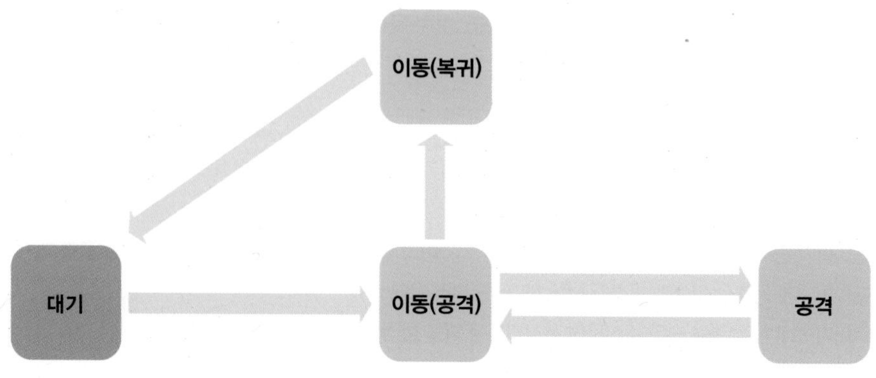

[그림 4.3-3] 공격 이동과 복귀 이동의 분리

특정한 상태에서 특정 상태로의 전이도 있겠지만, 몇몇 특수한 경우에는 현재 어떤 상태라도 일정한 상태로 곧바로 전이돼야 하는 경우가 있을 수 있습니다. 우리가 만들 에너미의 경우에는 적에게 피격당했을 때와 죽음(HP가 0 이하) 상태가 돼야 할 때가 해당하겠죠.

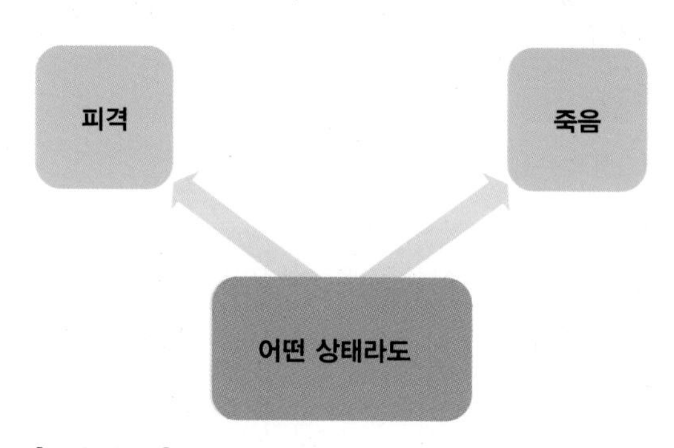

[그림 4.3-4] 상시 상태 전환

이때 주의할 점은 불특정한 상태에서 특정한 상태로의 전이는 있을 수 있지만, 특정 상태에서 불특정한 상태로의 전이는 있을 수 없다는 것입니다.

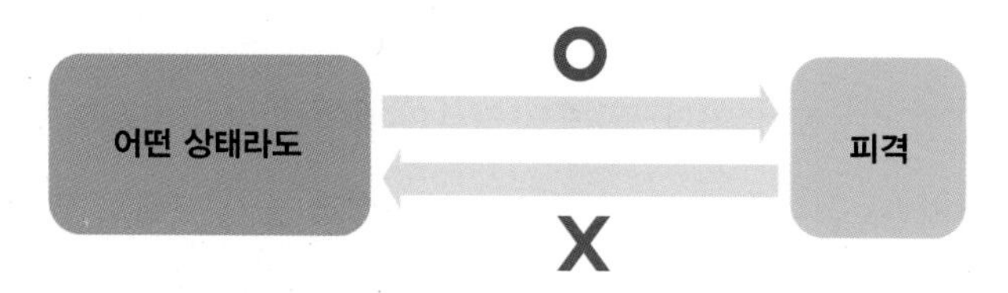

[그림 4.3-5] 상시 상태 전환 시 주의점

다음은 에너미의 전체적인 유한 상태 머신(FSM) 구조를 표시한 표입니다. 이렇게 상태를 도식화해 표시한 것을 '상태 다이어그램'이라고 합니다.

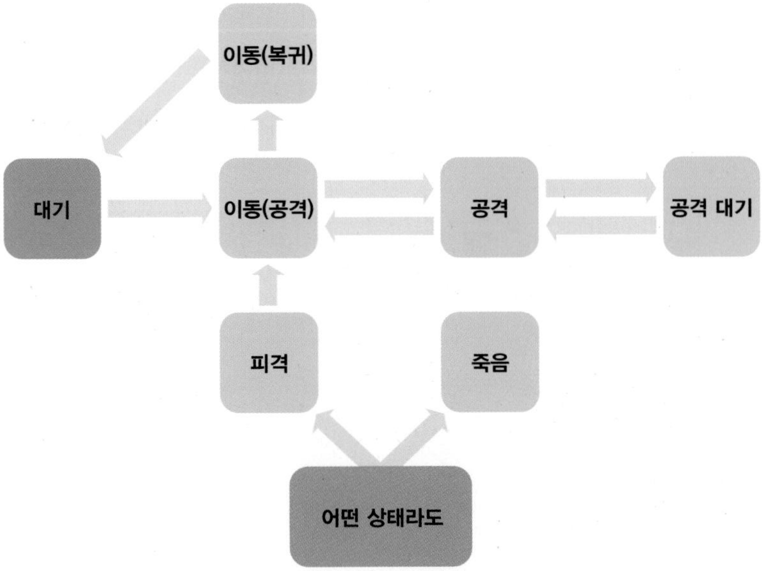

이동(복귀)
대기
이동(공격)
공격
공격 대기
피격
죽음
어떤 상태라도

[그림 4.3-6] 에너미 FSM 구조

이제 에너미 몸체를 먼저 구성해보겠습니다. 유니티 에디터의 하이어라키 뷰에서 [+] 버튼-[3D Object]-[Capsule]을 선택해 캡슐 오브젝트를 생성하고, 이름은 'Enemy'로 변경합니다.

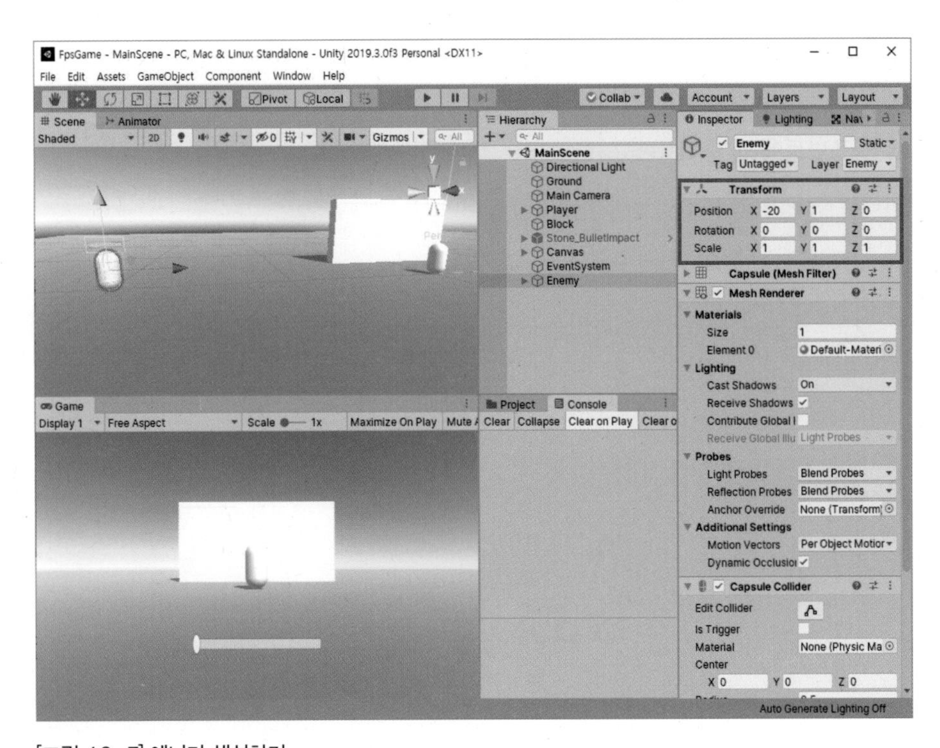

[그림 4.3-7] 에너미 생성하기

눈에 잘 띄도록 에너미의 몸체에 붉은색을 입히겠습니다. 프로젝트 뷰에서 [+] **버튼**–[**Material**]을 선택해 새 머티리얼을 생성하고, 이름은 **'Mat_Enemy'**로 변경합니다. 머티리얼이 생성되면 인스펙터 뷰의 Albedo 부분의 컬러 박스를 클릭해 색상이 붉은색이 되도록 RGB 값을 지정합니다.

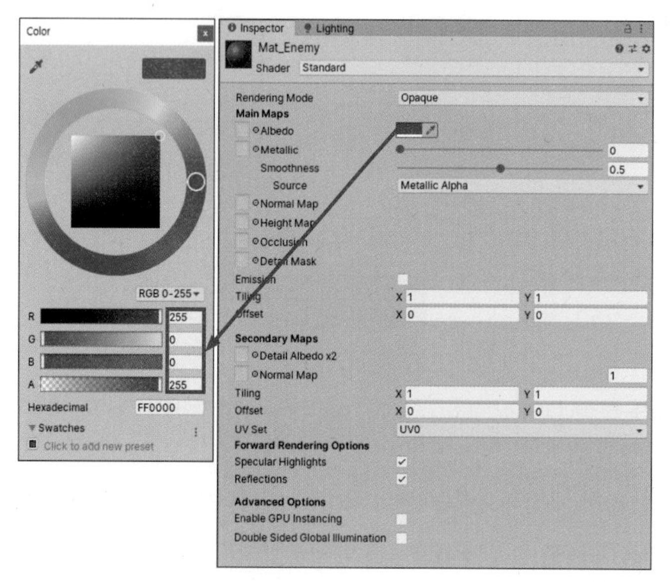

[그림 4.3-8] 에너미 머티리얼 설정

새 머티리얼의 설정이 끝나면 에너미 오브젝트의 Mesh Renderer 컴포넌트에 있는 Materials에 드래그 앤 드롭해 머티리얼을 교체합니다.

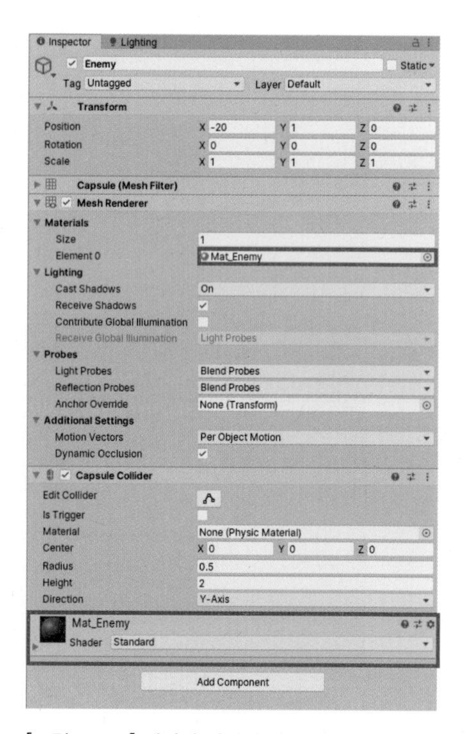

[그림 4.3-9] 에너미 머티리얼 설정

충돌을 쉽게 처리하기 위해 플레이어 캐릭터와 마찬가지로 에너미에도 캐릭터 콘트롤러 컴포넌트를 추가하고 캡슐 콜라이더는 제거(Remove Component)하겠습니다.

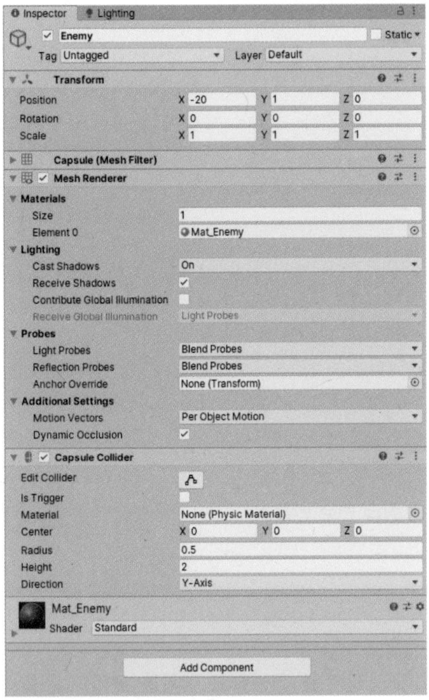

Inspector Lighting
Enemy Static
Tag Untagged Layer Default
Transform
Position X -20 Y 1 Z 0
Rotation X 0 Y 0 Z 0
Scale X 1 Y 1 Z 1
Capsule (Mesh Filter)
Mesh Renderer
Materials
Size 1
Element 0 Mat_Enemy
Lighting
Cast Shadows On
Receive Shadows
Contribute Global Illumination
Receive Global Illumination Light Probes
Probes
Light Probes Blend Probes
Reflection Probes Blend Probes
Anchor Override None (Transform)
Additional Settings
Motion Vectors Per Object Motion
Dynamic Occlusion
Capsule Collider
Edit Collider
Is Trigger
Material None (Physic Material)
Center X 0 Y 0 Z 0
Radius 0.5
Height 2
Direction Y-Axis
Mat_Enemy
Shader Standard
Add Component

[그림 4.3-10] 캐릭터 콘트롤러 추가

이제 에너미에 스크립트를 넣어줄 차례입니다. 프로젝트 뷰에서 **[+] 버튼**-**[C# script]**를 선택해 새로운 스크립트 파일을 생성하고, 이름은 **'EnemyFSM'**으로 변경합니다. 각각의 상태를 **'상수**(Constant)'로 사용하기 위해 enum 키워드를 사용하겠습니다. 그리고 현재 상태를 가리키는 상태 변수는 'm_State'라는 이름으로 만듭니다.

```
using System.Collections;
using System.Collections.Generic;
using UnityEngine;

public class EnemyFSM : MonoBehaviour
{
    // 에너미 상태 상수
```

```
    enum EnemyState
    {
        Idle,
        Move,
        Attack,
        Return,
        Damaged,
        Die
    }

    // 에너미 상태 변수
    EnemyState m_State;

    . . . (생략) . . .
}
```

[코드 4.3-1] EnemyFSM.cs 에너미의 상태 변수 만들기

Note enum 키워드

enum 키워드는 한꺼번에 여러 개의 상수를 선언하고 이름을 붙이기 위한 키워드로, 열거, 목록을 뜻하는 enumeration의 줄임말입니다. const 키워드로 상수를 하나씩 정의하는 것보다 코드 가독성이 높으며, 별도로 값을 지정해주지 않더라도 멤버 상수에 0, 1, 2, … 식으로 값이 자동으로 부여된다는 점에서도 매우 편리하게 사용할 수 있습니다.

앞에서 만든 상태 다이어그램을 보면 최초 에너미의 상태는 대기(Idle)였습니다. 따라서 Start() 함수에서 에너미의 최초 상태를 대기로 선언하겠습니다.

```
using System.Collections;
using System.Collections.Generic;
using UnityEngine;

public class EnemyFSM : MonoBehaviour
{
    . . . (생략) . . .

    void Start()
    {
```

```
        // 최초의 에너미 상태는 대기(Idle)로 한다.
        m_State = EnemyState.Idle;
    }

. . . (생략) . . .
}
```

[코드 4.3-2] EnemyFSM.cs 최초의 에너미 상태 선언

본격적으로 FSM을 구현하기 위해 매 프레임마다 현재 에너미가 어떤 상태인지를 체크하고, 그 상태에 맞는 기능을 실행하는 조건식을 실행하겠습니다.

```
. . . (생략) . . .

void Update()
{
    // 현재 상태를 체크해 해당 상태별로 정해진 기능을 수행하게 하고 싶다.
    switch(m_State)
    {
        case EnemyState.Idle:
            Idle();
            break;
        case EnemyState.Move:
            Move();
            break;
        case EnemyState.Attack:
            Attack();
            break;
        case EnemyState.Return:
            Return();
            break;
        case EnemyState.Damaged:
            Damaged();
            break;
        case EnemyState.Die:
            Die();
            break;
    }
}
```

[코드 4.3-3] EnemyFSM.cs switch문을 이용한 에너미 상태별 기능 연결

Note switch문

switch문은 if문과 같이 조건식 제어문에 속합니다. 다만, switch문의 경우에는 크기 비교(<, >, == 등)는 할 수 없고 단순히 조건 변수와 case 변수가 동일(true)한지, 아닌지(false) 여부로 조건식이 실행된다는 점에서 if문보다 사용 범위가 제한적입니다.
하지만 복수의 단순 비교 조건식의 경우에 if~else if~else로 코드를 작성하는 것보다 switch문으로 코드를 작성하는 것이 코드 가독성도 좋고, 비록 미세하지만 코드 속도 효율도 좋기 때문에 위의 예제와 같은 경우에는 switch문을 쓰는 편을 권장하는 편입니다. switch문은 반드시 case 키워드로 비교하기 때문에 switch~case문이라고도 합니다.

각 상태에서 실행될 함수(Idle(), Move() 등)들은 아직 미구현 상태이므로 빨간색 밑줄이 생길 것입니다. 다음 절에서는 각각의 상태 함수를 하나씩 구현해보겠습니다.

4.3-2 : 상태 함수 구현

이번에는 상태별로 해야 할 기능을 담당하는 함수를 구현해보겠습니다. 최초 대기 상태에서 죽음 상태에 이르기까지 순서의 흐름대로 하나씩 구현해보겠습니다.

목표

에너미의 각 상태마다 함수를 구현해보고 싶다.

순서

❶ 대기(Idle) 상태의 기능 구현하기
❷ 이동(Move) 상태의 기능 구현하기
❸ 공격(Attack) 상태의 기능 구현하기
❹ 반환(Return) 상태의 기능 구현하기
❺ 피격(Damaged) 상태의 기능 구현하기
❻ 죽음(Die) 상태의 기능 구현하기

대기 상태에서는 플레이어와의 거리를 측정해 지정한 범위 이내가 되면 다음 상태인 이동 상태로 변환하겠습니다. 거리 측정을 위해 플레이어의 트랜스폼 변수와 지정 거리 변수가 필요합니다.

```
using System.Collections;
using System.Collections.Generic;
using UnityEngine;
```

```
public class EnemyFSM : MonoBehaviour
{
    . . . (생략) . . .

    // 에너미 상태 변수
    EnemyState m_State;

    // 플레이어 발견 범위
    public float findDistance = 8f;

    // 플레이어 트랜스폼
    Transform player;

. . . (생략) . . .
}
```

[코드 4.3-4] EnemyFSM.cs 플레이어 발견 범위 변수 선언

시작하면 플레이어 오브젝트의 트랜스폼 컴포넌트를 player 변수에 받아오겠습니다.

```
. . . (생략) . . .

void Start()
{
    // 최초의 에너미 상태는 대기로 한다.
    m_State = EnemyState.Idle;

    // 플레이어의 트랜스폼 컴포넌트 받아오기
    player = GameObject.Find("Player").transform;
}
. . . (생략) . . .
```

[코드 4.3-5] EnemyFSM.cs 플레이어의 트랜스폼 컴포넌트 받아오기

Idle() 함수에서는 에너미와 플레이어 사이의 거리를 체크해 플레이어가 발견 범위 안으로 들어오면 현재 상태를 이동 상태로 변환하겠습니다. 실제 변환이 이뤄지는지 테스트하기 위해 콘솔 창에 상태 변환 메시지를 남겨보겠습니다.

```
. . . (생략) . . .

void Idle()
{
    // 만일, 플레이어와의 거리가 액션 시작 범위 이내라면 Move 상태로 전환한다.
    if(Vector3.Distance(transform.position, player.position) < findDistance)
    {
        m_State = EnemyState.Move;
        print("상태 전환: Idle -> Move");
    }
}
```

[코드 4.3-6] EnemyFSM.cs 에너미의 상태 전환(대기 → 이동)

유니티 에디터로 돌아와 방금 작성한 EnemyFSM.cs 스크립트를 에너미 오브젝트에 붙이고, 플레이어를 접근시켜 제대로 동작하는지 확인해보겠습니다.

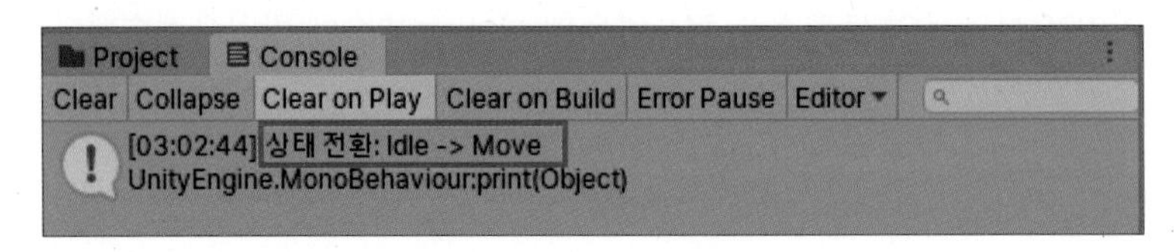

[그림 4.3-11] 대기 상태 함수 확인

다음으로 이동 상태 함수의 내용을 완성해보겠습니다. 에너미는 플레이어를 발견하면 플레이어를 향해 이동해오다가 공격 가능한 거리까지 접근하면, 다음 상태인 공격 상태(Attack)로 변환할 것입니다. 그럼 이번에는 공격 가능 범위를 담은 전역 변수가 필요하겠네요. 또한 이동 속도 변수와 캐릭터 콘트롤러 변수도 필요할 것 같습니다.

```
using System.Collections;
using System.Collections.Generic;
using UnityEngine;

public class EnemyFSM : MonoBehaviour
{
    . . . (생략) . . .
```

```
    // 공격 가능 범위
    public float attackDistance = 2f;

    // 이동 속도
    public float moveSpeed = 5f;

    // 캐릭터 콘트롤러 컴포넌트
    CharacterController cc;

    . . . (생략) . . .
}
```

[코드 4.3-7] EnemyFSM.cs 공격 범위, 이동 속도, 캐릭터 콘트롤러 변수 선언

그런 다음, 에너미 오브젝트에 붙어 있는 캐릭터 콘트롤러 컴포넌트를 Start()에서 cc 변수에 받아옵니다.

```
. . . (생략) . . .

void Start()
{
    . . . (생략) . . .

    // 캐릭터 콘트롤러 컴포넌트 받아오기
    cc = GetComponent<CharacterController>();
}
. . . (생략) . . .
```

[코드 4.3-8] EnemyFSM.cs 캐릭터 콘트롤러 컴포넌트 가져오기

Move() 함수에서는 공격 범위 안에 들어왔을 때(상태 전환)와 공격 범위 안에 들어오지 않았을 때(이동)의 두 가지 경우로 나눠 처리하도록 해야 합니다.

```
. . . (생략) . . .

void Move()
```

```
{
    // 만일, 플레이어와의 거리가 공격 범위 밖이라면 플레이어를 향해 이동한다.
    if(Vector3.Distance(transform.position, player.position) > attackDistance)
    {
        // 이동 방향 설정
        Vector3 dir = (player.position - transform.position).normalized;

        // 캐릭터 콘트롤러를 이용해 이동하기
        cc.Move(dir * moveSpeed * Time.deltaTime);

    }
    // 그렇지 않다면, 현재 상태를 공격(Attack)으로 전환한다.
    else
    {
        m_State = EnemyState.Attack;
        print("상태 전환: Move -> Attack");
    }
}
```

[코드 4.3-9] EnemyFSM.cs 캐릭터 이동 기능 구현

유니티를 플레이해 에너미가 이동 상태에서 플레이어를 잘 추격해오는지 확인하고, 공격 가능 범위 안에서는 공격 상태로 잘 전환되는지 확인해보겠습니다.

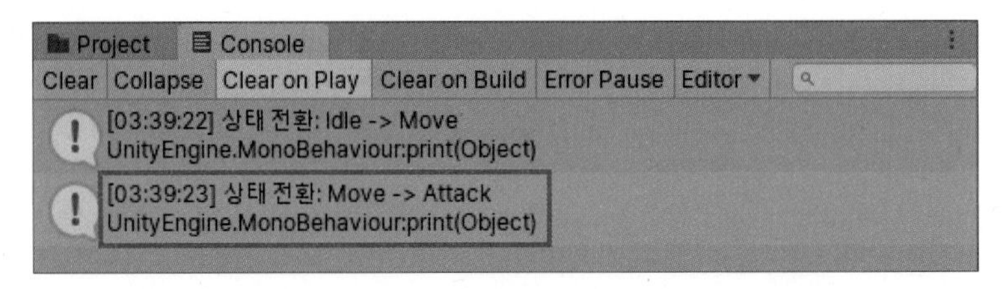

[그림 4.3-12] 이동 상태 함수 확인

이번에는 공격 상태 함수를 완성해보죠. 공격의 경우에도 두 가지 경우로 생각해봐야 합니다. 공격 중 플레이어가 이동해 공격 범위 밖으로 벗어날 수도 있기 때문에 플레이어가 공격 범위 안에 있을 때(공격)와 공격 범위 밖에 있을 때(상태 전환)의 두 가지 경우로 나눠야 합니다.

```
. . . (생략) . . .

void Attack()
{
    // 만일, 플레이어가 공격 범위 이내에 있다면 플레이어를 공격한다.
    if (Vector3.Distance(transform.position, player.position) < attackDistance)
    {

    }
    // 그렇지 않다면, 현재 상태를 이동(Move)으로 전환한다(재추격 실시).
    else
    {

    }
}
```

[코드 4.3-10] EnemyFSM.cs 캐릭터 공격 기능 구현

일정한 시간 간격으로 공격하기 위해서는 누적 시간 변수와 공격 딜레이 시간 변수의 두 가지 변수가 필요합니다.

```
using System.Collections;
using System.Collections.Generic;
using UnityEngine;

public class EnemyFSM : MonoBehaviour
{
    . . . (생략) . . .

    // 누적 시간
    float currentTime = 0;

    // 공격 딜레이 시간
    float attackDelay = 2f;

    . . . (생략) . . .
}
```

[코드 4.3-11] EnemyFSM.cs 누적 시간 및 공격 딜레이 변수 구현

일정한 시간마다 공격할 수 있도록 경과 시간을 누적하고, 경과 시간이 공격 딜레이 시간을 넘어가면 경과 시간을 초기화합니다. 실제 데미지를 주는 것은 잠시 후에 하기로 하고, 지금은 공격 로그(log)를 남기는 것으로 대신하겠습니다. 또한 공격 중이라도 플레이어가 공격 범위를 넘어가면 경과 시간을 초기화하고 현재 상태를 이동 상태로 변환하겠습니다.

```
. . . (생략) . . .

void Attack()
{
    // 만일, 플레이어가 공격 범위 이내에 있다면 플레이어를 공격한다.
    if (Vector3.Distance(transform.position, player.position) < attackDistance)
    {
        // 일정한 시간마다 플레이어를 공격한다.
        currentTime += Time.deltaTime;
        if(currentTime > attackDelay)
        {
            print("공격");
            currentTime = 0;
        }
    }
    // 그렇지 않다면, 현재 상태를 이동으로 전환한다(재추격 실시).
    else
    {
        m_State = EnemyState.Move;
        print("상태 전환: Attack -> Move");
        currentTime = 0;
    }
}
```

[코드 4.3-12] EnemyFSM.cs 공격 범위에 따라 공격 또는 재추격하기

그럼 정상적으로 동작하는지 한번 확인해볼까요? 얼핏 봐서는 문제가 없어 보입니다. 하지만 자세히 살펴보면 공격 상태로 전환되고 나서 곧바로 공격하지 않고 잠시 기다렸다가 첫 공격을 시작하는 것을 알 수 있습니다. 아무래도 수정이 필요해 보입니다.

공격 상태로 전환됐을 때 누적 시간이 0초에서 시작하기 때문에 발생하는 문제이므로 Move() 함수

에서 현재 상태를 공격 상태로 전환할 때 누적 시간을 공격 딜레이 시간부터 시작하면 처음 1회는 딜레이 없이 바로 공격을 시작할 것입니다.

```
. . . (생략) . . .

void Move()
{
. . . (생략) . . .

    // 그렇지 않다면, 현재 상태를 공격으로 전환한다.
    else
    {
        m_State = EnemyState.Attack;
        print("상태 전환: Move -> Attack");

        // 누적 시간을 공격 딜레이 시간만큼 미리 진행시켜 놓는다.
        currentTime = attackDelay;
    }
}
```

[코드 4.3-13] EnemyFSM.cs 공격 상태로 전환 전에 공격 딜레이 시간 추가

이제 다시 테스트해보면, 공격 상태로 처음 전환되면 곧바로 공격을 실시하는 것을 확인할 수 있습니다. 공격 상태에서 이동 상태로 전환됐다가 다시 공격 상태로 전환돼도 문제 없이 곧바로 공격 행동을 합니다.

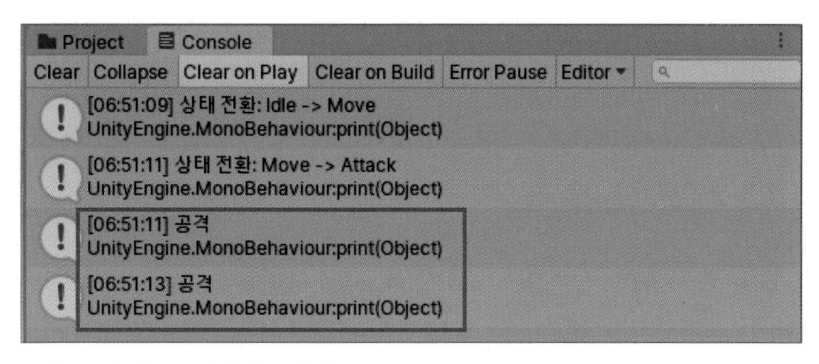

[그림 4.3-13] 공격 상태 함수 확인

공격이 잘되는 것을 확인했으므로 이제 진짜 데미지를 입히는 부분을 구현하겠습니다. 먼저 플레이어의 PlayerMove.cs 스크립트에서 데미지 처리용 public 함수를 만들겠습니다. 에너미마다 공격력이 다를 수 있으므로 에너미(공격자)의 공격력을 파라미터로 받겠습니다.

```
. . . (생략) . . .

// 플레이어의 피격 함수
public void DamageAction(int damage)
{
    // 에너미의 공격력만큼 플레이어의 체력을 깎는다.
    hp -= damage;
}
```

[코드 4.3-14] PlayerMove.cs 플레이어의 피격 함수 구현

다시 EnemyFSM.cs 스크립트로 돌아와 콘솔 출력으로만 처리했던 부분에서 PlayerMove 컴포넌트를 가져와 그 안에 구현한 피격 함수를 실행하겠습니다. 에너미의 공격력을 파라미터로 넘기기 위해서는 에너미의 공격력 변수도 전역 변수로 선언해야겠군요.

```
. . . (생략) . . .

// 에너미의 공격력
public int attackPower = 3;

. . . (생략) . . .

void Attack()
{
    // 만일, 플레이어가 공격 범위 이내에 있다면 플레이어를 공격한다.
    if (Vector3.Distance(transform.position, player.position) < attackDistance)
    {
        // 일정한 시간마다 플레이어를 공격한다.
        currentTime += Time.deltaTime;

        if (currentTime > attackDelay)
        {
            player.GetComponent<PlayerMove>().DamageAction(attackPower);
            print("공격");
            currentTime = 0;
        }
    }
. . . (생략) . . .
}
```

[코드 4.3-15] EnemyFSM.cs 에너미가 플레이어의 피격 함수를 실행하기

이번에는 에너미가 플레이어를 추격하기 위해 이동하더라도 초기 위치에서 일정 범위를 넘어가면 다시 초기 위치로 되돌아오는 기능을 구현해보겠습니다. 일단 초기 위치 변수와 이동 가능 범위 변수를 선언합니다. 그리고 Start() 함수에서 초기 위치를 저장하겠습니다.

```
using System.Collections;
using System.Collections.Generic;
using UnityEngine;

public class EnemyFSM : MonoBehaviour
{
    . . . (생략) . . .

    // 초기 위치 저장용 변수
    Vector3 originPos;

    // 이동 가능 범위
    public float moveDistance = 20f;

    void Start()
    {
        . . . (생략) . . .

        // 자신의 초기 위치 저장하기
        originPos = transform.position;
    }

. . . (생략) . . .
}
```

[코드 4.3-16] EnemyFSM.cs 자신의 초기 위치 저장하기

에너미가 이동 중에 초기 위치로부터 지정한 범위를 벗어나면 복귀 상태(Return) 상태로 돌아가야 하므로 Move() 함수에서 공격 범위 체크 이전에 이동 가능 거리 체크를 먼저 하도록 해야 합니다.

```
. . . (생략) . . .

void Move()
{
```

```
    // 만일 현재 위치가 초기 위치에서 이동 가능 범위를 넘어간다면...
    if(Vector3.Distance(transform.position, originPos) > moveDistance)
    {
        // 현재 상태를 복귀(Return)로 전환한다.
        m_State = EnemyState.Return;
        print("상태 전환: Move -> Return");
    }

    // 만일, 플레이어와의 거리가 공격 범위 밖이라면 플레이어를 향해 이동한다.
    else if (Vector3.Distance(transform.position, player.position) > attackDistance)
    {
        . . . (생략) . . .
    }
}

. . . (생략) . . .
```

[코드 4.3-17] EnemyFSM.cs 에너미의 상태 전환(이동 → 복귀) 추가

이제 Return() 함수에서 해야 할 일을 작성해보겠습니다. 에너미의 현재 위치가 초기 위치에 근접할 때까지 계속 에너미가 초기 위치 방향으로 이동해야 합니다. 일정한 속도를 갖는 에너미의 특성상 목표 위치에 정확히 도달하기는 어려우므로 일정한 범위까지 목표 위치에 가까워지면 에너미의 위치를 강제로 목표 위치로 이동시키고 hp를 원래대로 회복시킨 후 복귀 행동을 종료해야 합니다. 복귀 행동이 종료하면 현재 상태를 다시 대기 상태로 전환합니다.

```
. . . (생략) . . .

void Return()
{
    // 만일, 초기 위치에서의 거리가 0.1f 이상이라면 초기 위치 쪽으로 이동한다.
    if(Vector3.Distance(transform.position, originPos) > 0.1f)
    {
        Vector3 dir = (originPos - transform.position).normalized;
        cc.Move(dir * moveSpeed * Time.deltaTime);
    }
    // 그렇지 않다면, 자신의 위치를 초기 위치로 조정하고 현재 상태를 대기로 전환한다.
    else
    {
        transform.position = originPos;
```

```
        // hp를 다시 회복한다.
        hp = maxHp;
        m_State = EnemyState.Idle;
        print("상태 전환: Return -> Idle");
    }
}
. . . (생략) . . .
```

[코드 4.3-18] EnemyFSM.cs 초기 위치로 복귀 기능 구현

유니티로 돌아와 코드 내용대로 제대로 복귀하는지 확인해보겠습니다. 콘솔 창에 출력되는 로그를 잘 보면서 확인해보시기 바랍니다.

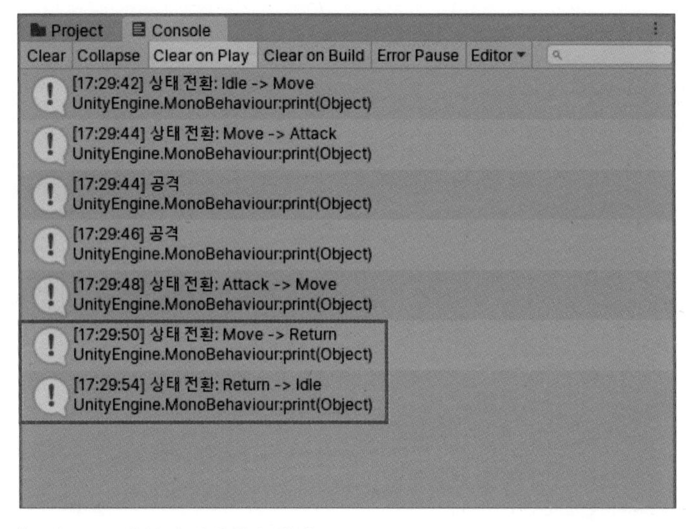

[그림 4.3-14] 복귀 상태 함수 확인

자, 그럼 이번에는 피격 상태를 구현해볼까요? 사실 피격은 방금까지 구현했던 자신의 고유한 기능이기보다는 플레이어의 공격 액션에 대응하는 이벤트 기능이라고 볼 수 있습니다. 따라서 피격 상태는 플레이어의 공격 이벤트에 의해 실행되도록 구현하겠습니다.

일단 피격 상태부터 구현해보겠습니다. 피격 상태에서는 피격 동작 모션을 할 시간이 경과된 후에 다시 이동 상태로 전환되도록 할 예정입니다. 공격 ↔ 공격 대기 때와 마찬가지로 누적 시간에 따라 상태 전환을 할 수도 있습니다. 하지만 이번에는 조금 다른 방식으로 실행해보기 위해 코루틴(Coroutine) 함수를 사용하겠습니다.

Note 코루틴이란?

유니티에서 여러 가지 기능을 구현하다 보면 간혹 일정한 간격 후에 어떤 행동을 실행해야 하는 경우가 종종 필요합니다. 물론 경과 시간 변수를 만들어 델타 타임을 누적시키는 방식으로도 해결할 수 있는 경우가 대부분이지만, 이러한 동작이 하나의 루틴(routine)에서 여러 번 반복적으로 필요한 경우에는 아무래도 조금 불편할 수밖에 없습니다. 다른 프로그램에서는 실행 흐름 단위인 스레드(thread)를 여러 개 두어 멀티스레드 방식으로 이러한 문제를 해결하기도 하지만, 기본적으로 유니티는 단일 스레드를 사용하기 때문에 이러한 문제를 해결하기 위해 코루틴(Coroutine)이라는 방식으로 위와 같은 문제를 해결합니다.

코루틴은 문자 그대로 복수의 루틴(routine)끼리 서로 협력하는 상호 협력 루틴(co-routine)이라고 생각하면 됩니다. 다음 그림과 같이 특정한 처리 내용이 작성된 코루틴 함수에서 함수의 진입과 종료를 제어하는 시스템에게 **"일정 시간 동안 내가 잠들어 있을 테니(sleep) 그 시간이 끝나면 나를 깨워줘. 그러면 남은 처리 과정을 이어서 하도록 할게."**라고 부탁합니다. 이때 양보 반환(yield return)이라는 키워드를 사용해 시스템에게 깨워줄 시간을 넘겨주게 됩니다. 시스템은 넘겨받은 시간이 경과되면 코루틴 함수에게 잠들기 전까지 처리한 동작 이후부터 남은 동작을 이어서 처리할 것을 알려줍니다.

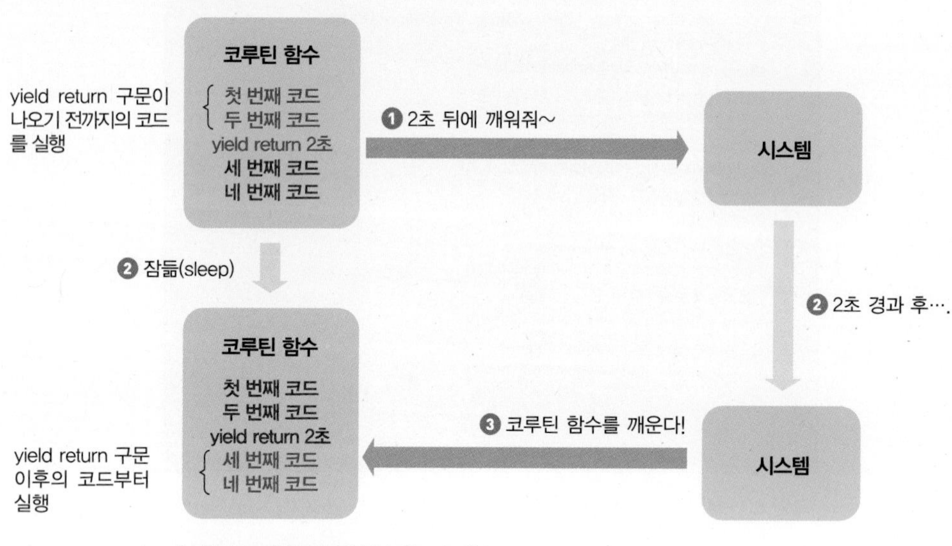

[그림 4.3-15] 코루틴 함수의 프로세스

코루틴을 사용하면 코드에서 매 프레임마다 조건식으로 체크하지 않아도 되므로 성능 면에서 우수합니다. 또한 코드가 간결해지고 가독성이 높아지는 장점도 있습니다. 코루틴 함수에서 yield return 키워드로 넘겨줄 수 있는 데이터는 다음 일곱 가지입니다.

리턴 데이터	대기 시간
yield return null	다음 프레임까지 대기한다.
yield return new WaitForSeconds(float)	지정된 시간(초) 동안 대기한다.
yield return new WaitForFixedUpdate()	다음 고정(물리) 프레임까지 대기한다.
yield return new WaitForEndOfFrame()	모든 렌더링이 끝날 때까지 대기한다.
yield return StartCoroutine(string)	특정 코루틴 함수가 끝날 때까지 대기한다.
yield return new WWW(string)	웹 통신 작업이 끝날 때까지 대기한다.
yield return new AsyncOperation	비동기 씬 로드가 끝날 때까지 대기한다.

Damaged() 함수에서는 코루틴 함수를 실행해주는 구문을 작성하고, 실제 피격 행동 절차를 처리하는 코루틴 함수는 **'DamageProcess'**라는 이름으로 별도로 만들겠습니다.

```
. . . (생략) . . .

void Damaged()
{
    // 피격 상태를 처리하기 위한 코루틴을 실행한다.
    StartCoroutine(DamageProcess());
}

// 데미지 처리용 코루틴 함수
IEnumerator DamageProcess()
{

}
```

[코드 4.3-19] EnemyFSM.cs 에너미의 피격 함수에서의 코루틴 선언

데미지 코루틴 함수에서는 피격 모션이 이뤄질 시간(0.5초)이 경과되면 현재 상태를 다시 이동 상태로 전환하겠습니다.

```
. . . (생략) . . .

// 데미지 처리용 코루틴 함수
```

```
IEnumerator DamageProcess()
{
    // 피격 모션 시간만큼 기다린다.
    yield return new WaitForSeconds(0.5f);

    // 현재 상태를 이동 상태로 전환한다.
    m_State = EnemyState.Move;
    print("상태 전환: Damaged → Move");
}
```

[코드 4.3-20] EnemyFSM.cs 피격 코루틴 함수 구현

이번에는 플레이어가 총을 맞췄을 때 에너미의 상태를 데미지 상태로 전환시킬 수 있도록 public 함수를 만들 차례입니다. 플레이어의 무기에 따라 데미지가 다르고 공격력도 변할 수 있으므로 데미지 값을 파라미터로 받도록 합니다. 또한 데미지 처리를 위해서는 에너미에게 체력(hp) 변수가 존재해야 합니다.

```
// 에너미의 체력
public int hp = 15;

. . . (생략) . . .

// 데미지 실행 함수
public void HitEnemy(int hitPower)
{
    // 플레이어의 공격력만큼 에너미의 체력을 감소시킨다.
    hp -= hitPower;
}

void Damaged()
{
. . . (생략) . . .
}
```

[코드 4.3-21] EnemyFSM.cs 에너미의 데미지 실행 함수 구현

데미지를 주고 난 후에 에너미의 남은 체력 상태에 따라 피격 상태 또는 죽음 상태로 전환돼야 합니다.

즉, 데미지 처리 이후에 hp가 0보다 크면 피격 상태, hp 값이 0이거나 그 이하일 때는 사망 상태로 전환됩니다. 이때 주의할 점은 다른 상태와 달리 피격 상태 함수나 사망 상태 함수는 상태 전환됐을 때 매 프레임마다 반복 실행되는 것이 아니라 1회만 실행돼야 한다는 것입니다. 따라서 switch 문에서 매 프레임마다 상태 함수가 실행되지 않도록 주석 처리를 하고, **상태 전환 시에 1회만 실행**하도록 코드를 수정합니다.

```
. . . (생략) . . .
void Update()
{
    // 현재 상태를 체크해 해당 상태별로 정해진 기능을 수행하게 하고 싶다.
    switch (m_State)
    {
        case EnemyState.Idle:
            Idle();
            break;
        case EnemyState.Move:
            Move();
            break;
        case EnemyState.Attack:
            Attack();
            break;
        case EnemyState.Return:
            Return();
            break;
        case EnemyState.Damaged:
            // Damaged();
            break;
        case EnemyState.Die:
            // Die();
            break;
    }
}
. . . (생략) . . .

// 데미지 실행 함수
public void HitEnemy(int hitPower)
{
    // 플레이어의 공격력만큼 에너미의 체력을 감소시킨다.
```

```
        hp -= hitPower;
        // 에너미의 체력이 0보다 크면 피격 상태로 전환한다.
        if (hp > 0)
        {
            m_State = EnemyState.Damaged;
            print("상태 전환: Any state -> Damaged");
            Damaged();
        }
        // 그렇지 않다면 죽음 상태로 전환한다.
        else
        {
            m_State = EnemyState.Die;
            print("상태 전환: Any state -> Die");
            Die();
        }
    }

    . . . (생략) . . .
```

[코드 4.3-22] EnemyFSM.cs 에너미의 피격 상태 및 죽음 상태로의 전환

데미지 실행 함수도 완성됐으므로 이제 플레이어가 총으로 맞췄을 때 데미지 함수를 실행하도록 할까요? 그럼 우선 PlayerFire.cs 스크립트로 돌아가보죠. 가장 먼저 데미지를 줄 수 있도록 공격력(attack Power) 변수가 필요하겠네요.

```
    . . . (생략) . . .

    // 발사 무기 공격력
    public int weaponPower = 5;

    . . . (생략) . . .
```

[코드 4.3-23] EnemyFSM.cs 발사 무기 공격력

발사 무기는 레이 캐스트를 이용해 명중 여부를 판단했습니다. 이번에는 피격 대상이 에너미인 경우와 에너미가 아닌 경우로 나눠 판단할 차례입니다. 이를 위해 먼저 에너미에게 식별을 위한 레이어(Layer)를 설정하겠습니다.

Inspector | Lighting
Tags & Layers

▶ Tags
▶ Sorting Layers
▼ Layers

Builtin Layer 0	Default
Builtin Layer 1	TransparentFX
Builtin Layer 2	Ignore Raycast
Builtin Layer 3	
Builtin Layer 4	Water
Builtin Layer 5	UI
Builtin Layer 6	
Builtin Layer 7	
User Layer 8	Player
User Layer 9	Bomb
User Layer 10	Enemy
User Layer 11	
User Layer 12	

[그림 4.3-16] Enemy 레이어 추가

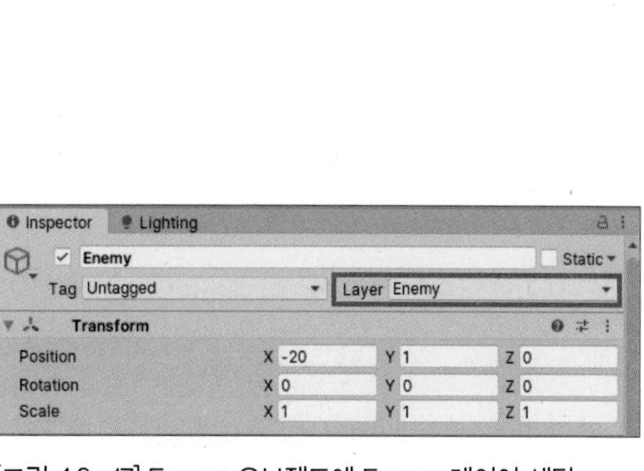

[그림 4.3-17] Enemy 오브젝트에 Enemy 레이어 세팅

PlayerFire.cs 스크립트에서 레이 캐스트를 발사하는 코드에 'Enemy' 레이어를 식별하는 조건식을 만들고, 레이에 충돌한 대상의 레이어가 'Enemy'라면 EnemyFSM 컴포넌트를 가져와 데미지 실행 함수를 실행하는 코드를 추가합니다. 기존의 이펙트 효과는 else문에서 실행되도록 합니다.

```
. . . (생략) . . .

// 레이를 발사하고, 만일 부딪힌 물체가 있으면...
if (Physics.Raycast(ray, out hitInfo))
{
    // 만일 레이에 부딪힌 대상의 레이어가 'Enemy'라면 데미지 함수를 실행한다.
    if (hitInfo.transform.gameObject.layer == LayerMask.NameToLayer("Enemy"))
    {
        EnemyFSM eFSM = hitInfo.transform.GetComponent<EnemyFSM>();
        eFSM.HitEnemy(weaponPower);
    }
    // 그렇지 않다면, 레이에 부딪힌 지점에 피격 이펙트를 플레이한다.
    else
    {
        // 피격 이펙트의 위치를 레이가 부딪힌 지점으로 이동시킨다.
        bulletEffect.transform.position = hitInfo.point;

        // 피격 이펙트의 forward 방향을 레이가 부딪힌 지점의 법선 벡터와 일치시킨다.
        bulletEffect.transform.forward = hitInfo.normal;

        // 피격 이펙트를 플레이한다.
        ps.Play();
```

```
        }
    }
    . . . (생략) . . .
```

[코드 4.3-24] EnemyFSM.cs Enemy 레이어 검색

유니티 에디터에서 지금까지의 과정을 테스트해보겠습니다. 그런데 막상 플레이해보니 세 가지 문제가 있네요. 첫 번째는 피격 동작 중에도 계속 피격돼 빠르게 연속으로 맞추면 에너미가 바보처럼 제자리에서 힘 없이 사망하는 문제, 두 번째는 사망 후에도 계속 피격이 실행되는 문제, 세 번째는 피격 함수가 코루틴으로 실행되다 보니 사망 후에도 피격 코루틴 함수가 계속되는 문제입니다.

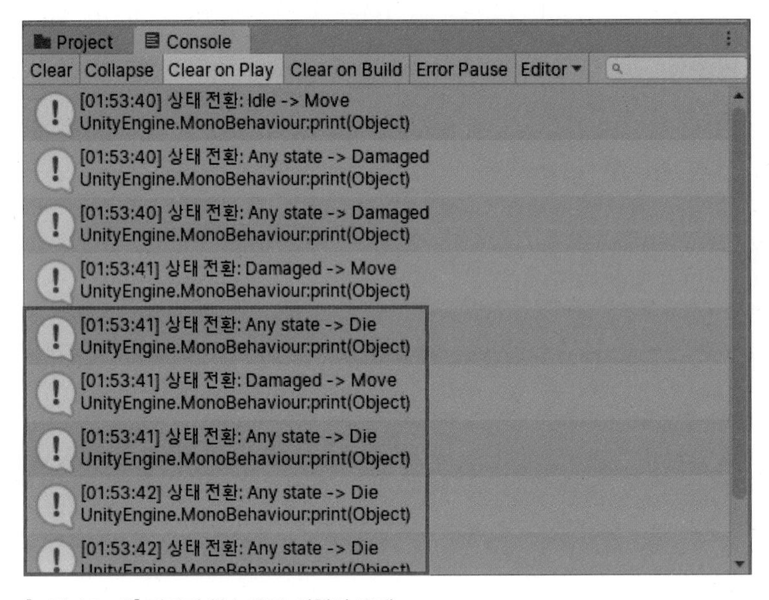

[그림 4.3-18] 데미지 함수 중복 실행의 문제

이 중에서 세 번째는 이후에 이어지는 죽음 상태 함수 부분에서 해결하고, 첫 번째와 두 번째 문제를 해결하기 위해 EnemyFSM.cs 스크립트에서 데미지 함수의 앞부분에 이미 피격 상태이거나 죽음 상태인 경우에는 피격 함수가 실행되지 않도록 처리하겠습니다. 복귀 상태에서도 이와 똑같은 문제가 발생될 수 있으므로 복귀 상태에서도 피격되지 않도록 처리합니다.

```
    . . . (생략) . . .
```

```
// 데미지 실행 함수
public void HitEnemy(int hitPower)
{
    // 만일, 이미 피격 상태이거나 사망 상태 또는 복귀 상태라면 아무런 처리도 하지 않고 함수를 종료한다.
    if (m_State == EnemyState.Damaged || m_State == EnemyState.Die  || m_State ==
    EnemyState.Return)
    {
        return;
    }

    // 플레이어의 공격력만큼 에너미의 체력을 감소시킨다.
    hp -= hitPower;
    . . . (생략) . . .
}

. . . (생략) . . .
```

[코드 4.3-25] EnemyFSM.cs 데미지 무효 처리

이제 마지막으로 죽음 상태 함수를 구현해보겠습니다. hp가 0 이하로 내려가면 죽음 상태로 전환하는 기능은 이미 피격 함수에서 구현했으므로 곧바로 죽음 함수를 구현하도록 하죠. 죽음 상태에서는 이미 실행 중인 피격 코루틴이 있으면 모두 종료해 갑자기 이동 상태로 전환되지 않도록 처리해야 합니다.

```
. . . (생략) . . .

// 죽음 상태 함수
void Die()
{
    // 진행 중인 피격 코루틴을 중지한다.
    StopAllCoroutines();
}
```

[코드 4.3-26] EnemyFSM.cs 진행 중인 피격 코루틴 중지

죽음 상태에서는 더 이상 피격당하지 않도록 캐릭터 콘트롤러를 비활성화시키고 사망 모션 이후에 사라지도록 처리합니다. 일정 시간 후에 사라져야 하므로 이번에도 코루틴을 사용하겠습니다.

```
. . . (생략) . . .

// 죽음 상태 함수
void Die()
{
    // 진행 중인 피격 코루틴을 중지한다.
    StopAllCoroutines();

    // 죽음 상태를 처리하기 위한 코루틴을 실행한다.
    StartCoroutine(DieProcess());
}

IEnumerator DieProcess()
{
    // 캐릭터 콘트롤러 컴포넌트를 비활성화시킨다.
    cc.enabled = false;

    // 2초 동안 기다린 후에 자기 자신을 제거한다.
    yield return new WaitForSeconds(2f);
    print("소멸!");
    Destroy(gameObject);
}
```

[코드 4.3-27] EnemyFSM.cs 죽음 상태 처리용 코루틴 함수 구현

자, 에너미의 유한 상태 머신이 모두 완성됐습니다. 이제 유니티에서 테스트해보겠습니다.

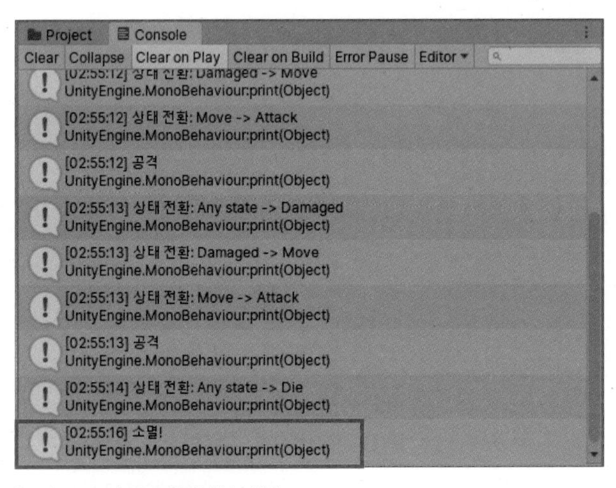

[그림 4.3-19] 종료 상태 함수 확인

4.4 UI 제작

4.4-1 : 체력 바 UI

드디어 프로토타입의 마지막 단계입니다. 베타 버전 제작 단계에서 한 번 더 다룰 예정이므로 프로토타입에서는 간단하게 처리하겠습니다. 체력 바(HP slider bar)는 플레이어와 에너미에게 공통으로 필요하지만, 플레이어는 화면 중앙 하단에 고정시키고 에너미는 여러 개가 있을 수 있으므로 에너미의 머리 위에 출력되도록 하겠습니다.

목표

플레이어와 에너미의 체력을 표시하는 바를 UI로 표시하고 싶다.

순서

1. 플레이어의 체력 바 UI를 생성하고 위치 조정하기
2. 플레이어의 hp 변수와 체력 바 UI 연결하기
3. 에너미의 체력 바 UI를 생성하고 위치 조정하기
4. 에너미의 hp 변수와 체력 바 UI 연결하기

그럼 플레이어의 체력 바부터 생성하겠습니다. 하이어라키 뷰에서 [+] 버튼 – [UI] – [Slider]를 선택해 슬라이더 UI를 화면에 생성합니다. Slider의 위치가 화면 중앙 하단에 오도록 Pos X와 Pos Y의 값을 그림과 같이 바꾸겠습니다. 또한 Width와 Height의 크기도 변경합니다.

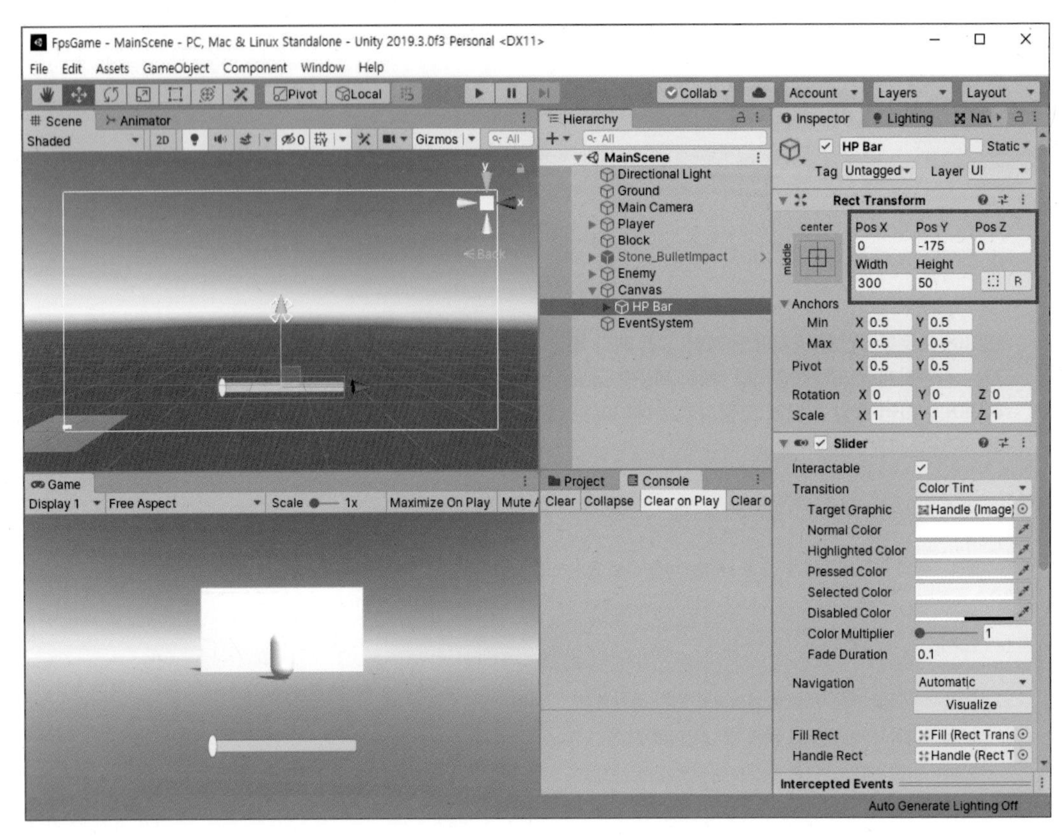

[그림 4.4-1] 슬라이더 UI 생성

체력 바 좌측의 원형 핸들은 체력 바에는 어울리지 않으므로 삭제하겠습니다.

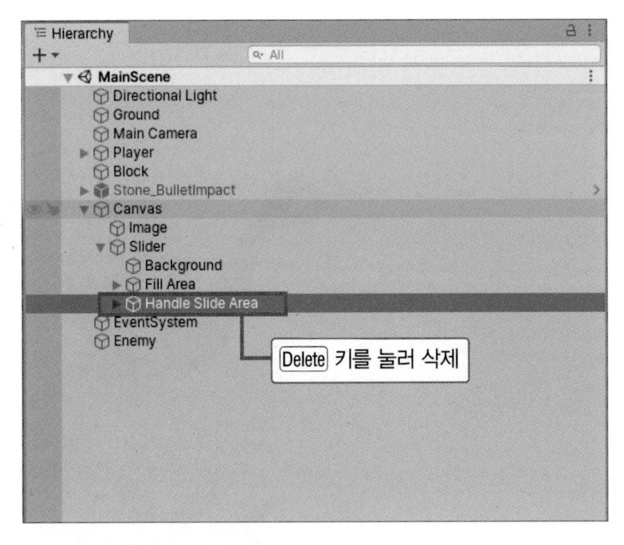

[그림 4.4-2] 핸들 슬라이더 제거

체력 바를 마우스로 임의 조정할 수 없도록 Slider 컴포넌트의 Interactable 항목의 체크 표시를 해제합니다. 그리고 마우스 클릭이나 마우스 오버 시에도 색상 변화가 일어나지 않도록 Transition 항목을 'None'으로 변경합니다. 슬라이더의 이름도 'HP Bar'로 변경하겠습니다.

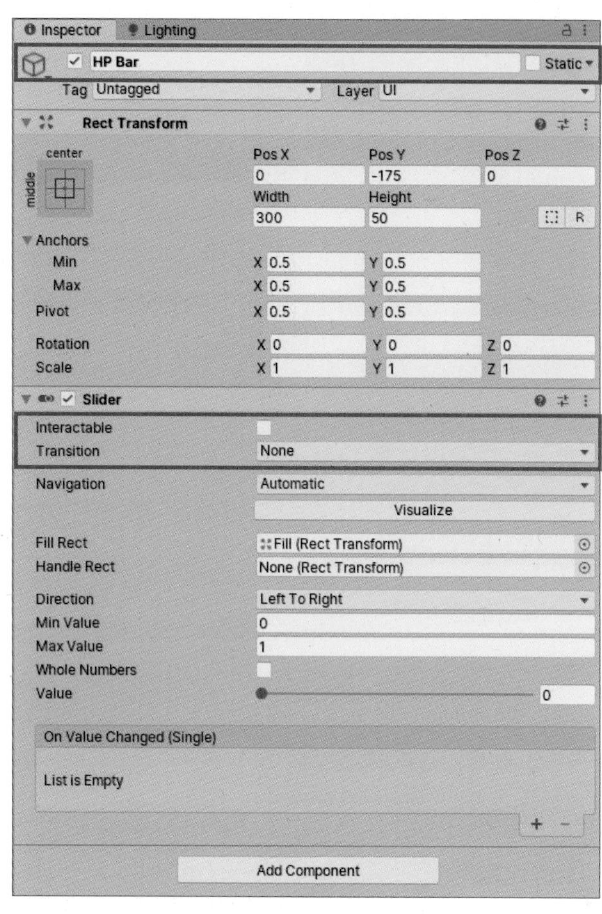

[그림 4.4-3] 인터랙티브 효과 제거

Slider 컴포넌트에 있는 Value 항목 값을 마우스로 드래그해 0(0%)~1(100%)까지 움직여 보겠습니다. 제대로 움직이기는 하지만, 원래 핸들 슬라이더가 있었기 때문에 0일 때 게이지가 일부 채워져 있고, 1일 때는 이와 반대로 약간 모자란 것을 알 수 있습니다.

먼저 하이어라키 뷰에서 Slider 오브젝트 하위에 있는 Fill Area 오브젝트에 있는 Left 항목과 Right 항목을 '0'으로 수정합니다. 그런 다음, Fill Area 오브젝트 하위에 있는 Fill 오브젝트의 Width 항목도 '0'으로 수정하겠습니다.

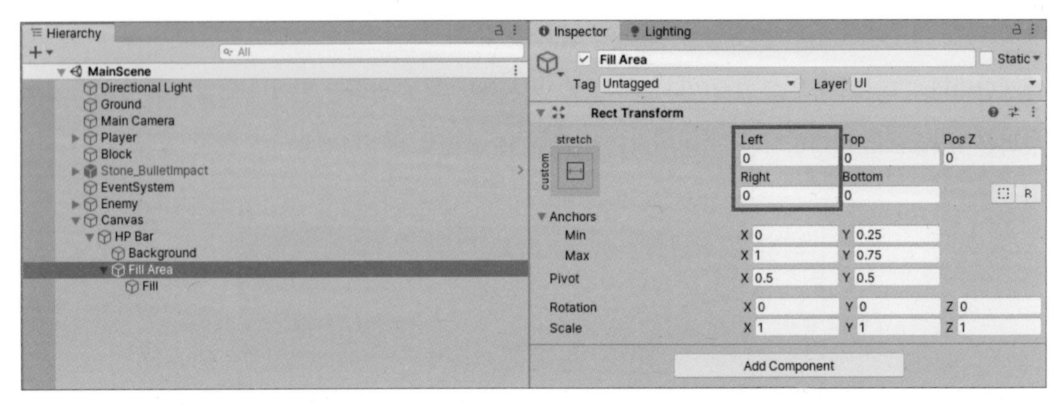

[그림 4.4-4] Fill Area 오브젝트 수정

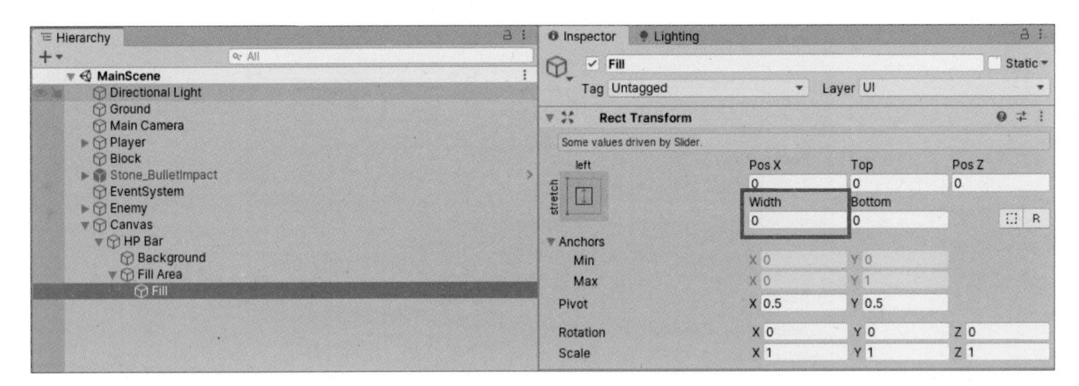

[그림 4.4-5] Fill 오브젝트 수정

다음은 슬라이더의 색상을 녹색으로 바꾸기 위해 Fill 오브젝트에 붙어 있는 Image 컴포넌트의 Color 항목을 클릭하고, 그림과 같이 색상을 녹색으로 변경하겠습니다.

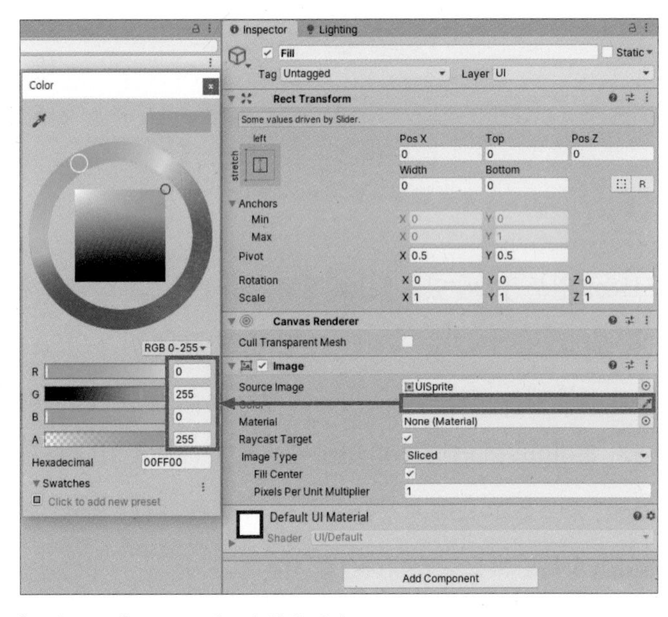

[그림 4.4-6] Fill 오브젝트의 색상 변경

플레이어의 PlayerMove 컴포넌트에 있는 hp 값과 Slider 컴포넌트의 value 값을 동기화하기 위해 PlayerMove.cs 스크립트를 열어보겠습니다. UI와 관련된 클래스는 UnityEngine.UI 네임스페이스에 구현돼 있으므로 네임스페이스부터 추가합니다.

```
using System.Collections;
using System.Collections.Generic;
using UnityEngine;
using UnityEngine.UI;

public class PlayerMove : MonoBehaviour
{
    . . . (생략) . . .
}
```

[코드 4.4-1] PlayerMove.cs 플레이어 스크립트에 UI 관련 네임스페이스 추가

Slider 컴포넌트의 value 값은 절대값이 아닌 **상대값(%)**이므로 **현재 hp를 최대 hp로 나눈 값**으로 반영해야 합니다. 우선 Slider 컴포넌트를 담을 변수와 최대 hp 변수를 선언합니다.

```
using System.Collections;
using System.Collections.Generic;
using UnityEngine;
using UnityEngine.UI;

public class PlayerMove : MonoBehaviour
{
    . . . (생략) . . .
    // 플레이어 체력 변수
    public int hp = 20;

    // 최대 체력 변수
    int maxHp = 20;

    // hp 슬라이더 변수
    public Slider hpSlider;

    . . . (생략) . . .
}
```

[코드 4.4-2] PlayerMove.cs 플레이어 스크립트에 최대 체력 및 슬라이더 변수 선언

매 프레임마다 hp를 동기화하기 위해 Update() 함수 하단의 슬라이더의 값에 현재 hp 비율을 반영하는 코드를 추가합니다. 이때 주의할 점은, hp는 int형이므로 나눴을 때 소수점이 나올 수 있도록 자료형을 float으로 캐스팅해줘야 한다는 것입니다.

```
. . . (생략) . . .

void Update()
{
    . . . (생략) . . .

    // 4. 현재 플레이어 hp(%)를 hp 슬라이더의 value에 반영한다.
    hpSlider.value = (float)hp / (float)maxHp;
}

. . . (생략) . . .
```

[코드 4.4-3] PlayerMove.cs 플레이어 HP를 UI 슬라이더에 반영하기

유니티 에디터로 돌아와 플레이어 오브젝트를 선택하고 PlayerMove 컴포넌트의 hpSlider 항목에 앞서 만들었던 HP Bar 오브젝트를 드래그 앤 드롭해 추가합니다.

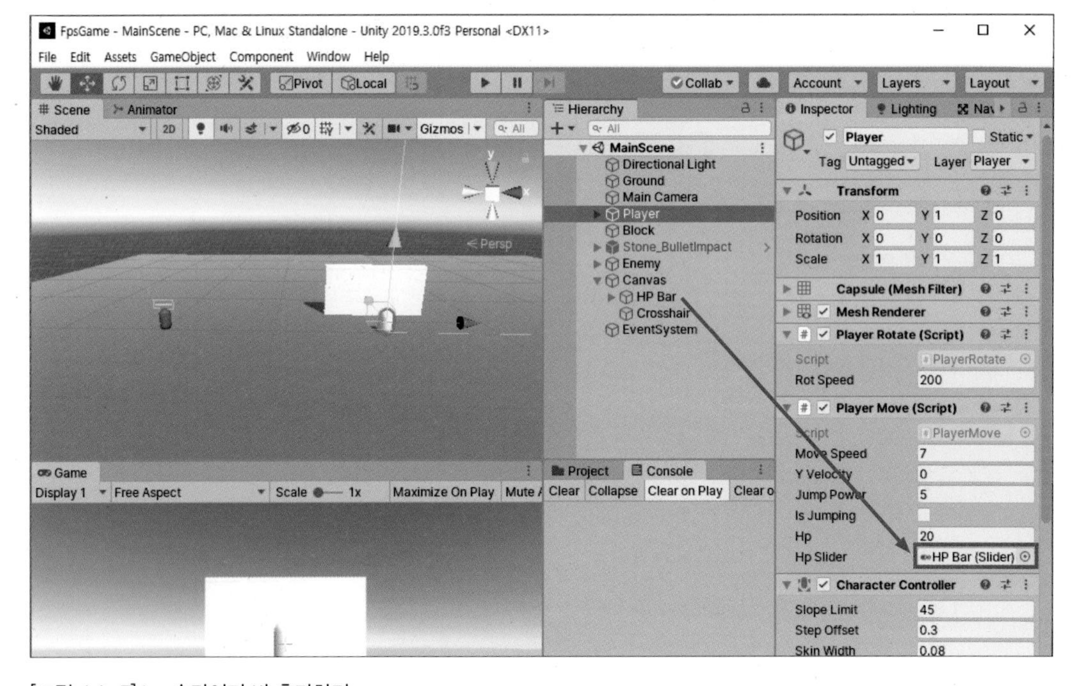

[그림 4.4-7] hp 슬라이더 바 추가하기

유니티 에디터로 돌아와 플레이해보면 HP 바가 정상적으로 적용되는 것을 알 수 있습니다.

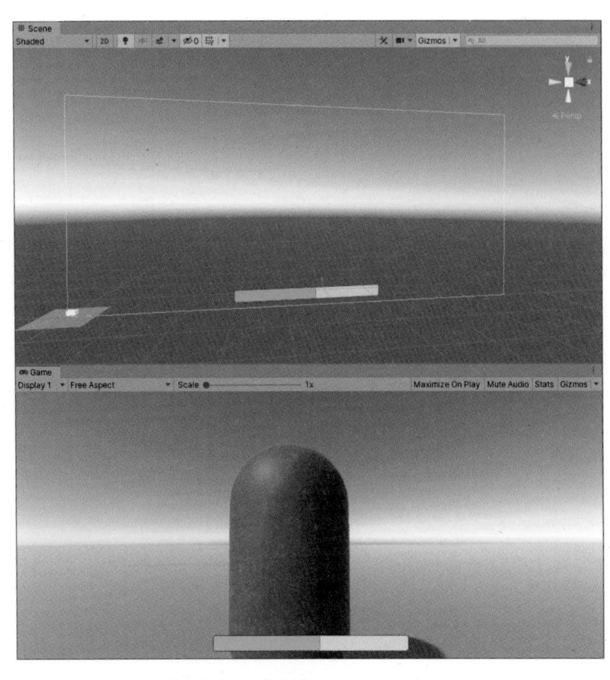

[그림 4.4-8] hp 슬라이더 바 추가하기

그럼 이번에는 에너미의 HP 바를 추가해보겠습니다. 플레이어의 HP 바를 제작할 때와 대체적으로 동일합니다. 다만 에너미의 경우에는 에너미의 머리 위쪽에 따라다녀야 하므로 Screen 영역이 아닌 World 공간 영역이어야 한다는 점만 다릅니다. 플레이어 HP 바와는 독립된 에너미용 HP 바를 만들기 위해 [+] 버튼-[UI]-[Canvas]를 선택해 새 캔버스를 추가합니다. 캔버스의 이름을 'Enemy HP Bar'로 변경하고, Canvas 컴포넌트의 Render Mode 항목을 World Space로 변경합니다. Render Mode 변경이 끝나면 hp 바의 위치(Position) 항목과 크기(Scale) 항목을 그림과 같이 수정합니다.

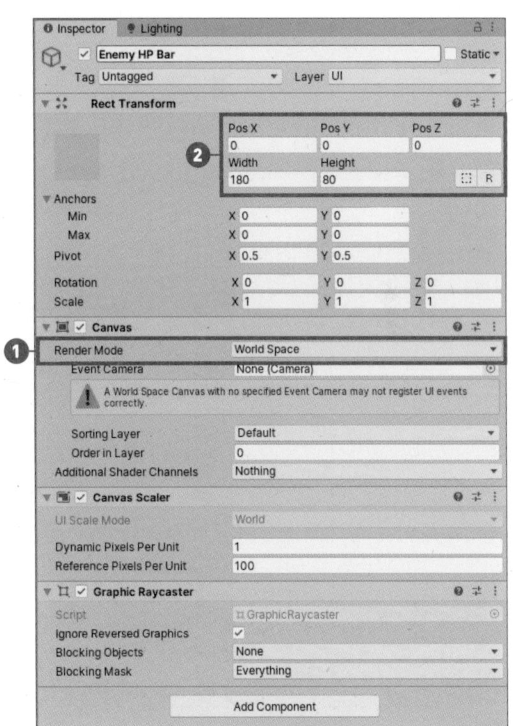

[그림 4.4-9] 에너미 HP 캔버스 설정

캔버스 설정이 끝났으면 캔버스를 선택한 채로 [+] 버튼 - [UI] - [Slider]를 선택해 하위 오브젝트로 생성합니다.

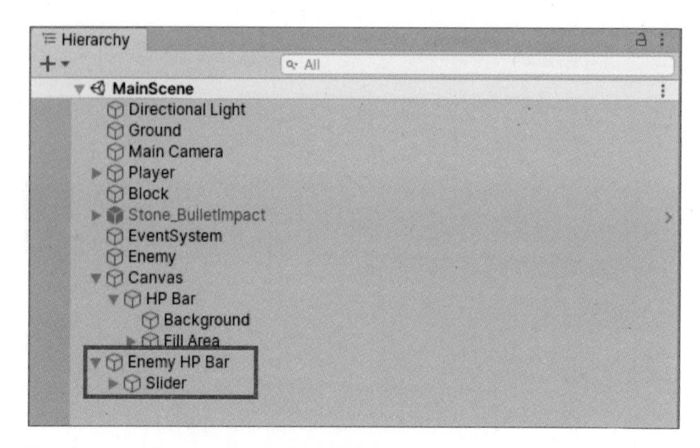

[그림 4.4-10] Slider 오브젝트 생성

플레이어 때와 마찬가지로 Handle Slider 오브젝트는 Delete 키를 눌러 삭제합니다. Slider 오브젝트의 Slider 컴포넌트의 설정도 플레이어 때와 동일하게 수정합니다.

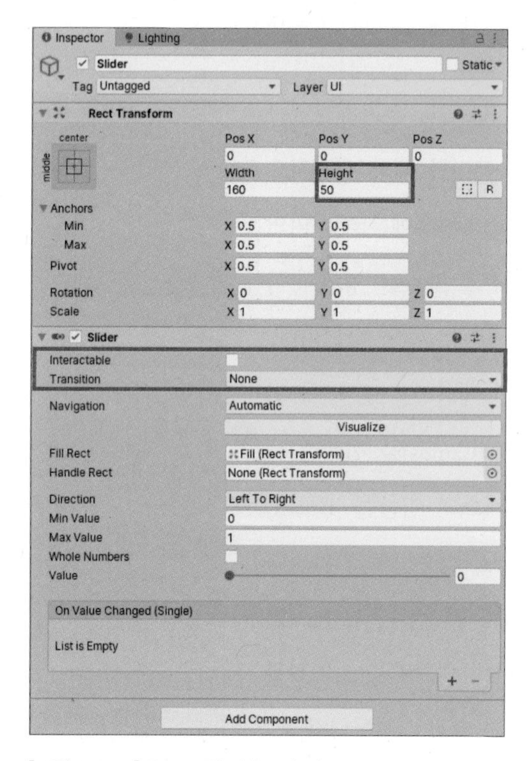

[그림 4.4-11] Slider 컴포넌트 수정

Fill Area 오브젝트와 Fill 오브젝트의 값도 그림과 같이 수정합니다.

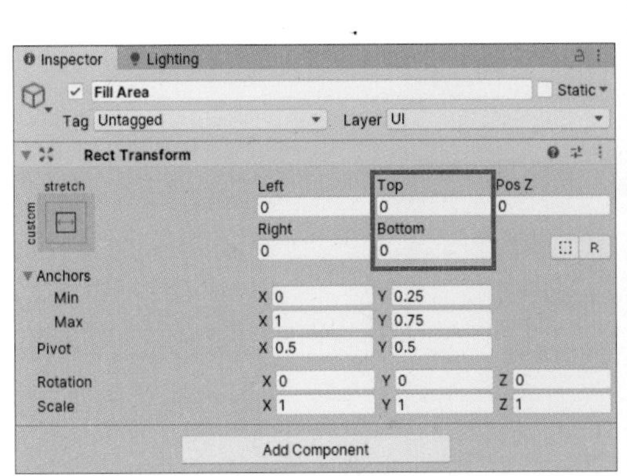

[그림 4.4-12] Fill Area 크기 수정

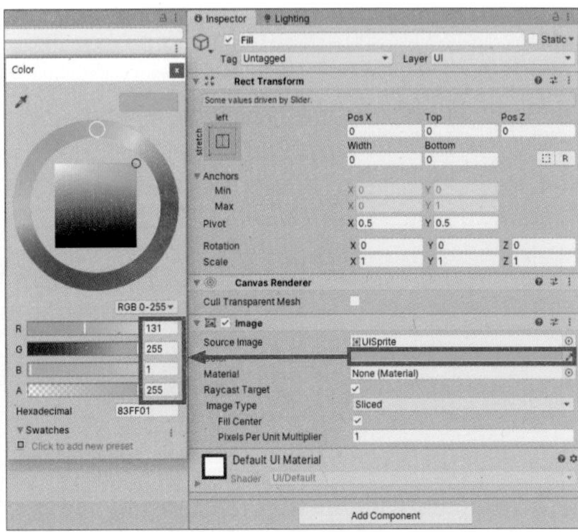

[그림 4.4-13] Fill 오브젝트 수정

조정이 완료됐으면 지금까지 만든 EnemyHP 캔버스를 Enemy 오브젝트 쪽으로 드래그 앤 드롭해 자식 오브젝트로 등록합니다.

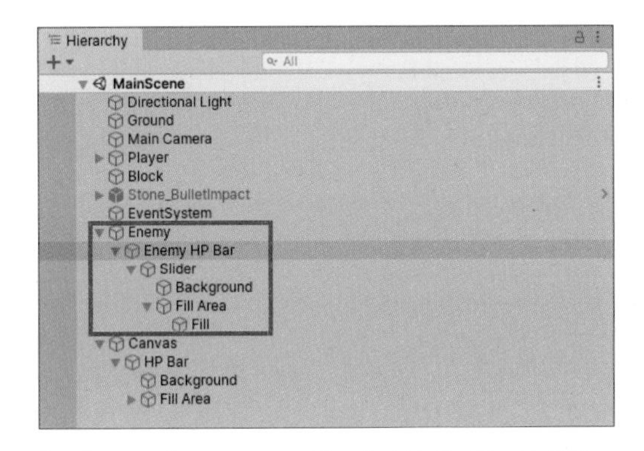

[그림 4.4-14] Enemy 오브젝트의 자식 오브젝트로 등록

HP Bar의 비율은 맞지만 크기가 너무 크군요. 캔버스의 스케일을 100분의 1로 축소시키고, 에너미의 머리 위쪽에 위치하도록 Pos Y의 값을 조정합니다.

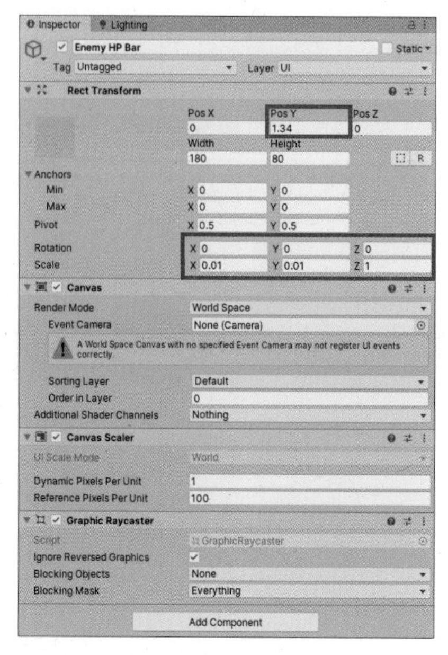

[그림 4.4-15] 캔버스의 위치 및 스케일 조정

마지막으로 EnemyFSM.cs 스크립트에서 에너미의 hp 변숫값과 슬라이더 컴포넌트의 UI를 일치시키겠습니다. 변수들부터 선언하죠.

```
using System.Collections;
using System.Collections.Generic;
using UnityEngine;
using UnityEngine.UI;

public class EnemyFSM : MonoBehaviour
{
    . . . (생략) . . .

    // 에너미의 체력
    public int hp = 15;

    // 에너미의 최대 체력
    int maxHp = 15;

    // 에너미 hp Slider 변수
    public Slider hpSlider;
```

```
    . . . (생략) . . .
}
```

[코드 4.4-4] EnemyFSM.cs 에너미 스크립트에 UI 관련 네임스페이스 추가

플레이어 때와 마찬가지로 **Update()** 함수 하단에 **hp** 변숫값에 현재 체력 비율(%)을 반영하는 코드를 추가합니다.

```
. . . (생략) . . .

void Update()
{
    . . . (생략) . . .

    // 현재 hp(%)를 hp 슬라이더의 value에 반영한다.
    hpSlider.value = (float)hp / (float)maxHp;

. . . (생략) . . .
}
```

[코드 4.4-5] EnemyFSM.cs 에너미 스크립트에 최대 체력 및 슬라이더 변수 선언

유니티 에디터로 돌아와 **EnemyFSM** 컴포넌트의 **hpSlider** 항목에 앞에서 만든 **Slider**를 드래그 앤 드롭해 추가합니다.

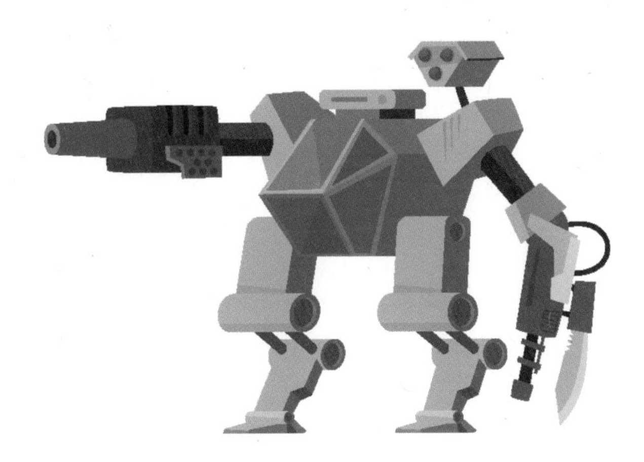

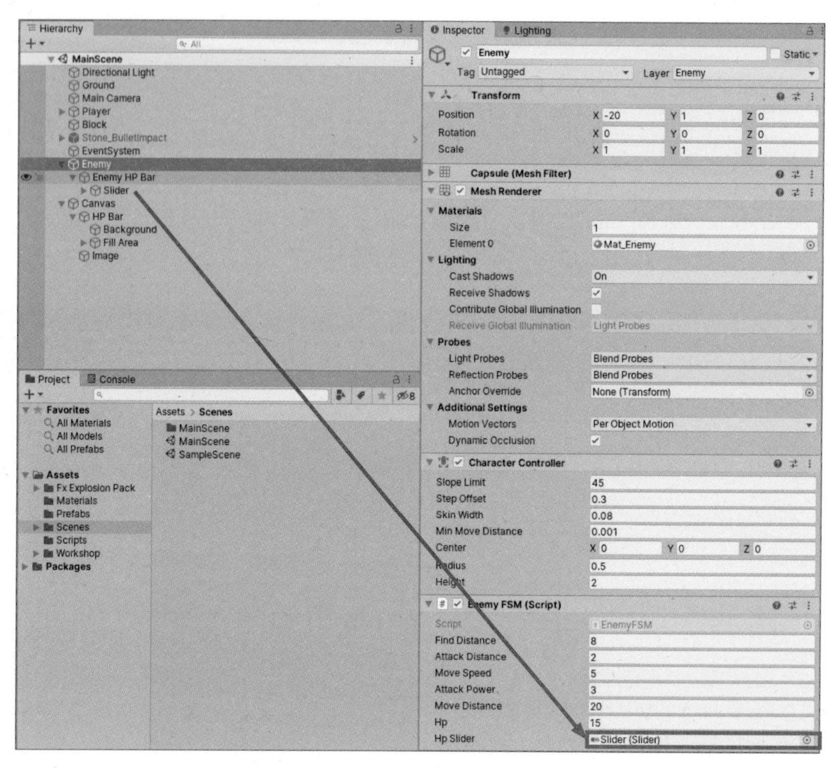

[그림 4.4-16] 슬라이더 오브젝트 추가

이제 플레이해 제대로 동작하는지 확인해보겠습니다. 뭔가 이상한 걸 느끼셨나요? 씬 뷰에서는 잘 보이지만, 게임 뷰에서는 옆 모습이라 잘 보이지 않는군요.

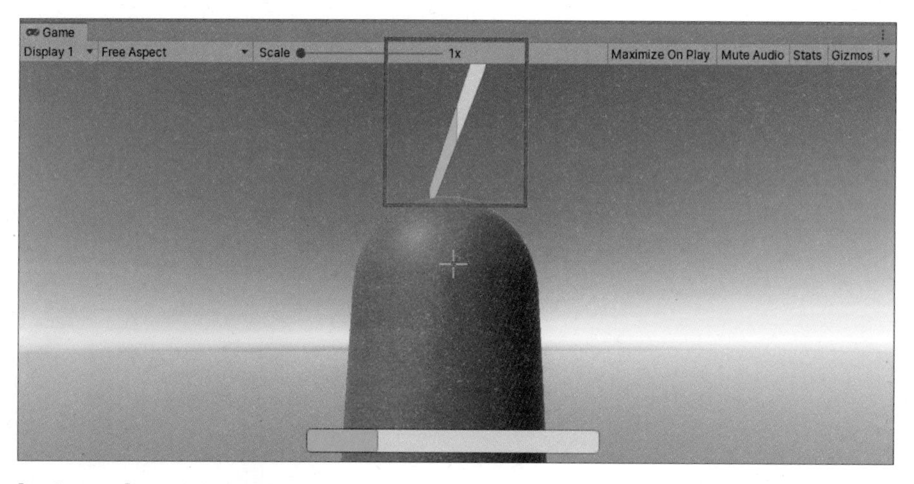

[그림 4.4-17] HP 바의 회전 문제

이 문제를 해결하려면 에너미의 HP 바 오브젝트가 항상 카메라를 바라보게 만들면 될 것 같습니다. 프로젝트 뷰에서 [+] 버튼 - [C# script]를 선택해 새로운 스크립트 파일을 생성한 후 이름은 'Billboard'로 변경합니다.

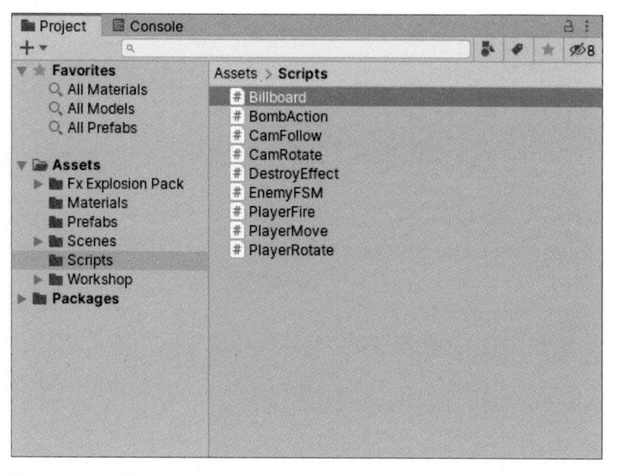

[그림 4.4-18] 스크립트 생성

새로 생성한 스크립트를 에너미의 자식 오브젝트인 Enemy HP Bar 오브젝트에 드래그 앤 드롭해 추가합니다.

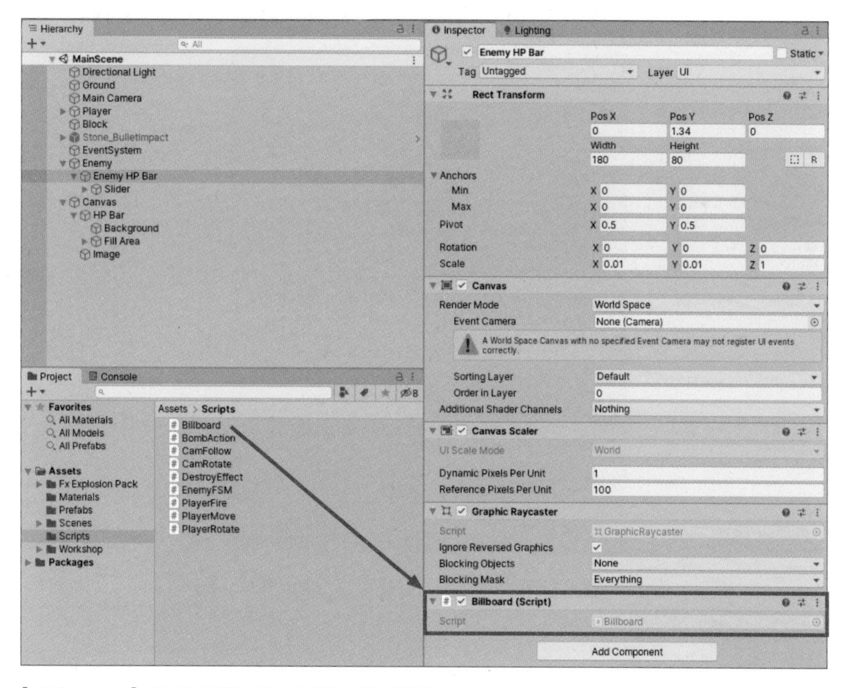

[그림 4.4-19] HP 오브젝트에 스크립트 추가하기

코드는 매우 단순합니다. 매 프레임마다 UI 오브젝트가 바라보는 방향과 카메라가 바라보는 방향이 서로 일치하기만 하면 언제나 UI 오브젝트가 카메라와 같은 각도가 될 것입니다.

```
public class Billboard : MonoBehaviour
{
    public Transform target;

    void Update()
    {
        // 자기 자신의 방향을 카메라의 방향과 일치시킨다.
        transform.forward = target.forward;
    }
}
```

[코드 4.4-6] Billboard.cs 체력바의 방향과 카메라의 방향 일치시키기

이제 다시 유니티에서 `Billboard` 컴포넌트의 `target` 항목에 메인 카메라 오브젝트를 드래그 앤 드롭해 추가합니다.

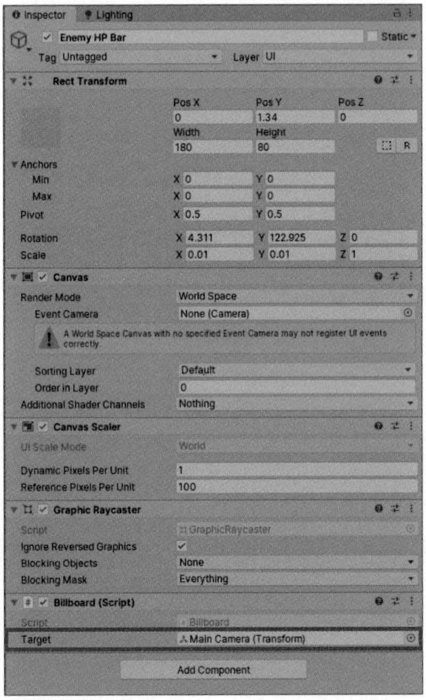

[그림 4.4-20] 메인 카메라를 타깃 오브젝트로 지정

이제 플레이하고 테스트해보면 에너미의 체력 바가 메인 카메라를 향해 회전하는 것을 확인할 수 있습니다.

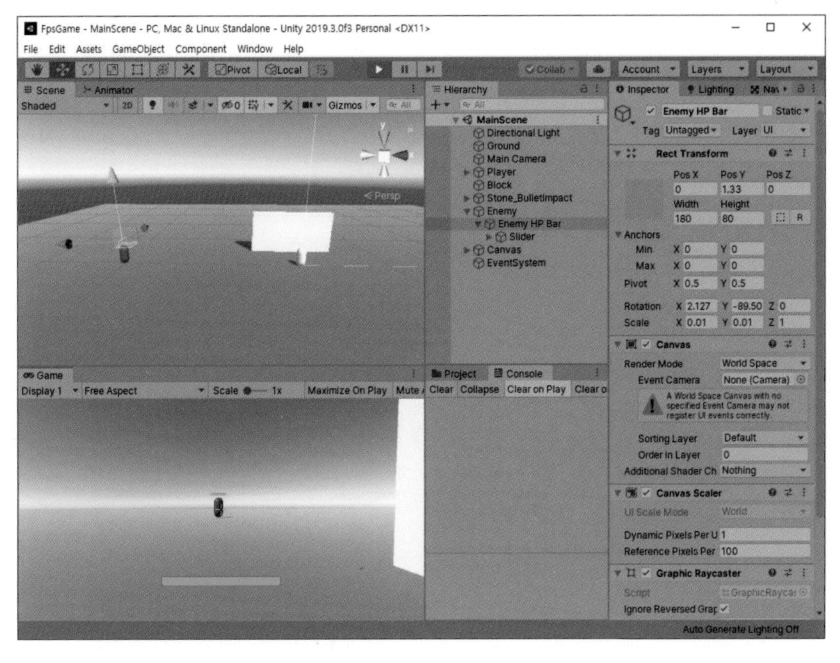

[그림 4.4-21] 에너미 HP 바의 회전 확인

4.4-2 : 피격 효과 UI

게임의 긴장감을 부여하기 위해 적에게 공격을 받고 있다는 느낌을 표시해보겠습니다. 물론 플레이어가 공격받고 있다는 효과는 hp 게이지로도 확인할 수는 있지만, 더욱 직접적으로 느낌을 전달하기 위해 화면에 번쩍이는 효과를 주는 방법을 사용하는 것을 다른 FPS 게임에서도 본 적이 있을 것입니다. 그리고 슈팅 게임 제작 때와 마찬가지로 플레이어의 hp가 0 이하가 되면 게임 오버로 처리하고, [재시작] 버튼을 눌러 다시 게임을 할 수 있도록 게임 재시작 UI도 추가해보겠습니다.

목표

피격될 때마다 화면에 번쩍이는 효과를 부여하고 싶다.

순서

❶ 화면 전체에 출력될 붉은 UI 효과 이미지 생성하기
❷ 피격될 때마다 효과 이미지를 순간적으로 켰다가 끄기

이미지 UI부터 생성해보겠습니다. [+] 버튼 - [UI] - [Image]를 선택해 이미지 UI를 생성한 후 이름은 'Hit'로 합니다. Image 컴포넌트의 Color 항목을 클릭해 그림과 같이 반투명한 붉은색으로 설정합니다.

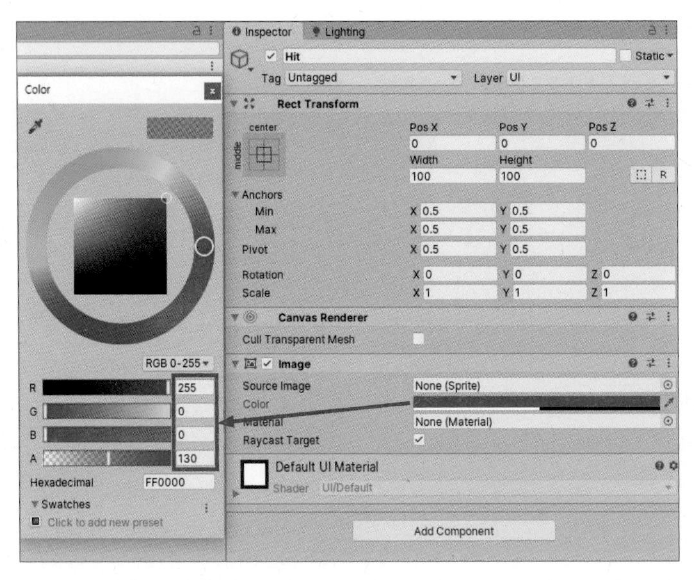

[그림 4.4-22] 피격용 화면 이미지 만들기

이미지가 화면 전체에 꽉 차도록 앵커를 스트레치(stretch) 타입으로 변경하겠습니다. 렉트 트랜스폼 컴포넌트의 좌측 상단에 있는 이미지를 클릭하면 앵커 프리셋 창이 열립니다. 가로와 세로가 모두 화면 크기로 늘어나도록 우측 하단의 프리셋을 선택합니다.

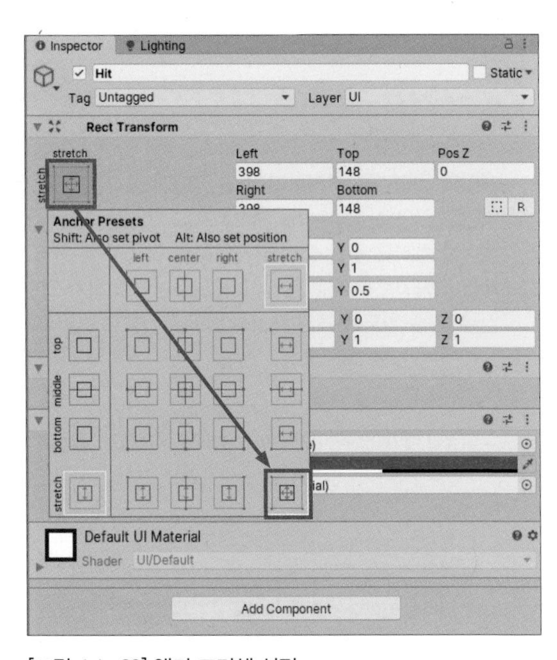

[그림 4.4-23] 앵커 프리셋 설정

렉트 트랜스폼의 Top, Bottom, Left, Right 항목을 모두 '0'으로 변경해 화면 전체에 꽉 차도록 변경합니다.

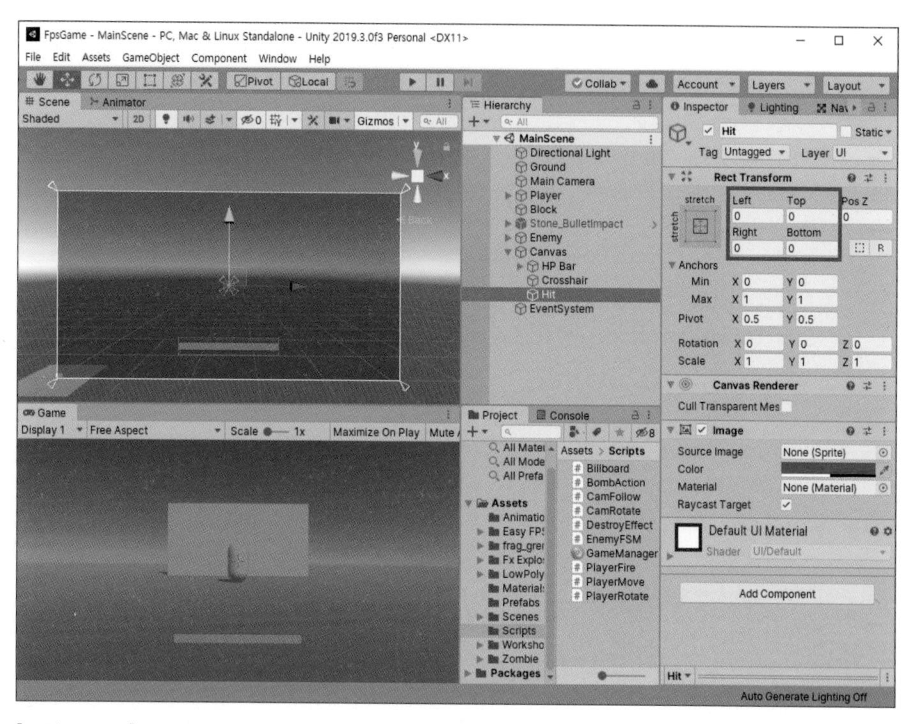

[그림 4.4-24] 피격 화면 UI

이번에는 플레이어의 피격 함수가 정의된 PlayerMove.cs 스크립트를 열어보겠습니다. DamageAction() 함수에서 피격 시 Hit 오브젝트가 켜졌다(활성화)가 꺼지도록(비활성화) 코드를 작성하기 위해 Hit 오브젝트를 연결할 public 변수를 선언합니다. 피격은 플레이어가 생존해 있을 때만 필요하기 때문에 플레이어가 공격을 받고 아직 체력이 남은 경우에 한해 코루틴으로 피격 효과 오브젝트를 활성화 후 일정 시간이 흐른 다음에 다시 비활성화하는 코드를 작성합니다.

```
public class PlayerMove : MonoBehaviour
{
    . . . (생략) . . .

    // Hit 효과 오브젝트
    public GameObject hitEffect;
```

```
    . . . (생략) . . .

    // 플레이어의 피격 함수
    public void DamageAction(int damage)
    {
        // 에너미의 공격력만큼 플레이어의 체력을 깎는다.
        hp -= damage;

        // 만일, 플레이어의 체력이 0보다 크면 피격 효과를 출력한다.
        if (hp > 0)
        {
            // 피격 이펙트 코루틴을 시작한다.
            StartCoroutine(PlayHitEffect());
        }
    }

    // 피격 효과 코루틴 함수
    IEnumerator PlayHitEffect()
    {
        // 1. 피격 UI를 활성화한다.
        hitEffect.SetActive(true);

        // 2. 0.3초간 대기한다.
        yield return new WaitForSeconds(0.3f);

        // 3. 피격 UI를 비활성화한다.
        hitEffect.SetActive(false);
    }
}
```

[코드 4.4-7] PlayerMove.cs 플레이어 피격 효과 UI 기능 구현

피격 이펙트는 피격 시에만 보여야 하므로 유니티 에디터로 돌아와 히트 오브젝트를 비활성화합니다.

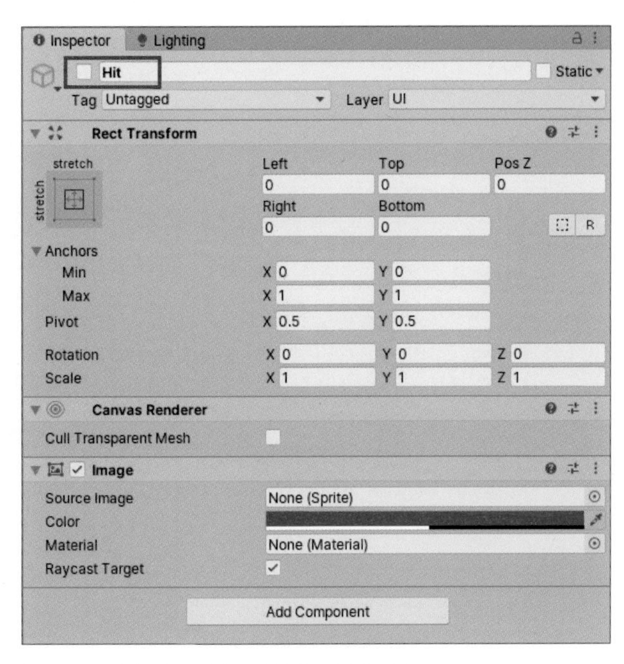

[그림 4.4-25] 피격 이펙트 오브젝트 비활성화

비활성화된 Hit 오브젝트를 PlayerMove 컴포넌트의 Hit Effect 항목으로 드래그 앤 드롭해 추가합니다.

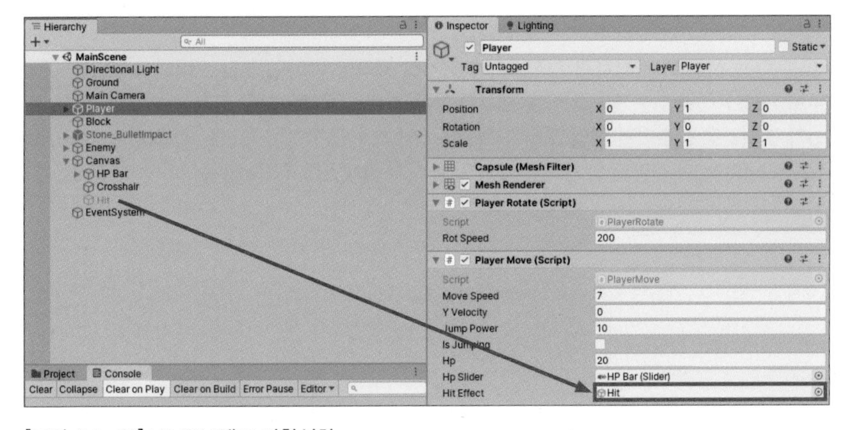

[그림 4.4-26] Hit 오브젝트 비활성화

이제 유니티를 플레이해보면 적에게 공격받을 때마다 화면에 피격 효과가 출력되는 것을 확인할 수 있습니다.

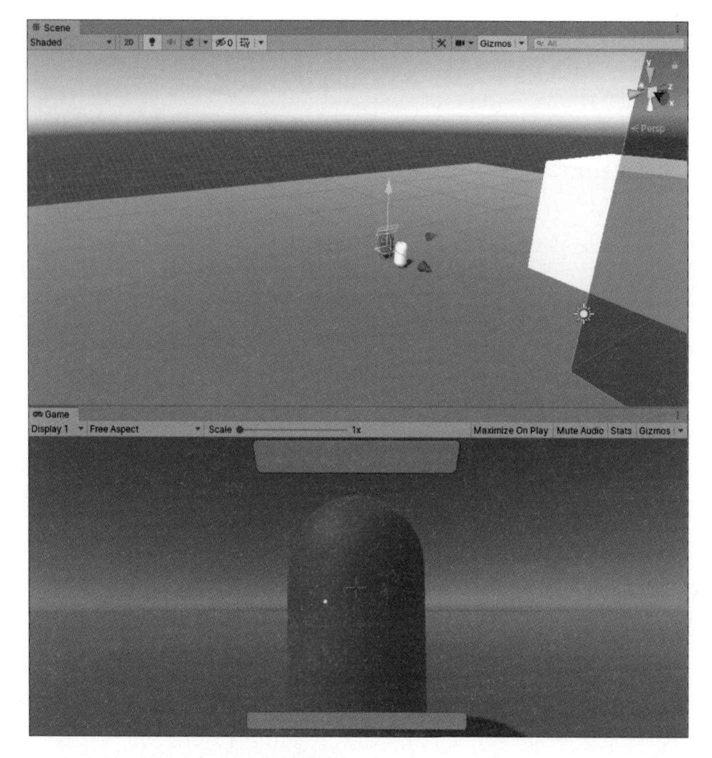

[그림 4.4-27] Hit 오브젝트 비활성화

4.4-3 : Game Manager 제작

게임이 시작된다는 신호 없이 갑자기 시작하거나 아무리 공격을 받아도 게임 오버되지 않으면 아무래도 몰입도가 떨어지겠죠? 이번에는 게임 시작을 표시한 후에 비로소 플레이어를 조작할 수 있게 되고, 만일 플레이어의 hp가 0 이하로 감소되면 게임 오버가 되도록 연출해보겠습니다. 게임의 시작과 끝을 제어하는 것은 게임 전체의 규칙(Rule)과 관련돼 있기 때문에 게임 매니저 클래스를 추가하겠습니다.

목표

게임의 상태를 구분하고, 게임의 시작과 끝은 텍스트로 알리고 싶다.

순서

❶ 화면에 출력할 텍스트 UI 오브젝트 만들기
❷ 게임의 게임 준비, 게임 중, 게임 종료의 각 상태를 구분하는 상수 만들기
❸ 게임 준비 상태 및 게임 중 상태에 'Ready'와 'Go!' 텍스트 출력하기
❹ 플레이어의 hp가 0 이하가 되면 'Game over' 텍스트 출력하기

먼저 게임 오버 텍스트가 나올 수 있게 하이어라키 뷰에서 [+] 버튼–[UI]–[Legacy]–[Text]를 선택한 후 이름은 'Label_GameState'로 변경합니다. 텍스트의 위치가 정중앙이 되도록 포지션 값을 모두 '0'으로 만들고 눈에 잘 보이는 크기가 되도록 Width와 Height는 각각 '450px', '100px'로 지정합니다.

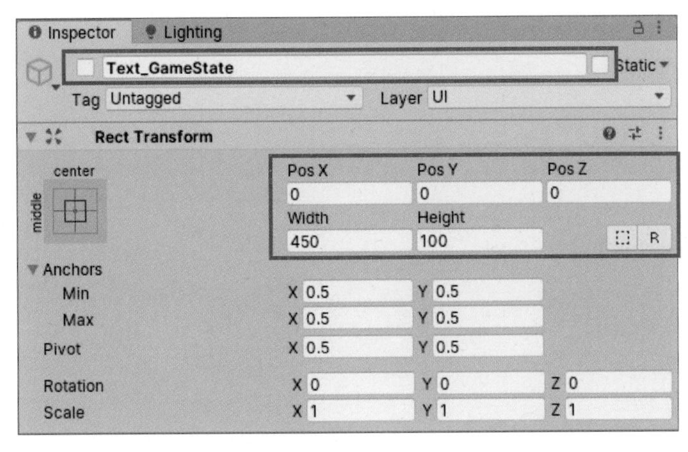

[그림 4.4–28] 게임 상태 텍스트 설정 1

하단의 텍스트 컴포넌트에서 Text 항목은 비워두고, 중앙 정렬이 되도록 Alignment 항목에서 상하 정렬 버튼과 좌우 정렬 버튼을 모두 중앙으로 선택합니다. 폰트 크기는 '70px', 폰트 스타일은 'Bold'로 변경합니다.

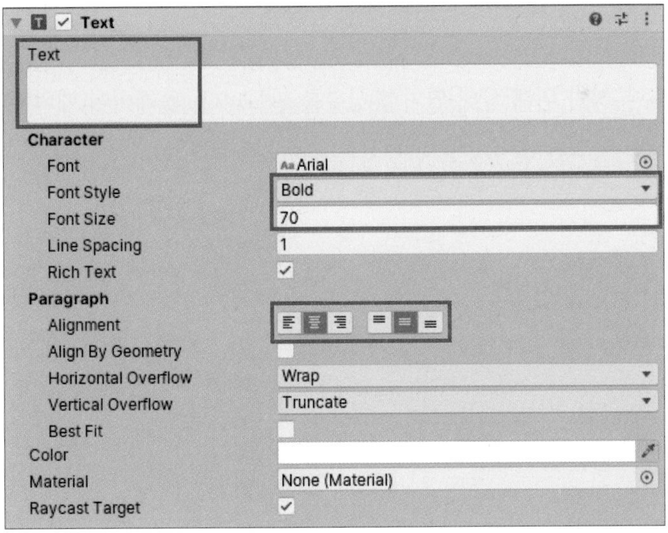

[그림 4.4–29] 게임 상태 텍스트 설정 2

텍스트 UI 오브젝트가 준비됐으므로 이제 게임 매니저를 제작해보겠습니다. 프로젝트 뷰에서 [+] **버튼**-**[C# script]**를 선택해 새로운 스크립트를 생성한 후 이름을 'GameManager'로 변경합니다. 슈팅 게임 제작 때와 마찬가지로 게임 매니저 클래스는 싱글턴 패턴으로 만들겠습니다.

```
using System.Collections;
using System.Collections.Generic;
using UnityEngine;

public class GameManager : MonoBehaviour
{
    // 싱글턴 변수
    public static GameManager gm;

    private void Awake()
    {
        if(gm == null)
        {
            gm = this;
        }
    }

   . . . (생략) . . .
}
```

[코드 4.4-8] GameManager.cs 게임 매니저 스크립트 생성 및 싱글턴 패턴

게임의 각 상태를 구분하기 위해 상태 열거형 상수를 만듭니다. 플레이어 때와는 달리 게임의 상태는 다른 클래스에서도 접근할 수 있도록 한정자를 public으로 해줘야 합니다.

```
using System.Collections;
using System.Collections.Generic;
using UnityEngine;

public class GameManager : MonoBehaviour
{
    // 싱글턴 변수
    public static GameManager gm;
```

```
    private void Awake()
    {
        if(gm == null)
        {
            gm = this;
        }
    }

    // 게임 상태 상수
    public enum GameState
    {
        Ready,
        Run,
        GameOver
    }

    // 현재의 게임 상태 변수
    public GameState gState;

    . . . (생략) . . .
}
```

[코드 4.4-9] GameManager.cs 게임 상태 변수 만들기

게임 상태는 최초에 '게임 준비' 상태에서 시작해야 하므로 Start() 함수에서 최초 게임 상태 변수를 게임 준비 상태로 초기화합니다.

```
using System.Collections;
using System.Collections.Generic;
using UnityEngine;

public class GameManager : MonoBehaviour
{
    . . . (생략) . . .

    void Start()
    {
        // 초기 게임 상태는 준비 상태로 설정한다.
        gState = GameState.Ready;
    }
```

```
    . . . (생략) . . .
}
```

[코드 4.4-10] GameManager.cs 초기 게임 상태 선언

게임 상태 텍스트 UI를 스크립트에서 제어할 수 있도록 게임 오브젝트 변수와 UI 텍스트 변수를 선언합니다. UI 텍스트 클래스를 사용하려면 앞에서와 마찬가지로 UnityEngine.UI 네임스페이스의 사용 선언이 선행돼야 합니다. 변수 선언 후에는 Start() 함수에서 UI 텍스트 컴포넌트를 가져오는 코드를 추가합니다.

```
using System.Collections;
using System.Collections.Generic;
using UnityEngine;
using UnityEngine.UI;

public class GameManager : MonoBehaviour
{
    . . . (생략) . . .

    // 게임 상태 UI 오브젝트 변수
    public GameObject gameLabel;

    // 게임 상태 UI 텍스트 컴포넌트 변수
    Text gameText;

    void Start()
    {
        // 초기 게임 상태는 준비 상태로 설정한다.
        gState = GameState.Ready;

        // 게임 상태 UI 오브젝트에서 Text 컴포넌트를 가져온다.
        gameText = gameLabel.GetComponent<Text>();
    }

    . . . (생략) . . .
}
```

[코드 4.4-11] GameManager.cs 게임 상태 텍스트 출력을 위한 Text 컴포넌트 선언

게임 준비 상태에서는 'Ready…'라는 글씨를 출력하겠습니다. 이때 RGBA 컬러 설정을 담당하는 Color32 클래스를 이용해 글자 색상을 주황색으로 설정하는 코드도 다음과 같이 추가합니다.

```
void Start()
{
    // 초기 게임 상태는 준비 상태로 설정한다.
     gState = GameState.Ready;

    // 게임 상태 UI 오브젝트에서 Text 컴포넌트를 가져온다.
    gameText = gameLabel.GetComponent<Text>();

    // 상태 텍스트의 내용을 'Ready...'로 한다.
    gameText.text = "Ready...";

    // 상태 텍스트의 색상을 주황색으로 한다.
    gameText.color = new Color32(255, 185, 0, 255);
}

. . . (생략) . . .
```

[코드 4.4-12] GameManager.cs 게임 준비 상태 텍스트 설정

유니티로 돌아와 하이어라키 뷰에서 [+] 버튼-[Create Empty]를 선택해 빈 게임 오브젝트를 만들고, 이름을 'Game Manager'로 변경합니다. 게임 매니저 오브젝트에 앞에서 작성한 GameManager.cs 파일을 드래그 앤 드롭해 추가하고, 게임 매니저 컴포넌트의 Game Label 항목에 Text_GameState 오브젝트를 넣어줍니다.

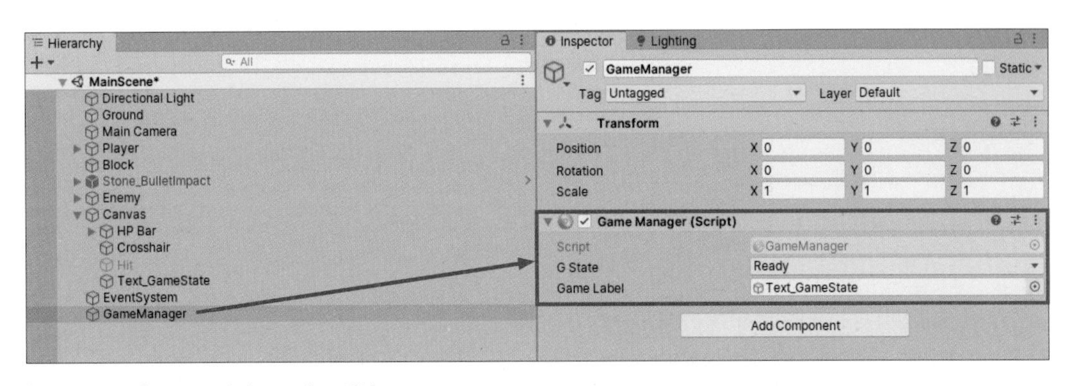

[그림 4.4-30] 게임 매니저 오브젝트 생성

유니티를 플레이해보면 주황색의 'Ready...' 텍스트가 표시되는 것을 확인할 수 있습니다.

[그림 4.4-31] 텍스트 출력 확인

이제 일정 시간이 흐른 후에 '게임 준비' 상태에서 '게임 중' 상태로 전환되는 기능을 추가할 차례입니다. 순서를 간단하게 정리해보면 ❶ 'Ready...' 문구 상태에서 ❷ 이제 시작한다는 'Go!'라는 문구로 변경하고, ❸ 0.5초 후에 게임 상태를 '게임 중' 상태로 전환하도록 순서를 짜보겠습니다.

[그림 4.4-32] 상태 전환의 순서

총 두 번의 대기 시간이 필요하므로 코루틴에서 yield return을 두 번 요청하면 될 것 같네요. 이처럼 여러 번의 다른 대기 요청을 처리할 때도 코루틴 함수를 사용하면 매우 편리하게 작성할 수 있습니다.

```
void Start()
{
    // 초기 게임 상태는 준비 상태로 설정한다.
    gState = GameState.Ready;

    // 게임 상태 UI 오브젝트에서 Text 컴포넌트를 가져온다.
    gameText = gameLabel.GetComponent<Text>();
```

```
    // 상태 텍스트의 내용을 'Ready...'로 한다.
    gameText.text = "Ready...";

    // 상태 텍스트의 색상을 주황색으로 한다.
    gameText.color = new Color32(255, 185, 0, 255);

    // 게임 준비 -> 게임 중 상태로 전환하기
    StartCoroutine(ReadyToStart());
}

IEnumerator ReadyToStart()
{
    // 2초간 대기한다.
    yield return new WaitForSeconds(2f);

    // 상태 텍스트의 내용을 'Go!'로 한다.
    gameText.text = "Go!";

    // 0.5초간 대기한다.
    yield return new WaitForSeconds(0.5f);

    // 상태 텍스트를 비활성화한다.
    gameLabel.SetActive(false);

    // 상태를 '게임 중' 상태로 변경한다.
    gState = GameState.Run;
}
. . . (생략) . . .
```

[코드 4.4-13] GameManager.cs 게임 준비 상태에서 게임중 상태로 전환하기

코드 작성이 완료됐으면 다시 유니티에서 테스트해보겠습니다. 화면에 출력되는 문구는 정상적으로 표시되는 것 같지만, 준비 중인 상태에서도 캐릭터 조작이 마치 게임 중인 상태인 것처럼 제한 없이 작동되는 것 때문에 기껏 만들어 놓은 상태 전환이 무의미하게 느껴지는군요. 게임 준비 중인 상태에서는 사용자의 키 입력을 막아 놓는 편이 좋을 것 같습니다.

키의 입력을 담당하는 PlayerMove.cs, PlayerRotate.cs, PlyaerFire.cs, CamRotate.cs 스크립트 모두에 현재 게임 상태가 '게임 중(Run)' 상태가 아니면 Update()문을 건너뛰도록 코드를 추가하겠습니다.

```
void Update()
{
    // 게임 상태가 '게임 중' 상태일 때만 조작할 수 있게 한다.
    if(GameManager.gm.gState != GameManager.GameState.Run)
    {
        return;
    }

    // 키보드의 [W], [A], [S], [D] 키를 누르면 캐릭터를 그 방향으로 이동시키고 싶다.
    . . . (생략) . . .
}
```

[코드 4.4-14] PlayerMove.cs 게임 중 상태가 아닐 때의 조작 제한하기(플레이어 이동)

```
void Update()
{
    // 게임 상태가 '게임 중' 상태일 때만 조작할 수 있게 한다.
    if(GameManager.gm.gState != GameManager.GameState.Run)
    {
        return;
    }

    // 사용자의 마우스 입력을 받아 플레이어를 회전시키고 싶다.
. . . (생략) . . .
}
```

[코드 4.4-15] PlayerRotate.cs 게임 중 상태가 아닐 때의 조작 제한하기(플레이어 회전)

```
void Update()
{
    // 게임 상태가 '게임 중' 상태일 때만 조작할 수 있게 한다.
    if(GameManager.gm.gState != GameManager.GameState.Run)
    {
        return;
    }

    // 마우스 오른쪽 버튼을 누르면 시선이 바라보는 방향으로 수류탄을 던지고 싶다.
. . . (생략) . . .
}
```

[코드 4.4-16] PlayerFire.cs 게임 중 상태가 아닐 때의 조작 제한하기(무기 발사)

```
void Update()
{
    // 게임 상태가 '게임 중' 상태일 때만 조작할 수 있게 한다.
    if(GameManager.gm.gState != GameManager.GameState.Run)
    {
        return;
    }

    // 사용자의 마우스 입력을 받아 물체를 회전시키고 싶다.
. . . (생략) . . .
}
```

[코드 4.4-17] CamRotate.cs 게임 중 상태가 아닐 때의 조작 제한하기(카메라 회전)

이제 다시 플레이해보면 게임 준비 상태에서는 사용자의 입력이 제한되다가 게임 중 상태로 전환되고 나서야 비로소 사용자의 입력을 제대로 수행하는 것을 확인할 수 있습니다.

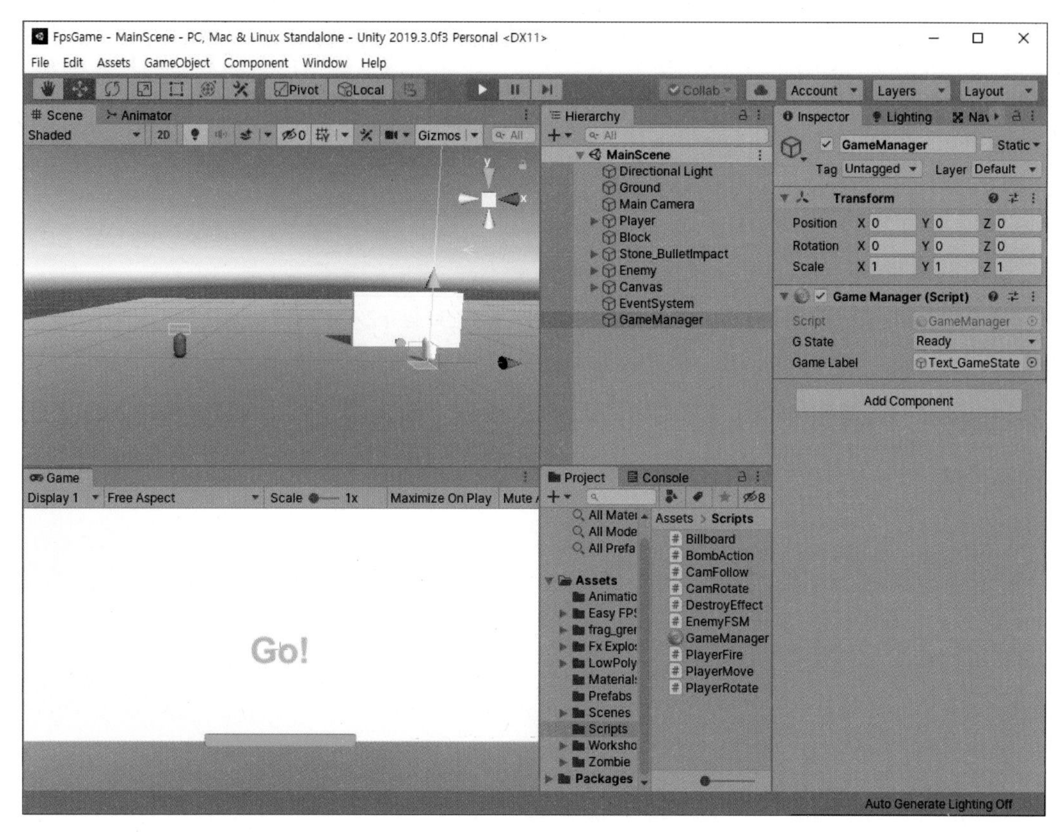

[그림 4.4-33] 준비 상태에서의 사용자 입력 제한

시작이 있으면 당연히 끝도 있어야 하겠죠? 게임 오버 여부를 확인하려면 플레이어의 hp를 매 프레임마다 체크해야 합니다. 플레이어의 hp 변수는 PlayerMove 클래스에 있으므로 PlayerMove 변수를 선언하고 GetComponent<T>() 함수로 받아오는 것부터 실행해보겠습니다. 이번에는 유니티 에디터에서 플레이어 오브젝트를 직접 연결하지 않고, GameObject 클래스의 Find() 함수를 사용해 씬 안에서 이름으로 플레이어 오브젝트를 찾도록 하겠습니다.

```
public class GameManager : MonoBehaviour
{
    . . . (생략) . . .

    // PlayerMove 클래스 변수
    PlayerMove player;

    void Start()
    {
    . . . (생략) . . .

        // 플레이어 오브젝트를 찾은 후 플레이어의 PlayerMove 컴포넌트 받아오기
        player = GameObject.Find("Player").GetComponent<PlayerMove>();
    }

    . . . (생략) . . .
}
```

[코드 4.4-18] GameManager.cs Find() 함수를 이용해 플레이어 컴포넌트 받아오기

마지막으로 Update() 함수에서 플레이어의 hp 변수가 0 이하로 감소되면, 죽음 상태로 전환하고 'Game Over' 문구를 붉은색으로 출력하겠습니다.

```
public class GameManager : MonoBehaviour
{
. . . (생략) . . .

    void Update()
    {
        // 만일, 플레이어의 hp가 0 이하라면...
```

```
        if(player.hp <= 0)
        {
            // 상태 텍스트를 활성화한다.
            gameLabel.SetActive(true);
            // 상태 텍스트의 내용을 'Game Over'로 한다.
            gameText.text = "Game Over";

            // 상태 텍스트의 색상을 붉은색으로 한다.
            gameText.color = new Color32(255, 0, 0, 255);

            // 상태를 '게임 오버' 상태로 변경한다.
            gState = GameState.GameOver;
        }
    }
}
```

[코드 4.4-19] GameManager.cs 게임 오버 상태 텍스트의 설정 및 출력

유니티에서 플레이해보면 플레이어가 에너미에게 공격받으면 피격 이펙트가 나오면서 플레이어의 hp가 감소되다가 hp가 0이 되면 붉은색의 'Game Over' 문구가 나타나는 것을 확인할 수 있습니다.

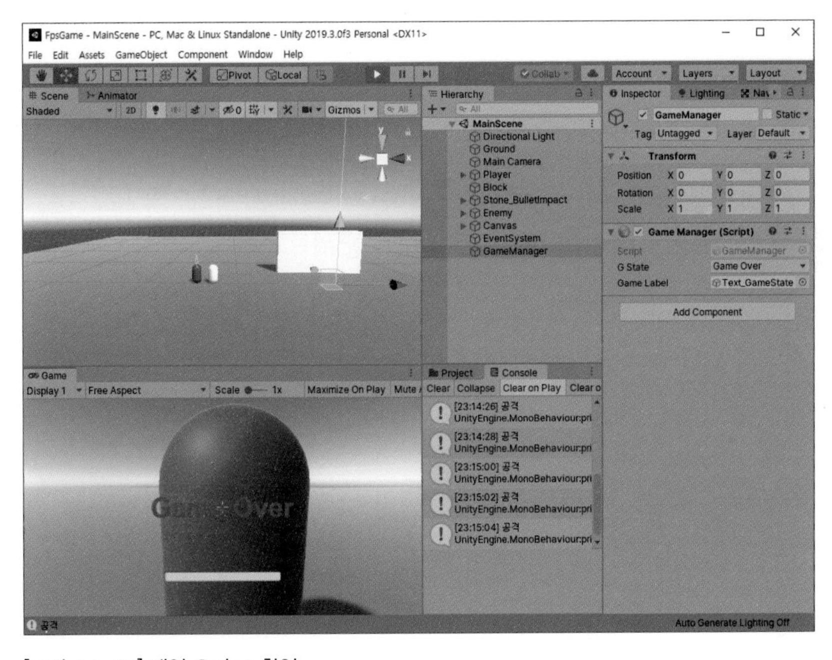

[그림 4.4-34] 게임 오버 UI 확인

알파 버전

4.5 모델링 교체와 애니메이션

4.5-1 : 에너미 모델링 교체

길었던 프로토타입 버전의 제작 시간이 끝나고 드디어 알파 버전을 제작할 차례가 왔네요. 이번이 두 번째 알파 버전이므로 알파 버전에서 해야 할 일에 대해선 어느 정도 이해하고 계시리라 생각합니다. 사실 실무에서는 남들 앞에서 시연해야 하기 때문에 알파 버전에서 해야 할 모델링 교체 작업이나 일부 애니메이션 작업을 프로토 타입에서 미리 하는 경우가 대부분입니다. 하지만 이 책을 읽는 분들은 기왕이면 정석으로 작업 과정에 따라 순서대로 작업하는 것을 추천드립니다.
알파 버전 첫 단계에서는 먼저 에너미의 몸체를 아트웍이 완료된 3D 모델링으로 교체하도록 할 예정입니다. 에너미는 FPS 게임에서의 근접 몹으로 자주 등장하는 좀비 캐릭터 모델링으로 하겠습니다.

✕ 목표

에너미의 외형을 좀비 캐릭터로 교체하고 싶다.

✕ 순서

❶ 애셋 스토어에서 원하는 형태의 모델링 데이터를 임포트한다.
❷ 개발 환경에 맞춰 모델링 데이터의 임포트 설정을 완료한다.
❸ 임포트된 모델링 사용한다.

모델링 데이터를 다운로드하기 위해 유니티 에디터 상단의 [Window]-[Asset Store]를 선택하여 애셋 스토어 창을 열어보겠습니다. 애셋 스토어 창이 열리면 [Search Online] 버튼을 클릭해서 웹 브라우저에서 애셋 스토어로 이동합니다. 애셋 스토어 창 위쪽의 카테고리 항목에서 3D 항목을 클릭한 다음 웹 페이지 화면이 갱신되면 우측의 모든 카테고리'에서 3D 캐릭터 항목 아래의 [캐릭터] 항목에 체크 표시를 합니다. 또한 무료 애셋만 검색하기 위해 '가격' 항목은 [무료 애셋]으로 선택합니다.

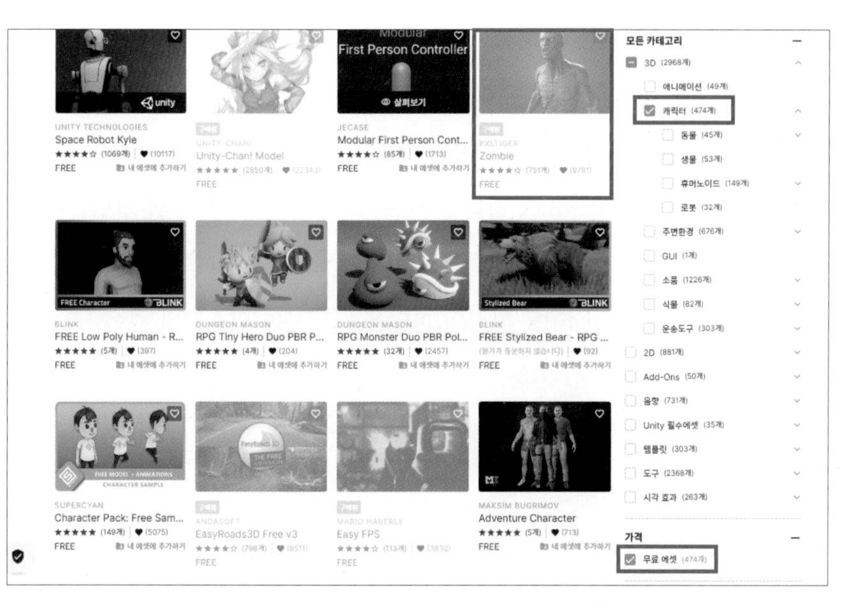

[그림 4.5-1] 유니티 애셋 스토어에서 모델링 검색하기

애셋 검색 결과 목록에서 Zombie 애셋을 선택한 후 하단의 [내 애셋에 추가하기] 버튼을 클릭해 애셋을 본인 계정에 추가하고 팝업 창이 생기면 [Unity에서 열기] 버튼을 클릭합니다. 유니티 에디터로 돌아와서 자동으로 Package Manager 창이 열리면 우측 하단의 [Download] 버튼을 눌러서 다운로드를 시작합니다. 다운로드가 완료되면 [Import] 버튼을 클릭해 해당 애셋을 현재 프로젝트에 추가하겠습니다.

[그림 4.5-2] 애셋 임포트하기

보통 모델링 데이터는 3DS 맥스나 마야와 같은 외부 모델링 툴에서 작업되기 때문에 유니티와는 유닛 크기 단위나 피벗 등 여러 가지 부분에서 환경 설정에서 차이가 많이 나게 됩니다. 따라서 애셋 임포트가 끝났으면 모델링 데이터를 게임 환경에 맞도록 조정하는 작업이 필요합니다.

방금 임포트한 애셋 폴더 하위의 FBXs 폴더를 보면, 확장자가 .FBX로 된 파일이 존재합니다. 아트 팀에서 3D 모델링 툴로 작업한 파일을 외부 파일로 익스포트하는 경우 호환성을 위해 확장자를 FBX로 하게 됩니다. 유니티에서 FBX 형식의 파일을 선택하면 인스펙터 뷰에 [그림 4.5-3]과 같이 임포트 세팅 항목이 나타나게 됩니다.

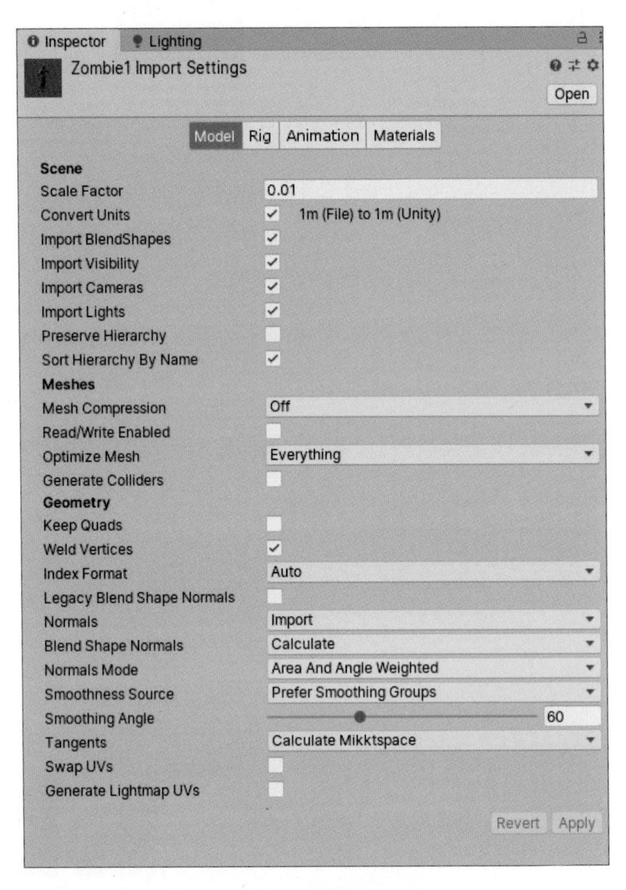

[그림 4.5-3] 애셋 스토어에서 모델링 검색하기

처음 캐릭터 모델링을 임포트할 때 가장 먼저 살펴봐야 할 요소는 바로 크기입니다. 유니티 트랜스폼 컴포넌트의 스케일 단위와 캐릭터 모델링을 제작한 툴에서의 스케일 단위가 다르기 때문에 유니티에서 너무 크거나 너무 작아지는 문제가 발생하는 경우가 자주 있기 때문입니다. 임포트 세팅의

Model 항목을 보면 'Convert Units'라는 항목에 체크 표시돼 있는 것이 보일 것입니다. 이 항목은 외부 툴의 스케일 단위를 유니티의 스케일 단위(1미터)와 동일하게 맞춰주는 옵션입니다.

일단 프로젝트 뷰에서 Zombie1.FBX 파일을 하이어라키 뷰로 드래그 앤 드롭해 씬에 배치해보겠습니다. 크기를 비교하기 위해 에너미 오브젝트의 옆에 세워보죠.

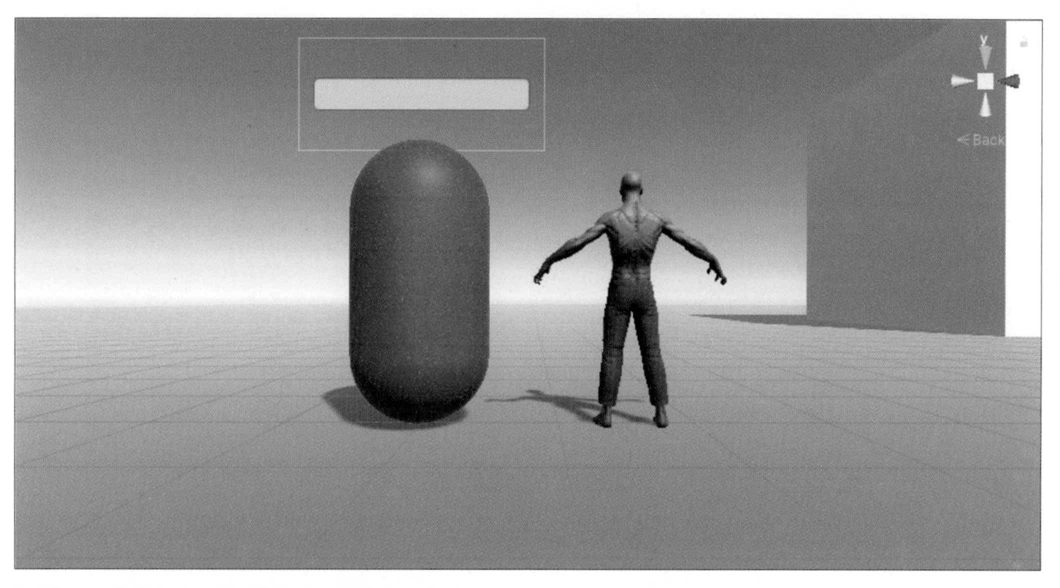

[그림 4.5-4] 캡슐 오브젝트와 좀비 모델링의 크기 비교

캡슐 오브젝트의 경우, 스케일 값이 기본값(X: 1, Y: 1, Z:1)일 경우, 너비는 1미터, 높이는 2미터입니다(실린더(Cylinder) + 스피어(Sphere)). 비교해보니 기본 스케일 값에서 좀비의 키는 대략 1.8미터 정도 되는 것 같습니다.

다시 임포트 세팅을 보면 Scale Factor(척도인자)라는 항목이 '0.01'로 돼 있는 것이 보일 것입니다. 이 항목은 모델링 파일을 유니티 씬에 가져올 경우, 유니티의 기본 유닛 단위(1유닛 = 1미터)에 대한 원본 파일의 크기 배율을 의미합니다. 즉, 현재 씬에 배치된 Zombie1.FBX 모델링은 외부 모델링 툴에서 제작된 크기의 100분의 1 크기로 축소시켜 임포트된 모델링인 것입니다. 물론 Scale Factor를 '1'로 하고, 유니티의 트랜스폼 컴포넌트의 스케일 값을 조정해 크기를 맞출 수도 있긴 합니다. 하지만 상황을 바꿔 여러 캐릭터 모델러에 의해 제작된 각기 다른 모델링들끼리 스케일 값을 맞추는 경우를 생각해보겠습니다. 만일 Scale Factor를 모두 '1'로 하게 되면, 어떤 모델링은 스케일이 '10', 어떤 모델링은 0.01일 수도 있겠네요. 아무래도 크기 비교하기 쉽지 않을 것 같 않나요? 좀 더 편리하게 하기 위해서는 Scale Factor를 미리 조정해 기본 스케일 값으로 맞추는 것이 좋습니다.

만일 Scale Factor 값을 바꾸기 위해 변경했다면 반드시 우측 하단의 [Apply] 버튼을 클릭해야 씬에 배치된 캐릭터에 바뀐 세팅 값이 적용됩니다.

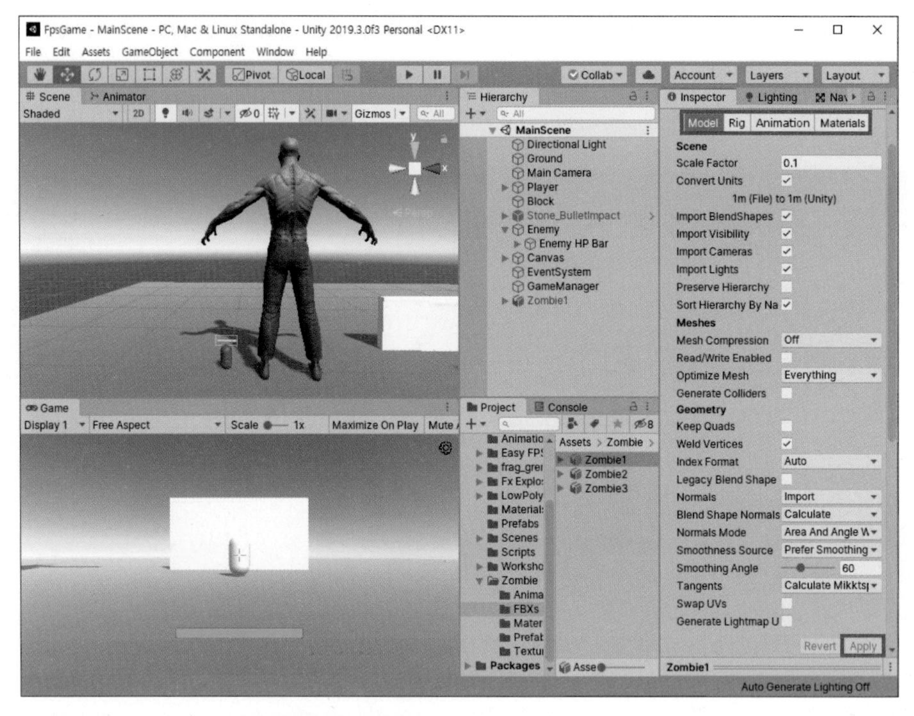

[그림 4.5-5] Scale Factor를 '0.1'로 변경했을 경우

이번에는 모델링을 에너미에 적용해보겠습니다. 좀비 오브젝트를 Enemy 오브젝트 쪽으로 드래그해 자식 오브젝트로 만듭니다. 그리고 좀비 오브젝트의 Transform 데이터를 리셋해 캡슐 오브젝트에 일치시킵니다.

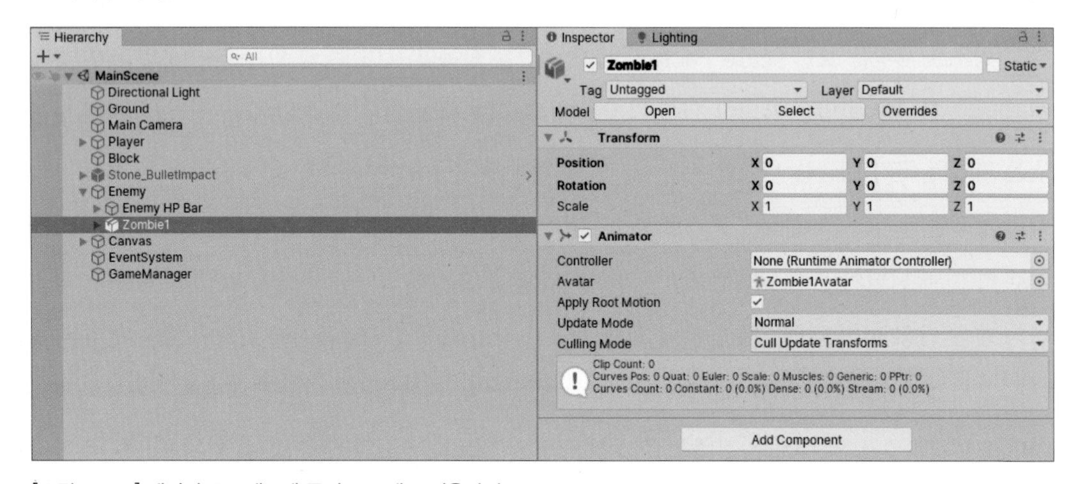

[그림 4.5-6] 에너미 오브젝트에 좀비 오브젝트 적용하기

그런데 막상 일치시켜보면 기대했던 것과 달리 좀비 오브젝트가 공중에 떠 있는 상태가 돼 있네요?

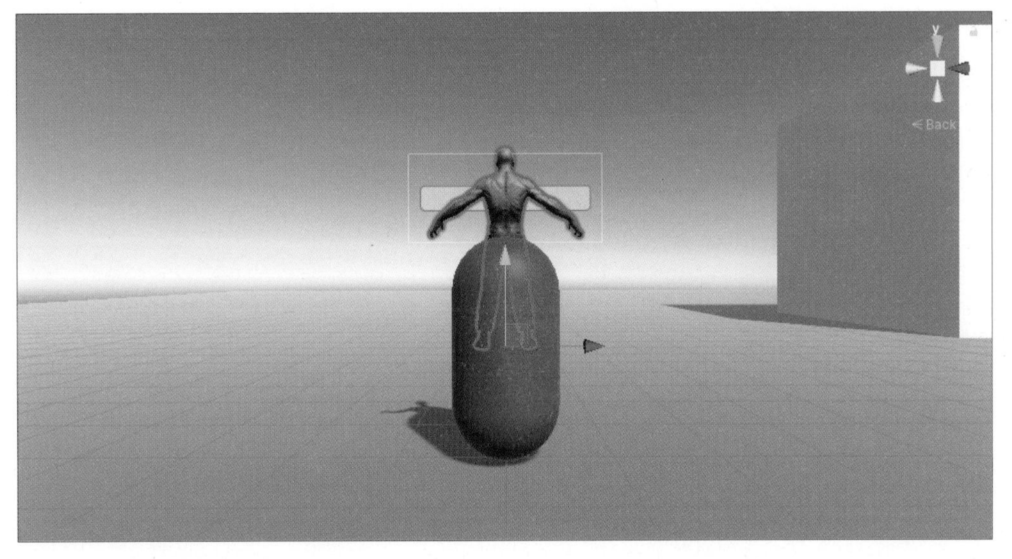

[그림 4.5-7] 공중에 뜬 좀비 오브젝트

좀비 오브젝트가 공중에 뜬 형태가 된 이유는 바로 '피벗(Pivot)'때문입니다. 유니티에서 생성한 기본적인 게임 오브젝트들은 피벗이 오브젝트의 중앙에 위치하는 반면, 좀비 오브젝트는 외부 툴에서 피벗을 발 밑에 위치하고 작업했기 때문에 그림과 같이 피벗의 위치가 다른 것을 알 수 있습니다. 결국 캡슐 오브젝트와 좀비 오브젝트의 피벗만 보게 되면 위치가 동일하지만, 실제 모델링의 위치는 서로 다른 결과가 된 것입니다.

피벗이 중앙에 위치

피벗이 하단에 위치

[그림 4.5-8] 피벗 위치의 차이

결국 캡슐 높이의 절반만큼 좀비 오브젝트의 위치를 아래로 내려야 합니다. 캡슐의 높이는 2미터이므로 좀비 오브젝트의 트랜스폼 컴포넌트에서 Y축 포지션 값을 '–1'로 변경합니다.

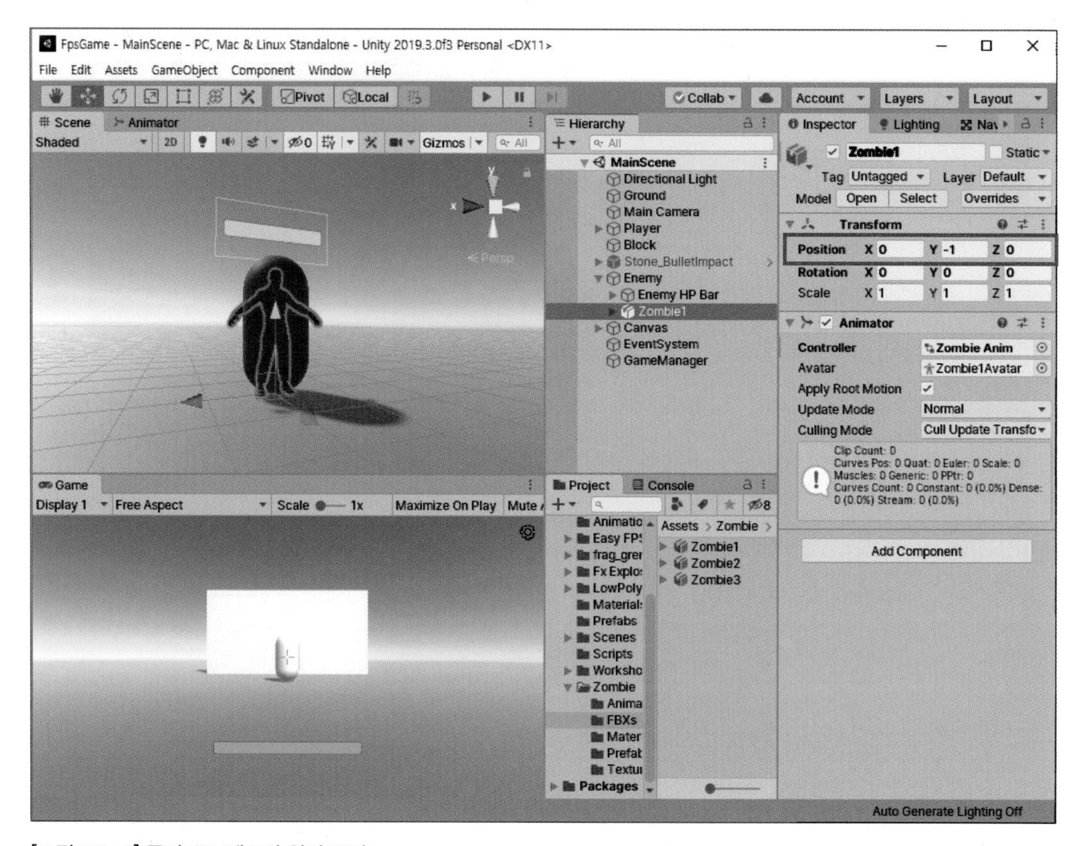

[그림 4.5–9] 좀비 오브젝트의 위치 조정

마지막으로 캡슐의 모습은 더 이상 보이지 않아야 하므로 에너미 오브젝트의 메시 렌더러 컴포넌트를 비활성화합니다. 또한 에너미의 충돌 영역도 좀비의 크기에 맞도록 캐릭터 콘트롤러 컴포넌트의 값을 [그림 4.5–10]과 같이 변경하겠습니다.

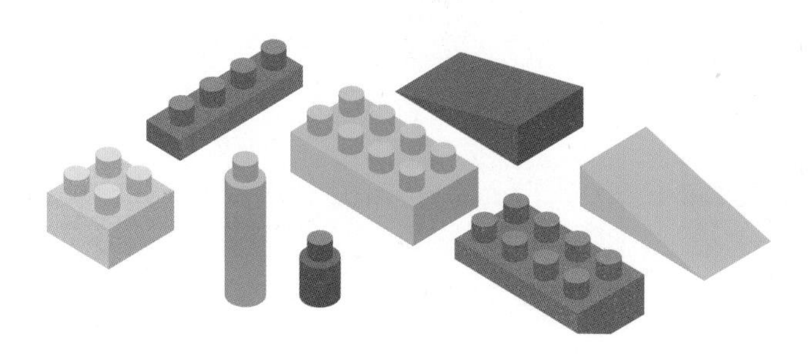

Inspector | Lighting

Enemy | Static
Tag Untagged | Layer Enemy

Transform

Position	X -20	Y 1	Z 0
Rotation	X 0	Y 0	Z 0
Scale	X 1	Y 1	Z 1

Capsule (Mesh Filter)

Mesh Renderer

Materials	
Size	1
Element 0	Mat_Enemy
Lighting	
Cast Shadows	On
Receive Shadows	✓
Contribute Global Illumination	
Receive Global Illumination	Light Probes
Probes	
Light Probes	Blend Probes
Reflection Probes	Blend Probes
Anchor Override	None (Transform)
Additional Settings	
Motion Vectors	Per Object Motion
Dynamic Occlusion	✓

Character Controller

Slope Limit	45
Step Offset	0.3
Skin Width	0.08
Min Move Distance	0.001
Center	X 0 Y -0.1 Z 0
Radius	0.25
Height	1.8

[그림 4.5-10] 메시 렌더러와 캐릭터 콘트롤러 조정

이렇게 에너미 오브젝트의 모델링 교체 작업이 완료됐습니다. 하지만 모델링만 바꾼다고 해서 좀비가 된 것은 아니겠죠? 다음으로 애니메이션 작업을 하겠습니다.

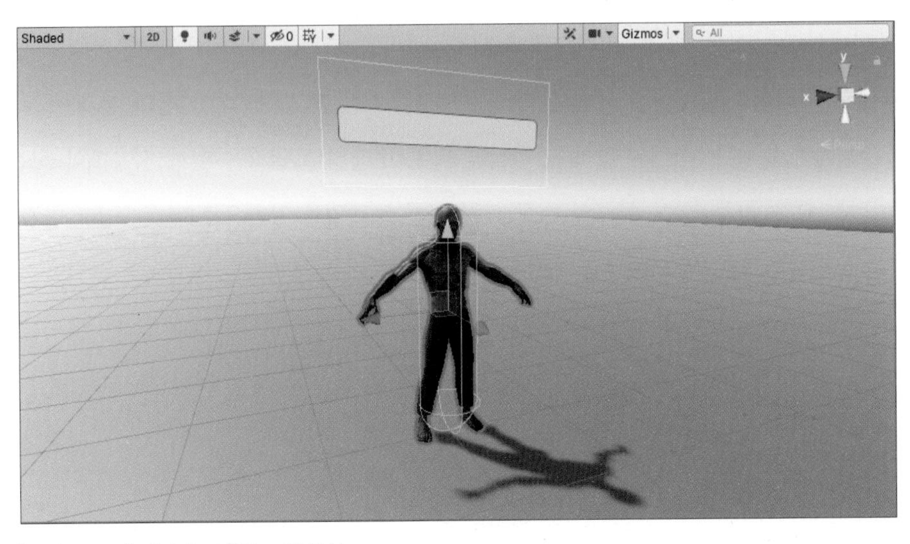

[그림 4.5-11] 에너미 모델링 교체 완성

1
1.1
1.2
1.3
1.4
2
2.1
2.2
2.3
2.4
3
3.1
3.2
3.3
4
4.1
4.2
4.3
4.4
4.5
4.6
4.7
4.8
4.9
4.10
4.11

4.5-2 : 에너미 애니메이션

좀비의 모델링이 준비됐으므로 이제 좀비가 할 수 있는 다양한 상태에 맞춰 실제로 동작(Animation)까지 하게 되면 금상첨화겠죠? 앞에서 우리는 이미 각각의 상태를 구분 지어 놓은 상태 머신(FSM)을 만들어 놓았습니다. 이번에는 이러한 상태에 맞춰 적절한 애니메이션 동작들을 적용해보겠습니다.

목표

에너미의 각 상태에 맞는 애니메이션을 적용하고 싶다.

순서

❶ 대기 상태에서의 애니메이션 적용하기
❷ 이동 및 복귀 상태에서의 애니메이션 적용하기
❸ 공격 및 공격 대기 상태에서의 애니메이션 적용하기
❹ 피격 상태에서의 애니메이션 적용하기
❺ 죽음 상태에서의 애니메이션 적용하기

애니메이션을 적용하다 보면 갖가지 고민들이 발생합니다. 예를 들어 특정 애니메이션에서 다른 애니메이션으로 자연스럽게 전환되도록 동작을 섞어주는 블렌딩(Blending) 또는 애니메이션의 일부만 사용해야 한다던지 하는 문제들이 바로 그런 것들이죠. 유니티에서는 이런 복잡한 애니메이션 적용 문제에 편리하게 대응할 수 있도록 강력한 애니메이션 기능인 메카님(Mechanim)을 제공하고 있습니다. 메카님은 매우 다양한 기능을 갖고 있지만, 그중 가장 대표적인 특징이라고 할 수 있는 리타깃팅(Retargeting) 기능과 비주얼 스크립팅에 대해 설명하겠습니다.

3D 애니메이션은 보통 애니메이터들에 의해 각 동작을 클립(clip)으로 구분해 파일로 넘겨받게 됩니다. 물론 이러한 애니메이션 클립은 특정한 모델링에 맞춰 제작되기 때문에 본래는 그 모델링에서만 사용해야 합니다. 하지만 동일한 동작을 다른 형태의 모델링을 함께 사용해야 하는 경우, 애니메이터는 같은 동작임에도 불구하고 또 다시 다른 모델링을 기반으로 에니메이션 클립을 만들어야 하는 불편함이 있으며, 특히 1인 개발자의 경우에는 비용 문제상 애니메이션 클립을 다양하게 보유하기 힘든 경우도 있을 것입니다. 유니티 메카님에서는 다른 모델링의 본(bone) 정보를 자동으로 매칭해 다른 모델링에도 같은 애니메이션을 적용할 수 있도록 하는 리타깃팅 기능을 제공하고 있습니다.

[그림 4.5-12] 리타깃팅으로 같은 애니메이션을 적용한 화면(출처: 언리얼 엔진(https://unrealengine.com/marketplace/ko/product/mixamo-animation-retargeting))

물론 리타깃팅이 모든 애니메이션에 적용되지는 않습니다. 직립 보행을 하는 인간 형태의 본 구조를 갖고 있어야 하며, 휴머노이드 리그(Humanoid rig) 정보를 가진 아바타(Avatar)가 존재해야 합니다. 말로만 설명하면 어려우므로 우리가 사용하고 있는 좀비 모델링의 리그 정보를 직접 살펴보겠습니다. 프로젝트 뷰에서 좀비 모델링을 선택한 후 임포트 세팅의 [Rig] 탭을 클릭해보겠습니다.

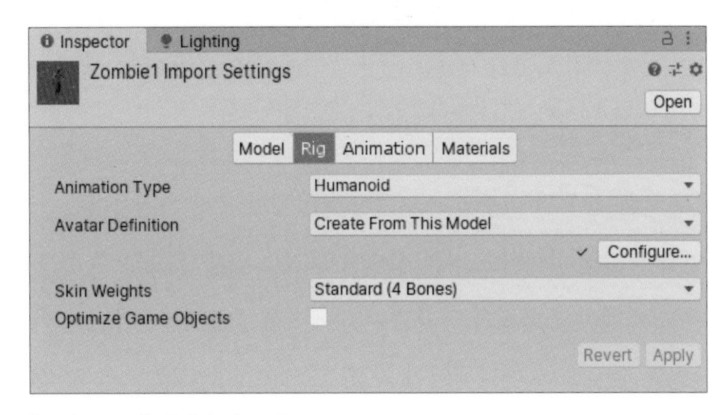

[그림 4.5-13] 좀비의 리그 정보

[Rig] 탭에 첫 번째 항목인 Animation Type 항목을 보면 Humanoid라고 돼 있는 것이 보이시죠? 본래 최초 외부 툴에서 유니티로 모델링을 임포트할 경우 애니메이션 타입은 레거시(Legacy) 상태로 돼 있습니다. 만일 인간형 캐릭터 모델링으로서 리타깃팅 기능을 활용하고자 할 때 이곳에서 애니메이션 타입을 휴머노이드로 변경하면 대부분의 경우 모델의 본 구조의 정보를 자동으로 매칭합니다.

그림에서 아래쪽 [Configure...] 버튼의 왼쪽에 체크 표시가 돼 있는 것이 보이나요? 애니메이션 타입을 휴머노이드로 변경하고 [적용(Apply)] 버튼을 눌렀을 때 그림처럼 [Configure] 버튼 좌측에 체크 표시가 보이면 그 모델링은 성공적으로 휴머노이드로 전환된 것입니다. 휴머노이드 상태가 되면 프로젝트 뷰에 아바타(Avatar) 파일이 자동으로 만들어집니다.

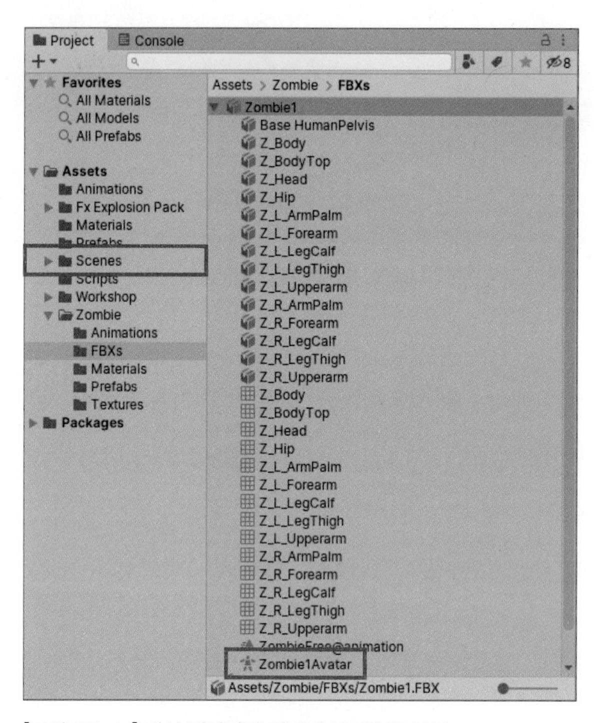

[그림 4.5-14] 메시 렌더러와 캐릭터 콘트롤러 조정

유니티 메카님의 두 번째 특징인 비주얼 스크립팅은 앞에서 우리가 만들어봤던 상태 머신과 관계가 있습니다. 에너미의 상태를 정의하고 다른 상태로 규칙성 있게 전환될 수 있도록 FSM을 만들었던 것과 같이 수많은 애니메이션 클립의 전환과 애니메이션 클립 간의 블렌딩 여부를 개발자가 시각적으로 보면서 작업할 수 있도록 애니메이션 과정(Animation workflow)을 시각화해 놓은 것이 바로 '애니메이션 비주얼 스크립팅'입니다.

애니메이션 비주얼 스크립팅을 하기 위해서는 우선 모델링 오브젝트에 애니메이터(Animator) 컴포넌트를 추가해야 합니다. 우리가 사용할 좀비의 경우에는 친절하게도 애니메이터 컴포넌트가 추가돼 있군요.

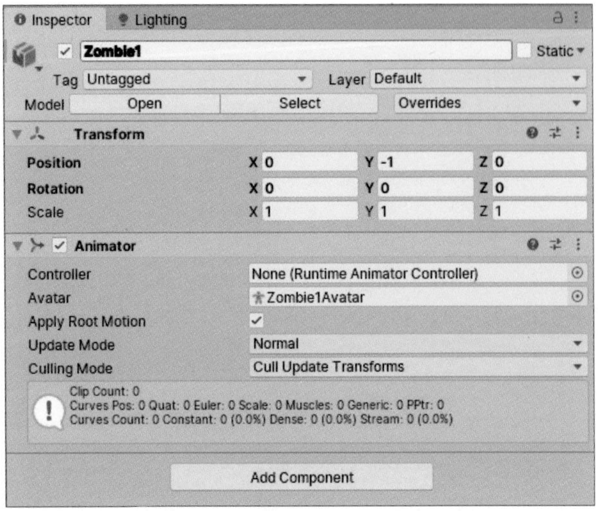

[그림 4.5-15] 애니메이터 컴포넌트

그런데 애니메이터 컴포넌트의 Controller 항목은 비어 있습니다. 바로 이곳에 우리가 애니메이션 클립들을 시각적으로 제어하는 내용을 담을 애니메이터 콘트롤러(Animator Controller)를 추가해야 합니다. 애니메이션 관련 파일들을 따로 관리하기 위해 프로젝트 뷰에 새 폴더를 만들고 이름은 'Animations'로 변경합니다. 그런 다음 [+] 버튼 – [Animator Controller]를 선택해 새 애니메이터 콘트롤러를 생성하고, 이름을 'Zombie Anim'으로 변경합니다.

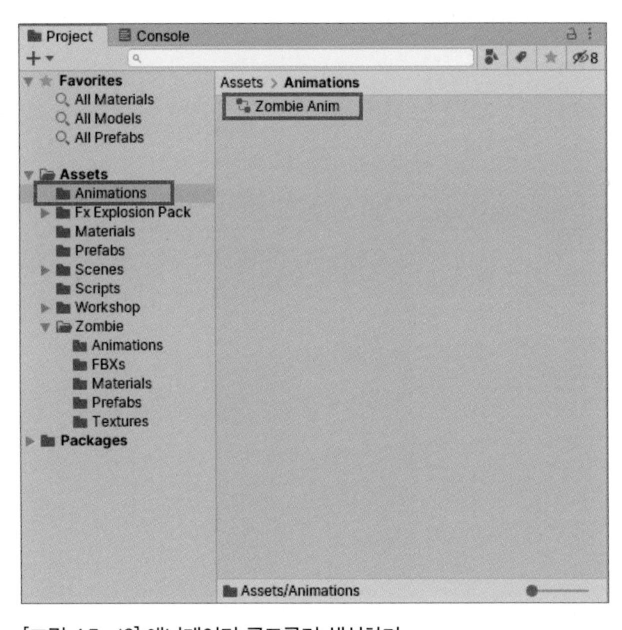

[그림 4.5-16] 애니메이터 콘트롤러 생성하기

새로 생성한 애니메이터 콘트롤러를 드래그해 좀비 오브젝트의 애니메이터 컴포넌트의 Controller 항목에 추가합니다.

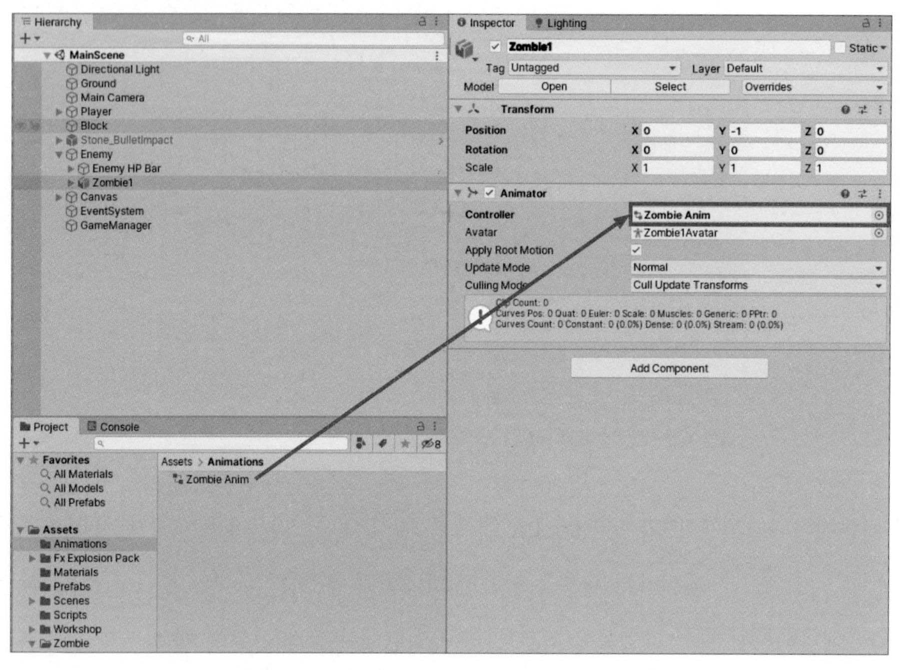

[그림 4.5-17] 애니메이터 콘트롤러 추가하기

애니메이터 콘트롤러를 추가한 상태에서 Zombie Anim을 더블 클릭하면 씬 뷰가 있었던 곳에 애니메이터 뷰(Animotor View)가 생성됩니다. 이 창은 유니티 에디터 상단의 [Window] - [Animation] - [Animator]를 선택해 열 수도 있습니다.

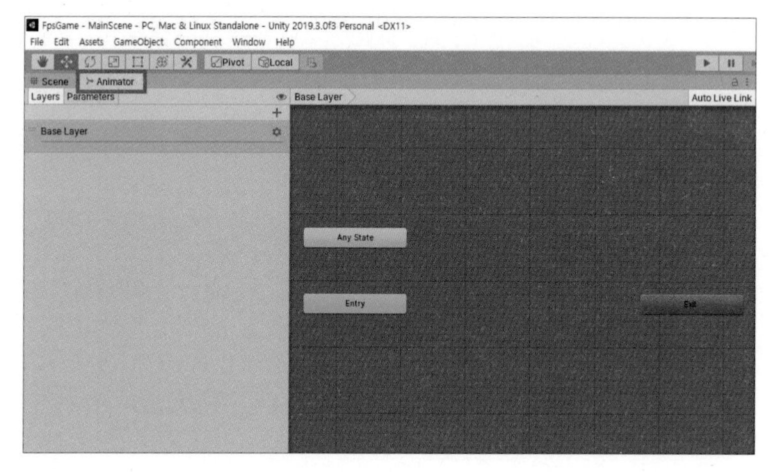

[그림 4.5-18] 애니메이터 뷰 화면

애니메이터 뷰에서는 애니메이션 클립들을 배치하고 연결해 마치 상태 머신처럼 애니메이션들 간의 관계를 설계하고 적용할 수 있습니다. 애니메이터 뷰를 보면 Entry, Any State, Exit의 세 가지 상자가 있는데, 각각의 상자를 '상태(State)'라고 합니다. 상태 박스는 마우스로 클릭한 상태에서 드래그해 위치를 자유자재로 이동시킬 수 있습니다. 시험 삼아 Exit 상자를 Entry 상자 아래로 이동시켜보겠습니다.

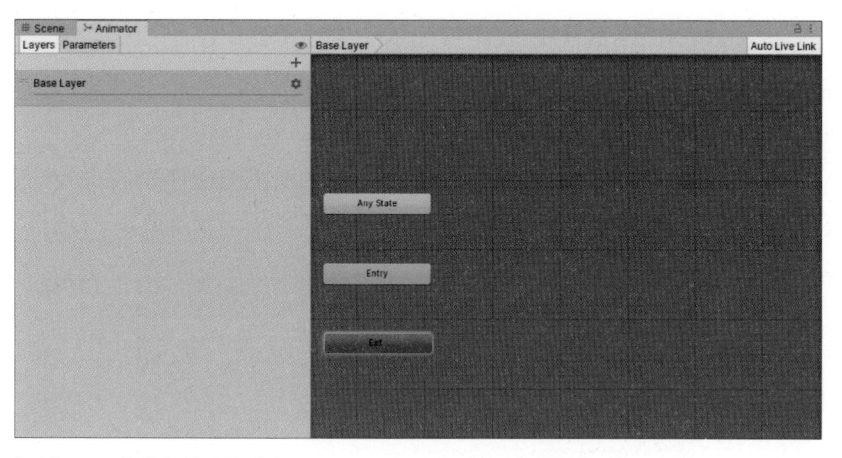

[그림 4.5-19] 상태 상자 옮기기

3개의 상태 박스 중에서 C# 스크립트에서 Start() 함수와 마찬가지로 애니메이터가 처음 씬에 로드됐을 때 애니메이션 상태의 진입점 역할을 하는 것이 바로 녹색으로 표시된 'Entry'라는 상태입니다. 좀비는 처음 씬에 로드됐을 때 가장 먼저 대기 상태이므로 대기 동작(Idle Animation)을 실행해야 합니다. 엔트리 상태 옆에 마우스 커서를 올려놓고 마우스 오른쪽 버튼을 클릭해 생성된 목록 박스에서 [Create state] - [Empty]를 선택해 빈 상태 박스를 하나 만들겠습니다.

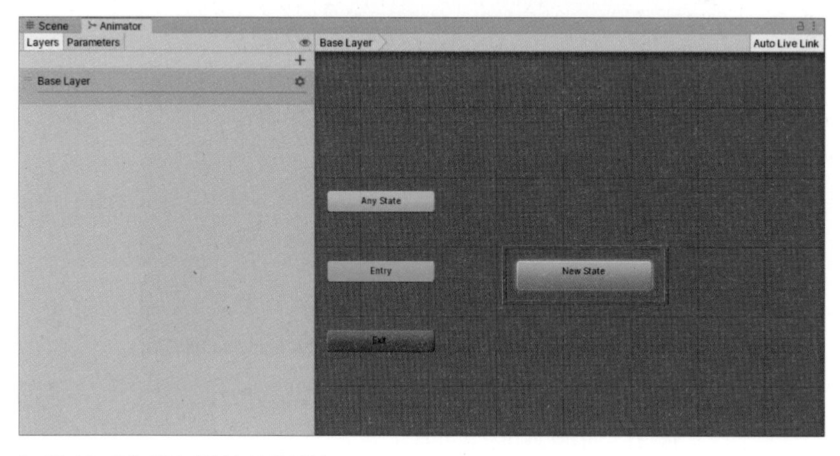

[그림 4.5-20] 애니메이션 상태 생성

새로 생성한 New State를 선택한 채 인스펙터 뷰를 보면 'Motion'이라는 항목이 있습니다. 이곳에 애니메이션 클립을 넣으면 그 상태가 활성화될 때 그 애니메이션 클립이 실행됩니다. 우리는 대기 모션을 해야 하기 때문에 Motion 항목에 넣을 대기 동작 클립을 찾아야 합니다. 좀비 애셋을 다운로드했던 Zombie 폴더 하위의 Animations 폴더에 애니메이터가 만들어 놓은 애니메이션 클립 파일(.anim 확장자)들이 저장돼 있습니다. 유니티에서는 anim 파일이 어떤 동작인지 미리 볼 수 있도록 미리 보기 기능(Preview)을 제공합니다. 만일 미리 보기 창이 보이지 않는다면, 그림에 표시된 바를 마우스로 클릭하면 됩니다.

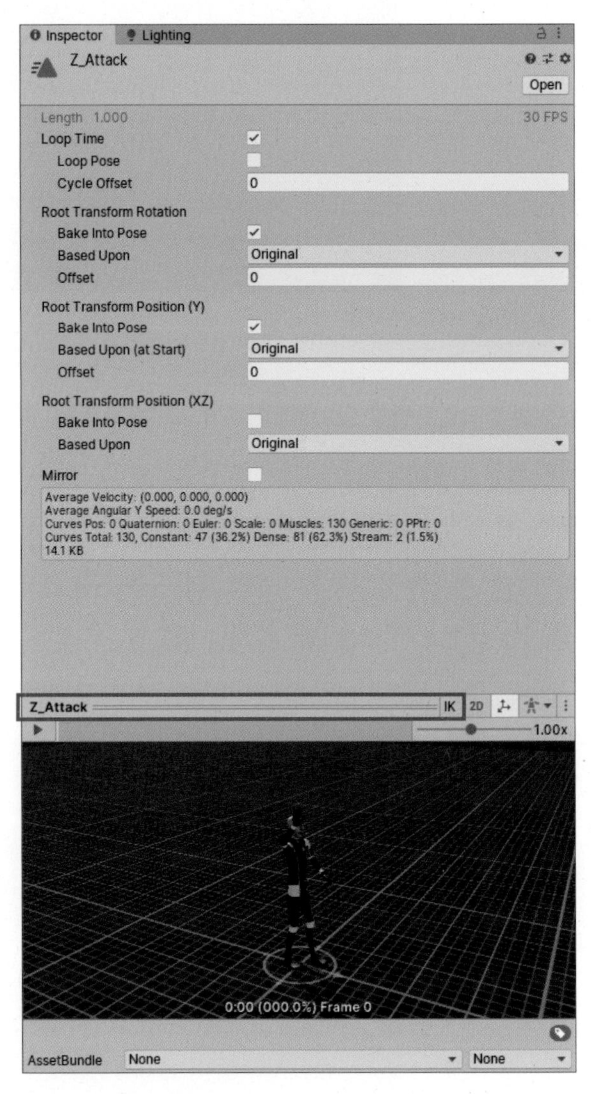

[그림 4.5-21] 애니메이션 미리 보기

미리 보기 창의 좌측 상단에 보면 플레이 버튼이 보입니다. 마우스로 플레이 버튼을 클릭하면 해당 애니메이션 클립의 동작을 볼 수 있습니다. 전체적으로 한 번씩 미리 보기를 해보니 Z_Idle.anim 클립이 대기 동작에 어울릴 것 같군요. Z_Idle.anim 파일을 앞에서 만든 New State의 Motion 항목에 드래그 앤 드롭해 추가하고, 이름을 'Idle'로 변경하겠습니다.

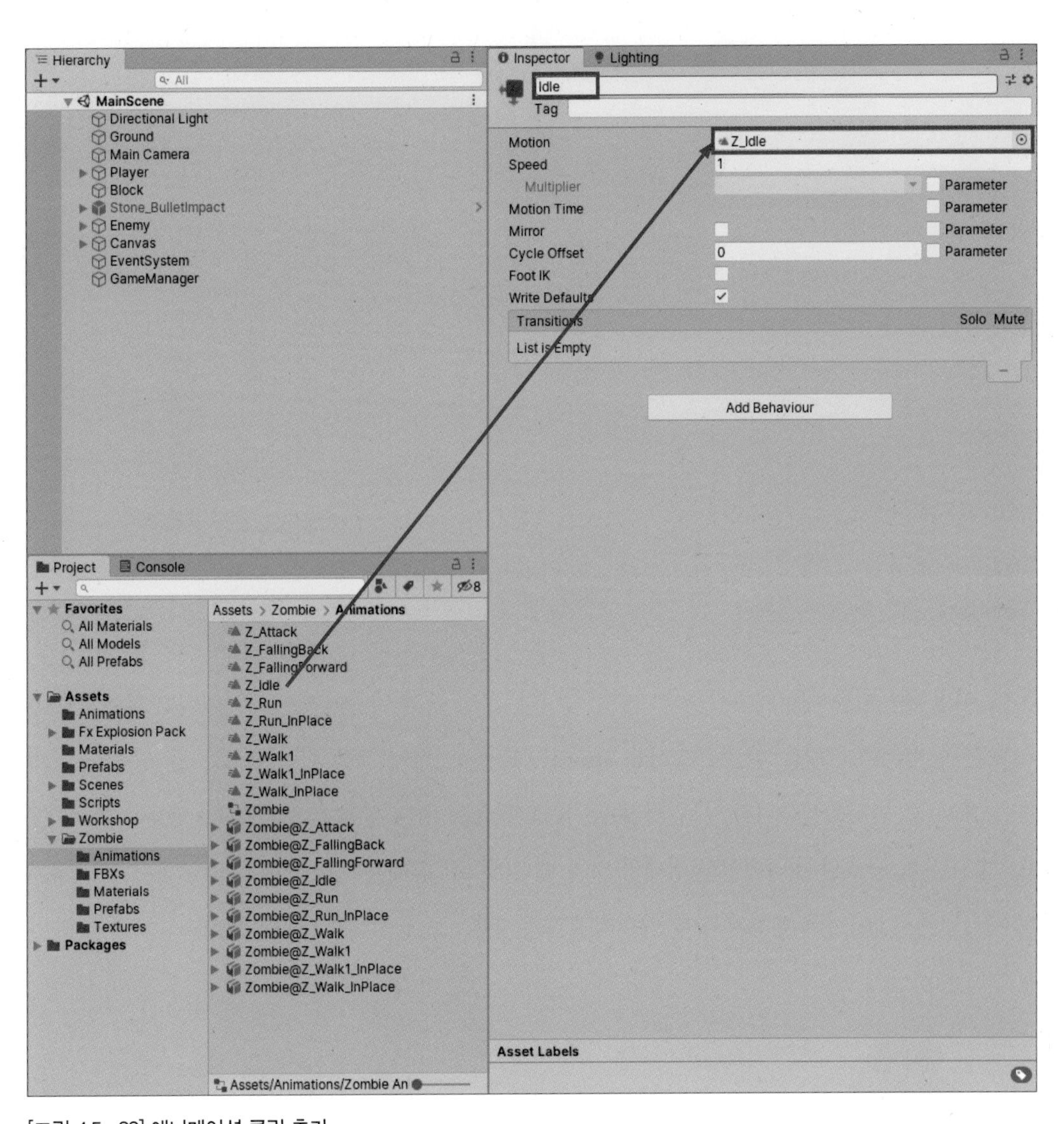

[그림 4.5-22] 애니메이션 클립 추가

애니메이션이 동작하는 것을 확인하기 위해 유니티 에디터를 플레이해보겠습니다. 미리 보기에서 봤던 동작대로 움직이는 게 보이나요?

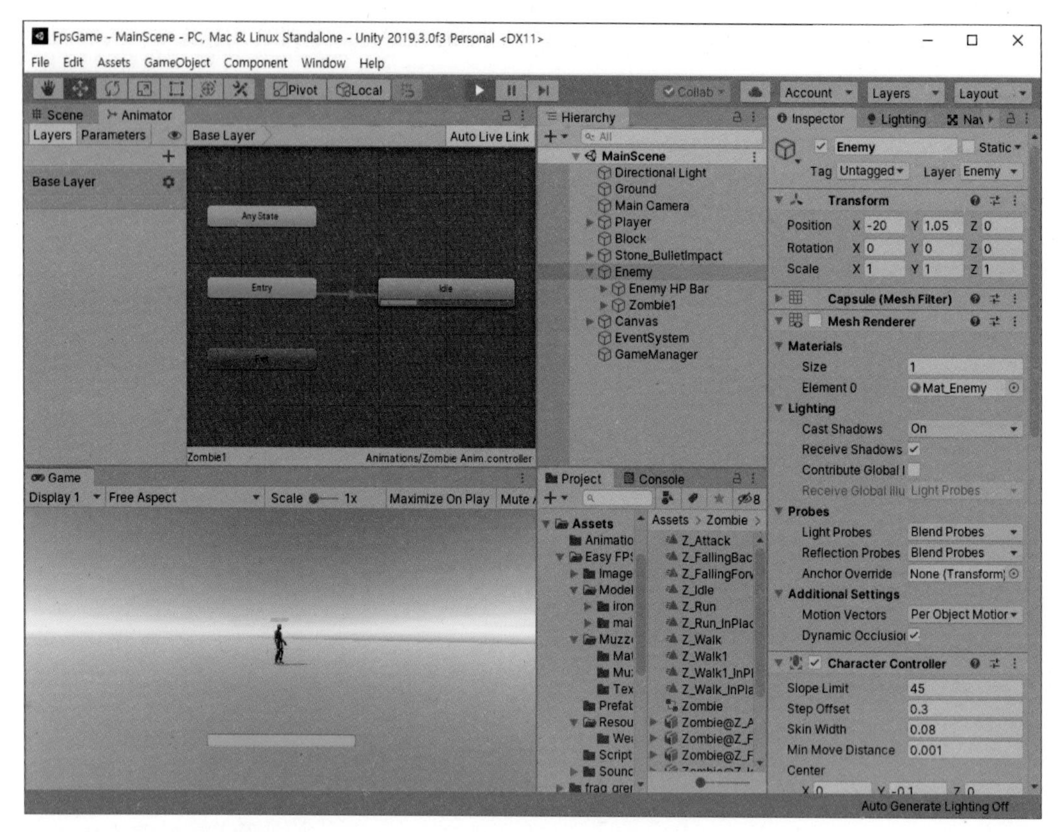

[그림 4.5-23] 대기 애니메이션 확인

자, 이번에는 이동 애니메이션을 추가하겠습니다. 조금 전과 마찬가지로 애니메이터 뷰에서 마우스 오른쪽 버튼을 클릭을 한 후 **[Create state]** - **[Empty]**를 선택해 빈 상태 박스를 생성하고, 이름을 **'Move'**로 변경하겠습니다. 그런데 Move 상태 박스는 Idle 상태 박스와 달리 색상이 회색이군요. 그 이유는 최초의 애니메이션 상태와 다른 애니메이션 상태를 구분하기 쉽도록 하기 위해 유니티 메카님에서 Entry에 연결된 상태 박스에만 오렌지색으로 표시해주기 때문입니다.

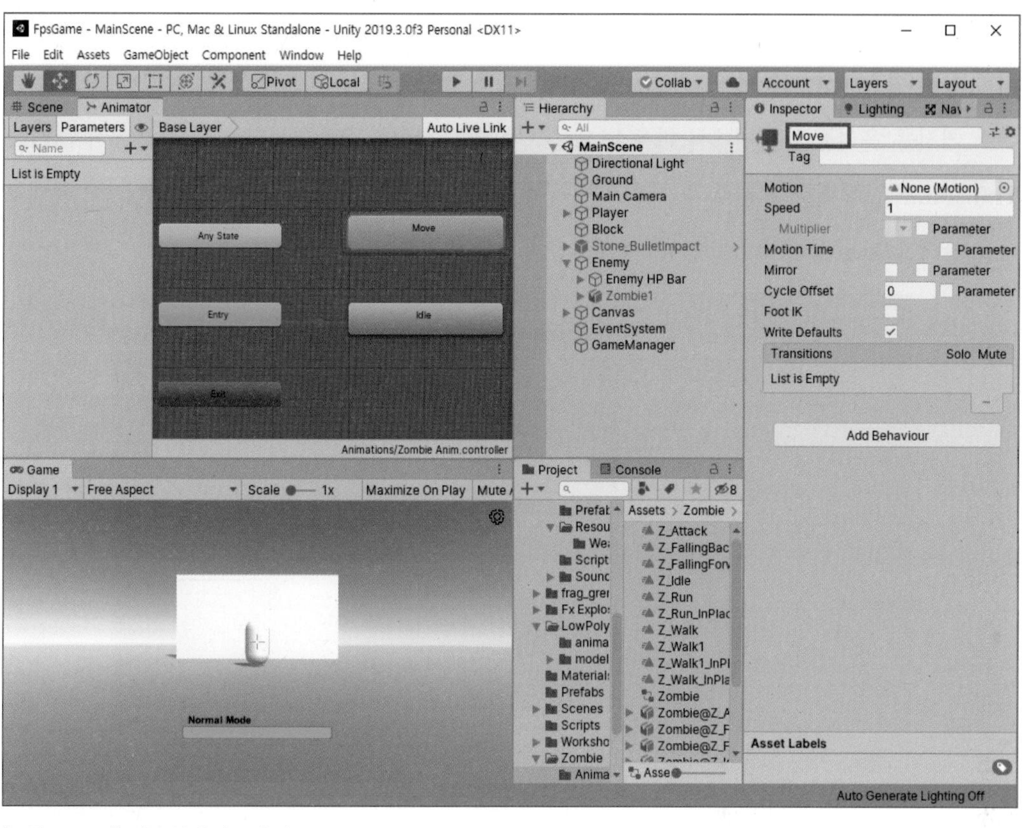

[그림 4.5-24] 이동 상태 박스 추가

이제 애니메이션 클립을 Motion에 넣어줄 차례인데, Z_Run과 Z_Run_InPlace의 애니메이션이 같은 동작으로 보이네요. 하지만 두 애니메이션 클립은 서로 다른 동작입니다. 미리 보기 화면의 바닥을 유심히 살펴보면 Z_Run의 경우에는 모델링이 실제로 이동하고 있고, Z_Run_InPlace의 경우에는 뛰는 동작만 할 뿐 모델링이 실제로 이동하지 않는다는 것을 알 수 있습니다. 우리가 사용할 좀비의 경우에는 오브젝트의 이동 부분은 코드에서 직접 제어하고 애니메이션은 그저 동작만 보이면 충분하기 때문에 Z_Run_InPlace를 사용해야 합니다.

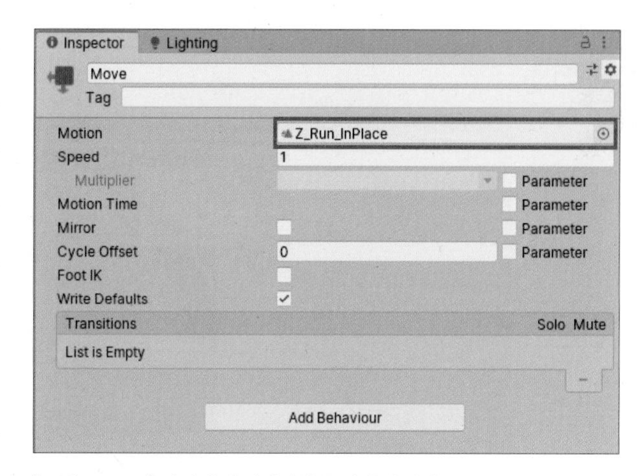

[그림 4.5-25] 달리기 애니메이션 클립 추가하기

무조건 실행돼야 하는 대기 동작 때와는 달리, 이동 동작은 대기 동작에서 전환돼야 하기 때문에 대기 상태 박스에서 이동 상태 박스로 연결해주는 작업이 필요합니다. 우선 Idle 상태 박스에 마우스 커서를 올려놓은 상태에서 마우스 오른쪽 버튼을 클릭한 후, 생성된 선택 목록에서 **[Make Transition]**을 선택합니다. 이제 마우스 커서에 선이 연결돼 있는 것이 보일 것입니다. 이 상태로 다음 상태인 Move 상태 박스를 클릭하면 두 상태 박스가 선으로 연결됩니다.

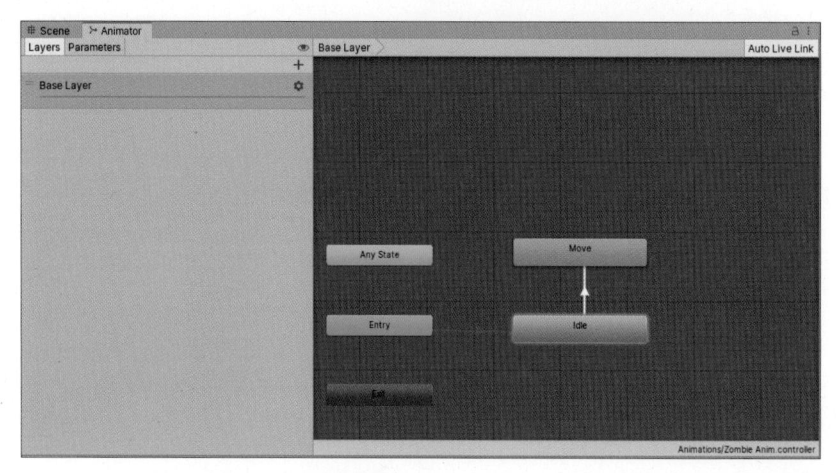

[그림 4.5-26] 대기 상태와 이동 상태를 연결하기

이렇게 상태를 전환할 수 있게 연결된 선을 '트랜지션(Transition)'이라고 합니다. 상태 트랜지션을 스크립트에서 원할 때 코드로 실행할 수 있게 하려면, 이 트랜지션을 호출하기 위한 변수가 필요합니다. 애니메이터 창의 좌측 상단에 있는 [파라미터(Parameters)] 탭을 클릭합니다. 파라미터 창의 우측 상단에 있는 [+] 버튼을 클릭하면 총 네 가지 타입으로 파라미터를 만들 수 있다는 것을 알 수 있습니다.

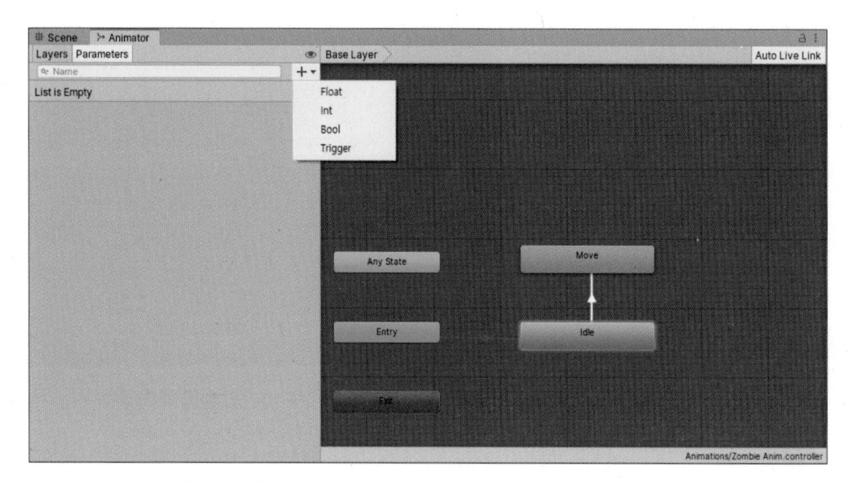

[그림 4.5-27] 트랜지션 변수의 자료형

코드로 트랜지션을 호출할 때 특정한 값을 조건으로 하지는 않을 것이므로 파라미터의 종류는 Trigger로 선택하고, 이름을 '**IdleToMove**'로 변경합니다.

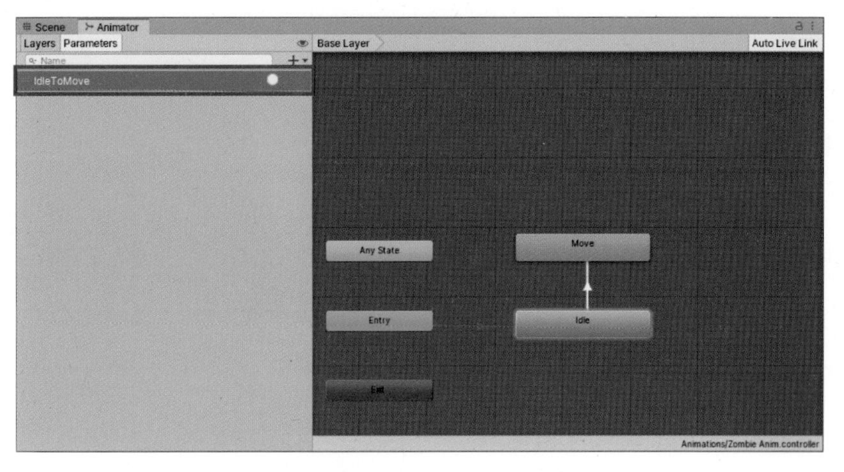

[그림 4.5-28] 대기 → 이동 파라미터 생성

파라미터를 만들었으므로 트랜지션에 이 파라미터를 부여할 차례입니다. 트랜지션을 선택하면 인스펙터 뷰에 '이 트랜지션은 대기 상태에서 이동 상태로 연결됐다'는 표시(Idle → Move)가 보일 것입니다. 아래쪽을 보면 Condition 항목이 있고, 리스트가 비어 있다고 돼 있는데, 바로 이곳에 파라미터를 추가하면 됩니다. 그림에 표시된 [+] 버튼을 클릭하고 빈 항목이 생성되면 앞에서 만든 IdleToMove로 지정합니다. 이제 IdleToMove 파라미터를 호출하면 이 트랜지션을 실행할 수 있게 됩니다.

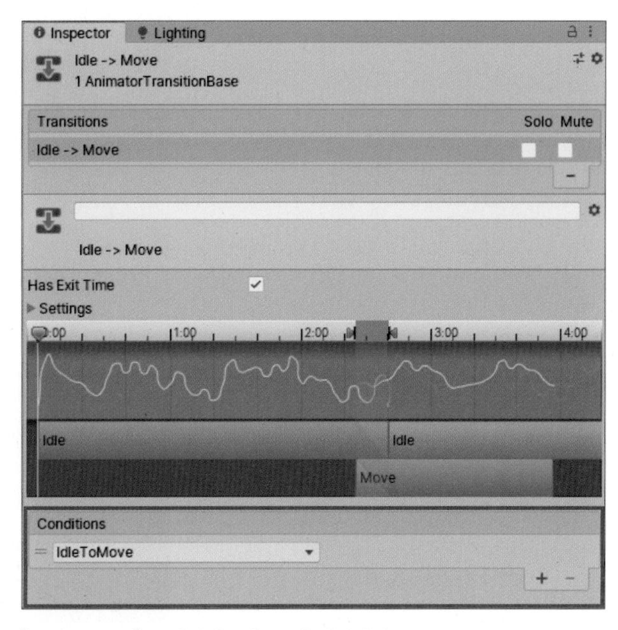

[그림 4.5-29] 트랜지션 호출 조건 설정하기

Conditions 위쪽을 보면 Idle 상자와 Move 상자 사이에 겹치는 부분이 표시된 것이 보입니다. 특히 위쪽에 타임라인 쪽을 보면 조절이 가능할 것 같은 핸들도 2개나 보이는군요. 이것은 두 애니메이션 클립을 전환할 때 자연스럽게 보일 수 있도록 모션을 섞어주는 '블렌딩(Blending)'이라는 요소입니다. 시험 삼아 Move 상자를 마우스로 드래그해 왼쪽으로 밀어보겠습니다. 그리고 타임라인 쪽의 시작 핸들도 0%가 될 때까지 좌측으로 드래그합니다.

이제 하단의 미리 보기를 플레이해보면 동작이 더 많이 섞여 플레이되는 것을 확인할 수 있습니다.

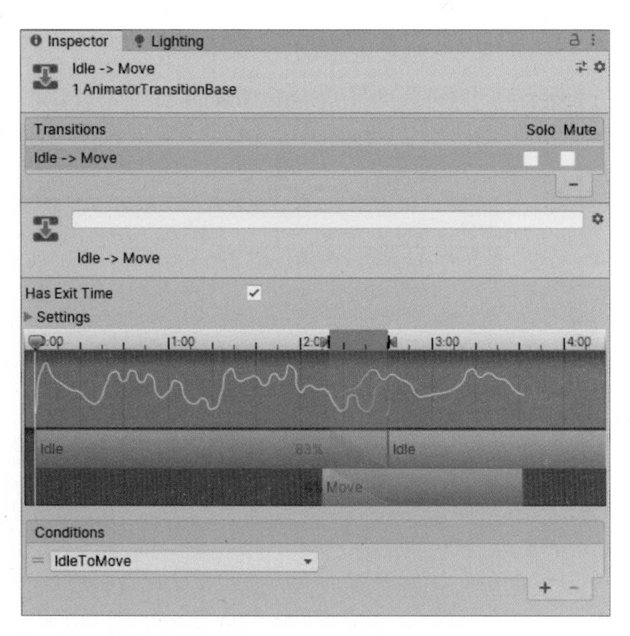

[그림 4.5-30] 블렌딩 조정

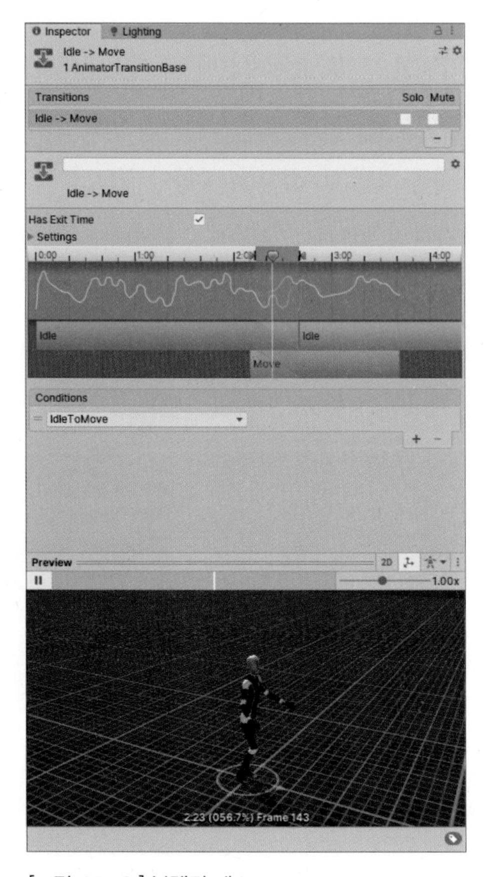

[그림 4.5-31] 블렌딩 테스트

애니메이션 준비는 대강 완료된 것 같으므로 이번에는 코드에서 트랜지션해보겠습니다. EnemyFSM.cs 스크립트에서 이동 상태로 전환되는 부분을 찾아보겠습니다. 먼저 애니메이터 컨트롤러를 제어하기 위해 애니메이터 컴포넌트를 받아오는 것부터 시작해야 합니다. 애니메이터 컴포넌트는 에너미 본체 오브젝트가 아닌 자식 오브젝트에 있기 때문에 GetComponent<T>() 함수가 아닌 GetComponentInChildren<T>() 함수를 사용해 컴포넌트를 받아오겠습니다.

```
public class EnemyFSM: MonoBehaviour
{
. . . (생략) . . .

    // 애니메이터 변수
    Animator anim;

    void Start()
    {
        . . . (생략) . . .

        // 자식 오브젝트로부터 애니메이터 변수 받아오기
        anim = transform.GetComponentInChildren<Animator>();
    }

    . . . (생략) . . .
}
```

[코드 4.5-1] EnemyFSM.cs 자식 오브젝트로부터 애니메이터 변수 받아오기

다음으로 Idle() 함수 마지막 부분에서 상태 전환할 때 애니메이션도 같이 전환하는 코드를 추가하겠습니다. 스크립트에서 트리거 파라미터를 호출할 때는 SetTrigger() 함수를 사용합니다. 파라미터로는 파라미터의 인덱스 또는 이름을 전달해주면 되는데, 여기서는 이름을 전달하겠습니다.

```
public class EnemyFSM: MonoBehaviour
{
. . . (생략) . . .

    void Idle()
    {
```

```
        // 만일, 플레이어와의 거리가 액션 시작 범위 이내라면 Move 상태로 전환한다.
        if (Vector3.Distance(transform.position, player.position) < findDistance)
        {
            m_State = EnemyState.Move;
            print("상태 전환: Idle → Move");

            // 이동 애니메이션으로 전환하기
            anim.SetTrigger("IdleToMove");
        }
    }
. . . (생략) . . .
}
```

[코드 4.5-2] EnemyFSM.cs 대기 애니메이션에서 이동 애니메이션으로 전환하기

그럼 애니메이션 전환이 잘 이뤄지는지 유니티를 플레이해 확인해보겠습니다. 그런데 에너미가 플레이어 쪽으로 방향 전환을 하지 않고 그냥 이동해오는군요. 또한 대기 애니메이션에서 바로 이동 애니메이션으로 전환되지 않고 이동 중에도 대기 애니메이션을 하다가 뒤늦게 이동 애니메이션으로 전환되는 것도 이상합니다.

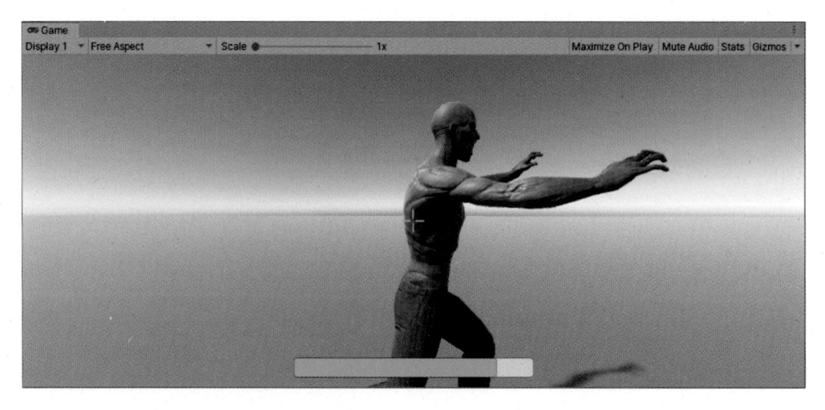

[그림 4.5-32] 좀비 애니메이션의 문제점

먼저 방향 전환 문제부터 수정해보겠습니다. 카메라 빌보드 때와 동일하게 트랜스폼 클래스의 LookAt() 함수를 사용해도 되지만, 이번에는 벡터 연산을 이용해보겠습니다. 이동을 담당하는 Move() 함수에서 이미 플레이어를 바라보는 방향은 구해져 있으므로 자신의 정면 방향(forward)을 그 방향으로 대입하는 방식으로 방향 전환을 구현합니다.

```
public class EnemyFSM: MonoBehaviour
{
. . . (생략) . . .

    void Move()
    {
        . . . (생략) . . .

        // 만일, 플레이어와의 거리가 공격 범위 밖이라면 플레이어를 향해 이동한다.
        else if (Vector3.Distance(transform.position, player.position) > attackDistance)
        {
            // 이동 방향 설정
            Vector3 dir = (player.position - transform.position).normalized;

            // 캐릭터 콘트롤러를 이용해 이동하기
            cc.Move(dir * moveSpeed * Time.deltaTime);

            // 플레이어를 향해 방향을 전환한다.
            transform.forward = dir;

        }
        . . . (생략) . . .
    }
}
```

[코드 4.5-3] EnemyFSM.cs 에너미의 몸체를 이동 방향으로 회전하기

다음으로 대기 애니메이션에서 이동 애니메이션으로의 전환이 늦어지는 문제를 해결해보겠습니다. 애니메이터 컨트롤러의 IdleToMove 트랜지션을 살펴보면 중앙 부분의 Has Exit Time 항목에 체크 표시돼 있습니다. Has Exit Time 항목은 스크립트에서 트랜지션을 호출하더라도 곧바로 애니메이션 전환되지 않고, 현재 플레이 중인 애니메이션이 모두 종료된 후에야 다음 애니메이션으로 전환되도록 설정하는 항목입니다. 대기 애니메이션에서 이동 애니메이션으로의 전환은 즉시 이뤄져야 하기 때문에 이 항목의 체크 표시를 해제합니다.

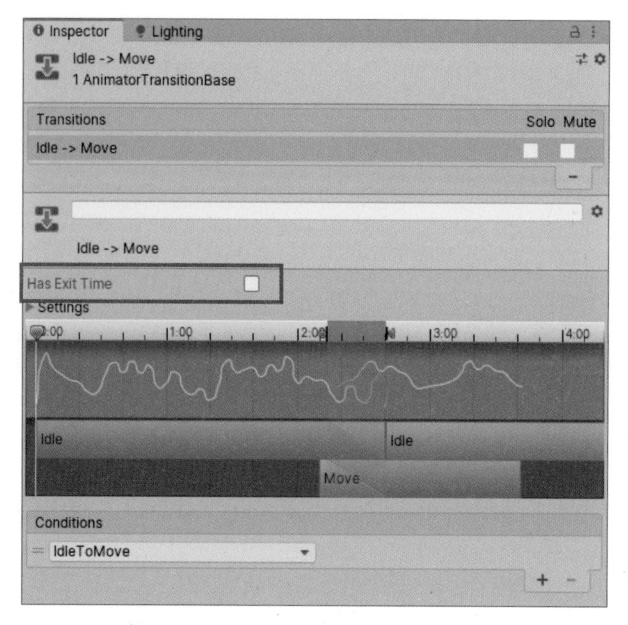

[그림 4.5-33] Has Exit Time 체크 해제

이제 다시 플레이해보면 이전에 발생한 문제들이 해결된 것을 확인할 수 있을 것입니다. 이동에는 공격 이동 외에 복귀 이동도 있으므로 복귀 이동도 구현하겠습니다.

[그림 4.5-34] 이동 애니메이션 확인

복귀 이동은 공격 이동 중에 전환되므로 애니메이션 상태도 Move 상태에서 연결하겠습니다. 이동 상태에서 복귀 상태로 전환할 때는 동일한 달리기 애니메이션이 계속되므로 별도의 상태를 만들 필요가 없습니다. 반면, 초기 위치로 돌아왔을 때는 이동 애니메이션에서 다시 대기 애니메이션으로 전환돼야 하기 때문에 Move 상태에서 Idle 상태로 새로운 트랜지션을 연결해보겠습니다. 이전에 만들었던 트랜지션 때와 마찬가지로 Move 상태 상자를 선택한 채 마우스 오른쪽 버튼을 클릭한 후에 **[Make Transition]**을 선택해 마우스에 선이 연결되면 다시 Idle 상태 상자를 클릭해 트랜지션을 연결합니다.

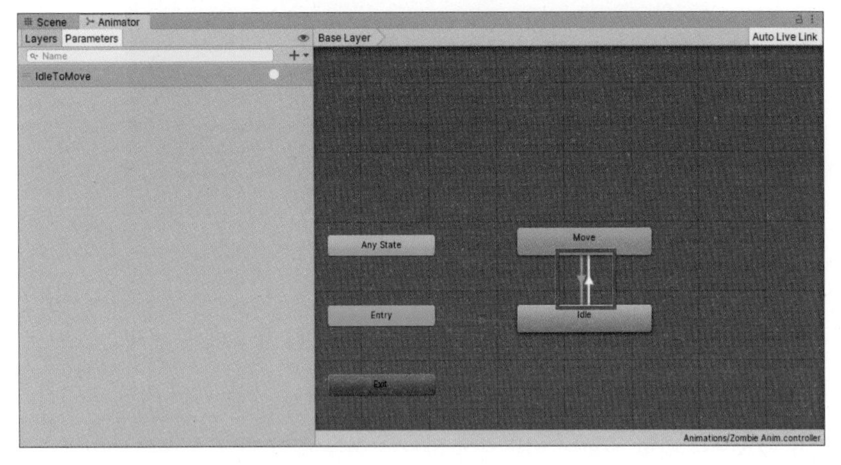

[그림 4.5-35] 복귀 트랜지션 연결하기

새로 만든 트랜지션을 호출하기 위한 파라미터를 만들어보겠습니다. [파라미터] 탭에서 [+] 버튼을 클릭한 후 Trigger를 선택해 새 파라미터를 추가하고, 이름을 '**MoveToIdle**'로 변경합니다.

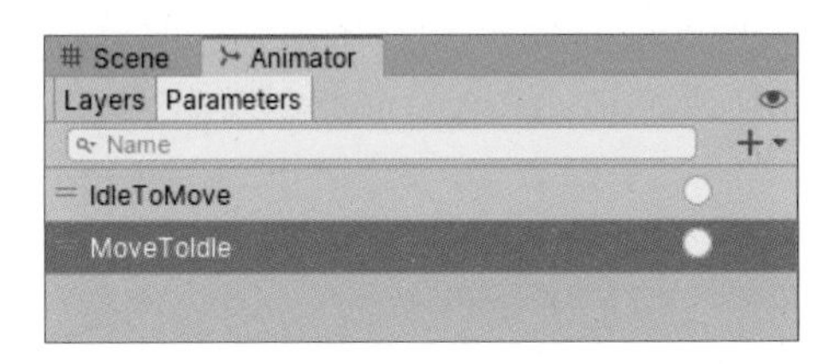

[그림 4.5-36] 복귀 파라미터 생성

다음으로 복귀 트랜지션에 새로 만든 파라미터를 추가하겠습니다. 지정된 복귀 위치에 도착하면 이동 애니메이션 플레이 도중이라도 즉시 대기 애니메이션으로 전환돼야 하므로 이때도 역시 트랜지션에서 [Has Exit Time] 항목의 체크 표시를 해제해야 합니다.

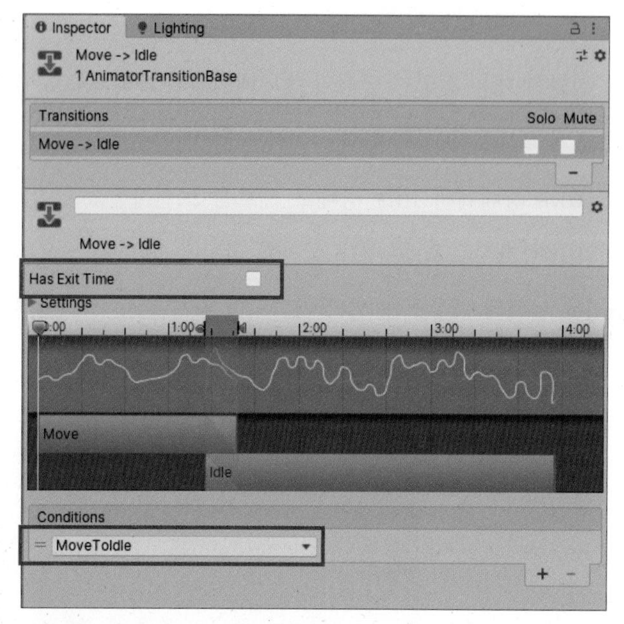

[그림 4.5-37] 복귀 파라미터 추가하기

복귀 이동 상태에서 대기 상태로 되돌아가는 부분은 Return() 함수에 구현돼 있으므로 상태를 전환하는 코드 다음 부분에 복귀 트랜지션을 호출하는 코드를 추가합니다. 또한 복귀하러 이동하는 도중에도 목표 지점으로 방향 전환이 이뤄져야 하므로 이동 때와 같은 코드를 추가해야 합니다.

```
. . . (생략) . . .

void Return()
{
    // 만일, 초기 위치에서의 거리가 0.1f 이상이라면 초기 위치 쪽으로 이동한다.
    if (Vector3.Distance(transform.position, originPos) > 0.1f)
    {
        Vector3 dir = (originPos - transform.position).normalized;
        cc.Move(dir * moveSpeed * Time.deltaTime);

        // 방향을 복귀 지점으로 전환한다.
        transform.forward = dir;
    }
    // 그렇지 않다면, 자신의 위치를 초기 위치로 조정하고 현재 상태를 대기 상태로 전환한다.
    else
```

```
        {
            transform.position = originPos;

            // hp를 다시 회복한다.
            hp = maxHp;

            m_State = EnemyState.Idle;
            print("상태 전환: Return -> Idle");

            // 대기 애니메이션으로 전환하는 트랜지션을 호출한다.
            anim.SetTrigger("MoveToIdle");
        }
    }
. . . (생략) . . .
```

[코드 4.5-4] EnemyFSM.cs 복귀 지점으로 방향 전환 및 이동 → 대기 애니메이션 전

복귀 위치로 되돌아왔을 때는 처음에 배치돼 있었던 방향을 바라보도록 하기 위해 위치 저장 때와 똑같이 초기 회전 값을 저장하는 변수를 만들어 Start() 함수에서 저장해뒀다가 복귀 상태에서 대기 상태로 전환할 때 저장된 회전 값으로 변경해야 합니다.

```
using System.Collections;
using System.Collections.Generic;
using UnityEngine;
using UnityEngine.UI;

public class EnemyFSM : MonoBehaviour
{
. . . (생략) . . .

    // 초기 위치 저장용 변수
    Vector3 originPos;
    Quaternion originRot;

    . . . (생략) . . .

    void Start()
    {
```

```
        . . . (생략) . . .

        // 자신의 초기 위치와 회전 값 저장하기
        originPos = transform.position;
        originRot = transform.rotation;

        . . . (생략) . . .
    }

        . . . (생략) . . .

    void Return()
    {
        . . . (생략) . . .

        else
        {
            // 위치 값과 회전 값을 초기 상태로 변환한다.
            transform.position = originPos;
            transform.rotation = originRot;

            // hp를 다시 회복한다.
            hp = maxHp;

            m_State = EnemyState.Idle;
            print("상태 전환: Return → Idle");

            // 대기 애니메이션으로 전환하는 트랜지션을 호출한다.
            anim.SetTrigger("MoveToIdle");
        }
    }
    . . . (생략) . . .
}
```

[코드 4.5-5] EnemyFSM.cs 초기 회전 값 저장 및 복귀 지점에서의 회전값 초기화

코드 작성이 완료됐으면 유니티에서 복귀 애니메이션 제대로 이뤄지는지 확인해보겠습니다.

[그림 4.5-38] 복귀 애니메이션 확인

이번에는 공격 애니메이션을 적용할 차례입니다. 공격 애니메이션은 ❶ 실제 공격 모션을 취하는 공격 애니메이션과 ❷ 공격 모션이 끝나고 다음 공격 때까지 대기하는 공격 대기 애니메이션의 두 가지 애니메이션으로 이뤄집니다. 만일 이렇게 공격 대기 애니메이션을 별도로 두지 않는다면 공격 애니메이션이 종료되고 마네킹처럼 굳어 있다가 다시 공격 애니메이션이 플레이되는 어설픈 상황이 연출될 것입니다.

[그림 4.5-39] 공격 모션과 대기 모션의 순환

그렇다면 이동 애니메이션에서 트랜지션은 공격 애니메이션과 공격 대기 애니메이션 중에 어느 쪽에 연결되는 편이 맞는 것 같나요? 에너미 상태 머신에서 공격 상태를 구현할 때 이미 살펴봤듯이 일단 공격 대기 상태였다가 일정한 시간(공격 딜레이 시간)이 경과될 때만 공격이 이뤄지기 때문에 이동 애니메이션에서 연결될 트랜지션은 공격 대기 애니메이션 쪽으로 연결돼야 합니다.

유니티 애니메이터 뷰에서 공격 State와 공격 대기 State를 생성하고, 각각의 Motion 항목에 Z_Attack.anim 파일과 Z_Idle.anim 파일을 추가합니다.

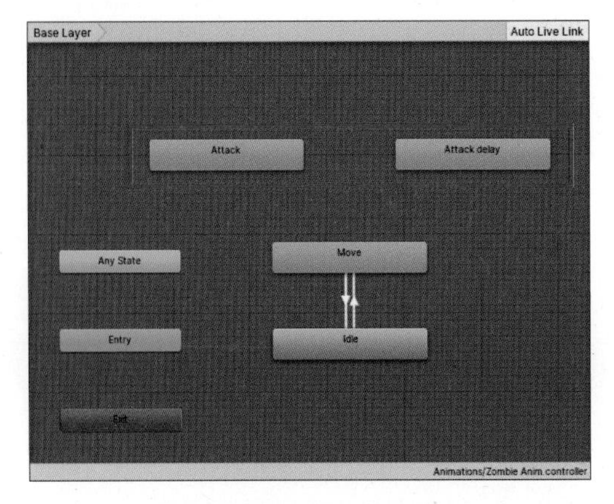

[그림 4.5-40] 공격 및 공격 대기 상태 추가

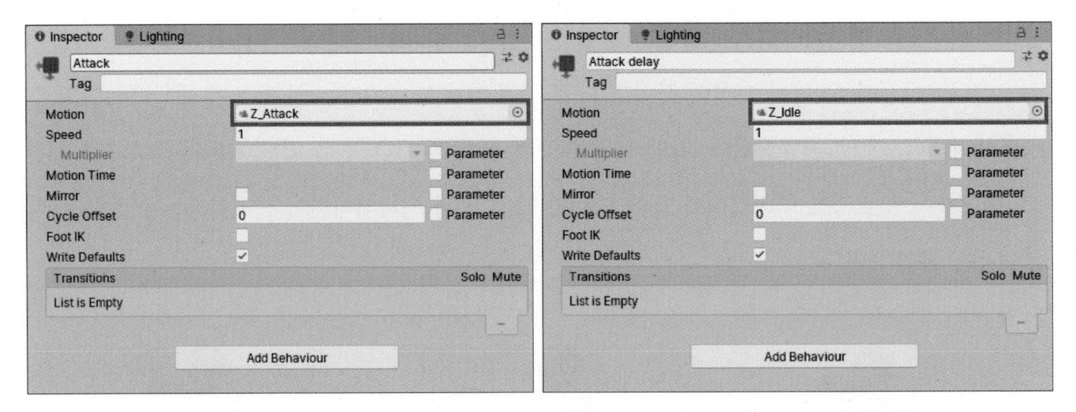

[그림 4.5-41] 공격 애니메이션 클립 추가

[그림 4.5-42] 공격 대기 애니메이션 클립 추가

애니메이터 뷰 좌측 상단의 [Parameters] 탭을 선택한 후 [+] 버튼을 클릭해 새 파라미터를 추가합니다. 파라미터의 이름은 'MoveToAttackDelay'로 변경하겠습니다. 그리고 Move 상태 박스에서 Attack Delay 상태 박스로 트랜지션을 연결합니다.

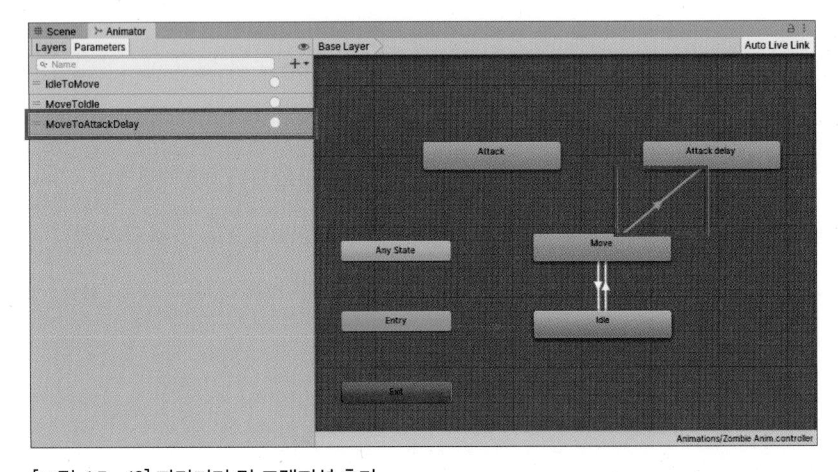

[그림 4.5-43] 파라미터 및 트랜지션 추가

트랜지션의 [Conditions] 항목에 새로 만든 파라미터를 추가하고, [Has Exit Time] 항목의 체크 표시도 해제합니다.

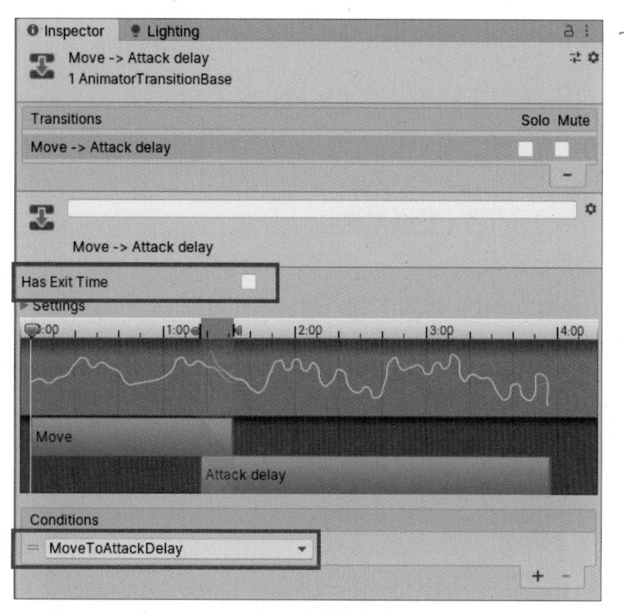

[그림 4.5-44] Move → Attack Delay 트랜지션 설정

EnemyFSM.cs 스크립트의 Move() 함수에서 공격 상태로 전환하는 부분에 MoveToAttackDelay를 호출하는 코드를 추가합니다.

```
. . . (생략) . . .

void Move()
{
    . . . (생략) . . .

    // 그렇지 않다면 현재 상태를 공격으로 전환한다.
    else
    {
        m_State = EnemyState.Attack;
        print("상태 전환: Move → Attack");

        // 누적 시간을 공격 딜레이 시간만큼 미리 진행시켜 놓는다.
        currentTime = attackDelay;
```

```
        // 공격 대기 애니메이션 플레이
        anim.SetTrigger("MoveToAttackDelay");
    }
}

. . . (생략) . . .
```

[코드 4.5-6] EnemyFSM.cs 공격 대기 애니메이션 플레이

공격 대기 상태에서 일정한 시간마다 공격 애니메이션을 실시하고, 공격 대기 상태로 되돌아올 수 있도록 양쪽 방향으로 트랜지션을 연결합니다.

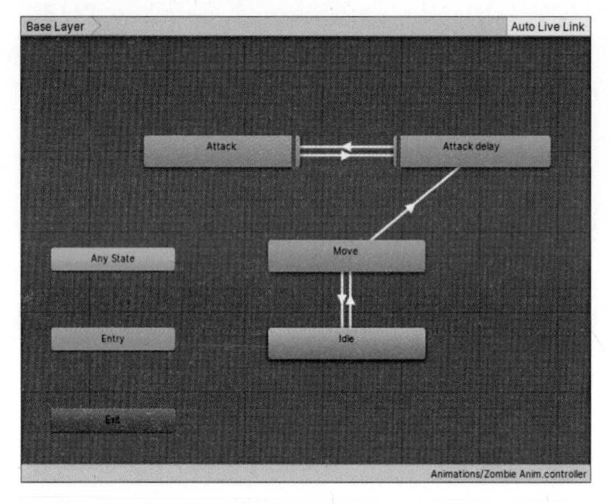

[그림 4.5-45] 공격 트랜지션 연결

그럼 먼저 Attack Delay → Attack으로 전환하는 트랜지션부터 설정해보겠습니다. 애니메이터 뷰의 좌측에 'StartAttack' 파라미터를 추가합니다.

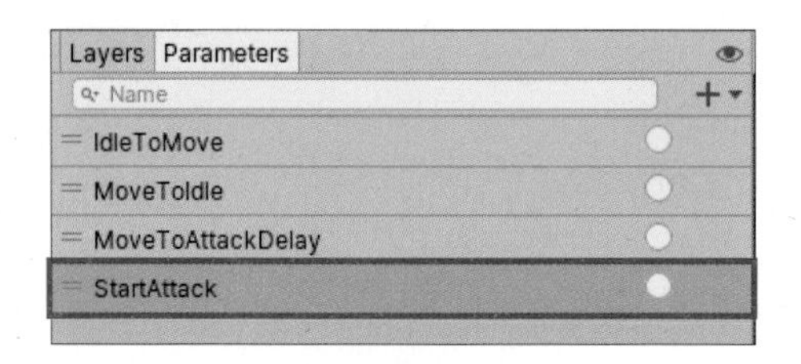

[그림 4.5-46] StartAttack 파라미터 추가

Attack Delay → Attack 트랜지션의 [Conditions] 항목에 StartAttack 파라미터를 추가하고, Has Exit Time 항목의 체크 표시를 해제합니다.

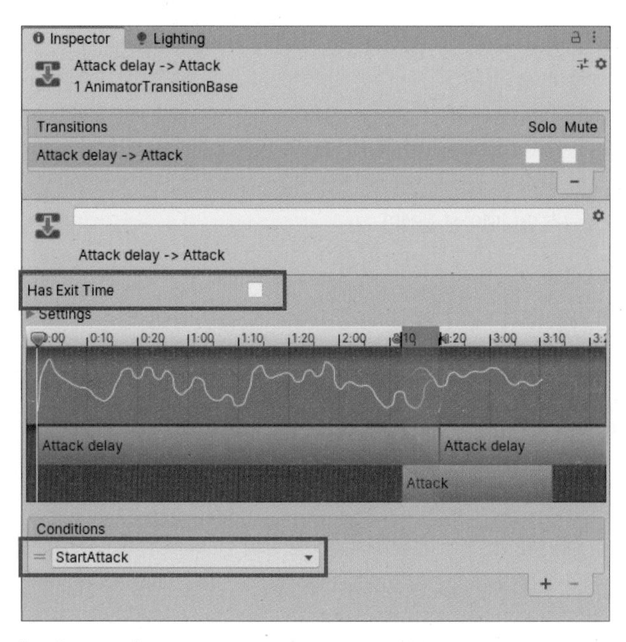

[그림 4.5-47] Attack Delay → Attack 트랜지션 설정

이제 EnemyFSM.cs 스크립트의 Attack() 함수의 공격 실시 부분에 공격 애니메이션을 호출하는 코드를 추가합니다.

```
...(생략)...

void Attack()
{
    // 만일, 플레이어가 공격 범위 이내에 있다면 플레이어를 공격한다.
    if (Vector3.Distance(transform.position, player.position) < attackDistance)
    {
        // 일정한 시간마다 플레이어를 공격한다.
        currentTime += Time.deltaTime;
        if (currentTime > attackDelay)
        {
            player.GetComponent<PlayerMove>().DamageAction(attackPower);
            print("공격");
            currentTime = 0;
```

```
            // 공격 애니메이션 플레이
            anim.SetTrigger("StartAttack");
        }
    }
    . . . (생략) . . .
}
. . . (생략) . . .
```

[코드 4.5-7] EnemyFSM.cs 공격 애니메이션 플레이

공격 애니메이션이 끝나면 공격 대기 애니메이션으로 되돌아와야 하는데, 이때는 공격 애니메이션이 끝나면 다른 조건 없이 공격 대기 애니메이션으로 돌아오도록 설정하면 됩니다. 즉, Attack → Attack Delay 트랜지션의 [Conditions] 항목에 어떠한 **파라미터도 추가하지 않은 상태**이고, 현재 애니메이션 플레이가 끝나고서야 비로소 전환되도록 [Has Exit Time] 항목도 **체크된 상태**여야 합니다. 이렇게 자동으로 애니메이션이 전환되도록 설정하면 스크립트에서도 따로 코드를 추가할 필요가 없어 편리합니다.

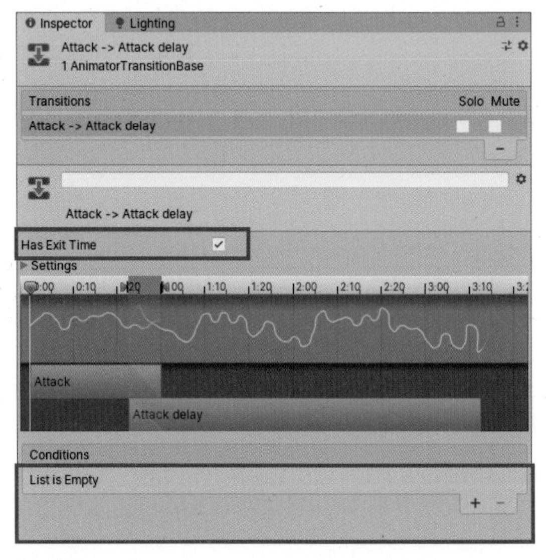

[그림 4.5-48] Attack → Attack Delay 트랜지션 설정

애니메이션이 끝나고 자동으로 트랜지션되려면 애니메이션이 반복(Loop)돼서는 안 됩니다. Z_Attack.anim 파일을 선택하고, 인스펙터 뷰를 보면 Loop Time이라는 항목이 있는데, 이 항목에 체크 표시돼 있으면 애니메이션이 끝나면 다시 처음부터 애니메이션을 다시 재생하므로 애니메이션

이 끝나지 않게 됩니다. [Loop Time] 항목의 체크 표시를 해제합니다.

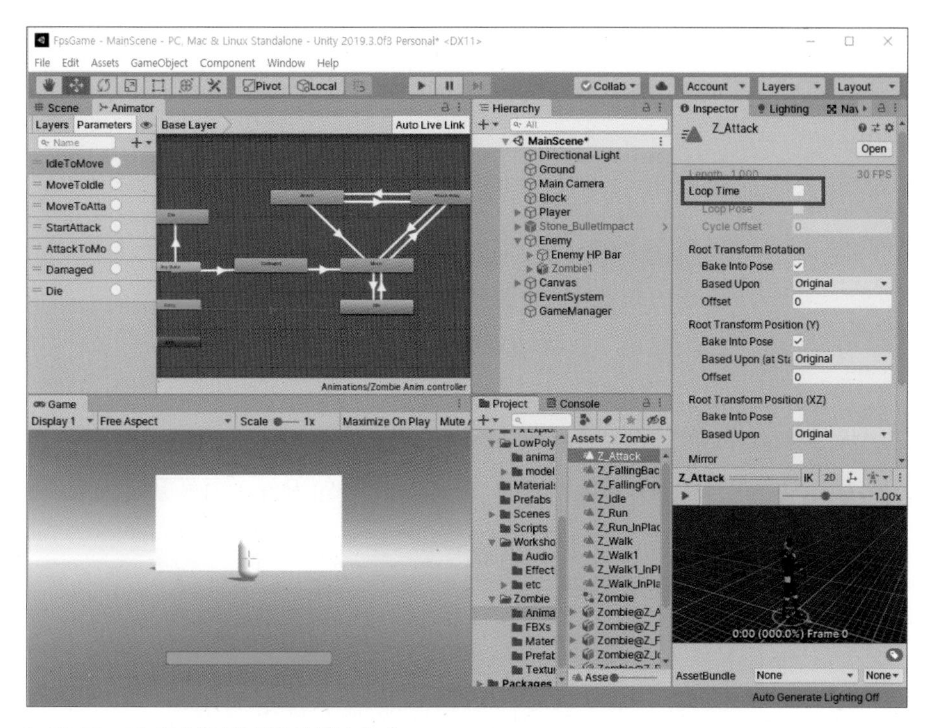

[그림 4.5-49] 애니메이션 클립의 반복 해제

에너미가 공격 중일 때 플레이어가 공격 범위 밖으로 나가면 다시 추격하도록 상태 머신을 설계했던 것을 기억하나요? 재추격은 공격 애니메이션 중이거나 공격 대기 애니메이션 중에서 모두 이뤄져야 하기 때문에 공격과 공격 대기 둘 다 이동 상태 쪽으로 트랜지션을 연결해야 합니다.

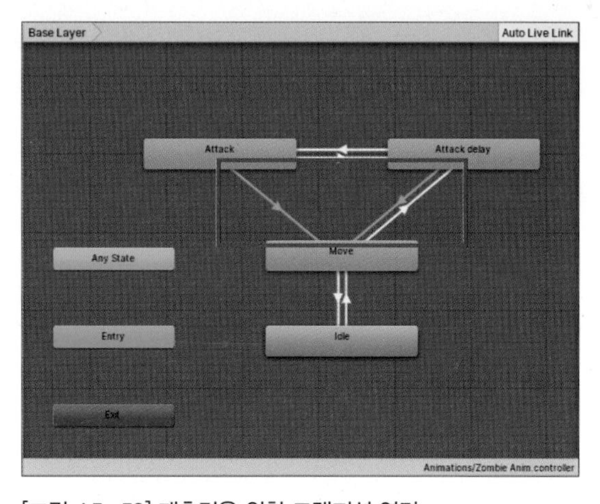

[그림 4.5-50] 재추격을 위한 트랜지션 연결

스크립트에서 재추격 트랜지션을 호출할 수 있도록 '**AttackToMove**'라는 이름으로 파라미터를 추가하겠습니다.

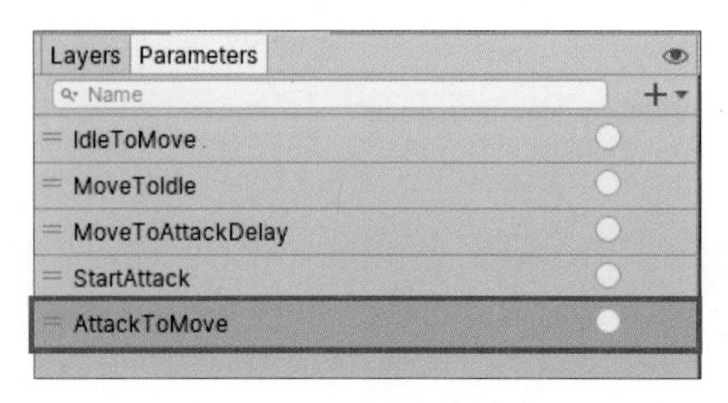

[그림 4.5-51] 재추격 파라미터 추가

Attack Delay → Move 트랜지션과 Attack → Move 트랜지션 둘 다 Conditions 항목에 앞에서 만든 AttackToMove 파라미터를 추가하고, [Has Exit Time] 항목의 체크 표시를 해제합니다.

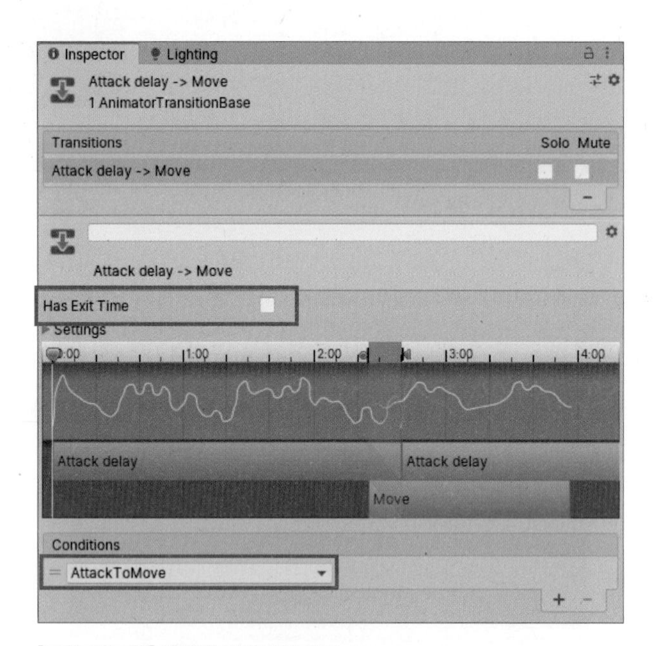

[그림 4.5-52] 재추격 파라미터 추가

재추격이 시작되면 이동 애니메이션을 실행하기 위해 EnemyFSM.cs 스크립트의 Attack() 함수에 재추격 트랜지션을 호출하는 코드를 추가합니다.

```
. . . (생략) . . .

void Attack()
{
    . . . (생략) . . .

    // 그렇지 않다면, 현재 상태를 이동으로 전환한다(재추격 실시).
    else
    {
        m_State = EnemyState.Move;
        print("상태 전환: Attack -> Move");
        currentTime = 0;

        // 이동 애니메이션 플레이
        anim.SetTrigger("AttackToMove");
    }
}
. . . (생략) . . .
```

[코드 4.5-8] EnemyFSM.cs 이동 애니메이션 플레이

유니티 에디터로 돌아와 대기, 이동, 공격, 공격 대기, 재추격, 복귀가 정상적으로 이뤄지는지 확인해보겠습니다. 이때 주의할 점은 피격에서 이어지는 애니메이션은 아직 적용되지 않았으므로 테스트 중에는 에너미를 공격하면 안 된다는 것입니다.

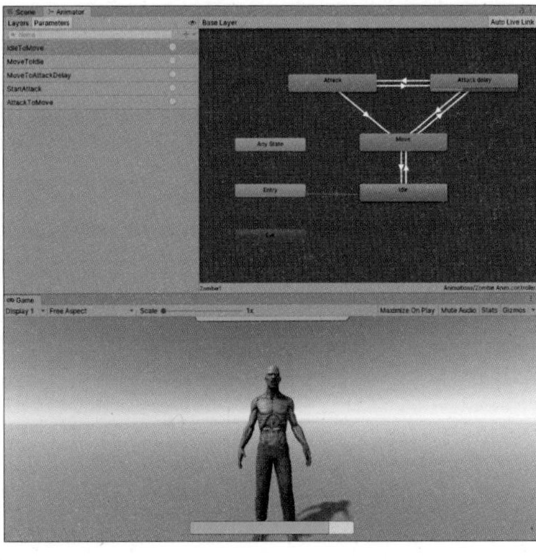

[그림 4.5-53] 좀비 애니메이션 적용 확인

공격과 공격 대기 각각 별개의 state로 만들어져 있지만, 넓게 보면 둘은 '공격 동작'이라는 하나의 state로도 볼 수 있습니다. 현재 상태로도 딱히 문제는 없지만, 추후에 많은 state들이 추가될 예정이라면, 가독성을 높이기 위해 이러한 것들을 하나의 상태로 묶어줄 필요가 있습니다. 유니티 메카님에서는 이러한 점을 해결하기 위해 **'서브 스테이트 머신**(Sub-State Machine)**'**이라는 것을 제공합니다.

애니메이터 뷰에서 마우스 오른쪽 버튼을 클릭한 후 **[Create Sub - State Machine]**을 선택합니다. 마름모꼴의 새로운 서브 스테이트가 생성되면 이름을 'Attack Process'로 변경합니다.

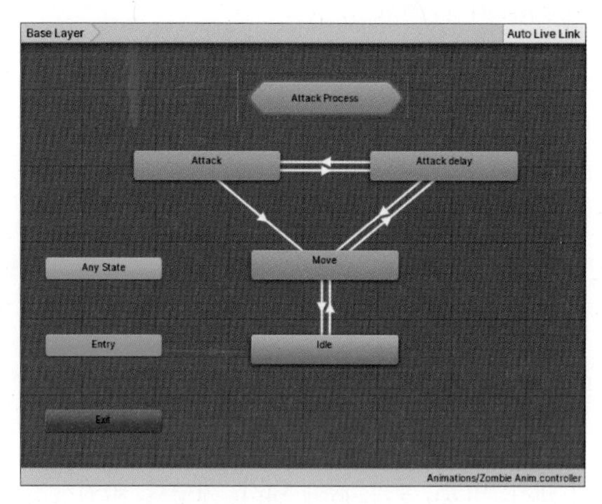

[그림 4.5-54] 서브 스테이트 머신 추가하기

그런 다음, 공격 스테이트와 공격 대기 스테이트를 모두 선택한 채 새로 생성한 서브 스테이트 쪽으로 드래그하면 마우스 커서의 끝에 + 표시가 출력되는 것이 보일 것입니다.

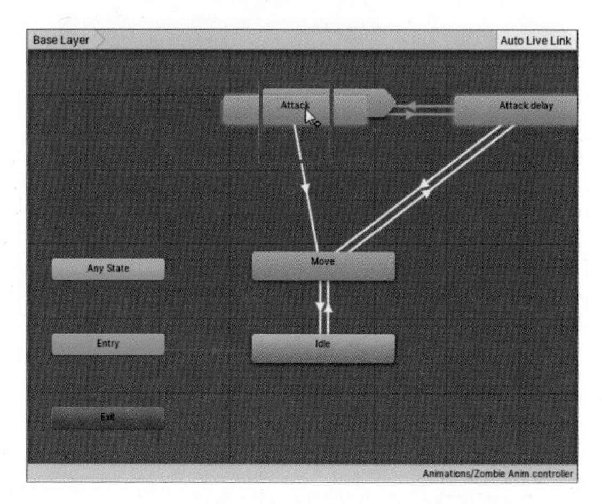

[그림 4.5-55] 공격 및 공격 대기 스테이트 드래그하기

마우스 드래그 앤 드롭이 끝나면 공격 스테이트와 공격 대기 스테이트가 사라지고, 서브 스테이트 머신이 이동 스테이트와 연결된 것이 보일 것입니다.

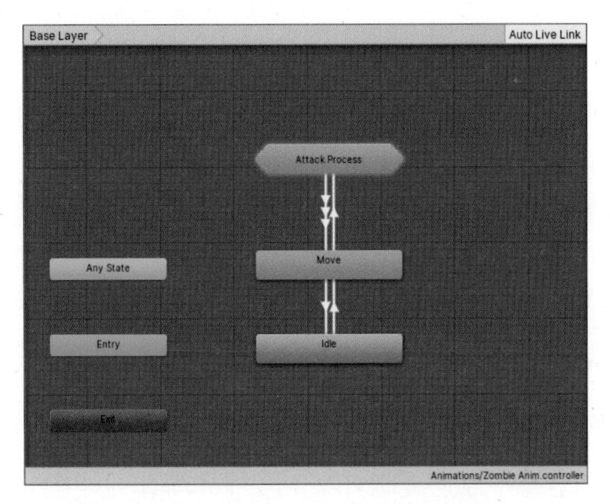

[그림 4.5-56] 서브 스테이트 머신이 적용된 모습(밖)

서브 스테이트 머신을 마우스로 더블 클릭하면 서브 스테이트 머신 안쪽에 또 다른 상태 머신으로서 공격 스테이트와 공격 대기 스테이트가 들어가 있는 것이 보입니다. 서브 스테이트 바깥쪽은 '(Up)'으로 표시되는 레이어(현재는 디폴트 레이어인 Base Layer (Up) Base Layer)에 연결돼 있습니다. Base Layer를 더블 클릭하면 다시 원래의 상태 머신으로 전환됩니다. 스테이트들의 배치 상태가 한결 깔끔해지지 않았나요?

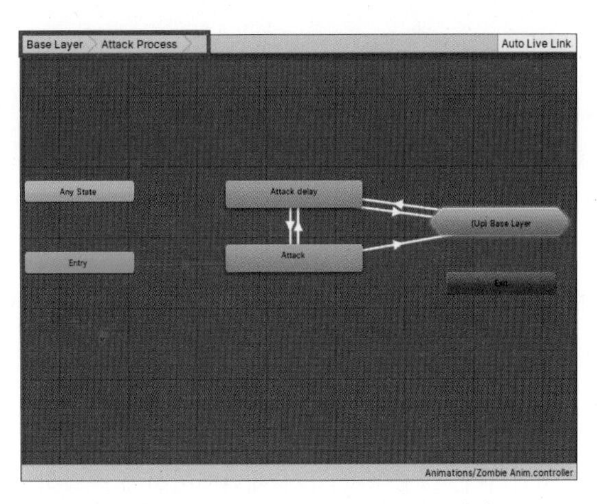

[그림 4.5-57] 서브 스테이트 머신이 적용된 모습(안)

에너미에게 공격 애니메이션을 추가하고 나니 플레이어가 공격받을 때에 화면이 붉게 변하는 피격 효과의 타이밍이 에너미의 공격 동작과 안 맞는 것 같군요. 좀비가 손을 휘두르기도 전에 플레이어가 먼저 피격을 당하고 맙니다. 이와 같이 특정 애니메이션 동작에 맞춰 이벤트가 실행되도록 설정해야 할 필요가 생기는 경우가 있습니다. 유니티에서는 이런 경우를 손쉽게 이행할 수 있도록 애니메이션 클립의 타임라인에서 특정 프레임에 이벤트 실행을 위한 키를 설정할 수 있는 기능을 제공하고 있습니다.

백문이 불여일견이니 일단 실습부터 실행해보죠. 하이어라키 뷰에서 에너미를 선택한 채 유니티 에디터 상단의 **[Window]** - **[Animation]** - **[Animation]**을 선택하면 애니메이션 뷰가 생성됩니다. 애니메이션 뷰는 하이어라키 뷰에서 선택된 게임 오브젝트의 애니메이션 클립들에 대한 프레임별 동작 변화 키(key)를 확인할 수 있는 창입니다. 이곳에서 직접 애니메이션 키를 추가하거나 이미 설정된 애니메이션 키를 수정할 수 있습니다.

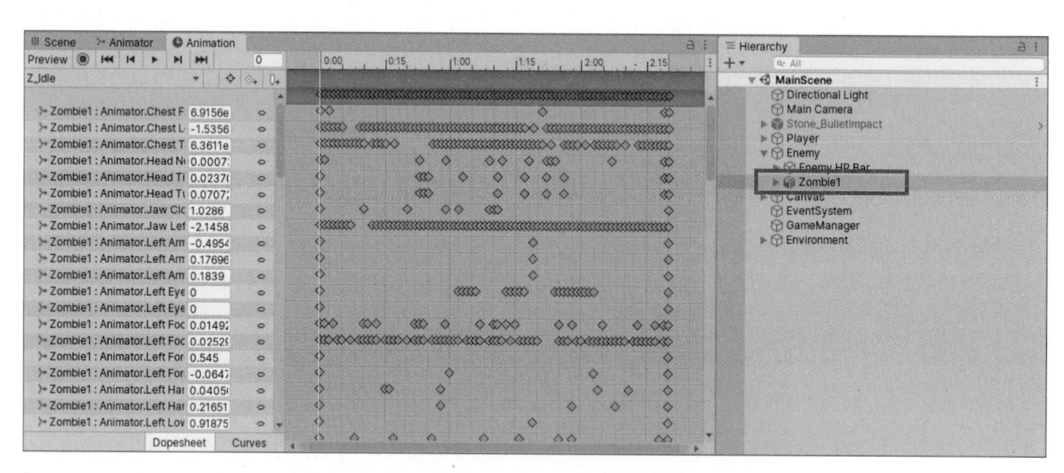

[그림 4.5-58] 애니메이션 뷰

우선 씬 뷰에서 좀비 동작을 보면서 애니메이션 뷰를 조정할 수 있도록 애니메이션 뷰의 위치를 씬 뷰와 게임 뷰 사이에 위치시키겠습니다. 그런 다음, 애니메이션 뷰 좌측 상단에 애니메이션 클립 이름이 있는 콤보 박스를 마우스로 클릭하면 해당 게임 오브젝트의 애니메이터에 설정된 애니메이션 클립 목록이 나타날 것입니다. 그중에서 공격 애니메이션에 해당하는 Z_Attack 클립을 선택하고, 타임라인 쪽의 흰색 선을 마우스로 드래그해 좀비의 공격이 타격하는 시점까지 이동시켜보겠습니다. 대략 10프레임쯤에 타격이 이뤄지는 것 같네요.

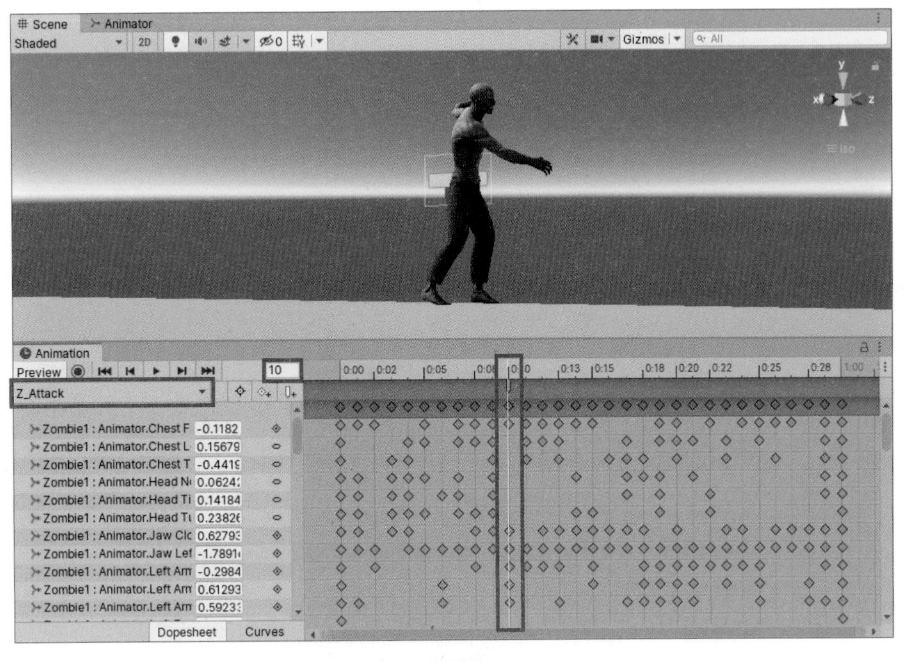

[그림 4.5-59] 공격 애니메이션 클립의 타임라인 확인하기

10프레임에 흰색 선을 맞춰 놓은 상태에서 애니메이션 클립 콤보 박스의 우측에 있는 3개의 버튼 중 가장 오른쪽 버튼을 클릭합니다. 흰색 선이 있는 프레임의 가장 위쪽에 조그맣게 이벤트 키가 추가된 것이 보이나요?

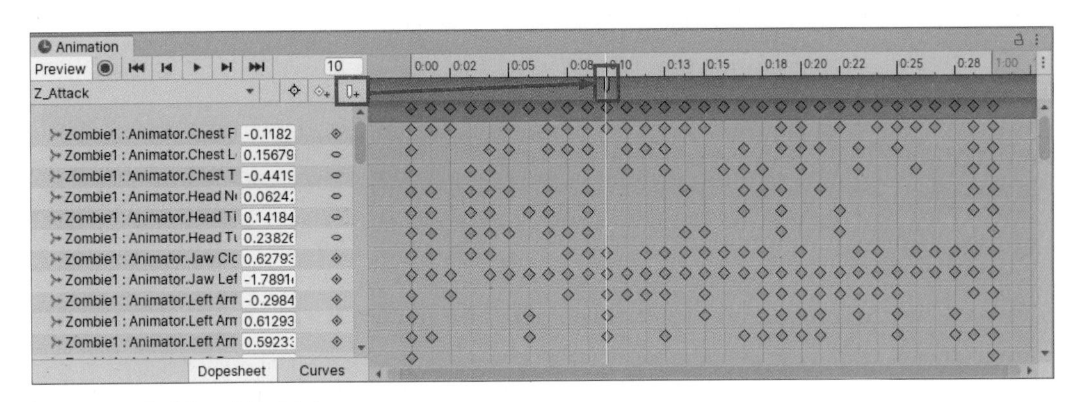

[그림 4.5-60] 이벤트 키 추가하기

방금 추가한 이벤트 키를 선택한 채 인스펙터 뷰를 보면 실행될 함수를 선택할 수 있는 콤보 박스가 보일 것입니다.

1
1.1
1.2
1.3
1.4
2
2.1
2.2
2.3
2.4
3
3.1
3.2
3.3
4
4.1
4.2
4.3
4.4
4.5
4.6
4.7
4.8
4.9
4.10
4.11

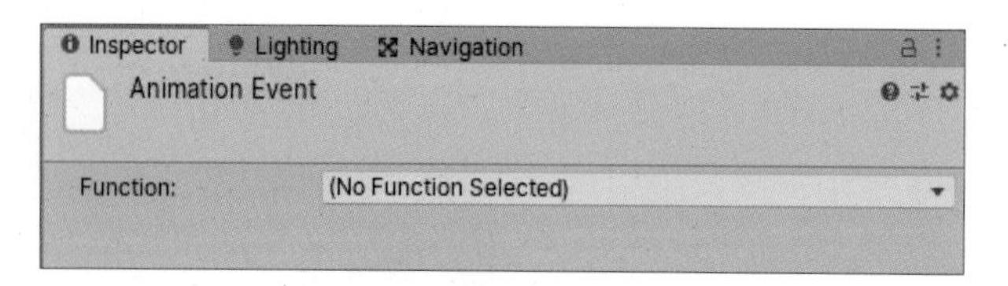

[그림 4.5-61] 이벤트 키 추가하기

아직 이벤트 때 실행할 함수를 만들지 않았으므로 함수를 선택할 수 없네요. 먼저 함수부터 만들기 위해 'HitEvent'라는 이름으로 새로운 C# 스크립트를 생성합니다. 애니메이션 이벤트 키에서 읽어오는 스크립트는 애니메이터 콤포넌트가 있는 게임 오브젝트에 장착돼 있는 스크립트입니다. 따라서 반드시 에너미 오브젝트가 아닌 좀비 모델링 오브젝트에 HitEvent 스크립트를 추가해야 합니다.

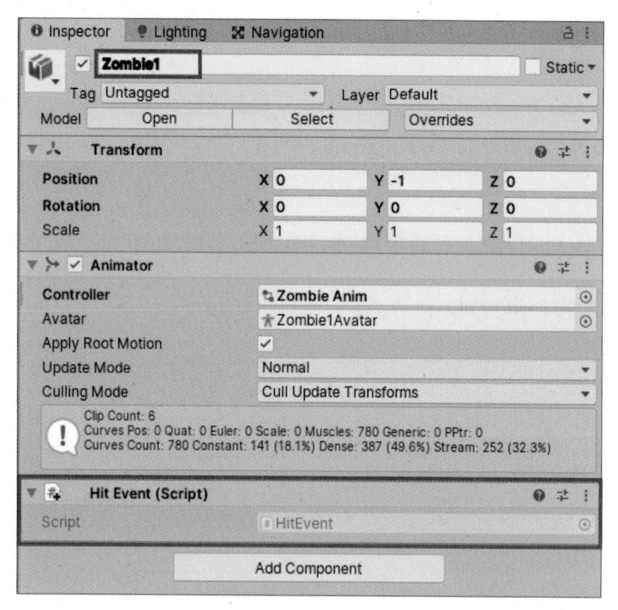

[그림 4.5-62] 좀비 모델링 오브젝트에 스크립트 추가하기

먼저 EnemyFSM.cs 스크립트에서 기존에 플레이어에 데미지를 입히고 피격 효과를 실행했던 코드를 확인해보겠습니다. Attack() 함수에 플레이어 스크립트의 데미지 처리 함수를 실행하는 코드가 있는 것이 보일 것입니다. 공격 시에 바로 이 코드가 실행되지 않도록 해당 라인을 주석 처리하겠습니다.

```
. . . (생략) . . .

void Attack()
{
    // 만일, 플레이어가 공격 범위 이내에 있다면 플레이어를 공격한다.
    if (Vector3.Distance(transform.position, player.position) < attackDistance)
    {
        // 일정한 시간마다 플레이어를 공격한다.
        currentTime += Time.deltaTime;
        if (currentTime > attackDelay)
        {
            // player.GetComponent<PlayerMove>().DamageAction(attackPower);
            print("공격");
            currentTime = 0;

            // 공격 애니메이션 플레이
            anim.SetTrigger("StartAttack");
        }
    }
    . . . (생략) . . .
}
. . . (생략) . . .
```

[코드 4.5-9] EnemyFSM.cs 기존의 데미지 실행 함수를 주석 처리

주석 처리한 코드 부분을 HitEvent.cs 스크립트에 접근해 실행할 수 있도록 Attack() 함수의 아래쪽에 public 함수를 새로 만듭니다.

```
. . . (생략) . . .

void Attack()
{

    . . . (생략) . . .
}

// 플레이어의 스크립트의 데미지 처리 함수를 실행하기
public void AttackAction()
{
```

```
    player.GetComponent<PlayerMove>().DamageAction(attackPower);
}

. . . (생략) . . .
```

[코드 4.5-10] EnemyFSM.cs 새로운 데미지 처리 함수 생성

이제 HitEvent.cs 스크립트를 작성할 차례입니다. 에너미 스크립트에 접근할 수 있도록 public 변수를 선언하고, 이벤트 키에서 호출할 수 있도록 PlayerHit() 함수를 만들겠습니다.

```
using System.Collections;
using System.Collections.Generic;
using UnityEngine;

public class HitEvent : MonoBehaviour
{
    // 에너미 스크립트 컴포넌트를 사용하기 위한 변수
    public EnemyFSM efsm;

    // 플레이어에게 데미지를 입히기 위한 이벤트 함수
    public void PlayerHit()
    {
        efsm.AttackAction();
    }
}
```

[코드 4.5-11] HitEvent.cs 데미지 이벤트 함수

유니티 에디터로 돌아와 HitEvent 컴포넌트의 efsm 항목에 Enemy 게임 오브젝트를 드래그 앤 드롭해 EnemyFSM 컴포넌트를 할당합니다.

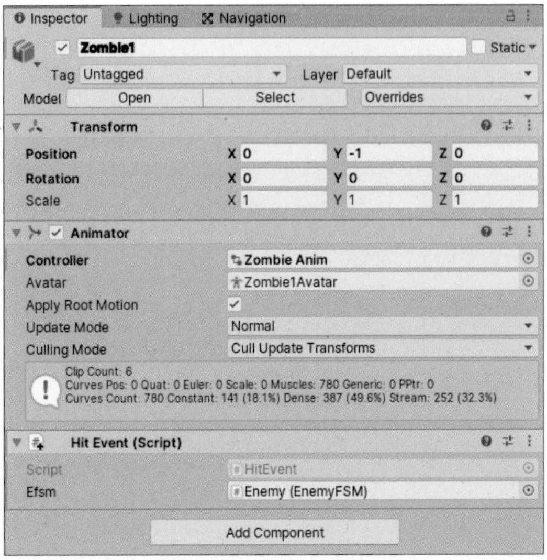

[그림 4.5-63] EnemyFSM 컴포넌트 할당하기

이제 아까 애니메이션 뷰에서 Z_Attack 클립에 생성했던 이벤트 키를 선택하면 Function 콤보 박스에 PlayerHit() 함수를 선택할 수 있습니다.

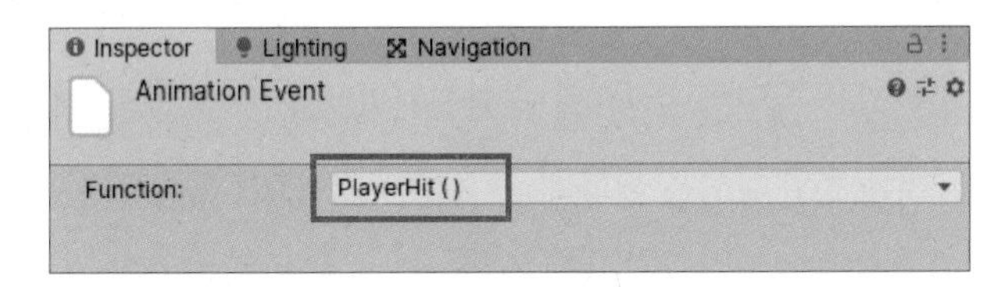

[그림 4.5-64] 이벤트 함수 선택하기

이벤트 함수를 선택하고 나면 애니메이션 뷰의 이벤트 키를 마우스로 클릭했을 때 이벤트 함수의 이름이 잠깐 동안 표시되는 것을 확인할 수 있습니다.

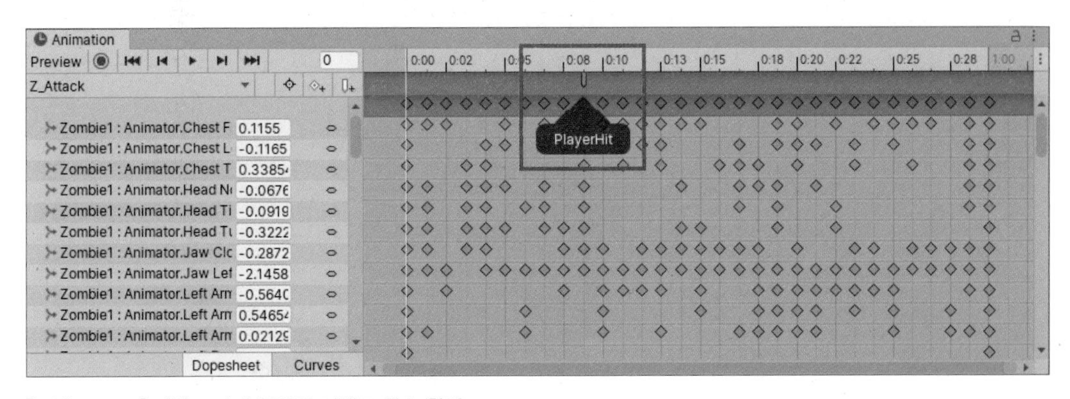

[그림 4.5-65] 이벤트 키에 할당된 이벤트 함수 확인

이제 제대로 이벤트가 동작하는지 보기 위해 좀비의 공격을 맞아보겠습니다. 좀비가 손을 휘둘러서 닿는 순간에 피격 이펙트가 실행되고 데미지가 들어오는 것이 확인되나요?

[그림 4.5-66] 애니메이과 이벤트 함수의 싱크 확인

이번에는 피격 애니메이션을 적용해보겠습니다. 에너미 피격 시의 애니메이션 순환을 머릿속에 그려보겠습니다. **어떠한 상태**이든지 공격받게 되면 그 즉시 에너미는 피격 애니메이션을 1회 플레이하고 플레이어에게 달려가는 애니메이션으로 전환됩니다.
이때 '어떠한 상태'라는 것은 트랜지션을 어떻게 연결해야 할까요? 물론 모든 다른 스테이트로부터 피격 스테이트로 트랜지션을 연결할 수 있지만, 스테이트가 매우 많아지면 트랜지션이 너무 많아져 실수할 염려도 있고 가독성도 떨어집니다. 그래서 유니티 애니메이터 콘트롤러에는 어떠한 경우라도 특정 스테이트로 전환하기 위한 Any State가 존재합니다.

우선 피격 상태부터 만들겠습니다. **[Create State]**-**[Empty]**를 선택해 새 스테이트를 생성하고, 이름을 **'Damaged'**로 변경합니다. 그런 다음, Any State로부터 트랜지션을 생성해 Damaged 스테이트로 연결하겠습니다.

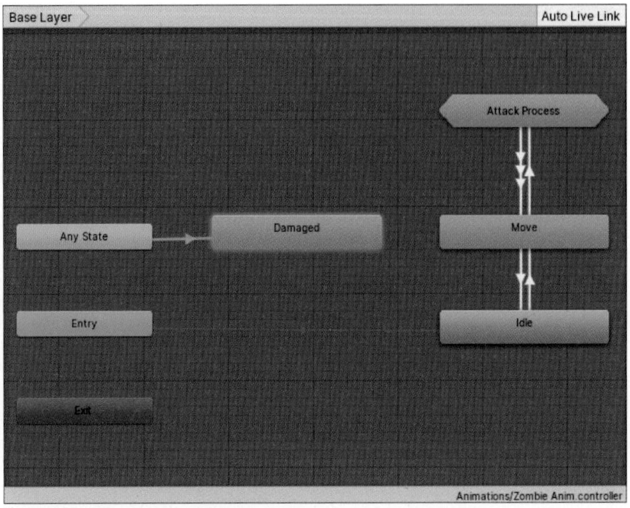

[그림 4.5-67] 피격 스테이트 생성

애셋 스토어에서 임포트한 좀비 애셋에는 사용할 수 있을 만한 피격 애니메이션이 없기 때문에 깃허브에서 ZombieHit.zip 파일을 다운로드하겠습니다. 다운로드한 파일의 압축을 해제하고 Assets 폴더 하위에 애니메이터 콘트롤러를 저장했던 Animations 폴더로 옮깁니다. Zombie Reaction hit.FBX 파일을 선택한 채 인스펙터 뷰의 [Rig] 탭을 보면 Animation Type이 Generic으로 돼 있으므로 리타깃팅되지 않을 것입니다. Animation Type을 [그림 4.5-68]과 같이 Humanoid로 변경하겠습니다.

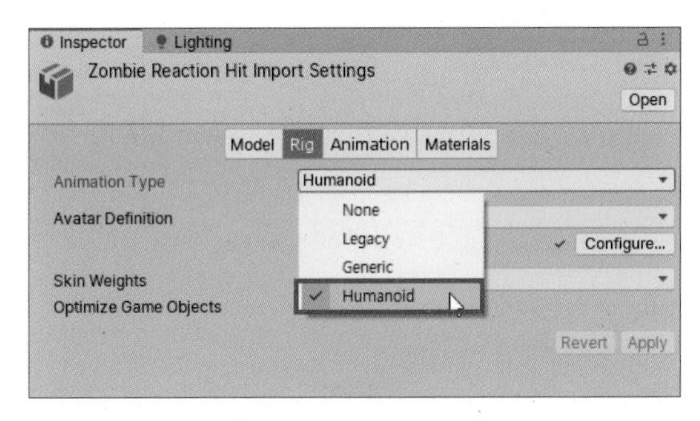

[그림 4.5-68] 애니메이션 타입 변경

Zombie Reaction Hit.FBX 파일 안에 있는 ZombieHit.anim 파일을 드래그해 피격 스테이트의 Motion 항목에 추가합니다.

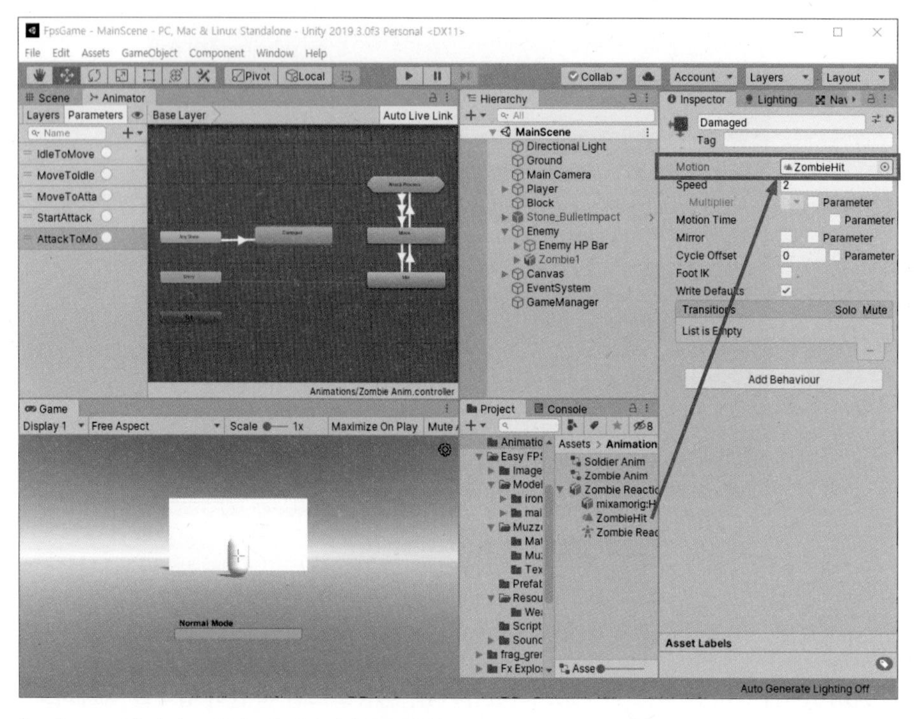

[그림 4.5-69] 피격 스테이트에 애니메이션 클립 추가

Any State → Damaged 트랜지션의 Condition 항목에는 'Damaged'라는 트리거 파라미터를 새로 만들어 설정하겠습니다. Any State는 어떤 애니메이션 상태에서 전환될지 알 수 없기 때문에 Has Exit Time에 체크 표시를 해서는 안 됩니다.

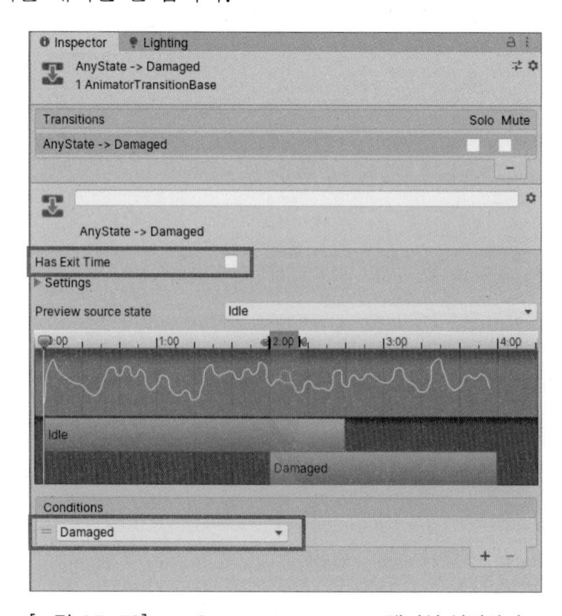

[그림 4.5-70] Any State → Damaged 트랜지션 설정하기

스크립트의 에너미 상태 머신은 피격 대기 후 이동 상태로 전환이 이뤄지도록 설계했습니다. 피격의 경우, 피격 동작이 끝나면 무조건 이동 동작으로 바로 이어져야 하므로 공격 애니메이션에서 공격 대기 애니메이션으로 전환될 때처럼 특별한 호출 없이 자동 전환되도록 트랜지션을 설정해보겠습니다.

Damage state에서 Move state로 트랜지션을 연결하고, Has Exit Time 항목에 체크 표시를 합니다.

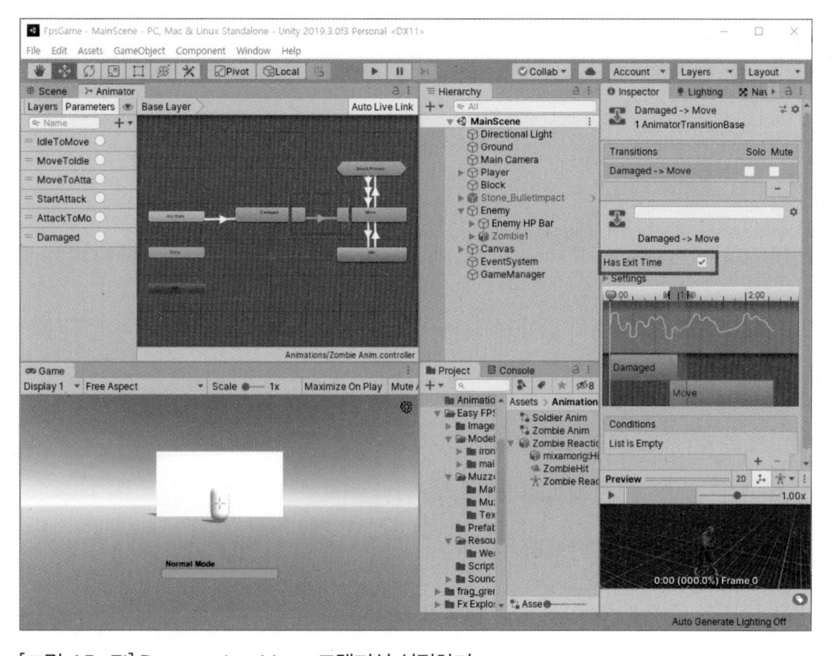

[그림 4.5-71] Damaged → Move 트랜지션 설정하기

EnemyFSM.cs 스크립트에서 피격 때 실행되는 HitEnemy() 함수 하단의 상태 전환 코드 다음 부분에 피격 애니메이션을 호출하는 코드를 추가합니다.

```
. . . (생략) . . .

// 데미지 실행 함수
public void HitEnemy(int hitPower)
{
. . . (생략) . . .

    // 에너미의 체력이 0보다 크면 피격 상태로 전환한다.
    if (hp > 0)
```

```
    {
        m_State = EnemyState.Damaged;
        print("상태 전환: Any state → Damaged");

        // 피격 애니메이션을 플레이한다.
        anim.SetTrigger("Damaged");
        Damaged();
    }

    . . . (생략) . . .
}
. . . (생략) . . .
```

[코드 4.5-12] EnemyFSM.cs 피격 애니메이션 플레이

이제 플레이해보면서 피격 애니메이션을 테스트해보겠습니다. 피격 동작 후에 이동 동작으로 이어지는 것은 문제가 없어 보이지만, 피격 동작이 모두 끝나기도 전에 이동이 이뤄지는 바람에 실제 이동과 애니메이션이 매칭되지 않는 문제가 있네요. 일단 Zombie Reaction Hit.FBX 파일을 선택하고 인스펙터 뷰에서 [Animation] 탭을 클릭합니다. 아래쪽 애니메이션의 길이(Length)가 2.0초라고 보이는군요. 그 아래에 시작 프레임(0Frame)과 종료 프레임(60Frame)도 보입니다. 유니티의 애니메이션 초당 프레임 속도는 30FPS(Frame per second)이므로 프레임으로 계산해도 2초라는 것을 알 수 있겠네요. 피격 애니메이션의 재생 시간이 너무 긴 것 같은데, 조금 줄여볼까요?

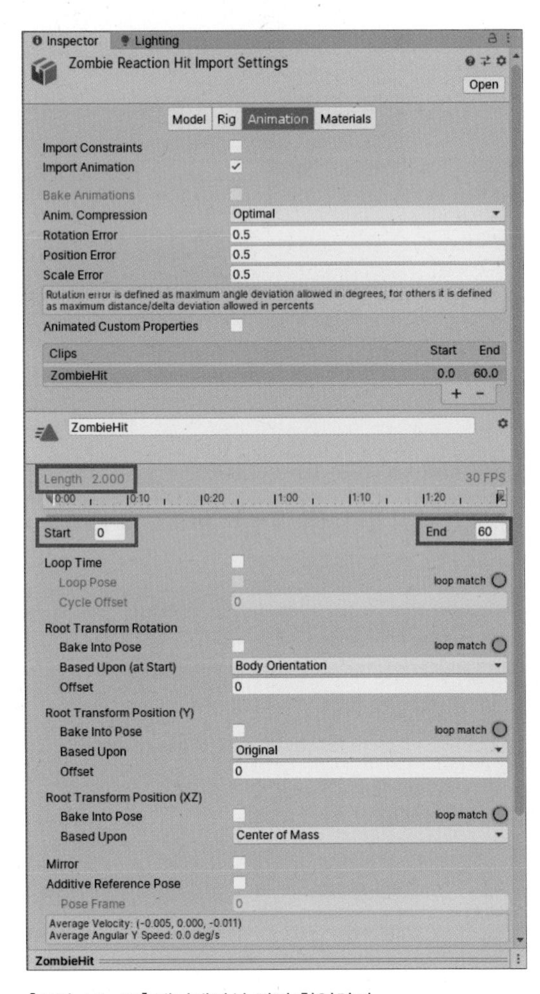

[그림 4.5-72] 애니메이션 길이 확인하기

애니메이터 뷰에서 피격 스테이트를 선택하고 인스펙터 뷰를 보면 [Speed] 항목이 보입니다.

이 항목으로 현재 스테이트에서의 애니메이션 클립 재생 속도를 제어할 수 있습니다. 재생 속도를 2배로 변경하면 피격 애니메이션 재생 시간이 1초로 줄어들 것입니다.

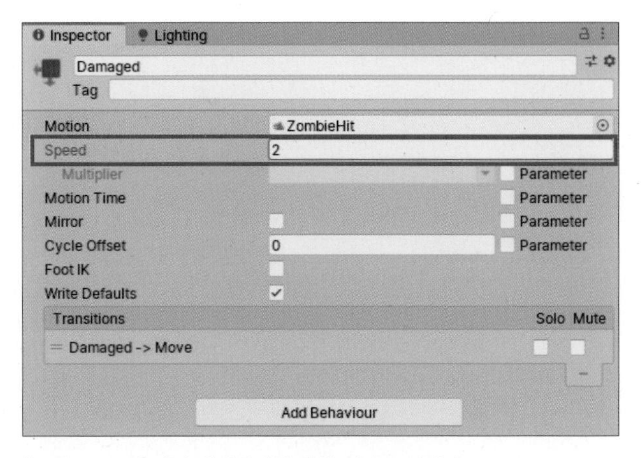

[그림 4.5-73] 피격 애니메이션 재생 시간 조정하기

EnemyFSM.cs 스크립트로 돌아와 DamageProcess() 함수의 상태 전환을 위한 대기 시간을 '0.5초'에서 '1초'로 변경하겠습니다.

```
. . . (생략) . . .

// 데미지 처리용 코루틴 함수
IEnumerator DamageProcess()
{
    // 피격 모션 시간만큼 기다린다.
    yield return new WaitForSeconds(1.0f);

    // 현재 상태를 이동 상태로 전환한다.
    m_State = EnemyState.Move;
    print("상태 전환: Damaged -> Move");
}
. . . (생략) . . .
```

[코드 4.5-13] EnemyFSM.cs 피격 애니메이션 시간에 맞춰 전체 피격 시간 조정

이제 다시 유니티에서 테스트해보니 모션이 엉키지 않고 자연스럽게 재생되는 것 같네요. 그럼 마지막으로 죽음 애니메이션을 적용해보겠습니다.

우선 새로운 스테이트를 생성하고 이름을 'Die'로 변경합니다. 죽음 애니메이션 역시 어느 상황에서도 죽음 상태가 될 수 있기 때문에 Any state에서 전환될 수 있도록 트랜지션을 연결하겠습니다.

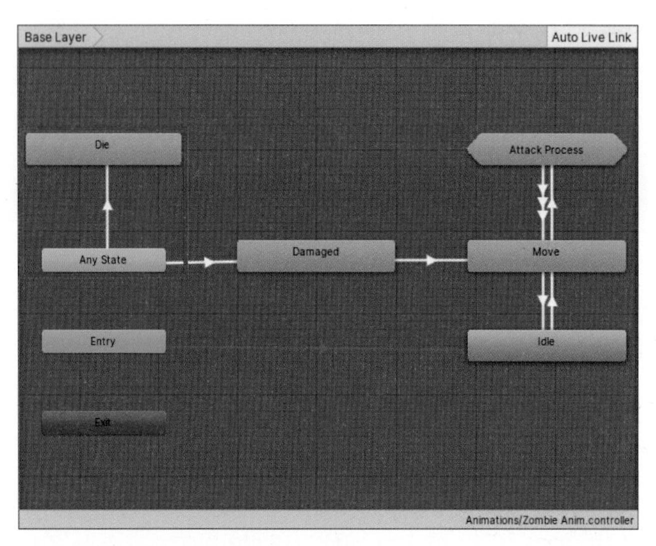

[그림 4.5-74] Die state 추가

죽음 스테이트의 Motion 항목에 좀비 애셋의 Z_FallingForward.anim 파일을 추가합니다.

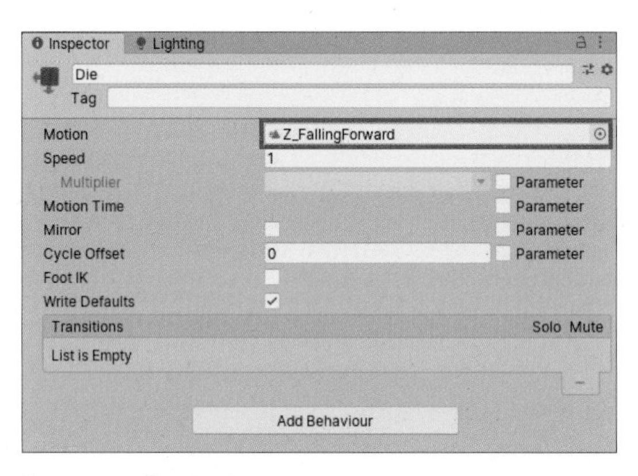

[그림 4.5-75] 죽음 애니메이션 클립 추가

그다음으로 호출용 트리거 파라미터를 생성하고, 이름을 'Die'로 변경합니다. 그리고 [Any State] - [Die] 트랜지션을 선택한 후 [Conditions]에 Die 파라미터를 추가합니다.

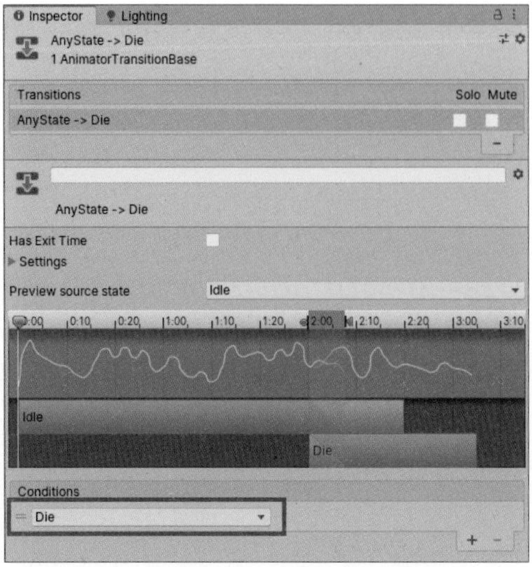

[그림 4.5-76] Any State → Die 트랜지션 설정

EnemyFSM.cs 스크립트의 HitEnemy() 함수에서 죽음 상태로 전환하는 코드 하단에 죽음 애니메이션 파라미터를 호출하는 코드를 추가합니다.

```
. . . (생략) . . .

// 데미지 실행 함수
public void HitEnemy(int hitPower)
{
. . . (생략) . . .

    // 그렇지 않다면, 죽음 상태로 전환한다.
    else
    {
        m_State = EnemyState.Die;
        print("상태 전환: Any state -> Die");

        // 죽음 애니메이션을 플레이한다.
        anim.SetTrigger("Die");
        Die();
    }
    . . . (생략) . . .
}
. . . (생략) . . .
```

[코드 4.5-14] EnemyFSM.cs 죽음 애니메이션 플레이

자, 에너미의 애니메이션이 모두 끝났네요. 게임을 플레이하면서 전체적인 에너미의 애니메이션 상태를 확인해보세요.

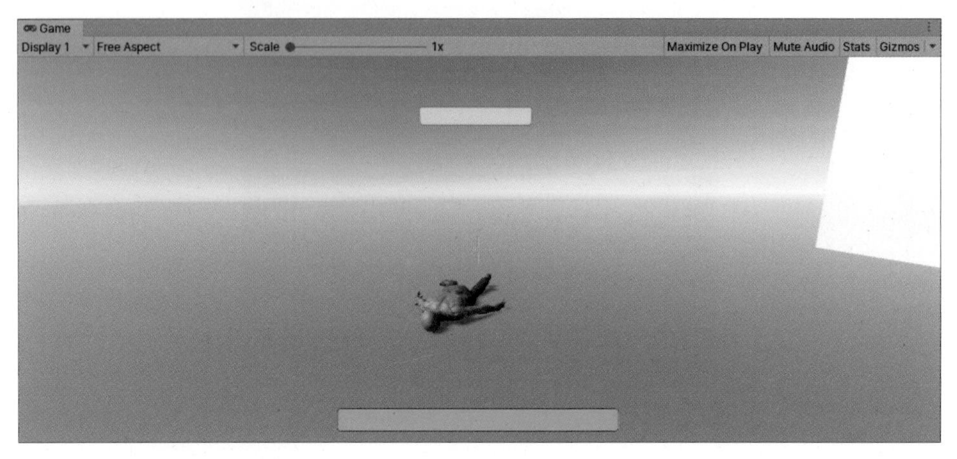

[그림 4.5-77] 죽음 애니메이션 확인

4.5-3 : 플레이어 모델링 교체

에너미에 이어 플레이어의 모델링을 교체해보겠습니다. 에너미 때와 마찬가지로 이번에도 유니티 애셋 스토어에서 3D 모델링을 다운로드해 사용합니다. 플레이어는 총과 수류탄을 사용하는 캐릭터이므로 아무래도 군인 캐릭터가 어울리겠군요.

목표

플레이어의 외형을 군인 캐릭터로 교체하고 싶다.

순서

1. 애셋 스토어에서 원하는 형태의 모델링 데이터 임포트하기
2. 개발 환경에 맞춰 모델링 데이터의 임포트 설정 완료하기
3. 임포트된 모델링 사용하기

[Window]-[Asset Store]를 선택하여 애셋 스토어 창을 열고, [Search Online] 버튼을 눌러서 웹 페이지로 이동합니다. 웹 브라우저에서 유니티 애셋 스토어 페이지가 열리면 검색 창에 'Soldier'를 입력합니다. 무료 애셋을 사용할 수 있도록 우측 '가격' 탭의 [무료 애셋] 항목에도 체크합니다. 검색된 애셋 중에서 'Low Poly Soldiers Demo'를 선택하겠습니다.

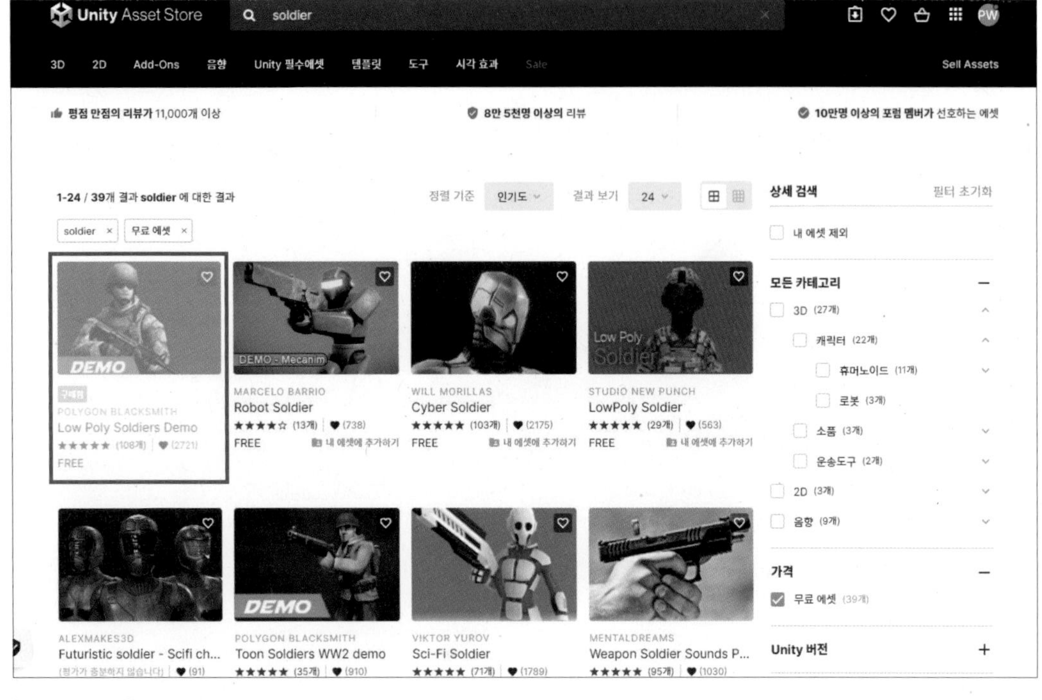

[그림 4.5-78] 애셋 스토어 검색하기

Low Poly Soldiers Demo 애셋을 다운로드 및 임포트해 프로젝트로 가져오겠습니다. 임포트가 완료되면 models 폴더에 있는 Soldier_demo.FBX 파일을 드래그해 Player 오브젝트의 자식 오브젝트로 배치합니다. [Rig] 탭의 [Animation Type] 항목이 Generic으로 돼 있지만, 리타깃팅 기능을 사용하지 않을 예정이므로 변경하지 않고 그대로 쓰겠습니다.

[표 4.5-1] 애니메이션 타입별 사용 가능한 메카님 기능

애니메이션 타입	리타깃팅 기능	비주얼 스크립팅
Legacy	X	X
Generic	X	O
Humanoid	O	O

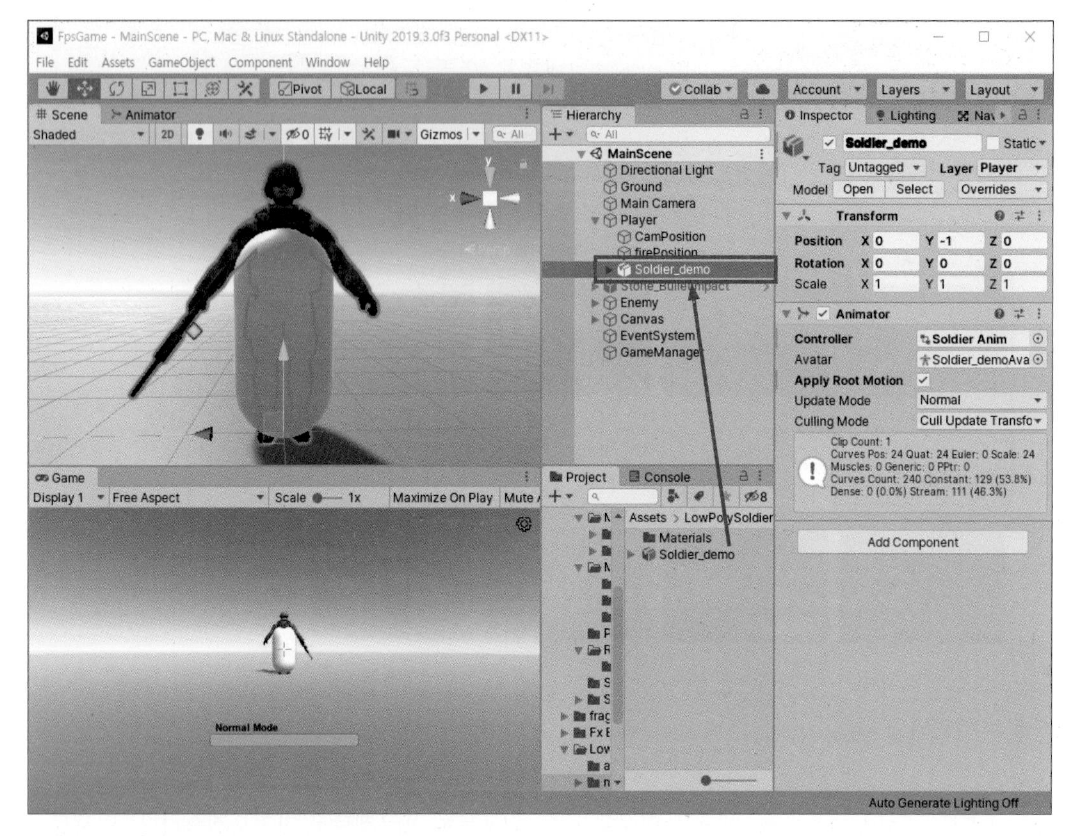

[그림 4.5-79] 모델링 오브젝트 가져오기

캡슐 오브젝트의 크기가 2미터 정도인데, 군인 캐릭터의 크기가 많이 크군요. 좀비 캐릭터도 1.8미터 정도였으므로 비슷한 크기로 조정해보겠습니다. 임포트 세팅으로 되돌아가 [Model] 탭의 Scale Factor 항목의 값을 '0.7'로 변경하고 하단의 [**Apply**] 버튼을 클릭해 적용시킵니다.

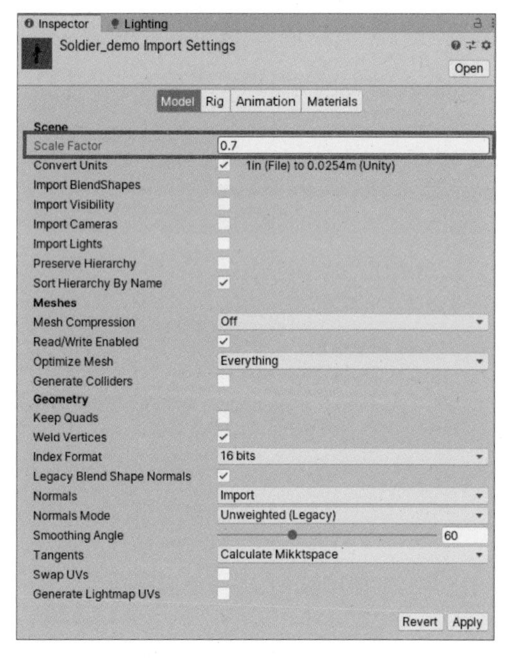

[그림 4.5-80] 모델링 임포트 크기 변경하기

이제야 크기가 적당해진 것 같네요. 이제 플레이어 오브젝트의 메시 렌더러 컴포넌트를 비활성화해 캡슐 모습을 보이지 않게 처리하고, 그림과 같이 캐릭터 콘트롤러 컴포넌트의 충돌 영역의 크기를 캐릭터 크기에 맞게 조정합니다.

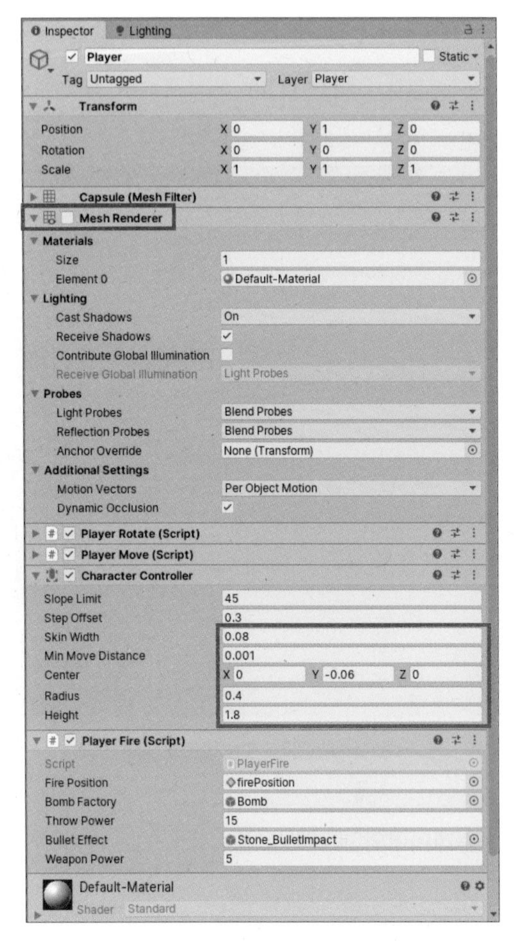

[그림 4.5-81] 캐릭터 콘트롤러의 충돌 영역 수정하기

Note 캐릭터 컨트롤러의 Skin Width

캐릭터 컨트롤러는 기본 충돌체(collider)와 달리 자신의 충돌체 외부에 스킨(skin, 피부)이라는 요소를 갖고 있어서 씬 뷰에서 보이는 녹색 라인보다 실제 충돌 영역은 좀 더 두껍습니다. 스킨은 일종의 쿠션이라고 생각하면 편리한데, 다른 충돌체가 빠르게 이동하면서 부딪힐 때 캐릭터 콘트롤러를 순간적으로 뚫고 들어가 갇혀버리지 않도록 밀어내는 역할을 한다고 보면 됩니다. 이 스킨 둘레의 지름 값을 조절하는 것이 바로 'Skin Width' 항목입니다. 위의 플레이어 오브젝트의 캐릭터 콘트롤러 컴포넌트에서 Center 항목의 높이(Y축) 값을 '-0.1'이 아닌 '-0.06'으로 설정해 0.04만큼 더 높인 이유는 바로 이 스킨의 반지름만큼을 계산했기 때문입니다.

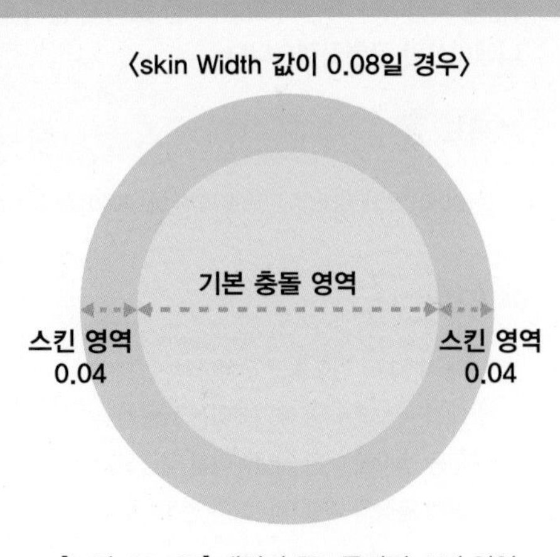

[그림 4.5-82] 캐릭터 콘트롤러의 스킨 영역

캐릭터의 모습이 확정됐으므로 눈 역할을 담당하는 메인 카메라의 위치가 군인 캐릭터의 눈높이에 맞춰지도록 CamPosition 오브젝트의 위치 값을 [그림 4.5-83]과 같이 수정합니다.

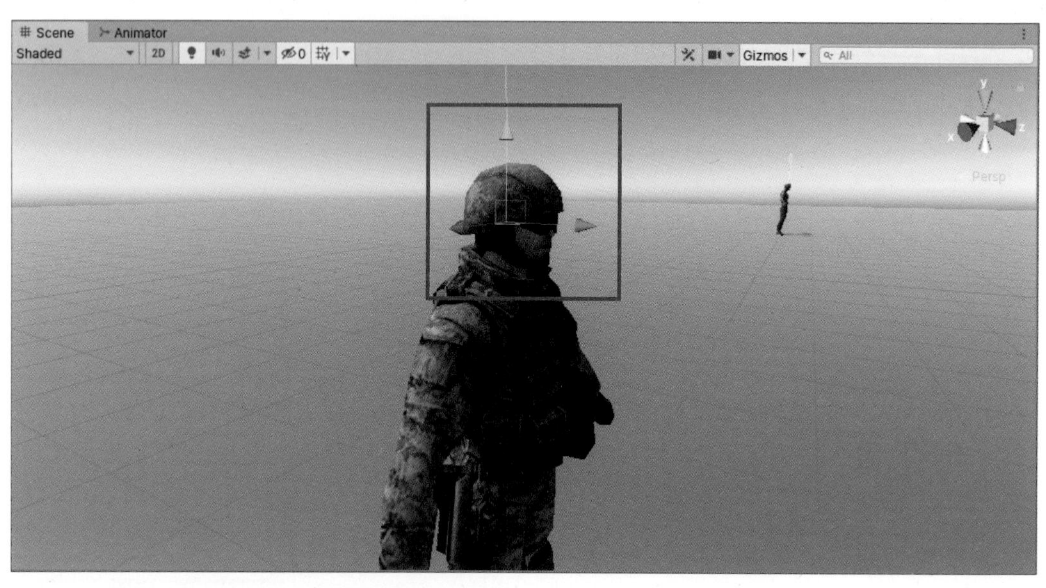

[그림 4.5-83] CamPosition 오브젝트의 위치 조정

플레이어의 캐릭터는 준비됐으므로 이제 간단하게 애니메이션을 적용해보겠습니다.

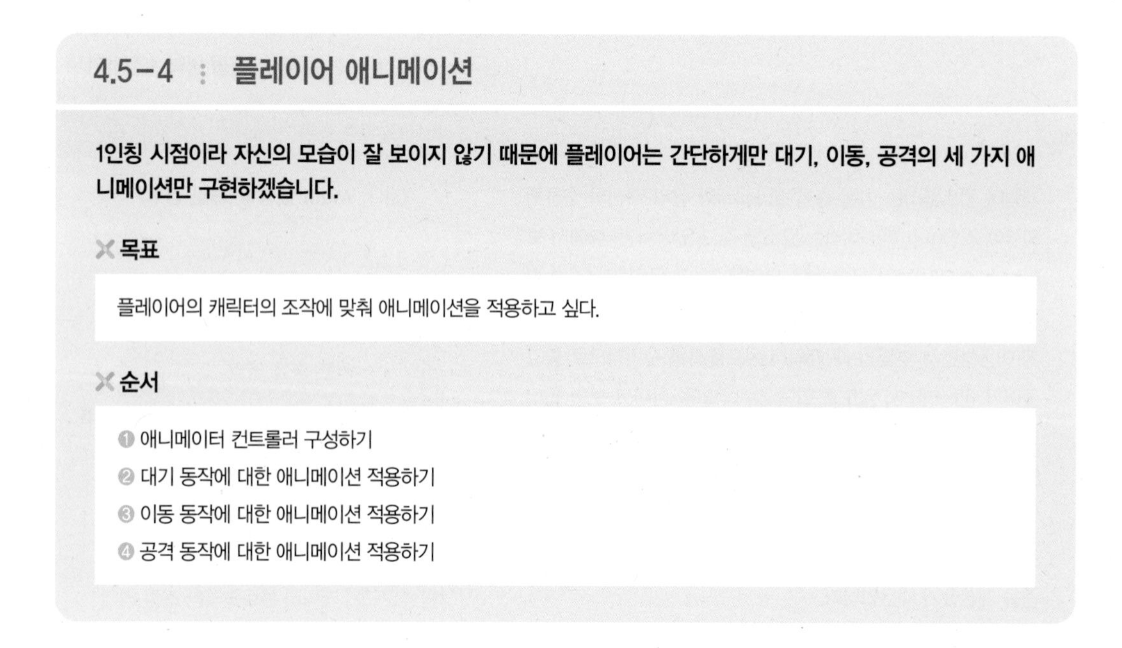

4.5-4 : 플레이어 애니메이션

1인칭 시점이라 자신의 모습이 잘 보이지 않기 때문에 플레이어는 간단하게만 대기, 이동, 공격의 세 가지 애니메이션만 구현하겠습니다.

목표

플레이어의 캐릭터의 조작에 맞춰 애니메이션을 적용하고 싶다.

순서

1. 애니메이터 컨트롤러 구성하기
2. 대기 동작에 대한 애니메이션 적용하기
3. 이동 동작에 대한 애니메이션 적용하기
4. 공격 동작에 대한 애니메이션 적용하기

애니메이션을 적용하기 위해서는 가장 먼저 애니메이터 컨트롤러가 필요하다는 것은 아직 기억하고 있겠죠? 프로젝트 뷰에서 **[+] 버튼-[Animator Controller]**를 선택한 후 이름을 '**Soldier Anim**'으로 변경합니다.

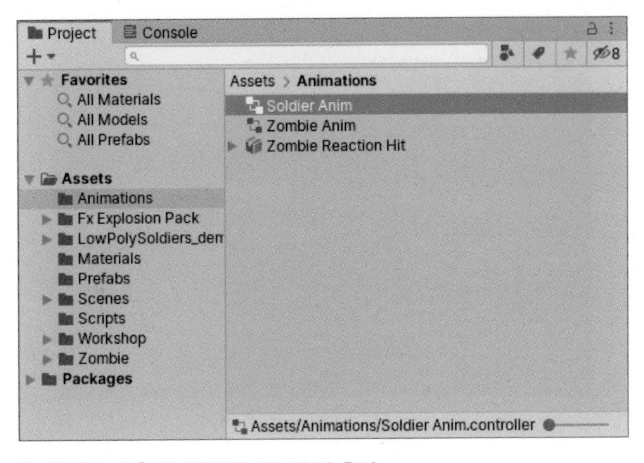

[그림 4.5-84] 애니메이터 컨트롤러 추가

군인 캐릭터의 애니메이터 컴포넌트의 Controller 항목에 방금 만든 애니메이터 컨트롤러를 추가하고 마우스로 더블 클릭해 애니메이터 뷰를 엽니다.

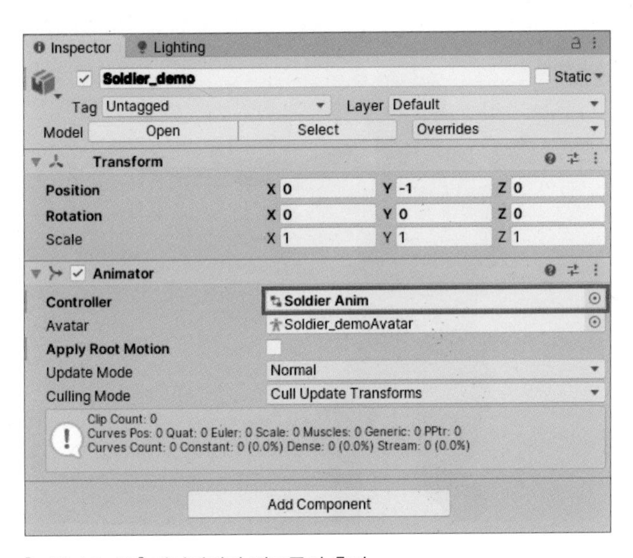

[그림 4.5-85] 애니메이터 컨트롤러 추가

기존처럼 새로운 스테이트를 생성하고 애니메이션 클립을 추가해도 되지만, 이번에는 이와 다른 방법으로 스테이트를 추가해보겠습니다. demo_combat_idle.FBX 파일을 애니메이터 뷰 쪽으로 드래그 앤 드롭해보겠습니다. 이렇게 하면 자동으로 스테이트가 생성되면서 애니메이션 클립이 추가됩니다.

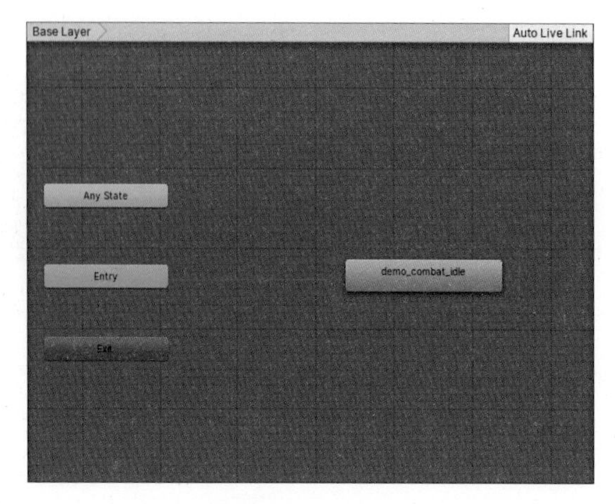

[그림 4.5-86] 대기 상태 추가

이제 플레이해보면 플레이어가 대기 동작을 하고 있는 것을 확인할 수 있습니다.

[그림 4.5-87] 대기 애니메이션 확인

그런데 게임 뷰에서 보면 총의 모습이 조금씩 뚫려 보이는 것이 거슬립니다. 이런 문제가 나타나는 이유는 메인 카메라의 촬영 범위 때문입니다. 메인 카메라 오브젝트를 클릭하면 씬 뷰에 피라미드를 뒤집어 놓은 듯한 형태의 흰색 라인이 보일 것입니다. 이 삼각뿔의 끝을 잘라낸 듯한 흰색 라인 영역은 '절두체(View frustum)'라 하는 것으로, 카메라에 찍히는 공간 영역의 범위를 시각적으로 표시한 것입니다.

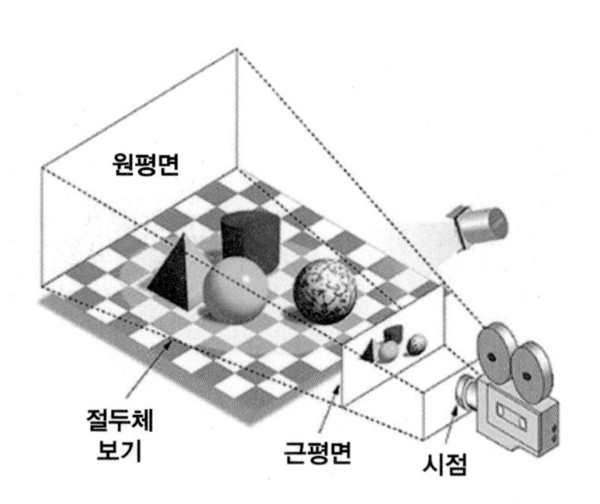

[그림 4.5-88] 절두체(View frustum)
(출처: The Free Dictionay(encyclopedia2.thefreedictionary.com/View+frustum), Computer Language Company(www.computerlanguage.com))

메인 카메라 오브젝트의 Camera 컴포넌트에 'Clipping Planes'라는 항목이 있습니다. 이 항목의 Near가 카메라의 위치로부터 절두체의 시작 지점까지의 거리, 즉 촬영 시작 거리를 설정할 수 있는 속성이고, 이와 반대로 Far는 카메라의 위치로부터 절두체의 마지막 위치까지의 거리(촬영 한계 거리)를 설정하는 속성입니다. Near는 최소 0.01까지 줄일 수 있으며, Far는 유니티 씬 공간의 최대 거리까지 늘릴 수 있습니다. Near 값이 작을수록 더 가까운 것도 볼 수 있지만 불필요하게 오브젝트 내부까지 보일 수도 있으며, Far 값이 클수록 더 멀리 볼 수 있지만 화면에 그릴 때 연산량이 많아져 게임 성능이 저하될 수 있습니다.

총의 모습이 잘 보이도록 메인 카메라의 카메라 컴포넌트에서 Near 값을 '0.22'로 변경해보겠습니다.

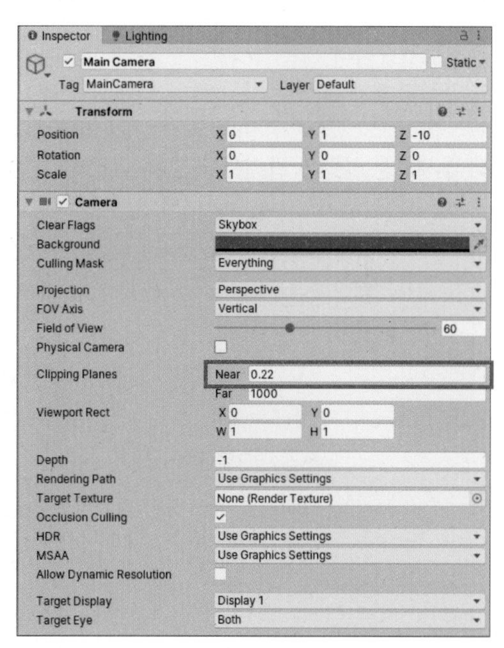

[그림 4.5-89] Near 값 조정하기

이제야 총의 모습이 제대로 보이는 것 같군요. 1인칭 시점일 때는 캐릭터의 외형이나 자세에 따라 카메라를 돌려보면서 Near 값을 조정해야 합니다.

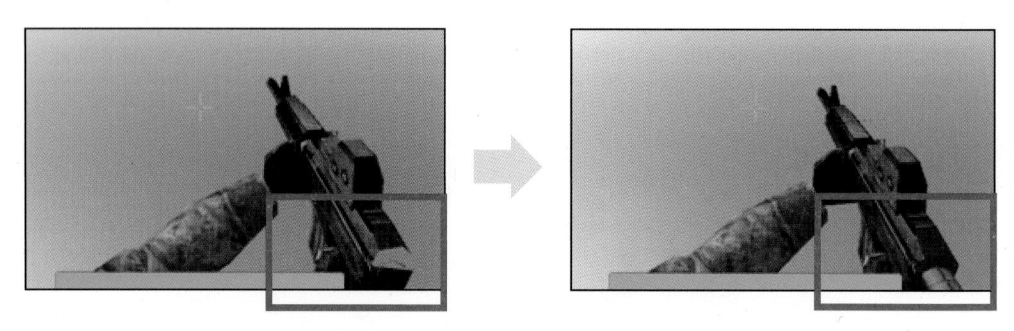

[그림 4.5-90] Near 값 조정 전후 비교

이제 이동 애니메이션을 적용할 차례입니다. 플레이어의 경우 좀비처럼 상태를 분리하지 않았기 때문에 이번에는 다른 방법을 사용하겠습니다. 플레이어 이동 시에 사용자의 키 입력을 받아 1이 되도록 했습니다. 즉, **벡터의 크기에 비례해 이동 여부가 결정**됐다는 것을 알 수 있습니다. 대기 애니메이션과 이동 애니메이션도 이렇게 벡터의 크기에 따라 전환되게 할 수 있는 방법이 있습니다. 바로 애니메이터 컨트롤러의 '블렌드 트리(Blend tree)'를 사용하는 것이죠. 긴 설명보다는 역시 실습 한 번이 더욱 효과적이겠죠? 그럼 이제부터 블렌드 트리를 이용해 대기와 이동 애니메이션을 전환해보겠습니다.

애니메이터 뷰에서 마우스 오른쪽 버튼을 클릭한 후 **[Create State]** – **[From New Blend Tree]**를 선택해 새로운 블렌드 트리를 생성합니다. 새 블렌드 트리의 이름은 '**MoveBlend**'로 변경하겠습니다.

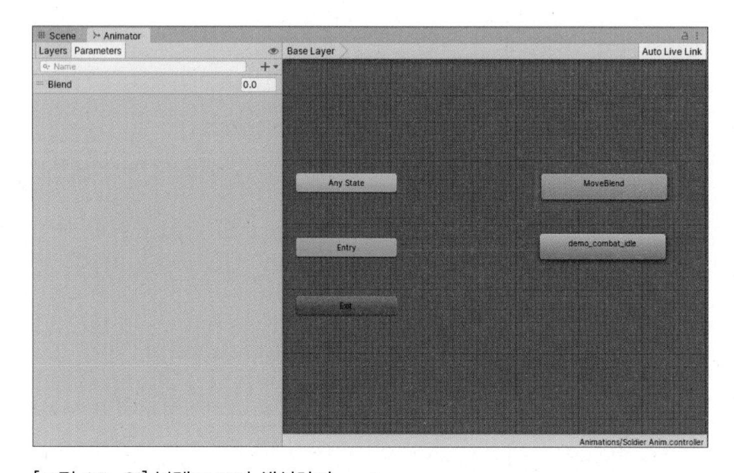

[그림 4.5-91] 블렌드 트리 생성하기

서브 스테이트 머신 때처럼 블렌드 트리를 더블 클릭하면 블렌드 트리 내부 레이어 화면으로 전환됩니다.

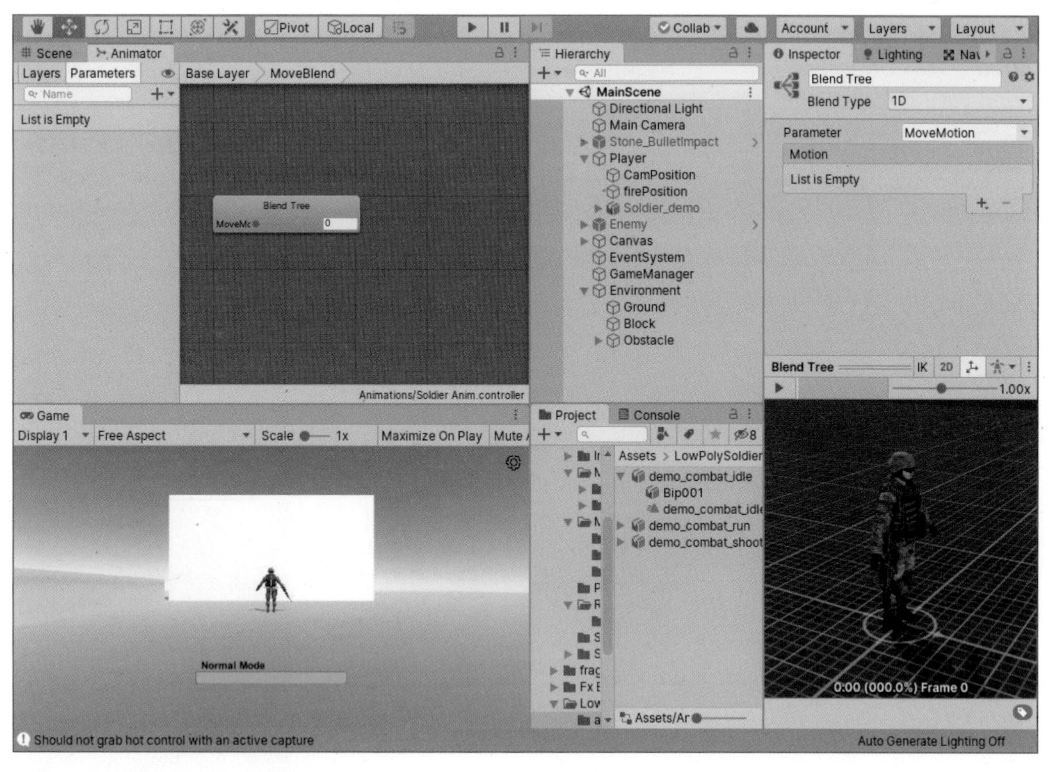

[그림 4.5-92] 블렌드 트리 내부 화면

블렌드 트리를 선택한 채 인스펙터 뷰를 살펴보면 Motion 리스트가 존재하는 것을 알 수 있습니다. Motion 리스트는 블렌드 트리의 값에 따라 전환될 애니메이션 클립 리스트입니다. 하단의 [+] 버튼 – [Add Motion Field]를 선택해 리스트를 하나 추가해보겠습니다.

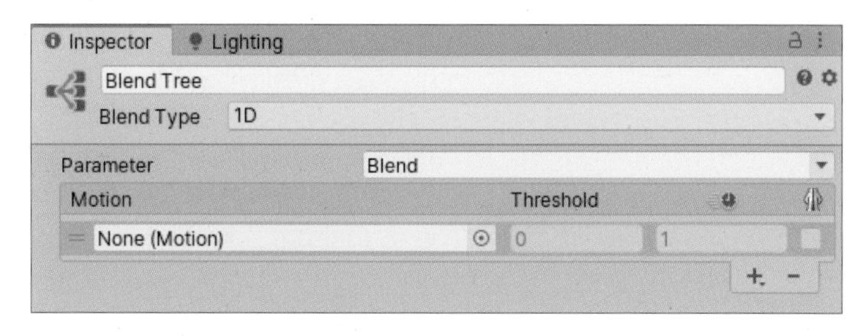

[그림 4.5-93] 블렌드 트리의 모션 리스트

모션 리스트의 첫 번째 항목은 블랜딩할 애니메이션 클립입니다. 우측의 두 번째 항목은 전환 시기를 나타내는 임계점(Threshold) 항목이고, 세 번째 항목은 애니메이션 재생 속도입니다. 우선 대기 애니메이션 클립(demo_combat_idle)을 드래그 앤 드롭해 추가합니다.

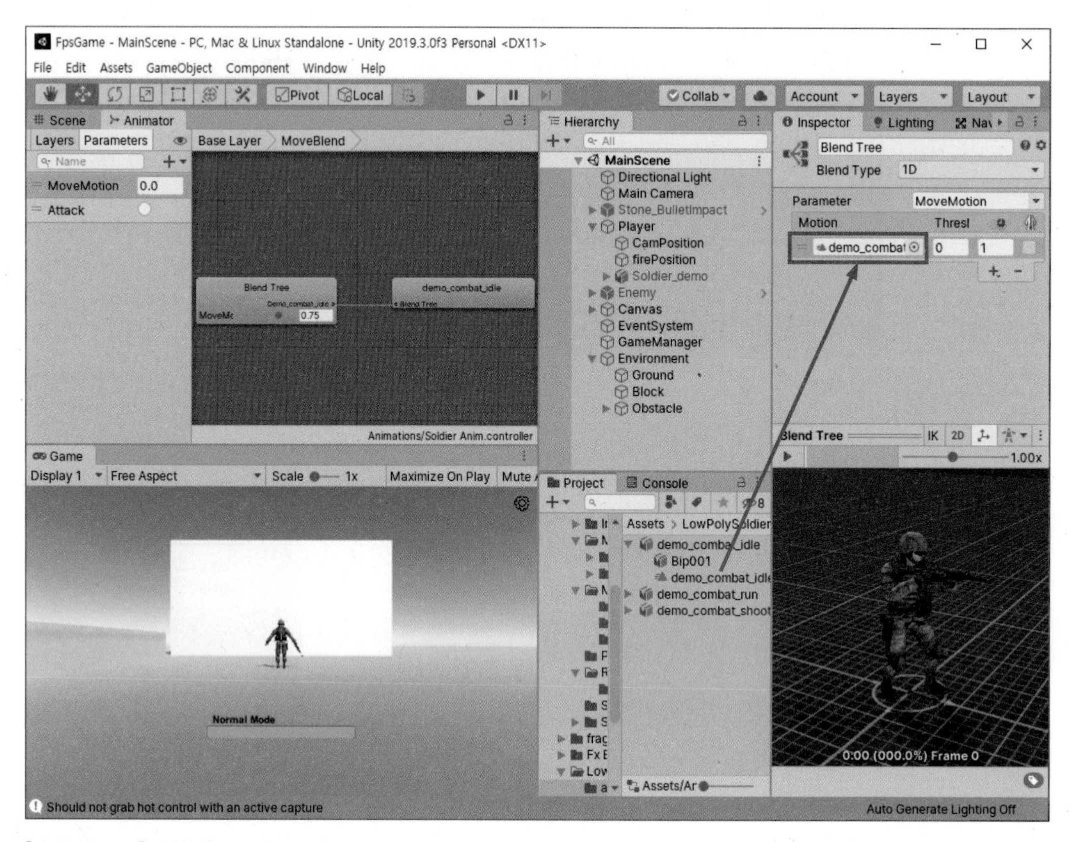

[그림 4.5-94] 모션 리스트에 애니메이션 클립 추가 1

한 번 더 [+] 버튼-[Add Motion Field]를 선택해 리스트를 추가하고, 두 번째 모션으로 이동 애니메이션 클립(demo_combat_run)을 추가합니다. 애니메이터 뷰를 보면 두 가지 애니메이션이 자동으로 생성된 것이 보입니다.

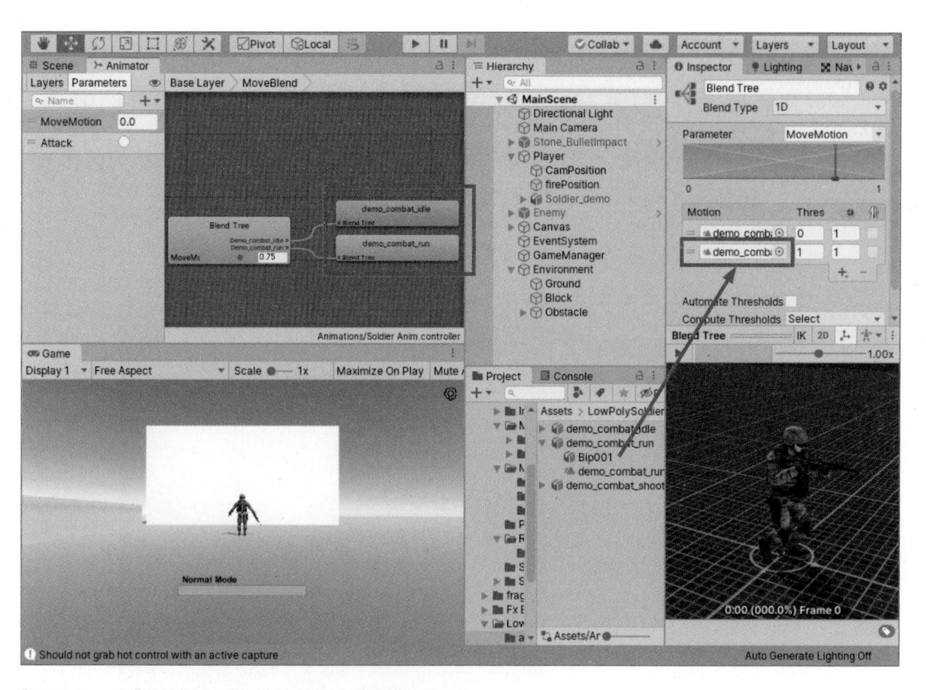

[그림 4.5-95] 모션 리스트에 애니메이션 클립 추가 2

블렌드 트리를 선택한 채 미리 보기 애니메이션을 플레이시켜놓고 그림의 마우스 커서의 위치에 있는 Blend 항목의 값을 바꿔보면 미리 보기에서의 동작이 변화되는 것이 보일 것입니다.

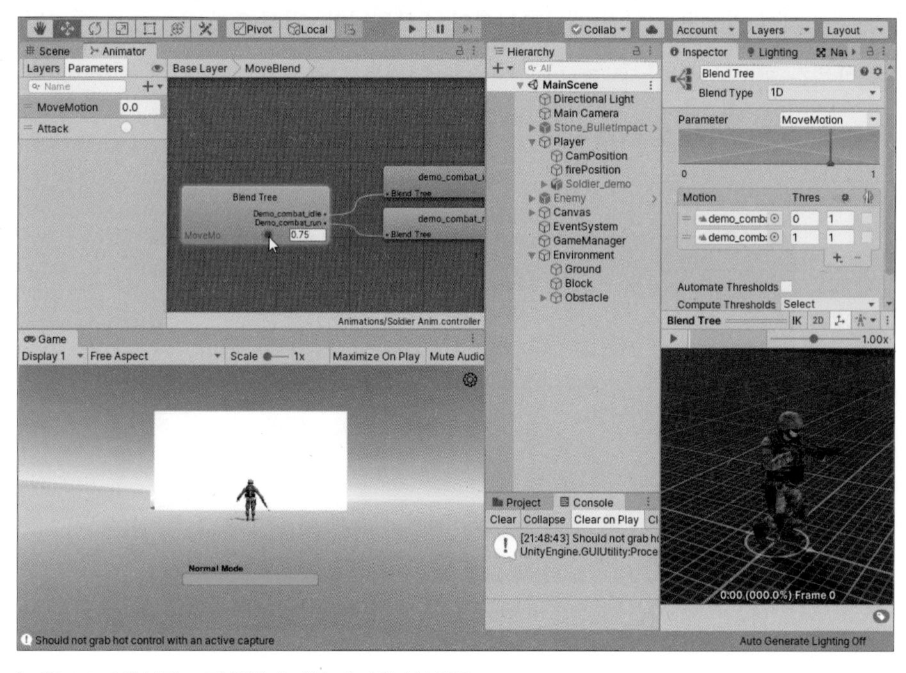

[그림 4.5-96] 블렌드 값 변화에 따른 애니메이션 변화

이제 값을 넘겨주기만 하면 되는데, 아마 블렌드 트리를 처음 만들었을 때 애니메이터 뷰에 'Blend'라는 이름으로 Float 타입의 파라미터 하나가 자동으로 생성됐을 것입니다. 이 파라미터가 블렌드 트리를 호출하면서 동시에 값도 넘겨주는 파라미터입니다. 호출할 때 편리하게 구분할 수 있도록 인스펙터 뷰에서 Parameter 항목의 이름을 'MoveMotion'으로 변경하겠습니다.

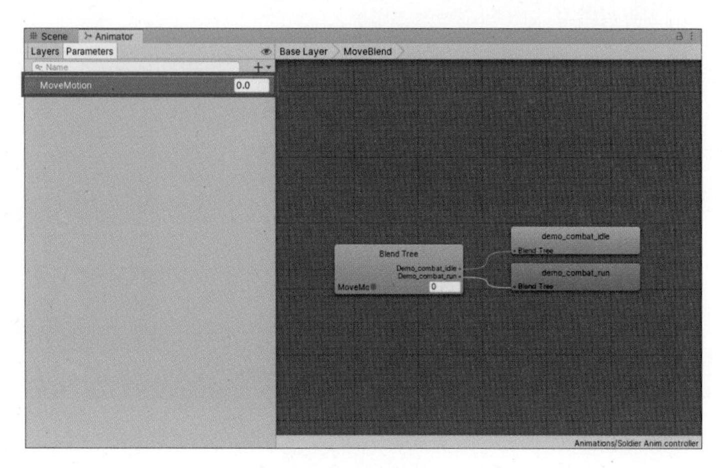

[그림 4.5-97] 블렌드 파라미터의 이름 변경하기

블렌드 트리 설정이 완료됐으면 이제 트랜지션을 연결할 차례인데, 이동 블렌드 트리는 대기와 이동을 둘 다 포함하고 있으므로 대기 애니메이션이 중복됩니다. 다시 Base Layer로 돌아와 블렌드 트리 위에 마우스 커서를 올려놓은 후 마우스 오른쪽 버튼을 클릭하고 [그림 4.5-98]과 같이 **[Set as Layer Default State]**를 선택합니다.

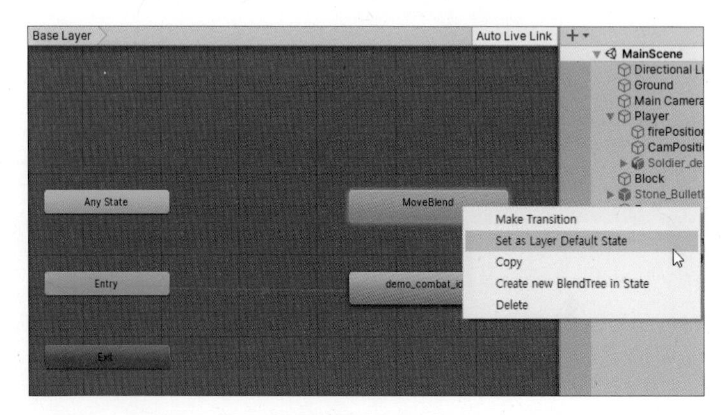

[그림 4.5-98] 최초 스테이트 변경하기 1

이제 최초 스테이트가 demo_combat_idle 스테이트에서 MoveBlend 스테이트로 변경된 것을 알 수 있습니다. demo_combat_idle 스테이트를 선택한 후 키보드의 Delete 키를 눌러 기존의 대기 스테이트를 삭제합니다.

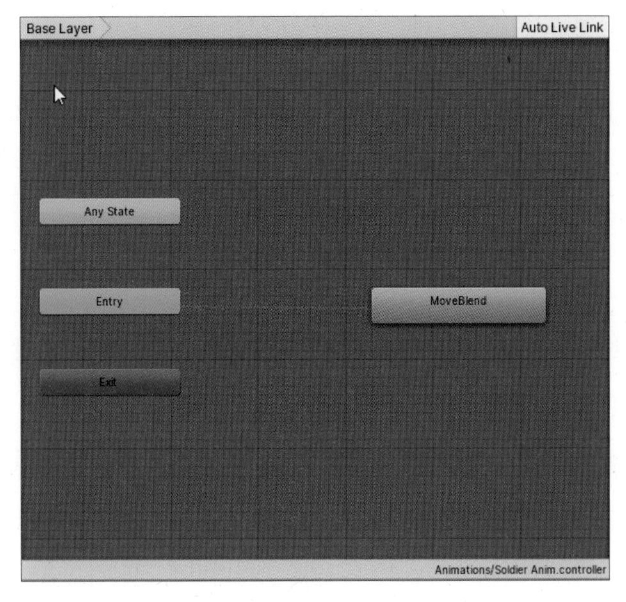

[그림 4.5-99] 최초 스테이트 변경하기 2

이번에는 플레이어의 이동을 구현했던 PlayerMove.cs 스크립트에 블랜딩 트리를 호출해보겠습니다. 먼저 애니메이터 컴포넌트를 제어할 수 있도록 애니메이터 변수를 만들고, Start() 함수에서 컴포넌트를 받아오는 코드부터 추가합니다.

```
using System.Collections;
using System.Collections.Generic;
using UnityEngine;
using UnityEngine.UI;

public class PlayerMove : MonoBehaviour
{
. . . (생략) . . .

    // 애니메이터 변수
    Animator anim;
```

```
    void Start()
    {
        // 캐릭터 콘트롤러 컴포넌트 받아오기
        cc = GetComponent<CharacterController>();

        // 애니메이터 받아오기
        anim = GetComponentInChildren<Animator>();
    }

. . . (생략) . . .
}
```

[코드 4.5-15] PlayerMove.cs 플레이어의 애니메이터 컴포넌트 설정

애니메이터 컴포넌트를 사용할 준비가 끝나면 사용자의 입력 값으로 이동 방향 벡터를 생성하는 부분 하단에 SetFloat() 함수를 이용해 블렌드 트리를 호출합니다. SetFloat() 함수는 그동안 사용했던 SetTrigger() 함수와 달리, 파라미터를 두 가지로 전달합니다. 첫 번째 파라미터는 호출할 파라미터의 이름, 두 번째 파라미터는 값(Float)을 전달합니다. 벡터 크기에 따라 애니메이션이 전환되도록 이동 방향 벡터의 크기(magnitude)를 두 번째 파라미터로 전달하겠습니다.

```
. . . (생략) . . .

void Update()
{
    . . . (생략) . . .

    // 1. 사용자의 입력을 받는다.
    float h = Input.GetAxis("Horizontal");
    float v = Input.GetAxis("Vertical");

    // 2. 이동 방향을 설정한다.
    Vector3 dir = new Vector3(h, 0, v);
    dir = dir.normalized;

    // 이동 블랜딩 트리를 호출하고 벡터의 크기 값을 넘겨준다.
    anim.SetFloat("MoveMotion", dir.magnitude);

    . . . (생략) . . .
}
```

[코드 4.5-16] PlayerMove.cs 이동 블렌드 트리에 이동 속도 벡터의 크기 값을 전달

이제 플레이해보면 대기와 이동 애니메이션 전환이 잘 이뤄지는 것을 알 수 있습니다. 그런데 문제가 하나 있군요. 이동 때 캐릭터의 머리가 앞쪽으로 움직이기 때문에 화면에 머리 형태가 간헐적으로 나타나고 있습니다.

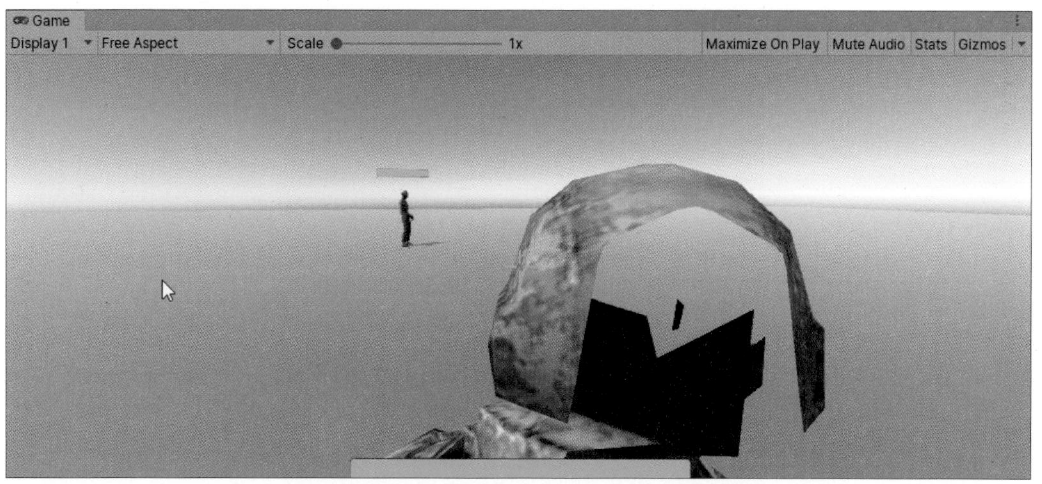

[그림 4.5-100] 이동 시에 캐릭터 머리가 보이는 문제

이 문제를 해결하려면 카메라의 위치를 수정해야 하는데, 헬멧이 눈앞으로 나와 있기 때문에 카메라의 위치를 헬멧의 앞쪽이 되도록 하는 편이 좋을 것 같습니다. 먼저 CamPosition 오브젝트를 헬멧의 앞쪽에 위치시키고, 메인 카메라의 Near를 0.01로 최대한 뒤로 밀어 시야가 최대한 헬멧 바로 앞에서 시작하도록 조정하겠습니다.

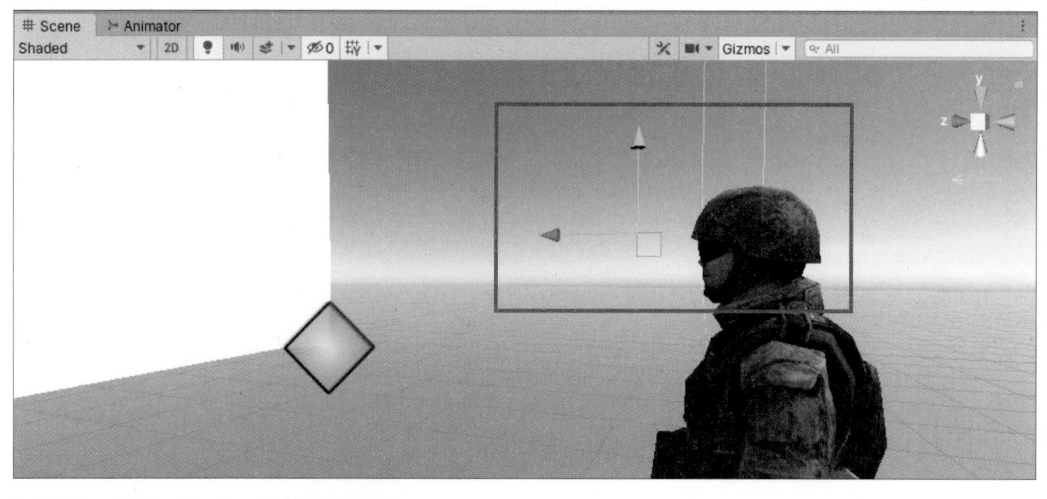

[그림 4.5-101] CamPosition의 위치 조정하기

이제 가능한 한 시야가 카메라의 바로 앞에서 시작되도록 메인 카메라의 카메라 컴포넌트에서 Near 값을 '0.01'로 변경합니다.

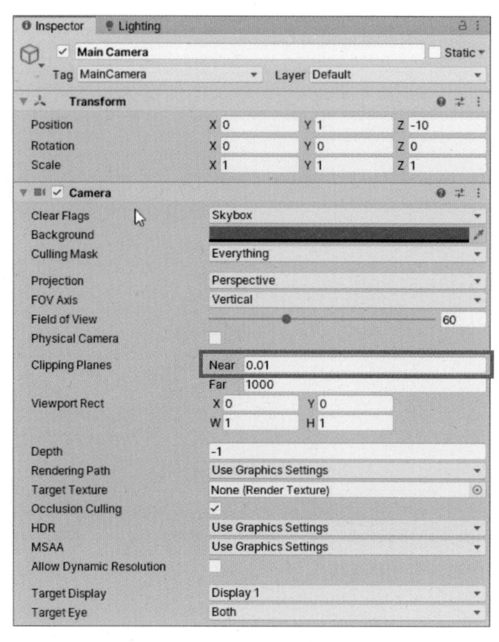

[그림 4.5-102] 메인 카메라의 Near 조정하기

이제 테스트 플레이를 해보면 제대로 동작하는 것을 알 수 있습니다.

[그림 4.5-103] 이동 애니메이션 테스트

마지막으로 공격 애니메이션을 적용해보겠습니다. 공격 애니메이션은 대기 동작에서 이어져야 하므로 이동 블렌드 트리에서 공격 스테이트로 트랜지션이 되도록 하고, 공격이 끝나면 다시 이동 블렌드 트리 쪽으로 트랜지션을 연결하겠습니다.

먼저 demo_combat_shoot.FBX 파일을 애니메이터 뷰로 드래그 앤 드롭해 새 스테이트로 만듭니다. 그런 다음, 앞에서 말한 대로 이동 블렌드 트리와 공격 스테이트를 서로 트랜지션으로 연결하겠습니다.

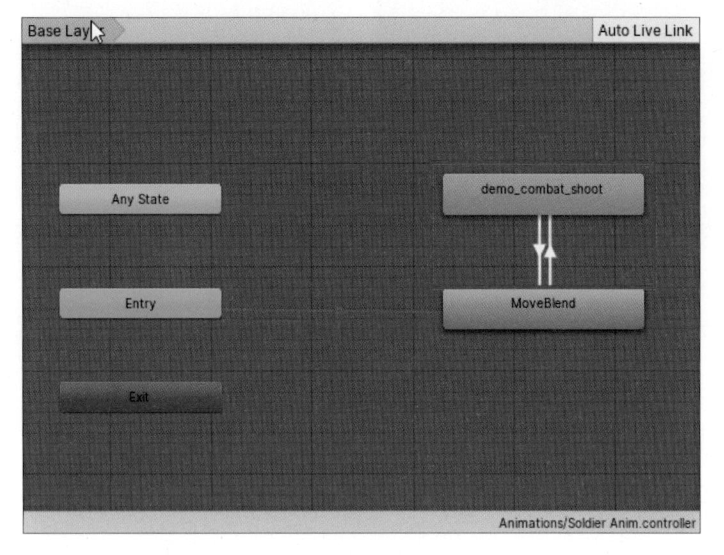

[그림 4.5-104] 블렌드 파라미터의 이름 변경하기

공격 트랜지션을 호출하기 위해 트리거 파라미터를 생성합니다. 이름은 'Attack'으로 변경하고, 이동 블렌드 트리 → 공격 스테이트로 연결된 파라미터에 추가합니다. [Has Exit Time] 항목의 체크 표시는 해제하겠습니다. 공격 스테이트 → 이동 블렌드 트리로 연결된 파라미터에서는 공격 애니메이션이 종료되면 자동으로 이동 블렌드 트리로 돌아올 수 있도록 [Has Exit Time] 항목에만 체크 표시하고 조건 파라미터는 추가하지 않습니다.

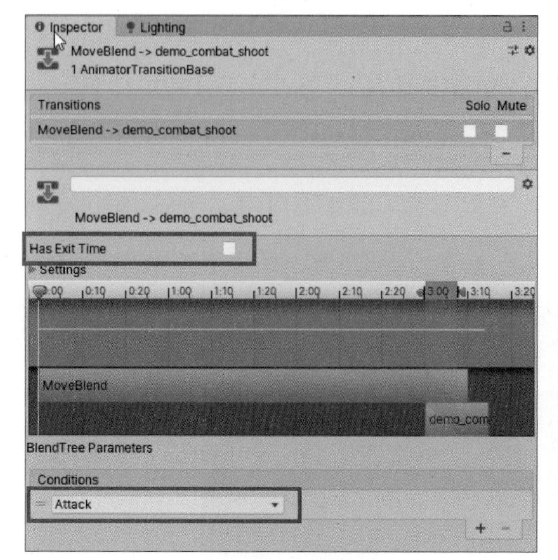

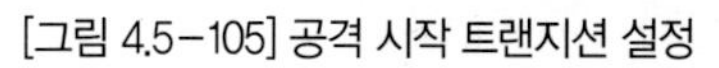

[그림 4.5-105] 공격 시작 트랜지션 설정

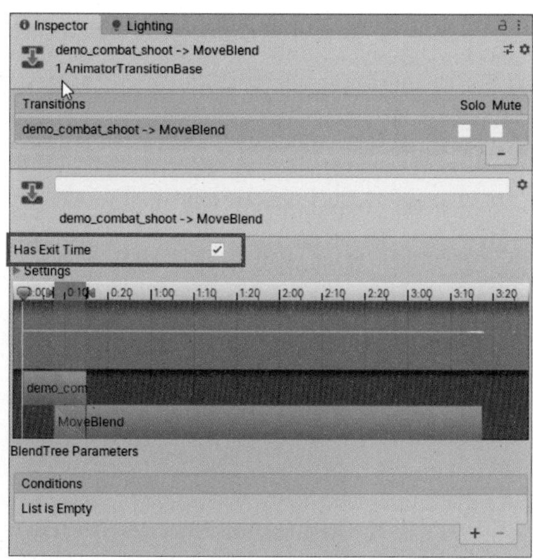

[그림 4.5-106] 공격 종료 트랜지션 설정

공격을 담당하는 PlayerFire.cs 스크립트에서 플레이어의 마우스 왼쪽 버튼의 입력을 받는 조건문 부분에 공격 트랜지션을 호출하겠습니다. 이때 주의할 점은 이동 동작 중에 공격 애니메이션을 하게 되면 애니메이션과 오브젝트의 이동 상태가 서로 맞지 않기 때문에 블렌드 트리 파라미터의 값을 읽어 그 값이 0일 때(대기 상태)에만 공격 트랜지션을 호출하도록 해야 한다는 것입니다.

```
using System.Collections;
using System.Collections.Generic;
using UnityEngine;

public class PlayerFire : MonoBehaviour
{

. . . (생략) . . .

    // 애니메이터 변수
    Animator anim;

    void Start()
    {
        // 피격 이펙트 오브젝트에서 파티클 시스템 컴포넌트 가져오기
        ps = bulletEffect.GetComponent<ParticleSystem>();
```

```
        // 애니메이터 컴포넌트 가져오기
        anim = GetComponentInChildren<Animator>();
    }

void Update()
{
    . . . (생략) . . .

    // 마우스 왼쪽 버튼을 누르면 시선이 바라보는 방향으로 총을 발사하고 싶다.

    // 1. 마우스 입력을 받는다.
    if (Input.GetMouseButtonDown(0))
    {
        // 만일 이동 블렌드 트리 파라미터의 값이 0이라면, 공격 애니메이션을 실시한다.
        if (anim.GetFloat("MoveMotion") == 0)
        {
            anim.SetTrigger("Attack");
        }
. . . (생략) . . .
    }

    . . . (생략) . . .
}
```

[코드 4.5-17] PlayerFire.cs 이동 상태에 따라 공격 애니메이션 플레이 여부 결정

생각대로 동작하는지 확인하기 위해 유니티에서 테스트 플레이를 해보겠습니다.

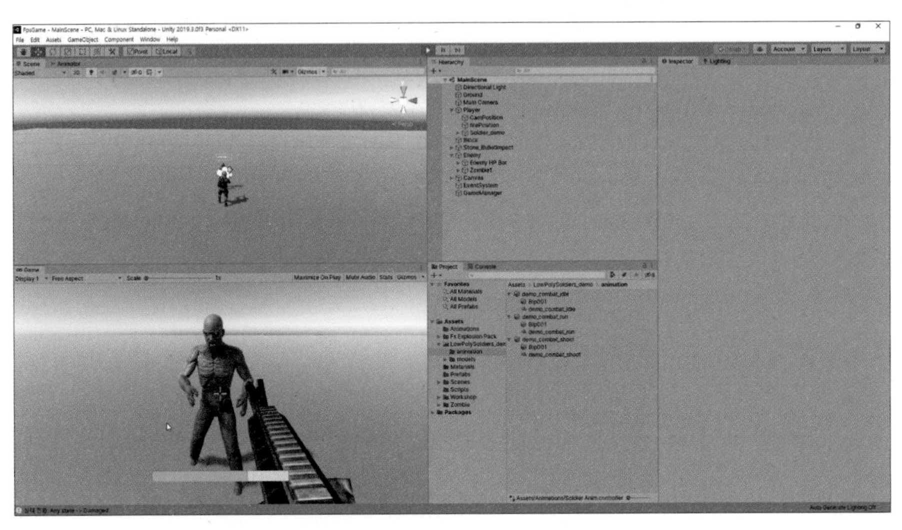

[그림 4.5-107] 이동 시에 캐릭터 머리가 보이는 문제

테스트해보니 이동 중에 게임 오버가 되는 경우에는 애니메이션이 이동 애니메이션 상태에서 변경되지 않는군요. 그 이유는 GameManager.cs 스크립트에서 게임 상태가 GameOver 상태로 전환되면서 사용자의 입력을 받지 못하기 때문입니다. 게임 오버 시에는 다음과 같이 플레이어의 이동 블렌드 트리의 값을 0으로 변하게 해주는 코드를 추가합시다.

```
public class GameManager : MonoBehaviour
{
. . . (생략) . . .

    void Update()
    {
        // 만일, 플레이어의 hp가 0 이하라면...
        if(player.hp <= 0)
        {
            // 플레이어의 애니메이션을 멈춘다.
            player.GetComponentInChildren<Animator>().SetFloat("MoveMotion", 0f);

            // 상태 텍스트를 활성화한다.
            gameLabel.SetActive(true);

            // 상태 텍스트의 내용을 'Game Over'로 한다.
            gameText.text = "Game Over";

            // 상태 텍스트의 색상을 붉은색으로 한다.
            gameText.color = new Color32(255, 0, 0, 255);

            // 상태를 '게임 오버' 상태로 변경한다.
            gState = GameState.GameOver;
        }
    }
    . . . (생략) . . .
}
```

[코드 4.5-18] GameManager.cs 게임 오버 상태에서 플레이어의 이동 애니메이션 중지하기

이렇게 플레이어의 애니메이션까지 마쳤습니다. 애니메이션 적용은 캐릭터마다 다르기 때문에 양도 많고, 각각의 기능 구현과 조화를 맞춰야 하기 때문에 길고 지루한 작업이긴 합니다. 하지만 게임의 시각적 퀄리티를 위해 매우 중요한 작업이기 때문에 반드시 연습을 많이 해보시기 바랍니다.

4.6 길 찾기

4.6-1 길 찾기 알고리즘

지금까지 만든 내용을 플레이해보면 특별한 문제가 없어 보입니다. 그렇지만 실제 게임 환경이라면 문제가 발생할 소지가 있습니다. 어떤 문제가 있을지 한번 시험해 보겠습니다.
플레이어와 에너미 사이에 큐브 오브젝트를 하나 세워두겠습니다.

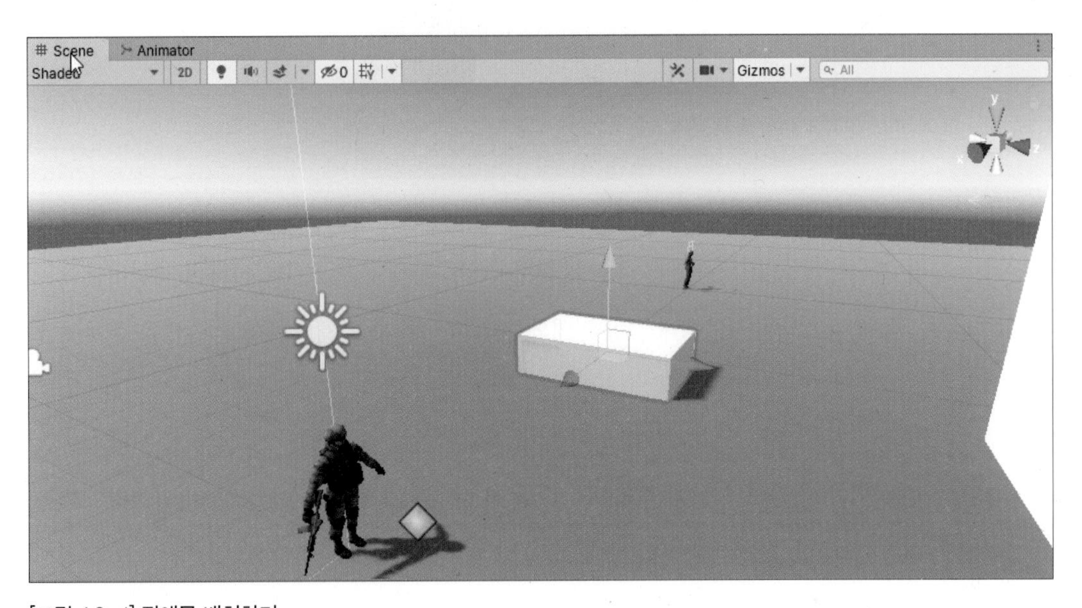

[그림 4.6-1] 장애물 배치하기

장애물을 넘지 않은 상태에서 에너미를 총으로 공격해보겠습니다. 에너미는 피격 동작 후에 곧장 플레이어를 향해 다가올 것입니다. 이제 문제점이 파악되시나요? 그렇습니다. 에너미는 눈앞의 장애물을 피하지 못하고 제자리 걸음만 하고 있군요.

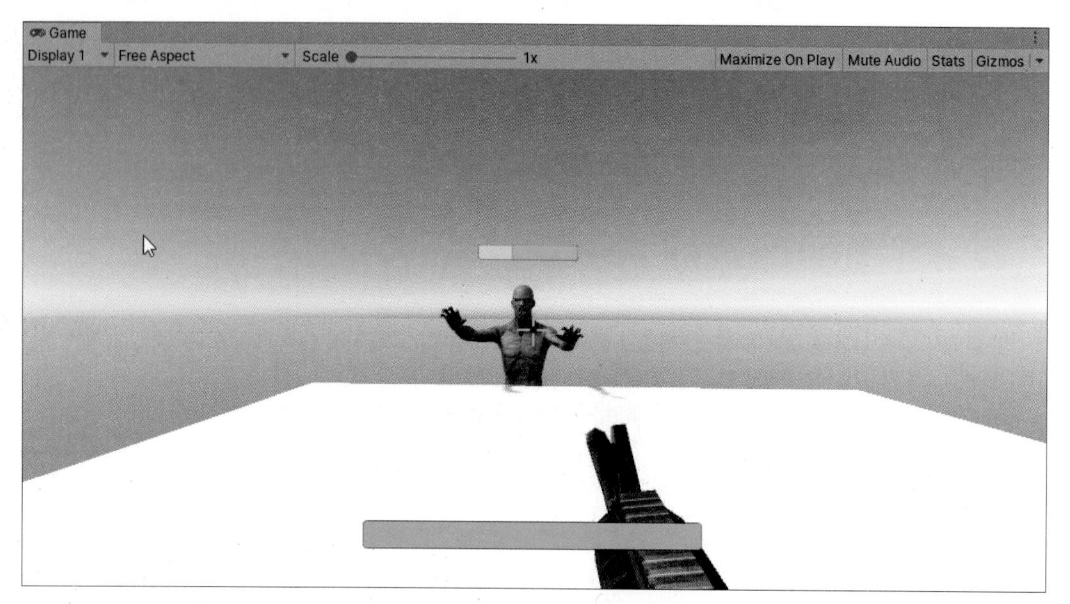

[그림 4.6-2] 에너미 캐릭터의 이동 장애 문제

레벨 디자인이 적용된 맵이라면 이것보다 훨씬 더 길이 복잡하고 장애물도 많을 것입니다. 만일 이러한 요소들을 감안하지 않고 지금처럼 단순히 플레이어를 향해 이동하기만 한다면 에너미들의 움직임은 단순해질 것이고 사용자들에게 금방 파악돼 게임이 단순하고 재미없게 될 것임은 불보듯 뻔하겠죠?

주변의 장애물을 피해 최단 거리로 목표물을 향해 이동하는 길 찾기(path finding) 알고리즘은 오래전부터 다양한 형태로 발전해왔습니다. 그중 몇 가지를 소개하겠습니다.

Note 대표적인 길 찾기 알고리즘

① 좌선법(左先法), 우선법(右先法)

벽에 손을 짚고 길을 따라가다가 갈림길에서 선택해야 할 상황이 발생하면 무조건 왼쪽으로 가거나(좌선법) 오른쪽으로 가는(우선법) 길 찾기 방식입니다. 최단 경로를 찾기는 어렵지만 목적지에 막히지 않고 도달하기에는 좋은 알고리즘입니다. 한 번 지나간 길을 기억해둘 필요도 없다는 장점도 있습니다. 다만 벽이 원형처럼 무한히 순환되면 목적지에 도달하지 못할 경우도 있으며, 불필요하게 먼 길로 돌아갈 경우가 더 많다는 단점이 있습니다.

② 깊이 우선 탐색(Depth-first search)과 너비 우선 탐색(Breadth-first search)

그래프 자료 구조의 탐색 방식 중 하나로, 더 이상 갈 수 없는 막다른 길이 나올 때까지 이동하다가 막다른 길이 나오면 가장 마지막 분기점까지 되돌아가 다시 막다른 길이 나올 때까지 이동을 반복하는 길 찾기 알고리즘입니다. 중

복해 되돌아가는 경우가 줄어들기 때문에 우선법에 비해 시간적인 효율성은 있지만, 최단 거리로 가는 경우가 적다는 단점이 있습니다.

③ **다익스트라(Dijkstra) 알고리즘**

각각의 이동 가능한 경로마다 가중치를 주고 현재 위치에서 목적지까지 중복 없이 도달할 수 있는 모든 경로 중에서 가중치 합계가 가장 적은 길을 찾아 이동하는 방식의 길 찾기 알고리즘입니다. 이 방식은 언제나 최단 거리로 도달할 수 있다는 점에서 길 찾기 알고리즘으로서 매우 적절하지만, 모든 이동 가능 경로의 경우의 수만큼 전부 연산하기 때문에 성능적인 측면에서 부담이 클 수밖에 없다는 단점이 있습니다.

④ **A*(A star) 알고리즘**

다익스트라 알고리즘의 개량형이라고 할 수 있는 이 알고리즘은 각각의 이동 가능한 경로마다 가중치를 준다는 점에서 다익스트라 알고리즘과 동일합니다. 하지만 하나의 경로를 이동할 때마다 지금까지 이동해온 경로의 가중치와 이동 가능한 경로의 가중치를 합산해 추정되는 최단 거리만을 계산한다는 점에서 경우의 수만큼 경로를 모두 계산하는 다익스트라 알고리즘에 비해 효율적입니다.

보통 A* 알고리즘을 많이 사용하는 편이지만, 2D 공간에 비해 고저가 있는 3D의 경우 연산량이 많아져 길 찾기를 하는 캐릭터가 많아질수록 게임의 성능이 저하될 우려가 있습니다. 이러한 문제를 보완하기 위해 등장한 것이 '내비게이션 메시(Navigation Mesh)'입니다.

내비게이션 메시의 원리를 간단히 설명드리면 ① 이동 가능한 영역마다 삼각형 모양의 셀(cell)을 만듭니다. ② 만들어진 모든 셀들을 연결해 전체적인 이동 영역을 구성합니다. ③ 이렇게 셀 연결로만 경로를 탐지하면 3D 영역도 마치 2D 영역처럼 탐지가 가능해집니다.

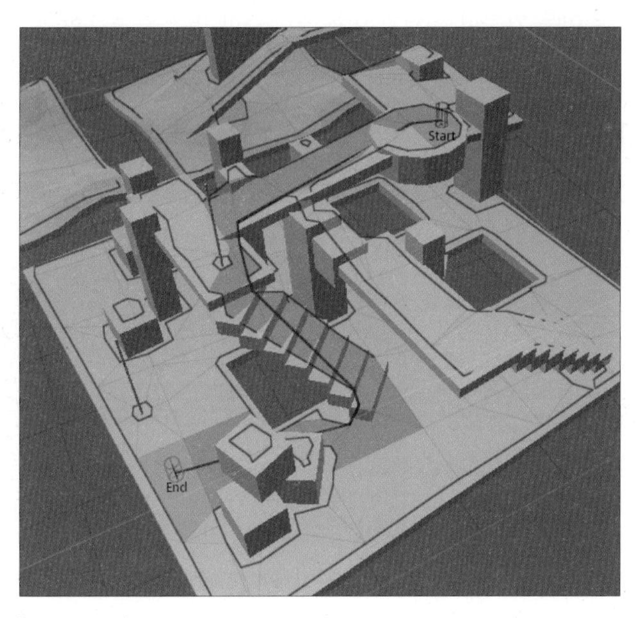

[그림 4.6-3] 내비게이션 메시(출처: 유니티 매뉴얼(docs.unity3d.com/Manual))

유니티에서는 내비게이션 메시를 이용해 3D 지형 공간을 2D 형식처럼 만들고 그 영역에서 A* 알고리즘을 이용해 목적지(Destination)까지의 최단 경로(Path)를 찾아냅니다. 물론 유니티에서는 내비게이션 메시 및 A* 알고리즘을 개발자가 빠르고 손쉽게 사용할 수 있도록 여러 가지 컴포넌트와 API를 제공하고 있습니다.

4.6-2 : 내비게이션 기능 적용하기

길 찾기 능력은 AI와도 밀접한 관계가 있습니다. 최근의 머신러닝 이론이 나오기 전까지 프로그래머가 짜 놓은 규칙에 의해 객체가 주변 상황에 맞춰 움직이는 고전적인 형식의 AI를 '심벌릭 AI'라고 해서 꽤 오랫동안 AI 기술의 주도적 역할을 해왔습니다. 길 찾기 알고리즘도 이와 같은 심벌릭 AI의 한 계통이며, 유니티에서도 AI라는 네임스페이스 안에 내비게이션 기능들을 구현해 놓았습니다.

목표

에너미를 이동시킬 때 지형을 분석해 장애물을 피해 목적지까지 최단 거리로 이동하게 하고 싶다.

순서

❶ 내비게이션 메시 기능으로 이동 가능한 공간 영역 설정하기
❷ 에너미를 내비게이션 영역으로 이동하기 위한 에이전트로 설정하기
❸ 에너미 상태 머신 구조에 맞춰 내비게이션 기능 제어하기

이동을 하기 위해서는 이동 가능한 영역과 이동 불가능한 영역을 구분할 필요가 있습니다. 이러한 내비게이션 영역을 설정하면 최단 거리를 계산하기 위한 데이터로 사용되기 때문에 게임 중에 위치가 변경돼서는 안 됩니다. 내비게이션 영역 설정을 배경 요소들에 일괄적으로 적용시키기 위해 모든 배경 오브젝트를 한곳에 정리하는 작업부터 해보겠습니다.

빈 게임 오브젝트를 하나 생성한 후 고정된 배경에 해당하는 게임 오브젝트들을 모두 자식 오브젝트로 등록합니다. 여기서는 바닥과 장애물 등이 되겠죠? 빈 게임 오브젝트의 이름은 'Environment'로 변경하겠습니다.

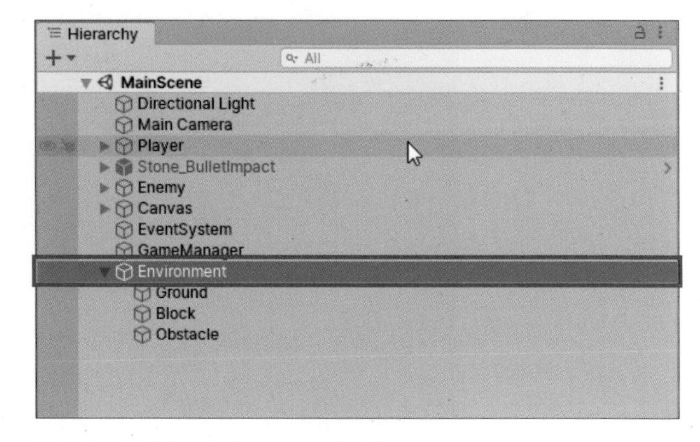

[그림 4.6-4] 배경 오브젝트 정리하기

내비게이션 메시 기능을 프로젝트에서 사용하기 위해 에디터 상단의 [Window] – [Package Manager]를 선택해서 패키지 매니저 창을 활성화합니다. 유니티에서 제공하는 패키지 목록을 불러오기 위해 [Packages] 탭을 마우스로 클릭하고 선택 목록에서 [Unity Registry]로 변경합니다.

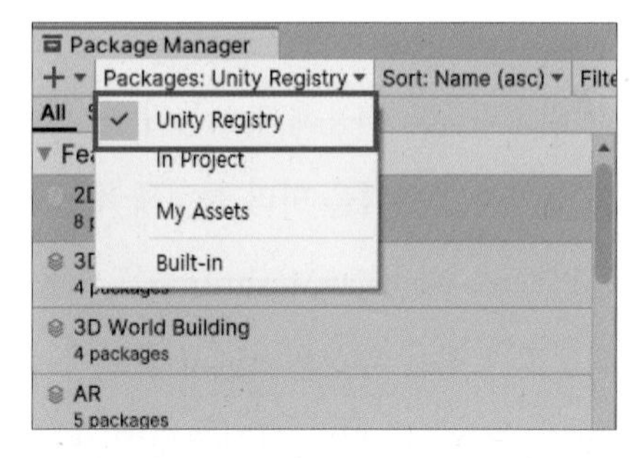

[그림 4.6–5] Package Manager 카테고리 변경하기

패키지 목록이 갱신되었다면 목록에서 'AI Navigation' 패키지를 선택하고 우측의 [Install] 버튼을 클릭하여 AI Navigation 패키지를 프로젝트에 설치합니다.

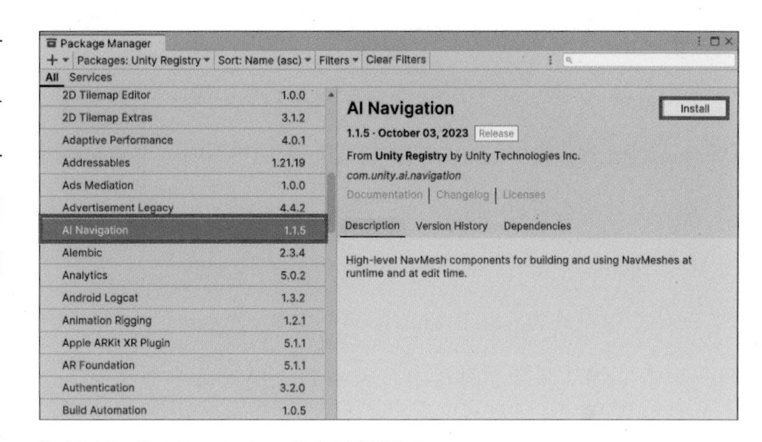

[그림 4.6–6] AI Navigation 패키지 설치하기

이제 패키지 매니저 창을 닫고 앞서 만들었던 Environment 오브젝트에 [Add Component]–[Navigation]–[NavMeshSurface] 항목을 선택하여 NavMeshSurface 컴포넌트를 추가해 줍니다.

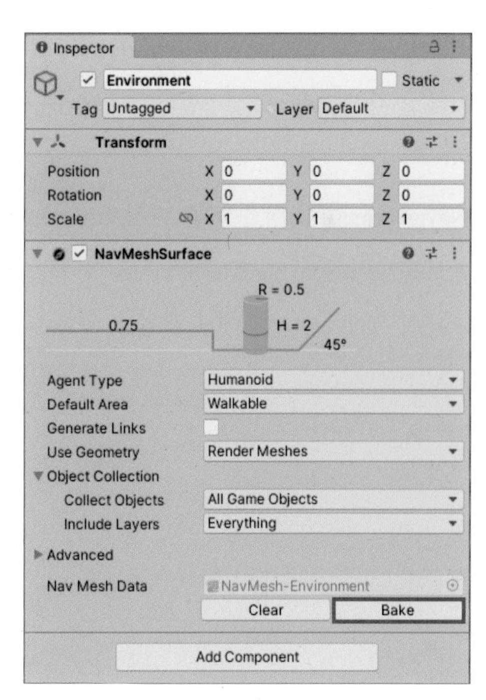

[그림 4.6–7] NavMeshSurface 컴포넌트 추가하기

NavMeshSurface 컴포넌트는 앞서 설명했던 길 찾기 알고리즘을 적용해서 이동할 수 있는 영역과 이동이 불가능한 영역을 미리 설정해 주는 역할을 하는 컴포넌트입니다. NavMesh 기능을 이용해서 자동으로 이동해야 하는 대상을 Agent라고 하는데 길 찾기 알고리즘은 Agent의 높이(Height)와 반경(Radius)에 맞춰서 이동이 가능한지를 계산하게 됩니다. 따라서 우리는 Enemy의 형태에 맞춰서 Agent를 설정해야 합니다. Agent 설정을 하기 위해 유니티 에디터 상단의 [Window]-[AI]-[Navigation]을 선택하면 내비게이션 설정 창이 활성화됩니다.

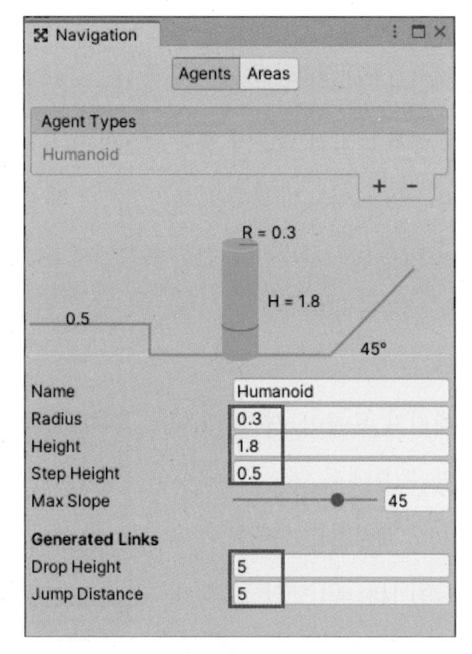

[그림 4.6-8] Agent 설정 조정하기

우리가 Agent로 사용할 대상은 Enemy이므로 Enemy의 크기에 맞춰서 Agent Radius(둘레)를 '0.3', Agent Height(높이)는 '1.8'로 설정합니다. Step Height(오를 수 있는 계단 높이)는 0.5미터까지 올라갈 수 있도록 설정하고 Max Slope(올라갈 수 있는 경사 각도)는 45도 상태로 놔두겠습니다. 또 뒤에서 점프로 건너가는 기능을 추가하기 위해서 Drop Height(점프로 올라갈 수 있는 높이)와 Jump Distance(점프의 수평 거리)를 각각 5미터로 설정합니다.

Navigation 설정 창을 끄고 다시 Environment 오브젝트를 선택해서 NavMeshSurface 항목을 보면 에이전트의 크기가 변경된 것을 확인할 수 있습니다.

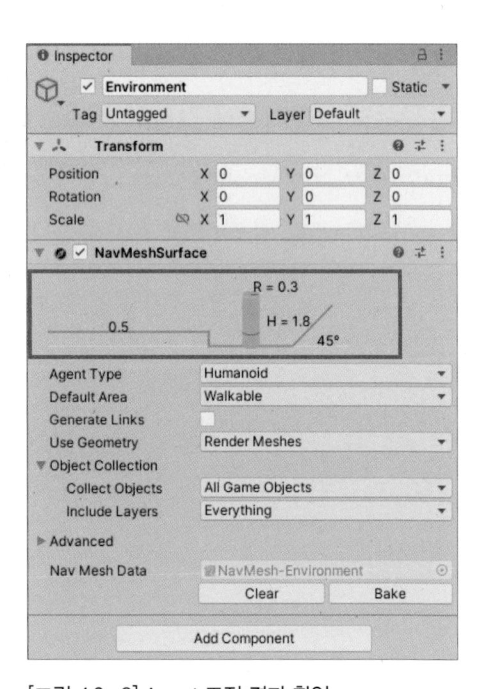

[그림 4.6-9] Agent 조정 결과 확인

에이전트의 설정을 마쳤으니 이제 이동 영역을 계산할 차례입니다. Enemy가 이동 경로를 계산하는데 필요한 오브젝트들은 모두 Environment 오브젝트의 자식 오브젝트로 지정했었기 때문에 Environment 오브젝트의 하위에 있는 모든 오브젝트를 대상으로 길 찾기 알고리즘을 계산하면 됩니다. 따라서 NavMeshSurface 컴포넌트의 중간에 있는 Object Collection 카테고리에서 Collect Objects 항목을 [Current Object Hierarchy]로 변경합니다.

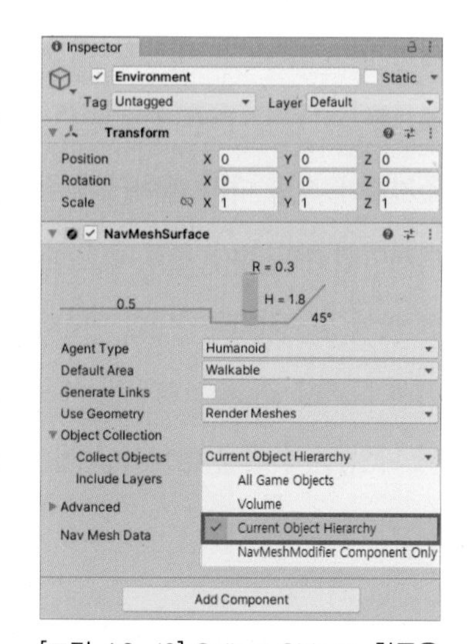

[그림 4.6-10] Collect Objects 항목을 Current Object Hierarchy로 변경하기

영역 계산을 위한 오브젝트들에 대한 설정도 마쳤으니 이제 이동 영역 계산을 하기 위해 [Bake] 버튼을 클릭합니다.

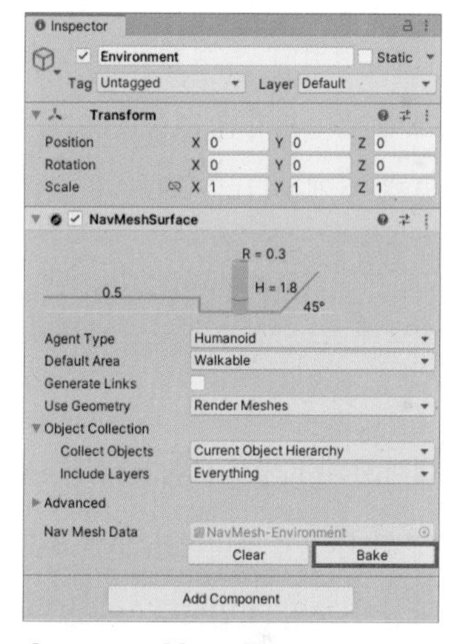

[그림 4.6-11] [Bake] 버튼

잠시 동안 연산을 하더니 씬 뷰에서 배경 오브젝트에 파란색 영역이 표시됐습니다. 이 파란색 영역이 내비게이션으로 이동할 수 있는 영역이고, 파란색이 없는 영역이 이동할 수 없는 영역입니다.

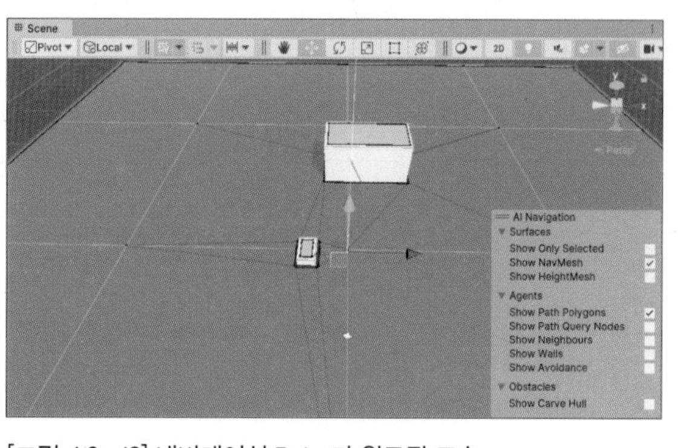

[그림 4.6-12] 내비게이션 Bake가 완료된 모습

내비게이션 기능을 사용할 때 이 영역을 기준으로 하므로 만일 추후에 새로운 배경 오브젝트를 추가하게 되면 다시 베이크해 주어야 합니다. 내비게이션 베이크가 완료되면 현재 씬 파일이 있던 곳에 씬 이름과 동일한 이름의 폴더가 생성되면서 NavMesh.asset이라는 파일이 생성됩니다. 이 파일 안에 현재 베이크된 메시 정보가 저장돼 있습니다.

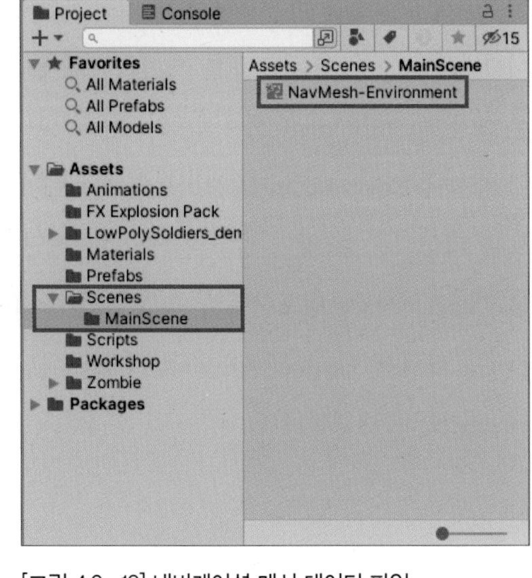

[그림 4.6-13] 내비게이션 메시 데이터 파일

이동 영역이 설정됐으므로 이번에는 에너미에게 내비게이션 기능을 이용할 수 있도록 세팅해 보겠습니다. 에너미 오브젝트에서 [Add Component-Navigation-Nav Mesh Agent]를 선택해 Nav Mesh Agent 컴포넌트를 추가합니다.

내비게이션 메시 에이전트 컴포넌트가 추가된 후에 씬 뷰에서 에너미를 보면 원통 형태의 녹색 외곽선이 보일 것입니다. 이것은 아까 내비게이션 뷰에서 설정했던 에이전트 크기와 동일합니다. 에너미가 내비게이션 기능을 이용할 때는 이 에이전트 영역을 기준으로 충돌과 이동 처리가 이루어집니다.

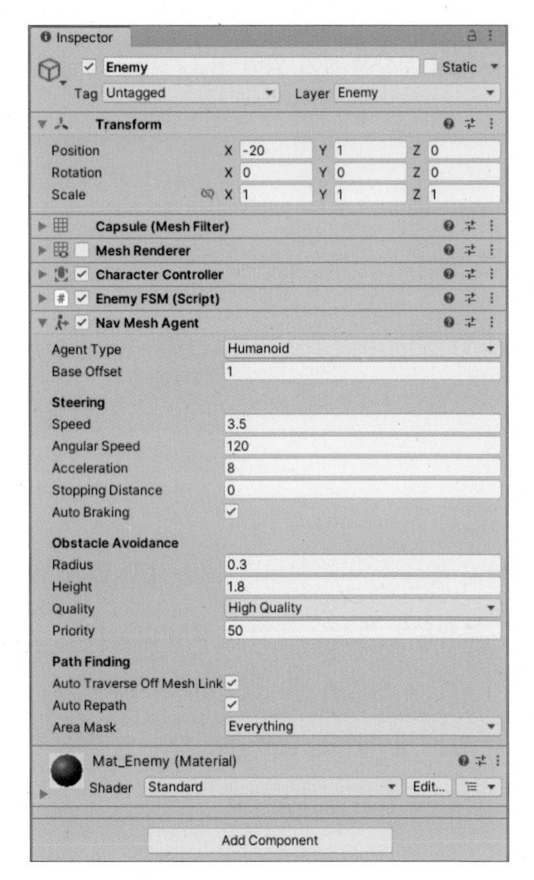

[그림 4.6-14] Nav Mesh 에이전트 컴포넌트 추가하기

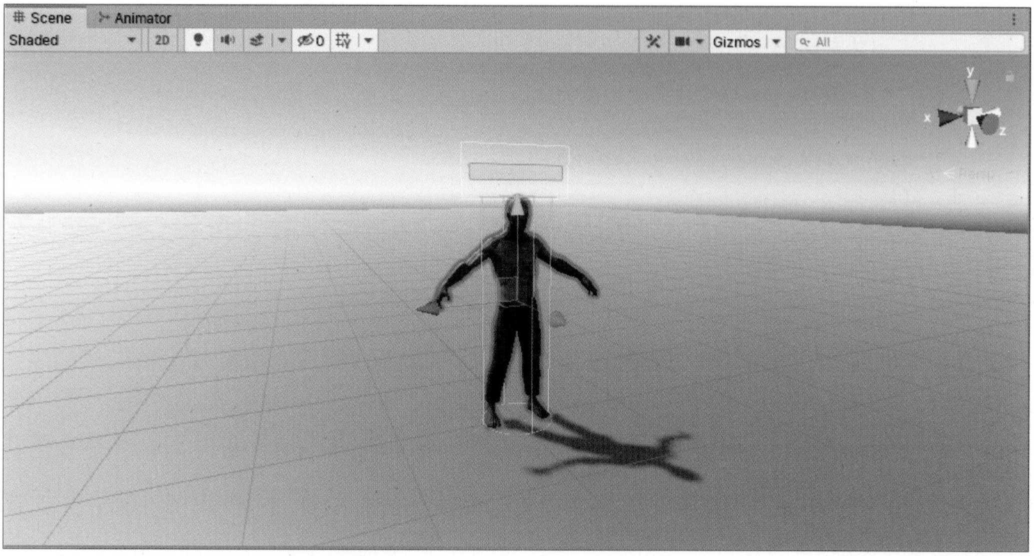

[그림 4.6-15] Nav Mesh 에이전트의 원통 영역

에이전트 컴포넌트 조정을 하기 전에 내비게이션 테스트를 위해 스크립트부터 수정하겠습니다. EnemyFSM.cs 스크립트를 열어 에이전트 컴포넌트를 제어하기 위해 NavMeshAgent 변수를 만들어 주겠습니다. 에이전트 변수의 이름은 흔히 '에이전트'라고 하며, 떠올리는 영화 속 캐릭터의 이름을 따서 '스미스 요원'으로 변경하겠습니다. NavMeshAgent 클래스는 UnityEngine.AI 네임스페이스에 구현돼 있으므로 네임스페이스도 추가하겠습니다.

```
using System.Collections;
using System.Collections.Generic;
using UnityEngine;
using UnityEngine.UI;
using UnityEngine.AI;

public class EnemyFSM : MonoBehaviour
{
. . . (생략) . . .

    // 내비게이션 에이전트 변수
    NavMeshAgent smith;

    void Start()
    {
```


1
1.1
1.2
1.3
1.4
2
2.1
2.2
2.3
2.4
3
3.1
3.2
3.3
4
4.1
4.2
4.3
4.4
4.5
4.6
4.7
4.8
4.9
4.10
4.11

```
        ... (생략) ...

        // 내비게이션 에이전트 컴포넌트 받아오기
        smith = GetComponent<NavMeshAgent>();
    }
    ... (생략) ...
}
```

[코드 4.6-1] EnemyFSM.cs 내비게이션 에이전트 변수 선언

내비게이션이 필요한 경우에는 공격 이동과 복귀 이동을 할 때입니다. 먼저 공격 이동 부분이 구현된 Move() 함수에서 기존에 캐릭터 콘트롤러로 이동했던 부분을 주석 처리하고 에이전트 이동 방식으로 변경하겠습니다.

에이전트 이동 기능 구현은 매우 간단합니다. 에이전트가 도달해야 하는 목적지의 위치를 설정해 주기만 하면 에이전트가 자동으로 이동합니다. 이동 상태에서 에너미의 목적지는 플레이어의 위치이므로 플레이어의 위치를 목적지로 설정합니다. 이때 에너미가 플레이어에게 너무 붙지 않도록 기존에 구현한 이동 방식대로 공격 가능 거리까지 접근하면 에너미의 이동을 멈추도록 해야 합니다. 다행스럽게도 에이전트 클래스에는 목적지 위치에 얼마나 접근했을 때 멈춰야 할지 여부를 설정할 수 있는 접근 거리(stopping distance) 변수가 존재합니다. 우리는 이전에 이미 공격 가능 거리 변수(attack distance)를 만들어 놓았기 때문에 이 값을 접근 거리 변수에 적용하기만 하면 됩니다.

```
... (생략) ...

void Move()
{
    ... (생략) ...

    // 만일, 플레이어와의 거리가 공격 범위 밖이라면 플레이어를 향해 이동한다.
    else if (Vector3.Distance(transform.position, player.position) > attackDistance)
    {
        // 이동 방향 설정
        // Vector3 dir = (player.position - transform.position).normalized;

        // 캐릭터 콘트롤러를 이용해 이동하기
        // cc.Move(dir * moveSpeed * Time.deltaTime);
```

```
        // 플레이어를 향해 방향을 전환한다.
        // transform.forward = dir;

        // 내비게이션으로 접근하는 최소 거리를 공격 가능 거리로 설정한다.
        smith.stoppingDistance = attackDistance;

        // 내비게이션의 목적지를 플레이어의 위치로 설정한다.
        smith.SetDestination(player.position);
    }
... (생략) ...
}

... (생략) ...
```

[코드 4.6-2] EnemyFSM.cs 에너미의 이동 방식을 내비게이션 메시로 이동하도록 변경하기

에너미가 플레이어에게 접근하게 됐다면 공격 상태로 전환될 것입니다. 그런데 에이전트는 매 프레임마다 목적지의 위치를 체크하면서 언제나 목적지를 향해 이동하기 때문에 만일 공격 모션 중에 플레이어가 다른 곳으로 이동한다면 에너미가 공격 동작을 하면서도 미끄러지듯이 이동해버릴 우려가 있습니다. 이러한 불상사를 막기 위해 이동 상태에서 공격 상태로 전환될 때 **에이전트의 이동을 멈추고 목적지 경로**(Path)**를 초기화**합니다.

```
... (생략) ...

void Move()
{
    ... (생략) ...

    // 만일, 플레이어와의 거리가 공격 범위 밖이라면 플레이어를 향해 이동한다.
    else if (Vector3.Distance(transform.position, player.position) > attackDistance)
    {
        ... (생략) ...

        // 내비게이션 에이전트의 이동을 멈추고 경로를 초기화한다.
        smith.isStopped = true;
        smith.ResetPath();
        // 내비게이션으로 접근하는 최소 거리를 공격 가능 거리로 설정한다.
```

```
            smith.stoppingDistance = attackDistance;

            // 내비게이션 목적지를 플레이어의 위치로 설정한다.
            smith.destination = player.position;
        }

        . . . (생략) . . .
    }

    . . . (생략) . . .
```

[코드 4.6-3] EnemyFSM.cs 내비게이션 에이전트의 이동 멈추기

공격 이동에 이어 복귀 이동도 내비게이션으로 변경해보겠습니다. 먼저 Return() 함수에서 기존에 구현했던 캐릭터 컨트롤러를 이용한 이동 부분은 주석으로 처리합니다. 복귀 이동은 반드시 공격 이동 상태에서만 상태 전환이 가능하기 때문에 에이전트의 목적지가 설정된 상태일 것입니다. 따라서 목적지의 위치를 초기 저장 위치로 변경하고, 공격 이동 때와는 달리 가능한 한 초기 위치에 가깝게 접근해 멈춰야 하므로 접근 거리를 0으로 변경하는 코드만 추가해주면 됩니다. 목적지에 도착했으면 대기 상태로 전환되야 하기 때문에 에이전트 컴포넌트의 이동을 멈추고 경로를 초기화해주는 것도 잊어서는 안 되겠죠?

```
    ... (생략) ...

    void Return()
    {
        // 만일, 초기 위치에서의 거리가 0.1f 이상이라면 초기 위치 쪽으로 이동한다.
        if (Vector3.Distance(transform.position, originPos) > 0.1f)
        {
            // Vector3 dir = (originPos - transform.position).normalized;
            // cc.Move(dir * moveSpeed * Time.deltaTime);

            // 복귀 지점으로 방향을 전환한다.
            // transform.forward = dir;
```

```
        // 내비게이션의 목적지를 초기 저장된 위치로 설정한다.
        smith.SetDestination(originPos);

        // 내비게이션으로 접근하는 최소 거리를 '0'으로 설정한다.
        smith.stoppingDistance = 0;
    }
    // 그렇지 않다면, 자신의 위치를 초기 위치로 조정하고 현재 상태를 대기 상태로 전환한다.
    else
    {
        // 내비게이션 에이전트의 이동을 멈추고 경로를 초기화한다.
        smith.isStopped = true;
        smith.ResetPath();

        // 위치 값과 회전 값을 초기 상태로 변환한다.
        transform.position = originPos;
        transform.rotation = originRot;

        // hp를 다시 회복한다.
        hp = maxHp;

        m_State = EnemyState.Idle;
        print("상태 전환: Return -> Idle");

        // 대기 애니메이션으로 전환하는 트랜지션을 호출한다.
        anim.SetTrigger("MoveToIdle");
    }
}
... (생략) ...
```

[코드 4.6-4] EnemyFSM.cs 에너미의 복귀 이동을 내비게이션 메시 방식으로 변경

이제 유니티로 돌아와 테스트 플레이해보겠습니다. 이동과 공격, 복귀 시에는 문제가 없어 보이네요. 그런데 한 가지 빠뜨린 상황이 있군요. 피격을 당했거나 죽음 상태일 때도 에너미가 미끄러지듯이 움직이는 게 보이나요?

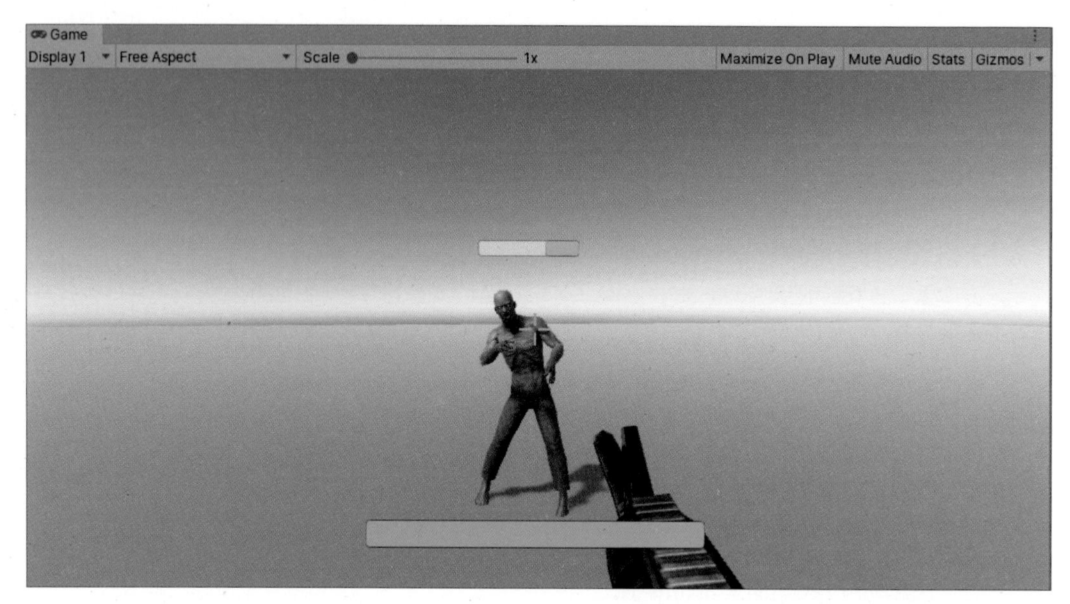

[그림 4.6-16] 피격 시 미끄러지는 현상

플레이어에게 피격될 때 실행되는 HitEnemy() 함수에 내비게이션 에이전트의 이동을 멈추고 경로를 초기화하는 코드를 추가합니다. 반면, 죽음 상태는 피격 상태에서 hp 조건에 따라 전환되는 상태이기 때문에 코드를 별도로 추가할 필요가 없습니다.

```
... (생략) ...

// 데미지 실행 함수
public void HitEnemy(int hitPower)
{
    // 만일, 이미 피격 상태이거나 사망 상태 또는 복귀 상태라면 아무런 처리도 하지 않고 함수를 종료한다.
    if (m_State == EnemyState.Damaged || m_State == EnemyState.Die || m_State == EnemyState.
Return)
    {
        return;
    }

    // 플레이어의 공격력만큼 에너미의 체력을 감소시킨다.
    hp -= hitPower;

    // 내비게이션 에이전트의 이동을 멈추고 경로를 초기화한다.
    smith.isStopped = true;
    smith.ResetPath();
```

```
        . . . (생략) . . .
    }

    . . . (생략) . . .
```

[코드 4.6-5] EnemyFSM.cs 에너미가 피격될 때에 네비게이션 메쉬 이동 멈추기

이제서야 문제 없이 잘 동작하는군요. 이동 속도나 회전 속도는 유니티 에디터에서도 수정이 가능합니다.

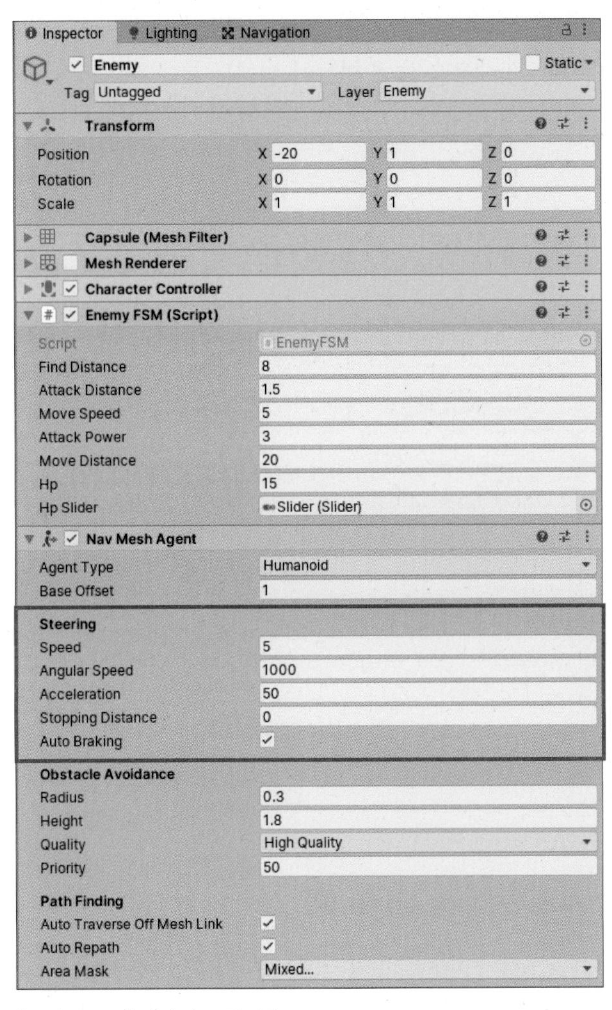

[그림 4.6-17] 에이전트 컴포넌트

[표 4.6-1] 에이전트 컴포넌트의 주요 항목

컴포넌트 항목	기능 설명
Speed	에이전트의 최대 이동 속도
Angular Speed	에이전트의 회전 속도
Acceleration	에이전트의 가속도
Stopping Distance	목적지에 이 거리만큼 가까워지면 정지합니다.
Auto Braking	목적지에 다다르면 속도를 감소시킵니다. 패트롤처럼 복수의 목적지를 등속도로 이동하려면 이 항목을 꺼야 합니다.

내비게이션 메시를 베이크했을 때 이동 가능한 영역, 즉 내비게이션 뷰에서 파란색으로 보이는 영역이 높이 등으로 인해 끊어져 있더라도 오프 메시 링크(Off Mesh Link) 기능을 이용해 임의로 연결할 수 있습니다. 이번에는 장애물을 크게 만들어 원래는 멀리 돌아와야 할 길을 뛰어넘어 올 수 있도록 이동 영역을 연결해보겠습니다.

장애물 오브젝트(큐브)를 그림과 같이 길게 만들어 보겠습니다.

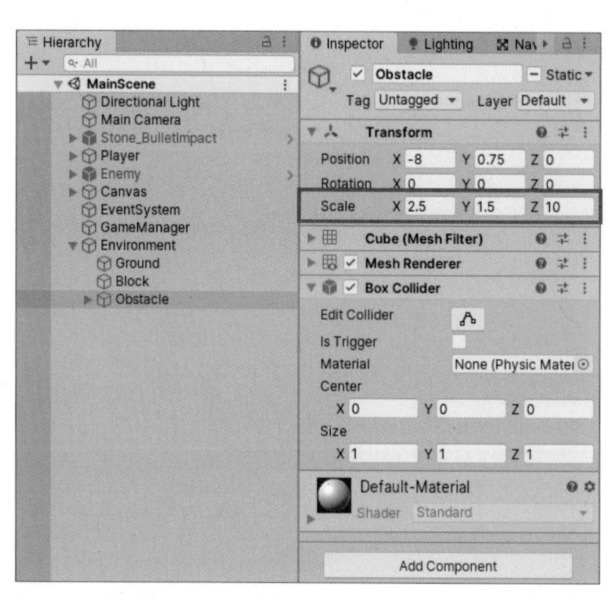

[그림 4.6-18] 장애물 오브젝트 설정

현재 상태에서 내비게이션 메시를 새로 베이크하면 에너미가 장애물을 피해 좌우로 멀리 돌아 플레이어에게 도달하겠죠?

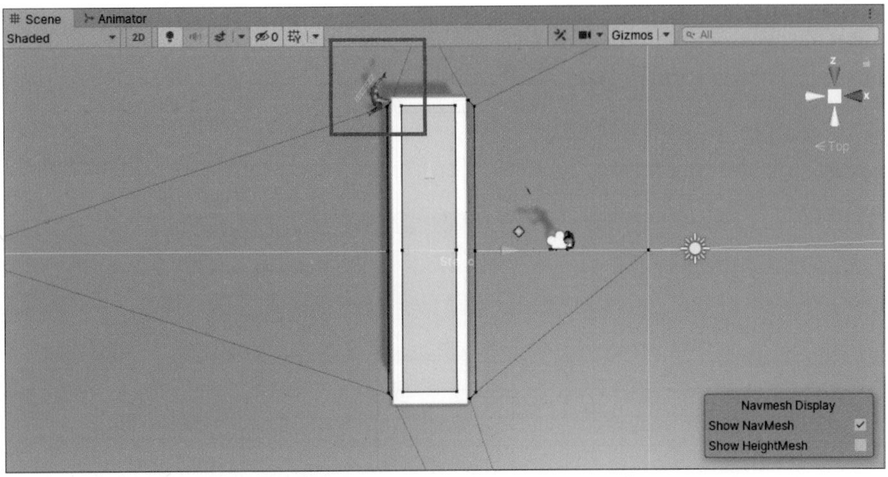

[그림 4.6-19] 일반적인 경우의 에이전트의 이동

이제 오프 메시 링크 기능을 사용해 중앙의 장애물을 건너갈 수 있도록 해보겠습니다. 장애물을 오르거나 내리려면 올라갈 곳과 내려갈 곳이 필요합니다. 장애물 오브젝트의 자식 오브젝트로 4개의 빈 게임 오브젝트를 만들고, 씬 뷰에서 위치를 편하게 볼 수 있도록 노란색 기즈모 아이콘도 설정합니다. 그리고 오르기 시작할 곳과 올라갈 곳, 내리기 시작할 곳과 내려올 곳에 각각의 빈 게임 오브젝트들을 배치하겠습니다. 이때 주의할 점은 빈 게임 오브젝트를 배치할 때 이동 가능 영역 안에 있어야 한다는 것입니다. 이동 영역이 아닌 곳에 올라가거나 내려갈 수 있는 장치를 하더라도 갈 수가 없으므로 당연히 무용지물이겠죠.

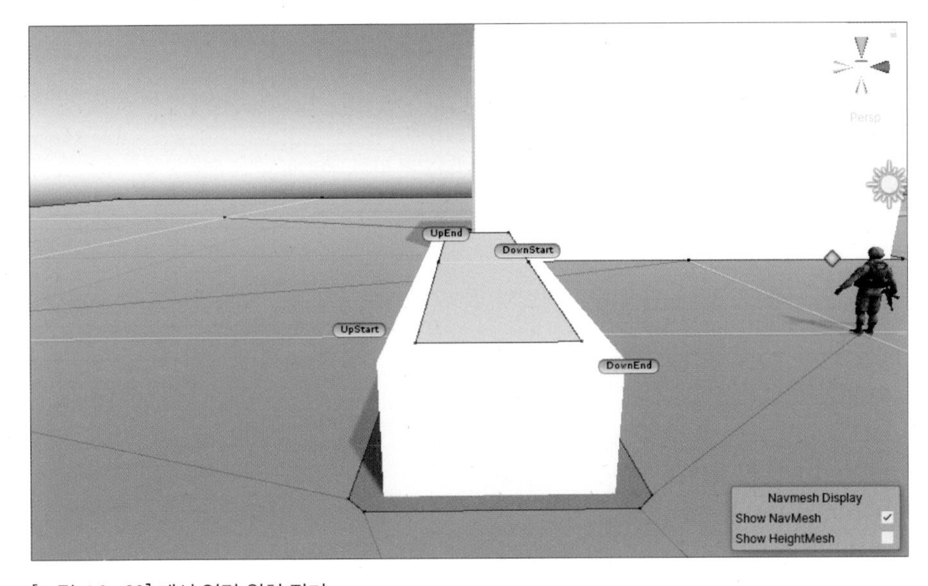

[그림 4.6-20] 메시 연결 위치 잡기

오르기 시작할 위치 오브젝트(UpStart)와 내려가기 시작할 위치 오브젝트(DownStart)에서 **[Add Component]**-**[Navigation]**-**[Off Mesh Link]**를 선택해 오프 메시 링크 컴포넌트를 추가합니다.

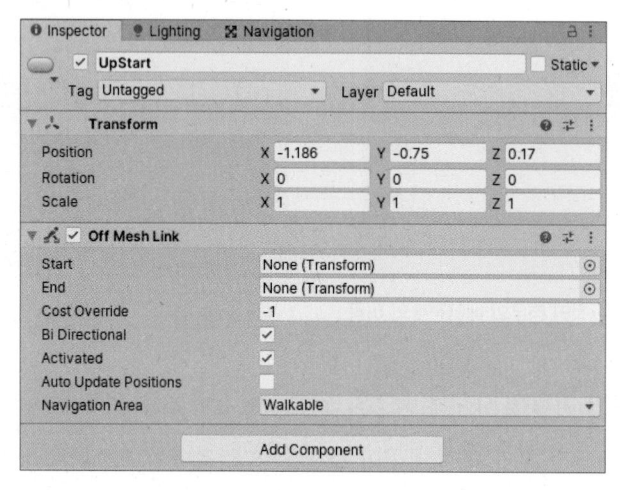

[그림 4.6-21] 오프 메시 링크 컴포넌트

[표 4.6-2] 오프 메시 링크 컴포넌트의 주요 항목

컴포넌트 항목	기능 설명
Start	이동이 시작되는 위치
End	이동이 끝나는 위치
Cost Override	거리 계산 비용 설정(음수일 때는 적용 안 함)
Bi Directional	양방향으로 이동 가능 여부 체크
Activated	링크 기능 사용 여부 체크
Auto Update Positions	End 오브젝트의 위치가 변경되면 다시 내비게이션에 연결될지 여부 체크
Navigation Area	내비게이션 설정의 Area 비용 설정

오프 메시 링크 컴포넌트에 시작 오브젝트와 끝 오브젝트를 드래그 앤 드롭으로 추가합니다. 그리고 **Navigation Area** 항목을 Jump로 변경해 거리 계산 비용을 높게 변경합니다.

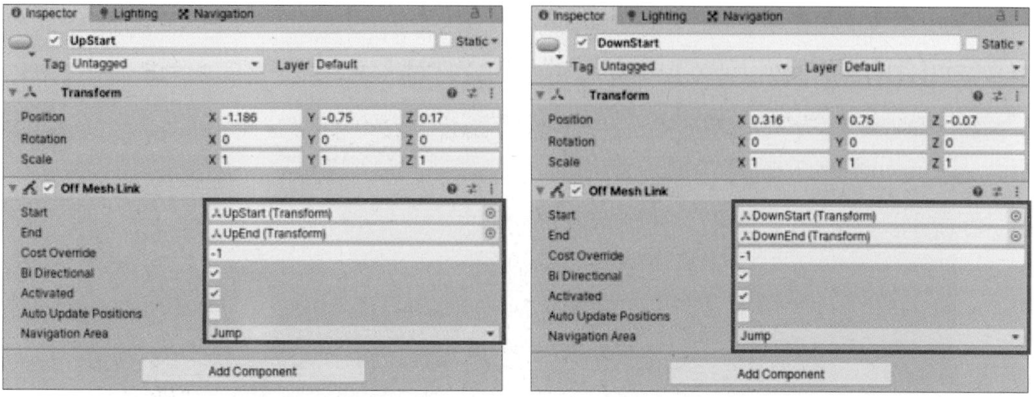

[그림 4.6-22] 오프 메시 링크 컴포넌트 설정하기

Note 거리 계산 비용

에이전트가 최단 거리를 계산할 때 이동하는 노드(Node)마다 비용이 존재합니다. 이 비용이 적을수록 더 가까운 거리로 계산됩니다. 오프 메시 링크로 연결되는 노드의 비용을 설정해 최단 거리로 선택될 확률을 조정할 수 있습니다. 비용 값은 내비게이션 뷰의 Area 탭에서 확인하거나 추가할 수 있습니다.

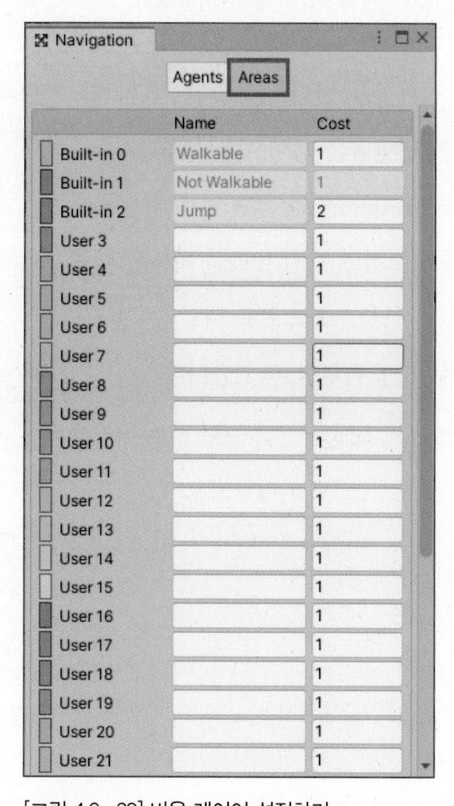

[그림 4.6-23] 비용 레이어 설정하기

OffMeshLink 설정을 마쳤으면 Environment 오브젝트의 NavMeshSurface 컴포넌트의 [Bake] 버튼을 클릭합니다. 씬 뷰를 보면 오프 메시 링크 사이에 화살표가 표시되는 것을 확인할 수 있습니다.

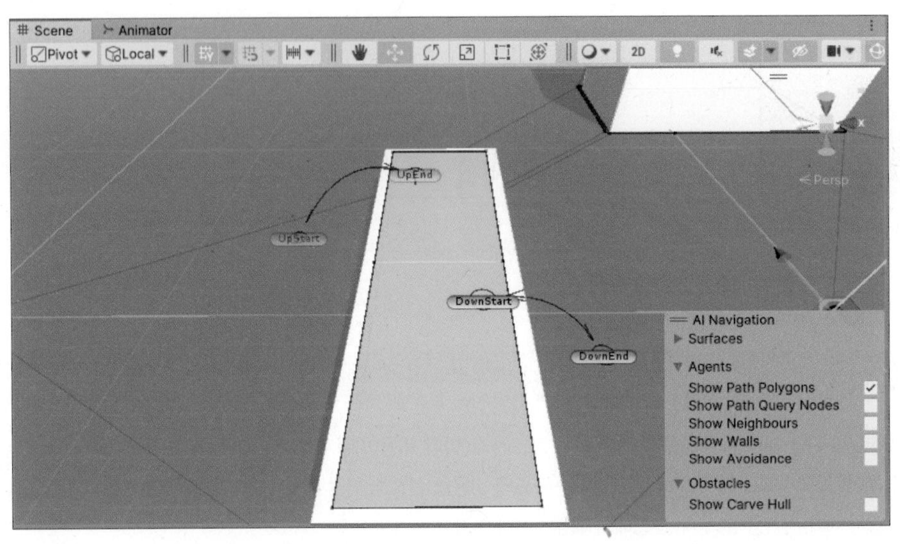

[그림 4.6-24] 오프 메시 링크가 적용된 내비게이션 메시

이제 플레이해 보면 장애물을 넘어오는 것이 최단 거리일 경우에는 에너미가 장애물을 넘어오는 것을 볼 수 있습니다. 참고로 NaveMeshSurface 컴포넌트에 있는 Generate Links 항목을 체크하고 다시 [Bake] 버튼을 클릭하면 오프 메시 링크가 아닌 곳도 오르고 내릴 수 있도록 링크가 자동 생성되는 것을 확인할 수 있습니다.

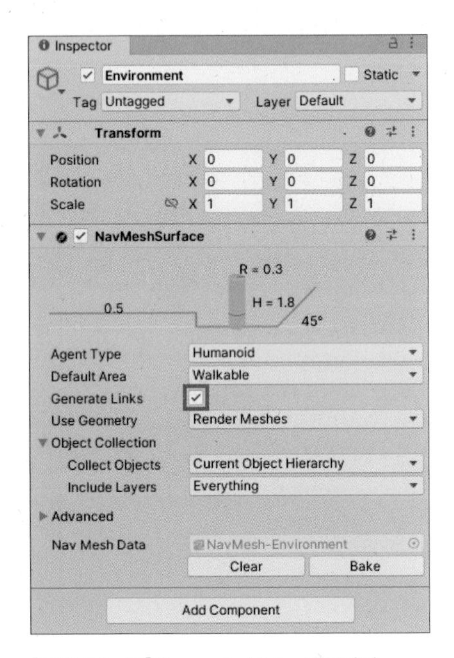

[그림 4.6-25] Generate Links 체크하기

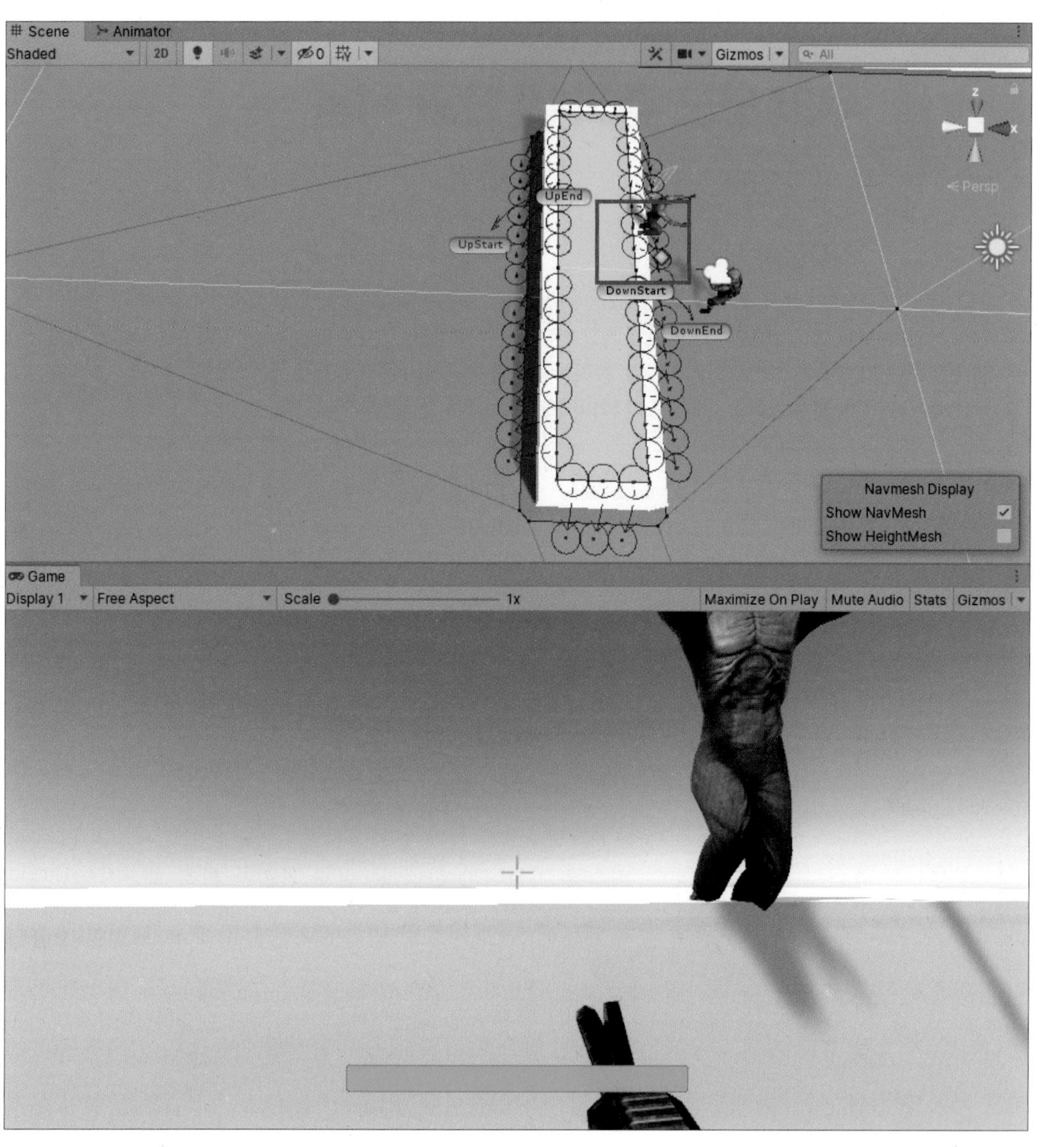

[그림 4.6-26] 연결된 위치로 장애물을 넘는 에너미

이제 에너미를 여러 명 복사해 곳곳에 배치해보겠습니다. 장애물(Obstacle)도 여러 가지 형태로 구성해보면서 내비게이션 베이크 설정을 다양하게 변경해보시기 바랍니다.

4.7 무기 모드 추가 및 효과 적용

4.7-1 : 스나이퍼 모드 추가

FPS 게임하면 뭐니뭐니 해도 저격 모드가 가장 짜릿하죠? 이번에는 키보드의 숫자 키 입력으로 무기의 모드를 변경하는 기능을 추가해보겠습니다. 즉, 총과 수류탄을 사용하는 현재 상태를 '일반 모드', 수류탄 대신 줌인(Zoom-in) 기능을 사용하는 상태를 '스나이퍼 모드'로 설정하는 것입니다.

목표

키보드의 숫자 키 입력으로 무기 모드를 일반 모드와 스나이퍼 모드로 전환하게 하고 싶다.

순서

1. 무기 모드 변수 추가하기
2. 스나이퍼 모드 기능 추가하기
3. 키보드 입력에 따라 무기 모드를 변경하는 기능 추가하기

무기 모드를 추가하려면 무기 모드 변수를 만들어야 합니다. 현재 기획만 봤을 때는 무기 모드가 일반 모드와 스나이퍼 모드밖에 없기 때문에 bool 자료형 변수로도 충분히 모드 표현이 가능하지만 앞으로 무기 모드를 더 추가할 가능성도 있으므로 코드의 **확장성**을 고려해 enum 변수로 만들겠습니다. 이렇듯 현재 기획 내용에는 없지만, 앞으로 기획 내용이 확장될 가능성이 있으면 추후에 코드 추가를 손쉽게 할 수 있도록 설계할 필요가 있습니다. PlayerFire.cs 스크립트를 열어 무기 모드 변수를 전역 변수로 추가하고, Start() 함수에서 최초의 무기 모드를 일반 모드로 지정하겠습니다.

```
using System.Collections;
using System.Collections.Generic;
using UnityEngine;

public class PlayerFire : MonoBehaviour
{
. . . (생략) . . .
```

```
    // 무기 모드 변수
    enum WeaponMode
    {
        Normal,
        Sniper
    }
    WeaponMode wMode;

    void Start()
    {
    . . . (생략) . . .

        // 무기 기본 모드를 노멀 모드로 설정한다.
        wMode = WeaponMode.Normal;
    }
. . . (생략) . . .
}
```

[코드 4.7-1] PlayerFire.cs 무기 모드에 대한 상태 변수 만들기

이제 스나이퍼 모드에서의 조작을 생각해보겠습니다. 스나이퍼 모드 상태에서 마우스 오른쪽 버튼을 한 번 클릭하면 화면을 확대하고, 다시 한번 클릭하면 축소하겠습니다. 먼저 화면 확대/축소 전환을 확인하기 위한 bool 자료형 변수를 전역 변수로 추가하고, 기존에 수류탄 기능을 구현했던 코드 부분에 현재의 무기 모드에 따라 마우스 오른쪽 버튼을 클릭했을 때의 동작이 다르게 실행되도록 switch문을 추가합니다.

```
using System.Collections;
using System.Collections.Generic;
using UnityEngine;

public class PlayerFire : MonoBehaviour
{
. . . (생략) . . .

    // 카메라 확대 확인용 변수
    bool ZoomMode = false;
```

```
    . . . (생략) . . .

void Update()
    {
        // 게임 상태가 '게임 중' 상태일 때만 조작 가능하게 한다.
        if (GameManager.gm.gState != GameManager.GameState.Run)
        {
            return;
        }

        // 노멀 모드: 마우스 오른쪽 버튼을 누르면 시선 방향으로 수류탄을 던지고 싶다.
        // 스나이퍼 모드: 마우스 오른쪽 버튼을 누르면 화면을 확대하고 싶다.

        // 마우스 오른쪽 버튼 입력을 받는다.
        if (Input.GetMouseButtonDown(1))
        {
            switch (wMode)
            {
                case WeaponMode.Normal:

                    break;
                case WeaponMode.Sniper:

                    break;
            }

            . . . (생략) . . .
        }
    . . . (생략) . . .
}
```

[코드 4.7-2] PlayerFire.cs 마우스 오른쪽 버튼 입력 결과를 무기 모드에 따라 분할

switch문에서 일반 모드(WeaponMode.Normal)일 때는 기존의 수류탄 기능을 구현했던 코드를 잘라 붙여넣기로 옮겨 놓습니다.

```
. . . (생략) . . .

void Update()
{
    . . . (생략) . . .

    // 마우스 오른쪽 버튼 입력을 받는다.
    if (Input.GetMouseButtonDown(1))
    {
        switch (wMode)
        {
            case WeaponMode.Normal:
                // 수류탄 오브젝트를 생성하고, 수류탄의 생성 위치를 발사 위치로 한다.
                GameObject bomb = Instantiate(bombFactory);
                bomb.transform.position = firePosition.transform.position;

                // 수류탄 오브젝트의 리지드보디 컴포넌트를 가져온다.
                Rigidbody rb = bomb.GetComponent<Rigidbody>();

                // 카메라의 정면 방향으로 수류탄에 물리적인 힘을 가한다.
                rb.AddForce(Camera.main.transform.forward * throwPower, ForceMode.Impulse);
                break;

            case WeaponMode.Sniper:

                break;
        }

        . . . (생략) . . .
    }
    . . . (생략) . . .
}
```

[코드 4.7-3] PlayerFire.cs 기존 수류탄 투척 기능을 노말 모드에서만 실행되도록 변경

이제 스나이퍼 모드에서 화면의 확대와 축소를 구현해야 하는데, 화면 확대와 축소는 카메라의 시야각(Field of View, FOV) 크기에 따라 조절할 수 있습니다. 유니티 에디터에서 메인 카메라의 카메라 컴포넌트를 보면 [Field of View] 항목이 있는 것을 볼 수 있습니다.

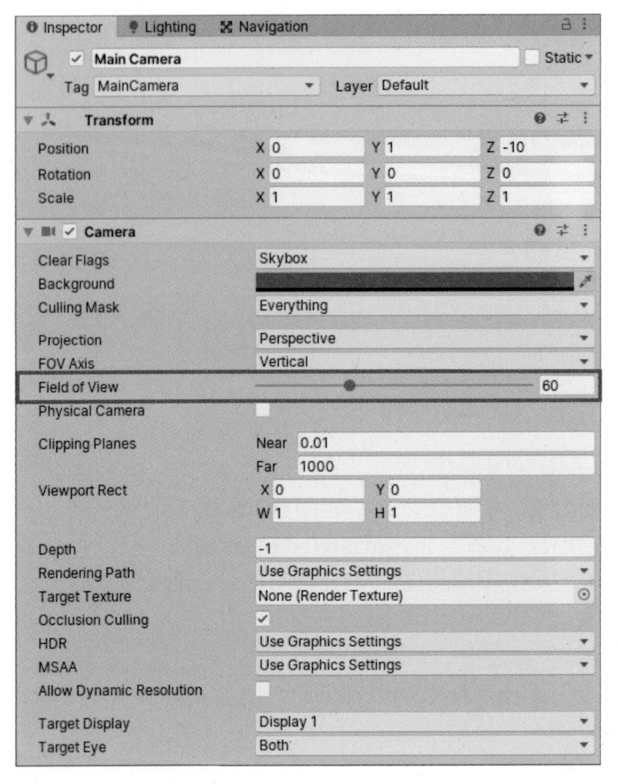

[그림 4.7-1] 카메라 시야각(FOV) 항목

카메라 시야각 항목을 마우스로 드래그해보면, 시야 범위가 좁아지면 화면이 확대되고, 시야 범위가 확대되면 화면이 축소되는 것을 알 수 있습니다.

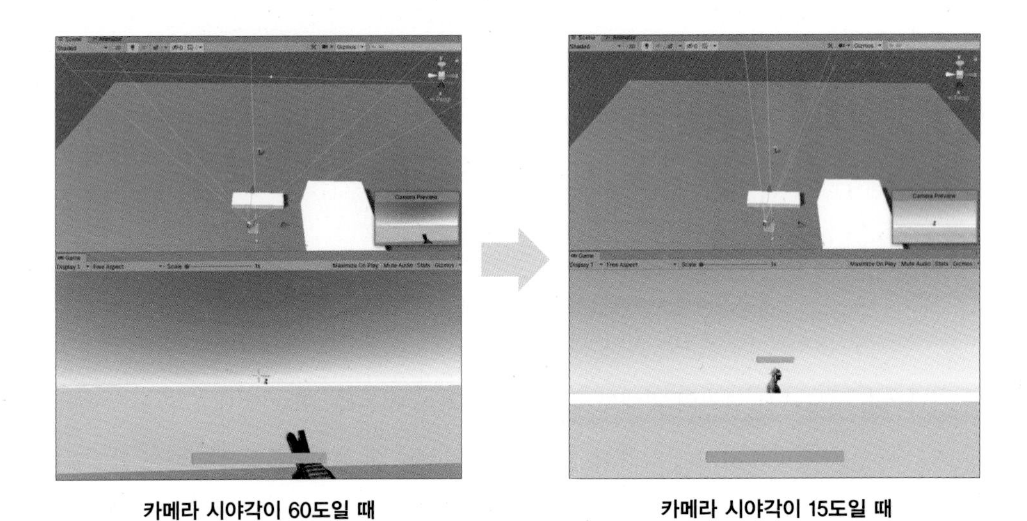

카메라 시야각이 60도일 때 **카메라 시야각이 15도일 때**

[그림 4.7-2] 카메라 시야각에 따른 화면 확대/축소

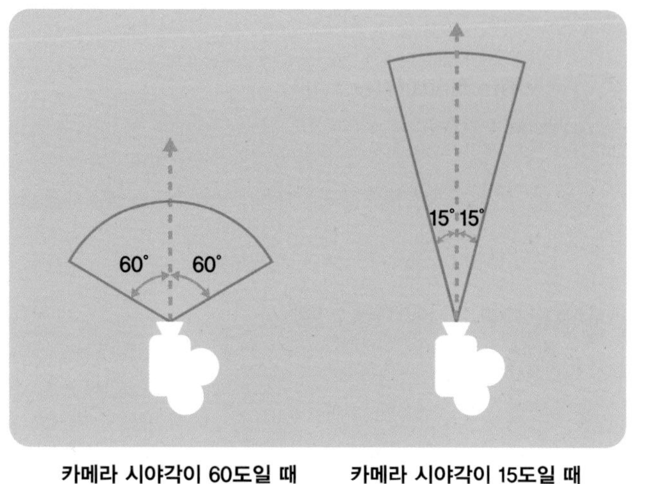

[그림 4.7-3] 카메라 시야각과 화면

스크립트로 되돌아가서 스나이퍼 모드를 구현해보죠. 스위치문에 있는 스나이퍼 모드에서 줌 모드 상태 체크를 통해 줌 모드 상태에서는 기본 상태, 기본 상태에서는 줌 모드 상태로 전환될 수 있도록 ZoomMode 변숫값을 바꿔주는 코드도 추가합니다. 기본 상태에서의 카메라 시야각은 60°, 줌 모드 상태에서의 카메라 시야각은 15도로 지정하겠습니다.

```
. . . (생략) . . .

void Update()
{
    . . . (생략) . . .

    // 마우스 오른쪽 버튼을 입력받는다.
    if (Input.GetMouseButtonDown(1))
    {
        switch (wMode)
        {
            case WeaponMode.Normal:
                . . . (생략) . . .

            case WeaponMode.Sniper:
                // 만일, 줌 모드 상태가 아니라면 카메라를 확대하고 줌 모드 상태로 변경한다.
                if (!ZoomMode)
```

```
                {
                    Camera.main.fieldOfView = 15f;
                    ZoomMode = true;
                }
                // 그렇지 않으면 카메라를 원래 상태로 되돌리고 줌 모드 상태를 해제한다.
                else
                {
                    Camera.main.fieldOfView = 60f;
                    ZoomMode = false;
                }
                break;
        }
        . . . (생략) . . .
    }
    . . . (생략) . . .
}
```

[코드 4.7-4] PlayerFire.cs 스나이퍼 모드에서 카메라 줌 인 아웃 기능 구현

이번에는 키 입력에 따라 모드를 변환하겠습니다. 키보드의 입력을 직접 지정하려면 Input 클래스의 GetKeyDown() 함수를 사용해야 합니다. 스나이퍼 모드의 줌 인 상태에서 일반 모드로 바로 돌아올 경우에도 카메라가 확대된 상태에서 원래 상태로 돌아오도록 카메라의 시야각을 다시 축소시켜야 한다는 점을 주의해야 합니다.

```
. . . (생략) . . .

void Update()
{
    . . . (생략) . . .

    // 만일 키보드의 숫자 1번 입력을 받으면, 무기 모드를 일반 모드로 변경한다.
    if (Input.GetKeyDown(KeyCode.Alpha1))
    {
        wMode = WeaponMode.Normal;

        // 카메라의 화면을 다시 원래대로 돌려준다.
        Camera.main.fieldOfView = 60f;
    }
```

```
        // 만일 키보드의 숫자 2번 입력을 받으면, 무기 모드를 스나이퍼 모드로 변경한다.
        else if (Input.GetKeyDown(KeyCode.Alpha2))
        {
            wMode = WeaponMode.Sniper;
        }
    }
```

[코드 4.7-5] PlayerFire.cs 숫자 키 입력에 따라 무기 모드 변경하기

유니티 에디터로 돌아와 스나이퍼 모드를 한번 확인해볼까요? 의도한 대로 잘되긴 하는데 현재 모드가 무슨 상태인지 알 수 없으므로 조금 답답한 것 같네요. 플레이어의 HP 바 위에 현재 플레이어의 무기 모드를 텍스트로 출력하겠습니다.

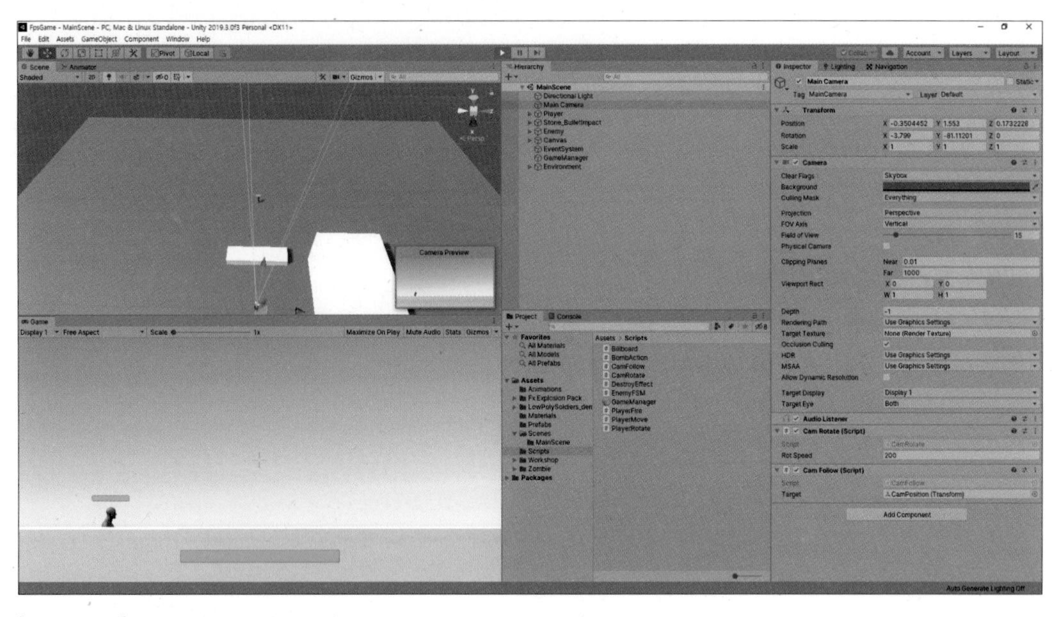

[그림 4.7-4] 스나이퍼 모드 테스트 화면

플레이어의 hp 슬라이더가 있는 캔버스에서 마우스 오른쪽 버튼을 클릭한 후 [UI]-[Legacy]-[Text]를 선택해 새로운 텍스트 UI를 생성하고 이름을 Text_WeaponMode'로 변경합니다. 텍스트 UI는 hp 슬라이더의 좌측 상단에 위치합니다.

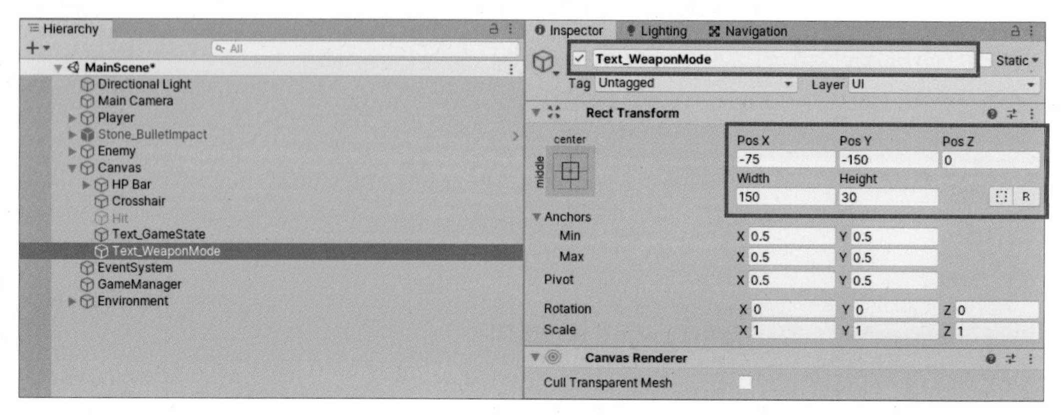

[그림 4.7-5] 무기 모드 텍스트 UI 설정

폰트 크기는 20에 굵은(Bold) 폰트로 지정하고, 중앙 정렬되게 합니다. 폰트 색상은 검은색(R: 0, G: 0, B: 0, A: 255)으로 변경합니다.

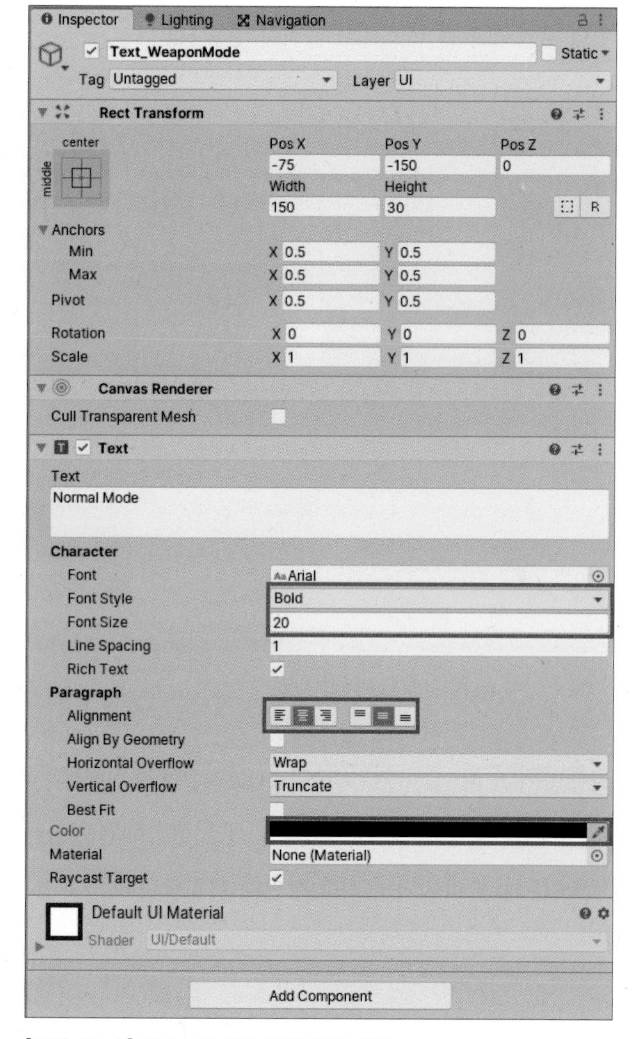

[그림 4.7-6] 무기 모드 텍스트 UI 폰트 설정

Tip

A(Alpha, 투명도): 0.0 (완전투명)과 1.0 (완전 불투명) 사이.

PlayerFire.cs 스크립트로 돌아와 UnityEngine.UI 네임스페이스와 Text 변수를 public 변수로 추가하고, 사용자의 키 입력을 받아 모드 변경을 하는 코드에 'Normal Mode'와 'Sniper Mode' 문자열을 각각 추가하겠습니다.

```
using System.Collections;
using System.Collections.Generic;
using UnityEngine;
using UnityEngine.UI;

public class PlayerFire : MonoBehaviour
{
. . . (생략) . . .

    // 무기 모드 텍스트
    public Text wModeText;

    . . . (생략) . . .

    void Update()
    {
        . . . (생략) . . .

        // 만일 키보드의 숫자 1번 입력을 받으면, 무기 모드를 일반 모드로 변경한다.
        if (Input.GetKeyDown(KeyCode.Alpha1))
        {
            wMode = WeaponMode.Normal;

            // 카메라의 화면을 다시 원래대로 돌려준다.
            Camera.main.fieldOfView = 60f;

            // 일반 모드 텍스트 출력
            wModeText.text = "Normal Mode";
        }
        // 만일 키보드의 숫자 2번 입력을 받으면, 무기 모드를 스나이퍼 모드로 변경한다.
        else if (Input.GetKeyDown(KeyCode.Alpha2))
        {
            wMode = WeaponMode.Sniper;

            // 스나이퍼 모드 텍스트 출력
            wModeText.text = "Sniper Mode";
        }
    }
}
```

[코드 4.7-6] PlayerFire.cs 무기 모드 텍스트를 UI에 출력하기

유니티 에디터로 돌아와서 Player 오브젝트에 있는 PlayerFire 컴포넌트에서 W Mode Text 항목에 앞서 만들었던 Text_WeaponMode 오브젝트를 드래그하여 추가합니다.

이제 프로젝트를 플레이해보면 모드 전환 텍스트 덕분에 모드 변경이 좀 더 알기 편해진 것 같네요.

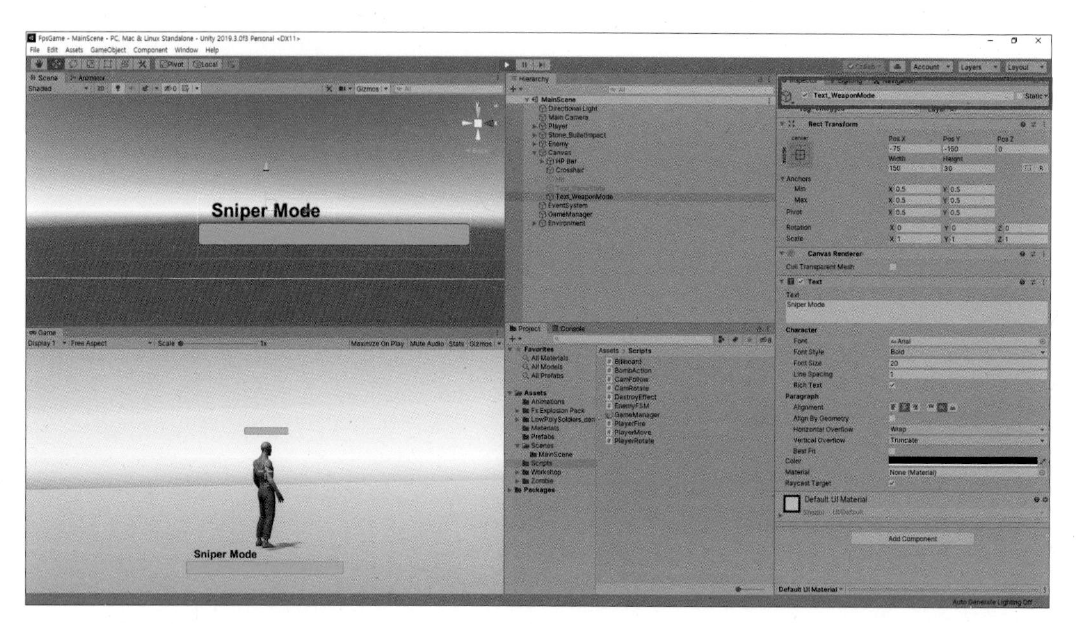

[그림 4.7-7] 무기 모드 기능 적용 확인

4.7-2 : 무기 효과 적용

무기에 대한 기능은 완성됐지만, 효과가 없으므로 왠지 심심한 느낌이 드는 것 같습니다. 게임은 재미도 중요하지만 표현력도 그에 못지 않게 중요합니다. 게임을 플레이하는 것에 직접적인 영향이 있지는 않지만 게임에 몰입하게 해주고 게임 완성도도 높아 보이기 때문입니다.
이번에는 총을 발사할 때마다 총구에 불꽃이 튀는 효과를 주고, 수류탄의 모델링 교체와 폭발 효과도 추가해 보겠습니다.

목표

총을 쏠 때마다 총구에 불꽃이 튀는 효과를 주고 싶다.

순서

❶ 사격 이펙트 리소스를 총구의 끝부분에 위치시키기
❷ 총을 쏠 때마다 사격 이펙트를 활성화하기
❸ 일정한 시간이 경과되면 사격 이펙트를 다시 비활성화하기

효과 구현에 앞서 사격 이펙트 리소스를 다운로드하기 위해 애셋 스토어 창을 열어보겠습니다. 애셋 스토어의 검색 창에 'FPS'를 입력한 후 우측 가격 탭의 [무료 애셋] 항목을 체크합니다. 검색 결과 화면에서 첫 번째 줄에 있는 Easy FPS 애셋을 다운로드 및 임포트하겠습니다.

[그림 4.7-8] 사격 이펙트 애셋 찾기

프로젝트 뷰에서 [임포트된 애셋 폴더] - [MuzzelFlash 폴더] - [MuzzlePrefabs 폴더]에 있는 5개의 프리팹을 하이어라키 뷰로 드래그 앤 드롭합니다.

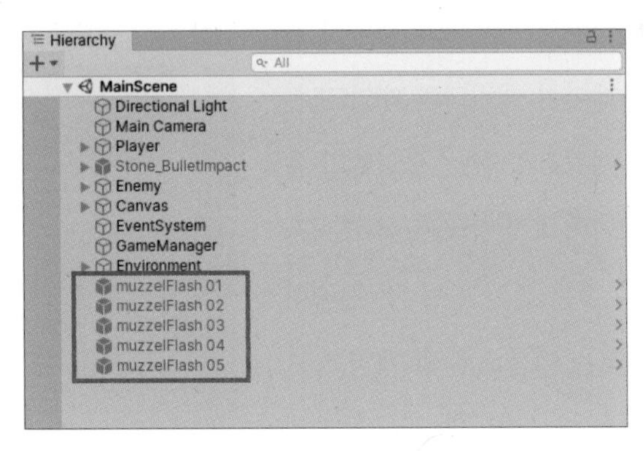

[그림 4.7-9] 사격 이펙트 프리팹을 씬으로 이동

프리팹 파일을 살펴보니 배포자가 미리 만들어 붙여놓은 스크립트가 있는 것이 보입니다. 스크립트의 내용은 지정한 시간이 흐른 후에 프리팹을 자동으로 제거해주는 코드인데, 배포자와는 다른 방식으로 구현할 예정이므로 프리팹에서 스크립트 컴포넌트를 제거(Remove Component)하겠습니다.

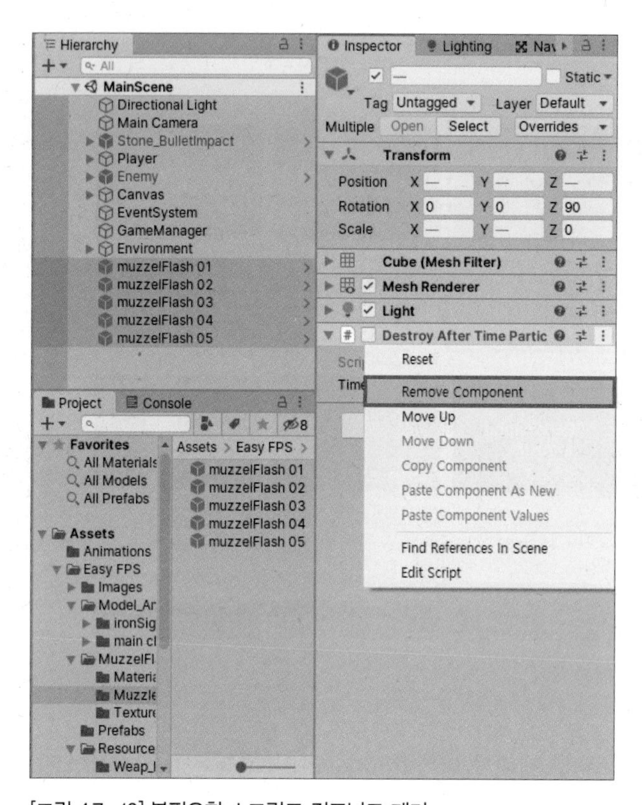

[그림 4.7-10] 불필요한 스크립트 컴포넌트 제거

사격 효과 리소스는 준비됐으므로 이제 총구의 끝에 위치시키겠습니다. 플레이어 캐릭터의 대기 또는 이동 애니메이션 중에는 캐릭터의 몸을 끊임없이 움직이고 있기 때문에 플레이어 모델링의 자식 오브젝트로 이펙트 기준 위치를 잡는 편이 좋을 것 같습니다. 'Muzzle Position'이라는 이름으로 빈 게임 오브젝트를 만들어 손가락 위치 오브젝트의 자식 오브젝트로 등록합니다.

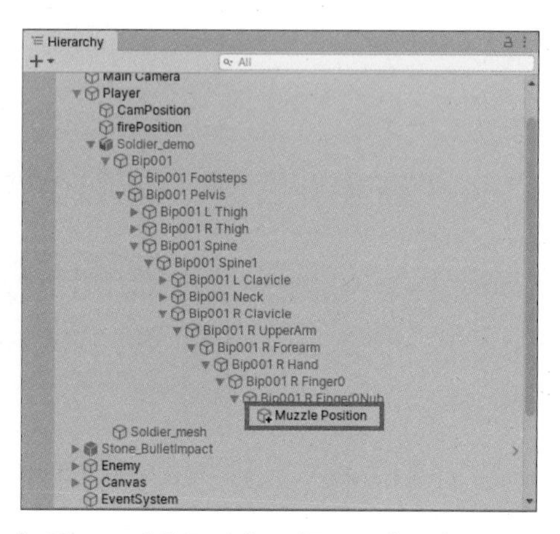

[그림 4.7-11] 총구 이펙트 기준 오브젝트 만들기

모델링 기본 자세에서는 T 포즈를 하고 있기 때문에 실제 대기 애니메이션 때의 손목의 각도와 다릅니다. 따라서 총구의 위치를 정확히 잡기가 곤란합니다. 이런 경우에는 유니티 에디터를 플레이하고 있는 상태(run time)에서 위치를 잡는 편이 좀 더 정확합니다. 일단 유니티를 플레이하고 있는 상태에서 방금 생성했던 Muzzle Position 오브젝트를 총구 끝에 맞추겠습니다. 이때 주의할 점은 위치뿐 아니라 방향도 맞춰야 하기 때문에 방향 **기즈모**를 '**Local**'로 설정한 채 Muzzle Position 오브젝트의 위치와 회전 값을 조정해야 한다는 것입니다.

[그림 4.7-12] 총구 이펙트 기준 오브젝트 만들기

만일 이 상태에서 플레이를 종료하면 기껏 맞춰 놓은 오브젝트 위치가 원래대로 돌아가버리는 문제가 발생합니다. 따라서 플레이를 종료하기 전에 위치 조정이 끝난 Muzzle Position 오브젝트의 트랜스폼 컴포넌트의 값을 복사(Copy Component)해야 합니다.

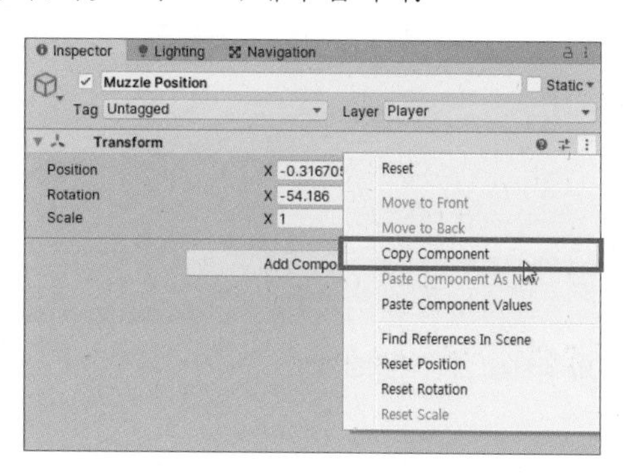

[그림 4.7-13] 트랜스폼 컴포넌트 복사하기

이제 게임 플레이를 끄고 원래 위치로 돌아온 Muzzle Position 오브젝트의 트랜스폼 컴포넌트에 아까 복사했던 트랜스폼 값을 붙여넣습니다(Paste Component Values).

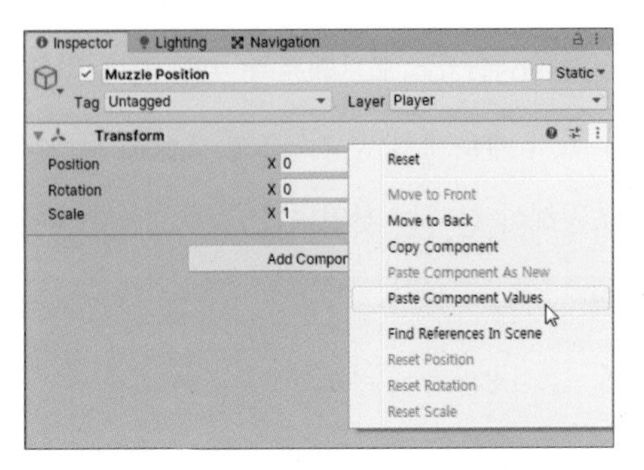

[그림 4.7-14] 트랜스폼 컴포넌트 값 붙여넣기

Muzzle Position의 위치를 지정했으므로 아까 전의 사격 이펙트 오브젝트들을 Muzzle Position 오브젝트의 자식 오브젝트로 등록합니다. 사격 이펙트 오브젝트의 위치 값과 회전 값은 부모 오브젝트와 동일한 위치가 되도록 '0'으로 초기화합니다. 이펙트 오브젝트의 크기가 총 크기에 비해 조금 큰 감이 있으므로 스케일 값을 '0.4'로 줄이겠습니다.

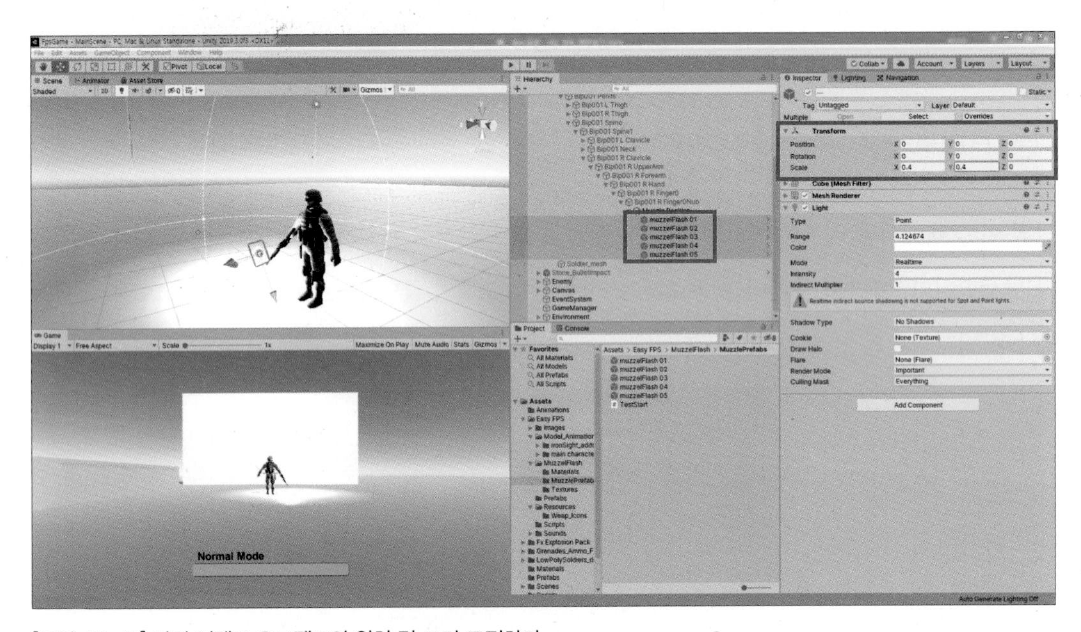

[그림 4.7-15] 사격 이펙트 오브젝트의 위치 및 크기 조정하기

사격 이펙트가 단조롭게 보이지 않도록 총을 쏠 때마다 5개의 이펙트 중에서 랜덤하게 하나를 골라 표시하겠습니다. 여러 개의 이펙트 오브젝트를 모아 담을 수 있도록 배열 변수를 선언합니다.

```
using System.Collections;
using System.Collections.Generic;
using UnityEngine;
using UnityEngine.UI;

public class PlayerFire : MonoBehaviour
{
    . . . (생략) . . .

    // 총 발사 효과 오브젝트 배열
    public GameObject[] eff_Flash;

    . . . (생략) . . .
}
```

[코드 4.7-7] PlayerFire.cs 총 발사 효과 오브젝트 배열 선언

사격 이펙트는 발사하는 순간에만 잠깐 보였다가 일정 시간이 흐른 후에 사라져야 합니다. 시간 체크를 편하게 할 수 있도록 마우스 왼쪽 버튼을 입력받으면 코루틴 함수를 실행하는 방법을 사용하겠습니다.

```
. . . (생략) . . .
void Update()
{
    . . . (생략) . . .

    // 마우스 왼쪽 버튼을 누르면 시선이 바라보는 방향으로 총을 발사하고 싶다.

    // 마우스 왼쪽 버튼을 입력받는다.
    if (Input.GetMouseButtonDown(0))
    {
. . . (생략) . . .

        // 총 이펙트를 실시한다.
        StartCoroutine(ShootEffectOn(0.05f));
```

```
        }

        . . . (생략) . . .
    }

    // 총구 이펙트 코루틴 함수
    IEnumerator ShootEffectOn(float duration)
    {
        // 랜덤하게 숫자를 뽑는다.
        int num = Random.Range(0, eff_Flash.Length);
        // 이펙트 오브젝트 배열에서 뽑힌 숫자에 해당하는 이펙트 오브젝트를 활성화한다.
        eff_Flash[num].SetActive(true);
        // 지정한 시간만큼 기다린다.
        yield return new WaitForSeconds(duration);
        // 이펙트 오브젝트를 다시 비활성화한다.
        eff_Flash[num].SetActive(false);
    }
```

[코드 4.7-8] PlayerFire.cs 총을 쏠 때마다 랜덤하게 총구 이펙트 활성화하기

스크립트 저장 후 유니티로 돌아와 방금 만들었던 배열 변수 항목에 이펙트 오브젝트를 추가합니다. 이펙트 오브젝트들은 처음에 비활성화 상태여야 하므로 전부 비활성화합니다.

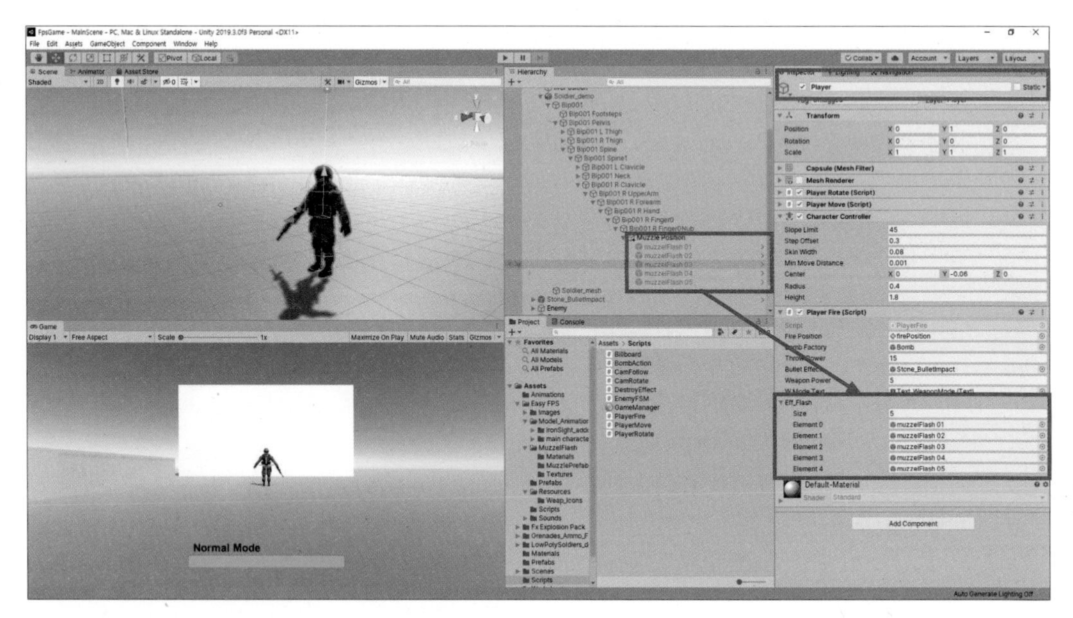

[그림 4.7-16] 이펙트 배열에 이펙트 오브젝트 추가하기

이제 게임을 플레이하고 총을 쏴보겠습니다. 쏠 때마다 총구 끝에 이펙트가 랜덤하게 보이므로 훨씬 공격적으로 보이지 않나요?

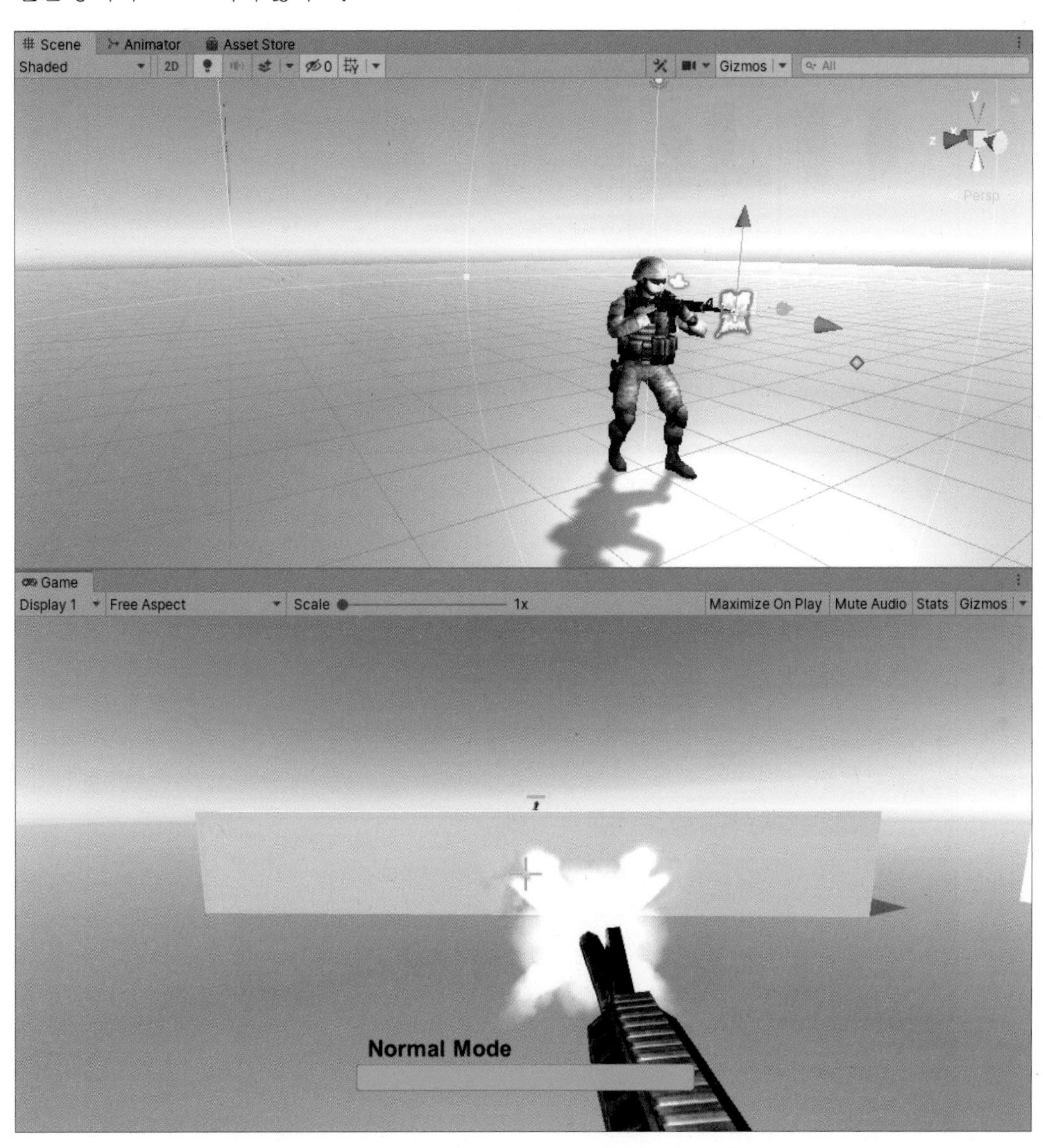

[그림 4.7-17] 사격 이펙트 효과 확인

이번에는 수류탄 오브젝트에 모델링을 추가하고 폭발 데미지를 주는 코드를 추가하겠습니다. 수류탄 모델링 리소스를 다운로드하기 위해 애셋 스토어 창을 열어보겠습니다. 애셋 스토어의 검색 창에 'Grenade'를 입력하고 [Pricing] 탭의 Free Assets 항목에 체크 표시를 합니다. 검색 결과 화면에서 첫 번째 줄에 있는 Grenade DM51A1 애셋을 다운로드 및 임포트하겠습니다.

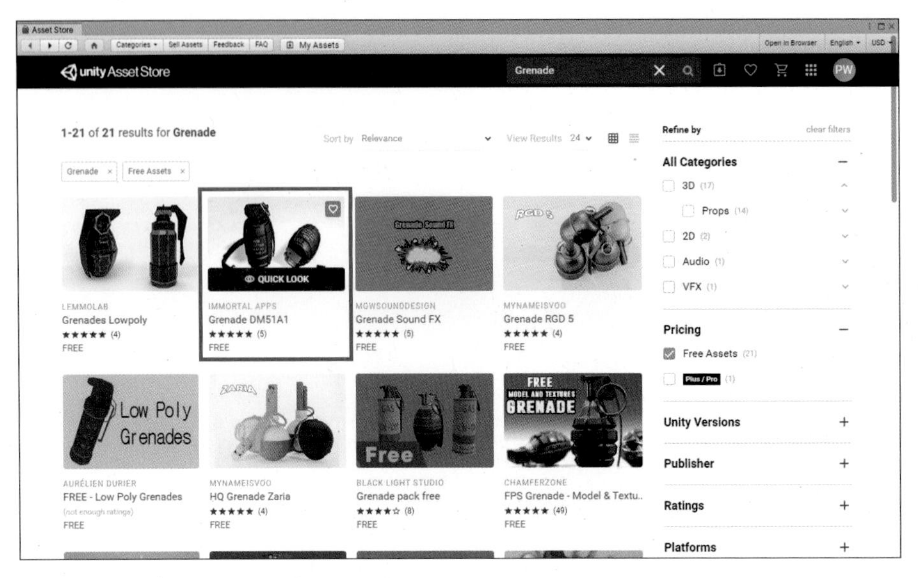

[그림 4.7-18] 수류탄 모델링 애셋 임포트

수류탄 오브젝트는 프리팹 파일(Bomb.prefab)로 저장돼 있으므로 프로젝트 뷰의 Prefabs 폴더에서 수류탄 프리팹 파일을 더블 클릭합니다. 프리팹 설정 화면으로 전환되면 애셋 스토어에서 임포트한 수류탄 모델링 프리팹 파일을 드래그 앤 드롭해 추가합니다.

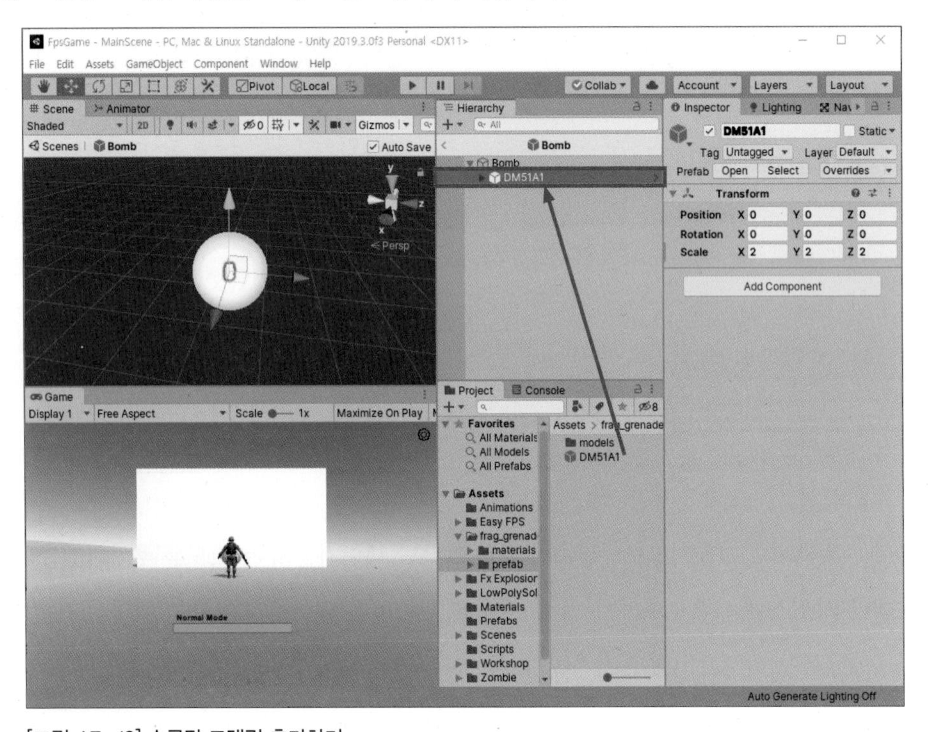

[그림 4.7-19] 수류탄 모델링 추가하기

기존의 스피어 오브젝트 모습이 보이지 않도록 Mesh Renderer 컴포넌트를 비활성화합니다. 수류탄의 크기와 충돌 영역은 플레이어 캐릭터와 비교해 조정하겠습니다.

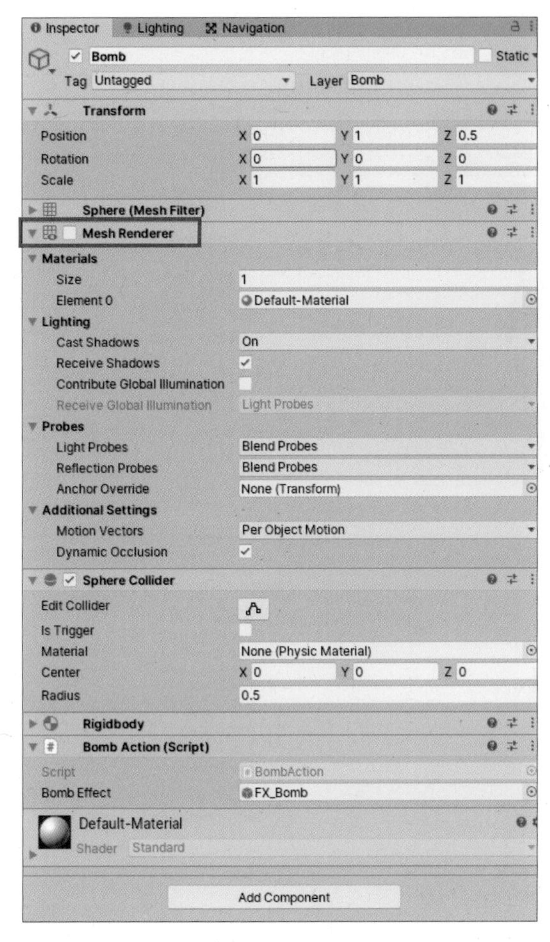

[그림 4.7-20] 스피어 오브젝트의 렌더러 비활성화

Bomb 프리팹을 하이어라키 뷰로 드래그 앤 드롭하겠습니다. 수류탄의 크기가 살짝 작은 듯한 느낌이네요. 수류탄의 스케일을 두 배로 늘려주겠습니다.

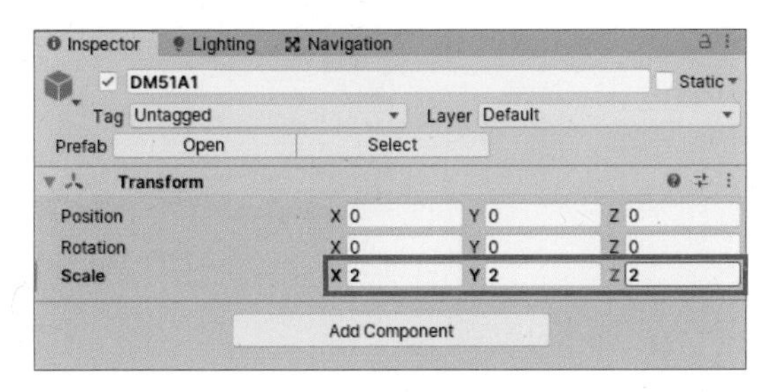

[그림 4.7-21] 수류탄 모델링의 스케일 조정하기

기존 충돌 영역(Sphere Collider)의 크기는 너무 크기 때문에 Radius 항목을 '0.5'에서 '0.2'로 줄이겠습니다. 여전히 수류탄보다는 살짝 큰 편이지만 충돌 영역이 너무 작으면 폭발 효과 이펙트가 배경에 묻혀버릴 수도 있기 때문에 수류탄의 모델링보다는 좀 더 크게 설정했습니다.

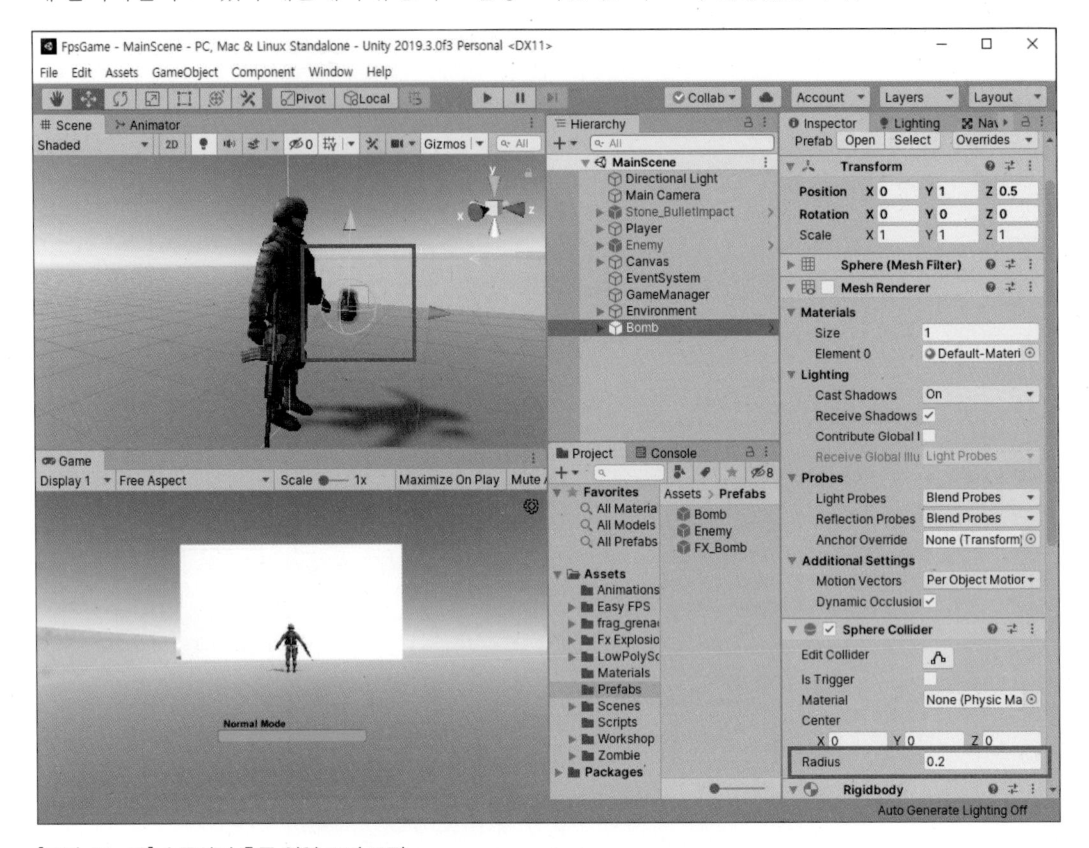

[그림 4.7-22] 수류탄의 충돌 영역 크기 조정

변경한 프리팹 설정을 저장하기 위해 Bomb 프리팹을 선택한 후 인스펙터 뷰 우측 상단의 [Override] 항목을 선택하고 [Apply All] 버튼을 클릭해 저장합니다. 그런 다음, 하이어라키 뷰에 있는 수류탄 프리팹은 Delete 키를 눌러 삭제합니다.

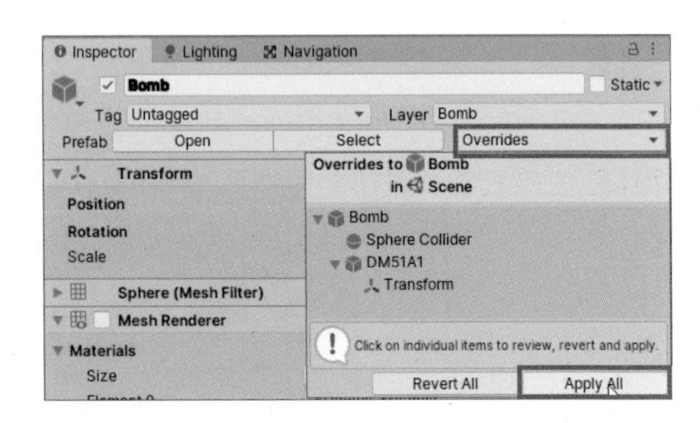

[그림 4.7-23] 수류탄 프리팹 변경 사항 저장하기

이제 게임을 플레이해 노멀 모드에서 마우스 오른쪽 버튼을 클릭으로 수류탄을 던져보겠습니다. 수류탄 모델링과 폭발 효과가 제대로 적용됐는지 확인해봅니다.

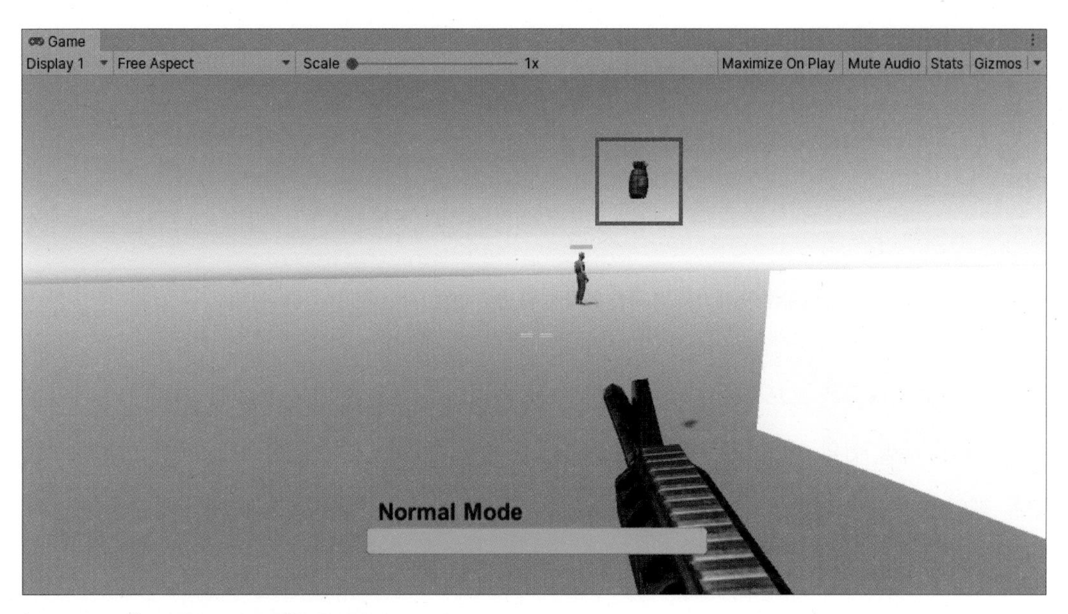

[그림 4.7-24] 수류탄 모델링 적용 확인하기

수류탄의 시각적 효과는 완성됐지만, 아직 에너미들에게 데미지 효과를 주지 못하고 있습니다. 이번에는 수류탄의 폭발 반경에 들어온 모든 에너미에게 데미지를 주는 기능을 구현해보겠습니다. 수류탄 프리팹을 선택하고 폭발 효과 기능을 구현했던 BombAction.cs 스크립트를 열어보겠습니다. 먼저 수류탄의 폭발 효과를 주기 위해 폭발 데미지와 범위를 지정할 수 있는 public 변수를 선언합니다.

```
using System.Collections;
using System.Collections.Generic;
using UnityEngine;

public class BombAction : MonoBehaviour
{
    // 폭발 이펙트 프리팹 변수
    public GameObject bombEffect;

    // 수류탄 데미지
    public int attackPower = 10;
```

```
    // 폭발 효과 반경
    public float explosionRadius = 5f;

    // 충돌했을 때의 처리
    private void OnCollisionEnter(Collision collision)
    {
        . . . (생략) . . .
    }
}
```

[코드 4.7-9] BombAction.cs 수류탄 데미지 및 폭발 효과 범위 변수 선언

그동안 충돌 처리들은 오브젝트 하나에 대한 충돌 처리만을 해왔습니다. 하지만 수류탄의 폭발을 감지하려면 폭발 범위 안에 있는 모든 대상에 대해 충돌 처리를 해야만 합니다. 폭발 범위에서는 모든 게임 오브젝트의 충돌 처리를 위해 Physics 클래스에 있는 OverlapSphere() 함수를 사용하면 됩니다. 오버랩 함수는 호출하는 그 프레임 1회에 특정 영역 안에 있는 모든 게임 오브젝트의 콜라이더 컴포넌트들을 모두 모아 배열로 반환하는 함수입니다. 영역의 형태는 구 형태(Sphere), 큐브 형태(Box), 캡슐 형태(Capsule)가 있습니다. 수류탄의 폭발 범위는 구체 형태로 범위를 찾아야 하므로 OverlapSphere() 함수를 사용하겠습니다.

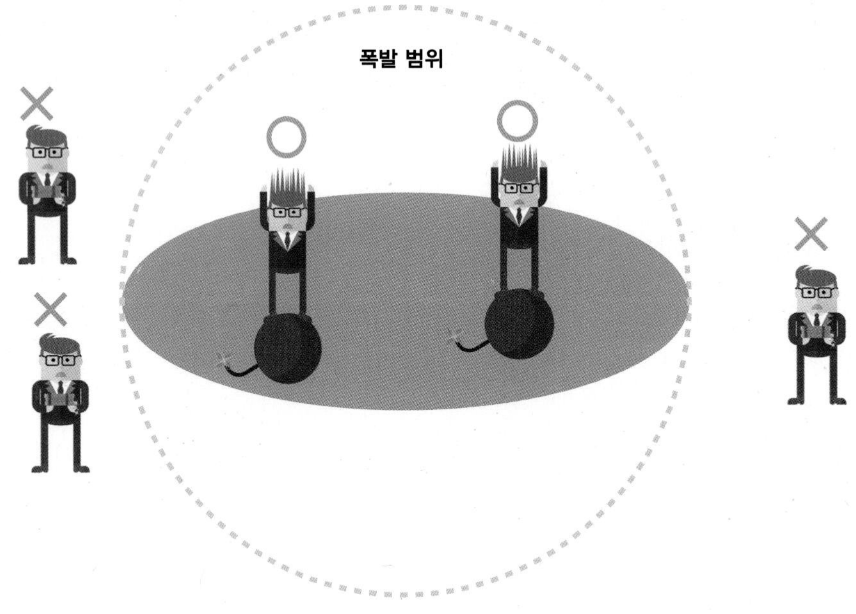

[그림 4.7-25] 수류탄 폭발 범위의 형태

오버랩 함수는 파라미터로 충돌 영역의 중심 위치와 반경(크기), 레이어 마스크가 필요합니다. 만일 레이어를 별도로 지정하지 않으면 충돌 영역 안에 있는 모든 게임 오브젝트를 찾습니다.

```
. . . (생략) . . .

// 충돌했을 때의 처리
private void OnCollisionEnter(Collision collision)
{
    // 폭발 효과 반경 내에서 레이어가 'Enemy'인 모든 게임 오브젝트들의 Collider 컴포넌트를 배열에 저장한다.
    Collider[] cols = Physics.OverlapSphere(transform.position, explosionRadius, 1 << 10);

    // 이펙트 프리팹을 생성한다.
    GameObject eff = Instantiate(bombEffect);

    // 이펙트 프리팹의 위치는 수류탄 오브젝트 자신의 위치와 동일하다.
    eff.transform.position = transform.position;

    // 자기 자신을 제거한다.
    Destroy(gameObject);
}
```

[코드 4.7-10] BombAction.cs OverlapSphere()함수를 이용해 폭발 범위 내 모든 에너미 검출하기

오버랩 함수에서 특정 레이어 번호를 지정할 때 '<<'라는 코드가 써 있는 것이 보이나요? 단순히 레이어 번호만 지정해주는 것이 아니라 어떤 연산을 하고 있는 것입니다. '<<'은 시프트 연산자로, 비트 연산자의 일종입니다.

Note 비트 연산

컴퓨터는 0과 1로 이뤄진 이진수로 연산하고 있다는 것은 들어본 적이 있을 것입니다. 이렇게 이진수로 저장된 데이터 단위를 '비트(Bit)'라고 합니다. 레이어는 값을 0번부터 31번까지 총 32개의 비트에 저장하고 있습니다.

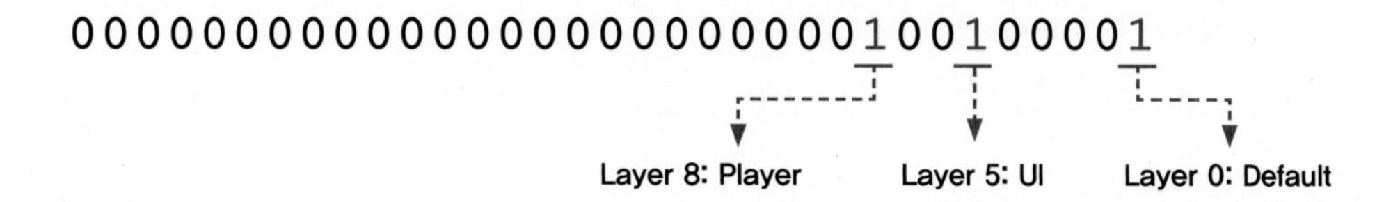

특정 레이어 번호를 가리키고 싶을 때는 해당 번호의 이진수를 십진수로 변환해야 하는데, 복잡한 진수 변환 연산을 거치지 않고 손쉽게 하기 위해 비트 이동(Shift) 연산자를 사용하면 매우 편리합니다. 0번째 비트, 즉 2^0에 해당하는 값인 1에서부터 ‘<<’ 또는 ‘>>’를 이용해 다른 자릿수의 비트를 선택할 수 있습니다. ‘<<’ 연산자는 현재 비트에서 좌측으로 이동한 비트를 선택하겠다는 뜻이고, ‘>>’ 연산자는 현재 비트에서 우측으로 이동한 비트를 선택하겠다는 뜻입니다.

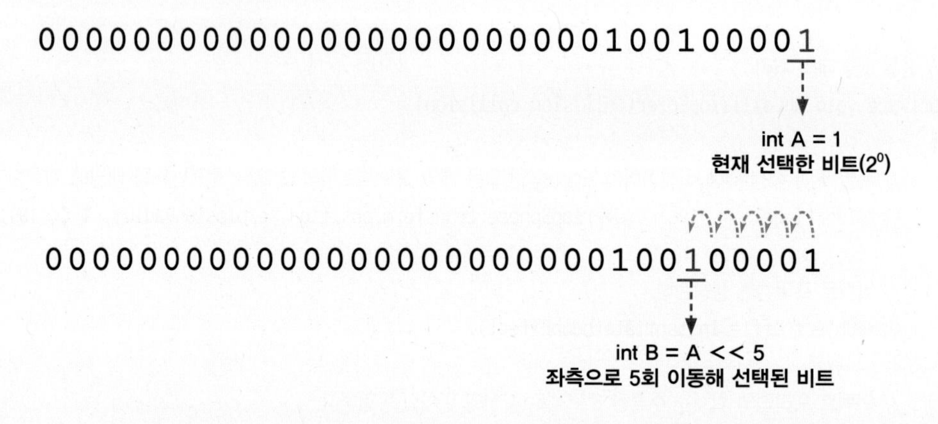

다시 말해, 1 << 10은 첫 번째 비트에서부터 ‘Enemy’라는 이름을 가진 레이어 번호(10번 레이어)만큼 좌측으로 이동했을 때 선택된 비트를 의미합니다. 이렇게 검출된 게임 오브젝트들의 콜라이더 컴포넌트를 cols라는 배열에 담아 놓았습니다. 이번에는 배열을 순회하면서 데미지를 입히는 함수를 반복문으로 실행하겠습니다.

```
. . . (생략) . . .

// 충돌했을 때의 처리
private void OnCollisionEnter(Collision collision)
{
    // 폭발 효과 반경 내에서 레이어가 'Enemy'인 모든 게임 오브젝트들의 Collider 컴포넌트를 배열에 저장한다.
    Collider[] cols = Physics.OverlapSphere(transform.position, explosionRadius, 1 << 10);

    // 저장된 Collider 배열에 있는 모든 에너미에게 수류탄 데미지를 적용한다.
    for (int i = 0; i < cols.Length; i++)
    {
        cols[i].GetComponent<EnemyFSM>().HitEnemy(attackPower);
    }

    // 이펙트 프리팹을 생성한다.
```

```
        GameObject eff = Instantiate(bombEffect);

        // 이펙트 프리팹의 위치는 수류탄 오브젝트 자신의 위치와 동일하다.
        eff.transform.position = transform.position;

        // 자기 자신을 제거한다.
        Destroy(gameObject);
    }
```

[코드 4.7-11] BombAction.cs 반복문을 이용하여 폭발 범위 내에 모든 에너미에게 데미지 적용

수류탄 효과를 테스트하기 위해 에너미를 여럿 배치해 한군데에 모아 놓겠습니다. 먼저 에너미 오브젝트를 프로젝트 뷰의 Prefabs 폴더로 드래그해 프리팹으로 저장합니다.

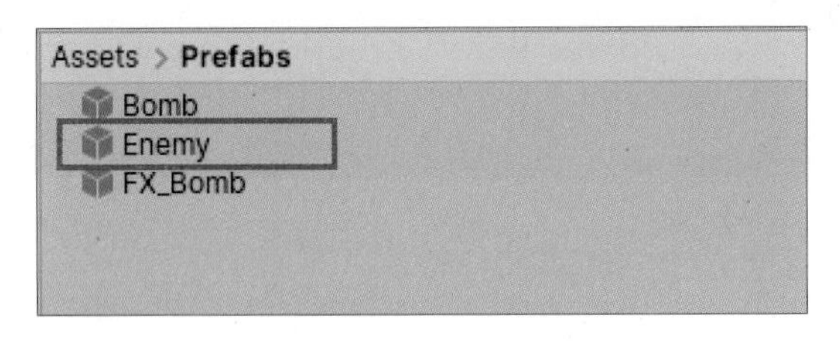

[그림 4.7-26] 에너미를 프리팹으로 변환하기

그런 다음, 에너미 프리팹을 추가로 씬에 배치해 자리잡습니다. 수류탄의 폭발 범위에 모두 들어올 수 있게 배치하겠습니다.

[그림 4.7-27] 에너미 배치하기

준비됐으면 게임 플레이에서 에너미가 모여 있는 곳에 수류탄을 던져보겠습니다. 폭발 영역에 있는 에너미들에게 동시에 데미지가 들어가는 것이 확인되면 성공입니다.

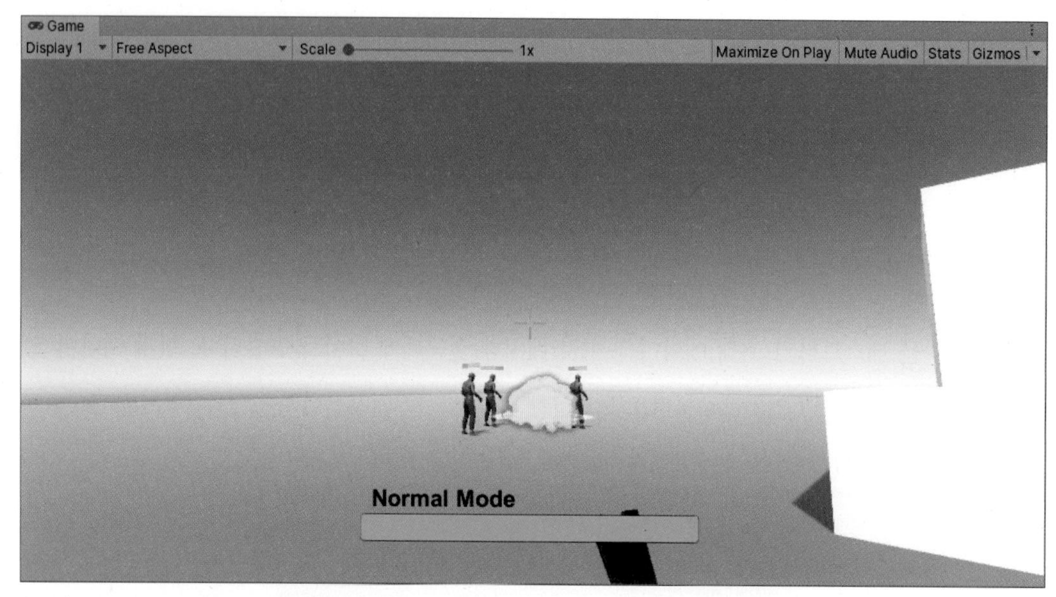

[그림 4.7-28] 수류탄 폭발 데미지 기능 확인

4.8 옵션 UI 제작

베타 버전

4.8-1 : 옵션 UI 레이아웃 구성

베타 버전 제작 과정에서는 옵션 기능과 로그인 기능과 같이 게임 로직에 대한 부분이 아닌 게임 외적인 부분을 보강하겠습니다. 먼저 옵션 버튼과 옵션 화면 UI 레이아웃부터 구성해보겠습니다.

목표

옵션 버튼과 화면 레이아웃을 구성하고 싶다.

순서

❶ 옵션 버튼 UI를 만들고 배치하기
❷ 옵션 화면 배경과 버튼을 만들고 배치하기

UI 버튼을 배치하기 위해 이 책의 깃허브에서 Btn_option.png 파일을 다운로드한 후 유니티 프로젝트의 Materials 폴더에 드래그 앤 드롭해 복사합니다. 옵션 버튼 이미지는 UI 스프라이트 이미지로 사용할 수 있도록 인스펙터 뷰에서 Texture Type 항목을 Sprite(2D and UI)로 변경합니다.

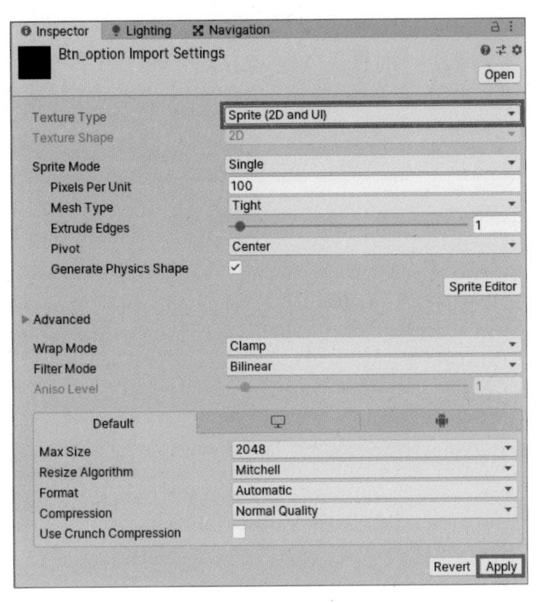

[그림 4.8-1] 스프라이트 이미지로 변경하기

Canvas 오브젝트를 선택한 후 마우스 오른쪽 버튼을 클릭하고 [UI]-[Legacy]-[Button]을 선택해 버튼 오브젝트를 생성합니다. 버튼 오브젝트의 이름은 'Button_Option'으로 변경하겠습니다. 버튼 오브젝트의 Image 컴포넌트에서 Source Image 항목에 버튼 이미지 스프라이트를 추가합니다.

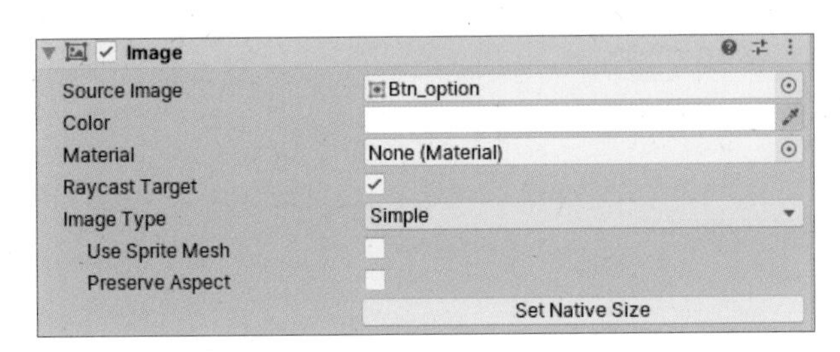

[그림 4.8-2] 스프라이트 이미지 추가

옵션 버튼의 위치가 게임 화면의 우측 상단에 위치하도록 앵커를 변경하고, 버튼의 위치도 [그림 4.8-3]과 같이 변경합니다.

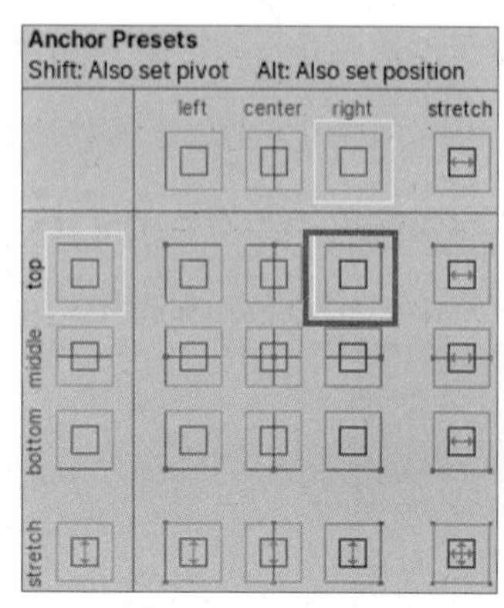

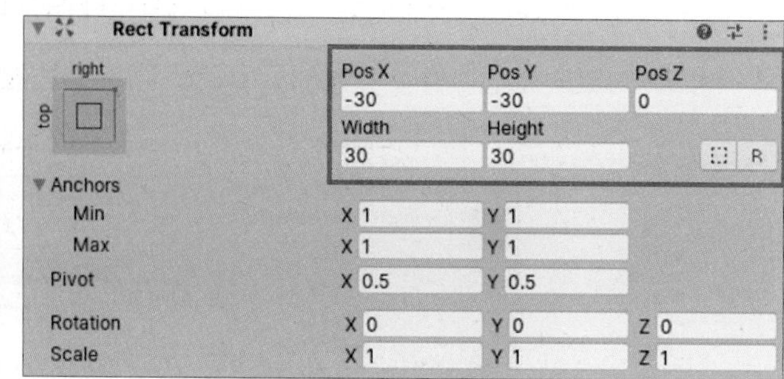

[그림 4.8-3] 우측 상단에 고정하기

옵션 버튼은 텍스트 없이 이미지로만 보이면 될 것 같으므로 버튼 오브젝트의 자식 오브젝트인 텍스트 오브젝트는 삭제하겠습니다.

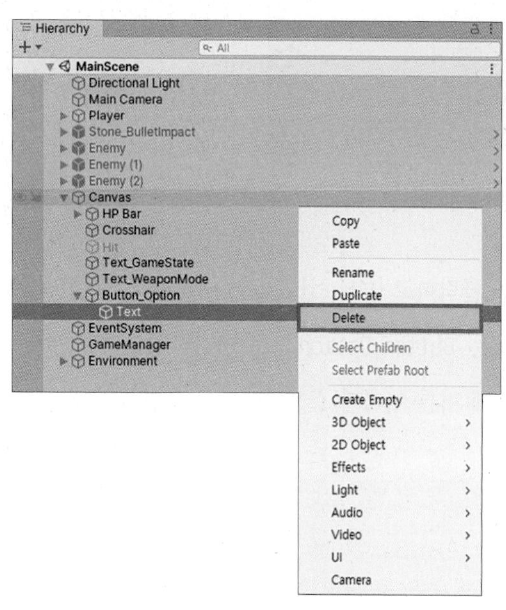

[그림 4.8-4] 텍스트 오브젝트 제거하기

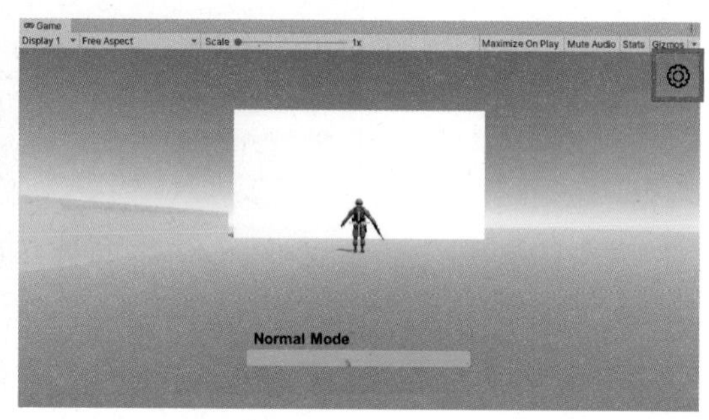

[그림 4.8-5] 옵션 버튼 확인

옵션 버튼이 만들어졌으므로 이제 옵션 버튼을 클릭했을 때 표시될 옵션 화면을 구성해보겠습니다. 가장 먼저 검은색 배경이 필요하겠군요. [+] 버튼-[UI]-[Image]를 선택해 새로운 이미지 오브젝트를 생성하고 화면 전체에 꽉 차게 펼쳐지도록 앵커 설정을 상하좌우 모두 Stretch로 설정합니다. 옵션 배경 이미지의 이름은 'Option_Background'로 변경합니다.

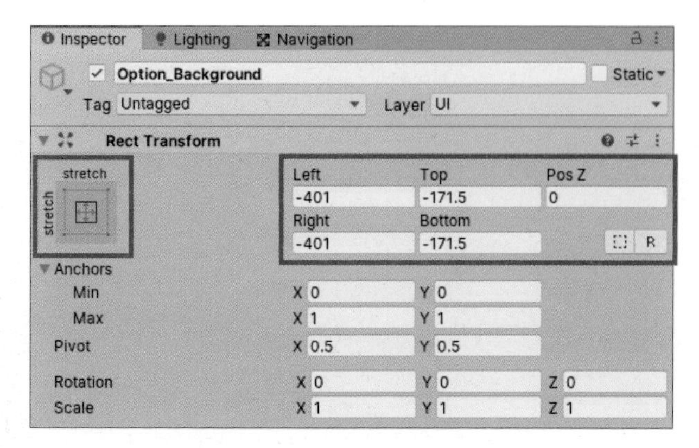

[그림 4.8-6] 옵션 배경 이미지 트랜스폼 수정하기

Image 컴포넌트의 Color 항목을 선택한 후 배경색을 그림과 같이 반투명한 검은색으로 설정합니다.

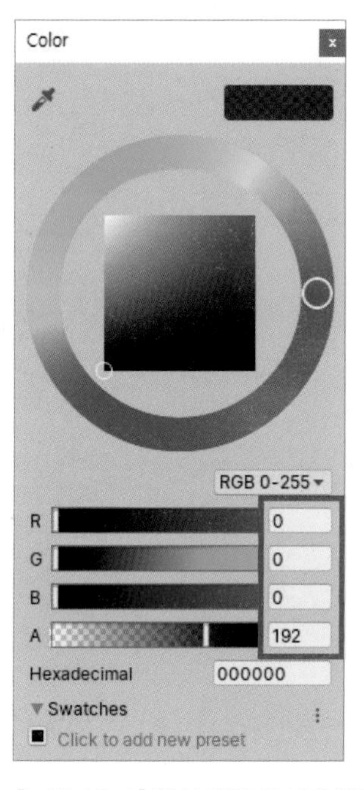

[그림 4.8-7] 옵션 배경 이미지 색상 변경

이제 버튼 오브젝트를 3개 생성하고 [그림 4.8-8]과 같이 보이도록 배치합니다. 버튼 오브젝트의 이름은 순서대로 **'Button_Resume'**, **'Button_Restart'**, **'Button_Quit'**로 변경하겠습니다. 옵션 화면임을 알려주기 위한 타이틀을 표시하기 위해 텍스트 오브젝트도 생성하고 이름은 **'Text_Option'**으로 변경하겠습니다.

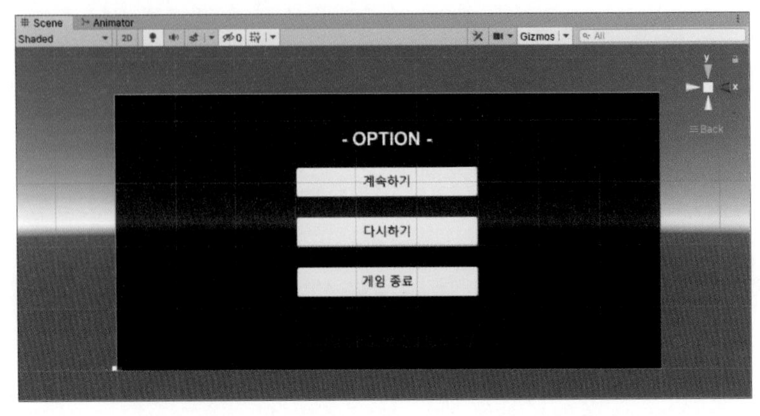

[그림 4.8-8] 옵션 타이틀과 버튼 배치

옵션 화면의 구성이 모두 끝났으므로 옵션 화면을 한 번에 켜고 끌 수 있도록 빈 게임 오브젝트를 하나 만들고 옵션 화면 구성에 쓰인 오브젝트들을 모두 자식 오브젝트로 등록합니다. 빈 게임 오브젝트의 이름은 'Panel_Options'로 변경합니다.

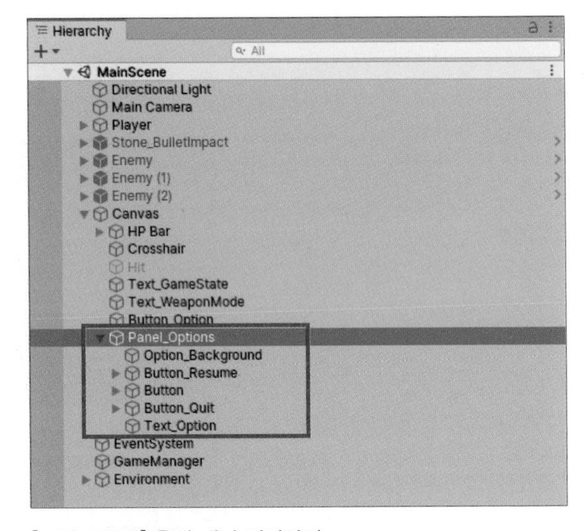

[그림 4.8-9] 옵션 패널 정리하기

4.8-2 : 옵션 기능 구현

옵션 화면 구성이 완료됐으므로 이번에는 스크립트에서 옵션의 각 기능을 구현하고 UI 버튼과 연결하겠습니다.

목표

옵션의 각 기능을 구현하고 싶다.

순서

① 옵션 설정 상태 추가하기
② 옵션의 각 버튼의 기능 구현하기
③ 옵션 버튼마다 기능 함수들을 연결시키기

옵션 기능은 게임의 룰에 해당한다고 볼 수 있으므로 게임 매니저 클래스에서 정의하겠습니다. 먼저 GameManager.cs 스크립트를 열고 옵션 패널 오브젝트를 제어할 수 있는 변수부터 선언합니다. 또한 일시 정지 상태에서는 플레이어의 조작이 이뤄져서는 안 되므로 게임 상태에 일시 정지(Pause) 상태도 추가합니다.

```
using System.Collections;
using System.Collections.Generic;
using UnityEngine;
using UnityEngine.UI;

public class GameManager : MonoBehaviour
{
. . . (생략) . . .

    // 게임 상태 상수
    public enum GameState
    {
        Ready,
        Run,
        Pause,
        GameOver
    }

    . . . (생략) . . .

    // 옵션 화면 UI 오브젝트 변수
    public GameObject gameOption;

    . . . (생략) . . .
```

[코드 4.8-1] GameManager.cs 옵션 화면 UI 오브젝트 변수 선언

게임 중 [옵션] 버튼을 눌렀을 때 게임을 일시 정지 상태로 만들고 옵션 패널 오브젝트를 활성화하는 기능을 구현합니다. 일시 정지 효과는 **Time 클래스**에서 **timeScale** 값을 조절해 적용할 수 있습니다. timeScale은 게임 전체의 프레임 진행 시간의 배율입니다. 즉, timeScale이 '0.5'라면 기본 프레임 속도의 50% 속도로 게임이 진행되고 timescale 값이 2라면 2배속으로 플레이할 수 있게 됩니다.

옵션 창 켜기 함수는 Button 컴포넌트의 버튼 이벤트 함수에서 제어할 수 있도록 public 함수로 선언해야 합니다. 그런 다음, 게임을 다시 정상 진행 상태로 만들고 옵션 패널 오브젝트는 비활성화하는 함수도 구현해보겠습니다.

```
. . . (생략) . . .

// 옵션 화면 켜기
public void OpenOptionWindow()
{
    // 옵션 창을 활성화한다.
    gameOption.SetActive(true);
    // 게임 속도를 0배속으로 전환한다.
    Time.timeScale = 0f;
    // 게임 상태를 일시 정지 상태로 변경한다.
    gState = GameState.Pause;
}

// 계속하기 옵션
public void CloseOptionWindow()
{
    // 옵션 창을 비활성화한다.
    gameOption.SetActive(false);
    // 게임 속도를 1배속으로 전환한다.
    Time.timeScale = 1f;
    // 게임 상태를 게임 중 상태로 변경한다.
    gState = GameState.Run;
}
```

[코드 4.8-2] GameManager.cs 옵션 화면 UI 활성화 및 비활성화 함수 구현

다음으로 슈팅 프로젝트에서도 했던 현재 씬을 다시 로드하는 코드를 추가하겠습니다. 다만, 슈팅 때와 달리 씬 번호를 직접 지정하지 않고 현재의 씬 번호(build index)를 읽어 그 번호로 로드하는 방식으로 코드를 작성하겠습니다. 이때 주의할 점은 타임 스케일은 **씬 로드와는 관계가 없으므로 씬 로드할 때 반드시 타임 스케일을 1배속으로 전환해줘야 한다는 것**입니다. 반면 게임 상태는 씬이 다시 로드되면서 Start() 함수에서 게임 상태를 다시 설정하므로 게임 상태를 바꿔줄 필요가 없습니다.

```
using System.Collections;
using System.Collections.Generic;
using UnityEngine;
using UnityEngine.UI;
using UnityEngine.SceneManagement;

public class GameManager : MonoBehaviour
{
    . . . (생략) . . .

    // 다시하기 옵션
    public void RestartGame()
    {
        // 게임 속도를 1배속으로 전환한다.
        Time.timeScale = 1f;
        // 현재 씬 번호를 다시 로드한다.
        SceneManager.LoadScene(SceneManager.GetActiveScene().buildIndex);
    }
}
```

[코드 4.8-3] GameManager.cs 게임 재시작 기능 구현

게임 종료의 경우에는 애플리케이션(Application)을 종료하는 것이기 때문에 종료 처리 이외에 다른 처리를 해줄 것이 없습니다.

```
public class GameManager : MonoBehaviour
{
    . . . (생략) . . .

    // 게임 종료 옵션
    public void QuitGame()
    {
        // 애플리케이션을 종료한다.
        Application.Quit();
    }
}
```

[코드 4.8-4] GameManager.cs 게임 종료(앱 종료) 기능 구현

옵션 기능과 관련된 함수들이 준비됐으므로 이제 버튼 UI에 연결해주면 됩니다. 각각의 옵션 버튼마다 Button 컴포넌트의 OnClick() 이벤트의 [+] 버튼을 클릭하고 GamaManager 오브젝트를 추가합니다.

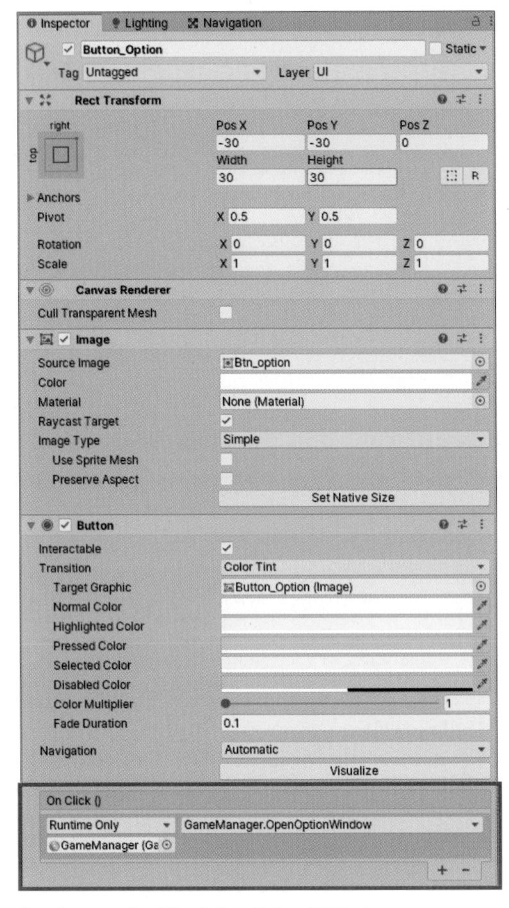

[그림 4.8-10] 버튼 이벤트 함수 지정하기

[표 4.8-1] 버튼 종류별 이벤트 함수

버튼 종류	이벤트 함수 연결(GameManager)
[옵션] 버튼	OpenOptionWindow()
[계속하기] 버튼	CloseOptionWindow()
[다시 하기] 버튼	RestartGame()
[게임 종료] 버튼	QuitGame()

게임 다시하기 및 게임 종료 기능을 만들었으니 게임 결과 UI에서도 버튼을 추가하고 기능을 연결해보겠습니다. 옵션 버튼을 만들었을 때와 같이 게임 상태 텍스트 오브젝트(Text_GameState)의 자식

오브젝트로 [다시 하기(Restart)] 버튼과 [종료하기(Quit)] 버튼을 추가합니다. 그리고 옵션 때와 같이 이벤트 함수도 연결합니다. 게임 시작 시에는 보이지 않다가 게임 오버 때만 보일 수 있도록 비활성화시켜두는 것도 잊지 않도록 합니다.

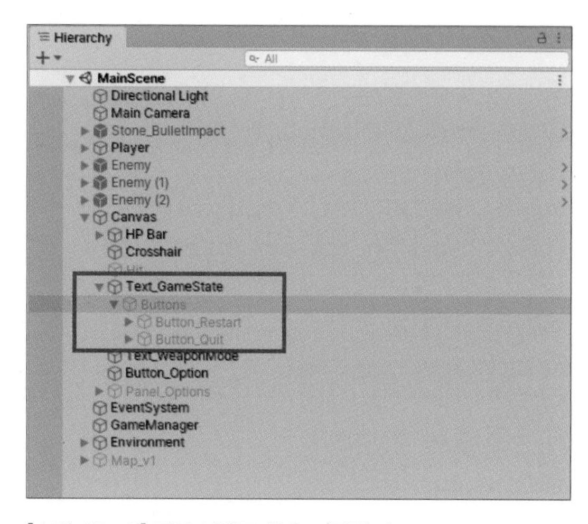

[그림 4.8-11] 버튼 이벤트 함수 지정하기

GameManager.cs 스크립트에 게임 오버 상태가 되면 [다시 하기] 버튼과 [게임 종료] 버튼을 활성화하는 코드를 추가하겠습니다. 버튼 오브젝트는 게임 상태 텍스트 오브젝트의 자식 오브젝트이기 때문에 transform.GetChild() 함수를 사용해 접근할 수 있습니다. GetChild() 함수에는 파라미터로 자식 오브젝트의 인덱스가 필요합니다. 게임 상태 텍스트 오브젝트는 자식 오브젝트가 1개뿐이므로 인덱스의 시작 번호인 0번을 지정하면 됩니다.

```
public class GameManager : MonoBehaviour
{
    . . . (생략) . . .

    void Update()
    {
        // 만일, 플레이어의 hp가 0 이하라면...
        if(player.hp <= 0)
        {
            // 플레이어의 애니메이션을 멈춘다.
            player.GetComponentInChildren<Animator>().SetFloat("MoveMotion", 0f);
```

```
            // 상태 텍스트를 활성화한다.
            gameLabel.SetActive(true);

            // 상태 텍스트의 내용을 'Game Over'로 한다.
            gameText.text = "Game Over";

            // 상태 텍스트의 색상을 붉은색으로 한다.
            gameText.color = new Color32(255, 0, 0, 255);

            // 상태 텍스트의 자식 오브젝트의 트랜스폼 컴포넌트를 가져온다.
            Transform buttons = gameText.transform.GetChild(0);

            // 버튼 오브젝트를 활성화한다.
            buttons.gameObject.SetActive(true);

            // 상태를 '게임 오버' 상태로 변경한다.
            gState = GameState.GameOver;
        }
    }
    . . . (생략) . . .
}
```

[코드 4.8-5] GameManager.cs 게임 오버 상태에서 게임 재시작 및 종료 버튼 활성화하기

이제 게임 플레이를 하면 게임 오버 텍스트가 출력되면서 버튼들도 같이 활성화되는 것을 확인할 수 있습니다.

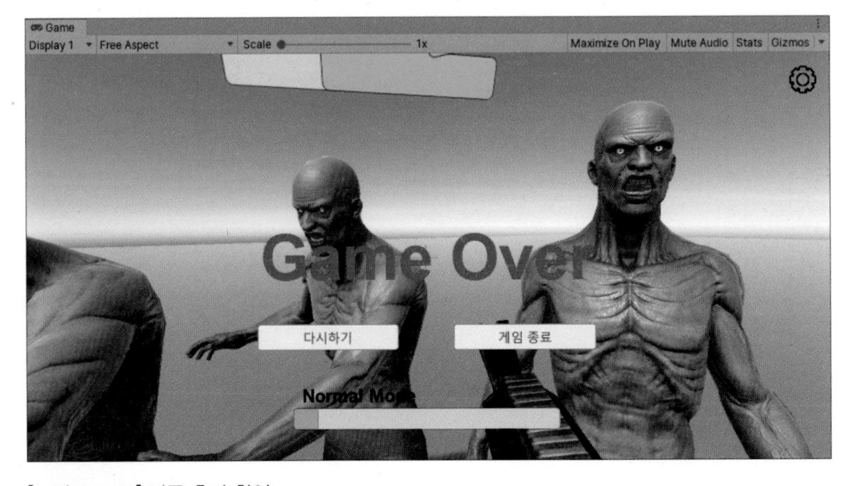

[그림 4.8-12] 버튼 추가 확인

4.9 로그인 화면과 비동기 씬 로드

4.9-1 : 로그인 화면 구성

어떤 게임을 하든, 최초에는 초기 화면에서 아이디와 비밀번호를 입력하고서야 화면 전환이 본 게임으로 이어진다는 사실은 굳이 설명하지 않더라도 잘 알고 있을 것입니다. 이번에는 게임이 처음 실행될 때 아이디와 비밀번호를 생성 및 저장하고 확인하는 로그인 화면을 독립된 씬으로 구성해보겠습니다. 일반적으로는 게임 서버(server)와 통신해야 하지만, 이 책에서는 간단히 클라이언트(client)에서 데이터를 저장 및 로드하는 방식을 사용하겠습니다.

목표

메인 게임에 들어가기 전의 최초의 로그인 화면을 구성하고 싶다.

순서

① 로그인 씬을 새로 만들기
② 배경 이미지 배치하기
③ 아이디와 비밀번호를 입력할 입력란(Input Field)에 배치하기
④ [새로 생성] 버튼과 [로그인] 버튼 배치하기
⑤ 입력 오류 텍스트 배치하기

로그인 화면은 본 게임 화면과는 별도이기 때문에 새로운 씬을 구성해 로그인에 성공했을 때 MainScene으로 씬 전환을 하겠습니다. 유니티 에디터 좌측 상단의 **[File]** – **[New Scene]**을 선택해 새로운 씬을 생성합니다. Ctrl + S 키를 눌러 씬 저장 화면 창이 열리면 **'LoginScene'**이라는 이름으로 현재 씬을 저장합니다.

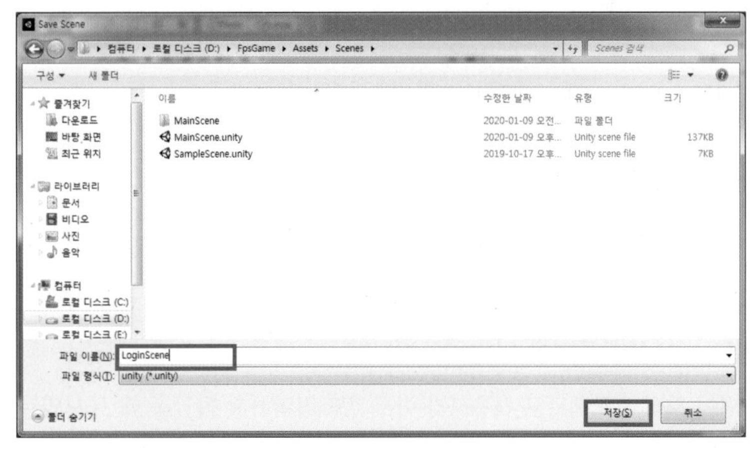

[그림 4.9–1] 로그인 씬 저장하기

인터넷에서 배경 화면으로 어울릴 만한 이미지를 찾아 다운로드합니다. 배경 이미지는 화면 전체 크기와 같아야 한다는 점을 고려해 가능한 한 화면 해상도와 유사한 크기와 비율의 이미지를 찾는 것이 좋습니다. 다운로드한 이미지는 프로젝트의 Materials 폴더에 복사합니다. 그런 다음, 하이어라키 뷰에서 **[+] 버튼**-**[UI]**-**[Raw Image]**를 선택해 새로운 이미지 오브젝트를 생성하고, 이름을 **'Background'**로 변경합니다. 로우 이미지는 일반 텍스처(PNG, JPEG, BMP 등)와 스프라이트 이미지를 모두 사용할 수 있으므로 다운로드했던 배경 이미지 텍스처를 Raw Image 컴포넌트의 Texture 항목에 드래그 앤 드롭해 추가합니다. 이미지가 화면에 꽉 찰 수 있게 앵커를 stretch로 설정합니다.

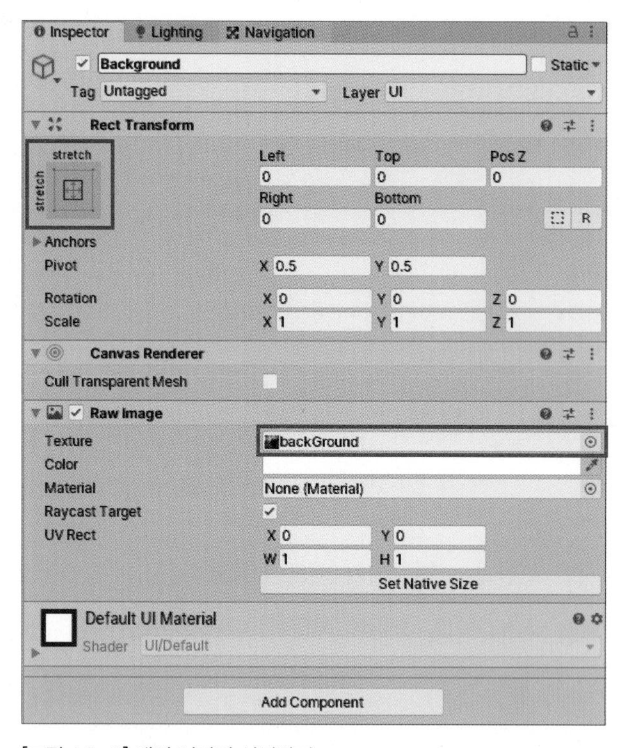

[그림 4.9-2] 배경 이미지 설정하기

이제 아이디 입력 영역을 만들 차례인데, 아이디 입력 영역은 '아이디'라는 텍스트와 실제 사용자가 입력할 입력란의 두 가지 요소로 이뤄져 있습니다. **[+] 버튼**-**[UI]**-**[Legacy]**-**[Text]**를 선택해 텍스트 오브젝트를 생성하고 출력될 문구를 '아이디'라고 하겠습니다. 그런 다음 **[+] 버튼**-**[UI]**-**[Legacy]**-**[Input Field]**를 선택해 인풋 필드 오브젝트를 만듭니다. 인풋 필드(Input field)는 입력 영역 박스 이미지 외에 자식 오브젝트로 사용자가 아무것도 입력하지 않았을 때 표시되는 **플레이스 홀더**(Place holder)와 사용자가 입력하는 텍스트의 형태를 설정할 수 있는 **텍스트**(Text)를 갖고 있습니다.

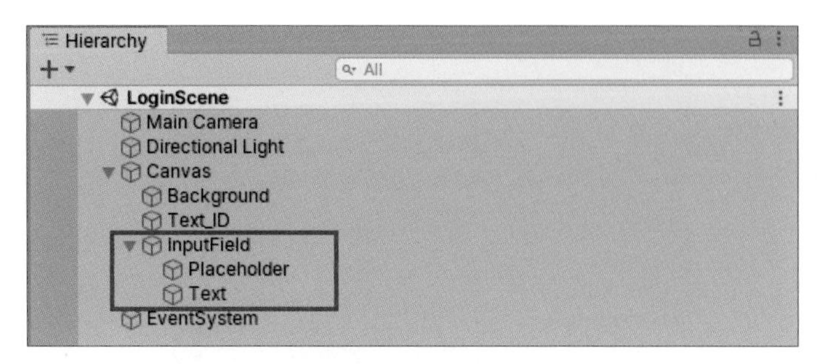

[그림 4.9-3] 인풋 필드 오브젝트 생성하기

플레이스 홀더 오브젝트를 선택한 후 Text 항목의 내용을 **'아이디 입력'**으로 변경합니다. 폰트의 크기도 인풋 필드의 크기에 맞게 수정합니다.

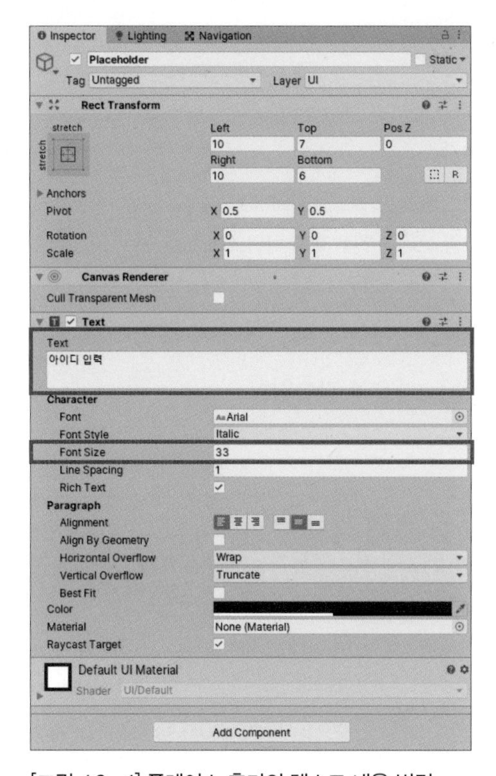

[그림 4.9-4] 플레이스 홀더의 텍스트 내용 변경

실제 사용자가 입력한 텍스트가 표시될 Text 오브젝트를 선택하고 폰트 크기를 플레이스 홀더와 동일하게 설정합니다.

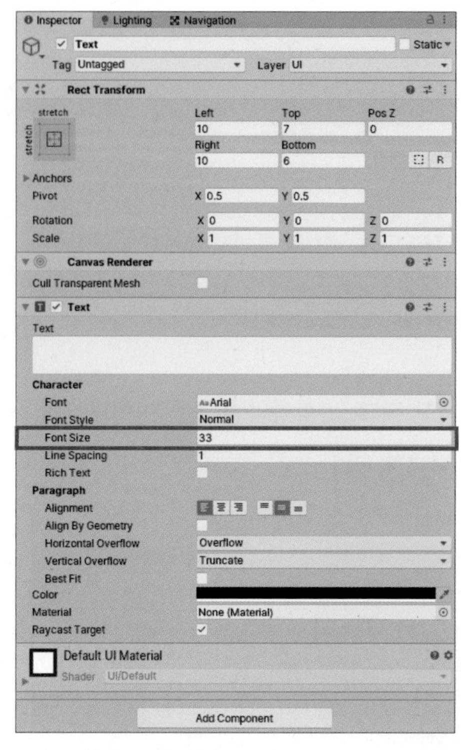

[그림 4.9-5] 인풋 필드 하위의 텍스트 오브젝트 설정하기

인풋 필드 본체의 Input Field 컴포넌트에는 사용자의 입력 조건에 관한 몇 가지 설정 항목들이 존재합니다. 특히 중요한 요소는 다음과 같습니다.

[표 4.9-1 인풋 필드 옵션

항목	설명
Text Component	사용자의 텍스트 입력 설정을 위한 오브젝트를 지정하는 항목
Text	사용자의 입력 내용이 저장될 변수
Character Limit	입력 가능한 문자열의 개수(영문, 숫자는 한 문자당 1씩 소모하지만, 한글의 경우에는 한 문자당 2를 소모하므로 주의할 것), 이 항목의 값이 0이면 무제한으로 입력 가능
Content Type	Standard: 모든 숫자 또는 문자열 입력 가능 Integer Number: 정수형 숫자만 입력 가능 Decimal Number: 실수형 숫자만 입력 가능 Alphanumeric: 양의 정수만 입력 가능 Name: 문자열만 입력 가능 Email: 이메일 형식만 입력 가능(예: xxxx@gmail.com) Password: 입력된 데이터가 *** 형태로 숨겨진 채로 표시. 모든 숫자 또는 문자열의 입력 가능 PIN: 입력된 데이터가 *** 형태로 숨겨진 채로 표시. 양의 정수만 입력 가능 Custom: 사용자의 설정에 따른 입력 제한

Line Type	Single Line: 한 줄로만 입력 가능 Multi Line Submit: 여러 줄로 입력 가능. 자동으로 개행됨. Multi Line New Line: 여러 줄로 입력 가능. 사용자가 Enter 키를 누르면 개행됨.
Placeholder	미입력 시 표시될 텍스트 오브젝트를 지정할 수 있는 항목
Caret Blink Rate	커서의 깜빡임 속도
Caret Width	커서의 두께
Custom Caret Color	커서의 색상
Selection Color	모두 선택된 텍스트의 선택 영역 색상
Hide Mobile Input	모바일 장치에서 화면 키보드에 연결된 기본 입력 필드를 숨김(iOS일 때만 적용)

아이디 입력 글자 수를 10자 이내로 제한하기 위해 인풋 필드의 [Character Limit] 항목을 '10'으로 변경하고, 커서가 잘 보이도록 [Caret Width] 항목을 '2'로 변경합니다.

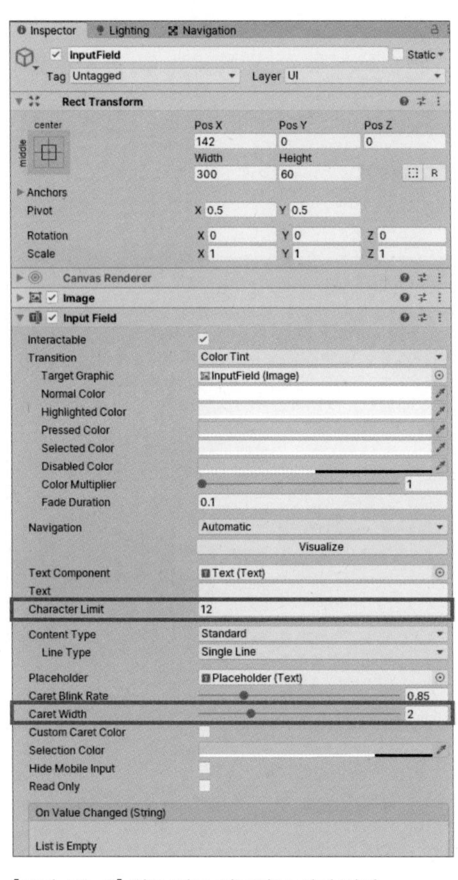

[그림 4.9-6] 인풋 필드 컴포넌트 설정 변경

빈 게임 오브젝트를 생성해 아이디 입력 타이틀(Text)과 입력란(Input Field)을 자식 오브젝트로 등록합니다. 빈 게임 오브젝트의 이름은 'Input_ID'로 변경하겠습니다.

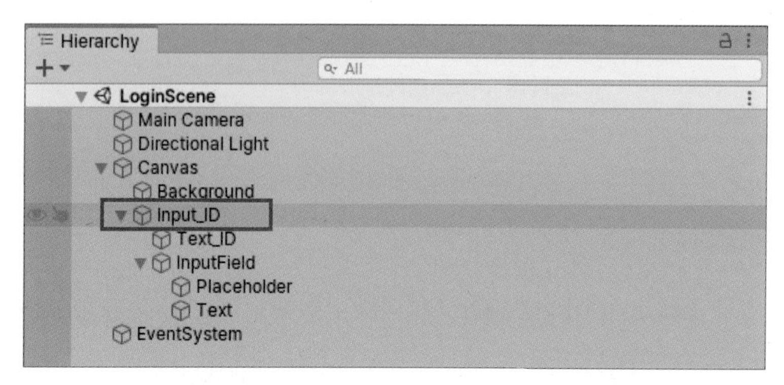

[그림 4.9-7] 아이디 입력 UI 정리하기

아이디 입력 UI가 완료됐으면 Ctrl+D 키를 눌러 복제한 후 이름을 'Input_Password'로 변경합니다. 패스워드 타이틀(Text)과 입력란(Input Field)의 문구도 '패스워드'로 변경하고 [그림 4.9-8]과 같이 패스워드 입력란을 아이디 입력란의 아래쪽에 배치합니다.

[그림 4.9-8] 패스워드 입력란 배치하기

패스워드는 개인 정보에 해당하므로 사용자가 입력한 패스워드가 화면에 ***처럼 보이지 않게 처리하기 위해 인풋 필드의 [Content Type] 항목의 값을 [Password]로 변경합니다.

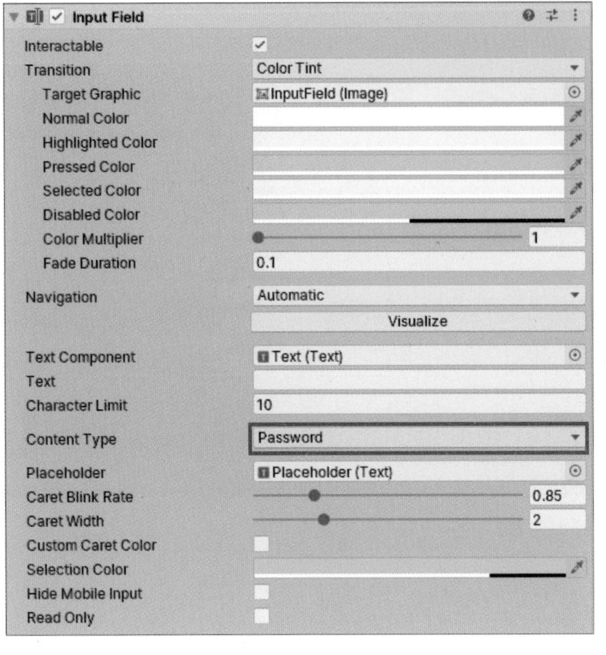

[그림 4.9-9] 인풋 필드의 입력 방식 변경하기

[아이디 새로 생성] 버튼과 [로그인] 버튼을 만들고, 아이디와 패스워드 입력란의 아래쪽에 배치되도록 합니다.

[그림 4.9-10] [아이디 새로 생성] 버튼과 [로그인] 버튼 추가하기

마지막으로 아이디와 패스워드가 일치됐는지 여부를 알려주기 위한 텍스트 상자를 추가하겠습니다. 그리고 화면 중앙 상단에는 게임의 이름을 표시하는 텍스트 상자도 추가하겠습니다.

[그림 4.9-11] 로그인 화면의 최종 레이아웃

4.9-2 : 로그인 기능 구성

사용자는 로그인을 하기 위해 아이디와 패스워드를 입력합니다. 사용자로부터 입력된 데이터는 저장 장치에 파일로 저장되고 필요할 때마다 읽을 수 있어야 합니다. 또한 입력한 데이터가 형식에 맞는지 확인하는 유효성 검사를 하는 것과 입력 데이터와 저장된 데이터를 비교하고 데이터의 일치 여부를 검사하는 기능도 필요합니다.

목표

사용자 데이터를 새로 저장하거나 저장된 데이터를 읽어 사용자의 입력과 일치하는지 검사하게 하고 싶다.

순서

❶ 인풋 필드의 값을 읽기 위한 변수 만들기
❷ 사용자의 아이디는 키(key)로 패스워드를 값(value)으로 설정해 저장하는 기능 만들기
❸ 사용자의 아이디를 키로 사용해 패스워드 값을 읽어오는 기능 만들기
❹ 사용자의 입력과 저장된 데이터의 일치 여부를 확인하는 조건식 추가하기
❺ 로그인 화면 UI 버튼과 기능 연결하기

로그인 기능을 구현하기 위해 Scripts 폴더에 '**LoginManager**'라는 이름으로 새로운 C# 스크립트를 하나 생성합니다. 아이디와 패스워드 인풋 필드에 사용자가 어떤 내용을 입력했는지 읽어올 수 있도록 public 변수로 선언하겠습니다. 인풋 필드도 UI 클래스이므로 UI 네임스페이스를 사용해

야 하는 건 당연하겠죠? 그리고 처음에는 오류 검사 메시지가 필요 없으므로 검사 텍스트 변수는 비워두겠습니다.

```
using System.Collections;
using System.Collections.Generic;
using UnityEngine;
using UnityEngine.UI;

public class LoginManager : MonoBehaviour
{
    // 사용자 데이터를 새로 저장하거나 저장된 데이터를 읽어 사용자의 입력과 일치하는지 검사하게 하고 싶다.

    // 사용자 아이디 변수
    public InputField id;

    // 사용자 패스워드 변수
    public InputField password;

    // 검사 텍스트 변수
    public Text notify;

    void Start()
    {
        // 검사 텍스트 창을 비운다.
        notify.text = "";
    }
}
```

[코드 4.9-1] LoginManager.cs 로그인 매니저 스크립트 생성과 아이디 및 패스워드 변수 선언

데이터를 파일로 파일에 쓰거나 파일로부터 읽어오는 작업을 '파일의 입출력(IO)'이라고 합니다. 파일 입출력은 기본적으로 하드 디스크와 같은 저장 영역과 메모리 영역을 연결하는 연결 다리 역할을 하는 '스트림(Stream)'을 제어하는 방식으로 사용합니다. 물론 직접 파일 입출력을 구현하는 것도 한 가지 방법이긴 하지만 유니티에서는 데이터를 편리하게 저장할 수 있는 PlayerPrefs라는 클래스를 제공하고 있습니다.

PlayerPrefs는 정수형(int), 실수형(float), 문자열(string) 데이터만 저장할 수 있습니다. 저장할 때는

각각 SetInt(), SetFloat(), SetString() 함수를 사용합니다. Set 함수는 파라미터로 저장할 이름(키)과 값이 필요합니다. 사용자의 입력 정보를 검색할 때는 아이디를 이용해 검색해야 하기 때문에 아이디는 키, 패스워드는 값으로 저장하겠습니다.

```
public class LoginManager : MonoBehaviour
{
    // 사용자 데이터를 새로 저장하거나 저장된 데이터를 읽어 사용자의 입력과 일치하는지 검사하게 하고 싶다.

    . . . (생략) . . .

    // 아이디와 패스워드 저장 함수
    public void SaveUserData()
    {
        // 사용자의 아이디는 키(key)로 패스워드를 값(value)으로 설정해 저장한다.
        PlayerPrefs.SetString(id.text, password.text);
    }
}
```

[코드 4.9-2] LoginManager.cs 아이디와 패스워드 저장 기능 구현

이미 같은 아이디가 저장돼 있는데 중복으로 아이디를 생성하려고 하는 것을 막을 필요가 있습니다. 따라서 이전에 같은 아이디가 저장된 적이 있는지를 먼저 확인한 후 사용자가 입력한 아이디와 동일한 아이디가 없을 때만 데이터를 저장하는 조건식을 추가해야 합니다. 동일한 키가 존재하는지 확인하려면 HasKey() 함수를 사용해야 합니다.

```
public class LoginManager : MonoBehaviour
{
    // 사용자 데이터를 새로 저장하거나 저장된 데이터를 읽어 사용자의 입력과 일치하는지 검사하게 하고 싶다.

    . . . (생략) . . .

    // 아이디와 패스워드 저장 함수
    public void SaveUserData()
    {
        // 만일 시스템에 저장돼 있는 아이디가 존재하지 않는다면...
        if (!PlayerPrefs.HasKey(id.text))
```

```
        {
            // 사용자의 아이디는 키(key)로 패스워드를 값(value)으로 설정해 저장한다.
            PlayerPrefs.SetString(id.text, password.text);
            notify.text = "아이디 생성이 완료됐습니다.";
        }
        // 그렇지 않으면, 이미 존재한다는 메시지를 출력한다.
        else
        {
            notify.text = "이미 존재하는 아이디입니다.";
        }
    }
}
```

[코드 4.9-3] LoginManager.cs 이미 존재하는 아이디 체크하기

사용자의 아이디와 패스워드 데이터를 저장했다면, 이제 로그인도 가능해야 하겠죠? 로그인을 하기 전에 사용자가 입력한 아이디의 패스워드가 실제 저장된 패스워드와 동일한지 여부를 먼저 체크해봐야 합니다. 저장된 데이터를 가져올 때는 저장된 데이터의 자료형에 맞춰 Set 함수에 대응하는 Get 함수를 사용하면 됩니다. 데이터를 체크한 결과, 양쪽 패스워드가 동일하면 다음 씬으로 전환하고, 다르면 잘못된 값을 입력한 것이므로 사용자 정보가 저장된 데이터와 불일치하다는 메시지를 남기겠습니다.

```
public class LoginManager : MonoBehaviour
{
    // 사용자 데이터를 새로 저장하거나 저장된 데이터를 읽어 사용자의 입력과 일치하는지 검사하게 하고 싶다.

    . . . (생략) . . .

    // 아이디와 패스워드 저장 함수
    public void SaveUserData()
    {
        . . . (생략) . . .
    }

    // 로그인 함수
    public void CheckUserData()
```

```
    {
        // 사용자가 입력한 아이디를 키로 사용해 시스템에 저장된 값을 불러온다.
        string pass = PlayerPrefs.GetString(id.text);

        // 만일, 사용자가 입력한 패스워드와 시스템에서 불러온 값을 비교해서 동일하다면...
        if (password.text == pass)
        {
            // 다음 씬(1번 씬)을 로드한다.
            SceneManager.LoadScene(1);
        }
        // 그렇지 않고 두 데이터의 값이 다르면, 사용자 정보 불일치 메시지를 남긴다.
        else
        {
            notify.text = "입력하신 아이디와 패스워드가 일치하지 않습니다.";
        }
    }
}
```

[코드 4.9-4] LoginManager.cs 아이디와 패스워드 일치 여부 확인 기능 구현

만일 사용자가 인풋 필드에 아무것도 입력하지 않은 상태(공백 상태)에서 아이디 생성 또는 로그인 버튼을 누르면 어떻게 될까요? 비교할 만한 최소한의 값도 없는 상태이므로 Get 함수나 Set 함수를 사용하는 부분에서 에러가 발생할 것입니다. 따라서 어떤 버튼을 클릭하든 가장 먼저 공백으로 된 인풋 필드가 있는지부터 먼저 체크해야 합니다. 만일 아이디나 패스워드 중에 하나라도 공백으로 된 인풋 필드가 있다면 비워져 있는 부분을 채워달라는 메시지를 출력하는 코드를 추가해야 합니다.

```
public class LoginManager : MonoBehaviour
{
. . . (생략) . . .

    // 입력 완료 확인 함수
    bool CheckInput(string id, string pwd)
    {
        // 만일, 아이디와 패스워드 입력란이 하나라도 비어 있으면 사용자 정보 입력을 요구한다.
        if (id == "" || pwd == "")
        {
```

```
            notify.text = "아이디 또는 패스워드를 입력해주세요.";
            return false;
        }
        // 입력이 비어 있지 않으면 true를 반환한다.
        else
        {
            return true;
        }
    }
}
```

[코드 4.9-5] LoginManager.cs 아이디와 패스워드 입력 데이터 유효성 검사

입력 유효성 확인용 함수는 사용자가 데이터를 저장하려고 하거나 로그인을 시도할 때 가장 먼저 이뤄져야 합니다. 만일 입력된 데이터 자체가 유효하지 않다면 어차피 저장된 데이터와 비교하지 않더라도 일치하는 데이터가 없을 것이기 때문에 굳이 저장 데이터를 읽거나 쓰는 과정을 해야 할 의미가 없기 때문입니다. 따라서 저장 함수와 로그인 함수의 앞부분에 사용자가 인풋 필드에 입력한 데이터의 유효성을 검사하고, 그 결과에 따라 다음 과정으로 계속 진행할 것인지, 오류 메시지를 출력하고 함수를 종료시킬지를 결정하는 과정이 선행되도록 해보겠습니다.

```
public class LoginManager : MonoBehaviour
{
. . . (생략) . . .

    // 아이디와 패스워드 저장 함수
    public void SaveUserData()
    {
        // 만일 입력 검사에 문제가 있으면 함수를 종료한다.
        if (!CheckInput(id.text, password.text))
        {
            return;
        }
        . . . (생략) . . .
    }

    // 로그인 함수
    public void CheckUserData()
```

```
    {
        // 만일 입력 검사에 문제가 있으면 함수를 종료한다.
        if (!CheckInput(id.text, password.text))
        {
            return;
        }
        . . . (생략) . . .
    }

    . . . (생략) . . .
}
```

[코드 4.9-6] LoginManager.cs 유효하지 않은 입력 데이터에 대한 처리

유니티 에디터에서 'LoginManager'라는 이름으로 빈 게임 오브젝트를 생성하고 우리가 만들었던 LoginManager.cs 스크립트를 드래그 앤 드롭해 추가합니다. 그런 다음, [그림 4.9-12]와 같이 Id와 password 항목에 각각 인풋 필드를 추가하고, Notify 항목에 알림 메시지 텍스트 오브젝트를 추가합니다.

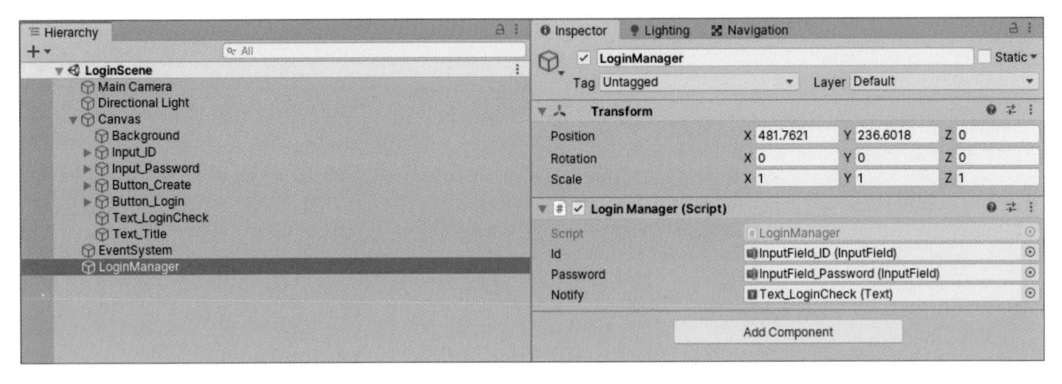

[그림 4.9-12] 로그인 매니저 만들기

[새로 생성] 버튼과 [로그인] 버튼 오브젝트의 OnClick() 항목에 InputManager 오브젝트를 추가하고 함수를 연결합니다.

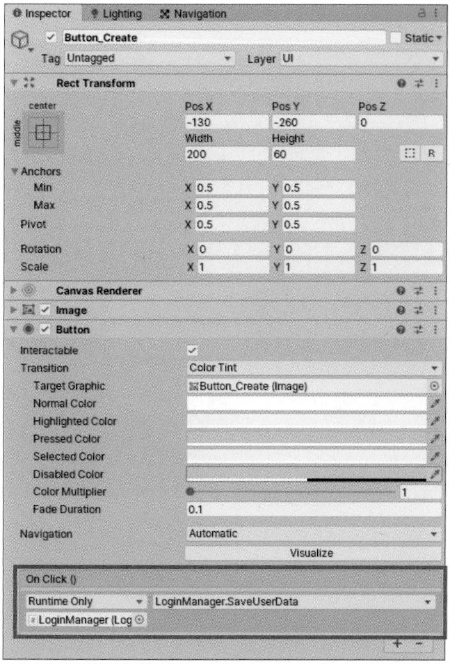

[그림 4.9-13] 버튼에 함수 연결하기

에디터 좌측 상단에서 [File]-[Build Settings...]를 선택해 빌드 씬 등록 창에 현재 씬을 드래그해 로그인 씬이 0번 씬이 되도록 추가합니다. 메인 게임 씬도 그다음 씬으로 등록합니다.

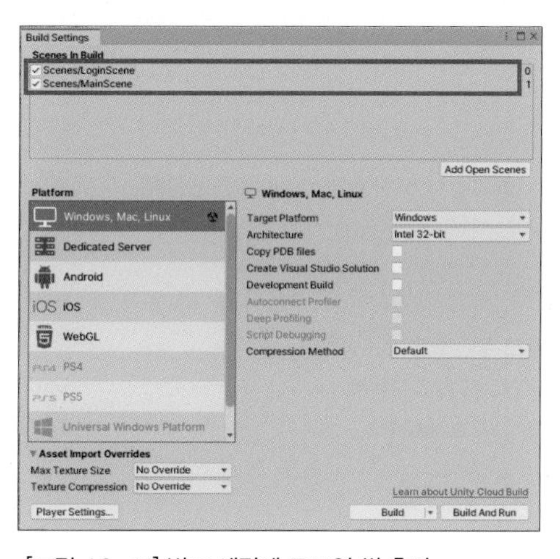

[그림 4.9-14] 빌드 세팅에 로그인 씬 추가

게임을 플레이하고 아이디와 패스워드 저장 및 로그인이 제대로 이뤄지는지 여부와 각종 검사 메시지가 상황에 맞게 출력되는지 확인해보세요.

[그림 4.9-15] 로그인 기능 테스트

4.9-3 : 비동기 씬 로딩하기

지금까지는 씬을 로드할 때 곧바로 씬을 전환해 씬에 미리 배치된 게임 오브젝트들을 로드했습니다. 하지만 씬에 배치된 것들이 많거나 많은 폴리곤 수의 모델링을 사용할 때는 로딩 시간이 많이 걸릴 수 있습니다. 씬에 배치된 게임 오브젝트들이 생성되는 동안에는 화면이 멈춘 상태로 유지되기 때문에 사용자에게는 버그처럼 느껴질 수도 있습니다. 그래서 이번에는 현재 씬을 유지한 채로 다음 씬을 먼저 로드하고 로딩이 완료되면 그때 씬이 전환되도록 비동기적인(asynchronous) 방식으로 씬을 로드하는 방법을 사용하겠습니다. 현재 씬에서는 씬 로딩이 얼마나 진행됐는지를 슬라이더 바로 표시하겠습니다.

목표

다음 씬을 비동기 방식으로 로드하고 싶다. 또한 현재 씬에는 로딩 진행률을 시각적으로 표현하고 싶다.

순서

❶ 로딩 화면을 위한 씬을 만들고 로딩 화면 UI 구성하기
❷ 비동기 로드 과정을 구현한 코루틴 함수 구현하기
❸ 빌드 세팅에서 빌드 씬에 로드 씬 추가하기

로그인 화면 → 로딩 화면 → 본 게임 화면으로 순차적으로 씬이 로드될 수 있도록 새로운 씬을 만들고 '**LoadingScene**'이라는 이름으로 저장합니다.

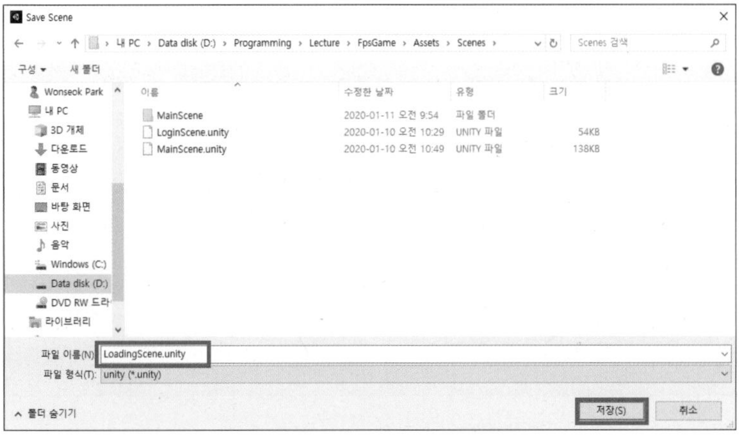

[그림 4.9-16] 로딩 씬 생성 및 저장

하이어라키 뷰에서 **[+] 버튼**-**[UI]**-**[Image]**를 선택해 UI 이미지를 생성하고, 이미지의 color 항목을 검은색(R: 0, G: 0, B: 0, A: 255)으로 설정합니다. 그리고 진행률을 표시할 슬라이더(Slider) 오브젝트도 추가하겠습니다.

[그림 4.9-17] 슬라이더 오브젝트 추가하기

슬라이더의 위치는 화면 하단의 중앙 부분이 기준이 되도록 앵커를 설정하고 [그림 4.9-18]과 같이 배치합니다. 플레이어 HP 바와 같이 슬라이더의 자식 오브젝트 중에서 Handle Slide Area 오브젝트는 삭제합니다. 슬라이더의 너비와 두께는 [그림 4.9-18]처럼 보이도록 조정합니다. Fill 오브젝트의 Color 항목은 노란색(R: 255, G: 255, B: 0, A: 255)으로 설정하겠습니다.

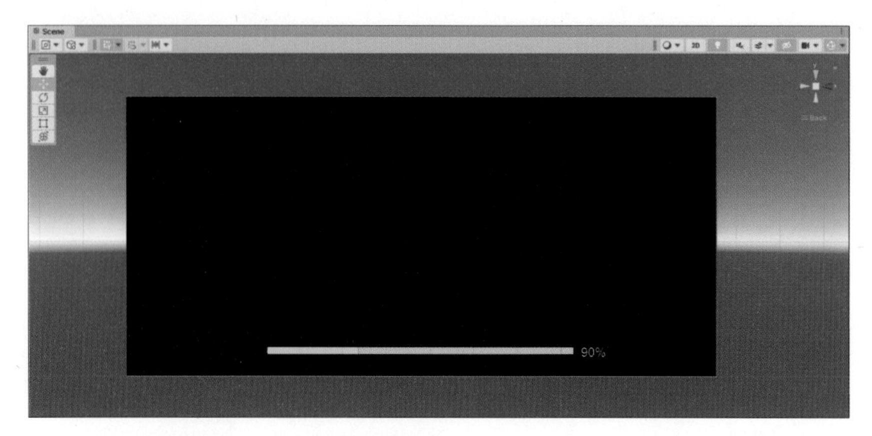

[그림 4.9-18] 슬라이더 오브젝트 조정하기

진행률을 백분율(%)로 표시하기 위해 하이어라키 뷰에서 **[+] 버튼-[UI]-[Legacy]-[Text]**를 선택해 텍스트 오브젝트를 생성하고 슬라이더 오브젝트의 우측에 배치합니다.

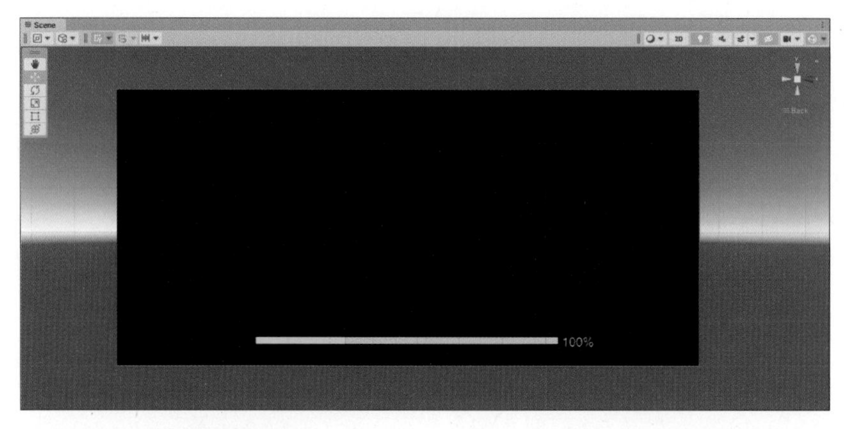

[그림 4.9-19] 텍스트 UI 배치

이제 프로젝트 뷰에서 **[+] 버튼 - [C# Script]**를 선택하고 새 스크립트를 생성합니다. 새 스크립트의 이름은 '**LoadingNextScene**'으로 변경하겠습니다. UI와 씬 로드 관련 클래스를 사용하기 위해 네임스페이스를 추가하고 해야 할 일을 적어보겠습니다.

```
using System.Collections;
using System.Collections.Generic;
using UnityEngine;
using UnityEngine.UI;
using UnityEngine.SceneManagement;
```

```
public class LoadingNextScene : MonoBehaviour
{
    // 다음 씬을 비동기 방식으로 로드하고 싶다.
    // 또한 현재 씬에는 로딩 진행률을 시각적으로 표현하고 싶다.

. . . (생략) . . .
}
```

[코드 4.9-7] LoadingNextScene.cs SceneManagement 네임스페이스 추가

필요한 요소를 생각해볼까요? 로드할 씬이 몇 번째 씬인지 인덱스를 입력할 변수가 필요할 것으로 보입니다. 로딩이 진행되는 정도를 표시해야 하므로 씬에 배치한 슬라이더와 텍스트 컴포넌트를 받아오기 위한 클래스 변수도 public으로 선언해야겠군요.

```
using System.Collections;
using System.Collections.Generic;
using UnityEngine;
using UnityEngine.UI;
using UnityEngine.SceneManagement;

public class LoadingNextScene : MonoBehaviour
{
    // 다음 씬을 비동기 방식으로 로드하고 싶다.
    // 또한 현재 씬에는 로딩 진행률을 시각적으로 표현하고 싶다.

    // 진행할 씬 번호
    public int sceneNumber = 2;

    // 로딩 슬라이더 바
    public Slider loadingBar;

    // 로딩 진행 텍스트
    public Text loadingText;

. . . (생략) . . .
}
```

[코드 4.9-8] LoadingNextScene.cs 로딩 화면에 필요한 변수 선언

씬을 비동기 방식으로 로드하려면 SceneManager 클래스의 LoadScene() 함수 대신 LoadSceneAsync() 함수를 사용해야 합니다. LoadSceneAsync() 함수는 현재 로딩 중인 상태 데이터를 갖고 있는 AsyncOperation 타입의 클래스 변수를 반환합니다. AsyncOperation 클래스는 유니티에서 제공하는 비동기 씬 로드 코루틴입니다.

```
public class LoadingNextScene : MonoBehaviour
{
    // 다음 씬을 비동기 방식으로 로드하고 싶다.
    // 또한 현재 씬에는 로딩 진행률을 시각적으로 표현하고 싶다.

    . . . (생략) . . .

    // 비동기 씬 로드 코루틴
    IEnumerator TransitionNextScene(int num)
    {
        // 지정된 씬을 비동기 형식으로 로드한다.
        AsyncOperation ao = SceneManager.LoadSceneAsync(num);
    }
}
```

[코드 4.9-9] LoadingNextScene.cs 비동기적 씬 로드하기

씬이 모두 로드되기 전까지 로딩 중인 씬을 화면에 보이지 않도록 allowSceneActivation 항목을 false로 합니다. allowSceneActivation 항목을 다시 true로 만들면 로드된 씬이 바로 화면에 출력됩니다.

```
public class LoadingNextScene : MonoBehaviour
{
    // 다음 씬을 비동기 방식으로 로드하고 싶다.
    // 또한 현재 씬에는 로딩 진행률을 시각적으로 표현하고 싶다.

    . . . (생략) . . .

    // 비동기 씬 로드 코루틴
    IEnumerator TransitionNextScene(int num)
    {
        // 지정된 씬을 비동기 형식으로 로드한다.
```

```
        AsyncOperation ao = SceneManager.LoadSceneAsync(num);

        // 로드되는 씬의 모습이 화면에 보이지 않게 한다.
        ao.allowSceneActivation = false;
    }
}
```

[코드 4.9-10] LoadingNextScene.cs 씬 로딩이 완료되기 전까지 화면 출력 제한하기

이제 씬을 메모리에 모두 로드할 때까지 진행률을 슬라이더의 value와 텍스트에 진행률을 전달하겠습니다. 씬이 모두 로드되면 [isDone] 항목의 값이 true인지 확인하면 됩니다. 또한 progress 변수에서는 씬이 로드된 진행 정도를 0~1 사이의 실수(float) 값으로 반환합니다. 문자열 변수인 텍스트 변수에 progress 값을 전달할 때는 progress 값에 100을 곱해 백분율 형식으로 변환하고 ToString() 함수로 문자열(string) 형식의 변수 자료형을 변환합니다.

```
. . . (생략) . . .

// 비동기 씬 로드 코루틴
IEnumerator TransitionNextScene(int num)
{
    // 지정된 씬을 비동기 형식으로 로드한다.
    AsyncOperation ao = SceneManager.LoadSceneAsync(num);

    // 로드되는 씬의 모습이 화면에 보이지 않게 한다.
    ao.allowSceneActivation = false;

    // 로딩이 완료될 때까지 반복해서 씬의 요소들을 로드하고 진행 과정을 화면에 표시한다.
    while(!ao.isDone)
    {
        // 로딩 진행률을 슬라이더 바와 텍스트로 표시한다.
        loadingBar.value = ao.progress;
        loadingText.text = (ao.progress * 100f).ToString() + "%";
    }
}
```

[코드 4.9-11] LoadingNextScene.cs 로딩 진행률을 슬라이더 바와 텍스트로 표시

로딩 진행률을 체크해 씬 로드가 완료되기 직전이 되면 로드된 씬을 화면에 보이도록 합니다. 아직 로드 완료 전이라면 다음 프레임으로 넘겨 while문이 매 프레임 계속 반복되도록 코드를 작성합니다.

```
. . . (생략) . . .

// 비동기 씬 로드 코루틴
IEnumerator TransitionNextScene(int num)
{
    // 지정된 씬을 비동기 형식으로 로드한다.
    AsyncOperation ao = SceneManager.LoadSceneAsync(num);

    // 로드되는 씬의 모습이 화면에 보이지 않게 한다.
    ao.allowSceneActivation = false;

    // 로딩이 완료될 때까지 반복해 씬의 요소들을 로드하고 진행 과정을 화면에 표시한다.
    while(!ao.isDone)
    {
        // 로딩 진행률을 슬라이더 바와 텍스트로 표시한다.
        loadingBar.value = ao.progress;
        loadingText.text = (ao.progress * 100f).ToString() + "%";

        // 만일, 씬 로드 진행률이 90%를 넘어가면...
        if (ao.progress >= 0.9f)
        {
            // 로드된 씬을 화면에 보이게 한다.
            ao.allowSceneActivation = true;
        }

        // 다음 프레임이 될 때까지 기다린다.
        yield return null;
    }
}
```

[코드 4.9-12] LoadingNextScene.cs 로딩이 완료되면 로드된 씬을 화면에 출력하기

마지막으로 비동기 로드 코루틴이 로드 씬이 시작하자마자 자동으로 실행되도록 Start() 함수에서 코루틴 함수를 호출하겠습니다.

```
using System.Collections;
using System.Collections.Generic;
using UnityEngine;
using UnityEngine.UI;
using UnityEngine.SceneManagement;

public class LoadingNextScene : MonoBehaviour
{
    // 다음 씬을 비동기 방식으로 로드하고 싶다.
    // 또한 현재 씬에는 로딩 진행률을 시각적으로 표현하고 싶다.

    . . . (생략) . . .

    void Start()
    {
        // 비동기 씬 로드 코루틴을 실행한다.
        StartCoroutine(TransitionNextScene(sceneNumber));
    }

    // 비동기 씬 로드 코루틴
    IEnumerator TransitionNextScene(int num)
    {
        . . . (생략) . . .
    }
}
```

[코드 4.9-13] LoadingNextScene.cs 로딩 씬이 시작되면 비동기적 씬 로드 코루틴을 실행

유니티 에디터로 돌아와 'LoadManager'라는 이름으로 빈 게임 오브젝트를 생성하고 LoadingNextScene.cs 파일을 드래그 앤 드롭해 추가합니다. Loading Bar와 Loading Text 항목에 슬라이더 오브젝트와 텍스트 오브젝트를 드래그 앤 드롭해 추가하고, Scene Number 항목에 세 번째 씬을 지정하기 위해 '2'를 입력하겠습니다.

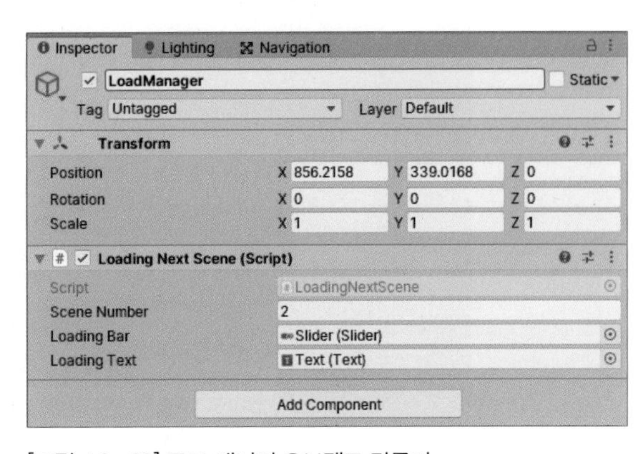

[그림 4.9-20] 로드 매니저 오브젝트 만들기

유니티 에디터 좌측 상단의 [File - Build Settings...]를 선택한 후 빌드 세팅 창에서 [그림 4.9-21]과 같이 LoadScene을 1번 씬으로 추가합니다.

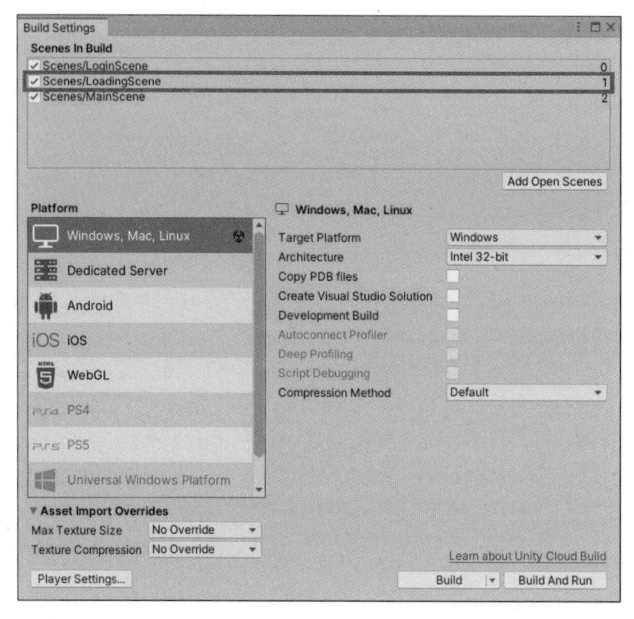

[그림 4.9-21]빌드 셋팅에 로딩 씬 추가

제대로 완성됐는지 확인하기 위해 LoginScene을 더블 클릭해 씬을 전환한 후 게임을 플레이하고 아이디와 패스워드를 입력해 로그인해보겠습니다. 컴퓨터의 사양마다 차이는 있겠지만, 로딩 화면이 잠시 보였다가 본 게임 화면으로 넘어가는 것을 확인할 수 있을 것입니다.

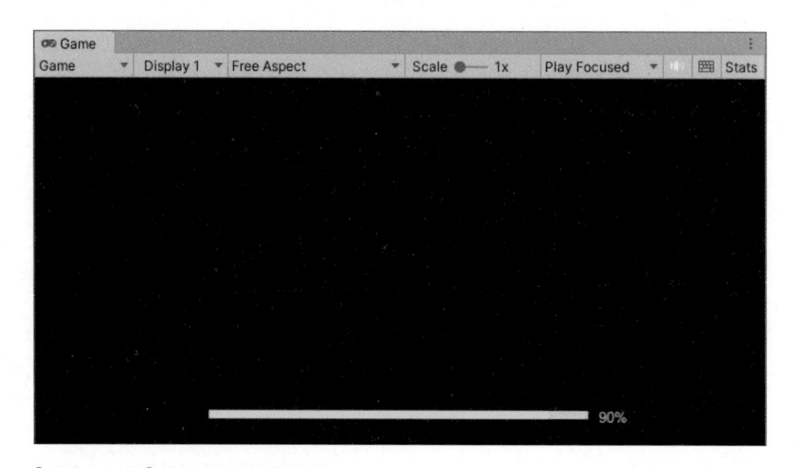

[그림 4.9-22] 씬 로딩 화면 확인하기

메인 게임 중에 옵션 창이나 게임 오버 시에 씬을 다시 로드하는 '다시 하기' 기능이 있습니다. 이때도 현재 씬을 곧바로 다시 로드하는 것이 아니라 로딩 화면 씬(LoadScene)으로 전환해 비동기 방식의 씬 로딩을 거친 후에 다시 메인 게임 씬(MainScene)으로 전환될 수 있도록 코드를 수정하겠습니다.

```
using System.Collections;
using System.Collections.Generic;
using UnityEngine;
using UnityEngine.UI;
using UnityEngine.SceneManagement;

public class GameManager : MonoBehaviour
{
. . . (생략) . . .

    // 다시하기 옵션
    public void RestartGame()
    {
        // 게임 속도를 1배속으로 전환한다.
        Time.timeScale = 1f;

        // 현재 씬 번호를 다시 로드한다.
        //SceneManager.LoadScene(SceneManager.GetActiveScene().buildIndex);

        // 로딩 화면 씬을 로드한다.
        SceneManager.LoadScene(1);
    }
  . . . (생략) . . .
}
```

[코드 4.9-14] GameManager.cs 게임 재시작 시 로딩 화면 씬으로 이동하도록 씬 번호를 수정

드디어 길었던 FPS 게임 제작이 모두 완료됐습니다. 물론 다듬어야 할 부분들은 아직 많지만, 지금까지 FPS 게임을 제작하는 과정 속에서 다양한 기능을 활용하는 방법을 학습하면서 어느 정도 자신감이 생겼을 것이라 생각합니다. 슈팅 게임 제작 시에도 그랬듯이 자신이 구현하고자 하는 목표를 명확히 세우고 구성 요소와 구현 순서에 맞춰 세분화하는 습관만 기른다면 지금까지 배운 것만으로도 게임 제작에는 문제가 없을 것이라 생각합니다. 단순히 책의 내용만 따라하는 것에서 멈추지 말고 이제부터는 다른 게임을 분석해보면서 이 게임의 디테일을 높이는 연습을 해보시기 바랍니다.

베타 버전

4.10 UI 디자인 레이아웃

UI(User interface)란, 사용자(user)와 콘텐츠가 상호작용하기 위한 시스템을 의미합니다. 게임을 진행하기 위한 필요 정보들을 화면에 배치하면, 사용자가 이를 보고 다음 행동을 판단하고, 다시 피드백을 받으면서 게임을 진행합니다. 예를 들어 FPS 게임에서 내가 총을 쏘는 방향(Crosshair), 나의 체력(HP), 총알의 개수 등의 정보를 화면상에서 파악하고, 화면상에 보이는 적을 공격할지, 피할지 등을 판단합니다. 그런데 이러한 정보들이 지금 플레이하고 있는 화면을 가리게 돼 눈앞의 상황이 보이지 않는다면, 현재 상황을 판단하기 어렵고, 원하는 방향으로 게임이 진행되기 힘들겠죠. 이런 점에서 UI는 콘텐츠의 핵심을 가리지 않으면서도 눈에 잘 띄어야 하며, 이와 동시에 현재 상황 정보를 한눈에 알아볼 수 있어야 하고, 해당 콘텐츠의 콘셉트에도 부합해야 하는 등 여러 난제가 생깁니다. 그래서 FPS 게임을 포함한 대부분의 게임은 필요한 정보를 화면의 가장자리 부분에 배치하고, 최대한 단순하고 한눈에 알아볼 수 있는 이미지를 사용하는 등 많은 방법을 시도함으로써 이와 같은 문제들을 해결하고 있습니다.

[그림 4.10-1] 게임 UI 레이아웃 예시(❶ 배틀 그라운드, ❷ 오버워치, ❸ LOL, ❹ 검은 사막)

(출처: ❶ 유튜브 생존자 가이드(bitly.kr/XKzAcL9vS) 1분 27초 구간), ❷ 유튜브 영웅 게임 플레이(bitly.kr/MHESL27pq) 2분 27초 구간)
❸ 유튜브 League of Legends(bitly.kr/jBHXLNbHv 1분 51초 구간), ❹ PEARLABYSS(http://bitly.kr/aPghb0qiU))

이번에는 핫한 게임 중 하나인 '배틀 그라운드'라는 게임의 UI를 따라해보면서 유니티 UI 시스템의 기능과 작업 팁에 대해 알아보겠습니다.

'배틀 그라운드'는 현실과 비슷한 그래픽, 즉 실사를 바탕으로 한 생존 게임입니다. 실제 있을 법한 임의의 섬에 사람 형상의 캐릭터로 집, 나무, 공장 등 주변에서 흔히 볼 수 있는 환경물을 활용해 은폐, 엄폐하며 상대방을 제압해 최후의 1인으로 살아남는 방식입니다. 게임을 진행하는 무대가 실사와 같은 그래픽이기 때문에 전체 색 톤이 낮고, 게임의 특성상 환경물과 은폐, 엄폐한 플레이어를 구분하는 데 집중해야 하며, 적과의 총격전 같은 긴박한 상황이 자주 연출되기 때문에 플레이 화면 주위에 있는 정보들이 최대한 거슬리지 않도록 최대한 단순한 모양과 색감(플랫 디자인)으로 이뤄져 있습니다. UI의 배치 또한 시선이 잘 닿지 않는 화면 외곽에 정보의 종류별로 보기 좋게 정리돼 있습니다. 요즘 컨텐츠의 플레이 무대가 3D 공간으로 이뤄지는 경우도 많고, AR과 같은 경우에는 카메라로 찍은 실제 현실이 바탕이 돼 있어서 이러한 UI의 디자인 추세는 점점 더 확대되고 있습니다.

다음 '그래픽 꾸미기'에서는 실사형 그래픽 위주로 학습할 예정이므로 이번에 학습하는 '배틀 그라운드'가 좋은 레퍼런스가 될 것입니다.

4.10-1 : 유니티 UI 시스템 개념 정리

목표

UI 시스템의 기본 개념을 알고 싶다.

순서

1. 유니티 UI 시스템 구조 알아보기
2. 캔버스의 속성 알아보기
3. 앵커와 피벗에 대해 알아보기

과거 유니티에서 제공하는 UI 시스템은 성능이 좋지 않아 NGUI와 같은 서드파티 플러그인을 주로 사용했습니다. 그러나 유니티 4.6 버전부터는 NGUI 개발자가 참여한 UGUI가 유니티에 도입되면서 성능이 많이 개선됐고, 버전이 올라가면서 NGUI를 포함한 UI 시스템보다 나은 모습을 보여주고 있습니다. 또한 UI를 다루는 기본 개념과 용어들이 다른 엔진들과 비슷해 기존의 많은

UI 개발자들이 쉽게 적응해 활용하고 있습니다.

이번에는 유니티에서 제공하는 UI 시스템을 사용하기 위해 기본적으로 알아둬야 할 몇 가지 사항에 대해 학습하고, 본격적으로 UI를 꾸며보는 작업을 진행하겠습니다.

유니티 UI 시스템 구조

먼저 UI 시스템 구조에 대해 알아보기 위해 하이어라키 뷰에 UI 버튼을 하나 생성해보겠습니다. UI 오브젝트는 [+] 버튼을 누르면 나타나는 메뉴 중 UI 메뉴 안에 있는 항목들을 선택해야만 UI 시스템에서 사용할 수 있습니다. 2021 버전부터는 텍스트 시스템이 기존에는 시험 버전이었던 TextMeshPro가 기본 텍스트 시스템으로 채택되었습니다. 새로운 시스템인만큼 새로운 다양한 기능과 개념이 들어있기 때문에 본 책에서는 다루기는 힘들고 추후에 기회가 되면 다뤄보겠습니다. 기존 텍스트 시스템을 이용한 버튼을 생성하기 위해서 Legacy 카테고리의 Button을 클릭합니다.

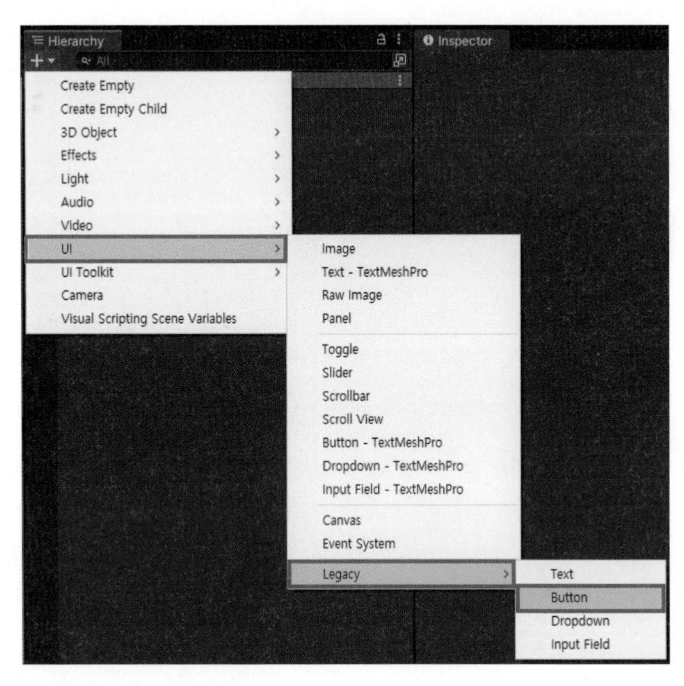

[그림 4.10-2] UI 버튼 생성

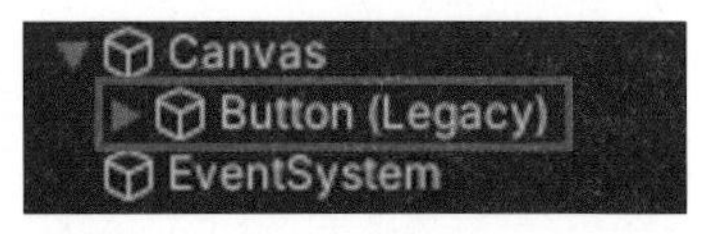

[그림 4.10-3] UI 시스템의 필수 오브젝트

버튼을 생성하면 하이어라키 뷰에 [그림 4.10-3]과 같이 캔버스와 이벤트 시스템(Event System)이라는 두 오브젝트가 자동으로 생성되는 것을 알 수 있습니다. 이 두 오브젝트는 UI 오브젝트 생성 시 반드시 존재하는 오브젝트로, UI를 그리고 기능을 구동시켜주는 중추적인 역할을 합니다.

캔버스는 말 그대로 UI를 그리기 위한 투명한 도화지와 같아서 버튼이나 이미지, 텍스트와 같은 모든 UI 엘리먼트(Element)들을 반드시 캔버스 오브젝트의 자식으로 넣어줘야 정상적으로 그려집니다. 이를 '컨테이너 방식'이라고 합니다. 캔버스 자식으로 서브 컨테이너를 넣고 그 자식으로 엘리먼트들을 넣고, 또 그 자식으로 엘리먼트를 넣어 연속적으로 부모와 자식으로 구성되는 방식으로, 최종적으로는 [그림 4.10-4]와 같이 캔버스라는 큰 컨테이너 안에 여러 서브 컨테이너를 쌓는 형식으로 구성됩니다.

컨테이너 형식으로 쓸 수 있는 것은 UI 엘리먼트들이 하이어라키 뷰로 올라오는 순간, 게임 오브젝트가 되기 때문입니다. 우리는 여기서 각각의 엘리먼트의 속성은 컴포넌트를 통해 이뤄진다는 것을 알 수 있습니다. 즉, 텍스트 엘리먼트는 텍스트 컴포넌트가 있기 때문에 텍스트 속성을 지니는 것이므로 만약 텍스트 컴포넌트를 지우면 이름만 텍스트인 빈 오브젝트가 된다는 것입니다.

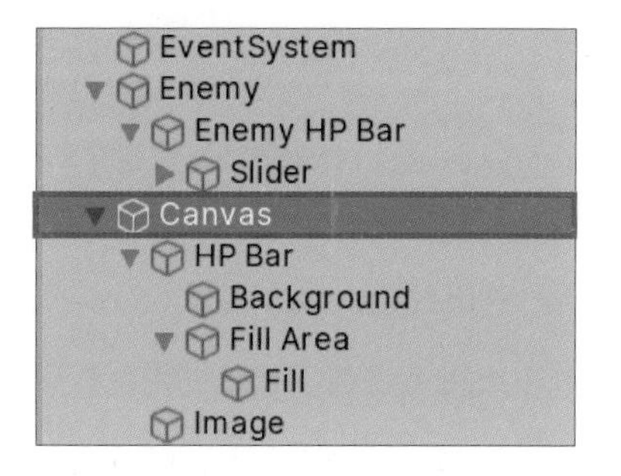

[그림 4.10-4] 컨테이너 형식의 캔버스 구조

우리가 슬라이더를 수정해 HPbar로 사용한 것도 UI 시스템이 컴포넌트로 이뤄졌다는 점을 응용한 것이라고 보면 되겠습니다. 이외에도 컴포넌트 속성과 컨테이너 형식을 활용한 다양한 응용이 가능하므로 반드시 숙지해두기 바랍니다.

우리 이미 앞서 플레이어와 에너미의 체력 바 캔버스를 생성했습니다. 여기서 하나의 씬 안에서는 캔버스가 여러 개 존재할 수 있다는 것을 알아챘을 것입니다. 캔버스 안에 UI 엘리먼트를 컨테이너처럼 담고 안에 담긴 내용물을 그려주는 투명한 도화지 역할만 하기 때문에 용도에 따라 여러 장의 도화지를 사용할 수 있는 특성이 있습니다.

반면, 이벤트 시스템은 캔버스 밖에 하나만 존재하며, 시스템에서 발생하는 키보드, 스크린 터치 등의 입력 정보를 같은 씬 안에 있는 모든 캔버스의 하위에 있는 UI 엘리먼트들에 전달하는 역할을 해 우리가 실제로 UI를 터치하거나 클릭하는 등의 상호작용을 할 수 있게 도와줍니다.

[그림 4.10-5]를 보면 캔버스와 이벤트 시스템과의 관계를 쉽게 알 수 있습니다.

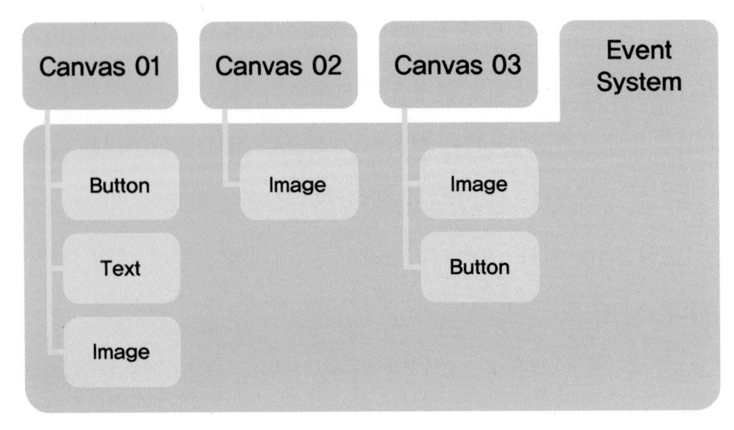

[그림 4.10-5] 캔버스와 이벤트 시스템의 구조도

캔버스(Canvas) 속성

캔버스는 최초에 UI 오브젝트를 생성할 때 반드시 같이 생성되는 게임 오브젝트인 만큼 UI 작업을 시작할 때 중요한 역할을 합니다. 해당 작업의 방향타가 되고, 자식 오브젝트들의 기준이 되죠. 이번에는 캔버스 오브젝트에 대해 좀 더 자세히 알아보겠습니다.

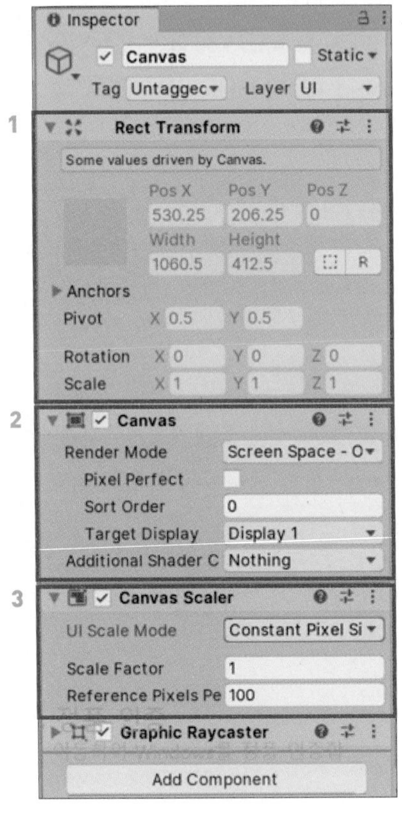

[그림 4.10-6] 캔버스 컴포넌트 구성

1 렉트 트랜스폼(Rect Transform)

UI는 평평한 화면에 대응돼야 하므로 2차원의 형태가 됩니다. 따라서 다른 일반적인 게임 오브젝트들과 달리 z축은 의미가 없게 되므로 유니티 UI 시스템에는 z축이 빠진 x축과 y축만을 조정할 수 있는 '렉트 트렌스폼(Rect Transform)'이라는 컴포넌트를 제공하고 있습니다. 물론 컴포넌트상에는 z축이 존재하지만 기본적으로 0이고, 큰 역할은 하지 않습니다. x값과 y값은 너비(width)와 높이(Height)로 존재합니다.

렉트 트랜스폼은 숫자를 기입해 이동이나 스케일 등을 조절할 수 있지만, 렉트 툴(Rect Tool) 버튼(단축키 T)으로도 같은 동작을 할 수 있습니다. 숫자의 단위는 '픽셀(pixel)'입니다.

[그림 4.10-7] 렉트 툴(단축키 T)

Note 유니티 UI 시스템의 크기 단위

유니티 UI 시스템의 기본 단위는 '픽셀(pixel)'입니다. 픽셀이란, 모니터나 핸드폰 디스플레이 등에 표시된 이미지의 최소 단위입니다. 우리가 보통 디스플레이의 해상도를 이야기할 때 1,920 × 1,080(FHD)이라고 하는 것은 디스플레이의 가로, 세로 화소 개수, 즉 픽셀의 개수를 의미합니다.

유니티 UI 시스템의 단위가 픽셀이라는 것은 캔버스 오브젝트를 부모로 해 하위에 존재하는 모든 자식 오브젝트들도 단위가 픽셀이라는 것을 의미합니다. 이때 중요한 것은 1픽셀은 1유닛(Unit)에 대응한다는 것입니다. 유니티의 기본 세팅은 1유닛이 1미터이므로 캔버스를 생성했을 때 갑자기 커다란 캔버스 화면이 생성돼 당황했을 수도 있습니다. 캔버스 오브젝트의 크기는 게임 뷰, 즉 플레이어의 화면과 대응하기 때문인데, 플레이어의 화면을 FHD(1,920 × 1,080)으로 정해두고 작업을 진행 중이라면 씬 뷰상에서 캔버스는 1,920 × 1,080 유닛, 즉 1,920 × 1,080미터의 크기가 되기 때문입니다.

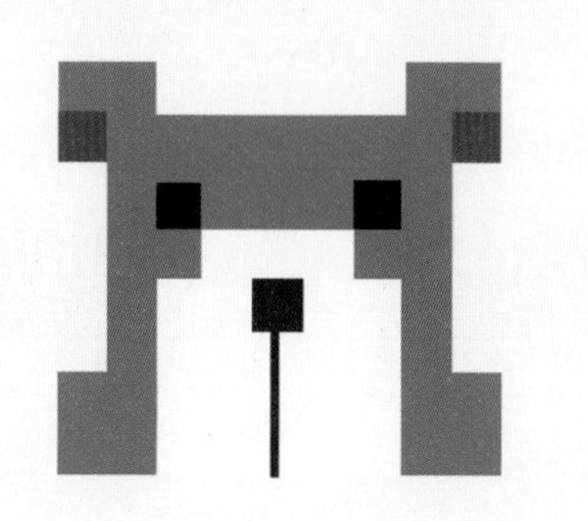
[그림 4.10-8] UI 시스템의 단위는 픽셀

씬 뷰에 게임 오브젝트들과 UI 오브젝트가 불규칙적으로 겹쳐 있고, 플레이 화면과는 다르게 배치돼 보이는데, 이는 가상 공간과 UI 공간은 다르게 사용되므로 서로 영향을 미치지 않는다고 생각하면 작업하는 데 혼란스럽지 않을 것입니다.

또한 **렉트 트랜스폼**은 일반 트랜스폼과 같은 속성인 위치(Position)와 회전(Rotation), 크기(Scale) 포인트를 갖고 있는 동시에 렉트 트랜스폼만의 속성인 **앵커**(Anchor)**와 피벗**(Pivot) 포인트를 추가로 갖고 있습니다. 앵커와 피봇은 중요한 파트인 만큼 다음 단락에서 자세히 다루겠습니다.

유니티 UI 시스템은 2차원 좌표계나 앵커와 피벗의 속성 때문에 빈 오브젝트를 생성할 때 주의할 점이 있습니다. 일반적으로 빈 오브젝트를 만들면 반드시 트랜스폼 컴포넌트를 포함하게 됩니다. 하지만 UI 시스템, 정확히는 캔버스 오브젝트 안에서는 렉트 트랜스폼을 사용하기 때문에 외부에서 빈 오브젝트를 만들어 자식으로 가져오면 UI 속성을 사용하는 데 제약이 생기므로 UI로 빈 오브젝트를 사용할 경우에는 반드시 캔버스 내부에서 빈 오브젝트를 생성할 것을 권장합니다(다른 캔버스에서 생성된 빈 오브젝트도 사용할 수 있습니다).

이제 캔버스 오브젝트의 렉트 트랜스폼을 유심히 살펴볼 필요가 있습니다. 캔버스 오브젝트를 보면 렉트 트랜스폼이 비활성화됐다는 것을 알 수 있습니다. 캔버스를 생성하면 기본적으로 비활성화되도록 세팅돼 있습니다. 이는 캔버스가 가장 최상단에 존재하는 부모 오브젝트인 동시에 캔버스의 크기가 화면에 대응하기 때문입니다. 즉, 캔버스의 크기와 비례는 플레이 화면(게임 뷰)의 해상도와 같습니다. 게임 뷰의 비율을 [Free Aspect]로 놓고 다르게 조절해보면 캔버스의 크기를 보여주는 흰색 실선도 함께 변화되는 것을 알 수 있습니다([그림 4.10-9] 참고).

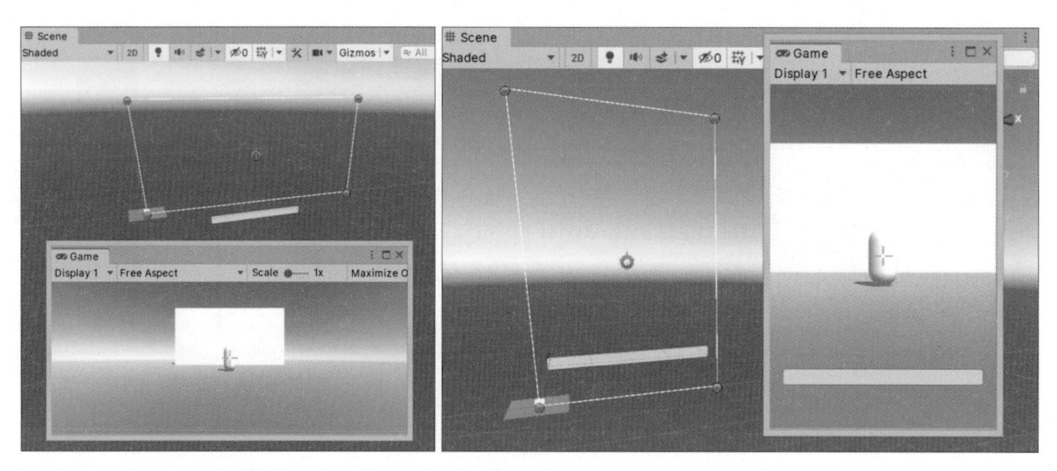

[그림 4.10-9] 게임 뷰의 비율에 따라 달라지는 캔버스 크기 비율

보통 UI 작업 시에는 프로젝트가 플레이될 기종을 정해 놓고 작업하게 됩니다. 보통 PC 기준으로는 FHD(1,920×1,080)로 설정합니다. 설정은 게임 뷰에서 하게 되고, 캔버스는 게임 뷰에 대응되므로 자연스럽게 캔버스의 크기도 FHD로 맞춰지게 됩니다. 게임 뷰 상단에 있는 [Free Aspect]라는 버튼을 클릭하면 준비된 화면 비율이 있습니다. 원하는 비율이 없을 경우에는 [그림 4.10-10]과 같이 맨 아래에 [+] 버튼을 클릭하고 해상도 이름과 원하는 비율을 적어 추가합니다.

[그림 4.10-10] 게임 뷰 화면 설정 방법

2 캔버스(Canvas)

두 번째로 캔버스 컴포넌트에 대해 알아보겠습니다. 캔버스 컴포넌트는 캔버스 내부에 있는 UI 엘리먼트들의 활용 목적을 설정해주는 컴포넌트라고 생각하면 됩니다. 이미 플레이어와 에너미의 hp 바를 통해 설정해본 경험이 있죠. UI는 크게 두 가지 스크린 스페이스(Screen Space)와 월드 스페이스(World Space)로 구분하는데, 일반적으로 PC나 핸드폰과 같이 평평한 화면에 배치되는 형태가 '스크린 스페이스', VR이나 AR 또는 에너미 HP 바처럼 게임 오브젝트들과 같이 가상의 공간 안에 함께 배치하는 형태가 '월드 스페이스'입니다.

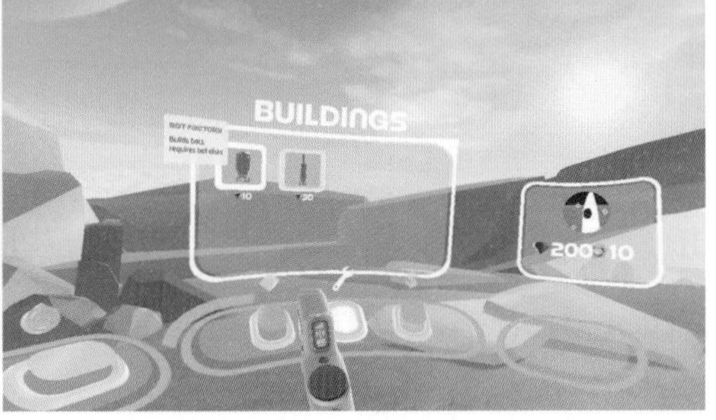

[그림 4.10-11] 스크린 스페이스(좌), 월드 스페이스(우)(출처: 유튜브 Apex Legends(bitly.kr/tBPQUwB3Z) 1시 13분 7초 구간, 리부트 리얼리티(https://rebootreality.ca/project/cosmic-trip/))

캔버스 컴퍼넌트 내에 렌더 모드(Render mode)로 해당 기능을 설정할 수 있습니다.

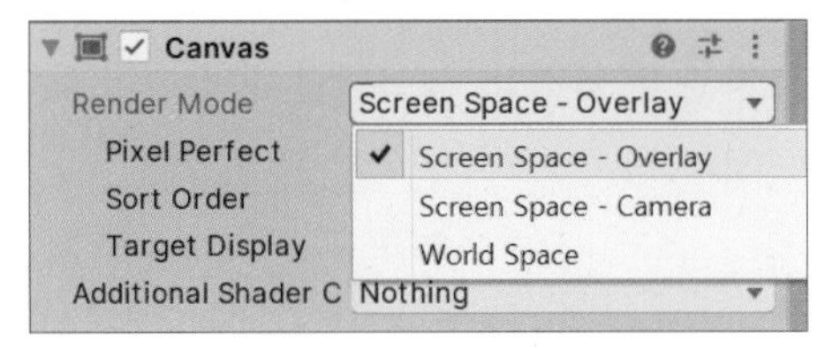

[그림 4.10-12] 캔버스의 렌더 모드 변경

월드 스페이스로 작업할 때에는 우리가 에너미 HP 바를 제작했을 때처럼 캔버스 내의 자식 UI 엘리먼트들을 일반 픽셀 기준으로 작업한 후에 최상단의 캔버스 스케일을 조정해 전체 크기를 줄이는 것을 추천합니다. 유닛을 픽셀처럼 생각해 UI 엘리먼트들의 픽셀을 한없이 줄여 작업하다 보면 계산이 어려워지고 정확성도 떨어지는 단점이 생기기 때문입니다. 예를 들면 1픽셀을 0.001픽셀로 작업해야 하는 상황이 생기게 됩니다.

3 캔버스 스케일러(Canvas Scaler)

마지막으로 세 번째 캔버스 스케일러(Canvas Scaler) 컴포넌트에 대해 알아보겠습니다. 캔버스 내 모든 UI 엘리먼트의 전체적인 스케일과 픽셀 밀도를 제어하는 데 사용됩니다. 쉽게 말하면 화면의 크기 또는 해상도의 변화에 따라 UI의 크기 변화를 조절할 수 있습니다. 보통 콘텐츠가 구동되는 디바이스의 해상도에 따라 UI의 크기를 조절할 때 설정하게 됩니다. 해당 설정은 [그림 4.10-13]과 같이 UI Scale Mode 항목을 통해 선택하거나 설정할 수 있습니다.

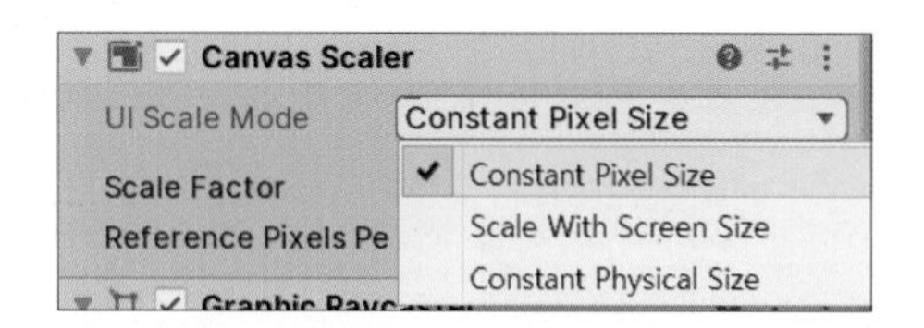

[그림 4.10-13] UI Scale Mode

UI Scale Mode에서 흔히 쓰이는 상단의 두 가지 설정, Constant Pixel Size와 Scalen With Screen Size를 그림을 통해 비교해보겠습니다.

[그림 4.10 - 14]와 [그림 4.10-15]를 비교해보겠습니다. 가로 200, 세로 200인 흰색 이미지를 화면 가운데 띄워놓고, 해상도를 HD(1,280×720)와 FHD(1,920×1,080)로 나눠 비교한 예시입니다.

먼저 Constant Pixel Size를 살펴보겠습니다. 해상도의 변화에 상관없이 정해진 픽셀대로 그려주는 기능입니다. 사각형의 크기가 그대로이기 때문에 HD 쪽의 사각형이 커 보입니다. 화면 비율상으로는 HD 해상도의 사각형이 커 보일 수도 있지만 실제로는 200 × 200 픽셀에 딱 맞는 형태입니다. 해상도가 더 낮아지면 사각형은 더 커지고, 높아지면 더 작아질 것입니다.

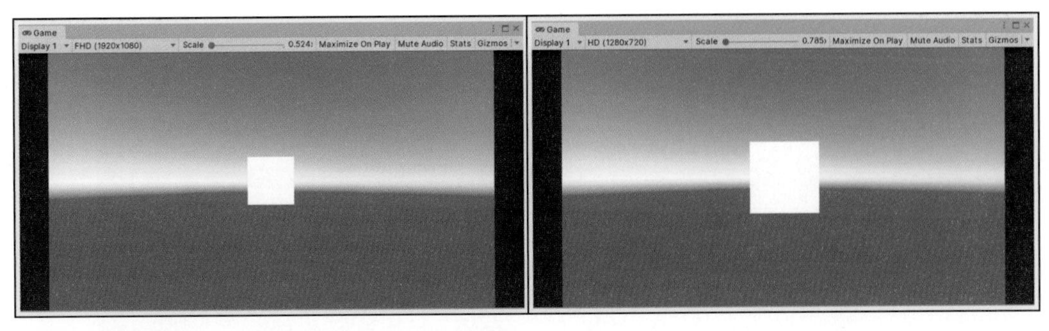

[그림 4.10-14] Constant Pixel Size 비교 FHD(좌), HD(우)

이번에는 Scale With Screen Size를 살펴보겠습니다. 정해진 픽셀 수치에 상관없이 화면 해상도에 따라 일정한 비율로 보여주는 기능입니다. 두 해상도의 흰색 사각형은 크기 차이가 없어 보입니다. 해상도에 따라 일정한 비율로 맞추기 위해 캔버스 오브젝트의 렉트 트랜스폼의 스케일을 조절하고 있기 때문입니다. 흰색 사각형의 200×200 크기의 기준을 기본 세팅이 800×600으로 정해졌기 때문에, 즉 화면 해상도가 800×600일때의 해상도일 때 사각형의 크기가 200×200으로 1:1비율이 되기 때문에 FHD는 2.4배, HD는 1.6배 캔버스의 스케일이 커진 것을 알 수 있습니다.

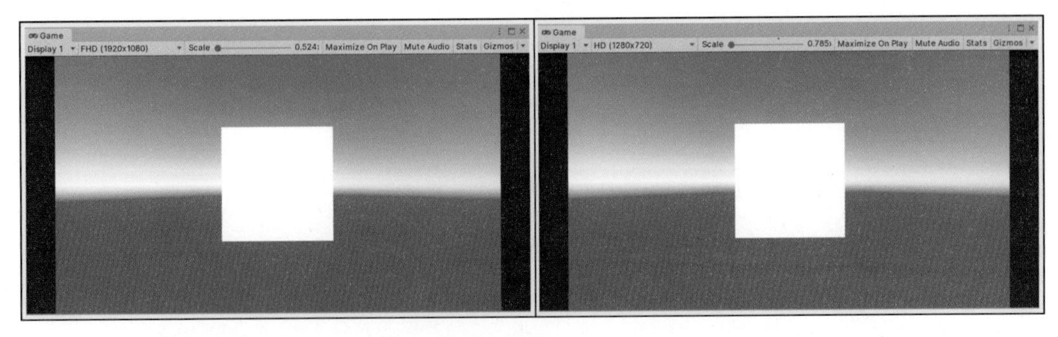

[그림 4.10-15] Scale With Screen Size 비교 FHD(좌), HD(우)

앵커(Anchor)와 피벗(Pivot)

유니티 UI 시스템에서 가장 중요한 개념이 바로 앵커(Anchor)와 피벗(Pivot)의 관계입니다. UI 오브젝트를 배치하고 정렬하는 데 기준이 되는 개념이기 때문입니다. 앞서 UI는 콘텐츠의 핵심을 가리지 않으면서도 눈에 띄어야 하며, 이와 동시에 현재 상황에 대한 정보도 한눈에 잘 볼 수 있도록 하기 위해 대부분의 FPS 게임은 UI를 화면의 가장자리에 배치한다고 했습니다.

[그림 4.10-16] 배틀 그라운드의 UI 배치 영역(출처: 유튜브 생존자 가이드(bitly.kr/XKzAcL9vS) 1분 27초 구간)

특히 일반적인 게임들을 살펴보면 화면의 가장자리, 즉 화면을 9등분해, 화면 상단의 왼쪽, 중앙, 오른쪽, 화면 중앙의 좌와 우, 화면 하단의 왼쪽, 중앙, 오른쪽으로 UI가 정렬돼 있는 것을 발견할 수 있을 것입니다. PC 게임 같은 경우, 화면 옵션 중 해상도 조절을 해보면 각각의 UI 덩어리가 어디를 기준으로 배치되고 있는지 알 수 있습니다.

[그림 4.10-17] 화면 구분을 통한 UI 정렬 기준(출처: 유튜브 생존자 가이드(bitly.kr/XKzAcL9vS) 1분 27초 구간)

[그림 4.10 -17]을 보면 무기와 탄창 숫자, 플레이어의 HP 바를 모아 놓은 하나의 덩어리가 화면

'하단 중앙'을 기준으로 정리돼 있고, 미니 맵이 '하단 오른쪽'을 기준으로 정렬돼 있습니다. 이렇게 화면의 '하단 중앙', **'하단 오른쪽'**이라고 이야기한 기준점을 유니티 UI 시스템에서는 **앵커**라는 이름으로 준비돼 있습니다.

앵커는 선택된 오브젝트가 아닌 부모 오브젝트의 기준을 의미합니다. 만약 A 오브젝트의 앵커가 Center/Bottom이고, X 좌표가 '100'이라고 한다면 '부모 오브젝트의 가운데/아래쪽을 기준으로 A 오브젝트를 오른쪽으로 100픽셀만큼 거리에 위치하겠어.'라는 이야기가 되는 것입니다.

이러한 속성의 앵커는 유니티에서 렉트 트랜스폼 내에 다양한 프리셋을 마련해두고 있습니다. 사각형 아이콘을 눌러보면 나타나는 창인데, [그림 4.10-18]과 같이 앵커는 위에서 설명한 화면의 9등분 외에도 스트레치(Stretch)라는 한쪽 면 전체를 기준으로 하는 옵션 또한 포함하고 있습니다. 원하는 앵커를 클릭으로 선택해 사용하면 되고, Alt 키를 누른 채 클릭하면 선택한 앵커를 기준으로 오브젝트가 자동 배치됩니다. 또한 Shift 키를 누르면 이어서 설명할 피벗도 함께 바뀌고, Shift와 Alt 키를 동시에 누르면 앵커, 피벗이 바뀜과 동시에 자동 배치됩니다.

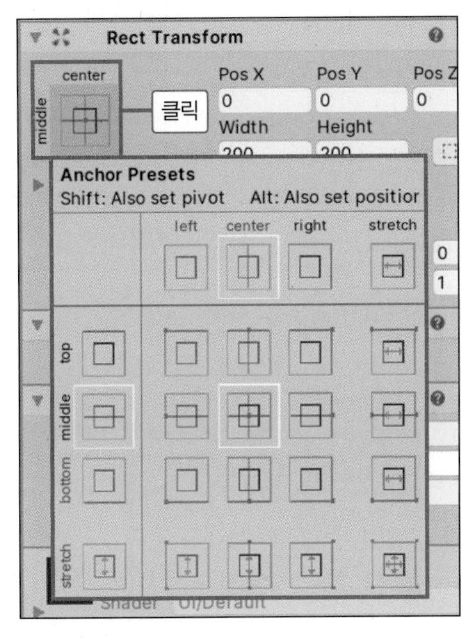

[그림 4.10-18] 앵커 프리셋

[그림 4.10-19]와 같이 씬 뷰에서는 네잎 클로버와 같은 모양의 아이콘으로 앵커를 표시해줍니다.

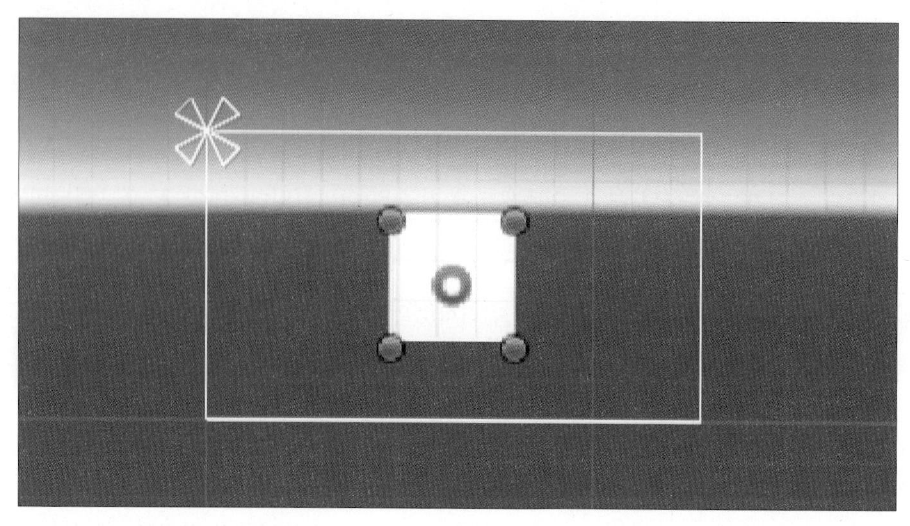

[그림 4.10-19] 씬 뷰의 앵커 아이콘

부모의 기준이 앵커라면 해당 오브젝트의 중심이 있겠죠. 이를 '피벗(Pivot)'이라고 하며, 렉트 트랜스폼 컴포넌트의 앵커 아래에 있습니다. 씬 뷰상으로는 속이 빈 파란색 원으로 표현됩니다. 뷰포트 상단에 [2D] 버튼을 클릭하면 UI 엘리먼트을 관리하기 편하게 보기 모드가 바뀝니다. UI뿐만 아니라 쿠키런같은 평면적인 장면의 컨텐츠를 제작할 때 2D 모드를 활용하면 좋습니다. 2D모드에서 다시 [2D] 버튼을 클릭하면 3D 모드로 돌아옵니다.

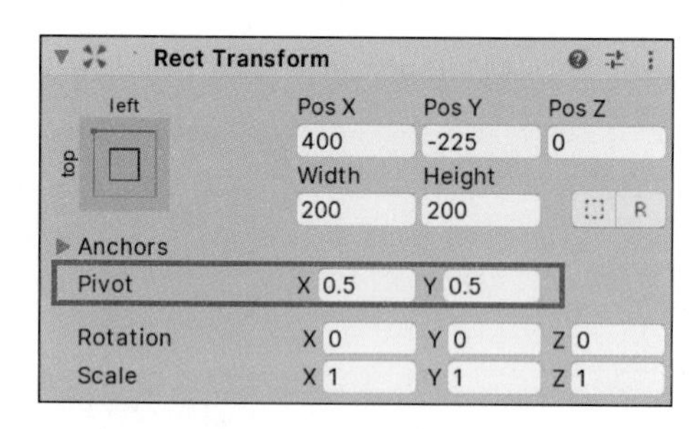

[그림 4.10-20] 렉트 트랜스폼 컴포넌트에서 피벗의 위치

피벗의 x, y 좌표를 적을 때 단위의 개념이 조금 다른데, 0부터 1 사이의 수를 기입합니다. [그림 4.10-21]과 같이 x는 너비의 왼쪽 끝이 '0', 오른쪽 끝이 1이고, y는 높이의 맨 하단이 '0', 상단 끝이 '1'이 됩니다. 만약 피벗이 이미지의 정중앙이라면 x는 '0.5', y는 '0.5'가 됩니다. 즉, 전체 크기를 1로 놓았을 때 기준이 되는 위치 값의 비율이라고 생각하면 되겠습니다.

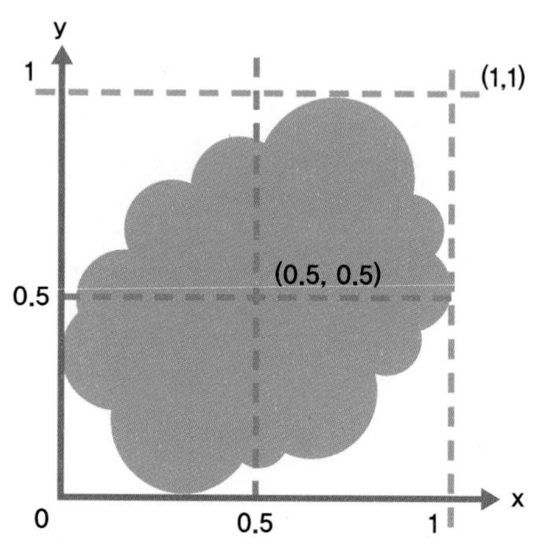

[그림 4.10-21] 피벗의 수치 기준

현재 우리가 쓰고 있는 핸드폰만 하더라도 디바이스(기기) 제작 회사마다 또는 기종의 등급마다 해상도와 비율이 다릅니다. 이렇게 디스플레이 환경에 따라 해상도와 비율이 달라지면 UI 배치가 깨지기 쉽기 때문에 최대한 이를 방지하고자 앵커와 피벗을 사용하게 됩니다.
하지만 앵커와 피벗만으로는 완벽하게 해결되지 않으므로 일반적인 프로젝트에서는 콘텐츠가 구동될 대표 디바이스와 대표 해상도를 상정해두고 표준이 되는 UI를 설계합니다. 같은 게임이라 하더라도 PC 버전과 모바일 버전의 디바이스 환경은 엄연히 다르기 때문에 다른 프로젝트라고 인식하고 개발합니다.

UI 작업을 위한 준비

콘텐츠를 사용하는 디바이스 환경이 다양하므로 앵커와 피벗만으로는 완벽하게 대응하기 어렵습니다. 같은 게임이라도 PC 버전과 모바일 버전을 비교해보면 디바이스의 형태에 따라 UI의 제작 콘셉트가 다르다는 것을 알 수 있습니다. 배틀그라운드의 PC 버전과 모바일 버전의 UI를 비교해보죠. PC 버전은 큰 모니터와 키보드, 마우스를 디바이스로 사용하고, 모바일 버전은 PC 버전에 비해 작은 화면과 대부분의 조작이 화면의 터치를 통해 이뤄집니다. [그림 4.10-22]와 같이 PC 버전과 모바일 버전 UI를 비교해보면 체력 바와 미니맵 등이 훨씬 크고, PC 버전에는 없는 이동 스틱이나 사격 버튼 등의 터치할 수 있는 버튼들이 존재한다는 것을 알 수 있습니다. 이러한 이유와 최적화 등의 여러 이유로 인해 PC 버전과 모바일 버전은 다른 프로젝트라고 인식하고 개발하기도 하죠.

[그림 4.10-22] PC와 모바일의 UI 차이(출처: 유튜브 생존자 가이드(bitly.kr/XKzAcL9vS) 1분 27초 구간의 배틀 그라운드, 유튜브 PUBG MOBILE(bitly.kr/XQwi84pug) 8초 구간의 배틀 그라운드 모바일)

그럼 본격적으로 UI 작업을 하기 앞서 몇 가지 사항을 설정하고 진행하겠습니다. 우리가 지금 학습하고 있는 프로젝트는 PC에서 플레이하도록 제작하고 있기 때문에 일반 PC 모니터 기준인 FHD(1,920×1,080) 해상도로 설정하겠습니다. 우선 게임 뷰의 좌측 상단에 해상도를 FHD로 설정해 우리가 작업한 내용을 게임 뷰에서 직접 확인할 수 있도록 비율을 정하겠습니다. 앞서 진행했던 '캔버스 속성'란을 참고해 해상도를 설정합니다. 그리고 다른 해상도에서도 FHD의 비율에 맞게 크기가 조절돼야 하므로 캔버스 오브젝트의 캔버스 스케일러 컴포넌트의 `UI Scaler mode`를 `Scale whith Screen Size`로 설정하고, `Reference Resolution`의 x를 1,920, y를 1,080, 즉 FHD로 설정하겠습니다.

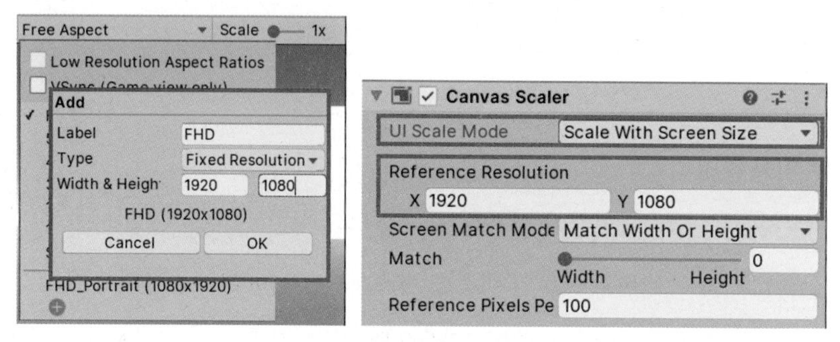

[그림 4.10-23] 게임 뷰와 캔버스 스케일러 컴포넌트 설정

추가로 UI 작업 전에 시스템 아이콘 같은 범용으로 쓸 수 있는 간단한 아이콘들은 미리 애셋스토어나 웹에서 구해 놓는 것이 좋습니다. 시스템 아이콘들은 디자인 성격상 사용자가 잘 알아볼 수 있어야하기 때문에 대부분 디자인이 비슷하고 그래픽 컨셉이 많이 다르다 하더라도 디자인을 추가하기 힘듭니다. 그래서 그래픽 컨셉에 상대적으로 영향을 덜 받는 이러한 UI 엘리먼트들은 프로토타입을 진행할 때 미리 확보하고 진행하는 것이 개발 속도에 도움이 될 것입니다.
그럼 본격적으로 UI를 꾸며보겠습니다.

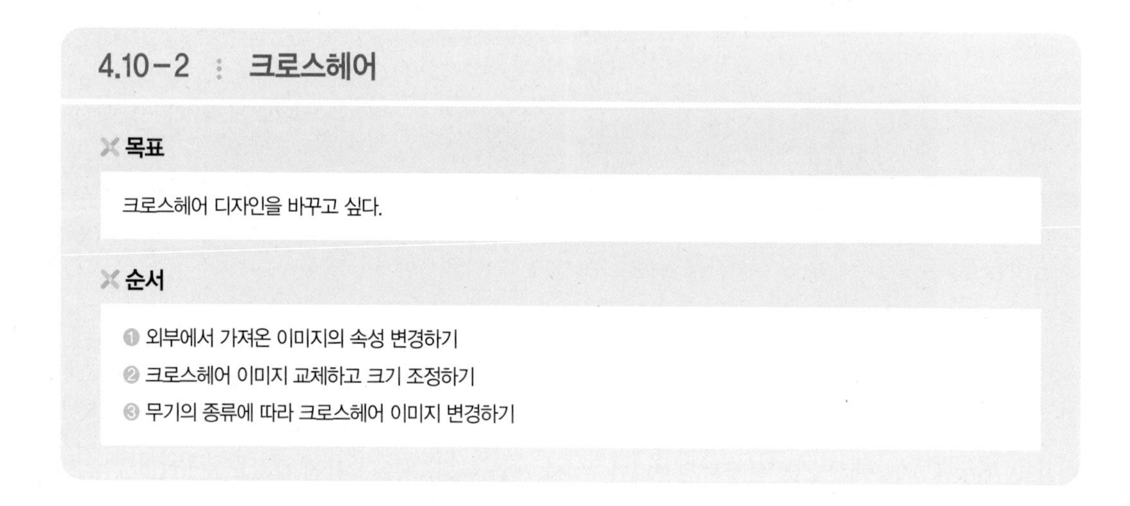

4.10-2 : 크로스헤어

목표

크로스헤어 디자인을 바꾸고 싶다.

순서

1. 외부에서 가져온 이미지의 속성 변경하기
2. 크로스헤어 이미지 교체하고 크기 조정하기
3. 무기의 종류에 따라 크로스헤어 이미지 변경하기

크로스헤어(Crosshair)는 화면의 정가운데에 위치합니다. 그렇기 때문에 진행하는 데 자칫 눈에 쉽게 거슬리므로 유의해야 합니다. 디자인이 최대한 심플하면서 이미지의 크기도 적당해야 합니다. 무기 교체에 따라 크로스헤어 디자인도 바뀌면 게임에 좀 더 몰입할 수 있는 요소가 될 수 있습니다. 이미지 리소스는 포토샵(Photoshop), 일러스트레이터(Illustrator)와 같은 외부 프로그램을 통해 직접 제작할 수도 있고, 픽사베이(pixabay)와 같은 이미지 제공 사이트를 통해 이미지를 다운로드할 수도 있습니다. 이번에 사용된 크로스헤어 이미지 리소스는 책과 함께 제공됩니다.

Note 이미지 리소스의 종류

UI 이미지 리소스는 반드시 알파 채널을 갖고 있어야 합니다. 알파 채널이란, 투명한 공간을 저장할 수 있는 독립된 채널로, 비어 있는 공간이 뚫려 있게 보여줍니다. PNG, PSD, TAG 파일이 알파 채널을 포함하고 있으며, JPEG 파일과 같이 알파 채널이 없는 파일 형식은 비어 있는 공간이 흰색으로 나옵니다.

[그림 4.10-24] PNG(좌)와 JPEG(우)의 차이

이제 좀 더 어울리는 크로스헤어 디자인으로 바꾸겠습니다. 앞서 크로스헤어를 제작했던 방식과 크게 다르지 않습니다. 다른 이미지로 교체하는 작업 위주이기 때문에 간단하게 진행될 것입니다. 중요한 것은 게임의 분위기와 잘 어울리는지, 콘텐츠에 방해되지 않으면서 정보를 잘 전달하고 있는지를 늘 고민해야 한다는 것입니다.

일단 다운로드한 크로스헤어 이미지를 유니티로 가져오겠습니다. 프로젝트에 Images 폴더를 생성하고, 다운로드한 IMG_Crosshair.png 파일을 드래그 앤 드롭으로 넣어줍니다. 크로스헤어 이미지를 UI로 쓸 예정이므로 프로젝트 뷰로 가져온 IMG_Crosshair.png 파일을 클릭하고 Inspector 창의 Texture Type 프로퍼티를 Sprite(2D and UI)로 변경해줍니다. 그리고 아래의 [Apply] 버튼을 누르면 변경 사항이 적용됩니다.

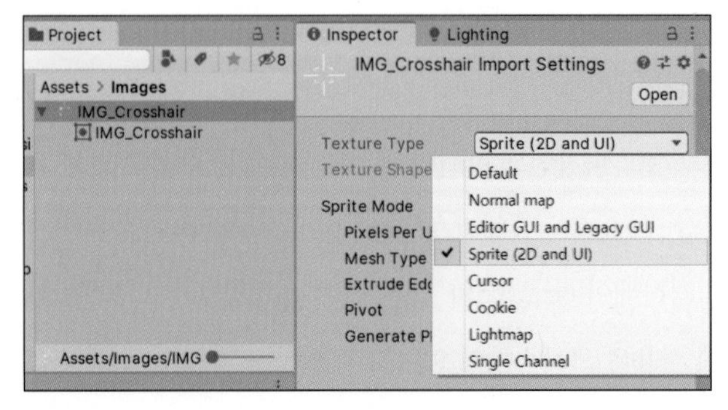

[그림 4.10-25] 이미지 소스 텍스처 타입 변경

Note 텍스처 타입(Texture Type)

외부에서 가져온 이미지 파일들은 쓰임새에 따라 속성을 변경해 활용합니다. 각각의 속성이 어떤 경우에 쓰이는지 알아보겠습니다.

- **디폴트**(Defalult): 모든 텍스처에 사용되는 가장 일반적인 설정입니다.
- **노멀맵**(Normal map): 컬러 채널을 노멀 맵핑에 적합한 포맷으로 변환합니다. 메시 표면에 굴곡진 느낌을 주기 위한 머티리얼에 노멀 맵을 사용합니다.
- **에디터 GUI 및 레거시 GUI**(Editor GUI and Legacy GUI): HUD 또는 GUI 컨트롤에서 사용하는 경우에 선택합니다.
- **스프라이트**(2D 및 UI) **Sprite**(2D and UI): 2D 게임과 UI에서 스프라이트로 사용하는 경우에 선택합니다.
- **커서**(Cursor): 마우스 커서 등의 이미지를 변경할 때 선택합니다.
- **쿠키**(Cookie): 씬의 광원 쿠키에 사용됩니다.
- **라이트맵**(Lightmap): 라이트맵으로 사용하는 경우에 선택합니다.
- **단일 채널**(Single Channel): 텍스처에 채널이 하나만 필요한 경우에 선택합니다.

이제 크로스헤어의 이미지를 변경할 준비를 모두 마쳤습니다. 앞서 알파 버전으로 제작된 이미지를 변경해보겠습니다.

하이어라키 뷰에서 크로스헤어 게임 오브젝트를 선택하고, 게임 오브젝트의 인스팩터에 변경할 스프라이트 이미지(IMG_Crosshair.png)를 Source Image 프로퍼티에 넣어줍니다.

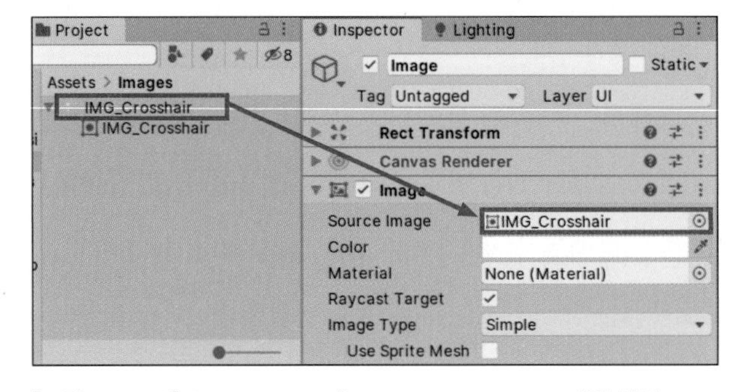

[그림 4.10-26] Souce Image에 IMG_Crosshair.png 파일 삽입

이미지를 삽입한 후 렉트 트랜스폼 컴포넌트에서 너비, 길이 값을 조절해 크기를 조절합니다. 너무 크면 화면에 방해가 되고, 너무 작으면 크로스헤어의 역할을 할 수 없으므로 적당한 수치를 찾아야 합니다.

Rect Transform
center
middle
Pos X 0 | Pos Y 0 | Pos Z 0
Width 100 | Height 100
Anchors
Pivot X 0.5 Y 0.5
Rotation X 0 Y 0 Z 0
Scale X 1 Y 1 Z 1

[그림 4.10-27] 크로스헤어의 크기 조절

이로써 크로스헤어가 우리가 원하는 디자인으로 변경됐습니다.

[그림 4.10 – 28] 크로스헤어 디자인 변경 결과

4.10-3 : 플레이어 체력 바

목표

앵커를 활용해 정렬하고, 이미지를 변경하고 싶다.

순서

1. 외부에서 가져온 이미지의 속성 변경하기
2. 이미지 교체하기
3. 앵커 속성을 활용해 스프라이트 이미지 배치하기
4. 잘 동작하는지 확인하기

HP 바가 될 이미지 리소스를 외부에서 가져옵니다. 앞서 크로스헤어에서 했던 것과 같이 포토샵 등의 이미지 편집 툴을 이용해 직접 리스를 제작하거나 이미지 제공 사이트를 통해 리소스를 다운로드합니다. 이번에 사용된 HP 바 이미지 리소스는 함께 제공됩니다(IMG_HPbar.png, IMG_HPbar_bg.png) 앞서 만들었던 Images 폴더에 외부에서 가져온 IMG_HPbar.png, IMG_HPbar_bg.png 2개의 파일(제공 이미지)을 가져옵니다. UI 이미지로 쓰이므로 가져온 이미지 파일의 텍스처 타입을 Sprite(2D and UI)로 변경합니다. 참고로 여러 개의 파일을 같이 선택하고 한꺼번에 속성을 바꿀 수 있습니다.

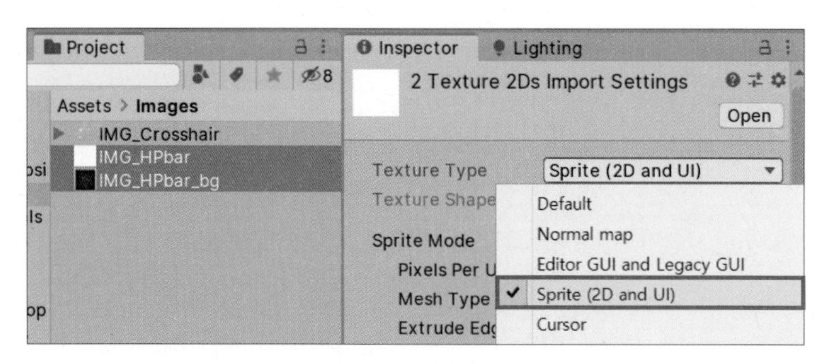

[그림 4.10-29] 가져온 이미지의 Texture Type 변경

2개의 이미지는 늘었다 줄었다 하는 게이지 역할을 하는 흰색 박스 이미지(IMG_HPbar)와 체력 바의 바탕 이미지(IMG_HPbar_bg)로 구성돼 있습니다. 각각의 역할을 하는 게임 오브젝트를 찾아 이미지를 교체해보겠습니다. 캔버스 게임 오브젝트 자식으로 HP bar라는 게임 오브젝트 안에 Background 오브젝트가 바탕 이미지이고, Fill Arae 안에 Fill이라고 하는 오브젝트에서 게이지 역할을 하고 있으므로 각각 이미지를 교체해보겠습니다. 교체 방법은 크로스헤어와 마찬가지로 프로젝트 뷰의 이미지를 각각 인스펙터의 Source image에 넣으면 됩니다.

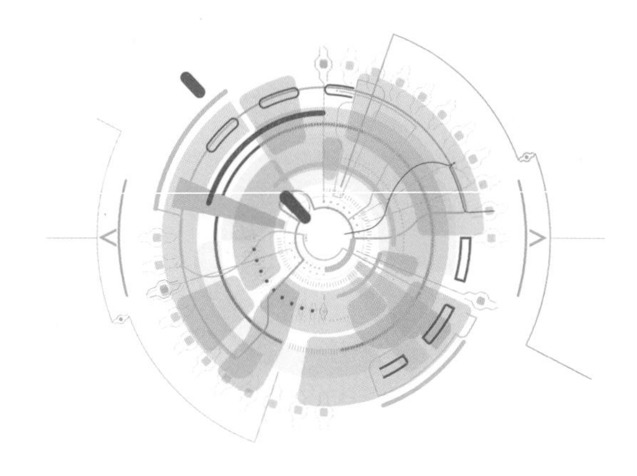

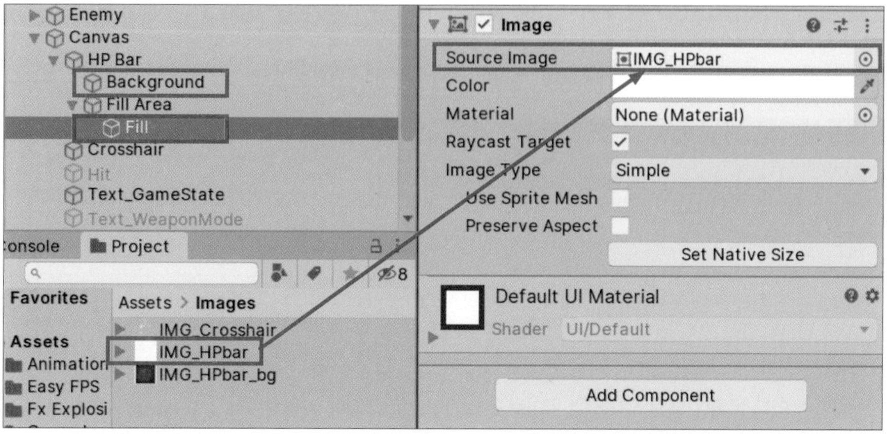

[그림 4.10-30] Background 게임 오브젝트에는 IMG_HPbar_bg를 넣어주고, Fill 게임 오브젝트에는 'IMG_HPbar'를 넣어줍니다.

적용된 이미지가 잘 나오는지 확인해보겠습니다. HPbar 게임 오브젝트에 있는 슬라이더 컴포넌트의 Value 값을 조절해보면 수동으로 HP 바의 줄었다 늘었다 하는 변화를 살펴볼 수 있습니다. [그림 4.10-31]과 같이 뭔가 이미지를 늘린 것 같은 이미지가 나옵니다. HP 바만을 확인해보기 위해 잠시 무기 모드를 알려주는 텍스트 오브젝트(Text_WeaponMode)는 꺼두고, 무기 변경 UI 때 활성화해 꾸며보겠습니다.

[그림 4.10-31] 이미지 적용 결과

이렇게 나오는 이유는 [그림 4.10-32]처럼 이미지 컴포넌트의 Image Type이 Sliced에서 Simple로 변경됐기 때문입니다.

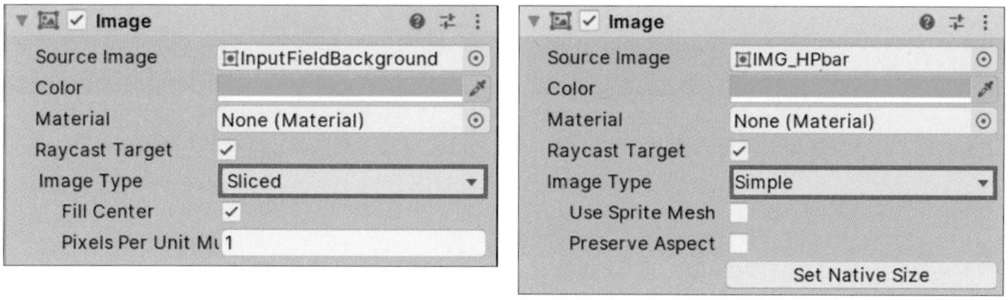

[그림 4.10-32] 이미지 적용 전(좌)과 후(우) Image Type 변화

'Sliced'는 이미지를 9등분해 활용하는 방식으로, UI 시스템에 기본적으로 제공되는 UI 이미지는 모두 설정돼 있고, 그렇지 않은 방식, 즉 변형 없이 그대로 활용하는 일반적인 방식이 'Simple'입니다. 보통 9등분으로 나눠지지 않은 이미지는 모두 Simple로 취급되기 때문에 Sliced로 설정돼 있던 컴퍼넌트에 그대로 넣으면 변형된 수치만큼 늘어납니다.

Note 이미지 타입(Image Type)

UI 시스템에서 이미지를 사용할 경우, 사용 목적에 따라 이미지 타입(Image Type)을 변경해 사용합니다. 이미지 타입에서 선택할 수 있는 목록에 대해 하나하나 알아보고 일반적으로 어디에 사용하는지 알아보겠습니다.

- **Simple:** 전체 스프라이트를 균일하게 늘립니다. 간단히 말해 크기를 그대로 키웠다 늘렸다 하는 속성입니다. 이미지를 스프라이트 타입으로 변경했을 때의 기본 설정입니다.

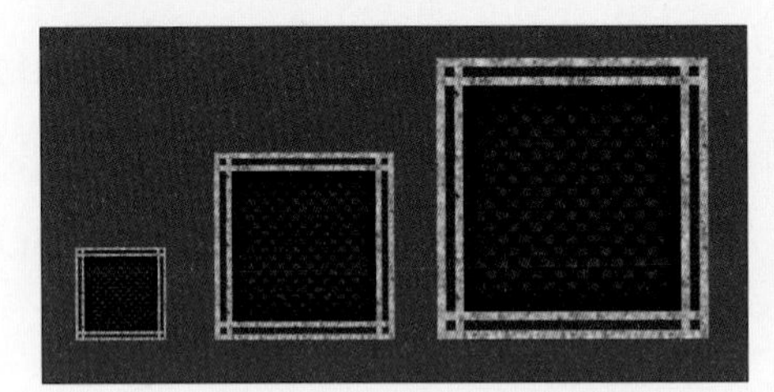

[그림 4.10-33] Simple 타입의 크기별 비교

- **Sliced:** 3×3 스프라이트 분할을 활용해 크기를 조절할 때 모서리 부분은 왜곡하지 않고 중심 부분만 늘어나도록 합니다. UI 작업 시 작은 이미지로 다양한 면적의 창을 그려야할 때 많이 쓰입니다.

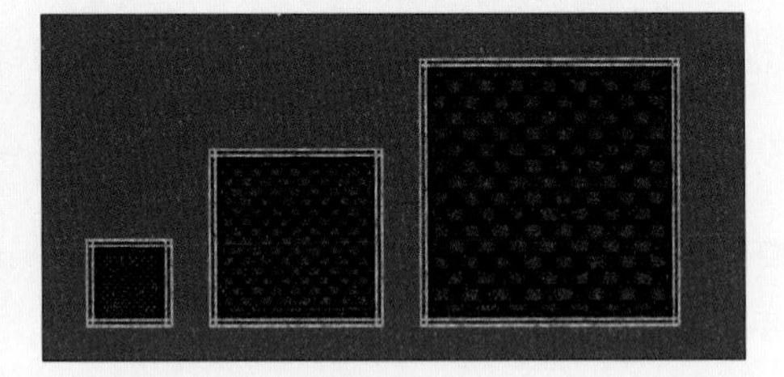

[그림 4.10-34] Sliced 타입의 크기별 비교

- **Tiled:** 슬라이스와 유사하지만 중심 부분을 늘리는 것이 아니라 타일링(반복)합니다. 테두리가 전혀 없는 스프라이트의 경우에는 전체 스프라이트가 타일링됩니다. UI 작업 시 작은 이미지로 여러 면적의 창을 그려야할 때 많이 쓰입니다.

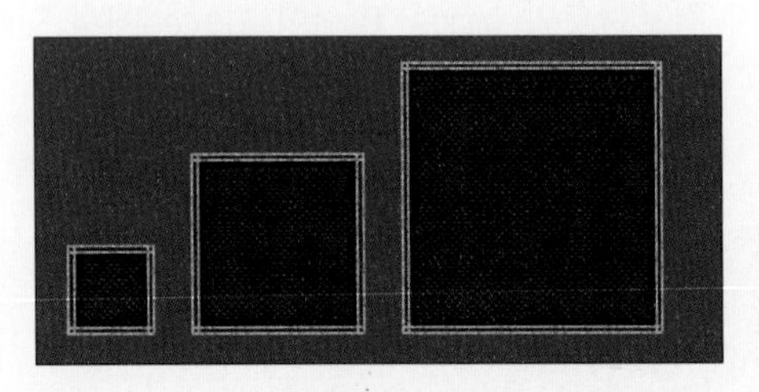

[그림 4.10-35] Tilled 타입의 크기별 비교

- **Filled:** Simple 옵션의 경우와 동일한 형태로 스프라이트를 보여주되, 원점으로부터 지정 방향, 방법, 양만큼 스프라이트를 채웁니다. 게임의 각종 게이지, 스킬 쿨 타임 등에 많이 쓰입니다.

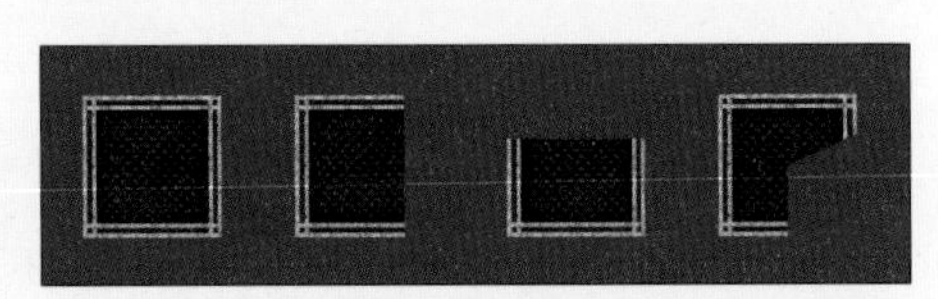

[그림 4.10-36] Filled 타입의 채우는 방식 비교(왼쪽부터 원본, Horizontal, Vertical, Radial 360)

(출처: 유니티 매뉴얼(https://docs.unity3d.com/Manual/9SliceSprites.html))

9등분으로 나누는 설정을 해보겠습니다. 우선 패키지 매니저(Package Manager)에서 2D Sprite를 설치해야 합니다. [Window] −[Package Manager]를 클릭하면 패키지 매니저 창이 활성화되는데, [그림 4.10−37]과 같이 상단의 [Packages:] 버튼을 클릭, Unity Registry로 변경해 줍니다. 그럼 유니티에서 제공하는 여러 가지 패키지들을 보여 주는데 이 중에서 2D Sprite'를 찾아 인스톨하면 됩니다.

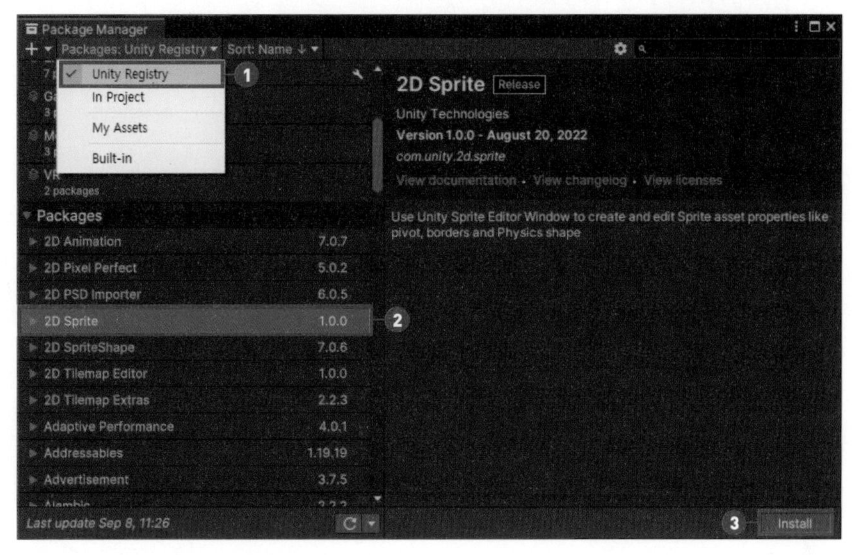

[그림 4.10−37] 2D Sprite 패키지 설치

설치가 완료되면 이제 9등분으로 편집할 준비가 된 것입니다. 프로젝트 뷰에서 'IMG_HPbar_bg' 파일을 클릭한 후 인스펙터 뷰에서 [Sprite Editor]를 클릭합니다. [Sprite Editor]는 다중 선택이 되면 활성화되지 않습니다.

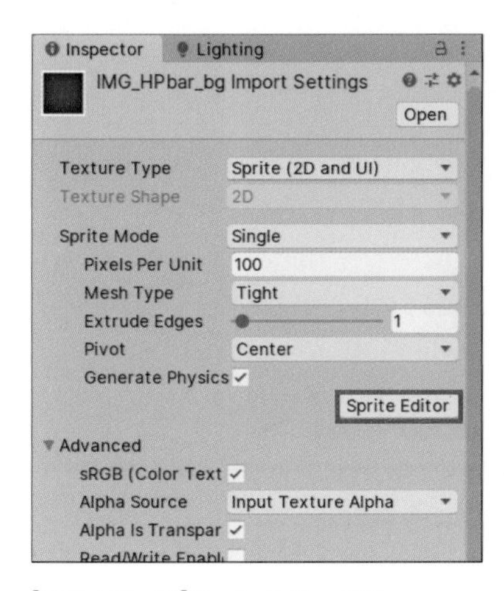

[그림 4.10−38] Sprite Editor 클릭

[Sprite Editor]를 클릭하면 [Sprite Editor] 창이 열립니다. 이 창에서 스프라이트를 설정해주는 역할을 하게 됩니다.

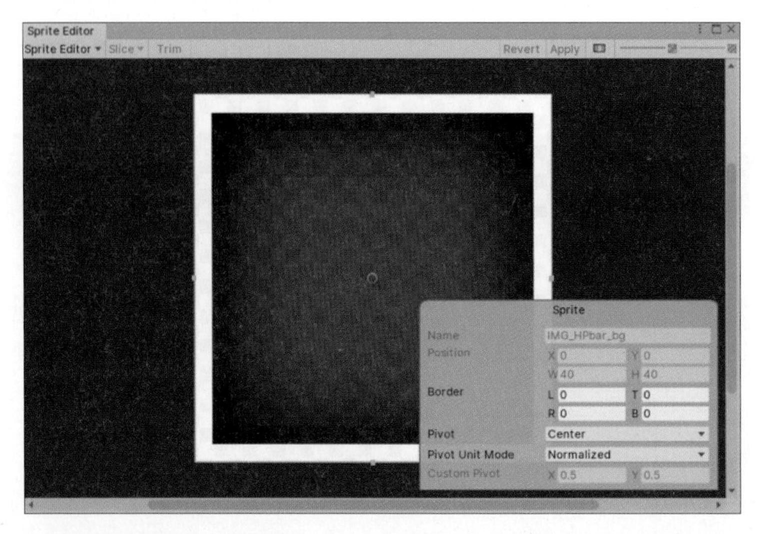

[그림 4.10-39] Sprite Editor 창

우측 하단에 스프라이트를 정의할 수 있는 메뉴가 보입니다. Border라는 항목이 테두리에서 얼마만큼의 픽셀만큼 간격을 두고 자를 것인지를 정의할 수 있는 곳입니다. L(Left), R(Right), T(Top), B(Bottom)에 각각 '10'을 입력하겠습니다. 그러면 스프라이트 이미지에 초록색 선이 설정한 값만큼 움직입니다. 초록색 점을 선택하고 간격을 조절할 수도 있습니다.

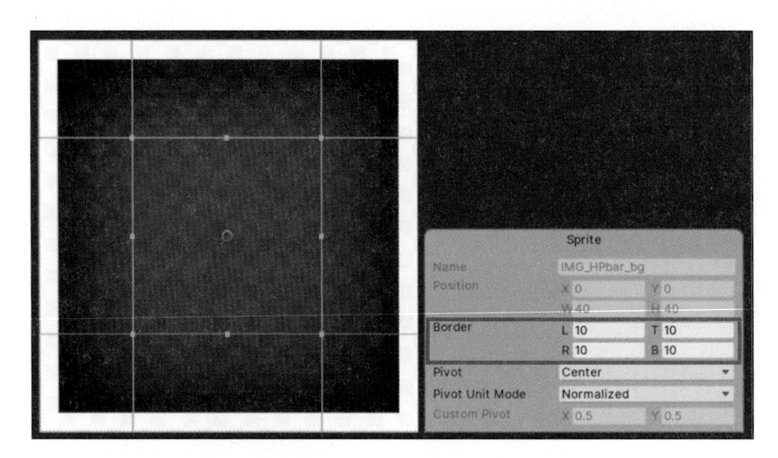

[그림 4.10-40] Border 간격 조절

창 위에 있는 Apply를 누르고 창을 닫습니다. 이렇게 하면 스프라이트 설정이 모두 끝납니다. IMG_HPbar 파일도 같은 방법으로 스프라이트를 설정합니다. 이제 적용하고, Image Type을 Sliced로 바꿔주면 깔끔하게 나옵니다. '배틀그라운드'와 비슷해지기 위해 Fill 오브젝트의 색을 '흰색'으로 바꿔주겠습니다.

[그림 4.10-41] hp 바 이미지 교체 완료

이미지를 바꿨으므로 이제 앵커 정렬을 하겠습니다. '배틀그라운드'처럼 가운데 정렬과 아래 정렬을 해 해상도가 달라지더라도 HP 바의 위치는 늘 변함없도록 할 예정입니다.

하이어라키 뷰에서 HP 바 오브젝트를 선택한 후 앵커는 Center, Bottom을 선택합니다. 이때 Alt 키를 누르고 선택하면 화면이 중앙 아래로 이동합니다.

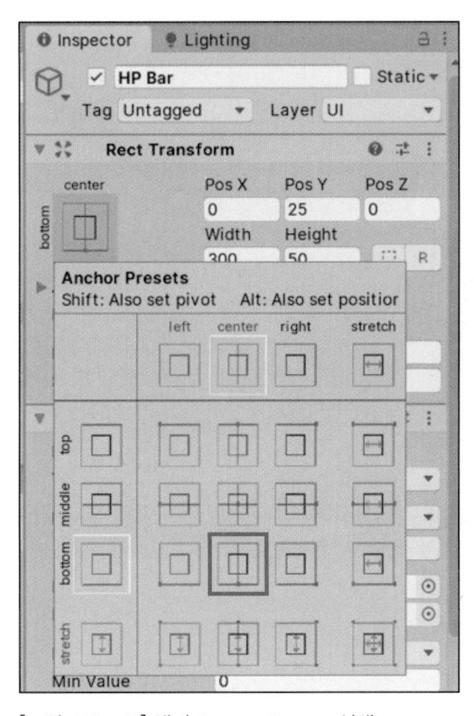

[그림 4.10-42] 앵커 Center, Bottom 선택

피벗도 X를 '0.5', Y를 '0'으로 설정해 화면 끝과 스프라이트 아래쪽 끝의 간격으로 조절할 수 있도록 하겠습니다. 또한 HP 바가 너무 화면 아래에 붙어 있고 크기도 작으므로 Pos Y 값과 너비, 높이 값을 조절하겠습니다.

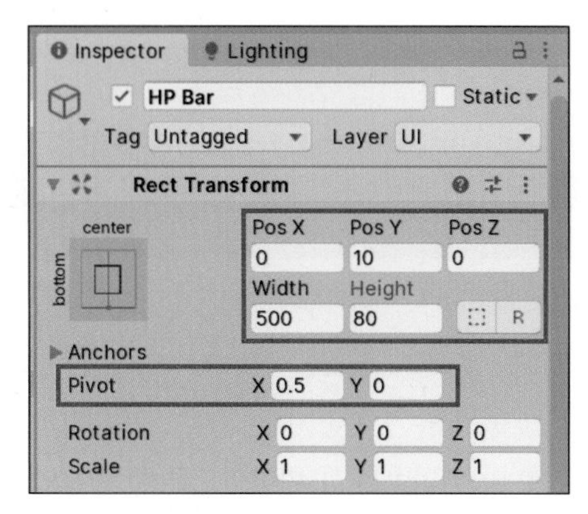

[그림 4.10-43] 피벗과 위치, 크기 조절

플레이 버튼을 눌러 잘 작동하는지 확인합니다.

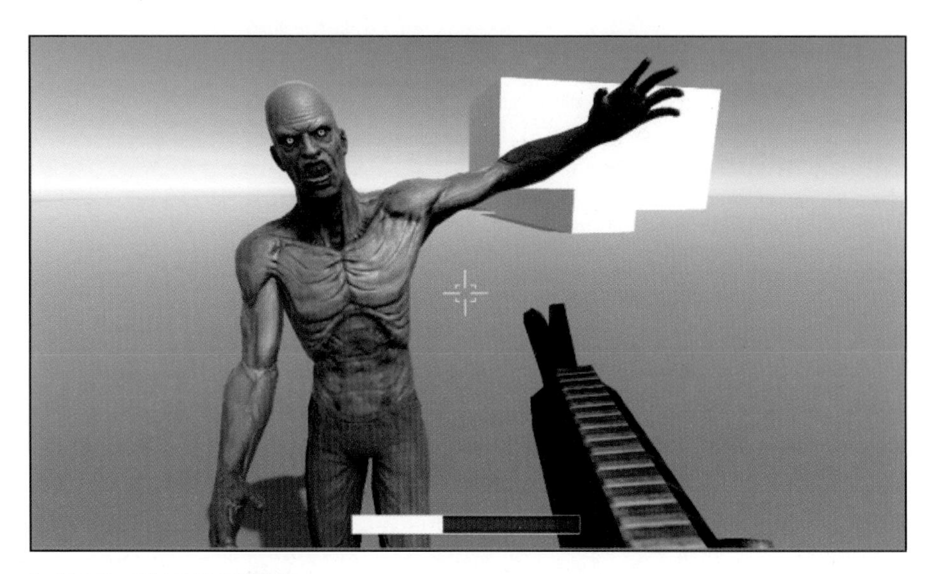

[그림 4.10-44] HP 바 교체 완료

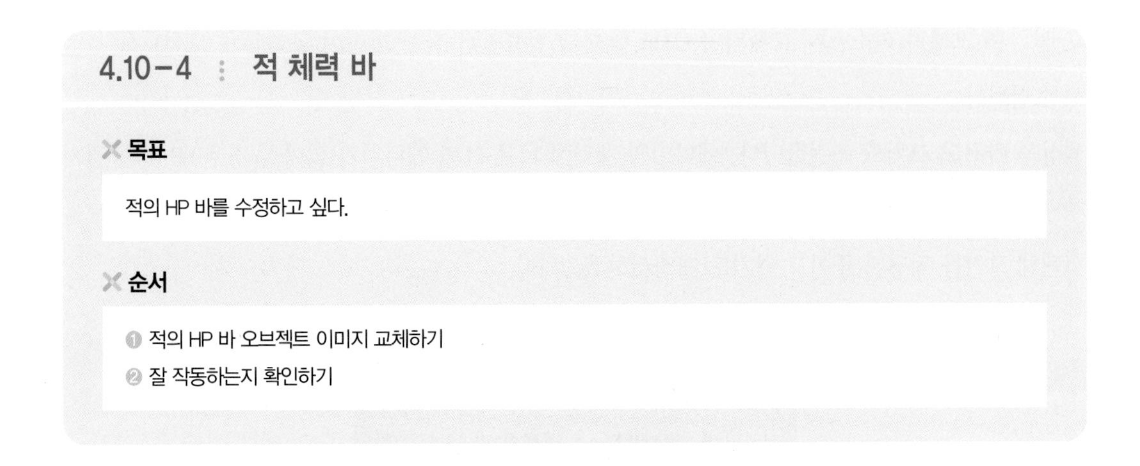

4.10-4 : 적 체력 바
목표
적의 HP 바를 수정하고 싶다.
순서
① 적의 HP 바 오브젝트 이미지 교체하기
② 잘 작동하는지 확인하기

캔버스가 월드 스페이스 모드라서 조금이라도 멀리 있으면 작게 보이고, 적이 많아지면 복잡한 디자인은 오히려 시인성을 떨어뜨립니다. 이번에는 최소 리스소로 색으로만 표현해 최대한 간결하게 제작하는 방법을 학습해보겠습니다. 플레이어의 HP 바를 교체한 것과 거의 비슷하고, 리소스도 같은 것 하나만 쓸 예정입니다.

먼저 관련된 게임 오브젝트를 선택한 후 Source Image를 교체하겠습니다.

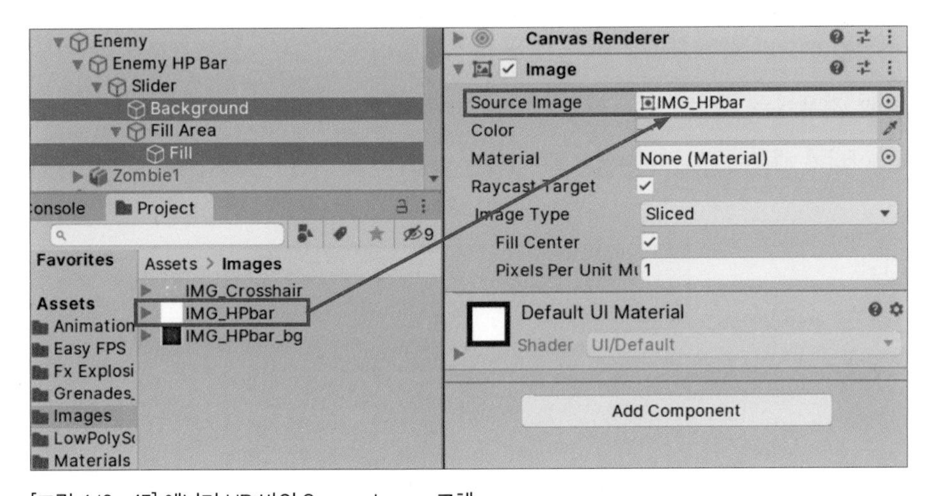

[그림 4.10-45] 에너미 HP 바의 Source Image 교체

Background의 이미지 컬러는 어두운 회색, Fill은 빨간색(255, 0, 0)으로 설정하겠습니다. 플레이어의 HP 바와 함께 통일성을 주기 위해 에너미 HP 바의 바닥 컬러도 어둡게 하겠습니다. 하지만 순수한 검은색(255, 255, 255)을 쓰면 그래픽 꾸미기를 모두 마쳤을 경우, 조화롭게 보이지 않고 에너미 HP 바의 검은색만 진하게 보이게 될 수 있기 때문에 어두운 회색 톤(100, 100, 100)을 선택합니다. 추

후에 다른 그래픽 리소스가 교체되면 UI도 함께 조정하면서 전체 화면이 조화롭게 보이도록 조정해야 합니다.

색상을 바꾸고 크기도 조절합니다. 에너미의 체력이 너무 크면 에너미가 많아질 경우 HP 바가 겹치게 됐을 때 플레이에 방해가 될 수도 있으므로 [그림 4.10-44]에서와 같이 Slider 게임 오브젝트를 선택해 크기를 적당히 줄이고 위치도 재정리하겠습니다.

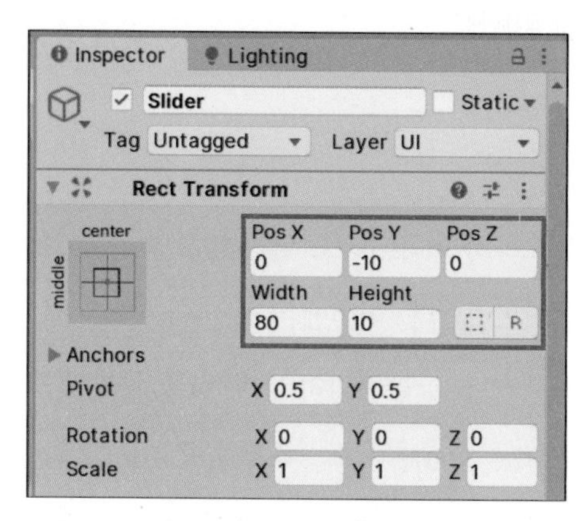

[그림 4.10-46] HP 바의 크기와 위치 조절

잘 동작하는지 확인한 후 마무리합니다. UI는 환경에 따라 달라 보일 수 있으므로 지금 정해 놓은 수치가 어떤 경우에는 이상해 보일 때가 있습니다. 프로젝트가 마무리될 때까지 절대적인 수치가 있는 것이 아니기 때문에 수시로 수정할 수 있다는 마음을 갖는 것이 중요합니다.

[그림 4.10-47] 에너미 HP 바 수정 완료

4.10-5 : 무기 변경 UI

목표

모드 변경에 따라 화면 하단에 UI에도 무기가 바뀌는 것을 보여주고 싶다.

순서

1. 외부에서 가져온 이미지 속성 변경하기
2. 앵커 속성을 활용해 스프라이트 이미지 배치하기
3. 버튼 클릭에 따라 스프라이트가 변경될 수 있도록 이미지 오브젝트 준비하기
4. 스크립트를 붙여 무기 교체 구현하기
5. 스나이퍼 줌 모드일 때 크로스헤어 변경하기

현재 숫자 키 [1]을 누르면 노멀 모드로 소총이 발사되고, [2]를 누르면 스나이퍼 모드가 돼 스나이퍼 총을 쏘고 있습니다. 하지만 화면상에서는 내가 어떤 총을 쏘고 있는지 문자만 바뀌고 있어 현재의 모드를 단번에 인식하기 어렵습니다. 모드마다 모드에 어울리는 총 아이콘과 크로스헤어 이미지로 바뀌면 좀 더 몰입할 수 있겠죠.

이번에는 '배틀그라운드'처럼 체력 바 위에 어떤 총을 선택하고 있는지 보여주는 UI를 만들어보고 숫자 키를 누를 때마다 모드별로 이미지가 바뀌고 크로스헤어도 동시에 변경되도록 해보겠습니다.

이번에도 필요한 이미지를 가져오는 것부터 시작하겠습니다. 소총 이미지(IMG_weapon01_gun.png), 스나이퍼 이미지(IMG_Weapon02_sniper.png), 스나이퍼 크로스헤어 이미지(IMG_crosshair02.png)를 가져오겠습니다. 이번에 사용된 이미지는 책과 함께 제공됩니다.

가져온 이미지 역시 앞의 작업과 마찬가지로 텍스처 타입을 Sprite(2D and UI)로 변경합니다.

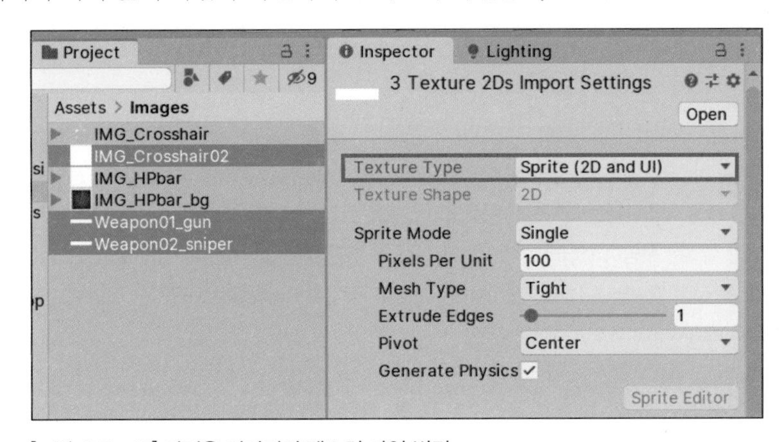

[그림 4.10-48] 가져온 이미지의 텍스처 타입 변경

1 1.1 1.2 1.3 1.4 2 2.1 2.2 2.3 2.4 3 3.1 3.2 3.3 4 4.1 4.2 4.3 4.4 4.5 4.6 4.7 4.8 4.9 4.10 4.11

우선 텍스트로 어떤 모드인지 알려주는 텍스트 UI 오브젝트를 재배치하겠습니다. 총기 아이콘 이미지가 들어갈 위치를 고려해 좌측 하단에 정리하겠습니다. 앞선 HP 바와 같이 하단 가운데에 앵커를 두고 피벗도 똑같이 설정해 HP 바와 어긋나지 않도록 위치를 조정합니다. 텍스트 컴퍼넌트를 통해 글씨체와 색, 문단의 속성 등을 설정하고, 베스트 핏(Best Fit)을 체크해 크기를 쉽게 조정할 수 있도록 합니다.

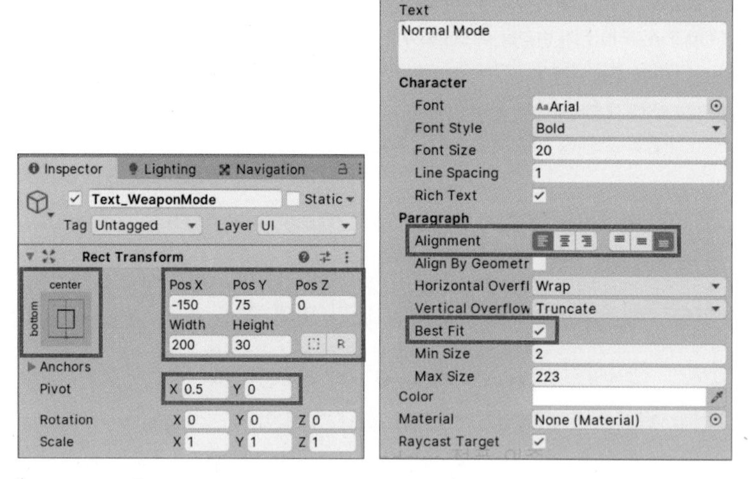

[그림 4.10-49] Text_WeaponMode 오브젝트 배치(좌) 및 텍스트 컴포넌트 설정(우)

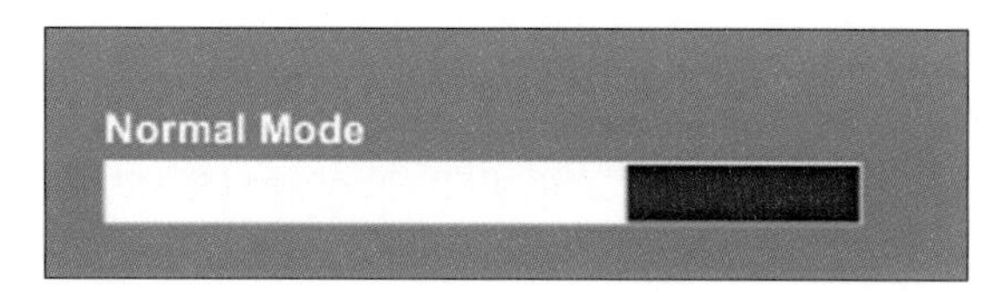

[그림 4.10-50] 재배치 결과

Note 텍스트 컴포넌트

UI에서 텍스트(Text)는 정보를 직접적으로 전달하는 데 중요한 역할을 합니다. 시인성을 위해 픽토그램과 같은 아이콘들을 사용하기도 하지만, 이미지로 설명할 수 없는 경우도 있죠. 이 경우 문자를 통해 정보를 전달하게 되는데, 최대한 글씨가 다른 UI 요소나 콘텐츠 디자인에 방해되지 않도록 보기 좋게 디자인해야 합니다. 특히 폰트, 크기, 색, 문단의 정렬 등처럼 특별한 꾸밈이 없더라도 간단하게 속성 몇 개만 수정해도 충분히 보기 좋게 정리할 수 있습니다. 텍스트 컴포넌트는 이런 글씨의 속성들을 설정할 수 있습니다. 각 프로퍼티들을 차근차근 살펴보고, 주요 기능들에 대해 자세히 알아보겠습니다.

- **Text:** 컨트롤에 의해 표시되는 텍스트로, 실질적인 '텍스트의 내용'을 기입하는 프로퍼티입니다.
- **Font:** 텍스트 표시에 사용되는 폰트의 종류를 설정합니다. 다운로드한 폰트가 Assets 폴더 안에 있다면 드래그 앤 드롭으로 적용할 수 있습니다.
- **Font Style:** 텍스트에 적용되는 스타일입니다. Normal(기본), Bold(굵은 글씨), Italic(기울어진 글씨), Bold And Italic(굵고 기울어진 글씨) 옵션이 있습니다.
- **Font Size:** 텍스트의 크기입니다.
- **Line Spacing:** 텍스트의 행 간격입니다. 문장이 길어져 행이 늘어날 때 문장의 시인성을 높이기 위해 조절합니다.
- **Rich Text:** 텍스트 마크업 요소를 리치 텍스트 스타일링으로 간주할지 여부입니다.
- **Alignment:** 텍스트의 수평 및 수직 정렬입니다. UI의 정렬 기준에 따라 선택합니다. 버튼을 눌러 원하는 정렬을 선택합니다. 왼쪽이 좌, 중, 우, 오른쪽이 상, 중, 하 정렬입니다.

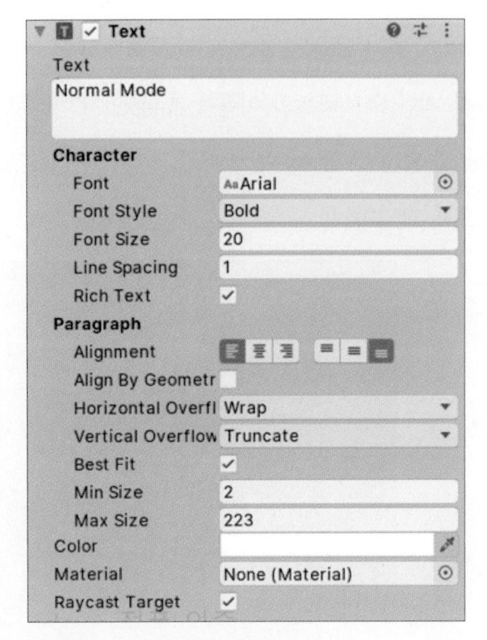

[그림 4.10-51] 텍스트 컴포넌트

- **Align by Geometry:** 글리프 지오메트리 범위를 사용해 글리프 메트릭이 아닌 수평 정렬을 수행합니다.
- **Horizontal Overflow:** 수평 텍스트의 범위가 너무 넓어 사각형에 들어가지 않는 경우 두 가지 옵션을 선택합니다.
- **Wrap:** 텍스트 오브젝트의 너비와 높이에 맞춰야 합니다. 크기가 해당 영역을 벗어나면 출력되지 않습니다.
- **OverFlow:** 텍스트 오브젝트의 영역을 벗어나도 그대로 출력합니다. 다른 UI 요소를 침범할 수 있으므로 주의해야 합니다.
- **Vertical Overflow:** 수직 텍스트의 범위가 너무 넓어 사각형에 들어가지 않는 경우, 두 가지 옵션을 선택합니다.
- **Wrap:** 텍스트 오브젝트의 너비와 높이에 맞춰야 합니다. 크기가 해당 영역을 벗어나면 출력되지 않습니다.
- **OverFlow:** 텍스트 오브젝트의 영역을 벗어나도 그대로 출력합니다. 다른 UI 요소를 침범할 수 있으므로 주의해야 합니다.
- **Best fit:** 폰트 크기를 무시하고 텍스트 오브젝트의 영역에 강제로 맞출지 여부입니다. Min Size(최소 크기), Max Size(최대 크기)의 설정에 따라 텍스트 오브젝트 영역의 크기가 최소 크기와 최대 크기 사이라면 오브젝트 영역에 따라 자유롭게 폰트 크기를 조절할 수 있지만, 최대 크기보다 오브젝트의 영역이 커지면 최대 크기에서 더 커지지 않습니다.
- **Color:** 폰트의 색을 변경합니다. 알파 값도 적용할 수 있습니다.
- **Material:** 텍스트 렌더링에 표현되는 재질을 넣을 수 있습니다.

다음으로 HP 바 위에 총 스프라이트를 배치하겠습니다. 같은 위치에 소총과 스나이퍼 2개의 스프라이트를 준비합니다. 소총 스프라이트가 켜지면 스나이퍼 스프라이트가 꺼지고, 이와 반대로 스나이퍼 스프라이트가 켜지면 소총 스프라이트가 켜지는 형태로 구성할 예정입니다. 소총 스프라이트

오브젝트 1개만 배치하고, 복사해 스나이퍼 스프라이트로 교체해 다시 배치할 고민을 덜겠습니다. HP 바가 있던 캔버스 오브젝트를 선택하고, 이미지 게임 오브젝트를 생성합니다. [UI – Image] 이미지 게임 오브젝트의 이름을 'Weapon01'이라고 변경하겠습니다. 소총 스프라이트(Weapon01_gun.png)를 Source Image에 넣어주고 set native size를 눌러 스프라이트 이미지의 원본 크기대로 보이도록 합니다.

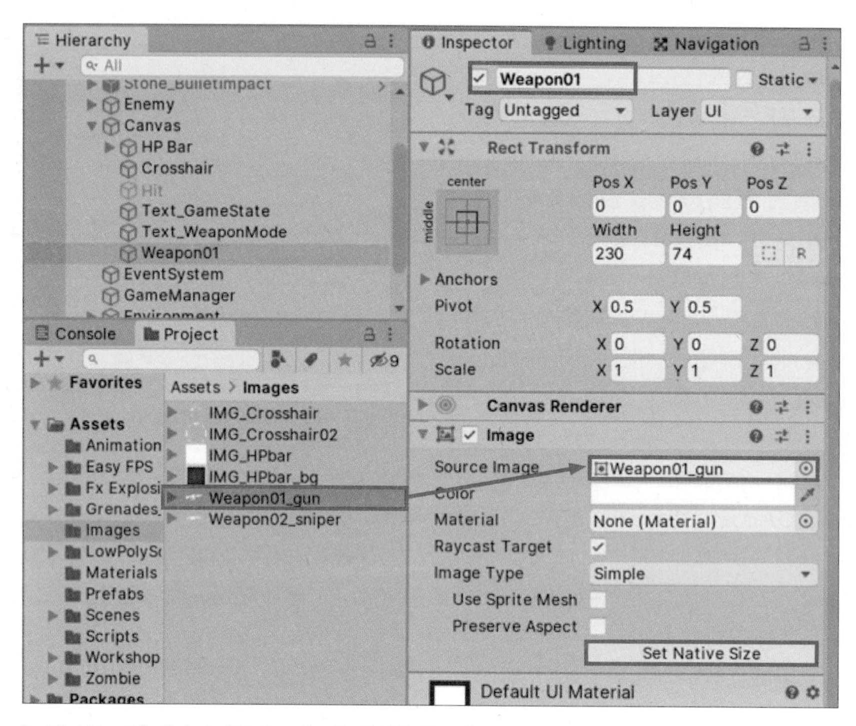

[그림 4.10-52] 이미지 게임 오브젝트를 생성한 후 소총 이미지 적용

소총 스프라이트를 HP 바 위에 위치시키고, 크기도 적당하게 조절합니다. 무기 UI도 HP 바와 같이 앵커를 가운데 아래(center, bottom)로 설정하고 피벗도 X는 '0.5', Y는 '0'으로 설정해 HP 바와 일정한 간격을 유지함으로써 해상도가 서로 부딪히는 일이 없도록 합니다.

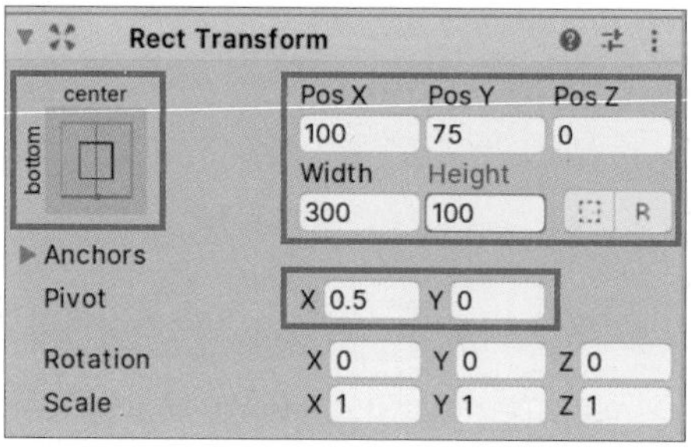

[그림 4.10-53] 소총 스프라이트의 앵커, 피벗, 위치 값 설정

이제 숫자 키 2를 눌렀을 때 나오는 스나이퍼 UI를 제작하겠습니다. 하이어라키 뷰에서 방금 만든 게임 오브젝트(Weapon01)를 선택한 후 Ctrl+D 키를 눌러 복사합니다. 무기 교체 UI는 겉으로는 이미지만 바뀌는 것처럼 보이지만, 내부적으로는 같은 위치 값, 앵커, 피벗 포인트 등 여러 속성을 가진 게임 오브젝트도 통째로 바뀌는 방식(엄밀하게 말하면, 오브젝트를 활성화, 비활성화하는 방식)이기 때문에 잘 만든 게임 오브젝트 하나를 복사해 이미지만 교체해 작업하는 것이 효율적입니다. 복사한 게임 오브젝트의 이름을 'Weapon02'라고 변경하겠습니다.

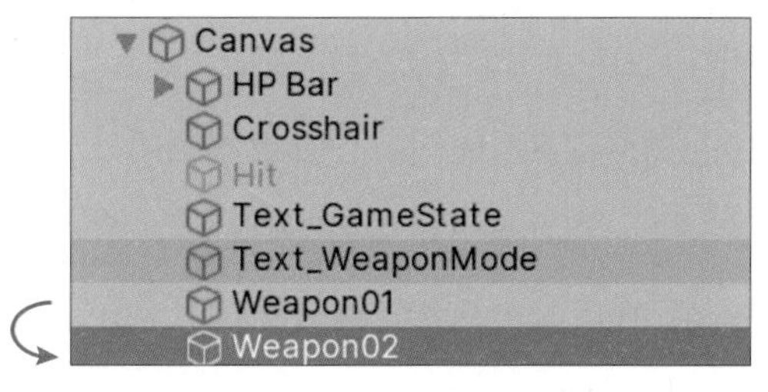

[그림 4.10-54] Weapon01 게임 오브젝트 복사 후 이름 변경

복사한 게임 오브젝트의 이미지를 교체하고(Weapon02_Sniper), 이미지의 세부적인 크기와 위치를 조절합니다. 스프라이트 이미지가 잘 만들어져 있다면 바꿀 일이 거의 없겠죠.

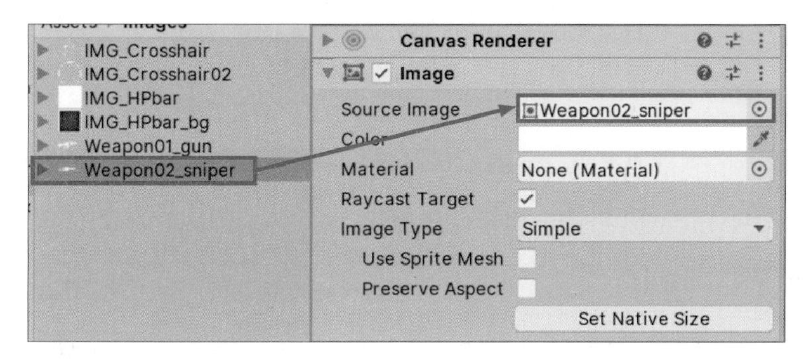

[그림 4.10-55] 이미지 교체

지금은 2개의 게임 오브젝트가 동시에 활성화돼 있어서 서로 겹쳐 보입니다. Weapon01 게임 오브젝트의 Inspector 창에서 이름 왼쪽에 있는 체크 박스의 체크 표시를 해제해 작업을 수월하게 해 보겠습니다. 단축키는 Shift+Alt+A입니다.

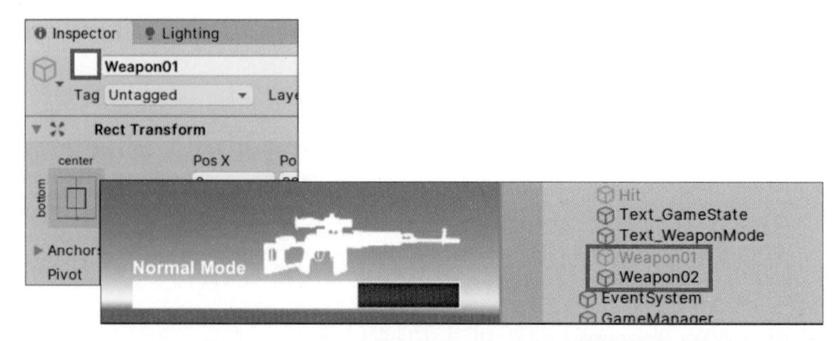

[그림 4.10-56] 스프라이트 교체 후 Weapon01 게임 오브젝트를 비활성화해 이미지 확인

무기 UI 교체 준비가 끝났습니다. 스나이퍼의 크로스헤어도 추가해보겠습니다. 방식은 무기를 추가한 것과 같이 크로스헤어 게임 오브젝트를 복사해 이미지 교체 후 확인하는 순서로 진행하겠습니다. 일단 크로스헤어의 게임 오브젝트 이름이 Image로 돼 있는데 보기 편하게 'Crosshair01'로 변경하겠습니다. Weapon01, Crosshiar01이면 01번 무기와 짝지어진 것처럼 보여 작업하기 편할 것입니다. Crosshair01 게임 오브젝트를 복사한 후 이름을 'Crosshair02'로 변경하겠습니다.

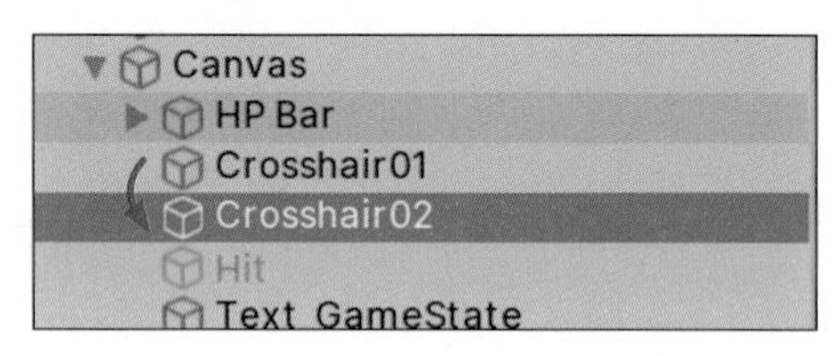

[그림 4.10-57] Image 게임 오브젝트를 Crosshair01로 변경, 게임 오브젝트 복사 후 이름 변경

Source Image도 외부에서 가져온 Crosshair02 스프라이트로 교체합니다. 스나이퍼라는 이름에 어울리도록 크기를 조절했습니다.

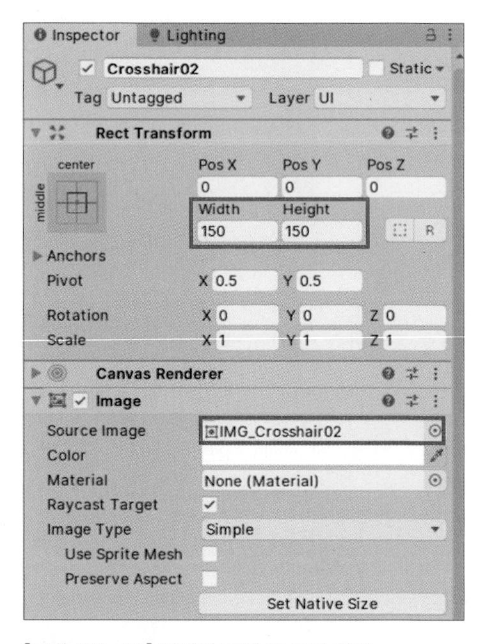

[그림 4.10-58] 이미지 교체 및 크기 변경

소총 크로스헤어 게임 오브젝트(Crosshair01)를 비활성화해 잘 어울리는지 확인해봅니다.

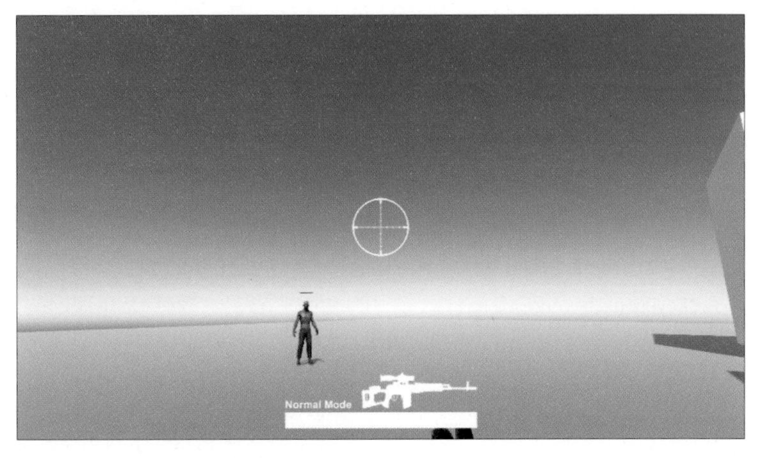

[그림 4.10-59] 스나이퍼 이미지 교체 완료

이제 UI 준비는 끝났습니다. 기능을 본격적으로 구현해보겠습니다.

현재는 숫자 키 1을 누르면 '노멀 모드', 2를 누르면 '스나이퍼 모드'라는 명칭만 바뀌는 상태입니다. 1을 눌렀을 때는 Crosshair01, Weapon01 게임 오브젝트가 활성화되고, Crosshair02, Weapon02 게임 오브젝트는 비활성화되며, 2를 눌렀을 때는 Crosshair01, Weapon01 게임 오브젝트가 비활성화되고, Crosshair02, Weapon02 게임 오브젝트는 활성화되는 기능을 각 버튼 함수에 추가하겠습니다. PlayerFire.cs 스크립트를 열어 기능을 추가하겠습니다.

```
public class PlayerFire : MonoBehaviour
{
    . . . (생략) . . .

    // 무기 아이콘 스프라이트 변수
    public GameObject weapon01;
    public GameObject weapon02;

    // 크로스헤어 스프라이트 변수
    public GameObject crosshair01;
    public GameObject crosshair02;
    . . . (생략) . . .
}
```

[코드 4.10-1] PlayerFire.cs UI 스프라이트 변수 선언

각 버튼을 누를 때 SetActive() 함수를 이용해 각각의 변수들의 활성화 여부를 설정합니다. [1]을 눌렀을 때 Weapon01, Crosshair01은 true, Weapon02, Crosshair02은 false가 되고, [2]를 눌렀을 때는 그 반대가 되겠죠.

```
. . . (생략) . . .
void Update()
{
    // 만일 키보드의 숫자 키 [1]의 입력을 받으면, 무기 모드를 일반 모드로 변경한다.
    if (Input.GetKeyDown(KeyCode.Alpha1))
    {
        . . . (생략) . . .
        // 1번 스프라이트는 활성화되고, 2번 스프라이트는 비활성화된다.
        weapon01.SetActive(true);
        weapon02.SetActive(false);
        crosshair01.SetActive(true);
        crosshair02.SetActive(false);

    }
    // 만일 키보드의 숫자 키 [2]의 입력을 받으면, 무기 모드를 스나이퍼 모드로 변경한다.
    else if (Input.GetKeyDown(KeyCode.Alpha2))
    {
    . . . (생략) . . .
        // 1번 스프라이트는 비활성화되고, 2번 스프라이트는비활성화된다.
        weapon01.SetActive(false);
        weapon02.SetActive(true);
        crosshair01.SetActive(false);
        crosshair02.SetActive(true);
    }
}
```

[코드 4.10-2] PlayerFire.cs 숫자키 [1]과 [2]를 눌렀을 때 활성화 처리

스크립트를 저장하면 PlayerFire 컴포넌트에 게임 오브젝트를 넣을 슬롯이 생깁니다. 캔버스 게임 오브젝트 안에 있는 무기와 크로스헤어 이미지 게임 오브젝트들을 하나하나 드래그 앤 드롭해 넣어 줍니다.

[그림 4.10-60] 무기, 크로스헤어 이미지 게임 오브젝트들을 스크립트에 연결

플레이 버튼을 눌러 잘 작동하는지 확인합니다.

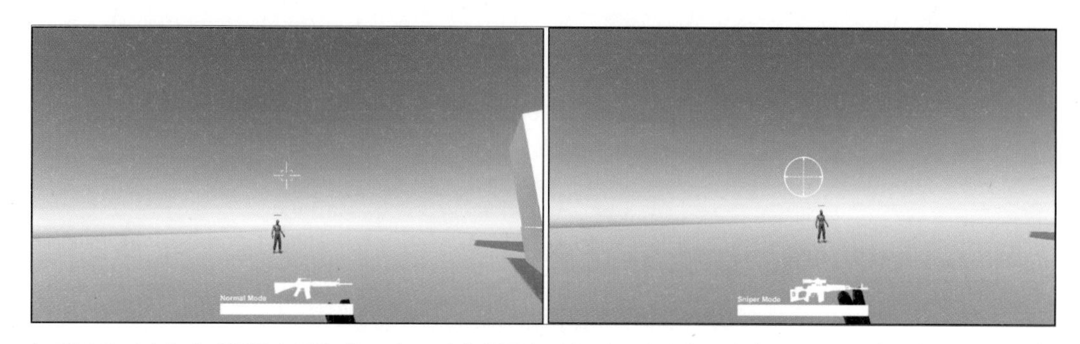

[그림 4.10-61] 숫자 키 ①을 눌렀을 때 노멀 모드(좌), ②를 눌렀을 때 스나이퍼 모드(우)

우리는 일반 모드일 때와 스나이퍼 모드일 때 마우스 오른쪽 버튼 클릭의 기능을 다르게 부여했습니다. 일반 모드일 때는 수류탄, 스나이퍼 모드일 때는 조준경 모드 기능을 넣었죠. 이것도 UI에서 인식하도록 간단한 이미지로 표현해보겠습니다.

순서는 총 스프라이트 이미지를 제작했던 방식과 같습니다. 외부에서 가져온 이미지 파일(Weapon01_R_Grenade.png, Weapon02_R_Sniper)의 타입을 Sprite(2D and UI)로 바꿔준 후, 캔버스 오브젝트 아래에 이미지 오브젝트를 생성하고, 생성한 오브젝트 이름을 'Weapon01_R'로 바꾼 다음 수류탄(Weapon01_R_Grenade.png)을 이미지 소스에 드래그 앤 드롭으로 적용시켜주고 HP 바 오른쪽에 배치하겠습니다.

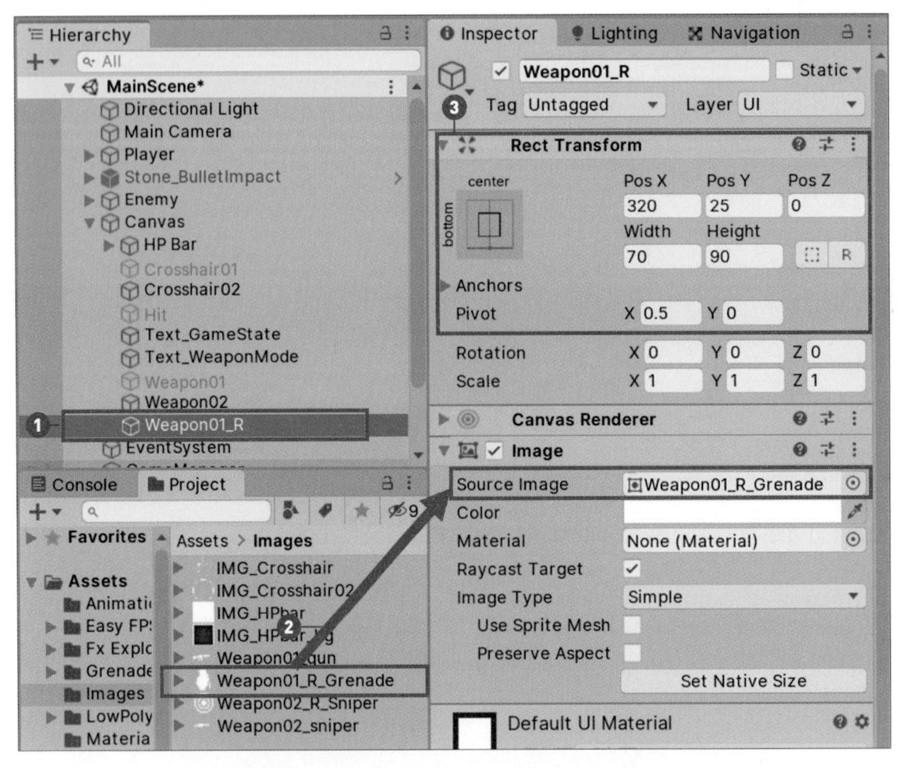

[그림 4.10-62] 이미지 오브젝트 생성(❶) 후 스프라이트 적용(❷) 및 배치(❸)

[그림 4.10-63] 수류탄 스프라이트 배치 완료

스나이퍼 모드 역시 Weapon01_R 오브젝트를 복제해 이름을 변경하고(Weapon02_R) 이미지(Weapon02_R_Sniper.png)를 교체합니다.

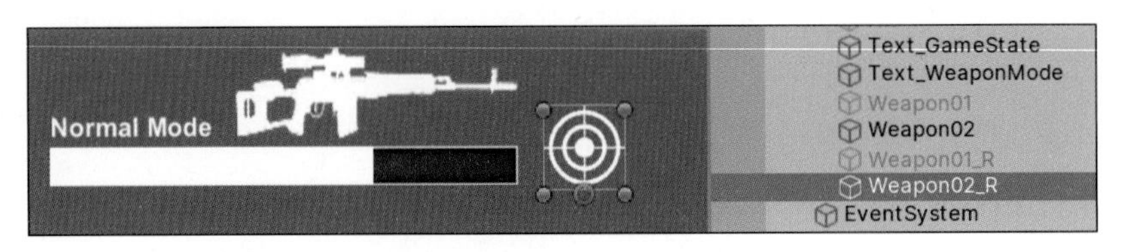

[그림 4.10-64] 스나이퍼 스프라이트 배치 완료

PlayerFire.cs 스크립트에도 마우스 오른쪽 버튼 클릭 아이콘 들을 담을수 있는 변수를 만들어주고, 숫자 키를 눌렀을 때의 활성화 여부를 추가하겠습니다.

```
public class PlayerFire : MonoBehaviour
{
// 마우스 오른쪽 버튼 클릭 아이콘 스프라이트 변수
    public GameObject weapon01_R;
    public GameObject weapon02_R;
    . . .(생략). . .


    void Update()
    {
    // 만일 키보드의 숫자 키 [1]의 입력을 받으면, 무기 모드를 일반 모드로 변경한다.
        if (Input.GetKeyDown(KeyCode.Alpha1))
        {
            . . .(생략). . .
            // Weapon01_R는 활성화되고, Weapon02_R는 비활성화된다.
            weapon01_R.SetActive(true);
            weapon02_R.SetActive(false);
        }
        // 만일 키보드의 숫자 키 [2]의 입력을 받으면, 무기 모드를 스나이퍼 모드로 변경한다.
        else if (Input.GetKeyDown(KeyCode.Alpha2))
        {
        . . .(생략). . .
            // Weapon01_R는 활성화되고, Weapon02_R는 비활성화된다.
            weapon01_R.SetActive(false);
            weapon02_R.SetActive(true);
        }
    }
    . . .(생략). . .
}
```

[코드 4.10-3] PlayerFire.cs 우클릭 아이콘 스프라이트 변수(상) 키 입력 시 활성화 여부 기능(하)

PlayerFire 컴포넌트에 생성된 오브젝트 슬롯에 Weapon01_R, Weapon02_R 2개의 오브젝트를 드래그 앤 드롭해 넣어주고, 잘 작동하는지 확인합니다.

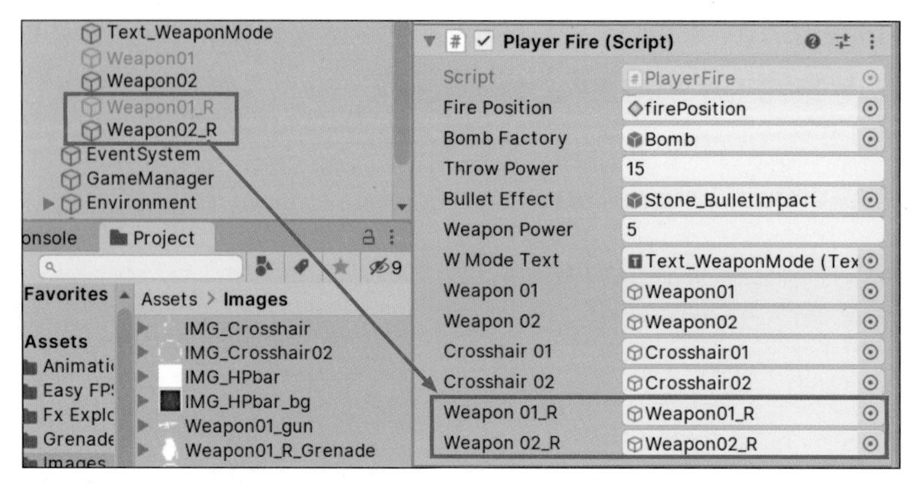

[그림 4.10-65] 오브젝트 연결

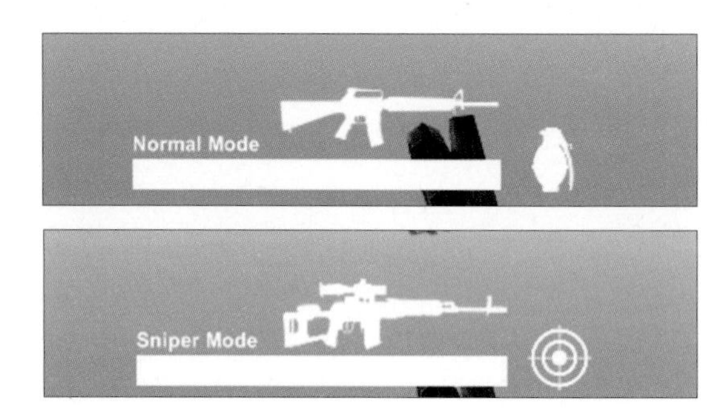

[그림 4.10-66] 적용 결과 일반 모드(상), 스나이퍼 모드(하)

모두 모아 놓고 보니 UI들이 정리가 안 된 것처럼 보이네요. 배경으로 어두운 사각형을 만들어 깔끔하게 정리하겠습니다. 이번에는 간단하게 유니티에서 제공하는 기본 이미지를 이용하겠습니다. 캔버스에서 이미지를 생성하고, 이름을 'BG'라고 변경한 후 앵커와 피벗, 크기를 조절합니다. 색은 검은색이지만 알파 값을 조절해 투명하게 하겠습니다.

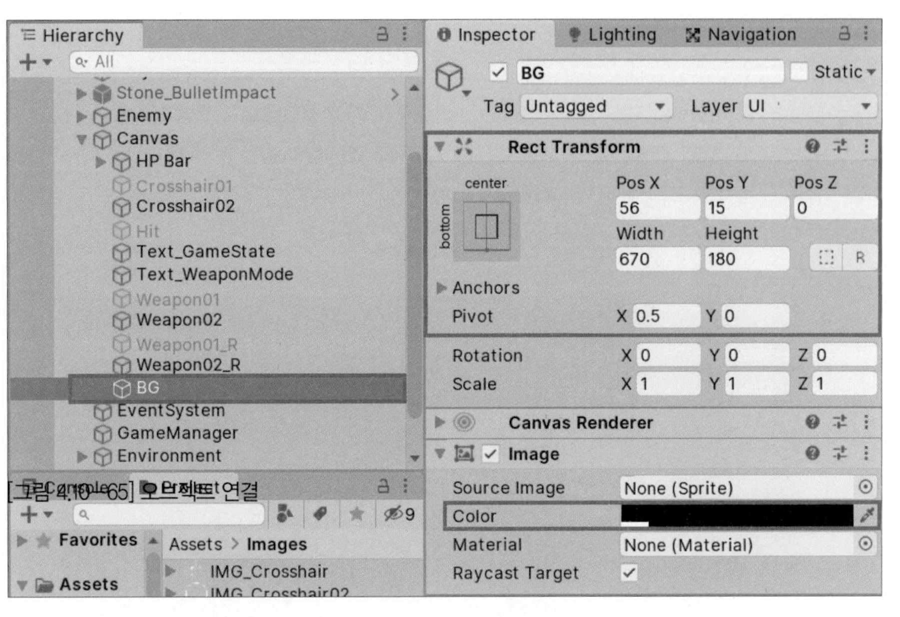

[그림 4.10-67] 배경 이미지 생성

[그림 4.10-68] 배경 적용 모습

크기와 위치는 알맞게 배치됐네요. 하지만 배경 이미지가 다른 UI들을 덮고 있는 것처럼 어둡게 됐군요. 하이어라키 뷰의 BG 오브젝트를 HP 바 오브젝트 위로 올려 맨 뒤에 있는 것처럼 보이도록 해 보겠습니다.

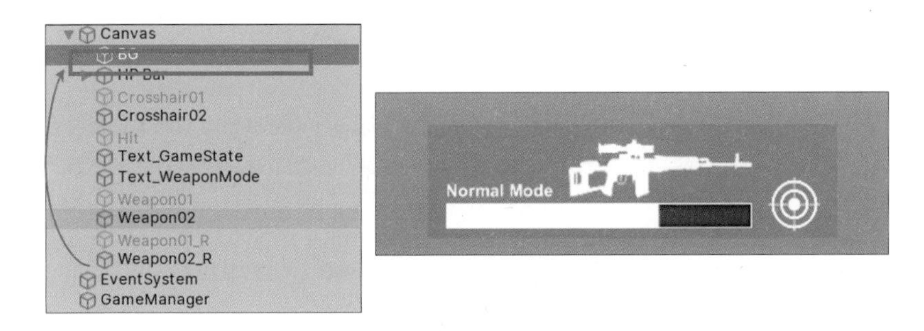

[그림 4.10-69] 하이어라키 뷰에서 BG 오브젝트를 HP 바 위로 이동(좌), 이동 후 모습(우)

Note UI 엘리먼트의 출력 순서

일반적으로 UI는 스프라이트 이미지를 쌓아 구성합니다. 예를 들어 환경 설정을 눌러 팝업 메뉴를 만든다고 가정해 보겠습니다. [그림 4.10-70]과 같이 팝업 창 위에 버튼들이 배치돼 있는 팝업 창은 맨 아래 바닥 이미지가 있고, 그 위에 버튼 이미지가 겹쳐 있고, 그 위에 텍스트를 겹치 배치해 여러 장의 이미지가 겹쳐진 모습을 보고 있는 것이죠. 포토샵과 같은 이미지 제작 프로그램에서 레이어 개념을 생각하면 쉽습니다.

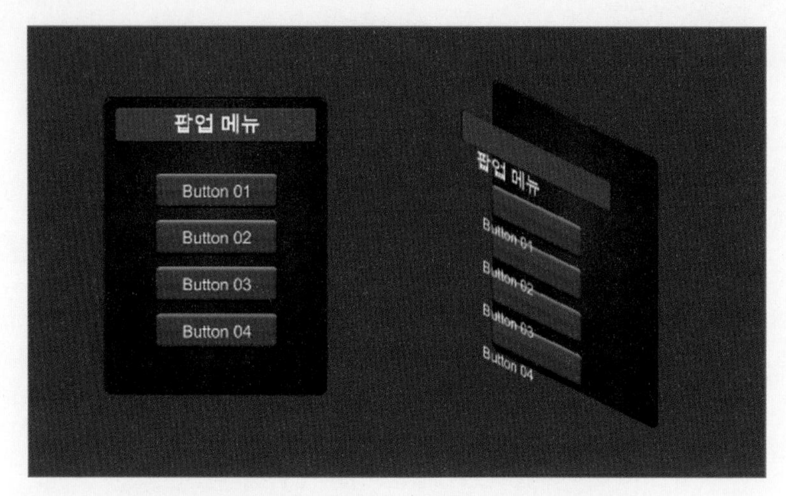

[그림 4.10-70] 팝업 창의 UI 구조

포토샵이 레이어를 쌓아올리는 순서대로 보이는 것처럼 유니티 UI 시스템에서는 하이어라키 뷰 순서대로 출력할 수 있게 해줍니다. 포토샵에서는 최상위 레이어가 먼저 보이는 것과 달리, 유니티에서는 아래로 내려갈수록 카메라에 가장 가까운 이미지가 됩니다. 즉, 하이어라키 뷰 아래에 있을수록 사용자에게 가장 먼저 보입니다.

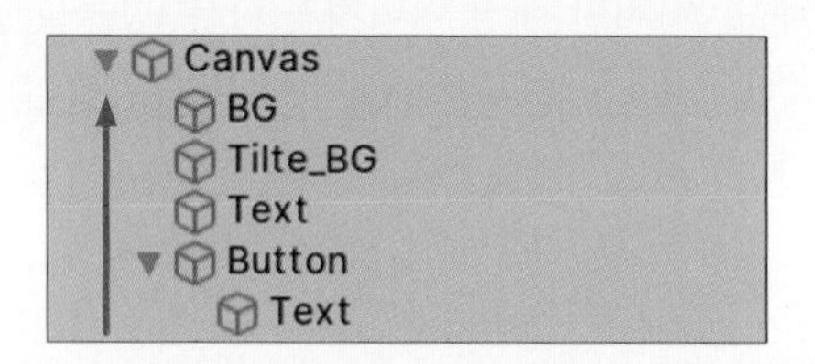

[그림 4.10-71] 사용자의 눈에 보이는 순서

유니티 UI 시스템은 엘리먼트를 생성하면 하이어라키 뷰 최하단에 생성하기 때문에 만약 앞선 학습처럼 중간에 배경을 만든다거나 부득이 중간에 겹치는 이미지를 배치해야 할 때는 반드시 하이어라키 뷰의 순서를 조정해야 합니다.

이번에는 스나이퍼 모드일 때 변화를 주겠습니다. 크로스헤어는 스나이퍼 모드일 때 바뀌어 스나이퍼 모드라는 것을 인지하고는 있지만, 마우스 오른쪽 버튼 클릭으로 줌을 할 경우 카메라만 확대되고 어떠한 UI에도 변화가 없어서 밋밋한 느낌입니다. 일반적으로 FPS 게임에서 스나이퍼 모드일 때 줌을 하면 조준경으로 보는 느낌으로 화면 주위가 어둡게 되고 크로스헤어만 확대돼어 시야가 좁아지는 연출을 하죠.

[그림 4.10-72] 배틀 그라운드 스나이퍼 줌 모드(출처: 유튜브 생존자 가이드(bitly.kr/oWsK5QW9e) 1분 20초 구간)

스나이퍼 모드 시 마우스 오른쪽 버튼을 클릭할 때 크로스헤어 이미지를 교체해 [그림 4.10-72]와 같은 연출을 해보겠습니다. 구조는 크로스헤어를 변경한 것과 비슷하게 줌 모드일 때 스나이퍼 크로스헤어 오브젝트를 비활성화하고 줌 모드용 크로스헤어를 활성화하는 방식입니다.

먼저 외부에서 이미지(IMG_SniperZoom.png)를 가져와 텍스처 타입을 Spite(2D and UI)로 바꿔줍니다. 캔버스에 이미지를 생성하고 가져온 이미지를 Source Image에 삽입합니다. 게임 오브젝트의 이름은 'Crosshair02_zoom'이라 변경하고, 앵커는 스트레치(Stretch)를 선택해 화면에 꽉 차게 설정하겠습니다.

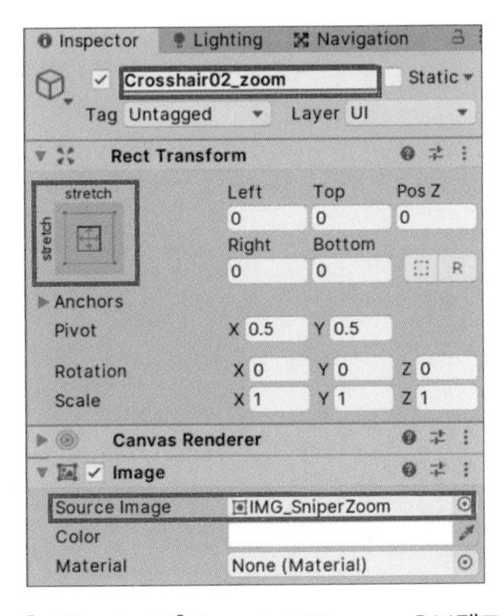

[그림 4.10-73] Crosshair02_zoom 오브젝트 설정

현재는 하이어라키 뷰가 가장 아래에 있어서 다른 모든 UI를 가리므로 캔버스의 최상단으로 옮기겠습니다. 그러면 마우스 오른쪽 버튼을 클릭해 줌 모드일 때 크로스헤어만 바뀌는 느낌이 들겠죠.

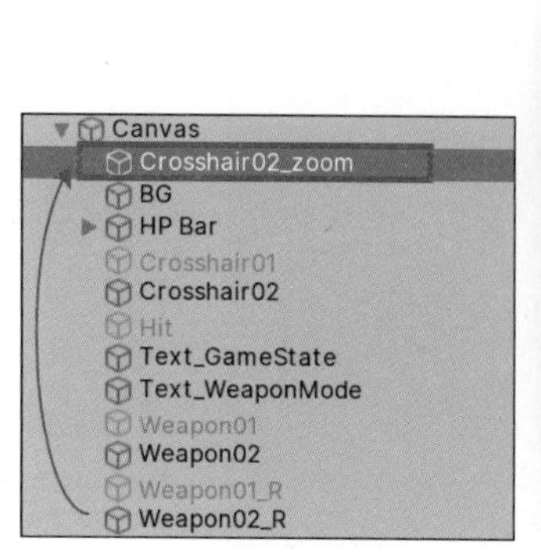

[그림 4.10-74] Crosshair02_zoom 오브젝트 위치 이동

[그림 4.10-75] 줌 모드 적용 모습 확인

이제 스크립트를 수정해 줌 모드일 때 구동되도록 해보겠습니다.

PlayerFire.cs 스크립트에 줌 모드로 바꾸는 기능이 있었으므로 PlayerFire.cs 스크립트를 열겠습니다. 우리가 만든 줌 모드 크로스헤어 오브젝트를 담을 변수를 선언하고, 스나이퍼 모드를 마우스 오른쪽 버튼으로 클릭해 줌 모드 상태라면 스나이퍼 크로스헤어(crosshair02)를 비활성화하고 줌 모드 크로스헤어(crosshair02_zoom)를 활성화합니다. 이와 반대로 줌 모드 상태가 아니라면 스나이퍼 크로스헤어(crosshair02)를 활성화하고 줌 모드 크로스헤어(crosshair02_zoom)를 비활성화하는 코드를 작성합니다.

```
// 마우스 우(右)클릭 줌 모드 스프라이트 변수
public GameObject crosshair02_zoom;

    . . .(생략). . .

    void Update()
    {
    . . .(생략). . .
    if (Input.GetMouseButtonDown(1))
    {
        switch (wMode)
```

```
        {
          . . .(생략). . .
          case WeaponMode.Sniper:
          // 만일, 줌 모드 상태가 아니라면 카메라를 확대하고 줌 모드 상태로 변경한다.
          if (!ZoomMode)
          {
              . . .(생략). . .
              // 줌 모드일 때 크로스헤어를 변경한다.
              crosshair02_zoom.SetActive(true);
              crosshair02.SetActive(false);
              }
              // 그렇지 않으면, 카메라를 원래 상태로 되돌리고 줌 모드 상태를 해제한다.
              else
              {
              . . .(생략). . .
              // 크로스헤어를 스나이이퍼 모드로 돌려놓는다.
              crosshair02_zoom.SetActive(false);
              crosshair02.SetActive(true);
        }
        break;
    }
    . . .(생략). . .
}
```

[코드 4.10-4] PlayerFire.cs 줌 모드 크로스헤어 변수 선언 및 줌 모드 시 활성 여부 코드

이렇게만 하면 아무런 문제 없이 줌 모드가 되는 것 같지만, 줌 모드일 때 숫자 키 1을 눌러 일반 모드로 전환했을 때 크로스헤어가 그대로 남는 문제가 생깁니다. 1을 눌렀을 때 줌 모드 크로스헤어를 비활성화 해주고 줌 모드를 빠져나가는 코드를 작성해야 합니다.

```
void Update()
{

    if (Input.GetKeyDown(KeyCode.Alpha1))
    {
        . . .(생략). . .
        // 스나이퍼 모드에서 일반 모드 키를 눌렀을 때
        // Weapon01_R_zoom은 비활성되고, 줌 모드는 해제
        crosshair02_zoom.SetActive(false);
```

```
            Camera.main.fieldOfView = 60f;
            ZoomMode = false;
        }
    }
```

[코드 4.10-5] PlayerFire.cs 줌 모드 상태에서 1키를 눌러 일반 모드로 돌아올 때 문제 해결

아무런 문제 없이 작동하는 것을 확인할 수 있습니다. 이상으로 무기 교체 UI 작업을 마치겠습니다.

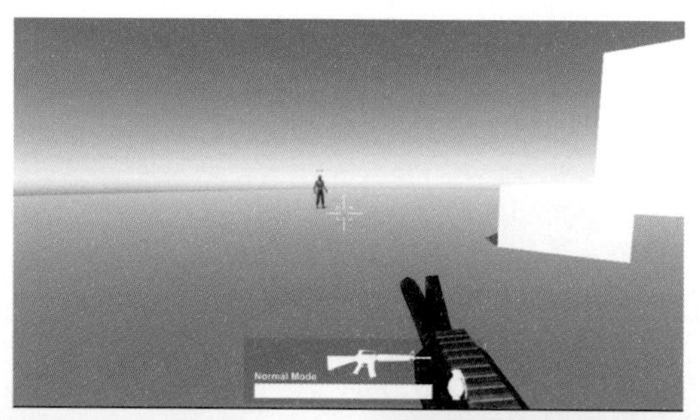

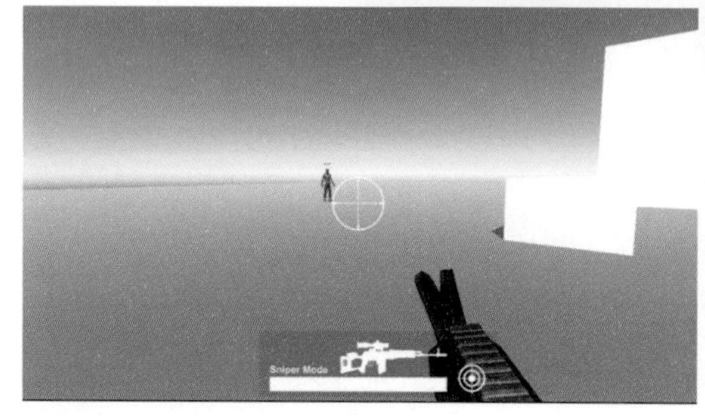

[그림 4.10-76] 무기 교체 UI 완료

4.11 그래픽 꾸미기

이번에는 기능의 구현보다 유니티에서 제공하는 기능을 활용해 여러 가지 시각적인 효과를 보다 강력하게 전달할 수 있는 기능을 추가하고 수정하는 작업을 해보겠습니다. 지금까지는 '없는 기능을 프로그래밍해 제작하는' 것이었다면, 이번 실습은 '**제공된 기능을 활용**'하는 데 있습니다.

프로그래머는 그래픽 파트에서 이뤄지는 작업을 이해하고, 취업 준비생은 포트폴리오를 더욱 화려하게 꾸며 다른 포트폴리오보다 눈에 띄게 만드는 효과를 기대할 수 있습니다. 이번에는 애셋이 갖춰진 상태에서 진행하기 때문에 가장 먼저 아래의 애셋 두 가지를 다운로드한 후 임포트해 프로젝트에 추가해보겠습니다. 필요한 애셋은 다음과 같습니다.

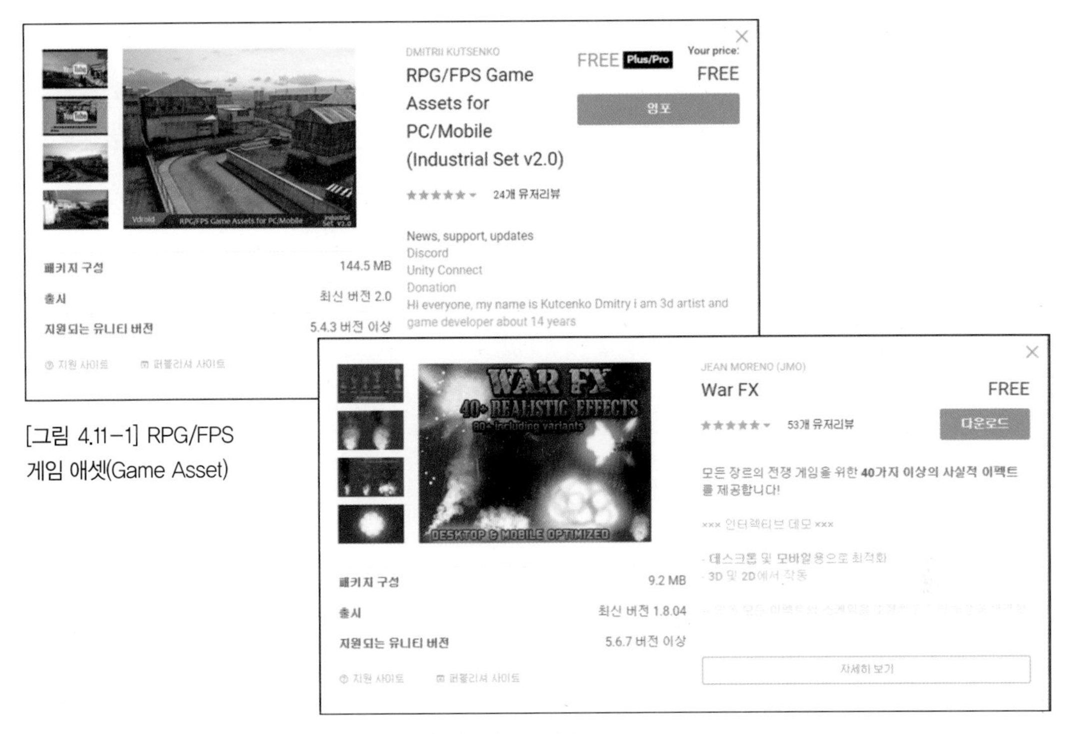

[그림 4.11-1] RPG/FPS 게임 애셋(Game Asset)

[그림 4.11-2] 워(War) FX 애셋

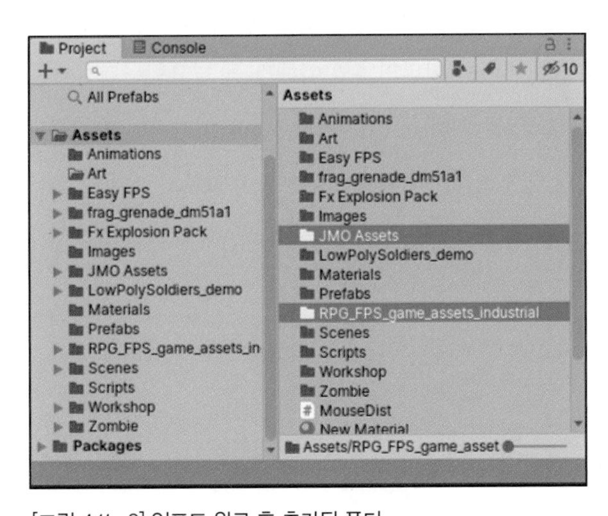

[그림 4.11-3] 임포트 완료 후 추가된 폴더

소규모 팀의 프로그래머 분들이나 취업을 준비하는 학생들이라면, 애셋 스토어에서 그래픽 리소스를 다운로드해 활용하는 경우가 많습니다. 하지만 그래픽 리소스에 대한 정보가 없어 제대로 활용하지 못하는 경우가 많습니다. 일반적인 개발사라면 그래픽 파트(또는 아트 파트)에서 담당자들이 따로 배정돼 있는 경우가 많습니다. 파티클 시스템은 이펙터라는 직종이 있고, 포스트 프로세싱, 라이트맵은 레벨 디자이너(또는 레벨 빌더)라는 공간을 조명과 오브젝트를 배치하고 조율하는 직종이 있습니다. 최근 개발팀이 소규모로 축소되면서 이러한 그래픽 파트별 작업의 이해를 높일 필요성이 증가했고, 직접 다루는 경우도 많아졌기 때문에 간단한 리소스를 수정하거나 자신의 컨텐츠에 맞게 수정하는 데 초점을 맞춰 진행하겠습니다.

4.11-1 : 머티리얼

목표

머티리얼을 마음대로 수정하고 싶다.

순서

1. PBR에 대해 이해하기
2. 머티리얼의 필수 옵션 이해하기
3. 원하는 재질 만들기

이번에는 전체적으로 3D 리소스들을 다루기 때문에 3D 데이터에서 가장 기초라고 할 수 있는 모델링 데이터와 머티리얼을 이루는 머티리얼의 이해가 꼭 필요합니다. 기본 오브젝트인 큐브와 스피어 같은 것들을 만들면 'Default Material'이라는 기본 머티리얼이 적용돼 있는 상태가 됩니다. 머티리얼이 제대로 연결돼 있지 않다면, 핑크색으로 오브젝트의 외형만 보이게 됩니다. 이런 경우에는 렌더러의 머티리얼부터 확인해보는 것이 좋습니다.

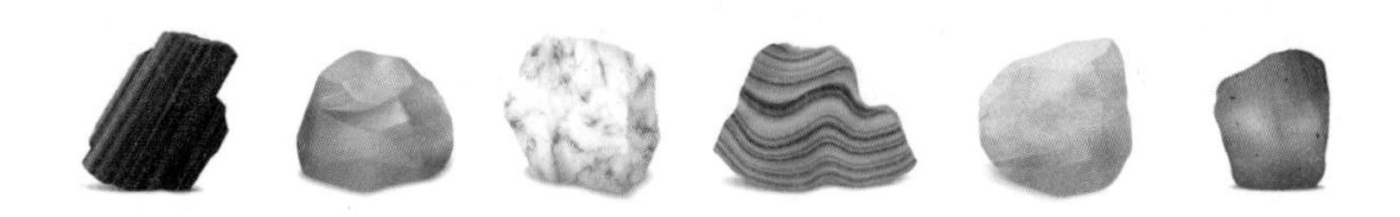

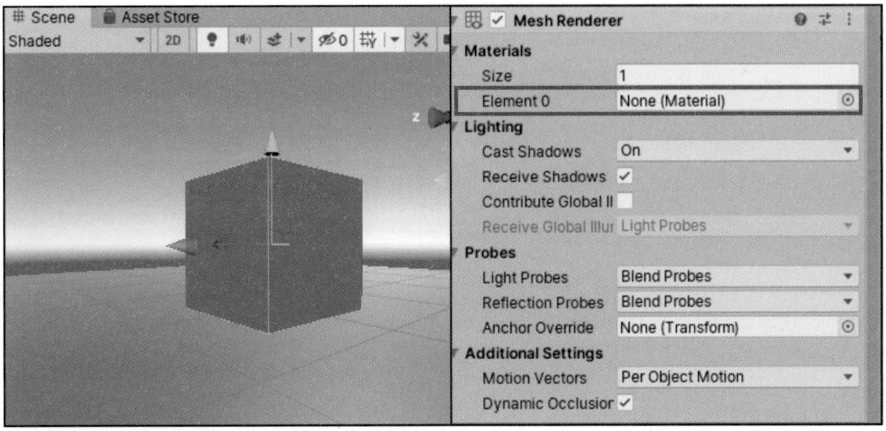

[그림 4.11-4] 머티리얼 에러

머티리얼을 만드는 것부터 시작해 각각의 옵션을 바꿔보면서 특성과 기능에 대해 설명하는 방식으로 진행하겠습니다. 그래픽과 관련된 폴더를 하나 생성해 앞으로 실습에서 만들어지는 파일을 모아 놓겠습니다. 프로젝트 뷰에서 [+] 버튼을 누른 후 가장 위에 있는 Folder 항목을 클릭합니다. 새로운 폴더의 이름을 'Art'로 변경하겠습니다.

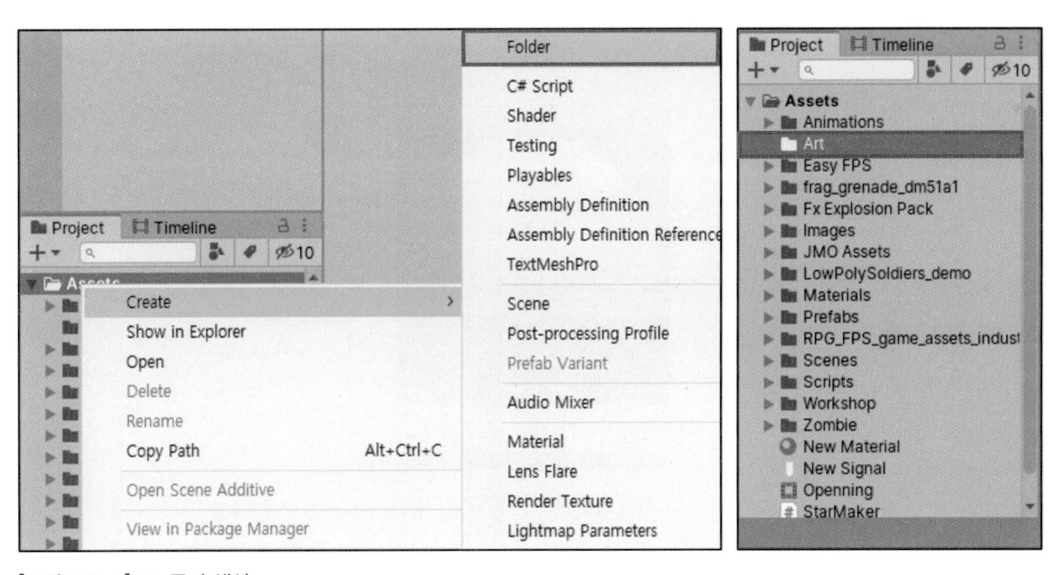

[그림 4.11-5] Art 폴더 생성

Art 폴더를 마우스 오른쪽 버튼으로 클릭한 후 Material 항목을 클릭합니다. 파일의 이름은 'Mat_basic'으로 변경합니다.

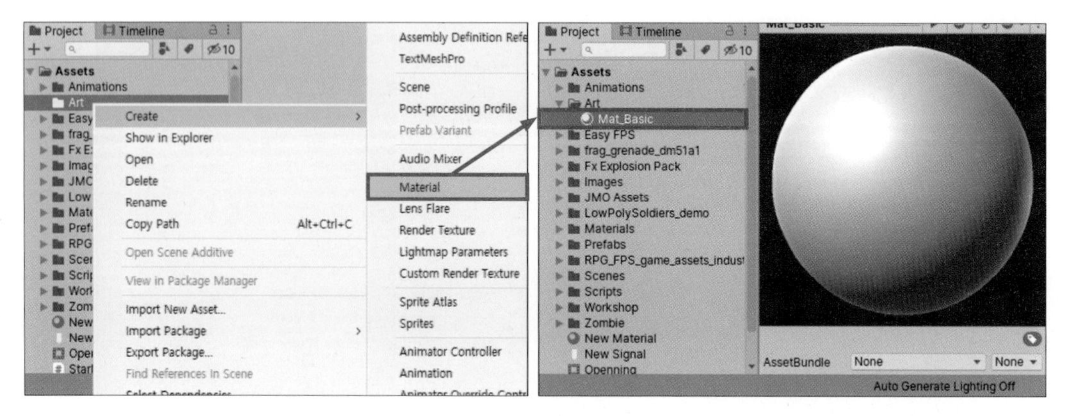

[그림 4.11-6] 머티리얼 생성

머티리얼을 선택한 후 하단에 머티리얼이라는 이름의 바를 클릭합니다. [그림 4.11-7]과 같이 구체의 이미지가 보이고 머티리얼의 현재 상태를 볼 수 있는 프리뷰 창이 열립니다.

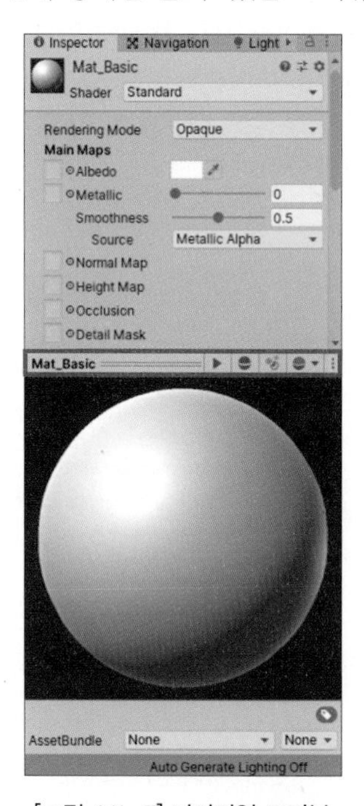

[그림 4.11-7] 머티리얼 프리뷰

머티리얼이 정상이라면 셰이더(Shader)를 바꿔줘야 하는데, 사용되는 셰이더에 따라 제대로 보이거나 원래 의도와는 다른 비주얼로 보일 수 있으므로 주의해야 합니다. 셰이더는 '어떻게 보일 것인가?'를 결정하는 함수와 같은 것입니다. 물처럼 흐르게 보이는지, 만화처럼 단순한지, 반투명하게 보이는지, 외곽선을 보이게 할지 등 눈에 보이는 기능을 담고 있습니다.

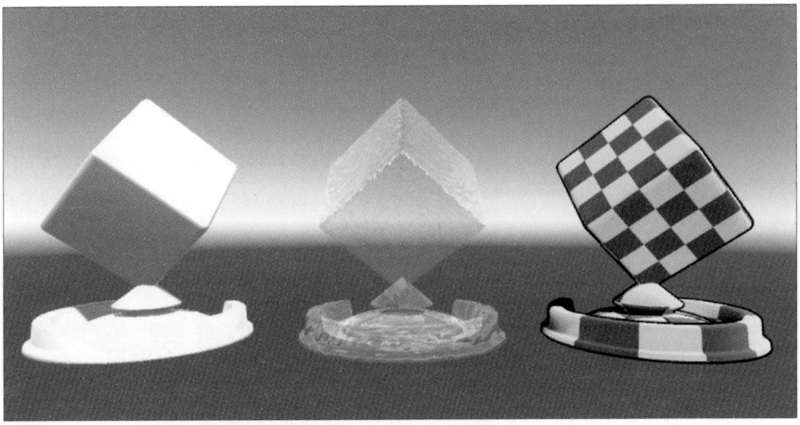

[그림 4.11-8] 기본 셰이더(좌), 유리 셰이더(중), 툰 셰이더(우)

유니티뿐 아니라 요즘 대부분의 3D를 다루는 프로그램에서는 머티리얼을 표현하는 기능에 PBR이라는 시스템을 도입했습니다. 따라서 이번에는 PBR에 대해 자세히 알아보겠습니다.

PBR 렌더링 시스템

PBR은 '물리 기반 렌더링(Physically Based Rendering)'의 약자입니다. 직역을 했기 때문에 어렵게 느껴질 수 있습니다. 빛이 물체의 표면에 반사돼 눈으로 들어와야 물체를 인식할 수 있습니다. 이것이 바로 사람 또는 카메라가 색을 인식하는 과정입니다. 컴퓨터에서는 빛이 물체 표면에 반사되는 경로를 물리적인 공식을 이용해 계산하고, 그 결과를 머티리얼을 통해 표현합니다. 재질을 표현하기 위한 복잡한 수학 공식들이 있지만, 가장 기본적인 원리인 빛의 반사가 무엇인지를 알면 이번 내용을 쉽게 이해할 수 있을 것입니다.

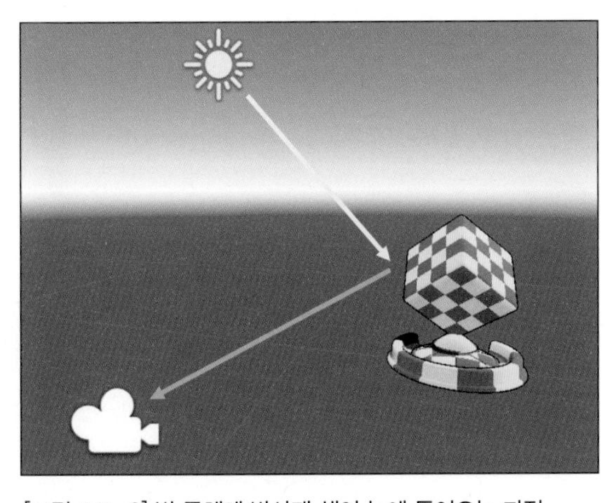

[그림 4.11-9] 빛 물체에 반사돼 색이 눈에 들어오는 과정

1 1.1 1.2 1.3 1.4 2 2.1 2.2 2.3 2.4 3 3.1 3.2 3.3 4 4.1 4.2 4.3 4.4 4.5 4.6 4.7 4.8 4.9 4.10 4.11

그렇다면 'PBR 이전에는 물리적인 계산을 하지 않았을까?'라는 궁금증이 생길 수 있는데, 당연히 이전에도 물리적인 계산을 했습니다. 다만, 과거에는 빛이 반사될수록 약해진다거나(에너지 보존의 법칙)하는 여러 가지 물리적인 계산을 할 수 없었는데, 요즘에는 컴퓨터의 성능이 개선되면서 보다 복잡한 계산을 할 수 있게 됐습니다. 이처럼 기존의 물리적인 계산에 몇 가지 성질들을 추가하고 여러 파라미터를 재분류했다고 이해하면 됩니다.

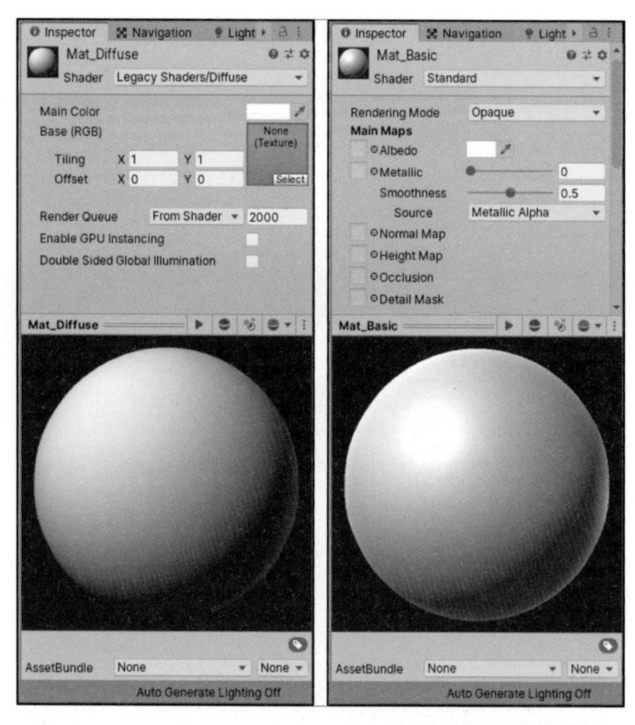

[그림 4.11-10] 레거시 디퓨즈(Diffuse) 셰이더(좌)와 PBR Standard 셰이더(우)

PBR을 이용하는 것에는 사실적인 표현에 가까워진 것말고도 한 가지 큰 장점이 있습니다. 바로 한 가지 셰이더를 사용해 일상생활에서 사용하는 재질들에 대한 표현이 가능해졌다라는 것입니다. 여기서 셰이더라는 용어가 나왔는데, 머티리얼을 보면 가장 위에 항목에 셰이더(Shader) 항목이 있고, 그 아래에 각종 파라미터들이 있습니다.

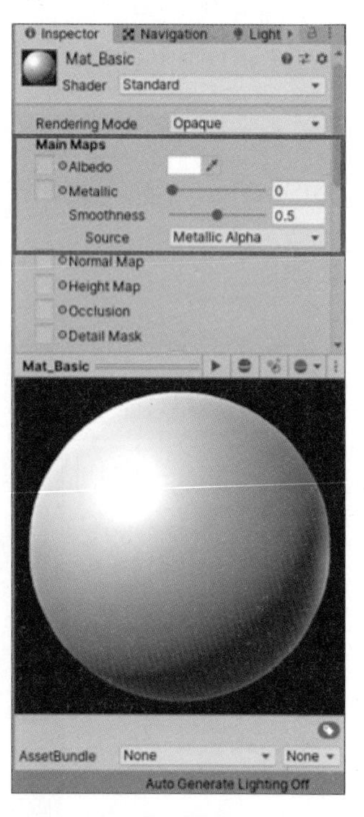

[그림 4.11-11] 스탠더드 머티리얼에서 PBR 셰이더의 핵심 기능

과거에는 나무, 금속, 종이 등 다양한 재질을 표현하기 위해 각자 다른 셰이더를 사용해야 했고, 셰이더가 다르다 보니 거기에 들어갈 파라미터들이 제각각이었습니다. 하지만 시스템이 PBR로 변화되면서 유니티에서 제공하는 차트와 같이 한 가지 셰이더를 사용해 다양한 재질을 표현할 수 있게 됐습니다.

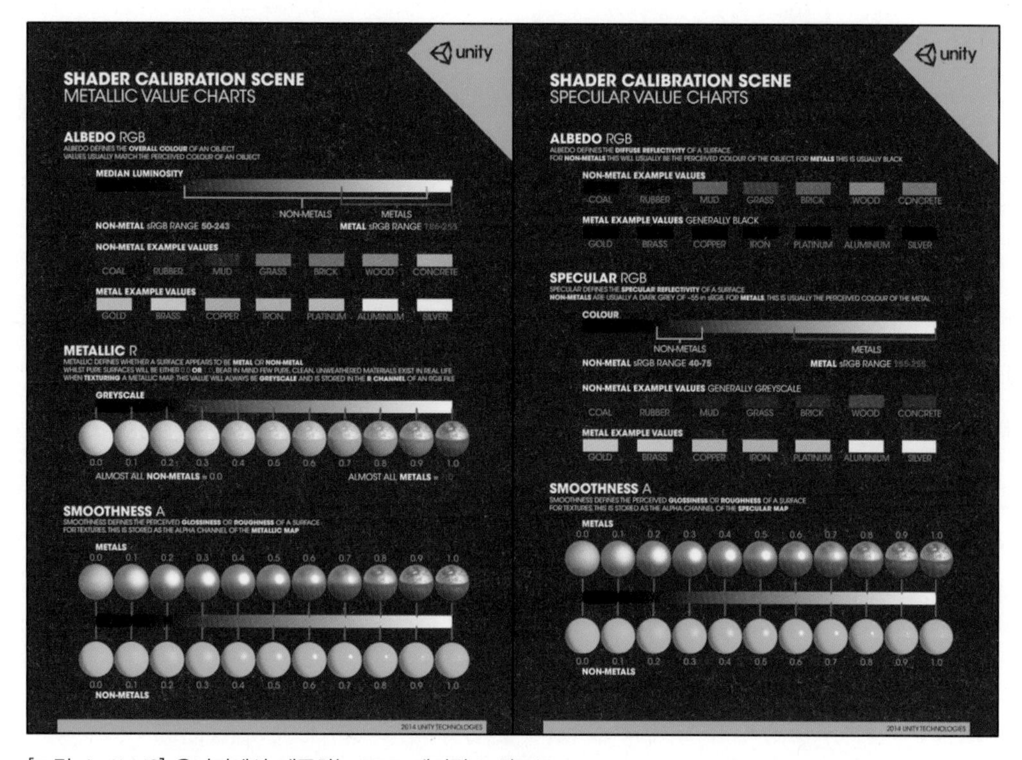

[그림 4-11-12] 유니티에서 제공하는 PBR 레퍼런스 챠트(출처: 유니티 PBR 레퍼런스 차트(https://docs.unity3d.com/Manual/StandardShaderMaterialCharts.html))

이러한 PBR에 사용하는 셰이더를 'PBS(Physically Based Shader)'라고 합니다. PBS의 특징은 Albedo, Metallic, Smoothness입니다. 이외에 보편적으로 쓰이는 Normal, Emission과 같은 파라미터들을 알아보겠습니다.

albedo와 diffuse

어떠한 재질을 표현하는 데 있어서 가장 기본이 되는 것은 무엇일까요? 아마도 물체가 가진 고유한 색일 것입니다. 결국 우리 눈에 어떠한 색으로 보이느냐가 제일 중요하다고 생각합니다. 그래서 빨간색, 파란색 등 특정한 색을 가진 물체가 빛을 받았을 때 어디가 밝아지고 어두워지는지, 어둡게 변하는 정도가 급격한지 아닌지 등을 결정하는 것이 셰이더가 하는 일입니다.

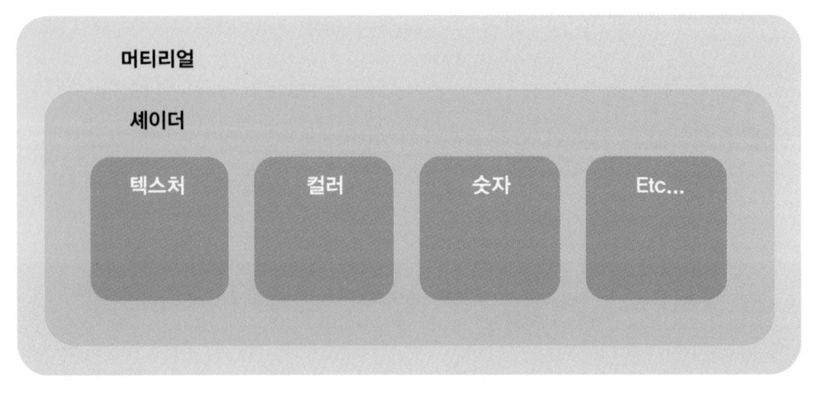

[그림 4.11-13] 머티리얼 구조

알베도(Albedo)는 물체가 가진 고유한 색을 결정합니다. 물체가 지니고 있는 고유한 색상을 표현하는 말로 'Albedo'라는 그래픽 용어를 사용하며, 유니티 머티리얼에서 이 표현을 그대로 사용하고 있습니다. 다른 엔진에서는 'Base Color'라고도 합니다.

머티리얼의 'Albedo' 항목을 빨간색으로 변경해보겠습니다. 'Albedo' 오른쪽의 사각형 박스를 클릭합니다. 컬러 피커 창이 열리고 RGB에서 R은 '255', G와 B는 각각 '0'으로 만듭니다. 우리 눈에 보이는 구체가 빨간색으로 표현됩니다. 이처럼 머티리얼은 셰이더와 셰이더에 적용할 실질적인 값인 파라미터(색, 숫자, 텍스처 등)를 묶어주는 역할을 합니다.

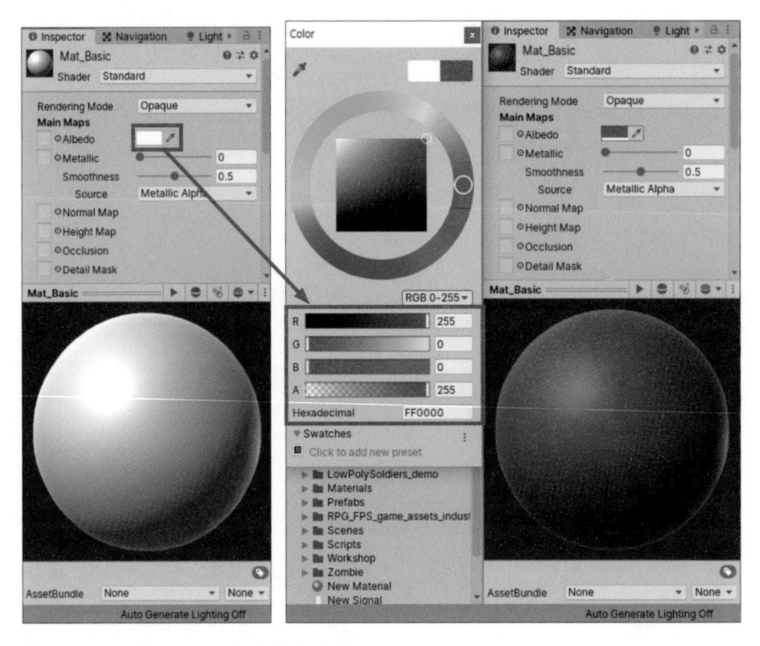

[그림 4.11-14] Albedo 컬러 변경 과정

Tip

유니티를 이용해 개발하다 보면, 비트맵, 라이트맵, 오클루전 맵이라는 용어를 많이 접할 수 있습니다. 모두 2D로 돼 있는 텍스처를 지칭하는 말입니다. 라이트 매핑은 라이트맵을 만드는 과정입니다. 이 과정을 풀어 설명하면, 빛이 사물(3D 오브젝트)을 비추는 정보를 그림 파일로 만드는 과정이라고 할 수 있습니다. 기술적으로는 좀 더 세세한 분류들이 있지만, 우선 이 정도로 개념을 이해한 상태에서 실습을 통해 다양한 기능을 활용해보겠습니다.

실무자들과 고유 컬러에 대해 이야기하다 보면 'Diffuse(디퓨즈)'라는 표현을 많이 사용합니다. 비교적 최근에 적용된 PBR 시스템보다 20여 년 가까이 쓰인 단어이기 때문입니다.

PBR 이전에는 반사되는 성질에 따라 Diffuse(디퓨즈, 난반사)와 Specular(스펙큘러, 정반사)를 이용해 재질을 표현했습니다. Diffuse는 빛이 물체에 부딪혀 여기저기 퍼지는 성질, Specular는 빛이 부딪힌 각도대로 반사되는 성질을 지니고 있습니다. 한마디로 물체의 재질에 따라 반사되는 정도를 다르게 계산하다 보니 나무, 천, 등과 같이 난반사가 강한 재질, 메탈, 유리 등과 같이 Specular 성질이 강한 재질별로 셰이더를 사용하기도 했습니다.

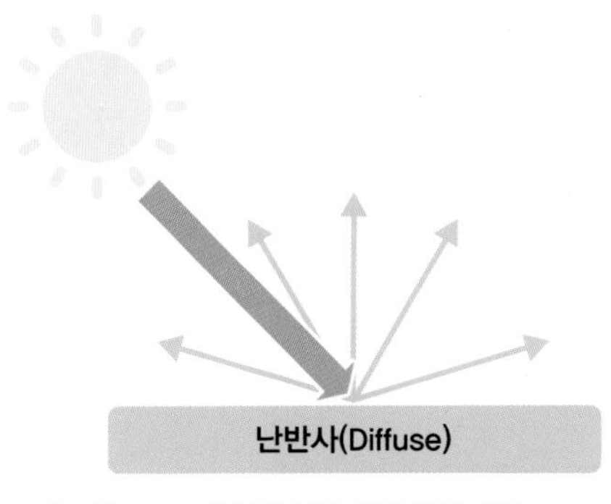

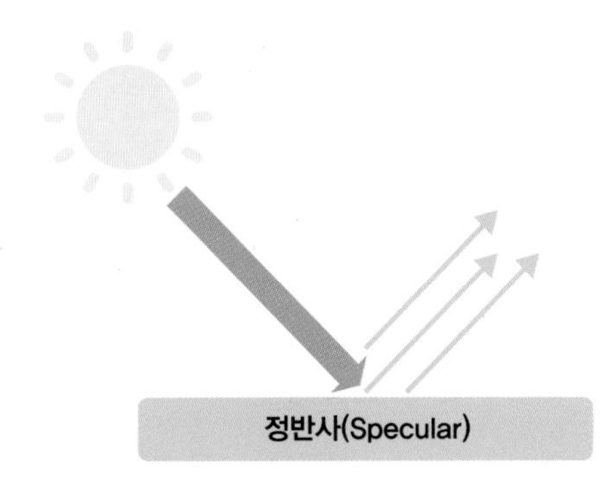

[그림 4.11-15] 난반사와 정반사의 개념

PBR에서는 Metallic(금속 성질)과 Smoothness(매끄러움)의 파라미터를 이용해 특정 색을 가진 물체가 어떻게 빛에 반응하는지 설정합니다. 두 가지 성질에 대해 차근차근 알아보겠습니다.

PBR의 금속 성질 파라미터, 메탈릭(Metallic)

이 세상에 존재하는 모든 물질을 속성별로 분류한다면, 어떠한 성질을 제일 먼저 고려해야 할까요? 학창 시절 과학 시간에는 단단함과 무른 정도를 이용해 나누기도 했고, 퇴적해서 만들어진 물질인지 화산 활동 등과 같이 어떠한 현상에 의해 생겨난 물질인지로 나누기도 했습니다. 반면, 컴퓨터 그래픽, 특히 3D에서는 실제 물질의 성질과 전혀 다르게 표현할 수 있습니다. 그래서 새로운 분류가 필요하게 됐는데, 이것이 바로 '금속 성분'입니다.

[그림 4.11-16] 나무와 메탈 금속 예시(출처: 픽사베이(pixabay.com))

금속과 비금속은 '메탈릭(Metallic)'이라는 하나의 파라미터에 의해 나누는데, 즉 '0 = 비금속', '1 = 금속'입니다. 엄밀히 따지면, 우리가 손에 쥘 수 있거나 육안으로 확인할 수 있는 정도의 오브젝트는 모래알 같이 작더라도 금속 성분의 입자와 비금속 성분들의 입자가 섞여 있을 수 있지만, 최소한의 입자로만 나누면 금속, 비금속으로 나뉘며 메탈릭을 통해 표현하게 됩니다.

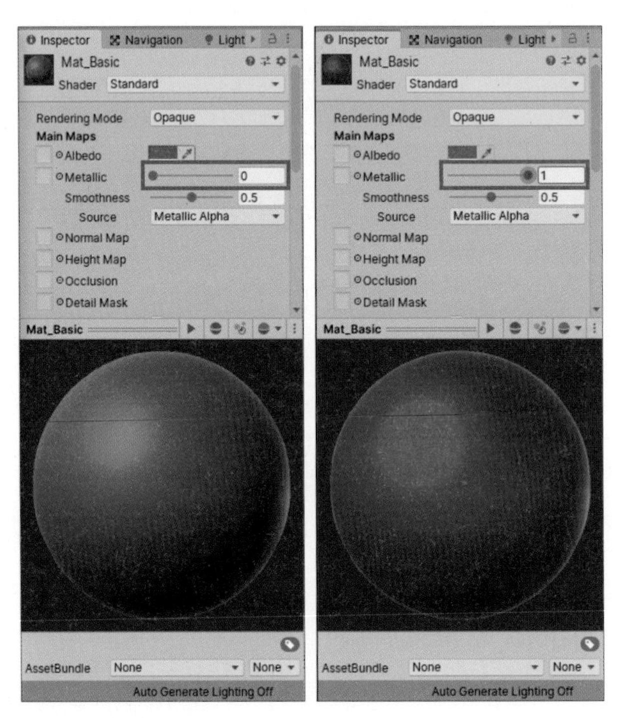

[그림 4.11-17] 메탈릭 비교

그런데 메탈릭 수치를 0이나 1로 바꿔보면 변화된 것은 알겠는데, 막상 그 변화를 말로 표현하자니 변화의 정도가 애매모호합니다. 독자분들의 이해를 돕고자 한 가지 예를 들어보겠습니다. 일반적으로 금은 노란색으로 그립니다. 금과 같이 노란색 당구공도 같은 공간, 같은 조명에 있다면 어떠한 시각적 차이가 생길까요? 노란색 당구공은 딱히 눈에 띄는 특징 없이 계속 노란색으로 보일 것입니다. 만약 독자의 방을 금이 가득 채우고 있다면, 아마도 그 방은 금색(노란색)으로 빛나고 있다는 것을 어렵지 않게 떠올릴 수 있을 것입니다.

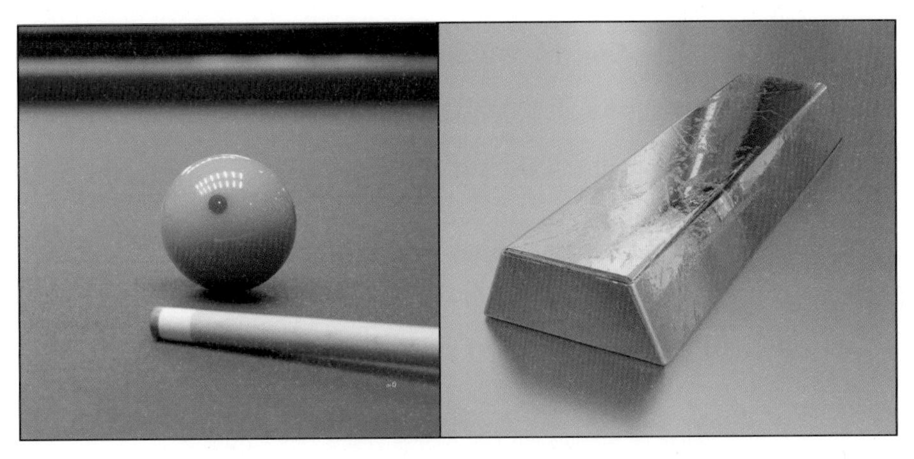

[그림 4.11-18] 노란색 당구공과 골드 바(출처: 픽사베이(pixabay.com))

메탈릭 수치가 1인 오브젝트의 하이라이트(빛을 정면으로 받는 면)를 자세히 살펴보면, 하이라이트의 컬러가 알베도(Albedo)와 같다는 것을 알 수 있습니다. 금속과 비금속을 나누는 가장 큰 속성은 바로 빛을 받았을 때, 내 자신을 컬러를 반사(금속)시키는지, 내가 받은 빛의 컬러를 반사(비금속)시키는지로 구분할 수 있기 때문에 PBR에서는 이러한 복잡한 원리를 슬라이더 바 하나로 구현해 놓았습니다. 간편하죠?

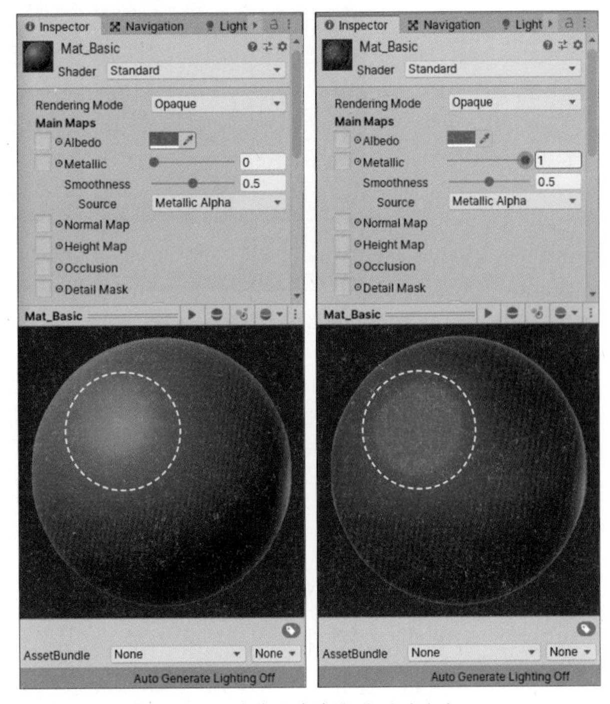

[그림 4.11-19] 메탈릭이 0(좌)과 1(우)일 때 하이라이트

PBR의 매끄러움 파라미터, 스무드니스(Smoothness)

앞서 물체를 이루는 입자의 성분에 따라 금속과 비금속으로 나눴다면, 이번에는 빛을 받아들이는 상태에 따라 오브젝트를 구분하는 Smoothness라는 PBR의 특징 중 마지막 특징에 대해 다루겠습니다.

비록 3D라는 가상의 세계이지만, 모든 오브젝트는 작은 입자들로 구성돼 있다고 가정하는 것이 PBR입니다. 그리고 그 입자들을 Smoothness를 통해 조절합니다. 거칠기 값 0은 '거칠다' 또는 '매트하다'라고 표현합니다. 이와 반대로 유리나 거울처럼 아주 매끄럽다면, Smoothness의 값은 1에 가까워집니다. 표면이 매끈하므로 반사(Reflection) 효과도 생깁니다.

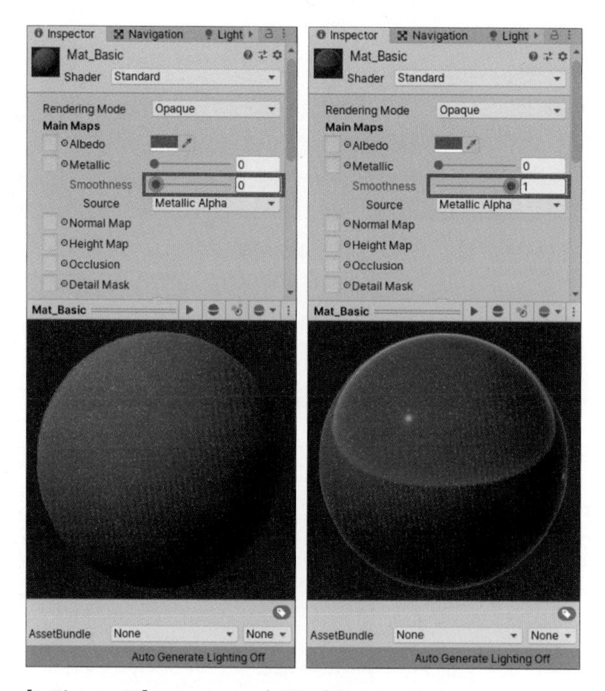

[그림 4.11-20] Smoothness(거칠기)의 0과 1 차이

그래서 최소한 이 세 가지 옵션을 이용해 표현하는 재질들을 생성해 쓰면 됩니다. 그러면 PBR을 잘 사용하게 될 것입니다.

디테일을 위한 노멀 맵(Normal map)

이번에는 PBR과는 무관하게 이전부터 자주 쓰이는 텍스처에 대해 이야기해보겠습니다. 유니티는 '게임 엔진'이라고 불리지만 요즘은 '리얼타임 렌더링 엔진'이라고도 불립니다. 과거 영화, 건축

영상을 만드는 3DS 맥스나 마야와 같은 프로그램과는 달리, 사용자의 반응에 따라 실시간으로 계산해 보여주는 특성이 있고, 영상처럼 수백 대의 컴퓨터를 이용해 화면을 그리는 분산 렌더링과 같은 기능을 쓸 수는 없습니다. 바꿔 말하면 컴퓨터 한 대에서 화면도 그리고 마우스, 키보드 입력, 여러 장비들과 인터렉션하는 등 해야 할 일이 엄청나게 많아진 것이죠.

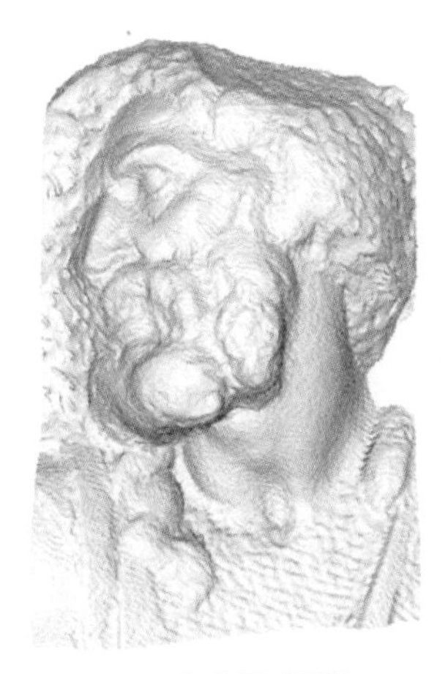
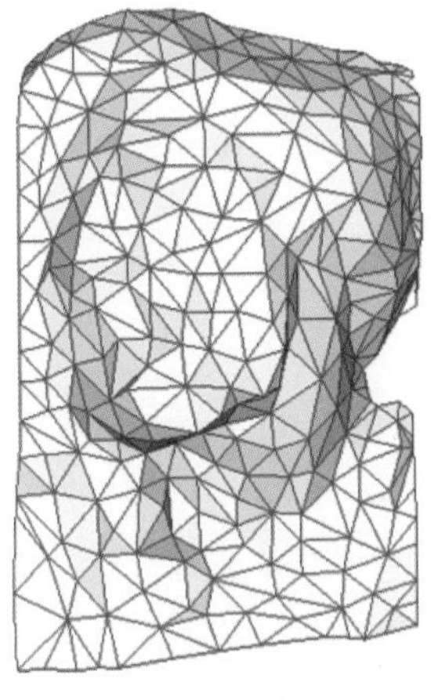
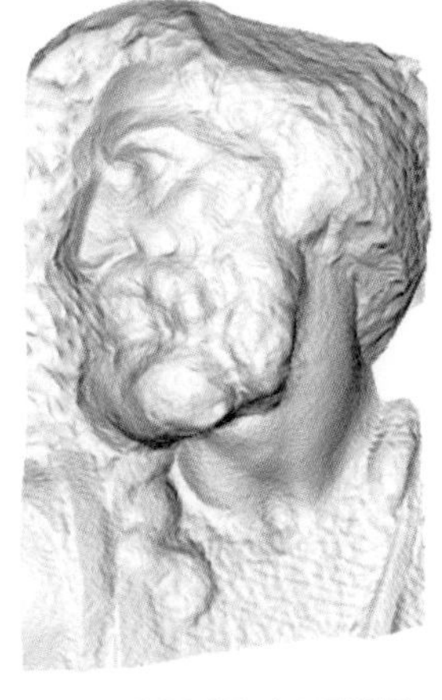

400만 개 폴리곤을 사용한 메시 **500개 폴리곤을 사용한 메시** **500개 폴리곤과 노맬맵을 사용한 메시**

[그림 4.11-21] 하이 폴리곤, 로우 폴리곤, 로우 폴리곤+노멀 맵(출처: 위키백과(https://ko.wikipedia.org/wiki/법선_매핑))

화면을 계속 새로 그리는 것은 컴퓨터의 자원을 갉아먹는 요소가 됐고, 3D를 사용하면서 그 역할이 더욱 커져 요즘은 그래픽카드라는 부품이 화면을 그리거나 3D 데이터를 처리하는 역할을 대신하고 있습니다.

화면에 명암을 만들기 위해서는 원칙적으로 3D 폴리곤 데이터가 풍부해야 합니다. 영상에서는 소파 하나를 표현하는 데 수백만 개의 폴리곤을 써도 무관하지만 유니티에서는 화면을 새로 그리는 데 엄청난 부하가 걸립니다. 그래서 이러한

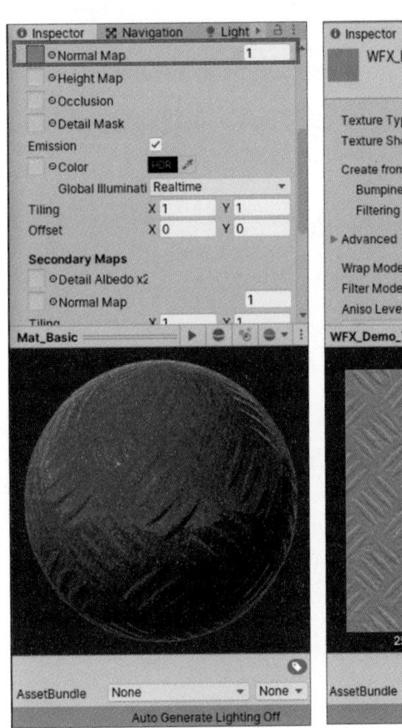

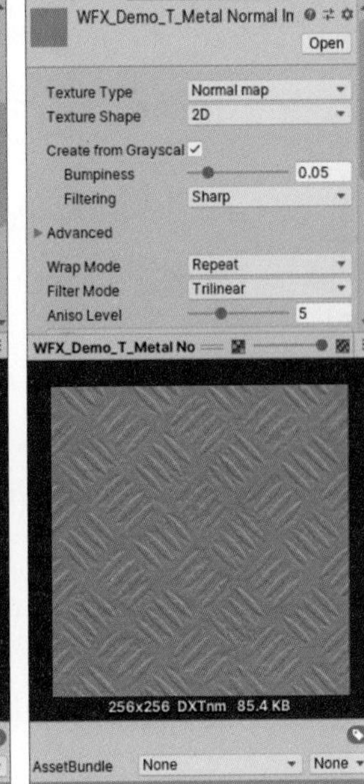

[그림 4.11-22] 노멀 맵 적용

폴리곤의 굴곡을 텍스처로 투사(Projection)시켜 컴퓨터한테 착시를 주는 것이 '노멀 맵'입니다. 적은 수의 폴리곤을 갖고도 마치 폴리곤을 많이 써서 표현한 것 같이 컴퓨터를 속이는 기술입니다.
노멀 맵은 일반적인 그림 파일과 달리 컴퓨터가 계산을 하기 위한 데이터로, 알록달록한 모양새가 현실적인 이미지들과는 확연히 구분됩니다. 따라서 텍스처를 프로젝트에 추가시킬 때 inspector 창에서 반드시 노멀 맵이라고 설정해야 제대로 된 결과가 나타납니다.

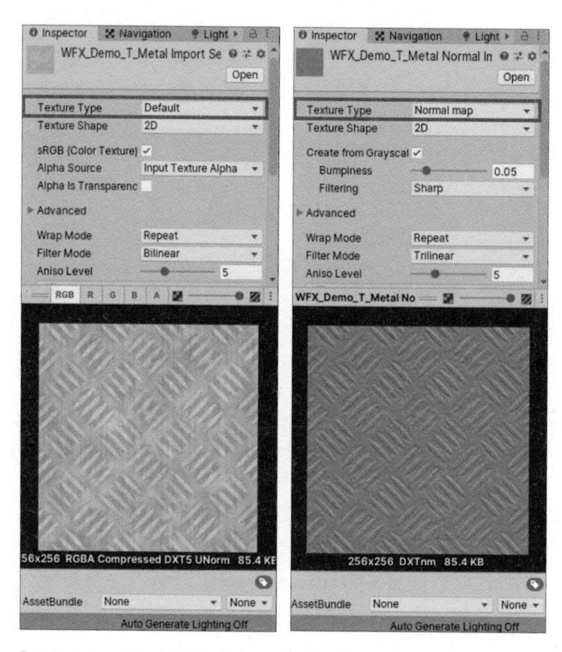

[그림 4.11-23] 메탈릭 맵과 노멀 맵 Texture Type 비교

이후 머티리얼의 Normal 맵 항목에 텍스처를 연결하고 효과가 과하다 싶으면 옆의 수치를 이용해 세기를 조절해주면 됩니다. 일반적으로 그래픽 아티스트가 노멀 맵을 만들 때는 이보다 복잡한 과정을 3D 그래픽 툴을 통해 제작합니다.

자체 발광 효과, 이미션(Emission)

이미션(Emission) 항목은 조금 특별하게 쓰이는 기능입니다. 한 단어로 단순화해 말씀드리면 '자체 발광(Self Illumination)' 효과라고 할 수 있습니다.
우선 Emission의 체크 박스에 체크 표시를 해 활성화합니다. Emission 항목이 활성화되면, 세부 옵션이 나타납니다. 컬러 항목에 HDR(High Dynamic Range)이라는 단어가 컬러 박스 안에 있는 것을 확인할 수 있습니다.

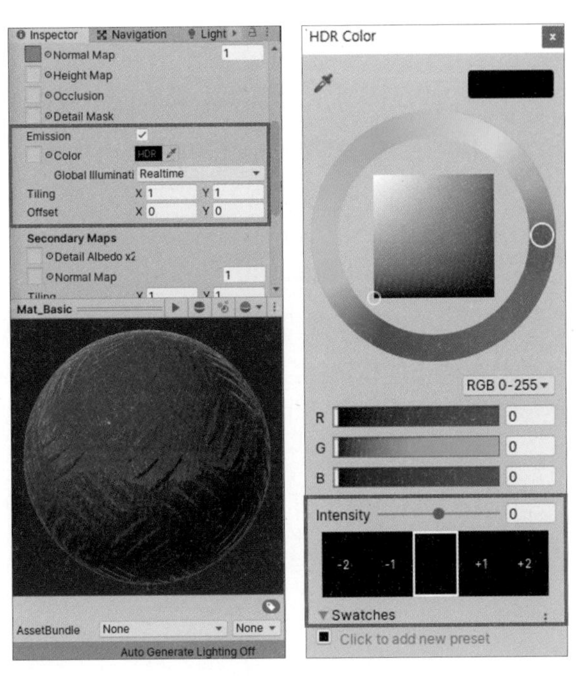

[그림 4.11-24] Emission 적용

클릭해 컬러 피커 창을 열면, 단순 컬러 외에도 'Intensity(강도)'라는 옵션이 있는 것을 알 수 있습니다. 이는 빛의 정도를 조절하는 수치입니다. 물론 텍스처를 활용해 부분적으로 빛의 정도를 조절할 수 있습니다. 나중에 포스트 프로세싱이라는 후처리 시각 효과에서 좀 더 자세히 설명할 것이므로 여기서는 다루지 않겠습니다.

[그림 4.11-25] 이미션이 적용된 이미지(출처: 유니티 매뉴얼 'Emission'(https://docs.unity3d.com/kr/530/Manual/StandardShaderMaterialParameterEmission.html))

이번에는 PBR의 기초적인 개념과 함께 재질을 표현하는 데 쓰이는 여러 이미지, 파라미터를 이용해봤습니다. 대체로 이 부분은 아트 파트에서 담당하고 프로그래머들은 사용되는 셰이더가 과도한 연산을 하는지 정도만 체크하는 식으로 역할이 나눠집니다.

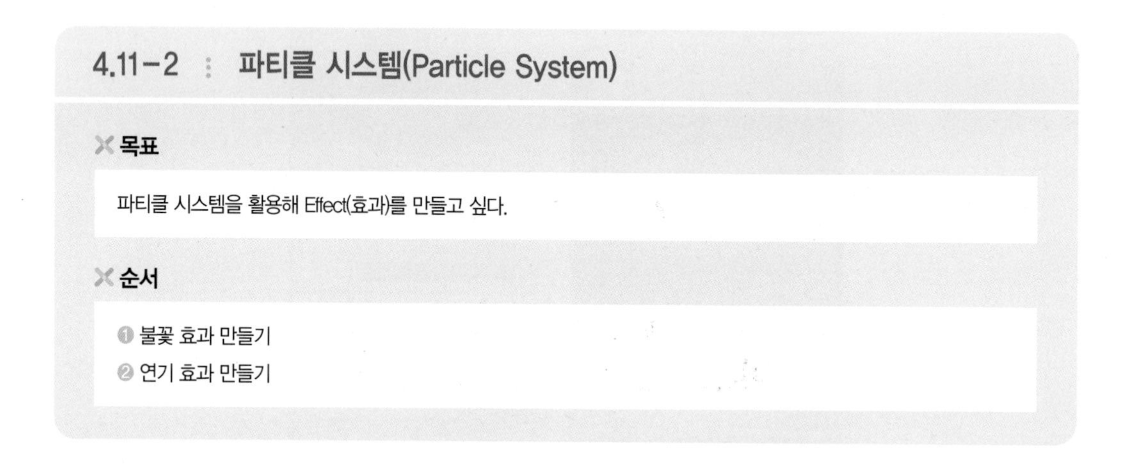

4.11-2 : 파티클 시스템(Particle System)

목표

파티클 시스템을 활용해 Effect(효과)를 만들고 싶다.

순서

❶ 불꽃 효과 만들기
❷ 연기 효과 만들기

이펙트는 '연기 효과가 필요하다.', '화염 스킬을 쓴다.', '벽에 총알이 튀는 효과가 필요하다.' 등 일반적으로 사용자가 한 행동, 명령에 대한 리액션으로 사용되는 경우가 많습니다. 그래서 이것을 처음부터 만들어가기 시작하면, 다음에 보이는 수많은 파티클 시스템의 옵션을 하나하나 만져줘야 하기 때문에 무엇부터 시작해야 할지 막막해지는 경우가 많습니다. 따라서 전문 이펙터가 아니라면 스토어의 애셋을 수정하면서 사용하는 것이 훨씬 효율적입니다. 일반적으로 많이 사용하는 옵션들을 직접 만져보면서 이후 독자들이 다른 이펙트를 수정해보면 어떨까요?

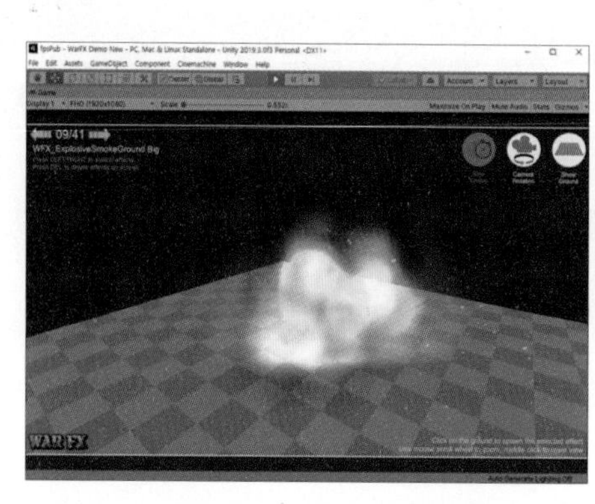
[그림 4.11-26] 게임에서 사용하는 이펙트의 예

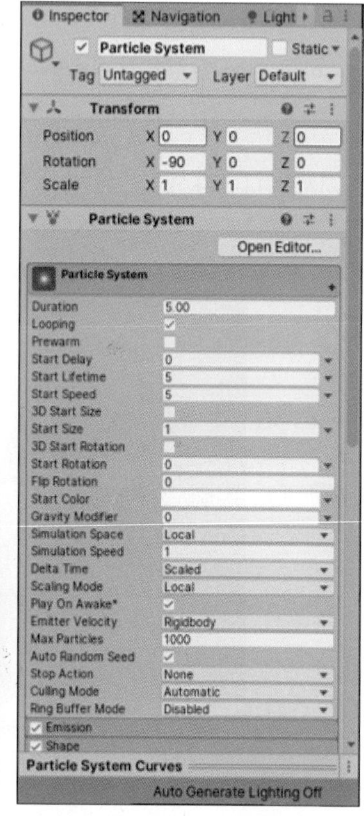

[그림 4.11-27] 파티클 시스템 Inspector 창

본격적인 기능 설명에 앞서, 파티클 시스템을 이해하는 데 가장 중요한 개념 하나를 설명하겠습니다. 일반적인 게임 오브젝트는 가구, TV와 같은 공산품과 같다고 생각하면 이해하기가 편합니다. 삭제하기 전까지(콘텐츠가 시작해서 종료될 때 또는 현재 씬에서 다른 씬으로 옮겨갈 때까지) 씬에 계속 존재합니다. 반면, 다음에 보이는 이미지처럼 파티클 시스템은 파티클이라는 입자와 파티클 시스템이라는 입자를 만드는 공장으로 구성돼 있습니다. 파티클과 파티클 시스템은 일반 공산품이 아니라 유통 기한이 정해져 있는 음식과 같은 신선 식품이라고 생각하면 됩니다. 파티클 시스템에는 기본 설정에 'Duration', 'LifeTime'과 같이 시간을 제어하는 옵션을 반드시 사용합니다. 유통 기한이 지나면 상해서 버리는 식품과 같이 정해진 시간이 지나면 사라져버립니다. 시간 제어를 잘하는 것이 좋은 파티클을 만드는 데 중요하다는 것을 명심하면서 이후 과정을 함께해보겠습니다.

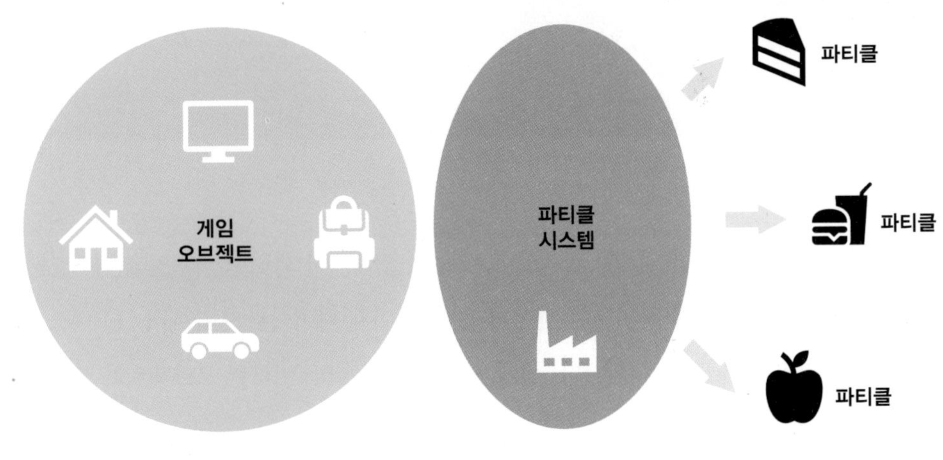

[그림 4.11-28] 파티클 시스템 개념

불꽃 이펙트 만들기

프로젝트 뷰에서 [JMO Assets] – [DEMO] – [WarFX Demo New] 씬을 열어줍니다.

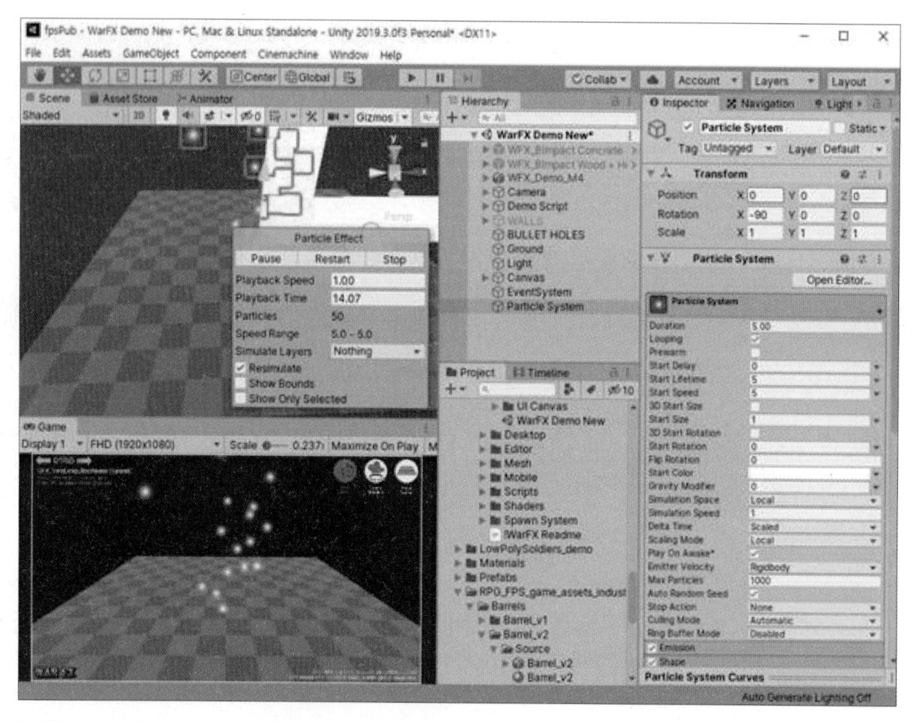

[그림 4.11-29] WarFX Demo New 씬

언제나 적용되는 것은 아니지만 대체로 파티클 효과는 빛을 내거나 화려한 비주얼을 위해 사용하기 때문에 배경이 어두운 상태에서 작업하는 것이 좋습니다. 이제 하이어라키 뷰에서 [+] 버튼을 눌러 [Effects] - [Particle System]을 클릭합니다. 씬에 'Particle System'이라는 오브젝트가 생성됩니다.

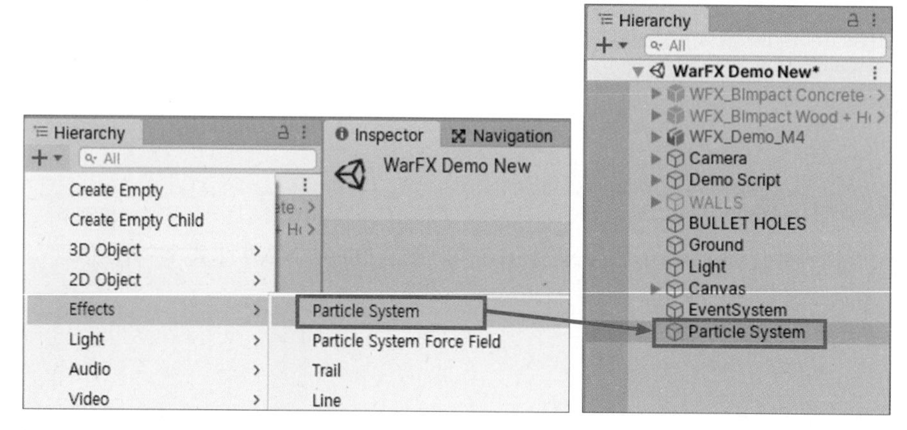

[그림 4.11-30] 파티클 시스템 생성

생성된 파티클 시스템 오브젝트의 이름을 'FX_Fire'로 변경한 후 트랜스폼 컴포넌트에서 Position의 x, y, z 값을 모두 '0'으로 설정합니다. 로테이션의 x 값이 '-90'으로 돼 있는 것은 기본 값이기 때문에 그대로 쓰겠습니다(이후 필요에 따라 얼마든지 수정할 수 있습니다). 게임 오브젝트의 이름을 'FX_Fire'로 변경합니다. 그리고 트랜스폼의 포지션을 모두 0, 0, 0으로 바꿉니다.

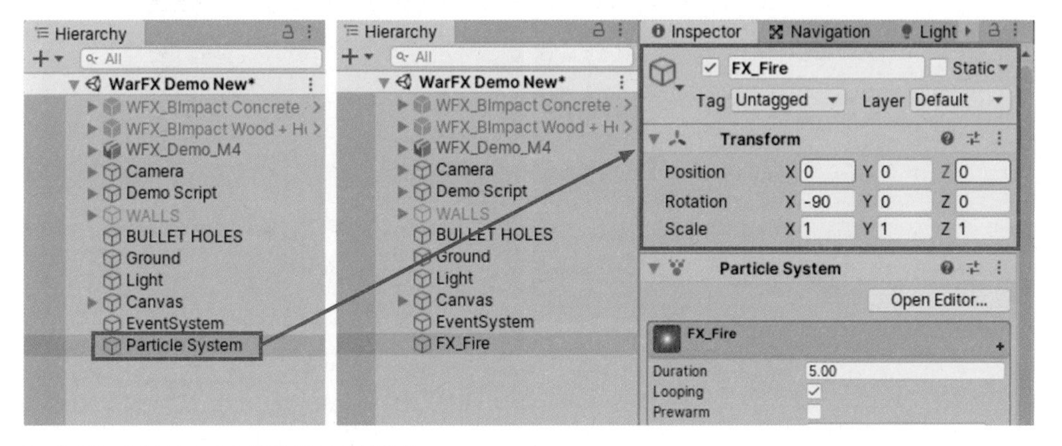

[그림 4.11 -31] FX_Fire로 변경 및 포지션 변경

앞서 잠깐 살펴봤지만, 참으로 막막하게 만드는 옵션들입니다. 앞서 식품에 비유했는데, 중간에 보이는 Particle System 아래의 항목들은 파티클을 생산하기 위한 공장 세팅, 나머지는 생산된 식품(파티클) 하나하나에 대한 세팅으로 구분하면, 어느 정도 이해할 수 있을 것입니다.

다음은 1차로 수정한 옵션들과 적용 전후 이미지를 비교한 것입니다.

[표 4.11-1] 파티클 옵션 수정 전후

옵션 항목	수정 전	수정 후	효과
Start Lifetime	5	2	파티클이 지속 시간
Start Speed	5	1	파티클이 날아가는 속도

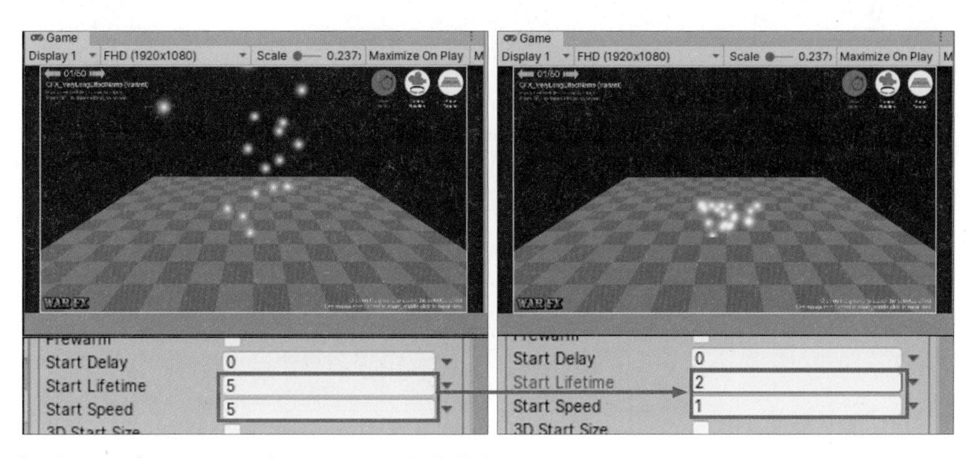

[그림 4.11-32] Start Speed와 Start Lifetime 수정 및 비교

Emission 항목을 클릭해 생성되는 파티클의 개수를 수정해보겠습니다. 초당 10개씩 만들어지는 Rate over Time의 수치를 '30'으로 변경하면, 파티클의 개수가 늘어나는 것을 볼 수 있습니다.

[그림 4.11-33] Rate Over Time 변경

바로 아래의 Shape 항목을 클릭해 위로 흩어지는 파티클을 모아주겠습니다. Shape를 클릭해 열면, 고깔콘 모양의 기즈모를 볼 수 있는데, 이 각도대로 랜덤하게 방향을 잡아 날아갑니다. Radius(반경)는 '1', Angle(각도)은 '0'으로 설정하면, 콘 모양이 원기둥처럼 바뀌면서 흩어지지 않고 위로 올라갑니다.

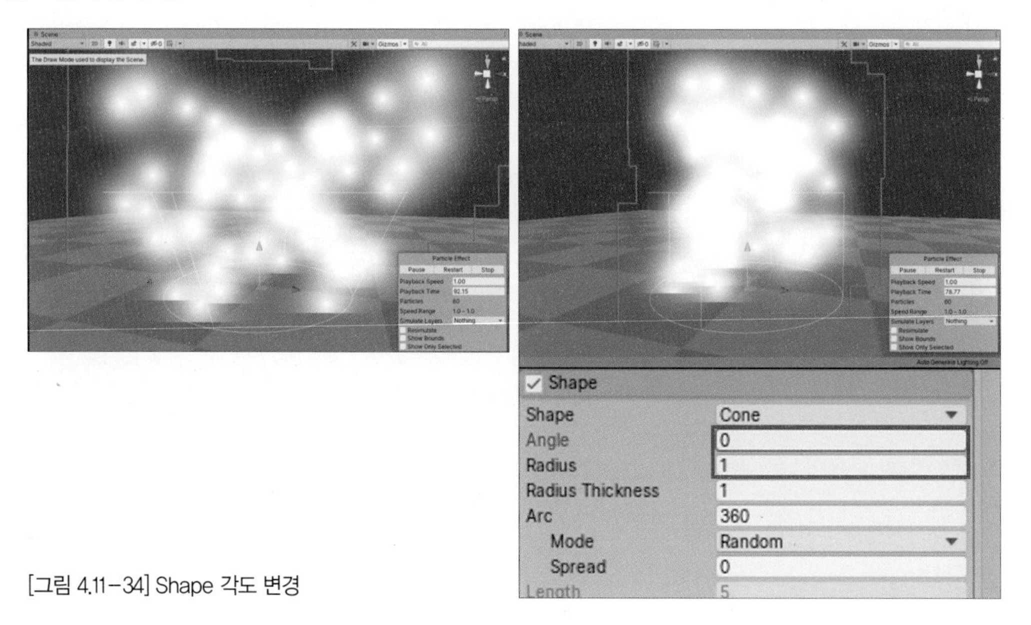

[그림 4.11-34] Shape 각도 변경

희게 보이는 파티클 때문에 불꽃에 대한 이미지가 잘 안 떠오릅니다. 우선 컬러를 바꿔주겠습니다. Start Color는 흰색으로 두고, Color Of LifeTime 항목의 체크 박스에 체크 표시를 한 후 클릭해 보면, Color(컬러)라는 항목의 왼쪽에 흰색 바가 있는 것을 볼 수 있습니다. 이 흰색 바를 클릭하면 Gradient Editor라는 창이 새로 열립니다.

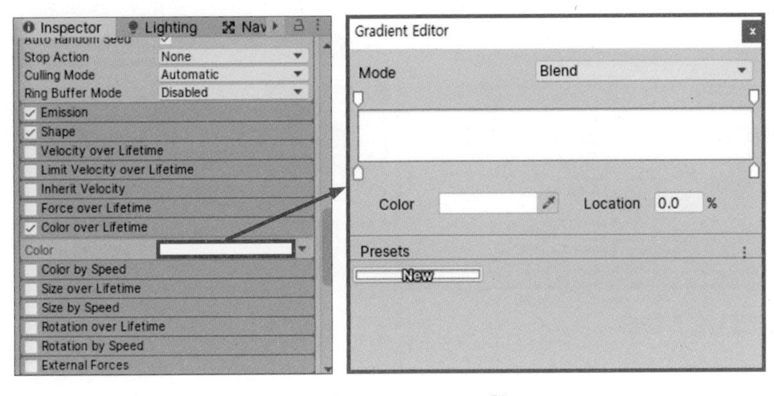

[그림 4.11-35] Color Over Lifetime의 Gradient Editor 창

Gradient Editor는 파티클의 유통 기한(Start Lifetime) 동안 바뀌게 될 색을 지정해주는 창입니다. 왼쪽이 처음 생성됐을때, 오른쪽이 Start LifeTime만큼 시간이 지나면서 변하게 될 색을 정해줍니다. 아래쪽 마커를 선택해 컬러를 바꿔보시기 바랍니다. 중간을 클릭하되면 마커가 생성되기도 하고, 드래그해 지우거나 선택한 후 Delete 키를 눌러 지울 수 있습니다.

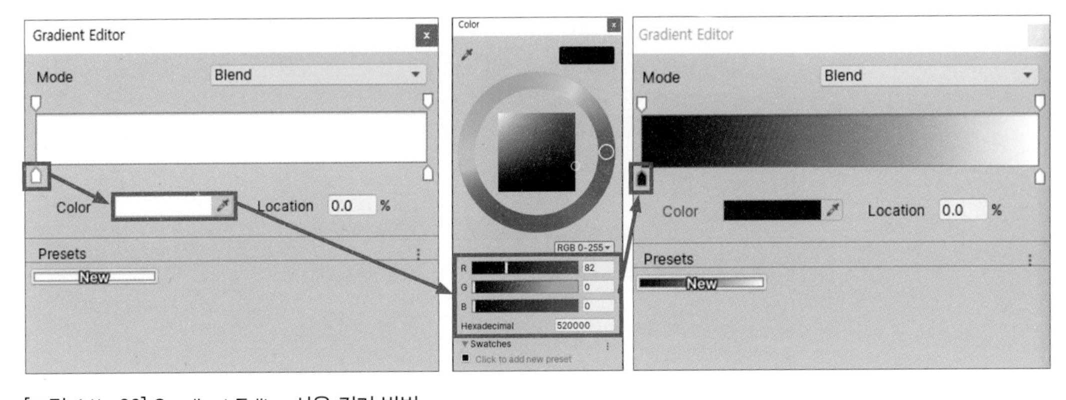

[그림 4.11-36] Gradient Editor 사용 컬러 방법

컬러는 [그림 4.11-37]을 참고해 만들면 됩니다. 화염이라는 느낌이 중요하기 때문에 수치는 정확하지 않아도 됩니다.

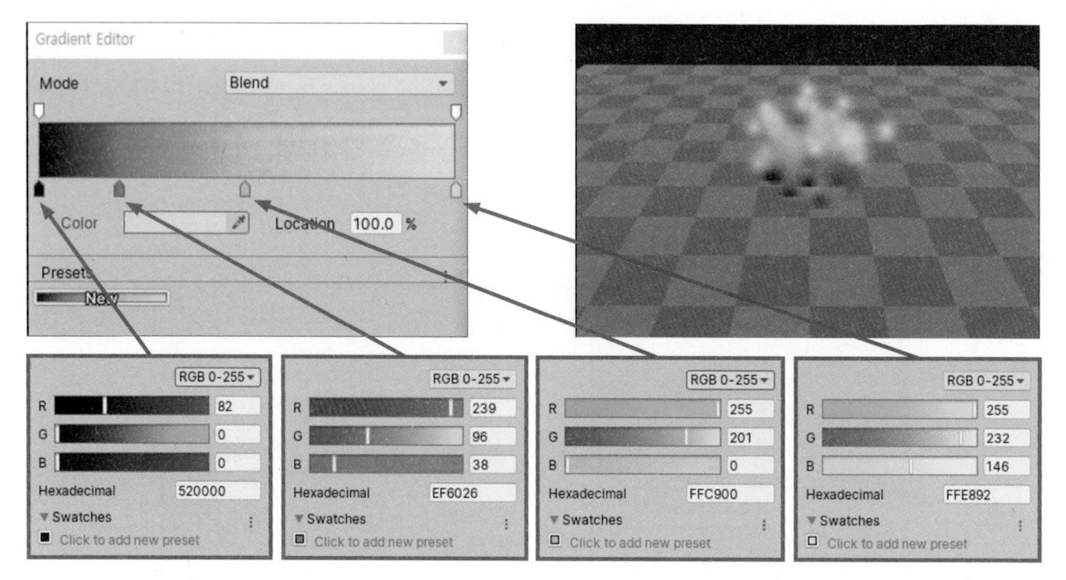

[그림 4.11-37] 화염 느낌의 컬러

위쪽 마커는 Alpha(투명도)만 조절하는 마커입니다. 이와 마찬가지로 바꾸고 싶은 마커를 선택한 후 아래쪽 투명도 수치를 조절하는 슬라이더를 조절하거나 옆의 숫자 칸에 직접 쓸 수 있습니다.

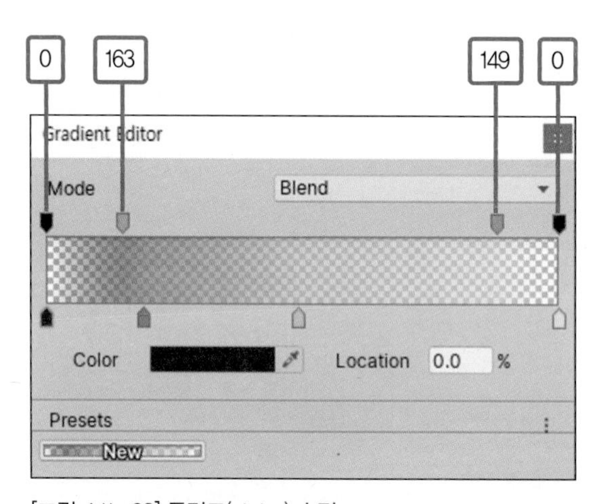

[그림 4.11-38] 투명도(alpha) 수정

이번에는 크기가 점점 작아지도록 만들어보겠습니다. Size Over Lifetime 체크 박스에 체크 표시를 하고 옆의 이름을 눌러 펼칩니다. Size라는 항목이 보입니다. Gradient Editor와 마찬가지로 왼쪽이 시작할 때의 크기, 오른쪽이 파티클의 수명이 다할 때의 크기입니다. 그래프는 여기서 조절하는 것이 아니라 아래쪽의 Particle System Curves라는 항목을 클릭하면 안 보이던 커브(그래프를 조절하는 창)가 보입니다.

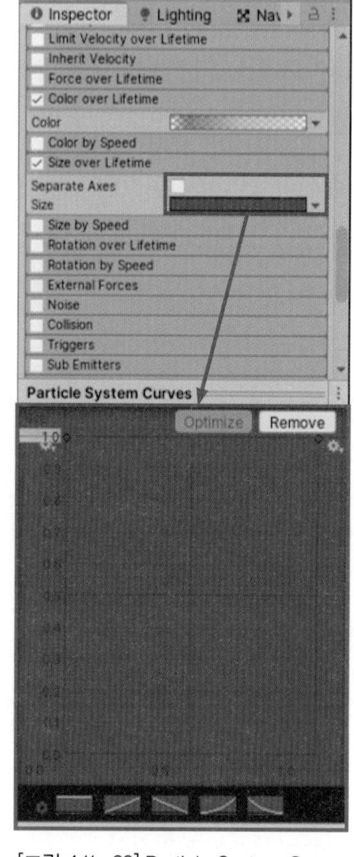

[그림 4.11-39] Particle System Curves 창

하단의 프리셋 중 처음 크기에서 서서히 작아지고, 왼쪽에서 오른쪽으로 갈수록 하강하는 모양의 그래프를 선택해 누릅니다.

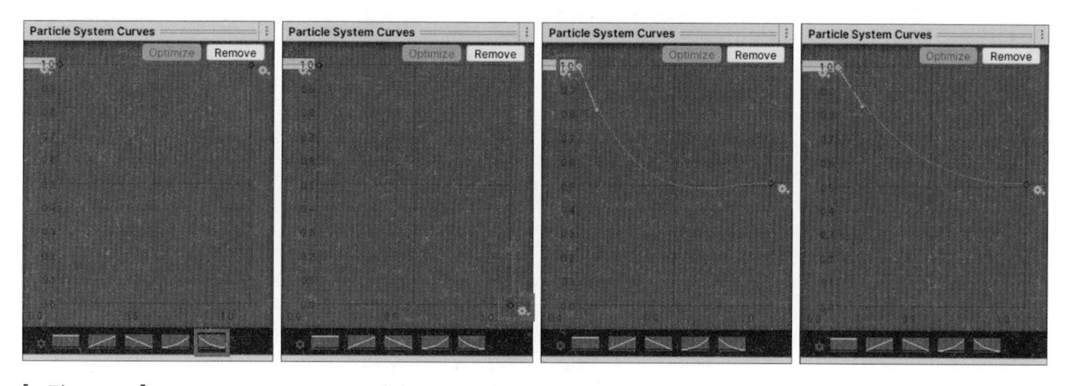

[그림 4.11-40] Particle System Curves 변화

씬 뷰를 보면 위로 올라갈수록 파티클의 크기가 줄어드는 것을 볼 수 있습니다. 다만, 지금처럼 0의 크기로 줄어드는 것은 어색합니다. 커브 그래프에서 오른쪽에 위치한 마름모 모양의 키를 마우스 오른쪽 버튼으로 누른 후 Edit Key 항목을 클릭합니다. 그리고 Value에 '0.5'를 입력합니다. 그러면 Start Lifetime(현재 2초로 설정됨)에 설정된 시간 동안 Start Size(현재 값 1)에서 Lifetime(2초) 동안 서서히 0.5배의 크기, 즉 절반으로 줄어듭니다.

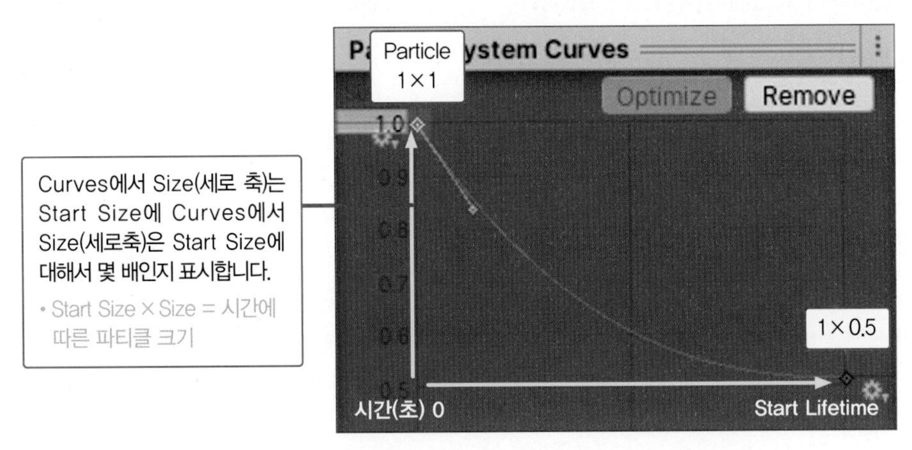

[그림 4.11-41] Particle System Curves 변화 도안

Noise 항목은 획일적인 느낌에 변화를 주어 자연스럽게 보이게 하는 데 효과적입니다. Noise 항목을 체크하고 자유롭게 흩어지는 것을 줄이기 위해 Strength 항목을 '0.3'으로 변경합니다.

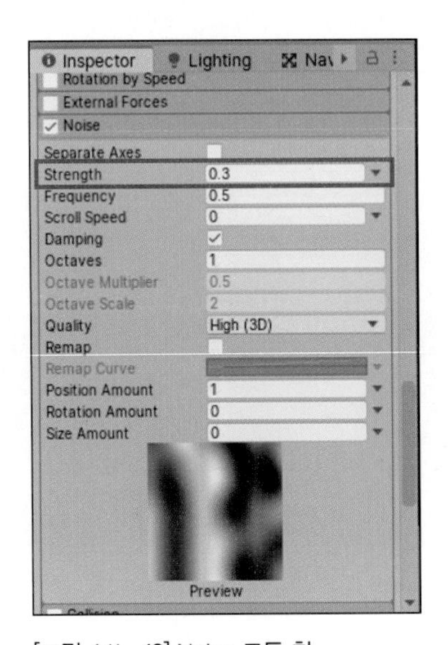

[그림 4.11-42] Noise 모듈 창

파티클에서는 입자를 많이 사용할 수 없기 때문에 텍스처(Texture, 2D 이미지) 파일을 이용해 부족한 디테일을 표현합니다. 프로젝트 뷰에서 머티리얼 하나를 만들고, 이름은 'Mat_FireFX'로 변경합니다. 가능한 한 파티클 용도의 머티리얼은 3D 오브젝트에 사용하는것과 구분해두는 것이 좋습니다. 반복적으로 사용하는 경우가 많기 때문입니다.

[그림 4.11-43] 파티클 머티리얼 생성

머티리얼에서 셰이더는 [Particle-Standard Unlit]으로 설정합니다. 바로 아래에 있는 Rendering Mode를 'Additive'로 수정합니다. Unlit는 라이트의 영향을 받지 않기 위해 설정했고, 렌더링 모드의 Additive는 파티클끼리 겹칠수록 밝아져 불꽃처럼 자체 발광하는 이펙트에 사용하기 좋은 모드입니다.

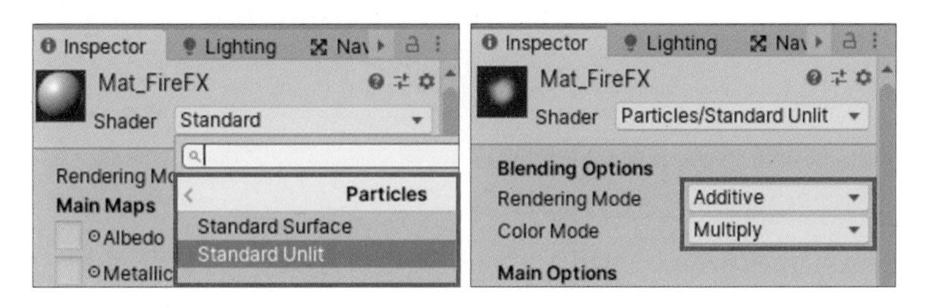

[그림 4.11-44] 머티리얼의 셰이더 및 렌더링 모드 변경

마지막으로 Albedo 항목에 있는 작은 네모를 클릭합니다. 빈 슬롯에 넣을 수 있는 텍스처 리스트가 보이는 창이 열립니다. WFX_T_SmokeLoopAlpha를 검색하면, 여러분이 다운로드한 애셋에서 제공하는 이미지를 볼 수 있습니다. 더블 클릭해 선택하면 적용됩니다.

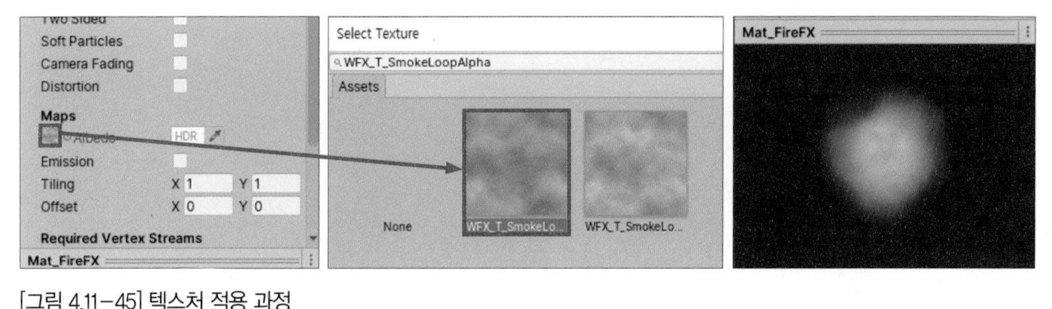

[그림 4.11-45] 텍스처 적용 과정

이제 세팅이 완료된 머티리얼을 작업 중인 Fire 오브젝트에 드래그해 적용합니다. 파티클 시스템의 가장 아래에 있는 옵션인 Renderer(렌더러) - Material 항목을 확인하면 Default - Particle 머티리얼에서 Mat_FireFX로 바뀝니다.

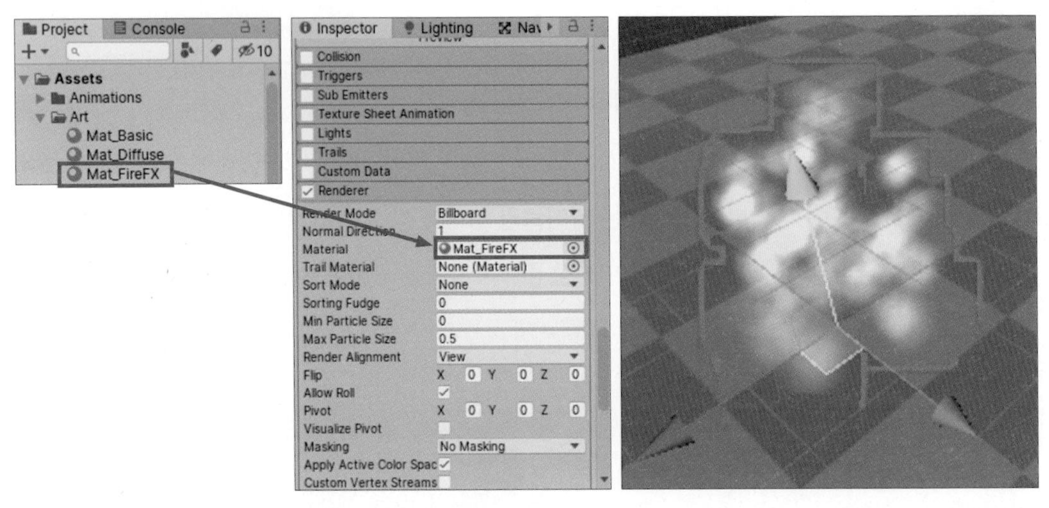

[그림 4.11-46] Particle System Renderer에 머티리얼 적용

텍스처가 적용돼야만 효과가 제대로 보이는 회전 기능을 이용해보겠습니다. Start Rotation(시작 시 회전) 값은 시작할 때 적용되고, 지속적으로 회전시키지는 않습니다. Rotation Over Lifetime을 이용해 기본값인 45도씩 회전하면 좀 더 자유로운 움직임을 표현하는 데 도움이 됩니다.

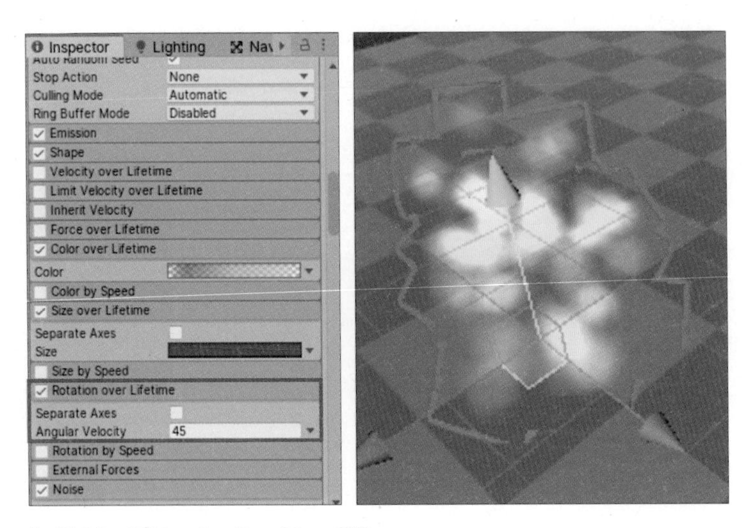

[그림 4.11-47] Rotation Over Time 적용

지금까지 불꽃을 만들어보면서 파티클 시스템에서 활용 빈도가 높은 옵션들을 살펴봤습니다. 이제는 불꽃이 생기는 현상과 필연적으로 같이 생기는 연기 효과를 만들어보겠습니다.

연기 이펙트 만들기

이펙트를 만들 때는 항상 액션과 리액션을 생각하면서 작업하는 것이 좀 더 자연스럽고 풍성한 느낌의 이펙트를 만들 수 있습니다. 불꽃(액션)이 생기면 필연적으로 자욱한 연기(리액션)들이 함께 생성됩니다. 비록 전문가가 아니더라도 일상생활에서 흔히 접할 수 있는 요소를 디지털 컨텐츠에서 접하면, 현실에서의 경험과 비교하게 됩니다. 불꽃, 연기와 같이 필연적인 관계에 있는 것들이 제대로 구현돼 있으면 의식하지 못하고 무심코 지나치겠지만, 제대로 구현돼 있지 않다면 그 부족한 점이 훨씬 도드라져 보이는 특징이 있습니다.

[그림 4.11 – 48] 이펙트의 구분(출처: 픽사베이(pixabay.com))

[그림 4.11 – 48]과 같이 불꽃놀이를 위한 화약이라면 여러 성분을 섞여 있어 한 번만 터트리더라도 다양한 색과 모양의 불꽃을 만들 수 있습니다. 하지만 유니티에서라면 하나의 파티클 시스템만 갖고 다양한 모션을 만들어내기 어렵기 때문에 색이 다를 때, 퍼지는 모양이 다를 때 등 현실에서 여러 요소마다 나눠 제작하는 것이 효율적입니다.

불(액션)과 연기(리액션)의 빛을 내는 것과 아닌 것, 사그라지는 것과 퍼지는 것 등 성질에서 오는 차이 때문에 나눠 제작하는 것이 효율적입니다. 물론 모든 이펙트 효과에 과도하게 사용하면, 컨텐츠 퍼포먼스(성능) 저하를 일으키는 주요 원인 중의 하나가 되기 때문에 최적화 작업을 통해 어느 정도 정리하기도 합니다.

우선 FX_Fire 오브젝트를 복사한 후(Ctrl+D), 오브젝트 이름을 'FX_Smoke'로 변경합니다. FX_Smoke 오브젝트를 드래그해 FX_Fire 오브젝트의 자식으로 만듭니다. 이제는 'FX_Fire' 오브젝트만 선택하더라도 자식으로 있는 오브젝트도 함께 재생돼 확인할 수 있습니다. 앞에서는 처음 접하는 옵션이 많기 때문에 부연 설명이 많았지만, 이번에는 기존의 값이 어떻게 바뀌는지에 대해 설명하겠습니다.

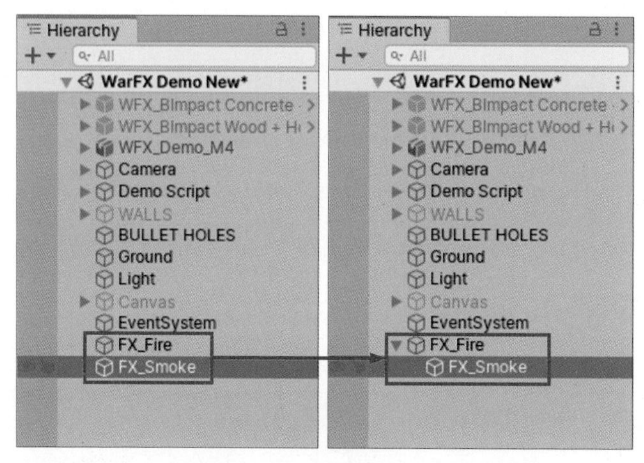

[그림 4.11-49] FX_Fire를 복사한 후 이름을 'FX_Smoke'로 변경

Tip

파티클은 파티클 오브젝트를 선택해야 제대로 된 움직임을 확인할 수 있습니다.

연기는 불꽃보다 위에 생기기 때문에 Transform에서 Position Z의 값을 '1'로 높여줍니다(현재 파티클이 X축으로 '-90' 회전돼 있어서 Z축으로 이동시키면 높낮이가 변합니다). 그리고 보다 멀리 퍼지기 때문에 Start LifeTime을 '6'으로 설정합니다.

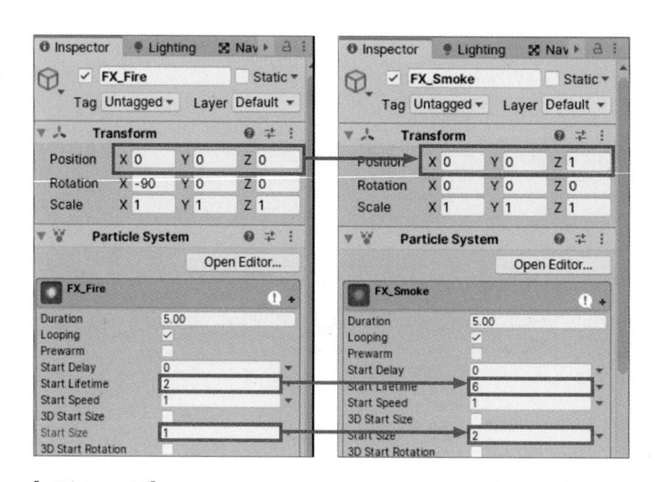

[그림 4.11-50] Position, Start Lifetime, Start Size 변경

불꽃과 연기는 움직임의 특성이 다릅니다. 막힘 없이 오픈된 공간에서는 불꽃이 위를 향해 피어오르지만, 파티클은 사방으로 퍼집니다. 우선 FX_Smoke 오브젝트를 선택한 후 Shape 항목의 Cone에서 앵글을 '25'로 수정하면 자연스럽게 퍼지는 형상으로 바뀝니다.

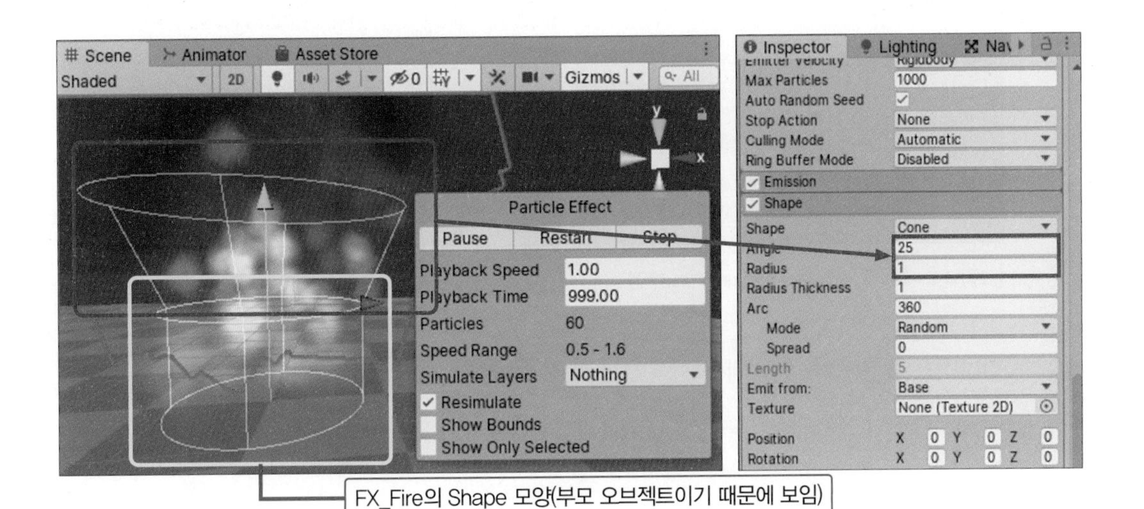

[그림 4.11-51] Shape 수정

우선 컬러가 눈에 띄기 때문에 Color Over Lifetime을 수정해 연기 이미지에 어울리는 회색 톤으로 맞추겠습니다. 다음 그레이디언트 에디터와 컬러의 내용을 참고하세요.

불꽃은 시간이 지날수록 불꽃이 사그라들기 때문에 점점 작아지게 세팅했습니다. 하지만 연기는 점점 퍼지기 때문에 크기가 커져야 합니다. 이번에는 Size Over Lifetime의 그래프를 뒤집어 자연스럽게 커지도록 해보겠습니다.

크기가 완전히 0에서 점점 커진다면 다음에 보이는 이미지와 같이 급격한 차이가 오히려 더 어색하기 때문에 최소한의 크기를 시작하는 키(key)로 가서 드래그해 '0.5배'로 수정합니다.

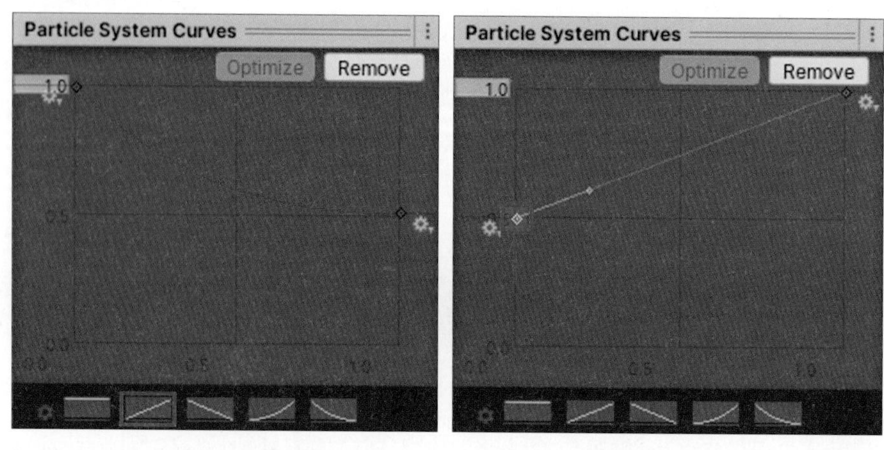

[그림 4.11-52] Size over Lifetime 커브 수정

연기는 일반적으로 온도가 높을 때는 흰색에 가까운 색이었다가 점점 매연과 같이 시커멓게 변하기 때문에 Color Over Lifetime을 수정해 다음과 같이 색을 변경합니다.

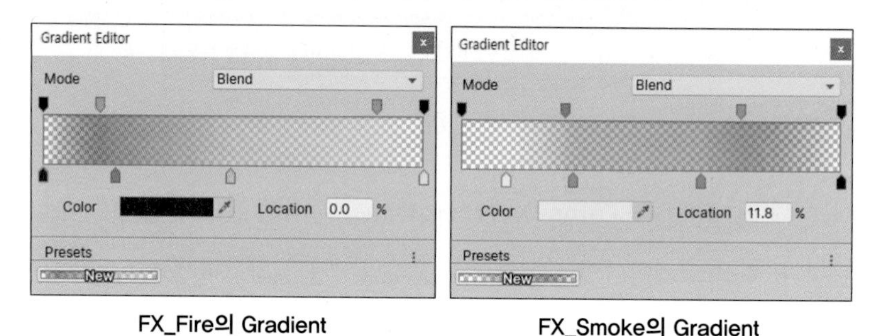

[그림 4.11-53] Color over Lifetime 그레이디언트 수정

색의 변화만으로는 우리가 원하는 색상을 얻을 수 없기 때문에 머티리얼의 설정도 바꿔주겠습니다. 프로젝트 뷰에서 Mat_FireFX 머티리얼을 선택한 후 Ctrl+D 키를 눌러 복사하고, 이름은 'Mat_SmokeFX'로 변경합니다. 머티리얼에서 Rendering Mode를 'fade'로 변경하고, 바로 아래에 있는 Color Mode를 'Multiply'로 변경합니다. 파티클이 화면에서 겹쳐지더라도 밝아지는 것을 막을 수 있습니다.

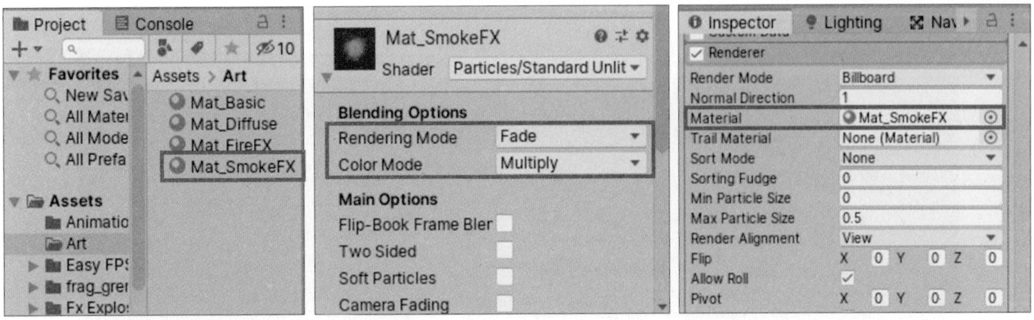

[그림 4.11-54] 머티리얼 복사

파티클이 일정한 방향으로 올라가면 자연스럽지 않기 때문에 자연스러운 움직임을 위해 Rotation Over Lifetime을 활용해 계속 회전하도록 합니다.

마지막으로 좀 더 자연스러운 방법을 하나 소개하면서 마치겠습니다. 각각의 파티클 파라미터들은 오른쪽에 작은 화살표들이 있습니다. 지금까지 작업한 것은 기본 값으로 느낌만 내줬다면, 보다 자연스럽게 보이기 위해 의도적으로 여러 값 중 하나를 선택하도록 Random 관련된 세팅을 할 수 있습니다. Rotation Over Lifetime에서 초당 45도씩 회전하던 것을 Random Between Two Constants를 선택하면, 추가로 하나의 값을 더 넣을 수 있습니다. 여기에 들어간 두 값 사이에 랜덤하게 파티클 각각에 회전값을 설정해주는 기능을 사용하면 좀 더 자연스러운 효과를 넣을 수 있습니다.

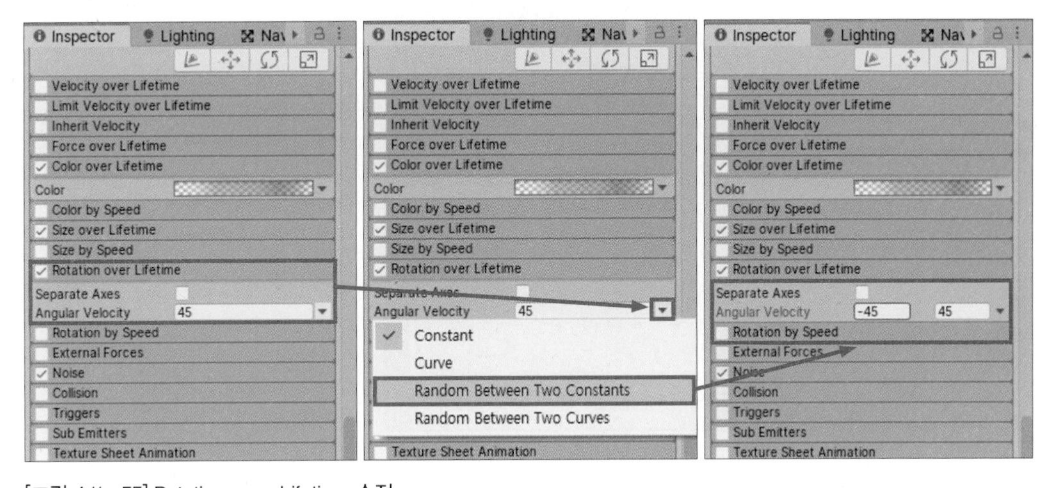

[그림 4.11-55] Rotation over Lifetime 수정

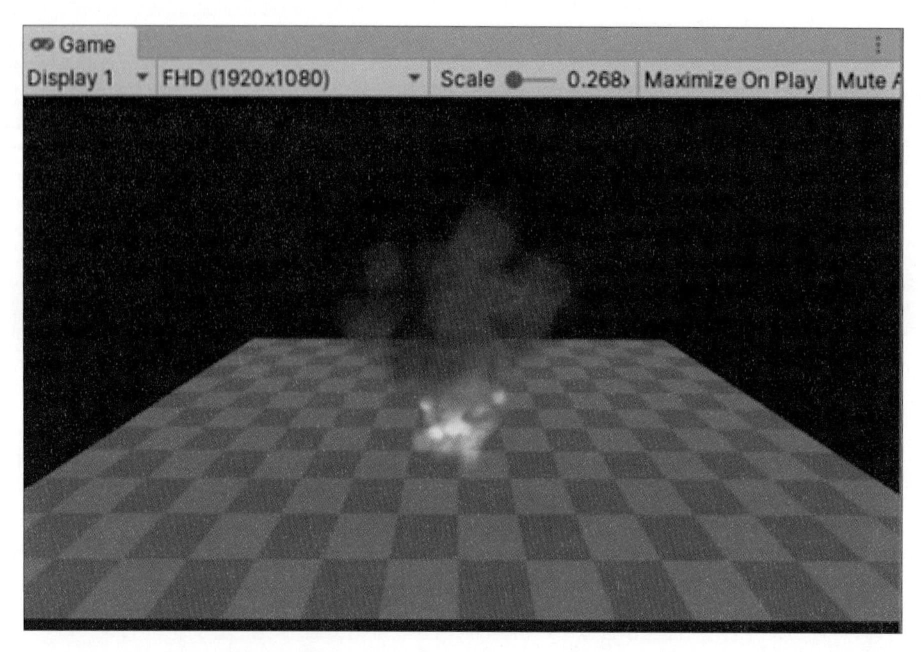

[그림 4.11-56] 이펙트 샘플 마무리

Tip

그레이디언트, 그래프 등도 랜덤 값을 적용할 수 있습니다.

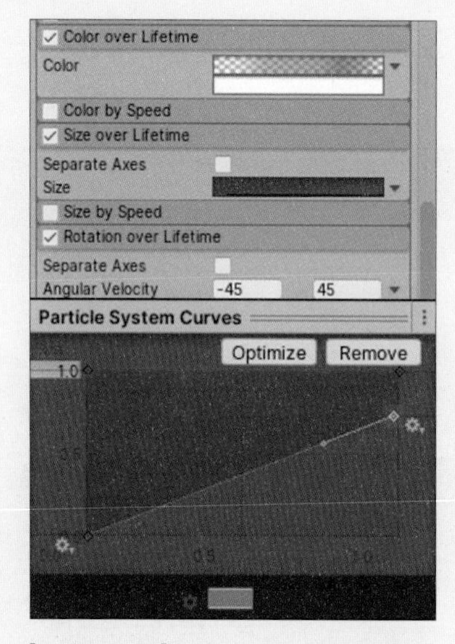

[그림 4.11-57] Gradient, Curves 옵션

4.11-3 : 라이트 맵핑(Light Mapping)

목표

라이트맵을 베이킹해 퍼포먼스를 향상시키고 싶다.

순서

① 스태틱 오브젝트로 설정하기
② 라이트 맵핑용 설정을 활용해 라이트맵 만들기
③ 프로브 오브젝트의 기능 활용하기

실습에 앞서 라이트 맵핑을 하는 이유부터 설명하겠습니다. 현실에서는 어떠한 방법을 써서라도 모든 오브젝트를 움직일 수 있습니다. 반면, 유니티에서는 모든 오브젝트를 움직이게 할 수도 있지만, 경우에 따라서는 높은 성능의 비싼 컴퓨터에서 실행할 수밖에 없을 것입니다. 그래서 낮은 성능의 컴퓨터에서도 좀 더 많은 오브젝트로 풍성하게 꾸밀 수 있도록 '움직일 수 있는 오브젝트'와 '움직일 수 없는 오브젝트'로 나눠 컴퓨터의 자원(컴퓨터가 처리, 연산할 수 있는 용량)을 효율적으로 사용할 수 있는 기능이 있습니다.

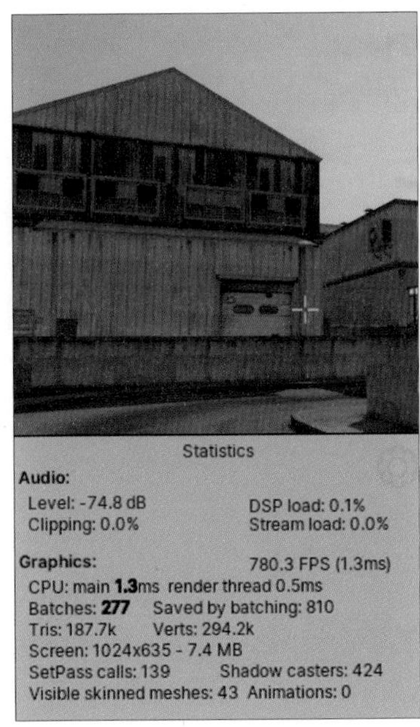

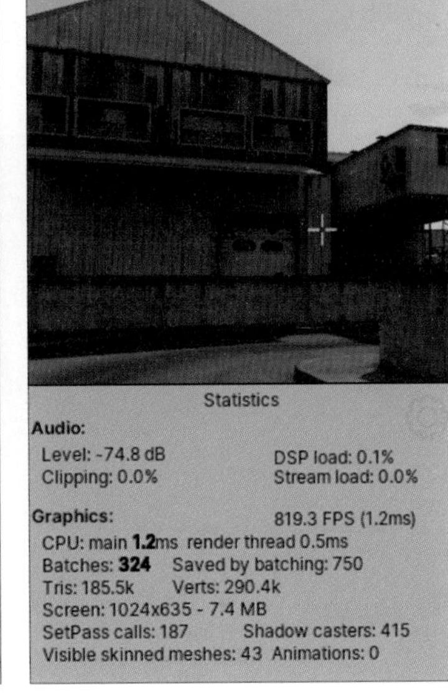

[그림 4.11-58] 라이트맵 효과 비교

이러한 기능을 활용하는 방법 중 하나가 '라이트 맵핑'입니다. 앞으로는 간결한 전달을 위해 움직일 수 있는 오브젝트는 '다이내믹 오브젝트(Dynamic Object)', 움직일 수 없는 오브젝트는 '스태틱 오브젝트(Static Object)'라고 표현하겠습니다. 라이트 맵핑은 스태틱 오브젝트를 대상으로 하는 기능입니다. 움직이지 않는다면 제작 중에 미리 라이트에 대한 계산을 끝내 놓고, 실제 실행 중에는 실시간 계산하는 항목에서 아예 빼놓아 컴퓨터의 부담을 덜어주는 것입니다. 앞서 내비게이션 메시도 이와 마찬가지로 스태틱 오브젝트가 움직이지 않을 것이기 때문에 Nav Agent가 움직일 수 있는 공간을 제작 중에 미리 계산해 놓는 것입니다(기능을 활용하기에 따라 실시간으로 변화시킬 수 있지만, 별도의 처리를 해줘야 하기 때문에 이 부분은 예외라고 생각하면 됩니다).

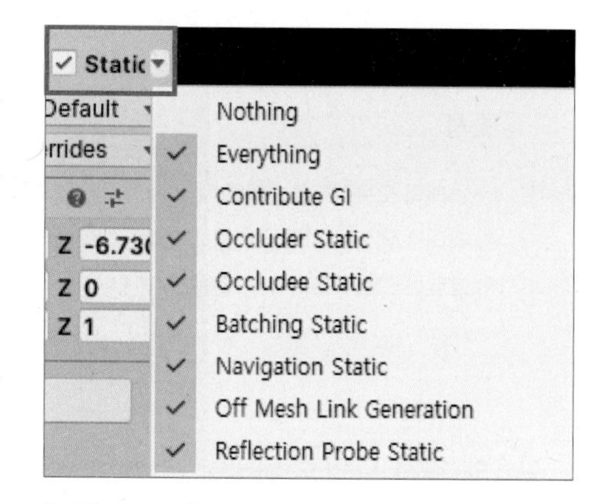

[그림 4.11-59] Inspector창의 Static 옵션

실습을 위해 기존에 작업하던 'MainScene'을 오픈하겠습니다. 앞서 다운로드한 애셋 중 'RPG_FPS_game_asset_industrial' 폴더 내에 있는 'Map_v1' 씬을 하이어라키 뷰로 드래그해 MainScene에 넣어줍니다. 기존에 있던 맵에서 새로운 맵이 추가로 덧붙여 열린 것을 확인할 수 있습니다. 추가로 불러온 씬의 이름과 동일한 Map_v1 오브젝트를 드래그해 MainScene에 넣어줍니다. 기존에 테스트 중인 Environment 오브젝트는 사용하지 않을 것이기 때문에 비활성화합니다.

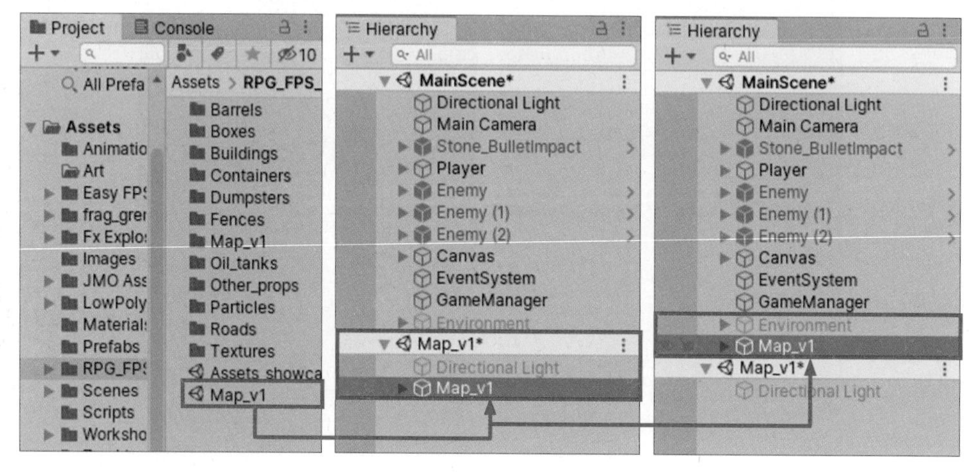

[그림 4.11-60] 레벨 환경 세팅

불필요한 레벨은 지워주겠습니다. 추가로 불러온 'Map_v1' 씬을 마우스 오른쪽 버튼으로 클릭하면 나타나는 펼침 메뉴에서 'Remove Scene'을 클릭합니다. 저장할 것인지 물어보면 [No]를 선택합니다.

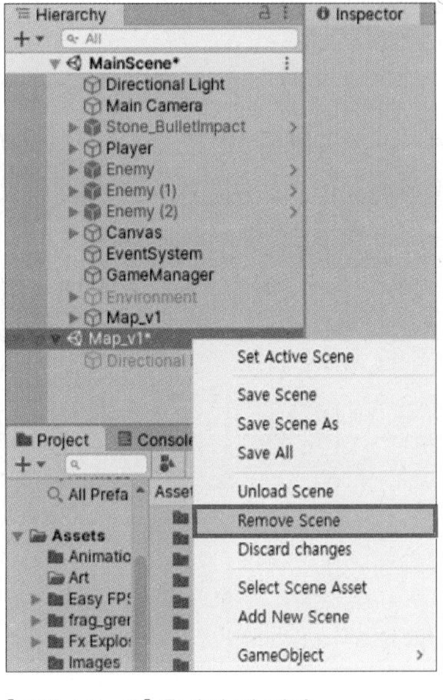

[그림 4.11-61] 추가된 씬 제거

[Windows]-[AI]-[Naviation] 윈도우에서 확인해보면 아직 이전에 사용하던 내비게이션 메시가 남아 있는 것을 알 수 있습니다. 내비게이션 창의 [Bake] 탭을 누른 후 [Bake] 버튼을 클릭해 새로운 지형에 맞춰 새로운 내비게이션 메시를 생성합니다.

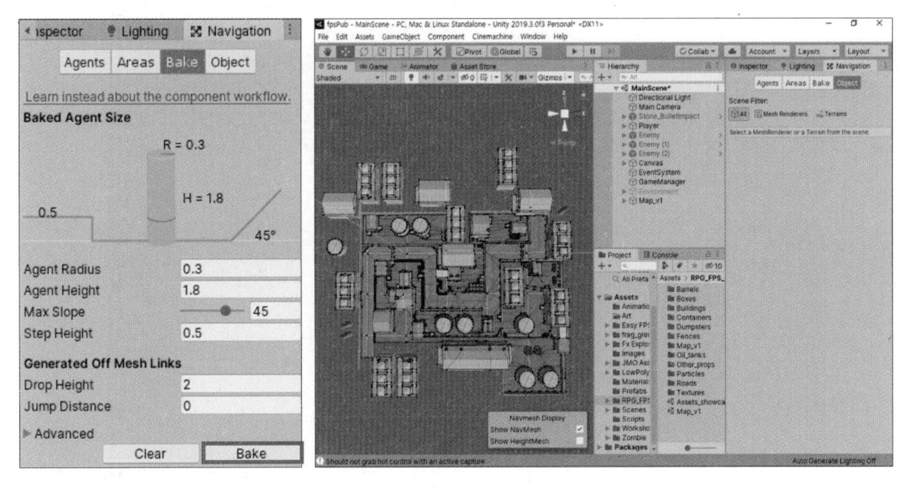

[그림 4.11-62] 내비게이션 메시 업데이트

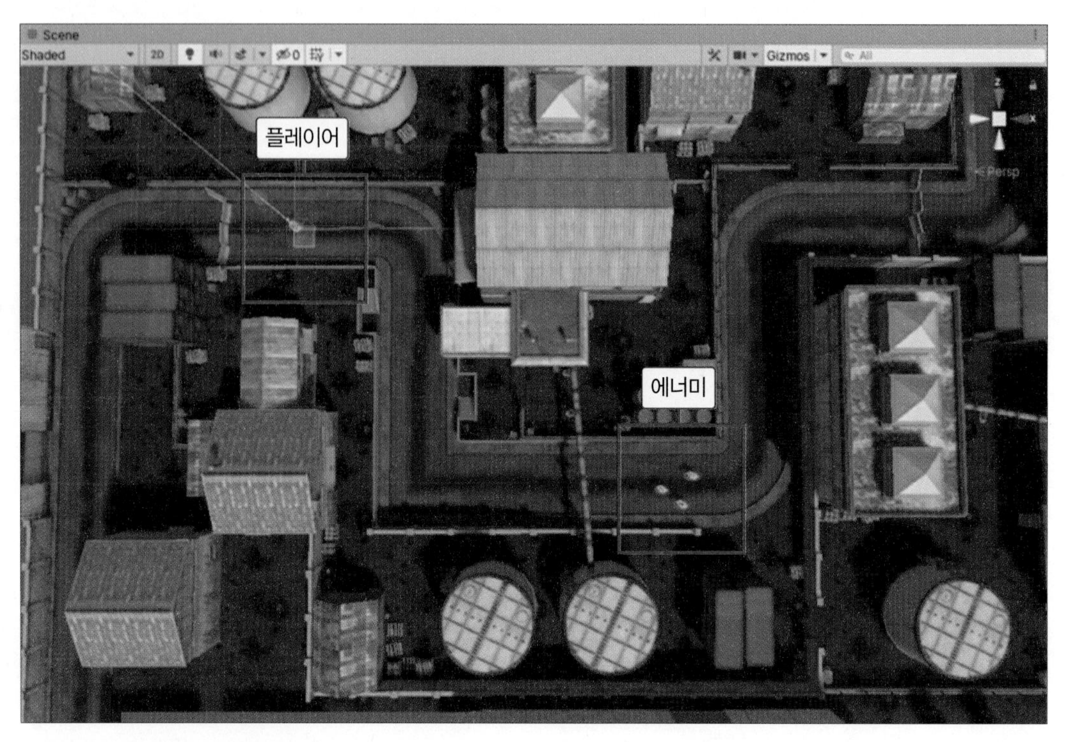

[그림 4.11-63] 플레이어와 에너미 위치

Tip

임의로 위치를 변경하다 보면, 도로 아래에 위치하게 되는 경우도 있습니다. [플레이] 버튼을 눌러 실행해보면, 도로 위로 올라가 제대로 작동하는 것을 확인할 수 있습니다. 하지만 제작 시 편의를 위해서라면 처음부터 정확한 위치에 두는 것이 좋습니다.

[그림 4.11-64] 에너미가 내비게이션 메시로 작동함.

스태틱(Static) 처리

앞서 설명한 바와 같이 스태틱 오브젝트를 처리하는데는 3D 데이터가 반드시 필요합니다. 여러분이 MainScene에 포함시킨 Map_v1이라는 씬 이름과 같은 게임 오브젝트를 확인할 수 있습니다. 해당 오브젝트(Map_v1)를 선택하면 Static이 활성화돼 있는 것을 알 수 있습니다.

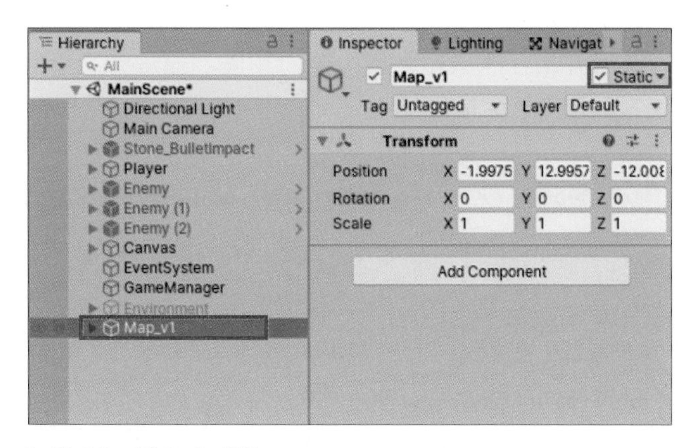

[그림 4.11-65] Static 확인

이번에는 'Directional Light'를 선택해 라이트 모드를 확인해보겠습니다. 현재는 'Realtime'이라고 설정돼 있는데, 이를 'Mixed'로 변경합니다. '다이내믹 오브젝트에도 영향을 미치고 스태틱 오브젝트를 베이크할 때도 사용하겠다.'라는 뜻입니다. Realtime으로 한다면, 다이내믹 오브젝트에는 영향을 미치지만, 스태틱 오브젝트에는 영향을 미치지 못합니다. 영향을 미치지 못한다는 것은 라이트에서 나온 빛이 스태틱 오브젝트에 영향을 미치지 않는다는 뜻입니다.

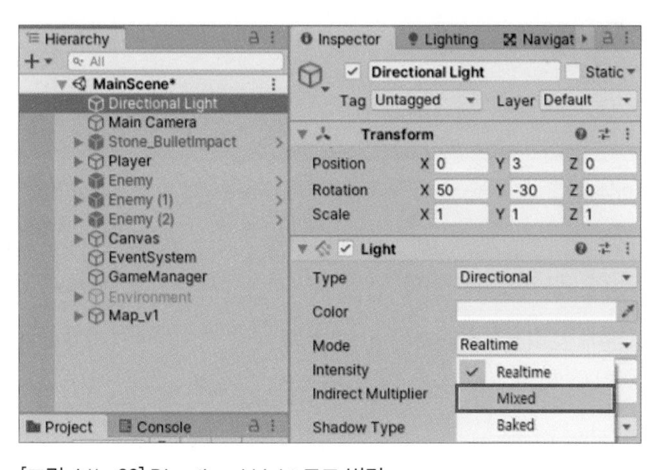

[그림 4.11-66] Directional Light 모드 변경

이와 반대로 Bake를 선택하면, 다이내믹 오브젝트에는 영향을 미치지 않고, 라이트 매핑을 할 때 스태틱 오브젝트에만 영향을 미치겠다는 뜻입니다. 이후 과정에서 라이트맵에 대한 세팅을 해보면서 실제 효과를 확인해보겠습니다.

라이트(Light)

유니티에서는 네 가지 타입의 라이트를 제공합니다. 라이트의 종류에 따라 대표적으로 사용되는 용도를 구분하면 다음과 같습니다.

- **Directional Light(디렉셔널 라이트):** 태양광처럼 일정한 방향으로 비추는 역할을 합니다.
- **Point Light(포인트 라이트):** 실내나 조명 장치 등에 사용합니다. 자신의 위치를 기준으로 구 형태로 방사합니다.
- **Spot Light(스폿 라이트):** 특정한 방향성을 가진 라이트로, 포인트 라이트에 비해 사용 빈도가 낮습니다.
- **Area Light(에어리어 라이트-베이킹 전용):** 형광등이나 조명 기구와 같이 면적으로 빛을 내는 역할을 합니다. 그러나 베이킹할 때만 사용하기 때문에 간접등 같은 효과를 낼 때 사용하는 것이 좋습니다.

이외에도 머티리얼의 Emission을 활용하면 라이트처럼 사용할 수 있습니다.

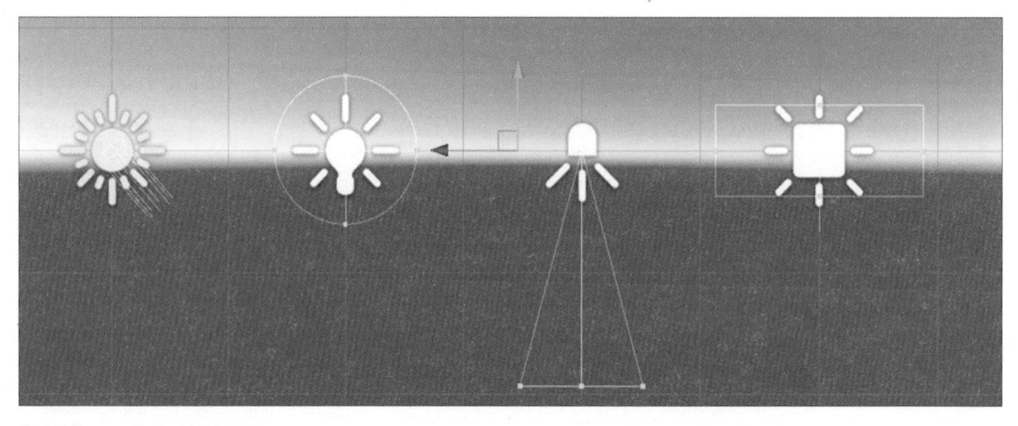

[그림 4.11-67] 라이트의 종류

모든 라이트에는 빛의 세기(Intensity)와 광원색(Color), 그림자(Shadow)에 대한 옵션이 있는데, 빛의 세기나 컬러는 눈에 보이는 대로 적절한 값을 찾으면 되지만, 그림자와 같은 경우는 약간 다릅니다. 현실에서 모든 라이트는 명암을 만들어냅니다. 그리고 자연스럽게 빛을 받지 못하는 곳에는 그림자를 만들죠. 모든 라이트에서 그림자를 그리면, 컴퓨터의 자원을 낭비하게 되기 때문에 적절히 타협하는 경우가 많습니다.

태양광이나 메인 라이트로 쓰이는 Directional Light의 경우, 그림자를 표현할 수 있도록 Soft Shadow나 Hard Shadow 옵션을 켜두지만, 포인트나 스폿 라이트의 경우는 반드시 표현해야 하는 경우가 아니라면 그림자를 그리지 않도록 섀도와 관련된 옵션을 꺼둡니다.

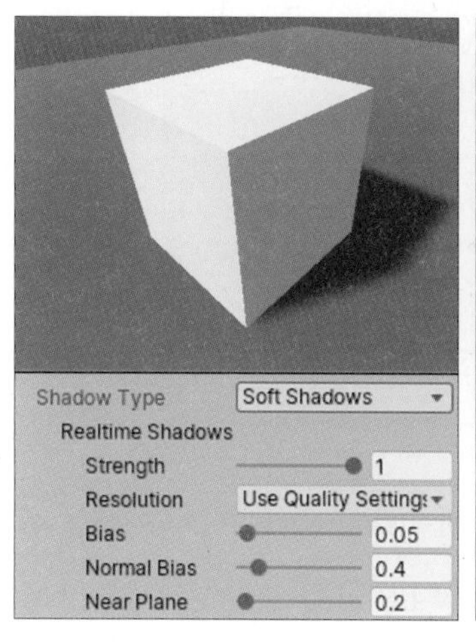

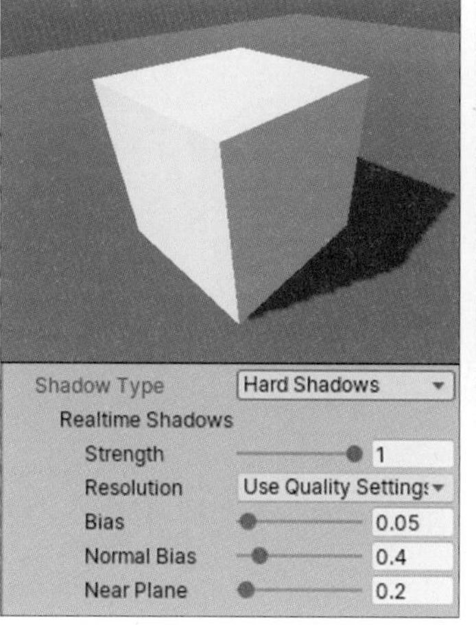

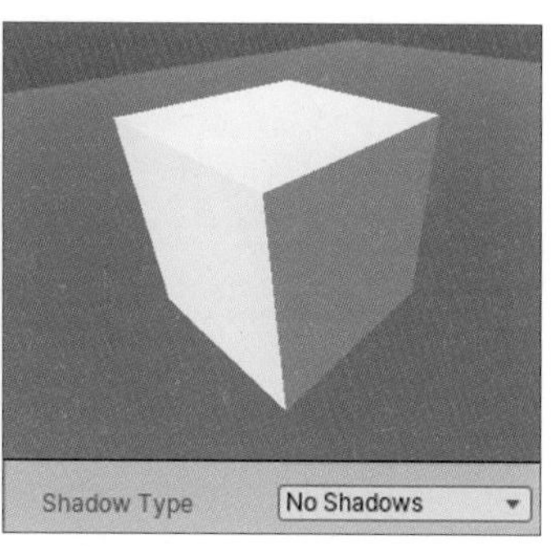

[그림 4.11-68] 섀도의 종류

마지막으로 앞서 디렉셔널 라이트를 이용해 실습해봤던 라이트의 모드 설정이 있습니다.

- **Realtime(리얼타임):** 조명을 실시간으로 비추기 때문에 다이내믹 오브젝트에만 영향을 미칩니다. 이미 라이트맵이 생성돼 있다면, 스태틱 오브젝트는 영향을 받지 않습니다. 너무 많은 리얼타임 라이트는 퍼포먼스를 저하시키는 원인이 됩니다.
- **Mixed(믹스드):** 실시간과 스태틱 모두에 영향을 미칩니다. 보통 디렉셔널 라이트에 사용합니다.
- **Baked(베이크드):** 라이트맵 베이킹을 할 때, 즉 스태틱 오브젝트에만 영향을 미칩니다. 다이내믹 오브젝트가 범위에 들어오더라도 아무런 영향도 미치지 않습니다.

이번에는 메뉴 바에서 [Window] - [Rendering] - [Lighting]을 클릭해 Lighting 창을 열겠습니다. 라이팅 창의 Scene 항목에는 라이트맵을 만들기 위한 세팅들이 있습니다.

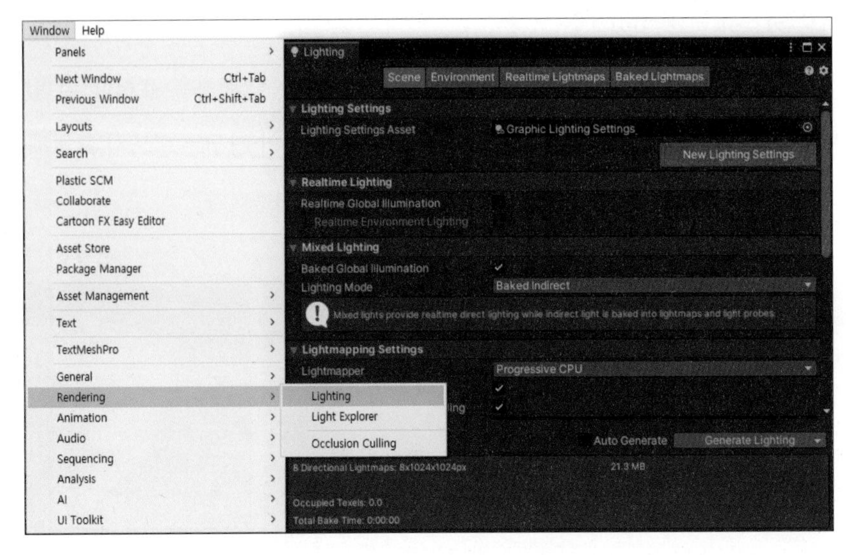

[그림 4.11-69] Lighting Setting 창

버전이 업그레이드되면서 라이트 맵을 생성하기 위해서는 라이팅 셋팅(Lighting Setting) 애셋을 생성해야 합니다. [그림 4.11-69]에서 Lighting Settings 항목에 [New Lighting Settings] 버튼을 클릭하여 라이팅 셋팅 애셋을 생성합니다. 예제의 Graphic Lighting Settings 애셋은 참고용으로 활용하시기 바랍니다. 라이팅 창의 [Scene] 탭 아래에 있는 [Generate Lighting] 버튼을 클릭하면 라이트맵을 생성할 수 있습니다. 다만, 지금처럼 씬에 오브젝트들이 많이 올라가 있는 경우라면 누르고 완료가 될 때까지 적게는 수 초에서 30~40분 이상 걸리는 경우도 있기 때문에 여유를 갖고 누르는 것이 좋습니다. 세부 설정은 라이트 셋팅과 스카이박스에서 다루겠습니다.

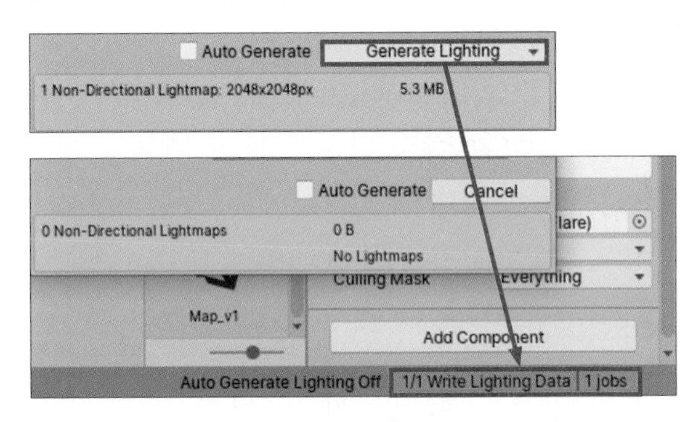

[그림 4.11-70] [Generate Lightmap] 버튼과 진행 상황

> **Tip**
>
> 오토제너레이트(Auto Generate) 기능을 사용하는 것은 권장하지 않습니다. 오브젝트를 옮기거나 추가 또는 삭제할 때마다 자동으로 라이트맵을 재계산하는데, 적은 수의 오브젝트를 사용하는 경우라면 문제가 덜 하겠지만, 라이트맵을 생성하는 것은 컴퓨터의 파워를 굉장히 많이 잡아먹기 때문에 오브젝트의 개수가 많을수록 실행 속도가 느려지는 상황이 발생합니다. 부록에서 2020 버전에서의 변경 사항에 대하여 설명하였습니다.

스카이박스 셋팅(Skybox Setting)

라이팅 창의 Environment 탭을 클릭합니다. 첫 번째 항목인 'SkyBox Material'을 'Skybox_v1' 머티리얼로 교체합니다.

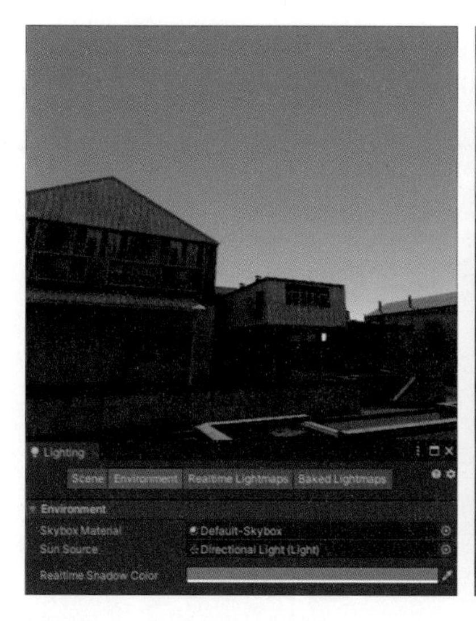

[그림 4.11-71] 스카이박스 변경

스카이 맵을 선택한 후 Rotation 항목을 드래그하면 배경의 하늘 이미지가 회전하는 것을 확인할 수 있습니다. 유니티에서는 스탠더드 머티리얼 이외에도 일부 특수한 셰이더를 사용해 표현하는 재질들이 있는데, 그중 하나가 '스카이 머티리얼'입니다. 스카이 머티리얼에 적용되는 텍스처는 조금 특이합니다. 머티리얼 파트에서 Emission 수치를 조절하면서 'HDR'이라는 표현을 본 적이 있을 것입니다. 이는 'High Dynamic Range'의 약자로, 일반 그림 파일은 한 픽셀에 RGB 각 8비트(0~255)의 범위를 갖는 것과 달리, 한 픽셀에 들어가는 수치가 각각 16비트(0~65,535), 32비트, 64비트 범위를 갖습니다. 다만 모니터에서 보기에는 큰 차이가 없습니다(일반적인 모니터는 0~255까지만 표현 가능).

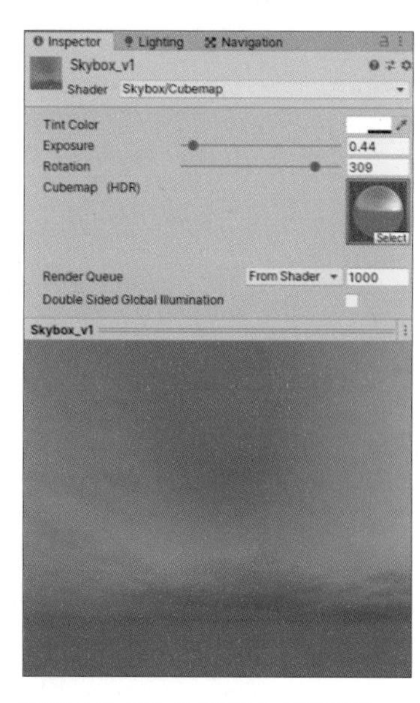

[그림 4.11-72] 스카이박스 머티리얼

라이트맵 셋팅

라이트맵을 만들기 위해서는 몇 가지 체크 박스만 선택해두면 바로 활용할 수 있습니다. 만드는 것은 어렵지 않지만 효율적으로 만드는 것이 중요합니다. 선택할 옵션이 워낙 많기 때문에 중요한 옵션들과 용도 위주로 살펴보겠습니다.

- **Environment Lighting(환경 라이팅):** 빛은 조명뿐 아니라 하늘이나 바닥 벽 등을 통해 반사돼 사방에서 들어옵니다. 이러한 조명 이외에 여러 환경에서 반사되는 빛들을 '환경 광' 또는 'Ambient Light'라고 합니다.

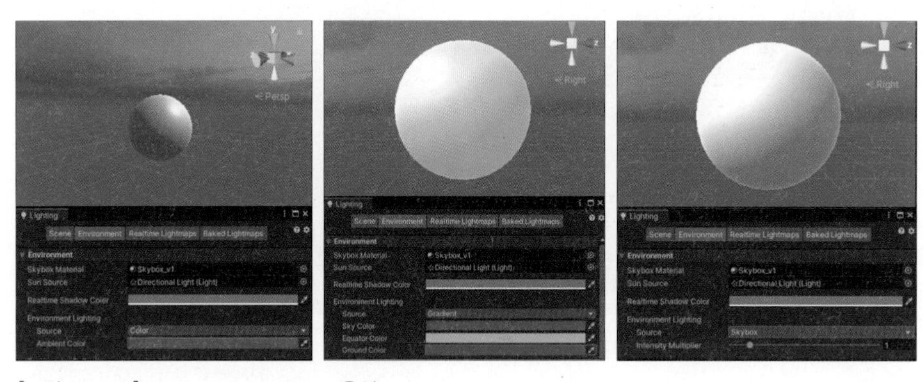

[그림 4.11-73] Environment Lighting 옵션

일반적으로 환경 라이팅은 자연스러운 화면을 만드는 데 사용됩니다. HDR을 활용한 스카이 박스가 준비돼 있다면, SkyBox로 두고 사용하는 것을 추천합니다. 단순 8비트 이미지로 스카이 박스를 사용한다면 Color나 Gradient로 컬러를 수동으로 지정해 사용하는 것이 좋습니다.
프로토타입 시에는 콘셉트 때문에 Color만 사용하고, 정교하게 표현할 때에는 Gradient를 이용하는데, [그림 4.11-74]를 참고해 컬러를 지정하면 편리하게 작업할 수 있습니다.

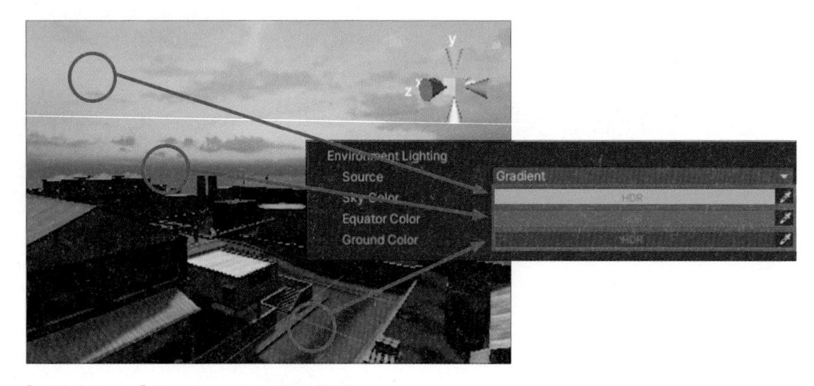

[그림 4.11-74] Gradient 스포이트 위치

Gradient에서는 세 가지 컬러를 지정해야 하는데, 필자가 컬러를 고르는 기준은 다음과 같습니다. 극단적인 논리일 수는 있지만, 조명과 씬을 빠르게 매칭해야 할 경우에 유용하게 쓰입니다. 특히 그래픽 아티스트보다 조명이나 컬러 배색에 대해 상대적으로 이해가 어려운 프로그래머, 비전공자 분들에게는 유용하게 쓰일 것 같습니다.

- **Sky Color:** 스카이 박스 이미지에서 눈에 많이 띄는 색
- **Equator Color:** 지평선 인근에서 고를 수 있는 색
- **Ground Color:** 바닥 면에 가장 많이 분포돼 있는 색

이 세 가지 컬러가 섞이면서 환경광을 계산합니다.

- **Realtime Global Illumination:** 이후에 나오는 Lightmapping Setting에서 Enlighten과 함께 사용되는 옵션이지만, Enlighten은 앞으로 사용되지 않을(deprecated) 옵션으로 분류돼 있기 때문에 체크 표시가 돼 있다면 해제한 후에 다음 과정으로 넘어가면 됩니다. 사용되지 않을 옵션은 향후 업데이트를 통해 사라집니다.

Mixed Lighting(혼합 라이팅)은 라이트의 옵션에서 Mixed 모드일 때 적용되는 방식을 결정하는 옵션으로, 라이트맵의 종류를 결정합니다. 특히 라이트맵을 베이크하는 데 있어 시간과 품질에 많은 영향을 미칩니다. 이번 실습에서는 'Bake Indiriect(간접광 베이크)'를 선택했지만, 이하 설명을 통해 기능들을 테스트해보면 적게는 3~4분, 많게는 2시간까지도 큰 편차가 있는 것을 확인할 수 있습니다. 각각의 옵션과 특징은 다음과 같습니다.

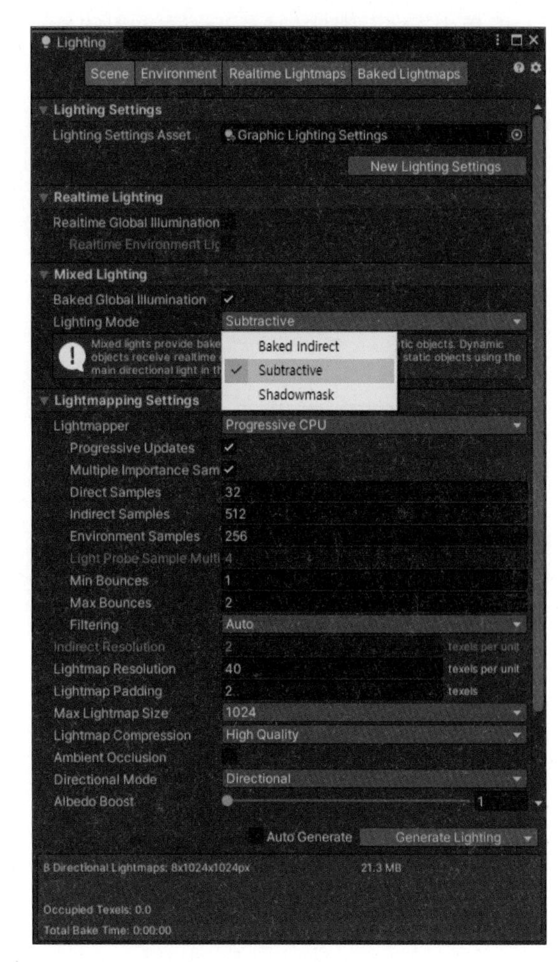

[그림 4.11-75] Mixed Lighting 옵션

- **Baked Global Illumination:** 체크 박스를 활성화하면 [Generate Lighting] 버튼을 눌렀을 때 라이트맵을 생성합니다. 라이트맵을 베이크하기 위해서는 필수적으로 체크해야 하는 옵션입니다.
  - **Lighting Mode:** 라이트맵을 어떻게 베이크할 것인지에 대한 옵션입니다. 다음은 세부 옵션에 대한 설명입니다.
  - **Bake Indirect(간접광):** 씬에 있는 모든 Mixed 라이트에 적용됩니다. 그림자는 실시간으로 그리게 됩니다. 간접광만 라이트맵으로 표현하기 때문에 환경에서 그림자의 변화가 있을 때 사용하는 것을 추천합니다.
  - **Subtractive(감산):** 낮은 퀄리티의 결과를 내며, 저사양의(모바일) 디바이스를 대상으로 한다면 추천하는 옵션입니다. 유니티 매뉴얼의 표현을 빌면 '최후의 대안'으로 사용하기 바랍니다.
  - **Shadow mask(섀도 마스크):** 라이트맵 이외에도 추가로 방향과 그림자에 대한 맵이 생성됩니다. 높은 퀄리티를 원할 때 사용합니다. 이후 소개할 Light Probe(라이트 프로브)를 활용한다면, 섀도 마스크 모드를 사용해야 제대로 된 효과를 볼 수 있습니다.

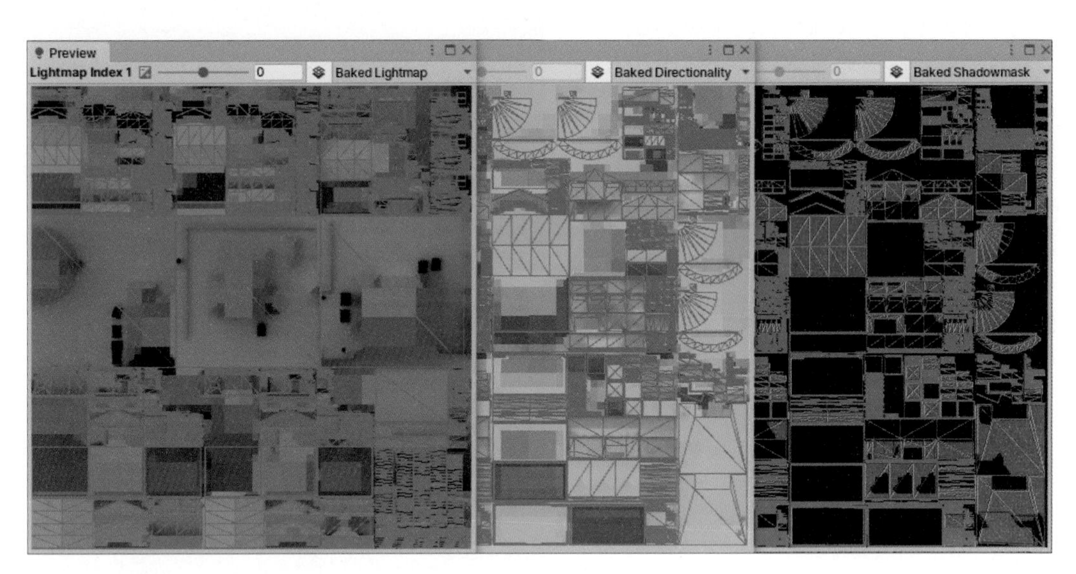

[그림 4.11-76] Shadow Mask 결과

라이트맵 옵션

라이트맵은 제일 중요한 옵션을 담고 있는데, 두 가지만 짚고 넘어가겠습니다. 라이트맵은 결국 텍스처(그림 파일)입니다. 텍스처를 사용할 때 가장 중요한 것은 '크기'라고 생각합니다. 그리는 종이가 넓으면, 디테일이 높아지지만 그만큼 공간(메모리)을 많이 차지할 것이고, 도화지가 작으면 공간은 아낄 수 있지만 디테일이 낮아집니다.

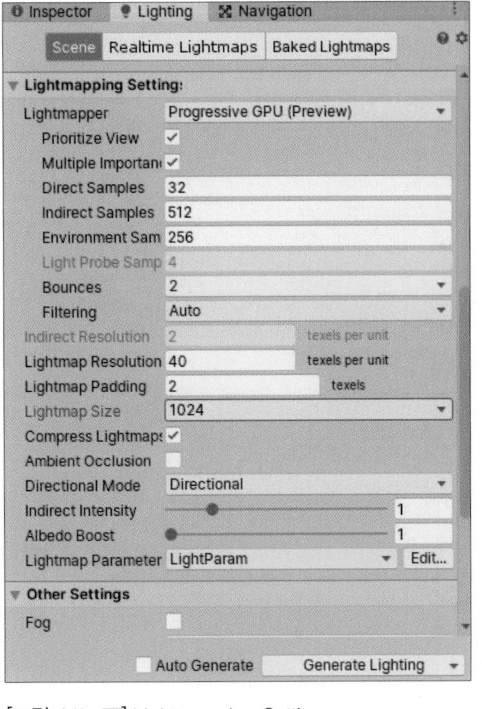

[그림 4.11-77] Lightmapping Settings

전체적인 작업 시간은 샘플(Direct Sample, Inderect Sample, Environment Sample) 수치에 따라 달라집니다. 명확한 이미지를 얻고 싶다면, 256이나 512와 같이 큰 수치를 이용해 정교한 라이트맵을 얻을 수 있지만, 시간이 오래 걸린다는 단점이 있습니다. 이와 반대로 낮은 샘플은 얼룩덜룩한 느낌의 라이트맵을 얻을 수는 있지만 시간이 빠릅니다. 참고로 지금 이미지로 설정한 수치는 필자의 노트북에서 5~10분 정도면 완료됩니다(게이밍 노트북 i7, GTX1070).

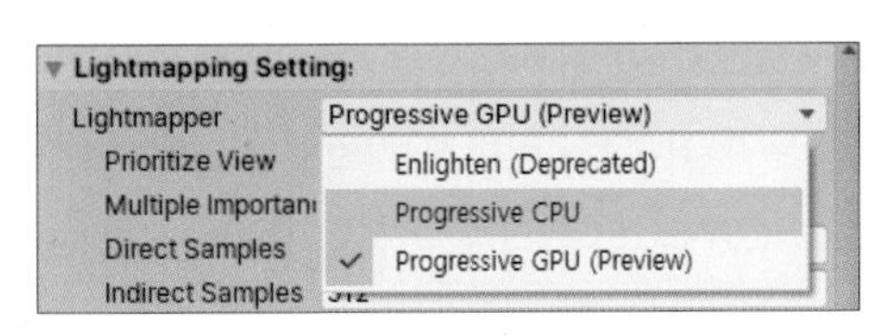

[그림 4.11-78] Lightmapper 옵션

같은 옵션이라도 시간을 줄일 수 있는 것이 `Lightmapper` 옵션입니다. 기본은 Prograssive CPU입니다. 좀 더 빠른 효과를 얻고 싶다면 Prograssive GPU(Preview)를 선택하면 되지만 그래픽 카드가 없는 노트북에서는 효과가 없고, 현재 프리뷰 기능이기 때문에 완성된 기능은 아닙니다. `Enlighten`은 앞으로 사용되지 않을 옵션이기 때문에 설명에서 제외했습니다.

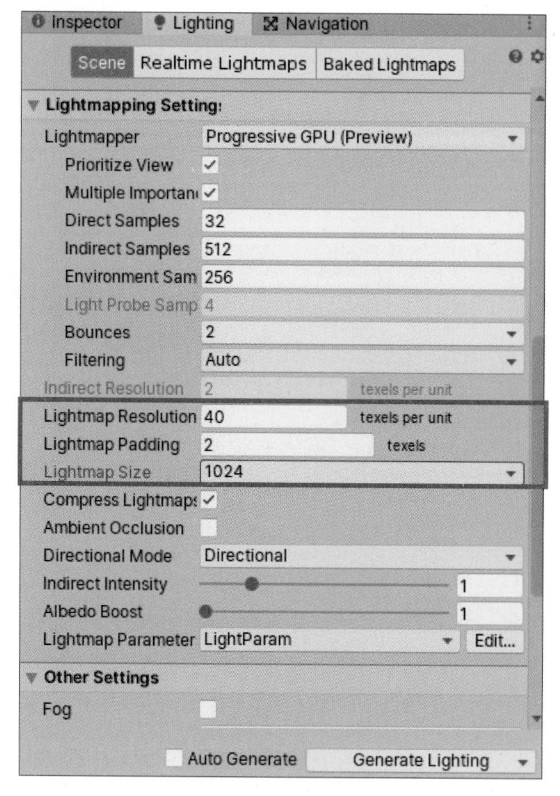

[그림 4.11-79] Lightmap Resolution 옵션

Lightmap Resolution은 1유닛(1m)을 몇 개의 픽셀로 표현할 것인지에 대한 옵션입니다.

기본값은 40인데, 초반에는 40보다 작게 20이나 10 등으로 낮춰 빠르게 결과를 파악하고, 개발이 진행됨에 따라 서서히 높이면서 작업하는 것이 좋습니다.

- **Lightmap Size:** 라이트맵의 크기입니다. 기본은 '1024'입니다. 여러 가지 테스트를 해봤지만, 2048 이상으로 설정하면 다음처럼 노이즈가 낀 이미지가 생깁니다. 예전 버전이었다면 상황에 따라 크기를 조절했겠지만, 지금은 '1024'로 두겠습니다. 다만, 지금 현재 세팅에서 바로 라이트맵을 베이킹한다면, 20여 장의 라이트맵이 생성되기 때문에 이후 다른 옵션을 통해 생성되는 라이트맵의 장수를 조절하겠습니다.

[그림 4.11-80] 잘못된 라이트맵의 결과

Inspector | Lighting | Navigation

Scene | Realtime Lightmaps | Baked Lightmaps

▼ Lightmapping Setting:
- Lightmapper: Progressive GPU (Preview)
- Prioritize View: ✓
- Multiple Importan: ✓
- Direct Samples: 32
- Indirect Samples: 512
- Environment Sam: 256
- Light Probe Samp: 4
- Bounces: 2
- Filtering: Auto
- Indirect Resolution: 2 texels per unit
- Lightmap Resolution: 40 texels per unit
- Lightmap Padding: 2 texels
- Lightmap Size: 1024
- Compress Lightmap: ✓
- Ambient Occlusion:
- Directional Mode: Directional
- Indirect Intensity: 1
- Albedo Boost: 1
- Lightmap Parameter: LightParam | Edit...

▼ Other Settings
- Fog:

Auto Generate | Generate Lighting

[그림 4.11-81] 라이트맵 파라미터

라이트맵핑 셋팅(Lightmapping Setting)의 하단을 살펴보면 'Lightmap Parameter'라는 항목이 있습니다. 기본값이 'Default-Medium'으로 돼 있는 곳을 클릭합니다.

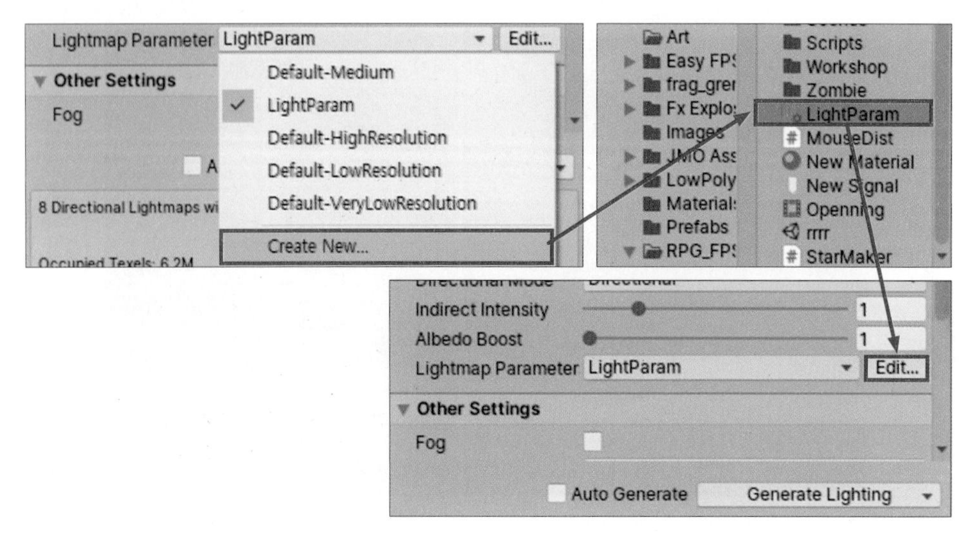

[그림 4.11-82] 파라미터 애셋 생성

기존에 있는 값들은 편집이 안 되기 때문에 하단의 [Create New]를 클릭해 새로운 프로파일을 생성해야 합니다. 생성된 파라미터를 선택하면 오른쪽 [Edit] 버튼이 활성화됩니다. [Edit] 버튼을 클릭합니다(필자의 화면에는 이미 생성된 'LightPram'이라는 프로파일이 있습니다).

Inspector | Lighting | Navigation

LightParam

Realtime GI (Deprecated)	
Resolution	1
Cluster Resolution	0.5
Irradiance Budget	128
Irradiance Quality	8192
Modelling Tolerance	0.01
Edge Stitching	✓
Is Transparent	
System Tag	-1
Baked GI	
Blur Radius	2
Anti-aliasing Samples	8
Direct Light Quality	64
Pushoff	0.0001
Baked Tag	-1
Limit Lightmap Count	✓
Max Lightmaps	8
Baked AO	
Quality	256
Anti-aliasing Samples	16
General GI	
Backface Tolerance	0.9

[그림 4.11-83] 파라미터 수정

파라미터에서 'Limit Lightmap Count'의 체크 박스에 체크 표시를 하고 Max Lightmaps에 '8'을 입력하면 최대 8장에 맞춰 자동으로 라이트맵을 생성해주기 때문에 불필요한 데이터 생성을 막을 수 있습니다.

이제 [Generate Lightmap] 버튼을 눌러 라이트맵을 생성하면 됩니다. 라이트맵은 현재 씬이 저장돼 있는 위치에 씬과 동일한 이름의 폴더를 만들고 생성됩니다.

[그림 4.11-84] 라이트맵의 결과

프로브(Probe)의 활용

유니티에서는 Light Probe(라이트 프로브), Reflection Probe(리플렉션 프로브)라는 두 가지 프로브가 있습니다. 프로브들의 역할은 미리 계산된 데이터를 갖고 있다가 다이내믹 오브젝트가 자신의 범위에 들어오면 라이트나 반사되는 이미지를 전달하는 역할을 합니다. 프로브는 가능하면 전체적인 라이트나 배경 구조의 세팅이 끝난 후에 작업하는 것이 좋습니다.

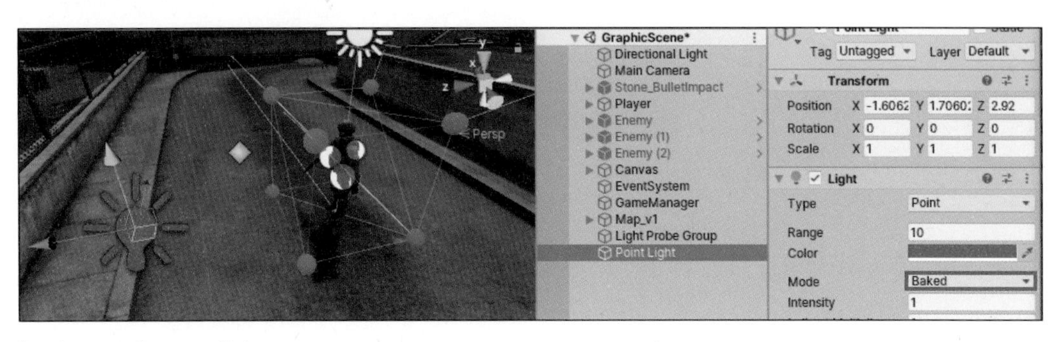

[그림 4.11-85] 프로브 개념

라이트맵을 사용하면, 다이내믹 오브젝트들은 주변의 Bake 라이트의 효과를 받지 못하기 때문에 그 대안으로 사용하는 것이 'Light Probe'입니다. 배치해보면서 라이트 프로브의 사용 방법을 알아보겠습니다. 우선 하이어라키 뷰에서 [+] 버튼 – [Light] – [Light Probe Group]을 클릭해 라이트 프로브를 생성합니다.

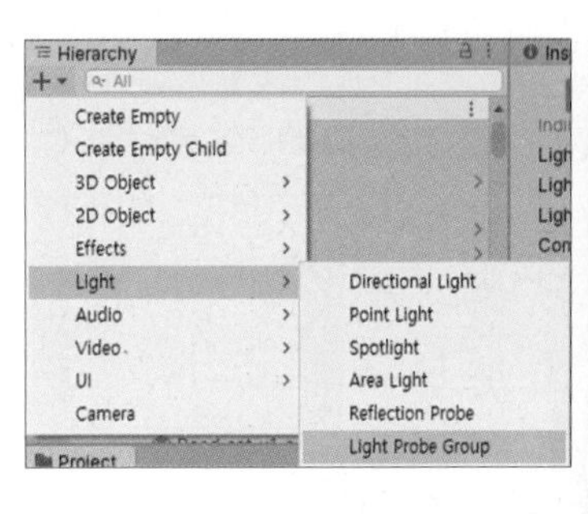

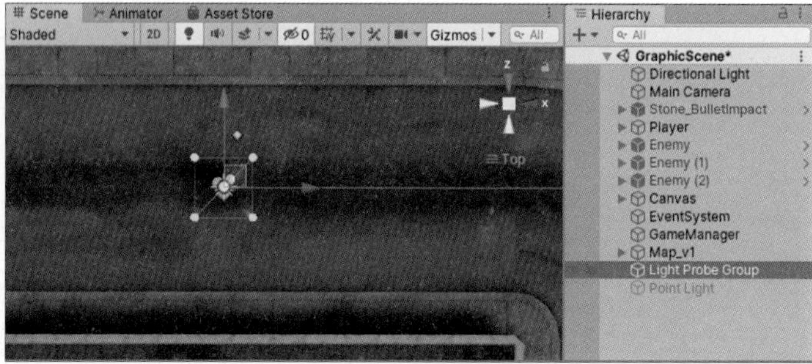

[그림 4.11–86] (임시 이미지) 라이트 프로브 추가

생성된 라이트 프로브를 화면과 같이 플레이어 중간에 위치시킵니다. 포지션은 X는 '0', Y는 '1', Z는 '0'입니다. 라이트 프로브는 별도의 Edit 모드가 존재합니다. 컴포넌트의 [Edit] 버튼을 클릭하면, 작은 구체들 각각을 배치할 수 있게 됩니다.

[그림 4.11–87] 라이트 프로브 컴포넌트

Ctrl + 마우스 왼쪽 클릭을 하면 여러 개를 선택할 수 있습니다. 선택된 프로브는 파란색으로 표시됩니다. 다만 다이내믹 오브젝트의 크기(일반적으로는 캐릭터의 키)를 고려해 캐릭터를 감쌀 수 있는 높이로 배치하는 것이 좋습니다.

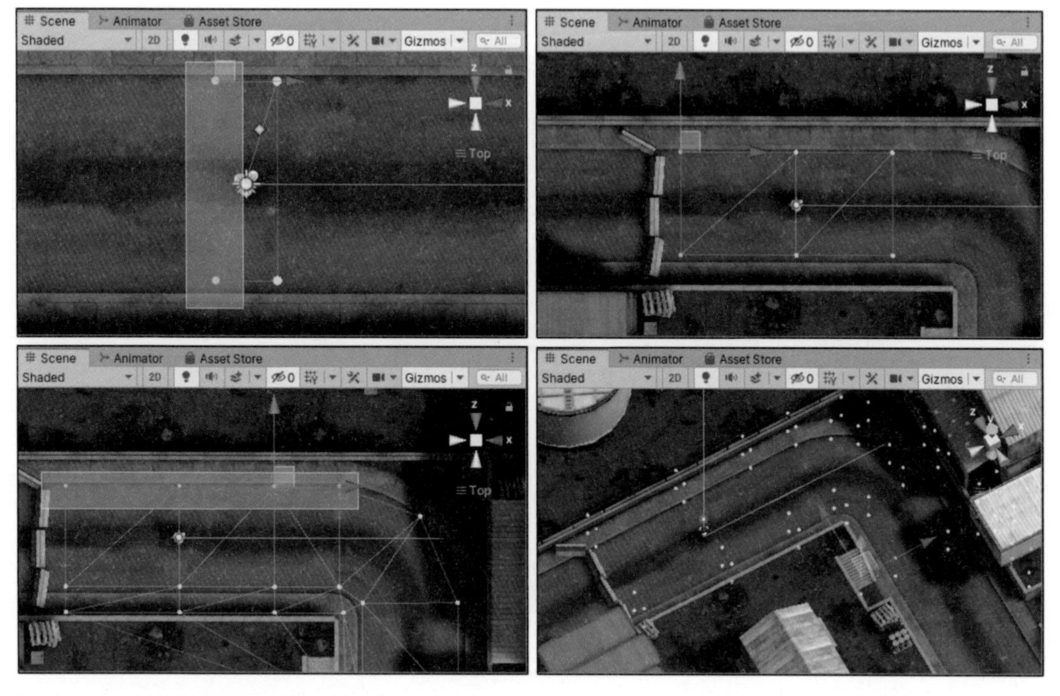

[그림 4.11-88] 라이트 프로브 배치 예시

선택한 프로브를 Ctrl+C, Ctrl+V를 이용해 다음에 보이는 이미지처럼 이동해 위치시키면 편리하게 작업할 수 있습니다. 실제 큐브 오브젝트를 추가해 움직여보면 큐브가 프로브의 범위에 들어왔을 때 어떻게 작동되는지 볼 수 있습니다. Edit 모드가 활성화되면 마우스를 드래그해도 프로브만 선택됩니다. 연결되는 분홍색 선들은 자동으로 연결됩니다. 컴포넌트의 Show Wireframe의 체크 표시를 해제하면 우측 하단의 이미지처럼 프로브만 볼 수 있으며, 조명, 명암의 변화가 많은 곳에는 보다 많은 프로브를 배치하는 것이 보다 정교한 조명 효과를 볼 수 있지만 너무 배치가 조밀해지면, 성능상으로도 도움이 되질 않습니다. 실내는 보다 조밀하게 배치하는 편이며, 실제 야외에서의 배치는 예시 이미지보다 간격이 넓어도 문제가 되지 않습니다.

라이트 프로브의 기능을 파악하기 위해 하이어라키 뷰에서 [+] 버튼을 누른 후 [Light]-[Point Light]를 추가한 후 프로브 중간에 배치하겠습니다. 그리고 세팅은 다음과 같이 맞춰줍니다.

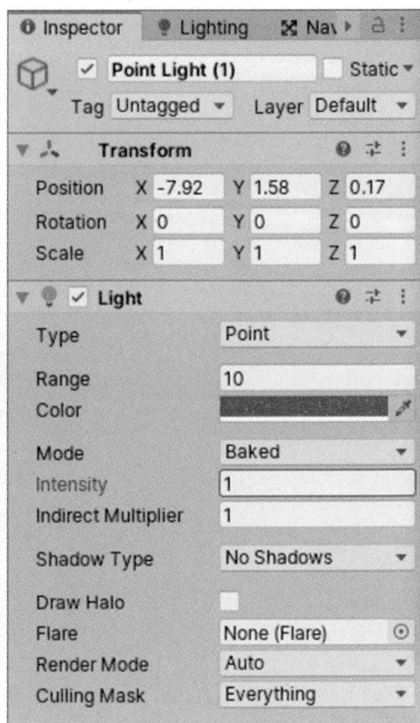

[그림 4.11-89] 포인트 라이트 배치

포인트 라이트까지 세팅됐다면, Lighting 창으로 가서 [Generate Lighting] 버튼을 클릭하고 라이트맵을 새로 계산하겠습니다. 플레이를 통해 확인해보면 포인트 라이트를 비활성화시키더라도 주변의 프로브에 영향을 받은 캐릭터가 붉은색 빛을 받는 것을 확인할 수 있습니다.

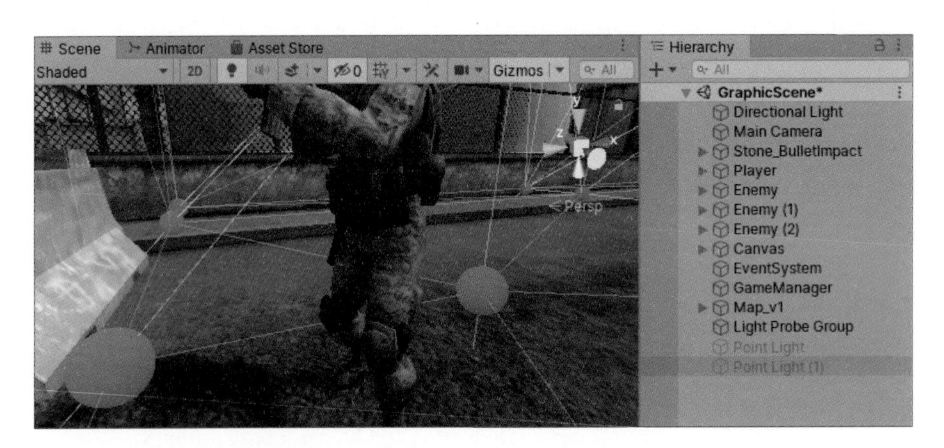

[그림 4.11-90] 라이트 프로브 효과

리플렉션 프로브는 라이트 프로브에 비해 사용 방법이 간단합니다. 리플렉션 프로브는 360도 카메라라고 생각하면 됩니다. 하이어라키 뷰에서 [+] 버튼 – [Light] – [Reflection Probe]를 선택하면 생성됩니다. 포지션을 0, 2, 0에 위치시킵니다.

[그림 4.11-91] 리플렉션 프로브

리플렉션 프로브는 콜라이더와 같이 범위를 갖고 있는데, 이 범위 내에 있는 오브젝트가 반사를 일으키는 재질(머티리얼에서 Smoothness가 높은 상태)이면 주변의 모습을 캡처해 놓았다가 반사하는 데 이미지로 뿌려줍니다. 콜라이더와 같이 [Edit] 버튼을 사용하면 크기를 조절할 수 있습니다.

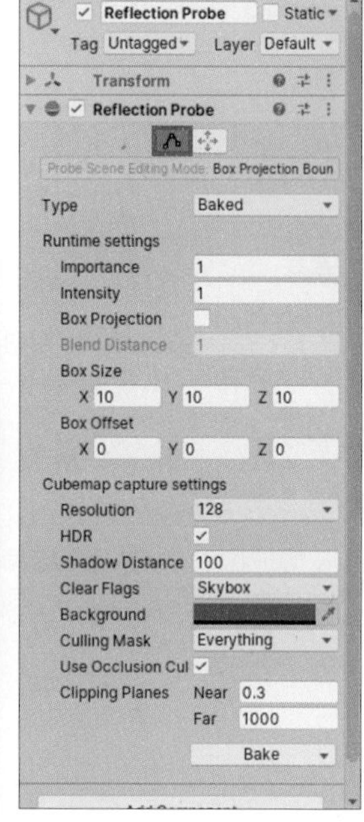

[그림 4.11-92] 리플렉션 프로브 조절

라이트맵 베이킹을 할 때 리플렉션 이미지도 업데이트되지만, 리플렉션 프로브 자체에 있는 베이크 버튼을 눌러주면 해당 리프렉션 프로브만 업데이트됩니다.

[그림 4.11-93] 리플렉션 프로브의 결과

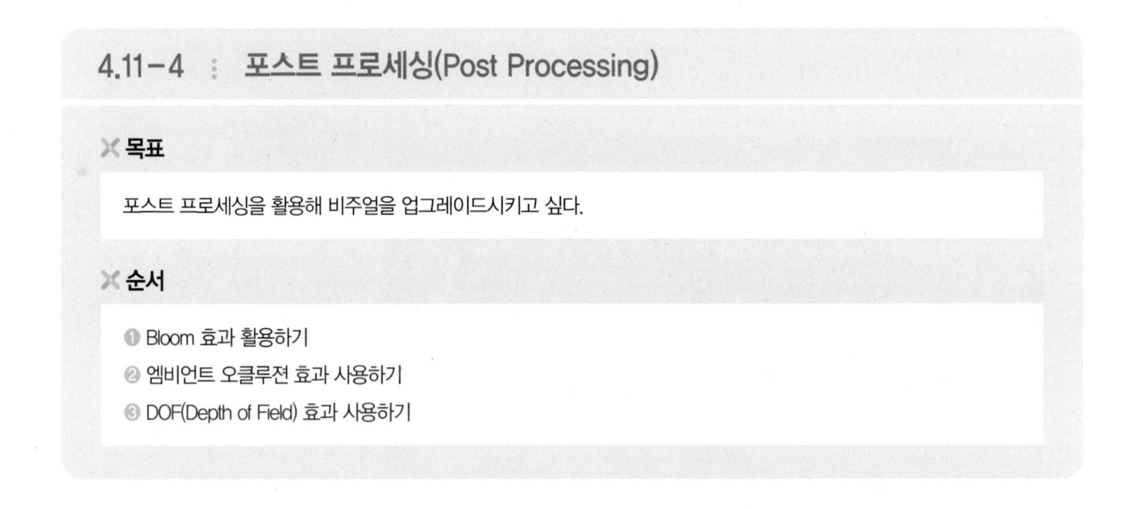

4.11-4 : 포스트 프로세싱(Post Processing)

목표

포스트 프로세싱을 활용해 비주얼을 업그레이드시키고 싶다.

순서

❶ Bloom 효과 활용하기
❷ 엠비언트 오클루전 효과 사용하기
❸ DOF(Depth of Field) 효과 사용하기

포스트 프로세싱은 기존 효과들과 달리, 카메라에만 적용되는 효과입니다. 보통 '후처리 효과'라고도 하며, 3D 화면은 우리가 보는 화면 이외에도 다양한 정보를 그리게 되는데, 이러한 여러 장면의 정보들을 모아 한 번 더 효과를 준 것이 포스트 프로세스입니다. 이 기능을 활용하려면 애셋 스토어가 아닌 유니티에서 제작하고 배포하는 패키지 매니저를 통해 추가해야 합니다.

패키지 매니저에서 다운로드하기

메뉴 바에서 [Windows] – [Package Manager]를 클릭합니다. 창이 열리면 잠시 동안 기다려야 합니다. 인터넷으로 실시간으로 최신 버전을 확인해 리스트업해주기 때문에 약간의 시간이 걸립니다.

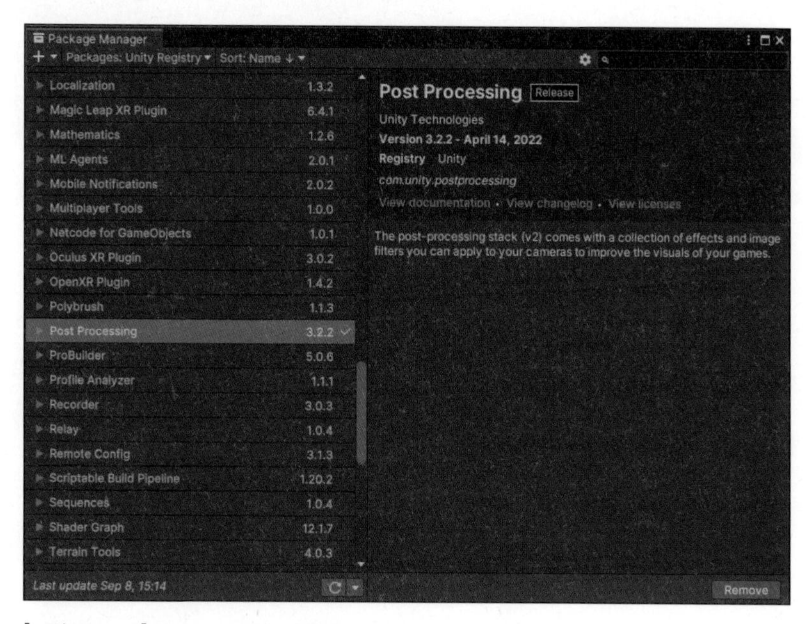

[그림 4.11-94] 포스트 프로세스 패키지

좌측 상단의 애셋 종류가 Unity Registry로 돼 있는지 확인합니다. 그렇지 않다면, Unity Registry로 변경합니다. 왼쪽 하단의 Loading이 끝나면, 리스트에서 Post Processing를 찾아줍니다. 알파벳 순서로 정렬돼 있어서 목록 아래쪽에서 찾아봐야 합니다. Post Processing을 선택한 후 [Install] 버튼을 클릭해 현재 프로젝트에 추가합니다. 애셋과 달리 별도의 임포트 과정 없이 바로 프로젝트에 추가됩니다.

포스트 프로세싱 셋팅하기

포스트 프로세싱을 사용하기 위해서는 두 가지를 세팅해야 합니다. 첫 번째는 카메라 세팅, 두 번째는 Volume(볼륨)이라는 효과를 카메라에 적용하기 위한 데이터 세팅입니다. 우선 볼륨 오브젝트부터 만들겠습니다.

하이어라키 뷰에서 [+] 버튼 – [3D Object] – [Post Precess Volume]을 클릭합니다. 패키지에서 포스트 프로세스를 추가했기 때문에 3D 오브젝트에 기존에는 없던 포스트 프로세스 볼륨이 추가돼 있습니다.

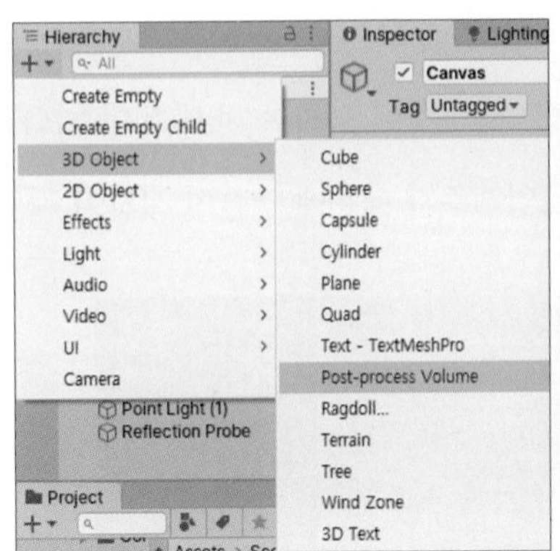

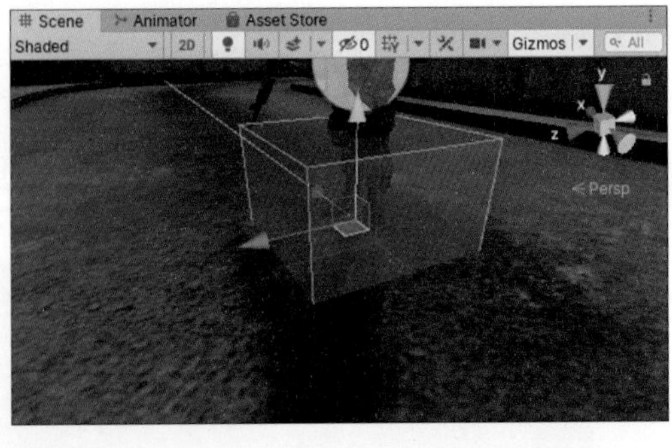

[그림 4.11-95] 포스트 프로세스 볼륨

볼륨 오브젝트를 추가하고, 인스펙터 뷰에서 [Layer] - [Default]로 돼 있는 것을 클릭해 [Add Layer] 버튼을 누릅니다. 자주 사용되는 것이 아니기 때문에 11번에 'Post'라고 입력해 레이어를 추가합니다.

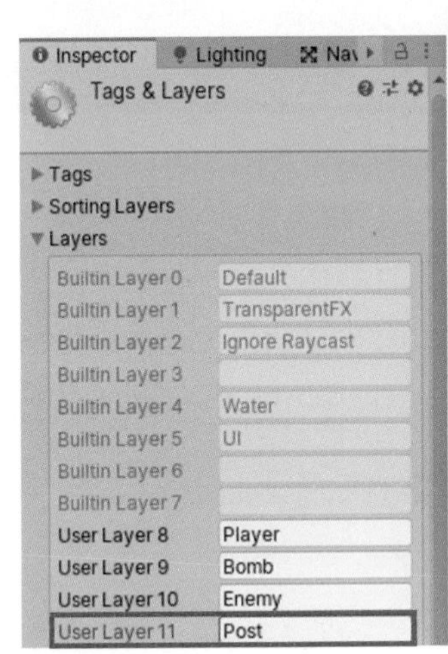

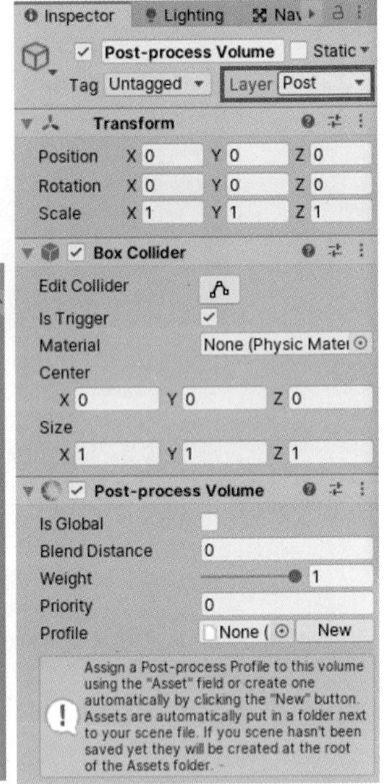

[그림 4.11-96] 레이어 생성

포스트 프로세스 볼륨 오브젝트는 콜라이더와 범위에 카메라가 들어왔을 때 효과가 적용되기 때문에 범위를 넉넉하게 잡아주는 것이 좋습니다. Distance는 효과가 전혀 없는 상태에서 100% 적용될 때까지의 거리를 나타냅니다. 콜라이더의 크기를 X: 50, Y: 50, Z: 50으로 적용하고, 볼륨 컴포넌트의 distances는 '5'로 설정합니다.

Profile이 현재는 'None'으로 비어 있습니다. [New] 버튼을 클릭해 새로운 프로파일을 생성합니다.

여러 가지 포스트 효과들 중 필요한 것만 추가해 사용하는 방식이며, 씬이 바뀌더라도 프로파일을 공유해 일정한 비주얼을 유지할 수 있습니다.

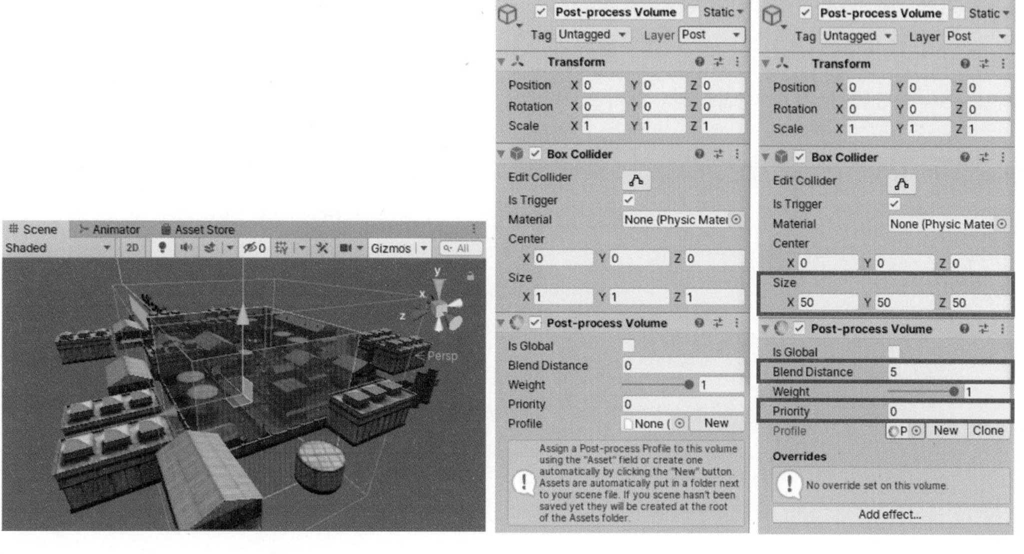

[그림 4.11-97] 포스트 프로세스 볼륨 설정

이제 Main Camera를 선택합니다. [Add Component] 버튼을 클릭해 Post Process Layer 컴포넌트를 추가합니다. 레이어 항목을 볼륨 오브젝트의 레이어와 동일한 'Post'로 선택합니다. 이제 포스트 프로세싱을 사용할 준비가 끝났습니다.

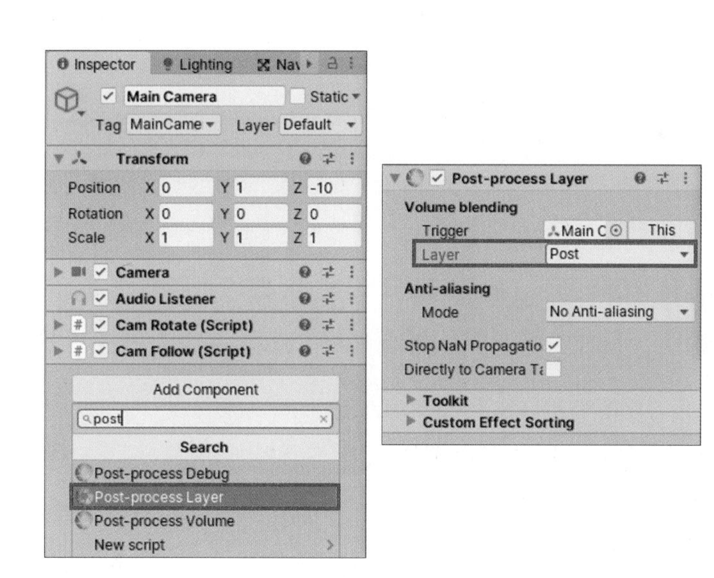

[그림 4.11-98] Main Camera 설정

안티에일리어싱(Anti-Aliasing) 효과

포스트 프로세스 프로파일을 수정하기 전에 각종 효과들 중 유일하게 카메라에 붙어 있는 포스트 프로세스 레이어에서 줄 수 있는 효과부터 적용해보겠습니다. 안티에일리어싱이란, 렌더링 결과를 좀 더 부드럽게 보이게 하기 위한 효과입니다. 옵션만 바꾸면 쉽게 사용할 수 있습니다. 다음 이미지를 통해 비교해보시기 바랍니다. 각각의 명칭은 여러 가지 안티에일리어싱을 하기 위한 계산 방식이 다를 뿐, 목적은 같습니다.

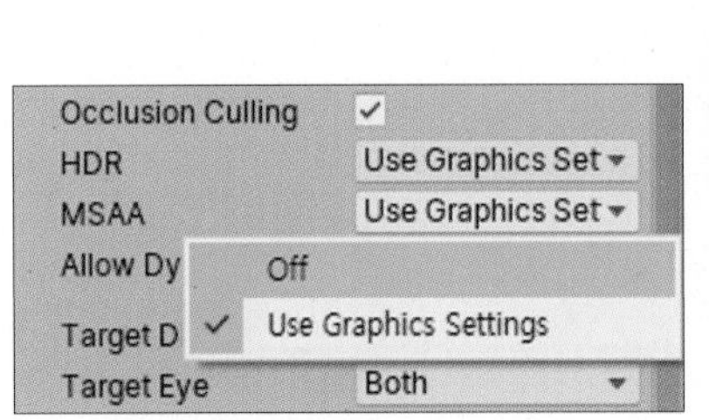

[그림 4.11-99] 안티에일리어싱 옵션

한 가지 주의할 점은 안티에일리어싱은 원래 기본 카메라에서 MSAA(Multi-Sampling Anti-Aliasing) 기능을 On, Off하는 역할을 한다는 것입니다. [Edit]-[ProjectSttings]-[Quality]에서 설정된 값을 그대로 적용하는 옵션인데, 만약 포스트 프로세싱에서 안티에일리어싱을 사용한다면 카메라의 MSAA 설정은 'OFF'로 해두는 것이 좋습니다. 서로 다른 안티에일리어싱이 중복 적용돼 오히려 선명하지 못한 화면이 될 수 있기 때문입니다.

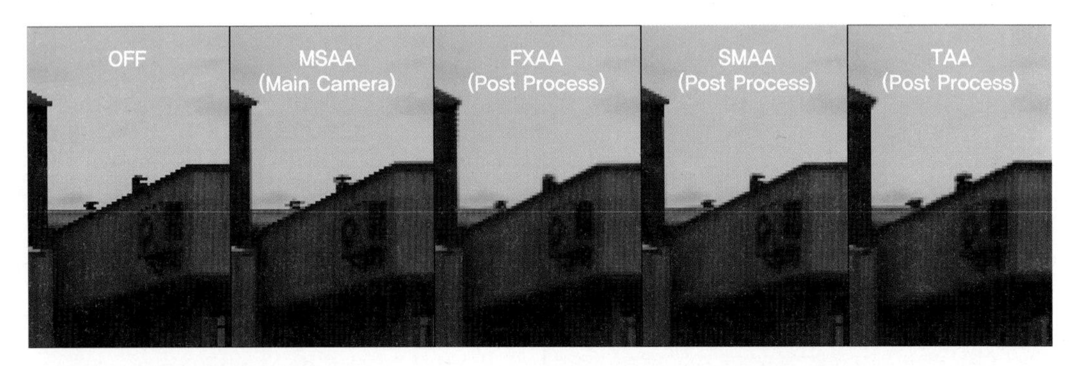

[그림 4.11-100] 안티에일리어싱 비교

앰비언트 오클루전(Ambient Occlusion) 효과

앰비언트 오쿨루젼(Ambient Occlusion)은 환경광에 얼마나 노출돼 있는지를 흰색~검은색으로 표현해 기본 렌더링 화면에 덧입힌 효과를 말합니다. 굉장히 난해한 설명이죠? 벽이 꺾이는 구석, 물체와 물체가 맞닿은 경계가 어두워지는 현상 등에서 흔히 볼 수 있습니다. 다음 그림에서 주변에 가까운 오브젝트들이 없다면 희고, 주변에 다른 오브젝트들과 겹쳐 있다면 그림자가 진 것처럼 살짝 어두운 것을 확인할 수 있습니다.

포스트 프로세스 볼륨 오브젝트에서 프로파일이 제대로 연결돼 있다면 [Add Effect]라는 버튼이 있는 것이 보일 것입니다. [Add Effect] 버튼을 클릭한 후 [Unity] - [Ambient Occlusion]을 선택해 효과를 추가합니다.

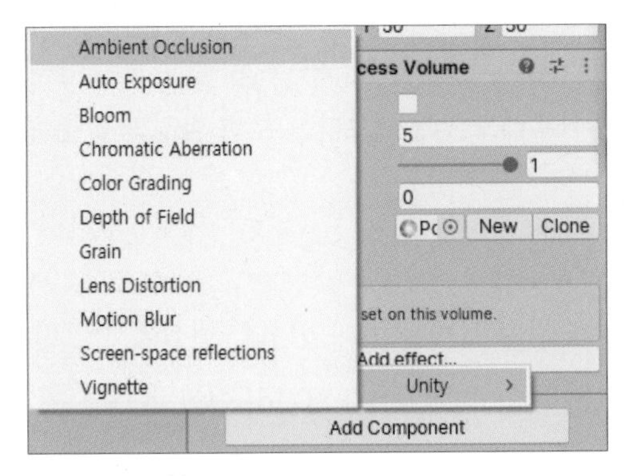

[그림 4.11-101] 앰비언트 오클루전 추가

포스트 프로세스에 포함된 효과들은 각각 '모듈'이라고 합니다. 이번에 추가한 것은 앰비언트 오클루젼 모듈이죠. 이후 '해당 모듈을 선택하고'라는 표현이 나온다면 각 챕터에서 설명하는 모듈에 집중하면 됩니다. 최초에 모듈을 추가하고 나면, 모든 기능이 비활성화됩니다. 필요한 만큼만 선택해 사용하는 방식입니다. `Mode`와 `Intensity`를 선택한 후 `Intensity`에 '1'을 적용합니다.

[그림 4.11-102] 앰비언트 오클루전 Intensity 비교

효과의 차이를 보기 위해 과장된 Intensity와 비교해보겠습니다. 자세히 살펴보면 각 물체들이 겹치는 곳 위주로 어두워지는 것을 볼 수 있습니다.

[그림 4.11-103] 앰비언트 오클루전 효과 전후

좀 더 자연스러운 효과를 표현하기 위해서는 Color 항목까지 체크해 스카이 컬러와 유사한 색을 선택해 사용할 수도 있습니다. 아무래도 검은색보다는 주변 환경과 맞춘 컬러가 좀 더 자연스럽겠죠?

블룸(Bloom) 효과

블룸(Bloom)은 빛을 뿌옇게 번져 보이는 효과입니다. 현실에서의 빛은 컴퓨터에서 그리는 것처럼 칼같이 끊어지는 것 아니라 퍼지는(산란하는) 성질이 있기 때문에 좀 더 자연스러운 빛 연출이나 밤의 네온사인과 같은 표현을 하는 데 쓰이는 효과입니다.

앞의 과정에서 포스트 프로세스 블룸 오브젝트를 선택하고 [Add Effect]를 클릭해 [Unity]-[Bloom]을 선택합니다.

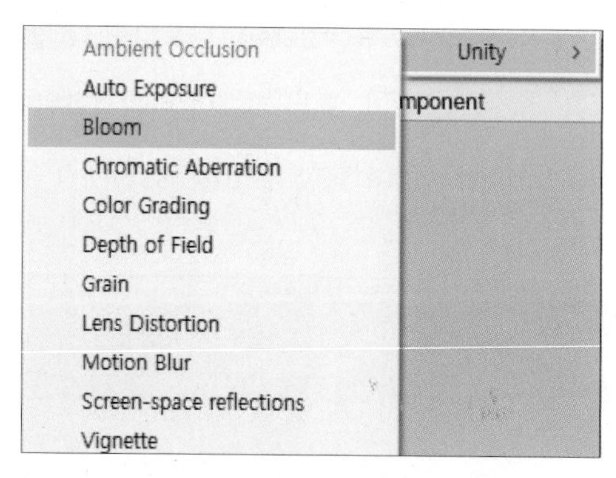

[그림 4.11-104] 블룸 추가

추가된 Bloom 모듈 오른쪽 위에 있는 On/Off를 보면 어둡게 보이는 게 현재 선택한 상태입니다. 컨텐츠 실행(런타임) 중에 코드를 활용해 개별 효과를 On/Off할 수 있습니다. 각각의 옵션은 모두 비활성화돼 있으며, 하나하나 활성화시켜가면서 적용해보겠습니다.

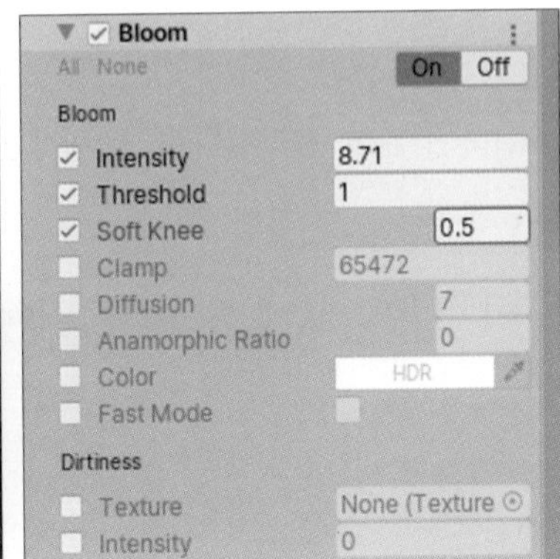

[그림 4.11-105] 블룸 효과 전후

Threshold는 어느 밝기부터 빛을 퍼지게 할 것인지를 정하는 옵션입니다. 0이라면 중간 이상 밝기부터, 1이라면 흰색에 가까운 밝기부터 효과가 적용됩니다.

머티리얼에서 이미션 효과에 대해 설명할 때 블룸과 함께 사용한다고 했습니다. 간단한 3D 오브젝트를 두고 머티리얼에서 만들었던 Mat_Basic 머티리얼을 넣어보겠습니다.

[그림 4.11-106] 머티리얼 이미션

대부분의 그래픽과 관련된 옵션들은 적절하다고 느끼는 정도가 사람마다 다른 편입니다. 그래서 가능한 한 기능을 위주로 설명하고, 특정한 값은 레퍼런스 이미지를 통해 맞춰보는 쪽으로 연습하는 것이 좋습니다.

뎁스 오브 필드(Depth Of Field) 효과 적용하기

지금까지 다룬 포스트 프로세스 기능들이 현실에서 보이는 시각적인 현상들을 좀 더 자연스럽게 표현하기 위한 것이었다면, 이번에 다룰 'Depth Of field(피사계 심도, 이하 DOF)'는 카메라 효과를 구현한 기능으로 자연스러움보다 특정 오브젝트, 시야 범위를 강조하기 위한 목적으로 쓰입니다. [Add Effect] 버튼을 클릭한 후 [Unity] - [Depth Of Field]를 추가합니다.

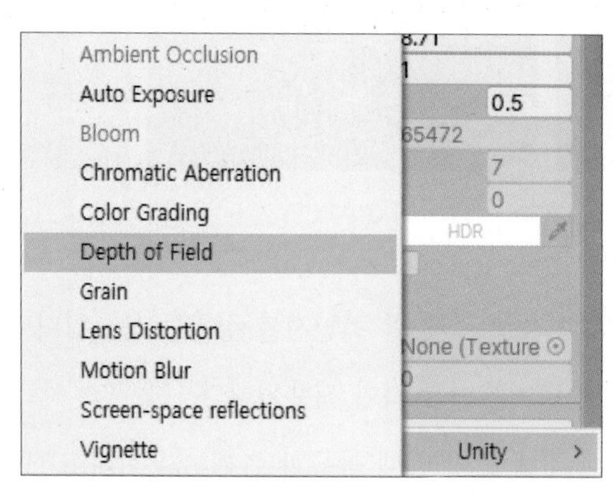

[그림 4.11-107] DOF 추가

구체적인 기능을 설명하기 전에 각종 값들을 살펴보면, Distance와 Length 등 거리나 길이를 나타내는 옵션들을 볼 수 있습니다. 실제 카메라에서는 '아웃 포커싱'이라는 촬영 기법이 있습니다. 의도적으로 특정 거리까지는 선명하고, 먼 배경은 뿌옇게 흐리게 만들어 주제에 대한 주목성을 높이는 기법입니다. DOF는 이러한 카메라 기법을 3D 컴퓨터 그래픽에서 구현하고자 만들어진 기능입니다.

[그림 4.11-108] DOF 예시(출처: 픽사베이(pixabay.com))

다음 그림을 통해 세 가지 주요 옵션을 이해한 후 각각의 기능을 수정해보겠습니다.

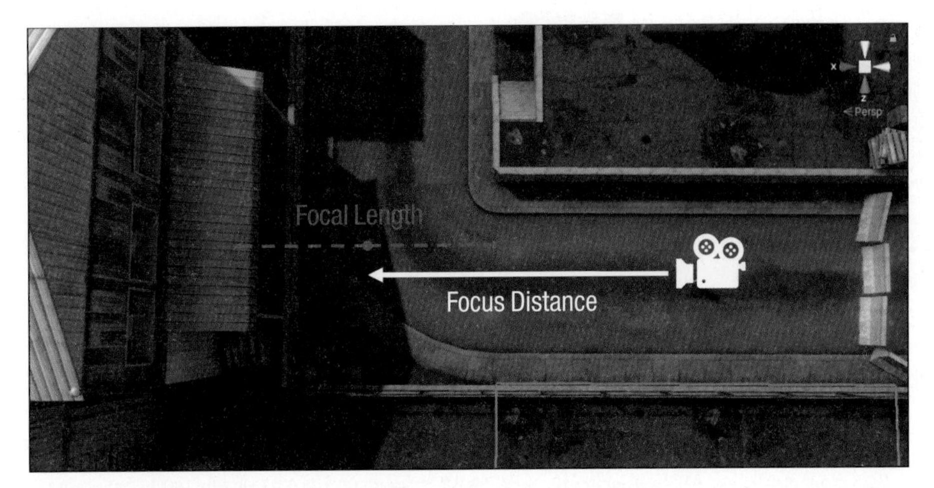

[그림 4.11-109] DOF 도안

Focal Length는 Focus Distance를 기준으로 앞뒤로 선명하게 보일 허용 범위입니다. 이때 주의할 점은 수치가 낮을수록 허용 범위가 넓어지고, 높을수록 좁아진다는 것입니다.

[그림 4.11-110] Focus Distance 비교

Focus Distance(초점 거리)는 카메라로부터 어느 거리에 초점을 맞출 것인지에 관련된 옵션입니다. 이 기능을 보다 잘 확인하기 위해서는 Apeture(조리개) 수치를 제일 낮게 설정한 후 확인해보면 확실히 알 수 있습니다.

Apeture(조리개)는 원래 카메라에서 빛의 양을 조절하는 역할을 합니다. 수치를 높이면(조리개를 열면) 빛이 많이 들어오고, 수치를 낮추면(조리개를 닫으면) 빛이 적게 들어옵니다. 주로 인물사진에서는 배경을 흐리게 날린다고 표현하는데, 이때 수치를 낮게 설정하고 촬영하면 쉽게 Out Focus 효과를 낼 수 있습니다.

[그림 4.11-111] DOF 전후

이렇게 다양한 기능을 활용하면, 여러분들이 원하는 화면을 쉽게 연출할 수 있습니다. 무엇보다 포스트 프로세싱은 이미 렌더링이 한 번 완료된 정보를 바탕으로 하는 만큼, 기본적인 라이트나 텍스처의 컬러와 오브젝트의 배치를 제대로 해 놓은 후에 프로젝트 막바지에 해당하는 단계에서 서서히 적용하는 것을 추천합니다.

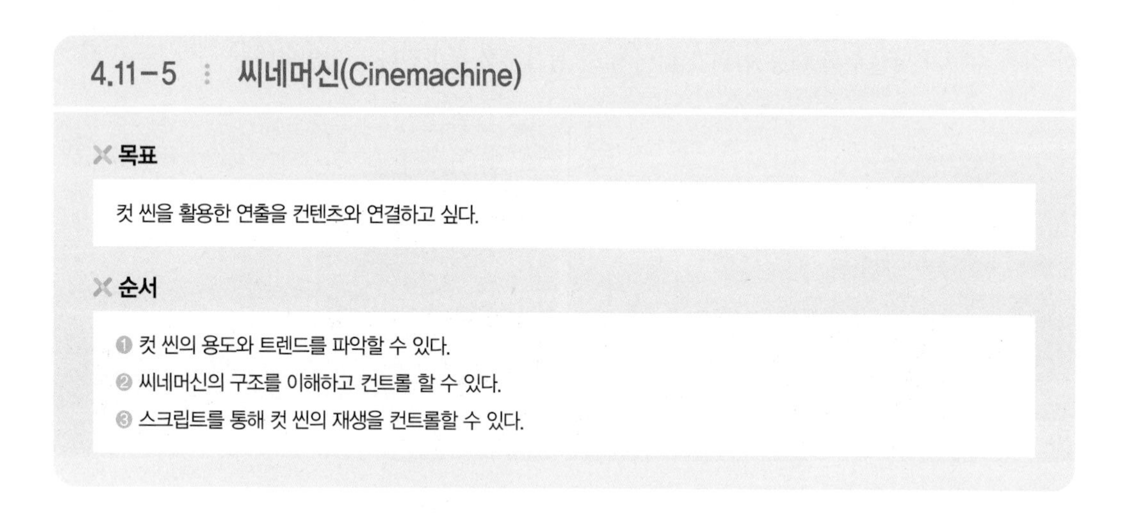

4.11-5 : 씨네머신(Cinemachine)

목표

컷 씬을 활용한 연출을 컨텐츠와 연결하고 싶다.

순서

1. 컷 씬의 용도와 트렌드를 파악할 수 있다.
2. 씨네머신의 구조를 이해하고 컨트롤 할 수 있다.
3. 스크립트를 통해 컷 씬의 재생을 컨트롤할 수 있다.

컷 씬, 씨네마틱이라는 표현을 들어본 적이 있나요? 게임 컨텐츠를 플레이하는 도중에 사용자가 조작하는 것이 아닌, 개발자가 정해진 연출을 보여주는 구간을 '컷 씬' 또는 '씨네마틱'이라고 합니다. 주로 오프닝이나 엔딩 또는 스토리의 중요한 변곡점에서 사용합니다. 과거에는 게임 데이터가 아닌 3D로 제작된 동영상을 플레이 중간에 보여주는 방식으로 제작했습니다. 스퀘어 에닉스의 파이널 판타지 시리즈나 스타크래프트를 만든 블리자드라는 개발사가 이러한 연출을 잘하기로 소문난 회사입니다.

[그림 4.11-112] 〈파이널 판타지 8〉 컷 씬 플레이 비교(출처: playstationlifestyle.net(좌), imore.com(우))

반면, 2010년대를 전후로 서서히 트렌드가 바뀌게 됐습니다. 과거 영상이 담당하던 것을 컷 씬 연출용 리소스를 따로 제작해 컷 씬에서는 디테일한 모델링을 사용하고, 플레이에서는 보다 단순화해 자원을 절약하는 방식이 실제 컨텐츠 데이터들로 연출하는 방식으로 바뀌었습니다.

[그림 4.11-113] 〈God Of War4〉 컷 씬 플레이 비교(출처: polygon.com(좌), 유튜브 God of War 4(bitly.kr/9F3mFComO)(우))

유니티에도 이러한 컷 씬을 위한 기능이 비교적 최근에 생겼습니다. 이러한 기능을 '씨네머신'이라고 합니다. 씨네머신은 유니티에 탑재된 'TimeLine'이라는 애셋에 기능을 추가해 카메라 연출과 관련된 제작을 할 수 있는 툴입니다. 컷 씬은 오프닝, 엔딩 등 목적에 맞춘 시나리오를 갖고 제작하는 것이 일반적입니다. 이 예제의 목표는 시작할 때 플레이어의 위치와 에너미를 사용자들에게 보여줌으로써 FPS의 전체적인 컨텐츠 흐름을 보여주는 것입니다. 사용자들이 에너미를 향해 갈 수 있도록 제작해봅시다.

[그림 4.11-114] 컷 씬 연출 계획

본격적인 제작에 앞서 씨네머신 기능을 프로젝트에 추가해야 사용할 수 있습니다. 메뉴 바에서 [Windows]-[Package Manager]를 클릭합니다. 왼쪽 위의 애셋 종류가 'Unity Registry'로 돼 있는지 확인합니다. 만약 안 돼 있다면, 'Unity Registry'로 변경합니다.

[그림 4.11-115] 씨네머신 패키지

왼쪽 하단의 Loading이 끝나면, 리스트에서 Cinemachine를 찾아줍니다. [Install] 버튼을 클릭해 현재 프로젝트에 추가합니다.

씨네머신의 구조 이해하기

씨네머신의 제작 방식에서 제일 중요한 것은 연출에 필요한 애셋들이 씬에 전부 불러와져 있다는 것입니다. 물론 스크립트를 통한 추가, 삭제가 불가능한 것은 아니지만 지면상의 제약도 있고 기본적으로 제공되는 기능 외에 추가 기능을 다루고자 한다면 'Playables'라는 애셋을 다뤄야 하는 문제가 있기 때문에 설명을 생략합니다.

씨네머신을 쉽게 이해하려면, 영화 촬영장을 떠올려보는 것이 좋습니다. 영화업계 종사자가 아니더라도 각종 매체를 통해 영화 촬영장에서 모니터를 바라보는 감독이나 배우들의 모습, 카메라 감독, 조명, 그 외 스텝 등 다양한 사람이 역할을 나눠 영화를 제작한다는 것을 쉽게 떠올릴 수 있을 것입니다.

[그림 4.11-116] 영화 촬영 현장(출처: 픽사베이(Pixabay.com))

씨네머신을 위해서는 유니티에서도 감독 역할을 하는 오브젝트가 있어야 하며, 대본이나 콘티처럼 전체 흐름을 저장하기 위한 TimeLine 애셋, 그외 연출에 필요한 수많은 오브젝트가 씬이라는 촬영장 위에 있어야 편리하게 제작할 수 있습니다. 다음은 앞으로 사용할 기능들을 실제 영화와 비교한 것입니다. 참고로만 활용하기 바랍니다.

[표 4.11-2] 영화 촬용과 씨네머신의 비교

영화	씨네머신 기능	씨네머신에서의 역할
감독	Playable Director(컴포넌트)	전체적인 컷 씬의 흐름을 제어함
대본, 스크립트	TimeLine(애셋)	카메라 연출, 오브젝트 애니메이션의 움직임을 시간에 따라 저장함
컷, 장면	버추얼 카메라(게임 오브젝트)	각각의 컷(화면)을 보여주는 역할, 씨네머신에서 지원하는 몇몇 특정 기능이 포함됨
촬영 공간	씬	연출에 오브젝트들이 배치되는 공간
카메라	씨네머신 브레인 (컴포넌트)	버추얼 카메라에서 설정된 세팅을 해당 구간마다 실행함
배우 및 소품	일반 게임 오브젝트	컷 씬 연출에 필요한 애니메이션 및 기능을 수행함

Playable Director 컴포넌트와 TimeLine 애셋

우선 화면에 빈 오브젝트(Empty Object)를 만들어 월드 영점에 위치해두겠습니다.

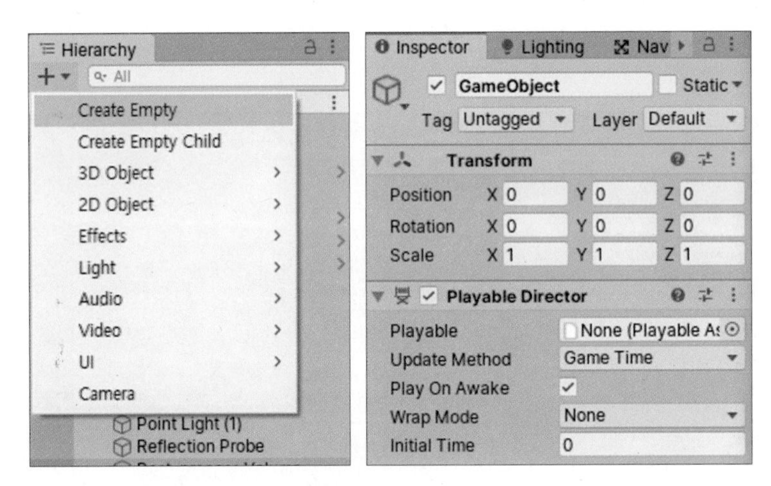

[그림 4.11-117] 플레이어블 디렉터 컴포넌트

빈 오브젝트를 선택한 후 [Add Component] 버튼을 클릭해 'Director'라고 검색하면, Playable Director가 검색되는데, 이를 클릭해 추가합니다. 이제 우리가 연출할 컷 씬의 감독을 섭외하게 됐습니다. 오브젝트의 이름을 'Director'로 변경합니다.

감독이 촬영을 하기 위해서는 대본이 있어야겠죠? 메뉴 바에서 [Window] - [Sequencing] - [TimeLine]을 클릭합니다. 새로운 창을 다음과 같이 배치합니다. 일반적인 개발 환경이라면 두 대의 모니터를 쓰기 때문에 창 배치에 큰 제약이 없지만, 한 대의 모니터를 활용하는 독자들은 다소 답답하게 느껴질 수 있습니다.

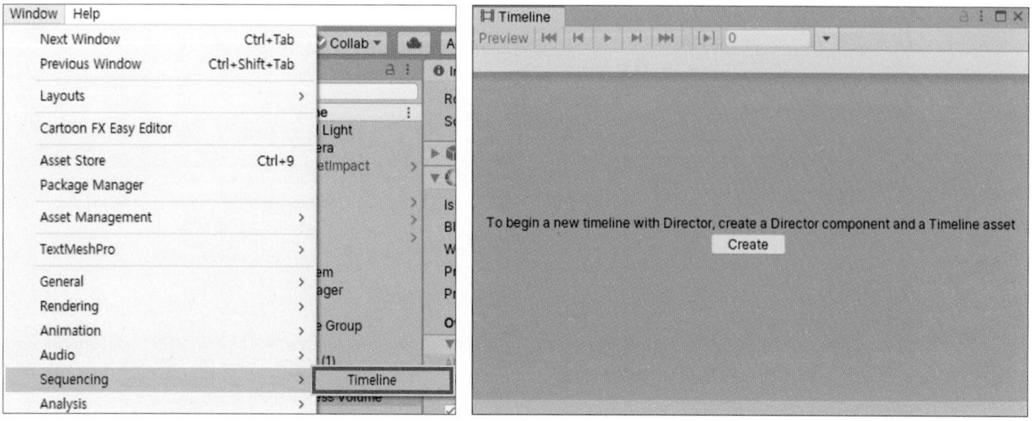

[그림 4.11-118] 타임라인 윈도우

하이어라키 뷰에서 'Director' 오브젝트를 선택하면, 타임라인 창에 [Create] 버튼이 생긴 것을 볼 수 있습니다. 이 버튼을 클릭하면 'Playable'이라는 확장자를 가진 애셋을 저장하라는 창이 나타납니다. 'DirectorTimeline'이라는 파일 이름이 정해져 있습니다. 이를 저장하면 자동으로 플레이어블 디렉터 컴포넌트에 연결됩니다.

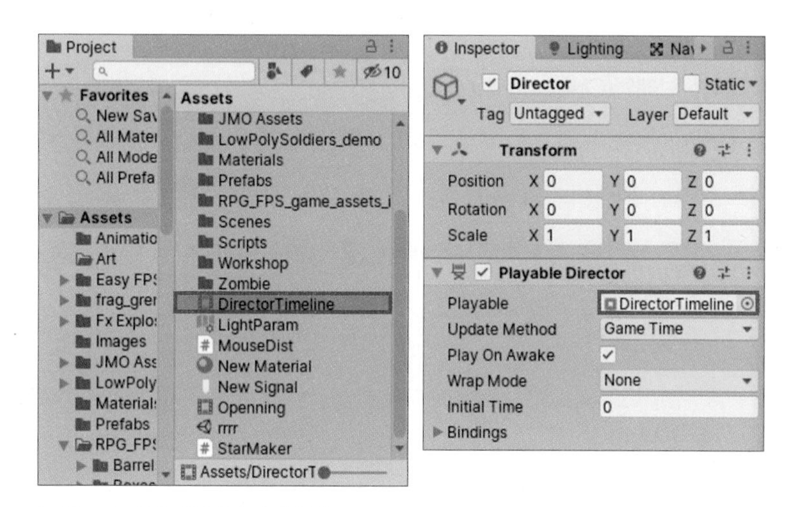

[그림 4.11-119] 타임라인 애셋 생성

타임라인 설정이 끝나면, 반드시 타임라인 창 오른쪽 위의 자물쇠를 클릭해 락(lock)을 걸어줘야 합니다. 하이어라키 뷰에서 오브젝트를 선택할 때마다 타임라인 창은 현재 선택한 오브젝트가 타임라인 애셋을 갖고 있는지, 아닌지에 따라 계속 바뀌기 때문에 이를 방지하고, 계속 'Director' 오브젝트가 갖고 있는 타임라인 상태를 보여줄 수 있게 유지해줍니다.

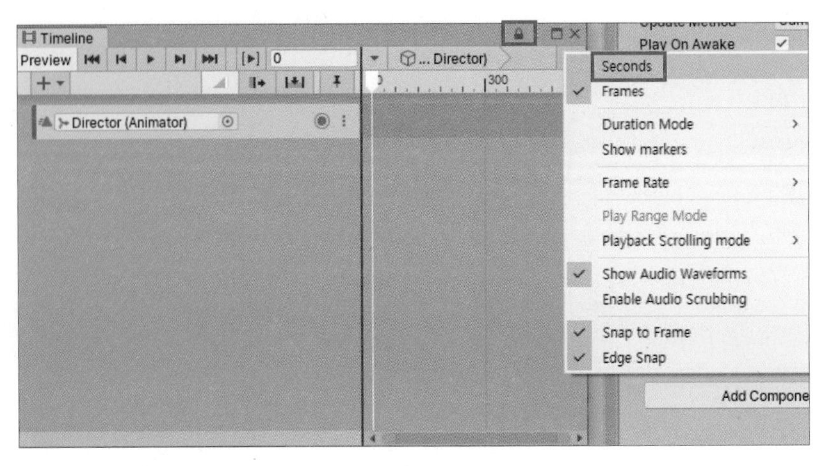

[그림 4.11-120] 타임라인 윈도우 설정

Director(Animator) 항목은 불필요하기 때문에 삭제합니다.

마지막으로 자물쇠 바로 아래 있는 톱니바퀴를 클릭합니다. 현재 타임라인의 길이는 프레임 수로 표시하기 때문에 직관적으로 몇 초 정도 되는지 알아보기 힘듭니다. [Seconds]를 클릭해 일반적인 사람들이 알아보기 쉬운 분과 초를 이용한 표기 방식으로 바꿔줍니다.

카메라와 씨네머신브레인(CinemachineBrain)

연출하는 데는 카메라가 중요합니다. 결국 우리가 해야 할 것은 연출된 상황을 사용자들에게 보여줘야 하니까요. 따라서 지금까지와는 다른 카메라 사용 방법이 필요합니다. 타임라인에서 왼쪽 공간을 마우스 오른쪽 버튼을 클릭하면 나타나는 펼침 메뉴에서 가장 아래 있는 씨네머신 트랙(Cinemachine Track)을 클릭해 추가합니다.

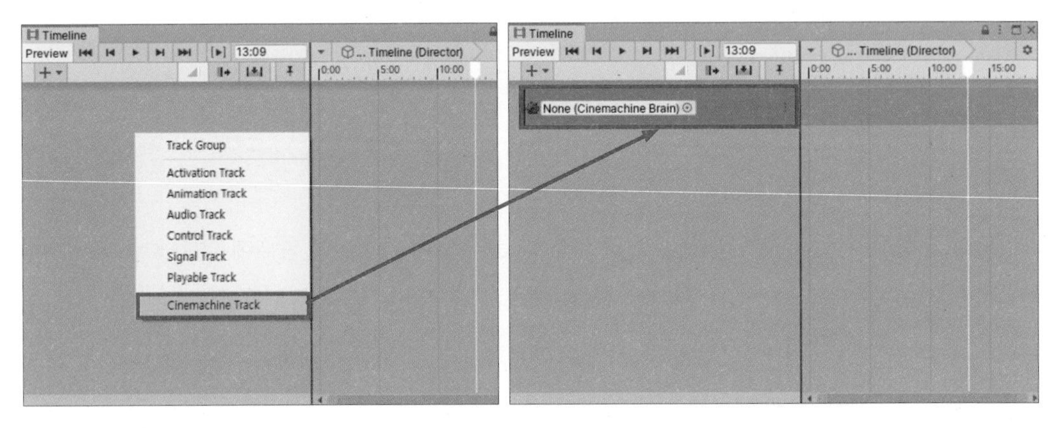

[그림 4.11-121] 씨네머신 트랙 생성

기존의 메인 카메라는 플레이와 관련된 기능들이 있기 때문에 새로운 카메라를 만들어줍니다. 하이어라키 뷰에서 선택하고, 앞에서 생성한 타임라인의 씨네머신 트랙으로 드래그합니다. [Create CinemachineBrain On Camera] 버튼이 나오면 클릭합니다(새로 만든 카메라의 Audio Listen은 비활성화합니다).

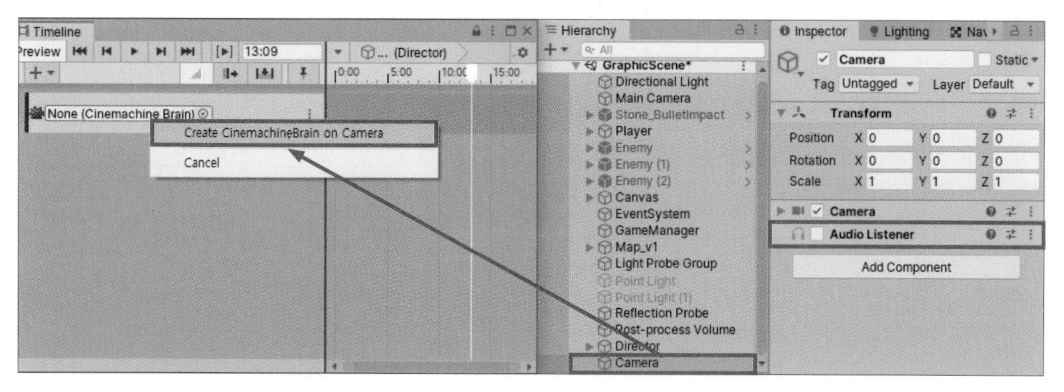

[그림 4.11-122] 카메라 연결

➔ 버추얼 카메라(Virtual Camera)의 기본 셋팅

카메라를 확인해보면, 'CinemachineBrain'이라는 컴포넌트가 추가된 것을 확인할 수 있습니다. 영화 촬영과 관련해 슬레이트에 'Take 1' 내지 '○○○ 씬 1-1'이라고 적힌 것을 본 적이 있을 것입니다. 씨네머신에서는 이러한 각각의 컷 구분을 앞서 실습한 씨네머신 트랙을 통해 관리합니다. 실제 영상 연출에서 사용하는 몇 가지 상황을 연출해보면서 사용 방법을 익혀보겠습니다.

씨네머신 트랙의 오른쪽 빈 트랙을 마우스 오른쪽 버튼으로 클릭하면 나타나는 펼침 메뉴 중에서 [Cinemachine Shot]을 클릭해 추가합니다. 이 씨네머신 샷(Cinemachine Shot)이 앞서 이야기한 슬레이트를 통해 각각의 컷을 구분하는 것과 같이 보여줄 장면들을 나누는 역할을 합니다.

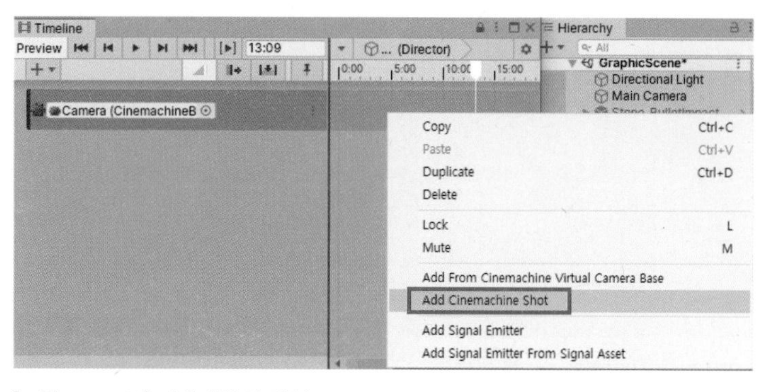

[그림 4.11-123] 씨네머신 샷 생성

씨네머신 샷이 추가됐다면, 한 가지 타임라인에 변화가 생겼을 것입니다. 시간을 나타내는 바에 파란색으로 범위를 표시해주게 되는데, 이것이 바로 우리가 제작한 컷 씬의 '상영 시간'입니다. 이후 편집 내용이 늘어나면, 자연스럽게 파란색 마커가 연장됩니다. 현재는 기본값인 '5초'로 설정돼 있습니다. 추가된 샷을 선택하면 Inspecter 창의 버추얼 카메라(Virtual Camera) 항목이 비어 있고, [Create] 버튼을 누르면 새로운 'CM vcam 1'이라는 버추얼 카메라 오브젝트가 생성됩니다.

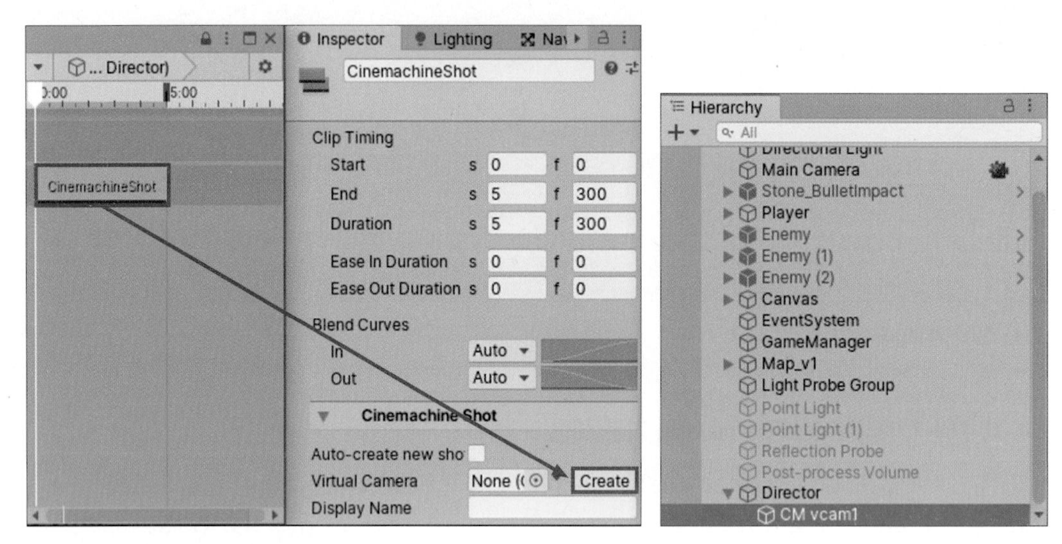

[그림 4.11-124] 버추얼 카메라 생성

같은 방식으로 샷을 하나 더 추가하고, 버추얼 카메라(CM vcam 2)를 만들겠습니다.

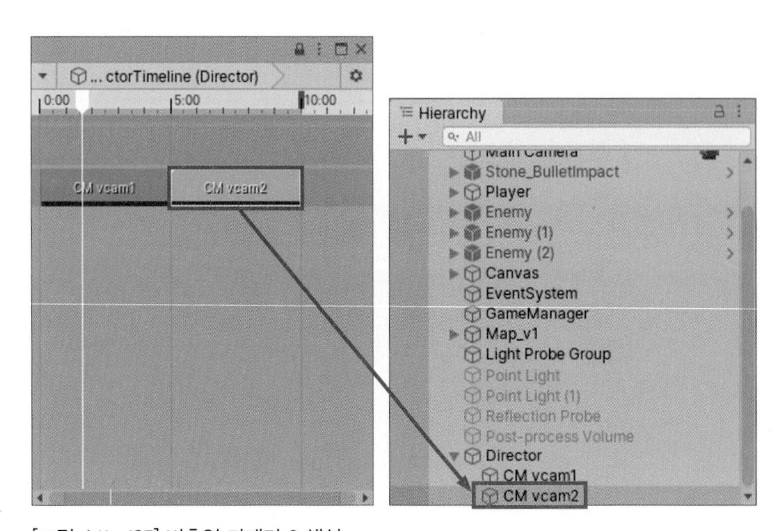

[그림 4.11-125] 버추얼 카메라 2 생성

현재 하이어라키 뷰에는 총 두 대의 버추얼 카메라(CM vcam1, CM vcam2)와 유니티 기본 카메라가 있습니다. 2번 버추얼 카메라(CM vcam2)를 선택한 후, 다음 트랜스폼과 같이 움직여줍니다. 둘 다 거리의 차이는 있지만 모두 플레이어를 바라보고 있습니다.

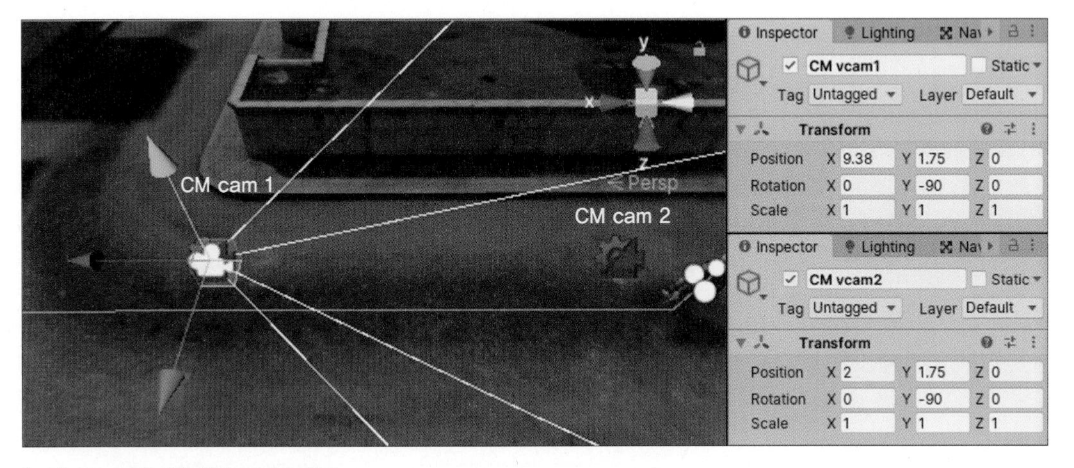

[그림 4.11-126] 버추얼의 카메라 위치

현재 1번 버추얼 카메라에 맞춰 게임 뷰가 고정되고, 2번 버추얼 카메라가 무엇을 비추는지 보이지 않습니다. 이때는 타임라인의 흰색 마커를 드래그해 2번 샷 영역에 두면 화면이 자연스럽게 바뀌는 것을 볼 수 있습니다.

[그림 4.11-127] 버추얼 카메라의 앵글

버추얼 카메라는 컨텐츠가 플레이 중에 화면을 비추는 것이 아닙니다. 뮤지컬 무대에서는 바닥에 테이핑으로 중요 포인트들을 마킹해둡니다. 버추얼 카메라를 이러한 테이핑처럼 Cinemachine Brain을 가진 카메라가 정해진 시간에 어디를 몇 초 동안 비추는지를 저장해두는 역할을 합니다.

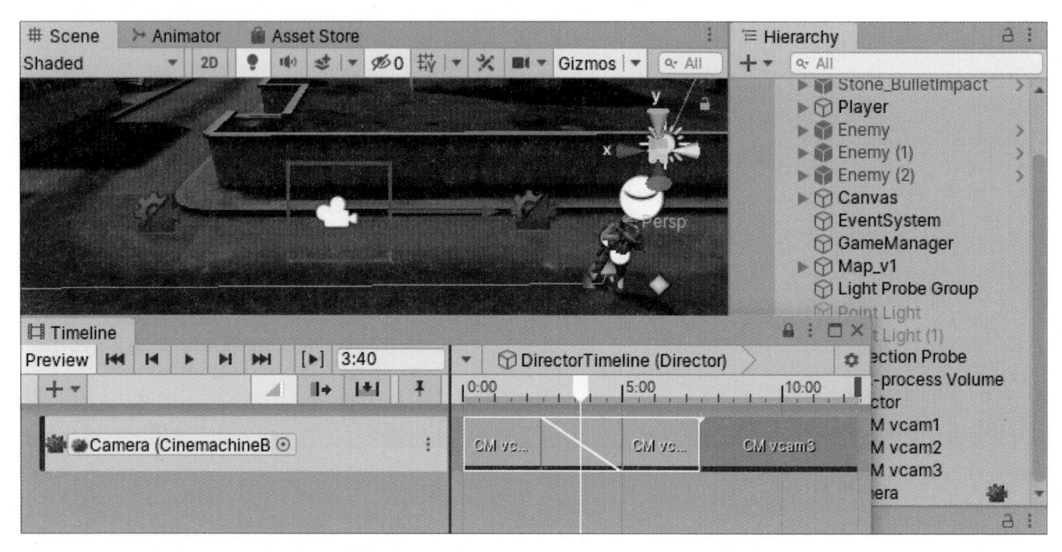

[그림 4.11-128] 버추얼 카메라의 이동

2번 슬롯을 드래그해 1번 슬롯과 겹쳐보면 버추얼 카메라의 사용법을 명확히 알 수 있습니다. 흰색 마커를 겹쳐진 슬롯에 위치시키면 카메라가 1번 버추얼 카메라에서 2번 버추얼 카메라를 향해 움직이는 것을 볼 수 있습니다. 카메라 자체는 애니메이션을 두는 것이 아니라 이처럼 버추얼 카메라를 통해 어느 대상을 비추고, 이동할 것인지를 대신 정해주게 됩니다.

이와 같은 방식으로 세 번째 슬롯을 만들어 앞서 좀비가 배치된 곳에 CM vcam 3을 만들어주겠습니다.

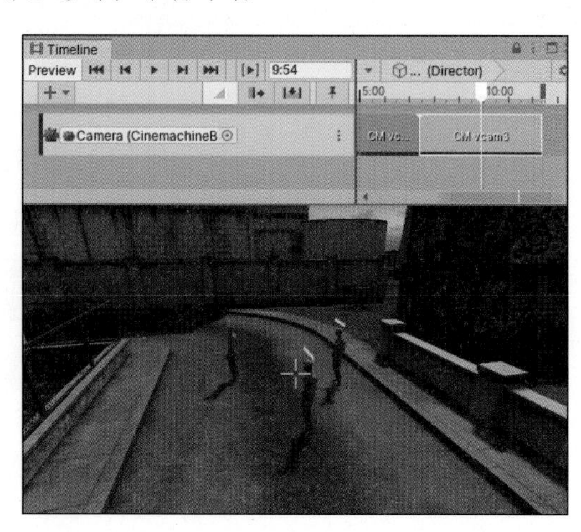

[그림 4.11-129] CM vcam3 앵글

버추얼 카메라 응용

버추얼 카메라는 좀 더 다양한 연출을 위해 몇 가지 편의 기능을 제공합니다. 매번 흰색 마커를 조절해 카메라가 어디를 비추는지 확인하면서 작업하는 것은 매우 귀찮은 일입니다. 버추얼 카메라의 Look At 기능은 내가 비추고 싶은 대상을 카메라에 명확히 전달함으로써 카메라가 어느 방향으로 향하든 지정한 대상을 바라보게 하는 역할을 합니다.

2번 버추얼 카메라에 카메라를 손으로 들고 촬영하는 핸드헬드 느낌을 추가하겠습니다. Noize 항목의 'none'을 클릭한 후 'Basic Multi Channel Purlin' 옵션을 선택합니다.

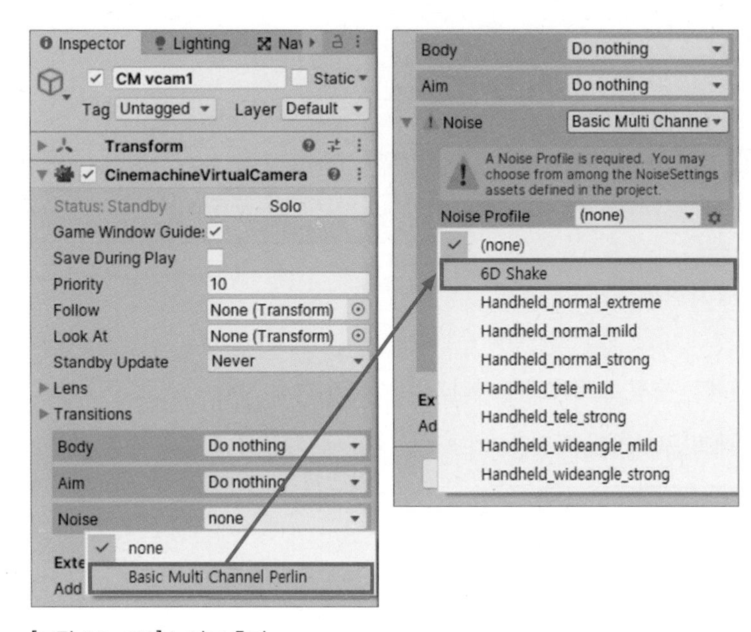

[그림 4.11-130] 노이즈 추가

Noise Profile에서 첫 번째로 있는 '6D Shake'를 선택합니다. 반드시 6D Shake를 선택할 필요는 없습니다. 리스트에 있는 항목들은 어디까지나 프리셋이므로 독자들이 보기에 자연스러운 효과를 찾으면 됩니다. 타임 슬라이더를 움직여 보거나 타임라인의 [Play] 버튼을 클릭하면 1번 버추얼 카메라 샷에서 카메라가 자연스럽게 흔들리는 화면을 볼 수 있습니다.

2번 카메라를 통해 씬에 있는 Player 얼굴을 바라보게 설정하겠습니다. 1번 버추얼 카메라 선택한 후 하이어라키 뷰에서 Player를 드래그하여 룩 앳(Look At) 슬롯에 연결합니다. Aim 항목을 'Composer'로 변경한 후, Tracked Object Offset의 Y를 0.5로 설정해서 몸통을 향하는 카메라가 머리를 바라보게 수정합니다.

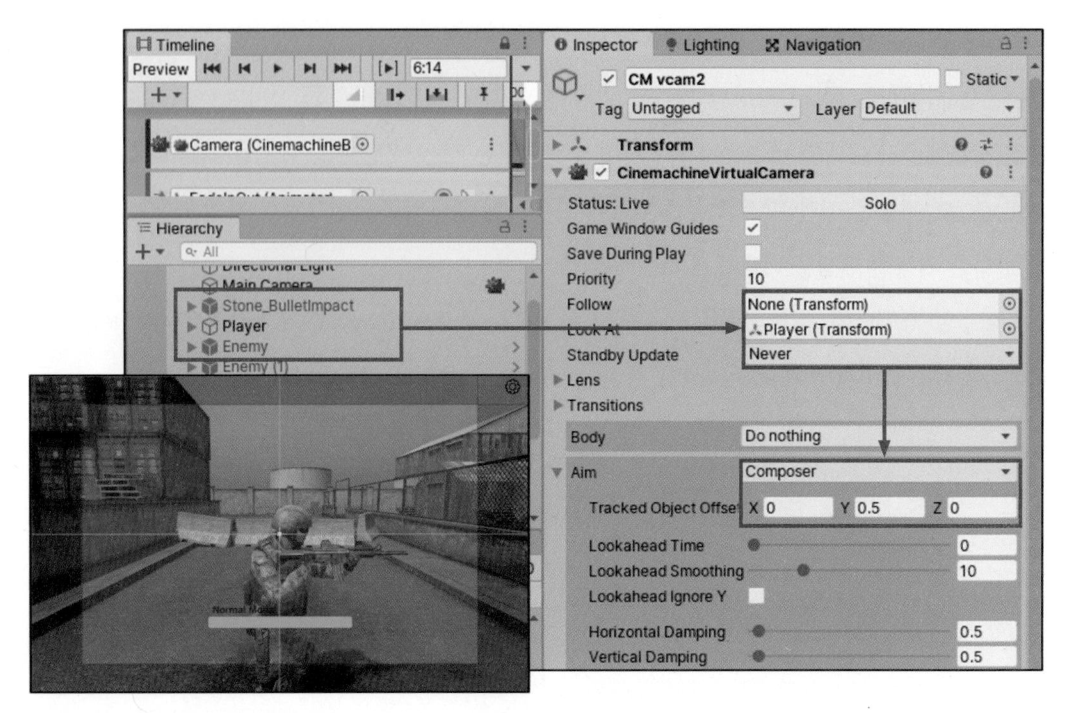

[그림 4.11-131] Look At 연결

버추얼 카메라에는 특정 오브젝트를 따라가는 기능과 현재 지면 관계로 소개하지 못한 수많은 기능이 있지만 그래픽 꾸미기의 목적은 '기초적인 기능을 활용하자'였기 때문에 여기서 마치겠습니다. 애니메이션 트랙과 연동하여 쓸 수 있는 기능으로 넘어가겠습니다.

애니메이션 트랙

애니메이션 트랙은 씬 내에 있는 다양한 오브젝트를 애니메이션을 관리하는 트랙입니다. 유니티에는 애니메이션과 관련된 기능이 따로 있습니다. 애니메이션과 애니메이션들을 상태에 따라 관리하는 애니메이터가 있습니다. 애니메이션 트랙은 이름에서도 알 수 있지만, 애니메이션과 같이 오브젝트마다 각각의 애니메이션 작업을 할 수 있습니다. 다만, 플레이 중에 개별적으로 오브젝트에 사용하는 애니메이션은 애셋 파일을 만들어 사용해야 합니다. 반면, 씨네머신의 애니메이션 트랙을 활용하면 별도의 애셋 파일을 만들지 않고도 애니메이션을 제어할 수 있습니다. 특히 컷 씬에 사용되는 애니메이션은 그 상황에 맞는 특수한 움직임들이 많이 사용되기 때문에 프로젝트 파일들이 복잡해지지 않는다는 장점이 있습니다.

씨네머신 사용 시

오브젝트 A
애니메이션 1
애니메이션 2
오브젝트 B 애니메이션
오브젝트 C 애니메이션

애니메이터 사용 시

오브젝트 A 애니메이션 1
오브젝트 A 애니메이션 2
오브젝트 A 애니메이션 컨트롤러
오브젝트 B 애니메이션 1
오브젝트 B 애니메이션 컨트롤러
오브젝트 C 애니메이션 1
오브젝트 C 애니메이션 컨트롤러

[그림 4.11-132] 애니메이션 파일 비교

컷 변경 중에 페이드 인/아웃 효과를 위해 Canvas에 Image 오브젝트를 추가하고, 다음 이미지를 참고해 화면 가득 stretch해줍니다. 컬러는 '검은색', 오브젝트 이름은 'FadeInOut'으로 변경합니다.

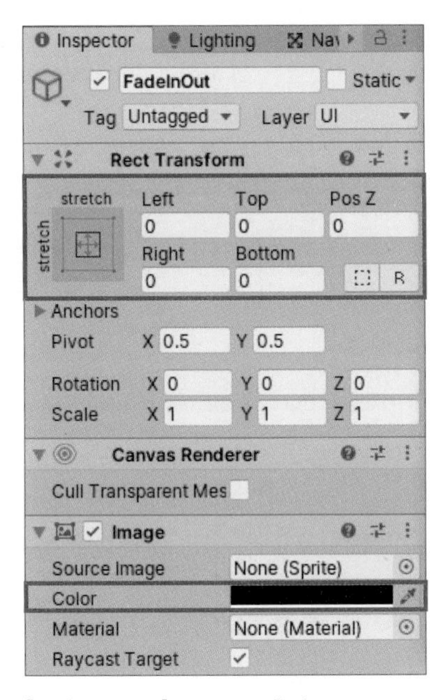

[그림 4.11-133] UI Image 추가

하이어라키 뷰에서 FadeInOut 오브젝트를 드래그해 타임라인 빈 여백에 끌어다 놓으면 메뉴가 나타납니다. Animation Track을 추가합니다.

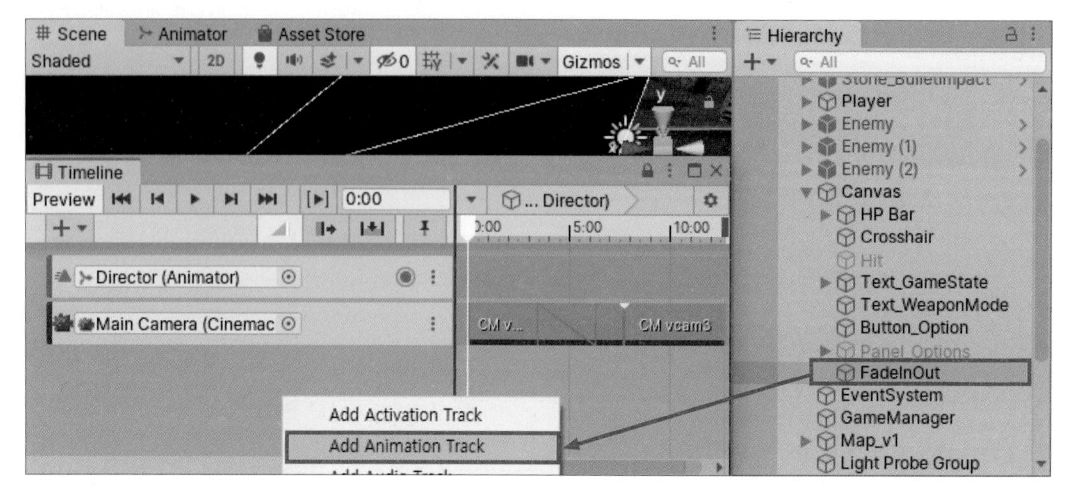

[그림 4.11-134] 애니메이션 트랙 추가

추가된 트랙의 빨간색 녹화 버튼을 클릭해 Recording 모드로 넘어갑니다.

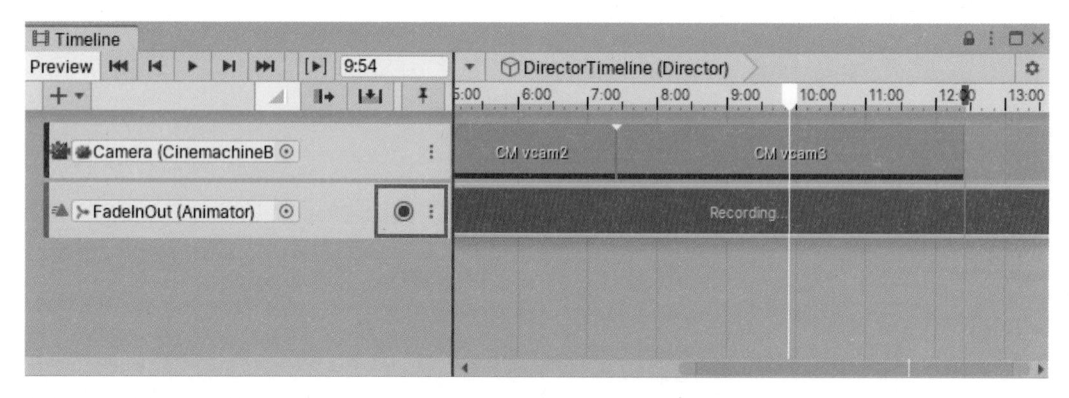

[그림 4.11-135] 레코딩 시작

[그림 4.11-136]을 참고해 Image의 컬러 값을 변경해 페이드 인 아웃 효과를 만듭니다. 이때 중요한 것은 카메라가 자연스럽게 교체되는 구간을 만드는 것인데, 다음 최종 작업 결과를 보면 3번 버추얼 카메라보다 뒤에 찍힌 키프레임이 보일 것입니다. 3번 카메라 구간까지는 지금 작업 중인 카메라(씨네머신 브레인을 가진 카메라)가 화면을 보여주겠지만, 컷 씬 연출이 끝난 후에 자연스럽게 플레이에 사용하는 메인 카메라로 넘어가기 위함입니다.

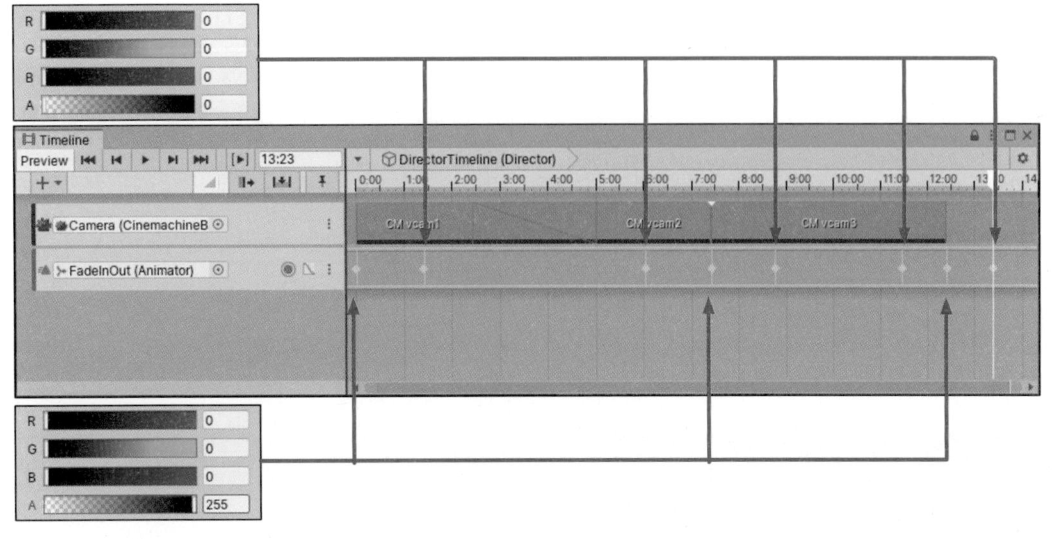

[그림 4.11-136] 레코딩 결과

액티베이션 트랙

이번에는 FadeInOut 오브젝트를 한 번 더 트랙에 드래그해 Activation 트랙을 생성합니다.

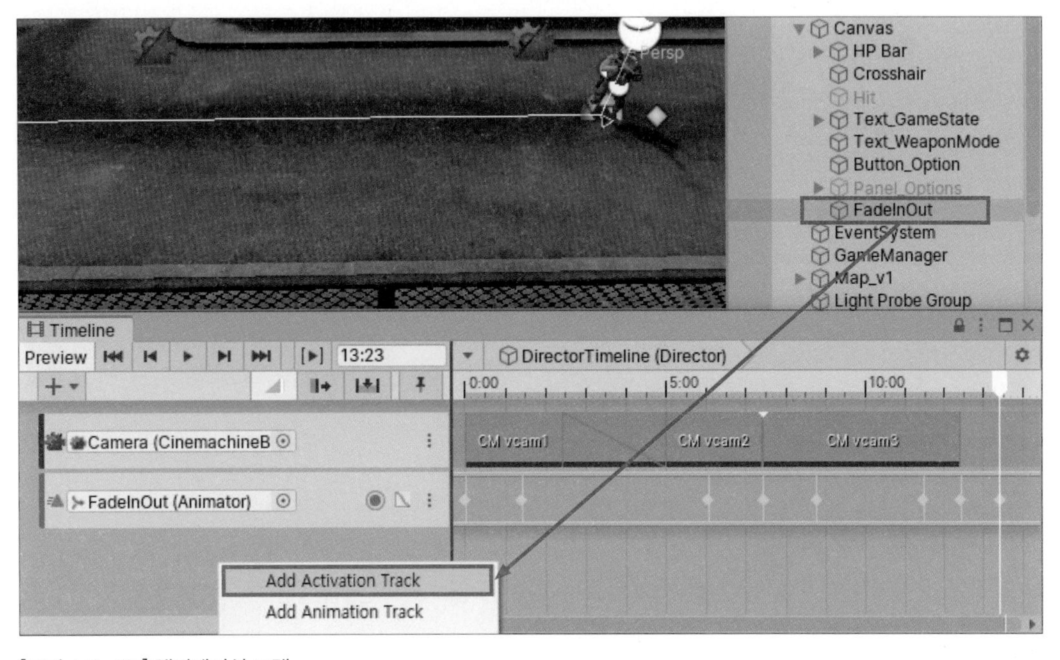

[그림 4.11-137] 액티베이션 트랙

자신의 역할을 끝낸 배우가 더 이상 아무런 할 일이 없는데 무대에서 내려가지 않고 있다면, 커다란 사고가 발생하겠죠? 액티베이션 트랙은 필요한 만큼만 활성화해 불필요한 구간에서는 씬에서 보이지 않도록 처리하는 기능입니다. 페이드 인 아웃 효과는 컷 씬 전체에 걸쳐 사용하기 때문에 액티브 구간을 늘려 전체 구간을 차지하게 수정합니다.

카메라도 액티베이션 트랙에 추가합니다. 카메라의 액티베이션 구간은 마지막 페이드 아웃(화면에 검게 가려지는 순간)으로 맞춰둡니다. 이렇게 하면 자연스럽게 화면이 밝아지면서 메인 카메라의 화면으로 전환됩니다.

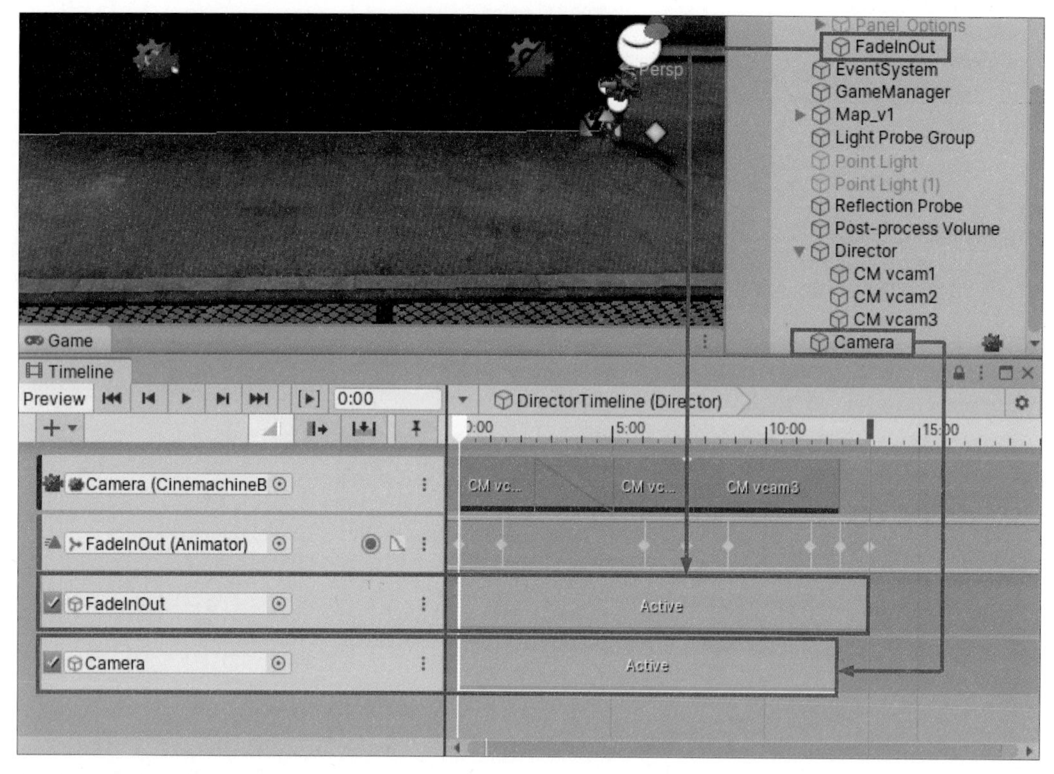

[그림 4.11-138] 액티베이션 트랙 결과

스크립트를 통한 제어

'그래픽 꾸미기'에서는 가능한 한 스크립트는 다루지 않으려고 했습니다. 하지만 컷 씬은 컨텐츠가 작동하는 도중에 정해진 구간에서 실행해야 하는 만큼 스크립트를 통해 제어해야 합니다. 복잡하지는 않지만, 필수적으로 몇 가지 세팅을 해야 자연스러운 연결이 가능해집니다.

PlayableDirector 컴포넌트의 Wrap Mode를 보면 'None'으로 설정돼 있습니다. [Play] 버튼을 눌러

확인해보면 끝까지 갔던 타임라인 마커가 다시 시작 위치로 오는 것을 알 수 있습니다. 이렇게 되면 모든 플레이 종료 후에 다시 처음 프레임으로 돌아옵니다. 'Hold'로 변경합니다.

재생되는 시간을 씬이 시작하고 바로 자동 재생이 아닌, 우리가 원하는 시점에 재생하기 위해서는 Play On Awake 항목도 해제해야 합니다.

PlayableDirector 컴포넌트를 제어할 DirectorAction.cs 스크립트를 Scripts 폴더에 생성합니다. 씬의 Director 오브젝트에 연결합니다.

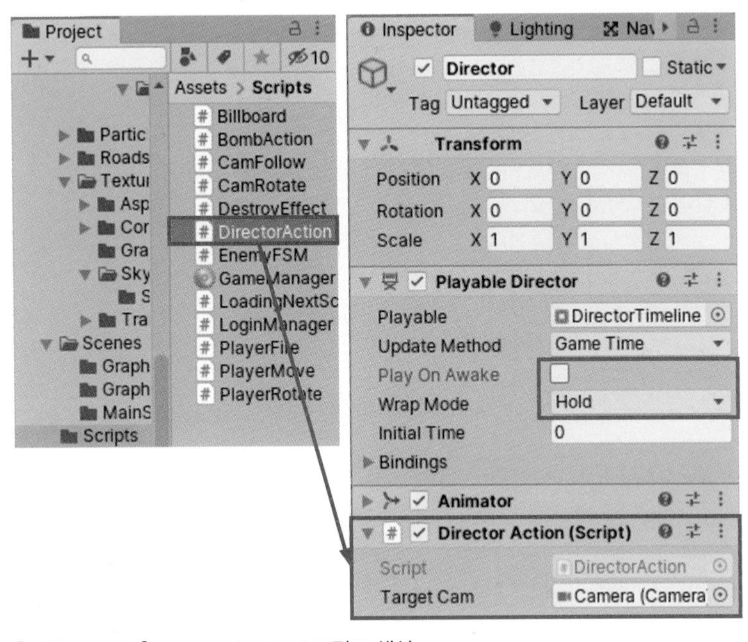

[그림 4.11-139] Director Action 스크립트 생성

```
using System.Collections;
using System.Collections.Generic;
using UnityEngine;
using UnityEngine.Playables;     // PlayableDirector를 제어하기 위한 네임스페이스
using Cinemachine;               // ChimachineBrain을 제어하기 위한 네임스페이스

// 씨네머신을 제어하고 싶다.
public class DirectorAction : MonoBehaviour
{
    PlayableDirector pd; //감독 오브젝트
```

```
    public Camera targetCam;

    // 첫 번째 프레임 업데이트 전에 시작이 호출된다.
    void Start()
    {
        // Director 오브젝트가 갖고 있는 PlayableDirector 컴포넌트를 가져 온다.
        pd = GetComponent<PlayableDirector>();
        // 타임라인을 실행한다.
        pd.Play();
    }

    // 프레임당 한 번 업데이트가 호출된다.
    void Update()
    {
        // 현재 진행중인 시간이 전체 시간과 크거나 같으면 (재생시간이 다 되면)
        if(pd.time >= pd.duration)
        {
            // 만약 메인 카메라가 타깃 카메라(씨네머신에 활용하는 카메라)라면
            // 제어를 하기 위해 씨네머신 브레인을 비활성화하라.
            if(Camera.main == targetCam)
            {
                targetCam.GetComponent<CinemachineBrain>().enabled = false;
            }
            // 씨네머신에 사용한 카메라도 비활성화하라.
            targetCam.gameObject.SetActive(false);

            // Director 자신을 비활성화하라.
            gameObject.SetActive(false);
        }
    }
}
```

[코드 4.11-1] DirectorAction.cs 씨네머신과 타임라인을 제어하기

4.11-6 : 애니메이션 사용 시 주의사항(MIXAMO)

강의 중에 프로젝트를 진행하다 보면 어도비(Adobe)의 믹사모(Mixamo.com)라는 캐릭터 모델링과 애니메이션을 제공하는 서비스를 이용하는 것을 자주 보게 됩니다. 다양한 캐릭터의 모델링과 애니메이션을 '무료'로 제공하고 있기도 하고, 품질이 좋기 때문에 필자도 애셋 스토어에서 원하는 모델을 찾지 못하게 되는 경우 믹사모를 활용하는 것을 추천합니다. 다만 믹사모에서 데이터를 갖고 오게 되면 생기는 문제점과 그 해결 방법에 대해 설명하고자 합니다.

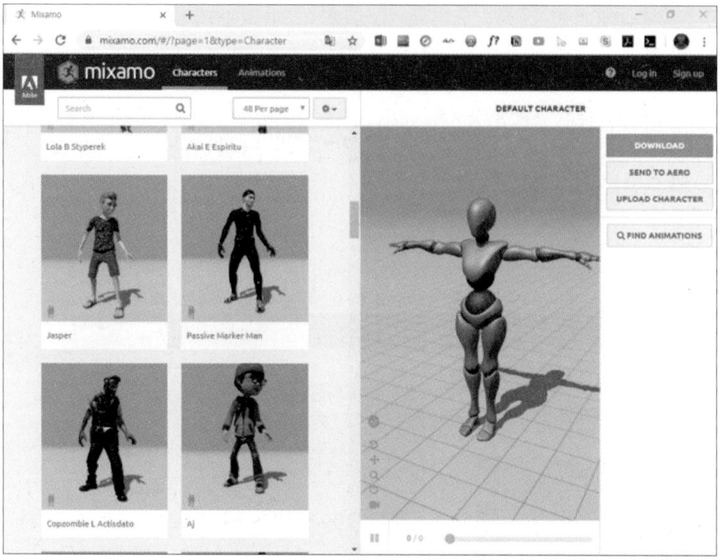

[그림 4.11-140] 믹사모(mixamo) 사이트(mixamo.com/#/?page=1&type=Motion%2CMotionPack)

믹사모를 이용하기 위해서는 어도비 사이트에 가입해야만 합니다. 가입 절차가 복잡하지 않기 때문에 생략하고 진행하겠습니다.

메뉴 구성을 보면 캐릭터와 애니메이션이 있습니다. 원하는 캐릭터가 없다면, 캐릭터 메뉴에서 선택 후에 애니메이션 메뉴로 넘어가면 됩니다. 애니메이션만 필요한 경우에는 바로 애니메이션 메뉴를 클릭하면 됩니다. 현재 FPS에 필요한 캐릭터는 있기 때문에 바로 애니메이션 메뉴를 클릭하겠습니다.

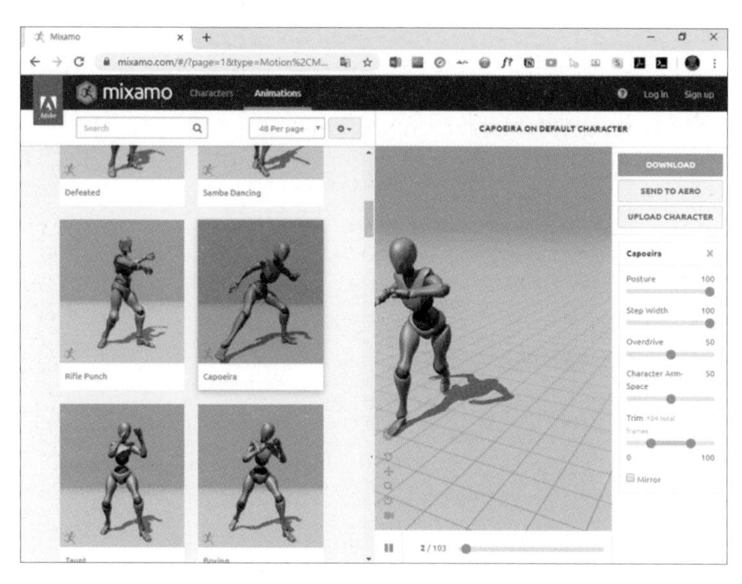

[그림 4.11-141] 믹사모 애니메이션 메뉴(mixamo.com/#/?page=1&type=Motion%2CMotionPack)

왼쪽은 선택할 수 있는 애니메이션 목록, 오른쪽 큰 화면이 미리보기 화면입니다. 필요한 애니메이션 클립을 선택한 후 오른쪽 다운로드 버튼을 클릭하면, 파일을 다운로드할 수 있습니다. 의도적으로 큰 움직임을 선택해 믹사모 데이터 적용 시 생기는 문제점이 드러나도록 하겠습니다. 'Capoeira'라는 클립을 선택 후 다운로드 버튼을 클릭합니다.

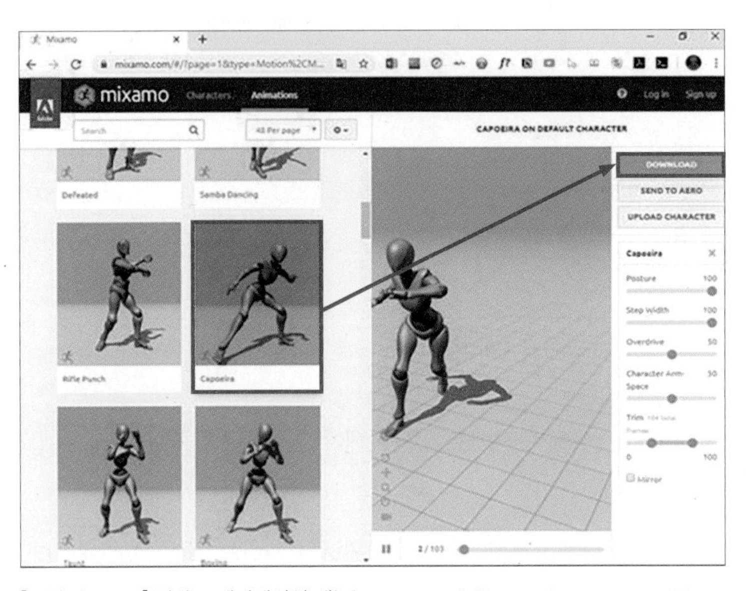

[그림 4.11-142] 믹사모 애니메이션 메뉴(mixamo.com/#/?page=1&type=Motion%2CMotionPack)

다운로드 세팅 창이 나타나면, 포맷(Format) 항목을 [FBX for Unity]로 설정하고, 나머지는 기본값으로 둔 상태에서 다운로드를 클릭해 다운로드합니다. 참고로 스킨(skin) 항목에서 [Without Skin]을 선택하면 모델링 없이 애니메이션만 필요할 경우, 용량을 가볍게 할 수 있습니다. 필자는 원활한 설명을 위해 [With Skin]을 선택했습니다.

DOWNLOAD SETTINGS
Format
FBX(.Fbx)
FBX(.Fbx)
FBX For Unity(.Fbx)
Collada(.Dae)
30
Skin
With Skin
Keyframe Reduction
none
CANCEL
DOWNLOAD

[그림 4.11-143] 다운로드 세팅

다운로드가 완료된 파일을 유니티로 드래그해 임포트합니다. 인스펙터 뷰에서 [Rig] 탭을 눌러 Animation Type 설정을 'Humanoid'로 변경합니다. 사람의 형태라면 약간의 설정(Rigging - 골격 구조)차이가 있더라도 애니메이션을 공유할 수 있게 됐습니다.

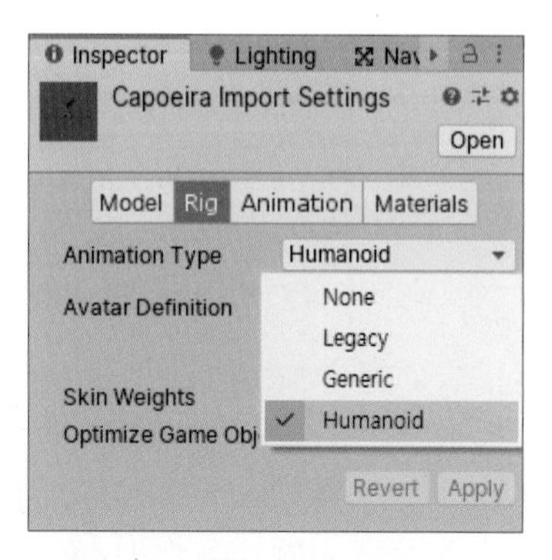

[그림 4.11-144] 휴머노이드 설정

애니메이션 타입의 설정을 변경하려면 하단의 Avatar Definition 세팅의 [Configure] 버튼을 클릭합니다. 씬 화면이 바뀌기 때문에 작업 중인 내용이 있다면 저장합니다.

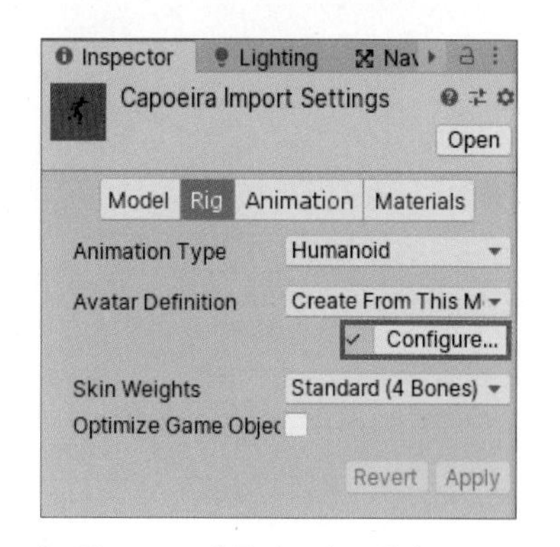

[그림 4.11-145] 휴머노이드 설정

현재 여러분의 씬 뷰에서는 모델링 데이터와 리깅(뼈대 구조) 인스펙터 뷰에서는 아바타 설정을 볼 수 있습니다. 유니티 아바타의 작동원리를 설명하자면, 캐릭터 제작자마다 약간씩 뼈의 구조를 다르게 작업하기 때문에 생기는 문제를 해결하기 위한 기능입니다. 실제 사람의 뼈 구조는 모두 같겠지만 게임 그래픽에서는 실제 사람의 뼈보다 간략하게 적은 숫자로 리깅합니다. 그래서 누군가는 척추를 3개로 세팅하지만, 다른 사람은 4개 또는 5개로 설정하고 애니메이션을 줍니다. 손가락도 마찬 가지 입니다. 지금 임포트한 Capoeira는 모든 손가락이 설정돼어 있지만, 앞서 과정에 쓰인 솔저는 엄지와 중지만 설정돼 있습니다. 예전에는 이러한 다른 세팅마다 애니메이션 파일을 따로 작업해서 사용해야 했습니다. 굉장히 번거롭고, 반복되는 작업이 될 수밖에 없습니다. 그래서 대부분의 게임엔진에서 리타깃팅이라는 기능을 제공합니다. 사람과 같이 리깅의 구조가 유사하다면, 포즈를 결정하는 필수적인 몇 가지 본(Bone: 3D에서 뼈를 지칭하는 용어)을 등록하고, 서로 등록돼 있는 본들끼리 데이터를 주고받으며 애니메이션을 공유할 수 있게 해 보다 효율적인 데이터 활용과 작업의 편의를 도와주고 있습니다. 유니티에서는 이러한 리타깃팅을 위해 필수 본을 저장해두는 데이터 그릇을 '아바타(Avatar)'라고 부릅니다.

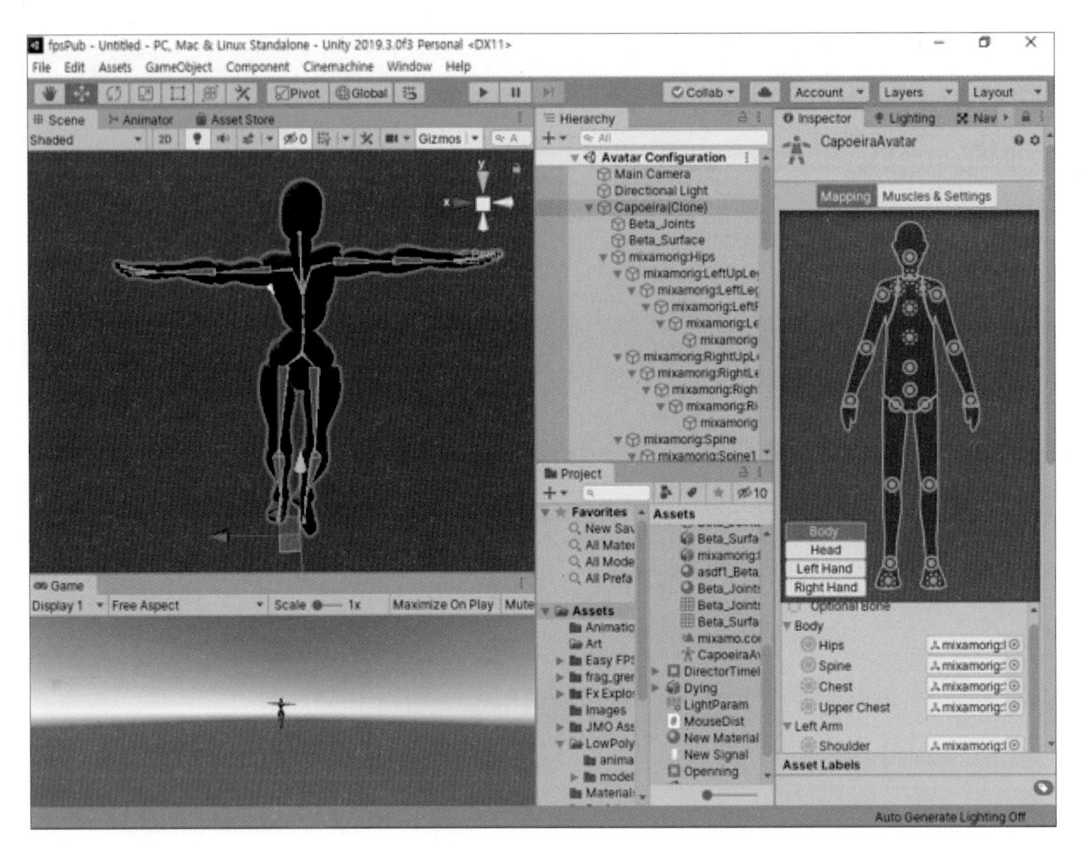

[그림 4.11-146] 아바타 설정 1

이전 이미지의 씬 현재 T-Pose로 설정돼 있는 독자도 있을 것이고, 가끔 임포트하는 과정 중에 T-pose가 아닌, 다음 이미지처럼 애니메이션 시작하는 프레임으로 돼 있는 경우도 있을 것입니다. 현재는 문제점을 드러나게 하기 위해 인스펙터 뷰의 하단에 있는 Pose 항목을 클릭해 [Reset]으로 설정합니다. 씬 뷰의 모델이 애니메이션 첫 포즈를 취하는 것을 확인할 수 있습니다. 그리고 왼쪽 위에 'Character is not in T pose'라는 경고 문구가 나타납니다.

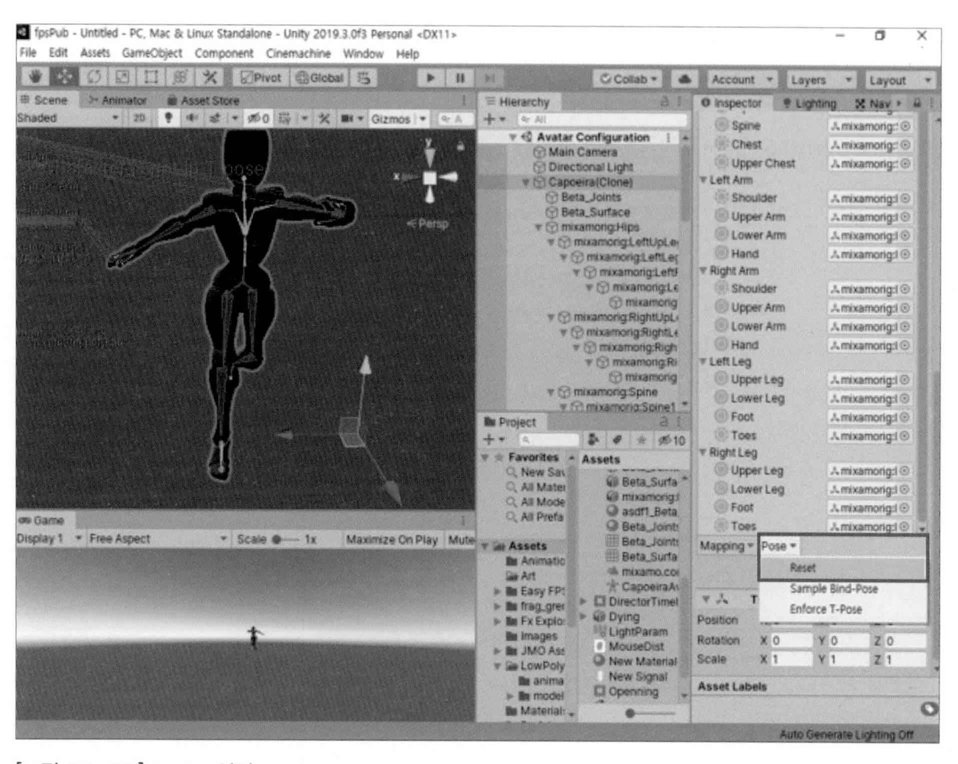

[그림 4.11-147] Avatar 설정

모든 설정을 끝낸 후, 하단의 [Done] 버튼을 클릭하고, 바뀐 설정을 적용하겠느냐는 창이 나타나면, [Apply] 버튼을 눌러 Avatar 설정 창에서 나옵니다. 인스펙터 창에서 [Animation] 탭을 눌러보면 현재 파일이 가진 애니메이션을 볼 수 있습니다. 문제 없이 잘 재생되는 것을 확인할 수 있습니다.

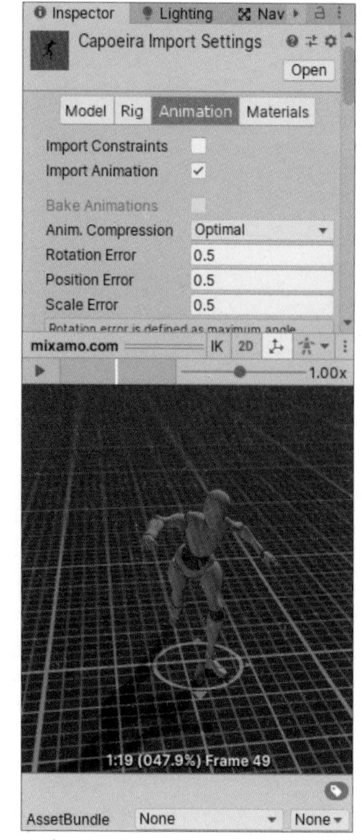

[그림 4.11-148] 애니메이션

이번에는 플레이어의 솔저 모델을 확인해보겠습니다. 현재는 리깅의 구조가 같을 때만, 애니메이션을 공유할 수 있는 [Generic]으로 설정돼 있습니다. Capoeira 애니메이션과 리타깃팅을 하기 위해 솔저의 애니메이션 타입을 [Humanoid]로 바꿉니다(이후 원활한 작동을 위해서는 솔저와 연결된 Animation 파일들의 애니메이션 타입도 Humanoid로 변경해야 합니다).

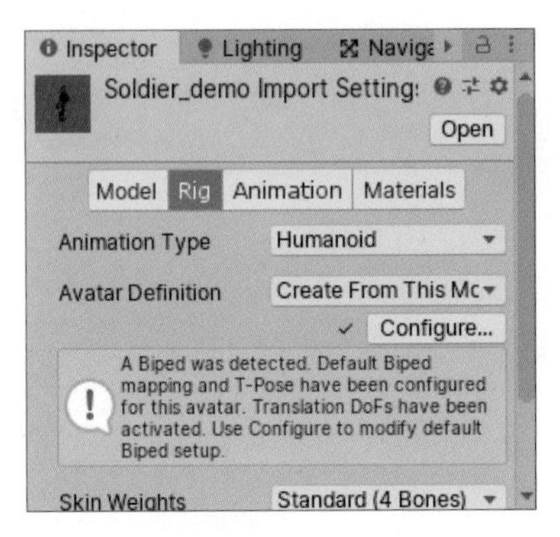

[그림 4.11-149] 휴머노이드 설정

다시 Capoeira 파일을 선택하고, 애니메이션 탭의 미리보기 창에 'Soldier_demo' 파일을 드래그 합니다. Soldier_demo에서 Capoeira 애니메이션이 재생된다면, 어떻게 동작하는지 미리 보기를 할 수 있습니다. 이전 모델과 비교해보면, 상당해 어색해진 것을 확인할 수 있습니다.

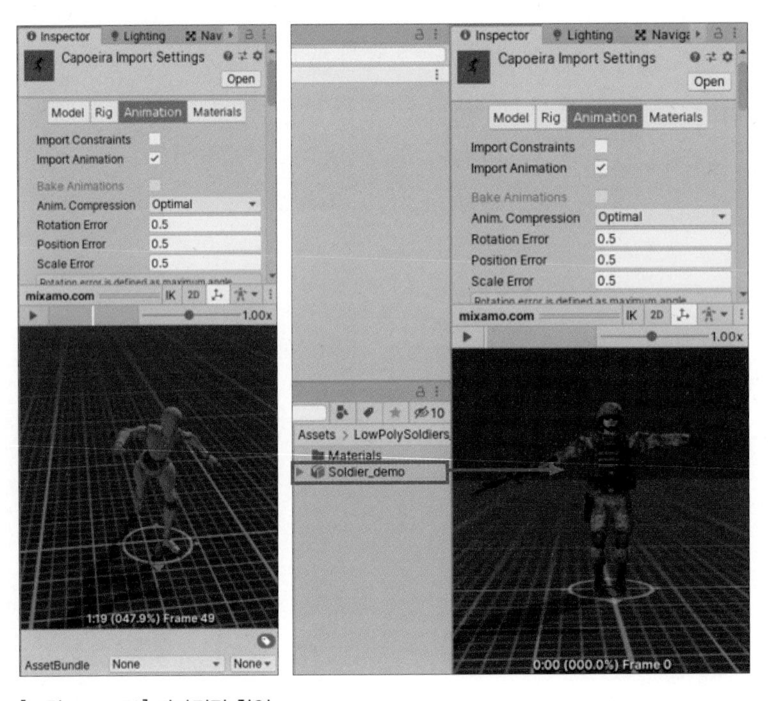

[그림 4.11-150] 리타깃팅 확인

믹사모 데이터가 아니라도 애셋 스토어에서 다운로드한 서로 다른 리깅 세팅을 휴머노이드로 공유하고자 할 때, 애니메이션이 제대로 작동하지 않는 경우가 발생합니다. 이에는 세 가지 해결 방법이 있습니다. 각각의 방법을 소개하겠습니다.

첫 번째 방법은 아바타가 T pose를 하고 있는지 확인하는 것입니다. 모델링 파일과 애니메이션 파일 두 가지 모두에서 확인해야 합니다. [Rig] 탭의 Configure를 통해 확인할 수 있습니다. 만약 돼 있지 않다면, 하단의 Pose 메뉴에서 [Enforce T-Pose]를 눌러 강제로 맞춰줄 수 있습니다.

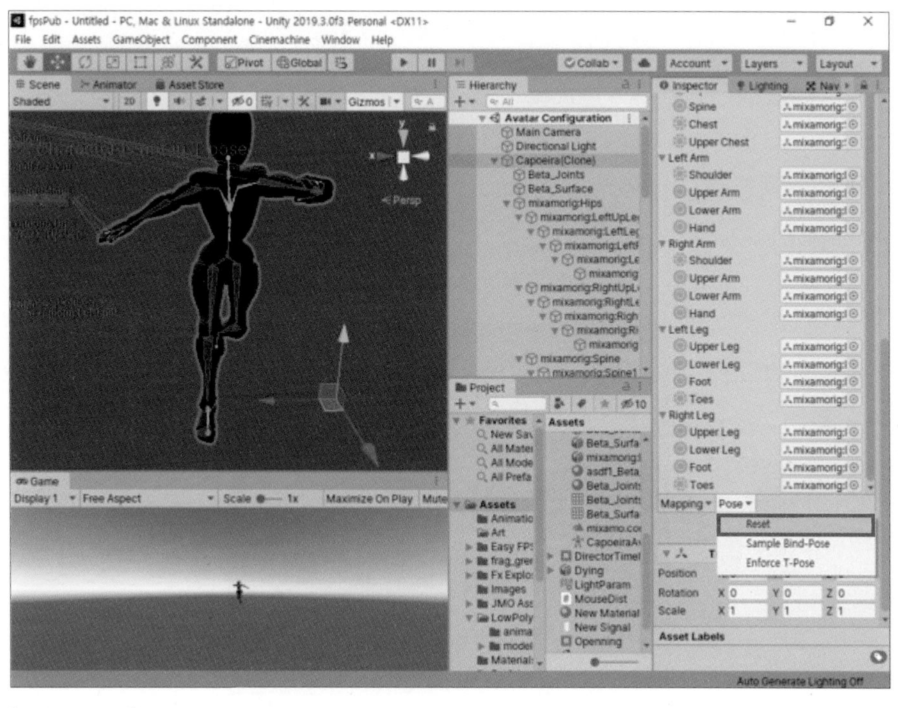

[그림 4.11-151] Enforce T-Pose

두 번째 방법은 까다로운 방법이기는 하지만 Rig의 Configure 세팅에서 각각의 본마다 틀어진 만큼 손수 각도를 돌려 맞추는 것입니다. 첫 번째 Enforce T-Pose로 리셋한 후에 맞지 않는 부분들을 정리할 때 유용한 방법입니다. 특히 발목, 손가락과 같이 미세한 부분들이 맞지 않을 때 추천합니다. 다음 그림처럼 발목이나 부분이 틀어진 것을 확인할 수 있습니다.

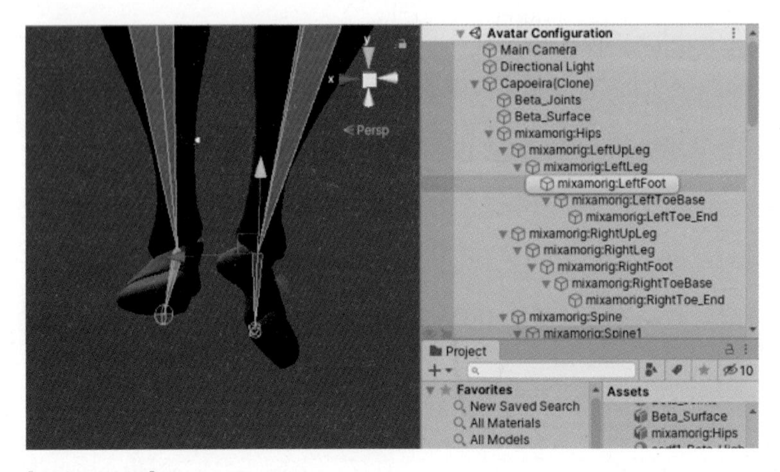

[그림 4.11-152] Enforce T-Pose

틀어진 부분을 선택한 후, 인스펙터 뷰의 Rotation 항목을 (0, 0, 0)으로 정리하면, 다음 그림과 같이 정리된 형태를 볼 수 있습니다.

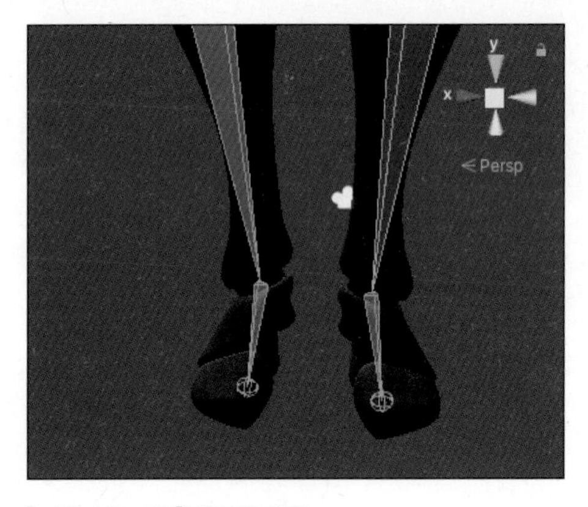

[그림 4.11-153] 정리된 발목

정리되기 전과 후의 애니메이션 적용되는 상태를 비교해보면, 그 차이를 확인할 수 있습니다. 손이 많이 가고, 지금처럼 (0, 0, 0)으로 설정해 해결되는 것은 운이 좋은 경우이고, 때로는 애니메이션 창과 번갈아 확인하면서 조절해줘야 하는 만큼, 시간이 많이 들어가는 방법입니다.

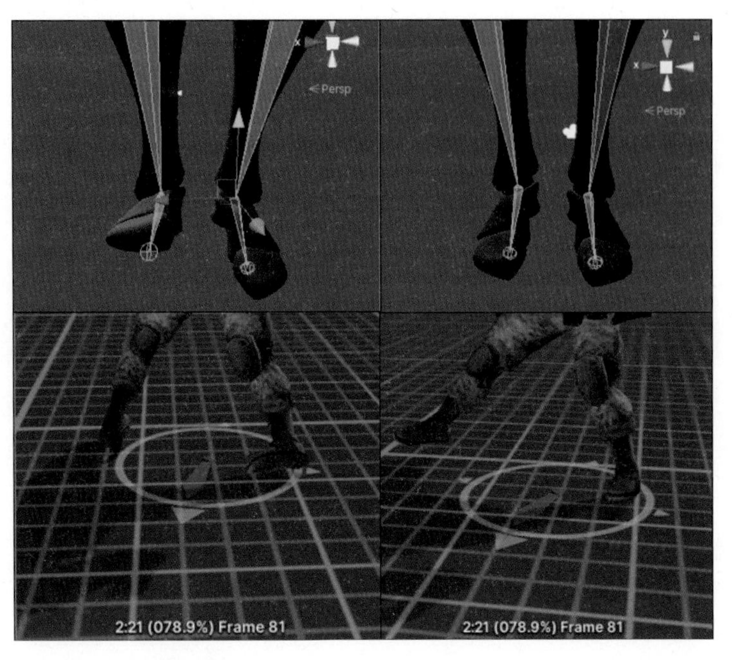

[그림 4.11-154] 정리 전후 비교

마지막 방법은 사용할 수 있는 경우가 제한돼 있습니다. 모델이 가진 아바타를 애니메이션에 적용하는 것입니다. 휴머노이드 세팅을 하게 되면, 기본 세팅은 애니메이션 파일을 기반으로 한 아바타를 생성합니다. 하지만 모델이 갖고 있는 아바타 세팅을 사용하면, [모델] → [모델의 아바타] → [애니메이션의 아바타] → [애니메이션 데이터]로 연결되는 네 가지 절차를 [모델] → [모델의 아바타] → [애니메이션 데이터]로 간소화해 해결할 수 있습니다.

애니메이션의 Avatar Definition 항목은 [Copy From Other Avatar]로 선택하고, Source 항목에서 Soldier_demo 모델의 아바타를 연결합니다.

현재 Soldier_demo와 Capoeira는 본 구조는 유사하지만, 각 본들의 이름이 서로 다르기 때문에 쓸 수 있는 방법은 아닙니다. 서로 같은 믹사모 데이터나 같은 모델끼리 문제가 생겼을 때 사용할 수 있습니다.

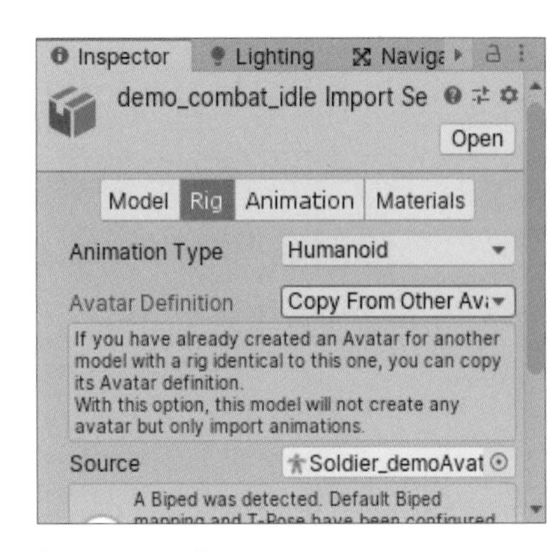

[그림 4.11-155] 아바타 설정

부록
Appendix

애셋 스토어와 패키지 매니저 활용

유니티 2020 버전부터는 사용자가 다운로드한 애셋들은 패키지 매니저를 통해 관리하도록 변경됐습니다. 여기서는 그 방법을 안내해드립니다.

애셋 스토어 변경 사항

01 2020 버전에서부터는 애셋 스토어의 사용법이 조금 달라집니다. 기존에 유니티 에디터 내에서 애셋 스토어 창을 통해 애셋을 검색하고 다운로드해서 프로젝트에 추가하는 방식에서 검색은 웹브라우저를 통해 하도록 하고 다운로드 및 프로젝트에 해당 애셋 패키지를 추가하는 것은 패키지 매니저를 활용하도록 수정됐습니다.

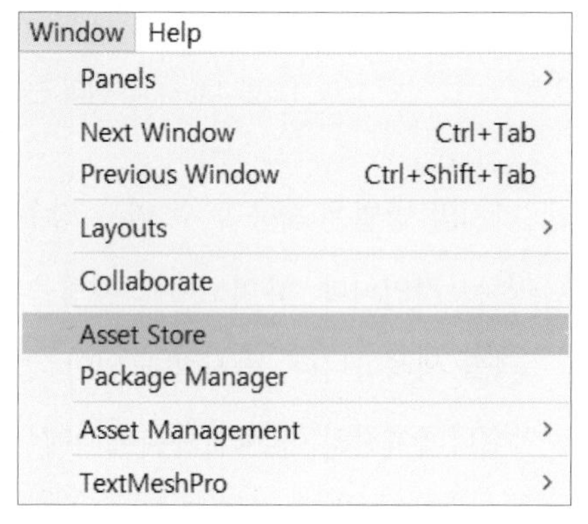

[그림 A-1] 단축키 할당이 사라진 애셋 스토어(Asset Store) 메뉴

02 애셋 스토어(Asset Store)는 2020 버전에서는 키보드의 Ctrl+9에 할당돼 있던 단축키가 사라졌습니다.

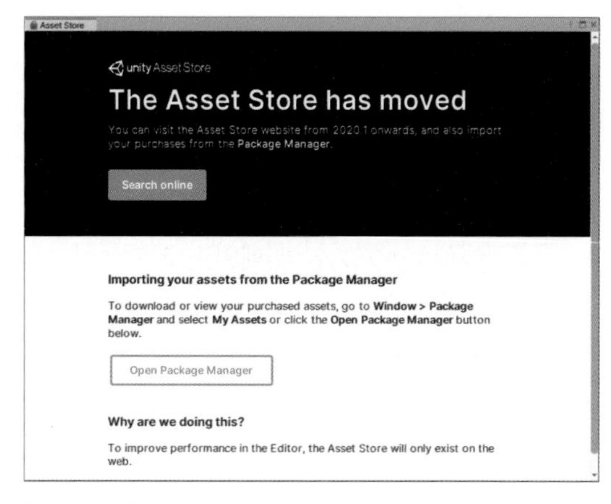

[그림 A-2] 애셋 스토어 창의 달라 변경된 화면

03 애셋 스토어 창에는 더 이상 애셋을 다운로드 할 수 없고, 웹사이트나 패키지 매니저 창으로 이동할 수 있는 기능을 제공하고 있습니다.

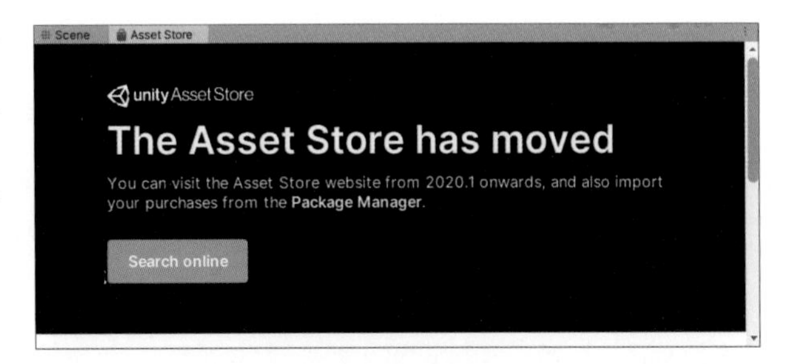

[그림 A-3] 애셋 스토어 웹페이지 이동 버튼

04 애셋 스토어(Asset Store) 창에서 [Search online] 버튼을 눌러 웹 페이지를 엽니다.

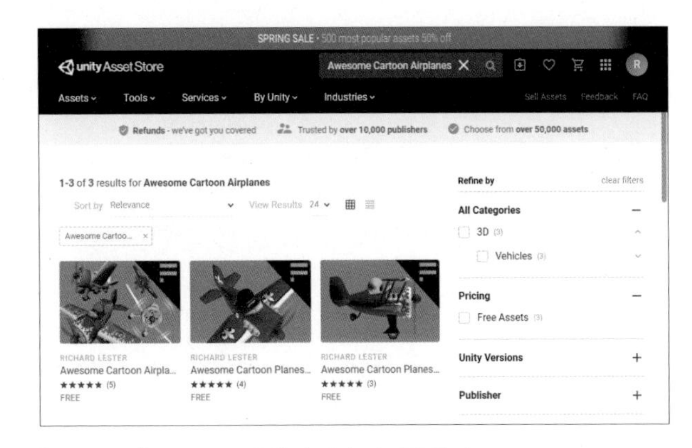

[그림 A-4] 애셋 스토어 창의 달라 변경된 화면

05 애셋 스토어(Asset Store) 창에서 [Search online] 버튼을 눌러 웹 페이지를 엽니다.

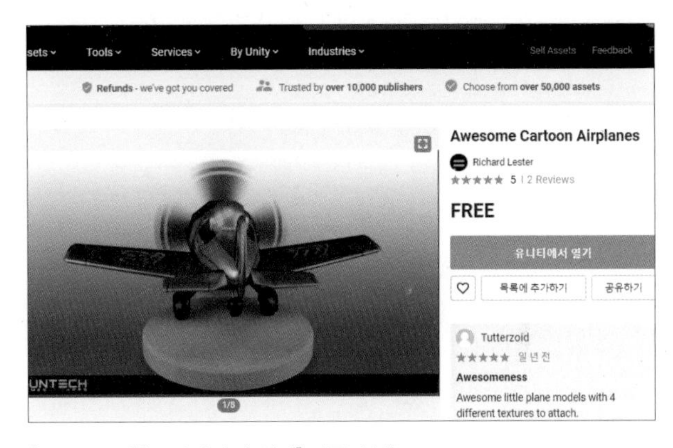

[그림 A-5] [유니티에서 열기] 버튼 선택

06 애셋의 세부 설명 페이지로 이동해 [유니티에서 열기] 버튼을 선택합니다.

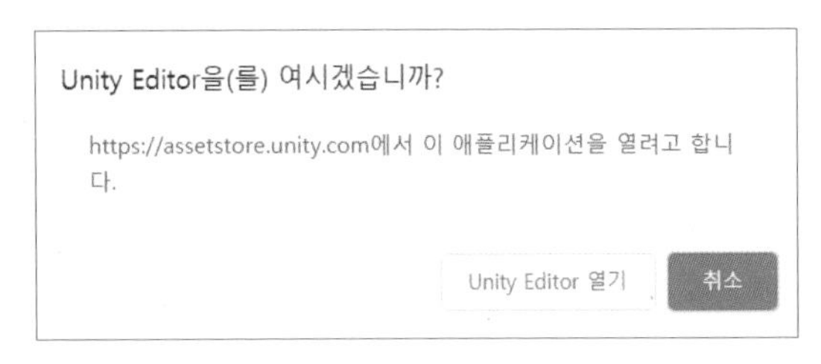

[그림 A-6] [Unity Editor 열기] 버튼 클릭

07 선택된 애셋을 다운로드해 프로젝트에 추가하기 위해서는 유니티 에디터의 패키지 매니저를 이용해야 합니다. [Unity Editor 열기] 버튼을 선택하면 유니티 허브(Unity Hub)가 열립니다. 여기에서 프로젝트를 추가하거나 기존 프로젝트를 선택하면 유니티 에디터가 열리며 패키지 매니저 창이 함께 열립니다.

패키지 매니저 활용

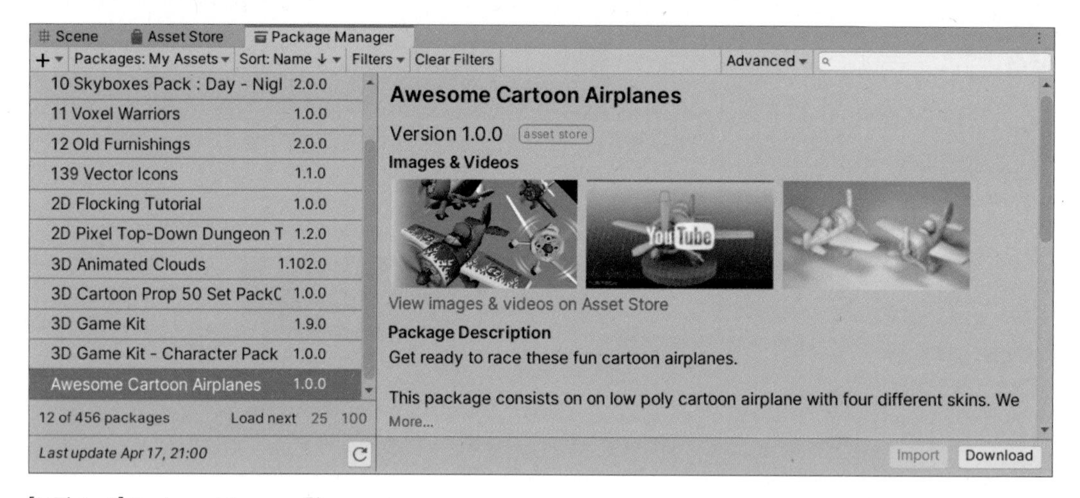

[그림 A-7] Package Manager 창

01 또한 해당 애셋의 정보가 인스펙터 창에도 노출됩니다.

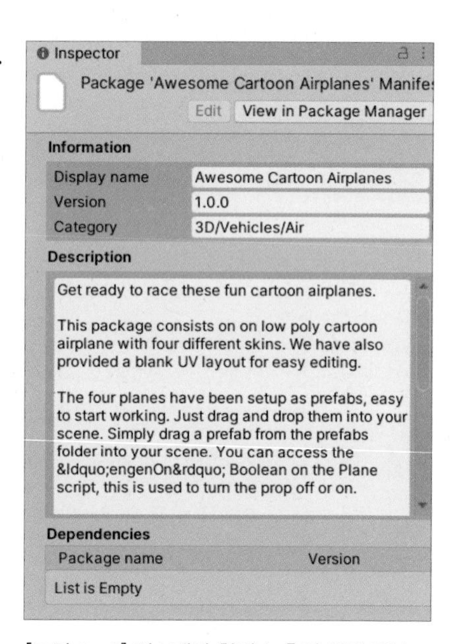

[그림 A-8] 인스펙터 창에 노출된 애셋 정보

02 패키지 매니저 창에서 [Download] 버튼을 클릭하면 다운로드가 시작됩니다.

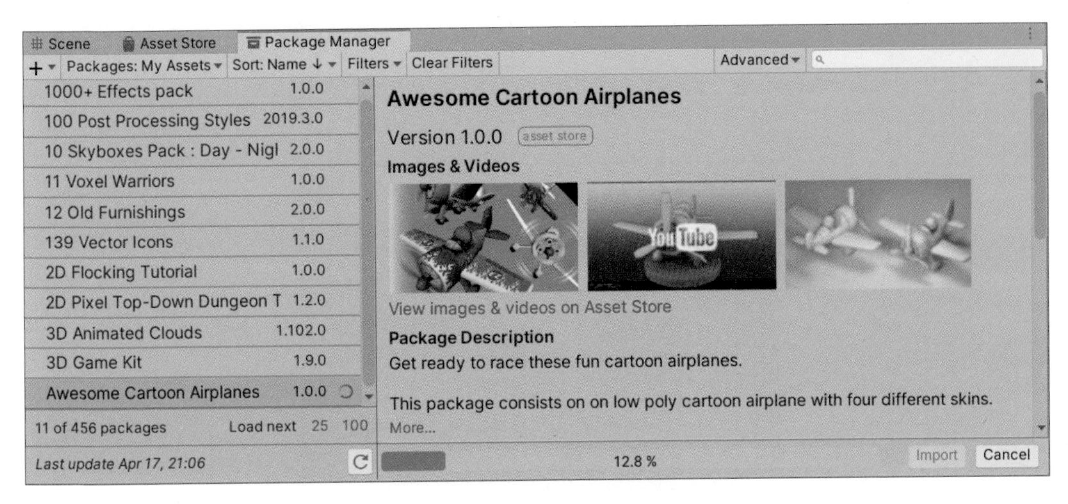

[그림 A-9] Package Manager 창

03 다운로드가 완료되면 [Import] 버튼이 활성화됩니다. 이제 프로젝트에 추가하기 위해 [Import] 버튼을 선택합니다.

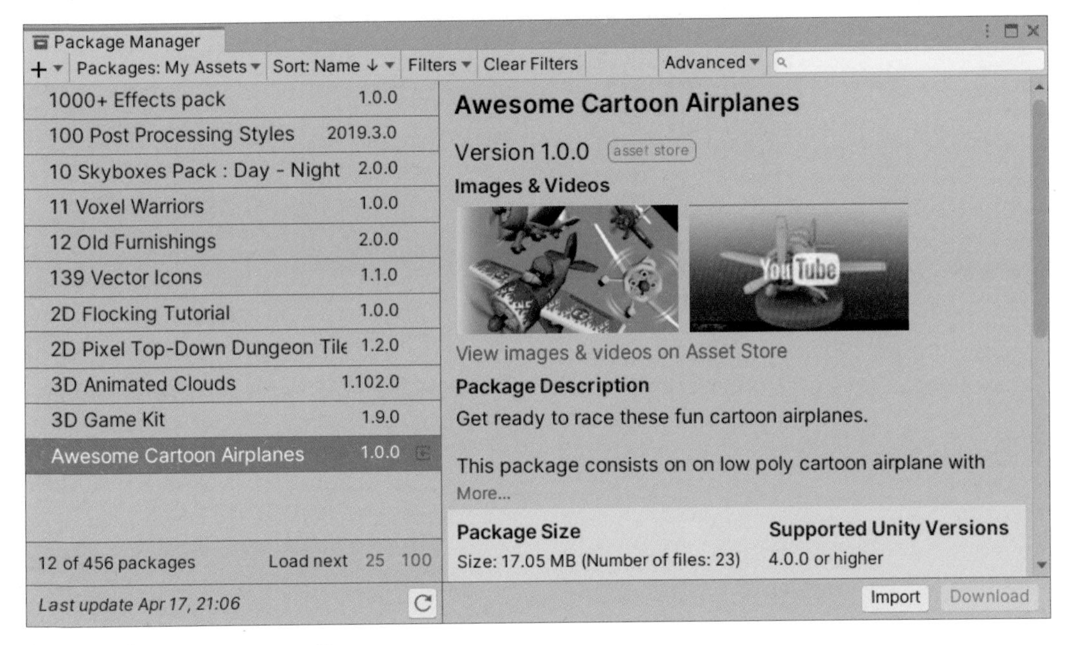

[그림 A-10] Package Manager 창

04 이 단계 이후로는 기존 버전과 같은 흐름으로 진행할 수 있습니다. 정상적으로 [Import Unity Package] 창이 나타나면 [Import] 버튼을 선택한 후 프로젝트에 애셋을 추가해 프로젝트에서 사용하면 됩니다.

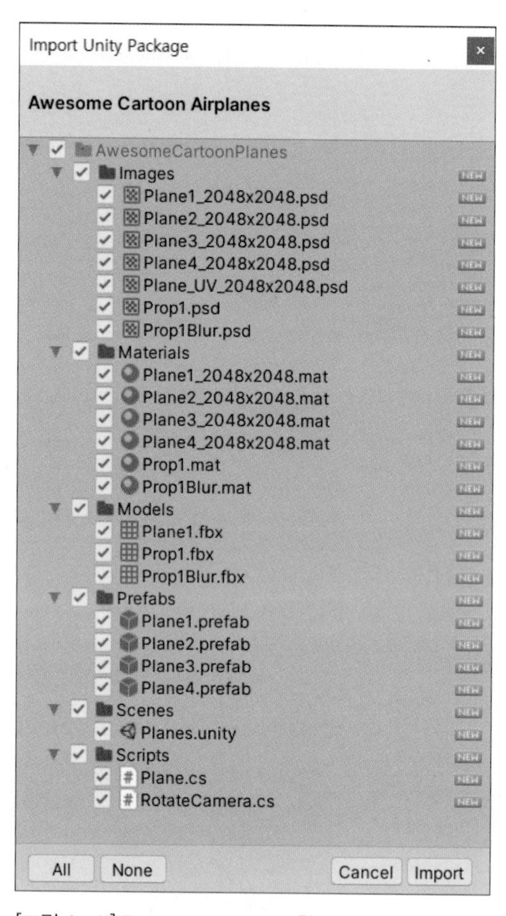

[그림 A-11] Package Manager 창

유니티 2020 버전부터는 이렇게 사용자가 다운로드한 애셋들은 패키지 매니저를 통해 관리하도록 변경됐습니다. 변경된 방식에 잘 적응하는 여러분이 되시길 바랍니다.

2020 버전 라이트 세팅 창 변경 사항

유니티 2020 버전에서는 라이팅 세팅 창의 명칭과 구성이 일부 변경됩니다. 집필 중에는 2020 버전이 정식이 출시되지 않았지만, 출간 후 유니티 2020 정식 버전으로 예제를 실습하시는 분들께서 참고하시길 바랍니다. 유니티는 버전 업데이트에 따라 메뉴의 위치나 구성이 바뀌는 경우가 있으며, 현재 작성은 정식 출시 전인 2020년 알파 버전을 기준으로 이미지가 첨부됐습니다.
큰 변경 사항 위주로 설명하면 다음과 같습니다.

1. 메뉴에서 라이팅 세팅(Lighting Settings)이 라이팅(Lighting)으로 변경됩니다.
2. 환경 라이트(Environment)의 구성이 별도의 탭으로 구분돼 있습니다.
3. 라이트 세팅 프로파일(Lighting Settings)로 관리됩니다(다른 씬들과 라이트 세팅을 공유하기 쉽게 되었습니다).

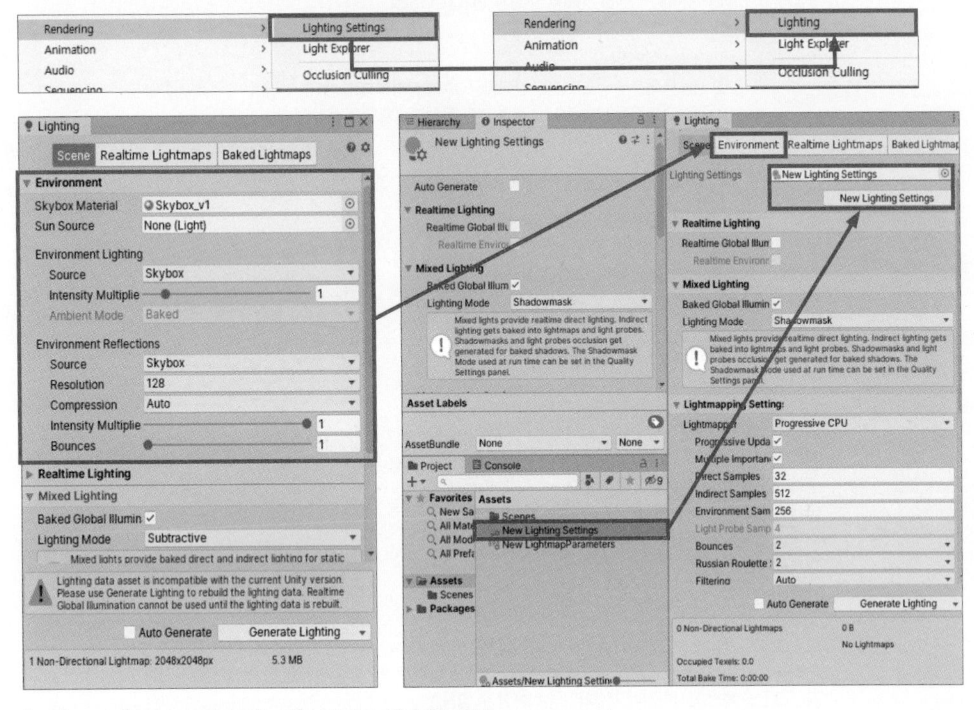

[그림 A-12] 2019 버전, 2020 버전 라이트 세팅 창 비교

컴퓨터에서 자연스러운 라이트 효과를 위한 요소를 구분 지어 보면 다음과 같이 크게 네 가지로 분류할 수 있습니다(용도별 명칭은 유니티의 컴포넌트나 옵션을 기준으로 기술했습니다).

- 주광(Directional Light)
- 보조광(Directional Light를 제외한 Point, Spot, Area, Emission 등)
- 환경광 또는 자연광(Environment Light 또는 Ambient Light)
- 스카이박스(SkyBox)

이러한 요소는 프로그램마다 명칭이나 옵션의 위치가 다를 수는 있지만 라이트를 시각적으로 표현하는 데 있어서 필수 요소이기 때문에 위치가 바뀐다고 하더라도 사라지지 않을 만한 요소이니 기억해두면 지금과 같이 위치나 구분이 바뀌게 되더라도 작업에 큰 영향을 받지 않고 진행할 수 있습니다.

유니티 게임 개발 탑티어 강의!
인생 유니티 교과서

2020. 5. 15. 1판 1쇄 발행
2021. 1. 4. 1판 2쇄 발행
2021. 11. 9. 1판 3쇄 발행
2022. 10. 5. 1판 4쇄 발행
2024. 2. 21. 1판 5쇄 발행

지은이 | 이영호, 이영훈, 김태환, 김현진, 박원석, 박현상, 탁광욱
펴낸이 | 이종춘
펴낸곳 | BM (주)도서출판 성안당
주소 | 04032 서울시 마포구 양화로 127 첨단빌딩 3층(출판기획 R&D 센터)
10881 경기도 파주시 문발로 112 파주 출판 문화도시(제작 및 물류)
전화 | 02) 3142-0036
031) 950-6300
팩스 | 031) 955-0510
등록 | 1973. 2. 1. 제406-2005-000046호
출판사 홈페이지 | **www.cyber.co.kr**
ISBN | 978-89-315-5637-7 (93000)
정가 | **39,000원**

이 책을 만든 사람들
책임 | 최옥현
기획 · 진행 | 조혜란
교정 · 교열 | 안종군
본문 · 표지 디자인 | 앤미디어, 박원석
홍보 | 김계향, 유미나, 정단비, 김주승
국제부 | 이선민, 조혜란
마케팅 | 구본철, 차정욱, 오영일, 나진호, 강호묵
마케팅 지원 | 장상범
제작 | 김유석

■ **도서 A/S 안내**

성안당에서 발행하는 모든 도서는 저자와 출판사, 그리고 독자가 함께 만들어 나갑니다.
좋은 책을 펴내기 위해 많은 노력을 기울이고 있습니다. 혹시라도 내용상의 오류나 오탈자 등이 발견되면 **"좋은 책은 나라의 보배"**로서 우리 모두가 함께 만들어 간다는 마음으로 연락주시기 바랍니다. 수정 보완하여 더 나은 책이 되도록 최선을 다하겠습니다.
성안당은 늘 독자 여러분들의 소중한 의견을 기다리고 있습니다. 좋은 의견을 보내주시는 분께는 성안당 쇼핑몰의 포인트(3,000포인트)를 적립해 드립니다.

잘못 만들어진 책이나 부록 등이 파손된 경우에는 교환해 드립니다.